भारतीय अर्थव्यवस्था

UPSC, राज्य PCS एवं अन्य प्रतियोगी परीक्षाओं
के लिए अत्यन्त उपयोगी

2nd संस्करण

भारतीय

अर्थव्यवस्था

MagBook

भारतीय अर्थव्यवस्था

UPSC, राज्य PCS एवं अन्य प्रतियोगी परीक्षाओं
के लिए अत्यन्त उपयोगी

मनोहर पाण्डेय

सहयोगकर्ता

कफील अहमद

arihant

SUCCESS AND NOTHING LESS

MagBook

arihant
SUCCESS AND NOTHING LESS

अरिहन्त पब्लिकेशन्स (इण्डिया) लिमिटेड

卐 रजि. कार्यालय

'रामछाया' 4577/15, अग्रवाल रोड, दरिया गंज, नई दिल्ली- 110002

फोन: 011-47630600, 43518550

卐 मुख्य कार्यालय

कालिन्दी, टी०पी० नगर, मेरठ (यूपी)– 250002, **फोन:** 0121-7156203, 7156204

卐 शाखा कार्यालय

आगरा, अहमदाबाद, बरेली, बंगलुरु, चेन्नई, दिल्ली, गुवाहाटी, हैदराबाद, जयपुर, झाँसी, कोलकाता, लखनऊ, नागपुर तथा पुणे

卐 मूल्य : ₹ 445.00

Published by Arihant Publications (India) Ltd.

卐 PO No : TXT-XX-XXXXXXX-X-XX

'अरिहन्त' की पुस्तकों के बारे में अधिक जानकारी के लिए हमारी वेबसाइट **www.arihantbooks.com** पर लॉग इन करें या **info@arihantbooks.com** पर संपर्क करें।

Follow us on

संशोधित संस्करण का प्राक्कथन

वर्तमान समय में सभी प्रतियोगी परीक्षाओं में सिविल सेवा परीक्षा का स्थान सबसे सर्वश्रेष्ठ एवं प्रतिष्ठित है। इस परीक्षा का उद्देश्य अभ्यर्थी के विश्लेषणात्मक, तार्किक, विषय आधारित एप्रोच, विषयवार समसामयिक मुद्दों पर समझ आदि की जाँच करना है।

भारतीय अर्थव्यवस्था की यह पुस्तक उपरोक्त सभी उद्देश्यों को पूर्ण करती है, साथ ही अभ्यर्थी की विषय पर बेहतर समझ एवं मजबूत पकड़ का दावा भी करती है। यह पुस्तक प्रीलिम्स परीक्षा में अर्थव्यवस्था विषय के लिए ब्रह्मास्त्र की तरह कार्य करती है, क्योंकि इसमें सिलेबस का सम्पूर्ण कवरेज तथा प्रैक्टिस हेतु प्रश्न (प्रारम्भिक एवं मुख्य दोनों परीक्षा हेतु) समाहित हैं।

इस पुस्तक के सम्पूर्ण अवलोकन के पश्चात् अभ्यर्थी निश्चय ही राष्ट्रीय आय, निर्धनता एंव बेरोजगारी, कृषि, औद्योगिक क्षेत्र, लोकवित्त, बजट, मुद्रा एवं बैंकिंग, अन्तर्राष्ट्रीय संगठन, प्रमुख समितियाँ एवं सूचकांक आदि प्रकरणों को सरलता से समझ सकेंगे।

पुस्तक के अन्तर्गत अवधारणाओं को सरल और आसान तरीके से इस प्रकार प्रस्तुत या समझाने का प्रयास किया गया है कि अभ्यर्थी वस्तुनिष्ठ एवं विषयनिष्ठ सभी प्रकार के प्रश्न हल करने में सक्षम हों।

संशोधित संस्करण की प्रमुख विशेषताएँ

- सम्पूर्ण सिलेबस, NCERT फैक्ट्स एवं अपडेटेड फैक्ट्स का संकलन।
- प्रीलिम्स फैक्ट्स का अतिरिक्त कवरेज, जिसमें IAS एवं PCS परीक्षाओं में पूछे गए महत्त्वपूर्ण तथ्य दिए गए हैं।
- चैप्टर के अन्त में सेल्फ चैक का कवरेज, जिसके अन्तर्गत प्रश्नों को प्रैक्टिस हेतु संकलित किया गया है।
- पुस्तक के अन्त में IAS मुख्य परीक्षा (2015-2022) के प्रश्नों का टॉपिकवाइज संकलन, जिसकी प्रैक्टिस के माध्यम से अभ्यर्थी मुख्य परीक्षा हेतु अपनी समझ और तैयारी का स्तर जाँच सकते हैं।

इस पुस्तक को पूरा करने में विशेषज्ञों की एक टीम ने उत्साह के साथ कार्य किया है। इस पुस्तक के संकलन में विशेषज्ञों के साथ-साथ प्रोजेक्ट मैनेजमेण्ट टीम का भी विशेष योगदान रहा, जिसमें मोना यादव (प्रोजेक्ट मैनेजर), स्तुति झा (प्रोजेक्ट कॉर्डिनेटर), पूनम सैनी, पूजा रानी, इमरान खान (प्रूफ रीडर्स), रवि सागर, शिवम (डीटीपी ऑपरेटर) और शानू एवं अंकित (कवर एवं इनर डिजाइनर) प्रमुख हैं।

आशा है कि सिविल सेवा तथा अन्य प्रतियोगी परीक्षाओं के अभ्यर्थी इस पुस्तक का अध्ययन कर अपने लक्ष्य को निश्चित ही प्राप्त कर अपने सपने को साकार करेंगे। आपके उपयोगी सुझाव सदैव हमें बेहतर संस्करण बनाने में सहायक सिद्ध हुए हैं। इसलिए आप हमें अपने सुझाव अवश्य भेजें, जिनके आधार पर हम पुस्तक के आगामी संस्करण को और भी बेहतर बना सकें।

लेखकगण

विषय-सूची

MagBook

MagBook

● अध्याय एक

भारतीय अर्थव्यवस्था: एक परिचय

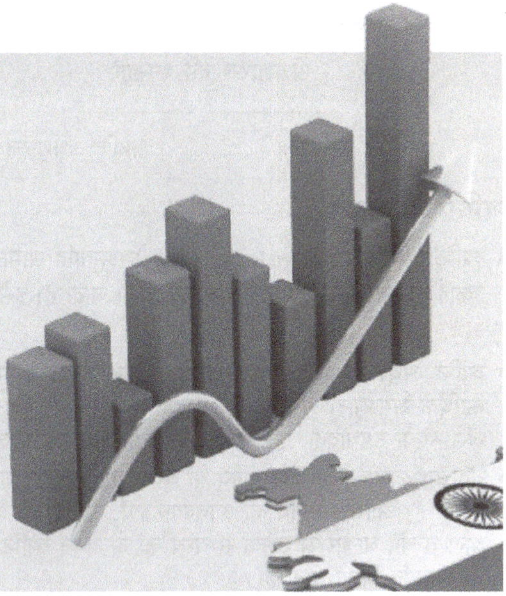

"

भारत की अर्थव्यवस्था मिश्रित अर्थव्यवस्था है, जिसमें सार्वजनिक एवं निजी क्षेत्र मिल-जुलकर कार्य करते हैं। पिछले दशक के दौरान यह भारतीय अर्थव्यवस्था की विशिष्ट पहचान बनी है, जिसका संकेत 'तेजी से उभर रही अर्थव्यवस्था' संज्ञा से मिलता है। वैश्विक स्तर पर भारतीय अर्थव्यवस्था का एक प्रमुख स्थान है और यह देश के मानवीय संसाधन को रोजगार उपलब्ध कराने, विकासपरक कार्यों के सम्पादन और उत्पादन गतिविधियों के सफल क्रियान्वयन के माध्यम से निरन्तर अग्रसर है।

अर्थशास्त्र

- अर्थशास्त्र, सामाजिक विज्ञान की एक शाखा है, जिसके अन्तर्गत उत्पादन (Production) उपभोग (Consumption), विनिमय (Exchange) तथा वितरण (Distribution) का अध्ययन किया जाता है, परन्तु आधुनिक अर्थशास्त्र में कई नई व्याख्याएँ जुड़ गई हैं, जिसमें राजस्व, जनकल्याण, अन्तर्राष्ट्रीय व्यापार, विदेशी विनिमय, बैंकिंग इत्यादि का प्रमुख अध्ययन किया जाता है।
- अर्थशास्त्र अंग्रेजी शब्द **इकोनॉमिक्स** (Economics) का हिन्दी रूपान्तरण है। इकोनॉमिक्स शब्द ग्रीक भाषा के **ओकोनॉमिया** (Oikonomia) शब्द से उत्पन्न हुआ है। ओकोनॉमिया शब्द **ओकोस** (Oikos) तथा **नॉमोस** (Nomos) से मिलकर बना है। ओकोस का शाब्दिक अर्थ **आवास** है तथा नॉमोस का शाब्दिक अर्थ **कानून** है।

> प्रसिद्ध अर्थशास्त्री **एडम स्मिथ** को अर्थशास्त्र का जनक कहा जाता है, जिन्होंने अपनी पुस्तक **द वेल्थ ऑफ नेशन्स** (The Wealth of Nations) में अर्थशास्त्र को धन का विज्ञान कहा है। 1776 ई. में प्रकाशित इस पुस्तक से ही **शास्त्रीय अर्थशास्त्र** की शुरुआत मानी जाती है।

- **अल्फ्रेड मार्शल** के अनुसार, "अर्थशास्त्र को मनुष्य के व्यवहार का अध्ययन माना है।" इनकी प्रसिद्ध पुस्तक **प्रिन्सिपल ऑफ इकोनॉमिक्स** (1890 ई.) है।
- **लियोनेल रॉबिन्स** के अनुसार, "अर्थशास्त्र एक विज्ञान है, जिसमें मानव व्यवहार, उसकी आवश्यकताओं, इच्छाओं तथा उपलब्ध संसाधनों के वैकल्पिक प्रयोग के सम्बन्धों का अध्ययन किया जाता है।" इनकी प्रमुख पुस्तक **नेचर एण्ड सिग्निफिकेन्स ऑफ इकोनॉमिक साइंसेज** (वर्ष 1932) है।

अर्थशास्त्र की शाखाएँ

अर्थशास्त्र को परम्परागत रूप से निम्नलिखित दो शाखाओं में विभाजित किया जाता है

अर्थशास्त्र की शाखाएँ
- व्यष्टि अर्थशास्त्र
- समष्टि अर्थशास्त्र

व्यष्टि अर्थशास्त्र

- व्यष्टि अर्थशास्त्र (Micro Economics) के अन्तर्गत सामान्यत: एक इकाई या इकाई के भाग का अध्ययन किया जाता है। इसे **सूक्ष्म अर्थशास्त्र** भी कहते हैं।
- व्यष्टि अर्थशास्त्र के अन्तर्गत छोटी आर्थिक इकाइयों से सम्बन्धित आर्थिक समस्याओं एवं आर्थिक मुद्दों का अध्ययन किया जाता है; जैसे—एक उपभोक्ता, एक फर्म, एक उत्पादक, एक बाजार इत्यादि।
- यह अर्थव्यवस्था आर्थिक मानव के व्यक्तिगत व्यवहार का अध्ययन करती है। आर्थिक मानव की आवश्यकताएँ, उत्पाद को प्रेरित करने वाले तत्त्वों, बाजार से उसके सम्बन्ध का अध्ययन व्यष्टि अर्थशास्त्र के अन्तर्गत किया जाता है।

> व्यष्टि अर्थशास्त्र का उद्देश्य बाजार में माँग व आपूर्ति की व्यवस्था को बनाए रखना तथा उपभोग और माँग के अन्य तत्त्वों की पहचान करना होता है।

- माँग, उत्पादन व कीमत निर्धारण से सम्बन्धित सिद्धान्तों अर्थात् वस्तु निर्धारण सिद्धान्त (कीमत सिद्धान्त), साधन कीमत निर्धारण सिद्धान्त (वितरण सिद्धान्त) तथा आर्थिक कल्याण सिद्धान्त का अध्ययन व्यष्टि अर्थशास्त्र के अन्तर्गत किया जाता है।

समष्टि अर्थशास्त्र

- समष्टि या मैक्रो शब्द की उत्पत्ति ग्रीक भाषा के शब्द **Makros** से हुई है, जिसका अर्थ वृहद् होता है, इसलिए समष्टि अर्थशास्त्र को **वृहद् अर्थशास्त्र** भी कहते हैं।
- समष्टि अर्थशास्त्र (Macro Economics) वह अर्थशास्त्र है, जिसमें क्षेत्रीय, राष्ट्रीय एवं अन्तर्राष्ट्रीय अर्थव्यवस्थाओं की अन्तर्निर्भरता तथा अन्योन्याश्रितता समझने का प्रयास किया जाता है।
- इसके अतिरिक्त इसमें राष्ट्रीय आय, बचत, व्यापार की व्याख्या करते हुए, राष्ट्रीय अर्थव्यवस्था के लक्ष्यों का निर्धारण तथा प्राप्ति के प्रयास भी सम्मिलित हैं। राष्ट्रीय आय, रोजगार, मुद्रा, सामान्य कीमत, आर्थिक-विकास व अन्तर्राष्ट्रीय व्यापार से सम्बन्धित सिद्धान्तों का अध्ययन समष्टि अर्थशास्त्र के अन्तर्गत ही किया जाता है।
- समष्टि अर्थशास्त्र, अर्थव्यवस्था की समग्र रूप से व्याख्या करने का प्रयास करता है। यह बेरोजगारी, मुद्रास्फीति, मुद्रा तथा राजकोषीय नीति जैसे विषयों की व्याख्या के द्वारा इन तत्त्वों का अर्थव्यवस्था के सन्तुलन से सम्बन्ध स्थापित करता है।
- अर्थशास्त्र की एक अलग शाखा के रूप में समष्टि अर्थशास्त्र को आरम्भ करने का श्रेय ब्रिटिश अर्थशास्त्री **जॉन मेनार्ड कीन्स** को जाता है।
- इन्होंने अपनी पुस्तक **द जनरल थ्योरी ऑफ एम्प्लॉयमेण्ट इण्टरेस्ट एण्ड मनी** में 1930 के दशक की मन्दी के उपचार का सुझाव दिया तथा कहा कि मन्दी की समस्या का समाधान समष्टि अर्थव्यवस्था में छिपा है।

व्यष्टि अर्थशास्त्र तथा समष्टि अर्थशास्त्र में अन्तर

व्यष्टि अर्थशास्त्र	समष्टि अर्थशास्त्र
यह व्यक्तिगत व छोटी आर्थिक इकाइयों का अध्ययन करता है।	यह अर्थव्यवस्था की सम्पूर्ण इकाइयों का एक समग्र इकाई के रूप में अध्ययन करता है।
यह एक फर्म, उद्योग व इकाई की तेजी-मन्दी की विवेचना करता है।	यह सम्पूर्ण आर्थिक मन्दी की विवेचना व स्पष्टीकरण करता है।
यह सीमान्त विश्लेषण पर आधारित नियमों तक सीमित है।	यह राष्ट्रीय आय, पूर्ण रोजगार आदि का वृहद् विश्लेषण है।
यह व्यक्ति की इकाइयों की समस्याओं का समाधान करता है।	यह सम्पूर्ण अर्थव्यवस्था की समस्याओं का समाधान है।
यह एक स्थान विशेष के लिए उपयोगी होता है।	यह वृहद् अर्थात् अन्तर्राष्ट्रीय उपयोगिता का विश्लेषण करता है।
यह बाजार में कीमत के निर्धारण से सम्बद्ध होता है।	यह समग्र उत्पाद तथा सामान्य कीमत स्तर के निर्धारण से सम्बद्ध होता है।
यह अर्थव्यवस्था के भीतर भूमि, श्रम, पूँजी, उद्यमियों जैसे उत्पादन के कारकों से सम्बन्धित है।	यह समग्र रूप से मुद्रास्फीति, अपस्फीति, बेरोजगारी और गरीबी जैसी अर्थव्यवस्था की प्रमुख समस्याओं का समाधान करता है।

कल्याणकारी अर्थशास्त्र

- यह अर्थशास्त्र की वह शाखा है, जिसके अन्तर्गत आर्थिक क्रियाओं तथा समाज कल्याण के मध्य अन्तर सम्बन्धों का अध्ययन किया जाता है।
- इसमें सूक्ष्म अर्थशास्त्रीय तकनीकों का उपयोग करके सम्पूर्ण अर्थव्यवस्था में मानव कल्याण का आकलन किया जाता है।
- इसमें संसाधनों तथा वस्तुओं का लोगों के बीच **इष्टतम् आवण्टन** (अधिकतम आवण्टन) पर बल दिया जाता है, जिससे समाज कल्याण के लक्ष्यों को पूर्ण किया जा सके।
- यह अर्थशास्त्र आय के वितरण तथा लोगों के उद्धार पर विशेष बल देता है। इतना ही नहीं यह समाज कल्याण के लक्ष्यों की प्राप्ति के लिए उत्पादकों, उपभोक्ताओं तथा नियोजकों के मध्य संसाधनों के कुशलतम वितरण पर भी बल देता है।

अर्थव्यवस्था

- अर्थव्यवस्था, अर्थशास्त्र का व्यावहारिक पक्ष है। अर्थव्यवस्था वह व्यवस्था या प्रबन्ध है, जिसके द्वारा एक निश्चित क्षेत्र या देश में रहने वाले लोग आर्थिक क्रियाओं के माध्यम से आजीविका चलाते हैं।
- अर्थशास्त्र में आर्थिक गतिविधियों से सम्बन्धित सिद्धान्तों, नियमों आदि का वर्णन किया जाता है, जबकि अर्थव्यवस्था में सिद्धान्तों का व्यावहारिक प्रयोग किया जाता है। इस प्रकार आर्थिक सिद्धान्तों व नियमों की वास्तविक जाँच अर्थव्यवस्था में ही होती है।
- अर्थव्यवस्था, सामान्यत: विभिन्न आर्थिक क्रियाओं व गतिविधियों को अर्थव्यवस्था के अन्तर्गत रखा जाता है और इन गतिविधियों के आधार पर अर्थव्यवस्था का वर्गीकरण किया जाता है।

अर्थव्यवस्था का वर्गीकरण/प्रकार

विश्व की अर्थव्यवस्था को निम्नलिखित प्रकारों में बाँटा गया है

अर्थव्यवस्था का वर्गीकरण/प्रकार

- **राज्य/सरकार की भूमिका के आधार पर** — उदारवादी/पूँजीवादी अर्थव्यवस्था, राज्य/समाजवादी अर्थव्यवस्था, मिश्रित अर्थव्यवस्था
- **विकास की विभिन्न अवस्था के आधार पर** — विकसित अर्थव्यवस्था, विकासशील अर्थव्यवस्था, अल्पविकसित अर्थव्यवस्था
- **विभिन्न क्षेत्रों की भूमिका के आधार पर** — कृषक अर्थव्यवस्था, औद्योगिक अर्थव्यवस्था, सेवा अर्थव्यवस्था
- **वैश्विक अन्तर्सम्बन्धों के आधार पर** — खुली अर्थव्यवस्था, बन्द अर्थव्यवस्था
- **नियोजन के आधार पर** — योजनाबद्ध अर्थव्यवस्था, गैर-योजनाबद्ध अर्थव्यवस्था
- **निर्भरता के आधार पर** — आश्रित अर्थव्यवस्था, परस्पर-निर्भर अर्थव्यवस्था, आत्मनिर्भर अर्थव्यवस्था

राज्य/सरकार की भूमिका के आधार पर

राज्य/सरकार की भूमिका के आधार पर अर्थव्यवस्था का वर्गीकरण निम्न प्रकार है

- **उदारवादी/पूँजीवादी अर्थव्यवस्था** उदारवादी अर्थव्यवस्था (Liberal Economy) एक ऐसी अर्थव्यवस्था है, जहाँ आर्थिक गतिविधियों (पूँजी निवेश, उत्पादन के साधनों, वितरण तथा धन के विनिमय आदि) पर राज्य का न्यूनतम नियन्त्रण होता है तथा निजी क्षेत्र अधिक प्रभावकारी एवं स्वतन्त्र होता है। यह अर्थव्यवस्था **एडम स्मिथ** के **लेसजफेयर** या **अहस्तक्षेप के सिद्धान्तों** पर कार्य करती है। इसे **पूँजीवादी अर्थव्यवस्था** (Capitalistic Economy) भी कहते हैं। इसमें बाजार की शक्तियाँ अधिक प्रभावकारी होती हैं; जैसे—यूएसए, ब्रिटेन, फ्रांस की अर्थव्यवस्थाएँ आदि।
- **समाजवादी अर्थव्यवस्था** समाजवादी अर्थव्यवस्था (Socialist Economy) में राज्य की समस्त आर्थिक गतिविधियों; जैसे—उत्पादन, आपूर्ति और कीमत निर्धारण आदि को राज्य अथवा सरकार नियन्त्रित तथा निर्देशित करती है। इसमें बाजारी शक्तियाँ नियन्त्रित रहती हैं; जैसे—क्यूबा, उत्तर कोरिया की अर्थव्यवस्था आदि। इसे **राज्य अर्थव्यवस्था** भी कहते हैं, जिसका विचार सर्वप्रथम जर्मन दार्शनिक **कार्ल मार्क्स** के द्वारा प्रस्तुत किया गया था।
समाजवादी अर्थव्यवस्था में सरकार/राज्य का उद्देश्य लाभ कमाना नहीं, बल्कि जन कल्याण करना होता है। इसमें सभी नागरिकों को वस्तुओं एवं सेवाओं का समान वितरण किया जाता है। इसे **केन्द्रीकृत नियोजित अर्थव्यवस्था** भी कहते हैं। इस अर्थव्यवस्था में उत्पादन के साधनों एवं उत्पाद दोनों पर सार्वजनिक स्वामित्व होता है, न कि निजी। इसमें सरकार का मुख्य उद्देश्य लोगों का कल्याण करने हेतु होता है, न की लाभ कमाने हेतु।

> **समाजवादी अर्थव्यवस्था** के अन्तर्गत सभी नागरिकों को वस्तुओं एवं सेवाओं का समान वितरण किया जाता है, जबकि **साम्यवादी अर्थव्यवस्था** में प्रत्येक व्यक्ति से उसकी क्षमतानुसार कार्य एवं प्रत्येक को उसकी आवश्यकतानुसार प्रतिफल अर्थात् वस्तुएँ और सुविधाएँ उपलब्ध कराई जाती हैं। पूर्व सोवियत संघ की अर्थव्यवस्था को समाजवादी अर्थव्यवस्था कहते हैं, जबकि वर्ष 1985 से पहले की चीन की अर्थव्यवस्था को साम्यवादी अर्थव्यवस्था कहते हैं।

- **मिश्रित अर्थव्यवस्था** इस अर्थव्यवस्था की संकल्पना को वर्ष 1929 की महामन्दी के कारण उत्पन्न आर्थिक समस्याओं के समाधान के रूप में ब्रिटिश अर्थशास्त्री **जॉन मेनार्ड कीन्स** ने प्रस्तुत किया था। मिश्रित अर्थव्यवस्था (Mixed Economy) में समाजवादी तथा उदारवादी दोनों प्रकार की अर्थव्यवस्थाओं की विशेषताएँ निहित होती हैं। इसमें निजी तथा सार्वजनिक दोनों क्षेत्रों का योगदान होता है। निजी क्षेत्र, सार्वजनिक क्षेत्र का सहायक होता है; जैसे—भारत की अर्थव्यवस्था आदि। इस अर्थव्यवस्था में सरकार व्यापार की व्यक्तिगत स्वतन्त्रता व समाज के वंचित व पिछड़े वर्ग के कल्याण हेतु दोनों की पूर्ति में सक्षम होती है। इस प्रकार की अर्थव्यवस्था में पूँजीपति एवं सरकार दोनों देश के आर्थिक विकास में परस्पर सहयोगी भूमिका निभाते हैं।

> **भारत में मिश्रित अर्थव्यवस्था को अपनाने का कारण**
>
> - निजी क्षेत्र से पूँजी, तकनीकी एवं प्रबन्धन क्षमता का लाभ उठाना।
> - सार्वजनिक क्षेत्र के कार्य-भार को कम करना, जिससे सरकारें अवसंरचनात्मक ढाँचे का विकास तथा सामाजिक कल्याण कार्यक्रमों का संचालन कर सकें।
> - नागरिकों को गुणवत्ता युक्त वस्तुओं एवं सेवाओं को उपलब्ध कराना।
> - आर्थिक विकास की गति को तीव्र करना।
> - गरीबी व बेरोजगारी जैसी समस्याओं का समाधान करना।
> - भारतीय अर्थव्यवस्था को वैश्विक प्रतिस्पर्द्धा के अनुरूप विकसित करना आदि।

राज्य अर्थव्यवस्था, पूँजीवादी अर्थव्यवस्था तथा मिश्रित अर्थव्यवस्था में अन्तर

केन्द्रीय नियोजित अर्थव्यवस्था/राज्य अर्थव्यवस्था/समाजवादी अर्थव्यवस्था	पूँजीवादी अर्थव्यवस्था/बाजार अर्थव्यवस्था	मिश्रित अर्थव्यवस्था
राज्य अर्थव्यवस्था में आर्थिक क्रियाओं (उत्पादन, उपभोग, निवेश तथा विनिमय) पर सरकार अथवा किसी केन्द्रीय संस्था का नियन्त्रण होता है।	पूँजीवादी अर्थव्यवस्था में आर्थिक क्रियाओं पर बाजारी शक्तियों का नियन्त्रण होता है।	मिश्रित अर्थव्यवस्था में आर्थिक क्रियाओं पर सामान्यतया बाजारी शक्तियों का नियन्त्रण होता है, लेकिन सरकार द्वारा विनियामक की भूमिका का निर्वहन किया जाता है।
इसके अन्तर्गत आर्थिक निर्णय सामाजिक कल्याण को ध्यान में रखकर लिए जाते हैं।	इसके अन्तर्गत आर्थिक निर्णय लाभ को अधिकतम करने के उद्देश्य से लिए जाते हैं।	इसके अन्तर्गत आर्थिक निर्णय सामाजिक कल्याण तथा अधिकतम लाभ दोनों उद्देश्यों को ध्यान में रखकर लिए जाते हैं।
आर्थिक क्रियाएँ सार्वजनिक क्षेत्र में सक्रिय होती हैं।	आर्थिक क्रियाएँ निजी क्षेत्र में सक्रिय होती हैं।	आर्थिक क्रियाएँ निजी एवं सार्वजनिक दोनों क्षेत्रों में सक्रिय होती हैं।
राज्य अर्थव्यवस्था के अन्तर्गत कौन-कौन सी वस्तुओं का उत्पादन किया जाए, यह निर्णय सरकार द्वारा लिया जाता है, इसलिए यहाँ उपभोक्ता की प्रभुता बाधित होती है।	पूँजीवादी अर्थव्यवस्था के अन्तर्गत उत्पादन उपभोक्ता की पसन्द के अनुसार किया जाता है, इसलिए यहाँ उपभोक्ता का प्रभुत्व होता है।	मिश्रित अर्थव्यवस्था में उपभोक्ता का प्रभुत्व होता है, परन्तु सार्वजनिक वितरण प्रणाली द्वारा सरकार आवश्यक वस्तुओं की आपूर्ति उपभोक्ताओं को सुनिश्चित कर सकती है।
इसमें अधिकतर संसाधनों पर सरकार का नियन्त्रण या स्वामित्व होता है। सरकार द्वारा ही बाजार में वस्तुओं का विक्रय मूल्य निर्धारित किया जाता है।	इसमें अधिकतर संसाधनों पर निजी क्षेत्रों का नियन्त्रण होता है। वस्तुओं और सेवाओं की कीमत बाजार द्वारा (माँग और पूर्ति द्वारा) निर्धारित की जाती है।	इसमें संसाधनों पर जनता एवं सरकार दोनों का नियन्त्रण होता है। वस्तुओं एवं सेवाओं की कीमत बाजार द्वारा निर्धारित की जाती है, परन्तु सरकार आवश्यक वस्तुओं की कीमत नियन्त्रित/नियमित करती है।

विकास की विभिन्न अवस्था के आधार पर

विकास की विभिन्न अवस्थाओं के आधार पर देशों का वर्गीकरण निम्न प्रकार है

- **विकसित अर्थव्यवस्था** इस अर्थव्यवस्था के अन्तर्गत वे देश आते हैं, जहाँ पर उच्च स्तर का औद्योगीकरण (Industrialisation) हो चुका है तथा इसके अतिरिक्त इन देशों की अर्थव्यवस्था में तृतीयक क्षेत्रकों की प्रधानता होती है। इन देशों में राष्ट्रीय आय (National Income), प्रति व्यक्ति आय (Per Capita Income) तथा जीवन स्तर (Living Standard) ऊँचा होता है।

> विकसित अर्थव्यवस्था में उत्पादन के तीनों संसाधन-प्राकृतिक, मानवीय तथा भौतिक प्रचुर मात्रा में उपलब्ध होते हैं एवं इनका अनुकूलन एवं समुचित उपयोग भी होता है। विश्व बैंक के अनुसार, वह अर्थव्यवस्था, जिनकी प्रति व्यक्ति सकल राष्ट्रीय आय $ 13,205 या उससे अधिक है, उसे विकसित अर्थव्यवस्था अथवा उच्च आय वाली अर्थव्यवस्था कहते हैं; जैसे—अमेरिका, ब्रिटेन, स्विट्‌जरलैण्ड, जापान आदि।

- **विकासशील देश/विकासशील अर्थव्यवस्था** विश्व बैंक की परिभाषा के अनुसार, विकासशील देश (Developing Country) वे देश हैं, जिनमें पश्चिमी मानक के आधार पर लोकतान्त्रिक सरकार (Democratic Government), मुक्त व्यापार अर्थव्यवस्था (Liberated Business Economy), औद्योगीकरण (Industrialisation), सामाजिक उन्नति (Social Development) और मानवाधिकारों (Human Rights) की प्राप्ति नहीं हुई है। यहाँ आर्थिक संवृद्धि के उच्च स्तर को प्राप्त करने का प्रयास किया जाता है। यहाँ मौद्रिक, प्रौद्योगिकीय एवं गैर-आर्थिक सीमाओं के कारण आय, बचत तथा पूँजी निर्माण का स्तर निम्न पाया जाता है। ब्राजील, चीन, भारत तथा दक्षिण अफ्रीका की अर्थव्यवस्था विकासशील अर्थव्यवस्था है।
- **अल्पविकसित अर्थव्यवस्था** इस प्रकार की अर्थव्यवस्था में एक ओर अप्रयुक्त या अर्द्ध-प्रयुक्त मानव संसाधन होता है और साथ ही प्राकृतिक संसाधनों की न्यूनतम उपलब्धता पाई जाती है। वह अर्थव्यवस्था, जिनका आर्थिक विकास या लोगों के रहन-सहन का स्तर निम्न होता है, उसे अल्पविकसित अर्थव्यवस्था कहते हैं। इनकी प्रति व्यक्ति सकल राष्ट्रीय आय 1085 डॉलर या इससे कम होती है। सोमालिया, बुरूण्डी, चाड़, नाइजर अल्पविकसित देश हैं।

> संयुक्त राष्ट्र के अनुसार, जो देश विकास सूचकांक को प्रदर्शित करते हैं, वे इस वर्ग के अन्तर्गत आते हैं।

- निम्नलिखित तीन श्रेणियों को पूर्ण रूप से सन्तुष्ट करने वाले देश ही अल्पविकसित देशों (Least Developed Countries) के अन्तर्गत रखे जाते हैं, जो इस प्रकार हैं
  - **दरिद्रता** (Poverty) वे देश, जिनकी लगातार तीन वर्षों तक प्रति व्यक्ति सकल राष्ट्रीय आय (Gross National Income) US $ 1085 से कम हो, उन्हें ही अल्पविकसित देशों के अन्तर्गत रखा जाता है।
  - **कमजोर मानव संसाधन** (Human Resource Weakness) इसके अन्तर्गत पोषण, स्वास्थ्य, शिक्षा एवं प्रौढ़ शिक्षा को महत्त्व दिया जाता है।

- **आर्थिक भेद्यता** (Economic Vulnerability) यह कृषि उत्पादन में अस्थिरता, वस्तु एवं सेवा के निर्यात में अस्थिरता, गैर-परम्परागत क्रिया का आर्थिक महत्त्व, निम्न स्तर का निर्यात तथा प्राकृतिक आपदा द्वारा जनसंख्या के विस्थापन पर आधारित होती है।

विश्व की अर्थव्यवस्था का वर्गीकरण, 2022

- प्रतिवर्ष जुलाई में विश्व बैंक, विश्व की अर्थव्यवस्थाओं का वर्गीकरण करता है, जिसका आधार प्रति व्यक्ति सकल राष्ट्रीय आय होता है। विश्व बैंक द्वारा 15 जुलाई, 2022 को जारी विश्व विकास रिपोर्ट के अनुसार वैश्विक अर्थव्यवस्था का वर्गीकरण निम्नलिखित है
  - निम्न आय वर्ग — \$ 1085 या उससे कम
  - निम्न मध्यम आय वर्ग — \$ 1085 – \$4255
  - उच्च मध्यम आय वर्ग — \$ 4255 – \$13,205
  - उच्च आय वर्ग — \$ 13,205 व उससे अधिक

विकसित तथा अल्पविकसित अर्थव्यवस्थाओं में अन्तर

विकसित अर्थव्यवस्था	अल्पविकसित या विकासशील अर्थव्यवस्था
राष्ट्रीय आय और प्रति व्यक्ति आय एक निर्धारित स्तर से ऊपर हो।	राष्ट्रीय आय और प्रति व्यक्ति आय एक निर्धारित स्तर से कम हो।
राष्ट्रीय आय में प्राथमिक क्षेत्र की तुलना में द्वितीयक व तृतीयक क्षेत्र का अधिक योगदान।	राष्ट्रीय आय में प्राथमिक क्षेत्र का अधिक योगदान।
वैज्ञानिक प्रगति एवं तकनीकी प्रगति का उच्च स्तर।	वैज्ञानिक प्रगति एवं तकनीकी विकास का निम्न स्तर।
आधारभूत संरचना का उन्नत स्तर तथा औद्योगिक रूप से समृद्ध।	औद्योगिक पिछड़ापन एवं आधारभूत संरचना का निम्नतर स्तर।
जनसंख्या का भार कम एवं उच्च जीवन स्तर।	जनघनत्व अधिक एवं लोगों का निम्न जीवन स्तर।
पूँजी निर्माण की उच्च दर।	पूँजी निर्माण की निम्न दर।
मुख्यत: विनिर्मित वस्तुओं का निर्यात।	मुख्यत: कच्चे प्राकृतिक संसाधनों का निर्यात।
उदाहरण संयुक्त राज्य अमेरिका, कनाडा, ब्रिटेन तथा अन्य पश्चिम यूरोपीय देश।	उदाहरण भारत, पाकिस्तान, बांग्लादेश, इण्डोनेशिया आदि।

विभिन्न क्षेत्रों की भूमिका के आधार पर

विभिन्न क्षेत्रों की भूमिका के आधार पर अर्थव्यवस्था निम्न प्रकार है

- **कृषक अर्थव्यवस्था** जब किसी देश की अर्थव्यवस्था के सकल घरेलू उत्पाद (GDP) में कृषि एवं सम्बद्ध क्षेत्र (प्राथमिक क्षेत्र) का योगदान 50% अथवा इससे अधिक हो और साथ ही इतने ही अनुपात में लोग प्राथमिक क्षेत्र को जीवन निर्वाह हेतु अपनी आजीविका के रूप में अपनाते हैं, तो वह कृषक अर्थव्यवस्था कहलाती है। स्वतन्त्रता प्राप्ति के दौरान भारत की पहचान एक कृषक अर्थव्यवस्था के रूप में थी।
- **औद्योगिक अर्थव्यवस्था** औद्योगिक अर्थव्यवस्था उस अर्थव्यवस्था को कहा जाता है, जहाँ के सकल घरेलू उत्पाद में औद्योगिक क्षेत्र का योगदान 50% अथवा इससे अधिक हो और साथ ही इतने ही अनुपात में लोग अपनी आजीविका के लिए इसी क्षेत्र पर निर्भर रहें। इसका सबसे अच्छा उदाहरण चीन को माना जाता है।
- **सेवा अर्थव्यवस्था** जब किसी अर्थव्यवस्था के सकल घरेलू उत्पाद में सेवा अथवा तृतीयक क्षेत्र का योगदान 50% या उससे अधिक हो और साथ ही इतने ही अनुपात में लोग अपनी आजीविका के लिए रोजगार के रूप में इस क्षेत्र को अपनाते हैं, तो उसे सेवा अर्थव्यवस्था कहा जाता है। अमेरिका, ब्रिटेन, जापान इत्यादि विकसित देश इसके सबसे अच्छे उदाहरण हैं।

वैश्विक अन्तर्सम्बन्धों के आधार पर

वैश्विक अन्तर्सम्बन्धों के आधार पर अर्थव्यवस्था को दो भागों में वर्गीकृत किया जाता है

- **खुली अर्थव्यवस्था** जिस अर्थव्यवस्था में उदारवादी तथा निजी आर्थिक तत्त्वों की प्रभाविता रहती है तथा आयात-निर्यात पर न्यूनतम प्रतिबन्ध रहते हैं, उन्हें खुली अर्थव्यवस्था (Open Economy) कहते हैं; जैसे—हाँगकाँग व सिंगापुर आदि।

> **खुली अर्थव्यवस्था** वाले देश विश्व के अन्य देशों के साथ वस्तुओं एवं सेवाओं के व्यापार तथा निवेश के लिए स्वतन्त्र होते हैं। इस अर्थव्यवस्था का दुनिया की अन्य अर्थव्यवस्थाओं के साथ उचित आर्थिक सम्बन्ध व्याप्त होता है। ऐसी अर्थव्यवस्था में उत्पादन, उपभोग तथा पूँजी निर्माण बाह्य लेन-देन से प्रभावित होता है। खुली अर्थव्यवस्था में आयात एवं निर्यात पर न्यूनतम प्रतिबन्ध होता है। आधुनिक विश्व की लगभग सभी अर्थव्यवस्था, खुली अर्थव्यवस्था हैं।

- **बन्द अर्थव्यवस्था** ऐसी अर्थव्यवस्था, जो बाह्य अर्थव्यवस्था से किसी भी प्रकार से कोई सम्बन्ध नहीं रखती है अर्थात् आयात-निर्यात की गतिविधियाँ शून्य होती हैं तथा निजी क्षेत्र की भूमिका नगण्य होती है, उन्हें बन्द अर्थव्यवस्था (Closed Economy) कहते हैं; जैसे—उत्तरी कोरिया आदि। इस अर्थव्यवस्था वाले देश विश्व के अन्य देशों के साथ वस्तुओं एवं सेवाओं के व्यापार एवं निवेश के लिए स्वतन्त्र नहीं होते हैं।

बन्द अर्थव्यवस्था और खुली अर्थव्यवस्था में अन्तर

बन्द अर्थव्यवस्था	खुली अर्थव्यवस्था
इस अर्थव्यवस्था का शेष विश्व से कोई आर्थिक सम्बन्ध नहीं होता है।	इस अर्थव्यवस्था का विश्व की दूसरी अर्थव्यवस्थाओं से आर्थिक सम्बन्ध होता है।
इस अर्थव्यवस्था में सकल घरेलू उत्पाद (GDP) एवं राष्ट्रीय आय (National Income) दोनों एकसमान होते हैं।	इस अर्थव्यवस्था में राष्ट्रीय आय एवं घरेलू आय में अन्तर होता है।
इसकी आर्थिक क्रियाएँ शेष विश्व में होने वाले परिवर्तनों से अप्रभावित रहती हैं।	इसकी आर्थिक क्रियाओं पर शेष विश्व में होने वाले परिवर्तनों का प्रभाव पड़ता है।
इस अर्थव्यवस्था में उपभोग एवं विनियोग दोनों उत्पादन के बराबर होते हैं।	इस अर्थव्यवस्था में उपभोग तथा विनियोग का योग उत्पादन से अधिक भी हो सकता है और कम भी।
इस अर्थव्यवस्था में अन्तर्राष्ट्रीय व्यापार के लाभ प्राप्त नहीं होते हैं।	इस अर्थव्यवस्था में अन्तर्राष्ट्रीय व्यापार के लाभ प्राप्त होते हैं।
इस अर्थव्यवस्था में पूँजी निर्माण नगण्य होता है।	इस अर्थव्यवस्था में पूँजी-निर्माण तथा विनियोग दोनों महत्त्वपूर्ण होते हैं।
यह एक काल्पनिक अर्थव्यवस्था है।	यह एक वास्तविक अर्थव्यवस्था है।

नियोजन के आधार पर

नियोजन के आधार पर अर्थव्यवस्था के दो प्रकार हैं, जिनका विवरण निम्नवत् है

- **योजनाबद्ध अर्थव्यवस्था** (Planned Economy) ऐसी अर्थव्यवस्था वाले देश अपनी आर्थिक संवृद्धि एवं विकास के लक्ष्यों को प्राप्त करने के लिए योजना एवं रणनीतियाँ बनाते हैं।

> भारत में योजना आयोग के द्वारा निर्मित पंचवर्षीय योजनाएँ तथा वर्तमान में नीति आयोग के द्वारा बनाया गया 15 वर्षीय विजन, 7 वर्षीय रणनीति तथा 3 वर्ष के लिए अपनाया जाने वाला एजेण्डा योजनाबद्ध अर्थव्यवस्था के स्वरूप के उदाहरण हैं।

- **गैर-योजनाबद्ध अर्थव्यवस्था** (Non-Planned Economy) इस अर्थव्यवस्था में आर्थिक विकास के लिए किसी प्रकार की दीर्घकालिक रणनीतियों को नहीं अपनाया जाता है। इसमें आर्थिक संवृद्धि तथा विकास के लक्ष्यों की प्राप्ति के लिए योजना का निर्धारण नहीं किया जाता है या पूर्व निर्धारित नहीं होता है।

निर्भरता के आधार पर

निर्भरता के आधार पर अर्थव्यवस्था तीन प्रकार की होती है, जिनका विवरण निम्नवत् है

- **आश्रित अर्थव्यवस्था** (Dependent Economy) वह अर्थव्यवस्था, जो अपनी आवश्यकताओं की पूर्ति हेतु किसी दूसरी अर्थव्यवस्था पर निर्भर रहती है, उसे आश्रित अर्थव्यवस्था कहते हैं। इसके पास पूँजी व संसाधनों का सामान्यत: अभाव होता है तथा उत्पादन की उन्नत प्रौद्योगिकी की भी कमी पाई जाती है।
- **परस्पर-निर्भर अर्थव्यवस्था** (Mutually Dependent Economy) वह अर्थव्यवस्था, जो कुछ मामलों एवं क्षेत्रों में आत्मनिर्भर तथा कुछ मामलों व क्षेत्रों में दूसरे देशों पर निर्भर होती है, ऐसी अर्थव्यवस्था को परस्पर-निर्भर अर्थव्यवस्था कहते हैं। इसके अन्तर्गत ऐसे देश आते हैं, जिनके पास संसाधन होते हैं, किन्तु संसाधनों के कुशलतम प्रयोग के लिए तथा टेक्नोलॉजी के लिए दूसरे देशों पर निर्भर रहते हैं।
- **आत्मनिर्भर अर्थव्यवस्था** (Self-Dependent Economy) ऐसी अर्थव्यवस्था, जो अपनी आवश्यकता के लिए वस्तुओं तथा सेवाओं के उत्पादन के लिए सक्षम होती है, उसे आत्मनिर्भर अर्थव्यवस्था कहते हैं। यह पूँजी व संसाधन के मामलों में सम्पन्न तथा नागरिकों की लगभग सभी आवश्यकताओं की पूर्ति करने में समर्थ होती है।

> सामान्यत: अर्थजगत में अब यह माना जाता है कि आज की दुनिया में कोई भी देश अपने आप को पूर्ण रूप से आत्मनिर्भर अर्थव्यवस्था नहीं कह सकता है।

अन्य अर्थव्यवस्थाएँ

अन्य अर्थव्यवस्थाएँ निम्नलिखित हैं

चक्रीय अर्थव्यवस्था

- यह अर्थव्यवस्था रेखीय अर्थव्यवस्था के विपरीत तथा एक वैकल्पिक व्यवस्था की अवधारणा पर कार्य करती है, जिसमें संसाधनों का कुशलतापूर्वक उपयोग किया जाता है। संसाधनों के अभाव जैसी परिस्थितियों में संसाधनों का कुशलतम उपयोग करना **संसाधन दक्षता** (Resource Efficiency) कहलाता है।
- इसमें संसाधनों के कुशलतम उपयोग, पुन: उपयोग, पुनर्चक्रण, पुनर्निर्माण तथा नवीकरण पर बल दिया जाता है।
- वर्तमान में बढ़ती जनसंख्या तथा शहरीकरण एवं उपभोक्तावादी संस्कृति के कारण प्राकृतिक संसाधनों पर दबाव बढ़ गया है, ऐसे में चक्रीय अर्थव्यवस्था महत्त्वपूर्ण है। यह आर्थिक संवृद्धि दर को भी उच्च करने में सहायक होती है।
- इस अर्थव्यवस्था में संसाधनों का किया जाने वाला कुशलतम उपयोग सतत विकास के प्रमुख आयामों; जैसे—आर्थिक, सामाजिक और पर्यावरण के अनुकूल होता है।

> नीति आयोग के पूर्व मुख्य कार्यकारी अधिकारी **अमिताभ कान्त** के अनुसार, चक्रीय अर्थव्यवस्था के अन्तर्गत आगामी 5-7 वर्षों में लगभग 1.4 करोड़ रोजगार सृजन किए जा सकते हैं।

गिग इकोनॉमी प्रारूप

- यह अर्थव्यवस्था का एक ऐसा मॉडल है, जिसमें स्थायी कर्मचारियों के बदले फ्रीलान्सर, गैर-स्थायी कर्मचारियों तथा अनुबन्ध आधारित (Contract Based) अस्थायी नौकरियाँ प्रदान की जाती हैं।
- इसमें कर्मचारियों की आय उनके कार्य की मात्रा एवं गुणवत्ता के आधार पर निर्धारित की जाती है। इसमें कम्पनियाँ अपनी आवश्यकता के अनुसार योग्य कर्मचारियों को नियुक्त करती हैं।
- यह एक मुक्त व्यवस्था होती है, जहाँ स्थायी रोजगार के स्थान पर अस्थायी रोजगार का विकल्प होता है। इसमें जानकारी रखने वाले व्यक्ति को कुछ समय के लिए अनुबन्धित किया जाता है। इसमें सक्षम व्यक्ति अपनी आवश्यकतानुसार कार्य करते हैं। इसमें व्यक्ति की सफलता, अनुकूल कार्य, योग्य अच्छे वेतन उसकी गुणवत्ता पर निर्भर करते हैं।
- भारत के सन्दर्भ में यह इकोनॉमी अनौपचारिक क्षेत्र का ही विस्तार है। इसमें कार्य करने वाले लोगों को सामाजिक सुरक्षा (Social Security), बीमा (Insurance) आदि सुविधा प्रदान नहीं की जाती हैं।
- वर्तमान डिजिटलाइजेशन के युग में रोजगार व कार्य का स्वरूप बदल गया है, जिससे गिग इकोनॉमी का महत्त्व बढ़ गया है।

भारत में गिग इकोनॉमी का विकास

- भारत में डिजिटलीकरण (Digitalization) का तेजी से बढ़ना गिग इकोनॉमी के विकास का प्रमुख कारण है। इसमें रोजगार को लचीला बनाया गया है। इसमें बिना किसी भौगोलिक बाधा के कार्य करना सरल हो गया है। इससे कम्पनियाँ निश्चित अवधि या अस्थायी रूप से लोगों को रोजगार प्रदान कर रही हैं। इसमें पेशेवर व योग्य व्यक्ति के लिए रोजगार चुनने का विकल्प है।
- वर्तमान में यह स्थायी रोजगार के बदले एक विकल्प के रूप में देखा जा रहा है अर्थात् औपचारिक क्षेत्र में लगातार हो रही नौकरियों की कमी ने गिग इकोनॉमी को बढ़ावा दिया है।
- भारत की बढ़ती बेरोजगारी तथा दूसरी ओर घटती सरकारी नौकरियों की कमी ने पार्ट टाइम अथवा फ्रीलान्स जैसी बढ़ती नौकरियों का प्रचलन या आवश्यकता को बढ़ावा दिया है, जिससे गिग इकोनॉमी में वृद्धि हुई है।
- नीति आयोग ने **इण्डियाज़ बूमिंग गिग एण्ड प्लेटफॉर्म इकोनॉमी** शीर्षक से एक रिपोर्ट जारी की। रिपोर्ट के अनुसार, वर्ष 2029 से 2030 तक भारत के गिग वर्कफोर्स के 2.35 करोड़ तक बढ़ने की उम्मीद है।
- इस रिपोर्ट का अनुमान है कि वर्ष 2020 से 2021 में 77 लाख (7.7 मिलियन) कर्मचारी गिग इकोनॉमी में संलग्न थे, जो भारत में गैर-कृषि कार्यबल का 2.6% या कुल कार्यबल के 1.5% थे।

अर्थव्यवस्था के क्षेत्र

सामान्यत: सम्पूर्ण अर्थव्यवस्था की आर्थिक गतिविधियों को लेखांकित करने के लिए इसे तीन क्षेत्रकों (Sectors) में विभाजित किया जाता है, जो निम्न हैं

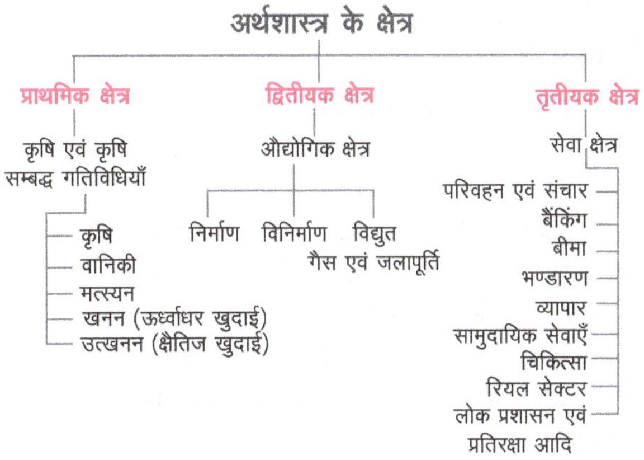

प्राथमिक क्षेत्र

- यह अर्थव्यवस्था का वह क्षेत्र है, जिसमें प्राकृतिक संसाधनों को उत्पाद के रूप में प्राप्त किया जाता है। इसे कृषि एवं सम्बद्ध गतिविधियों से सम्बन्धित क्षेत्र भी कहा जाता है।
- इसमें अर्थव्यवस्था के प्राकृतिक क्षेत्रों का लेखांकन किया जाता है तथा इसके अन्तर्गत कृषि, वानिकी, पशुपालन, मत्स्यन एवं खनन (ऊर्ध्वाधर खुदाई) एवं उत्खनन (क्षैतिज खुदाई) आदि क्षेत्रों को सम्मिलित किया जाता है।

द्वितीयक क्षेत्र

- यह अर्थव्यवस्था का वह क्षेत्र है, जिसमें प्राथमिक क्षेत्र के उत्पादों का उपयोग **कच्चे माल** के रूप में किया जाता है।
- इस क्षेत्र को द्वितीयक क्षेत्र (Secondary Sector) अथवा औद्योगिक क्षेत्र (Industrial Sector) भी कहा जाता है।
- इस क्षेत्र के अन्तर्गत मुख्यत: अर्थव्यवस्था की **विनिर्मित वस्तुओं** के उत्पादन का लेखांकन किया जाता है, जिनका विवरण इस प्रकार है
  - **निर्माण**, जहाँ किसी स्थायी परिसम्पत्ति का निर्माण किया जाए; जैसे—भवन।
  - **विनिर्माण**, जहाँ किसी वस्तु का उत्पादन हो; जैसे—कपड़ा, ब्रेड आदि।
  - **विद्युत**, गैस एवं जलापूर्ति इत्यादि से सम्बन्धित कार्य।

तृतीयक या सेवा क्षेत्र

- अर्थव्यवस्था के इस क्षेत्र में विभिन्न प्रकार की सेवाओं का उत्पादन किया जाता है, इसलिए इसे सेवा क्षेत्र कहते हैं।

- यह क्षेत्र अर्थव्यवस्था के प्राथमिक और द्वितीयक क्षेत्र को अपनी उपयोगी सेवाएँ प्रदान करता है। इसके अन्तर्गत निम्न सेवाएँ; जैसे—परिवहन एवं संचार, बैंकिंग, बीमा, भण्डारण, व्यापार, सामुदायिक सेवाएँ, चिकित्सा, रियल सेक्टर एवं लोक प्रशासन एवं प्रतिरक्षा आदि शामिल हैं।

चतुर्थक क्षेत्र

- अर्थव्यवस्था के इस क्षेत्र में बौद्धिक गतिविधियों को शामिल किया जाता है। इसमें सूचनाओं का संग्रह करना, सूचनाओं का अध्ययन करना आदि शामिल होता है।
- इस क्षेत्र की सेवाओं में तकनीकी कौशल, प्रबन्धकीय कौशल के साथ-साथ कर प्रबन्धक, सॉफ्टवेयर डेवलपर्स, शोध एवं अनुसन्धानकर्ता आदि की सेवाओं को भी शामिल किया जाता है।
- इसमें कार्यालय भवन, प्राथमिक विद्यालयों तथा विश्वविद्यालयों की कक्षाओं, अस्पतालों और डॉक्टरों के कार्यालय आदि शामिल हैं।

पंचक क्षेत्र

- इसमें समाज या अर्थव्यवस्था में उच्च-स्तर के निर्णय लेने वाले; जैसे—विश्वविद्यालय, मीडिया, विज्ञान, गैर-लाभकारी संस्थान आदि को शामिल किया जाता है।
- इसका सम्बन्ध उच्च किस्म की सेवाओं (गोल्ड कॉलर प्रोफेशनल्स) से है। इसमें विशेषज्ञ स्तर के नीति-निर्माता, निर्णय-निर्माण, कम्पनियों के उच्च प्रबन्धन, वैज्ञानिकों, कानूनी सलाहकारों तथा वित्तीय प्रबन्धकों आदि को शामिल किया जाता है।

बाजार

- बाजार शब्द का अर्थ एक तन्त्र से होता है, जिसके माध्यम से क्रेता एवं विक्रेता एक-दूसरे के सम्पर्क में आते हैं। विभिन्न वस्तुओं की कीमत तथा उनके उत्पादन का आकार बाजार के ढाँचे के रूप पर निर्भर करता है, जिसमें उनका उत्पादन, क्रय तथा विक्रय किया जाता है।
- यह एक संगठित संरचना होती है, जो कीमतों के स्तर को प्रभावित करती है। बाजार की विभिन्न दशाओं के आधार पर बाजार को विभिन्न रूपों में वर्गीकृत किया जाता है, जिसका प्रत्येक दशा में मूल्य निर्धारण भिन्न होता है।

बाजार के विभिन्न रूप/प्रकार

बाजार के विभिन्न रूप अथवा विभिन्न प्रकार पाए जाते हैं, जिनका विवरण निम्नवत् है

एकाधिकार बाजार

- एकाधिकार **Monopoly** दो ग्रीक शब्दों, Monos तथा Polus से मिलकर बना है, जिसका अर्थ क्रमशः अकेला और विक्रेता है।
- अर्थशास्त्र में जब किसी एक व्यक्ति या संस्था का किसी उत्पाद या सेवा पर बाजार में इतना नियन्त्रण हो कि वह उसके विक्रय से सम्बन्धित शर्तों एवं मूल्य को अपनी इच्छानुसार लागू कर सके, तो इस स्थिति को एकाधिकार बाजार कहते हैं।
- इसमें एक ही उत्पादक एवं विक्रेता होता है, यह प्रतियोगिता रहित होता है, जिसमें एकाधिकारी का कीमत पर पूर्ण नियन्त्रण होता है।

एकाधिकार बाजार की प्रमुख विशेषताएँ

- एक बाजार में विक्रेता एक ही होता है तथा क्रेता अनेक, जिससे उस विक्रेता का बाजार पर एकाधिकार स्थापित हो जाता है।
- इस बाजार में एक ही विक्रेता होने के कारण, उक्त वस्तु के निकट स्थानापन्न अथवा वैकल्पिक व्यवस्था का अभाव पाया जाता है।
- इस बाजार में विक्रेता का एकाधिकार रहता है तथा एकाधिकारी कीमत का निर्धारण स्वयं करता है।
- इस बाजार में नई फर्मों के प्रवेश पर प्रतिबन्ध रहता है तथा इसकी प्रवृत्ति अधिकतम लाभ अर्जन करने की होती है।
- इस बाजार में वस्तुओं की कीमत सामान्यत: ऊँची होती है, जिससे माँग-वक्र/औसत आय-वक्र की ढाल ऋणात्मक हो जाती है। एकाधिकारी यदि अपनी वस्तु की बिक्री बढ़ाना चाहता है, तो उसे उसकी कीमत को घटाना होगा।
- सीमान्त आय वक्र की ढाल भी ऋणात्मक होती है।

एकाधिकृत प्रतियोगिता बाजार

- एकाधिकृत या एकाधिकारात्मक प्रतियोगिता बाजार (Monopolistic Competition Market) से अभिप्राय उस अवस्था से है, जिसमें विक्रेता वस्तुओं में इतना विभेद पाया जाता है कि वे एक-दूसरे की पूर्ण स्थानापन्न नहीं होती हैं।
- प्रत्येक उत्पादक या विक्रेता का अपनी वस्तु पर पूर्ण एकाधिकार होता है, चूँकि उसे बाजार में अपूर्ण स्थानापन्न वस्तुओं के साथ प्रतिस्पर्द्धा का सामना करना पड़ता है, इसलिए ऐसी अवस्था को **एकाधिकारात्मक अवस्था** भी कहते हैं।
- इसमें किसी वस्तु के बहुत से क्रेता तथा विक्रेता होते हैं, किन्तु प्रत्येक विक्रेता की वस्तु एक-दूसरे से भिन्न होती है।

एकाधिकृत प्रतियोगिता बाजार की विशेषताएँ

- इसमें विक्रेताओं की अधिक संख्या पाई जाती है।
- इसमें विभिन्न फर्मों का उत्पादन समरूप न होकर निकट स्थानापन्न वस्तुओं का उत्पादन होता है।
- इसमें समूह में फर्मों का स्वतन्त्र प्रवेश एवं निष्कासन होता है।
- इसमें विज्ञापन एवं विक्रय लागतों की उपस्थिति पाई जाती है।
- एकाधिकारात्मक प्रतियोगिता में फर्म का माँग-वक्र ऊपर से नीचे की ओर गिरता हुआ (ढाल और मूल्य सापेक्ष वक्र) होता है, क्योंकि फर्म अपनी वस्तु की अधिक मात्रा कीमत में कमी करके ही बेच सकती है।
- औसत आय और सीमान्त आय वक्र की ढाल भी ऋणात्मक होती है।

अल्पाधिकार बाजार

- अल्पाधिकार बाजार (Oligopoly Market) अपूर्ण प्रतियोगिता का एक महत्त्वपूर्ण रूप है। अल्पाधिकार उस स्थिति को कहा जाता है, जिसमें एक वस्तु के उत्पादन या बेचने वाली फर्में कम होती हैं।
- जब उत्पादकों या विक्रेताओं की संख्या दो से दस तक हों, तो इस स्थिति को अल्पाधिकार कहा जाता है और जब विक्रेताओं के पदार्थ समान हों, तो उसे शुद्ध अल्पाधिकार कहा जाता है। दूसरी ओर, जब विभिन्न विक्रेताओं या फर्मों के पदार्थ विभेदीकृत, परन्तु एक-दूसरे के निकट स्थानापन्न हों, तो इसको अपूर्ण अल्पाधिकार (Imperfect Oligopoly) कहा जाता है।
- इसमें कुछ ही फर्मों का सम्पूर्ण बाजार पर नियन्त्रण होता है तथा एक फर्म के द्वारा लिया गया निर्णय अन्य सभी फर्मों को प्रभावित करता है।

अल्पाधिकार बाजार की प्रमुख विशेषताएँ

- इस बाजार में विक्रेताओं की परस्पर निर्भरता पाई जाती है।
- इस बाजार में विज्ञापन तथा विक्रय लागतों का महत्त्व होता है।
- फर्मों की सीमित कीमत-नियन्त्रण इस बाजार में पाई जाती है।
- माँग-वक्र की अनिश्चितता ऐसे बाजार के लिए स्वाभाविक विशेषता है। इस बाजार में विक्रेताओं की अल्प संख्या पाई जाती है।
- इस बाजार में फर्मों द्वारा निर्णय लेने में पारस्परिक निर्भरता होती है।

द्वि-अधिकार बाजार

- द्वि-अधिकार बाजार (Duopoly Market) ऐसी स्थिति है, जिसके अन्तर्गत बाजार में केवल दो फर्में ही क्रियाशील होती हैं।
- द्वि-अधिकार की एक महत्त्वपूर्ण विशेषता यह है कि इसके अन्तर्गत व्यक्तिगत फर्म को अपनी कीमत अथवा उत्पादन मात्रा अथवा दोनों के परिवर्तन सम्बन्धी अपने निर्णय के अप्रत्यक्ष प्रभागों पर बड़ी सावधानी से विचार करना पड़ता है।

द्वि-अधिकार बाजार की प्रमुख विशेषताएँ

- इसमें केवल दो फर्में ही होती हैं।
- दोनों फर्मों में पारस्परिक निर्भरता बनी रहती है।
- इसमें कीमत में स्थायित्व की प्रकृति पाई जाती है।
- दोनों फर्मों में सामान्यत: एक ही वस्तु उत्पादित होती है।
- माँग वक्र, औसत आय वक्र एवं सीमान्त आय वक्र की ढाल ऋणात्मक होती है।

पूर्ण प्रतिस्पर्द्धा बाजार

- यह प्रतिस्पर्द्धात्मक बाजार का एक अंग है। सामान्य बोलचाल की भाषा में, प्रतिस्पर्द्धा शब्द का प्रयोग फर्मों के बीच पाई जाने वाली प्रतिद्वन्द्विता के लिए किया जाता है, परन्तु अर्थशास्त्र में प्रतियोगिता शब्द का प्रयोग बाजार के प्रतियोगी ढाँचे के लिए किया जाता है।
- बाजार में प्रतियोगी ढाँचे का तात्पर्य फर्म द्वारा बाजार की कीमत को प्रभावित करने की शक्ति से है, एक फर्म की बाजार कीमत को प्रभावित करने की शक्ति जितनी कम होगी, बाजार उतना ही अधिक प्रतियोगी होगा।
- तात्पर्य यह है कि जब फर्मों की बाजार कीमत को प्रभावित करने की शक्ति शून्य होगी, तब बाजार का ढाँचा पूर्ण प्रतिस्पर्द्धा का होगा। इसमें वस्तुओं की कीमत का निर्धारण माँग एवं पूर्ति से होता है।

पूर्ण प्रतिस्पर्द्धा बाजार की प्रमुख विशेषताएँ

- इस बाजार में क्रेताओं और विक्रेताओं की संख्या अधिक होती है।
- इसमें क्रेताओं और विक्रेताओं को बाजार की पूर्ण जानकारी होती है।
- इस बाजार में समान वस्तुओं को बेचा जाता है।
- इस बाजार में वस्तु की कीमत में अन्तर नहीं होता है।
- इस बाजार में फर्मों का प्रवेश तथा बहिर्गमन स्वतन्त्र रूप से होता है। इस बाजार में परिवहन और लागत पर खर्च शून्य होता है।
- इस बाजार में वस्तुओं और उत्पादन के कारकों की पूर्ण गतिशीलता होती है। पूर्ण प्रतियोगिता में कृत्रिम प्रतिबन्धों या हस्तक्षेप की अनुपस्थिति पाई जाती है।
- इस बाजार में उत्पाद की पूर्ण लोचदार माँग होती है।

भारतीय अर्थव्यवस्था का आकार एवं प्रवृत्ति

- भारतीय अर्थव्यवस्था सकल घरेलू उत्पाद के आधार पर संयुक्त राज्य अमेरिका, चीन, जापान तथा जर्मनी के बाद विश्व की पाँचवीं सबसे बड़ी अर्थव्यवस्था है।
- मार्च, 2022 की प्रथम तिमाही में सांकेतिक/नॉमिनल जीडीपी के आधार पर भारतीय अर्थव्यवस्था का आकार 854.7 बिलियन अमेरिकी डॉलर पाया गया। भारत वर्ष 2029 तक विश्व की तीसरी सबसे बड़ी अर्थव्यवस्था बनने के लिए तैयार है।
- क्रय-शक्ति समता (Purchasing Power Parity) के आधार पर चीन एवं संयुक्त राज्य अमेरिका के बाद भारत तीसरी बड़ी अर्थव्यवस्था है। अंकटाड द्वारा जारी विश्व निवेश रिपोर्ट (World Investment Report), 2022 के अनुसार, भारत वर्ष 2021 में विश्व का 6वाँ सबसे बड़ा प्रत्यक्ष विदेशी निवेश (FDI) प्राप्तकर्ता देश था, जो वर्ष 2021 की रिपोर्ट के अनुसार 5वें स्थान पर रहा था।
- वित्त वर्ष 2021-22 के दौरान भारत में प्रत्यक्ष विदेशी निवेश के क्षेत्र में सर्वाधिक निवेश सिंगापुर और अमेरिका ने किया। इसके बाद मॉरीशस, नीदरलैण्ड एवं स्विट्जरलैण्ड का स्थान है।
- भारतीय अर्थव्यवस्था कृषि प्रधान अर्थव्यवस्था है। भारत विश्व के बड़े राष्ट्रों में से एक है। विश्व में क्षेत्रफल की दृष्टि से भारत का 7वाँ स्थान है और एशिया में चीन के बाद दूसरा स्थान है।
- वर्तमान समय में भारतीय अर्थव्यवस्था अनेक महत्त्वपूर्ण संरचनात्मक परिवर्तनों के साथ आर्थिक विकास एवं प्रगति की प्रक्रिया से गुजर रही है। इसे अर्थव्यवस्थाओं के आकार से आसानी से समझा जा सकता है।

भारतीय अर्थव्यवस्था के लक्षण

- भारत एक निम्न मध्यम आय वाली विकासशील अर्थव्यवस्था का उदाहरण प्रस्तुत करता है, किन्तु सकल घरेलू उत्पाद में हो रही तेज वृद्धि के चलते यह आगामी कुछ वर्षों में मध्यम आय वाले देशों के वर्ग में प्रवेश कर जाएगा। भारतीय अर्थव्यवस्था में विकासशील अर्थव्यवस्था के निम्न लक्षण पाए जाते हैं
  - **प्रति व्यक्ति आय का निम्न होना** वर्ष 2021 में भारत की प्रति व्यक्ति सकल राष्ट्रीय आय विश्व बैंक के अनुसार, केवल $ 7130 (जीडीपी क्रय शक्ति समता के आधार पर) थी, जोकि बहुत ही कम है। वर्ष 2022-23 में स्थिर मूल्य पर भारत की प्रति व्यक्ति आय ₹ 98,118 दर्ज की गई है।
  - **अधिकांश जनसंख्या का अर्थव्यवस्था के प्राथमिक क्षेत्र में संलग्न होना** भारत की कुल कार्यकारी जनसंख्या का लगभग 48.9% कृषि कार्य में लगा हुआ है, जबकि राष्ट्रीय आय में इसका योगदान 18.8% है।
  - **बेरोजगारी की समस्या** भारत लगातार बेरोजगारी और अल्परोजगार की समस्या से ग्रसित रहा है। यहाँ मात्रात्मक रोजगार के साथ-साथ गुणात्मक रोजगार की भी कमी रही है।
  - **पर्याप्त पूँजी का अभाव** यहाँ प्रति व्यक्ति उपलब्धता काफी कम है। निम्न आय वर्ग वाली जनसंख्या की अधिकता के कारण बचत दर भी काफी कम है। परिणामत: पूँजी निर्माण की प्रचलित दर भी निम्नतम है।
  - **मानव संसाधन की गुणवत्ता का निम्न होना** भारत को अपने मानव संसाधन पर बहुत अधिक निवेश करना पड़ता है। स्वास्थ्य, शिक्षा, सामाजिक सुरक्षा, सामाजिक सेवाओं व सामाजिक कल्याण पर अधिक व्यय के कारण आर्थिक विकास के लिए पूँजी का अभाव हो जाता है।
  - **अधिकांश जनसंख्या के जीवन-स्तर का निम्न होना** भारत में अधिकतर लोगों को प्रतिदिन सन्तुलित भोजन नहीं मिल पाता है। यहाँ लगभग 29.5% जनसंख्या अब भी गरीबी रेखा के नीचे जीवन-यापन कर रही है।

भारतीय अर्थव्यवस्था की स्थिति

- वर्ष 2017-18 में भारतीय अर्थव्यवस्था बहुत तेजी से बढ़ रही थी, जिसने चीन को भी पीछे छोड़ दिया था, परन्तु वर्ष 2018-19, 2019-20 और 2020-21 में भारतीय अर्थव्यवस्था मन्द हो गई।
- भारत स्वयं को इन तीन वर्षों (2021-2024) में सम्पूर्ण विश्व में सबसे तेजी से बढ़ती अर्थव्यवस्था के रूप में प्रस्तुत करता है।
- राष्ट्रीय सांख्यिकी कार्यालय (एन एस ओ) की रिपोर्ट के अनुसार, भारत की प्रति व्यक्ति आय वित्त वर्ष 2021-22 के दौरान स्थिर मूल्य पर ₹ 92,583 आकलित की गई। जबकि यह वर्ष 2022-23 में स्थिर कीमतों पर ₹ 98,118 रही।
- इसके अतिरिक्त सूक्ष्म अर्थव्यवस्था स्थायित्व संकेतकों के अनुसार, भारतीय अर्थव्यवस्था वर्ष 2022-23 की चुनौतियों का सामना करने में सक्षम है।

अर्थव्यवस्था से सम्बन्धित प्रमुख शब्दावली की श्रेणियाँ

- **सार्वजनिक वस्तुएँ** ये ऐसी वस्तुएँ तथा सेवाएँ होती हैं, जिनकी व्यवस्था सरकार की बजटीय व्यवस्था के अन्तर्गत नहीं की जाती है, किन्तु वे सभी के लिए सुलभ होती हैं अर्थात् जिसका सामूहिक उपयोग किया जाता है और एक के उपयोग करने पर दूसरी के उपयोग हेतु कमी भी नहीं होती; जैसे—वायु, जल आदि।
- **निजी वस्तुएँ** ये ऐसी वस्तुएँ या सेवाएँ होती हैं, जो सभी को उपलब्ध नहीं होती हैं, बल्कि ये बाजार के द्वारा उपलब्ध कराई जाती हैं, जिनके पास क्रय क्षमता होती है, वही इनका लाभ उठा पाते हैं; जैसे—कार, हीरे का हार आदि।
- **स्थानीय वस्तुएँ** ये ऐसी वस्तुएँ होती है, जिनका लाभ स्थानीय लोगों को होता है, जैसे—गाँव की धर्मशाला आदि।
- **स्थानापन्न वस्तुएँ** ये ऐसी वस्तुएँ होती हैं, जो एक-दूसरे के बदले प्रयोग में लाई जाती हैं। इसमें एक वस्तु की कीमत के बढ़ने पर दूसरी वस्तु की माँग पर सकारात्मक अथवा नकारात्मक प्रभाव पड़ता है; जैसे—चाय, कॉफी, चीनी और गुड़ आदि।

मेरिट वस्तुएँ ये ऐसी निजी वस्तुएँ, होती हैं, जो किसी विशेष समुदाय या किसी विशेष वर्ग के लिए आवश्यक एवं महत्त्वपूर्ण होती हैं, जिसकी व्यवस्था सरकार के द्वारा बजट के माध्यम से की जाती है; जैसे— सरकार के द्वारा गरीबों के लिए शिक्षा, स्वास्थ्य, आवास आदि की व्यवस्था करना आदि।

- **मिश्रित वस्तुएँ** ये ऐसी वस्तुएँ होती हैं, जो न तो शुद्ध सार्वजनिक वस्तुएँ होती हैं और न ही शुद्ध रूप से निजी वस्तुएँ होती हैं अर्थात् इसमें दोनों के लक्षण विद्यमान होते हैं; जैसे—पीपीपी मॉडल पर निर्मित सड़कें, अस्पताल आदि।
- **पूरक वस्तुएँ** ये ऐसी वस्तुएँ होती हैं, जिनका प्रयोग किसी उद्देश्य की पूर्ति के लिए साथ-साथ किया जाता है। इसमें एक वस्तु की कीमत में वृद्धि होने पर दूसरी वस्तु की माँग कम हो जाती है अथवा विपरीत प्रभाव पड़ता है; जैसे—पेन और स्याही, कार और पेट्रोल आदि। ये सभी एक-दूसरे के पूरक होते हैं।
- **गिफिन वस्तुएँ** ये ऐसी वस्तुएँ होती हैं, जो घटिया किस्म की होती हैं, जिन पर उपभोक्ता अपनी आय का बड़ा भाग व्यय करता है। इन वस्तुओं पर माँग का नियम लागू नहीं होता है, बल्कि मूल्य में वृद्धि से इनकी माँग बढ़ जाती है तथा मूल्य में कमी से भी माँग में कमी हो जाती है।
- **इंफीरियर गुड्स वस्तुएँ** ये ऐसी वस्तुएँ होती हैं, जिनकी माँग तथा उपभोक्ता की आय में प्रतिकूल सम्बन्ध पाया जाता है। इसमें उपभोक्ता की आय में वृद्धि होने पर ऐसी वस्तुओं की माँग में कमी आ जाती है।

प्रीलिम्स फैक्ट्स

- भारत ने $5 ट्रिलियन अर्थव्यवस्था का लक्ष्य कब तक प्राप्त कर लेने का लक्ष्य रखा है? ***–वर्ष 2024 [UPPSC (Pre) 2020]***
- मूल उद्योगों में विशाल उत्पादन, एकाधिकार का अभाव, पूर्ण रोजगार और उत्पादन के साधनों पर निजी/व्यक्तित्व में स्वामित्व में से कौन पूँजीवादी अर्थव्यवस्था की मूल विशेषता है? ***–उत्पादन के साधनों पर निजी/व्यक्तित्व स्वामित्व [MPPSC (Pre) 2004]***
- घन की न्यून कार्यक्षमता, प्रति व्यक्ति कम आय, पूँजी निर्माण की न्यून दर और प्राकृतिक संसाधनों की कमी में से कौन-सा लक्षण भारतीय अर्थव्यवस्था का नहीं है? ***–प्राकृतिक संसाधनों की कमी [UPPSC (Mains) 2004]***
- चीन, जर्मनी, जापान और यूनाइटेड किंगडम में से कौन संयुक्त राज्य अमेरिका के बाद विश्व की दूसरी सबसे बड़ी अर्थव्यवस्था है? ***–चीन [UPPSC (Mains) 2005]***
- राष्ट्रीय ढाँचागत पाइपलाइन (एन. आई. पी.) सरकार द्वारा किस अवधि के लिए आरम्भ किया गया है? ***– वर्ष 2020-2025 की अवधि के लिए [UPPSC (Pre) 2020]***
- राष्ट्रीय ढाँचागत पाइपलाइन का उद्देश्य है ***–सभी को समान ढाँचागत सुविधा प्राप्त कराना [UPPSC (Pre) 2020]***
- प्राथमिक क्षेत्र, द्वितीयक क्षेत्र और तृतीयक क्षेत्र में से किस क्षेत्र में पिछले दशक के दौरान महत्त्वपूर्ण विकास हुआ है? ***–तृतीयक क्षेत्र [UPPSC (Pre) 2006]***
- व्यापार और परिवहन, वित्त और वास्तविक (स्थावर) सम्पदा और वानिकी व मत्स्यकी में से भारत कौन-कौन-से तृतीयक क्षेत्रों में सम्मिलित है? ***–व्यापार और परिवहन, वित्त और वास्तविक (स्थावर) सम्पदा [UPPSC (Mains) 2004]***
- अर्थव्यवस्था के किन क्षेत्रकों के साथ कृषि तथा सेवाएँ क्रियाकलाप सम्बद्ध हैं? ***–क्रमश: प्राथमिक तथा तृतीयक [UPPSC (Pre) 2015]***
- खनन व उत्खनन, परिवहन और संचार, होटल और वानिकी व मत्स्यकी में से कौन भारत में सेवा क्षेत्र में सम्मिलित है? ***–परिवहन और संचार, होटल [UPPSC (Mains) 2004]***
- किसी भी अर्थव्यवस्था में परिवहन एक बड़ी भूमिका निभाता है, परिवहन के प्रकारों-वायु, रेल, सड़क और जल में से किसकी लोच उच्चतम है? ***–सड़क [BPSC (Pre) 2017]***
- किस प्रकार की अर्थव्यवस्था में राष्ट्रीय अर्थव्यवस्था में सार्वजनिक क्षेत्र के साथ-साथ निजी क्षेत्र भी विद्यमान होता है? ***–मिश्रित अर्थव्यवस्था [UPPSC (Mains) 2006, 2003, UP UDA/LDA (Pre) 1999]***
- 'बन्द अर्थव्यवस्था' वह अर्थव्यवस्था है, जिसमें ***–न तो निर्यात और न ही आयात होता है। [IAS (Pre) 2011]***
- भारत में समाजवादी, गाँधीवादी, मिश्रित और स्वतन्त्र में से किस प्रकार की अर्थव्यवस्था है? ***–मिश्रित [JPSC (Pre)2010, BPSC (Pre) 2013]***
- क्रय शक्ति समता (PPP) विनिमय दरों की गणना विभिन्न देशों में, किस प्रकार की वस्तुओं और सेवाओं के मूल्यों की तुलना की जाती है ***–एक समान वस्तुओं और सेवाओं [IAS (Pre) 2019]***
- विद्यालय, स्वच्छता सुविधाएँ, कोयले की खानें और सड़कें तथा रेल में से कौन-सा एक आर्थिक अवस्थापना इन्फ्रास्ट्रक्चर नहीं है? ***–कोयले की खानें [UPPSC (Mains) 2004]***
- न्यूनतम आवश्यकता कार्यक्रम, अर्थव्यवस्था का उदारीकरण, कारारोपण और भूमि सुधार में से कौन-सा एक असमानता घटाने का उपाय नहीं है? ***–अर्थव्यवस्था का उदारीकरण [UPPSC (Pre) 2009]***
- एडम स्मिथ-कीन्स-हिक्स, एडम स्मिथ-मार्क्स-स्ट्रमलिन, एडम स्मिथ-हायक-फ्रीडमैन और एडम स्मिथ-रिकार्डो-जे.के. गलब्रेथ में से किन अर्थशास्त्रियों के वर्ग में बाजार अर्थव्यवस्था का प्रबल समर्थन किया था? ***–एडम स्मिथ-रिकार्डो-जे.के. गलब्रेथ [IAS (Pre) 1993]***
- वह दर, जिस पर उपभोक्ता एक वस्तु को दूसरी वस्तु से, सन्तुष्टि का स्तर बदले बिना, प्रतिस्थापन के लिए तैयार है, क्या कहते हैं? ***–सम-सीमान्त उपयोगिता [RAS/RTS (Pre) 2013]***

सेल्फ चैक

1. अर्थशास्त्रियों के निम्नलिखित वर्गों में से किस वर्ग ने बाजार अर्थव्यवस्था का प्रबल समर्थन किया था?
(a) एडम स्मिथ, कीन्स, हिक्स
(b) एडम स्मिथ, मार्क्स, स्ट्रमलिन
(c) एडम स्मिथ, हायक, फ्रीडमैन
(d) एडम स्मिथ, रिकार्डो, जे के गलब्रेथ

2. माँग के नियम में निम्नलिखित में से कौन-सी एक पूर्वधारणा नहीं है?
(a) उपभोक्ता की रुचि और वरीयता में कोई बदलाव नहीं होता है
(b) उपभोक्ता की आय नियत (सतत) बनी रहती है
(c) उपभोक्ता प्रदर्शन प्रभाव से प्रभावित होते हैं
(d) स्थानापन्न वस्तुओं के दाम में कोई परिवर्तन नहीं होता है

3. निम्नलिखित कथनों पर विचार कीजिए **IAS (Pre) 2021**
अन्य बातें अपरिवर्तन रहने पर भी किसी वस्तु के लिए बाजार माँग बढ़ सकती है, यदि
1. इसकी स्थानापन्न वस्तु की कीमत में वृद्धि हो।
2. इसकी पूरक वस्तु की कीमत में वृद्धि हो।
3. वस्तु घटिया किस्म की है और उपभोक्ताओं की आय में वृद्धि होती है।
4. इसकी कीमत घटती है।
उपरोक्त कथनों में से कौन-से कथन सही हैं?
(a) 1 और 4
(b) 2, 3 और 4
(c) 1, 3 और 4
(d) 1, 2 और 3

4. निम्नलिखित में से एकाधिकारी प्रतियोगिता का विशिष्ट उदाहरण कौन-सा है?
(a) खुदरा सब्जी बाजार
(b) साबुन के लिए बाजार
(c) भारतीय रेलवे
(d) सॉफ्टवेयर इंजीनियरों के लिए श्रम बाजार

5. पूँजीवादी अर्थव्यवस्था की मूल विशेषता है **MPPSC (Pre) 2014**
(a) मूल उद्योगों में विशाल उत्पादन
(b) एकाधिकार का अभाव
(c) पूर्ण रोजगार
(d) उत्पादन के साधनों पर निजी/व्यक्तिगत स्वामित्व

6. भारतीय अर्थव्यवस्था में संयुक्त क्षेत्र का क्या अभिप्राय है? **UPPSC (Pre) 2005**
(a) किसी उद्यम में सरकार का अंश 60% से अधिक है
(b) कोई भी वस्तु सरकारी तथा निजी दोनों क्षेत्रों में उत्पादित होती है
(c) यह सहकारिता क्षेत्र का ही दूसरा नाम है
(d) किसी उद्यम में सरकारी एवं निजी, दोनों का ही सम्मिलित स्वामित्व

7. भारत में सार्वजनिक क्षेत्र के कार्यों के सन्दर्भ में निम्नलिखित में से कौन-से कथन सही हैं? **UPPSC (Pre) 2019**
1. सार्वजनिक उपयोगिता संसाधन प्रदान करना।
2. सामाजिक और आर्थिक ऊपरी पूँजी का निर्माण करना।
3. सन्तुलित क्षेत्रीय और क्षेत्रकीय विकास सुनिश्चित करना।
4. समतावादी लक्ष्यों को आगे बढ़ाना।
कूट
(a) 1, 2 और 3 (b) 2, 3 और 4
(c) 1, 3 और 4 (d) 1, 2, 3 और 4

8. 'बन्द अर्थव्यवस्था' वह अर्थव्यवस्था है, जिसमें **IAS (Pre) 2011**
(a) मुद्रा पूर्ति पूर्णतः नियन्त्रित होती है
(b) घाटे की वित्त व्यवस्था होती है
(c) केवल निर्यात होता है
(d) न तो निर्यात और न ही आयात होता है

9. भारत को एक अल्पविकसित देश कहा जाता है, उसकी
1. नियोजन की आवश्यकता के कारण। **UPPSC (Pre) 2009**
2. तीव्रगति से जनसंख्या में वृद्धि के कारण।
3. कृषि पर अधिक निर्भरता के कारण।
4. औद्योगिक उन्नति की मन्दगति के कारण।
कूट
(a) केवल 1 (b) 1 और 2
(c) 2 और 3 (d) 2, 3 और 4

10. अर्थव्यवस्था के निम्नलिखित में से किन क्षेत्रकों के साथ कृषि तथा सेवाएँ क्रियाकलाप सम्बद्ध हैं? **UPPSC (Pre) 2015**
(a) क्रमशः प्राथमिक तथा तृतीयक
(b) क्रमशः प्राथमिक तथा द्वितीयक
(c) क्रमशः तृतीयक तथा द्वितीयक
(d) क्रमशः द्वितीयक तथा चतुर्थक

11. निम्नलिखित में कौन-कौन से क्रियाकलाप अर्थव्यवस्था में वास्तविक क्षेत्रक (रियल सेक्टर) का निर्माण करते हैं? **IAS (Pre) 2022**
1. किसानों का अपनी फसलें काटना।
2. कपड़ा मिलों का कच्चे कपास को कपड़े में बदलना।
3. किसी वाणिज्यिक बैंक का किसी व्यापारी कम्पनी को धनराशि उधार देना।
4. किसी कॉर्पोरेट निकाय का विदेश में रुपया-अंकित मूल्य बॉण्ड जारी करना।
कूट
(a) 1 और 2 (b) 2, 3 और 4
(c) 1, 3 और 4 (d) 1, 2, 3 और 4

12. भारत कौन-कौन से तृतीयक क्षेत्रों में सम्मिलित है?

1. व्यापार और परिवहन
2. वित्त और वास्तविक (स्थावर) सम्पदा
3. वानिकी और मात्स्यिकी

कूट

(a) केवल 1 (b) 1 और 2
(c) 2 और 3 (d) केवल 3

13. यह सत्य होगा कि भारत को परिभाषित किया जाए

(a) एक खाद्य की कमी वाली अर्थव्यवस्था के रूप में
(b) एक श्रम-आधिक्य वाली अर्थव्यवस्था के रूप में
(c) एक व्यापार-आधिक्य वाली अर्थव्यवस्था के रूप में
(d) एक पूँजी-आधिक्य वाली अर्थव्यवस्था के रूप में

14. निम्नलिखित कथनों पर विचार कीजिए **IAS (Pre)2019**

1. क्रय शक्ति समता (PPP) विनिमय दरों की गणना विभिन्न देशों में एकसमान वस्तुओं और सेवाओं के मूल्यों की तुलना की जाती है।
2. क्रय शक्ति समता डॉलर के सन्दर्भ में भारत विश्व की छठी सबसे बड़ी अर्थव्यवस्था है।

उपरोक्त कथनों में से कौन-सा/से कथन सही है/हैं?

(a) केवल 1
(b) केवल 2
(c) 1 और 2 दोनों
(d) न तो 1 और न ही 2

15. नीचे दो कथन दिए गए हैं, जिसमें से एक को कथन (A) तथा दूसरे को कारण (R) कहा गया है। **UPPSC (Pre) 2020**

कथन (A) राष्ट्रीय ढाँचागत पाइपलाइन (एनआईपी) सरकार द्वारा वर्ष 2020-2030 की अवधि के लिए आरम्भ की गई है।

कारण (R) राष्ट्रीय ढाँचागत पाइपलाइन का उद्देश्य सभी को समान ढाँचागत सुविधा प्राप्त कराना है।

कूट

(a) A और R दोनों सत्य हैं तथा R, A की सही व्याख्या करता है
(b) A और R दोनों सत्य हैं, परन्तु R, A की सही व्याख्या नहीं करता है
(c) A सत्य है, किन्तु R असत्य है
(d) A असत्य है, किन्तु R सत्य है

जानें सही उत्तर

1. (d)	**2.** (c)	**3.** (a)	**4.** (b)	**5.** (d)	**6.** (d)	**7.** (d)	**8.** (d)	**9.** (d)	**10.** (a)
11. (a)	**12.** (b)	**13.** (b)	**14.** (a)	**15.** (d)					

● अध्याय दो

आर्थिक संवृद्धि एवं आर्थिक विकास

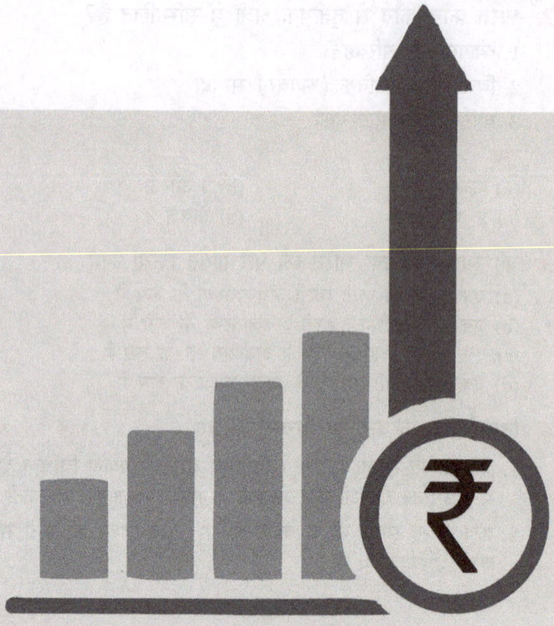

"अल्पविकसित व विकासशील देशों की समस्याओं का स्थायी समाधान आर्थिक विकास के द्वारा ही सम्भव है। अतः आर्थिक विकास की अवधारणा की समुचित समझ होना अति आवश्यक है। इस जानकारी के आधार पर विकास के लिए उपयुक्त नीतियों के निर्धारण में सहायता मिलेगी और उनका निरीक्षण-विवेचन भी अधिक प्रभावकारी तरीके से किया जा सकेगा।

आर्थिक संवृद्धि

- आर्थिक संवृद्धि (Economic Growth) का तात्पर्य, प्रति व्यक्ति वास्तविक आय अथवा शुद्ध भौतिक उत्पाद में वृद्धि से है। सामान्यतः यदि सकल राष्ट्रीय उत्पाद, सकल घरेलू उत्पाद तथा प्रति व्यक्ति आय में वृद्धि होती है, तब **संवृद्धि** कहलाती है।
- आर्थिक संवृद्धि में यह देखा जाता है कि राष्ट्रीय उत्पादन में सतत् वृद्धि हो रही है अथवा नहीं। यदि राष्ट्रीय उत्पादन में लगातार वृद्धि हो रही है, तो इसे संवृद्धि की संज्ञा दी जाती है।
- आर्थिक संवृद्धि से यह ज्ञात होता है कि अर्थव्यवस्था के विभिन्न स्रोतों में मात्रात्मक रूप से कितनी वृद्धि हो रही है। इसे **कुल उत्पादन में वृद्धि** तथा **प्रति व्यक्ति उत्पादन में वृद्धि** के सन्दर्भ में देखा जा सकता है। इसका सम्बन्ध सकल घरेलू उत्पाद के घटक; जैसे— सरकारी व्यय, निवेश, शुद्ध निर्यात में वृद्धि तथा उपभोग आदि से होता है।

> किसी भी अर्थव्यवस्था में संसाधनों के आवण्टन की सफलता के मूल्यांकन की सर्वाधिक मौलिक माप आर्थिक संवृद्धि को माना जाता है। **आर्थिक विकास** के लिए **आर्थिक संवृद्धि** आवश्यक है। यह आर्थिक विकास में सहायक सिद्ध होती है। आर्थिक विकास का सम्बन्ध लोगों के कल्याण से है। इससे गरीबी, बेरोजगारी तथा असमानता में कमी आती है। आर्थिक संवृद्धि आर्थिक विकास की पूर्व शर्त है।

आर्थिक संवृद्धि दर

- निवल राष्ट्रीय उत्पाद में परिवर्तन की दर आर्थिक संवृद्धि दर (Economic Growth Rate) कहलाती है। इसको राष्ट्रीय आय की **वृद्धि दर** भी कहा जाता है।

$$\text{आर्थिक संवृद्धि दर} = \frac{NNP_2 - NNP_1}{NNP_1} \times 100$$

यहाँ पर, NNP_2 = वर्तमान वर्ष का NNP

NNP_1 = पिछले वर्ष का NNP

- विकासशील देशों में आर्थिक संवृद्धि दर को विकास हेतु परिवर्तित करना अर्थव्यवस्था की सबसे बड़ी समस्या है।
- **आर्थिक संवृद्धि के प्रमुख मापक** सकल घरेलू उत्पाद, सकल राष्ट्रीय उत्पाद, निवल घरेलू उत्पाद, निवल राष्ट्रीय उत्पाद तथा प्रति व्यक्ति आय है।

यूएनडीपी और आर्थिक संवृद्धि

संयुक्त राष्ट्र विकास कार्यक्रम ने संवृद्धि की चार अवस्थाओं का उल्लेख किया है, जिसमें रोजगार विहीन संवृद्धि को गरीबी का कारण बताया गया है। इसकी प्रमुख अवस्थाएँ निम्न हैं

- भविष्य विहीन संवृद्धि—पर्यावरण एवं प्राकृतिक संसाधनों की क्षति।
- निष्ठुर संवृद्धि—आय एवं सम्पत्ति में विषमता।
- जड़ विहीन या निर्मूल संवृद्धि—सामाजिक परम्पराएँ एवं सांस्कृतिक पक्ष को नुकसान।
- **स्वर विहीन संवृद्धि** (Voiceless Growth) इसमें समाज के पिछड़े वर्ग की स्थिति स्वरहीनता या बिना सशक्तीकरण की होती है।

आर्थिक विकास

- सामान्यत: किसी विशेष क्षेत्र, देश अथवा व्यक्तियों की आर्थिक संवृद्धि में वृद्धि को आर्थिक विकास कहा जाता है, परन्तु नीति निर्माण की दृष्टि से आर्थिक विकास (Economic Development) में उन सभी प्रयत्नों को शामिल किया जाता है, जिनका लक्ष्य किसी जन-समुदाय की आर्थिक स्थिति व जीवन-स्तर में सुधार करना है।
- आर्थिक विकास के सन्दर्भ में विभिन्न विद्वानों व विशेषज्ञों ने अपने-अपने विचार व्यक्त किए हैं, परन्तु इस सन्दर्भ में जी एम मायर द्वारा प्रस्तुत परिभाषा को व्यापक रूप से स्वीकार किया गया है।
- इस परिभाषा के अनुसार, "आर्थिक विकास वह प्रक्रिया है, जिसके फलस्वरूप किसी देश की वास्तविक प्रति व्यक्ति आय में दीर्घकालिक वृद्धि होती है, बशर्ते इससे गरीबी रेखा के नीचे रहने वालों की संख्या व आय वितरण की असमानता न बढ़ने पाए।"
- उपरोक्त वर्णित परिभाषा के विश्लेषण से यह स्पष्ट होता है कि आर्थिक विकास एक प्रक्रिया है, जिसमें उत्पादन के विभिन्न साधन; जैसे—पूँजी, श्रम, तकनीक आदि एक-दूसरे पर ऐसा अनुकूल प्रभाव डालते हैं, जिससे कि आय वृद्धि का क्रय आगे बढ़ता रहता है।
- पुन: इस परिभाषा में दीर्घकालिक (Long-Term) आय वृद्धि पर बल दिया गया है अर्थात् आर्थिक विकास का होना तभी समझा जाएगा, जब अर्थव्यवस्था में ऐसे परिवर्तन आएँ, जिनसे कि प्रति व्यक्ति वास्तविक आय एक लम्बी अवधि के दौरान उत्तरोत्तर बढ़े।
- विकास की इस परिभाषा में यह शर्त भी जुड़ी है कि गरीबों की संख्या व आय की असमानता भी न बढ़े। इस शर्त पर इस कारण से बल दिया गया है, क्योंकि पिछले कुछ समय से अल्पविकसित देशों की अर्थव्यवस्थाओं में प्रति व्यक्ति आय में वृद्धि तो हुई, परन्तु इसके साथ-साथ आय में असमानता व गरीबों की संख्या भी बढ़ी है।
- संयुक्त राष्ट्र विकास कार्यक्रम के अनुसार, "विकास मानवीय प्रयत्न का परिणाम है, आर्थिक विकास एक सतत् प्रक्रिया है, जिससे राष्ट्रीय आय में निरन्तर वृद्धि होती रहती है।"
- **आर्थिक विकास का मात्रात्मक पक्ष अथवा दृष्टिकोण** इस दृष्टिकोण के अन्तर्गत यह ज्ञात किया जाता है कि आर्थिक विकास की प्राप्ति किस स्तर तक अथवा किस मात्रा तक हुई है। इसमें राष्ट्रीय आय की प्रवृत्तियों (Trends) के सन्दर्भ में सूचना व तथ्य एकत्रित किए जाते हैं; जैसे—देश की अर्थव्यवस्था में निवल राष्ट्रीय उत्पाद (NNP = Net Natinal Product) एवं प्रति व्यक्ति आय (Per Capital Income) में वृद्धि इत्यादि।
- **आर्थिक विकास का ढाँचागत पक्ष अथवा दृष्टिकोण** इसके अन्तर्गत पंचवर्षीय योजनाओं के प्रयोजन (लक्ष्य) एवं वर्तमान में नीति आयोग के निर्धारित एजेण्डा का विश्लेषण कर उसमें परिवर्तन के मुख्य बिन्दु को चिह्नित किया जाता है। इसमें निम्न पहलुओं को शामिल किया जाता है
  - आधारभूत अवसंरचनाओं का विकास; जैसे—स्वास्थ्य, शिक्षा, सड़क, बिजली इत्यादि।
  - आधारभूत उद्योगों का विकास।
  - सकल घरेलू उत्पाद के उद्योग वितरण में परिवर्तन।
  - बैंकिंग एवं बीमा आदि।
  - जनसंख्या के व्यवसायिक वितरण में परिवर्तन।
  - सामाजिक परिव्यय पूँजी इत्यादि।

आर्थिक विकास सम्बन्धी विचारधाराएँ

आर्थिक विकास सम्बन्धी विचारधारा को निम्न दो भागों में बाँटकर देखा जा सकता है

- **परम्परागत विचारधारा** यह आर्थिक विकास को आर्थिक संवृद्धि के रूप में देखती है। इस विचारधारा के अन्तर्गत यह मान्यता है कि सकल राष्ट्रीय उत्पाद (GNP) एवं एकल घरेलू उत्पाद (GDP) प्रति वर्ष 5-7% की दर से वृद्धि करे तथा रोजगार उपलब्ध कराने एवं उत्पादन में कृषि क्षेत्र का भूमिकर धीरे-धीरे कम होता जाए एवं द्वितीयक तथा तृतीयक क्षेत्र का भूमिकर बढ़ता जाए, इसमें गरीबी निवारण, रोजगार के अवसरों में वृद्धि जैसे उद्देश्यों को महत्त्व नहीं दिया जाता है।

- **नवीनतम विचारधारा** यह आर्थिक विकास को गरीबी, असमानता तथा बेरोजगारी के निवारण में देखती है। यह समग्र विकास पर बल देती है। चार्ल्स पी. किंडलबर्गर और ब्रूस हैरिक के अनुसार, "जब किसी देश में कम आय वाले लोगों के भौतिक कल्याण में वृद्धि होती है, तो इससे लोगों को अशिक्षा, बीमारी, छोटी उम्र में मृत्यु के साथ-साथ गरीबी से मुक्ति मिलती है।"

नोबेल पुरस्कार विजेता प्रो. अमर्त्य सेन ने आर्थिक विकास को अधिकारिता तथा क्षमता के रूप में परिभाषित किया है, जिसमें अधिकारिता तथा क्षमता का तात्पर्य जीवन-पोषण, आत्म-सम्मान तथा स्वतन्त्रता से होता है।

आर्थिक विकास दर

- सकल घरेलू उत्पादन में परिवर्तन की दर आर्थिक विकास दर (Economic Development Rate) कहलाती है।

$$\text{आर्थिक विकास दर} = \frac{GDP_2 - GDP_1}{GDP_1} \times 100$$

यहाँ पर, GDP_2 = वर्तमान वर्ष का GDP

GDP_1 = पिछले वर्ष का GDP

- 11वीं पंचवर्षीय योजना में भारत की आर्थिक विकास दर सर्वाधिक रही है, जबकि तीसरी पंचवर्षीय योजना में आर्थिक विकास दर सबसे कम रही है।
- उल्लेखनीय है कि भारत में सर्वाधिक आर्थिक संवृद्धि दर वर्ष 1998-99 में 10.5% रही थी।
- **भारत की आर्थिक वृद्धि** रिपोर्ट के निष्कर्षों के अनुसार, भारतीय अर्थव्यवस्था के वर्ष 2021-22 में 8.7% रही और वर्ष 2022 में वृद्धि दर 6.9% वृद्धि दर रही है। वर्ष 2021 में भारत की विकास दर चीन की तुलना में अच्छी स्थिति में रही। भारत की आर्थिक विकास दर के पूर्वानुमान में 1% की वृद्धि कुछ उच्च-आवृत्ति संकेतकों से उत्साहजनक संकेतों की पृष्ठभूमि में हुई।

आर्थिक विकास एवं आर्थिक संवृद्धि में अन्तर

स्तर/आधार	आर्थिक विकास	आर्थिक संवृद्धि
अवधारणा	यह व्यापक अवधारणा को प्रस्तुत करता है।	यह संकीर्ण अवधारणा को प्रस्तुत करती है।
प्रक्रिया/कालावधि	यह दीर्घकालीन एवं सतत् चलने वाली प्रक्रिया है।	यह अल्पकालीन प्रक्रिया है, जिससे परिवर्तन एक निश्चित अवधि में होता है।
प्रक्रिया का स्वरूप	यह निर्देशित एवं उचित नियन्त्रण वाली प्रक्रिया का परिणाम होता है।	यह स्वचालित एवं नियोजित प्रक्रिया का परिणाम होती है।
क्षेत्र	यह अर्थव्यवस्था में संरचनात्मक परिवर्तन से सम्बन्धित है। इसमें विकास को मानव विकास सूचकांक में वृद्धि तथा असमानता में कमी से मापा जाता है।	यह उत्पादन में होने वाली वृद्धि से सम्बन्धित है। इसमें वृद्धि को सकल घरेलू उत्पाद, उपभोग, सरकारी व्यय, निवेश एवं निर्यात के आधार पर देखा जाता है।
मापन	मानव विकास सूचकांक लिंग आधारित सूचकांक, मानव निर्धनता सूचकांक, मातृ एवं शिशु मृत्यु दर, साक्षरता।	सकल घरेलू उत्पाद में होने वाली मात्रात्मक वृद्धि।
कारक	मानव पूँजी में वृद्धि, असमानता में कमी तथा संरचनात्मक परिवर्तन आदि प्रमुख हैं।	सरकारी व्यय, उपभोग, निवेश, शुद्ध निर्यात में वृद्धि (सकल घरेलू उत्पाद के घटक) प्रमुख हैं।
प्रभाव	इससे अर्थव्यवस्था में मात्रात्मक एवं गुणात्मक परिवर्तन आते हैं।	अर्थव्यवस्था में मात्रात्मक परिवर्तन आता है।
महत्त्व	यह अर्थव्यवस्था में जीवन की गुणवत्ता में परिवर्तन या उन्नति पर प्रकाश डालता है।	यह अर्थव्यवस्था में सकल घरेलू उत्पाद तथा प्रति व्यक्ति आय में वृद्धि पर प्रकाश डालती है।

आर्थिक संवृद्धि एवं विकास के कारक/निर्धारक

- आर्थिक विकास एक जटिल प्रक्रिया है, जिसमें आर्थिक व अनार्थिक दोनों प्रकार के तत्त्व शामिल होते हैं। अत: स्पष्ट रूप से आर्थिक विकास को प्रभावित करने वाले कारक भी **आर्थिक** व **अनार्थिक** दोनों ही होंगे।
- इन दो कारकों के अतिरिक्त प्राकृतिक संसाधन भी आर्थिक विकास की प्रक्रिया में महत्त्वपूर्ण भूमिका निभाते हैं और विकास की सीमाओं का निर्धारण भी करते हैं।

आर्थिक और अनार्थिक विकास के कारक

आर्थिक	अनार्थिक
पूँजी निर्माण	मानव
कृषि विक्रय अधिशेष	प्राकृतिक संसाधन
आर्थिक प्रणाली	राजनैतिक स्वतन्त्रता
वित्तीय स्थिरता	न्यायपूर्ण
पूँजी-उत्पादन अनुपात	सामाजिक
विदेशी व्यापार	संगठन
विकासात्मक नियोजन	तकनीकी ज्ञान
श्रम शक्ति व जनसंख्या	विकास की आकांक्षा
आधारभूत संरचना	श्रम कानून

आर्थिक विकास को प्रभावित करने वाले अन्य कारकों का संक्षिप्त विवरण निम्नलिखित है

- **प्राकृतिक संसाधन** यह संसाधन किसी भी अर्थव्यवस्था के विकास को प्रभावित करने वाले महत्त्वपूर्ण घटक होते हैं, जिसमें भूमि, मिट्‌टी, वन सम्पदा, खनिज एवं तेल, नदी प्रणाली आदि शामिल होते हैं। संसाधनों की प्रचुरता व गुणवत्ता युक्त होना, आर्थिक संवृद्धि व आर्थिक विकास दोनों के लिए महत्त्वपूर्ण होता है। हालाँकि प्राकृतिक संसाधनों के अभाव में आर्थिक विकास किया जा सकता है; जैसे—स्विट्‌जरलैण्ड, जापान आदि।
- **पूँजी निर्माण** पूँजी निर्माण वह प्रक्रिया है, जिससे बचत व निवेश के द्वारा पूँजी स्टॉक में वृद्धि होती है। यह आधुनिक आर्थिक विकास का मूल बाजार है। योजना आयोग के अनुसार, "किसी भी देश का आर्थिक विकास पूँजी की उपलब्धता पर ही निर्भर करता है। आय एवं रोजगार के अवसरों की वृद्धि तथा उत्पादन की कुंजी, पूँजी के अधिकाधिक निर्माण में निहित है।" कोई भी देश पूँजी निर्माण के बिना अपना समुचित आर्थिक विकास नहीं कर सकता है।
- **पूँजी उत्पाद अनुपात** यह उत्पादन की प्रति इकाई पर लगने वाली पूँजी की मात्रा होती है, जो क्रमशः औसत पूँजी उत्पाद अनुपात तथा वर्द्धमान पूँजी उत्पाद अनुपात के दो रूपों में प्राप्त किए जाते हैं। जब किसी देश का वर्द्धमान पूँजी उत्पाद अनुपात (Incremental Capital Output Ratio-ICOR) कम होता है, तो उसे लाभदायक एवं प्रगतिशील माना जाता है तथा वहाँ कम पूँजी व निवेश से भी अधिक उत्पादन होता है।
- **कृषि का विक्रय अधिशेष** आर्थिक विकास में कृषि उत्पादन तथा उत्पादकता के साथ-साथ, कृषि का विक्रय अधिशेष का विशेष योगदान होता है। इस पर शहरी लोगों का जीवन निर्भर करता है। जब अर्थव्यवस्था का विकास होता है, तो शहरी जनसंख्या का अनुपात बढ़ता है, जिससे खाद्यान्नों की माँग बढ़ती है। इससे कृषि के विक्रय अधिशेष में वृद्धि होती है।

> **औद्योगीकरण की तीव्र वृद्धि** औद्योगीकरण (Industralisation) की प्रक्रिया तीव्र होने से रोजगार के नए-नए अवसरों को बढ़ावा मिलता है। इससे आर्थिक संवृद्धि तथा आर्थिक विकास के गुणात्मक पक्षों में वृद्धि होती है।

- **सेवा क्षेत्र की बढ़ती भूमिका** सेवा क्षेत्र में वृद्धि से भी रोजगार के नए-नए अवसरों का सृजन होता है, जिससे सकल घरेलू उत्पाद को बढ़ावा मिलता है। वर्तमान में भारत के सकल घरेलू उत्पाद में सेवा क्षेत्र का योगदान 50% से अधिक है, जो भारत के बढ़ते आर्थिक विकास को दर्शाता है।
- **आर्थिक प्रणाली** वर्तमान में पूँजीवादी अर्थव्यवस्था को बढ़ावा मिल रहा है, जिससे निजी क्षेत्र के सहयोग व विदेशी निवेश की भूमिका और संसाधनों की उपलब्धता को भी बढ़ावा मिला है। ये आर्थिक विकास को प्रतिबिम्बित करते हैं। इतना ही नहीं बैंकिंग, बीमा, मुद्रा व पूँजी बाजार में ये महत्त्वपूर्ण भूमिका निभाते हैं।
- **राजनीतिक कारक** एक सशक्त व कुशल सरकार, ईमानदार प्रशासन होने व पारदर्शी नीतियों को लागू करने से घरेलू तथा विदेशी निवेशकों को बढ़ावा मिलता है अर्थात् सक्षम प्रशासन से घरेलू एवं विदेशी पूँजी आकर्षित होती है, जिससे आर्थिक विकास में वृद्धि होती है। इस प्रकार कुशल व पारदर्शी प्रशासन आर्थिक विकास के लिए महत्त्वपूर्ण होता है।

> **विदेशी व्यापार एवं नीतियाँ** विदेशी व्यापार नीति, विदेशी निवेश, विदेशी मुद्रा भण्डार एवं भुगतान सन्तुलन में लगातार बेहतर होना आर्थिक विकास के साथ-साथ आर्थिक संवृद्धि की वृद्धि को दर्शाता है। वर्ष 1991 के पश्चात् उदारीकरण, निजीकरण एवं वैश्वीकरण ने भारत के आर्थिक विकास में महत्त्वपूर्ण योगदान दिया है। इससे आर्थिक वृद्धि एवं मानव कल्याण को बढ़ावा मिला है, जो लगातार जारी है।

- **तकनीकी उन्नति** यह प्राकृतिक संसाधनों के पूर्ण प्रयोग की योग्यता में सुधार करता है अर्थात् इसकी उपलब्धता से संसाधनों की कम मात्रा उपलब्ध होने के साथ ही अधिक उत्पादन करना सम्भव होता है; जैसे—जापान आदि। तकनीकी उन्नति रोजगार के लिए अवसर प्रदान करती है, जिससे आर्थिक विकास के विभिन्न क्षेत्रों में वृद्धि होती है।
- **मानव संसाधन का उपयोग** मानव संसाधन किसी भी अर्थव्यवस्था के लिए महत्त्वपूर्ण होता है। किसी देश की अर्थव्यवस्था के उत्पादन में श्रम, बल, कार्यशील जनसंख्या का महत्त्वपूर्ण योगदान होता है। मानव संसाधन का कुशल प्रबन्धन करके उत्पादन के विभिन्न क्षेत्रों; जैसे—उत्पादन या सेवा आदि में इनका योगदान बढ़ाया जा सकता है, अन्यथा ये बोझ बन सकते हैं। वर्तमान में भारत सबसे युवा जनसंख्या वाला देश है, जो आर्थिक विकास में इन्हीं को भागीदार बनाकर लगातार वृद्धि कर रहा है।
- **उद्यमशीलता** यह किसी भी देश में निवेश को बढ़ावा देती है। इससे व्यावसायिक इकाइयों में निवेश की इच्छा में वृद्धि होती है, जिससे रोजगार के नए-नए अवसर सृजित होते हैं। वर्तमान में विश्व के अधिकांश देश विशेष कर विकासशील व अल्पविकसित देश पूँजी की कमी, प्राकृतिक संसाधनों की कमी न होते हुए भी उद्यमशीलता की कमी के कारण पिछड़े देश बने हुए हैं।

> **सामाजिक सुविधाएँ/लागतें** सरकार अपने नागरिकों के लिए आधारभूत अवसंरचना तथा सामाजिक सुविधाओं को बढ़ावा देती है। इसके लिए विभिन्न प्रकार के विकासात्मक कार्यक्रमों को संचालित करती है। सरकारें इन सुविधाओं के माध्यम से देश की जनसंख्या को कुशल, कार्यशील एवं उत्पादक बनाती हैं, जो आर्थिक विकास में महत्त्वपूर्ण योगदान देते हैं।

अर्थव्यवस्था में सुधार के प्रकार

अर्थव्यवस्था में सुधार के प्रकार निम्नलिखित है

V-शेप्ड रिकवरा

- यह (V-शेप्ड) सुधार आर्थिक मन्दी तथा उसके बाद के सुधार अथवा अर्थव्यवस्था में तेजी से गिरावट के बाद उसके तेजी से सुधार को बताता है। यह आकृति सुधार तीव्रगति से होने वाले आर्थिक गिरावट के साथ आर्थिक प्रदर्शन में किए गए त्वरित तथा निरन्तर सुधार को दर्शाता है। इसके साथ ही यह अल्प समय में हुई आर्थिक क्रियाओं की गिरावट को भी प्रदर्शित करता है।
- वर्तमान में कोरोना महामारी के कारण अर्थव्यवस्था में हुई तीव्र गिरावट के बाद, जिस गति से आर्थिक क्रियाओं में सुधार हो रहा है एवं सुधार हुआ है। इससे भारत की अर्थव्यवस्था V-शेप्ड (आकृति) की हो गई है।

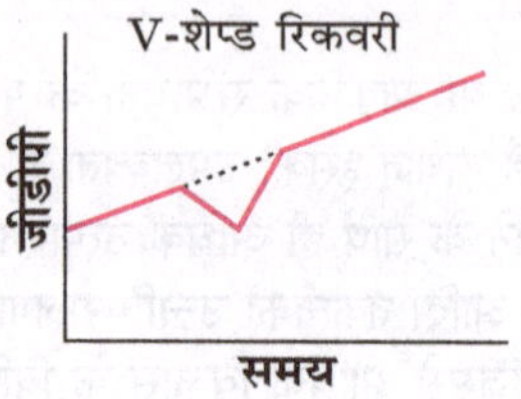

Z-शेप्ड रिकवरा

- अर्थव्यवस्था की यह आकृति आशावादी प्रारूप को दर्शाती है। इस स्थिति में अर्थव्यवस्था में गिरावट के पश्चात् तेज गति से वृद्धि होती है अर्थात् पूर्व गिरावट की तुलना में तीव्र वृद्धि होती है।
- Z-प्रकार का चार्ट यह दर्शाता है कि स्थिति के सामान्य होने से अर्थव्यवस्था में सकारात्मक परिवर्तन आता है; जैसे—लॉकडाउन हटाए जाने के बाद खरीददारी में वृद्धि इत्यादि।

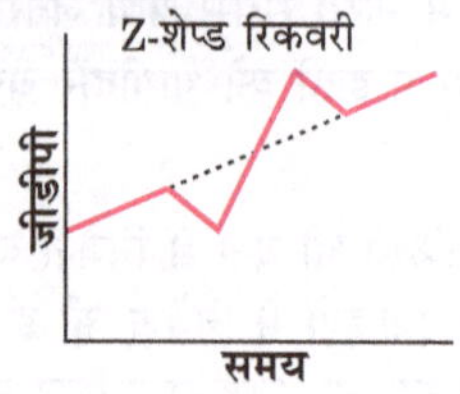

U-शेप्ड रिकवरा

- अर्थव्यवस्था की सुधार आकृति यह दर्शाती है कि अर्थव्यवस्था के गिरने, संघर्ष करने तथा अल्पावधि के लिए कम वृद्धि होने के साथ ही धीरे-धीरे सामान्य स्तर तक बढ़ती है।
- इस आकृति से यह पता चलता है कि लोगों की नौकरियों प्रभावित हुई हैं तथा लोगों में बचत की कमी हुई है।

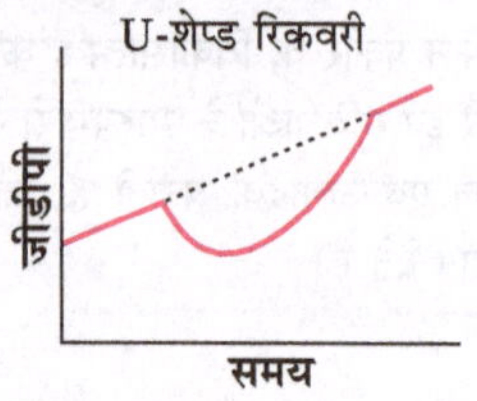

W-शेप्ड रिकवरा

- इस आकृति वाली अर्थव्यवस्था की प्रवृत्ति जोखिम युक्त पाई जाती है।
- इसमें वृद्धि तथा वृद्धि दर में गिरावट दोनों देखी जाती हैं। यह प्रारूप बताता है कि अर्थव्यवस्था में सुधार के पहले फिर गिरावट हो जाती है, जिससे अर्थव्यवस्था की आकृति 'W' हो जाती है।

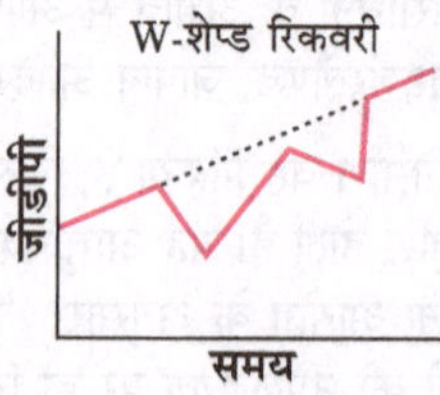

L-शेप्ड रिकवरा

- यह आकृति अर्थव्यवस्था की सबसे खराब स्थिति को दिखाती है, जिसमें अर्थव्यवस्था की वृद्धि दर गिरावट के पश्चात् निम्न स्तर पर पहुँच जाती है, जो लम्बे समय तक बनी रहती है।
- इसमें अर्थव्यवस्था लम्बे वर्षों के बाद भी वर्तमान जीडीपी को प्राप्त नहीं कर पाती है अर्थात् विफल रहती है। इससे अर्थव्यवस्था के उत्पादन में हुए स्थायी नुकसान का पता चलता है।

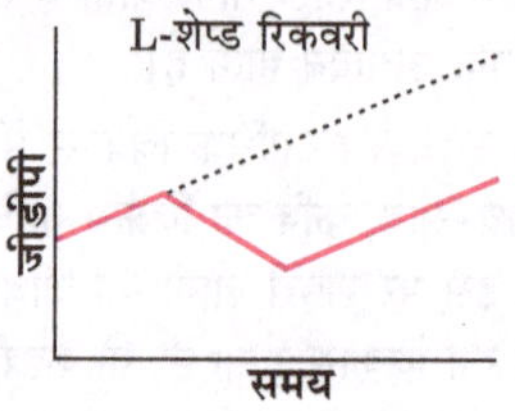

K-शेप्ड रिकवरा

- जब किसी अर्थव्यवस्था के विभिन्न क्षेत्रों में अलग-अलग समय, परिमाण या दर में रिकवरी होती है, तब उसे K-शेप्ड रिकवरी कहा जाता है, जो विभिन्न क्षेत्रों, उद्योगों अथवा लोगों के समूहों में समान सुधार के सिद्धान्त के विपरीत स्थिति को दिखाते हैं।
- इससे यह पता चलता है कि अर्थव्यवस्था की संरचना में व्यापक परिवर्तन होता है तथा आर्थिक स्थिति मन्दी के पूर्व तथा पश्चात् की स्थिति अर्थात् दोनों में परिवर्तन होता है।

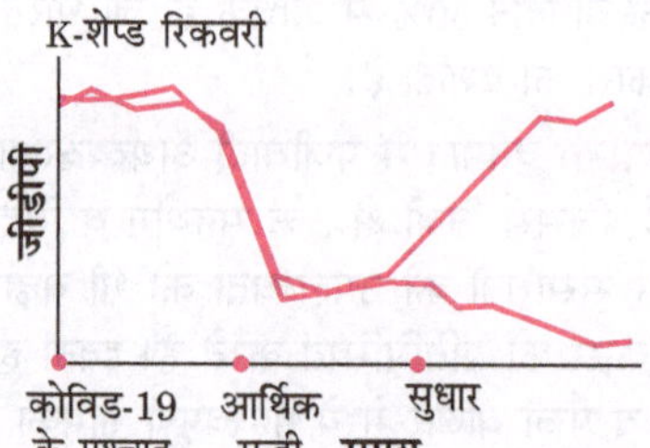

आर्थिक विकास के प्रमुख संकेतक

आर्थिक विकास के प्रमुख संकेतक निम्नलिखित हैं

मानव विकास रिपोर्ट

- मानव विकास रिपोर्ट (HDR) संयुक्त विकास कार्यक्रम (UNDP) के मानव विकास कार्यालय द्वारा प्रकाशित एक वार्षिक रिपोर्ट है। मानव विकास सूचकांक (HDI) वर्ष 1990 HDR में पेश किया था।
- इस रिपोर्ट में असमानता समायोजित मानव विकास सूचकांक (IHDI), लिंग असमानता सूचकांक (GII) और बहुआयामी निर्धनता सूचकांक (MPI) को HDR में वर्ष 2010 से उल्लेख किया गया था।। लैंगिक विकास सूचकांक (GDI) को वर्ष 2014 में HDR में प्रकाशित किया गया था।

मानव विकास

- मानव विकास (Human Development) की अवधारणा का प्रतिपादन पाकिस्तानी अर्थशास्त्री **डॉ. महबूब-उल-हक** के द्वारा किया गया था।
- इन्होंने मानव विकास का वर्णन एक ऐसे विकास के रूप में किया है, जो लोगों के विकल्पों में वृद्धि करता है और जीवन में सुधार लाता है।
- इस अवधारणा के सभी प्रकार के विकास का केन्द्र-बिन्दु मनुष्य है। विकास का मूल उद्देश्य ऐसी दशाओं को उत्पन्न करना है, जिनमें लोग सार्थक जीवन व्यतीत कर सकते हैं। केवल दीर्घ जीवन सार्थक नहीं होता, बल्कि उद्देश्यपूर्ण जीवन का होना आवश्यक होता है अर्थात् इसका अर्थ है कि लोग स्वस्थ हों, अपने विवेक और बुद्धि का विकास कर सकते हों, वे समाज में प्रतिभागिता करें तथा अपने उद्देश्यों को पूर्ण करने हेतु स्वतन्त्र हों।

> दीर्घ एवं स्वस्थ जीवन जीना, ज्ञान प्राप्त कर पाना तथा एक शिष्ट जीवन जीने के पर्याप्त साधनों का होना मानव विकास का सर्वाधिक महत्त्वपूर्ण पक्ष है। अत: संसाधनों तक पहुँचने के लिए स्वास्थ्य एवं शिक्षा मानव विकास के केन्द्र बिन्दु हैं।

मानव विकास सूचकांक

- मानव विकास सूचकांक की अवधारणा का प्रतिपादन वर्ष 1990 में संयुक्त राष्ट्र विकास कार्यक्रम (यूएनडीपी) से सम्बद्ध पाकिस्तानी अर्थशास्त्री महबूब-उल-हक तथा अन्य सहयोगी अर्थशास्त्री ए. के. सेन तथा सिंगर हंस ने किया। यह सूचकांक स्वास्थ्य, शिक्षा व आय के स्तर के आधार पर तैयार किया जाने वाला संयुक्त राष्ट्र विकास कार्यक्रम यूएनडीपी का सूचकांक है।
- एचडीआई का अधिकतम मूल्य 1 तथा न्यूनतम मूल्य 0 होता है। मानव विकास आयाम या घटकों की रचना तीन सूचकांकों के आधार पर होती है; जैसे—जीवन प्रत्याशा सूचकांक, शिक्षा सूचकांक, जीवन निर्वाह का स्तर।
- ये तीनों घटक जो अलग-अलग तीन चरों पर आधारित होते हैं, सभी मिलकर मानव विकास सूचकांक का निर्माण करते हैं।
  इस प्रकार मानव विकास सूचकांक $= \frac{1}{3}$ (जीवन प्रत्याशा सूचकांक + शिक्षा सूचकांक + सकल घरेलू उत्पादक सूचकांक) है।
- इन घटकों के लिए स्वास्थ्य स्तर का आकलन जीवन प्रत्याशा के द्वारा शैक्षणिक स्तर का प्रौढ़ साक्षरता और प्राथमिक, द्वितीय एवं तृतीयक स्तर पंजीकरण के आधार पर तथा रहन-सहन स्तर का आकलन आय के स्तर एवं क्रय-शक्ति क्षमता के आधार पर किया जाता है।

> **सूचकांक का मापन**
> - अत्यधिक उच्च मानव विकास वाले देश का मापन 0.800 एवं इससे अधिक
> - उच्च मानव विकास वाले देश का मापन 0.700 से 0.799
> - मध्यम मानव विकास वाले देश का मापन 0.550 से 0.699
> - निम्न मानव विकास वाले देश का मापन 0.352 से 0.549

असमानता समायोजित मानव विकास सूचकांक

- असमानता समायोजित मानव विकास सूचकांक को सर्वप्रथम वर्ष 2010 में शुरू किया गया था। इस वर्ष मानव विकास सूचकांक रिपोर्ट में यह कहा गया था कि विषमताएँ जीवन की गुणवत्ता पर विपरीत प्रभाव डालती हैं। अत: इसमें अन्तर किया गया।
- असमानता समायोजित मानव विकास सूचकांक को निकालने के लिए मानव विकास सूचकांक के प्रत्येक मानक को शामिल करते हुए राष्ट्रों की विषमता का पता लगाया जाता है।
- इसकी गणना में जीवन प्रत्याशा स्कूलों में व्यतीत समय तथा असमानता को शामिल किया जाता है। इसकी गणना में मानव विकास सूचकांक के तीनों औसत मूल्यों में असमानता के अनुसार कटौती की जाती है।
- इस प्रकार इस सूचकांक से न केवल स्वास्थ्य, शिक्षा तथा आय के आधार पर देश के औसत मानव विकास की, बल्कि इसके वितरण की जानकारी प्राप्त होती है।

लिंग असमानता सूचकांक

- मानव विकास रिपोर्ट, 2014 में इसका उल्लेख किया गया। लिंग असमानता सूचकांक एक समग्र उपाय है, जो उपलब्धियों में असमानता को दर्शाता है, यह तीन आयामों में महिलाओं और पुरुषों के बीच उपलब्धियों में असमानता को दर्शाता है; जैसे—प्रजनन स्वास्थ्य, सशक्तीकरण और श्रम बाजार आदि।
- लिंग आधारित विकास सूचकांक ज्ञात करने के लिए उन्हीं तीन सूचकांकों का प्रयोग किया जाता है, जिनका HDI में प्रयोग किया जाता है। इस सूचकांक से पुरुष तथा महिला की सामाजिक, सांस्कृतिक एवं आर्थिक स्थिति का अध्ययन किया जाता है।

लिंग आधारित विकास सूचकांक = $\frac{1}{3}$ (जीवन प्रत्याशा सूचकांक + शिक्षा सूचकांक + सकल घरेलू उत्पादक सूचकांक) जहाँ एचडीआई औसत उपलब्धि की माप करता है, वहीं जीडीआई पुरुषों तथा स्त्रियों की माप करता है।

बहुआयामी निर्धनता सूचकांक

- यह स्वास्थ्य, शिक्षा और जीवन-स्तर में व्यक्तिगत स्तर पर बहुआयामी वंचना की पहचान करता है। इसके लिए हाउसहोल्ड सर्वे से प्राप्त माइक्रो डाटा का प्रयोग किया जाता है। एचडीआई के विपरीत इसमें एक ही सर्वेक्षण से सभी संकेतकों के सन्दर्भ में प्राप्त आँकड़ों का प्रयोग किया जाता है।
- सर्वेक्षण में शामिल हाउसहोल्ड में प्रत्येक व्यक्ति का वर्गीकरण गरीब और गरीब नहीं के रूप में किया जाता है। यह वर्गीकरण इस बात पर निर्भर करता है कि उसके अनुभव क्या हैं? इन आँकड़ों को समायोजित कर गरीबों के राष्ट्रीय मानव की पहचान की जाती है।
- **मल्टीडायमेंशनल पॉवर्टी इण्डेक्स** (एमपीआई) जनसंख्या के उस हिस्से का प्रतिनिधित्व करता है, जो बहुआयामी निर्धनता का शिकार है और जिसने तीव्रता व सघनता के साथ उस वंचना को महसूस किया है। इसके शिक्षा, स्वास्थ्य और जीवन-स्तर से सम्बन्धित उपमानक निम्न प्रकार हैं।
  - **शिक्षा से सम्बन्धित** पाँच साल की स्कूली शिक्षा से वंचित लोग, स्कूल में जाने योग्य बच्चों का स्कूल में नामांकन नहीं।
  - **स्वास्थ्य से सम्बन्धित** कुपोषण तथा शिशु मृत्यु-दर (प्रति हजार जीवित-प्रसव)।
  - **जीवन-स्तर से सम्बन्धित** बिजली का अभाव, पर्याप्त सफाई व्यवस्था, स्वच्छ ईंधन का अभाव, स्वच्छ पेयजल की अनुपलब्धता, घर का गन्दा/कच्चा फर्श तथा वाहन का अभाव।

संयुक्त राष्ट्र विकास कार्यक्रम की मानव विकास रिपोर्ट में निर्धनता की स्थिति के आकलन हेतु **ह्यूमन पॉवर्टी इण्डेक्स** (एचपीआई) का उपयोग वर्ष 1997 से ही किया जाता था, किन्तु अब उपरोक्त नया मल्टीडायमेंशनल पॉवर्टी इण्डेक्स (एमपीआई) वर्ष 2010 से मानव विकास रिपोर्ट में शामिल किया गया है।

वैश्विक बहुआयामी गरीबी सूचकांक

- इस रिपोर्ट के अनुसार, वर्ष 2005-06 से लेकर वर्ष 2019-2021 के दौरान भारत में 41.5 करोड़ लोग गरीबी से बाहर निकलने में सफल रहे।
- भारत में प्रत्येक पाँच में से एक से अधिक बच्चे गरीब हैं, जबकि सात में से एक वयस्क गरीब है।

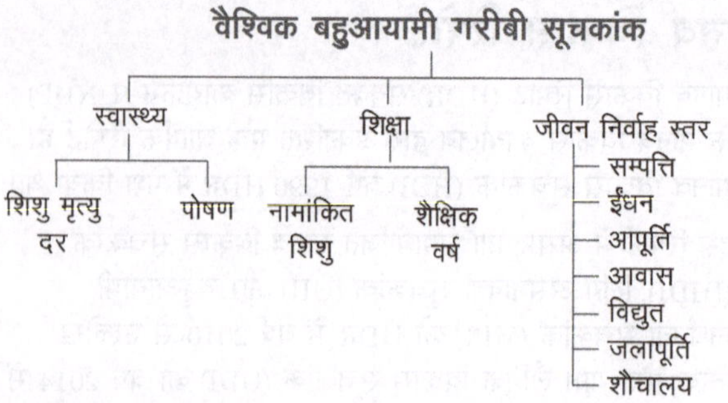

लैंगिक विकास सूचकांक

- यह सूचकांक महिला एवं पुरुषों के मानव विकास सूचकांक के बीच तुलना करता है। इस प्रकार यह लिंग के आधार पर मानव विकास की असमानता की माप करता है।

यह मानव विकास को तीन आयाम-स्वास्थ्य, ज्ञान तथा जीवन स्तर के आधार पर महिलाओं एव पुरुषों के बीच की असमानता को दिखाता है।

- विश्व के देशों को लैंगिक विकास सूचकांक के अन्तर्गत मानव विकास सूचकांक मूल में लैंगिक असमानता के आधार पर विश्व के देशों के पाँच समूहों में बाँटा गया है, जिनका विवरण निम्नवत् है
  - **समूह I** इसमें महिला एवं पुरुषों के बीच उच्च समानता वाले देश शामिल किए जाते हैं, जिनमें लैंगिक असमानता से विचलन 2.5% से कम पाया जाता है।
  - **समूह II** इसमें महिला एवं पुरुषों के बीच उच्च समानता वाले देश पाए जाते हैं, जिसमें लैंगिक असमानता से विचलन 2.5 से 5% के बीच पाया जाता है।
  - **समूह III** इसमें महिला एवं पुरुषों के बीच मध्य समानता वाले देशों को शामिल किया जाता है, जिसमें असमानता से विचलन 5 से 7.5% के बीच पाया जाता है।
  - **समूह IV** इसमें महिलाओं एवं पुरुषों के बीच की समानता वाले देशों को शामिल किया जाता है, जिसमें असमानता से विचलन 7.5% से 10% के बीच पाया जाता है।
  - **समूह V** इसमें महिलाओं एवं पुरुषों के बीच कम समानता वाले देशों को शामिल किया जाता है, जिसमें असमानता से विचलन 10% से अधिक पाया जाता है।

वैश्विक लैंगिक अन्तराल सूचकांक

- महिलाओं और पुरुषों के बीच का अन्तर ही लैंगिक अन्तराल कहलाता है, जो सामाजिक, राजनीतिक, बौद्धिक, सांस्कृतिक या आर्थिक उपलब्धियों के सन्दर्भ में लैंगिक अन्तराल को देखता है।

- इस सूचकांक को विश्व आर्थिक मंच (World Economic Forum) के द्वारा जारी किया जाता है। यह उप मैट्रिक्स के साथ चार प्रमुख आयामों (श्रम बाजार में आर्थिक भागीदारी, शिक्षा का अवसर, स्वास्थ्य एवं उत्तरजीविता तथा राजनीतिक सशक्तीकरण) में लैंगिक समानता की दिशा में उनकी प्रगति पर देशों का मूल्यांकन करता है।
- यह सूचकांक प्रदर्शन को 0 से 1 के बीच के स्कोर के बीच प्रस्तुत करता है, जिसमें स्कोर 1 लैंगिक समानता तथा 0 पूर्ण असमानता की स्थिति को दर्शाता है।

- यह सबसे लम्बे समय तक चलने वाला सूचकांक है, जो वर्ष 2006 में स्थापना के बाद से समय के साथ लैंगिक अन्तरालों को समाप्त करने की दिशा में प्रगति को ट्रैक करता है।

वैश्विक भुखमरी सूचकांक

- वैश्विक भुखमरी सूचकांक में एक बहुआयामी सांख्यिकी आँकड़ों का प्रयोग कर देश की भुखमरी के सन्दर्भ में स्थिति को स्पष्ट किया जाता है। इस सूचकांक को **इण्टरनेशनल फूड पॉलिसी रिसर्च इन्स्टीट्यूट** द्वारा विकसित किया गया था। इसका सर्वप्रथम प्रकाशन वर्ष 2006 में हुआ। यह सूचकांक प्रतिवर्ष तैयार किया जाता है।
- प्रत्येक वर्ष इस सूचकांक में किसी एक मुख्य मुद्दे पर विशेष ध्यान दिया जाता है, जोकि भुखमरी को प्रभावित करता है।
- सामान्यत: भुखमरी या हंगर भोजन की कमी से होने वाली परेशानी को सन्दर्भित करती है। हालाँकि वैश्विक भुखमरी सूचकांक इस आधार पर केवल भुखमरी का मापन नहीं करता है, बल्कि यह भुखमरी की बहुआयामी प्रकृति पर विचार प्रकट करता है।

वैश्विक भुखमरी सूचकांक (ग्लोबल हंगर इण्डेक्स) का प्रकाशन प्रतिवर्ष **अन्तर्राष्ट्रीय खाद्य नीति अनुसन्धान संस्थान** के द्वारा प्रकाशित किया जाता है, जिसे **कन्सर्न वर्ल्ड वाइड** तथा **वेल्थ हंगर हिल्फ** नामक यूरोपीय गैर-सरकारी संगठनों के द्वारा तैयार किया जाता है।

- यह 100 बिन्दु पैमाने पर भूख की गम्भीरता का निर्धारण करता है, जिसमें 0 (शून्य) सबसे अच्छा स्कोर (शून्य भूखा) तथा 100 सबसे खराब स्कोर (अधिक भूखा) माना जाता है। इसके लिए जीएचआई चार आधारों पर विचार करता है
  - **अल्पपोषण** जनसंख्या का वह हिस्सा जिसका कैलोरी सेवन अपर्याप्त है। यह जीएचआई कोर के 1/3 भाग का निर्माण करता है।
  - **चाइल्ड स्टण्टिंग** 5 वर्ष से कम आयु के बच्चों का वह भाग, जिनका कद उनकी आयु के अनुरूप कम है, जो गम्भीर अल्पपोषण को दर्शाता है। यह जीएचआई स्कोर के 1/6 भाग का निर्माण करता है।
  - **चाइल्ड वेस्टिंग** 5 वर्ष से कम आयु के बच्चे का वह भाग, जिनका वजन उनके कद के अनुरूप कम है, जो तीव्र अल्पपोषण को दर्शाता है। यह भी जीएचआई स्कोर के 1/6 भाग का निर्माण करता है।
  - **बाल मृत्यु दर** पाँच वर्ष की आयु से पूर्व मृत्यु का शिकार हो जाने वाले बच्चों का भाग, जो अपर्याप्त पोषण और अस्वास्थ्यकर वातावरण के घातक मिश्रण को प्रकट करता है। यह जीएचआई स्कोर के 1/3 भाग का निर्माण करता है।
- कुल स्कोर को 100 प्वॉइण्ट स्केल पर रखा गया है और कम स्कोर बेहतर प्रदर्शन को परिलक्षित करता है।

जीवन का भौतिक गुणवत्ता सूचकांक

- इस सूचकांक का विकास **डेविड मॉरिश** द्वारा किया गया था, जिसके अन्तर्गत आर्थिक विकास के संकेतकों के रूप में तीन तत्त्वों की गणना की जाती है।
- यह एक सामाजिक सूचकांक है, इसके अन्तर्गत तीन संकेतकों का चुनाव किया जाता है
  - जीवन प्रत्याशा
  - शिशु मृत्युदर
  - मौलिक साक्षरता
- इन तीनों संकेतकों का औसत लेकर हम जीवन की भौतिक गुणवत्ता का सूचकांक (पीक्यूएलआई) निकाल सकते हैं। जीवन की भौतिक गुणवत्ता का सूचकांक

$$= \frac{1}{3} \text{ (जीवन प्रत्याशा + शिशु मृत्युदर + मौलिक साक्षरता)}$$

- जीवन के भौतिक गुणवत्ता सूचकांक का मान 0 से 100 के बीच होता है। यह सूचकांक संयुक्त राज्य की एक निजी संस्था ओवरसीज विकास परिषद् के द्वारा प्रस्तुत किया जाता है।
- इसके अनुसार मानव विकास का उच्च स्तर होने के लिए जीवन प्रत्याशा अधिक तथा शिशु मृत्यु दर का कम होना आवश्यक होता है। इसके अतिरिक्त उच्च आय का होना भी महत्त्वपूर्ण होता है।

विश्व खुशहाली रिपोर्ट

- विश्व खुशहाली रिपोर्ट संयुक्त राष्ट्र सतत् विकास समाधान नेटवर्क के द्वारा जारी किया जाता है। इसे वर्ष 2012 से प्रकाशित किया जाता है।
- वर्ष 2012 से प्रकाशित इस रिपोर्ट को मुख्य रूप से खुशी या जीवन मूल्यांकन को सर्वेक्षणों के माध्यम से मापने तथा उन प्रमुख तत्त्वों की पहचान करने पर आधारित पाया जाता है, जो देश में कल्याण एवं जीवन मूल्यांकन का निर्धारण करते हैं।
- यह प्रतिवर्ष 0-10 के पैमाने पर आबादी-भारित औसत स्कोर को मापता है, जिसे समय की अवधि तथा अन्य देशों की तुलना में ट्रैक किया जाता है।

खुशहाली की माप के घटक

- खुशहाली की माप निम्न 6 घटकों के आधार पर की जाती है
  - प्रति व्यक्ति सकल घरेलू उत्पाद (क्रय शक्ति के आधार पर)
  - जीवन विकल्पों के चयन की स्वतन्त्रता
  - लोक विश्वास (भ्रष्टाचार मुक्त सरकार और व्यापार)
  - सामाजिक सहयोग
  - स्वस्थ्य जीवन प्रत्याशा
  - उदारता
- ऊपर दिए गए घटकों के आधार पर विश्व के 150 देशों की खुशहाली की माप की जाती है तथा रैंक प्रदान किए जाते हैं।

सकल राष्ट्रीय प्रसन्नता (खुशहाली) सूचकांक

- जीएनएचआई (Gross National Happiness Index) देश की गुणवत्ता को अधिक समग्र तरीके से मापता है और इसके अन्तर्गत ऐसा विश्वास किया जाता है कि मानव समाज का विकास तब होता है, जब भौतिक और आध्यात्मिक विकास साथ-साथ होते हैं और वे एक-दूसरे के पूरक होते हैं।
- इसकी अवधारणा वर्ष 1972 में भूटान के नरेश **जिग्मे सिग्ये वांगचुक** (Jingme Singye Wangchuck) ने की थी।

वैश्विक प्रतिस्पर्द्धात्मकता सूचकांक

- यह सूचकांक प्रबन्धन विकास संस्थान (आईएमडी) के द्वारा जारी किया जाता है। आईएमडी वर्ल्ड कैम्पिटिविनेस ईयरबुक वर्ष 1989 में पहली बार प्रकाशित की गई थी।
- यह देशों का विश्लेषण करता है और रैंक प्रदान करता है। यह चार कारकों (334 प्रतिस्पर्द्धात्मकता मानदण्ड) की जाँच करके देशों की समृद्धि और प्रतिस्पर्द्धात्मकता को मापता है।
- इनके चार प्रमुख घटक क्रमश: आर्थिक प्रदर्शन, सरकारी दक्षता, व्यापार दक्षता तथा आधारभूत संरचना है।

वर्ष 2022 में प्रदर्शित विभिन्न सूचकांक/रिपोर्ट का विवरण

क्र.सं.	सूचकांक	कुल देश	वर्ष 2022 में शीर्ष देश	भारत की रैंक
1.	मानव विकास सूचकांक	191	स्विट्जरलैण्ड, नॉर्वे, आइसलैण्ड	132वाँ
2.	असमानता समायोजित मानव विकास सूचकांक	–	स्विट्जरलैण्ड	132वाँ
3.	असमानता सूचकांक	161	नॉर्वे, जर्मनी, ऑस्ट्रेलिया	123वाँ
4.	बहुआयामी निर्धनता सूचकांक	107	नाइजर, बुर्किना, फासो, मोजाम्बिक	66
5.	वैश्विक बहुआयामी गरीबी सूचकांक	100 से अधिक विकासशील देशों को शामिल किया गया।	भारत में विश्व के अब तक के सबसे अधिक 22.8 करोड़ गरीब लोग हैं।	66
6.	वैश्विक भुखमरी सूचकांक	121	इसमें 17 देशों को पहला स्थान प्राप्त हुआ है, जिनमें मुख्यत: बेलारूस, चिली, चीन और क्रोएशिया शामिल हैं।	107
7.	जीवन का भौतिक गुणवत्ता सूचकांक	192	नीदरलैण्ड, डेनमार्क, स्विट्जरलैण्ड	132वाँ
8.	वैश्विक लैंगिक अन्तराल सूचकांक	146	आइसलैण्ड, फिनलैण्ड, नॉर्वे	135वाँ
9.	लैंगिक सशक्तिकरण मापन	177	नॉर्वे, स्वीडन, डेनमार्क	128वाँ
10.	लिंग असमानता सूचकांक	146	आइसलैण्ड, फिनलैण्ड, नॉर्वे	135वाँ
11.	वैश्विक शान्ति सूचकांक	162	आइसलैण्ड, न्यूजीलैण्ड, आयरलैण्ड	135वाँ
12.	प्लैनेटरी प्रेशर समायोजित मानव विकास सूचकांक	192	स्विट्जरलैण्ड, जर्मनी, मोण्टेनेग्रो	123वाँ
13.	विश्व खुशहाली रिपोर्ट	150	फिनलैण्ड, डेनमार्क, आइसलैण्ड	126वाँ (2023)
14.	ईज ऑफ डूइंग बिजनेस रिपोर्ट (कारोबार सुगमता सूचकांक)	63	सिंगापुर, हाँगकाँग, एसएआर न्यूजीलैण्ड	37वाँ
15.	वैश्विक प्रतिस्पर्द्धात्मकता सूचकांक	63	डेनमार्क, स्विट्जरलैण्ड, सिंगापुर	37वाँ
16.	ग्लोबल इनोवेशन इण्डेक्स	132	स्विट्जरलैण्ड, संयुक्त राज्य अमेरिका, स्वीडन	40वाँ

सतत् विकास

- सतत् विकास एक ऐसी प्रक्रिया है, जिसमें उपलब्ध संसाधनों का उपयोग इस तरह से किया जाता है कि वर्तमान आवश्यकताओं को पूर्ण करने के साथ ही भावी पीढ़ी की जरूरतों का भी ध्यान रखा जाए।
- इसमें आर्थिक विकास, पर्यावरण संरक्षण तथा सामाजिक समावेशन की प्रक्रिया एक साथ सम्पन्न होती है। यह भविष्य की पीढ़ियों की आवश्यकताओं को प्रभावित किए बिना वर्तमान की अर्थव्यवस्थाओं की पूर्ति को बढ़ावा देता है।

सतत् विकास के तत्त्व

- **आर्थिक तत्त्व** आर्थिक क्रियाएँ ऐसी हों, जिनमें सामान्य जनता का हित हो और आत्मनिर्भरता के गुण विद्यमान हों।
- **सामाजिक तत्त्व** समाज की सभी गतिविधियाँ, वितरण, लाभ और निर्णय की प्रक्रिया में समाज की पूर्ण सहभागिता हो।
- **पर्यावरणीय तत्त्व** मानव केन्द्रित विचारधारा को त्यागकर यह धारणा स्वीकार की जानी चाहिए कि मानव प्रकृति का हिस्सा है। प्राकृतिक संसाधनों की अपनी सीमा है उसका सम्मान, संरक्षण हो। "There is enough on earth for everybody's NEED but not enough for everybook's greed "- Mahatma Gandhi
- **सतत् विकास** (Sustainable Development) की अवधारणा वर्तमान में पर्यावरण नीति और अन्तर्राष्ट्रीय विकास वर्तमान का मार्गदर्शक सिद्धान्त बन गया है।

सतत् विकास के उद्देश्य

- प्राकृतिक संसाधनों का संरक्षण
- प्रकृति के लिए अनुकूल तकनीक का प्रयोग
- आर्थिक वंचनाओं से छुटकारा
- सामाजिक अन्याय से मुक्ति
- समानता और न्याय से पूर्ण जीवन स्तर प्रदान करना
- प्रकृति की पुनरुत्पादन क्षमता का सम्मान हो

ब्रण्टलैण्ड आयोग के अनुसार सतत् विकास के उद्देश्य

- आर्थिक कुशलता
- पर्यावरण की धारणीयता
- सामाजिक स्वीकार्यता

स्रोत-ब्रण्टलैण्ड आयोग की "Our Common Future" शीर्षक नामक रिपोर्ट (1987).

मिलेनियम या सहस्राब्दी विकास लक्ष्य

- वर्ष 2000 में संयुक्त राष्ट्र संघ की महासभा (जनरल असेम्बली) द्वारा सहस्राब्दी विकास लक्ष्य का प्रस्ताव पारित किया गया, जिसमें वर्ष 2015 तक के लिए 8 वैश्विक विकास लक्ष्य तथा 18 एसोसिएटेड लक्ष्य निर्धारित किए गए थे, इसे ही सहस्राब्दी विकास लक्ष्य कहा जाता है।
- उल्लेखनीय है कि संयुक्त राष्ट्र संघ के तत्कालीन 189 सदस्य देशों (वर्तमान में 193) तथा 22 अन्तर्राष्ट्रीय संस्थाओं ने वर्ष 2015 तक इन लक्ष्यों की प्राप्ति के लिए संकल्प लिया था।

सतत् विकास हेतु अन्तर्राष्ट्रीय अभिकरण

- **संयुक्त राष्ट्र पर्यावरण कार्यक्रम** (United Nations Environment Programme, UNEP) स्टॉकहोम सम्मेलन (1972) के उपरान्त 5 जून, 1972 को UNEP की स्थापना हुई। UNEP पर्यावरण संरक्षण हेतु संयुक्त राष्ट्र की प्रमुख संस्था है।
- **सतत् विकास आयोग** (Sustainable Development Commission) पृथ्वी समझौते से सम्बन्धित क्षेत्रीय, राष्ट्रीय, स्थानीय और अन्तर्राष्ट्रीय रिपोर्ट प्रस्तुत करना इसका कार्य है। यह स्वतन्त्र सलाहकारी निकाय है और यह प्रतिवर्ष वार्षिक बैठक भी कराने का कार्य करता है।
- **वैश्विक पर्यावरण सुविधा एजेन्सी** (Global Environment Facility Agency) यह अन्तर्राष्ट्रीय वित्तपोषित एजेन्सी है। इसका गठन वर्ष 1996 में किया गया था। इसका मुख्य कार्य विकासशील देशों में पर्यावरणीय परियोजनाओं, कार्यक्रमों का वित्त पोषक करना है।

अर्थव्यवस्था और पर्यावरण

- प्राकृतिक और पर्यावरणीय संसाधनों की तीन आर्थिक भूमिकाएँ होती हैं— पर्यावरण की समावेशी क्षमता से सम्बन्धित उपशिष्ट निपटान सेवाएँ, उत्पादन में प्राकृतिक संसाधन का निर्विष्ट और प्रत्यक्ष रूप से उपभोग की जाने वाली समर्थन सेवाएं।
- प्राकृतिक और पर्यावरणीय संसाधन निविष्ट कार्य ही आर्थिक विकास और पर्यावरण के बीच के सम्बन्धों को समझाता है।

सतत् विकास लक्ष्य

- ब्राजील के रियो-डि-जेनेरियो शहर में जून, 2012 में सतत् विकास सम्बन्धी संयुक्त राष्ट्र सम्मेलन (रियो + 20) में **दि फ्यूचर वी वाण्ट** नामक परिणाम दस्तावेज जारी किया गया। इस दस्तावेज द्वारा अधिदेशित 30 सदस्यीय कार्यदल ने जुलाई, 2014 में 17 सतत् विकास लक्ष्य जारी किए हैं। इन लक्ष्यों में व्यापक स्तर पर

सम्पोषणीय विकास के मुद्दे शामिल किए गए हैं। इन लक्ष्यों को संयुक्त राष्ट्र (United Nations) के वर्ष 2015 में **पोस्ट विकास एजेण्डा** में समेकित किया है। इन लक्ष्यों को वर्ष 2030 तक पूर्ण करना है। सतत् विकास के लिए निर्धारित लक्ष्य निम्नलिखित हैं

- गरीबी के सभी रूपों को सर्वस्व समाप्त करना।
- भुखमरी को समाप्त करना, खाद्य सुरक्षा प्राप्त करना और पोषण में सुधार लाना तथा सम्पोषणीय कृषि को बढ़ावा देना।
- स्वास्थ्य सुनिश्चित करना और हर उम्र के सभी लोगों के लिए तन्दरुस्ती को बढ़ावा देना।
- समावेशी और साम्यपूर्ण स्तरीय शिक्षा सुनिश्चित करना और सभी के लिए आजीवन पठन-पाठन के अवसरों को बढ़ावा देना।
- लिंग सम्बन्धी समानता प्राप्त करना और सभी महिलाओं एवं बालिकाओं का सशक्तीकरण करना।
- सभी के लिए जल और स्वच्छता की उपलब्धता और स्थायी प्रबन्ध सुनिश्चित करना।
- सभी के लिए वहनीय, विश्वसनीय और आधुनिक ऊर्जा की उपलब्धता सुनिश्चित करना।
- सभी के लिए स्थायी, समावेशी और सतत् आर्थिक विकास, पूर्ण एवं लाभकारी तथा उचित रोजगार को बढ़ावा देना।
- समुत्थानशील अवसंरचना निर्मित करना, समावेशी एवं सम्पोषणीय औद्योगीकरण को बढ़ावा देना तथा नवोन्मेष (Innovation) को प्रोत्साहित करना।
- देशों के भीतर और आपस में भी असमानता कम करना।
- शहरों और मानव बस्तियों को समावेशी, सुरक्षित, समुत्थानशील और सम्पोषणीय बनाना।
- सम्पोषणीय खपत और उत्पादन पैटर्न सुनिश्चित करना।
- जलवायु परिवर्तन एवं इसके प्रभावों का मुकाबला करने के लिए तत्काल कार्रवाई करना।
- सतत् विकास के लिए महासागरों, समुद्रों और समुद्री संसाधनों का संरक्षण करना एवं सम्पोषणीय तरीके से उपयोग करना।
- पृथ्वी के पारिस्थितिकी तन्त्रों का संरक्षण, पुनरुद्धार करना एवं उनके सम्पोषणीय उपयोग को बढ़ावा देना।
- सम्पोषणीय विकास के लिए शान्तिपूर्ण व समावेशी सोसायटियों का संवर्द्धन करना तथा सभी के लिए न्याय सुलभ करना और सभी स्तरों पर प्रभावी जवाबदेही व समावेशी संस्थाओं का निर्माण करना।
- कार्यान्वयन के तरीके सुदृढ़ करना और सम्पोषणीय विकास हेतु वैश्विक भागीदारी को पुन: सक्रिय करना।

सतत् विकास के लक्ष्यों की प्राप्ति में भारत के प्रयास

- भारत सरकार ने नीति आयोग को सतत् विकास के लक्ष्यों के क्रियान्वयन, निगरानी तथा समन्वयन सम्बन्धी कार्यों को सौंपा है।
- नीति आयोग ने वर्ष 2016 में सतत् विकास से सम्बन्धित 169 लक्ष्यों को चिन्हित कर सम्बन्धित मन्त्रालयों को जवाबदेही प्रदान की।

  इस दिशा में की गई प्रमुख पहल निम्नवत् हैं

- **कार्बन टैक्स** यह एक प्रकार का कर है, जो कार्बन उत्सर्जन पर लगाया जाता है। यह उस कार्बन का मूल होता है, जो कोयला पेट्रोलियम तथा प्राकृतिक गैस जैसे हाइड्रोकार्बन के जलने से उत्सर्जित होता है। कार्बन टैक्स, कोयला, तेल और गैस जैसे कार्बन आधारित ईंधन के जलने पर लगाया जाने वाला कर है। कार्बन टैक्स जीवाश्म ईंधन के उपयोग को कम करने और अन्तत: समाप्त करने की मुख्य रणनीति है, जिसके जलने से जलवायु में अस्थिरता और विनाश हो रहा है। कार्बन टैक्स के कारण बड़ी मात्रा में CO_2 का उत्सर्जन करने वाले संगठन एवं कम्पनियाँ कम हो जाती हैं। इससे पर्यावरण में CO_2 की मात्रा में कमी आती है, जिससे प्रदूषण का स्तर घटता है।
- **हरित मसाला बॉण्ड्स** यह भारतीय कम्पनियों या बैंकों के द्वारा विदेशों में जारी किया जाने वाला बॉण्ड्स है। यह रुपए में जारी किया जाता है। इस बॉण्ड्स से प्राप्त धन का उपयोग हरित परियोजना में किया जाता है। इसलिए इसे **ग्रीन मसाला बॉण्ड्स** भी कहते हैं। एचडीएफसी भारत की पहली कम्पनी है, जिसने वर्ष 2016 में इस बॉण्ड्स को लन्दन स्टॉक एक्सचेंज में सूचीबद्ध कराया था।
- **हरित लेखांकन** हरित लेखांकन पर्यावरण के सम्बन्ध में पारम्परिक खातों में कमियों को दूर करने पर केन्द्रित है। एकीकृत पर्यावरण और आर्थिक (हरित) लेखांकन, समाजिक-आर्थिक प्रदर्शन और इसके पर्यावरणीय प्रभाव दोनों के लिये लेखांकन का प्रयास करता है और पर्यावरणीय चिन्ताओं की मुख्याधारा की आर्थिक योजना तथा नीतियाँ में एकीकृत करता है।
- **कार्बन क्रेडिट** यह पर्यावरण से CO_2 के उत्सर्जन को कम करने का प्रयास है। इसके अन्तर्गत यदि कोई कम्पनी या राष्ट्र क्योटो-प्रोटोकॉल के अन्तर्गत CO_2 का उत्सर्जन कम करता है, तो उन्हें कार्बन क्रेडिट मिलता है।
- यदि कोई राष्ट्र या कम्पनी अधिक मात्रा में CO_2 का उत्सर्जन करती है, तो उसे कार्बन क्रेडिट खरीदना होता है या स्वच्छ प्रौद्योगिकी में निवेश करना होता है। इसके अन्तर्गत एक टन CO_2 को पर्यावरण में उत्सर्जन की अनुमति होती है। अत: अधिक उत्सर्जन करने वाली कम्पनी के लिए यह एक प्रेरक का कार्य करता है।

ग्रीनेक्स-हरित सूचकांक

यह सूचकांक BSE (Bombay Stock Exchange) का शेयर है, जो कि ऊर्जा दक्षता में सबसे अग्रणी 25 कम्पनियों के शेयर मूल्यों को शामिल करता है। इसको वर्ष 2012 में प्रारम्भ किया गया था।

वैश्विक सतत् विकास रिपोर्ट, 2022

- जून, 2022 में वैश्विक सतत् विकास रिपोर्ट, 2022 जारी की गई।
- यह सतत् विकास के समग्र 17 सतत् विकास लक्ष्यों को प्राप्त करने की दिशा में कुल प्रगति को मापता है।
- इसमें सभी लक्ष्यों को 100 स्कोर में मापा जाता है। स्कोर के आधार पर देशों को रैंक प्रदान किया जाता है।

वैश्विक प्रदर्शन

- इस सूचकांक रिपोर्ट में 163 देशों में फिनलैण्ड सबसे ऊपर है, इसके बाद क्रमशः डेनमार्क, स्वीडन तथा नॉर्वे का स्थान है।
- पूर्व एवं दक्षिण एशिया क्षेत्र ने वर्ष 2015 में सतत् विकास लक्ष्य को अपनाने के बाद से सबसे अधिक प्रगति की है।
- बांग्लादेश तथा कम्बोडिया दो ऐसे देश हैं, जिन्होंने वर्ष 2015 के बाद सतत् विकास लक्ष्य की प्राप्ति में सबसे अधिक प्रगति की है।

भारत का प्रदर्शन

- इस रिपोर्ट के अनुसार, भारत 163 देशों में 121वें स्थान पर है। भारत वर्ष 2020 में 117वें तथा वर्ष 2021 में 120वें स्थान पर था।
- भारत को 17 लक्ष्यों में से 11 लक्ष्यों को प्राप्त करने में बड़ी चुनौतियों का सामना करना पड़ रहा है, जिसके कारण भारत की रैंकिंग में गिरावट देखी गई है।
- भारत जलवायु कार्रवाई पर एसडीजी-13 को प्राप्त करने के पथ पर है, हालाँकि स्टेट ऑफ इण्डियाज एनवायरनमेण्ट रिपोर्ट, 2022 के अनुसार, भारत चुनौतियों का सामना कर रहा है।
- जलवायु कार्रवाई पर भारत के प्रदर्शन (एसडीजी-13) में वर्ष 2019-2020 की तुलना में गिरावट आई है।

प्रीलिम्स फैक्ट्स

- वर्ष के दौरान स्थिर कीमतों पर राष्ट्रीय आय में वृद्धि, वास्तविक प्रति व्यक्ति आय में सुस्थिर वृद्धि, किसी अवधि में चालू कीमतों पर राष्ट्रीय आय में वृद्धि और जनसंख्या में वृद्धि के साथ राष्ट्रीय आय में वृद्धि में से कौन–सा एक आर्थिक वृद्धि का परिचायक है?
  – व्यक्ति आय में सुस्थिर वृद्धि [RAS/RTS (Pre) 2013]
- संवृद्धि की सीमा की अवधारणा का प्रतिपादन किसके द्वारा किया गया? *– क्लब ऑफ रोम 1972 [UPPSC (Pre) 2019]*
- 'X' देश में आर्थिक संवृद्धि अनिवार्य रूप में होगी, यदि
  – 'X' में पूँजी निर्माण होता है। [IAS (Pre) 2013]
- सकल घरेलू उत्पाद, निवल घरेलू उत्पाद, निवल राष्ट्रीय उत्पाद और प्रति व्यक्ति वास्तविक आय में से कौन किसी देश की आर्थिक संवृद्धि का सबसे उपयुक्त मापदण्ड है?
  – प्रति व्यक्ति वास्तविक आय
  [CGPSC (Pre) 2016, UPPSC (Pre) 2013, IAS (Pre) 2001]
- अकुशल कृषि, अनियमित औद्योगीकरण, पाश्चात्य सामाजिक अभिवृत्ति में से किसके कारण मुख्यतः भारत में आर्थिक विकास अवरुद्ध रहा है?
  – पाश्चात्य सामाजिक अभिवृत्ति के कारण [UPPSC (Pre) 2004]
- सैद्धान्तिक रूप से यदि आर्थिक विकास की कल्पना की जाती है, तो सकल घरेलू उत्पाद में वृद्धि, विश्व बैंक से वित्तीय सहायता में वृद्धि, सकल राष्ट्रीय उत्पादन में वृद्धि और प्रति व्यक्ति सकल राष्ट्रीय उत्पाद में वृद्धि में से किस एक को साधारणतः ध्यान में नहीं रखा जाता है?
  – विश्व बैंक से वित्तीय सहायता में वृद्धि [JPSC (Pre) 2013]
- मुद्रा की मात्रा, मूल्य स्थिरता, बचत दर और संसाधनों के उपयोग में से कौन आर्थिक विकास के लिए प्रत्यक्ष रूप से महत्त्वपूर्ण नहीं है?
  – मुद्रा की मात्रा [UPPSC (Pre) 2005]
- पूँजी का संचय एवं तकनीक सुधार, जनसंख्या में परिवर्तन, विशेषीकृत क्रियाओं/गतिविधियों में श्रम विभाजन और तकनीकीविद् व नौकरशाह में से कौन–सा आर्थिक विकास का प्रमुख कारक नहीं है?
  – तकनीकीविद् एवं नौकरशाह [UPPSC (Pre) 2021]
- उच्च बचत वाली अर्थव्यवस्था होते हुए भी–कमजोर प्रशासन तन्त्र, निरक्षरता, उच्च जनसंख्या घनत्व और उच्च पूँजी उत्पाद अनुपात में से किस कारण पूँजी निर्माण महत्त्वपूर्ण उत्पादन वृद्धि में परिणामित नहीं हो पाता है? *– उच्च पूँजी उत्पाद अनुपात के कारण [IAS (Pre) 2018]*
- संयुक्त राष्ट्र विकास कार्यक्रम, समन्वित ग्रामीण विकास योजना, विश्व विकास प्रतिवेदन और सामुदायिक विकास योजना में से किस एक ने विकास के मानवीय पक्ष पर सबसे पहले ध्यान केन्द्रित किया?
  – संयुक्त राष्ट्र विकास कार्यक्रम [UP UDA/LDA (Pre) 2013]
- मानव विकास की अवधारणा किसके द्वारा दी गई?
  – महबूब–उल–हक [UPPSC (Pre) 2016]
- मानव विकास सूचकांक किसका संयुक्त सूचकांक है?
  – जीवन प्रत्याशा, शैक्षणिक उपलब्धि एवं प्रति व्यक्ति आय
  [UKPSC (Pre) 2016, RAS/RTS (Pre) 2013, UPPSC (Pre) 2020]
- 100 तथा 25, 90 तथा 30, 85 तथा 25 और 80 तथा 20 में से कौन HDI की गणना में जन्म के समय जीवन प्रत्याशा के लिए अधिकतम मान तथा न्यूनतम मान (वर्षों) के लिए जाते हैं?
  – 85 तथा 25 (2016 में 83 तथा 25) [UPPSC (Mains) 2006]

- मानवीय गरीबी सूचकांक किस वर्ष में विकसित किया गया? *– वर्ष 1997 [UPPSC (Mains) 2004]*
- मानव गरीबी सूचकांक (एच. पी. आई.) की अवधारणा मानव विकास रिपोर्ट वर्ष 1997 में प्रस्तुत की गई, लेकिन मानव विकास रिपोर्ट ने इसे बहुआयामी गरीबी सूचकांक (एम. पी. आई.) द्वारा किस वर्ष में प्रतिस्थापित कर दिया? *– वर्ष 2010 [UPPSC (Pre) 2020]*
- स्वास्थ्य, शिक्षा और जीवन स्तर में से कौन बहुआयामी निर्धनता सूचकांक में सम्मिलित होता है? *– उपरोक्त सभी [UPPSC (Pre) 2019]*
- किसके द्वारा जीवन की भौतिक गुणवत्ता सूचकांक को विकसित किया गया? *– मौरिस डी. मौरिस [UPPSC (Pre) 2019]*
- दक्षिण एशिया के किस देश ने सकल राष्ट्रीय प्रसन्नता को अपने नागरिकों के कुशल श्रम सूचकांक के रूप में माना है? *– भूटान [UPPSC (Mains) 2009, UKPSC Mains 2006]*
- UNDP की HDR 2007, HDR 2008, HDR 2009 और HDR 2010 में से किस मानव विकास रिपोर्ट में लिंग असमानता सूचकांक की शुरुआत हुई थी? *– HDR 2010 [UKPSC (Pre) 2020]*
- सांस्कृतिक अखण्डता और पारिस्थितिकी प्रक्रियाओं को बनाए रखते हुए पर्यटन और पर्यावरण का प्रबन्ध करना किसका मुख्य उद्देश्य है? *– पोषकीय पर्यटन [UPPSC (Pre) 2020]*
- नीमराणा, जो टिकाऊ आर्थिक विकास मॉडल है, भारत के किस राज्य में अवस्थित है? *– राजस्थान में (भीलवाड़ा)*
- वर्ष 2004-05, 2011-12, 2012-13, 2013-14 में से किस आर्थिक सर्वेक्षण में प्रथम बार धारणीय विकास और जलवायु परिवर्तन का नवीन अध्याय जोड़ा गया था? *– वर्ष 2011-12 [UPPSC (Pre) 2015]*
- भारत ने स्विट्ज़रलैण्ड, नॉर्वे, स्वीडन और फ्रांस में से किस देश के साथ नीली अर्थव्यवस्था (समुद्री संसाधन) पर सतत विकास हेतु साझेदारी के लिए टास्क फोर्स का निर्माण किया है? *– नॉर्वे [MPPSC (Pre) 2021]*
- सामाजिक दृष्टिकोण, आर्थिक दृष्टिकोण, पर्यावरण दृष्टिकोण में से कौन सतत विकास का आधार है? *– पर्यावरणीय दृष्टिकोण [MPPSC (Pre) 2015]*
- वर्तमान पीढ़ी के विकास के साथ-साथ भविष्य का आर्थिक विकास किसका मुख्य अभिप्राय है? *– सतत आर्थिक विकास [MPPSC (Pre) 2015]*
- पर्यावरणीय कुजनेट्स वक्र (EKC) पर्यावरणीय क्षति एवं प्रति व्यक्ति GDP के मध्य सम्बन्ध दर्शाता है। इस पर्यावरणीय कुजनेट्स वक्र का आकार किस प्रकार का होता है? *– उल्टा U आकार [UPPSC (Pre) 2019]*

सेल्फ चैक

1. निम्न में से कौन-सा एक आर्थिक वृद्धि का परिचायक है? RAS/RTS (Pre) 2013
(a) वर्ष के दौरान स्थिर कीमतों पर राष्ट्रीय आय में वृद्धि
(b) वास्तविक प्रति व्यक्ति आय में सुस्थिर वृद्धि
(c) किसी अवधि में चालू कीमतों पर राष्ट्रीय आय में वृद्धि
(d) जनसंख्या में वृद्धि के साथ राष्ट्रीय आय में वृद्धि

2. 'असन्तुलित' संवृद्धि तब प्राक्कल्पित होती है, जब
(a) प्रसार विविध संवृद्धि मार्गों पर साथ-साथ हो सकता हो
(b) श्रम की पूर्ति नियत हो
(c) पूँजी की पूर्ति असीमित हो
(d) संक्रिय क्षेत्रकों के लिए आवश्यक होता है कि वे मन्द पड़े क्षेत्रकों को क्रियाशील बनाएँ और वे उन्हें क्रियाशील बनाते हैं

3. सरकार के समावेशित वृद्धि लक्ष्य को आगे ले जाने में निम्नलिखित में से कौन-सा/कौन-से कार्य सहायक साबित हो सकते है/हैं? IAS (Pre) 2011
1. स्व-सहायता समूहों (सेल्फ-हेल्प ग्रुप्स) को प्रोत्साहन देना
2. सूक्ष्म, लघु और मध्य उद्यमों को प्रोत्साहन देना
3. शिक्षा का अधिकार अधिनियम लागू करना

कूट
(a) केवल 1 (b) 1 और 2 (c) 2 और 3 (d) 1, 2 और 3

4. 'X' देश में आर्थिक संवृद्धि अनिवार्य रूप से होगी, यदि IAS (Pre) 2013
(a) विश्व अर्थव्यवस्था में तकनीकी प्रगति होती है
(b) 'X' में जनसंख्या वृद्धि होती है
(c) 'X' में पूँजी-निर्माण होता है
(d) विश्व अर्थव्यवस्था में व्यापार की मात्रा बढ़ती है

5. भारत में निकट भविष्य में 8% या अधिक आर्थिक वृद्धि दर प्राप्त करने में सर्वाधिक सहयोग किस तत्त्व (कारक) से मिल सकता है?
(a) वस्तु व सेवा कर को बिना विलम्ब के 1 अप्रैल, 2016 में लागू किया गया RAS/RTS (Pre) 2013
(b) देश में श्रम शक्ति का तीव्रगति से कौशल विकास किया जाए
(c) सभी अवरुद्ध या रुके हुए उत्पादक प्रोजेक्टों का क्रियान्वयन किया जाए
(d) व्यवसाय-व्यापार करने को आसान बनाने में तेज रफ्तार में वृद्धि की जाए

6. निम्नलिखित में से कौन-सा आर्थिक विकास का प्रमुख कारक नहीं है? UPPSC (Pre) 2021
(a) पूँजी का संचय एवं तकनीक सुधार
(b) जनसंख्या में परिवर्तन
(c) विशेषीकृत क्रियाओं/गतिविधियों में श्रम विभाजन
(d) तकनीकीविद् एवं नौकरशाह

7. मानव विकास सूचकांक निम्नलिखित में से किसका संयुक्त सूचकांक है? UKPSC (Pre) 2016, UPPSC (Pre) 2020
(a) पोषण सम्बन्धी स्थिति, जीवन की गुणवत्ता एवं प्रति व्यक्ति जीडीपी
(b) निर्धनता, जीवन प्रत्याशा एवं शैक्षणिक उपलब्धि
(c) जीवन प्रत्याशा, शैक्षणिक उपलब्धि एवं प्रति व्यक्ति आय
(d) मुद्रा स्फीति, बेरोजगारी एवं प्रति व्यक्ति जीडीपी

8. निम्नलिखित कथनों पर विचार कीजिए

1. किसी राष्ट्र में मानव विकास के परिणाम, आर्थिक विकास, सामाजिक नीति तथा वृहत् स्तर पर निर्धनता में कमी लाने वाले उपायों का फलन होता है।
2. स्वास्थ्य तथा शिक्षा सम्बन्धी उपलब्धि, आय-निर्धनता में कमी तथा आर्थिक विकास के रूप में मानव विकास का प्रसार सह-क्रियात्मक रीति से सहबद्ध है।
3. स्वास्थ्य तथा शिक्षा में निवेश मानव-क्रिया में वृद्धि कर सकने में सक्षम है, जो नियोजनीयता में सुधार कर आय-निर्धनता में अन्ततः कमी कर सकता है।
4. आय-निर्धनता में कमी तथा आर्थिक विकास के माध्यम से जनित संसाधनों का उपयोग, मानव विकास की वृद्धि हेतु किया जा सकता है।

उपरोक्त कथनों में से कौन-सा/से तर्कसंगत कथन सही है/हैं?

(a) 1 और 2 (b) 3 और 4
(c) 1, 2, 3 और 4 (d) 1, 2 और 3

9. बहुआयामी निर्धनता सूचकांक में सम्मिलित होता है **UPPSC (Pre) 2019**

1. स्वास्थ्य 2. शिक्षा 3. जीवन स्तर

नीचे दिए गए कूटों का उपयोग कर सही उत्तर चुनिए

(a) केवल 1 (b) 2 और 3 (c) 1 और 2 (d) 1, 2 और 3

10. निम्नलिखित वक्तव्यों पर विचार कीजिए और नीचे दिए गए कूट से सही उत्तर चुनिए **UPPSC (Pre) 2015**

कथन (A) आर्थिक विकास के लिए बहुआयामी उपागम की आवश्यकता होती है।

कारण (R) वर्तमान भारत सरकार मुख्यतः सूक्ष्म आर्थिक विषयों पर ध्यान केन्द्रित कर रही है।

कूट

(a) A और R दोनों सही हैं तथा R, A का सही स्पष्टीकरण है
(b) A और R दोनों सही हैं, परन्तु R, A का सही स्पष्टीकरण नहीं है
(c) A सही है, किन्तु R गलत है
(d) A गलत है, किन्तु R सही है

11. निम्न में से कौन-सा क्रम सही है, जिसमें प्रदर्शित विकास के मापकों को प्रस्तावित किया गया?

(a) मानव विकास सूचकांक, प्रति व्यक्ति आय, भौतिक जीवन स्तर सूचकांक
(b) प्रति व्यक्ति आय, मानव विकास सूचकांक, भौतिक जीवन स्तर सूचकांक
(c) भौतिक जीवन स्तर सूचकांक, मानव विकास सूचकांक, प्रति व्यक्ति आय
(d) प्रति व्यक्ति आय, भौतिक जीवन स्तर सूचकांक, मानव विकास सूचकांक

12. निम्नलिखित में से कौन-सा एक युग्म जीवन की भौतिक गुणवत्ता का सर्वाधिक उपयुक्त आकलन है? **UPPSC (Mains) 2018**

(a) शिशु मृत्युदर - साक्षरता
(b) शिशु मृत्युदर - आय
(c) कैलोरी प्राप्ति - साक्षरता
(d) प्रति व्यक्ति आय - लिंगानुपात

1. पूँजी निर्माण की प्रक्रिया बचतों और वित्तीय संस्थाओं की प्रभाविता पर निर्भर करती है।
2. निवेश पूँजी निर्माण के लिए एक अनिवार्य कारक है।

कूट

(a) केवल 1 (b) केवल 2
(c) 1 और 2 दोनों (d) न तो 1 और न ही 2

14. सतत् आर्थिक विकास से अभिप्राय है **MPPSC (Pre) 2015**

(a) वर्तमान पीढ़ी के विकास के साथ-साथ भविष्य का आर्थिक विकास
(b) वर्तमान पीढ़ी का केवल आर्थिक विकास
(c) औद्योगिक विकास
(d) कृषि विकास

15. पोषकीय पर्यटन का मुख्य उद्देश्य है **UPPSC (Pre) 2020**

(a) पर्यटकों की संख्या में वृद्धि
(b) बड़े पैमाने पर पर्यटन और लघु पैमाने पर यात्राओं का प्रबन्ध करना
(c) सांस्कृतिक अखण्डता और पारिस्थितिक प्रक्रियाओं को बनाए रखते हुए पर्यटन और पर्यावरण प्रबन्ध करना
(d) उपरोक्त में से कोई नहीं

16. स्थायी विकास किसके उपयोग के सन्दर्भ में अन्तर-पीढ़ीगत संवेदनशीलता की घटना है?

(a) प्राकृतिक संसाधनों के (b) भौतिक संसाधनों के
(c) औद्योगिक संसाधनों के (d) सामाजिक संसाधनों के

17. नीचे दो कथन दिए गए हैं, जिनमें से एक को कथन (A) तथा दूसरे को कारण (R) कहा गया है

कथन (A) सतत् विकास मानव समाज के कल्याण हेतु महत्त्वपूर्ण है।

कारण (R) सतत् विकास से अभिप्राय ऐसे विकास से है, जो भावी पीढ़ियों की आवश्यकताएँ पूर्ण करने की योग्यता को प्रभावित किए बिना वर्तमान समय की आवश्यकता पूरी करें।

कूट **UPPSC (Pre) 2019**

(a) A और R दोनों सही हैं तथा R, A की सही व्याख्या है
(b) A और R दोनों सही हैं, परन्तु R, A की सही व्याख्या नहीं है
(c) A सही है, किन्तु R गलत है
(d) A गलत है, किन्तु R सही है

18. नीचे दो कथन दिए गए हैं, जिनमें एक को कथन (A) तथा दूसरे को कारण (R) कहा गया है

कथन (A) मानव विकास सूचकांक (एचडीआई) एवं सतत् विकास लक्ष्यों एसडीजी पर आधारित भारतीय राज्यों की वरीयता में धनात्मक सम्बन्ध है।

कारण (R) सतत् विकास लक्ष्यों के आधारभूत आयाम शिक्षा एवं स्वास्थ्य से घनिष्ठता के साथ अन्तर्सम्बन्धित हैं।

कूट **UPPSC (Pre) 2019**

(a) A और R दोनों सही हैं तथा R, A की सही व्याख्या है
(b) A और R दोनों सही हैं, परन्तु R, A की सही व्याख्या नहीं है
(c) A सही है, किन्तु R गलत है
(d) A गलत है, किन्तु R सही है

जानें सही उत्तर

1. (b)	2. (d)	3. (d)	4. (c)	5. (c)	6. (d)	7. (c)	8. (c)	9. (d)	10. (c)
11. (d)	12. (a)	13. (c)	14. (a)	15. (c)	16. (a)	17. (a)	18. (a)		

• अध्याय तीन

राष्ट्रीय आय

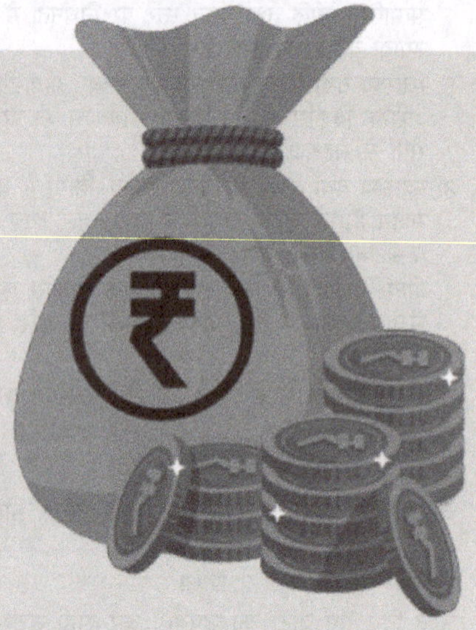

"

राष्ट्रीय आय, अर्थव्यवस्था के सन्दर्भ में एक महत्त्वपूर्ण अवधारणा है, जो नीति-निर्माण व कल्याणकारी राज्य के निर्माण की दिशा में अत्यधिक उपयोगी है। राष्ट्रीय आय की गणना के माध्यम से प्राप्त आँकड़ों के विश्लेषण से अर्थव्यवस्था के विभिन्न क्षेत्रों में सन्तुलन बनाने व प्राथमिकता की स्थापना करने में अभूतपूर्व सहायक है। सामान्यतः इसे अर्थव्यवस्था का महत्त्वपूर्ण सूचकांक माना जा सकता है।

राष्ट्रीय आय का अर्थ

- राष्ट्रीय आय का अर्थ-किसी देश की अर्थव्यवस्था में किसी समय अवधि में (साधारणतया एक वित्त वर्ष के दौरान) उत्पादित सभी अन्तिम वस्तुओं तथा सेवाओं के कुल मुद्रा मूल्य से होता है।

  उदाहरण यदि देश में 1 kg गेहूँ का उत्पादन हो, जिससे 1 Kg ब्रेड बने तब

  1 kg गेहूँ → 1 kg आटा → 1 kg ब्रेड

  यहाँ 1 Kg ब्रेड अन्तिम उत्पाद है, राष्ट्रीय आय की गणना में 1 kg ब्रेड का ही मौद्रिक मूल्य शामिल होगा। यदि 1 Kg गेहूँ की कीमत ₹ 25 है, तब आटा कम्पनी उस ₹ 25 को लागत में शामिल करके कीमत ₹ 40 तय करेगी, जिसमें आटा कम्पनी की लागत तथा लाभ शामिल हैं, जब ब्रेड बनाने की कम्पनी ₹ 40 आटे का मूल्य तथा अपना लाभ एवं लागत शामिल करके ₹ 50 मूल्य निर्धारित करती है, तब राष्ट्रीय आय में ₹ 50 ही शामिल होगा। इसी में स्वत: गेहूँ व आटे की कीमत शामिल होगी।
- दूसरे शब्दों में, किसी एक लेखा वर्ष की अवधि के दौरान किसी अर्थव्यवस्था में उत्पादित अन्तिम वस्तुओं एवं सेवाओं के बाजार मूल्य को राष्ट्रीय आय कहा जाता है। इसमें विदेशों से अर्जित की गई शुद्ध आय भी शामिल होती है।
- इसका अभिप्राय यह है कि देश के विभिन्न उद्योगों तथा व्यवसायों द्वारा जितना उत्पादन एक वर्ष में होता है, उसका मूल्यांकन कर लिया जाता है। इस राशि में ह्रास (Depreciation) की राशि घटा दी जाती है, परिणामस्वरूप जो राशि प्राप्त होती है, वह देश की राष्ट्रीय आय कहलाती है। राष्ट्रीय आय का आशय निवल या शुद्ध राष्ट्रीय उत्पाद (NNP) से है।
- राष्ट्रीय आय अर्थव्यवस्था में वस्तुओं तथा सेवाओं के प्रवाह की माप होती है न कि संग्रह (Stock) होती है। भारत में राष्ट्रीय आय के आँकड़े 1 अप्रैल से 31 मार्च तक के वित्तीय वर्ष पर आधारित होते हैं। इसके लिए भारत के राष्ट्रीय सांख्यिकीय कार्यालय उत्तरदायी हैं।

राष्ट्रीय आय लेखा प्रणाली का विकास

- राष्ट्रीय आय लेखा प्रणाली का विकास 17वीं शताब्दी में सर विलियम पेटी (इंग्लैण्ड) तथा वॉयल गिल्बर्ट (फ्रांस) ने किया था।
- सर विलियम पेटी ने अपनी पुस्तक पॉलिटिकल अर्थमेटिक में बताया है कि किसी देश की राष्ट्रीय आय एक वर्ष में श्रमिकों के द्वारा उत्पादित मूल्य का कुल योग होती है।
- द्वितीय विश्वयुद्ध के बाद साइमन कुजनेट्स ने राष्ट्रीय आय लेखा प्रणाली का विकास किया तथा वर्ष 1971 में इसके लिए इन्हें नोबेल पुरस्कार दिया गया।
- इसके पश्चात् विश्व बैंक, अन्तर्राष्ट्रीय मुद्रा कोष तथा संयुक्त राष्ट्र संघ ने इस प्रणाली को व्यवस्थित रूप प्रदान किया।

राष्ट्रीय आय की अवधारणाएँ

- **पहली अवधारणा** राष्ट्रीय आय की यह अवधारणा वस्तुओं के निरन्तर चलने वाला एक प्रवाह है अर्थात् राष्ट्रीय आय से आशय किसी एक समय पर उपलब्ध वस्तुओं के स्टॉक से नहीं, बल्कि किसी समयावधि में उत्पादित वस्तुओं और सेवाओं के प्रवाह से है।
- **दूसरी अवधारणा** राष्ट्रीय आय की इस अवधारणा में सभी प्रकार की वस्तुओं और सेवाओं की बाजार कीमत शामिल की जाती है और एक वस्तु की कीमत एक ही बार गिनी जाती है, इसमें अन्तिम वस्तुओं एवं सेवाओं का मूल्य ही गिना जाता है, जिससे दोहरी गणना से बचाव हो सके।
- **तीसरी अवधारणा** राष्ट्रीय आय की इस अवधारणा के साथ एक निश्चित समय की अवधि जुड़ी होती है। यह अवधि साधारणतया एक वर्ष की होती है।
- राष्ट्रीय आय की गणना के सम्बन्ध में मूलतः दो अवधारणाओं; जैसे—राष्ट्रीय उत्पाद तथा घरेलू उत्पाद को आधारस्वरूप लिया जाता है। शेष सभी धारणाएँ इन धारणाओं पर आधारित इनके स्वरूप हैं। राष्ट्रीय आय से सम्बद्ध समग्र अवधारणाओं को निम्नांकित प्रकार से व्यक्त कर सकते हैं

सकल घरेलू उत्पाद

- देश की घरेलू सीमा के अन्दर एक वर्ष में उत्पादित सभी वस्तुओं एवं सेवाओं के अन्तिम मौद्रिक मूल्य के योग को सकल घरेलू उत्पाद (Gross Domestic Product) कहते हैं।
- सकल घरेलू उत्पाद में कुछ भाग उन विदेशियों की उत्पादक सेवाओं का परिणाम हो सकता है, जिन्होंने अपनी पूँजी तथा तकनीकी ज्ञान का उपयोग कर देश की कुल उत्पत्ति में कुछ भाग का उत्पादन किया है।
- अतः इसमें इस बात का ध्यान नहीं रखा जाता कि उत्पादन किसी देशवासी द्वारा हो रहा है या किसी विदेशी द्वारा, परन्तु उत्पादन देश की भौगोलिक सीमा के अन्दर होना आवश्यक है। सकल घरेलू उत्पाद को निम्न सूत्र में व्यक्त किया जा सकता है

$$GDP = C + I + G + NX$$

जहाँ, C = कुल उपभोग व्यय
I = कुल निवेश व्यय
G = कुल सरकारी व्यय
NX = शुद्ध निर्यात

- इसमें होने वाले वार्षिक प्रतिशत परिवर्तन ही अर्थव्यवस्था की **वृद्धि दर** कहलाती है। यह एक परिमाणात्मक दृष्टिकोण होता है। हालाँकि इससे उत्पादों तथा सेवाओं के स्तर का पता नहीं लगता है।
- इसकी गणना के आधार पर ही विश्व बैंक (World Bank) तथा अन्तर्राष्ट्रीय मुद्रा कोष (International Monetary Fund) देशों का तुलनात्मक रूप से विश्लेषण करता है।

बाजार मूल्य पर सकल घरेलू उत्पाद

देश की सीमा के अन्तर्गत निवासी और गैर-निवासी उत्पादक इकाइयों द्वारा बाजार मूल्य (Market Value/Price) पर व्यक्त मूलवर्द्धनों का योग या सम्पूर्ण अन्य वस्तुओं तथा सेवाओं का बाजार मूल्य पर व्यक्त मूल्य ही बाजार कीमत पर सकल घरेलू उत्पाद (GDP_{mp}) कहलाता है।

साधन लागत पर सकल घरेलू उत्पाद

- यह देश की घरेलू सीमा के अन्दर निवासियों तथा गैर-निवासियों के द्वारा प्राप्त की गई कुल साधन आय होती है, जिसमें मूल्य ह्रास भी शामिल होता है। इसे ज्ञात करने के लिए बाजार मूल्य पर सकल घरेलू उत्पाद में से अप्रत्यक्ष कर (Indirect Tax) को घटाकर सरकार के द्वारा दी गई सब्सिडी को जोड़ा जाता है।
- बाजार कीमत पर सकल घरेलू उत्पाद तथा साधन लागत (Factor Cost) पर सकल घरेलू उत्पाद के मध्य में अन्तर पाया जाता है। यह परोक्ष कर तथा सब्सिडी की मात्रा या निवल राष्ट्रीय उत्पाद के कारण होता है।

$GDP_{FC} = GDP_{MP}$ – निवल परोक्ष कर या
$GDP_{FC} = GDP_{MP}$ – प्रत्यक्ष कर + सब्सिडी।

सकल घरेलू बचत

सकल घरेलू बचत में घरेलू क्षेत्र, निजी सहकारी क्षेत्र और सार्वजनिक क्षेत्र की बचत शामिल है; जैसे—घरेलू (परिवार), गैर-लाभकारी संस्थान (कॉलेज, अस्पताल आदि) और गैर-सहकारी व्यवसाय इकाई आदि।

वास्तविक और सांकेतिक सकल घरेलू उत्पाद

- **वास्तविक सकल घरेलू उत्पाद** किसी भी वस्तु के उत्पादन एवं उपभोग के दौरान उसका मूल्य ह्रास (Depreciation) होता है। यह मूल्य एक तरह से पूँजी स्टॉक की खपत होती है। जब सकल आय में से मूल्य ह्रास को घटाया जाता है, तो निवल अथवा शुद्ध राशि प्राप्त होती है। वास्तविक सकल घरेलू उत्पाद (RGDP), सकल घरेलू उत्पाद (GDP) की एक सही माप है। जब सकल घरेलू उत्पाद की

गणना स्थिर मूल्य पर की जाती है, उसे **वास्तविक सकल घरेलू उत्पाद** कहते हैं। इसमें मुद्रास्फीति (Inflation) को भी समायोजित किया जाता है।

$$\text{वास्तविक सकल घरेलू उत्पाद} = \frac{\text{सांकेतिक GDP}}{\text{GDP फ्लेटर}} \times 100$$

GDP डिफ्लेटर उन वस्तुओं और सेवाओं के मूल्य का अनुपात है, जो अर्थव्यवस्था किसी विशेष वर्ष में मौजूदा कीमतों पर आधार वर्ष के दौरान प्रचलित कीमतों के लिए उत्पादन करती है।

- **सांकेतिक सकल घरेलू उत्पाद** मुद्रास्फीति के कारण बाजार मूल्य में होने वाले वार्षिक परिवर्तन को सांकेतिक सकल घरेलू उत्पाद (Nominal GDP) में शामिल करते हैं। सांकेतिक GDP का मूल्यांकन बाजार के वर्तमान मूल्य पर करते हैं।

बाजार मूल्य पर शुद्ध/सकल घरेलू उत्पाद

- जब सकल घरेलू उत्पाद (जीडीपी) में से उत्पादन की प्रक्रिया में से प्रयुक्त मशीन और पूँजी के मूल्य में आई कमी (मूल्य ह्रास) को घटा दिया जाता है, तो इसे **निवल घरेलू उत्पाद** (NDP) कहते हैं।

$NDP_{MP} = GDP_{MP}$ − Depreciation (मूल्य ह्रास)

- जब बाजार मूल्य पर सकल घरेलू उत्पाद में से मूल्य को घटा दिया जाता है, तब बाजार मूल्य पर शुद्ध घरेलू उत्पाद प्राप्त होता है।
- यह अर्थव्यवस्था की गणना में मूल्य ह्रास के कारण होने वाली क्षति को समझने में सहायक होता है।
- देश में अनुसन्धान तथा विकास के क्षेत्र में हुई उपलब्धियों को दिखाने या दर्शाने में इसका उपयोग किया जाता है। मूल्य ह्रास की दर वाणिज्य एवं उद्योग मंत्रालय तय करता है।

साधन लागत पर शुद्ध घरेलू उत्पाद

साधन लागत पर शुद्ध घरेलू उत्पाद को प्राप्त करने के लिए बाजार कीमत पर शुद्ध घरेलू उत्पाद में से निवल अप्रत्यक्ष कर को घटाया जाता है। इस उत्पाद से आशय एक लेखा वर्ष की अवधि के दौरान देश की घरेलू सीमा के अन्दर कारक आय का कुल जोड़ से होता है। इसे निम्न प्रकार निकाला जा सकता है

साधन लागत पर शुद्ध घरेलू उत्पाद (NDP_{FC}) = बाजार कीमत पर शुद्ध घरेलू उत्पाद (NDP_{MP}) − निवल अप्रत्यक्ष कर

सकल राष्ट्रीय उत्पाद

किसी भी देश में एक निश्चित समय अथवा एक वित्त वर्ष में देश के नागरिकों द्वारा उत्पादित वस्तुओं और सेवाओं के अन्तिम मौद्रिक मूल्य को सकल राष्ट्रीय उत्पाद या GNP कहते हैं।

बाजार मूल्य पर सकल राष्ट्रीय उत्पाद

- किसी देश के नागरिकों द्वारा एक निश्चित समयावधि सामान्यत: एक वर्ष में उत्पादित वस्तुओं एवं सेवाओं के अन्तिम मौद्रिक मूल्य को सकल राष्ट्रीय उत्पाद (GNP) कहते हैं।

सकल घरेलू उत्पाद (GDP) एवं सकल राष्ट्रीय उत्पाद (GNP) में अन्तर यह है कि सकल राष्ट्रीय उत्पाद के अन्तर्गत देश की सीमा के अन्दर विदेशियों द्वारा अर्जित आय (M) को घटा दिया जाता है और विदेशों में भारतीयों द्वारा अर्जित आय (X) को जोड़ दिया जाता है।

- देश के अन्दर निवासियों के द्वारा सभी अन्तिम वस्तुओं तथा सेवाओं का बाजार मूल्य ही बाजार कीमतों पर सकल राष्ट्रीय उत्पाद होता है।
- अत: सकल राष्ट्रीय उत्पाद में देशवासियों द्वारा देश के बाहर उत्पादित वस्तुओं एवं सेवाओं के मूल्य को भी सम्मिलित किया जाता है। इसे निम्न रूपों में भी व्यक्त किया जा सकता है।

$$GNP_{MP} + [X - M]$$

बन्द अर्थव्यवस्था में X एवं M के मूल्य समान होते हैं।

अर्थात् $[X - M] = 0$

इस रूप में $GNP_{MP} = GDP_{MP}$

या $GNP_{MP} = GDP_{MP}$ + विदेशों से प्राप्त निवल आय।

- इसकी गणना में प्रयुक्त विदेशों से होने वाली आय को निम्न प्रकार से समझा जा सकता है।
  - **निजी प्रेषण से प्राप्त आय** इसमें भारतीय नागरिकों का विदेशों से तथा विदेशी नागरिकों का भारत से किए गए लेन-देन अथवा इन लोगों के द्वारा लेन-देन से प्राप्त होने वाली आय को निजी प्रेषण से प्राप्त आय कहा जाता है।
  - **विदेशी ऋण पर ब्याज** इसमें दूसरे देशों के द्वारा ऋण पर चुकाए गए ब्याज या दिए गए ऋण पर ब्याज को शामिल किया जाता है।
  - **विदेशी अनुदान** इसमें भारत के द्वारा दूसरे देशों को दिए गए अनुदान या दूसरे देशों से लिए गए अनुदान का शेष शामिल होता है।
- भारत के सन्दर्भ में तीनों आय को मिलाकर पाया जाता है कि यह सदैव नुकसान वाली होती है, क्योंकि भारत पर विदेशी कर्ज अधिक है।

साधन लागत पर सकल राष्ट्रीय उत्पाद

- साधन लागत के अन्तर्गत भूमि, पूँजी, श्रम तथा उद्यम से प्राप्त आय क्रमश: ब्याज, लगान, मजदूरी लाभ आदि को शामिल किया जाता है। इसमें जब अप्रत्यक्ष करों को जोड़ा जाता है तथा सरकार के द्वारा दी गई सब्सिडी को घटाया जाता है, तो बाजार

मूल्य प्राप्त होता है, किन्तु जब सरकार वस्तुओं पर आर्थिक सहायता (सब्सिडी) प्रदान करती है, तब वस्तुओं का बाजार मूल्य कम हो जाता है। साधन लागत पर सकल राष्ट्रीय उत्पाद को बाजार मूल्य पर सकल राष्ट्रीय उत्पाद (GNP) में से निवल अप्रत्यक्ष कर को घटाने के बाद ज्ञात किया जा सकता है।

- इसकी गणना में निवल अप्रत्यक्ष कर को अप्रत्यक्ष कर में से सब्सिडी को घटाकर प्राप्त किया जा सकता है।

> - $GNP_{FC} = GNP_{MP}$ – निवल अप्रत्यक्ष कर
> - निवल अप्रत्यक्ष कर = अप्रत्यक्ष कर – सब्सिडी

शुद्ध राष्ट्रीय उत्पाद

सकल राष्ट्रीय उत्पाद (GNP) में से मूल्य ह्रास को घटाने पर शुद्ध राष्ट्रीय उत्पाद (NNP) प्राप्त होता है।

NNP = GNP – मूल्य ह्रास

बाजार कीमत पर शुद्ध राष्ट्रीय उत्पाद

- बाजार मूल्य पर शुद्ध राष्ट्रीय उत्पाद का सम्बन्ध देश के निवासियों के द्वारा घरेलू सीमा के अन्दर तथा सीमा के बाहर किए गए वस्तुओं एवं सेवाओं के उत्पादन के मौद्रिक मूल्य से होता है।
- इसमें देश के लोगों के द्वारा विदेशों में अर्जित आय को जोड़ा जाता है तथा विदेशी नागरिकों के द्वारा देश में अर्जित आय को घटाया जाता है। इसके साथ ही इसकी गणना में अन्तिम उत्पाद में हुए मूल्य ह्रास की राशि को निकाल दिया जाता है।

> मूल्य ह्रास या $NNP_{MP} = GNP_{MP}$ + विदेशों से प्राप्त की गई निवल आय।

साधन लागत पर शुद्ध राष्ट्रीय उत्पाद

- इसमें एक वित्तीय वर्ष (Financial Year) के दौरान देश की सीमा के अन्दर उत्पादित अन्तिम वस्तुओं तथा सेवाओं का बाजार मूल्य, जिसमें मूल्य ह्रास शामिल होता है तथा आकलन साधन लागत पर होता है। साधन लागत पर शुद्ध राष्ट्रीय उत्पाद को ही राष्ट्रीय आय कहा जाता है। इसमें सार्वजनिक तथा निजी क्षेत्र दोनों की आय शामिल होती है। इसमें लागत आय शामिल होती है, किन्तु राष्ट्रीय ऋण पर दिया गया ब्याज (Interest) शामिल नहीं होता है।
- इसकी गणना में विदेशों से प्राप्त शुद्ध साधन आय को जोड़ा जाता है तथा साधन लागत पर सकल राष्ट्रीय उत्पाद में से मूल्य ह्रास को घटाया जाता है। इनकी गणना निम्नवत् है

> - $NNP_{FC} = GNP_{FC}$ – मूल्य ह्रास
> - $NNP_{FC} = NNP_{MP}$ – निवल अप्रत्यक्ष कर
> - $NNP_{FC} = NDP_{FC}$ + विदेशों से प्राप्त शुद्ध साधन आय

साधन लागत एवं बाजार मूल्य

- साधन लागत (Factor Cost, FC) वास्तव में, किसी वस्तु के उत्पादन में लगी लागत मूल्य होती है। सरकार द्वारा इस लागत मूल्य पर अप्रत्यक्ष कर लगाया जाता है। सरकार द्वारा कभी-कभी सब्सिडी भी दी जाती है, जिससे उत्पाद को बाजार मूल्य पर उपलब्ध कराया जा सके।
- यदि कर लगाया जाता है, तो वस्तु का बाजार मूल्य (Market Price, MP) बढ़ जाता है और यदि सब्सिडी दी जाती है, तो बाजार मूल्य लागत मूल्य से कम हो जाता है।

> MP = FC + अप्रत्यक्ष कर सब्सिडी
> अब, GDP_{MP} = देश की सीमा के अन्दर अन्तिम वस्तुओं और सेवाओं के बाजार मूल्य पर GDP का आकलन GDP_{MP} = GDP_{FC} + अप्रत्यक्ष कर (Indirect Tax) – सब्सिडी

GDP_{FC} = देश की सीमा के अन्दर अन्तिम वस्तुओं एवं सेवाओं के साधन लागत पर GDP का आकलन

$GDP_{FC} = GDP_{MP}$ – अप्रत्यक्ष कर + सब्सिडी

GNP_{MP} = देशवासियों द्वारा उत्पादित अन्तिम वस्तुओं एवं सेवाओं के साधन लागत पर GNP का आकलन

$GNP_{MP} = GNP_{FC}$ + अप्रत्यक्ष कर + सब्सिडी

GNP_{FC} = देशवासियों द्वारा उत्पादित अन्तिम वस्तुओं एवं सेवाओं के साधन लागत पर GNP का आकलन

$GNP_{FC} = GNP_{MP}$ – अप्रत्यक्ष कर + सब्सिडी

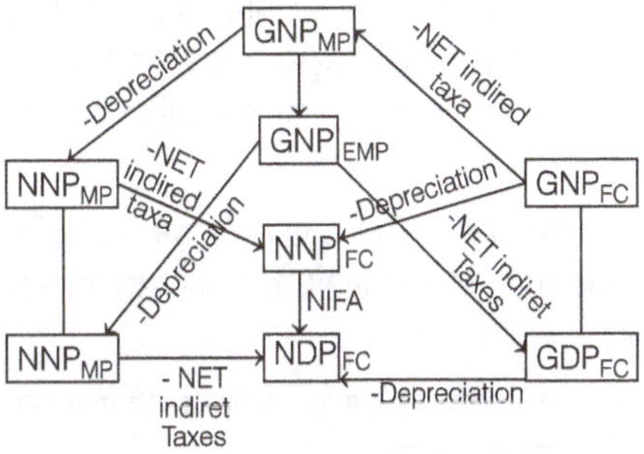

नोट यदि अर्थव्यवस्था बन्द है, तब G.D.P = G.N.P

> **राष्ट्रीय आय से सम्बन्धित कुछ अन्य अवधारणाएँ**
> - शुद्ध राष्ट्रीय प्रयोज्य आय = शुद्ध घरेलू आय + विदेशों से प्राप्त शुद्ध कारक आय + शेष विश्व से प्राप्त शुद्ध चालू हस्तान्तरण।
> - सकल राष्ट्रीय प्रयोज्य आय = शुद्ध राष्ट्रीय प्रयोज्य आय + चालू पुन: स्थापन लागत।
> - वैयक्तिक प्रयोज्य आय = वैयक्तिक आय – प्रत्यक्ष वैयक्तिक कर – परिवारों द्वारा दिए गए विविध शुल्क और जुर्माने।
> - निजी क्षेत्र को शुद्ध घरेलू उत्पाद से प्राप्त कारक आय = कारक लागत पर शुद्ध घरेलू उत्पाद–सरकारी विभागीय उद्यमों की सम्पत्ति तथा उद्यमवृत्ति से प्राप्त आय–गैर–विभागीय उद्यमों की बचत।

अन्य अवधारणाएँ

अन्य अवधारणाएँ निम्नलिखित हैं

वैयक्तिक आय

- घरेलू क्षेत्र द्वारा प्राप्त आय को ही वैयक्तिक आय (पीआई) कहते हैं। वास्तव में, यह देशवासियों द्वारा प्राप्त आय है।

- यह आय व्यक्तियों तथा परिवारों के सभी स्रोतों से प्राप्त लागत आय तथा चालू हस्तान्तरण का जोड़ होती है। यह लोगों की क्रय-क्षमता को दर्शाती है। अत: इसे उपयोग का सूचक भी माना जाता है।
- वैयक्तिक आय को ज्ञात करने के लिए राष्ट्रीय आय में से निगम करो तथा निगमों द्वारा अवितरित लाभांश एवं सामाजिक सुरक्षा योजना के लिए भुगतान को घटाने तथा सरकारी हस्तान्तरण भुगतान, व्यापारिक हस्तान्तरण भुगतान एवं सरकार से प्राप्त शुद्ध ब्याज को जोड़ने से प्राप्त होता है; जैसे—

वैयक्तिक आय = राष्ट्रीय आय – निगम कर – निगमों द्वारा अवितरित लाभांश – सामाजिक सुरक्षा योजना के लिए भुगतान + सरकारी हस्तान्तरण भुगतान + व्यापारिक हस्तान्तरण भुगतान + सरकार से प्राप्त शुद्ध ब्याज।

प्रतिव्यक्ति आय

- साधारणत: प्रति व्यक्ति आय (Per Capita Income) को ही आर्थिक वृद्धि के मापन के लिए स्वीकार किया जाता है। इसकी गणना के लिए राष्ट्रीय आय में देश की कुल जनसंख्या से भाग दिया जाता है।
- यह देश में प्रति व्यक्ति अर्जित की जाने वाली औसत आय होती है, जब बाजार मूल्य पर सकल राष्ट्रीय उत्पाद को उस वर्ष की जनसंख्या से भाग दिया जाता है, तो प्रति व्यक्ति सकल घरेलू उत्पाद प्राप्त होता है।
- जब प्रति व्यक्ति सकल घरेलू उत्पाद में बढ़ने की प्रवृत्ति पाई जाती है, तब समय के साथ लोगों के जीवन स्तर में बदलाव दिखता है।
- प्रतिव्यक्ति आय किसी भी देश के लोगों के कल्याण का एक महत्त्वपूर्ण संकेतक होता है।

वास्तविक प्रति व्यक्ति आय

स्थिर कीमतों पर राष्ट्रीय आय के आकलन के पश्चात् जब देश की कुल जनसंख्या से विभाजित करने पर जो परिणाम प्राप्त होता है, उसे ही वास्तविक प्रति व्यक्ति आय कहा जाता है।

$$\text{वास्तविक प्रति व्यक्ति आय} = \frac{\text{स्थिर कीमतों पर राष्ट्रीय आय}}{\text{कुल जनसंख्या}}$$

वास्तविक राष्ट्रीय आय

किसी देश में राष्ट्रीय आय की वृद्धि के कारण प्रति व्यक्ति आय में वृद्धि को वास्तविक राष्ट्रीय आय (RNI) कहते हैं। इसे आर्थिक वृद्धि के सूचक के रूप में प्रयुक्त किया जाता है।

व्यय योग्य वैयक्तिक आय

- राष्ट्रीय आय का वह भाग, जिसको लोग अपनी इच्छा से जब चाहे खर्च कर सकते हैं, उसे व्यय योग्य वैयक्तिक आय (डीपीआई) कहा जाता है।
- सभी प्रकार के प्रत्यक्ष कर चुकाने के बाद जो आय बचती है, उसको लोग अपनी इच्छानुसार व्यय कर सकते हैं या बचत कर सकते हैं।

डीपीआई = उपभोग + बचत
डीपीआई = व्यक्तिगत आय – प्रत्यक्ष कर + सब्सिडी

- यह वह आय होती है, जिसे व्यक्ति या परिवार बिना अपनी सम्पत्ति में कमी लाए या ऋण लिए बिना व्यय करने में सक्षम होता है।

निजी आय

- सरकारी क्षेत्र के अतिरिक्त निजी क्षेत्र द्वारा प्राप्त की गई कुल आय को निजी आय कहते हैं। इसमें निजी निगम क्षेत्र एवं घरेलू क्षेत्र दोनों शामिल किए जाते हैं।

निजी आय = निजी क्षेत्र को अपने स्रोत से प्राप्त आय + घरेलू सरकार से प्राप्त सहायता भुगतान + शेष विश्व से प्राप्त सहायता।

- इसमें सार्वजनिक क्षेत्र से कुछ आय निजी क्षेत्र को हस्तान्तरित आय के रूप में प्राप्त होती है।
- निजी आय की गणना के लिए साधन लागत पर प्राप्त राष्ट्रीय आय में से सरकार से प्राप्त आय को घटा दिया जाता है। इसके साथ ही हस्तान्तरित आय तथा सार्वजनिक ऋण पर प्राप्त ब्याज को जोड़ दिया जाता है।

हरित जीडीपी

- हरित जीडीपी का अर्थ है—पर्यावरणीय परिणामों के साथ आर्थिक विकास सूचकांक तैयार करना। हरित सूचकांक बताता है कि आर्थिक विकास के लिए किसी देश ने अपनी जैव-विविधता (Bio-Diversity) को कितना नुकसान पहुँचाया अथवा उससे पर्यावरण पर कितना प्रभाव पड़ा।
- हरित जीडीपी की गणना सकल घरेलू उत्पाद में से शुद्ध प्राकृतिक पूँजी की खपत के (जिसमें संसाधनों में आई कमी, पर्यावरण क्षरण एवं पर्यावरणीय संरक्षात्मक पहल शामिल होती है) मौद्रिक मूल्य को घटाकर की जाती है।

हरित जीएनपी

- एक दी हुई समयावधि में प्रति व्यक्ति उत्पादन की वह अधिकतम सम्भावी मात्रा है, जोकि देश की प्राकृतिक सम्पदा को स्थिर बनाए रखते हुए प्राप्त की जा सकती है।
- वर्ष 1995 में हरित जीएनपी की अवधारणा को प्रारम्भ किया गया एवं इसमें अभी तक 192 देशों को शामिल किया गया है।

हरित जीएनपी → कुल वृद्धि –प्राकृतिक (पर्यावरणीय) ह्रास

हरित राष्ट्रीय आय

हरित लेखांकन राष्ट्रीय आय के आकलन की एक ऐसी विधि है, जिसमें राष्ट्रीय उत्पाद की अभिवृद्धि में प्रयुक्त हुए प्रकृति प्रदत्त संसाधनों की क्षय लागतों को राष्ट्रीय आय में से घटाया जाता है।

सम्भाव्य जीडीपी

- यह किसी देश की वर्तमान आर्थिक स्थिति की अपेक्षा भविष्य में जीडीपी उत्पादन के उच्चतम स्तर होने का अनुमान लगाता है। इसका सम्बन्ध उत्पादन के कारकों के पूर्ण रूप से नियोजित होने की स्थिति में उत्पादित होने वाली वस्तुओं तथा सेवाओं के वास्तविक मौद्रिक मूल्य से होता है।
- सम्भाव्य जीडीपी के प्रमुख निर्धारक तत्त्व निम्न हैं
  - राजनीतिक स्थिरता
  - तकनीकी प्रगति
  - प्रतिस्पर्द्धी बाजार का होना
  - श्रम की उपलब्धता
  - भौतिक पूँजी का उपयोग
  - कौशल क्षमता
  - श्रम का विभिन्न क्षेत्रों में वितरण
  - मानव संसाधन का समुचित उपयोग

गणना से सम्बन्धित महत्त्वपूर्ण तथ्य

गणना से सम्बन्धित महत्त्वपूर्ण तथ्य निम्नलिखित हैं

- **मूल्य ह्रास** उत्पादन की प्रक्रिया में प्रयुक्त की जाने वाली वस्तुएँ या सम्पत्ति; जैसे—भवन, औजार, मशीन आदि के मूल्य में समय के अनुसार या अन्य कारणों से उसके मूल्य में गिरावट आती है या कमी आती है। इसे ही मूल्य ह्रास कहते हैं।
- **विदेशों से प्राप्त निवल आय** जब भारतीय नागरिकों के द्वारा विदेशों में अर्जित आय में से विदेशी नागरिकों के द्वारा भारत में अर्जित आय से घटाया जाता है, तब प्राप्त आय को विदेशों से प्राप्त निवल आय कहा जाता है।

भारत के सामान्य निवासी तथा गैर-निवासी की अवधारणा

देश का सामान्य निवासी वह होता है, जो देश से सम्बन्धित होता है, जिसमें वह निवास करता है। उदाहरणस्वरूप देश में स्थित विभिन्न अन्तर्राष्ट्रीय संगठनों; जैसे—IMF, विश्व बैंक, WHO आदि को उस देश का सामान्य निवासी नहीं माना जाता है।

सकल मूल्य योजित/सकल मूल्य वर्द्धन

- सकल मूल्य वर्द्धन (जीवीए), देश की अर्थव्यवस्था के सभी क्षेत्रक; जैसे—प्राथमिक क्षेत्र, द्वितीयक क्षेत्र तथा तृतीयक क्षेत्रक के द्वारा उत्पादित अन्तिम वस्तुओं तथा सेवाओं का कुल मौद्रिक मूल्य होता है।

> यह अवधारणा वर्ष 2015-16 से प्रारम्भ है, जिसका आधार वर्ष 2011-12 है। इसके अन्तर्गत राष्ट्रीय आय तथा अर्थव्यवस्था के कुल निष्पादन की माप की जाती है।

- इसका अनुमान साधन लागत के स्थान पर मूल कीमतों पर किया जाता है। सकल मूल्य योजित के माप को जीडीपी के सब्सिडी से प्रत्यक्ष बिक्री कर प्रस्तुत करते हैं।

> GVA = GDP + उत्पादों पर सब्सिडी – उत्पादों पर कर

- साधन लागत पर जीवीए की गणना करते समय सभी अनुदानों को शामिल किया जाता है, किन्तु किसी भी कर को शामिल नहीं किया जाता है, जबकि बाजार मूल्य पर जीवीए की गणना में उत्पाद अनुदान को शामिल नहीं किया जाता है, किन्तु उत्पादन करों को शामिल किया जाता है।
- मूल कीमत पर जीवीए की अवधारणा को केन्द्रीय सांख्यिकीय कार्यालय ने **यूनाइटेड नेशन्स सिस्टम ऑफ एकाउण्टिंग** से लिया है, जोकि वर्ष 1993 से प्रयोग में लाई जा रही है।
- हालाँकि भारतीय रिजर्व बैंक ने देश में आर्थिक गतिविधियों के मापन के लिए पुन: सकल घरेलू उत्पाद (जीडीपी) का उपयोग करने का निर्णय लिया है।
- भारतीय रिज़र्व बैंक के पूर्व डिप्टी गवर्नर **विरल आचार्य** के अनुसार, अर्थव्यवस्था की आर्थिक संवृद्धि को मापने के लिए पुन: सकल घरेलू उत्पाद मानक को अपनाना, अन्तर्राष्ट्रीय मानकों के अनुरूप है। यह विश्व की अर्थव्यवस्थाओं से तुलना करने में भी सहायक है, क्योंकि विश्व की अधिकांश अर्थव्यवस्थाएँ तथा अन्तर्राष्ट्रीय संस्थाएँ आर्थिक गतिविधियों के मापन के लिए सकल घरेलू उत्पाद पद्धति का प्रयोग करती हैं।

> **जीवीए और जीडीपी में अन्तर**
>
> - सकल मूल्यवर्द्धित (जीवीए) के अन्तर्गत अर्थव्यवस्था के उत्पादक पक्ष अथवा आपूर्ति पक्ष की आर्थिक गतिविधियों का ज्ञान आसानी से होता है, जबकि सकल घरेलू उत्पाद के अन्तर्गत उपभोक्ता पक्ष अथवा माँग पक्ष से सम्बद्ध सभी आर्थिक गतिविधियों का ज्ञान होता है।
> - सकल घरेलू उत्पाद माँग आधारित अर्थव्यवस्था के मापन की एक प्रमुख विधि है, तो वहीं सकल मूल्य योजित पद्धति पूर्ति आधारित अर्थव्यवस्था के मापन की विधि है।

राष्ट्रीय आय मापने की विधियाँ

राष्ट्रीय आय साधन लागत पर आकलित निवल राष्ट्रीय उत्पाद है। इसकी लेखांकन सम्बन्धी अवधारणा सर्वप्रथम **साइमन कुजनेट्स** द्वारा प्रतिपादित की गई। इन्होंने राष्ट्रीय आय को मापने की तीन विधियों को प्रस्तुत किया है, जो निम्न हैं

राष्ट्रीय आय मापन की विधियाँ

- उत्पादन विधि
- व्यय विधि
- आय विधि

उत्पादन विधि

- इस विधि को **वस्तु सेवा विधि** के नाम से भी जाना जाता है। इसके अन्तर्गत यह आकलन किया जाता है कि अन्तिम उत्पाद में प्रत्येक उद्योग ने अलग-अलग क्या योगदान दिया? इस पद्धति के अन्तर्गत सर्वप्रथम देश में एक वर्ष में उत्पादित अन्तिम वस्तुओं एवं सेवाओं का मूल्य ज्ञात कर लेते हैं।
- इस विधि को बाजार मूल्य पर आधारित सकल घरेलू उत्पाद (GDP_{MP}) कहा जाता है।

व्यय विधि

- व्यय विधि (Expenditure Method) के अनुसार, कुल आय या तो उपभोग पर व्यय की जाती है अथवा बचत पर। अत: राष्ट्रीय आय कुल उपभोग व्यय तथा कुल बचत का योग होती है। इस विधि से आय की गणना के लिए उपभोक्ता की आय तथा उनकी बचत से सम्बन्धित आँकड़ों का होना आवश्यक होता है। चूँकि इस प्रकार सही आँकड़े आसानी से उपलब्ध नहीं हो पाते हैं। इसलिए इस विधि का प्रयोग सामान्यत: कम किया जाता है।
- इसे बाजार कीमत पर देश की आर्थिक सीमा के अन्दर उत्पादित अन्तिम वस्तुओं तथा सेवाओं पर किए गए कुल व्यय के रूप में देखा जाता है, जो निम्न वर्गों में शामिल होता है

व्यय विधि

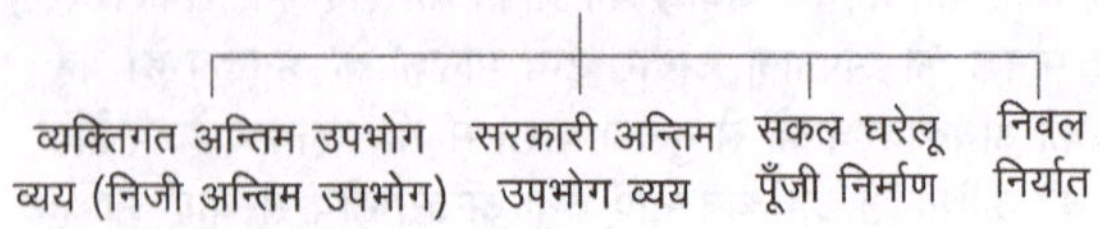

- ◆ निजी अन्तिम उपयोग व्यय (C)
- ◆ सकल घरेलू पूँजी निर्माण (I)
- ◆ सरकारी अन्तिम उपयोग व्यय (G)
- ◆ निवल विदेशी निवेश [निर्यात (X) – आयात (M)]

इनके सम्बन्ध को निम्न प्रकार व्यक्त किया जा सकता है

$$GDP_{MP} = C + I + G + (X - M)$$

आय विधि

- आय विधि (Income Method) के अन्तर्गत राष्ट्रीय आय का आकलन उत्पाद कारकों के लिए भुगतान के आधार पर किया जाता है। दूसरे शब्दों में, यह उत्पादन की प्रक्रिया में लगे सभी साधनों; जैसे—भूमि, श्रम, पूँजी तथा उद्यमी के सभी प्रयोगों का योग होती है, जो लगान, मजदूरी, ब्याज तथा लाभ के रूप में होता है।
  अत: इसकी गणना के लिए विभिन्न क्षेत्रों में कार्यरत व्यक्तियों तथा व्यावसायिक उपक्रमों की शुद्ध आय का योग प्राप्त किया जाता है; जैसे— सभी उत्पादन साधनों की आय का योग।
- भारत जैसे देश में राष्ट्रीय आय की गणना के लिए उत्पाद पद्धति तथा आय पद्धति के सम्मिश्रण का प्रयोग किया जाता है।

आय विधि

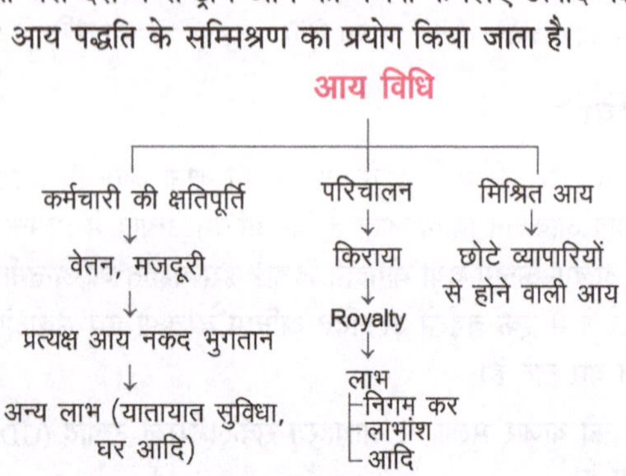

भारत में राष्ट्रीय आय की गणना

- भारतीय राष्ट्रीय आय का सर्वप्रथम अनुमान 1868 ई. में दादाभाई नौरोजी ने अपनी पुस्तक **पॉवर्टी एण्ड अनब्रिटिश रूल इन इण्डिया** में लगाया था। इसमें इन्होंने प्रति व्यक्ति आय ₹ 20 बताई थी। इसके अतिरिक्त शाह और खम्बत, फिण्डले शिराज, वाडिया एवं जोशी आदि ने भी राष्ट्रीय आय का अनुमान लगाया था।
- इन लोगों ने गणना के लिए कृषि क्षेत्र के उत्पादन का मूल्य प्राप्त कर, इसमें एक निश्चित प्रतिशत कृषि भिन्न क्षेत्र के भाग के रूप में जोड़ दिया था। इन अनुमानों की मान्यताओं का कोई वैज्ञानिक आधार नहीं था।

> वर्ष 1931-32 में डॉ. वी. के. आर. वी. राव ने सर्वप्रथम वैज्ञानिक विधि से राष्ट्रीय आय की गणना की तथा राष्ट्रीय आय लेखा प्रणाली का प्रतिपादन किया। इसी कारण राव को **राष्ट्रीय आय लेखा प्रणाली का जनक** माना जाता है।

- डॉ. राव ने उत्पादन गणना प्रणाली और आय गणना प्रणाली के सम्मिश्रण का प्रयोग किया था। स्वतन्त्रतापूर्व काल में उपलब्ध आँकड़ों की विश्वसनीयता को ध्यान में रखते हुए डॉ. राव का अनुमान सबसे अधिक विश्वसनीय माना जाता है। राष्ट्रीय आय समिति और केन्द्रीय सांख्यिकीय संगठन (Central Statistical Organisation) ने डॉ. राव की पद्धति में कुछ संशोधन कर उसे स्वीकार कर लिया।

हिन्दू वृद्धि दर

- हिन्दू वृद्धि दर का तात्पर्य भारतीय अर्थव्यवस्था में राष्ट्रीय आय अथवा वास्तविक वृद्धि दर से सम्बन्धित है। हिन्दू वृद्धि दर अवधारणा के प्रतिपादक **प्रो. राज कृष्ण** थे।
- आर्थिक सुधारों के प्रारम्भ होने से पूर्व वर्ष 1950 के दशक के मध्य भारत की वार्षिक आर्थिक वृद्धि की दर 3.5% थी, इस वास्तविक आर्थिक वृद्धि दर को ही हिन्दू वृद्धि दर कहा गया।
- वर्ष 1950-80 के बीच यह वृद्धि दर 3 से 4% तक रही। पूर्व केन्द्रीय मन्त्री **अरुण शौरी** ने इस 3 से 4% वार्षिक वृद्धि दर को समाजवादी वृद्धि दर कहा।
- वर्ष 1991 में अपनाए गए उदारीकरण की नीति के पश्चात् भारत इस वृद्धि दर से बाहर निकलने में सफल रहा।

राष्ट्रीय आय की गणना से सम्बन्धित महत्त्वपूर्ण संगठन

राष्ट्रीय आय से सम्बन्धित भारत के महत्त्वपूर्ण संगठन निम्नलिखित हैं

सांख्यिकी और कार्यक्रम कार्यान्वयन मन्त्रालय

- सांख्यिकी और कार्यक्रम कार्यान्वयन मन्त्रालय (MOSPI) भारत सरकार का एक मन्त्रालय है, जो जारी किए गए आँकड़ों की कवरेज और गुणवत्ता पहलुओं से सम्बन्धित है।

> सांख्यिकी विभाग और कार्यक्रम कार्यान्वयन विभाग के विलय के पश्चात् 15 अक्टूबर, 1999 को सांख्यिकी और कार्यक्रम कार्यान्वयन मन्त्रालय एवं स्वतन्त्र मन्त्रालय के रूप में अस्तित्व में आया।

- मन्त्रालय में दो स्कंध क्रमश: एक सांख्यिकी से सम्बन्धित है तथा दूसरा कार्यक्रम कार्यान्वयन से सम्बन्धित है।

राष्ट्रीय सांख्यिकी कार्यालय

- सांख्यिकी एवं कार्यक्रम कार्यान्वयन मन्त्रालय ने केन्द्रीय सांख्यिकी कार्यालय (CSO) और राष्ट्रीय प्रतिदर्श सर्वेक्षण कार्यालय (NSSO) का राष्ट्रीय सांख्यिकी कार्यालय (NSO) में विलय करने का फैसला 23 मई, 2019 को किया।
- सांख्यिकी शाखा, सांख्यिकी और कार्यक्रम कार्यान्वयन मन्त्रालय का एक अभिन्न भाग है। इस सांख्यिकी शाखा में एनएसओ के साथ घटक के रूप में सीएसओ और एनएसएसओ शामिल हैं। एनएसएसओ की अध्यक्षता सांख्यिकी एवं कार्यक्रम कार्यान्वयन सचिव करते हैं। केन्द्रीय सांख्यिकी कार्यालय (सीएसओ) वृहद् आर्थिक आँकड़े; जैसे—जीडीपी वृद्धि, औद्योगिक उत्पादन और मुद्रास्फीति आँकड़े जारी करता है।

> इसका प्रमुख **महानिदेशक** होता है। इसी प्रकार एनएसएसओ स्वास्थ्य शिक्षा, घरेलू खर्च और सामाजिक एवं आर्थिक सूचकांको से जुड़ी रिपोर्ट पेश करता है और सर्वेक्षण कराता है। प्रतिदर्श सर्वेक्षण संगठन और केन्द्रीय साख्यिकी कार्यालय स्वतन्त्र रूप से कार्य कर रहे हैं।

- राष्ट्रीय सांख्यिकी कार्यालय के निम्नलिखित चार प्रभाग हैं
  - **सर्वेक्षण अभिकल्प और अनुसन्धान प्रभाग** (एसडीआरडी) यह प्रभाग कलकत्ता में स्थित है और सर्वेक्षणों की तकनीकी योजना तैयार करने, संकल्पनाएँ और परिभाषाएँ तैयार करने, अभिकल्प प्रतिदर्श तैयार करने, पूछताछ अनुसूचियाँ तैयार करने, तालिका योजना बनाने, सर्वेक्षण परिणामों के विश्लेषण और प्रस्तुतीकरण के लिए उत्तरदायी है।
  - **फील्ड कार्य प्रभाग** (एफओडी) इस प्रभाग का मुख्यालय दिल्ली/फरीदाबाद में स्थित है और इसका 6 आंचलिक कार्यालयों, 49 क्षेत्रीय कार्यालयों और 118 उप-क्षेत्रीय कार्यालयों का नेटवर्क है, जो सम्पूर्ण देश में फैला हुआ है। यह प्रभाग एनएसएसओ द्वारा किए जाने वाले सर्वेक्षणों के लिए प्राथमिक डाटा के संकलन के लिए जिम्मेदार है।
  - **डाटा संसाधन प्रभाग** (डीपीडी) इस प्रभाग का मुख्यालय कोलकाता में स्थित है और विभिन्न स्थानों में इसके 6 अन्य डाटा संसाधन केन्द्र हैं। यह प्रभाग प्रतिदर्श चयन, सॉफ्टवेयर विकास, संसाधन, सर्वेक्षण के माध्यम से एकत्र किए जाने वाले डाटा के वैधीकरण और तालिका तैयार करने के लिए उत्तरदायी है।
  - **समन्वय और प्रकाशन प्रभाग** (सीपीडी) यह प्रभाग नई दिल्ली में स्थित है। यह प्रभाग एनएसएसओ के विभिन्न प्रभागों के सभी क्रियाकलापों का समन्वय करता है।

> यह **सर्वेक्षण** नामक एनएसएसओ की छमाही पत्रिका का प्रकाशन भी करता है और एनएसएसओ द्वारा किए गए विभिन्न सामाजिक-आर्थिक सर्वेक्षणों के परिणामों के सम्बन्ध में राष्ट्रीय संगोष्ठियाँ भी आयोजित करता है।

केन्द्रीय सांख्यिकीय संगठन

- 4 अगस्त, 1949 को केन्द्रीय सरकार द्वारा कलकत्ता में स्थित इण्डियन स्टैटिस्टिकल इंस्टीट्यूट के **प्रो. पी. सी. महालनोबिस** की अध्यक्षता में एक **राष्ट्रीय आय समिति** नियुक्त की, जिसकी अनुशंसा पर राष्ट्रीय आय लेखा प्रणाली का ढाँचा व केन्द्रीय सांख्यिकीय संगठन (CSO) की स्थापना की गई।
- केन्द्रीय सांख्यिकीय संगठन (CSO) की स्थापना की घोषणा वर्ष 1949 में की गई। इसका मुख्यालय नई दिल्ली में स्थित है। भारत में राष्ट्रीय आय और सम्बन्धित सभी पक्षों की गणना केन्द्रीय सांख्यिकी संगठन द्वारा की जाती है। यह वर्ष 1956 से प्रतिवर्ष राष्ट्रीय लेखा सांख्यिकी पत्रिका प्रकाशित करती है।
- सीएसओ राष्ट्रीय आय के आकलन हेतु भारतीय अर्थव्यवस्था को तीन क्षेत्रों— प्राथमिक, द्वितीयक एवं तृतीयक तथा 14 उप-क्षेत्रों में विभाजित किया गया है। प्राथमिक क्षेत्र में कृषि, वन, क्षेत्र, मत्स्य क्षेत्र व खानें शामिल की जाती हैं।
- द्वितीयक क्षेत्र के दो प्रमुख अंग हैं—विनिर्माण तथा निर्माण तृतीयक क्षेत्र में व्यापार, परिवहन, संचार, बैंकिंग बीमा, स्थावर सम्पदा तथा सामुदायिक एवं वैयक्तिक सेवाएँ शामिल की जाती हैं।

राष्ट्रीय प्रतिदर्श सर्वेक्षण संगठन

- योजना तथा नीति-निर्माण में उपयोग हेतु राष्ट्रव्यापी प्रतिदर्श सर्वेक्षणों के द्वारा अर्थव्यवस्था के विविध क्षेत्रों पर आँकड़ों के संग्रह हेतु एक स्थायी सर्वेक्षण संगठन रखने के उद्देश्य से प्रो. पी. सी. महालनोबिस की अध्यक्षता वाली राष्ट्रीय आय समिति की अनुशंसाओं के अनुसरण में भारत सरकार द्वारा वर्ष 1950 में राष्ट्रीय प्रतिदर्श सर्वेक्षण (एनएसएस) की स्थापना की गई।
- राष्ट्रीय प्रतिदर्श सर्वेक्षण निदेशालय को मार्च, 1970 के सरकारी संकल्प के अनुसार, राष्ट्रीय प्रतिदर्श सर्वेक्षण संगठन (एनएसएसओ) में पुनर्गठित कर दिया गया।

> राष्ट्रीय प्रतिदर्श सर्वेक्षण सामान्यत: 1 वर्ष की अवधि (जुलाई-जून) के रूप में संचालित किया जाने वाला एक निरन्तर सर्वेक्षण कार्यक्रम है। राष्ट्रीय प्रतिदर्श सर्वेक्षण संगठन को अब **राष्ट्रीय प्रतिदर्श सर्वेक्षण ऑफिस** कहा जाता है।

राष्ट्रीय सांख्यिकी आयोग

- सी. रंगराजन समिति द्वारा वर्ष 2000 में दिए गए सुझाव के आधार पर 1 जून, 2005 को स्थायी सांख्यिकी आयोग गठित किया गया।
- 12 जुलाई, 2006 को प्रो. सुरेश तेन्दुलकर की अध्यक्षता में इसने (एनएससी) कार्य प्रारम्भ किया। इसकी स्थापना का मुख्य उद्देश्य सांख्यिकी के मामलों में नीतियों, प्राथमिकताओं एवं मानकों का निर्माण करना एवं सांख्यिकीय एजेंसियों के बीच समन्वय बनाना था।
- राष्ट्रीय सांख्यिकी आयोग की स्थापना के साथ ही राष्ट्रीय प्रतिदर्श सर्वेक्षण संगठन (एनएसएसओ) का कार्य लगभग समाप्त हो चुका है, किन्तु प्रतिदर्श सर्वेक्षण संगठन द्वारा आर्थिक सर्वेक्षण का कार्य अब भी जारी है।

राष्ट्रीय आय के लिए आधार वर्ष

- राष्ट्रीय आय के आकलन की नई शृंखला, जिसका आधार वर्ष 2011-12 है, का आरम्भ 30 जनवरी, 2015 को किया गया।
- इस आधार वर्ष का बदलाव केन्द्रीय सांख्यिकी कार्यालय के द्वारा वर्ष 2004-05 के स्थान पर किया गया, जिसका निर्णय प्रणब सेन की अध्यक्षता में गठित आयोग की संस्तुति के पश्चात् किया गया।

> आरम्भ में (वर्ष 1948-49 से 1964-65) राष्ट्रीय आय के अनुमान को वर्ष 1948-49 के आधार वर्ष पर व्यक्त किया गया था। इसके बाद अब तक राष्ट्रीय आय की गणना की 7 शृंखलाएँ आरम्भ की जा चुकी हैं
>
> - वर्ष 1960-61
> - वर्ष 1970-71
> - वर्ष 1980-81
> - वर्ष 1993-94
> - वर्ष 1999-2000
> - वर्ष 2004-05
> - वर्ष 2011-2012

- आरम्भ में राष्ट्रीय आय के अनुमान को वर्ष 1948-49 के आधार वर्ष पर व्यक्त किया गया था।
- वर्तमान में गणना की नई शृंखला का आधार वर्ष 2011-12 है। इसका आरम्भ 31 जनवरी, 2015 को किया गया।
- सांख्यिकी मन्त्रालय के द्वारा राष्ट्रीय लेखे-जोखे की गणना के लिए आधार वर्ष को वर्ष 2011-12 से बदलकर वर्ष 2017-18 करने का विचार किया जा रहा है, हालाँकि वर्तमान में वर्ष 2011-12 ही है।
- उपरोक्त शृंखला को कन्वेंशनल सीरीज कहते हैं। इसके अन्तर्गत भारतीय अर्थव्यवस्था को 13 उप-क्षेत्रों में विभाजित किया गया था, जिसके अन्तर्गत आय तथा उत्पाद विधि को राष्ट्रीय आय के आकलन में प्रयोग किया गया। वर्तमान समय में राष्ट्रीय आय के आकलन के सन्दर्भ में 6 क्षेत्र तथा 14 उप-क्षेत्रों को सम्मिलित किया जाता है।
- राष्ट्रीय आय के आकलन से सम्बन्धित 6 प्रमुख क्षेत्र तथा उनका विभाजन निम्नलिखित प्रकार से किया जा सकता है
  - प्राथमिक क्षेत्र इस क्षेत्र के अन्तर्गत कृषि, वानिकी और लट्ठा, मत्स्यपालन, खनन तथा उत्खनन आदि हैं।
  - द्वितीयक क्षेत्र इस क्षेत्र के अन्तर्गत विनिर्माण (गैर-पंजीकृत भी), बिजली, गैस और जल आपूर्ति, निर्माण आदि हैं।
  - परिवहन एवं संचार के अन्तर्गत परिवहन, भण्डारण और संचार, व्यापार, होटल और रेस्तराँ आदि हैं।
  - वित्त एवं वास्तविक सम्पदा, के अन्तर्गत बैंकिंग एवं बीमा, वास्तविक सम्पदा, भवनों का स्वामित्व तथा व्यावसायिक सेवाएँ इत्यादि शामिल हैं।
  - सामुदायिक एवं निजी सेवाएँ इसके अन्तर्गत सार्वजनिक प्रशासन एवं सुरक्षा तथा अन्य सेवाएँ शामिल हैं।
  - विदेशी क्षेत्र इसके अन्तर्गत 1 से 5 के सन्दर्भ में उत्पाद विधि अथवा मूल्य वर्द्धक विधि का प्रयोग किया जाता है।
- उपरोक्त क्षेत्रों में निर्माण को छोड़कर शेष अन्य क्षेत्रों में आय विधि प्रयुक्त की जाती है। निर्माण क्षेत्र के अन्तर्गत वस्तु तथा प्रवाह विधि का प्रयोग किया जाता है।

राष्ट्रीय आय की मापन सम्बन्धी समस्याएँ

राष्ट्रीय आय की मापन सम्बन्धी कुछ समस्याएँ पाई जाती हैं, जिन्हें निम्न प्रकार से समझा जा सकता है

- मापन की कई विधियों का होना राष्ट्रीय आय मापन की उत्पाद विधि, आय विधि एवं व्यय विधि प्रचलित है, जिनकी गणना में भिन्नता का होना एक विवाद का विषय है।
- अमौद्रिकृत वस्तुओं एवं सेवाओं का मूल्य गणना में न होना अमौद्रिक वस्तुओं एवं सेवाओं का सही मूल्यांकन न होना, राष्ट्रीय आय में शामिल न करने के कारण राष्ट्रीय आय का सही आकलन नहीं हो पाता है।
- स्टॉक मूल्यांकन की समस्या वित्तीय वर्ष के अन्त में न बिकने वाली वस्तुओं के स्टॉक का मूल्यांकन करना कठिन होता है, जो राष्ट्रीय आय की गणना में एक प्रमुख समस्या है।
- दोहरी गणना एवं मध्यवर्ती वस्तुओं की समस्या उत्पादन की प्रक्रिया में वस्तुओं एवं सेवाओं को कई चरणों से होकर गुजरना पड़ता है, जिससे राष्ट्रीय आय की गणना में वस्तुओं की दोहरी गणना तथा मध्यवर्ती वस्तुओं से सम्बन्धित समस्याएँ पाई जाती हैं।

> मूल्य ह्रास का मूल्यांकन मूल्य ह्रास की पद्धति एवं दर अनिश्चित होती है तथा इसे सकल राष्ट्रीय उत्पाद में से घटाकर ही शुद्ध राष्ट्रीय उत्पाद प्राप्त किया जाता है। इसमें मूल्य ह्रास के मूल्यांकन की समस्या पाई जाती है।

- पर्याप्त आँकड़ों की कमी होना राष्ट्रीय आय की गणना में बहुत सी वस्तुओं एवं सेवाओं से सम्बन्धित आँकड़े (जैसे-बहुत से लघु एवं कुटीर उद्योगों से सम्बन्धित आँकड़े) उपलब्ध नहीं होते हैं, जो गणना की एक प्रमुख समस्या है।

भारत में राष्ट्रीय आय के आकलन की सीमाएँ

- राष्ट्रीय उत्पाद मापते समय साधारणतया यह मान लिया जाता है कि उत्पादित वस्तुओं और सेवाओं का मुद्रा से विनिमय होता है। भारत में जहाँ निर्वाह कृषि की जाती है, उपज का काफी भाग विक्रय के लिए बाजार में उपलब्ध नहीं होता है।
- इस भाग को उत्पादक या तो उपभोग के लिए रख लेते हैं या अन्य वस्तुओं और सेवाओं के विनिमय में उसे दूसरे उत्पादकों को दे देते हैं। ऐसे उत्पादों का अनुमानित मूल्य जोड़ा जाता है। भारत में असंगठित क्षेत्र में अनेक लघु, कुटीर एवं घरेलू उत्पादक हैं, जो लेखा नहीं बनाते हैं। अत: इनकी वास्तविक आय को लेकर एक अनुमानित आय को ही जोड़ा जाता है। भारत में उद्योगों के अनुसार, राष्ट्रीय आय के आँकड़े शामिल करने की प्रवृत्ति है। इस प्रकार यह आवश्यक है कि उत्पादकों को विभिन्न व्यवसाय वर्गों में रखा जाए।
- उदाहरण के लिए, एक कृषि श्रमिक वर्ष का कुछ समय खेती में, कुछ और उद्योग में, कुछ तांगा चलाने में लगा सकता है। ऐसी स्थिति में राष्ट्रीय आय को विभिन्न व्यवसायों में बाँटना कठिन होगा।

भारत में काले धन के बारे में सार्वजनिक वित्त एवं नीति संस्थान के अनुसार, काली आय 18-21% है, जो काली अर्थव्यवस्था के रूप में कार्य करती है। यह आय रिपोर्ट नहीं की जाती। इस कारण राष्ट्रीय आय की गणना त्रुटिपूर्ण हो जाती है।

- विश्वसनीय आँकड़ों का अभाव; जैसे—फसलों के अधीन 80% आँकड़ों की अनुपलब्धता है, साथ ही फलों और सब्जियों से सम्बन्धित आँकड़े नियमित रूप से प्राप्त नहीं किए जाते। उद्योग क्षेत्र में लगभग 10% इकाइयाँ अपने आँकड़े नहीं भेजती हैं। इन सब कारणों से राष्ट्रीय आय की गणना त्रुटिपूर्ण हो जाती है।

राष्ट्रीय आय की गणना का महत्त्व

- राष्ट्रीय आय की गणना के माध्यम से अर्थव्यवस्था की स्थिति की स्पष्ट जानकारी मिलती है, जिससे विभिन्न क्षेत्रों की वास्तविक स्थिति का पता चलता है। उपरोक्त जानकारी के माध्यम से नीति निर्माताओं को सटीक व व्यवस्थित योजना बनाने में सहायता मिलती है।
- राष्ट्रीय आय की गणना का महत्त्व इस बात में भी है कि इसके माध्यम से अर्थव्यवस्था में सन्तुलन स्थापित करने व विभिन्न क्षेत्रों के लिए प्राथमिकताओं का निर्माण किया जाता है।
- राष्ट्रीय आय की गणना से योजनाओं के लक्ष्य निर्धारण का अनुमान लगाने में सहायता मिलती है तथा सरकार के राजस्व प्राप्ति व व्यय का प्रारूप बनाया जाता है।
- इसका आर्थिक नियोजन में विशेष महत्त्व है। इससे अन्य देशों के साथ तुलनात्मक अध्ययन होता है। इससे अर्थव्यवस्था की संरचना की जानकारी होती है। इससे आर्थिक अवरोधों की जानकारी होती है।

भारत में राष्ट्रीय आय की प्रवृत्तियाँ

- भारत की राष्ट्रीय आय में वर्ष 1950-51 से वर्ष 2010-11 तक की आय में कोई सतत् एवं स्थायी वृद्धि न होकर अनियमित वृद्धि हुई।
- देश की अर्थव्यवस्था में कृषि के उतार-चढ़ाव के साथ संवृद्धि दर का घटना, बढ़ना जारी देखा गया है अर्थात् कृषि क्षेत्र में अनिश्चितताएँ व्याप्त हैं।
- भारत आर्थिक संवृद्धि दर को समय के साथ बढ़ाने में सफल हुआ है।
- वर्ष 1980 के बाद से राष्ट्रीय आय में प्रति वर्ष 5.5% की वृद्धि हुई है, किन्तु इस आर्थिक संवृद्धि दर में सेवा क्षेत्र का लगातार बढ़ना जारी है।
- देश आर्थिक संवृद्धि दर को बढ़ाने के साथ-साथ आर्थिक विकास की दिशा में बढ़ा है, हालाँकि राज्य स्तर पर कुछ ही राज्य आगे बढ़ पाए हैं।
- वर्ष 1950 के बाद से भारत की राष्ट्रीय आय में क्षेत्रवार योगदान की प्रवृत्ति में लगातार परिवर्तन आया है।
- राष्ट्रीय आय में प्राथमिक क्षेत्र के योगदान में लगातार कमी होती जा रही है।
- वर्ष 2011-12 में राष्ट्रीय आय में कृषि एवं सम्बद्ध क्षेत्र का भाग घट चुका है।
- जीडीपी में द्वितीयक क्षेत्र के योगदान में वृद्धि की प्रवृत्ति दिखाई देती है, परन्तु तृतीयक क्षेत्र की वृद्धि में तीव्रता दिखाई देती है।

आधार वर्ष 2011-12 के स्थिर मूल्यों पर वर्ष 2022-23 में वृद्धि (प्रतिशत में)

उत्पाद	वर्ष 2021-22	वर्ष 2022-23
कृषि, वानिकी एवं मात्स्यिकी	3.0	3.5
खनन एवं उत्खनन	11.5	2.4
विनिर्माण	9.9	1.6
बिजली, गैस तथा जलापूर्ति	7.5	9.0
संरचना	11.5	9.1
व्यापार, होटल, परिवहन एवं संचार	11.1	13.7
वित्त पोषण, बीमा, स्थावर सम्पदा तथा व्यवसाय सेवाएँ	4.2	6.4
अन्य सेवाएँ	12.6	7.9
कुल जीवीए (साधन लागत पर)	8.1	6.7

प्रीलिम्स फैक्ट्स

- किसने सर्वप्रथम भारत में राष्ट्रीय आय का आकलन किया था? ***– दादा भाई नौरोजी [UPPSC (Mains) 2013]***
- किस अर्थशास्त्री ने भारत में सबसे पहले वैज्ञानिक दृष्टि से राष्ट्रीय आय की गणना की? ***– वी. के. आर. वी. राव [BPSC (Pre) 2017]***
- बाजार कीमतों पर सकल राष्ट्रीय उत्पाद, मूल्य ह्रास और अप्रत्यक्ष करों को घटाकर तथा उपादान जोड़कर किसका निरूपण किया जा सकता है? ***– राष्ट्रीय आय [IAS (Pre) 2001]***
- वर्ष 1991 के आर्थिक सुधार के बाद भारतीय अर्थव्यवस्था में GDP में कृषि के हिस्से में वृद्धि, FDI के अन्तःप्रवाह में वृद्धि और विदेशी विनिमय कोष में वृद्धि में से क्या परिवर्तन हुआ है? ***FDI के अन्तः प्रवाह में वृद्धि तथा विदेशी विनिमय कोष में वृद्धि [UKPSC (Pre) 2022]***
- आर्थिक विकास सामान्यतः किसके साथ युग्मित होता है? ***स्फीति के साथ [IAS (Pre) 2011]***
- हिन्दू वृद्धि दर मुद्रा भारतीय अर्थव्यवस्था के किस घटक से सम्बन्धित है? ***– GDP [BPSC (Pre) 2019, UPPSC (Pre) 2006]***
- यदि एक दी हुई समयावधि में कीमते तथा मौद्रिक आय दोनों दोगुनी हो जाएँ, तो वास्तविक आय ***अपरिवर्तित रहेगी [UPPSC (Mains) 2004]***
- वर्ष 1949 में भारत सरकार द्वारा नियुक्त राष्ट्रीय आय समिति का अध्यक्ष कौन था? ***पी. सी. महानलोबिस [UPPSC (Mains) 2015]***
- उत्पादन विधि, ह्रासमान लागत विधि, आय विधि और व्यय विधि में से कौन–सी एक सकल घरेलू उत्पाद गणना करने की विधि नहीं है? ***– ह्रासमान लागत विधि [BPSC (Pre) 2020]***
- नई GDP आँकड़ों के आधार वर्ष 2004-2005 के स्थान पर बदलकर किस वर्ष को कर दिया गया है? ***– वर्ष 2011-2012 [UPPSC (Pre) 2015, BPSC (Pre) 2018]***
- वर्तमान मूल्यों पर प्रति व्यक्ति आय की वृद्धि दर स्थिर मूल्यों पर प्रति व्यक्ति आय की वृद्धि दर से अपेक्षाकृत अधिक है, क्योंकि स्थिर मूल्यों पर प्रति व्यक्ति आय की वृद्धि दर में किसका ध्यान रखा जाता है? ***– मूल्य स्तर की वृद्धि दर का [IAS (Pre) 2000]***
- जैसे–जैसे अर्थव्यवस्था का विकास होता है, वैसे–वैसे GDP में तृतीयक क्षेत्र के अंश पर क्या प्रभाव पड़ता है? ***– बढ़ता है [UPPSC (Mains) 2006]***
- किसी देश की कर से GDP के अनुपात में कमी क्या सूचित करती है? ***– राष्ट्रीय आय का कम सामयिक वितरण [IAS (Pre) 2015]***
- निरपेक्ष तथा प्रति व्यक्ति वास्तविक सकल राष्ट्रीय उत्पाद (GNP) की वृद्धि आर्थिक विकास की ऊँची दर का संकेत नहीं करती, यदि ***– निर्धनता एवं बेरोजगारी में वृद्धि होती है [IAS (Pre) 2018]***
- उच्च पूँजी उत्पाद अनुपात, जनसंख्या वृद्धि की उच्च दर, पूँजी निर्माण की ऊँची दर और वित्तीय घाटे के ऊँचे स्तर में से कौन–से मुख्य कारणों से भारत में प्रति व्यक्ति आय में वृद्धि की दर धीमी है? ***– उच्च पूँजी उत्पाद अनुपात तथा जनसंख्या वृद्धि की उच्च दर [IAS (Pre) 1993]***
- भारत में बैंकिंग तथा वित्तीय क्षेत्र, निजी कॉर्पोरेट क्षेत्र, निर्यात क्षेत्र और घरेलू क्षेत्र में से कौन–सा एक क्षेत्र बचत में सर्वाधिक योगदान करता है? ***– घरेलू क्षेत्र [UPPSC (Mains) 2004, UPPSC (Pre) 2004]***
- जमा धनराशियों का, करेन्सी का, भौतिक परिसम्पत्तियों का और शेयर्स व डिबेन्चर्स में से किस एक का भारत में घरेलू बचतों में सर्वाधिक हिस्सा है? ***– भौतिक परिसम्पत्तियों का [UPPSC (Mains) 2009]***
- आय का वितरण फिलिप वक्र, लॉरेन्ज वक्र, मार्शल वक्र और लाफर वक्र में से किससे द्वारा मापा जाता है? ***– लॉरेन्ज वक्र [CGPSC (Pre) 2019]***
- सेवा क्षेत्र, कृषि क्षेत्र, उद्योग क्षेत्र और व्यापार क्षेत्र में से कौन–सा भारत की राष्ट्रीय आय का सबसे मुख्य स्रोत है? ***– सेवा क्षेत्र [UPPSC (Pre) 2004, 2006]***
- भारतीय रिज़र्व बैंक, भारतीय योजना आयोग, भारत सरकार के वित्त मन्त्रालय और भारत सरकार के उद्योग मन्त्रालय में से किसके द्वारा भारत का आर्थिक सर्वेक्षण, प्रत्येक वर्ष सरकारी तौर पर प्रकाशित किया जाता है? ***– भारत सरकार के वित्त मन्त्रालय द्वारा [IAS (Pre) 1998]***

सेल्फ चैक

1. किसी दी गई अवधि के लिए एक देश की राष्ट्रीय आय **IAS (Pre) 2013**

(a) नागरिकों द्वारा उत्पादित वस्तुओं और सेवाओं के कुल मूल्य के बराबर होगी
(b) कुल उपभोग और निवेश व्यय के योग के बराबर होगी
(c) सभी व्यक्तियों की वैयक्तिक आय के योग के बराबर होगी
(d) उत्पादित अन्तिम वस्तुओं और सेवाओं के मौद्रिक मूल्य के बराबर होगी

2. निम्नलिखित कथनों में से कौन-सा कथन सही नहीं है?

(a) वास्तविक सकल घरेलू उत्पाद की गणना सामान्य कीमतों पर विभिन्न वर्षों के उत्पादन के मूल्यांकन के आधार पर की जाती है
(b) सम्भाव्य सकल घरेलू उत्पाद वह वास्तविक सकल घरेलू उत्पाद है, जिसका उत्पादन अर्थव्यवस्था अपने संसाधनों का पूर्ण उपयोग करने की स्थिति में करती है
(c) सांकेतिक सकल घरेलू उत्पाद की गणना स्थिर कीमतों पर विभिन्न वर्षों के उत्पादन के मूल्यांकन के आधार पर की जाती है
(d) प्रति व्यक्ति वास्तविक सकल घरेलू उत्पाद, वास्तविक सकल घरेलू उत्पाद को जनसंख्या से विभाजित करने पर प्राप्त अनुपात है

3. निम्नलिखित कथनों को पढ़िए तथा सही विकल्प को चुनिए **CGPSC (Pre) 2020**

कथन (1) शुद्ध घरेलू उत्पाद = सकल घरेलू उत्पाद + मूल्य ह्रास

कथन (2) प्रति व्यक्ति आय = शुद्ध घरेलू उत्पाद/राष्ट्र की कुल जनसंख्या

कथन (3) विश्व की अर्थव्यवस्थाओं की तुलना करने हेतु शुद्ध घरेलू उत्पाद, सकल घरेलू उत्पाद की अपेक्षा बेहतर मानक है।

कूट

(a) 1, 2 और 3 (b) 1 और 2
(c) 2 और 3 (d) इनमें से कोई नही

4. निम्नलिखित कथनों में से कौन-सा/से कथन सही है/हैं?

1. यदि एक देश को इसके प्रति व्यक्ति जीडीपी में वृद्धि का अनुभव हो रहा हो, तो उसकी जीडीपी आवश्यक रूप से बढ़ रही होगी।
2. यदि एक देश ऋणात्मक स्फीति का अनुभव कर रहा हो, तो उसकी जीडीपी घट रही होगी।

कूट

(a) केवल 1
(b) केवल 2
(c) 1 और 2 दोनों
(d) न तो 1 और न ही 2

5. किसी देश की कर से जीडीपी के अनुपात में कमी क्या सूचित करती है? **IAS (Pre) 2015**

1. आर्थिक वृद्धि दर धीमी होना।
2. राष्ट्रीय आय का कम सामयिक वितरण।

कूट

(a) केवल 1
(b) केवल 2
(c) 1 और 2 दोनों
(d) उपरोक्त में से कोई नहीं

6. निरपेक्ष तथा प्रति व्यक्ति वास्तविक सकल राष्ट्रीय उत्पाद (जीएनपी) की वृद्धि आर्थिक विकास की ऊँची दर का संकेत नहीं करती, यदि **IAS (Pre) 2018**

(a) औद्योगिक उत्पादन कृषि उत्पादन के साथ-साथ बढ़ने में विफल रह जाता है
(b) कृषि उत्पादन औद्योगिक उत्पादन के साथ-साथ बढ़ने में विफल रह जाता है
(c) निर्धनता और बेरोजगारी में वृद्धि होती है
(d) निर्यातों की अपेक्षा आयात तेजी से बढ़ते हैं

7. निम्नलिखित में से सकल घरेलू पूँजी निर्माण के घटक कौन-सा/से है/हैं? **HPPSC (Pre) 2013**

1. सकल घरेलू बचत
2. शुद्ध पूँजी आगत (इनफ्लो)
3. सीधा विदेशी निवेश

कूट

(a) केवल 1 (b) केवल 2
(c) केवल 3 (d) 1 और 2

8. बाजार मूल्यों पर शुद्ध राष्ट्रीय उत्पाद है **RAS/RTS (Pre) 2021**

(a) बाजार मूल्य पर सकल राष्ट्रीय उत्पाद – विदेश से शुद्ध आय
(b) बाजार मूल्य पर सकल राष्ट्रीय उत्पाद – हस्तान्तरण भुगतान
(c) बाजार मूल्य पर सकल राष्ट्रीय उत्पाद – मूल्य ह्रास
(d) बाजार मूल्य पर सकल राष्ट्रीय उत्पाद – अनुदान

9. निम्न में से कौन-सा कथन सही है? **UKPSC (Pre) 2022**

(a) एनएनपी = जीएनपी – घिसावट व्यय
(b) एनएनपी = जीएनपी + विदेशों से प्राप्त शुद्ध आय-घिसावट व्यय
(c) 'a' और 'b' दोनों
(d) उपरोक्त में से कोई नहीं

10. निम्नलिखित मदों पर विचार कीजिए

1. उपभोक्ता वस्तुएँ तथा सेवाएँ।
2. सकल निजी (प्राइवेट) घरेलू निवेश।
3. सरकार द्वारा उत्पादित वस्तुएँ तथा सेवाएँ।
4. विदेशों से निवल आय।

उपरोक्त मदों में से किन्हें जीएनपी में शामिल किया गया है?

(a) 1, 2 और 3
(b) 1, 2 और 4
(c) 3 और 4
(d) 1, 2, 3 और 4

11. राष्ट्रीय आय के आकलन के सम्बन्ध में निम्नलिखित कथनों पर विचार कीजिए

1. भारतीय दूतावासों में कार्य कर रहे विदेशी, भारत के सामान्य निवासी हैं।
2. भारत में अवस्थित डब्ल्यूएचओ, विश्व बैंक, यूएनओ आदि के कार्यालय में कार्य कर रहे विदेशी, भारत के सामान्य निवासी नहीं हैं।
3. भारत में विदेशी दूतावासों में कार्य कर रहे भारतीय, भारत के सामान्य निवासी नहीं हैं।

उपरोक्त कथनों में से कौन-सा/से सही कथन है/हैं?

(a) केवल 1
(b) 1 और 2
(c) केवल 3
(d) 1, 2 और 3

12. पिछले 60 वर्षों में समय के साथ प्रति व्यक्ति आय बढ़ने के साथ-साथ, कुल उपभोग व्यय में खाद्य पदार्थों का अंश घटता रहा, क्योंकि

(a) लोग खाद्य-पदार्थों का क्रय कम करते गए
(b) लोग अपने खाद्य-पदार्थों में गैर-खाद्यान्न मदों को अधिक पसन्द करते गए।
(c) खाद्य व्यय में वृद्धि, प्रति व्यक्ति आय में वृद्धि से कम रही।
(d) समय के साथ जनसंख्या में गरीबों का प्रतिशत बढ़ा है।

13. भारत में हाल में राष्ट्रीय आय की माप में क्या बड़ा परिवर्तन किया गया है? **RAS/RTS (Pre) 2013, 2015**

(a) आधार वर्ष 2004-05 से बदलकर वर्ष 2011-12 किया गया है।
(b) गणना साधन लागत से बदलकर बाजार कीमतों पर की गई है।
(c) गणना चालू कीमतों से बदलकर स्थिर कीमतों पर की गई है।
(d) आधार वर्ष व गणना विधि दोनों में बदलाव किया गया है।

14. राष्ट्रीय आय लेखांकन में 'आधार वर्ष' का अर्थ है। **RAS/RTS (Pre) 2021**

(a) जिस वर्ष की आय का उपयोग मौद्रिक जीडीपी की गणना के लिए किया जाता है
(b) जिस वर्ष की कीमतों का उपयोग मौद्रिक जीडीपी की गणना के लिए किया जाता है
(c) जिस वर्ष की कीमतों का उपयोग वास्तविक जीडीपी की गणना के लिए किया जाता है
(d) जिस वर्ष की आय का उपयोग वास्तविक जीडीपी की गणना के लिए किया जाता है

15. किसी अर्थव्यवस्था में निम्नलिखित में से किस एक माप में गिनी गुणांक अथवा गिनी अनुपात को सम्बद्ध किया जा सकता है?

(a) मुद्रास्फीति की दर
(b) गरीबी सूचकांक
(c) आय असमानता (विषमता)
(d) वैयक्तिक आय

जानें सही उत्तर

1. (d)	2. (c)	3. (c)	4. (c)	5. (b)	6. (c)	7. (a)	8. (c)	9. (a)	10. (d)
11. (b)	12. (b)	13. (d)	14. (c)	15. (c)					

● अध्याय चार

भारत में आर्थिक नियोजन तथा नीति आयोग

"

आर्थिक नियोजन अपने आप में सामाजिक नियोजन की अवधारणा को ही निरूपित करता है। वर्तमान समय में कल्याणकारी राज्य की अवधारणा के अन्तर्गत आर्थिक नियोजन का उद्देश्य समाज की आर्थिक स्थिति को सुदृढ़ करना है। इसका एक उद्देश्य यह भी है कि सीमित परिमाण में उपलब्ध संसाधनों का सर्वोत्तम सम्भव उपयोग किया जाए।

आर्थिक नियोजन

- आर्थिक नियोजन (Economic Planning) एक संगठित आर्थिक प्रयास है, जिसमें राज्य एक निश्चित अवधि में सुनिश्चित आर्थिक एवं सामाजिक लक्ष्यों की प्राप्ति के लिए प्राकृतिक और आर्थिक संसाधनों तथा मानवीय संसाधनों का विवेकपूर्ण ढंग से समन्वय एवं नियन्त्रण करता है। यह आर्थिक लक्ष्यों की प्राप्ति के लिए उपलब्ध संसाधनों का इष्टतम दोहन या उपयोग करने की प्रक्रिया होती है।
- वर्ष 1930 की महामन्दी के पश्चात् नियोजन की अवधारणा लोकप्रिय हुई, क्योंकि महामन्दी ने पूँजीवाद की कमजोरियों को उजागर कर दिया, क्योंकि पूँजीवाद की मुक्त बाजार अर्थव्यवस्था ने व्यापक स्तर पर बेरोजगारी, गरीबी, आय की असमानता और इसके सामाजिक साध्यों के प्रति घोर उपेक्षा की स्थिति को जन्म दिया। इन सभी कारकों ने अर्थशास्त्रियों को इसका विकल्प ढूँढ़ने के लिए बाध्य किया।

इसी के फलस्वरूप सर्वप्रथम यूएसएसआर में वर्ष 1928 में आर्थिक नियोजन को अपनाया गया और इसके बाद भारत ने भी इसका अनुसरण किया। भारत में आर्थिक एवं सामाजिक नियोजन का उल्लेख भारतीय संविधान की **सातवीं अनुसूची** की **समवर्ती सूची** में है।

आर्थिक नियोजन के उद्देश्य

आर्थिक नियोजन के उद्देश्य को निम्न बिन्दुओं द्वारा स्पष्ट किया गया है

- संसाधनों का सही वितरण सुनिश्चित करना।
- निर्धनता के चक्र को समाप्त करना।
- बेरोजगारी को दूर करना।
- आधारभूत संरचना का विकास करना।

- कृषि एवं उद्योग का समन्वित विकास करना।
- सामाजिक न्याय के साथ विकास के लक्ष्यों को प्राप्त करना।
- राजनीतिक लोकतन्त्र के साथ-साथ आर्थिक लोकतन्त्र की भी स्थापना करना।
- तीव्र आर्थिक विकास के साथ-साथ समावेशी विकास को बढ़ावा देना।
- निवेश एवं पूँजी निर्माण करना।
- आत्म निर्भरता तथा आधुनिकीकरण।

नियोजन के प्रकार

नियोजन को निम्नलिखित आधारों पर वर्गीकृत किया जा सकता है

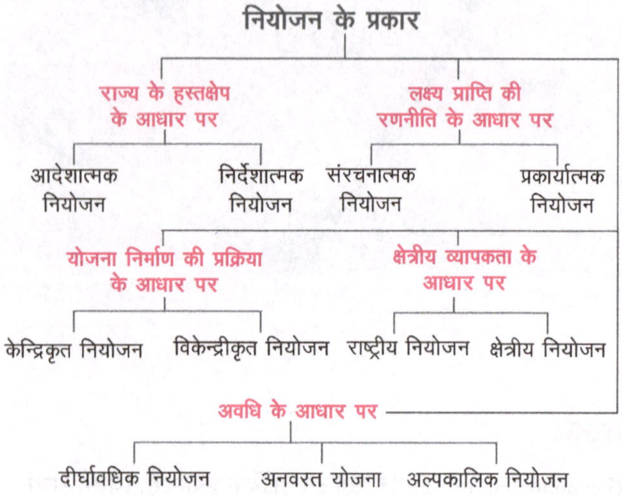

राज्य के हस्तक्षेप के आधार पर

राज्य के हस्तक्षेप के अन्तर्गत नियोजन के निम्नलिखित स्वरूप आते हैं

आदेशात्मक नियोजन

- इस नियोजन में राज्य की भूमिका आदेशात्मक व अत्यन्त महत्त्वपूर्ण होती है तथा इसमें केन्द्रीय स्तर पर एक शीर्ष संस्था होती है, जो योजना निर्माण एवं उसके क्रियान्वयन को सुनिश्चित करती है।

> इसमें निर्णय लेने की प्रक्रिया केन्द्रीकृत होती है, इसलिए इसे **केन्द्रीकृत नियोजन** के नाम से जाना जाता है। इसमें राज्य एवं सरकारी संस्थाओं दोनों का महत्त्वपूर्ण, व्यापक तथा प्रत्यक्ष हस्तक्षेप होता है। अतः यह एक केन्द्रीकृत व्यवस्था होती है।

निर्देशात्मक नियोजन

- इसमें राज्य द्वारा योजना के लक्ष्यों का निर्धारण किया जाता है और उन्हें प्राप्त करने का उत्तरदायित्व निजी क्षेत्र और बाजार शक्तियों को सौंपा जाता है, इसमें राज्य की भूमिका केवल प्रेरणादायक और प्रोत्साहक की होती है, जो केवल नीतियाँ बनाता है।
- इस प्रकार यह एक विकेन्द्रीकृत व्यवस्था होती है, जिसमें राज्य एवं सरकारी संस्थाओं का अप्रत्यक्ष तथा सांकेतिक हस्तक्षेप होता है।

लक्ष्य प्राप्ति की रणनीति के आधार पर

लक्ष्य प्राप्ति की रणनीति के आधार पर नियोजन के दो प्रमुख प्रकार निम्न हैं

संरचनात्मक नियोजन

- नियोजन की वह व्यवस्था, जिसमें आर्थिक लक्ष्यों की प्राप्ति के लिए संसाधनों के वितरण व स्वामित्व की संरचना (ढाँचे), उत्पादन की विधि तथा संस्थागत व्यवस्था में व्यापक परिवर्तन किया जाता है, उसे संरचनात्मक नियोजन कहते हैं।
- बैंकों का राष्ट्रीयकरण करना, भूमि सुधार करना आदि संरचनात्मक नियोजन के उदाहरण हैं, यह नियोजन अर्थव्यवस्था की आधारभूत क्षमता को बढ़ाने में सहायक होता है।

प्रकार्यात्मक नियोजन

- नियोजन की वह व्यवस्था, जिसमें आर्थिक लक्ष्यों की प्राप्ति के लिए संसाधनों, स्वामित्व के ढाँचे, उत्पादन की विधि या संस्थागत व्यवस्था में कोई मूलभूत या बदलाव करने के बदले उसके अनुकूलतम दोहन की रणनीति अपनाई जाती है, तो उसे प्रकार्यात्मक नियोजन कहा जाता है।

> हरित क्रान्ति के माध्यम से कृषि क्षेत्र में परिवर्तन लाना, श्वेत क्रान्ति से दुग्ध की उत्पादकता को बढ़ाना तथा प्रयास करना आदि प्रकार्यात्मक नियोजन के उदाहरण हैं।

योजना निर्माण की प्रक्रिया के आधार पर

योजना निर्माण की प्रक्रिया के आधार पर नियोजन के दो निम्नलिखित स्वरूप इस प्रकार हैं

केन्द्रीकृत नियोजन

- इसमें नियोजन योजना को पूर्ण करने आदि का उत्तरदायित्व केन्द्रीय सत्ता या एक केन्द्रीय संगठन पर होता है और इस सन्दर्भ में सभी निर्णय उसके द्वारा स्वयं लिए जाते हैं।
- इसमें नियोजन से सम्बन्धित सभी आर्थिक निर्णय केन्द्र सरकार के द्वारा लिए जाते हैं। इसे ऊपर से नीचे की ओर नियोजन (Top-Down Planning) कहा जाता है। इस नियोजन को सामान्यतः साम्यवादी देशों के द्वारा अपनाया जाता है।

विकेन्द्रीकृत नियोजन

- इस नियोजन में योजनाओं के निर्माण तथा क्रियान्वयन में केन्द्र सरकार, राज्य सरकार, स्थानीय सरकार, निजी क्षेत्र आदि की भागीदारी होती है।
- केन्द्रीय सत्ता कुछ विशेष स्थितियों में ही प्रभावी होती है। मुख्य भूमिका निम्न स्तरीय संस्थाओं की होती है। इससे लोकतान्त्रिक प्रक्रिया और मजबूत होती है।

- इसमें सरकार, स्थानीय निकाय, व्यक्तिगत उद्यमी आदि मिलकर योजना सम्बन्धी निर्णय लेते हैं, इसलिए इसे हम नीचे से ऊपर की ओर नियोजन भी कहते हैं। इसे **नीतिगत नियोजन** या **निर्देशात्मक नियोजन** भी कहते हैं।

क्षेत्रीय व्यापकता के आधार पर

क्षेत्रीय व्यापकता के आधार पर नियोजन के प्रमुख प्रकार निम्न हैं

राष्ट्रीय नियोजन

- केन्द्रीय संस्था द्वारा राष्ट्रीय स्तर पर बनाई गई योजना को राष्ट्रीय नियोजन कहते हैं।
- इसमें नियोजन के लक्ष्यों तथा रणनीतियों का निर्धारण राष्ट्रीय स्तर पर किया जाता है; जैसे—स्वच्छ भारत अभियान को राष्ट्रीय स्तर पर कार्यान्वित करना, 12वीं पंचवर्षीय योजना के द्वारा आर्थिक संवृद्धि दर का निर्धारण करना आदि।

क्षेत्रीय नियोजन

- क्षेत्र विशेष को ध्यान में रखकर बनाई गई योजना को क्षेत्रीय नियोजना कहा जाता है; जैसे—भारत के किसी क्षेत्र अर्थात् उत्तर-पूर्वी राज्यों के लिए विकास परियोजनाओं का निर्माण करना आदि।
- इस प्रकार यह नियोजन प्राय: राष्ट्रीय नियोजन का ही भाग होता है, जिसका कार्यान्वयन क्षेत्र विशेष में होता है।

अवधि के आधार पर

अवधि के आधार पर नियोजन के प्रमुख प्रकार निम्नलिखित हैं

दीर्घावधिक नियोजन

एक लम्बे समय के लिए योजना के लक्ष्यों एवं उद्देश्यों तथा रणनीतियों का निर्धारण दीर्घावधिक नियोजन कहलाता है; जैसे—विजन 2020, राष्ट्रीय जनसंख्या नीति, 2000 आदि। इसमें नियोजन की अवधि सामान्यत: 10 वर्ष या उससे अधिक होती है।

> **अनवरत योजना**
>
> - इसके अन्तर्गत दीर्घकाल के लिए योजनाओं के लक्ष्यों और रणनीतियों का निर्धारण किया जाता है और वार्षिक आधार पर इसका मूल्यांकन करते हुए संशोधित लक्ष्यों का निर्धारण किया जाता है, जिससे निश्चित समय सीमा के भीतर लक्ष्यों को प्राप्त किया जा सके।
> - भारत में वर्ष 1978 में जनता पार्टी सरकार द्वारा अनवरत योजना (Rolling Plan) शुरू की गई थी। बजट भी एक वार्षिक वित्तीय विवरण है।

अल्पकालिक नियोजन

- सामान्यत: वार्षिक आधार पर योजना के लक्ष्यों और रणनीतियों का निर्धारण करना ही अल्पकालिक योजना कहलाती है, इसकी अवधि तीन या चार वर्ष की अवधि तक भी हो सकती है।

भारत में आर्थिक नियोजन

भारत में नियोजन सम्बन्धी विचार 1930 के दशक में चर्चा में आ गया था, जो आगे चलकर विभिन्न प्रस्तावों के रूप में सामने आया, जिसकी उपयोगिता तब सार्थक हुई, जब भारत में स्वतन्त्रता के पश्चात् नियोजित अर्थव्यवस्था को निम्न योजनाओं द्वारा अपनाया गया, इनका विवरण निम्नवत् है

विश्वेश्वरैया योजना

- भारत में आर्थिक नियोजन की पहली रूपरेखा का प्रस्ताव प्रस्तुत करने का श्रेय प्रसिद्ध अभियन्ता तथा मैसूर प्रान्त के पूर्व दीवान **एम. विश्वेश्वरैया** को दिया जाता है, जिन्होंने अपनी पुस्तक के माध्यम से इस विवरण को प्रस्तुत किया है।

> एम. विश्वेश्वरैया द्वारा **प्लैण्ड इकोनॉमी फॉर इण्डिया** नामक पुस्तक लिखी गई। इस पुस्तक में वर्ष 1934 में भारत के 10 वर्षीय नियोजित विकास के लिए कार्यक्रम निर्धारित किया गया था, जिनके प्रमुख उद्देश्य राष्ट्रीय आय को दोगुना करना तथा औद्योगिक उत्पादन में वृद्धि करना थे।

- इनके विचार अमेरिका के लोकतान्त्रिक पूँजीवाद के समान व्यावहारिक व उपयोगी थे। ये औद्योगीकरण पर बल, कृषि क्षेत्र से श्रम का उद्योगों की ओर संक्रमण के माध्यम से राष्ट्रीय आय को दोगुना करना चाहते थे।
- इनकी पुस्तक 'प्लैण्ड इकोनॉमी ऑफ इण्डिया' के प्रकाशन के बाद **एन. सुब्बाराव** की पुस्तक, **डॉ. पी. एस. लोकनाथ** की पुस्तक तथा **के. एन. सिंह** की पुस्तक **आर्थिक पुनर्निर्माण** प्रकाशित हुई।

कांग्रेस योजना

- भारतीय राष्ट्रीय कांग्रेस में **पण्डित जवाहरलाल नेहरू** की अध्यक्षता में एक राष्ट्रीय नियोजन समिति का गठन वर्ष 1938 में किया गया। इसका गठन **सुभाषचन्द्र बोस** की पहल पर भारत में नियोजन की आवश्यकता एवं सम्भावना पर विचार करने के लिए किया गया था।
- इस समिति ने देश की आर्थिक समस्याओं से सम्बन्धित पहलुओं का अध्ययन किया। समिति के कार्य द्वितीय विश्वयुद्ध के कारण प्रभावित हुए, जिससे समिति ने वर्ष 1948 में अपनी रिपोर्ट प्रस्तुत की।

बाम्बे योजना

- वर्ष 1944 में मुम्बई के 8 उद्योगपतियों के द्वारा **बाम्बे प्लान** नाम से एक 15 वर्षीय योजना को प्रस्तुत किया गया। इस योजना का पूरा नाम **ए प्लान फॉर इकोनॉमिक डेवलपमेण्ट ऑफ इण्डिया** था।

- इनमें शामिल 8 उद्योगपतियों के नाम क्रमशः पुरुषोत्तम दास ठाकुरदास, जे. आर. डी. टाटा, जी. डी. बिड़ला, लाला श्रीराम, कस्तूरभाई लाल भाई, ए. डी. श्रॉफ, जॉन मथाई तथा अर्देशिर दलाल थे।

गाँधीवादी योजना

- वर्ष 1944 में गाँधीवादी विचारक **श्रीमन्नारायण अग्रवाल** ने **गाँधीवादी योजना** को प्रस्तुत किया। इसमें सहकारी कृषि क्षेत्र एवं लघु तथा कुटीर उद्योगों के विकास पर बल दिया गया।
- इसमें ₹ 3500 करोड़ के व्यय का प्रस्ताव किया गया। इसका मुख्य उद्देश्य जन-समुदाय के जीवन स्तर को न्यूनतम निर्वाह स्तर तक लाना था।

जन योजना

- **एम. एन. रॉय** के द्वारा अप्रैल, 1945 में जन योजना को प्रस्तुत किया गया। इसका उद्देश्य जनता की आधारभूत आवश्यकताओं की पूर्ति सुनिश्चित करना था। यह साम्यवादी प्रणाली पर आधारित योजना थी।
- इसमें लोगों की मूलभूत आवश्यकताओं की पूर्ति करने तथा कृषि क्षेत्र एवं औद्योगिक क्षेत्र के विकास को प्राथमिकता दी गई। इसके अन्तर्गत प्रस्तावित व्यय ₹ 15 हजार करोड़ निर्धारित किया गया तथा योजना अवधि 10 वर्ष निर्धारित की गई थी।

सर्वोदय योजना

- 30 जनवरी, 1950 में **जयप्रकाश नारायण** ने भारत में नियोजित विकास की एक रूपरेखा का प्रस्तुतीकरण **सर्वोदय योजना** के नाम से किया।
- यह योजना गाँधी के सर्वोदय सिद्धान्त पर आधारित थी। इसका उद्देश्य अहिंसात्मक ढंग से शोषण विहीन समाज की स्थापना करना था।
- इसमें कृषि एवं कृषि आधारित लघु एवं कुटीर उद्योगों पर बल दिया गया था। इसके अतिरिक्त आर्थिक विषमता को कम करना, आर्थिक कृषि को बढ़ावा देने तथा राज्य की समग्र आय का पंचायतों एवं सत्ता में समान विभाजन जैसे विषयों पर बल दिया गया।
- इसके कुछ भाग को सरकार ने स्वीकार कर लिया। इसके पश्चात् 15 मार्च, 1950 को भारत सरकार के प्रस्ताव पर योजना आयोग का गठन किया गया।

योजना आयोग

- स्वतन्त्रता प्राप्ति के उपरान्त अखिल भारतीय कांग्रेस समिति ने वर्ष 1947 में **पण्डित जवाहरलाल नेहरू** की अध्यक्षता में आर्थिक कार्यक्रम समिति का गठन किया। इस समिति ने 25 जनवरी, 1948 को अपने एक प्रस्ताव में यह सिफारिश की कि देश में एक स्थायी योजना आयोग की स्थापना होनी चाहिए।
- इसके फलस्वरूप 15 मार्च, 1950 को योजना आयोग का गठन किया गया, जिसकी अनुशंसा पर प्रथम पंचवर्षीय योजना 1 अप्रैल, 1951 से लागू हुई। विश्व में सबसे पहले सोवियत संघ ने वर्ष 1928 में पंचवर्षीय योजना को प्रारम्भ किया। योजना आयोग भारत में एक शक्तिशाली परामर्शदाता अभिकरण तथा संविधानेत्तर/गैर-संवैधानिक निकाय था। वर्तमान में योजना (2015 से) आयोग के स्थान पर **नीति आयोग** ने ले ली है।
- योजना आयोग (The Planning Commission) का अध्यक्ष भारत का प्रधानमन्त्री होता था। इसके अतिरिक्त एक उपाध्यक्ष होता था, जिनकी नियुक्ति मन्त्रिमण्डल की सिफारिश पर की जाती थी। इन्हें कैबिनेट मन्त्री का दर्जा प्राप्त था।
- जवाहरलाल नेहरू योजना आयोग के पहले और प्रधानमन्त्री नरेन्द्र मोदी वर्तमान अध्यक्ष हैं। योजना आयोग के प्रथम उपाध्यक्ष पूर्णकालिक सदस्य थे, जबकि मोण्टेकसिंह अहलूवालिया योजना आयोग के अन्तिम उपाध्यक्ष थे।

योजना आयोग के अध्यक्षों की सूची

नाम	कब से	कब तक
जवाहरलाल नेहरू	मार्च, 1950	27 मई, 1964
लाल बहादुर शास्त्री	जून, 1964	जनवरी, 1966
श्रीमती इन्दिरा गाँधी	जनवरी, 1966	24 मार्च, 1977
श्रीमती इन्दिरा गाँधी	जनवरी, 1980	31 अक्टूबर, 1984
मोरारजी देसाई	25 मार्च, 1977	9 अगस्त, 1979
चौधरी चरण सिंह	10 अगस्त, 1979	जनवरी, 1980
राजीव गाँधी	नवम्बर, 1984	दिसम्बर, 1989
वी.पी. सिंह	22 दिसम्बर, 1989	नवम्बर, 1990
चन्द्रशेखर	दिसम्बर, 1990	24 जून, 1991
पी. वी. नरसिम्हा राव	जून 1991	15 मई, 1996
अटल बिहारी वाजपेयी	16 मई, 1996	31 मई, 1996
एच.डी. देवगौड़ा	1 जून, 1996	20 अप्रैल, 1997
आई. के. गुजराल	21 अप्रैल, 1997	18 मार्च, 1998
अटल बिहारी वाजपेयी	19 मार्च, 1998	22 मई, 2004
डॉ. मनमोहन सिंह	22 मई, 2004	22 मई, 2014
नरेन्द्र मोदी	मई, 2014	31 दिसम्बर, 2014

नीति आयोग

- 65 वर्ष पुराने योजना आयोग को नया रूप तथा नाम देते हुए **नेशनल इन्स्टीट्यूट फॉर ट्रान्सफॉर्मिंग इण्डिया** (नीति आयोग) के गठन की घोषणा 1 जनवरी, 2015 को की गई। 15 अगस्त, 2014 को देश के प्रधानमन्त्री **नरेन्द्र मोदी** ने स्वतन्त्रता दिवस के अवसर पर अपने सम्बोधन में योजना आयोग को समाप्त कर नई संस्था गठित करने की बात कही थी। नीति आयोग की अध्यक्षता प्रधानमन्त्री करते हैं।

नीति आयोग की मुख्य भूमिका राष्ट्रीय तथा अन्तर्राष्ट्रीय महत्त्व के विभिन्न नीतिगत मुद्दों पर केन्द्र तथा राज्य सरकारों को आवश्यक रणनीतिक तथा तकनीकी परामर्श देने की है। आयोग के लिए 13 सूत्री उद्देश्य रखे गए हैं।

- इस आयोग में राज्य के मुख्यमन्त्रियों तथा निजी क्षेत्र के विशेषज्ञों को अधिक महत्त्वपूर्ण भूमिका दी गई है, जो संघीय ढाँचे को मजबूत करेगी, जबकि योजना आयोग में केन्द्रीयता को महत्त्व दिया गया था।
- यह भारत सरकार के थिंक-टैंक के रूप में नीति आयोग का लक्ष्य राज्यों की सक्रिय भागीदारी के साथ-साथ उसे निर्देशात्मक एवं नीतिगत गतिशीलता प्रदान करता है। यह सतत् आधार पर संरचनात्मक सहयोग एवं नीतिगत मार्गदर्शन के माध्यम से सहयोगपूर्ण संघवाद को बढ़ावा देता है।

नीति आयोग की संरचना

नीति आयोग की अध्यक्षता प्रधानमन्त्री द्वारा की जाती है। इसकी संरचना निम्न प्रकार की बनाई गई है

पद	नाम
अध्यक्ष	भारत के प्रधानमन्त्री
गवर्निंग काउन्सिल	सभी राज्यों के मुख्यमन्त्री एवं केन्द्रशासित प्रदेशों के उपराज्यपाल/प्रशासक
विशेष आमन्त्रित सदस्य	नीति आयोग से सम्बन्धित विभिन्न क्षेत्रों के विशेषज्ञ (प्रधानमन्त्री के द्वारा नामित)

पूर्णकालिक सांगठनिक ढाँचा

पद	नाम
उपाध्यक्ष	प्रधानमन्त्री के द्वारा नियुक्त, कैबिनेट मन्त्री का दर्जा प्राप्त।
पूर्णकालिक सदस्य	प्रधानमन्त्री के द्वारा नियुक्त राज्यमन्त्री के समकक्ष दर्जा।
अंशकालिक सदस्य	पदेन सदस्य के रूप में, विश्वविद्यालयों, शोध संगठनों तथा अन्य प्रासंगिक संस्थाओं से अधिकतम दो सदस्य।
पदेन सदस्य	प्रधानमन्त्री के द्वारा नामित केन्द्रीय मन्त्रिपरिषद् से अधिक चार सदस्य।
मुख्य कार्यकारी अधिकारी	केन्द्र के सचिव स्तर का अधिकारी, जिसे निश्चित कार्यकाल के लिए नियुक्त किया जाता है।
क्षेत्रीय परिषदें	विशिष्ट मुद्दों, आकस्मिक मामले, जो एक से अधिक राज्यों को प्रभावित करते हैं, आवश्यकतानुसार तथा विशिष्ट कार्यकाल हेतु गठन। अध्यक्षता प्रधानमन्त्री या नामित व्यक्ति द्वारा।
सचिवालय	आवश्यकतानुसार बनाना।

नीति आयोग एवं योजना आयोग में अन्तर

नीति आयोग	योजना आयोग
देश में आर्थिक नियोजन के उद्देश्य से 15 वर्षीय विजन, 7 वर्षीय रणनीति तथा 3 वर्षीय एक्शन एजेण्डा का निर्माण करना।	देश में आर्थिक नियोजन के उद्देश्य से पंचवर्षीय योजनाओं का निर्माण करना तथा उसका क्रियान्वयन सुनिश्चित करना।
इसकी प्रकृति प्रायः विकेन्द्रीकृत है। यह राज्यों को सहयोगी बनाता है।	इसकी प्रकृति प्रायः केन्द्रीकृत थी। यह राज्यों को अधीन बनाता था।
इसमें सरकारों के साथ-साथ निजी क्षेत्रों की भी भूमिका महत्त्वपूर्ण है।	इसमें केवल केन्द्र सरकार की भूमिका महत्त्वपूर्ण थी।
यह राज्यों को सहयोगी बनाकर सहयोगात्मक संघवाद को बढ़ावा देता है।	यह संघवाद को बढ़ावा देने के अनुकूल नहीं था।
केन्द्र सरकार व सभी राज्य सरकारें नीति के निर्माण व उसके क्रियान्वयन में भाग लेती हैं।	यहाँ योजना आयोग सहित केन्द्र सरकार नीति निर्माण एवं क्रियान्वयन में महत्त्वपूर्ण भूमिका निभाती है।
योजनाओं के निर्माण में केन्द्र सरकार और राज्य सरकारों की सहभागिता।	योजनाओं के निर्माण में केन्द्र सरकार की प्रमुख भूमिका।
राज्यों एवं केन्द्रशासित प्रदेशों के साथ सहकारी संघवाद को बढ़ाना।	राज्य एवं केन्द्रशासित प्रदेशों को उनकी योजनाओं के लिए पूँजी का आवण्टन करना।
इसमें योजनाओं की क्षेत्रीयता एवं स्थानीयता को महत्त्व दिया गया।	इसमें योजनाओं की केन्द्रीयता को महत्त्व दिया गया।
भारत के महापुरुषों की शिक्षा से प्रेरित।	पूर्व सोवियत संघ (रूस) की अवधारणा व मॉडल से प्रेरित।
इसमें योजनाओं एवं नीतियों के निर्माण में विश्वविद्यालयों एवं शोध संस्थानों तथा विशेषज्ञों को शामिल किया जाता है।	इसमें किसी भी प्रकार के विशेषज्ञों को योजनाओं के निर्माण में शामिल नहीं किया जाता था।
नीतिगत मुद्दों पर केन्द्र एवं राज्य सरकारों को आवश्यक रणनीति व तकनीकी परामर्श देना।	राज्य सरकारों को रणनीति व तकनीकी परामर्श देने में महत्त्वपूर्ण भूमिका नहीं निभाना।

नीति आयोग के उद्देश्य

नीति आयोग के प्रमुख उद्देश्य निम्न हैं

- सशक्त राज्य से सशक्त राष्ट्र का निर्माण, सहकारी संघवाद को समृद्ध करना।
- ग्राम स्तर पर योजनाएँ बनाने के तन्त्र को विकसित करना।
- आर्थिक प्रगति से वंचित रहे वर्गों पर विशेष ध्यान देना।
- रणनीतिक और दीर्घावधि के लिए नीति तथा कार्यक्रमों का ढाँचा तैयार करना।

नीति आयोग के कार्य

नीति आयोग के निम्नलिखित कार्य अथवा भूमिका निर्धारित किए गए हैं

- **एक साझा दृष्टिकोण विकसित करना** राष्ट्रीय उद्देश्यों की प्राप्ति में राज्यों की भागीदारी के साथ प्राथमिकताओं, क्षेत्रों तथा रणनीतियों का एक साझा दृष्टिकोण विकसित करना नीति आयोग का प्रमुख कार्य है।
- **सहकारी और प्रतिस्पर्द्धी संघवाद** नीति आयोग, सहकारी संघवाद के लिए प्राथमिक मंच के रूप में कार्य करने के साथ-साथ प्रधानमन्त्री एवं मुख्यमन्त्रियों के संयुक्त प्राधिकार में, राज्यों के सक्रिय सहयोग से राष्ट्रीय नीति बनाकर परिमाणात्मक एवं गुणात्मक लक्ष्यों के साथ इसे समयबद्ध रूप से लागू करने को प्रतिबद्ध होगा।
- **केन्द्र में राज्य के सबसे अच्छे मित्र के रूप में** राज्यों को स्वयं की चुनौतियों से जूझने में सहायता प्रदान करने के साथ-साथ तुलनात्मक लाभों एवं शक्ति-निर्माण की ओर ले जाना।
- **विशेषज्ञों के तन्त्र के रूप में** राष्ट्रीय एवं अन्तर्राष्ट्रीय विशेषज्ञों की सहायक मण्डली, पेशेवर एवं अन्य साझीदारों के माध्यम से मुख्यधारा के बाहरी विचारों तथा विशेषज्ञता को सरकारी नीतियों एवं कार्यक्रमों के प्रयोग में लाना।
- **मतभेद समाधान में** केन्द्र-राज्य, अन्तर्राष्ट्रीय एवं अन्तर्क्षेत्रीय के साथ-साथ अन्तर्विभागीय समस्याओं के दल में सहायता प्रदान करने वाले एक ऐसे सहयोगी मंच के रूप में कार्य करना जो सभी के लिए लाभदायक एवं मान्य सामान्य को पारदर्शिता एवं त्वरित रूप से लागू करने के लिए आम सहमति तैयार करे।
- **शासन क्षेत्र की रणनीतियाँ बनाने में** केन्द्र एवं राज्य सरकारों के मन्त्रालयों को उनकी विकास योजना तैयार करने तथा समस्या समाधान सम्बन्धी आवश्यकताओं के लिए विशेषज्ञ कोष के एक और एक से अधिक समूह निर्माण द्वारा सहायक की भूमिका का निर्वहन करना।
- **विचारों को फैलाने के माध्यम के रूप में** वस्तुनिष्ठ आलोचनाओं एवं व्यापक प्रतिविचारों द्वारा सरकारी क्रियाकलापों एवं स्थितियों में तेजी लाने के रूप में कार्य करना।

नीति आयोग के अन्य कार्य

- राष्ट्रीय एवं अन्तर्राष्ट्रीय विचारकों के साथ शैक्षिक एवं नीतिगत अनुसन्धान संस्थानों के मध्य भागीदारी को बढ़ावा देना।
- सुशासन पर अनुसन्धान, न्यायसंगत विकास के साथ-साथ उनके हितधारकों के प्रसार में सहायता करना, संसाधन केन्द्र का अनुरक्षण करना आदि।
- कार्यक्रमों के क्रियान्वयन के लिए प्रौद्योगिकी विकास एवं क्षमता निर्माण पर ध्यान केन्द्रित करना तथा बढ़ावा देना।

नीति आयोग की कार्य प्रणाली

नीति आयोग विकास के लिए यह प्रणाली तीन प्रकार के एक्शन एजेण्डे पर कार्य करती है—15 वर्षीय का विजन डॉक्यूमेण्ट, 7 वर्षीय डेवलपमेण्ट एजेण्डा एवं 3 वर्षीय एक्शन एजेण्डा।

15 वर्षीय का विजन डॉक्यूमेण्ट

- प्रधानमन्त्री कार्यालय (पीएमओ) ने नीति आयोग को वर्ष 2030 तक के लिए 15 वर्षों का दृष्टि-पत्र बनाने का कार्य सौंपा है।
- एक्शन एजेंडों में पहला 15 वर्षीय विजन डॉक्यूमेण्ट है, जिसमें प्रस्तावित सामाजिक लक्ष्यों और वैश्विक सतत विकास लक्ष्यों (एसडीजी) को ध्यान में रखा गया है। इसकी अवधि वर्ष 2017-18 से वर्ष 2031-32 तक है। इसमें बदलते आर्थिक परिदृश्य एवं भविष्य की चुनौतियों को ध्यान में रखा गया है।
- इस 15 वर्षीय डॉक्यूमेण्ट में पहली बार रक्षा एवं आन्तरिक सुरक्षा को शामिल किया गया है, जो पंचवर्षीय योजनाओं में शामिल नहीं थे।

डेवलपमेण्ट एजेण्डा और कार्य योजना

दूसरा 7 वर्षीय विकास एजेण्डा है, जिसकी अवधि वर्ष 2017-18 से वर्ष 2023-24 तक की निर्धारित की गई है। इस सात वर्षीय रणनीति के अन्तर्गत सरकार के दीर्घकालिक दृष्टिकोण को विकास एजेण्डा के एक भाग के रूप में क्रियान्वयन वाली नीति और कार्रवाई में बदलने का प्रावधान है। इसे राष्ट्रीय विकास एजेण्डा कहा जाएगा और आधी समयावधि अर्थात् करीब 3 वर्ष बीतने पर इसकी समीक्षा की जाएगी। इसे तीन वर्षीय कार्य योजना कहा गया है। यह प्रत्येक 3 वर्ष बाद दोहराया जाना है।

राष्ट्रीय विकास परिषद्

- राष्ट्रीय विकास परिषद् (एनडीपी) का गठन कैबिनेट के एक प्रस्ताव द्वारा 6 अगस्त, 1952 को किया गया था। यह भी नीति आयोग की तरह ही एक गैर-संवैधानिक निकाय है।
- प्रधानमन्त्री इसका भी पदेन अध्यक्ष होता है और नीति आयोग का सचिव ही इसका भी मुख्य सचिव होता है।
- प्रारम्भ में राज्यों के केवल मुख्यमन्त्री इसके सदस्य होते थे, परन्तु वर्ष 1967 के बाद से केन्द्रीय मन्त्रिपरिषद् के सभी सदस्य, केन्द्रशासित प्रदेशों के प्रशासक तथा योजना आयोग के सभी सदस्य इसके सदस्य होते हैं।
- **श्री के. सन्थानम** ने राष्ट्रीय विकास परिषद् को सर्वोच्च मन्त्रिपरिषद् की संज्ञा दी। राज्यों की भूमिका होने के कारण इसे सहकारी संघवाद का सर्वोत्तम उदाहरण माना जा सकता है।
- राष्ट्रीय विकास परिषद् स्पष्टत: नीति आयोग से उच्च निकाय है, जिसका लक्ष्य नीति आयोग, केन्द्र सरकार तथा राज्य सरकारों के मध्य सामंजस्य स्थापित करना है। इसे प्रशासनिक एवं अन्य सहायता नीति आयोग प्रदान करता है। इसकी स्थापना नियोजन तथा सामान्य आर्थिक नीतियों पर केन्द्र एवं राज्य सरकारों के बीच समझदारी एवं परामर्श बढ़ाने की दिशा में एक प्रमुख पहल है।

- विकास से सम्बन्धित मुद्दों पर विवेचना करने एवं निर्णय लेने के सम्बन्ध में यह एक महत्त्वपूर्ण संस्था है। इसकी पहली बैठक 8-9 नवम्बर, 1952 **पण्डित जवाहरलाल नेहरू** की अध्यक्षता में सम्पन्न हुई थी।

राष्ट्रीय विकास परिषद् की संरचना

पद	नाम
अध्यक्ष/प्रमुख	भारत का प्रधानमन्त्री
सदस्य	सभी केन्द्रीय कैबिनेट मन्त्री, राज्यों के मुख्यमन्त्री, केन्द्रशासित प्रदेशों के उपराज्यपाल/प्रशासक, नीति आयोग के सदस्य।
सचिव	नीति आयोग का सचिव

भारत में पंचवर्षीय योजनाएँ

- राष्ट्रीय आन्दोलन के समय आर्थिक विकास की जो परिकल्पना की जा रही थी, उसमें नियोजन के माध्यम से विकास का लक्ष्य रखा गया था। फलत: स्वतन्त्रता के पश्चात् पंचवर्षीय योजनाओं के माध्यम से विकास की नीति अपनाई गई।
- पंचवर्षीय योजना प्रत्येक 5 वर्ष के लिए केन्द्र सरकार द्वारा देश के लोगों के लिए शुरू की जाती है।
- पंचवर्षीय योजनाएँ केन्द्रीकृत और एकीकृत राष्ट्रीय आर्थिक कार्यक्रम है।
- भारत की पंचवर्षीय योजना सोवियत संघ की नियोजित विकास की अवधारणा से प्रेरित है।

पंचवर्षीय योजना का संक्षिप्त विवरण

योजना	उद्देश्य	मूल्यांकन
प्रथम योजना (1951-56) (हैरॉड-डोमर संवृद्धि मॉडल)	◆ उच्चतम प्राथमिकता कृषि एवं सम्बन्ध क्षेत्र को प्राप्त थी। ◆ निवेश की दर में 5% से 7% की वृद्धि। ◆ कुल व्यय का सर्वाधिक भाग 31% कृषि को।	◆ सफल योजना, इसमें 2.1% लक्ष्य विकास दर की तुलना में 3.6% विकास दर प्राप्त की गई। ◆ राष्ट्रीय आय 18% ऊपर गई एवं प्रतिव्यक्ति आय में 1.8% की वृद्धि हुई। ◆ भाखड़ा-नाँगल, दामोदर घाटी तथा हीराकुड बहुउद्देशीय नदी घाटी परियोजनाएँ शुरू की गईं।
दूसरी योजना (1956-61) (महालनोबिस मॉडल)	◆ पी. सी. महालनोबिस द्वारा विकसित दो क्षेत्रीय मॉडलों पर आधारित थी। ◆ राष्ट्रीय आय में 25% की वृद्धि। ◆ पूँजी निवेश की दर को 7% से बढ़ाकर 11% करना। ◆ मुख्य उद्देश्य समाजवादी समाज की स्थापना करना था। ◆ इस योजना में बुनियादी तथा पूँजीगत वस्तु उद्योगों के प्रतिस्थापन की दिशा पर निश्चयात्मक बल दिया गया।	◆ इस योजना में 4.5% विकास दर के लक्ष्य की तुलना में 4.2% वार्षिक विकास दर का लक्ष्य प्राप्त किया जा सका। ◆ इस योजना के दौरान राउरकेला (ओडिशा), भिलाई (छत्तीसगढ़) तथा दुर्गापुर (पश्चिम बंगाल) में लौह-इस्पात संयन्त्र स्थापित किए गए। ◆ टाटा मूलभूत अनुसन्धान संस्थान (Tata Institute Fundamental Research, TIFR) की स्थापना।
तीसरी योजना (1961-66) (गॉडगिल योजना)	◆ इसमें 5% वार्षिक राष्ट्रीय आय में वृद्धि का लक्ष्य रखा गया, जिससे लगभग प्रति व्यक्ति आय में 17% वृद्धि हो सके। ◆ इस योजना में कृषि और उद्योग दोनों पर बल दिया गया था। ◆ मुख्य उद्देश्य भारतीय अर्थव्यवस्था को आत्मनिर्भर बनाना तथा स्वत: स्फूर्त अवस्था में पहुँचाना था।	◆ इस योजना में जे. सैण्डी, सुखमय चक्रवर्ती एवं महालनोबिस मॉडल का भी प्रभाव रहा। ◆ योजना के असफल होने के कारण भारत- चीन युद्ध (1962), भारत-पाक युद्ध (1965), वर्ष 1965-66 का भयंकर सूखे इत्यादि को माना जाता है। ◆ 5.6% की उच्च वृद्धि दर का लक्ष्य, परन्तु वास्तविक वृद्धि दर 2.8% हो सकी। ◆ देश में खाद्यान्न की कमी, मूल्य में वृद्धि तथा विदेशी मुद्रा का संकट। ◆ भारतीय मुद्रा का अवमूल्यन 57% हुआ।
वार्षिक योजना (1966-69)	◆ एक-एक वर्ष की तीन योजनाओं की कालावधि में देश के निर्यात में वृद्धि के लिए रुपये का अवमूल्यन दूसरी बार वर्ष 1966 में किया गया। निर्यात वस्तुओं की माँग लोच में कमी के कारण अवमूल्यन का भी अनुकूल परिणाम प्राप्त न हो सका, क्योंकि इस अवधि में कोई नियमित नियोजन नहीं किया गया, इसलिए इसे योजना अवकाश (Plan Holiday–1966-69) कहा जाता है।	

योजना	उद्देश्य	मूल्यांकन
चौथी योजना (1969-74) (अशोक रुद्र मेनन मॉडल)	• चौथी योजना का मुख्य उद्देश्य स्थायित्व के साथ विकास तथा आर्थिक आत्मनिर्भरता की प्राप्ति था। इस योजना काल में गरीबी हटाओ का नारा दिया गया। गरीबी हटाओ वर्ष 1971 के आम चुनाव का मूल नारा था। • इस योजना का अन्य उद्देश्य राष्ट्रीय आय में, रोजगार के अवसरों में वृद्धि करना, आय, सम्पत्ति वितरण तथा क्षेत्रीय असमानता को दूर करना और आधारभूत एवं भारी उद्योगों पर विशेष बल देते हुए तीव्रगति से औद्योगिक विकास करना था।	• इस योजना में विकास दर का लक्ष्य 5.7% रखा गया, जबकि वास्तविक प्राप्ति केवल 3.3% ही रही। • राष्ट्रीय आय में भी केवल 1.1% की वृद्धि दर्ज की गई। इस दृष्टि से यह योजना असफल मानी जाती है।
पाँचवीं योजना (1974-79) (इन्वेस्टमेण्ट मॉडल)	• इस योजना का मुख्य उद्देश्य गरीबी उन्मूलन और आत्मनिर्भरता था। इसके अतिरिक्त इस योजना में निम्नलिखित लक्ष्य निर्धारित किए गए – प्राथमिक शिक्षा, पेयजल, ग्रामीण स्वास्थ्य सेवाएँ, पोषण, ग्रामीण आवास, ग्रामीण सड़क, ग्रामीण विद्युतीकरण जैसे न्यूनतम आवश्यकता कार्यक्रम पर बल। – आयात प्रतिस्थापन एवं निर्यात संवर्द्धन। – सामाजिक, आर्थिक एवं क्षेत्रीय असमानता को कम करना। – अनावश्यक उपभोग पर कड़ा प्रतिबन्ध। – न्यायपूर्ण मजदूरी-कीमत नीति। – खाद्यान्न भण्डार एवं सार्वजनिक वितरण प्रणाली का विस्तार।	• यह योजना आगत-निर्गत मॉडल पर आधारित थी। • इसी योजना के दौरान वर्ष 1975 में बीस सूत्रीय कार्यक्रम (20 Point Programme) शुरू किया गया। • इस योजना के लिए 4.4% विकास दर का लक्ष्य निर्धारित किया गया था, जबकि वास्तविक उपलब्धि 4.8% रही। इस प्रकार यह एक सफल योजना कही जा सकती है।
अनवरत योजना (1978-80)	• जनता पार्टी की सरकार द्वारा पाँचवीं पंचवर्षीय योजना को वर्ष 1978 में ही समाप्त करके 1 अप्रैल, 1978 से 31 मार्च, 1980 तक के लिए अनवरत योजना प्रारम्भ की गई। अनवरत योजना (Rolling Plan) का प्रतिपादन गुन्नार मिर्डल ने किया था तथा इसे भारत में लागू करने का श्रेय डी. टी. लकड़ावाला को जाता है।	
छठी योजना (1980-85) (इनपुट-आउटपुट मॉडल)	• भारत में छठी योजना भी आगत-निर्गत मॉडल पर आधारित थी। • इस योजना का मुख्य लक्ष्य गरीबी निवारण, आर्थिक विकास, आधुनिकीकरण, आत्मनिर्भरता तथा सामाजिक न्याय स्थापित करना था। • गरीबी एवं बेरोजगारी दूर करने के लिए कई महत्त्वपूर्ण कार्यक्रम इसी योजना के दौरान आरम्भ किए गए। ये वस्तुत: 15 वर्ष की दीर्घावधि को ध्यान में रखकर बनाए गए थे।	• छठी योजना आगत-निर्गत मॉडल का विस्तार थी। • इस योजना में विकास दर का लक्ष्य 5.2% रखा गया तथा वास्तविक उपलब्धि 5.4% रही। • गरीबी निवारण के लिए एकीकृत ग्रामीण विकास कार्यक्रम (Integrated Rural Development Programme), राष्ट्रीय ग्रामीण रोजगार योजना (National Rural Employment Programme), ग्रामीण भूमिहीन रोजगार गारण्टी कार्यक्रम (Rural Landless Employment Guarantee Programme), ट्राइसेम (Training Rural Youth for Self-Employment) तथा ड्वाकरा (Development of Women and Children in Rural Areas) कार्यक्रम को लागू किया गया।
सातवीं योजना (1985-90) (आर्किटेक्चर मॉडल)	• सातवीं पंचवर्षीय योजना दीर्घकालीन विकास युक्तियों पर बल देते हुए उदारीकरण पर बल देने वाली थी। • इस योजना में गरीबी, बेरोजगारी और क्षेत्रीय विषमता की समस्या पर प्रत्यक्ष प्रहार की रणनीति अपनाई गई।	• यह योजना वस्तु मजदूरी मॉडल पर आधारित थी। • 5% विकास दर के लक्ष्य की तुलना में इस योजना में वास्तविक विकास दर 6.02% रही। प्रतिव्यक्ति आय में भी 3.5% वृद्धि हुई। इस प्रकार यह एक सफल योजना रही। • इन्दिरा आवास योजना (1985-86), जवाहर रोजगार योजना (1989) एवं नेहरू रोजगार योजना (1989) लागू की गई।
वार्षिक योजना (1990-92)	• 31 मार्च, 1990 को 7वीं पंचवर्षीय योजना की समाप्ति पर सरकारों के जल्दी-जल्दी बदलने से 8वीं पंचवर्षीय योजना प्रारम्भ नहीं हो सकी। यद्यपि सितम्बर, 1989 में ही कांग्रेस सरकार ने वर्ष 1990-95 हेतु 8वीं योजना का प्रारूपण कर लिया था, लेकिन आम चुनावों में जनता दल के विषयोपरान्त वी. पी. सिंह सरकार ने रामकृष्ण हेगड़े की उपाध्यक्षता वाले नए योजना आयोग का गठन किया था, जिसने नई 8वीं योजना (1990-95) को प्रारूपित किया। • नवम्बर, 1990 में जनता दल सरकार के पतन के बाद कांग्रेस समर्थित चन्द्रशेखर सरकार ने योजना आयोग का पुनर्गठन कर मोहन धारिया को इसका उपाध्यक्ष नियुक्त किया। दुर्भाग्य से इस सरकार का भी पतन हो गया और जून, 1992 में कांग्रेस सरकार पुनर्वापसी के बाद प्रणब मुखर्जी को योजना आयोग का उपाध्यक्ष नियुक्त किया गया और अन्तत: 8वीं पंचवर्षीय योजना वर्ष 1992-93 से 1996-97 की अवधि हेतु प्रवृत्त हुई।	

योजना	उद्देश्य	मूल्यांकन
आठवीं योजना (1992-97) (जॉन डब्ल्यू. मिलर मॉडल)	• आठवीं पंचवर्षीय योजना उदारीकरण के बाद लागू की गई प्रथम योजना थी। यह योजना जॉन डब्ल्यू. मिलर के मॉडल पर आधारित थी। इस योजना में सर्वोच्च प्राथमिकता मानव संसाधन विकास को दी गई। • वर्ष 1992 में 8वीं पंचवर्षीय योजना से महालनोबिस मॉडल के स्थान पर राव मनमोहन मॉडल को स्वीकार किया गया (नरसिम्हा राव तत्कालीन प्रधानमन्त्री एवं मनमोहन सिंह तत्कालीन वित्त मन्त्री)।	• इस योजना में लक्षित विकास दर 5.6% की तुलना में वास्तविक उपलब्धि 6.68% की रही, जो लक्ष्य से काफी अधिक है। • इसके साथ ही इस योजना में निवल राष्ट्रीय उत्पाद (Net National Product, NNP) में भी 4.6% की औसत वार्षिक वृद्धि दर्ज की गई। कुल मिलाकर यह योजना सफल रही। • प्रधानमन्त्री रोजगार योजना (1993), रोजगार बीमा योजना (1993) एवं महिला समृद्धि योजना लागू की गई।
नौवीं योजना (1997-2002) (इनपुट-आउटपुट मॉडल)	• नौवीं पंचवर्षीय योजना का मुख्य लक्ष्य न्यायपूर्ण वितरण एवं समानता के साथ विकास (Growth with Equity and Distributive Justice) करना था। इसके अन्तर्गत इस योजना में पर्याप्त रोजगार के अवसर का सृजन, निर्धनता उन्मूलन के उद्देश्य से कृषि एवं ग्रामीण विकास को प्राथमिकता देना, पंचायती राज संस्थाओं, सहकारिताओं तथा स्वयंसेवी संस्थाओं को बढ़ावा देना तथा स्वच्छ पेयजल, प्राथमिक स्वास्थ्य देख-रेख सुविधा, सार्वभौमिक प्राथमिक शिक्षा एवं आवास जैसी मूलभूत न्यूनतम सेवाओं की उपलब्धता सुनिश्चित करना आदि लक्ष्य निर्धारित किए गए।	• प्रारम्भ में इस योजना के लिए वार्षिक विकास दर 7% निर्धारित की गई, किन्तु बाद में इसे संशोधित करके 6.5% कर दिया गया, जबकि वास्तविक वृद्धि दर 5.4% रही। • इस योजना के अन्तर्गत लागू की गई योजनाएँ थीं—स्वर्ण जयन्ती ग्राम स्वरोजगार योजना तथा प्रधानमन्त्री ग्रामोदय योजना।
दसवीं योजना (2002-2007)	• दसवीं योजना में दो महत्त्वपूर्ण आधारभूत तत्त्वों पर जोर दिया गया। ये हैं – अब तक की उपलब्धियों को अक्षुण्ण बनाए रखते हुए इन्हीं पर आगे का विकास करना। – अब तक की अर्थव्यवस्था के विभिन्न क्षेत्र के विकास के मार्ग में आई बाधाओं को प्राथमिकता के आधार पर हल करना। • दसवीं योजना में कई महत्त्वाकांक्षी लक्ष्य निर्धारित किए गए। • इस योजना में कृषि पर सर्वाधिक बल दिया गया, जबकि सर्वाधिक व्यय ऊर्जा पर किया गया।	• इस योजना में लक्षित विकास दर 7.9% (लगभग 8%) थी, जबकि वास्तविक उपलब्धि लगभग 7.8% रही, जोकि लक्ष्य के काफी निकट रही। • विकास दर के मामले में यह अब तक की **सर्वाधिक सफल योजना** है। अनन्तिम आँकड़ों के अनुसार, इस योजना में निवेश की दर (Rate of Investment) सकल घरेलू उत्पाद की 32.1% रही है, जबकि लक्ष्य 28.41% का था। • सकल घरेलू बचतें सकल घरेलू उत्पाद (Gross Domestic Product, GDP) का लक्ष्य 23.31% रखना था, जबकि वास्तविक उपलब्धि लक्ष्य से कहीं अधिक (GDP का 31.9%) रही है।
ग्यारहवीं योजना (2007-12)	• ग्यारहवीं योजना में समावेशी विकास को ध्यान में रखकर कई महत्त्वपूर्ण सामाजिक-आर्थिक लक्ष्य निर्धारित किए गए। इसमें 9% की औसत वृद्धि दर के साथ अन्तिम वर्ष (2011-12) में 10% वृद्धि का लक्ष्य रखा गया, जिसे बाद में संशोधित करके 8.1% कर दिया गया। • कृषि विकास का लक्ष्य 4% प्रति वर्ष रखा गया।	• इस योजना में वास्तविक विकास दर 7.9% है। • कृषि क्षेत्र में विकास दर 4% निर्धारित की गई थी, किन्तु 4 वर्षों (2007 से 2011 तक) के दौरान विकास दर लगभग 3.2% ही रही। • इसके अतिरिक्त कृषि क्षेत्र में लगभग 58.2% लोगों को रोजगार भी मिला। सेवाओं और सॉफ्टवेयर सेवाओं का अनुमान निर्यात 59 अरब डॉलर का रहा।
बारहवीं योजना (2012-17)	बारहवीं पंचवर्षीय योजना के प्रमुख उद्देश्य निम्नलिखित थे • वास्तविक सकल घरेलू उत्पाद में 8% संवृद्धि दर। • कृषि क्षेत्र में 4% की संवृद्धि दर। • औद्योगिक क्षेत्रक में 7.6% की संवृद्धि दर। • सेवा क्षेत्रक में 9.0% की संवृद्धि दर। • विनिर्माण क्षेत्रक में 10% (सम्भावित 7.1%) की संवृद्धि दर। • शिशु मृत्यु दर घटाकर 25, मातृत्व मृत्यु दर को घटाकर 1 के स्तर पर लाना तथा बाल लिंगानुपात को बढ़ाकर 956 करना। • इस योजना के अन्त तक प्रजनन दर 2.1% करना।	• बारहवीं पंचवर्षीय योजना का प्रारूप बनाते समय सरकार ने 9% विकास दर का लक्ष्य रखा था। सितम्बर, 2012 में इस लक्ष्य को संशोधित कर 8.2% कर दिया गया तथा पुन: संशोधित कर विकास दर का लक्ष्य 8% कर दिया गया। • बारहवीं पंचवर्षीय योजना के पाँच वर्ष (2013-14 से 2017-18) में विकास दर क्रमश: 6.4%, 7.5%, 8.0%, 7.1% तथा 6.6% रही है। • इस योजना का कुल परिव्यय ₹ 37.7 लाख करोड़ रखा गया है, जो पिछली योजना से 13.7% अधिक था। • इस योजना की अवधि 31 मार्च, 2017 को समाप्त हो रही थी, परन्तु वित्त मन्त्रालय ने इस योजना की अवधि को छ: महीने तक के लिए बढ़ा दिया। इस कारण यह योजना 30 सितम्बर, 2017 को समाप्त हुई।

पंचवर्षीय योजनाओं की लक्षित विकास दरें एवं प्राथमिकताएँ/विशेष उपलब्धि/कार्यक्रम

योजना	लक्षित विकास दर	कृषि	उद्योग	सेवा	प्राप्त विकास दर	प्राथमिकताएँ/विशेष उपलब्धि/कार्यक्रम
पहली योजना	2.1	2.71	5.54	4.17	3.6	कृषि एवं सम्बद्ध/सामुदायिक विकास कार्यक्रम
दूसरी योजना	4.5	3.15	5.59	4.94	4.21	भारी उद्योग, स्वास्थ्य एवं चिकित्सा/राउरकेला, भिलाई, दुर्गापुर स्टील प्लाण्ट स्थापित
तीसरी योजना	5.6	–0.73	6.28	5.26	2.72	खाद्यान्न एवं कृषि
चौथी योजना	5.7	2.57	4.91	3.22	3.3	कृषि एवं सिंचाई/स्थिरता के साथ विकास और आत्मनिर्भरता की प्राप्ति का लक्ष्य
पाँचवीं योजना	4.4	3.28	6.55	5.66	4.83	जनस्वास्थ्य एवं समाज कल्याण/गरीबी उन्मूलन एवं आत्मनिर्भरता का नारा
छठी योजना	5.2	2.52	5.32	5.41	5.4	कृषि, उद्योग, ऊर्जा/अनवरत योजना
सातवीं योजना	5.0	3.47	6.77	7.19	6.0	ऊर्जा, खाद्यान्न
आठवीं योजना	5.6	4.68	7.58	7.54	6.68	मानव संसाधन (शिक्षा, स्वास्थ्य, रोजगार) विकास
नौवीं योजना	6.5	2.06	4.51	7.78	5.4	सामाजिक न्याय, ग्रामीण विकास, रोजगार सृजन/न्यायपूर्ण वितरण एवं समानता के साथ विकास
दसवीं योजना	8.0	2.34	8.90	9.4	7.8	रोजगार, ऊर्जा, सामाजिक अधोसंरचना का विकास
ग्यारहवीं योजना	8.1	4.0	10.5	9.9	7.9	तीव्र आर्थिक वृद्धि, रोजगार सृजन, आधारभूत भौतिक और शिक्षा सेवाओं तक पहुँच
बारहवीं योजना	8.0	4	10.9	10	7.1 (लगभग)	त्वरित, सतत् और अधिक समावेशी विकास

प्रीलिम्स फैक्ट्स

- आर्थिक आयोजन किसका एक विषय है?
  – ***समवर्ती सूची का*** *[HPSC (Pre) 2012]*
- 'प्लाण्ड इकोनॉमी फॉर इण्डिया' पुस्तक के लेखक कौन हैं?
  – ***सर एम. विश्वेश्वरैया*** *[MPPSC (Pre) 2018]*
- नेशनल प्लानिंग कमेटी का गठन किसके द्वारा किया गया?
  – ***सुभाषचन्द्र बोस*** *[MPPSC (Pre) 2013]*
- वर्ष 1944 में गाँधीवादी योजना को किसने प्रतिपादित किया था?
  श्रीमन्नारायण ने *[UPPSC (Pre) 2015]*
- 'प्लानिंग एण्ड द पुअर' पुस्तक के लेखक कौन हैं?
  – ***बी. एस. मिनहास*** *[UK UDA/LDA (Mains) 2007]*
- ''भविष्य के भारतीय नियोजन में वस्तुओं से अधिक ध्यान व्यक्तियों पर देना चाहिए।'' किसके द्वारा व्यक्त किया गया था?
  – ***अमर्त्य सेन द्वारा*** *[UP Lower 2004]*
- महात्मा गाँधी, जवाहरलाल नेहरू, इन्दिरा गाँधी और राजीव गाँधी में से किसने भारत में नियोजित विकास का विरोध किया था?
  – ***महात्मा गाँधी*** *[UPPSC (Pre) 2019]*
- नियोजित विकास मॉडल को भारतवर्ष में कब से लागू किया गया?
  – ***1 अप्रैल, 1951 से*** *[UKPSC (Pre) 2012]*
- योजना में कोर सेक्टर का तात्पर्य–कृषि, रक्षा, लोहा एवं इस्पात उद्योग और चयनित आधारभूत उद्योग में से किससे है?
  – ***चयनित आधारभूत उद्योग से*** *[RAS/RTS (Pre) 1996]*
- वर्तमान में भारत की योजनाओं के सार्वजनिक व्यय हेतु अधिकतम साधन, वर्तमान प्राप्तियों, विदेशों, सार्वजनिक उद्योगों, ऋणों तथा घाटे में से किससे जुटाए जाते हैं? – ***ऋण से*** *[CGPSC (Pre) 2014]*
- भारत में योजना आयोग की स्थापना कब हुई थी?
  – ***15 मार्च, 1950*** *[BPSC (Pre) 2017, UP Lower 2009]*

- डॉ. मनमोहन सिंह, प्रणब मुखर्जी, पी. चिदम्बरम और मॉण्टेक सिंह अहलूवालिया में से कौन भारत में योजना आयोग का उपाध्यक्ष नहीं रहा था?

– पी. चिदम्बरम [UK UDA/LDA (Pre) 2003]

- योजना आयोग, वित्त आयोग, केन्द्रीय मन्त्रिपरिषद् और प्रशासनिक सुधार आयोग में से किसे अशोक चन्द्रा द्वारा भारत में आर्थिक मन्त्रिपरिषद् कहा गया?

– योजना आयोग [UPPSC (Pre) 2018]

- नीति आयोग का गठन योजना आयोग के स्थान पर कब किया गया था? *– 1 जनवरी, 2015 [UP Lower 2015]*
- राष्ट्रीय विकास परिषद् कब गठित किया गया था?

– 6 अगस्त, 1952 को [UPPSC Mains 2006]

- राष्ट्रीय विकास परिषद् मुख्यतः योजनाओं को लागू करने में, पंचवर्षीय योजनाओं का अनुमोदन करने में, भारत में मुख्य विकास योजनाओं के अनुमोदन और मूल्यांकन करने में तथा सामुदायिक विकास कार्यक्रमों को लागू करने में से किससे सम्बद्ध है?

– पंचवर्षीय योजनाओं का अनुमोदन करने में [UPPSC (Mains) 2008]

- भारत में पंचवर्षीय योजना को स्वीकार करने का अन्तिम प्राधिकार योजना आयोग, राष्ट्रीय विकास परिषद्, संघीय मन्त्रिमण्डल और संसद में से किसको था?

– राष्ट्रीय विकास परिषद् को [UPPSC (Mains) 2004]

- प्रथम पंचवर्षीय योजना की प्राथमिकता क्या थी?

कृषि का विकास [UPPSC (Pre) 2011]

- भारतीय पंचवर्षीय योजनाओं का प्रमुख उद्देश्य है

स्वावलम्बन एवं विदेशी सहायता पर निर्भरता कम करना [RPSC (Pre) 1992]

- भारत में पहली पंचवर्षीय योजना का आधार हैरोड–डोमर मॉडल, महालनोबिस मॉडल, दादाभाई नौरोजी मॉडल और जे. एल नेहरू मॉडल में से क्या था? *– हैरोड–डोमर मॉडल [BPSC (Pre) 2017]*
- भारत की द्वितीय पंचवर्षीय योजना दादाभाई नौरोजी, पी. सी. महालनोबिस, अमर्त्य सेन और सी. एच हनुमन्था राव में से किसके द्वारा विकसित एक आर्थिक मॉडल पर आधारित थी?

– पी. सी. महालनोबिस [JPSC (Pre) 2021]

- किस पंचवर्षीय योजना के अन्तर्गत समाज के समाजवादी ढाँचे की स्थापना का संकल्प लिया गया था?

– द्वितीय पंचवर्षीय योजना [MPPSC (Pre) 2015]

- किस पंचवर्षीय योजना में कृषि ने ऋणात्मक विकास प्रदर्शित किया?

– तीसरी में [UPPSC (Mains) 2004]

- किस पंचवर्षीय योजना में औद्योगिकरण की रणनीति के रूप में आयात–प्रतिस्थापन की अवधारणा को प्रारम्भ किया?

– तीसरी पंचवर्षीय योजना [IAS (Pre) 2009]

- योजना–अवकाश की अवधि का सम्बन्ध वर्ष 1955-68, वर्ष 1965-68, वर्ष 1966-69 और वर्ष 1978-80 में से किससे है?

– वर्ष 1966-69 [JPSC (Pre) 1995, RAS/RTS (Pre) 1994]

- भारत में स्वसम्पोषित विकास का उद्देश्य सर्वप्रथम किस पंचवर्षीय योजना में अपनाया गया? *– चौथी पंचवर्षीय योजना में [UKPSC (Pre) 2005]*
- विकास केन्द्र उपागम किस पंचवर्षीय योजना के अन्तर्गत अपनाया गया था? *– चतुर्थ पंचवर्षीय योजना [UPPSC (Pre) 1996]*
- किस पंचवर्षीय योजना का उद्देश्य आत्मनिर्भरता और शून्य विदेशी सहायता घोषित करना था?

– पाँचवीं पंचवर्षीय योजना [UPPSC (Mains) 2014]

- बीस सूत्रीय आर्थिक कार्यक्रम सर्वप्रथम किस वर्ष प्रारम्भ किया गया था? *– वर्ष 1975 [UPPSC (Mains) 2008, 2009]*
- निर्धारित अवधि से एक वर्ष पूर्व समाप्त होने वाली पंचवर्षीय योजना कौन–सी है? *– पाँचवीं पंचवर्षीय योजना [RPSC (Pre) 1996]*
- गरीबी हटाओ का आहवान किस पंचवर्षीय योजना में सम्मिलित किया गया था?

– पाँचवीं पंचवर्षीय योजना [MPPSC (Pre) 2015]

- भारत की पंचवर्षीय योजनाओं के सन्दर्भ में, औद्योगिकरण के ढाँचे में परिवर्तन के अन्तर्गत भारी उद्योग का महत्त्व कम करते हुए आधारिक संरचनाओं पर बल देने की शुरुआत किस पंचवर्षीय योजना से की गई? *– छठी पंचवर्षीय योजना [IAS (Pre) 2010]*
- भारत में अनावरत् योजना किस वर्ष में कार्यशील थी?

– वर्ष 1978-79 [UPPSC (Mains) 2007]

- पिछड़े देशों के लिए रोलिंग प्लान का सुझाव किस मॉडल द्वारा दिया गया था? *– गुन्नार मॉडल द्वारा [UPPSC (Mains) 2004]*
- किस पंचवर्षीय योजना में मानव विकास को सभी विकास प्रयासों का सार तत्त्व माना गया? *– आठवीं पंचवर्षीय योजना [IAS (Pre) 1995]*
- ग्यारहवीं पंचवर्षीय योजना का मुख्य उद्देश्य था

– तीव्रता एवं अधिक सम्मिलित वृद्धि [UKPSC (Pre) 2010, 2012]

- बारहवीं पंचवर्षीय योजना का मुख्य उद्देश्य क्या है?

– तीव्रतर, धारणीय एवं अधिक समावेशी विकास [IAS (Pre) 2014, MPPSC (Pre) 2014]

- बारहवीं पंचवर्षीय योजना में ऊर्जा, परिवहन, सामाजिक सेवाएँ और ग्रामीण विकास में से किस मद में सबसे अधिक धनराशि वितरित की गई? *– सामाजिक सेवाओं की मद में [UPPSC (Mains) 2013]*

सेल्फ चैक

1. आदेशात्मक और निर्देशात्मक योजना में आधारभूत अन्तर क्या है?
(a) आदेशात्मक योजना में आर्दष्टा सोपान बाजार तन्त्र का स्थान पूर्ण रूप से ले लेता है, जबकि निर्देशात्मक योजना में उसे बाजार प्रणाली के कार्यकरण को सुधारने का केवल एक साधन माना जाता है
(b) निर्देशात्मक योजना में किसी भी उद्योग के राष्ट्रीयकरण की कोई आवश्यकता नहीं होती
(c) आदेशात्मक योजना में सभी आर्थिक क्रियाकलाप लोक क्षेत्रक के हाथ में होते हैं
(d) निर्देशात्मक योजना में लक्ष्यों की सिद्धि सरलता से होती है

2. विकेन्द्रीकृत नियोजन में योजनाओं के निर्माण तथा क्रियान्वयन में किन का महत्त्वपूर्ण योगदान होता है?
1. केन्द्र सरकार
2. राज्य सरकार
3. स्थानीय सरकार
4. निजी क्षेत्र

कूट
(a) 1 और 2
(b) 2 और 4
(c) 1, 2 और 3
(d) 1, 2, 3 और 4

3. भारत में नियोजन के सन्दर्भ में क्या सत्य है? **JPSC (Pre) 2021**
1. राष्ट्रीय पुनर्निर्माण एवं सामाजिक नियोजन का प्रस्ताव कांग्रेस वर्किंग कमेटी ने अगस्त, 1937 में वर्धा बैठक में स्वीकृत किया।
2. हरिपुरा के अपने अध्यक्षीय भाषण में सुभाषचन्द्र बोस ने 'योजना आयोग' के माध्यम से राष्ट्र राज्य व्यापक नीतियों को स्वीकार करने की घोषणा की।
3. मोदी सरकार ने योजना आयोग का नाम बदलकर 'नीति आयोग' किया।
4. सुभाषचन्द्र बोस ने वर्ष 1938 में जवाहरलाल नेहरू की अध्यक्षता में राष्ट्रीय योजना समिति के निर्माण की घोषणा की थी।

कूट
(a) 1 और 3
(b) 3 और 2
(c) केवल 3
(d) ये सभी

4. निम्नलिखित कथनों में से कौन-सा कथन सत्य नहीं है?
(a) भारतीय योजना आयोग का अध्यक्ष प्रधानमन्त्री होता था
(b) भारत में नियोजन के लिए सर्वोच्च निर्णयन संस्था योजना आयोग थी
(c) नीति आयोग का सचिव राष्ट्रीय विकास परिषद् का सचिव भी होता है
(d) भारत का प्रधानमन्त्री राष्ट्रीय विकास परिषद् की अध्यक्षता करता है

5. नीति आयोग के विषय में निम्नलिखित में से कौन-सा एक कथन सही नहीं है?
(a) इसका गठन योजना आयोग के स्थान पर किया गया
(b) इसमें एक पूर्णकालिक अध्यक्ष होता है
(c) इसका गठन जनवरी, 2015 में किया गया था
(d) यह सहकारी संघवाद के सिद्धान्त पर आधारित है

6. निम्नलिखित में से कौन-सा नीति आयोग (NITI) का उद्देश्य नहीं है?
(a) यह विकास प्रक्रिया के लिए महत्त्वपूर्ण दिशा और कार्य नीतिगत सूचना (इनपुट) उपलब्ध करता है
(b) यह नीति के प्रमुख तत्त्व उपलब्ध करने में 'चिन्तक मण्डल' के रूप में कार्य करता है
(c) यह कार्यक्रमों के कार्यान्वयन पर निगरानी रखता है और उसका मूल्यांकन करता है
(d) यह अन्तर्राज्य विवादों के समाधान के लिए 'समग्र उपाय प्रदाता' (प्रोवाइडर ऑफ फर्स्ट एण्ड लास्ट रिसोर्ट) के रूप में एक मंच प्रदान करता है

7. निम्नलिखित में से राष्ट्रीय विकास परिषद् का भारत में कौन-सा प्रमुख कार्य है? **CGPSC (Pre) 2020**
(a) योजना के क्रियान्वयन हेतु राज्यों के संसाधनों एवं प्रयासों को गतिशील करना
(b) सभी महत्त्वपूर्ण क्षेत्रों में सामान्य नीतियों का विकास करना
(c) देश के सभी क्षेत्रों में सन्तुलित विकास को सुनिश्चित करना
(d) उपरोक्त सभी

8. निम्नलिखित कथनों पर विचार कीजिए **IAS (Pre) 2013**
1. राष्ट्रीय विकास परिषद्, योजना आयोग का एक अंग है।
2. आर्थिक और सामाजिक योजना को भारत के संविधान की समवर्ती सूची में रखा गया है।
3. भारत का संविधान यह विहित करता है कि पंचायतों को आर्थिक विकास एवं सामाजिक न्याय की योजना बनाने का कार्यभार दिया जाना चाहिए।

उपरोक्त कथनों में से कौन-सा/से कथन सही है/हैं?
(a) केवल 1
(b) 2 और 3
(c) 1 और 3
(d) 1, 2 और 3

9. भारत में मध्य अर्द्ध-शतक में अपनाए गए महालनोबिस प्लान मॉडल का उद्देश्य था **BPSC (Pre) 2015**
(a) मजबूत रक्षा उद्योग आधार बनाना
(b) भारी उद्योग की स्थापना करना, जो पूँजी सघन थे
(c) अर्थव्यवस्था में मुद्रास्फीति को रोकना
(d) कम समय के अन्दर बेरोजगारी को हटाना

10. द्वितीय पंचवर्षीय योजना के बारे में निम्नलिखित कथनों पर विचार कीजिए
1. के. एन. राज के नेतृत्व में इसका प्रारूप तैयार किया गया।
2. इसमें प्रस्ताव था कि बिजली, रेलवे, इस्पात, मशीनरी और संचार जैसे उद्योग पब्लिक सेक्टर विकसित किए जाएँ।
3. प्रारूपकारों ने पाया कि उद्योग और कृषि में सन्तुलन बनाना बहुत कठिन है।
4. प्रारूपकारों ने पाया कि उद्योग और कृषि में सन्तुलन बनाना वास्तव में आसान है।

कूट
(a) केवल 1
(b) 1 और 2
(c) 2 और 3
(d) 3 और 4

11. छठी पंचवर्षीय योजना के दौरान निम्नलिखित में से कौन-सा कार्यक्रम शुरू किया गया था? BPSC (Pre) 2019

(a) एकीकृत ग्रामीण विकास
(b) ग्रामीण साक्षरता विकास
(c) ग्रामीण रेलवे
(d) ग्रामीण लोगों के लिए उन्नत संचार लिंक

12. 'चल योजना' के बारे में निम्नलिखित पर विचार करें UPPSC (Mains) 2016, BPSC (Pre) 2011

1. चालू वर्ष के लिए एक योजना, जिसमें वार्षिक बजट शामिल होता है।
2. एक योजना, जो 3, 4 या 5 वर्षों के लिए निर्धारित होती है।
3. वह अर्थव्यवस्था की आवश्यकतानुसार प्रतिवर्ष संशोधित होती है।
4. 10, 15 अथवा 20 वर्षों के लिए एक सापेक्ष योजना।

उपरोक्त कथनों में से कौन-सा/से कथन सही है/हैं?

(a) 1 और 2 (b) 1 और 3
(c) 2 और 3 (d) 1, 2, 3 और 4

13. निम्नलिखित घटनाओं को भारत में उनके घटने के सुसंगत क्रम में व्यवस्थित कीजिए

1. महालनोबिस मॉडल
2. योजना अवकाश
3. आवर्ती योजना

कूट

(a) 1, 2, 3 (b) 3, 2, 1
(c) 2, 3, 1 (d) 1, 3, 2

14. यद्यपि वर्ष 1991 से बाजार अर्थव्यवस्था स्वीकृत कर ली गई है, फिर भी राष्ट्रीय आर्थिक योजना अभी चालू है। इसका मुख्य कारण क्या है?

(a) यह संवैधानिक अपेक्षा है
(b) लोक क्षेत्रक में पहले से लगाई गई भारी मात्रा की पूँजी की देखभाल आवश्यक है
(c) पंचवर्षीय योजनाएँ बाजार समर्थक रीति से अर्थव्यवस्था को दीर्घावधि परिप्रेक्ष्य प्रदान कर सकती हैं
(d) बाजार अर्थव्यवस्था मुख्यत: उद्योग और वाणिज्य तक सीमित है और कृषि में केन्द्रीय योजना आवश्यक है

15. ग्यारहवीं पंचवर्षीय योजना का मुख्य भाव है UKPSC (Pre) 2010, 2012

(a) मानव संसाधन विकास
(b) सामाजिक न्याय एवं समानता के साथ बढ़ोतरी
(c) मानव कल्याण
(d) तीव्रता एवं अधिक सम्मिलित वृद्धि

16. निम्नलिखित में से कौन-सी बारहवीं पंचवर्षीय योजना (2012-2017) की कथित व्यापक दृष्टि तथा आकांक्षाओं की सर्वोत्तम व्याख्या है?

(a) तीव्रतर, धारणीय और अधिक समावेशी संवृद्धि
(b) उद्योगों का आधुनिकीकरण तथा आधारिक संरचना को मजबूत बनाना
(c) कृषि तथा ग्रामीण आय को बढ़ाना
(d) मुद्रास्फीति को रोकना तथा पोषण आवश्यकताओं, स्वास्थ्य एवं परिवार नियोजन जैसे गैर-आर्थिक परिवर्तनों को मजबूत बनाना

17. योजना के शीर्षक में 'वृद्धि' शब्द के साथ कुछ शब्दों/मुहावरों का प्रयोग किया गया था, वे निम्न हैं

1. समावेशी
2. त्वरित
3. अधिक समावेशी
4. संधारणीय
5. अधिक संधारणीय

12वीं पंचवर्षीय योजना (2012-17) के सम्बन्ध में कौन-से संयोजन सत्य हैं?

(a) 1, 2 और 3
(b) 1, 4 और 5
(c) 2, 3 और 4
(d) 1, 2 और 4

18. बारहवीं पंचवर्षीय योजना के सन्दर्भ में कौन-सा बिन्दु सही नहीं है? JPSC (Pre) 2016, 2017

(a) 8% वास्तविक सकल घरेलू उत्पाद विकास दर
(b) 4% कृषि विकास दर
(c) प्रति व्यक्ति उपभोक्ता निर्धनता 10% तक कम करना
(d) उपरोक्त सभी

जानें सही उत्तर

1. (a)	2. (d)	3. (d)	4. (b)	5. (b)	6. (d)	7. (d)	8. (b)	9. (b)	10. (b)
11. (a)	12. (d)	13. (a)	14. (d)	15. (d)	16. (a)	17. (c)	18. (c)		

• अध्याय पाँच

मुद्रा एवं मुद्रास्फीति

"

मुद्रा ने समाज में विभिन्न प्रकार के कार्य करके आर्थिक विकास को सम्भव बनाया है। आर्थिक प्रणाली में मुद्रा का केवल एक मौलिक कार्य है-वस्तुओं तथा सेवाओं के लेन-देन को सरल बनाना। इसमें बैंकों का विशेष योगदान होता है, साथ ही वित्तीय संस्थान समाज में मुद्रा के सह-विभाजन में पूर्ण सहयोग प्रदान करते हैं।

मुद्रा

मुद्रा अर्थव्यवस्था का आधार होती है, जिसके माध्यम से वस्तुएँ एवं सेवाएँ खरीदी एवं बेची जाती हैं। अत: कोई भी वस्तु, जो विनिमय के माध्यम का कार्य करती है, वह मुद्रा कहलाती है अर्थात् मुद्रा वह वस्तु है, जो सभी प्रकार के लेन-देन में भुगतान के माध्यम के रूप में प्रयुक्त होती है। यह एक वैधानिक मान्यता प्राप्त वस्तु होती है, जो भुगतान के माध्यम के रूप में पूर्णतया स्वीकृत होती है।

मुद्रा के कार्य

- मुद्रा भुगतान के माध्यम के रूप में कार्य करके अनावश्यक खर्च, समय तथा श्रम की बचत करती है। हालाँकि इसके कई अन्य कार्य भी हैं।
- अमेरिकी अर्थशास्त्री **फ्रान्सिस ए. वॉकर** के अनुसार, ''मुद्रा वह है, जो मुद्रा का कार्य करे।'' इसके कार्यों का विवरण इस प्रकार है

प्राथमिक कार्य

मुद्रा के प्राथमिक कार्यों (Primary Functions) में मूल्य का मापक तथा विनिमय का माध्यम प्रमुख है, जो इस प्रकार है

- **मूल्य का मापक** मुद्रा वह इकाई होती है, जिसके रूप में सभी वस्तुओं तथा सेवाओं के मूल्य की माप की जाती है, जिसमें प्रत्येक वस्तु तथा सेवा का मूल्य उसकी कीमत कहलाती है। कीमत मौद्रिक इकाई के रूप में व्यक्त की जाती है। इस कारण वस्तु का मूल्य भी मौद्रिक रूप में ही व्यक्त किया जाता है।

> बैंकों से ऋण लेने, ऋण देने तथा ब्याज से मुक्ति के लिए तथा न्यायालय में वैध निविदा (नीलामी) के रूप में भी इसका उपयोग किया जा सकता है।

- **विनिमय का माध्यम** मुद्रा विनिमय या भुगतान के माध्यम का कार्य करती है। इसकी सहायता से किसी वस्तु एवं सेवा का क्रय-विक्रय आसानी से किया जाना सम्भव है। यह विनिमय में लेन-देन के मूल्य तथा माँग की समस्याओं का समाधान (समाप्त) करती है तथा दोनों ओर से विनिमय को सम्भव बनाती है। मुद्रा धारक को सुलभ चयन की स्वतन्त्रता भी प्रदान करती है। मुद्रा आदान-प्रदान में मध्यस्थता की भूमिका निभाकर व्यापार की प्रक्रिया, लेन-देन, विनिमय को अत्यन्त सुगम बनाती है।

द्वितीयक/गौण कार्य

मुद्रा के द्वितीयक कार्यों (Secondary Function) में मूल्य का संचय, स्थगित (विलम्बित) भुगतान का मान तथा मूल्य का हस्तान्तरण प्रमुख हैं, जो निम्नवत् हैं

- **मूल्य का हस्तान्तरण** मुद्रा का प्रयोग एक स्थान से दूसरे स्थान या एक व्यक्ति से दूसरे व्यक्ति को मूल्य के स्थानान्तरण में किया जाता है। मुद्रा के मूल्य संग्रह के कारण वस्तु के स्थानान्तरण की तुलना में मुद्रा का हस्तान्तरण अधिक सरल एवं वहनीय होता है।
- **मूल्य का संचय** मूल्य के संचय (Stock Value) से आशय होता है—धन का संचय। मुद्रा को जब मूल्य की इकाई तथा भुगतान का माध्यम माना जाता है, तो यह आसानी से मूल्य के भण्डार में उपयोगी होती है। इससे धारक के पास क्रय शक्ति का भण्डार हो जाता है, जिससे वह जब चाहे वस्तुएँ एवं सेवाएँ खरीदने में सक्षम होता है। इस प्रकार यह धन संग्रह का सुविधाजनक साधन होती है।

> **मूल्य के संचय** से सभी व्यक्ति अपनी आय, सुरक्षा तथा तरलता सम्बन्धी गणनाओं के आधार पर मूल्य के भण्डार के स्वरूप का चयन करने में सक्षम हो पाते हैं। मुद्रा के अतिरिक्त ऋण-पत्र, जमा-पत्र तथा भूमि और भवन आदि का भी मूल्य के संयन्त्र के रूप में उपयोग किया जा सकता है।

- **स्थगित विलम्बित भुगतान का मान** मुद्रा को भविष्य में होने वाले भुगतानों की इकाई में उपयोग किया जाता है; जैसे—पेंशन, मूलधन तथा ब्याज आदि का भुगतान। मुद्रा का मूल्य तुलनात्मक रूप से स्थिर होता है। अतः इसे ऋण और उधार में भी भुगतान के लिए स्वीकार किया जाता है। इसमें मुद्रा का वहीं पैमाना उपयोगी होता है, जिसका मान स्थिर अथवा अपरिवर्तित होता है। इस प्रकार मुद्रा तब तक मूल्यमान की इकाई बनी रहती है, जब तक इसकी क्रय शक्ति स्थिर होती है। इसके अतिरिक्त मुद्रा, खाते की एक इकाई के रूप में भी कार्य करती है।

आकस्मिक कार्य

मुद्रा के आकस्मिक कार्यों (Contingent Function) में साख का आधार, राष्ट्रीय आय के वितरण का आधार, उपभोक्ता को अधिकतम सन्तुष्टि देने का साधन, पूँजी की गतिशीलता में सहायक तथा पूँजी की तरलता को बनाने में सहायक आदि को शामिल किया जाता है। इसमें साख के आधार का विवरण निम्नवत् है

- **साख का आधार** मुद्रा साख का आधार भी होती है। वर्तमान में साख पत्रों का प्रयोग मुद्रा की तरह ही होता है। इतना ही नहीं मुद्रा के आधार पर ही साख-पत्रों को भी जारी किया जाता है।
- साख-पत्रों के रूप में चैक विनिमय बिल आदि का उपयोग किया जाता है। इसके द्वारा बैंक साख का निर्माण करते हैं।

मुद्रा के प्रकार

मुद्रा के कई प्रकार पाए जाते हैं। इनमें से महत्त्वपूर्ण प्रकारों का विवरण निम्नवत् है

वास्तविक मुद्रा या लेखा मुद्रा

- वास्तविक मुद्रा (Real or Proper or Accounting Money) वह मुद्रा होती है, जो वास्तव में व्यवहार में नोटों एवं सिक्कों के रूप में प्रचलन में पाई जाती है। देश में प्रचलित सभी मुद्राएँ वास्तविक मुद्राएँ होती हैं। इन्हें **यथार्थ** या **साधारण मुद्रा** भी कहते हैं।

> - भारत में प्रचलित ₹ 1 के सिक्के से लेकर ₹ 2000 के कागजी नोट सभी वास्तविक मुद्राएँ हैं। जिस मुद्रा का प्रयोग लेन-देन, कीमत और कर्ज की मात्रा को प्रकट करने में होता है, उसे लेखा मुद्रा कहा जाता है।
> - उदाहरणस्वरूप भारत, पाकिस्तान, नेपाल एवं इण्डोनेशिया की लेखा मुद्रा क्रमशः रुपया तथा अमेरिका, कनाडा एवं ऑस्ट्रेलिया की लेखा मुद्रा डॉलर है।

- वास्तविक मुद्रा को क्रमशः धातु मुद्रा तथा कागजी मुद्रा के रूप में वर्गीकृत किया जाता है।

धातु मुद्रा

जब मुद्रा किसी धातु विशेष से निर्मित होती है, तो वह धातु मुद्रा कहलाती है; जैसे—सोना, चाँदी, निकिल, ताँबा आदि। इस मुद्रा को निम्न रूपों में वर्गीकृत किया गया है

- **मानक मुद्रा** (Standard Money) वह मुद्रा है, जिसका मूल्य वस्तु के रूप में गैर-अमौद्रिक उद्देश्यों के लिए भी उतना ही है, जितना कि मुद्रा के रूप में उसका मूल्य है। इस तरह के सिक्कों का धारक यदि चाहे, तो उन्हें पिघलाकर धातु के रूप में अथवा मुद्रा के रूप में प्रयोग कर सकता है, क्योंकि सिक्कों में धातु का मूल्य उतना ही होता है, जितना उनका मौद्रिक मूल्य है। इसलिए मानक मुद्रा को पूर्ण मूल्य मुद्रा भी कहते हैं। भारत में 1835-1893 ई. के मध्य तक प्रचलित ₹ 1 का सिक्का मानक मुद्रा था।

> **प्रतीक मुद्रा** (Token Money) वह प्रतिनिधि मुद्रा है, जिसका यथार्थ मूल्य उसके अंकित मूल्य से कम होता है। वर्तमान में, भारत में प्रचलित ₹ 1 का सिक्का प्रतीक मुद्रा है। यदि उसे पिघलाया जाए, तो इसकी धातु ₹ 1 में नहीं बिकेगी।

- **सहायक मुद्रा** (Subsidiary Money) इस मुद्रा का कार्य प्रतीक मुद्रा की सहायता करना है। 50 पैसे से ₹ 10 तक के जो सिक्के भारत में चलन में हैं, वे सभी सहायक मुद्रा के हैं। इस तरह के सिक्के वैध मुद्रा होते हैं।

कागजी मुद्रा

कागजी मुद्रा (Paper Money) से तात्पर्य कागज के बने विभिन्न अंकित मूल्य के उन नोटों से है, जिन्हें देश के केन्द्रीय बैंक अथवा सरकार द्वारा जारी किया जाता है। कागजी मुद्रा को निम्न रूपों में वर्गीकृत किया गया है

- **प्रतिनिधि कागज मुद्रा** (Representative Paper Money) इसे प्रतिनिधि पूर्ण मूल्य मुद्रा भी कहते हैं, क्योंकि प्रतिनिधि कागज मुद्रा सरकारी खजाने में रखे स्वर्ण सिक्कों अथवा बुलियन से पूर्णतया समर्थित होती है।
- **परिवर्तनीय कागज मुद्रा** (Convertible Paper Money) यह मुद्रा, जिसे मानक सिक्कों अथवा बुलियन के रूप में शत-प्रतिशत समर्थन प्राप्त नहीं होता, परन्तु कागज मुद्रा का धारक (Holder) उसी माँग पर बुलियन अथवा सिक्कों में बदलवा सकता है, परिवर्तनीय कागज मुद्रा कहलाती है।
- **अपरिवर्तनीय कागज मुद्रा** (Inconvertible Paper Money) जिस कागज मुद्रा को मानक सिक्कों अथवा बुलियन का कोई समर्थन प्राप्त नहीं होता और जिससे उनमें बदलाव भी नहीं किया जा सकता, उसे अपरिवर्तनीय कागज मुद्रा कहते हैं।
- **आदेश या अधिदिष्ट मुद्रा** (Fiat Money) जो कागज मुद्रा सरकार के आदेश पर प्रचलित होती है, उसे आदेश मुद्रा कहते हैं। यह वैध मुद्रा होती है। भारत सरकार वित्त मन्त्रालय द्वारा जारी प्रतीक सिक्के आदेश मुद्रा हैं।

स्वीकार्य मुद्रा

वह मुद्रा, जो आम जनता में आसानी से स्वीकार्य हो, उसे प्रचलित मुद्रा या स्वीकार्य मुद्रा (Acceptable Money) कहा जाता है।

स्वीकार्य मुद्रा को निम्न रूपों में वर्गीकृत किया गया है

- **वैध मुद्रा** (Legal Tender Money) वह मुद्रा है, जिसे सरकार तथा जनता दोनों ही भुगतान और ऋण चुकाने के साधन के रूप में स्वीकार करते हैं। यह मुद्रा सरकारी आज्ञा पर चलन में आती है।

> सरकार एवं केन्द्रीय बैंक (भारतीय रिजर्व बैंक) द्वारा जारी किए गए सभी नोट एवं सिक्के वैधानिक मुद्रा (Legal or Statury Legal Money) होते हैं। इनके भुगतान में स्वीकार करने की कानूनी बाध्यता होती है। इसे अनिवार्य वैध मुद्रा भी कहा जाता है।

- वैध मुद्रा को सीमित तथा असीमित वैध मुद्रा में विभक्त किया जाता है, जोकि निम्न प्रकार हैं
  - **सीमित वैध मुद्रा** (Limited Legal Tender Money) यह वह मुद्रा है, जिसमें कानूनी रूप से एक निश्चित सीमा तक ही भुगतान किया जा सकता है। भारत में 50 पैसे के सिक्के से लेकर ₹ 20 तक के सिक्के सीमित वैध मुद्रा हैं।
  - **असीमित वैध मुद्रा** (Unlimited Legal Tender Money), असीमित वैध तब होती है, जब असीमित मात्रा में कानूनी रूप से इसमें भुगतान किया जाता है। भारत में, सभी कागज के नोट और 50 पैसे, ₹ 1, ₹ 2, ₹ 5 के सिक्के असीमित वैध मुद्रा हैं।

अवैध मुद्रा

- जिस मुद्रा को सरकार अथवा केन्द्रीय बैंक की कानूनी मंजूरी प्राप्त नहीं होती, उसे अवैध मुद्रा कहते (Non-legal Tender Money) हैं।
- **रॉबर्टसन** ने इसे वैकल्पिक मुद्रा (Optional Money) की संज्ञा दी है। चैकों, हुण्डियों और प्रतिज्ञा-पत्रों (प्रोनोटों) आदि के रूप में प्रचलित मुद्रा अवैध मुद्रा है।

> वैकल्पिक मुद्रा के अन्य रूप भी हैं; जैसे—सावधि जमा, बॉण्ड, प्रतिभूतियाँ, डिबेन्चर, विनिमय-पत्र, खजाना-पत्र, पोस्ट ऑफिस सर्टिफिकेट, इन्श्योरेन्स पॉलिसी आदि।

ऐच्छिक मुद्रा

यह वह मुद्रा होती है, जिसे भुगतान के रूप में स्वीकार करना अथवा न करना पूर्णत: भुगतान प्राप्तकर्ता की इच्छा पर निर्भर करता है। इसे स्वीकारने की वैधानिक बाध्यता नहीं होती है।

बैंकिंग मुद्रा

- यह वह मुद्रा है, जिसका निर्गमन बैंकों द्वारा किया जाता है। इसका विवरण निम्न प्रकार है
  - **चैक** (Cheque) यह चैक द्वारा खाता धारक को दिया जाने वाला भुगतान का वचन-पत्र होता है, जिससे ग्राहक किसी अन्य व्यक्ति को अपने खाते से प्रत्यक्ष नकद ना देकर भुगतान करने में सक्षम होता है। चैक पर प्राप्तकर्ता का नाम, खाता संख्या, भुगतान राशि, जारी करने की तिथि तथा जारीकर्ता के हस्ताक्षर तथा भुगतान राशि लिखी होती है, जिसे प्राप्तकर्ता बैंक खाते में जमाकर भुगतान प्राप्त कर लेता है।
  - **डिमाण्ड ड्राफ्ट** यह पूर्व भुगतान का एक उपकरण होता है। इसे बैंक निश्चित राशि और शुल्क लेने के पश्चात् जारी करता है। यह किसी व्यक्ति अथवा संस्था के नाम जारी किया जाता है, जो विशेष शाखा में ही भुनाया जाता है। ड्राफ्ट को बैंकर जारी करता है। इसे बनाने हेतु बैंक पहले ही पैसा ले लेता है, जिसमें बाउन्स होने का खतरा नहीं होता है।
  - **बैंकर्स चैक** (Bankers Cheque) इसे पे ऑर्डर (Payorder) भी कहते हैं। इसे भी बैंक जारी करता है। यह उसी शाखा में भुनाया (Clearly) जाता है, जहाँ से जारी किया जाता है। इसका प्रयोग सामान्यत: एक ही शहर में होने वाले लेन-देन के लिए किया जाता है।
  - **यात्री चैक** (Travellers Cheque) यह किसी बैंक द्वारा जारी किया गया ऐसा चैक होता है, जिसे जारी करते समय चेक के मुख्य पृष्ठ पर आवेदक के हस्ताक्षर होते हैं। इसका भुगतान सम्पूर्ण देश में सम्बन्धित बैंक की किसी भी शाखा से प्राप्त किया जा सकता है। बैंक द्वारा अधिकृत प्रमुख वाणिज्यिक संस्थान यात्री चैक नकद मुद्रा की तरह स्वीकार करते हैं। इस प्रकार के चैक यात्रियों के लिए बहुत उपयोगी होते हैं। इस चैक के खो जाने पर आवश्यक शर्तें पूर्ण करके प्रतिरूप चैक प्राप्त किया जा सकता है।

- पोस्टल ऑर्डर (Postal order) यह डाक के माध्यम से धन भेजने के लिए एक वित्तीय साधन होता है। इसे पोस्ट ऑफिस से खरीदा जा सकता है। यह कानूनी निविदा नहीं होता है, किन्तु चैक की तरह वचन-पत्र का एक प्रकार है। भारतीय डाक विभाग द्वारा 13 नवम्बर, 1995 को जारी राज-पत्र के अनुसार, पोस्टल ऑर्डर की वैधता जारी होने वाले महीने के अन्तिम दिन से 24 माह तक मानी जाती है।
- साख मुद्रा यह वह मुद्रा है, जिसका भुगतान चेकों के माध्यम से होता है। इसका विवरण इस प्रकार है
  - वचन-पत्र (Promissory Note) यह एक लिखित विलेख होता है, जिसमें बैंक नोट या करेन्सी नोट शामिल नहीं होता है, जिस पर हस्ताक्षर किया जाता है। इसमें किसी निश्चित व्यक्ति अथवा उनके आदेशानुसार या विलेख के वाहक को एक निश्चित राशि का भुगतान करने का वचन दिया जाता है। उदाहरणस्वरूप बैंक चैक।
  - विनिमय विपत्र (Bill of Exchange) यह एक लिखित आदेश होता है, जिस पर जारीकर्ता का हस्ताक्षर होता है। इसमें निश्चित व्यक्ति अथवा विलेख वाहक एक निश्चित धन राशि का भुगतान करते हैं।

हुण्डी (Hundi) यह विनिमय-पत्र का भारतीय रूप है, जिसे भारतीय भाषा में लिखा जाता है। यह एक लिखित विपत्र होता है, जिस पर जारीकर्ता के हस्ताक्षर होते हैं। इसमें किसी व्यक्ति को बिना शर्त आदेश दिया जाता है कि विपत्र के धारक को या उसमें अंकित व्यक्ति को अंकित धनराशि का भुगतान करें।

मुद्रा के अन्य रूप

मुद्रा के अन्य रूप निम्नलिखित हैं

- प्लास्टिक मुद्रा (Plastic Money) बैंकों, वित्तीय संस्थानों तथा अन्य कम्पनियों द्वारा जारी किए गए डेबिट एवं क्रेडिट कार्ड को प्लास्टिक मनी कहा जाता है। डेबिट कार्ड के द्वारा बैंक खाते से खरीददारी एवं निकासी की सुविधा होती है, जबकि क्रेडिट कार्ड से बैंक खाते में धनराशि ना होने पर कुछ निकासी या खरीददारी की जा सकती है।
- नजदीकी मुद्रा (Near Money) यह मुद्रा उस सम्पत्ति के रूप में होती है, जिसे शीघ्र तथा आसानी से मुद्रा में परिवर्तित किया जा सकता है, इसे नजदीकी मुद्रा या समीपस्थ मुद्रा कहते हैं; जैसे—सोना एवं चाँदी।
- न्यास मुद्रा (Fiduciary Money) यह मुद्रा विनिमय के माध्यम के रूप में स्वीकार की जाती है। यह मुद्रा प्राय: प्राप्तकर्ता तथा जारीकर्ता के बीच परस्पर विश्वास पर आधारित होती है। चैक, न्यास मुद्रा का प्रमुख उदाहरण है।
- सस्ती मुद्रा (Cheap Money) जब सरकार द्वारा अपने बॉण्ड को उनकी परिपक्वता की अवधि के पहले ही खरीद लिया जाता है, तो इस प्रक्रिया से अर्थव्यवस्था में जिस धन का प्रवाह होता है, उसे सस्ती मुद्रा कहा जाता है।
- महँगी मुद्रा (Expensive Money) सरकार द्वारा बॉण्ड जारी करने के दौरान जिस मुद्रा का प्रवाह सरकार के कोष में होता है, उसे महँगी मुद्रा कहा जाता है। यह सरकार की धन की कमी को दर्शाती है।

गर्म मुद्रा (Hot Money) गर्म मुद्रा या हॉट मनी उस मुद्रा को कहा जाता है, जिसमें वित्तीय बाजार में शीघ्र पलायन कर जाने की प्रवृत्ति पाई जाती है। उदाहरणस्वरूप शेयर बाजार में लगी विदेशी मुद्राएँ। इस मुद्रा के अन्तर्गत निवेशक अल्पकालीन लाभ को ध्यान में रखते हुए वित्तीय परिसम्पत्तियों एवं प्रतिभूतियों (Securities) में निवेश कराते हैं।

- दुर्लभ मुद्रा (Hard Money) वह मुद्रा, जिसकी अन्तर्राष्ट्रीय बाजार में आपूर्ति की तुलना में माँग अधिक होती है, उसे दुर्लभ मुद्रा कहते है; जैसे—अमेरिकी डॉलर, ब्रिटिश पॉण्ड, यूरोपीय संघ के यूरो आदि।
- सन्निकट मुद्रा (Adjacent Money) इसका अभिप्राय ऐसी तरल परिसम्पत्तियों से है, जिनमें तरलता के गुण होने के बाद भी उन्हें स्पष्ट रूप से मुद्रा के रूप में प्रयुक्त नहीं किया जाता है। बॉण्ड, सरकारी प्रतिभूतियाँ, ऋण-पत्र, कम्पनी के शेयर आदि सन्निकट मुद्रा के उदाहरण हैं। इनमें अपूर्ण तरलता होती है तथा इनके माध्यम से ब्याज का अर्जन होता है।

डिजिटल मुद्रा

- डिजिटल मुद्रा, केवल इलेक्ट्रॉनिक रूप से अस्तित्व में होती है। इससे किसी भी प्रकार का धन का भुगतान सम्भव होता है। इसमें बिल चैक या सिक्कों जैसे मूर्त रूपों का अभाव होता है। उदाहरणस्वरूप क्रिप्टो करेन्सी एक डिजिटल या आभासी मुद्रा होती है।
- बजट, 2022-23 में वित्त मन्त्री ने वर्चुअल डिजिटल सम्पत्ति से होने वाली आय पर 30% का कर लगाया है। इसके साथ ही एक मौद्रिक सीमा से ऊपर इसके हस्तान्तरण के सम्बन्ध में किए गए भुगतान पर 1% TDS का भी प्रस्ताव किया है।
- डिजिटल/क्रिप्टो मुद्राएँ विनियमित नहीं हैं, हालाँकि भारत में अभी तक इन्हें अवैध भी घोषित नहीं किया गया है।

भारतीय रिजर्व बैंक ने अपने डिजिटल रुपए को पायलट प्रॉजेक्ट के रूप में 1 दिसम्बर, 2022 को सफलतापूर्वक लॉन्च कर दिया। यह चरणबद्ध तरीके से शुरू किया जाना है। इसके पहले चरण में दिल्ली, मुम्बई, बंगलुरु तथा भुवनेश्वर में जारी किया गया है।

- इसे खुदरा डिजिटल रुपया के रूप में लॉन्च किया गया, जिसे केन्द्रीय बैंक डिजिटल मुद्रा भी कहा जाता है। इस रुपए (ई. रुपया) को भारतीय रिजर्व बैंक डिजिटल संस्करण के रूप में परिभाषित, सम्प्रभु व स्वतन्त्र मुद्रा माना है। यह क्रिप्टोकरेन्सी से भिन्न है। इस रुपए को खुदरा एवं थोक में सीमांकित किया गया है।

क्रिप्टोकरेन्सी

- यह एक प्रकार की डिजिटल मुद्रा या आभासी मुद्रा होती है, जो क्रिप्टोग्राफी द्वारा सुरक्षित होती है। यह ब्लॉकचेन तकनीकी पर आधारित विकेन्द्रीकृत नेटवर्क के माध्यम से अस्तित्व में होती है।
- यह जालसाजी या दोहरे व्यय (Double Spend) को लगभग असम्भव बनाती है। डिजिटल मुद्रा के रूप में सबसे सफल और व्यापक उपयोग किया जाने वाला रूप बिटकॉइन क्रिप्टोकरेन्सी (Cryptocurrency) है, जिसे वर्ष 2008-09 में सातोशी नाकामोतो नामक एक सॉफ्टवेयर डेवलपर ने प्रचलित किया था।
- वर्तमान में सोशल मीडिया कम्पनी फेसबुक द्वारा घोषित लिब्रा (Libra) के अतिरिक्त इथेरियम (Ethereum), रेड कॉइन (Red Coin), सिया कॉइन (Sia Coin), सिसकॉइन (Syscoin), वाइस कॉइन (Vice Coin), कैश (Cash), मोनेरो (Monero) आदि के अतिरिक्त क्रिप्टोकरेन्सी विश्व में प्रचलन में हैं।

मुद्रा की तरलता

- मुद्रा की तरलता (Liquidity of Currency) से आशय मुद्रा की किसी वस्तु में परिवर्तनीयता से है अर्थात् मुद्रा में किया गया भुगतान बिना किसी क्षति के वस्तु या सेवा में परिवर्तित हो जाता है।
- दूसरे शब्दों में, मुद्रा वह माध्यम है, जो बिना किसी मूल्य ह्रास के किसी भी वस्तु का स्वरूप धारण कर सकती है।
- सम्पत्ति के बदले शीघ्रता से नकद में बदलने की प्रवृत्ति ही मुद्रा की तरलता होती है। अमेरिकी डॉलर की परिवर्तनीयता विश्व में सबसे अधिक पाई जाती है।

मुद्रा की माँग

- मुद्रा विनिमय के माध्यम का कार्य करती है, जिससे अप्रत्यक्ष रूप से मनुष्य की विभिन्न आवश्यकताओं की पूर्ति होती है। मुद्रा में क्रय शक्ति के गुण होते हैं। इसलिए मुद्रा की माँग वस्तुओं एवं सेवाओं को खरीदने के लिए की जाती है।
- किसी भी देश में मुद्रा की माँग उस देश में विनिमय के लिए उपलब्ध वस्तुओं तथा सेवाओं की कुल मात्रा पर निर्भर करती है।

मुद्रा की पूर्ति

- मुद्रा की पूर्ति एक स्टॉक अवधारणा है। इससे अभिप्राय एक निश्चित समय पर देश के लोगों के पास कुल मुद्रा (सभी प्रकार की) के स्टॉक से है।
- दूसरे शब्दों में मुद्रा की पूर्ति का अर्थ–जनता के पास अथवा मुद्रा की माँग करने वालों के पास मुद्रा का स्टॉक है।
- किसी देश में निश्चित समय पर सभी प्रकार की मुद्राओं के कुल योग को मुद्रा की आपूर्ति कहा जाता है। इसका आकलन कर मुद्रा की आपूर्ति की काल शृंखला की रचना करना सम्भव होता है।
- सामान्य अर्थ में मुद्रा की पूर्ति (Supply of Money) से आशय मुद्रा के उस आकार से है, जो देश के लोगों के पास होता है। इसमें सरकार या बैंकों के पास जो मुद्रा होती है, उसको शामिल नहीं करते, लेकिन मुद्रा की वास्तविक पूर्ति ज्ञात करने के लिए चैडलर द्वारा प्रतिपादित तुलना-पत्र दृष्टिकोण का प्रयोग किया जाता है। इसके अनुसार, मुद्रा की पूर्ति (S) = मुद्रा दायित्व।
- मुद्रा की पूर्ति पर विचार करने के लिए भारतीय रिजर्व बैंक ने वर्ष 1961 में प्रथम कार्यकारी समूह का गठन किया, जिसने अपनी रिपोर्ट वर्ष 1964 में दी।
- भारतीय रिजर्व बैंक (आरबीआई) के द्वारा दूसरे कार्यकारी समूह का गठन वर्ष 1977 में किया गया। इसने अपनी रिपोर्ट वर्ष 1977 में ही प्रस्तुत की, जिसने मुद्रा पूर्ति के सम्बन्ध में चार दृष्टिकोण प्रस्तुत किए, जिसे रिजर्व बैंक ने स्वीकार किया। इन्होंने तरलता के माप के आधार पर मुद्रा को चार वर्गों में बाँटा, जिसका विवरण निम्न है
  - M_0 = पैसा जो चलन में है + बैंकों की आरबीआई के पास जमाएँ + आरबीआई के साथ अन्य जमा।
  - M_1 = जनता के पास मुद्रा (करेन्सी नोट तथा सिक्के) + बैंकों की माँग जमाएँ (चालू और बचत खातों पर) + रिजर्व बैंक के पास अन्य जमाएँ।
  - $M_2 = M_1$ + डाकघरों की बचत व बैंक जमाएँ।
  - $M_3 = M_1$ + व्यापारिक बैंकों की निवल सावधि जमाएँ। (M_3) = जनता के पास चलन + बैंकों की चालू एवं बचत जमाएँ + बैंकों की सावधि जमाएँ + रिजर्व बैंक के पास अन्य जमाएँ।
  - $M_4 = M_3$ + डाकघर की कुल जमा राशि (NSC छोड़कर)

> वर्ष 1992 के बाद वित्तीय क्षेत्र के परिवर्तनों तथा मौद्रिक समुच्चयों पर पड़ने वाले प्रभावों की व्याख्या के लिए वाई. वी. रेड्डी की अध्यक्षता में वर्ष 1997 में एक कमेटी का गठन किया गया, जिन्होंने अपनी रिपोर्ट को 24 जून, 1998 को प्रस्तुत किया।

- डॉ. वाई. वी. रेड्डी भारतीय रिजर्व बैंक के तत्कालीन डिप्टी गवर्नर (अब आरबीआई के पूर्व गवर्नर) की अध्यक्षता में रिजर्व बैंक के एक कार्य दल ने चार नए मौद्रिक उपाय (M_1, M_2, M_3 और M_4) सुझाए हैं।
- रिपोर्ट में मौद्रिक समुच्चयों को पुन: परिभाषित करने, तरलता के समुच्चयों के माप के सम्बन्ध में सुझाव दिए गए।
- रिपोर्ट में यह बताया गया कि M_0 का संकलन साप्ताहिक आधार पर, M_1, M_2 तथा M_3 का संकलन अर्द्धमासिक आधार पर, L_1, L_2 का संकलन मासिक आधार पर, तथा L_3 का संकलन त्रैमासिक आधार पर किया जाए। यद्यपि M_0, M_1, M_2, M_3 और M_4 वर्ष 1977 के बाद से अभी तक चल रहा है।

- उपरोक्त चारों संघटकों में M_1 सबसे अधिक तरलता को प्रदर्शित करता है। इसे **संकीर्ण मुद्रा** (Narrow Money) कहते हैं तथा यह तरलता क्रमश: घटती जाती है, जबकि अन्तिम संघटक M_4 में सबसे कम तरलता पाई जाती है।
- दूसरे शब्दों में, जब हम M_1 से M_4 की ओर स्थानान्तरित होते हैं, वस्तुत: मुद्रा के विनिमय के माध्यम के रूप से उसके मूल्य संचय की ओर बढ़ते जाते हैं। तरलता की दृष्टि से ये चारों इस प्रकार दिखाई देंगे

$$M_1 > M_2 > M_3 > M_4$$

चारों मापक को निम्न प्रकार और तरलता से ऐसे समझा जा सकता है

मापक	प्रकार	तरलता
M_1	संकीर्ण मुद्रा	सबसे ज्यादा
M_2	संकीर्ण मुद्रा	M_1 से कम
M_3	व्यापक मुद्रा	M_2 से कम
M_4	व्यापक मुद्रा	सबसे कम

- बैंकों के लिए M_3 सर्वाधिक उपयोगी मुद्रा होती है, इसे **विस्तृत मुद्रा** (Broad Money) भी कहते हैं, क्योंकि बैंकों द्वारा इसका दीर्घकालिक उपयोग किया जाता है।
- उपरोक्त माप के साथ ही रिजर्व बैंक ने तरलता मिश्रण की नई अवधारणा को अलग से मौद्रिक समीकरणों के नए तरीकों में परिभाषित किया है।
- तरलता मिश्रणों की गणना निम्न प्रकार की जाती है
  - L_1 = नई M_3 + डाकघर बचत बैंक के पास सभी जमाएँ (राष्ट्रीय बचत-पत्र को छोड़कर)।
  - $L_2 = L_1$ + सावधि वित्तीय एवं पुनर्वित्त संस्थाओं के पास सावधि जमाएँ।
  - $L_3 = L_2$ + गैर-बैंकिंग वित्त कम्पनियों (NBFCs) के पास जनता की जमाएँ।

भारतीय रुपए का प्रतीक चिह्न (₹)

- भारतीय रुपया विश्व की 5वीं ऐसी मुद्रा है, जिसका अपना प्रतीक चिह्न है। भारतीय रुपए के प्रतीक चिह्न को वर्ष 2010 में स्वीकार किया गया था। भारतीय रुपए का प्रतीक चिह्न (₹) IIT मुम्बई के छात्र डी. उदयकुमार ने डिजाइन किया है।
- यह प्रतीक चिह्न देवनागरी के 'र' तथा रोमन लिपि के *R* से बना है।
- भारत रुपए की चिह्न ₹ होने से, भारतीय रुपए की पहचान पाकिस्तान, इण्डोनेशिया, नेपाल, बांग्लादेश व श्रीलंका के रुपए से भिन्न हो गई है।

विमुद्रीकरण

- पुराने नोट बन्द करने और नए नोट जारी करने की प्रक्रिया कोई नई प्रक्रिया नहीं है। अर्थशास्त्र में इसे **विमुद्रीकरण सिद्धान्त** (Demonetisation Principle) कहा जाता है। यह अत्यन्त गोपनीय प्रक्रिया होती है।
- जब काला धन बढ़ जाता है और अर्थव्यवस्था के लिए खतरा बन जाता है, तो इसे दूर करने के लिए इस विधि का प्रयोग किया जाता है।
- विमुद्रीकरण के उद्देश्य निम्नलिखित हैं
  - काले धन को समाप्त करना।
  - जाली (नकली) नोटों के कारोबार पर रोक लगाना या समाप्त करना।
  - आतंकी संगठनों के द्वारा नकली नोटों से किए गए कार्य पर रोक लगाना तथा उनकी गतिविधियों पर अंकुश लगाना।
  - कर चोरी को रोकना आदि।

भारत में विमुद्रीकरण का इतिहास

- प्रधानमन्त्री नरेन्द्र मोदी द्वारा ₹ 500 और ₹ 1000 के नोटों को 9 नवम्बर, 2016 से बन्द करने का निर्णय भारत में पहली बार नहीं लिया गया है। इससे पहले स्वतन्त्रता पूर्व वर्ष 1946 में भारतीय रिजर्व बैंक द्वारा ₹ 1,000 और ₹ 10,000 के नोटों को बन्द किया गया था।
- इसका उद्देश्य देश में प्रचलित नोटों की संख्या का पता लगाना एवं काले धन पर लगाम लगाना था। वर्ष 1954 में ₹ 5,000 का नोट जारी किया गया, जिसे वर्ष 1978 में बन्द कर दिया गया।

मुद्रास्फीति

- मूल्य स्तरों में होने वाली सतत् वृद्धि को ही मुद्रास्फीति (Inflation) कहा जाता है।
- मुद्रास्फीति का शाब्दिक अर्थ-मुद्रा के मूल्य में कमी होता है अर्थात् मुद्रा की क्रय शक्ति में कमी आने को ही मुद्रास्फीति कहा जाता है। अंग्रेजी भाषा में Inflation शब्द का अर्थ-फैलाव या वृद्धि होता है।
- मुद्रास्फीति के उत्पन्न होने के दो कारण होते हैं—**पहला** मुद्रा के प्रसार में वृद्धि तथा **दूसरा** वस्तु के उत्पादन में कमी। माँग बढ़ने पर मूल्य में होने वाली वृद्धि दर को **माँग जनित मुद्रास्फीति** कहते हैं। वहीं दूसरी ओर यदि लोगों की आय स्थिर रहे, लेकिन वस्तु का उत्पादन कम हो जाए, जिससे अन्य विनिर्मित वस्तुओं की लागत बढ़ जाती है और अन्तत: वस्तु के मूल्य में वृद्धि हो जाती है। इसे **लागत जन्य मुद्रास्फीति** कहा जाता है।

मुद्रास्फीति सम्बन्धी अन्य अवधारणाएँ

मुद्रास्फीति सम्बन्धी अन्य अवधारणाएँ निम्नलिखित हैं

- **मुद्रा अवस्फीति** (Disinflation) यह मुद्रास्फीति पर नियन्त्रण लगाने की अवस्था होती है। इसमें कीमतों को सामान्य स्तर पर लाने का प्रयास किया जाता है।

> यह सरकार के मौद्रिक एवं राजकोषीय उपायों का एक भाग होती है। जब किसी देश में मुद्रास्फीति की मात्रा अत्यधिक हो जाती है और कीमतें बहुत ऊँची हो जाती हैं, तब उन बढ़ी कीमतों को नीचे लाने के लिए सरकार मुद्रा अवस्फीति की नीति को अपनाती है।

- **मुद्रा प्रत्यवस्फीति** (Reflation) मुद्रा प्रत्यवस्फीति एक प्रकार से नियन्त्रित मुद्रास्फीति होती है। जब कभी मुद्रा अवस्फीति की मात्रा इतनी अधिक हो जाती है कि वस्तुओं की कीमतें बहुत नीचे गिर जाती हैं, तो सरकार कीमतों को फिर से पटरी पर लाने के लिए मुद्रा का अधिक मात्रा में निर्गमन करने लगती है, जिसे मुद्रा प्रत्यवस्फीति की अवस्था कहते हैं। इसके अन्तर्गत सरकार करों में कटौती, ब्याज दरों में कमी आदि करके अर्थव्यवस्था में मुद्रा की आपूर्ति को बढ़ाती है।
- **स्टैगफ्लेशन** (Stagflation) स्टैगफ्लेशन शब्द का निर्माण **स्टैगनेशन** व **इन्फ्लेशन** दो शब्दों को मिलाकर हुआ है। स्टैगफ्लेशन उस स्थिति को इंगित करता है, जब मुद्रास्फीति की दर व बेरोजगारी दोनों ही उच्च अवस्था में पहुँच जाती हैं। ऐसी स्थिति में मुद्रास्फीति के साथ आर्थिक अस्थिरता की स्थिति उत्पन्न हो जाती है। यह एक देश के लिए आर्थिक रूप से एक कठिन स्थिति होती है, क्योंकि इस समय मुद्रास्फीति और आर्थिक अस्थिरता, दोनों समस्याएँ एकसाथ उत्पन्न होती हैं। कोई भी व्यापक नीति एक ही समय में इन समस्याओं पर एकसाथ ध्यान केन्द्रित नहीं कर सकती।
- **स्क्यूफ्लेशन** (Skewflation) जब अर्थव्यवस्था में एक मुद्रास्फीति तथा मुद्रा संकुचन की स्थिति उत्पन्न हो जाती है, तो ऐसी स्थिति को स्क्यूफ्लेशन कहा जाता है। इस स्थिति में कुछ क्षेत्रों में ऊँची मुद्रास्फीति की दर तथा कीमतों में भारी वृद्धि देखी जाती है। इसके अतिरिक्त दूसरे क्षेत्रों में मुद्रा संकुचन या कीमत स्तर में गिरावट या स्थिर कीमत स्तर की स्थिति को देखा जाता है।

> **मुद्रा का अवमूल्यन** (Devaluation) मुद्रा के अवमूल्यन से अभिप्राय मुद्रा के बाह्य मूल्य में कमी से होता है। जब सरकार मुद्रा का बाहरी मूल्य कम कर देती है, तब देश की एक मुद्रा इकाई के बदले में कम विदेशी मुद्रा प्राप्त होने लगती है। मुद्रा के अवमूल्यन से मुद्रा के आन्तरिक मूल्य पर कोई विशेष प्रभाव नहीं पड़ता।

- **मुद्रा युद्ध** (Currency War) इस को मुद्रा का प्रतिस्पर्द्धी अवमूल्यन भी कहा जाता है। यह अन्तर्राष्ट्रीय सम्बन्धों की वह अवस्था है, जिसमें देश अपनी मुद्रा के लिए एक अपेक्षाकृत कम विनिमय दर प्राप्त करने के लिए परस्पर प्रतिस्पर्द्धा करते हैं। जब किसी देश की मुद्रा का अवमूल्यन होता है, तब उस देश में आयात करना महँगा हो जाता है और उस देश से निर्यात करना सस्ता हो जाता है।
- **आर्थिक मन्दी** (Recession) एक निरन्तर अवधि के दौरान सामान्य आर्थिक गतिविधि में कमी आने या व्यापार चक्र में संकुचन को अर्थशास्त्र में व्यापारिक मन्दी कहा जाता है। मन्दी के दौरान कई व्यापक-आर्थिक संकेतक समान रूप से परिवर्तित होते हैं। सकल घरेलू उत्पाद (GDP) द्वारा मापा जाने वाला उत्पादन, रोजगार, निवेश, क्षमता उपयोग, घरेलू आय और व्यावसायिक लाभ, इन सभी में मन्दी के दौरान घटोतरी होती है।
- सरकारें सामान्यत: मन्दी का सामना विस्तारी व्यापक आर्थिक नीतियों को अपनाकर करती हैं; जैसे—धन आपूर्ति में वृद्धि, सरकारी खर्च में बढ़ोतरी और कर में घटोतरी। एक मन्दी के कई लक्षण हैं, जो एक ही समय पर प्रकट हो सकते हैं; जैसे—रोजगार, निवेश और कारोबारी मुनाफे (लाभ) में एक ही समय में कमी।
- एक गम्भीर (सकल घरेलू उत्पाद में 10% की घटोतरी) या लम्बे समय तक (तीन या चार वर्ष) चलने वाली मन्दी को **आर्थिक विषाद** (डिप्रेशन) कहा जाता है।

मुद्रास्फीति के प्रकार

मुद्रास्फीति के प्रकार निम्नलिखित हैं

- **रेंगती या नम्र स्फीति** (Creeping or Moderate Inflation) जब स्फीति की वार्षिक दर एक अंक में हो, तो इसे नम्र या रेंगती स्फीति कहते हैं। इस स्फीति की सबसे प्रमुख विशेषता यह होती है कि इसका पूर्वाभास किया जा सकता है, तद्नुसार नीति निर्धारित की जा सकती है।

> **नम्र स्फीति** को वांछित माना जाता है, क्योंकि इससे आर्थिक क्रियाएँ प्रेरित होती हैं। यह मुद्रास्फीति का अत्यन्त मन्द रूप होता है। इस मुद्रास्फीति की दर 3% या उससे कम होती है। ऐसी स्थिति सामान्यत: विकसित देशों में पाई जाती है।

- **चलती हुई स्फीति** (Walking or Troting Inflation) जब कीमतें साधारण रूप से बढ़ती हैं एवं वार्षिक स्फीति दर एक अंक की होती है। दूसरे शब्दों में, यह कहा जा सकता है कि जब कीमतों में वृद्धि की दर 3% से 6% प्रतिवर्ष के बीच अथवा 10% से कम हो, तो वह चलती हुई स्फीति कहलाती है। यह मुद्रास्फीति भारत जैसे विकासशील देशों के लिए अच्छी, किन्तु दीर्घ अवधि के लिए यह खतरे के संकेतक के रूप में होती है।
- **दौड़ती हुई स्फीति** (Running Inflation) जब कीमतें तीव्रता से 10%-20% प्रतिवर्ष की दर से बढ़ती हैं, तो उसे दौड़ती हुई स्फीति कहते हैं। ऐसी स्फीति गरीब एवं मध्यम वर्गों पर बुरा प्रभाव डालती है। इसके नियन्त्रण के लिए शक्तिशाली मौद्रिक एवं फिस्कल उपाय अपनाने की आवश्यकता होती है, अन्यथा यह अतिस्फीति की ओर ले जाती है।

- **कूदती या गैलोपिंग स्फीति** (Galloping Inflation) सेमुल्सन यह मत व्यक्त करते हैं कि यदि स्फीति की वार्षिक दर दो अंकीय या तीन अंकीय हो; जैसे—20%, 100%, 200%, तो इसे गैलोपिंग स्फीति कहते हैं। गैलोपिंग स्फीति में स्फीति की वार्षिक दर अत्यन्त ऊँची होती है।
- **अतिस्फीति या हाइपर स्फीति** (Hyper Inflation) जब स्फीति की दर तीन अंकों से भी बहुत अधिक हो जाए, तो उसे अतिस्फीति कहते हैं।

> हाइपर स्फीति की सर्वप्रथम चर्चा केगन ने की। हाइपर स्फीति की स्थिति में पत्र-मुद्रा बिल्कुल बेकार हो जाती है। मुद्रा से लोगों का विश्वास समाप्त हो जाता है।

- **आयातित मुद्रास्फीति** (Importad Inflation) पेट्रोलियम पदार्थों की कीमतों में वृद्धि के कारण भारत में उत्पन्न मुद्रास्फीति को आयातित मुद्रास्फीति कहते हैं। इस प्रकार की मुद्रास्फीति की उत्पत्ति विदेशों से आयात किए गए कच्चे उत्पाद की कीमतों में वृद्धि के कारण होती है।
- **छिपी हुई मुद्रास्फीति** (Hidden Inflation) जब किसी उत्पाद की कीमत में कमी के पश्चात् भी उस उत्पाद की गुणवत्ता या मात्रा में कमी आती है, तो उसे छिपी हुई मुद्रास्फीति कहते हैं अर्थात् पूर्व कीमत पर कम वजन, आकार तथा खराब गुणवत्ता वाले उत्पाद को बेचना इसका प्रमुख उदाहरण है।
- **संरचनात्मक मुद्रास्फीति** (Struactural Inflation) जब मौद्रिक नीति के अन्तर्गत कोई देश अधिक मात्रा में मुद्रा जारी करता है अथवा ब्याज दरों को दीर्घ अवधि तक कम रखता है, तब मुद्रा की प्रत्येक इकाई का मूल्य बढ़ी हुई माँग की तुलना में गिर जाता है, तो इस स्थिति को संरचनात्मक मुद्रास्फीति कहा जाता है। मुद्रास्फीति के सिद्धान्त का प्रतिपादन **गुन्नार मिर्डल** द्वारा किया गया है। हालाँकि इसमें **पॉल स्ट्रीटेन** ने अधिक योगदान दिया। अर्थव्यवस्था की संरचना में होने वाले असन्तुलन स्फीति के कारक होते हैं। खाद्य की कमी, वस्तुओं की आपूर्ति में कमी, विदेशी विनिमय अवरोध, सामाजिक राजनीतिक प्रतिबन्ध, संसाधन असन्तुलन तथा अवस्थापनात्मक अवरोध आदि अर्थव्यवस्था के असन्तुलनकारी तत्त्व पाए जाते हैं।

मुद्रास्फीति के कारण

- मुद्रास्फीति माँग पूर्ति में असन्तुलन के कारण उत्पन्न होती है। इसलिए मुद्रास्फीति के कारणों को माँग पक्ष तथा आपूर्ति पक्ष में बाँटकर देखा जा सकता है। इनका विवरण निम्न है
  - **माँग पक्ष** से अभिप्राय वस्तुओं के क्रय हेतु मुद्रा की माँग में वृद्धि से होता है। मुद्रा की माँग में वृद्धि निम्न कारणों से होती है, जैसे—सार्वजनिक व्यय में वृद्धि करने से, सस्ती मौद्रिक नीति को अपनाने से, घाटे की वित्त व्यवस्था की स्थिति में, व्यय योग्य आय में वृद्धि से, काले धन के बढ़ने से, निवेश की मात्रा में वृद्धि से, करो में कमी होने से, निर्यात में वृद्धि से, जनसंख्या में वृद्धि से तथा सार्वजनिक ऋण में वृद्धि से इत्यादि।
  - **आपूर्ति पक्ष** से आशय वस्तुओं एवं सेवाओं के उत्पादन की उस उपलब्ध मात्रा से होता है, जिस पर लोग अपनी आय को खर्च करने में सक्षम होते हैं।
- मुद्रास्फीति की अवस्था में जब माँग की तुलना में आपूर्ति कम हो जाती है, तब अर्थव्यवस्था में असन्तुलन की स्थिति उत्पन्न हो जाती है, जिससे कीमतों में वृद्धि हो जाती है।
- अर्थव्यवस्था में आपूर्ति पक्ष वस्तुओं व सेवाओं की उत्पादन में कमी, कृत्रिम रूप से बाजार प्रभावित होने, सरकार की कर नीति, खाद्यान्न में कमी, औद्योगिक विवाद, तकनीकी परिवर्तन, कच्चे माल की कमी, प्राकृतिक आपदाएँ, सरकार की औद्योगिक नीति, उत्पादन में उत्पन्न गतिरोध, अन्तर्राष्ट्रीय कारण आदि से प्रभावित होते हैं। अत: मुद्रास्फीति के कारणों को मुख्यत: तीन कारकों के माध्यम से देखा जा सकता है, जिनका विवरण निम्नवत् है
  - **माँगजन्य मुद्रास्फीति** जब अर्थव्यवस्था में वस्तुओं एवं सेवाओं की आपूर्ति की अपेक्षा उसकी माँग अधिक हो जाती है, तो उसे माँगजन्य मुद्रास्फीति या **माँग प्रेरित मुद्रास्फीति** कहते हैं। यह मुद्रास्फीति लोगों की आय बढ़ने, सरकारी व्यय में तीव्र वृद्धि होने, बैंकों के द्वारा अधिक मात्रा में ऋण उपलब्ध कराने, नगरीकरण आदि कारणों से बढ़ती है।
  - **लागतजन्य मुद्रास्फीति** जब अर्थव्यवस्था में उत्पादन लागत में वृद्धि के कारण कीमतें बढ़ती हैं, तो उसे लागतजन्य मुद्रास्फीति (Cost-Push-Inflation) कहते हैं। प्राकृतिक कारण; जैसे—बाढ़, सूखा या मानवीय कारणों; जैसे—हड़ताल व तालाबन्दी, मध्यवर्ती वस्तुओं पर अत्यधिक कर, अप्रत्यक्ष कर में वृद्धि, स्टील, सीमेण्ट, रेलवे, कोयला एवं विद्युत इत्यादि के मूल्य में वृद्धि।

> **वैश्विक कारणों से मुद्रास्फीति** वैश्वीकरण के कारण किसी एक देश की आर्थिक क्रियाओं का प्रभाव अन्य देशों पर भी पड़ता है। तेल संकट या पेट्रोल के अन्तर्राष्ट्रीय मूल्य में वृद्धि से मुद्रास्फीति में वृद्धि होती है। इतना ही नहीं किसी देश में मन्दी की स्थिति में उसका निर्यात घटने से उसके सहयोगी व साझेदार देश में आयातों में प्रत्यक्ष रूप से कमी आती है, जिससे मुद्रास्फीति में वृद्धि होती है।

मुद्रास्फीति/गणना के सूचक

मुद्रास्फीति के तीन मानक सूचक हैं, जिसके अन्तर्गत मुद्रास्फीति की गणना की जाती है, जिनका विवरण इस प्रकार है

थोक मूल्य सूचकांक

- थोक मूल्य सूचकांक वस्तुओं के थोक मूल्य में परिवर्तन प्रदर्शित करता है। इस मूल्य निर्देशांक का संकलन उद्योग मन्त्रालय के आर्थिक सलाहकार कार्यालय द्वारा मासिक स्तर पर होता है, यद्यपि पहले साप्ताहिक स्तर पर होता था। पहला थोक मूल्य सूचकांक (Wholesale Price Index, WPI) 10 जनवरी, 1942 से शुरू होने वाले सप्ताह से शुरू हुआ, जिसका आधार वर्ष 1939 था।

- केन्द्र सरकार द्वारा नया थोक मूल्य सूचकांक जारी कर दिया गया। राष्ट्रीय नमूना सर्वेक्षण संगठन (National Sample Survey Organisation, NSSO) के उपभोक्ता व्यय सर्वेक्षण (2004-05) के 68वें दौर की समाप्ति के पश्चात् (2017 में) वर्ष 2011-12 को नया आधार वर्ष बनाया गया। इस प्रकार अब तक 7 बार आधार वर्ष को बदला जा चुका है।

> उद्योग एवं आन्तरिक व्यापार संवर्द्धन विभाग (DPIIT) ने एक समूह की तकनीकी मसौदा रिपोर्ट को जारी किया है, जिसमें थोक मूल्य सूचकांक के आधार वर्ष को 2011-12 से बदलकर 2017-18 करने का सुझाव दिया गया है। नई प्रस्तावित शृंखला में कुल मिलाकर तीनों श्रेणियों में 1176 वस्तुएँ शामिल हैं।

उपभोक्ता मूल्य सूचकांक

- भारत में वस्तुओं तथा सेवाओं के सामान्य मूल्य स्तर में परिवर्तन का अध्ययन करने के लिए उपभोक्ता मूल्य सूचकांक (Consumer Price Index,CPI) की अवधारणा प्रचलन में लाई गई है।
- यह सूचकांक ग्रामीण, शहरी व संयुक्त की गणना केन्द्रीय सांख्यिकीय कार्यालय, सांख्यिकी तथा कार्यक्रम कार्यान्वयन मन्त्रालय द्वारा की जाती है।
- केन्द्रीय सांख्यिकी कार्यालय ने ग्रामीण/नगरीय दोनों क्षेत्रों के लिए आकलित उपभोक्ता मूल्य सूचकांक का आधार वर्ष 2010 : 100 से बदलकर 2012 : 100 कर दिया है।
- भारत में चार उपभोक्ता मूल्य सूचकांक प्रचलन में हैं, जो निम्नवत् हैं
    - **श्रमिकेत्तर शहरी कर्मचारियों के लिए उपभोक्ता मूल्य सूचकांक** श्रमिकेत्तर शहरी कर्मचारियों के लिए उपभोक्ता मूल्य सूचकांक का आधार वर्ष 1984-85 है, जो पहले वर्ष 1960 था। इसके अन्तर्गत 146-365 मदों को शामिल किया जाता है। वर्तमान में इसका सीमित उपयोग किया जाता है, इसके लिए आँकड़े देश के 59 केन्द्रों से एकत्र किए जाते हैं। इसमें समय अन्तराल दो सप्ताह का होता है। इस सूचकांक का उपयोग मुख्य रूप से भारत में संचालित विदेशी कम्पनियों के कर्मचारियों के महँगाई भत्ते के निर्धारण में किया जाता है। इसका उपयोग आयकर अधिनियम के अन्तर्गत पूँजी प्राप्तियों के निर्धारण में भी किया जाता है। केन्द्रीय सांख्यिकी कार्यालय (CSO) के अनुसार इस सूचकांक को जनवरी, 2011 से बन्द कर दिया गया है।
    - **औद्योगिक कामगारों के लिए उपभोक्ता मूल्य सूचकांक** औद्योगिक श्रमिकों (IW) के उपभोक्ता मूल्य सूचकांक (CPI) का आधार वर्ष 2016 है, जो पहले वर्ष 2001 था। इस सूचकांक में 463 मदों को शामिल किया जाता है। यह सूचकांक मुख्य रूप से सरकारी कर्मचारियों (बैंक एवं दूतावासों में कार्य करने वाले कर्मचारियों को छोड़कर) से सम्बन्धित पाया जाता है। इस आधार पर ही कर्मचारियों के महँगाई भत्ते का निर्धारण किया जाता है। इस सूचकांक के आँकड़े देश के 70 विभिन्न केन्द्रों से प्रत्येक माह श्रम ब्यूरो द्वारा एकत्रित तथा जारी किए जाते हैं।
    - **कृषि श्रमिकों के लिए उपभोक्ता मूल्य सूचकांक** कृषि (खेतिहर) श्रमिकों के लिए उपभोक्ता मूल्य सूचकांक का उपयोग किया जाता है, जिसका आधार वर्ष 1986-87 है। इसमें कुल 260 मदों को शामिल किया जाता है। प्रत्येक माह इसे आँकड़े देश के विभिन्न राज्यों से एकत्रित किए जाते हैं। इसमें सामान्यत: तीन सप्ताह की देरी होती है। इस सूचकांक के आने से खेतिहर मजदूरों की व्यय की संरचना में बदलाव हुआ है। इस सूचकांक में बदलावों को लेकर केन्द्र व राज्य सरकारें अधिक सजग रहती हैं। इसका उपयोग खेतिहर मजदूरों की न्यूनतम मजदूरी में संशोधन के लिए किया जाता है।
    - **ग्रामीण श्रमिकों के लिए उपभोक्ता मूल्य सूचकांक** ग्रामीण श्रमिकों के लिए उपभोक्ता मूल्य सूचकांक (RL-CPI) उपरोक्त सभी सूचकांक का वर्ष 2017 के बाद आधार वर्ष 2012 कर दिया गया था। इसमें 448 (ग्रामीण) और 460 शहरी वस्तुओं के मूल्य लिए जाते हैं। ग्रामीण क्षेत्रों के मजदूरों के लिए इस सूचकांक का उपयोग किया जाता है, जिसका आधार वर्ष 1986-87 है तथा इसमें 260 मदें शामिल हैं। इसके आँकड़े देश के विभिन्न राज्यों से प्रत्येक माह में एकत्रित किए जाते हैं। हालाँकि इसमें तीन महीने की देरी होती है।

थोक मूल्य सूचकांक और उपभोक्ता मूल्य सूचकांक में अन्तर

- थोक मूल्य सूचकांक की गणना थोक बाजार में उत्पादकों और बड़े व्यापारियों द्वारा किए गए भुगतान के आधार पर की जाती है जबकि उपभोक्ता मूल्य सूचकांक की गणना उपभोक्ता द्वारा बाजार में किए गए भुगतान के आधार पर की जाती है।
- थोक मूल्य सूचकांक में केवल वस्तुओं का मूल्य मापा जाता है, जबकि उपभोक्ता मूल्य सूचकांक में वस्तुओं और सेवाओं दोनों का मूल्य मापा जाता है।
- थोक मूल्य सूचकांक का उपयोग भारत सहित कुछ देशों में होता है, जबकि CPI का उपयोग 157 देशों में होता है।
- थोक मूल्य सूचकांक को भारत में आर्थिक सलाहकार कार्यालय (वाणिज्य और उद्योग मन्त्रालय) प्रकाशित करता है, जबकि CPI को केन्द्रीय सांख्यिकी कार्यालय (सांख्यिकी और कार्यक्रम कार्यान्वयन मन्त्रालय) प्रकाशित करता है।

जीडीपी अवस्फीतिकारक

- यह मुद्रास्फीति मापन का एक नवीन तरीका है। इसमें किसी वर्ष में उत्पादित सभी वस्तुओं तथा सेवाओं के मूल्यों में परिवर्तन को लिया जाता है।

> जब सकल घरेलू उत्पाद की गणना बाजार कीमतों या प्रचलित सूचक मूल्यों पर की जाती है, तो उसे **मौद्रिक जीडीपी** कहते हैं तथा जब सकल घरेलू उत्पाद की गणना आधार वर्ष के मूल्यों पर की जाती है, तो उसे **वास्तविक जीडीपी** कहते हैं।

- जब आधार वर्ष के स्थिर मूल्यों पर जीडीपी की गणना की जाती है, तो GDP पर पड़ने वाला स्फीति प्रभाव समाप्त हो जाता है।
- मौद्रिक जीडीपी में वृद्धि तथा वास्तविक जीडीपी की वृद्धि का अन्तर ही जीडीपी की कीमत में वृद्धि होती है, इसे ही **जीडीपी डिफ्लेटर** कहा जाता है। इसकी गणना निम्न रूप में की जा सकती है

$$\text{जीडीपी डिफ्लेटर} = \frac{\text{चालू कीमतों पर जीडीपी}}{\text{स्थिर कीमतों पर जीडीपी}}$$

- जब जीडीपी डिफ्लेटर का मान 1 होता है, तो स्पष्ट होता है कि कीमत स्तर में कोई परिवर्तन नहीं हुआ है। वहीं जब इसका मान 2 होता है, तो दो गुने की वृद्धि तथा जब मान 4 हो, तो कीमत स्तर में 4 गुनी वृद्धि देखी जाएगी।

मुद्रास्फीति का प्रभाव

प्रभाव के क्षेत्र	विवरण
स्थिर आय वर्ग पर प्रभाव	मुद्रास्फीति से वेतन यागी कर्मचारी, मजदूर, असंगठित क्षेत्र में कार्यरत कर्मचारी अधिक प्रभावित होते हैं, क्योंकि इनकी आय स्थिर होती है। अत: यह कम मात्रा में ही वस्तुएँ एवं सेवाएँ खरीद पाते हैं।
भुगतान शेष पर प्रतिकूल प्रभाव	मुद्रास्फीति से घरेलू अर्थव्यवस्था में आयात की तुलना में निर्यात महँगे हो जाते हैं। इससे घरेलू वस्तुओं के मूल्य में वृद्धि से निर्यात हतोत्साहित होता है और आयात में वृद्धि होती है। इसके परिणामस्वरूप व्यापार शेष तथा भुगतान शेष पर प्रतिकूल प्रभाव पड़ता है।
विदेशी विनिमय दर में कमी	मुद्रास्फीति के कारण अर्थव्यवस्था में मुद्रा का अवमूल्यन होता है अर्थात् विदेशी विनिमय दर में कमी आती है।
सार्वजनिक ऋणों पर प्रभाव	मुद्रास्फीति के समय सरकार द्वारा किया जाने वाला सार्वजनिक व्यय बढ़ जाता है। इस दौरान सरकार जनता (बाजार) से ऋण लेती है, जिससे सार्वजनिक ऋण बढ़ जाता है।
बैंकों तथा बीमा कम्पनियों पर प्रभाव	वस्तुओं की कीमतें बढ़ने पर व्यापारियों, कृषकों तथा उद्योगपतियों की आय में वृद्धि होती है और वे बैंकों में धन जमा करते हैं। इससे बैंकिंग संस्थाओं तथा बीमा कम्पनियों दोनों का विकास होता है।
करों पर प्रभाव	मुद्रास्फीति के समय सरकार पर व्यय का भार बढ़ जाता है।
उत्पादकों या उद्यमियों पर प्रभाव	मुद्रास्फीति के समय वस्तुओं की माँग अधिक होती है, जिससे वस्तुएँ महँगी बिकती हैं, जिसके फलस्वरूप उत्पादकों तथा उद्यमियों को लाभ मिलता है।
समाज पर नैतिक प्रभाव	मुद्रास्फीति का समाज की नैतिक व्यवस्था पर नकारात्मक प्रभाव पड़ता है। उदाहरणस्वरूप व्यापारी वर्ग अधिक संचय के लालच में जमाखोरी, मुनाफाखोरी जैसी गलत प्रवृत्तियों को अपना लेता है।

मुद्रास्फीति को रोकने के उपाय

मुद्रास्फीति को नियन्त्रित करने के लिए अपनाए जाने वाले उपायों को मुख्य रूप से दो भागों में बाँटा जा सकता है, जो निम्न प्रकार हैं

- **आपूर्ति पक्षीय उपाय** इसके अन्तर्गत तात्कालिक उपाय के रूप में जमाखोरी तथा काला बाजारी को रोकने तथा दीर्घकालिक उपाय के रूप में घरेलू उत्पादन को बढ़ाने पर बल दिया जाता है।

> इन उपायों के अन्तर्गत वस्तुओं की राशनिंग करना, महत्त्वपूर्ण खाद्य पदार्थों के बफर स्टॉक का निर्माण करना, उद्योगों की उत्पादन क्षमता को बढ़ाना तथा उत्पादन क्षमता को बाधित करने वाले और लागत बढ़ाने वाले कारकों पर रोक लगाने जैसे आदि कार्यों को अपनाया जाता है।

- **माँग पक्षीय उपाय** इसके अन्तर्गत अर्थव्यवस्था से तरलता को सोखकर माँग को कम करके कीमतों को नियन्त्रित करने का प्रयास किया जाता है। बाजार में मुद्रा की पूर्ति जितनी कम होती है, लोगों की क्रय शक्ति भी उतनी ही कम होती है।

आर्थिक विकास एवं मुद्रास्फीति

- आर्थिक विकास दर तथा मुद्रास्फीति के मध्य एक सीमा तक प्रत्यक्ष सम्बन्ध पाया जाता है। उत्पादन बढ़ाने के लिए निवेश बढ़ाना आवश्यक होता है।
- निवेश तभी बढ़ाया जाना सम्भव होता है, जब ब्याज की दर घटाई जाए। ब्याज की दर बढ़ने पर निवेश पर नकारात्मक प्रभाव पड़ता है। इसलिए आरबीआई मुद्रास्फीति की ऊँची दर होने के पश्चात् भी ब्याज की दर को बढ़ाने का प्रयास नहीं करता है।

फिलिप्स वक्र

- इस फिलिप्स वक्र (Phillips Curve) के प्रतिपादक न्यूजीलैण्ड के प्रमुख अर्थशास्त्री ए. डब्ल्यू. फिलिप्स हैं। यह वक्र बेरोजगारी की दर, मौद्रिक मजदूरी में वृद्धि दर तथा मुद्रास्फीति की दर के बीच के सम्बन्ध को स्थापित करता है। इस वक्र में स्फीति की दर तथा बेरोजगारी की दर के बीच व्युत्क्रमानुपाती (उल्टा) सम्बन्ध पाया जाता है।
- यह वक्र दर्शाता है कि यदि बेरोजगारी की दर को कम करना है, तो इसके लिए अर्थव्यवस्था में मौद्रिक मजदूरी बढ़ानी होगी। हालाँकि मौद्रिक मजदूरी बढ़ने से अर्थव्यवस्था में तरलता बढ़ती है, जिससे मुद्रास्फीति बढ़ती है। इस प्रकार यदि बेरोजगारी समाप्त करनी है, तो ऊँची मुद्रास्फीति का वहन करना होगा।

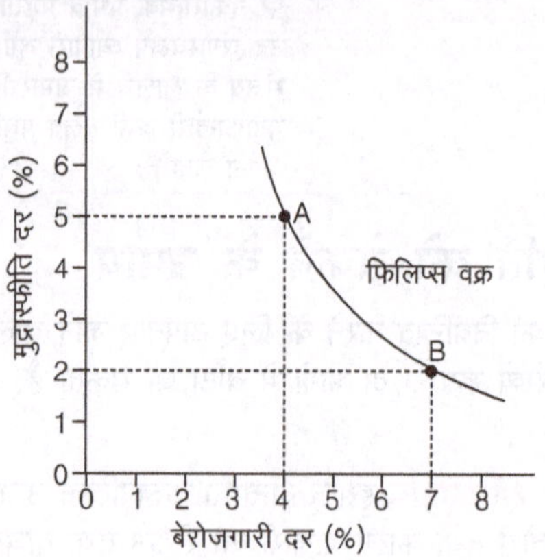

फिलिप्स वक्र

मुद्रास्फीति कर

- मुद्रास्फीति के समय उपभोक्ता की धनराशि की क्रय क्षमता का कम होना तथा उपयोग का महँगा हो जाना मुद्रास्फीति कर कहलाता है।
- इसकी वसूली सरकार के द्वारा की जाती है। यह वास्तविक कर नहीं होता है।

टॉबिन टैक्स

- विदेशी विनिमय दर में तीव्र उतार-चढ़ाव को अंकुश में लाने के लिए मुद्रा को किसी दूसरी मुद्रा में बदलते समय एक अल्प दर से करारोपण की सिफारिश की गई, जिसे टॉबिन टैक्स (Tobin Tax) के नाम से जाना जाता है।
- इसका उद्देश्य राजस्व प्राप्ति नहीं है, बल्कि विदेशी विनिमय में अवैध व्यापार को तथा पूँजी के अत्यधिक अन्तर्प्रवाह को हतोत्साहित करना है।

टॉबिन प्रभाव

- पूँजी तथा मुद्रा परस्पर स्थानापन्नीय हैं, इसलिए बढ़ती स्फीति के परिणामस्वरूप पूँजी संचयन बढ़ सकता है, जिसके कारण स्फीति आर्थिक विकास में सहायक होगी, जिसे हम टॉबिन प्रभाव कहते हैं।
- भारत में औसत विधि और बिन्दु-दर-बिन्दु विधि के अन्तर्गत मुद्रास्फीति की गणना की जाती है, परन्तु बिन्दु-दर-बिन्दु विधि को आर्थिक संकेतन या वास्तविक विधि के रूप में स्वीकार किया गया है।

प्रीलिम्स फैक्ट्स

- विदेशी मुद्रा जिसमें त्वरित प्रवास की प्रवृत्ति होती है, क्या कहलाती है? *– गर्म मुद्रा [BPSC (Pre) 2015]*
- वह अवैध आय, जिस पर आयकर नहीं दिया गया है क्या कहलाती है? *– काली मुद्रा [UP Lower 2003]*
- ADR, GDR, SDR में से कौन-सी मुद्रा/मुद्राएँ कृत्रिम समझी जाती है? *– SDR [IAS (Pre) 2010]*
- भारत में कागजी मुद्रा सर्वप्रथम कब शुरू की गई थी? *– वर्ष 1862 में [UPPSC (Mains) 2011]*
- भारतीय मुद्रा RBI, वित्त मन्त्रालय, संसद और नासिक प्रिण्टिंग प्रेस में से किसमें छापी जाती है? *– नासिक प्रिण्टिंग प्रेस [MPPSC (Pre) 1991]*
- भारत में सिक्के जारी करने के लिए रिज़र्व बैंक ऑफ इण्डिया, वित्त मन्त्रालय, स्टेट बैंक ऑफ इण्डिया और राष्ट्रीय स्टॉक व्यापार में से कौन अधिकृत है? *– रिज़र्व बैंक ऑफ इण्डिया [UP UDA/LDA (Pre) 2010]*
- ₹ 1 के भारतीय नोट पर किसके हस्ताक्षर होते हैं? *– सचिव, वित्त मन्त्रालय के [UKPSC (Pre) 2012]*
- भारत वर्ष में सिक्के की ढलाई किन शहरों में होती हैं? *– मुम्बई, कोलकाता तथा हैदराबाद में [UPPSC (Mains) 2008]*
- मुद्रा की दशमलव प्रणाली के साथ प्रचलित 'नया पैसा' कब पैसा हो गया? *– 1 अप्रैल, 1957 से [UKPSC (Pre) 2005]*
- भारतीय रिज़र्व बैंक को कितने रुपये तक का करेन्सी नोट छापने का अधिकार प्राप्त है? *– ₹ 10,000 तक [UPPSC (Pre) 2014]*
- रिजर्व बैंक ऑफ इण्डिया के नोट निर्गमन विभाग को न्यूनतम कितने मूल्य का स्वर्ण अपने स्टॉक में हमेशा रखना चाहिए? *– ₹ 115 करोड़ का [UP Lower 2008]*
- यदि आप अपने बैंक के माँग जमा खाते से ₹ 1,00,000 की नकद राशि निकालते हैं, तो अर्थव्यवस्था में तात्कालिक रूप से मुद्रा की समग्र पूर्ति पर इसका क्या प्रभाव पड़ेगा? *– मुद्रा की समग्र पूर्ति अपरिवर्तित रहेगी [IAS (Pre) 2020]*

- ऊँची कीमतें, कीमत निर्देशांक में वृद्धि, मुद्रा की क्रयशक्ति में वृद्धि और विशिष्ट वस्तुओं की कीमतों में वृद्धि में से किसके द्वारा मुद्रा प्रसार को श्रेष्ठ तरीके से वर्जित किया जा सकता है?
  – ***ऊँची कीमतें*** *[RAS/RTS (Pre) 1996]*
- वस्तुओं का मूल्य बढ़ना, मुद्रा का मूल्य गिरना, विनिमय दर में सुधार होना में से कौन मुद्रास्फीति के कारण होता है?
  – ***वस्तुओं का मूल्य बढ़ना और मुद्रा का मूल्य गिरना*** *[CGPSC (Pre) 2013]*
- अर्थव्यवस्था में नकदी की मात्रा को कम करना, सव्यवहार के अंकीय तरीकों का अधिक उपयोग, कर आधार को बढ़ावा देना और जीडीपी की विकास दर में वृद्धि करने में से कौन-सा भारत में विमुद्रीकरण का औपचारिक उद्देश्य नहीं था?
  जीडीपी की विकास दर में वृद्धि करना *[UPPSC (Mains) 2017]*
- साहूकार, ऋणी/लेनदार, बचत खाता एकाउण्ट रखने वाले और राजकीय पेंशनर में से कौन मुद्रास्फीति से सर्वाधिक लाभ पाता है?
  – ***ऋणी*** *[UPPSC (Pre) 1995, UP RO/ARO (Mains) 2016]*
- फिलिप्स वक्र मुद्रा विस्फीति एवं बेरोजगारी, मुद्रास्फीति एवं बेरोजगारी, मुद्रास्फीति एवं अदृश्य बेरोजगारी और मुद्रा विस्फीति एवं चक्रिय बेरोजगारी में से किनके मध्य सम्बन्ध को व्यक्त करता है?
  – ***मुद्रास्फीति एवं बेरोजगारी*** *[UKPSC (Pre) 2012]*
- भारत में मुद्रास्फीति को किसके द्वारा मापा जाता है?
  – ***थोक मूल्य सूचकांक के द्वारा*** *[RAS/RTS (Pre) 2013]*
- माँग पर नियन्त्रण, मुद्रा की पूर्ति का नियन्त्रण, ब्याज दर को कम करना और वस्तुओं की राशनिंग में से कौन एक मुद्रास्फीति के नियन्त्रण की विधि नहीं है?
  – ***ब्याज दर को कम करना*** *[UPPSC (Pre) 1996]*
- भारतीय रिज़र्व बैंक, भारत सरकार, नीति आयोग और वित्त आयोग में से किसने +/ 2% के सहनीय स्तर के साथ 4% का मुद्रास्फीति का लक्ष्य निश्चित किया है?
  – ***भारत सरकार*** *[RAS/RTS (Pre) 2018]*
- भारत में सरकारी कर्मचारियों के महँगाई भत्ते के निर्धारण का आधार है
  – ***उपभोक्ता मूल्य सूचकांक*** *[UPPSC (Mains) 2008]*
- भारतीय रिज़र्व बैंक, आर्थिक कार्य विभाग, श्रम ब्यूरो एवं कार्मिक और प्रशिक्षण विभाग में से कौन औद्योगिक कर्मकारों के लिए उपभोक्ता मूल्य सूचकांक निकालता है? – ***श्रम ब्यूरो*** *[IAS (Pre) 2015]*
- हीनार्थ प्रबन्धन से मुद्रास्फीति होती है, इससे मुद्रा की आपूर्ति किसकी तुलना में अधिक हो जाती है?
  – ***वस्तुओं एवं सेवाओं की तुलना*** *[UPPSC (Mains) 2002]*

सेल्फ चैक

1. निम्नलिखित में से कौन-सा मुद्रा का कार्य नहीं है?
(a) विनिमय प्रक्रिया में मध्यस्थ के रूप में कार्य करना
(b) मूल्य संचय के रूप में कार्य करना
(c) लेखा इकाई के रूप में प्रयुक्त करना
(d) उपभोग विनियमित करने के लिए प्रयुक्त करना

2. निम्नलिखित में से कौन-सा कथन वैध मुद्रा के अर्थ को सही वर्णित करता है?
(a) न्यायालय में विधिक मामलों के लिए फीस चुकाने में जो मुद्रा दी जाती है
(b) वह मुद्रा, जो कोई ऋणदाता अपने दावों को निपटाने में स्वीकार करने के लिए बाध्य होता है
(c) चैक, ड्राफ्ट, विनिमय बिलों आदि के रूप में बैंक मुद्रा
(d) किसी देश में चलन में धातु मुद्रा

3. 'महँगी मुद्रा' शब्द किसे निर्दिष्ट करता है?
(a) आवासीय ऋणों पर निम्न ब्याज दर
(b) मन्दी की अवस्था में मुद्रा का मूल्य
(c) उच्च ब्याज दर
(d) आवासीय ऋणों पर ब्याज की दर में कमी के कारण प्राप्त बचत

4. किसी भी वस्तु को मुद्रा के रूप में मान्यता दिए जाने के लिए, उनमें निम्नलिखित में से कौन-सी विशेषताएँ होनी चाहिए?
1. विनिमय प्रक्रिया में मध्यवर्ती के रूप में कार्य करना।
2. कीमत उद्धृत करने के लिए मानक इकाई।
3. अवश्य ही सरलता से विभाजित होना चाहिए।
4. वैकल्पिक प्रयोग में उच्चतम मूल्य का होना।

कूट
(a) 1, 2 और 4 (b) 2 और 3
(c) 1, 2 और 3 (d) 1, 3 और 4

5. कभी-कभी समाचारों में आने वाले 'बिटकॉइन्स' के सन्दर्भ में निम्नलिखित कथनों में कौन-सा/से सही कथन है/हैं? IAS (Pre) 2016
1. बिटकॉइन्स की खोज-खबर देशों के केन्द्रीय बैंकों द्वारा रखी जाती है।
2. बिटकॉइन्स के पते वाला कोई भी व्यक्ति, बिटकॉइन्स के पते वाले किसी अन्य व्यक्ति को बिटकाइन्स भेज सकता है या उससे प्राप्त कर सकता है।
3. ऑनलाइन अदायगी दोनों ओर से किसी भी ओर की पहचान जाने बिना की जा सकती है।

कूट
(a) 1 और 2 (b) 2 और 3 (c) केवल 3 (d) 1, 2 और 3

6. ब्लॉकचेन तकनीक के सन्दर्भ में निम्न कथनों में से कौन-सा/से कथन सही है/हैं? HPSC (Pre) 2021
1. यह एक क्रिप्टोग्राफिक रूप से सुरक्षित डाटाबेस है या कुछ सहभागियों के बीच साझा किया गया डिस्ट्रीब्यूटेड लेजर है।
2. यह ट्रांजेक्शन्स का एक डिजिटल लेजर है।
3. ब्लॉकचेन एक क्रिप्टोकरेन्सी है।

कूट
(a) 1 और 3 (b) 1 और 2
(c) 2 और 3 (d) 1, 2 और 3

7. किसी अर्थव्यवस्था में मुद्रा गुणक निम्नलिखित में से किस एक के साथ-साथ बढ़ता है? IAS (Pre) 2019
(a) आरक्षित नकदी (कैश रिजर्व) अनुपात में वृद्धि
(b) जनता की बैंकिंग आदतों में वृद्धि
(c) सर्वाधिक नकदी अनुपात में वृद्धि
(d) देश की जनसंख्या मे वृद्धि

8. यदि आप अपने बैंक के माँग जमा खाते से ₹ 1,00000 की नकद राशि निकालते हैं, तो अर्थव्यवस्था में तात्कालिक रूप से मुद्रा की समग्र पूर्ति पर इसका क्या प्रभाव पड़ेगा? IAS (Pre) 2020
(a) मुद्रा की समग्र पूर्ति में ₹ 1,00000 की कमी आएगी
(b) मुद्रा की समग्र पूर्ति में ₹ 1,00000 की वृद्धि होगी
(c) मुद्रा की समग्र पूर्ति में ₹ 1,000000 से अधिक की वृद्धि होगी
(d) मुद्रा की समग्र पूर्ति अपरिवर्तित रहेगी

9. निम्नलिखित उपायों में से किसके/किनके परिणामस्वरूप अर्थव्यवस्था में मुद्रा आपूर्ति में वृद्धि होगी? IAS (Pre) 2012
1. केन्द्रीय बैंक द्वारा लोगों से सरकारी प्रतिभूतियों का क्रय।
2. लोगों द्वारा वाणिज्यिक बैंकों में जमा की गई करेन्सी।
3. सरकार द्वारा केन्द्रीय बैंक से लिया गया ऋण।
4. केन्द्रीय बैंक द्वारा लोगों को सरकारी प्रतिभूतियों का विक्रय।
कूट
(a) केवल 1 (b) 2 और 4
(c) 1 और 3 (d) 2, 3 और 4

10. निम्नलिखित कथनों पर विचार कीजिए IAS (Pre) 2022
1. US फेडरल रिजर्व की सख्त मुद्रा नीति पूँजी पलायन की ओर ले जा सकती है।
2. पूँजी पलायन वर्तमान विदेशी वाणिज्यिक ऋण ग्रहण वाली फर्मों की ब्याज लागत को बढ़ा सकता है।
3. घरेलू मुद्रा का अवमूल्यन, ECBs से सम्बन्ध मुद्रा जोखिम को घटाता है।
उपरोक्त कथनों में से कौन-से कथन सही हैं?
(a) 1 और 2 (b) 1 और 3
(c) 1 और 3 (d) 1, 2 और 3

11. नॉन-फन्जिबल टॉकेन्स (Non-Fungible Tokens, NFTs) के सन्दर्भ में निम्नलिखित कथनों पर विचार कीजिए UPPSC (Mains) 2017
1. वे भौतिक परिसम्पत्तियों के अंकीय निरूपण (डिजिटल रिप्रेजेण्टेशन) को सुकर बनाते हैं।
2. वे अन्य क्रिप्टोग्राफिक टॉकिन्स हैं, जो किसी ब्लॉकचेन में विद्यमान हैं।
3. उनका तुल्यता पर व्यापार या विनिमय किया जा सकता है, इसलिए उनका वाणिज्यिक लेन-देन के माध्यम के रूप में प्रयोग किया जा सकता है।
उपरोक्त कथनों में से कौन-सा/से कथन सही है/हैं?
(a) 1 और 2 (b) 2 और 3
(c) 1 और 3 (d) 1, 2 और 3

12. कोर मुद्रास्फीति को परिभाषित किया जाता है IAS (Pre) 2022
(a) केवल ईंधन मुद्रास्फीति को छोड़कर शीर्षक मुद्रास्फीति से
(b) खाद्य मुद्रास्फीति तथा ईंधन मुद्रास्फीति से
(c) केवल खाद्य मुद्रास्फीति को छोड़कर शीर्षक मुद्रास्फीति से
(d) खाद्य मुद्रास्फीति तथा ईंधन मुद्रास्फीति दोनों को छोड़कर शीर्षक मुद्रास्फीति से

13. निम्नलिखित में से कौन-सा प्रभाव में सर्वाधिक मुद्रास्फीति कारक हो सकता है? IAS (Pre) 2021
(a) सार्वजनिक ऋण की चुकौती
(b) बजट घाटे के वित्तीयन के लिए जनता से उधार लेना
(c) बजट घाटे के वित्तीयन के लिए बैंकों से उधार लेना
(d) बजट घाटे के वित्तीयन के लिए नई मुद्रा का सृजन करना

14. भारत में मुद्रास्फीति के सन्दर्भ में निम्नलिखित कथनों में से कौन-सा कथन सही है? IAS (Pre) 2015
(a) भारत में मुद्रास्फीति का नियन्त्रण केवल भारत सरकार का उत्तरदायित्व है
(b) मुद्रास्फीति के नियन्त्रण में भारतीय रिजर्व बैंक की कोई भूमिका नहीं है
(c) घटा हुआ मुद्रा परिचलन (मनी सर्कुलेशन), मुद्रास्फीति के नियन्त्रण में सहायता करता है
(d) बढ़ा हुआ मुद्रा परिचलन मुद्रास्फीति के नियन्त्रण में सहायता करता है

15. भारतीय अर्थव्यवस्था के सन्दर्भ में माँग-प्रेरित मुद्रास्फीति या उसमें वृद्धि निम्नलिखित किन कारणों से होती है? IAS (Pre) 2021
1. विस्तारकारी नीतियाँ
2. राजकोषीय प्रोत्साहन
3. मुद्रास्फीति सूचकांक मजदूरी (इन्फ्लेशन-इण्डेक्सिंग वेजेस)
4. उच्च क्रय शक्ति
5. बढ़ती ब्याज दर
कूट
(a) 1, 2 और 4 (b) 3, 4 और 5
(c) 1, 2, 3 और 5 (d) ये सभी

16. निम्नलिखित उपभोक्ता मूल्य सूचकांकों पर विचार कीजिए BPSC (Pre) 2015
1. औद्योगिक श्रमिकों के लिए उपभोक्ता मूल्य सूचकांक।
2. कृषि श्रमिकों के लिए उपभोक्ता मूल्य सूचकांक।
3. ग्रामीण श्रमिकों के लिए उपभोक्ता मूल्य संचकांक।
4. शहरी गैर-श्रम कर्मचारियों के लिए उपभोक्ता मूल्य सूचकांक।
उपरोक्त सूचकांकों में से कौन-सा/से केन्द्रीय सांख्यिकी संगठन द्वारा संकलित किया जाता है/किए जाते हैं?
(a) 3 और 4
(b) 1, 2 और 3
(c) केवल 4
(d) 1, 2, 3 और 4

17. निम्नलिखित कथनों पर विचार कीजिए **IAS (Pre) 2020**

1. खाद्य वस्तुओं का 'उपभोक्ता मूल्य सूचकांक' (CPI) में भार उनके 'थोक मूल्य सूचकांक' में दिए गए भार से अधिक है।
2. WPI सेवाओं के मूल्यों में होने वाले परिवर्तनों को नहीं पकड़ता, जैसा कि CPI करता है।
3. भारतीय रिजर्व बैंक ने अब मुद्रास्फीति के मुख्य मान हेतु तथा प्रमुख नीतिगत दरों के निर्धारण और परिवर्तन हेतु WPI को अपना लिया है।

उपरोक्त कथनों में कौन-सा/से कथन सही है/हैं?

(a) 1 और 2
(b) केवल 2
(c) केवल 3
(d) 1, 2 और 3

18. निम्नलिखित में से कौन-सा एक 'अवस्फीति' का समुचित वर्णन है?

(a) यह किसी मुद्रा के मूल्य में अन्य मुद्राओं के मुकाबले आई अकस्मात् गिरावट है
(b) यह अर्थव्यवस्था में सतत् बनी हुई मन्दी है
(c) यह वस्तुओं और सेवाओं की सामान्य कीमत स्तर में सतत् गिरावट है
(d) यह किसी समयावधि में मुद्रास्फीति की दर में गिरावट है

19. निम्नलिखित में से भारत में विमुद्रीकरण का कौन-सा औपचारिक उद्देश्य नहीं था?

(a) अर्थव्यवस्था में नकदी की मात्रा को कम करना
(b) संव्यवहार के अंकीय तरीकों का अधिक उपयोग
(c) कर आधार को बढ़ावा देना
(d) जीडीपी की विकास दर में वृद्धि करना

20. स्फीति दर में होने वाली तीव्र वृद्धि का आरोप कभी-कभी 'आधार प्रभाव' पर लगाया जाता है। यह 'आधार प्रभाव' क्या है? **IAS (Pre) 2011**

(a) यह फसलों के खराब होने से आपूर्ति में उत्पन्न उग्र अभाव का प्रभाव है
(b) यह तीव्र आर्थिक विकास के कारण तेजी से बढ़ रही माँग का प्रभाव है
(c) यह विगत वर्ष की कीमतों का स्फीति दर की गणना पर आया प्रभाव है
(d) उपरोक्त में से कोई नहीं

21. 'फिलिप्स वक्र' किनके मध्य सम्बन्ध को व्यक्त करता है? **UKPSC (Pre) 2012**

(a) मुद्रा विस्फीति एवं बेरोजगारी
(b) मुद्रास्फीति एवं बेरोजगारी
(c) मुद्रास्फीति एवं अदृश्य बेरोजगारी
(d) मुद्रा विस्फीति एवं चक्रिय बेरोजगारी

22. भारतीय अर्थव्यवस्था के सन्दर्भ में निम्नलिखित कथनों पर विचार कीजिए **IAS (Pre) 2022**

1. यदि मुद्रास्फीति अत्यधिक है, तो भारतीय रिजर्व बैंक (RBI) सम्भावित रूप से सरकारी प्रतिभूतियाँ खरीद सकता है।
2. यदि रुपए का तेजी से मूल्यह्रास हो रहा है, तो RBI बाजार में डॉलरों का सम्भावित रूप से विक्रय कर सकता है।
3. यदि USA या यूरोपीय संघ में ब्याज दरें गिरती होतीं, तो इससे सम्भावित रूप से RBI की डॉलरों की खरीद प्रेरित हो सकती है।

उपरोक्त कथनों में कौन-सा/से कथन सही है/हैं?

(a) 1 और 2 (b) 2 और 3
(c) 1 और 3 (d) 1, 2 और 3

जानें सही उत्तर

1. (d)	2. (b)	3. (c)	4. (c)	5. (b)	6. (b)	7. (b)	8. (d)	9. (c)	10. (a)
11. (a)	12. (d)	13. (d)	14. (c)	15. (a)	16. (c)	17. (a)	18. (c)	19. (d)	20. (c)
21. (b)	22. (b)								

• अध्याय छः

भारतीय बैंकिंग प्रणाली

"

भारत में बैंकिंग प्रणाली किसी-न-किसी रूप में प्राचीन काल से ही उपलब्ध थी, परन्तु अंग्रेजों के आगमन के बाद ही यह व्यवस्था संगठित हो पाई। यह अन्य वित्तीय संस्थाओं से भिन्न होती है, क्योंकि यह अग्रिम के साथ-साथ साख का भी सृजन करती है।

बैंक : अर्थ एवं परिभाषा

बैंक एक ऐसी संस्था है, जो लोगों की जमा स्वीकार करती है और इसके बदले साख निर्माण करके अग्रिम ऋण देती है। यह अन्य वित्तीय संस्थाओं से भिन्न होती है, क्योंकि ये संस्थाएँ जमा और अग्रिम तो स्वीकार कर सकती हैं, लेकिन साख का सृजन नहीं कर सकतीं।

बैंकिंग संरचना

बैंकिंग संरचना को दो भागों में विभाजित किया गया है

- **संगठित बैंकिंग संरचना** इसके अन्तर्गत भारतीय रिजर्व बैंक, वाणिज्यिक बैंक, वित्तीय संस्थाएँ आदि आते हैं, जिन पर भारत के केन्द्रीय बैंक का नियन्त्रण होता है। ये बैंक साख का निर्माण कानूनी रूप से करते हैं तथा नियमों का पालन करते हैं।
- **असंगठित बैंकिंग संरचना** इसके अन्तर्गत साहूकार, महाजन आदि निजी व्यक्ति व संगठन आते हैं, जिन्हें **देशी बैंकर** के नाम से जाना जाता है। इन पर भारतीय रिजर्व बैंक (केन्द्रीय बैंक) का कोई नियन्त्रण नहीं होता है। ये रुपये का लेन-देन अपनी शर्तों पर करते हैं।

भारत में बैंकिंग का प्रारम्भ एवं विकास

- 17वीं शताब्दी में अंग्रेजों के भारत आने पर स्वदेशी बैंकिंग प्रणाली का अन्त होना शुरू हो गया। **मैसर्स अलेक्जेण्डर एण्ड कम्पनी** ने 1770 ई. में **द बैंक ऑफ हिन्दुस्तान** के नाम से पहले यूरोपियन बैंक की स्थापना कलकत्ता में की थी। यूरोपीय बैंकिंग पद्धति पर आधारित इस बैंक को अलेक्जेण्डर एण्ड कम्पनी के द्वारा स्थापित किया गया था।

> **ईस्ट इण्डिया कम्पनी** के हितों को ध्यान में रखते हुए भारत की तीन प्रेसीडेन्सी में बैंकों की स्थापना क्रमश: बैंक ऑफ बंगाल (1806), **बैंक ऑफ बॉम्बे** (1840) तथा **बैंक ऑफ मद्रास** (1843) की गई। इन तीनों बैंकों को 1862 ई. तक नोट निर्गमन का अधिकार दिया गया था।

- सीमित देयता के आधार पर अवध कॉमर्शियल बैंक भारतीयों द्वारा स्थापित एवं संचालित पहला बैंक था। यद्यपि पूर्ण रूप से भारतीयों द्वारा स्थापित एवं संचालित पहला बैंक पंजाब नेशनल बैंक था, जिसकी स्थापना 1894 ई. में हुई थी।
- प्रथम विश्वयुद्ध के पश्चात् भारत में बैंकिंग के विकास में तीव्रता आई। तत्पश्चात् वर्ष 1921 में तीनों प्रेसीडेन्सी बैंकों का आपस में विलय कर **इम्पीरियल बैंक ऑफ इण्डिया** की स्थापना की गई।
- वर्ष 1930 में केन्द्रीय बैंकिंग जाँच समिति की नियुक्ति हुई, इस समिति ने अनेक सिफारिशें कीं, जो निम्नलिखित हैं
  - देश में एक केन्द्रीय बैंक की स्थापना की जाए और बैंकिंग व्यवस्था के समुचित विकास के लिए बैंकिंग-सन्नियम (Regulation) बनाया जाए।
  - समिति के सुझाव के आधार पर वर्ष 1934 में भारतीय रिजर्व बैंक अधिनियम पारित किया गया, जिसके फलस्वरूप **भारतीय रिजर्व बैंक** ने वर्ष 1935 से कार्य करना शुरू किया।
- वर्ष 1939 से 1946 तक के काल को **बैंकिंग विस्तार की अवधि** कहा जाता है। इसी दौरान **यूनाइटेड कॉमर्शियल बैंक** तथा **हिन्दुस्तान कॉमर्शियल बैंक** की स्थापना वर्ष 1943 में की गई।
- 1 जनवरी, 1949 को भारतीय रिजर्व बैंक का राष्ट्रीयकरण तथा मार्च, 1949 में भारतीय बैंकिंग अधिनियम पारित किया गया। इसके अन्तर्गत भारतीय रिजर्व बैंक को अनुसूचित बैंकों के निरीक्षण के साथ व्यापक अधिकार दिया गया।

> 1 जुलाई, 1955 को इम्पीरियल बैंक ऑफ इण्डिया का राष्ट्रीयकरण किया गया और इसका नाम बदलकर **भारतीय स्टेट बैंक** रखा गया। वर्ष 1969 तथा 1980 में 14 बड़े व्यावसायिक बैंकों का राष्ट्रीयकरण किया गया।

- वर्ष 1975 में क्षेत्रीय ग्रामीण बैंक की स्थापना की प्रक्रिया शुरू हुई।
- वर्ष 1991 में नई आर्थिक नीति के लागू होने के पश्चात् वर्ष 1993-94 में निजी बैंक खोलने तथा विदेशी बैंकों को भारत में अपना विस्तार करने तथा शाखाएँ खोलने के लिए अनुमति दी गई। ये प्रक्रियाएँ वर्तमान में भी कार्य कर रही हैं।
- भारत में बैंकिंग व्यवस्था के विकास को उनके स्थापना वर्ष से समझा जा सकता है।

भारतीय बैंक एवं उनके स्थापना वर्ष

बैंक	स्थापना वर्ष	बैंक	स्थापना वर्ष
द बैंक ऑफ हिन्दुस्तान	1770	बैंक ऑफ बड़ौदा	1909
बैंक ऑफ बंगाल	1806	सेण्ट्रल बैंक ऑफ इण्डिया	1911
बैंक ऑफ बॉम्बे	1840	बैंक ऑफ मैसूर	1913
बैंक ऑफ मद्रास	1843	इम्पीरियल बैंक ऑफ इण्डिया	1921
इलाहाबाद बैंक	1865	भारतीय रिजर्व बैंक	1935
एलाइन्स बैंक ऑफ शिमला	1881	भारतीय स्टेट बैंक	1955
अवध कॉमर्शियल बैंक	1881	भारतीय औद्योगिक विकास बैंक	1964
पंजाब नेशनल बैंक	1894	एक्सिस बैंक	1993
बैंक ऑफ इण्डिया	1906	भारतीय औद्योगिक ऋण और निवेश निगम	1994
पंजाब एण्ड सिन्ध बैंक	1908		

भारत में बैंकिंग संरचना

- भारत की संगठित बैंकिंग प्रणाली को तीन वर्गों में विभाजित किया जा सकता है—देश का केन्द्रीय रिजर्व बैंक ऑफ इण्डिया, वाणिज्यिक बैंक और सहकारी बैंक। रिजर्व बैंक ऑफ इण्डिया देश का सर्वोच्च मौद्रिक एवं बैंकिंग प्राधिकार (Monetary and Banking Authority) है और इसी पर देश में बैंकिंग प्रणाली को नियन्त्रित करने का दायित्व भी है।
- यह सभी अनुसूचित बैंकों के नकद आरक्षण (Cash Reserve) को अपने पास रखता है, इसलिए इसे **रिजर्व बैंक** कहा जाता है।

भारत में बैंकिंग ढाँचा

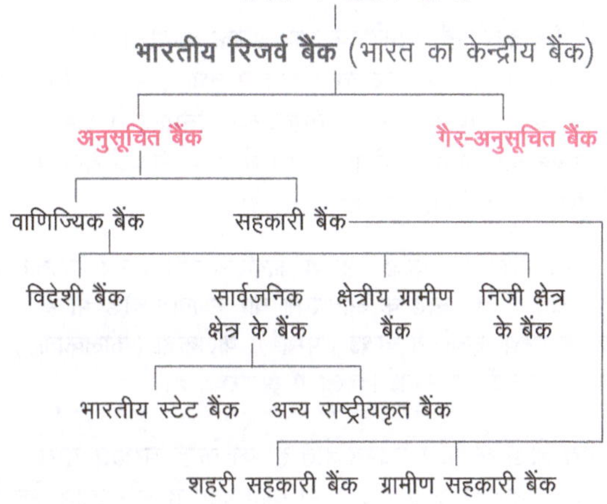

भारतीय रिजर्व बैंक (भारत का केन्द्रीय बैंक)

- केन्द्रीय बैंक किसी भी देश का सर्वोच्च बैंक होता है। सम्बन्धित देश के विधान के अन्तर्गत इसे कुछ विशेषाधिकार तथा शक्तियाँ प्राप्त होती हैं, जो अन्य बैंकों को प्राप्त नहीं होतीं। अत: केन्द्रीय बैंक वह संस्था है, जिसे सामान्य जनहित में मुद्रा की मात्रा में विस्तार तथा संकुचन की व्यवस्था करने का दायित्व सौंपा गया हो।
- भारतीय रिजर्व बैंक को 1 अप्रैल, 1935 में ₹ 5 करोड़ की चुकता पूँजी से चालू किया गया। यह पूँजी ₹ 100 के मूल्य के 5 लाख अंशों में विभाजित थी। आरम्भ में समग्र भाग पूँजी का स्वामित्व गैर-सरकारी भागीदारों के हाथ में था।
- भारत में केन्द्रीय बैंक की स्थापना से सम्बन्धित प्रथम प्रयास **चेम्बरलिन आयोग** (1914) द्वारा किया गया। भारतीय रिजर्व बैंक की स्थापना वर्ष 1930 में स्थापित केन्द्रीय बैंकिंग जाँच समिति (हिल्टन यंग समिति) की सिफारिश पर की गई थी।

> **सर ओसबोर्न स्मिथ** भारतीय रिजर्व बैंक के प्रथम गवर्नर थे।
> भारतीय रिजर्व बैंक का मुख्यालय मुम्बई में स्थित है।
> वर्ष 1937 से पूर्व रिजर्व बैंक का केन्द्रीय कार्यालय कलकत्ता (वर्तमान के कोलकाता) में स्थापित था।

भारतीय रिजर्व बैंक की संरचना

- वर्ष 1949 में भारतीय रिजर्व बैंक का राष्ट्रीयकरण किया गया। बैंक में सामान्य प्रबन्ध एवं निर्देशन का कार्य 20 सदस्यों पर आधारित केन्द्रीय निदेशक मण्डल को सौंपा गया।
- इसमें 1 गवर्नर, 4 डिप्टी गवर्नर, 1 वित्त मन्त्रालय द्वारा नियुक्त सरकारी अधिकारी और भारत सरकार द्वारा नियुक्त दस ऐसे निदेशक होते हैं, जो देश के आर्थिक जीवन के विभिन्न पहलुओं का प्रतिनिधित्व करते हैं और चार निदेशक स्थानीय बोर्डों (Local Boards) का प्रतिनिधित्व करने के लिए केन्द्र सरकार द्वारा नियुक्त किए जाते हैं।
- रिजर्व बैंक का केन्द्रीय निदेशक बोर्ड इसके कार्यों का पर्यवेक्षण करता है। इस बोर्ड के अन्तर्गत 1 **गवर्नर** तथा 4 **उप-गवर्नर** होते हैं। बोर्ड की 1 वर्ष में 6 बैठकें तथा प्रत्येक तिमाही में कम-से-कम एक बैठक का आयोजन होता है। इस बोर्ड को रिजर्व बैंक के निरीक्षण का प्राथमिक अधिकार होता है।

> भारतीय रिजर्व बैंक के 27 क्षेत्रीय कार्यालय तथा 4 उप-कार्यालय हैं अर्थात् केन्द्रीय बोर्ड के अतिरिक्त चार स्थानीय बोर्ड भी हैं, जिनके मुख्य कार्यालय बम्बई (मुम्बई), कलकत्ता (कोलकाता), मद्रास (चेन्नई) और नई दिल्ली में अवस्थित हैं।

- स्थानीय बोर्डों के पाँच सदस्य होते हैं, जो केन्द्र सरकार द्वारा 4 वर्षों की अवधि के लिए नियुक्त किए जाते हैं और इनमें क्षेत्रीय एवं आर्थिक हितों और सरकारी एवं देशी बैंकों को प्रतिनिधित्व मिलता है।
- वित्त मन्त्रालय द्वारा नियुक्त सरकारी अधिकारी प्राय: भारत सरकार का वित्त सचिव होता है, जो सरकार की इच्छानुसार बोर्ड (मण्डल) में बना रहता है।

भारतीय रिजर्व बैंक के गवर्नर व उनका कार्यकाल

गवर्नर	कार्यकाल
सर ओसबोर्न स्मिथ	1-4-1935 से 30-6-1937
सर जेम्स टेलर	1-7-1937 से 17-2-1943
सर सी. डी. देशमुख	11-8-1948 से 30-6-1949
सर बेनेगल रामाराव	1-7-1949 से 14-1-1957
के. जी. अम्बेगांवकर	14-1-1957 से 28-2-1957
एच. वी. आर. आयंगर	1-3-1957 से 28-2-1962
पी. सी. भट्टाचार्य	1-3-1962 से 30-6-1967
एल. के. झा	1-7-1967 से 3-5-1970
बी. एन. अदारकर	4-5-1970 से 15-6-1970
एस. सी. जगन्नाथन	16-6-1970 से 19-5-1975
एन. सी. सेनगुप्ता	19-5-1975 से 19-8-1975
के. आर. पुरी	20-8-1975 से 2-5-1977
एम. नरसिंहम	2-5-1977 से 30-11-1977
आई.जी. पटेल	1-12-1977 से 15-9-1982
डॉ. मनमोहन सिंह	16-9-1982 से 14-1-1985
ए. घोष	15-1-1985 से 4-2-1985
आर. एन. मल्होत्रा	4-2-1985 से 22-12-1990
एस. वेंकटरमन	22-12-1990 से 21-12-1992
डॉ. सी. रंगराजन	22-12-1992 से 21-11-1997
डॉ. बिमल जालान	22-11-1997 से 6-9-2003
डॉ. वाई. वी. रेड्डी	6-9-2003 से 5-9-2008
डी. सुब्बाराव	5-9-2008 से 4-9-2013
रघुराम गोविन्द राजन	4-9-2013 से 4-9-2016
उर्जित पटेल	4-9-2016 से 11-12-2018
शक्तिकान्त दास	12-12-2018 से अब तक

भारतीय रिजर्व बैंक के कार्य

भारतीय रिजर्व बैंक के कार्य निम्नलिखित हैं

केन्द्रीय बैंक के रूप में

भारतीय रिजर्व बैंक के कार्य केन्द्रीय बैंक के रूप में निम्नलिखित हैं

- **नोटों का निर्गमन** (Issues of Paper Currency Notes) भारतीय रिजर्व बैंक ₹ 1 के नोट तथा सिक्कों को छोड़कर सभी मूल्यों के नोटों व मुद्रा को जारी करता है। यह करेन्सी नोट जारी करने के लिए न्यूनतम निधि पद्धति को अपनाता है। भारतीय रिजर्व बैंक

अधिनियम, 1934 के अन्तर्गत एक वित्त वर्ष में रिजर्व बैंक ₹ 10 हजार करोड़ से अधिक नए नोटों को जारी नहीं कर सकता। यह सरकार को नवीनतम सुरक्षा वाले करेन्सी नोटों की डिजाइनिंग की जानकारी उपलब्ध कराता है।

भारत में प्रतिभूति मुद्रण के संस्थान

प्रतिभूति मुद्रण	स्थान	सामग्री
करेन्सी प्रेस नोट (1928)	नासिक (महाराष्ट्र)	बैंक नोट ₹1 से ₹100 तक
सिक्योरिटी पेपर मिल (1967-68)	होशंगाबाद (मध्य प्रदेश)	बैंक और करेन्सी नोट कागज
बैंक नोट प्रेस (1974)	देवास (मध्य प्रदेश)	बैंक नोट ₹20, ₹50, ₹100, ₹200, ₹500 और ₹2000
सिक्योरिटी प्रिण्टिंग प्रेस (1982)	हैदराबाद (तेलंगाना)	केन्द्रीय उत्पाद शुल्क स्टाम्प
इण्डिया सिक्योरिटी प्रेस (1992)	नासिक (महाराष्ट्र)	डाक टिकट, पोस्टल ऑर्डर, सभी सरकारी पत्र आदि।
आधुनिक नोट मुद्रा प्रेस (1995)	मैसूर (कर्नाटक) और शाहबनी (पश्चिम बंगाल)	आधुनिक करेन्सी नोट

- भारतीय सिक्के मुम्बई, कोलकाता, हैदराबाद और नोएडा में बनाए जाते हैं।

भारतीय रिजर्व बैंक द्वारा ₹ 1 के नोट का पुनर्प्रचलन

- भारतीय रिजर्व बैंक (RBI) ने 4 मार्च, 2015 को ₹ 1 का नोट पुनर्प्रचलन में लाने की घोषणा की। इसके लिए **द क्वाएनेज एक्ट, 2011** के अन्तर्गत निविदा जारी की गई है, जिसके माध्यम से नोट की प्रिण्टिंग शुरू हुई।
- नवम्बर, 1994 में अधिक लागत के कारण ₹ 1 नोट की प्रिण्टिंग बन्द कर दी गई थी। ₹ 2 तथा ₹ 5 के नोट की प्रिण्टिंग भी वर्ष 1995 में बन्द कर दी गई। इसके बाद से इन मूल्यों के सिक्के ही परिचालन में रह गए थे।
- भारतीय रिजर्व बैंक ₹ 1 से ऊपर के नोट व सिक्के जारी करता है।
- भारतीय रिजर्व बैंक के द्वारा छापे गए ₹ 1 के ऊपर के नोटों पर भारतीय रिजर्व बैंक के गवर्नर के हस्ताक्षर होते हैं। ₹ 1 के नोटों पर वित्त सचिव का हस्ताक्षर होता था। वर्तमान में ₹ 1 तथा ₹ 2 के नोटों का मुद्रण बन्द कर दिया गया है।

- **मौद्रिक नीति का संचालन करना** (Conduct Monetary Policy) रिजर्व बैंक मौद्रिक नीति को तैयार तथा उसकी निगरानी करता है। यह मूल्य स्थिरता को बनाए रखने में सहायक होता है। यह मुद्रास्फीति को नियन्त्रण में रखने के साथ नकदी की पर्याप्त व्यवस्था को बढ़ावा देता है।
- **साख नियन्त्रण** (Credit Control) रिजर्व बैंक देश में आर्थिक संवृद्धि को सुनिश्चित करने, वित्तीय आवश्यकताओं की पूर्ति के लिए संस्थाओं को स्थापित करने के साथ-साथ मुद्रा व साख की माँग व पूर्ति के बीच सन्तुलन स्थापित करने का प्रयास करता है तथा साख का सृजन करता है।
- **सरकार के बैंकर, एजेण्ट के रूप में कार्य करना** (Act as the Banker's, Agent of the Government) रिजर्व बैंक केन्द्र सरकार तथा राज्य सरकार के बैंकर, एजेण्ट तथा वित्तीय सलाहकार के रूप में कार्य करता है। यह सरकार को बेहतर नकदी प्रबन्धन के लिए सलाह भी देता है। यह सरकारी प्रतिभूतियों के बाजार के विकास तथा इसके व्यवस्थित कार्य संचालन में सहायता करता है। यह सरकार की करों से होने वाली आयों को जमा करने के साथ ही आदेशानुसार भुगतान भी करता है।
- **बैंकों के बैंक के रूप में कार्य करना** (Work as Bankers Bank) यह सभी बैंकों के लिए अन्तिम उधारदाता के रूप में कार्य करता है तथा सभी अनुसूचित बैंकों के बैंक खाते को व्यवस्थित करता है। यह समस्त वित्तीय प्रणाली तथा निजी बैंकों में पर्याप्त नकदी की उपलब्धता को दैनिक आधार पर सुनिश्चित करता है। इस प्रकार वह **बैंकों के बैंकर** के रूप में कार्य करता है।
- **आँकड़ों का संकलन व प्रकाशन** (Collection and Publication of Data) यह बैंक मुद्रा, साख, बैंकिंग, उत्पादन मूल्य, विदेशी व्यापार, भुगतान शेष, विदेशी विनिमय आदि विषयों से सम्बन्धित आँकड़ों का विश्लेषण व प्रकाशन करता है। यह समय-समय पर डेटा से सम्बन्धित रिपोर्ट भी जारी करता है।
- **बैंकिंग एवं वित्तीय व्यवस्था को विनियमित करना** (Regulation on Banking and Financial System) रिजर्व बैंक देश की बैंकिंग तथा वित्तीय प्रणाली के कार्यान्वयन हेतु मानदण्ड को निर्धारित करता है तथा यह वाणिज्यिक बैंकों पर नियन्त्रण, परिसम्पत्तियों की तरलता, शाखा विस्तार तथा बैंकों के लिए लाइसेन्स भी जारी करता है। इतना ही नहीं बैंकिंग व्यवस्था पर लोगों का विश्वास बना रहे, इसके लिए यह महत्त्वपूर्ण पहल भी करता है।
- **विदेशी मुद्रा भण्डार का संरक्षण** (Conservation of Foreign Exchange Reserves) भारतीय रिजर्व बैंक विदेशी व्यापार को सुगम बनाने तथा विदेशी मुद्रा बाजार के विकास को बनाए रखने की दिशा में महत्त्वपूर्ण भूमिका निभाता है। इस प्रकार यह विदेशी मुद्रा प्रबन्धन अधिनियम, 1999 के अन्तर्गत विदेशी मुद्राओं के भण्डार का संरक्षण तथा प्रबन्धन करता है।
- **विदेशी विनिमय दर का नियमन** (Foreign Exchange Rate Regulation) रिजर्व बैंक निवेश तथा विदेशों में भारतीय निवेश को सुगम बनाने के लिए विदेशी व्यापार तथा भुगतानों के लिए

नीति निर्माण करता है। इसके साथ ही विदेशी विनिमय दर का निर्धारण तथा नियमन करता है।

- **विकासात्मक कार्य में सहयोग करना** (Assist in Development Work) रिजर्व बैंक तीव्र आर्थिक विकास व राष्ट्रीय उद्देश्यों की प्राप्ति के लिए सहयोगात्मक कार्य के माध्यम से योगदान देता है।

> भारतीय औद्योगिक विकास बैंक, भारतीय लघु उद्योग विकास बैंक, राष्ट्रीय कृषि एवं ग्रामीण विकास बैंक तथा राष्ट्रीय आवासीय बैंक आदि की स्थापना रिजर्व बैंक के द्वारा की गई है, जो विकासात्मक कार्यों को बढ़ावा देते हैं।

साधारण बैंक के रूप में

भारतीय रिजर्व बैंक के साधारण बैंक के रूप में निम्नलिखित कार्य हैं

- **जमा प्राप्त करना** (Receive Deposit) रिजर्व बैंक सरकार की करों से प्राप्त आय को जमा करता है तथा वाणिज्यिक एवं अन्य बैंकों से जमा स्वीकृत करता है। इसके अतिरिक्त आदेश के अनुरूप भुगतान भी करता है।
- **ऋण उपलब्ध करना** (Providing Credit) ये बैंक सरकारों को ऋण उपलब्ध कराते हैं। ये वाणिज्यिक बैंकों को अल्पकालिक तथा दीर्घकालिक ऋण उपलब्ध कराते हैं। इसके साथ ही वाणिज्यिक बैंकों से ऋण भी लेता है।
- **विपत्रों का क्रय-विक्रय करना** (Sale and Purchase of Bills) रिजर्व बैंक भुगतान बिलों को भुनाने तथा क्रय-विक्रय का कार्य करता है। इसके अतिरिक्त कृषि विपत्रों का क्रय-विक्रय तथा विदेशी विनिमय विपत्रों का क्रय-विक्रय आदि कार्य भी करता है।
- **विश्व बैंक में खाता खोलना** (Account Opening in World Bank) रिजर्व बैंक, विश्व बैंक में देश की ओर से खाता खोलता है तथा अपना शेयर या प्रतिनिधित्व प्रस्तुत करता है। विश्व बैंक सदस्य देशों को विकासात्मक कार्यों में सहयोग देता है।
- **विश्व के अन्य केन्द्रीय बैंकों में खाता खोलना** (Account Opening in Central Bank of other Countries) भारतीय रिजर्व बैंक विश्व के अन्य देशों के केन्द्रीय बैंकों में खाता खोलता है। इसके अतिरिक्त दूसरे देशों के बैंकों की शाखा को देश में खोलने की अनुमति प्रदान करता है।

भारतीय रिजर्व बैंक के अन्य कार्य

भारतीय रिजर्व बैंक के अन्य कार्य निम्नलिखित हैं

- **रिजर्व बैंक निर्यात उद्योगों** (Export Industries) को ऋण भी देता है। ये ऋण प्रत्यक्ष व अप्रत्यक्ष दोनों रूपों में दिए जाते हैं।

> बैंकों का बैंक होने के कारण रिजर्व बैंक समाशोधन गृह का कार्य भी करता है अर्थात् यह बैंकों के आपसी लेन-देन सम्बन्धित क्रियाकलापों का निपटान केन्द्र (Clearing Centre) भी है।

- यह बैंक बड़े नोटों के बदले छोटे नोट तथा छोटे नोटों के बदले सिक्के देने का कार्य भी करता है।
- रिजर्व बैंक मुद्रा, साख, वित्त, कृषि तथा औद्योगिक उत्पादन सम्बन्धी आँकड़े एकत्रित करता है तथा उनके आधार पर बनी रिपोर्टों के प्रकाशन का भी दायित्व निभाता है। रिजर्व बैंक का मासिक बुलेटिन महत्त्वपूर्ण आर्थिक सूचनाएँ व आँकड़े भी देता है।
- बैंकिंग विकास हेतु रिजर्व बैंक ने कई प्रशिक्षण केन्द्र (Training Centre) भी खोले हैं, जहाँ प्रतिभाशाली बैंकर्स को प्रशिक्षण दिया जाता है। **बैंकिंग ट्रेनिंग कॉलेज** की स्थापना वर्ष 1954 में मुम्बई में हुई, जहाँ बैंकिंग अधिकारियों को प्रशिक्षण दिया जाता है।
- पुणे में कृषि बैंकिंग कॉलेज व चेन्नई में स्टाफ ट्रेनिंग कॉलेज की भी स्थापना की गई है।
- बैंकिंग प्रशिक्षण के लिए रिजर्व बैंक, प्रबन्ध की एक राष्ट्रीय संस्था है तथा क्लर्कों के प्रशिक्षण हेतु बम्बई, कोलकाता, चेन्नई तथा दिल्ली, ये चार प्रशिक्षण केन्द्र हैं।

> **भारतीय रिजर्व बैंक का लेखांकन वर्ष**
>
> - जब भारतीय रिजर्व बैंक (आरबीआई) का परिचालन अप्रैल, 1935 में प्रारम्भ हुआ, तब इसका लेखांकन वर्ष जनवरी-दिसम्बर था। इसे वर्ष 1940 में बदलकर जुलाई-जून कर दिया गया।
> - आर्थिक पूँजी फ्रेमवर्क पर **विमल जालान समिति** की सिफारिश पर आरबीआई ने लेखांकन वर्ष को जुलाई-जून से बदलकर अप्रैल-मार्च कर दिया था।
> - इसका उद्देश्य देश की वित्तीय प्रणाली के प्रभावी प्रबन्धन को सुनिश्चित करने के लिए सरकार के वित्तीय वर्ष (अप्रैल-मार्च) के समान करना है।
> - आरबीआई बजटीय उद्देश्यों के लिए वर्तमान वित्त वर्ष के लिए सरकार को आनुपातिक अधिशेष के हस्तान्तरण में सहायक होगा। अत: वर्तमान में वित्तीय वर्ष के समान ही लेखांकन 1 अप्रैल से 31 मार्च है।

मौद्रिक नीति

- मौद्रिक नीति से तात्पर्य उन सभी उपायों से है, जिनके माध्यम से अर्थव्यवस्था में मुद्रा व साख की मात्रा को नियन्त्रित किया जाता है।
- दूसरे शब्दों में, किसी देश की सरकार द्वारा वहाँ के केन्द्रीय बैंक के माध्यम से अर्थव्यवस्था में विशेष आर्थिक उद्देश्यों की प्राप्ति हेतु मुद्रा व साख की मात्रा के नियमन व नियन्त्रण (Control and Regulation) को मौद्रिक नीति (Monetary Policy) कहा जाता है।
- यह एक व्यापक अवधारणा है, जो अर्थव्यवस्था में व्यय निवेश प्रवाह के समायोजन के माध्यम से कार्य करती है। इसके द्वारा मुद्रा के प्रवाह तथा प्रचलन की मात्रा को विनियमित किया जाता है।

मौद्रिक नीति के उद्देश्य व लक्ष्य

- अर्थव्यवस्था में कीमत स्थिरता को बनाए रखना मौद्रिक नीति का प्रमुख उद्देश्य है। यह मुद्रास्फीति को नियन्त्रित करने व मुद्रा अवस्फीति से निकलने का महत्त्वपूर्ण शस्त्र है।
- यह ब्याज दरों को नियन्त्रित करने के साथ आर्थिक गतिविधियों में वृद्धि कर आर्थिक संवृद्धि की दर को तीव्र करने में सहायक होता है।
- मौद्रिक नीति के लक्ष्यों में वित्तीय स्थिरता तथा समावेशी विकास को प्राप्त करना प्रमुख है।
- रिजर्व बैंक साख के नियन्त्रण व नियमन हेतु दो प्रकार के उपायों का प्रयोग करता है

मौद्रिक नीति के उपकरण

- परिमाणात्मक
  - बैंक दर
  - भारतीय रिजर्व बैंक की दरें
    - रेपो दर
    - रिवर्स रेपो दर
  - आरबीआई के नीतिगत अनुपात
    - नकद आरक्षित अनुपात
    - वैधानिक तरलता अनुपात
  - चलनिधि/तरलता समायोजन सुविधा
  - सीमान्त स्थायी सुविधा
  - पूँजी पर्याप्तता अनुपात
  - खुले बाजार की क्रियाएँ
- चयनात्मक/गुणात्मक
  - मार्जिन आवश्यकता
  - साख की राशनिंग
  - नैतिक प्रभाव व प्रचार का उपयोग

परिमाणात्मक साख नियन्त्रण

परिमाणात्मक या मात्रात्मक उपायों व उपकरणों का सम्बन्ध अर्थव्यवस्था की समग्र मुद्रा की पूर्ति से होता है। इसके द्वारा मुद्रा की पूर्ति में वृद्धि या कमी की जाती है। इसके अन्तर्गत अपनाए जाने वाले प्रमुख उपाय निम्नलिखित हैं

बैंक दर

- यह वह दर होती है, जिस पर भारतीय रिजर्व बैंक अन्य व्यापारिक बैंकों को उनकी प्रथम श्रेणी की प्रतिभूतियों के आधार पर दीर्घकालीन ऋण प्रदान करता है।
- यह दर व्यापारिक बैंकों द्वारा दिए जाने वाले उधार पर ब्याज की न्यूनतम सीमा तय करती है।

> मुद्रास्फीति को रोकने के लिए बैंक दर को बढ़ाया तथा मुद्रा संकुचन या मुद्रा अवस्फीति का सामना करने के लिए बैंक दर को कम किया जाता है। इस प्रकार यह दर बैंकों की साख सृजन क्षमता को प्रभावित करती है।

- बैंक दर में वृद्धि से वाणिज्यिक बैंक आरबीआई से कम दीर्घकालीन ऋण लेगा, जिससे बैंकों के पास पूँजी की मात्रा अथवा तरलता में कमी आएगी, वाणिज्यिक बैंकों द्वारा ब्याज दरों में वृद्धि की जाएगी।
- बैंक दर में कमी करने पर वाणिज्यिक बैंक, आरबीआई से अधिक ऋण प्राप्त करेंगे, जिससे बैंकों के पास पूँजी की मात्रा या तरलता में वृद्धि होगी।

भारतीय रिजर्व बैंक की दरें

भारतीय रिजर्व बैंक की दरें दो प्रकार की होती हैं, जो निम्न हैं

रेपो दर

- रेपो का अर्थ पुन: खरीद (Re-purchase) होता है। इसमें प्रतिभूतियों को इस आश्वासन के साथ बेचा जाता है कि विक्रेता एक निश्चित अवधि के बाद प्रतिभूतियों को पुन: खरीद लेगा। इस पूर्ण खरीद की एक दर निर्धारित कर दी जाती है, जिसे रेपो दर (Repo Rate) कहते हैं।
- यह एक ऐसी सुविधा है, जिसे आरबीआई व्यापारिक बैंकों को प्रदान करता है, जिससे व्यापारिक बैंक अपनी सरकारी प्रतिभूतियों के माध्यम से अत्यन्त कम समय के लिए ऋण प्राप्त कर सकें।

> यह दर भारतीय रिजर्व बैंक अनुसूचित वाणिज्यिक बैंकों को अल्पकालीन ऋण प्रदान करती है। इसका उपयोग रिजर्व बैंक के द्वारा नीतिगत दरों के रूप में करके प्रतिभूतियों के क्रय के माध्यम से अर्थव्यवस्था में तरलता की वृद्धि की जाती है।

- रेपो दर में वृद्धि से वाणिज्यिक बैंक आरबीआई से अल्पकालीन ऋण कम मात्रा में प्राप्त करेंगे, जिससे वाणिज्यिक बैंकों के पास पूँजी की मात्रा में कमी आएगी।
- रेपो दर में कमी करने से वाणिज्यिक बैंकों को अपनी प्रतिभूतियों पर कम ब्याज दर पर ऋण प्राप्त होता है अर्थात् वाणिज्यिक बैंकों के पास पूँजी की मात्रा अथवा तरलता में वृद्धि होती है।

रिवर्स रेपो दर

- रिवर्स रेपो दर, यह रेपो दर के विपरीत होता है। जब वाणिज्यिक बैंक अपने पास उपलब्ध अतिरिक्त धन को भारतीय रिजर्व बैंक में रखते हैं, तो उस पर वाणिज्यिक बैंकों को जो ब्याज मिलता है, उसे रिवर्स रेपो दर (Reverse Repo Rate) कहते हैं अर्थात् यह वह दर होती है, जिस पर रिजर्व बैंक, वाणिज्यिक बैंक से ऋण प्राप्त करता है।
- इस प्रकार इसके माध्यम से रिजर्व बैंक वाणिज्यिक बैंकों से अल्पकालिक ऋण लेकर अर्थव्यवस्था से तरलता को निकालता (सोखता) है।
- रिवर्स रेपो दरों में वृद्धि करके आरबीआई वाणिज्यिक बैंकों को अपने यहाँ धन जमा करने का लालच देता है। यह स्थिति भी मौद्रिक तरलता को कम करती है अर्थात् इससे वाणिज्यिक बैंकों की पूँजी में कमी हो जाती है।

- रिवर्स रेपो दर में कमी करने पर वाणिज्यिक बैंक आरबीआई को अल्पकालिक ऋण कम मात्रा में उपलब्ध कराएगा। इससे वाणिज्यिक बैंकों के पास पूँजी की मात्रा में वृद्धि हो जाएगी।

आरबीआई के नीतिगत अनुपात

आरबीआई के नीतिगत अनुपात दो प्रकार के होते हैं, जो निम्न हैं

नकद आरक्षित अनुपात

- प्रत्येक वाणिज्यिक बैंक अपनी कुल जमा राशि (माँग जमा तथा समय जमा) का एक निश्चित भाग भारतीय रिजर्व बैंक के पास नकद रखने को बाध्य होता है, जिसे नकद आरक्षित अनुपात (Cash Reserve Ratio, CRR) कहा जाता है। यह 3 से 20% के मध्य कुछ भी हो सकता है।
- बाजार में तरलता को समायोजित करने के लिए भारतीय रिजर्व बैंक नकद आरक्षित अनुपात में कमी एवं वृद्धि करता रहता है। नकद आरक्षित अनुपात में वृद्धि से साख में कमी होने लगती है तथा नकद आरक्षित अनुपात में कमी करने से साख में वृद्धि होने लगती है।
- नकद आरक्षित अनुपात की मात्रा रिजर्व बैंक द्वारा निर्धारित की जाती है। यह बैंकों को नकदी की समस्या से सुरक्षा प्रदान करने में कवच का कार्य करता है। इस पर आरबीआई बैंकों को कोई ब्याज नहीं देता है। इसकी गणना पाक्षिक (Fortnight) अर्थात् 14 दिनों की औसत जमा राशि पर की जाती है।
- इस नकद आरक्षित अनुपात में वृद्धि से वाणिज्यिक बैंक को RBI के पास पहले से अधिक पूँजी रखनी होगी। फलस्वरूप बैंकों की साख सृजन क्षमता में कमी आएगी।
- इसमें (CRR) कमी होने पर वाणिज्यिक बैंकों के पास पूँजी की मात्रा बढ़ जाएगी, जिससे साख सृजन की क्षमता में वृद्धि होगी। बैंकों के पास तरलता में वृद्धि होगी।

वैधानिक/सांविधिक तरलता अनुपात

- व्यापारिक बैंकों को अपनी जमा का कुछ भाग अपने पास सोना, विदेशी मुद्रा या स्वीकृत प्रतिभूतियों में रखना अनिवार्य होता है।

> यह राशि नकद आरक्षित अनुपात के अन्तर्गत रखी गई नकद राशि के अतिरिक्त होती है। इसे वैधानिक/सांविधिक तरलता अनुपात (Statutory Liquidity Ratio-SLR) कहते हैं।

- यह 0 से 40% के बीच हो सकती है। इसका उद्देश्य जमाकर्ता की धन निकासी की आवश्यकता को पूर्ण करना है।
- RBI द्वारा जब सांविधिक तरलता अनुपात (Statutory Liquidity Ratio, SLR) में वृद्धि की जाती है, तो बैंकों की साख में कमी आने लगती है तथा जब RBI द्वारा SLR में कमी की जाती है, तो बैंकों की साख में वृद्धि होने लगती है।
- यह रिजर्व बैंक द्वारा निर्धारित किया जाता है, जिसका उपयोग रिजर्व बैंक मौद्रिक नीति के उपकरण के रूप में समय-समय पर परिवर्तन के साथ करता रहता है।
- एसएलआर में वृद्धि होने पर वाणिज्यिक बैंकों को अपने पास अधिक पूँजी रखनी होगी, जिससे बैंकों की साख सृजन क्षमता में कमी आएगी।
- एसएलआर में कमी से बैंकों को कम पूँजी रखनी होगी, जिससे बैंकों के पास तरलता में वृद्धि होगी।
- इसके अतिरिक्त वस्तुओं तथा सेवाओं की कीमतों में तथा अर्थव्यवस्था की समग्र माँग में वृद्धि होगी।

> **चलनिधि/तरलता समायोजन सुविधा**
>
> - भारतीय रिजर्व बैंक द्वारा बैंकों को दी गई **चलनिधि समायोजन सुविधा** (Liquidity Adjustment Facility, LAF) एक महत्त्वपूर्ण सुविधा है। यह मौद्रिक नीति के क्रियान्वयन में प्रयुक्त किया जाने वाला एक प्रमुख यन्त्र (टूल) है। इसके अन्तर्गत रेपो और रिवर्स आते हैं, जिनकी दरों पर नियन्त्रण करके भारतीय रिजर्व बैंक बाजार में उपलब्ध मुद्रा को नियन्त्रित करता है।
> - बैंकिंग सुधार हेतु गठित **नरसिंहम समिति** की सिफारिशों के आधार पर वर्ष 2000 में तरलता समायोजन सुविधा को अपनाया गया।
> - इसकी सहायता से रिजर्व बैंक बाजार की अलग-अलग दशाओं में अल्पकालीन तरलता को नियमित एवं नियन्त्रित करता है। इससे बाजार की तरलता को प्रबन्धित करने में सफलता मिलती है।

सीमान्त स्थायी सुविधा

- सीमान्त स्थायी सुविधा (Marginal Standing Facility, MSF) भी RBI की **मौद्रिक नीति** का एक भाग है। मौद्रिक नीति के उपकरण के रूप में इसकी शुरुआत मई, 2011 में हुई। इसके अन्तर्गत RBI, बैंकों के अति अल्पकालिक ऋण आवश्यकता की पूर्ति करता है।
- MSF बैंकों के लिए एक पैनल दर होगा और बैंकों को SLR की सीमाओं के अन्तर्गत सरकार सुरक्षापूर्ण गिरवी रखकर विधि उधार ले सकती है।
- इस सुविधा के अन्तर्गत केवल **अनुसूचित वाणिज्यिक बैंक** (Scheduled Commercial Bank) ही रिजर्व बैंक से उधार ले सकते हैं। इसके ऋण के लिए जमानत के अन्तर्गत प्रतिभूतियों को रखा जाता है।

सीमान्त निधि लागत पर आधारित उधार दर

- भारतीय रिजर्व बैंक ने व्यापारिक बैंकों द्वारा उधार दर निर्धारित करने की नई पद्धति सीमान्त निधि लागत पर आधारित उधार दर (Marginal Cost of Funds Based Lending Rate, MCLR) को अपनाया है तथा इससे सम्बन्धित दिशा-निर्देश जारी किए हैं। यह 1 अप्रैल, 2016 से प्रभावी है।
- इससे यह अपेक्षा की जाती है कि बैंकों की उधार दरों में नीति दरों के संचारण को उत्कृष्ट बनाने में सहायता करने के अतिरिक्त ये उपाय अग्रिमों पर ब्याज दरों के निर्धारण के लिए बैंकों द्वारा अपनाई जा रही पद्धति में पारदर्शिता को उत्कृष्ट बनाने में सहायक होंगे।

- यह भी अपेक्षा की जाती है कि इन दिशा-निर्देशों से ऐसी ब्याज दरों पर बैंक ऋण की उपलब्धता सुनिश्चित होगी, जो उधारकर्ताओं के साथ-साथ बैंकों के लिए उचित हों। साथ ही ऋणों की सीमान्त लागत की कीमत-निर्धारण से बैंक और प्रतिस्पर्द्धी बनने तथा दीर्घावधिक मूल्य को बढ़ाने में सहायता मिलेगी और आर्थिक वृद्धि में योगदान मिलेगा।

पूंजी पर्याप्तता अनुपात

- पूंजी पर्याप्तता अनुपात (Capital Adequacy Ratio) की अवधारणा का प्रतिपादन वर्ष 1988 में बैंक ऑफ इण्टरनेशनल सेटलमेण्ट द्वारा गठित **बेसल समिति** द्वारा किया गया।
- पूंजी पर्याप्तता से तात्पर्य ऐसी पूंजी से है, जिसके अन्तर्गत कोई भी कम्पनी अपने द्वारा सृजित परिसम्पत्ति (Assets) का एक निश्चित भाग अपने पास रखती है। अत: यह स्पष्ट रूप से कहा जा सकता है कि पूंजी पर्याप्तता अनुपात व्यवसाय के उस स्तर को निर्धारित करता है, जो वाणिज्यिक बैंक या वित्तीय संस्थाएँ कर सकने हेतु अधिगृहीत हैं।

> बेसल समिति की सिफारिशों के अनुरूप भारत के समस्त बैंकों में पूंजी पर्याप्तता मानक को वर्ष 1992-93 से लागू कर दिया गया।

- बेसल समिति की सिफारिशों के आधार पर भारतीय अनुसूचित बैंकों के लिए नए दो स्तरीय पूंजी पर्याप्तता मानक निर्धारित किए गए, जो इस प्रकार हैं
  - **टीयर I या आन्तरिक पूंजी** (Tier 1 or Core Capital) इसमें चुकता पूंजी (Paid Capital), वैधानिक आरक्षण, शेयर प्रीमियम तथा पूंजी आरक्षण सम्मिलित किए जाते हैं। यहाँ अप्रत्याशित हानियों के विरुद्ध सबसे अधिक स्थायी एवं अधिमान भाग सम्मिलित किए जाते हैं। इसे **कोर पूंजी** भी कहा जाता है।
  - **टीयर II पूंजी** (Tier-II Capital) इसमें अघोषित संचित निधियाँ, हाइब्रिड ऋण पूंजी, अधीनस्थ ऋण प्राप्ति आदि को शामिल किया जाता है।
- बैंक पूंजी का यह भाग बैंकों को दिवालिया होने से बचाता है तथा बैंकों के सभी हितधारकों के हितों की रक्षा करता है।

खुले बाजार की क्रियाएँ

- जब केन्द्रीय बैंक बाजार में प्रतिभूतियों, ऋण-पत्रों एवं बिलों और अन्य स्वीकृत विपत्रों का क्रय-विक्रय करता है, तो बाजार में मुद्रा की मात्रा में कमी आ जाती है, जिससे साख का सन्तुलन होता है और जब इन सभी का क्रय किया जाता है, तो बाजार में मुद्रा की मात्रा बढ़ती है और साख का विस्तार होता है। इस प्रकार के क्रियाकलाप को खुले बाजार की क्रियाएँ (Open Market Operations) कहते हैं।

खुले बाजार की क्रियाएँ

सार्वजनिक ऋण प्रबन्धन के अन्तर्गत सरकारी प्रतिभूतियों की खरीद-बिक्री करना	साख नियन्त्रण के यन्त्र (उपकरण) के रूप में उपयोग करना

- इसके परिचालन में सरकारी प्रतिभूतियों की एक मुक्त खरीद व बिक्री की जाती है।

> यह एक आन्तरिक व्यवस्था है, जो सरकार एवं भारतीय रिजर्व बैंक के बीच होती है। इसमें रिजर्व बैंक सरकार के एजेण्ट के रूप में कार्य करता है।

- यह सार्वजनिक ऋण प्रबन्धन के अन्तर्गत सरकारी प्रतिभूतियों का क्रय-विक्रय के साथ साख नियन्त्रण के उपकरण के रूप में भी कार्य करता है।
- इस प्रकार भारतीय रिजर्व बैंक द्वारा साख नियन्त्रण के रूप में खुले बाजार की क्रियाएँ तरलता के समयोजन के रूप में की जाती हैं अर्थात् रिजर्व बैंक खुले बाजार की क्रियाओं के अन्तर्गत अर्थव्यवस्था में कुल माँग को बढ़ाने तथा मुद्रा संकुचन की स्थिति से बाहर निकलने के लिए प्रतिभूतियों को क्रय करता है।

चयनात्मक/गुणात्मक साख नियन्त्रण

- जब भारतीय रिजर्व बैंक को यह प्रतीत होता है कि अर्थव्यवस्था के कुछ क्षेत्रों में उदार साख नीति की आवश्यकता है, तो बैंक चयनात्मक साख नियन्त्रण व्यवस्था को अपनाता है।
- इस व्यवस्था के अन्तर्गत रिजर्व बैंक सार्वजनिक हित में किसी भी या एकसाथ सभी बैंकों को ऋण सम्बन्धी निम्नलिखित निर्देश दे सकता है; जैसे—मूल्यान्तर निश्चित करने से सम्बन्धित, ऋण देने सम्बन्धित (प्रतिबन्ध या पूर्वानुमति)।
- चयनात्मक साख नियन्त्रण की नीति मुख्यत: दो उद्देश्यों से अपनाई जाती है
  - सट्टा व जमाखोरी रोकने हेतु
  - मूल्यों में अनुचित वृद्धि रोकने हेतु
- ये गुणात्मक उपकरण साख को किसी विशेष उपयोग में दिशा प्रदान करते हैं। ये मुद्रा एवं तरलता के प्रवाह को अधिक प्रभाव पूर्ण तरीके से नियन्त्रित करने में सहायक होते हैं।
- भारतीय रिजर्व बैंक मौद्रिक नीति के गुणात्मक उपकरणों अथवा चयनात्मक साख नियन्त्रण के अन्तर्गत निम्नलिखित उपकरणों का प्रयोग करता है

मार्जिन आवश्यकता

- वाणिज्यिक बैंक ऋण लेने वालों को कुछ प्रतिभूतियों या सम्पत्ति के बदले ऋण प्रदान करता है। रखी गई जमानत के रूप में सम्पत्ति का मूल्य स्वीकृत ऋण मूल्य से अधिक होता है।
- इस प्रकार जमानत के रूप में रखी गई सम्पत्ति तथा उसके आधार पर दिए गए ऋण के बीच के अन्तर को सीमान्त आवश्यकता या ऋण मार्जिन कहा जाता है।
- इस विधि का प्रयोग भारतीय रिजर्व बैंक प्राय: मुद्रास्फीति के समय करता है, जिसमें सीमान्त आवश्यकता को बढ़ाकर साख की पूर्ति को कम किया जाता है।
- इससे तरलता में कमी आती है। वहीं मुद्रा संकुचन की स्थिति में सीमान्त आवश्यकता को कम किया जाता है, जिससे मुद्रा की पूर्ति में वृद्धि हो सके।

साख की राशनिंग

- यह साख का गुणात्मक (Qualitative) नियन्त्रण करने का एक महत्त्वपूर्ण तरीका है। इसका उद्देश्य बैंकों की साख निर्माण शक्ति को सीमित करना है। अन्तिम ऋणदाता (Lender of the Last Resort) के रूप में केन्द्रीय बैंक जब अन्य बैंकों की माँग को पूर्ण रूप से पूरा नहीं कर पाता, तो वह इसकी राशनिंग कर देता है अर्थात् यह निश्चित कर देता है कि प्रत्येक बैंक को कितनी साख दी जाएगी।

नैतिक प्रभाव व प्रचार का उपयोग

- सामान्यत: चयनात्मक साख नियन्त्रणों के साथ-साथ रिजर्व बैंक नैतिक प्रभाव तथा प्रचार का प्रभावपूर्ण उपयोग कर सकता है।
- नैतिक रूप से रिजर्व बैंक, बैंकों से उसके अनुरूप कार्य करने की उपेक्षा करता है। इसे विचार-विमर्श, पत्रों, अभिभाषणों तथा बैंकों को संकेतात्मक सन्देशों के माध्यम से व्यावहारिक रूप में दिया जाता है।

विदेशी विनिमय का नियमन

देश का केन्द्रीय बैंक होने के कारण रिजर्व बैंक ऑफ इण्डिया रुपये की विदेशी मुद्राओं में विनिमय दर को नियमित भी करता है, साथ ही अन्तर्राष्ट्रीय मुद्रा बाजार में रुपये की विनिमय दर को स्थिर बनाए रखने का भी प्रयास करता है।

> वर्ष 1947 में अन्तर्राष्ट्रीय मुद्रा कोष (International Monetary Fund, IMF) के सदस्य बनने के बाद भारत ने स्टर्लिंग प्रणाली का त्याग कर, विनिमय की इस अन्तर्राष्ट्रीय मुद्रा कोष प्रणाली को अपनाया। इसके फलस्वरूप रिजर्व बैंक केवल उन्हीं देशों की मुद्राओं का लेन-देन करता है, जो IMF के सदस्य हैं।

बाजार स्थिरीकरण योजना

- बाजार स्थिरीकरण योजना को वर्ष 2004 में शुरू किया गया था। इसके अन्तर्गत बड़ी मात्रा में पूँजी के बाजार में आने के अतिरिक्त, नकदी को अल्पकालिक सरकारी प्रतिभूति और राजकोष बिलों के माध्यम से कम किया जाता है।
- इस योजना में वैधानिक तरलता अनुपात तथा नकद आरक्षित अनुपात दोनों की विशेषताएँ पाई जाती हैं।
- इस प्रकार इसका मुख्य उद्देश्य विदेशी मुद्रा भण्डारों में होने वाली वृद्धि के परिणामस्वरूप जनित अतिरिक्त तरलता को एकत्रित करना है, जिससे पूँजी अन्तप्रवाहों के मौद्रिक प्रवाहों को निष्क्रिय किया जा सके।

> **ऑपरेशन ट्विस्ट**
>
> - इसके अन्तर्गत केन्द्रीय बैंक दीर्घकालीन सरकारी बॉण्ड्स को खरीदने के लिए अल्पकालिक सरकारी बॉण्ड्स का विक्रय करता है। इसकी शुरुआत वर्ष 1961 में अमेरिका के फेडरल रिजर्व बैंक द्वारा की गई थी। यह मौद्रिक नीति के उपकरण के रूप में कार्य करता है।
> - इसके अन्तर्गत भारतीय रिजर्व बैंक ने 23 सितम्बर, 2019 को ओपन मार्केट ऑपरेशन्स के अन्तर्गत ₹ 10,000 करोड़ की सरकारी प्रतिभूतियों का क्रय-विक्रय किया। इसके साथ ही खुले बाजार संचालन से वर्ष 2029 में परिपक्व हो रहे ₹ 10,000 करोड़ के 6.45% ब्याज दर वाले सरकारी बॉण्ड्स को खरीदेगा। इस प्रकार यह 10 वर्षीय अवधि वाले दीर्घकालिक बॉण्ड हैं।
>
> **ई-कुबेर**
>
> - यह भारतीय रिजर्व बैंक द्वारा डिजाइन किया गया एक इलेक्ट्रॉनिक प्लेटफार्म है। इसके माध्यम से प्रतिभूतियों को ऑनलाइन के माध्यम से क्रय-विक्रय किया जाता है।

भारत में बैंकों के विभिन्न प्रकार

भारत में बैंकों के प्रकार का वर्णन निम्नलिखित है

अनुसूचित बैंक

- ऐसे बैंकों को अनुसूचित बैंक (Scheduled Banks) की संज्ञा दी जाती है, जिनको **भारतीय रिजर्व बैंक अधिनियम, 1934** की दूसरी अनुसूची में सम्मिलित किया गया। अनुसूचित बैंक का दर्जा प्राप्त करने के लिए बैंकों को निम्नवत् शर्तें पूर्ण करनी होती हैं
  - बैंक की प्रदत्त पूँजी तथा संचित राशि ₹ 5 लाख से कम नहीं होनी चाहिए। भारतीय रिजर्व बैंक इस बात से पूर्ण रूप से सन्तुष्ट हो कि इन बैंकों द्वारा ऐसा कोई कार्य नहीं किया जाएगा, जिससे जमाकर्ताओं को हानि हो।
  - यह एक **संयुक्त पूँजी कम्पनी** (Joint Capital Company) होनी चाहिए, न कि एकल व्यापारी साझा फर्म।
  - इसके अतिरिक्त इन बैंकों को अपनी जमा का एक निश्चित अंश भारतीय रिजर्व बैंक के पास नकद रूप में रखना पड़ता है तथा **बैंकिंग अधिनियम, 1949** के अन्तर्गत भारतीय रिजर्व बैंक के पास समय-समय पर विवरण-पत्र भी भेजना पड़ता है।

गैर-अनुसूचित बैंक

- गैर-अनुसूचित बैंक (Non-Scheduled Banks) का आशय ऐसे बैंकों से है, जिन्हें **भारतीय रिजर्व बैंक अधिनियम, 1934** की दूसरी अनुसूची में सम्मिलित किया गया है।
- यह बैंक वैधानिक नकद आरक्षण आवश्यकताओं के अधीन हैं और इनको निश्चित राशि भारतीय रिजर्व बैंक के पास न रखकर अपने पास रखने का अधिकार है। गैर-अनुसूचित बैंकों को भारतीय रिजर्व बैंक से रियायती प्रेषण तथा उधार लेने की सुविधा प्राप्त नहीं होती है।

अनुसूचित बैंकों के प्रकार

अनुसूचित बैंकों के प्रकारों का विवरण निम्नलिखित है-

वाणिज्यिक बैंक

- वाणिज्यिक बैंक (Commerical Banks) वह वित्तीय संस्था है, जो लोगों के धन अथवा मुद्रा को अपने पास जमा के रूप में स्वीकार करती है और उनको उपभोग अथवा निवेश के लिए उधार देती है। ऐसे बैंकों की परिसम्पत्ति में अग्रिम, निवेश, माँग तथा अल्प सूचना मुद्रा आदि को शामिल किया जाता है।
- वाणिज्यिक बैंक ऐसे बैंकों को कहा जाता है, जो बचतें एकत्र करते हैं और उन्हें बड़ी तथा छोटी औद्योगिक एवं व्यापारिक इकाइयों को देते हैं, जो मुख्यत: इनकी कार्यकारी पूँजी की आवश्यकता को पूर्ण करती हैं।

वाणिज्यिक बैंकों द्वारा साख सृजन

- यह बैंक अपने द्वारा जमा की गई राशियों से साख सृजन करता है। इनको अपनी बचत का कुछ भाग **नकद आरक्षित अनुपात** (Cash Reserve Ratio, CRR) के रूप में रिजर्व बैंक के पास रखना होता है। इसके अतिरिक्त जमाओं का कुछ भाग नकद, सोना, सरकारी प्रतिभूतियों जैसी तरल सम्पत्तियों या **सांविधिक तरलता अनुपात** (Statutory Liquidity Ratio, SLR) के रूप में रखना पड़ता है।
- रिजर्व बैंक के द्वारा जब सांविधिक आरक्षित अनुपात बढ़ाया जाता है, तो इन बैंकों की साख सृजन की क्षमता कम हो जाती है। वहीं जब कम किया जाता है, तो साख सृजन की क्षमता में वृद्धि हो जाती है।

सार्वजनिक क्षेत्र के बैंक

- भारत में सार्वजनिक क्षेत्र का बैंक (Public Sector Banks PSB) उस बैंक को कहा जाता है, जिसमें 50% से अधिक शेयरधारिता सरकार के पास होती है।
- इनका भारतीय अर्थव्यवस्था में महत्त्वपूर्ण योगदान पाया जाता है। वर्तमान में देश में सार्वजनिक क्षेत्र के बैंकों की संख्या 12 है।
- स्टेट बैंक ऑफ इण्डिया तथा इसके **अनुषंगी बैंक** (Associated Banks) एवं अन्य राष्ट्रीयकृत क्षेत्र के बैंक सार्वजनिक क्षेत्र के बैंक हैं।
- निजी बैंकों में थोड़े-से भारतीय अनुसूचित बैंक हैं, जिनका राष्ट्रीयकरण नहीं किया गया था और भारत में कार्य करने वाले कुछ विदेशी बैंक हैं, जो सामान्य रूप से **विदेशी मुद्रा बैंक** (Foreign Exchange Banks) भी कहे जाते हैं।
- सार्वजनिक क्षेत्र के बैंक को दो भागों में बाँटा गया है
  - भारतीय स्टेट बैंक
  - अन्य राष्ट्रीय बैंक

बैंकों का राष्ट्रीयकरण

- भारत में बैंकों का सामाजिक उत्तरदायित्व सुनिश्चित करने हेतु बैंकों का राष्ट्रीयकरण करने का निश्चय भारत सरकार द्वारा किया गया, चूँकि वाणिज्यिक बैंक दूसरी निजी संस्थाओं की तरह स्वलाभ की प्रेरणा से ही व्यवसाय कर रहे थे, जिससे एकाधिकारी प्रवृत्तियों को प्रोत्साहन मिल रहा था एवं आर्थिक शक्ति का केन्द्रीकरण हो रहा था। इस प्रक्रिया का दुष्परिणाम यह हुआ कि प्राथमिक क्षेत्र को उपेक्षा का शिकार होना पड़ा तथा समुचित मात्रा में ऋण नहीं मिला, जिससे वे विकास की दौड़ में पीछे रह गए।
- उपरोक्त तथ्यों को ध्यान में रखकर वर्ष 1968 में बैंकों के लिए भारत सरकार द्वारा दो व्यवस्थाएँ की गईं
  - बैंकिंग अधिनियम का निर्माण।
  - राष्ट्रीय साख परिषद् (National Credit Council) की स्थापना।
- इम्पीरियल बैंक ऑफ इण्डिया का राष्ट्रीयकरण 1 जुलाई, 1955 को आंशिक रूप से किया गया तथा इसका नाम **स्टेट बैंक ऑफ इण्डिया** कर दिया गया। इसके साथ अन्य 8 (जो बाद में 5 हो गए) बैंकों को इसके सहायक बैंक के रूप में बदल दिया गया, जिन्हें **स्टेट बैंक समूह** कहा गया।
- सामाजिक नियन्त्रण की इस नीति का प्रभाव बहुत ही अल्पकालिक सिद्ध हुआ। अत: 19 जुलाई, 1969 को उन 14 वाणिज्यिक बैंकों का राष्ट्रीयकरण कर दिया गया, जिनकी जमाराशि ₹ 50 करोड़ या उससे अधिक थी, जो निम्नलिखित हैं
  - सेण्ट्रल बैंक ऑफ इण्डिया
  - पंजाब नेशनल बैंक
  - बैंक ऑफ इण्डिया
  - केनरा बैंक
  - इलाहाबाद बैंक
  - बैंक ऑफ बड़ौदा
  - सिण्डिकेट बैंक
  - यूनाइटेड बैंक ऑफ इण्डिया
  - यूनाइटेड कॉमर्शियल बैंक
  - यूनियन बैंक ऑफ इण्डिया
  - इण्डियन बैंक
  - बैंक ऑफ महाराष्ट्र
  - देना बैंक
  - इण्डियन ओवरसीज बैंक
- पुन: 15 अप्रैल, 1980 को 6 वाणिज्यिक बैंकों का राष्ट्रीयकरण किया गया, जिसकी जमा राशि ₹ 200 करोड़ या उससे अधिक थी, जो इस प्रकार हैं
  - आन्ध्रा बैंक
  - कॉर्पोरेशन बैंक
  - पंजाब एण्ड सिन्ध बैंक
  - ओरियण्टल बैंक ऑफ कॉमर्स
  - विजया बैंक
  - न्यू बैंक ऑफ इण्डिया

वर्ष 1980 के राष्ट्रीयकरण के पश्चात् राष्ट्रीय बैंकिंग बाजार में सार्वजनिक क्षेत्र के बैंकों की भागीदारी 91% थी, जो वर्तमान में घटकर 70% हो गई है।

- वर्ष 2019 में भारत में बैंकों के राष्ट्रीयकरण के 50 वर्ष पूर्ण हुए। इसके साथ ही 1 अप्रैल, 2020 को सार्वजनिक क्षेत्र के 10 बैंकों के विलय के प्रभावी हो जाने के बाद वर्तमान में कुल राष्ट्रीयकृत बैंकों की संख्या 11 हो गई है।

राष्ट्रीयकृत बैंकों का विलय

- बैंकों के विलय की प्रक्रिया में दो या दो से अधिक बैंकों का विलय करके एक बड़ा बैंक बनाया जाता है। इससे बैंकों के ग्राहक आधार में वृद्धि होती है, बाजार में उसकी पहुँच का विस्तार बढ़ता है तथा बैंको को अपने उपभोक्ताओं को अधिक एवं गुणवत्तापूर्ण उत्पाद एवं सेवाएँ प्रदान करने का अवसर मिलता है।
- इससे बैंकों के परिचालन लागत में कमी के साथ दक्षता में वृद्धि होती है।
- 4 सितम्बर, 1993 को न्यू बैंक ऑफ इण्डिया का विलय पंजाब नेशनल बैंक में किया गया।

भारतीय स्टेट बैंक ने अपने पाँच सहयोगी बैंक (स्टेट बैंक ऑफ त्रावणकोर, स्टेट बैंक ऑफ मैसूर, स्टेट बैंक ऑफ बीकानेर एवं जयपुर, स्टेट बैंक ऑफ पटियाला तथा स्टेट बैंक ऑफ हैदराबाद) और भारतीय महिला बैंक को 1 अप्रैल, 2017 को स्वयं में शामिल कर लिया। इस प्रकार यह बैंक विश्व के प्रमुख 50 बैंकों में शामिल हो गया।

- अप्रैल, 2019 को बैंक ऑफ बड़ौदा में विजया बैंक और देना बैंक का विलय किया गया। इसके साथ बैंक ऑफ बड़ौदा देश का तीसरा सबसे बड़ा बैंक बन गया।
- अप्रैल, 2020 को ओरियण्टल बैंक ऑफ कॉमर्स और यूनाइटेड बैंक ऑफ इण्डिया का पंजाब नेशनल बैंक में विलय हो गया। इसके साथ ही पंजाब नेशनल बैंक देश का दूसरा सबसे बड़ा बैंक बन गया।
- केनरा बैंक तथा सिण्डिकेट बैंक के विलय के बाद यह चौथा सबसे बड़ा सार्वजनिक क्षेत्र का बैंक बन गया है।
- यूनियन बैंक ऑफ इण्डिया, आन्ध्रा बैंक और कॉर्पोरेशन बैंक को मिलाकर भारत का पाँचवाँ सबसे बड़ा सरकारी क्षेत्र का बैंक अप्रैल, 2020 में बना।
- इण्डियन बैंक और इलाहाबाद बैंक का विलय भी अप्रैल, 2020 में किया गया। इसके साथ ही यह देश का सातवाँ बड़ा बैंक बन गया।
- इस प्रकार अब भारत में सार्वजनिक क्षेत्र के सरकारी बैंकों की कुल संख्या, जो वर्ष 2017 में 27 थी, से घटकर 12 हो गई है।

12 सार्वजनिक क्षेत्र के बैंक

- भारतीय स्टेट बैंक
- बैंक ऑफ बड़ौदा
- यूनियन बैंक
- बैंक ऑफ इण्डिया
- इण्डियन ओवरसीज बैंक
- बैंक ऑफ महाराष्ट्र
- पंजाब नेशनल बैंक
- केनरा बैंक
- इण्डियन बैंक
- सेण्ट्रल बैंक ऑफ इण्डिया
- पंजाब एण्ड सिन्ध बैंक
- यूको बैंक

भारतीय स्टेट बैंक

- भारतीय स्टेट बैंक (एसबीआई) देश का केन्द्रीय बैंक नहीं है, तथापि यह उन सभी स्थानों पर केन्द्रीय बैंक का ही कार्य करता है, जहाँ पर रिजर्व बैंक की अपनी शाखाएँ नहीं हैं।
- वर्ष 1935 में भारतीय रिजर्व बैंक (आरबीआई) की स्थापना तक भारतीय स्टेट बैंक इम्पीरियल बैंक ऑफ इण्डिया के रूप में अपने वाणिज्यिक बैंकिंग कार्यों के अतिरिक्त कुछ केन्द्रीय बैंकिंग कार्य भी कर रहा था।
- भारतीय स्टेट बैंक के दो महत्त्वपूर्ण कार्यों में सरकार के बैंकर के रूप में कार्य एवं बैंकों के बैंक के रूप में कार्य शामिल हैं।
- इसके अतिरिक्त भारतीय स्टेट बैंक व्यापारिक बैंकों को धन स्थानान्तरण सम्बन्धी सस्ती सुविधाएँ भी प्रदान करता है।
- भारतीय स्टेट बैंक देश में प्रत्येक स्थानों पर उपलब्ध अपनी शाखाओं के बड़े नेटवर्क द्वारा भारतीय रिजर्व बैंक की ओर से करेन्सी चेस्ट (Currency Chest) का कार्य सम्पन्न करता है।
- भारतीय स्टेट बैंक केन्द्र और राज्य सरकार दोनों की आवश्यकताओं को पूर्ण करता है, इसलिए भारतीय स्टेट बैंक को सरकार का बैंकर (Banker of Government) भी कहते हैं।
- भारतीय स्टेट बैंक को बैंकरों का बैंक सीमित अर्थों में माना जाता है। यह बैंक भारतीय रिजर्व बैंक हेतु क्लियरिंग हाउस के रूप में कार्य करता है।

भारतीय महिला बैंक

भारतीय महिला बैंक के नाम से बैंक का उद्घाटन तत्कालीन प्रधानमन्त्री डॉ. मनमोहन सिंह ने 19 नवम्बर, 2013 को पूर्व प्रधानमन्त्री स्व. श्रीमती इन्दिरा गाँधी के 96वें जन्म दिवस के अवसर पर मुम्बई में किया था, जिसका विलय वर्ष 2017 में स्टेट बैंक ऑफ इण्डिया में हो गया।

अन्य राष्ट्रीयकृत बैंक

अन्य राष्ट्रीयकृत बैंक निम्नलिखित हैं

- **बैंक ऑफ बड़ौदा** इस बैंक की स्थापना 20 जुलाई, 1908 को, बड़ौदा के **महाराजा सयाजीराव गायकवाड़** (तृतीय) के द्वारा की गई। वर्तमान में भारत में इसकी कुल 3454 शाखाएँ तथा विदेशों में 86 शाखाएँ हैं। इसका प्रधान कार्यालय गुजरात के वड़ोदरा में तथा कॉर्पोरेट कार्यालय महाराष्ट्र के मुम्बई में स्थित है।
- **यूनियन बैंक ऑफ इण्डिया** इस बैंक की स्थापना 11 नवम्बर, 1919 को की गई थी। इसके प्रधान कार्यालय का उद्घाटन वर्ष 1921 में मुम्बई में राष्ट्रपिता **महात्मा गाँधीजी** के द्वारा किया गया था। इसे **सेठ सीताराम पोद्दार** द्वारा स्थापित किया गया है। वर्तमान में देश में इसकी कुल 8700 शाखाएँ तथा विदेशों में 3 शाखाएँ हैं।
- **बैंक ऑफ इण्डिया** इसकी स्थापना 7 सितम्बर, 1906 को की गई थी। इस बैंक का संस्थापक **रामनारायण रुइया** को माना जाता है। इसकी कुल 5089 शाखाएँ हैं तथा विदेशों में इसकी कुल 23 शाखाएँ हैं। इसका मुख्य कार्यालय मुम्बई में स्थित है।
- **इण्डियन ओवरसीज बैंक** इस बैंक की स्थापना 10 फरवरी, 1937 में की गई थी। इसकी स्थापना का श्रेय **एम. सी. टी. एम. चिदम्बरम चेट्टियार** को दिया जाता है। इसका मुख्यालय चेन्नई में स्थित है। भारत में इसकी कुल 3218 शाखाएँ हैं, जबकि विदेशों में 4 शाखाएँ हैं।
- **बैंक ऑफ महाराष्ट्र** इस बैंक की स्थापना 16 सितम्बर, 1935 को की गई थी। इसका संस्थापक **वी. जी. काले एवं डी. के. साठे** को माना जाता है तथा इसका मुख्यालय पुणे में स्थित है। भारत में इसकी कुल 2240 शाखाएँ हैं।
- **पंजाब नेशनल बैंक** इसकी स्थापना 19 मई, 1894 को लाहौर में एक सार्वजनिक क्षेत्र के बैंक के रूप में की गई थी तथा 12 अप्रैल, 1895 को इसे व्यवसाय के लिए खोला गया। **दयाल सिंह मजीठिया एवं लाला लाजपत राय** को इसका संस्थापक माना जाता है। यह भारत का पहला स्वदेशी बैंक है, जिसे भारतीय पूँजी एवं भारतीय नियन्त्रण में खोला गया। इसका मुख्यालय नई दिल्ली में स्थित है। यह भारत का दूसरा सबसे बड़ा राष्ट्रीयकृत बैंक है। वर्तमान में भारत में इसकी कुल 12248 शाखाएँ हैं एवं विदेशों में केवल एक शाखा है।
- **केनरा बैंक** इसकी स्थापना 1 जुलाई, 1906 को मैंगलोर (कर्नाटक) में की गई थी। इसकी स्थापना का श्रेय श्री **अम्मेम्बल सुब्बा राव पई** को माना जाता है। भारत में इसकी कुल 9877 शाखाएँ तथा विदेशों में 6 शाखाएँ हैं। इस बैंक का मुख्यालय बंगलुरु में स्थित है।
- **इण्डियन बैंक** इसकी स्थापना 5 मार्च, 1907 को की गई थी तथा इसने 15 अगस्त, 1907 से कार्य करना प्रारम्भ किया। इस बैंक की स्थापना का श्रेय **एम. रामास्वामी चेट्टियार** को दिया जाता है। भारत में इसकी कुल 5770 तथा विदेशों में 3 शाखाएँ हैं। इसका मुख्यालय चेन्नई में स्थित है।
- **सेण्ट्रल बैंक ऑफ इण्डिया** इस बैंक की स्थापना 21 दिसम्बर, 1911 को **सर सोराबजी पोचखानवाला** के द्वारा की गई थी। भारत में इसकी कुल शाखाएँ 4695 हैं। यह भारत का पहला वाणिज्यिक बैंक था, जिसका स्वामित्व एवं नियन्त्रण (प्रबन्धन) भारतीयों के हाथों में था। इसका मुख्यालय मुम्बई में स्थित है।
- **पंजाब एण्ड सिन्ध बैंक** इसकी स्थापना 24 जून, 1908 को की गई। इसकी स्थापना का श्रेय **भाई वीर सिंह, सर सुन्दर सिंह मजीठिया एवं सरदार तिरलोचन सिंह** को दिया जाता है। इसका मुख्यालय नई दिल्ली में स्थित है। भारत में इसकी 1526 शाखाएँ हैं।
- **यूको बैंक** इस बैंक की स्थापना 6 जनवरी, 1943 को की गई। इसकी स्थापना का श्रेय **घनश्याम दास बिरला** को दिया जाता है। इस बैंक का मुख्यालय कोलकाता में स्थित है। भारत में इसकी कुल 230 एवं विदेशों में 2 शाखाएँ हैं।

निजी बैंक

निजी बैंक (Private Banks) भारत में पिछले दिनों निजी बैंकों की भूमिका में वृद्धि हुई है। इनमें 74% तक विदेशी निवेश की अनुमति है। इनमें आईसीआईसीआई बैंक, एक्सिस बैंक, टाइम्स बैंक, एचडीएफसी बैंक, पंजाब नेशनल बैंक, कोटक महिन्द्रा तथा यश बैंक मुख्य हैं।

नए निजी बैंक

अप्रैल, 2014 में भारतीय रिजर्व बैंक ने आईडीएफसी तथा बन्धन फाइनेन्शियल सर्विसेज लिमिटेड को बैंकिंग का लाइसेन्स प्रदान किया।

> इन बैंकों को लाइसेन्स प्रदान करने की सिफारिश **विमल जालान समिति** ने की थी। इससे पूर्व वर्ष 2003-04 में कोटक महिन्द्रा व यस बैंक को बैंकिंग लाइसेन्स दिया गया था।

नए निजी क्षेत्र के बैंकों हेतु दिशा-निर्देश

- निजी क्षेत्र के साथ सार्वजनिक कम्पनियाँ व गैर-बैंकिंग वित्तीय कम्पनियाँ भी निजी बैंक हेतु आवेदन कर सकती हैं।
- प्रवर्तक कम्पनी का कारोबार मॉडल बैंकिंग मॉडल से अलग नहीं होना चाहिए।
- न्यूनतम चुकता पूँजी ₹ 500 करोड़ होनी चाहिए।
- पहले 5 वर्षों में विदेशी भागीदारी अधिकतम 48% हो सकती है।
- बैंकों को अपनी 25% शाखाएँ ग्रामीण क्षेत्रों में स्थापित करनी होंगी।
- इसके अतिरिक्त निजी क्षेत्र में स्थानीय क्षेत्र बैंक (Local Area Bank) को भी स्थापित करने की अनुमति केन्द्र सरकार द्वारा प्रदान की गई है।
- स्थानीय क्षेत्र बैंक वे होते हैं, जो क्षेत्रीय संसाधनों का विदोहन कर क्षेत्र विशेष की साख सम्बन्धी आवश्यकताओं को पूर्ण करते हैं।

- अब निजी प्रवर्तक ऐसे बैंक स्थापित कर सकते हैं, जिनकी न्यूनतम चुकता पूँजी ₹ 5 करोड़ है और उनमें प्रवर्तकों की शेयरधारिता कम-से-कम ₹ 2 करोड़ हो।
- नए निजी बैंक केवल पूर्ण स्वामित्व वाली गैर-संचालित हॉल्डिंग कम्पनी (Non-Operative Holding Company, NOHC) के द्वारा ही स्थापित किए जा सकेंगे। हॉल्डिंग कम्पनियों को बैंक में न्यूनतम 40% इक्विटी भागीदारी रखनी होगी। इसे 5 वर्ष तक बेचा नहीं जा सकेगा।
- 40% से अधिक इक्विटी भागीदारी होने पर हॉल्डिंग कम्पनी को लाइसेन्स मिलने की तिथि से 2 वर्ष के अन्दर उसे घटाकर न्यूनतम सीमा तक लाना होगा। इतना ही नहीं हॉल्डिंग कम्पनियों को नए बैंकों में 2 वर्ष के अन्दर शेयर बाजार में सूचीबद्ध कराना होगा।
- साथ ही इन कम्पनियों में कम-से-कम आधे स्वतन्त्र निदेशक होंगे। नए बैंकों पर कम-से-कम 25% शाखाएँ बैंकिंग सुविधाओं की दृष्टि से पिछड़े क्षेत्रों में खोलने की शर्त लगाने का भी प्रस्ताव नए दिशा-निर्देश में है।

विदेशी वाणिज्यिक बैंक

- मई, 2020 तक भारत में विदेशी बैंकों की कुल संख्या 46 है और उनकी 269 शाखाएँ भारत में कार्यरत् हैं।
- विश्व व्यापार संगठन के साथ किए गए समझौते के अनुरूप देश में विदेशी बैंकों की शाखाओं का विस्तार किया जा रहा है।
- समझौते के अन्तर्गत विदेशी बैंकों की न्यूनतम 12 शाखाओं की स्थापना की अनुमति प्रतिवर्ष भारतीय रिजर्व बैंक को प्रदान करनी होती है।
- प्रावधान के अन्तर्गत विदेशी बैंकों को भारत में अपनी पहली शाखा शुरू करने के लिए समय केवल $10 मिलियन की पूँजी की आवश्यकता होती है।
- दूसरी व तीसरी शाखा के लिए अतिरिक्त पूँजी की आवश्यकता क्रमशः $10 मिलियन व $5 मिलियन होगी।

भारत में कार्यरत् प्रमुख विदेशी बैंक

भारत में कार्यरत् सबसे बड़े विदेशी बैंक (शाखाओं के आधार पर)	जिस देश में निगमित हैं
स्टैण्डर्ड चार्टर्ड बैंक	ब्रिटेन
एचएसबीसी	हाँगकाँग
रॉयल बैंक ऑफ स्कॉटलैण्ड	स्कॉटलैण्ड (ब्रिटेन)
ड्यूश बैंक	जर्मनी
अमेरिकन एक्सप्रेस बैंक लिमिटेड	अमेरिका
बैंक ऑफ नोवास्कोटिया	कनाडा
बैंक ऑफ अमेरिका	अमेरिका

क्षेत्रीय ग्रामीण बैंक

- क्षेत्रीय ग्रामीण बैंकों की स्थापना 2 अक्टूबर, 1975 को की गई थी। एकसाथ पाँच क्षेत्रीय ग्रामीण बैंक स्थापित किए गए। ये बैंक सर्वप्रथम उत्तर प्रदेश के मुरादाबाद एवं गोरखपुर में, हरियाणा के भिवानी में, पश्चिम बंगाल के मालदा में तथा राजस्थान के जयपुर में स्थापित किए गए थे। ये बैंक सिक्किम एवं गोवा को छोड़कर देश के सभी राज्यों में कार्यरत् हैं।
- क्षेत्रीय ग्रामीण बैंक (Regional Rural Bank, RRB) की स्थापना विशेषकर दूर-दराज के ऐसे गाँवों में बैंकिंग सेवाएँ पहुँचाने के लिए की गई थी, जहाँ पहले ऐसी सेवाओं की पहुँच नहीं थी। इन्हें मूलत: समाज के कमजोर वर्गों को संस्थानिक ऋण उपलब्ध कराने की दृष्टि से शुरू किया गया था। अप्रैल, 1997 से प्राथमिक क्षेत्र को ऋण देने का कार्य भी इन्हें सौंप दिया गया।
- कुछ शर्तों के साथ चुनिन्दा क्षेत्रीय ग्रामीण बैंकों को रुपयों में अनिवासी (Now Residential) खाते खोलने और रखने की अनुमति दी जाती है। इन्हें सशक्त बनाने की दृष्टि से सितम्बर, 2005 में इन बैंकों को चरणबद्ध तरीके से विलय करने की प्रक्रिया शुरू की गई। तत्पश्चात् 31 मार्च, 2020 के अनुसार, इन बैंकों की संख्या 43 हो गई।
- समाज के कमजोर वर्ग को सस्ती ब्याज दर पर ऋण उपलब्ध कराना तथा ग्रामीण क्षेत्रों में बचत को बढ़ावा देना तथा उत्पादक गतिविधियों में सहयोग देना क्षेत्रीय ग्रामीण बैंक के प्रमुख दायित्व हैं।
- क्षेत्रीय ग्रामीण बैंक में केन्द्र सरकार, राज्य सरकार तथा प्रवर्तक बैंक की पूँजी भागीदारी 50 : 13 : 35 के अनुपात में होती है।
- केन्द्र सरकार द्वारा नाबार्ड के परामर्शानुसार क्षेत्रीय ग्रामीण बैंकों के एकीकरण की प्रक्रिया को प्रारम्भ किया गया है। इसके अतिरिक्त इन बैंकों के पास कई चुनौतियाँ विद्यमान हैं, जिनमें कुछ प्रमुख हैं
  - बढ़ती गैर-निष्पादित परिसम्पत्तियाँ (एनपीए)।
  - जमा संग्रहण में आने वाली समस्याएँ।
  - प्रक्रियात्मक समस्याएँ, निर्णय निर्माण की धीमी प्रक्रिया।
  - ऋण प्रदान करने की जटिलताएँ।
  - कोर बैंकिंग सेवाओं के लिए अवसंरचना विकास में अधिक लागत का आना।
  - ग्रामीणों में बैंकिंग सेवाओं की जानकारी का अभाव।

अग्रणी (लीड) बैंक योजना

- बैंकों की प्रगति के क्षेत्रीय पहुँच के लक्ष्यों को मजबूती प्रदान करने के लिए वर्ष 1969 में लीड बैंक योजना की शुरुआत की गई थी। इसे सेवा क्षेत्र के उपागम के कार्यक्षेत्र के अधीन कार्यान्वित किया गया था।
- लीड बैंक बैंकिंग कारोबार में जिला स्तरीय समन्वय बनाते हैं, इसके अन्तर्गत प्रमुख बैंक अपने-अपने निर्धारित जिलों के लिए जिला ऋण योजना बनाते हैं प्रमुख बैंक इस योजना के अन्तर्गत अपने जिलों के लिए 3 वर्षीय ऋण योजनाएँ तैयार करते हैं।

क्षेत्रीय ग्रामीण बैंक संशोधन विधेयक, 2015

- क्षेत्रीय ग्रामीण बैंक (RRB) संशोधन बिल, 2015 से क्षेत्रीय ग्रामीण बैंक (RBI) अधिनियम, 1976 में संशोधन किया जा सकेगा। यह बिल तत्कालीन वित्तमन्त्री **अरुण जेटली** द्वारा प्रस्तुत किया गया। क्षेत्रीय ग्रामीण बैंक (RBI) अधिनियम, 1976 लागू होने से क्षेत्रीय बैंकों का विनियमन, समापन और संयोजन किया जा सकेगा। इस अधिनियम के लागू होने से क्षेत्रीय ग्रामीण बैंकों पर पड़ने वाले प्रशिक्षण के बोझ को भी कम किया जा सकेगा।
- अभी पहले 5 वर्षों तक कार्मिक प्रशिक्षण, प्रबन्धकीय और वित्तीय सहायता प्रदान करने का उत्तरदायित्व भी प्रायोजक बैंकों पर था।
- इस अधिनियम में RRB की अधिकृत पूँजी को ₹ 2,000 करोड़ तक बढ़ने और ₹ 1 करोड़ से कम न करने का भी प्रावधान होगा।
- RRB अधिनियम, 1976 के अन्तर्गत यह पूँजी अधिक-से-अधिक ₹ 5 करोड़ और ₹ 25 लाख की निम्नतम सीमा तक थी।
- यह अधिनियम क्षेत्रीय ग्रामीण बैंकों की पूँजीगत सीमा ₹ 25 लाख से ₹ 1 करोड़ के स्लॉट को बढ़ाकर कम-से-कम ₹ 1 करोड़ करने की अनुमति देता है।
- इस संशोधन के बाद अब क्षेत्रीय ग्रामीण बैंकों को प्रायोजिक बैंक, केन्द्रीय और राज्य सरकारों के अतिरिक्त अन्य स्रोतों से भी पूँजी बढ़ाने के लिए स्वतन्त्र होंगे। ये बैंक केन्द्र व राज्य सरकारों और प्रायोजकों पर निर्भर थे, जिसमें 50% केन्द्र सरकार, 15% राज्य सरकार और 35% प्रायोजक बैंकों की भागीदारी थी।
- बिल में क्षेत्रीय ग्रामीण बैंकों को यह भी सुविधा दी गई है कि अन्य स्रोतों से पूँजी बढ़ाने के मामले में केन्द्र और प्रायोजक बैंकों की भागीदारी 51% से कम न हो। यदि कोई राज्य सरकार क्षेत्रीय ग्रामीण बैंकों में अपनी भागीदारी 15% से कम करना चाहे, तो केन्द्र सरकार सम्बन्धित राज्य सरकार की परामर्श लेगी।
- यह बिल संघीय सरकार को अधिकार देता है कि वह केन्द्र सरकार, राज्य सरकार और प्रायोजक बैंकों को सूचित करके क्षेत्रीय ग्रामीण बैंकों में उनकी भागीदारी को कम और अधिक कर सकती है। ऐसा करने के लिए केन्द्र सरकार, राज्य सरकार और प्रायोजक बैंकों से परामर्श लेगी।

सहकारी बैंक

- भारत में सहकारी बैंक (Co-operative Bank) भी बैंकिंग के आधारभूत कार्य सम्पन्न करते हैं, किन्तु वे वाणिज्यिक बैंकों से भिन्न प्रकार के होते हैं।
- इनका गठन एवं कार्य व्यवहार सहकारिता के आधार पर होता है। ये बैंकिंग एवं वित्तीय सुविधाएँ भी प्रदान करते हैं; जैसे—ऋण देना, पैसा जमा करना तथा बैंक खाता खोलना आदि। यह बैंक सम्बन्धित राज्यों के सहकारी समिति अधिनियम पर बहुराज्यीय **सहकारी समिति अधिनियम, 2002** के अन्तर्गत पंजीकृत होते हैं।
- इनका स्वामित्व और नियन्त्रण सदस्यों द्वारा होता है। इनका विनियमन राज्य सरकार तथा भारतीय रिजर्व बैंक के बैंकिंग विनियमन अधिनियम, 1949 के साथ-साथ बैंकिंग कानून अधिनियम, 1965 के अन्तर्गत होता है।
- सहकारी बैंकों का प्रमुख लक्ष्य लाभ कमाना नहीं, बल्कि सदस्यों को सर्वोत्तम उत्पाद एवं सेवाएँ उपलब्ध कराना होता है।
- सहकारी बैंक के प्रशासन सुधार के लिए बैंकिंग अधिनियम (संशोधन), 2020 कानून लाया गया है, जिसके अन्तर्गत अब भारतीय रिजर्व बैंक की शक्तियाँ सहकारी बैंक के लिए विस्तार की गई हैं। यह कानून **बैंकिंग विनियमन अधिनियम, 1949** को संशोधित करता है।
- वाणिज्यिक बैंकों का गठन संसद द्वारा पारित अधिनियम द्वारा किया गया है, जबकि सहकारी बैंकों की स्थापना अलग-अलग राज्यों द्वारा बनाए गए सहकारी समितियों के अधिनियम द्वारा की गई है।

राज्य सहकारी बैंक

इस बैंक को राज्य का शीर्ष सहकारी बैंक (Apex Co-operative Bank) भी कहते हैं। यह बैंक राज्य के केन्द्रीय सहकारी बैंकों को ऋण देता है और उनके कार्यों का नियन्त्रण करता है।

> इस प्रकार यह बैंक रिजर्व बैंक, केन्द्रीय सहकारी बैंक तथा प्राथमिक सहकारी समितियों के मध्य एक महत्त्वपूर्ण वित्तीय कड़ी का कार्य सम्पन्न करता है। इनका प्रमुख कार्य केन्द्रीय अथवा जिला सहकारी बैंकों को ऋण उपलब्ध कराना होता है।

केन्द्रीय सहकारी बैंक (जिला सहकारी बैंक)

- केन्द्रीय सहकारी बैंक (Central Co-operative Bank) को **जिला सहकारी बैंक** (District Co-operative Bank) भी कहा जाता है। इनका कार्यक्षेत्र एक जिले तक ही सीमित रहता है। यह राज्य सहकारी बैंक एवं सहकारी समितियों के मध्य सेतु का कार्य करता है।
- केन्द्रीय सहकारी बैंकों को दो भागों में विभाजित किया जा सकता है
  - सहकारी बैंकिंग संघों की सदस्यता केवल सहकारी समितियों को ही प्राप्त है।
  - मिश्रित सहकारी बैंकों की सदस्यता सहकारी समितियों को ही प्राप्त है।

> **प्राथमिक साख समितियाँ**
>
> प्राथमिक साख समितियों (Primary Credit Committees) की स्थापना कृषि क्षेत्र की अल्पकालीन ऋणों की आवश्यकता की पूर्ति के लिए की गई है। एक गाँव अथवा क्षेत्र में कोई भी कम-से-कम 10 व्यक्ति मिलकर एक प्राथमिक साख समिति का निर्माण कर सकते हैं।

भुगतान बैंक

- बैंकिंग सेवाओं में विस्तार के लिए भारतीय रिजर्व बैंक (आरबीआई) ने 19 अगस्त, 2015 को भुगतान बैंकों (Payments Bank) को सैद्धान्तिक मंजूरी दी।
- भुगतान बैंकों का मूल उद्देश्य कम आय वाले परिवारों, लघु व्यवसायों असंगठित क्षेत्र की अन्य इकाइयों तथा श्रमिकों इत्यादि के खाते खुलवाना, भुगतान प्रेषण सेवाएँ प्रदान करना आदि हैं। हालाँकि इसमें बैंकिंग कार्य सीमित रूप में निहित होते हैं।
- भुगतान बैंकों की विशेषताएँ निम्नलिखित हैं
  - खाताधारक ₹ 2 लाख तक की धनराशि जमा कर सकता है।
  - ATM डेबिट कार्ड जारी कर सकेंगे, लेकिन क्रेडिट कार्ड जारी नहीं कर सकेंगे।
  - पैसों का लेन-देन किया जा सकेगा।
  - ऋण नहीं दे सकेंगे।
  - केवल नकदी व सरकारी प्रतिभूतियाँ ही जमा कर सकते हैं।
- वर्ष 2013 में RBI ने पेमेण्ट बैंक (भुगतान बैंक) के लिए डिस्कशन पेपर जारी किया था। इसके बाद **नचिकेत मोर कमेटी** गठित की गई थी।
- आरबीआई ने 11 कम्पनियों को पेमेण्ट बैंक के लाइसेन्स जारी किए थे। इनमें शामिल हैं—एयरटेल, वोडाफोन, आदित्य बिरला ग्रुप, चोला मण्डलम, कोटक महिन्द्रा, रिलायन्स तथा भारतीय डाक विभाग आदि।
- जिन मोबाइल टेलीफोन कम्पनियों और सुपर बाजार श्रृंखलाओं का स्वामित्व एवं नियन्त्रण भारतीयों के पास है, वे भुगतान बैंक के प्रवर्तक हो सकते हैं। भुगतान बैंक के लिए इक्विटी कैपिटल की सीमा न्यूनतम ₹ 100 करोड़ होनी चाहिए। इनका प्रसार क्षेत्र सम्पूर्ण भारत में हो सकता है।

लघु वित्त बैंक तथा भुगतान बैंकों में अन्तर

लघु वित्त बैंक	भुगतान बैंक
इसकी न्यूनतम पूँजी ₹ 100 करोड़ है।	इसकी न्यूनतम पूँजी ₹ 100 करोड़ है।
इसे नचिकेत मोर एवं उषाथोराट समिति के सुझावों पर स्थापित किया गया।	इसे नचिकेत मोर समिति के सुझावों पर स्थापित किया गया।
यह जमा लेने एवं उधार देने का कार्य करता है।	यह केवल जमा लेने का कार्य करता है, जबकि उधार नहीं देता।
इसमें 40% भागीदारी प्रमोटर की होती है, जिसे 12 वर्षों में कम करके 26% पर लाया जाएगा।	इसमें 40% भागीदारी प्रमोटर की होती है, जो अगले 5 वर्षों तक बनाए रखी जाती है।
इसके द्वारा डेबिट एवं क्रेडिट (दोनों) कार्ड जारी किए जाते हैं।	इसके द्वारा केवल डेबिट कार्ड जारी किए जाते हैं।
इसमें एक दिन में जमा करने की कोई सीमा निर्धारित नहीं की गई है।	इसमें एक दिन में 1 लाख से अधिक जमा नहीं किया जा सकता।

इण्डिया पोस्ट पेमेण्ट्स बैंक

- इसका शुभारम्भ 1 सितम्बर, 2018 को दिल्ली के तालकटोरा स्टेडियम में किया गया। हालाँकि इसे पायलट प्रोजेक्ट के रूप में वर्ष 2017 में राँची तथा रायपुर से प्रारम्भ किया गया था। इसमें भारत सरकार की 100% इक्विटी पाई जाती है।
- इस बैंक की थीम है-**आपका बैंक, आपके द्वार**। इसका उद्देश्य आम आदमी के लिए सबसे शुल्य, किफायती और भरोसेमन्द बैंकिंग सुविधाएँ उपलब्ध कराना है।
- इसका उद्देश्य बैंकिंग सुविधाओं को प्राप्त करने के लिए बाधाओं को दूर करके एवं लागत कम करके वित्तीय समावेशन को बढ़ावा देना, भारत के प्रत्येक घर तक कुशल बैंकिंग सेवाओं को पहुँचाना तथा वित्तीय रूप से सुरक्षित और सशक्त बनाना है।
- **इण्डिया पोस्ट पेमेण्ट्स बैंक** देश के प्रत्येक जिले, कस्बे व गाँव में फैले डाकघरों एवं डाक कर्मचारियों के विशाल नेटवर्क की उपलब्धता के माध्यम से बैंकिंग सेवाएँ प्रदान कर रहा है।

> देश में डिजिटल रूप से वित्तीय समावेशन को बढ़ावा देने हेतु इस बैंक ने **Dakpay** नामक एप्लिकेशन प्रारम्भ किया है, जिसके माध्यम से ग्राहक को वित्तीय सेवाएँ उपलब्ध कराई जा रही हैं।

गैर-बैंकिंग वित्तीय संस्थाएँ

गैर-बैंकिंग वित्तीय संस्थाओं के अन्तर्गत कई प्रकार की संस्थाओं को शामिल किया जाता है, जिससे भारतीय रिजर्व बैंक तीन प्रमुख श्रेणियों का नियमन व पर्यवेक्षण करता है अर्थात् इनके अन्तर्गत अखिल भारतीय वित्तीय संस्थाएँ, गैर-बैंकिंग वित्तीय कम्पनियाँ तथा प्राथमिक डीलर आते हैं, जिनका विवरण निम्नवत् है

अखिल भारतीय वित्तीय संस्थाएँ

- इन वित्त संस्थाओं के अन्तर्गत विकास वित्त संस्थाएँ तथा निवेश संस्थाएँ शामिल होती हैं। वर्तमान में चार प्रमुख अखिल भारतीय वित्तीय संस्थाएँ हैं, जिनका पूर्णत: विनियमन तथा पर्यवेक्षण भारतीय रिजर्व बैंक द्वारा किया जाता है। ये संस्थाएँ इस प्रकार हैं
  - भारतीय निर्यात-आयात बैंक (EXIM Bank)
  - राष्ट्रीय आवास बैंक (NHB)
  - भारतीय लघु उद्योग विकास बैंक (SIDBI)
  - राष्ट्रीय कृषि और ग्रामीण विकास बैंक (NABARD)

गैर-बैंकिंग वित्तीय कम्पनियाँ

- कम्पनी अधिनियम, 1956 के अन्तर्गत पंजीकृत सभी कम्पनियाँ, जिनका मुख्य कार्य ऋण उपलब्ध कराना, बीमा कारोबार करना, शेयर, डिबेंचर, बॉण्ड्स, चिट फण्ड सम्बन्धी कारोबार को करना,

निवेश को करना तथा विभिन्न प्रकार की जमाएँ स्वीकार करना आदि हैं, उन्हें प्राय: गैर-बैंकिंग वित्तीय कम्पनियाँ कहा जाता है।

- ये कम्पनियाँ उन क्षेत्रों में महत्त्वपूर्ण भूमिका निभाती हैं, जहाँ वाणिज्यिक बैंक सीमित रूप में भूमिका निभाते हैं। इन कम्पनियों को **छाया बैंक** भी कहा जाता है।
- रिजर्व बैंक के अनुसार, गैर-बैंकिंग वित्तीय कम्पनियों की मुख्यत: दो श्रेणियाँ हैं, जो इस प्रकार हैं
    - जमाएँ स्वीकार करने वाली गैर-बैंकिंग वित्तीय कम्पनियाँ
    - जमाएँ नहीं स्वीकार करने वाली गैर-बैंकिंग वित्तीय कम्पनियाँ

गैर-बैंकिंग वित्तीय कम्पनियों के लिए लोकपाल योजना

- भारतीय रिजर्व बैंक अधिनियम, 1934 की धारा 45(IA) के अन्तर्गत रिजर्व बैंक पंजीकृत NBFCs के विरुद्ध शिकायतों के समाधान के लिए फरवरी, 2018 में लोकपाल योजना शुरू की गई।
- इसमें अपील का प्रावधान है, जिसके अन्तर्गत शिकायतकर्ता या एनबीएफसी लोकपाल के निर्णय के विरुद्ध अपील प्राधिकारी के पास अपील कर सकता है।
- इसके अन्तर्गत HBFCs के द्वारा प्रदान की जाने वाली सेवाओं में कमी के सम्बन्ध में लागत मुक्त तथा तीव्र शिकायत समाधान उपलब्ध कराती है।यह दिल्ली, मुम्बई, कोलकाता तथा चेन्नई में मुख्य रूप से कार्यरत् है।

प्राथमिकता प्राप्त क्षेत्र उधार

- इस क्षेत्र का सम्बन्ध कृषि, लघु उद्यम तथा व्यवहार्य तथा कम आय वाली आवासीय परियोजनाओं से होता है। यह वह महत्त्वपूर्ण क्षेत्र है, जिसे वाणिज्यिक बैंकों को ऋण देने में प्राथमिकता देनी होती है। इसके लिए रिजर्व बैंक समय-समय पर दिशा-निर्देश भी देता है।
- वर्तमान में भारतीय अनुसूचित वाणिज्यिक बैंकों तथा 20 या 20 से अधिक शाखाओं वाले विदेशी बैंकों को अपने कुल समायोजित निवल बैंक ऋण का 40% भाग प्राथमिकता प्राप्त क्षेत्र को देना होता है।
- विदेशी बैंक, जिनकी भारत में 20 से भी कम शाखाएँ हैं, वे वर्ष 2020 से अपने निवल बैंक का 40% प्राथमिकता प्राप्त क्षेत्रों को वितरित कर रहे हैं।
- वर्तमान में भारत के सरकारी तथा निजी क्षेत्र के बैंकों के लिए प्राथमिकता प्राप्त क्षेत्र के अन्तर्गत निम्न को शामिल किया गया है
    - कृषि ऋण (प्रत्यक्ष एवं अप्रत्यक्ष ऋण)
    - सूक्ष्म, लघु एवं मध्यम उद्योग ऋण
    - शिक्षा ऋण
    - आवास ऋण
    - सामाजिक अवसंरचना के लिए ऋण
    - निर्यात ऋण
    - नवीकरणीय ऊर्जा व अन्य ऋण

अन्य विशेषीकृत बैंक

अन्य विशेषीकृत बैंक निम्नलिखित हैं

लघु वित्त बैंक

- भारतीय रिजर्व बैंक ने जुलाई, 2014 में वित्तीय समावेशन को बढ़ावा देने के लिए लघु वित्त बैंक (Small Finance Bank) की स्थापना के लिए दिशा-निर्देश जारी किए। लघु वित्त बैंक छोटे किसानों, कुटीर उद्योग, लघु और अतिलघु एवं असंगठित क्षेत्र की इकाइयों को प्राथमिक बैंकिंग सेवाएँ उपलब्ध कराते हैं।
- इन बैंकों के ऋण पोर्टफोलियो में कम-से-कम 50% योगदान ₹ 25 लाख तक के ऋण और अग्रिमों का होना अपरिहार्य होता है।
- इसका मुख्य उद्देश्य जमा तथा ऋण की आपूर्ति प्रदान करना, छोटे किसानों, सूक्ष्म एवं लघु उद्योगों तथा अन्य असंगठित क्षेत्र की इकाइयों को उच्च तकनीक एवं कम लागत वाले परिचालन के माध्यम से ऋण की उपलब्धता सुनिश्चित करना है।
- भारतीय रिजर्व बैंक (RBI) ने छोटे किसानों और कुटीर उद्योगों को बैंकिंग सुविधाएँ उपलब्ध कराने के लिए 16 सितम्बर, 2015 को 10 कम्पनियों को लघु वित्त बैंक की स्थापना के लिए सैद्धान्तिक अनुमति दी।

लघु बैंक की स्थापना के लिए शर्तें

लघु बैंक की स्थापना के लिए निम्नलिखित शर्तें हैं

- न्यूनतम चुकता इक्विटी पूँजी ₹ 100 करोड़ की होगी।
- प्रत्येक लघु बैंक को अपने नाम के साथ **लघु वित्त बैंक** शब्द लगाना होगा। वे गैर-बैंकिंग वित्तीय सेवा की गतिविधियों को शुरू करने के लिए सहायक कम्पनियों की स्थापना नहीं कर सकते हैं।
- भारतीय रिजर्व बैंक द्वारा वर्गीकृत इसके समायोजित निवल बैंक ऋण (ANBC) का 75% प्राथमिक क्षेत्र के लिए आवण्टित किया जाना चाहिए। कम-से-कम 50% ऋण संरक्षित होना चाहिए और अग्रिम ऋण ₹ 25 लाख तक दे सकते हैं।
- लघु वित्तीय बैंक भारतीय रिजर्व बैंक की पूर्व अनुमति से सभी बैंकिंग गतिविधियाँ संचालित कर सकते हैं।
- लघु वित्तीय बैंकों को 25% शाखाएँ बैंक रहित क्षेत्रों में खोलनी अनिवार्य हैं।

मुद्रा बैंक

- यह योजना प्रधानमन्त्री द्वारा अप्रैल, 2015 में शुरू की गई। इस योजना के द्वारा माइक्रो यूनिट्स डेवलपमेण्ट एण्ड रिफाइनेन्स एजेन्सी बैंक (मुद्रा बैंक) को शुरू किया गया, जिसे **प्रधानमन्त्री मुद्रा योजना** के नाम से जाना जाता है।

- माइक्रो फाइनेन्स वित्तीय समावेशन का एक उपकरण है, जो छोटे-छोटे ऋणों के माध्यम से अर्थव्यवस्था के पिछड़े हुए क्षेत्रों तथा समाज के गरीब एवं वंचित लोगों को वित्तीय सुविधा उपलब्ध कराने में महत्त्वपूर्ण भूमिका निभाता है।
- इसकी घोषणा वर्ष 2015 के बजट में की थी, जिसके लिए ₹ 20,000 करोड़ का कोष निर्धारित किया गया तथा ₹ 3000 करोड़ की ऋण गारण्टी राशि की घोषणा की गई।
- मुद्रा बैंक प्रधानमन्त्री मुद्रा योजना के द्वारा सूक्ष्म वित्त संस्थानों के पुनर्वित्तीयन में सहायक है। कर्ज देते समय अनुसूचित जाति/जनजाति उद्यमों को प्राथमिकता दी जाती है।
- इन उपायों से युवाओं, शिक्षित अथवा कौशल प्राप्त श्रमिकों के आत्मविश्वास को बढ़ावा मिला है, जो पहली पीढ़ी के उद्यमी बनने की आकांक्षा रखते हैं, साथ ही इसमें वर्तमान लघु उद्यमी भी शामिल होकर अपनी गतिविधियों का विस्तार करना चाहते हैं।

मुद्रा बैंक की विशेषताएँ

- इस योजना के अन्तर्गत छोटे उद्यमियों को कम ब्याज दर पर ₹ 50 हजार से 10 लाख तक का कर्ज दिया जाएगा।
- केन्द्र सरकार इस योजना पर ₹ 20 हजार करोड़ निवेश करेगी, साथ ही इसके लिए ₹ 3,000 करोड़ की क्रेडिट गारण्टी रखी गई है।
- मुद्रा बैंक छोटे फाइनेन्स संस्थानों (माइक्रोफाइनेन्स इन्स्टीट्यूशन) को रिफाइनेन्स करेगा, ताकि वे प्रधानमन्त्री मुद्रा योजना के अन्तर्गत छोटे उद्यमियों को कर्ज दे सकें।
- मुद्रा बैंक के अन्तर्गत अनुसूचित जाति/जनजाति के उद्यमियों को प्राथमिकता पर कर्ज दिया जाएगा। इसकी पहुँच का दायरा बढ़ाने के लिए डाक विभाग के विशाल नेटवर्क का प्रयोग किया जाएगा।

- मुद्रा बैंक सम्पूर्ण भारत की 5.77 करोड़ छोटी व्यापार इकाइयों की मदद करेगा, जिन्हें अभी बैंक से कर्ज लेने में बहुत कठिनाई होती है।
- इस व्यवस्था के अन्तर्गत तीन प्रकार के कर्ज दिए जाएँगे—शिशु, किशोर और तरुण, जिनमें
  - ₹ 50,000 तक के ऋण हेतु शिशु।
  - ₹ 50,000 से अधिक तथा 5 लाख तक के ऋण हेतु किशोर।
  - ₹ 5 लाख से 10 लाख तक के ऋण हेतु तरुण।

सार्वजनिक क्षेत्र के बैंकों के लिए योजनाएँ

सार्वजनिक क्षेत्र के बैंकों के लिए योजनाएँ निम्नलिखित हैं

स्वर्ण मौद्रीकरण योजना

- भारतीय रिजर्व बैंक (RBI) ने स्वर्ण मौद्रीकरण योजना लागू करने के लिए 22 अक्टूबर, 2015 को निर्देश जारी किया। आरबीआई के निर्देश के अन्तर्गत इस योजना के अन्तर्गत डिपॉजिट की कोई अधिकतम सीमा नहीं होगी। इसके साथ ही इस योजना के अन्तर्गत कम-से-कम 30 ग्राम खरा सोना जमा कराना आवश्यक होगा।
- आरबीआई के अनुसार, यह योजना गोल्ड डिपॉजिट की पुरानी स्कीमों का स्थान लेगी। इसके साथ ही अब शुद्धता की परख के बाद ही गोल्ड डिपॉजिट किया जा सकेगा।
- स्वर्ण मौद्रीकरण योजना में छोटी अवधि में 1-3 वर्ष के लिए गोल्ड डिपॉजिट किया जाएगा, वहीं मध्यम अवधि में 5-7 वर्ष के लिए गोल्ड डिपॉजिट किया जाएगा।
- इसके अतिरिक्त लम्बी अवधि में 12-15 वर्ष के लिए गोल्ड डिपॉजिट किया जाएगा। इस योजना में निर्धारित अवधि से पहले सोना निकालने पर पेनल्टी लगेगी।
- आरबीआई के अनुसार, छोटी अवधि के डिपॉजिट से कैश रिजर्व रेशियो, एसएलआर को बढ़ावा मिलेगा। स्वर्ण मौद्रीकरण योजना के अन्तर्गत केवाईसी (Know Your Customers) कराना आवश्यक होगा।

सम्प्रभु स्वर्ण बॉण्ड योजना

केन्द्र सरकार ने सम्प्रभु स्वर्ण गोल्ड बॉण्ड योजना के प्रारूप की रूपरेखा 19 जून, 2015 को जारी की। गोल्ड बॉण्ड योजना की विशेषताएँ निम्नलिखित हैं

- बॉण्ड पैसे के भुगतान पर जारी किया जाएगा और इसे सोने की कीमत से जोड़ा जाएगा। इसके अन्तर्गत प्रत्येक इकाई, प्रति व्यक्ति, प्रतिवर्ष 500 ग्राम से अधिक नहीं खरीद सकते।
- बॉण्ड 2, 5 और 10 ग्राम सोने के मूल्यवर्ग में जारी किए जाएँगे या अन्य मूल्यवर्ग में भी जारी किए जा सकते हैं।
- बॉण्ड ब्याज एक साधारण दर के साथ जारी किया जाएगा। (सोना पर उधारी के लिए उसे अन्तर्राष्ट्रीय ब्याज दर से जोड़ा जाएगा।)
- बॉण्ड पर ब्याज की दर सोने के ग्राम के मामले में देय होगी।
- बॉण्ड की अवधि 5 से 7 वर्ष न्यूनतम हो सकती है। इससे सोने की कीमतों में मध्यम अवधि के उतार-चढ़ाव से निवेशकों का निवेश सुरक्षित रहेगा। इस योजना के प्रमुख उद्देश्यों में भारतीय घरों में निष्क्रिय रखे सोने को अर्थव्यवस्था में लाना तथा स्वर्ण आयात पर भारत की निर्भरता कम करना है।

प्रधानमन्त्री जन धन योजना

- प्रधानमन्त्री श्री नरेन्द्र मोदी ने 28 अगस्त, 2014 को प्रधानमन्त्री जन धन योजना (Pradhan Mantri Jan Dhan Yojana, PMJDY) को वित्तीय समावेशन के लिए एक राष्ट्रीय मिशन के रूप में शुरू किया। इस मिशन का उद्देश्य—वहन करने योग्य तरीके से बैंकिंग/बचत और जमा खाते, भेजी हुई रकम, कर्ज, बीमा, पेंशन जैसी वित्तीय सेवाओं तक पहुँच सुनिश्चित करना है। इस योजना का उद्देश्य प्रत्येक परिवार के लिए कम-से-कम एक बैंक खाता सुनिश्चित करना है।
- इसके अन्तर्गत जीरो बैलेन्स खाता खोला जाता है अर्थात् खाते में न्यूनतम राशि रखना आवश्यक नहीं होता है। इसमें जमा राशि पर ब्याज भी प्रदान किया जाता है।

- इसमें लाभार्थी/खाताधारी को रूपे डेबिट कार्ड दिया जाता है। इसके अन्तर्गत सरकारी लाभों को लाभार्थियों के खातों में प्रत्यक्ष लाभ हस्तान्तरण के माध्यम से बढ़ावा दिया जा रहा है।
- वर्ष 2018 में केन्द्रीय मन्त्रिमण्डल में प्रधानमन्त्री जन धन योजना को ओपन-एडेड योजना में बदलकर जारी रखने की मंजूरी प्रदान की गई, जो वर्तमान में जारी है।
- इसके लाभों का विवरण निम्नवत् है
  - बैंक खातों की ओवरड्राफ्ट की सीमा को ₹5000 से बढ़ाकर ₹10,000 कर दिया गया है।
  - ₹2000 की ओवरड्राफ्ट के लिए कोई भी शर्त निर्धारित नहीं है। ओवरड्राफ्ट की सुविधा के लिए आयु सीमा 18-60 वर्ष को बढ़ाकर 18-65 वर्ष कर दिया गया है।
  - ₹ 2 लाख तक का **दुर्घटना बीमा** कवर।
  - न्यूनतम बैलेन्स की आवश्यकता नहीं।
  - ₹ 30,000 का **जीवन बीमा** कवर।
  - भारत में कहीं भी आसानी से धन का हस्तान्तरण।
  - सरकारी योजना के लाभान्वितों को इन खातों में सीधे हस्तान्तरण का लाभ मिलेगा।

पहल योजना

- पहल योजना की शुरुआत 1 जून, 2013 को की गई। यह योजना LPG की खरीद पर मिलने वाली राजसहायता प्राप्त करने का एक विकल्प है।
- 1 जनवरी, 2015 से संशोधित योजना के अन्तर्गत LPG उपभोक्ता अब दो पद्धतियों द्वारा अपने बैंक खाते में राजसहायता प्राप्त कर सकते हैं। उपभोक्ता को योजना में शामिल होने पर नकद अन्तरण अनुपालक कहा जाएगा और उसे बैंक खाते में राजसहायता प्राप्त होगी। इस योजना के दो विकल्प निम्नलिखित हैं
  - **विकल्प I** (प्राथमिक) जिस LPG उपभोक्ता के पास आधार संख्या है, उसे बैंक खाता संख्या के साथ तथा LPG उपभोक्ता संख्या के साथ जोड़ना होगा।
  - **विकल्प II** (द्वितीयक) यदि LPG उपभोक्ता के पास आधार संख्या नहीं है, तो वह आधार संख्या के प्रयोग के बिना अपने बैंक खाते में राजसहायता सीधे प्राप्त कर सकता है।

दर्पण परियोजना

- डाकघर के माध्यम से ग्रामीण आबादी के मध्य वित्तीय समावेशन के लक्ष्य को पूर्ण करने व बढ़ावा देने हेतु दर्पण परियोजना को शुरू किया गया है, जिसके माध्यम से देश के 1.28 लाख डाकघरों की शाखाओं को डिजिटलीकरण करना है।
- इस परियोजना का उद्देश्य—ग्रामीण आबादी तक डाक विभाग की पहुँच को बढ़ाना, वित्तीय प्रेषण, बचत खाता, ग्रामीण डाक जीवन बीमा तथा नकद प्रमाण-पत्र को बढ़ावा देना, खुदरा डाक व्यापार से राजस्व में वृद्धि करना तथा मनरेगा जैसी सामाजिक सुरक्षा योजनाओं के लिए वितरण व्यवस्था को सरल बनाना आदि।

विमुद्रीकरण

- विमुद्रीकरण (Demonetisation) का तात्पर्य- किसी अर्थव्यवस्था में से विनियम के माध्यम के रूप में प्रचलित मुद्रा का वैधानिक रूप से प्रतिबन्धित होना है।
- इसके अन्तर्गत पुराने नोटों (मुद्रा) के स्थान पर नए नोट निर्गमित किए जाते हैं।
- भारत में विमुद्रीकरण की शुरुआत सर्वप्रथम वर्ष 1946 में हुई।
- इसके पश्चात् मोरारजी देसाई सरकार के द्वारा वर्ष 1978 में ₹ 1,000 के नोट तथा इससे ऊपर के मूल्य के नोटों के प्रचलन को प्रतिबन्धित कर दिया गया था।
- ₹ 1,000 के नोटों का पुन: प्रचलन वर्ष 2000 से प्रारम्भ किया गया।
- जुलाई, 2011 में 25 पैसे के सिक्के एवं इससे नीचे मूल्य के सिक्कों का प्रचलन बन्द कर दिया गया।
- नरेन्द्र मोदी की सरकार द्वारा अपने प्रथम कार्यकाल के दौरान 8 नवम्बर, 2016 को ₹ 500 एवं ₹ 1000 के नोटों के प्रचलन को प्रतिबन्धित कर दिया गया।
- इसके पश्चात् ₹ 500 एवं ₹ 2000 के नए नोटों का प्रचलन प्रारम्भ किया गया।

गैर-निष्पादन परिसम्पत्तियाँ

- जब बैंकों एवं वित्तीय संस्थाओं के द्वारा दिए गए ऋणों की किस्तों व ब्याजों का भुगतान समय पर नहीं होता है अर्थात् भुगतान में जब 90 दिनों से अधिक का विलम्ब हो जाता है, तो ऐसी सम्पत्ति को गैर-निष्पादनकारी परिसम्पत्तियाँ (Non-Performing Assets, NPA) कहा जाता है। कृषि अग्रिमों के सम्बन्ध में गैर-निष्पादनकारी परिसम्पत्तियाँ वे होती हैं, जिनको ब्याज की राशि एवं किस्त का भुगतान दो फसलों तक देय नहीं होती है।

> भारतीय रिजर्व बैंक के अनुसार, प्रत्येक बैंक अपने बाँटे गए ऋण में से NPA में परिवर्तित धनराशि के एक निश्चित अनुपात के बराबर की धनराशि अपने लाभ में से निकालकर सुरक्षित रखता है, जिसे **पूर्वोपाय** (Reserve) कहा जाता है।

- बैंकों के द्वारा दिए गए कर्ज को लौटाने में समर्थ होने के पश्चात् भी कर्ज न लौटाने वाले ऋण को **इरादतन चूककर्ता** (Willful Defaulter) कहते हैं।
- रिजर्व बैंक ने एनपीए के सम्बन्ध में ग्रेडेड प्रॉविजनिंग प्रणाली (जोखिम के आधार पर श्रेणीकरण) की व्यवस्था प्रारम्भ की है, जिससे ऐसी परिसम्पत्तियों की अशोध क्षमता की गम्भीरता का पता लग जाता है। इसके आधार पर गैर-निष्पादन सम्पत्तियों को तीन श्रेणियों में बाँटा जाता है, जिनका विवरण निम्नवत् है
  - **सब-स्टैण्डर्ड परिसम्पत्तियाँ या अवमानक परिसम्पत्तियाँ** इसमें उन परिसम्पत्तियों को रखा जाता है, जिनकी एनपीए

अवधि 3 माह से लेकर 12 माह होती है। इसके अन्तर्गत आने वाले अग्रिम वे होते हैं, जिनके पीछे रखी गई प्रतिभूतियाँ/सम्पत्ति अग्रिमों के भुगतान को सुरक्षित करने की स्थिति में होती हैं।

- **संदिग्ध परिसम्पत्तियाँ** (Doubtful Asses) के अन्तर्गत उन परिसम्पत्तियों को रखा जाता है, जिनकी एनपीए अवधि 1 वर्ष से लेकर 3 वर्ष तक होती है।
- **हानि वाली परिसम्पत्तियाँ** (Loss Assets) के अन्तर्गत उन परिसम्पत्तियों को रखा जाता है, जिनकी एनपीए अवधि 3 वर्ष से अधिक हुई होती है। यह ऐसी परिसम्पत्ति होती है, जिसे बैंक की आन्तरिक तथा बाहरी अंकेक्षक या केन्द्रीय बैंक पर्यवेक्षक ने पहचाना है तथा जिसे बैंक द्वारा आंशिक या पूर्ण रूप से भी अपलिखित (Updation) नहीं किया गया हो।

एनपीए की पहचान

- भारत में बैंकिंग क्षेत्र में एनपीए की पहचान के लिए मानक को 31 मार्च, 2014 से 90 दिनों के विलम्ब के मानक को स्वीकार किया गया है।
- इसके अन्तर्गत 1 वर्ष में एक तिमाही या 90 दिनों से अधिक का ब्याज एवं मूलधन की किस्त का भुगतान प्राप्त न होने पर उस ऋण को एनपीए की श्रेणी में शामिल कर लिया जाता है।

गैर-निष्पादनकारी सम्पत्ति अनुपात

बैंक की कुल निष्पादनकारी परिसम्पत्तियों के प्रतिशत के रूप में परिसम्पत्तियों के भाग को गैर-निष्पादनकारी सम्पत्ति अनुपात कहा जाता है। यह दो प्रकार के होते हैं, जो इस प्रकार हैं

- **सकल गैर-निष्पादनकारी सम्पत्ति अनुपात** (GNPAR) यह वह ऋण होता है, जो वसूली योग्य नहीं होता है, किन्तु इसे बैंकों की लेखा पुस्तकों में दिखाया जाता रहता है।
- **निवल गैर-निष्पादनकारी सम्पत्ति अनुपात** (NNPAR) यह वह ऋण होता है, जिसके कुछ भाग की वसूली हो गई होती है, किन्तु इनका बैंकों की पुस्तकों में समायोजन नहीं हुआ होता है। इनका समायोजन होने के बाद जो बचता है, उसे NNPA कहा जाता है।

दिवालिया और शोधन अक्षमता कोड

- इसका उद्देश्य कॉर्पोरेट, फर्मों तथा व्यक्तियों के दिवालिया होने पर समाधान, परिसमापन और शोधन करना है। इसे वर्ष 2016 में पारित किया गया था। इसके अन्तर्गत दिवालियापन सम्बन्धी मामलों को 180 दिनों में निपटाने का प्रावधान किया गया है।
- वर्ष 2022 के अन्त तक 5893 कॉर्पोरेट दिवाला समाधान प्रक्रियाएँ (सीआईआरपी) शुरू हो चुकी थीं, जिनमें से 67% को बन्द कर दिया गया है।

सार्वजनिक क्षेत्रक सम्पदा पुनर्निवेशन एजेन्सी

- भारत में इसे **बैड बैंक** के रूप में भी जाना जाता है। इसको वर्ष 2016-17 में एक स्वतन्त्र इकाई के रूप में चिह्नित किया गया, जिसके अन्तर्गत एनपीए खातों की पहचान करने तथा बैंकों से उन्हें खरीदने का प्रावधान किया गया।
- बैंकों के समस्याग्रस्त खातों को जमाकर तथा जब्त करके निम्न दो प्रकार की समस्याओं का समाधान किया गया
  - उधार लेने वाले से त्वरित गति से समझौता करने का प्रयास करना।
  - उधार लेने वालों से सौदेबाजी करना तथा उनके विरुद्ध कड़ी प्रवर्तनीय कार्यवाही करना।

सरफेशी अधिनियम

- यह अधिनियम किसी भी बैंक को न्यायालय के हस्तक्षेप के बिना वित्तीय सम्पत्ति प्राप्त करने या वैकल्पिक रूप से उनका समाधान करने के लिए ऐसे उधारकर्ताओं की सम्पत्तियों पर कब्जा करने का अधिकार देता है, जो 60 दिनों के अन्दर ऋण का भुगतान करने में विफल होते हैं।
- **ऋण वसूली अधिकरण** इसकी स्थापना वर्ष 1993 में की गई थी, जिसका मुख्य कार्य ऋण वसूली में नियामकीय भूमिका निभाना है।
- **एसैट रिकन्सट्रक्शन कम्पनी** एक निजी कम्पनी के रूप में इसकी स्थापना की गई, जिसकी न्यूनतम पूँजी को वर्ष 2007 में ₹ 2 करोड़ से बढ़ाकर ₹ 100 करोड़ कर दिया गया। भारत की प्रथम परिसम्पत्ति पुनर्निर्माण कम्पनी **एसेट रिकन्सट्रक्शन कम्पनी ऑफ इण्डिया लिमिटेड** (ARCIL) की स्थापना की गई थी।
- **एस 4 ए** या दाबित सम्पदा की सतत् संरचना स्कीम को वर्ष 2016 में शुरू किया गया। इसके अन्तर्गत संघर्षरत् कम्पनी के ऋण को सतत् व असतत् दोनों रूपों में बाँटा जाता है।

वित्तीय सेवा संस्थान ब्यूरो

- बैंक बोर्ड ब्यूरो (BBB) के स्थान पर वित्तीय सेवा संस्थान ब्यूरो (Financial Services Institution Bureau, FSIB) की स्थापना के लिए एक सरकारी प्रस्ताव जुलाई, 2022 में पारित किया गया।
- वित्तीय सेवा संस्थान ब्यूरो सार्वजनिक क्षेत्र के बैंकों और बीमा कम्पनियों के प्रमुखों का चयन करेगा। FSIB के पास दिशा-निर्देश जारी करने और राज्य द्वारा संचालित गैर-जीवन बीमा कम्पनियों, सामान्य बीमाकर्ताओं और वित्तीय संस्थानों के महाप्रबन्धकों तथा निदेशकों का चयन करने का स्पष्ट अधिदेश होगा।

> FSIB सार्वजनिक क्षेत्र के बैंकों, इण्डिया प्राइवेट लिमिटेड कम्पनी और वित्तीय संस्थाओं में पूर्णकालिक निदेशक तथा गैर-कार्यकारी अध्यक्ष की नियुक्ति के लिए सिफारिशें करने वाली एकल इकाई होगी।

उत्तरदायित्व

- FSIB राज्य द्वारा संचालित वित्तीय सेवा संस्थाओं के पूर्णकालिक निदेशकों एवं गैर-कार्यकारी अध्यक्षों के लिए एक उपयुक्त निष्पादन मूल्यांकन प्रणाली पर सरकार को परामर्श देगा।
- निकाय सार्वजनिक क्षेत्र के बैंकों (PSB), वित्तीय संस्थाओं एवं बीमा कम्पनियों के प्रदर्शन से सम्बन्धित एक डेटा बैंक का निर्माण करेगा। यह इन संस्थाओं में 'पूर्णकालिक निदेशकों के लिए आचार संहिता तथा नैतिकता के निर्माण एवं प्रवर्तन' पर सरकार को परामर्श देगा।
- FSIB इन सरकारी बैंकों, वित्तीय संस्थाओं तथा बीमा कम्पनियों को व्यावसायिक रणनीतियाँ विकसित करने एवं पूँजी जुटाने की योजना इत्यादि में भी सहायता करेगा।

FSIB के कार्य

- निदेशकों की नियुक्तियों, स्थानान्तरण या कार्यकाल के विस्तार और सेवाओं की समाप्ति से सम्बन्धित मामलों पर सरकार को सलाह देना।
- सार्वजनिक क्षेत्र के बैंक, सार्वजनिक वित्तीय संस्थान और सार्वजनिक क्षेत्र के बीमाकर्ताओं के लिए बोर्ड स्तर पर वांछित प्रबन्धन संरचना पर सरकार को सलाह देना।
- निदेशकों के लिए प्रदर्शन मूल्यांकन प्रणाली और आचार संहिता तथा नैतिकता के लिए सरकार को सलाह देना।
- पीएसबी, एफआई और पीएसआई में प्रबन्धन के लिए उपयुक्त प्रशिक्षण और विकास कार्यक्रम सुनिश्चित करना।
- व्यापार रणनीति विकसित करने और पूँजी योजना जुटाने के लिए संस्थान की मदद करना।

बैंकिंग लोकपाल

- बैंकिंग ऑम्बुड्समैन योजना 14 जून, 1995 से चल रही है। यह योजना भारतीय रिजर्व बैंक के नियन्त्रण और देख-रेख में कार्य करती है। विवादों को शीघ्र और कम खर्च में निपटाने की कानूनी शक्तियों के साथ बैंकिंग ऑम्बुड्समैन एक स्वतन्त्र संस्था है।

रिजर्व बैंक ने सम्पूर्ण देश में 15 बैंकिंग ऑम्बुड्समैन नियुक्त किए हैं। इस व्यवस्था का उद्देश्य अधिक कानूनी कार्यवाहियों के बिना शिकायतों की शीघ्र समाप्ति को सुनिश्चित करना है। कोई भी ग्राहक जिसकी शिकायत का बैंक द्वारा सन्तोषजनक समाधान न किया गया हो, बैंकिंग ऑम्बुड्समैन के पास जा सकता है।

- 3 फरवरी, 2009 को भारतीय रिजर्व बैंक द्वारा भारत सरकार की सलाह से बैंकिंग ऑम्बुड्समैन योजना वर्ष 2006 को पुन: संशोधित कर दी गई है। शिकायतों के नए कारणों को शामिल करने के लिए योजना का दायरा बढ़ा दिया गया है।
- बैंकों में आन्तरिक लोकपाल योजना, 2018 के अन्तर्गत यह प्रावधान किया गया है कि बैंक आन्तरिक लोकपाल का कार्यकाल 3 से 5 वर्ष निश्चित कर सकता है।
- आन्तरिक लोकपाल को केवल रिजर्व बैंक की सहमति से ही हटाया जा सकता है। इसके अन्तर्गत लोकपाल को दिए जाने वाले पारिश्रमिक का निर्णय बोर्ड की ग्राहक उप-समिति द्वारा किया जाएगा।
- लोकपाल योजना, 2018 के कार्यान्वयन की देखभाल भारतीय रिजर्व बैंक के नियामक निरीक्षण के अतिरिक्त बैंक के आन्तरिक लेखा परीक्षा तन्त्र द्वारा किए जाने का प्रावधान है।
- निम्नलिखित शिकायतें ऑम्बुड्समैन स्कीम के दायरे में आती हैं
  - क्रेडिट कार्ड से सम्बन्धित शिकायतें।
  - पेंशन से सम्बन्धित शिकायतें।
  - बैंक के प्रतिनिधियों द्वारा सीधे बेची गई सुविधाओं सहित, वादे के मुताबिक सेवाएँ प्राप्त न होने से सम्बन्धित शिकायतें।
  - किसी बैंक द्वारा अपनाए गए उचित व्यवहार कोड का पालन न करने सम्बन्धी शिकायतें।
  - चैकों, ड्राफ्टों, बिलों इत्यादि का भुगतान न करना अथवा चैकों के भुगतान या कलेक्शन में अनुचित देरी।
  - अन्य पार्टियों द्वारा हस्तान्तरित धन का भुगतान न करना या देर से भुगतान करना।
  - ड्राफ्ट्स, पे-ऑडर्स या बैंकर्स चैकों को जारी न करना या देर से जारी करना।
  - निर्धारित कार्य समय का पालन न करना।
  - भारत में खाताधारी अनिवासी भारतीयों की विदेश से हस्तान्तरित धन, जमाओं तथा बैंक से सम्बन्धित अन्य शिकायतें।
  - ग्राहक को बिना पर्याप्त पूर्व सूचना दिए बैंक द्वारा प्रभार लगा देना।
  - बैंकों द्वारा रिकवरी एजेण्टों की नियुक्ति के सम्बन्ध में रिजर्व बैंक के दिशा-निर्देशों का पालन न करना।
  - बैंकिंग या अन्य सेवाओं से सम्बन्धित रिजर्व बैंक के निर्देशों के उल्लंघन से सम्बन्धित कोई अन्य मामला।

डिजिटल लेन-देन के लिए लोकपाल योजना

- भारतीय रिजर्व बैंक ने डिजिटल लेन-देन के लिए लोकपाल की शुरुआत वर्ष 2019 में की।
- इसे भुगतान और निपटान प्रणाली अधिनियम, 2007 की धारा-18 के अन्तर्गत शुरू किया गया है।

- इसके अन्तर्गत लोकपाल ग्राहकों के समय, धन की क्षति और मानसिक पीड़ा के लिए ₹ 1 लाख तक का मुआवजा तथा डिजिटल भुगतान सम्बन्धी ₹ 20 लाख की अधिकतम क्षतिपूर्ति का आदेश दे सकती है।

वित्तीय पर्यवेक्षण बोर्ड

- वित्तीय पर्यवेक्षण बोर्ड (BFS) की स्थापना वर्ष 1994 में भारतीय रिजर्व बैंक के अन्तर्गत हुई। यह बोर्ड, परिसम्पत्तियों के वर्गीकरण, आय अभिज्ञान, ऋण-सम्बन्ध, पूँजी पर्याप्तता आदि से सम्बन्धित नियमों के क्रियान्वयन को सुनिश्चित करता है।
- वर्ष 1997 से इस बोर्ड द्वारा कैमल्स प्रणाली के आधार पर वार्षिक वित्तीय निरीक्षण प्रारम्भ किए गए हैं।

बैंक धोखाधड़ी जाँच हेतु केन्द्रीय बोर्ड

- बैंक फण्ड के केन्द्रीय बोर्ड (Central Board of Bank Funds, CBBF) का गठन वर्ष 1997 में वित्त मन्त्रालय द्वारा किया गया। इसकी स्थापना महाप्रबन्धक के स्तर तक बैंक अधिकारियों के विरुद्ध चलाई जा रही CBI जाँच के मामलों की जानकारी हेतु की गई।
- बोर्ड उन सभी मामलों में बैंक को सलाह देता है, जो महाप्रबन्धक व उससे उच्चाधिकारियों के विरुद्ध जाँच-पड़ताल के लिए सीधे CBI के पास भेजे गए हों।

वित्तीय सेवा संस्थान ब्यूरो

कैबिनेट नियुक्ति समिति ने बैंक बोर्ड ब्यूरो के स्थान पर वित्तीय सेवा संस्थान ब्यूरो की स्थापना हेतु एक सरकारी प्रस्ताव पारित किया है। इसके अन्तर्गत निम्न प्रावधान को शामिल किया गया है

- यह सार्वजनिक क्षेत्र के बैंकों और बीमा कम्पनियों के प्रमुखों का चयन करेगा। इसे राज्य द्वारा संचालित गैर-जीवन बीमा कम्पनियों, सामान्य बीमाकर्ताओं तथा वित्तीय संस्थाओं के महा-प्रबन्धकों तथा निदेशकों का चयन करने का अधिकार होगा।
- यह सार्वजनिक क्षेत्र के बैंकों, इण्डिया प्राइवेट लिमिटेड कम्पनी तथा वित्तीय संस्थाओं में पूर्णकालिक निदेशक तथा गैर-कार्यकारी अध्यक्ष की नियुक्ति के लिए सिफारिश करेगी। ऐसा करने वाली एकल इकाई के रूप में होगी।

बैंक बोर्ड ब्यूरो

- बैंकिंग प्रणाली के ढाँचे को पारदर्शी तथा व्यावहारिक बनाने के लिए केन्द्र सरकार ने फरवरी, 2016 में बैंक बोर्ड ब्यूरो (बीबीबी) की स्थापना की। इसके प्रथम अध्यक्ष पूर्व महालेखा परीक्षक विनोद राय को बनाया गया।

बैंकिंग क्षेत्र सुधार की समितियाँ

बैंकिंग क्षेत्र सुधार की प्रमुख समितियाँ एवं योजनाएँ निम्नलिखित हैं

नरसिंहम समिति I

- भारत सरकार ने वित्तीय प्रणाली की तत्कालीन संरचना तथा उसके विभिन्न अवयवों के आलोचनात्मक विवेचन के लिए रिजर्व बैंक के भूतपूर्व गवर्नर **एम. नरसिंहम** की अध्यक्षता में अगस्त, 1991 में एक 9 सदस्यीय समिति का गठन किया था।
- इस समिति की रिपोर्ट 17 नवम्बर, 1991 को संसद में प्रस्तुत की गई। वित्तीय क्षेत्र में सुधारों के प्रति समिति का दृष्टिकोण तीन मुख्य व अन्तर्सम्बन्धित बातों पर आधारित था, जोकि निम्न हैं
  - अर्थव्यवस्था के वास्तविक क्षेत्रों में प्रतिस्पर्द्धात्मक दक्षता लाने हेतु जो प्रयास किए जा रहे हैं, उसी प्रकार के प्रयास वित्तीय क्षेत्र में भी करने की आवश्यकता है।
  - प्रतिस्पर्द्धात्मक दक्षता के वातावरण में अपना कार्य सुचारू और प्रभावी तरीके से कर पाने के लिए वित्तीय क्षेत्र का स्वस्थ व लाभप्रद होना आवश्यक है।
  - दक्ष और लाभप्रद आधार पर वित्तीय क्षेत्र कार्य कर पाने में तभी सफल हो सकता है, यदि उसे बिना हस्तक्षेप कार्य करने की स्वतन्त्रता हो तथा बिना किसी बाहरी हस्तक्षेप के साख एवं निवेश निर्णयों का निर्धारण केवल उच्च व्यावसायिक मानदण्डों के आधार पर किया जाए।
- नरसिंहम समिति के मुख्य सुझाव निम्नलिखित हैं
  - बैंकिंग संरचना में चार स्तर होने चाहिए, सबसे ऊपर के स्तर पर स्टेट बैंक के साथ तीन-चार और बड़े बैंक होने चाहिए (जिनका स्वरूप अन्तर्राष्ट्रीय हो सकता है) तथा सबसे निचले स्तर पर ग्रामीण बैंक (जिनमें क्षेत्रीय ग्रामीण बैंक भी शामिल हैं) होने चाहिए। ग्रामीण बैंकों का कार्यक्षेत्र ग्रामीण क्षेत्रों तक सीमित रहना चाहिए और उनका कार्य कृषि एवं सहायक गतिविधियों को ऋण देना होना चाहिए।
  - बैंको तक वित्तीय संस्थाओं पर निगरानी या निरीक्षणात्मक कार्यों का उत्तरदायित्व रिजर्व बैंक के तत्वावधान में गठित एक अर्द्ध-स्वायत्त संस्था को सौंप देना चाहिए।
  - 8% पूँजी पर्याप्तता अनुपात (Capital Adequacy Ratio) को प्राप्त करने का लक्ष्य होना चाहिए। यह कार्य विभिन्न चरणों में सम्पन्न किया जा सकता है।
  - शाखा लाइसेन्सिंग नीति को समाप्त कर दिया जाना चाहिए।
  - समिति ने निर्देशिक निवेशों (Direct Investments) तथा साख कार्यक्रमों के सम्बन्ध में भी सुझाव दिए और परिसम्पत्ति पुनर्निर्माण फण्ड (Assets Reconstruction Fund) की स्थापना की सिफारिश की गई।

- वर्ष 1991-92 से वैधानिक तरलता अनुपात (Statutory Liquidity Ratio) में धीरे-धीरे क्रमबद्ध कमी की जानी चाहिए।
- ब्याज दरों का नियमन समाप्त करके उन्हें चक्रवर्ती कमेटी के सुझाव के अनुसार, बैंक दर से सम्बन्धित किया जाना चाहिए।
- वित्तीय संस्थाओं के बीच प्रतिस्पर्द्धा को बढ़ावा देना चाहिए।

नरसिंहम समिति II

- इस समिति का गठन **26 दिसम्बर, 1997** को किया गया, जिसने अपनी रिपोर्ट **22 अप्रैल, 1998** को केन्द्रीय वित्त मन्त्री के सम्मुख प्रस्तुत की। समिति का उद्देश्य वित्तीय ढाँचे, संगठन, कार्यप्रणाली व कार्यविधियों से सम्बन्धित सभी पहलुओं की जाँच से है।
- इस समिति द्वारा पूँजी खाते में रुपए की पूर्ण परिवर्तनीयता की सिफारिश की, परन्तु इससे पहले देश की वित्तीय व्यवस्था को मजबूत व स्थायी बनाने पर बल दिया। साथ ही बैंक की परिसम्पत्तियों की गुणवत्ता में सुधार, गैर-निष्पक्षीय परिसम्पत्तियों में कमी, पूँजी (NPA) पर्याप्तता अनुपात में वृद्धि की अनुशंसा की गई।
- बैंकों की खराब परिसम्पत्तियों के अधिग्रहण के लिए एसेट रिकन्सट्रक्सन फण्ड, भारतीय रिजर्व बैंक की नियामक व देख-रेख सम्बन्धी क्रियाओं को पृथक् करने हेतु **बोर्ड फॉर फाइनेन्शियल सुपरविजन** (Board for Financial Supervision, BFS) को स्वायत्तता प्रदान करने की भी सिफारिश की गई।
- बैंकों को राजनीति से मुक्त करने, निर्देशक बोर्ड में पेशेवर व्यक्तियों को शामिल करने तथा बैंक के किसी भी कर्मचारी के विरुद्ध कार्यवाही से पूर्व समुचित जाँच-पड़ताल करने की संस्तुति भी की गई।

दामोदरन समिति

- इस समिति की स्थापना वर्ष 2011 में की गई, जिसने अपनी रिपोर्ट अगस्त, 2011 में सरकार को सौंप दी।
- सेबी के पूर्व अध्यक्ष **एम. दामोदरन** की अध्यक्षता में गठित समिति ने बैंकिंग सेवाओं में सुधार हेतु कई महत्त्वपूर्ण सिफारिशें कीं। इसके द्वारा जारी रिपोर्ट पर RBI द्वारा आम जनता की टिप्पणियाँ भी आमन्त्रित की गई थीं।
- बैंकिंग सेवाओं के सन्दर्भ में समिति द्वारा **न्यूनतम बैलेन्स** की अवधारणा को समाप्त करने का सुझाव दिया गया और आवश्यक सेवाओं को नि:शुल्क बनाने की भी सिफारिशें की गईं।
- होम लोन, नि:शुल्क कॉल सेण्टर की स्थापना आदि के सन्दर्भ में भी समिति ने अपने विचार व्यक्त किए।

श्यामला गोपीनाथ समिति

- लघु बचत योजनाओं के सन्दर्भ में विचार हेतु रिजर्व बैंक के तत्कालीन डिप्टी गवर्नर श्यामला गोपीनाथ की अध्यक्षता में वर्ष 2010 में गठित समिति ने अपनी सिफारिशें प्रस्तुत कर दीं, जिनको स्वीकार करते हुए सरकार ने **किसान विकास-पत्र** योजना को नवम्बर, 2011 से बन्द कर दिया।
- **मासिक आय योजना** तथा **राष्ट्रीय बचत पत्र योजना** की परिपक्वता अवधि 6 वर्ष से घटाकर 5 वर्ष की कर दी गई। साथ ही 10 वर्ष की परिपक्वता अवधि वाली राष्ट्रीय बचत-पत्र योजना प्रारम्भ करने की घोषणा की गई, दूसरी ओर डाकघर में बचत जमाओं पर ब्याज दर 3.5% से बढ़ाकर 4% कर दी गई।
- मासिक आय योजना (MIS) पर 8.0% से बढ़ाकर 8.2% तथा पब्लिक प्रॉविडेण्ट फण्ड (PPF) पर इसे 8.0% से बढ़ाकर 8.6% किया गया है।

> **PPF खातों में** वार्षिक निवेश की अधिकतम सीमा ₹ 70 हजार से बढ़ाकर अब ₹ 1 लाख कर दी गई है। डाकघरों में सावधि जमाओं पर देय ब्याज दरों में भी वृद्धियाँ की गई हैं। सर्वाधिक वृद्धि 1 वर्ष की सावधि जमा (Fixed Deposit) के मामले में (6.25% से बढ़ाकर 7.7%) की गई है।

खण्डेलवाल समिति

इस समिति का गठन बैंकों में मानव संसाधन दक्षता में सुधार लाने के लिए किया गया। इस समिति द्वारा निम्नलिखित सुझाव दिए गए हैं

- बैंकों में मानव संसाधन प्रबन्धन
- उनकी नियुक्ति, योजना, प्रशिक्षण, भविष्य योजना
- निष्पादन प्रबन्धन
- पुरस्कार प्रबन्धन
- उत्तराधिकार योजना एवं नेतृत्व विकास
- अभिप्रेरण
- मानव संसाधन में व्यावसायिक दृष्टिकोण
- वेतन, सेवा शर्तें तथा कल्याण

भारतीय रिजर्व बैंक द्वारा गठित प्रमुख समितियाँ

भारतीय रिजर्व बैंक के द्वारा गठित प्रमुख समितियाँ इस प्रकार हैं

जालान समिति

- भारतीय रिजर्व बैंक (RBI) के पूर्व गवर्नर **विमल जालान** की अध्यक्षता वाले उच्चस्तरीय पैनल ने 25 फरवरी, 2014 को अपनी रिपोर्ट सौंप दी। इस पैनल की नियुक्ति सितम्बर, 2013 में आरबीआई द्वारा नए बैंक परमिट हेतु आए आवेदनों की समीक्षा हेतु की गई थी।

- इस पैनल में अध्यक्ष विमल जालान के अतिरिक्त आरबीआई के पूर्व डिप्टी गवर्नर **ऊषा थोराट**, पूर्व सेबी अध्यक्ष **सी. बी. भावे** तथा आरबीआई के सेण्ट्रल बोर्ड ऑफ डायरेक्टर्स के डायरेक्टर **नचिकेत मोर** शामिल थे।

उर्जित पटेल समिति

भारतीय रिजर्व बैंक (RBI) के मौद्रिक नीति ढाँचे का विश्लेषण करने और इसको सशक्त बनाने के लिए नियुक्त की गई उर्जित पटेल की अध्यक्षता वाली समिति का गठन किया गया, जिसने अपनी रिपोर्ट सौंप दी थी। उर्जित पटेल समिति की प्रमुख सिफारिशें निम्न हैं

- उपभोक्ता मूल्य सूचकांक पर आधारित दर को मौद्रिक नीति के केन्द्र में रखा जाना चाहिए। नीतिगत दरें आरबीआई और बाहरी सदस्यों वाली समिति निर्धारित करें।
- खुदरा महँगाई दर को अगले दो वर्षों में 6% पर लाया जाए और फिर 4% का लक्ष्य निर्धारित किया जाए। वास्तविक नीतिगत दर धनात्मक रहे अर्थात् खुदरा महँगाई दर से अधिक रहे। विभिन्न वस्तुओं के आधिकारिक मूल्य निर्धारित करने की परम्परा समाप्त की जाए।

ऊषा थोराट समिति

- देश के सभी गाँवों में वित्तीय सेवाएँ उपलब्ध कराने के उद्देश्य से RBI की डिप्टी-गवर्नर **ऊषा थोराट** की अध्यक्षता में एक समिति का गठन किया गया था। इस समिति ने अपनी रिपोर्ट में वर्ष 2011 तक देश के सभी गाँवों में वित्तीय सुविधाएँ उपलब्ध कराने की सिफारिश की थी।
- वित्तीय सेवाओं में जमा, ऋण अदायगी एवं अन्य बैंकिंग सुविधाओं को शामिल किया जाता है।

एम.वी. नायर समिति

प्राथमिकता प्राप्त क्षेत्र में विद्यमान वर्गीकरण की समीक्षा तथा इस क्षेत्र में उधार से सम्बन्धित मुद्दों में संशोधित दिशा-निर्देश प्रस्तावित करने के लिए भारतीय रिजर्व बैंक द्वारा एम. वी. नायर की अध्यक्षता में एक समिति का गठन किया गया। इस समिति द्वारा निम्नलिखित अनुशंसाएँ की गईं

- कृषि एवं इससे सम्बद्ध गतिविधियाँ प्राथमिकता प्राप्त क्षेत्र के अन्दर ही सम्मिलित हों।
- कृषि एवं सम्बद्ध क्रियाकलापों का लक्ष्य ANBC अथवा CEOBE, जो भी अधिक हो, का 18% होना चाहिए।
- मध्यम तथा लघु उद्यम क्षेत्र को प्राथमिकता प्राप्त क्षेत्र में जारी रखा जाए। आवास एवं शिक्षा ऋण को प्राथमिकता प्राप्त क्षेत्र के अन्तर्गत जारी रखा जाए।
- आर्थिक रूप से कमजोर एवं निम्न आय समूह के व्यक्तियों को प्रदान किए जाने वाले आवास ऋणों को कमजोर वर्ग श्रेणी में शामिल किया जाए।
- प्राथमिकता प्राप्त क्षेत्र के अन्तर्गत महिलाओं के सभी ऋणों को भी कमजोर वर्गों के ऋण में गिना जाए।

नचिकेत मोर समिति

- भारतीय रिजर्व बैंक (RBI) की नचिकेत मोर समिति ने **7 जनवरी, 2014** को अपनी सिफारिशें प्रस्तुत कीं। देश ने प्रत्येक नागरिक को वित्तीय व्यवस्था से जोड़ने पर इस समिति का गठन **22 सितम्बर, 2013** को सुझाव देने के लिए किया।
- इसमें कुल 13 सदस्य थे और इसके अध्यक्ष **नचिकेत मोर** हैं, जो आरबीआई के केन्द्रीय बोर्ड ऑफ डायरेक्टर्स के सदस्य हैं। देश के प्रत्येक क्षेत्र में बैंक खोलने व लोगों को प्रत्येक प्रकार के वित्तीय उत्पाद पहुँचाने पर यह रिपोर्ट वर्तमान व्यवस्था में व्यापक बदलाव के पक्ष में है।

नचिकेत मोर समिति की मुख्य सिफारिशें

मोर समिति की प्रमुख सिफारिशें निम्नलिखित हैं

- एक जनवरी, 2016 तक प्रत्येक वयस्क नागरिक का बैंक अकाउण्ट हो।
- किसी भी स्थान से केवल 15 मिनट की पैदल दूरी पर बैंक शाखा स्थित हो। उपभोक्ता मूल्य आधारित महँगाई दर से अधिक जमा पर मिले ब्याज।
- प्रत्येक गरीब को उसकी सुविधा से कर्ज देने की व्यवस्था हो।
- गरीब परिवार को अत्यन्त कम प्रीमियम पर प्रत्येक प्रकार का बीमा उपलब्ध हो।
- आधार नम्बर के साथ ही बैंक खाता नम्बर देने की व्यवस्था हो।
- NBFC को बैंकों के एजेण्ट के रूप में कार्य करने की अनुमति मिले।
- गरीबों व छोटे उद्यमियों को कर्ज के लिए नए पेमेण्ट बैंक खोले जाएँ।
- सस्ती सेवा देने के लिए बैंकों को नए सिरे से तैयार किया जाए।
- बैंकों की सेवा देने वाले MFI, NGO, की निगरानी के लिए राज्य के द्वारा आयोग का गठन किया जाए।
- बैंकों की गैर-निष्पादित परिसम्पत्तियों (Non-Performing Assets, NPA) से सम्बन्धित सूचनाओं को सार्वजनिक किया जाए।
- कर्ज माफी के अतिरिक्त सीधे किसानों को वित्तीय सहायता मिले।

दीपक मोहन्ती समिति

- भारतीय रिजर्व बैंक के कार्यकारी निदेशक **दीपक मोहन्ती** वित्तीय समावेशन की मध्यावधि (पाँच वर्ष) कार्य-योजना तैयार करने के लिए 15 जुलाई, 2015 को गठित समिति की अध्यक्षता करेंगे।
- यह मध्यावधि पथ सम्बन्धी समिति देश में वित्तीय सेवाओं के प्रसार के लिए कार्य करने हेतु गठित की गई है।

दीपक मोहन्ती समिति की मुख्य सिफारिशें

- बैंकों को महिलाओं के लिए खाता खोलने को बढ़ावा देने के लिए विशेष प्रयास करना होगा।

- वित्तीय साक्षरता केन्द्र नेटवर्क को मजबूत किया जाए, जिससे बुनियादी स्तर पर वित्तीय साक्षरता प्रदान की जा सके।
- सरकार के द्वारा व्यक्तियों की धन हस्तान्तरण के ढाँचे को मजबूत करने के लिए मोबाइल बैंकिंग सुविधा को और अधिक कार्यकुशल बनाया जाए।

भुगतान के लिए बैंकों का नया प्लेटफार्म एकीकृत भुगतान इण्टरफेस

- भारत में खुदरा भुगतानों की प्रणाली के संचालन के लिए गठित नेशनल पेमेण्ट्स कॉर्पोरेशन ऑफ इण्डिया (NPCI) ने 11 अप्रैल, 2016 को मुम्बई में एकीकृत भुगतान इण्टरफेस (Unified Payment Interface, UPI) प्रणाली की शुरुआत की। इस भुगतान प्रणाली को विकसित करने का उद्देश्य खुदरा भुगतान को आसान बनाना है।
- UPI एक ऑनलाइन समाधान प्रणाली है। इसके द्वारा धन का हस्तान्तरण मात्र एक स्मार्टफोन की सहायता से सम्भव है। इस सुविधा के अन्तर्गत किसी भी खाताधारक को अपने स्मार्टफोन की सहायता से अन्य व्यक्ति को धन प्रेषित करने के लिए केवल एक अभिज्ञाता (Identifier) की आवश्यकता होती है, जोकि मोबाइल नम्बर, आधार संख्या या अन्य कोई आभासी पता होता है। इस सेवा का उपयोग करने के लिए स्मार्टफोन पर UPI ऐप डाउनलोड करना आवश्यक है।
- एकीकृत भुगतान की प्रमुख विशेषताएँ निम्न हैं
  - UPI के माध्यम से प्रतिदिन ₹ 1 लाख तक की धनराशि प्रेषित की जा सकती है। यह सेवा 24×7 में उपलब्ध रहती है।
  - धन प्रेषण का शुल्क प्रेषित धनराशि के आधार पर लगाया जाएगा।
  - भुगतान के लिए डेबिट या क्रेडिट कार्ड की आवश्यकता नहीं होती।
  - इसमें भुगतान के पश्चात् खाता संख्या पर निगरानी नहीं रखी जा सकती है।
  - किसी भी खाता संख्या में हेरा-फेरी नहीं की जा सकती है।
  - UPI तत्काल भुगतान सेवा का एक रूप है।

एकीकृत भुगतान 2.0 (UPI 2.0)

यह एकीकृत भुगतान का अपग्रेड रूप है, जिसके अन्तर्गत कई सुविधाओं को व्यापक एवं आसान बनाया गया है। इसकी कुछ प्रमुख विशेषताएँ निम्न हैं

- वन-टाइम मैण्डेट की सुविधा प्रदान करना।
- ओवरड्राफ्ट खाते को जोड़ना।
- भुगतान की जाँच इनबॉक्स में इनबॉक्स से करना।
- ग्राहकों के लिए कोड की एक त्वरित प्रतिक्रिया (QR)।

कोर बैंकिंग

- यह केन्द्रीयकृत बैंकिंग की ऐसी प्रणाली है, जिसके द्वारा इस प्रणाली से जुड़े सभी बैंक केन्द्रीयकृत डाटासेण्टर्स का उपयोग बैंकिंग लेन-देन से जुड़े सम्पूर्ण सौदों के लिए करते हैं।
- कोर बैंकिंग (Core Banking) में रीयल-टाइम आधार पर कार्य किया जाता है तथा किसी भी बैंक में हुआ कोई भी लेन-देन केन्द्रीय सर्वर के द्वारा सम्पूर्ण बैंकिंग प्रणाली में प्रतिबिम्बित होता है।
- कोर बैंकिंग प्रणाली में ग्राहक अपने बैंक खाते का उपयोग और सदस्य शाखा कार्यालयों में से किसी से भी बुनियादी लेन-देन कर सकते हैं, जहाँ नेटवर्क बैंक शाखाओं के एक समूह द्वारा उपलब्ध कराई गई एक बैंकिंग सेवा हो। यह प्रणाली कर्मचारी क्षमता को बढ़ाती है और मानव त्रुटि, धोखाधड़ी आदि को कम करती है।
- फ्री-बैंकिंग के अन्तर्गत नोट निर्गमन का एकाधिकार केन्द्रीय बैंक; जैसे—भारत में भारतीय रिजर्व बैंक के पास न होकर, सभी बैंकों के पास **नोट निर्गमन का अधिकार** होता है।

स्विफ्ट

- स्विफ्ट (SWIFT) विश्व में इण्टरबैंक वित्तीय दूरसंचार के लिए एक संक्षिप्त शब्द है। स्विफ्ट (Society for Worldwide Financial Telecommunication, SWIFT) बेल्जियम स्थित एक सुरक्षित वित्तीय सन्देश सेवा है, जिसका उपयोग विश्व के 200 से अधिक देशों में 11000 से अधिक बैंकिंग और प्रतिभूति संगठनों द्वारा किया जाता है।
- यह गैर-लाभकारी सहकारी समिति है, जो मई, 1977 में शुरू की गई थी। इसके कार्य निम्नलिखित हैं
  - स्विफ्ट हस्तान्तरण (ट्रान्सफर) को **अन्तर्राष्ट्रीय मनी ट्रान्सफर** (International Money Transfer) भी कहा जाता है। यह दुनिया में कहीं भी बैंकों से पैसे भेजने या प्राप्त करने का एक सुरक्षित और मानकीकृत तरीका है। स्विफ्ट भुगतान नेटवर्क के माध्यम से किया गया भुगतान है।
  - स्विफ्ट प्रत्येक बैंक को 8 या 11 वर्ण लम्बा एक कोड प्रदान करता है, जिससे बैंक पहचानकर्ता के रूप में जाना जाता है। यह घरेलू अन्तर-बैंक हस्तान्तरण के लिए उपयोग किए जाने वाले आईएफएससी कोड के समान है। इसके पहले 4 अक्षर उस बैंक के लिए होते हैं, जिसमें पैसा हस्तान्तरण किया जाएगा।

तत्काल सकल निपटान प्रणाली

- तत्काल सकल निपटान प्रणाली (Real Time Gross Settlement, RTGS) भारत में 29 अप्रैल, 2004 से प्रारम्भ हुई।
- तत्काल सकल निपटान प्रणाली (आरटीजीएस या वास्तविक समय सकल समझौता) में एक बैंक से दूसरे बैंक में फण्ड का स्थानान्तरण वास्तविक समय में एवं सकल आधार (Gross Basis) पर होता है।

- वास्तविक समय का अर्थ है कि इसमें धन अन्तरण (फण्ड ट्रान्सफर) बिना किसी समयान्तराल के होता है। तत्काल निपटान (ग्रोस सेटेलमेण्ट) का अर्थ है कि किसी अन्य अन्तरण के साथ आरटीजीएस का कोई सम्बन्ध नहीं होता है। एक बार प्रक्रिया होने के बाद यह अन्तिम व अपरिवर्तनीय माना जाता है।
- आरटीजीएस (RTGS) द्वारा लेन-देन के लिए न्यूनतम और अधिकतम सीमा ₹ 2 लाख ही निर्धारित है।
- भारतीय रिजर्व बैंक स्तर पर निपटान हेतु आरटीजीएस सेवा ग्राहकों के लेन-देन के लिए सप्ताह के सभी दिन अर्थात् $365 \times 24 \times 7$ तक उपलब्ध रहती है। यह सुविधा 4 दिसम्बर, 2020 से उपलब्ध हो गई है। बैंक शाखा से या इण्टरनेट बैंकिंग के उपयोग से ही आरटीजीएस के द्वारा भुगतान किया जाता है।
- आरबीआई ने पेटीएम, एयरटेल वॉलेट और भुगतान बैंकों आदि सहित गैर-बैंक भुगतान प्रणाली ऑपरेटरों के लिए आरटीजीएस सुविधाओं का विस्तार किया।

राष्ट्रीय इलेक्ट्रॉनिक निधि अन्तरण प्रणाली

- राष्ट्रीय इलेक्ट्रॉनिक निधि अन्तरण (National Electronic Fund Transfer, NEFT) प्रणाली के अन्तगर्त किसी व्यक्ति, फर्म या कम्पनी एक बैंक शाखा से दूसरे किसी बैंक या उसी बैंक की शाखा में किसी व्यक्ति, फर्म या कम्पनी के खाते में पैसा ट्रान्सफर किया जा सकता है।
- यहाँ तक कि ऐसे व्यक्ति, फर्म या कम्पनी/कॉर्पोरेट जिनके पास बैंक खाता नहीं है, वे भी एनईएफटी (NEFT) सक्षम शाखा में एनईएफटी का उपयोग करके फण्ड ट्रान्सफर (धन अन्तरण) करने के निर्देश के साथ नकद जमा कर सकते हैं। भारत में यह नवम्बर, 2005 से प्रारम्भ हुआ।

> एनईएफटी सेवा **4 दिसम्बर, 2020** से ग्राहकों को **24 घण्टे** उपलब्ध कर दिया गया है। अब ये **$24 \times 7 \times 365$** दिन सेवा के लिए उपलब्ध है। इसमें न तो न्यूनतम और न ही अधिकतम धन की सीमा रखी गई है।

- इण्टरनेट/मोबाइल बैंकिंग चैनलों के माध्यम से ऑनलाइन शुरू किए गए एनईएफटी द्वारा धन हस्तान्तरण पर कोई शुल्क नहीं है, परन्तु बैंक शाखा से एनईएफटी सुविधा का लाभ उठाने पर शुल्क (कर के साथ ₹ 25) लगाया जाता है।
- आरबीआई द्वारा पेटीएम, एयरटेल बैंक और भुगतान बैंकों आदि सहित गैर बैंक भुगतान प्रणाली ऑपरेटरों के लिए भी 4 मई, 2021 से एनईएफटी सुविधाओं का विस्तार किया गया है।

भारतीय राष्ट्रीय भुगतान निगम

- भारतीय राष्ट्रीय भुगतान निगम (National Payment Corporation of India, NPCI) भारतीय रिजर्व बैंक द्वारा स्थापित एक निगम है, जिसका भारत में विभिन्न भुगतान प्रणालियों के लिए एकमात्र संस्थान के रूप में विकास किया गया है।
- इसकी स्थापना वर्ष 2008 में की गई थी। इसके द्वारा प्रदान की जाने वाली सेवाओं में निम्नलिखित शामिल हैं
  - **सीटीएस** वस्तुत: चैक ट्रांजेक्शन सिस्टम (Cheque Transaction System, CTS) यह ऑनलाइन चैकों की क्लीयरिंग का ऐसा तरीका है, जिसमें शीघ्रता से चैकों की क्लीयरिंग हो जाती है। इसके अन्तर्गत चैक ग्रहण करने वाले बैंक द्वारा चैक का छायाचित्र एवं MICR डाटा को लेकर उसे इलेक्ट्रॉनिक माध्यम से सम्बन्धित बैंक को भेजा जाता है। इस तरीके में चैक को अमूर्त रूप (Image) से सम्बन्धित बैंक को भेजा जाता है और साथ ही अन्य आवश्यक सूचनाएँ; जैसे—MICR Field, Date of presentation, Name of presenting Bank etc. भी साथ भेजी जाती हैं।
  - इस प्रणाली में चैक के निपटारे में बहुत कम समय लगता है तथा सत्यापन एवं मिलान भी शीघ्र एवं अधिक उचित तरीके से हो जाता है तथा गलती की सम्भावना कम रहती है। इस प्रणाली में खर्चा भी कम होता है।

> **एमआईसीआर**
> - यह चैक बुक (Cheque Book) के नीचे के भाग पर छपा रहता है। MICR (Magnetic Ink Character Recognition Code) के अक्षर विशेष प्रकार की लिखावट में होते हैं और इसमें चुम्बकीय स्याही का प्रयोग होता है।
> - प्रत्येक बैंक शाखा के लिए अलग MICR नम्बर होता है। MICR में कुल नौ संख्याएँ होती हैं।
> - प्रथम तीन अंक जिला कोड, जहाँ बैंक की शाखा स्थित होती है, को व्यक्त करते हैं।
> - अगले तीन अंक बैंक कोड को तथा अन्तिम तीन अंक बैंक शाखा कोड को व्यक्त करते हैं। बैंकों के तीव्रगति से भुगतान की प्रणाली में MICR का महत्वपूर्ण योगदान है।

  - **राष्ट्रीय वित्तीय स्विच** भारत के साझे एटीएम का नेटवर्क है। राष्ट्रीय वित्तीय स्विच (National Financial Switch, NFS) विश्व का सबसे बड़ा एटीएम नेटवर्क है। इसका डिजाइन, विकास और संस्थापन बैंकिंग प्रौद्योगिकी विकास और अनुसन्धान संस्थान (आईडीआरबीटी) द्वारा 27 अगस्त, 2004 को किया गया था। इस नेटवर्क का संचालन भारतीय राष्ट्रीय भुगतान निगम (एनपीसीआई) द्वारा किया जाता है।
  - **आधार इनेबल्ड पेमेण्ट सिस्टम** यह एनपीसीआई द्वारा विकसित एक सिस्टम है, जो लोगों को आधार नम्बर और उनके फिंगर प्रिण्ट/आईरिस स्कैन की मदद से वैरिफिकेशन करके माइक्रो एटीएम द्वारा वित्तीय ट्रांजेक्शन करने की अनुमति देता है।
  - **आधार इनेबल्ड पेमेण्ट सिस्टम** (Adhaar Enabled Payment System, AEPS) इसकी सहायता से लोग अपने आधार नम्बर के माध्यम से एक बैंक अकाउण्ट से दूसरे बैंक में पैसे भेज और प्राप्त कर सकते हैं। लोगों को यह ट्रांजेक्शन करने के लिए अपने बैंक अकाउण्ट की जानकारी देने की आवश्यकता नहीं पड़ती है।

- **आधार पेमेण्ट ब्रिज सिस्टम** यह ग्राहकों को सरकार द्वारा दिए जाने वाले विभिन्न प्रकार के पेमेण्ट से सम्बन्धित है। आधार पेमेण्ट ब्रिज सिस्टम (Aadhaar Payment Bridge System, APBS) में सब्सिडी और डायरेक्ट बेनिफिट ट्रान्सफर जैसी सुविधाएँ शामिल हैं।
- इसमें लाभार्थी की पहचान एक आधार नम्बर से होती है, जो सीधे एक बैंक खाते से जुड़ा होता है। यह एनपीसीआई द्वारा विकसित किया गया है।

तत्काल भुगतान सेवा

- तत्काल भुगतान सेवा (Immediate Payment Service, IMPS) का उपयोग करने के लिए माध्यम के रूप में मोबाइल, कम्प्यूटर या एटीएम का प्रयोग करना आवश्यक होता है, जिसमें इण्टरनेट की सुविधा भी विद्यमान होनी चाहिए। ये सेवा भारतीय राष्ट्रीय भुगतान निगम द्वारा दी जाती है।
- इस सेवा के लिए आधार कार्ड संख्या उपयोगकर्ता के खाते के साथ जुड़ी होनी चाहिए। यदि आधार कार्ड खाते से संलग्न है, तो बिना खाता संख्या के भी खाते में प्रतिदिन पैसे भेजे जा सकते हैं। इस सेवा का लाभ अवकाश सहित पूरे वर्ष 24×7 तक उठाया जा सकता है। वर्तमान में (सितम्बर, 2021 के अनुसार) आरबीआई ने IMPS सेवा की सीमा ₹ 5 लाख प्रतिदिन कर दी है।
- यदि किसी कारण से पैसा लाभार्थी के खाते में नहीं पहुँच पाता है, तो वह स्वत: ही भेजे जाने वाले के खाते में जमा हो जाता है।
- भारतीय रिजर्व बैंक की मोबाइल पेमेण्ट गाइडलाइन वर्ष 2008 के अन्तर्गत ही भारत में यह सेवा वर्ष 2012 में लागू की गई। तत्काल भुगतान सेवा का उद्देश्य बैंक ग्राहकों को अपने बैंक खातों तक पहुँचने और धन भेजने के लिए एक चैनल के रूप में मोबाइल उपकरणों का उपयोग करने में सक्षम बनाना है।

भारतीय वित्तीय प्रणाली कोड

इसका विकास भारतीय रिजर्व बैंक द्वारा किया गया है। आईएफएससी (Indian Financial System Code, IFSC) में 11 अंक होते हैं। प्रथम चार अंक बैंक को प्रदर्शित करते हैं। पाँचवाँ अंक शून्य है, जो भविष्य में उपयोग आने के लिए रखा गया है। अन्तिम छ: अंक बैंक की शाखा को इंगित करते हैं। इसका उपयोग आरटीजीएस, एनईएफटी और आईएमपीएस इत्यादि प्रणालियों में होता है।

इलेक्ट्रॉनिक समाशोधन (क्लियरिंग) सेवा

- ईसीएस (Electronic Clearing System, ECS) बार-बार एवं आवधिक आधार पर होने वाले इलेक्ट्रॉनिक निधि अन्तरणों का माध्यम है। इलेक्ट्रॉनिक समाशोधन केन्द्र के एक बैंक खाते से कई बैंक खातों अथवा इसके विपरीत मुद्रा के थोक अन्तरण की सुविधा प्रदान करता है। प्रमुख रूप से ईसीएस के दो घटक हैं
  - **ईसीएस क्रेडिट** इसका प्रयोग हिताधिकारियों की बड़ी संख्या को क्रेडिट देने के लिए किया जाता है। ECS क्रेडिट में प्रयोक्ता संस्था का लाभांश, ब्याज, वेतन, पेंशन आदि का भुगतान किया जाता है।
  - **ईसीएस डेबिट** इसका प्रयोग केन्द्र के अधिकार क्षेत्र में स्थित विभिन्न बैंक शाखाओं के बहुत से खातों को डेबिट करने के लिए किया जाता है। ईसीएस डेबिट बैंक का खाता (प्रयोक्ता संस्था का खाता) एक बार ही क्रेडिट होता है। जून, 2021 से व्यक्तिगत ट्रांजेक्शन के लिए राशि सीमा समाप्त कर दी गई है।

नई बैंकिंग सेवाएँ

- भारत में बैंकिंग क्षेत्र की गतिविधियों में तकनीकी रूप से तेजी से विकास हुआ है। पिछले कई दशकों से चली आ रही पारम्परिक बैंकिंग सेवाओं अर्थात् कागज आधारित लेन-देन में महत्त्वपूर्ण बदलाव आया है, जिसमें कोर बैंकिंग, एटीएम, इलेक्ट्रॉनिक बैंकिंग, बैंक कार्ड आदि की भूमिका प्रमुख रही हैं।
- इससे जहाँ एक ओर बैंकों की कार्यकुशलता में वृद्धि हो रही है, वहीं दूसरी ओर ग्राहकों को भी सुविधा हो रही है।

इलेक्ट्रॉनिक बैंकिंग

- इलेक्ट्रॉनिक माध्यमों द्वारा बैंकिंग सेवाओं को उपलब्ध कराना, इलेक्ट्रॉनिक बैंकिंग (Electronic Banking) कहलाता है।
- इलेक्ट्रॉनिक बैंकिंग इस समय बैंकिंग विकास का स्तम्भ माना जा रहा है। इसे **इलेक्ट्रॉनिक फण्ड ट्रान्सफर** (Electronic Fund Transfer, EFT) भी कहा जाता है।

इलेक्ट्रॉनिक बैंकिंग के प्रमुख संघटक

इलेक्ट्रॉनिक बैंकिंग के प्रमुख संघटक निम्नलिखित हैं

- **पीसी बैंकिंग या होम बैंकिंग** इसके अन्तर्गत ग्राहक घर बैठे ही अपेक्षित राशि निकालने या जमा करने आदि के लिए बैंक को कम्प्यूटर पर आदेश दे सकते हैं। इस प्रकार की सेवा को पीसी बैंकिंग या होम बैंकिंग (PC Banking or Home Banking) कहते हैं।

- **प्वॉइण्ट ऑफ सेल (POS) ट्रान्सफर टर्मिनल** यह एक इलेक्ट्रॉनिक उपकरण है, जो उपभोक्ताओं को खुदरा खरीद के लिए कार्ड से भुगतान करने को संसाधित करता है। प्वॉइण्ट ऑफ सेल (Point of Sell, POS) कार्ड एक क्रेडिट कार्ड के समान होता है। इसके प्रयोग से ग्राहक के खाते से धनराशि विक्रेता के खाते में सीधे ही स्थानान्तरित हो जाती है।
- **टेलीफोन द्वारा भुगतान** वित्तीय (धन सम्बन्धी) संस्थाओं का टेलीफोन के माध्यम से ग्राहक के बिल के भुगतान व विभिन्न खातों में निधियों के अन्तरण का अनुदेश देने की सुविधा को टेलीफोन द्वारा भुगतान (Payment by Telephone) कहते हैं।
- **इण्टरनेट बैंकिंग** (Internet Banking) इसे ऑनलाइन बैंकिंग, वेब बैंकिंग एवं ई-बैंकिंग आदि नामों से भी जाना जाता है। यह एक इलेक्ट्रॉनिक भुगतान प्रणाली है, जो किसी बैंक या अन्य वित्तीय संस्थान के ग्राहकों को ऑनलाइन मोड के माध्यम से विभिन्न प्रकार के वित्तीय लेन-देन करने की सुविधा प्रदान करती है।
- **मोबाइल बैंकिंग** यह वह प्रणाली है, जिसमें मोबाइल फोन या किसी अन्य मोबाइल युक्ति को किसी ग्राहक के खाते के साथ जोड़कर वित्तीय व्यापार करते हैं।
- **मोबाइल बैंकिंग** (Mobile Banking) के लिए इण्टर बैंक मोबाइल भुगतान सेवा से जुड़े मोबाइल फोन सहित बैंक में खाते की आवश्यकता होती है। एसएमएस (SMS) बैंकिंग वन टाइम पासवर्ड द्वारा संचालित होती है।
- **इलेक्ट्रॉनिक निधि अन्तरण प्रणाली** (Electronic Reserve Transfer System) इस प्रकार की भुगतान प्रणालियों में लिखित चैक के बिना भी एक खाते से दूसरे खाते में धन अन्तरित किया जा सकता है। इलेक्ट्रॉनिक निधि अन्तरण प्रणाली अब सभी बैंकों के लिए सामान्य सेवा हो गई है।

मोबाइल वॉलेट प्रौद्योगिकी

- इस प्रौद्योगिकी का प्रयोग स्मार्टफोन पर किया जाता है। यह बिना डेबिट अथवा क्रेडिट कार्ड के भुगतान की अनुमति प्रदान करता है।
- किसी भी बैंक के डेबिट कार्ड अथवा क्रेडिट कार्ड के माध्यम से मोबाइल वॉलेट में पैसों का हस्तान्तरण (जमा) किया जा सकता है।

> आरबीआई के द्वारा मोबाइल वॉलेट के सन्दर्भ में एक मासिक सीमा निर्धारित की गई है; जैसे—इस वॉलेट में ₹ 20,000 से अधिक पैसा नहीं रखा सकता है और न ही इससे अधिक की खरीददारी की जा सकती है।

- कुछ शर्तों के अधीन खातें में पैसों की अधिकतम सीमा ₹ 1 लाख तक बढ़ाई जा सकती है। इसके लिए केवाईसी (Know Your Customer, KYC) की प्रक्रियाओं का अनुपालन करना पड़ता है।

भारत क्यूआर

- भारत क्यूआर (Bharat QR) एक क्यूआर आधारित भुगतान समाधान है और इसका उपयोग पीटूएम (P2M) (व्यक्ति से व्यापारी) डिजिटल भुगतान करने के लिए किया जाता है।
- भारत क्यूआर मोबाइल फोन से भुगतान करने का एक नया परिवर्तनकारी तरीका है।
- भारत क्यूआर, यूपीआई के माध्यम से भुगतान करने जितना ही सुरक्षित है। इसमें व्यक्तिगत विवरण किसी तीसरे पक्ष के सामने नहीं आता है।

> भारत क्यूआर के माध्यम से भुगतान करने के लिए ग्राहक पर कोई अतिरिक्त शुल्क नहीं लगाया जाता है। भारत क्यूआर लेन-देन में क्यूआर कोड की आवश्यकता होती है।

- मोबाइल बैंकिंग ऐप या वॉलेट का उपयोग करने वाला उपयोगकर्ता मर्चेण्ट आउटलेट में रखे गए क्यूआर कोड को स्कैन करेगा और बीक्यूआर से जुड़े रुपे कार्ड का उपयोग करके भुगतान करेगा।

भीम

- भीम अर्थात् **भारत इण्टरफेस फॉर मनी** (Bharat Interface for Money, BHIM) को भारतीय राष्ट्रीय भुगतान निगम (एनपीसीआई) द्वारा विकसित किया गया है। 30 दिसम्बर, 2016 को प्रधानमन्त्री नरेन्द्र मोदी ने इसका उद्घाटन किया था। इसका उपयोग करके सरल, आसान और त्वरित लेन-देन किया जाता है।
- भीम वर्चुअल पेमेण्ट एड्रेस का उपयोग करके यूपीआई के माध्यम से डिजिटल भुगतान की सुविधा प्रदान करता है। इसके लिए बैंक खाता संख्या या आईएफएससी कोड जैसी जानकारी की कोई आवश्यकता नहीं है।
- इसके उपयोग से भी धन हस्तान्तरित किया जा सकता है। ये तभी सम्भव है, जब मोबाइल नम्बर भीम ऐप के साथ पंजीकृत हो या *99# और खाते को लिंक किया गया हो। वर्तमान में भीम ऐप के माध्यम से क्यूआर कोड को स्कैन करके भुगतान किया जा सकता है।
- वर्तमान में भीम ऐप 12 भाषाओं में उपलब्ध है, जिसमें हिन्दी, अंग्रेजी, तमिल, तेलुगु, मलयालम, बंगाली, ओडिया, कन्नड़, गुजराती, मराठी, असमिया आदि शामिल हैं।
- एक उपयोगकर्ता एक लेन-देन के लिए ₹ 20,000 प्रतिदिन और अधिकतम ₹ 40,000 प्रतिदिन भेज सकता है। यह सीमा भीम ऐप से जुड़े प्रति बैंक खाते पर लागू होती है।

आईएमटी भुगतान प्रणाली

- आईएमटी (Instant Money Transfer) दूर-दराज के क्षेत्र के लोगों को मोबाइल फोन एवं एटीएम से जोड़ने की सुविधा उपलब्ध कराता है।
- यह वित्तीय समावेशन के लक्ष्य की प्राप्ति में अत्यन्त सहायक रहा है, क्योंकि यह भुगतान एवं मुद्रा के हस्तान्तरण जैसी सुविधाएँ वंचित लोगों तक पहुँचाता है।

वित्तीय समावेशन हेतु संचालित पहलें

वित्तीय समावेशन को बढ़ावा देने के लिए सरकार द्वारा कई योजनाएँ, कार्यक्रमों तथा प्रौद्योगिकी से जुड़े कई उपायों को बढ़ावा दिया गया है, जो निम्न हैं

आरबीआई रिटेल डायरेक्ट योजना

- फरवरी, 2021 में रिजर्व बैंक में खुदरा निवेशकों को सरकारी प्रतिभूतियों में प्रत्यक्ष निवेश को बढ़ावा देने हेतु एक गिल्ट प्रतिभूति खाता खोलने का प्रस्ताव रखा, जिसे जुलाई, 2021 में प्रधानमन्त्री द्वारा शुरू किया गया था। इसकी कुछ प्रमुख विशेषताएँ निम्नलिखित हैं
  - इसके अन्तर्गत व्यक्तिगत खुदरा निवेशकों को भारतीय रिजर्व बैंक के साथ खुदरा प्रत्यक्ष गिल्ट खाता (RDG Account) खोलने व उस पर नियन्त्रण की सुविधा प्रदान करता है।
  - इसके अन्तर्गत खुदरा निवेशक एवं गैर-पेशेवर निवेशक के रूप में शामिल हो सकता है, जो प्रतिभूतियों या फण्डों, जिसमें म्यूचुअल फण्ड तथा एक्सचेंज ट्रेडेड फण्ड को खरीदता तथा बेचता है।
  - एक गिल्ट खाते में पैसे के अतिरिक्त ट्रेजरी बिल या सरकारी प्रतिभूतियों को डेबिट या क्रेडिट किया जाता है।
  - यह ऑनलाइन पोर्टल के रूप में पंजीकृत उपयोगकर्ताओं को सरकारी प्रतिभूतियों के प्राथमिक जारीकर्ता तथा नेगोशिएटेड डीलिंग सिस्टम ऑर्डर मैचिंग सिस्टम (NDS-OM) तक पहुँच को सुनिश्चित करता है। इसकी शुरुआत वर्ष 2005 में की गई थी।
  - यह व्यक्तिगत निवेशकों के लिए सरकारी प्रतिभूतियों में निवेश की सुविधा को सरल बनाता है। इसके साथ ही केन्द्रीय बैंक, वाणिज्यिक बैंक तथा म्यूचुअल फण्ड से अलग सरकारी ऋण प्रतिभूतियों के स्वामित्व में भी महत्त्वपूर्ण भूमिका निभाता है।

सुकन्या समृद्धि खाता योजना

- जनवरी, 2015 में केन्द्र सरकार ने **बेटी बचाओ-बेटी पढ़ाओ** कार्यक्रम के एक हिस्से के रूप में यह योजना आरम्भ की है। यह खाता बालिका के नाम से उसके जन्म लेने से 10 वर्ष तक की आयु प्राप्त करने तक खोला जा सकेगा। यह खाता डाकघरों या बैंकों में से किसी में भी खोला जा सकेगा।
- इस योजना का उद्देश्य—लड़कियों को शिक्षित करना और विवाह खर्च उपलब्ध कराकर सुनहरे भविष्य का निर्माण करना है। इस योजना की अन्य विशेषताएँ निम्न हैं

– इसमें 8.6% प्रतिवर्ष की दर से ब्याज मिलेगा।
– 14 वर्ष तक रकम जमा की जा सकेगी।
– 18 वर्ष की उम्र में बालिका 50% राशि निकाल पाएगी।
– 21 वर्ष या विवाह तक, जो भी पहले हो, खाता बन्द हो जाएगा।
– यह खाता टैक्स मुक्त होगा।

बैंक कार्ड

बैंक कार्ड बैंक द्वारा ग्राहक को जारी किया जाने वाला वह कार्ड है, जो बैंक की विभिन्न गतिविधियों को सम्पन्न करता है। यह प्लास्टिक का बना होता है। कार्ड के उपयोग, उद्देश्य एवं जारी करने के आधार पर ये अनेक प्रकार के होते हैं।

विभिन्न प्रकार के कार्ड

बैंकों द्वारा अपने ग्राहकों को भुगतान सम्बन्धी सेवाएँ प्रदान करने के लिए विभिन्न प्रकार के कार्ड जारी किए जाते हैं। अधिकांश बैंक एटीएम व डेबिट कार्ड की सुविधाएँ एक ही कार्ड पर उपलब्ध कराते हैं। बैंकों के द्वारा जारी किए जाने वाले प्रमुख कार्ड प्लास्टिक मनी के नाम से भी जाने जाते हैं। ये प्रमुख कार्ड निम्नलिखित हैं

स्मार्ट कार्ड

- यह भी क्रेडिट कार्ड के आकार का प्लास्टिक कार्ड होता है, जिसमें माइक्रो चिप लगी होती है।
- **स्मार्ट कार्ड** (Smart Card) का उपयोग अधिकतर इलेक्ट्रॉनिक धन भुगतान, टेलीफोन भुगतान, किराया भुगतान आदि के लिए किया जाता है।

रुपे कार्ड

- यह राष्ट्रीय भुगतान निगम द्वारा विकसित स्वदेशी भुगतान प्रणाली पर आधारित एटीएम कार्ड है।
- इसका नाम दो शब्दों **रुपया** और **पेमेण्ट** को मिलाकर रखा गया है। इसे बहुराष्ट्रीय वीजा, अमेरिकन एक्सप्रेस एवं मास्टर कार्ड की तरह प्रयोग किया जाता है।
- रुपे कार्ड (RuPay Card) को 12 अंकों की आधार संख्या, जोकि भारतीय विशिष्ट पहचान प्राधिकरण द्वारा प्रदान की जाती है, को आधार सक्षम बैंक खाते के साथ जोड़ दिया गया है।
- इसकी शुरुआत घरेलू, ओपन लूप, बहुपक्षीय प्रणाली प्रदान करने के लिए की गई है।
- रुपे भुगतान कार्ड की शुरुआत मार्च, 2012 में की गई थी तथा मई, 2014 में तत्कालीन राष्ट्रपति **प्रणव मुखर्जी** ने इसे राष्ट्र को समर्पित किया था। यह भारत का स्वदेशी डेबिट कार्ड नेटवर्क है। इसकी औपचारिक शुरुआत वर्ष 2017 से हुई।
- इसके माध्यम से प्रत्येक लेन-देन की लागत में कमी आती है। ग्रामीण क्षेत्र के निवासी, जो बैंकिंग सेवाओं की पहुँच से बाहर हैं, उन्हें इस रुपे कार्ड के माध्यम से बैंकिंग क्षेत्र से जोड़ा जा रहा है। इसके लेन-देन से सम्बन्धी सभी डेटा भारत में ही सुरक्षित रहते हैं।

किसान गोल्ड कार्ड

- इस कार्ड का मुख्य उद्देश्य किसानों को संकट के समय ऋण मुक्त करना है।

- किसान गोल्ड कार्ड (Kisan Gold Card) द्वारा किसान कृषि विकास के लिए ऋण लेकर मशीनरी, कृषि उपकरणों, बीज, भूमि के विकास इत्यादि आवश्यकताओं को पूर्ण करते हैं। इसके अन्तर्गत ऋण की सीमा किसान की आय की पाँच गुना या अधिकतम 5 लाख होती है।

एटीएम (ऑटोमेटेड टेलर मशीन)

- यह मशीन ग्राहकों को बिना किसी बैंक शाखा में गए नकदी निकासी, जमा करने, मनी ट्रान्सफर करने एवं अन्य वित्तीय और गैर वित्तीय लेन-देन के लिए अपने खाते तक पहुँच की सुविधा प्रदान करती है।
- भारतीय बैंकिंग में एटीएम का आगमन वर्ष 1990 के दशक में हुआ था।
- वर्तमान में यह कई रूपों व प्रकारों में विद्यमान है। भारत में सभी ATMs को जोड़ने वाले नेटवर्क नेशनल फाइनेन्शियल स्विच एटीएम नेटवर्क का संचालन **भारतीय राष्ट्रीय भुगतान निगम** (एनपीसीआई) द्वारा किया जाता है।
- बैंकों के द्वारा स्वयं के स्वामित्व एवं संचालन वाला एटीएम **बैंकों का स्वयं का एटीएम** का प्रयोग किया जाता है। यह महँगा होता है तथा इसमें बैंकों के अपने लोगों का प्रयोग किया जाता है।

एटीएम से सम्बन्धित महत्त्वपूर्ण तथ्य

- भारत में सबसे पहला एटीएम वर्ष 1987 में एचएसबीसी बैंक द्वारा मुम्बई में स्थापित किया गया। मोबाइल एटीएम प्रारम्भ करने वाला पहला बैंक ICICI बैंक था।
- दृष्टिहीनों के लिए यूनियन बैंक ऑफ इण्डिया द्वारा पहला बोलता एटीएम अहमदाबाद (गुजरात) में प्रारम्भ किया गया था। भारत का सर्वप्रथम ग्रामीण बैंक एटीएम वाराणसी में नेशनल पेमेण्ट कॉर्पोरेशन ने जारी किया।
- टाटा कम्युनिकेशन पेमेण्ट्स सॉल्यूशन्स लिमिटेड (इण्डीकैस) द्वारा जून, 2013 में महाराष्ट्र के ठाणे जिले में भारत का प्रथम गैर-स्वामित्व वाला एटीएम स्थापित किया गया था।

एटीएम के विभिन्न प्रकार

एटीएम के प्रकार निम्नलिखित हैं

- **व्हाइट लेबल एटीएम** इस प्रकार के ATM का स्वामित्व और संचालन गैर-बैंकिंग संस्थाओं के अन्तर्गत आता है। किसी भी बैंक का ग्राहक सेवा शुल्क का भुगतान करके व्हाइट लेबल एटीएम से धन निकाल सकता है। व्हाइट लेबल एटीएम (White Label ATM) पर किसी भी बैंक का लोगो (logo) नहीं होता है। भारत के प्रथम व्हाइट लेबल एटीएम की स्थापना टाटा कम्पनी ने मुम्बई के निकट चन्द्रपाड़ा नामक स्थान पर की है।
- **ब्राउन लेबल एटीएम** इस प्रकार के ATM का हार्डवेयर और पट्टा (Lease) सेवा प्रदाता के स्वामित्व में होता है, लेकिन धन का प्रबन्ध तथा बैंकिंग नेटवर्क के साथ कनेक्टिविटी उस प्रायोजक बैंक द्वारा प्रदान की जाती है, जिसका ब्राण्ड एटीएम पर प्रयोग किया जाता है। ब्राउन लेबल एटीएम (Brown Label ATM) बैंक के स्वामित्व वाले एटीएम और व्हाइट लेबल एटीएम के बीच का एक विकल्प होता है।
- **ऑनलाइन एटीएम** इस प्रकार के ATM हर समय बैंक के डेटाबेस के साथ जुड़े होते हैं तथा ऑनलाइन लेन-देन की सुविधा उपलब्ध कराते हैं। ऑनलाइन एटीएम (Online ATM) के अन्तर्गत भुगतान राशि की सीमा तथा खाते में शेष राशि को बैंक द्वारा निगरानी में रखा जाता है।
- **ऑफलाइन एटीएम** इस प्रकार के एटीएम बैंक के डेटाबेस से जुड़े हुए नहीं होते हैं। ऑफलाइन एटीएम (Offline ATM) के अन्तर्गत निकासी की राशि पूर्व निश्चित होती है तथा उपयोगकर्ता अपने खाते में उपलब्ध राशि के आधार पर ही धनराशि निकाल सकता है।

बेसल मानक

- स्विट्जरलैण्ड के शहर बेसल में वर्ष 1980 में वैश्विक स्तर पर बैंकिंग व वित्तीय संस्थाओं को अन्तर्राष्ट्रीय स्वरूप देने के सन्दर्भ में कुछ मानदण्डों का निर्धारण हुआ, इन्हीं को बेसल मानक (Basel Norms) के नाम से जाना जाता है।
- यह अन्तर्राष्ट्रीय स्तर पर बैठक आयोजित करता है। बैंक फॉर इण्टरनेशनल सेटलमेण्ट (BIS) का लक्ष्य आर्थिक स्थिरता तथा बैंकिंग विनियमनों को एकसमान मानक निर्धारित करना है। इसका मुख्यालय बेसल में स्थित है। बेसल के अब तक तीन मानकों (I, II तथा III) का निर्धारण किया जा चुका है, जो बैंक जोखिम से सम्बन्धित हैं। ये बैंकों को आकस्मिक संकटों से निपटने के लिए उचित व्यवस्था करने की सलाह देते हैं।
- वर्ष 1980 में हुए इस सम्मेलन में बैंकों हेतु जो मानदण्ड निर्धारित किए गए, मुख्यत: वे **न्यूनतम पूँजी अपेक्षा** (Minimum Capital Requirement) व **ऋण जोखिम** (Debt Risk) से सम्बन्धित थे।
- वर्ष 2004 में पुन: बेसल-II मानकों का निर्धारण किया गया, जिसका मुख्य बल-अन्तर्राष्ट्रीय वित्तीय जोखिमों से निपटने से था। अत: इस सन्दर्भ में यह निर्धारित किया गया कि बैंक व वित्तीय संस्थाएँ अपने पास एक निश्चित धनराशि सुरक्षित रखेंगे।
- इसी प्रयास को जारी रखते हुए दिसम्बर, 2010 में बेसल-III मानकों का निर्धारण किया गया, जिसमें बैंकों के जोखिम प्रबन्धन व प्रणाली में सुधार, पारदर्शिता (Transparency) में बढ़ोतरी लाने तथा आर्थिक एवं वित्तीय संकट से निपटने में बैंकों को मजबूत व सक्षम बनाने पर बल दिया गया है।
- बेसल-IV मानक का प्रस्ताव वर्ष 2017 में बेसल समिति ने दिया था। इस प्रस्ताव को लागू करने के लिए जनवरी, 2023 का समय निर्धारित किया गया था। इसके अन्तर्गत बैंकों के क्रेडिट रिस्क को प्रभावी बनाने का प्रस्ताव रखा गया है।

बेसल मानदण्ड लागू करने हेतु समिति का गठन

- भारतीय रिजर्व बैंक (RBI) ने वित्तीय स्थिरता और विकास परिषद् (FSDC) के अन्तर्गत एक समिति के गठन की घोषणा 7 मार्च, 2014 को की।
- इस समिति का कार्य बेसल-III पूँजी मानदण्ड लागू करने हेतु बैंकिंग क्षेत्र के लिए दिशा-निर्देश निर्धारित करने होंगे। यह निर्णय आरबीआई के गवर्नर रघुराम राजन की अध्यक्षता वाली FSDC की उप-समिति की बैठक में लिया गया। इस बैठक के मुख्य बिन्दु निम्न हैं
    - एक डिपोजटरी स्थापित करने सम्बन्धित मुद्दा (निवेशकों को वित्तीय) परिसम्पत्तियों की समस्त श्रेणियों का एक एकल व्यू उपलब्ध कराने हेतु।
    - वित्तीय क्षेत्र विद्यार्थी सुधार आयोग की सिफारिशों का कार्यान्वयन।
    - बेसल-III को ध्यान में रखते हुए अगले 5 वर्षों में बैंकिंग क्षेत्र की पूँजीगत आवश्यकताओं के सन्दर्भ में उपाय।

पूँजी संरक्षण बफर

- यह एक अनिवार्य पूँजी होती है, जिसे बैंकों को न्यूनतम नियामकीय आवश्यकता के अतिरिक्त बनाए रखने की आवश्यकता होती है। जब बैंकों पर आर्थिक दबाव न हो, तब बैंक पूँजी बफर का निर्माण कर सकते हैं, जिससे इसका उपयोग आर्थिक संकट की घाटे की स्थिति में हो सके।
- भारतीय रिजर्व बैंक द्वारा निर्धारित मानदण्डों के अनुसार, बैंकों को 9% के पूँजी पर्याप्तता अनुपात के अतिरिक्त सामान्य इक्विटी के रूप में 2.5% जोखिम पारित सम्पत्ति का बफर रखना होगा।

बेसल मानक व भारत

- भारत बेसल मानकों (Basel Norms) के प्रति अपनी प्रतिबद्धता व्यक्त करते हुए लक्ष्यों की प्राप्ति हेतु लगातार प्रयासरत् रहा है।
- भारतीय रिजर्व बैंक (RBI) के दिशा-निर्देशों के अन्तर्गत कार्यरत् सभी बैंकों ने बेसल-II मानकों का अनुपालन कर लिया है।
- बेसल-III मानक, भारत में अप्रैल, 2013 से लागू हो गए हैं, जो चरणबद्ध ढंग से मार्च, 2019 तक पूर्ण रूप से लागू होना था, परन्तु अब कोरोना वायरस महामारी के कारण बेसल-III मानदण्डों के कार्यान्वयन को 1 जनवरी, 2023 तक के लिए स्थगित कर दिया गया और इसके लिए भारत सरकार द्वारा बैंकों के पूँजी आधार में वृद्धि हेतु समय-समय पर वित्तीय सहायता उपलब्ध कराना प्रारम्भ कर दिया गया।

बेसल तृतीय फ्रेमवर्क, 2015

- RBI द्वारा 28 मई, 2015 को बैंकों के लिए तरलता मानक पर बेसल तृतीय फ्रेमवर्क के अन्तर्गत स्थिर अनुदान अनुपात पर दिशा-निर्देश जारी किया गया।
- इसके अन्तर्गत देश के सभी बैंक अपनी परिसम्पत्तियों एवं बैलेन्स शीट से सम्बन्धित मामलों में वित्तीय स्थिति को स्थिर रख सकेंगे।

बैंक फॉर इण्टरनेशनल सेटिलमेण्ट्स

- यह बेसल (स्विट्जरलैण्ड) में स्थित एक अन्तर्राष्ट्रीय बैंक है, जो वर्ष 1930 में स्थापित किया गया। शुरू में यह जर्मनी, फ्रांस, इटली, बेल्जियम तथा यूके के भुगतान सन्तुलन के असन्तुलन को समायोजित करने की एजेन्सी के रूप में कार्य करता था।
- इस समय पश्चिमी यूरोप, USA, कनाडा तथा जापान के सभी केन्द्रीय बैंक इसके सदस्य हैं। यद्यपि IMF को सभी अन्तर्राष्ट्रीय मौद्रिक व्यवहार के लिए उत्तरदायी माना जाता है, परन्तु अब भी यह प्रभावपूर्ण है। इसे केन्द्रीय बैंकों का बैंक माना जाता है।

बैंकिंग संशोधन अधिनियम, 2011

- बैंकिंग क्षेत्र में निजी पूँजी को बढ़ावा देने के उद्देश्य से बैंकिंग संशोधन अधिनियम, 2011 को पारित किया गया है। इस अधिनियम में बैंकों को शेयर पूँजी एकत्र करने में अधिक आजादी प्रदान की गई है तथा बैंकों के निजी निवेश को बढ़ावा देने के प्रावधान भी किए गए हैं।
- राष्ट्रीयकृत बैंकों में निजी निवेश को बढ़ावा देने के लिए शेयर धारकों के लिए मताधिकार की अधिकतम सीमा को 1% से बढ़ाकर 10% करने का प्रावधान किया गया है।
- इस विधेयक के अधिनियमित होने से निजी क्षेत्र के बैंक के मामले में शेयर धारकों का मताधिकार उनकी शेयर हॉल्डिंग के अनुरूप होगा।

प्रीलिम्स फैक्ट्स

- भारतीय बैंकिंग प्रणाली में भारतीय स्टेट बैंक ऑफ इण्डिया, भारतीय रिज़र्व बैंक ऑफ इण्डिया, सेण्ट्रल बैंक ऑफ इण्डिया और इण्डस्ट्रियल डेवलपमेण्ट बैंक ऑफ इण्डिया में से उच्चतम बैंक कौन-सा है? ***– भारतीय रिज़र्व बैंक ऑफ इण्डिया** [BPSC (Pre) 2001]*
- भारतीय रिज़र्व बैंक की स्थापना कब हुई थी? ***– वर्ष 1935 में** [UKPSC (Pre) 2012]*
- मनमोहन सिंह, विमल जालान, सी. रंगराजन और राजा जे. चेलैया में से कौन भारतीय रिज़र्व बैंक का गवर्नर नहीं रहा है? ***– राजा जे. चेलैया** [UPPSC (Mains) 2005]*
- रिज़र्व बैंक ऑफ इण्डिया द्वारा-आनुपातिक कोष पद्धति, न्यूनतम कोष पद्धति, निश्चित विश्वासार्षित (फिड्यूशियरी) पद्धति में से नोट निर्गमन की किस पद्धति का अनुसरण किया जाता है? ***– न्यूनतम कोष पद्धति** [UPPSC (Mains) 2007]*
- सेबी, वित्त मन्त्रालय, वाणिज्य मन्त्रालय और भारतीय रिज़र्व बैंक में से कौन-सी संस्था विदेशी वाणिज्यिक उधारी को नियमित करती है? ***– भारतीय रिज़र्व बैंक** [UPPSC (Mains) 2010]*
- करेन्सी का नियमन, विदेशी व्यापार का नियमन, साख का नियमन और देश के विदेशी विनिमय कोषों की देख-रेख एवं प्रबन्धन में से कौन-सा कार्य भारतीय रिज़र्व बैंक का नहीं है? ***– विदेशी व्यापार का नियमन** [UKPSC (Pre) 2012]*
- भारतीय मौद्रिक नीति के बारे में निर्णय कौन लेता है? ***– भारतीय रिज़र्व बैंक** [RAS/RTS (Pre) 2010]*
- भारत में मुद्रा एवं साख का नियन्त्रण किसके द्वारा किया जाता है? ***– भारतीय रिज़र्व बैंक द्वारा** [UPPSC (Mains) 2010]*
- भारत में मौद्रिक नीति बैंक दर, मुक्त बाजार संक्रियाएँ, सरकारी ऋण, लोक राजस्व साधनों में से किनका प्रयोग करती हैं? ***– बैंक दर, मुक्त बाजार संक्रियाएँ** [IAS (Pre) 2015]*
- बैंक दर में वृद्धि सामान्यतः इस बात का संकेत है कि ***– केन्द्रीय बैंक महँगी मुद्रा-नीति का अनुसरण कर रहा है** [IAS (Pre) 2013]*
- एक्जिम बैंक, आई. डी. बी. आई., नाबार्ड और सेण्ट्रल बैंक ऑफ इण्डिया में से कौन-सा बैंक भारतीय रिज़र्व बैंक के नियन्त्रण में है? ***– सेण्ट्रल बैंक ऑफ इण्डिया** [UPPSC (Pre) 1998]*
- वह दर, जिस पर बैंक भारतीय रिज़र्व बैंक को उधार देते हैं, किस नाम से जानी जाती है? ***– रिवर्स रेपो दर** [UPPSC (Mains) 2008]*
- अल्पकाल में भारतीय रिज़र्व बैंक द्रव्यता (लिक्विडिटी) बनाए रखने हेतु, जिस ब्याज दर पर व्यापारिक बैंकों को ऋण देता है, उसे क्या कहते हैं? ***– रेपो दर** [UPPSC (Mains) 2008]*
- व्यापारिक बैंकों की समग्र जमा एवं संचय (रिज़र्व) का अनुपात केन्द्रीय बैंक के पास रखना होता है। वैधानिक तरलता अनुपात, नकद कोष अनुपात, न्यूनतम रिज़र्व व्यवस्था और रिवर्स रेपो रेट में से कौन इस अनुपात को दर्शाता है? ***– नकद कोष अनुपात** [HPSC (Pre) 2021]*
- बैंक दर, उठठ, झडठ और डठठ में से किसे भारतीय रिज़र्व बैंक द्वारा निर्धारित नहीं किया जाता है? ***– PLR (Prime Lending Rate)** [UPPSC (Mains) 2008]*
- कौन-सी परिभाषिक शब्दावली उस क्रियाविधि को इंगित करती है, जिसके माध्यम से वाणिज्यिक बैंक सरकार को उधार देता है? ***– सावधिक तरलता अनुपात** [IAS (Pre) 2010]*
- सीमान्त स्थायी सुविधा दर तथा निवल माँग और सावधि देयताएँ का प्रयोग किसके सम्बन्ध में किया जाता है? ***– बैंक कार्य** [IAS (Pre) 2014]*
- किसी अर्थव्यवस्था में यदि ब्याज की दर को हटाया जाता है, तो वह ***– अर्थव्यवस्था में निवेश व्यय को बढ़ाएगा** [IAS (Pre) 2014]*
- भारतीय अर्थव्यवस्था के सन्दर्भ में, अंकित प्रभावी विनिमय दर (छेळपरश्र एषषशलींर्ळीश एुलहरपसश ठरींश, छएएठ) किसको दर्शाती है? ***– रुपए की मूल्यवृद्धि को** [IAS (Pre) 2022]*
- भारतीय स्टेट बैंक की स्थापना कब हुई? ***– वर्ष 1955** [MPPSC (Pre) 2017]*
- भारत के किस राष्ट्रीयकृत/सार्वजनिक क्षेत्र के बैंक ने सर्वप्रथम चीन में अपनी शाखा खोली- ***स्टेट बैंक ऑफ इण्डिया** [UPPSC (Mains) 2006]*
- भारत सरकार ने किस वर्ष १४ प्रमुख निजी बैंकों का राष्ट्रीयकरण किया था? ***– वर्ष 1969** [MPPSC (Pre) 2015]*
- किसानों को साख, जनता की जमा, भारतीय रिज़र्व बैंक से ऋण और उद्योगों की माँग जमा में से कौन-सी एक वाणिज्यिक बैंक की परिसम्पत्ति है? ***– किसानों को साख** [UPPSC (Mains) 2007]*
- लघु ऋण की अवधि होती है ***– अधिकतम 15 माह** [RPSC (Pre) 2000]*
- भारतीय रिज़र्व बैंक द्वारा विमल जालान पैनल किस सन्दर्भ में गठित किया गया था? ***– नए बैंकों को लाइसेन्स देने हेतु आवेदन-पत्रों के सूक्ष्म परीक्षण के लिए** [UPPSC (Pre) 2014]*
- आबिद हुसैन समिति, भगवती समिति, चेलैया समिति और एम नरसिम्हम समिति में से किसने वित्तीय क्षेत्र के सुधार के बारे में विचार कर सुझाव दिए? ***– एम नरसिम्हम समिति** [IAS (Pre) 2001]*

सेल्फ चैक

1. निम्नलिखित कथनों पर विचार कीजिए **IAS (Pre) 2021**

1. केन्द्र सरकार द्वारा भारतीय रिजर्व बैंक के गवर्नर की नियुक्ति की जाती है।
2. भारतीय संविधान के कतिपय प्रावधान केन्द्र सरकार को जनहित में RBI को निर्देश देने का अधिकार देते हैं।
3. RBI का गवर्नर अपना अधिकार (पावर) RBI अधिनियम से प्राप्त करता है।

उपरोक्त कथनों में से कौन-सा/से कथन सही है/हैं?

(a) 1 और 2 (b) 2 और 3
(c) 1 और 3 (d) 1, 2 और 3

2. भारत में मौद्रिक नीति निम्नलिखित साधनों में से किनका प्रयोग करती है? **IAS (Pre) 2015**

1. बैंक दर 2. मुक्त बाजार संक्रियाएँ
3. सरकारी ऋण 4. लोक राजस्व

कूट

(a) 1 और 2 (b) 2 और 3
(c) 1 और 4 (d) 1, 2, 3 और 4

3. निम्नलिखित कथनों पर विचार कीजिए **BPSC (Pre) 2015**

1. बैंक दर वह ब्याज दर है, जो भारतीय रिजर्व बैंक अपने ग्राहकों से उनके अल्पकालिक उधार पर लेता है।
2. रेपो दर वह ब्याज दर है, जो भारतीय रिजर्व बैंक अपने ग्राहकों से उनके दीर्घकालिक उधार पर लेता है।

उपरोक्त कथनों में से कौन-सा/से कथन गलत है/हैं?

(a) केवल 1
(b) केवल 2
(c) 1 और 2 दोनों
(d) न तो 1 और न ही 2

4. नकद आरक्षित अनुपात (CRR) को कम करने में अर्थव्यवस्था पर इसका निम्नलिखित प्रभाव पड़ेगा **BPSC (Pre) 2020**

1. बैंकों के पास अधिक तरलता लाभ होगा।
2. अर्थव्यवस्था में निवेश वृद्धि देखने को मिल सकती है।
3. अर्थव्यवस्था में मुद्रा-पूर्ति बढ़ सकती है।
4. वास्तविक निवेश दर में गिरावट आ सकती है।

कूट

(a) केवल 1
(b) 1 और 2
(c) 1, 2, 3 और 4
(d) 2, 3 और 4
(e) उपरोक्त में से कोई नहीं/उपरोक्त में से एक से अधिक

5. यदि RBI प्रसारवादी मौद्रिक नीति का अनुसरण करने का निर्णय लेता है, तो वह निम्नलिखित में क्या नहीं करेगा? **IAS (Pre) 2020**

1. वैधानिक तरलता अनुपात को घटाकर उसे अनुकूलित करना
2. सीमान्त स्थाई सुविधा दर को बढ़ाना
3. बैंक दर को घटाना तथा रेपो दर को भी घटाना

कूट

(a) 1 और 2 (b) केवल 2
(c) 1 और 3 (d) 1, 2 और 3

6. निम्नलिखित कथनों पर विचार कीजिए **IAS (Pre) 2018**

1. पूंजी पर्याप्तता अनुपात वह राशि है, जिसे बैंकों को अपनी निधियों के रूप में रखना होता है, जिससे वे यदि खाताधारकों द्वारा देयताओं का भुगतान नहीं करने से कोई हानि होती है, तो उसका प्रतिकार कर सकें।
2. पूंजी पर्याप्तता अनुपात निर्धारण प्रत्येक बैंक द्वारा अलग-अलग किया जाता है।

उपरोक्त कथनों में से कौन-सा/से कथन सही है/हैं?

(a) केवल 1 (b) केवल 2
(c) 1 और 2 दोनों (d) न तो 1 और न ही 2

7. भारतीय अर्थव्यवस्था के सन्दर्भ में निम्नलिखित में से कौन-सा/से 'सावधिक आरक्षित आवश्यकताओं' का/के उद्देश्य है/हैं? **IAS (Pre) 2014**

1. केन्द्रीय बैंक को, बैंकों द्वारा निर्मित की जा सकने वाली अग्रिम राशियों पर नियन्त्रण रखने की सक्षमता प्रदान करना।
2. बैंकों में जनता की जमा राशियों को सुरक्षित व तरल रखना।
3. व्यावसायिक बैंकों को अत्यधिक लाभ कमाने से रोकना।
4. बैंकों को दिन-प्रतिदिन की आवश्यकताओं को पूरा करने के लिए पर्याप्त कोष्ठ नकदी (वॉल्ट कैश) रखने को बाध्य करना।

कूट

(a) केवल 1 (b) 1 और 2
(c) 2 और 3 (d) ये सभी

8. RBI द्वारा घोषित कोषों की सीमान्त लागत पर आधारित उधारी दर का/के उद्देश्य क्या है/हैं? **IAS (Pre) 2016**

1. ये दिशा-निर्देश उधारों की ब्याज दरें निर्धारित करने हेतु बैंकों द्वारा अपनाई गई विधि में पारदर्शिता बढ़ाने में मदद करते हैं।
2. ये दिशा-निर्देश बैंक साख की उपलब्धता ऐसी दरों पर सुनिश्चित करने में मदद करते हैं, जो ऋण लेने वाले एवं बैंक दोनों के लिए ही न्यायसंगत हैं।

कूट

(a) केवल 1 (b) केवल 2
(c) 1 और 2 दोनों (d) न तो 1 और न ही 2

9. निम्नलिखित कथनों पर विचार कीजिए **IAS (Pre) 2018**

1. भारतीय रिजर्व बैंक, भारत सरकार की प्रतिभूतियों का प्रबन्धन और प्रयोजन करता है, किन्तु किसी राज्य सरकार की प्रतिभूतियों का नहीं।
2. भारत सरकार कोष-पत्र (ट्रेजरी बिल) जारी करती है और राज्य सरकारें कोई कोष-पत्र जारी नहीं करती।
3. कोष-पत्र ऑफर अपने सममूल्य से बट्टे पर जारी किए जाते हैं।

उपरोक्त कथनों में से कौन-सा/से कथन सही है/हैं?

(a) 1 और 2 (b) केवल 3
(c) 2 और 3 (d) 1, 2 और 3

10. भारतीय अर्थव्यवस्था के सन्दर्भ में निम्नलिखित कथनों पर विचार कीजिए **IAS (Pre) 2022**

1. अंकित प्रभावी विनिमय दर (Nominal Effective Exchange Rate, NEER) में वृद्धि, रुपये की मूल्यवृद्धि को दर्शाता है।
2. वास्तविक प्रभावी विनिमय दर में वृद्धि व्यापार प्रतिस्पर्द्धात्मकता में सुधार को दर्शाता है।
3. अन्य देशों में मुद्रास्फीति के सापेक्ष घरेलू मुद्रास्फीति में बढ़ने की प्रवृत्ति (NEER) और REER के बीच में वर्धमान अपसरण उत्पन्न कर सकता है।

उपरोक्त कथनों में से कौन-से कथन सही हैं?

(a) 1 और 2 (b) 2 और 3
(c) 1 और 3 (d) 1, 2 और 3

11. निम्नलिखित में से कौन-से मामलों में भारतीय रिजर्व बैंक वाणिज्यिक बैंकों को नियन्त्रित करता है? **IAS (Pre) 2013**

1. परिसम्पत्तियों की तरलता
2. शाखा विस्तार
3. बैंकों का विलय
4. बैंकों का समापन

कूट

(a) 1 और 4 (b) 2, 3 और 4
(c) 1, 2 और 3 (d) 1, 2, 3 और 4

12. भारत में अन्तिम उधारदाता के रूप में केन्द्रीय बैंक के कार्य में सामान्यत: निम्नलिखित में से क्या सम्मिलित है/हैं? **IAS (Pre) 2021**

1. अन्य स्रोतों से ऋण प्राप्ति में विफल होने पर व्यापार एवं उद्योग निकायों को ऋण प्रदान करना।
2. अस्थाई संकट के समय बैंकों के लिए चलनिधि उपलब्ध कराना।
3. बजटीय घाटों के वित्तीयन के लिए सरकारों को ऋण देना।

कूट

(a) 1 और 2 (b) केवल 2
(c) 2 और 3 (d) केवल 3

13. भारत में सार्वजनिक क्षेत्र के बैंकों का हाल ही में किए गए एकीकरण के अनेक लाभ लक्षित हैं **UPPSC (Pre) 2019**

1. पैमाने की मितव्ययिता
2. पूँजी तक आसान पहुँच
3. व्यापक भौगोलिक क्षेत्र तक विस्तार
4. विश्व स्तरीय आकार के बैंक

कूट

(a) 1 और 2 (b) 2 और 3
(c) 1, 2 और 4 (d) 1, 2, 3 और 4

14. भारत में शहरी सहकारी बैंकों के सन्दर्भ में निम्नलिखित कथनों पर विचार कीजिए **IAS (Pre) 2021**

1. राज्य सरकारों द्वारा स्थापित स्थानीय मण्डलों द्वारा उनका पर्यवेक्षण एवं विनियमन किया जाता है।
2. वे इक्विटी शेयर और अधिमान शेयर जारी कर सकते हैं।
3. उन्हें वर्ष 1966 में एक संशोधन के द्वारा बैंककारी विनियमन अधिनियम, 1949 के कार्यक्षेत्र में लाया गया था।

उपरोक्त कथनों में से कौन-सा/से कथन सही है/हैं?

(a) केवल 1 (b) 2 और 3
(c) 1 और 3 (d) 1, 2 और 3

15. भारत में गैर-बैंकिंग कम्पनियों के (NBFCs) सन्दर्भ में निम्नलिखित कथनों पर विचार कीजिए **IAS (Pre) 2010**

1. ये सरकार द्वारा जारी प्रतिभूतियों के अधिग्रहण में भाग नहीं ले सकते।
2. ये बचत खाते की तरह माँग निक्षेप (डिमाण्ड डिपॉजिट) स्वीकार नहीं कर सकते।

उपरोक्त कथनों में से कौन-सा/से कथन सही है/हैं?

(a) केवल 1 (b) केवल 2
(c) 1 और 2 दोनों (d) न तो 1 और न ही 2

16. कोर बैंकिंग समाधान पद कभी-कभी समाचारों में देखा जाता है। निम्नलिखित कथनों में से कौन-सा/से कथन इस पद का सही वर्णन करता है/करते हैं? **IAS (Pre) 2016**

1. यह बैंक की शाखाओं का वह तन्त्र है, जो उपभोक्ताओं को अपने खातों का संचालन बैंक की किसी भी शाखा से कर सकने की सुविधा देता है, चाहे उन्होंने अपना खाता कहीं भी खोल रखा हो।
2. यह व्यावसायिक बैंकों पर कम्प्यूटरीकरण के माध्यम से RBI का नियन्त्रण बढ़ाने का एक प्रयास है।
3. यह एक विस्तृत प्रक्रिया है, जिसके द्वारा विशाल अनर्जक परिसम्पत्ति वाले बैंक का अधिग्रहण दूसरे बैंक द्वारा कर लिया जाता है।

कूट

(a) केवल 1 (b) 2 और 3
(c) 1 और 3 (d) 1, 2 और 3

17. बैंक बोर्ड ब्यूरो (BBB) के सन्दर्भ में निम्नलिखित कथनों में से कौन-से कथन सही हैं? **IAS (Pre) 2020**

1. RBI का गवर्नर BBB का चेयरमैन होता है।
2. BBB, सार्वजनिक क्षेत्रक बैंकों के अध्यक्षों के चयन के लिए संस्तुति करता है।
3. BBB, सार्वजनिक क्षेत्रक बैंकों की कार्यनीतियों और पूँजी-वर्धन योजनाओं को विकसित करने में मदद करता है।

कूट

(a) 1 और 2 (b) 2 और 3 (c) 1 और 3 (d) 1, 2 और 3

18. समाचारों में प्रायः आने वाला बेसल-III समझौता या सरल शब्दों में बेसल-III **IAS (Pre) 2015**

(a) जैव-विविधता के संरक्षण और धारणीय उपयोग के लिए राष्ट्रीय कार्य नीतियाँ विकसित करने का प्रयास करता है।
(b) बैंकिंग क्षेत्रों के वित्तीय और आर्थिक दबावों का सामना करने के सामर्थ्य को उन्नत करने तथा जोखिम प्रबन्धन को उन्नत करने का प्रयास करता है।
(c) ग्रीन हाउस गैस उत्सर्जन को कम करने का प्रयास करता है, किन्तु विकसित देशों पर अपेक्षाकृत भारी बोझ डालता है।
(d) विकसित देशों से निर्धन देशों को प्रौद्योगिकी के अन्तरण का प्रयास करता है, ताकि वे प्रशीतक में प्रयुक्त होने वाले क्लोरोफ्लोरो कार्बन के स्थान पर हानि रहित रसायनों का प्रयोग कर सकें।

19. भारतीय रिजर्व बैंक द्वारा विमल जालान पैनल गठित किया गया था **UPPSC (Pre) 2014**
(a) अनर्जक (नॉन-परफॉर्मिंग) परिसम्पत्तियों को कम करने हेतु सुझाव देने के लिए
(b) नए बैंकों को लाइसेन्स देने हेतु आवेदन-पत्रों के सूक्ष्म परीक्षण के लिए
(c) वित्तीय समावेशन के दिशा-निर्देश बनाने के लिए
(d) बैंकिंग सेवाएँ पहुँचाने के लिए मोबाइल प्रयोग के अध्ययन हेतु

20. निम्नलिखित कथनों पर विचार कीजिए **IAS (Pre) 2017**
1. भारतीय राष्ट्रीय भुगतान निगम (नेशनल पेमेण्ट्स कॉर्पोरेशन ऑफ इण्डिया) देश में वित्तीय समावेशन के संवर्द्धन में सहायता करता है।
2. एनपीसीआई ने एक कार्ड भुगतान स्कीम रुपे प्रारम्भ की है।
उपरोक्त कथनों में से कौन-सा/से कथन सही है/हैं?
(a) केवल 1
(b) केवल 2
(c) 1 और 2 दोनों
(d) न तो 1 और न ही 2

21. भारत में बैंकिंग लोकपाल संस्था के सन्दर्भ में निम्नलिखित कथनों में से कौन-सा एक कथन सही नहीं है? **IAS (Pre) 2010**
(a) बैंकिंग लोकपाल की नियुक्ति भारतीय रिजर्व बैंक करता है
(b) बैंकिंग लोकपाल भारत में खाता रखने वाले अनिवासी भारतीयों की शिकायतें सुन सकता है
(c) बैंकिंग लोकपाल द्वारा पारित आदेश अन्तिम और सम्बन्धित पक्षों के लिए बाध्यकारी है
(d) बैंकिंग लोकपाल द्वारा दी गई सेवाएँ नि:शुल्क होती हैं

22. लीड बैंक योजना का प्रमुख उद्देश्य है कि **IAS (Pre) 2012**
(a) बड़े बैंक जिले में अपना कार्यालय खोलने का प्रयास करें
(b) विभिन्न राष्ट्रीयकृत बैंकों में कड़ी प्रतिस्पर्द्धा हो
(c) प्रत्येक बैंक सघन विकास के लिए पृथक् जिलों को अपनाएँ
(d) सभी बैंक अपने पास जमा राशि जुटाने के लिए गहन प्रयास करें

23. एकीकृत भुगतान अन्तरापृष्ठ को कार्यान्वित करने से निम्नलिखित में से किसके होने की सर्वाधिक सम्भाव्यता है? **IAS (Pre) 2017**
(a) ऑनलाइन भुगतानों के लिए मोबाइल वॉलेट आवश्यक नहीं होंगे।
(b) लगभग दो दशकों में पूरी तरह भौतिक मुद्रा का स्थान डिजिटल मुद्रा ले लेगी
(c) एफडीआई अन्तर्वाह में भारी वृद्धि होगी
(d) निर्धन व्यक्तियों को उपदानों का प्रत्यक्ष अन्तरण बहुत प्रभावकारी हो जाएगा

24. भारत में वित्तीय समावेशन को प्रोत्साहित करने की दृष्टि से 'भुगतान बैंकों' की स्थापना की जा रही है। इस दृष्टि से निम्नलिखित कथनों में से कौन-सा/से कथन सही है/हैं? **IAS (Pre) 2016**
1. जिन मोबाइल, टेलीफोन, कम्पनियों और सुपर बाजार श्रृंखला का स्वामित्व एवं नियन्त्रण भारतीय व्यक्तियों के पास है, वे भुगतान बैंकों के प्रवर्तक होने के योग्य हैं।
2. भुगतान बैंक क्रेडिट कार्ड एवं डेबिट कार्ड दोनों जारी कर सकते हैं।
3. भुगतान बैंक ऋण देने के क्रियाकलाप नहीं कर सकते हैं।
कूट
(a) 1 और 2 (b) 1 और 3
(c) केवल 2 (d) 1, 2 और 3

जानें सही उत्तर

1. (c)	**2.** (a)	**3.** (c)	**4.** (e)	**5.** (b)	**6.** (a)	**7.** (b)	**8.** (c)	**9.** (c)	**10.** (c)
11. (d)	**12.** (b)	**13.** (d)	**14.** (b)	**15.** (b)	**16.** (a)	**17.** (b)	**18.** (b)	**19.** (b)	**20.** (c)
21. (c)	**22.** (c)	**23.** (a)	**24.** (b)						

● अध्याय सात

भारतीय वित्तीय बाजार एवं वित्तीय संस्थाएँ

"

अर्थव्यवस्था में किसी भी कार्य को करने के लिए वित्त पूँजी की आवश्यकता होती है। यह पूँजी की व्यवस्था संस्थागत एवं गैर-संस्थागत स्रोत द्वारा की जा सकती है, जहाँ एक ओर गैर-संस्थागत स्रोत एक व्यक्ति को ऋण देकर उसकी छोटी-मोटी वित्त समस्याओं को ही हल कर सकते हैं, वहीं संस्थागत स्रोतों का क्षेत्र व्यापक होता है।

वित्तीय बाजार

- वित्तीय बाजार (Financial Market) एक ऐसा स्थान (प्लेटफार्म) होता है, जहाँ पर क्रेता एवं विक्रेता व्यापारिक गतिविधियों में भाग लेते हैं। इस प्लेटफार्म के माध्यम से प्रतिभूतियों, ऋण-पत्रों, बॉण्ड्स इत्यादि वित्तीय साधनों की खरीद-बिक्री सुनिश्चित की जाती है। साथ ही इसके माध्यम से कम्पनी अथवा व्यावसायिक वर्ग अपने व्यवसाय के विस्तार हेतु धन या पूँजी का एकत्रीकरण करते हैं।
- मुद्रा एवं पूँजी बाजार किसी भी अर्थव्यवस्था में विकास के सबसे बड़े साधन होते हैं, क्योंकि ये संगठित तथा असंगठित क्षेत्रों को अल्पकालीन एवं दीर्घकालीन ऋण उपलब्ध कराते हैं। ये बचत को गतिशील करते हैं।
- यह बाजार एक संस्थागत व्यवस्था होती है, जहाँ क्रेता एवं विक्रेता नियमित रूप से वित्त का विनिमय करते हैं। यह अनेक बाजारों का समूह होता है, जिसमें मुद्रा बाजार, स्टॉक विनिमय बाजार या प्रतिभूति बाजार तथा विदेशी विनिमय बाजार आदि शामिल होते हैं। इसमें मौद्रिक जमाओं, चैकों, बिलों, बॉण्डों तथा मुद्राओं आदि वित्तीय परिसम्पत्तियों का व्यापार होता है।

वित्तीय बाजार ऋणदाता व ऋणी के मध्य अन्तरण प्रक्रिया है, जिसके माध्यम से वित्तीय कोषों के हस्तान्तरण में सुगमता आती है। इसमें निवेशक, वित्तीय संस्थाओं और अन्य मध्यस्थों को शामिल किया जाता है, जिन्हें विभिन्न सम्पत्तियों व साख-पत्रों के व्यावसायिक विक्रय हेतु औपचारिक नियमों और संचार माध्यमों से जोड़ दिया जाता है अर्थात् वे व्यक्ति जिनके पास अधिक धन है, वे अपना धन उन व्यक्तियों को उनकी आवश्यकता की पूर्ति हेतु उधार देते हैं, जिन्हें इसकी आवश्यकता है।

- वित्तीय बाजार में क्रेता व विक्रेता के मध्य पारस्परिक वार्तालाप के फलस्वरूप क्रय-विक्रय की जाने वाली वित्तीय सम्पत्ति के मूल्य निर्धारण से सम्बन्धित सूचना दी जाती है।
- यह वित्तीय सम्पत्ति के लेन-देन को सुरक्षा प्रदान करता है। यह निवेशकों को वित्तीय सम्पत्ति की विक्रय प्रक्रिया में तरलता प्रदान करता है, साथ ही यह लेन-देनों व सम्बन्धित सूचना की न्यूनतम लागत सुनिश्चित करता है।

वित्तीय बाजार के विभिन्न घटक

वित्तीय बाजार के विभिन्न घटक निम्नलिखित हैं

वित्तीय बाजार के विभिन्न घटक

मुद्रा बाजार	पूँजी बाजार	कमोडिटी बाजार
डेरिवेटिव बाजार	वायदा बाजार	विदेशी मुद्रा विनिमय बाजार

- **मुद्रा बाजार** इस बाजार का सम्बन्ध उन वित्तीय सम्पत्तियों के व्यापार से है, जिनकी परिपक्वता अवधि एक वर्ष तक होती है। इस प्रकार यह बाजार वित्तीय परिसम्पत्तियों के अल्पकालीन लेन-देन के लिए है। इस बाजार के द्वारा ही रिजर्व बैंक मुद्रा की तरलता को नियन्त्रित करता है।
- **पूँजी बाजार** यह बाजार उन वित्तीय परिसम्पत्तियों के व्यापार के लिए होता है, जिनकी परिपक्वता अवधि, लम्बे समय या अनिश्चित समय की होती है।

> सामान्यत: यह बाजार दीर्घावधिक प्रतिभूतियों, जिनकी परिपक्वता अवधि एक वर्ष से अधिक होती है, के लिए होता है। यह व्यापार व उद्योग को कार्यशील पूँजी की उपलब्धता को सुनिश्चित करता है। साथ ही केन्द्र, राज्य तथा स्थानीय सरकारों को भी ऋणों के रूप में वित्त की उपलब्धता को सुनिश्चित करता है।

- **कमोडिटी बाजार** इस बाजार में विनिर्मित वस्तुओं का नहीं, बल्कि प्राथमिक वस्तुओं का व्यापार होता है। वायदा अनुबन्ध वस्तुओं में निवेश का सबसे पुराना तरीका है। कमोडिटी बाजार में स्पॉट प्राइसेज, फॉरवड्र्स और फ्यूचर्स पर ऑप्शन्स का प्रयोग करते हुए डेरिवेटिव व्यापार किया जा सकता है। इस बाजार की प्राथमिक वस्तुओं को दो भागों में वर्गीकृत किया जाता है
  - **हार्ड कमोडिटीज** इसमें सोना एवं तेल जैसे प्राकृतिक संसाधनों को शामिल किया जाता है, जिनका खनन या शोधन किया जाता है।
  - **सॉफ्ट कमोडिटीज** इसमें कृषि सम्बद्ध उत्पादों; जैसे—गेहूँ, मक्का, चीनी आदि को शामिल किया जाता है।
- **डेरिवेटिव बाजार** यह वित्तीय बाजार है, जिसमें सम्पत्ति के अन्य रूपों से निकाली गई डेरिवेटिव, वायदा अनुबन्ध या विकल्पों जैसे वित्तीय साधनों में व्यापार होता है। यह डेरिवेटिव भण्डार, वस्तुओं, मुद्राओं, बाजार सूचकांकों, विनिमय दरों एवं ब्याज की दरों में प्रयोग किए जाने योग्य है। इसके साथ ही यह वित्तीय उपकरण किसी अन्तर्निहित सम्पत्ति के भविष्य के मूल्य पर बोली लगाने में भी सहायक होता है।
- **वायदा बाजार** इस बाजार में विभिन्न प्रकार के जोखिमों की खरीद और बिक्री होती है। यह बाजार अनिश्चित हानि के जोखिम से बचाव के लिए अपनाया जाने वाला जोखिम प्रबन्धन का एक तरीका है। इसमें भविष्य के समझौतों के अन्तर्गत अंशों व मुद्राओं का क्रय-विक्रय किया जाता है, जिसके लिए एक निश्चित तारीख एवं कीमत निर्धारित की जाती है।
- **विदेशी मुद्रा विनिमय बाजार** मुद्राओं के व्यापार के लिए यह एक वैश्विक विकेन्द्रीकृत बाजार है। इस बाजार के भागीदार बड़े अन्तर्राष्ट्रीय बैंक हैं। यह बाजार वित्तीय संस्थाओं के माध्यम से कार्य करता है। विदेशी मुद्रा, विनिमय बाजार मुद्रा रूपान्तरण करके, अन्तर्राष्ट्रीय व्यापार और निवेश में सहायता करता है।

भारतीय वित्तीय बाजार

वित्तीय व्यवस्थाओं का संचालन वित्तीय बाजार (Financial Market) एवं संस्थाओं के द्वारा होता है। भारतीय वित्तीय व्यवस्था को मुख्यत: दो निम्न भागों में बाँटा जाता है

भारतीय मुद्रा बाजार

- मुद्रा बाजार एक ऐसा बाजार है, जहाँ अल्पकालीन प्रतिभूतियों का क्रय-विक्रय होता है। इस बाजार के माध्यम से उधार लेने व देने वाली संस्थाएँ व व्यक्तियों के बीच परस्पर लेन-देन होता है।
- भारतीय मुद्रा बाजार का सम्बन्ध मौद्रिक उप-कारकों के व्यापार से होता है। एक प्रभावी मौद्रिक नीति (Monetary Policy) का आधार सुसंगठित मुद्रा बाजार होता है।

> भारतीय मुद्रा बाजार में रिजर्व बैंक को केन्द्रीय स्थिति प्राप्त है, क्योंकि वही देश में साख का नियमन व नियन्त्रण करता है। सामान्यतया मुद्रा बाजार में व्यापारिक बिलों (Commercial Bills), प्रतिज्ञा-पत्रों (Treasury Bills), सरकारी बिलों (Govt. Bills) तथा माँग पर देय ऋणों (Call Money) आदि का क्रय-विक्रय व्यापक रूप में किया जाता है।

- 1 दिन की ऋण परिपक्वता अवधि वाले ऋण मनी को **कॉल मनी** (Call Money), 2 से 14 दिन की ऋण परिपक्वता अवधि वाले ऋण मनी को **नोटिस मनी** (Notice Money) तथा 14 से 365 दिनों की परिपक्वता अवधि वाले ऋण मनी को **टर्म मनी** (Term Money) कहा जाता है।

मुद्रा बाजार के उप-बाजार

भारतीय मुद्रा बाजार के कुछ प्रमुख उप-बाजार निम्नलिखित हैं

माँग/अविलम्ब मुद्रा बाजार

- अविलम्ब मुद्रा बाजार (Call Money Market) में माँग पर देय ऋणों का लेन-देन होता है। यह मुद्रा बाजार वह खण्ड है, जो बैंकों की दिन-प्रतिदिन की निधि (धन) की आवश्यकता से सम्बन्धित है।
- इस बाजार में जिस दर पर लेन-देन होता है, उसे माँग दर कहा जाता है। इससे मुद्रा की माँग अति अल्पकाल के लिए (प्राय: कुछ घण्टों से लेकर 14 दिनों तक) की जाती है।
- इसमें ब्याज दरों का निर्धारण ऋणों की माँग के आकार तथा बैंकों की तरलता की स्थिति पर निर्भर करता है।
- यदि अवधि 1 दिन से 14 दिनों के मध्य हो, तो इसे नोटिस मनी कहा जाता है, अन्यथा राशि को अविलम्ब मुद्रा के रूप में जाना जाता है। इसके लिए उधारकर्ताओं के पास भारतीय रिजर्व बैंक के साथ चालू खाता होना आवश्यक होता है।

अन्तर बैंक अविलम्ब मुद्रा बाजार

- अन्तर बैंक अविलम्ब मुद्रा बाजार (Inter Bank Call Money Market) एक ऐसा शब्द है, जिसका उपयोग संस्था के लिए अविलम्ब मुद्रा बाजार के अन्तर्गत व्यापक रूप में किया जाता है।
- यह विशेष रूप से बैंक द्वारा उपयोग नहीं किया जाता है। अन्तर बैंक अविलम्ब मुद्रा बाजार के ग्राहकों में वित्तीय संस्थान, म्यूचुअल फण्ड, बड़े निगम और बीमा कम्पनियाँ शामिल हो सकती हैं।

> **बिल बाजार**
>
> आधारभूत उद्देश्य बैंकों एवं वित्तीय संस्थानों को इस प्रकार से समर्थ बनाना है, जिससे वे अपने अतिरिक्त फण्ड को उचित अवसरों के द्वारा लाभदायक बना सकें। यह बिल (हुण्डी) बाजार अल्पकालीन स्वतरलता वाला तथा निगोसिएनिल बाजार होता है। भारत में यह अभी अल्प विकसित है।

वाणिज्यिक-पत्र

- यह एक लोकप्रिय, किन्तु असुरक्षित प्रतिभूति है, जिसे कम्पनियों की कार्यशील पूँजी (Working Capital) की आवश्यकता पूर्ति हेतु जारी किया जाता है। इसे सर्वप्रथम वर्ष 1990 में जारी किया गया था। इसकी अवधि 1 से 14 दिन की होती है। यह सामान्यत: कम्पनी को बैंक द्वारा दिया जाता है।
- एक वाणिज्यिक बिल या विनिमय का बिल एक अल्पकालिक, परक्राम्य और आत्म-परिसमापन मुद्रा बाजार साधन है।
- इसे व्यापार बिल के रूप में भी जाना जाता है और इसमें तीन पक्ष-आहर्ता, अदाकर्ता और आदाता शामिल होते हैं।
- इन व्यापार बिलों को वाणिज्यिक बिल तब कहा जाता है, जब ये वाणिज्यिक बैंकों द्वारा स्वीकार किए जाते हैं।

वाणिज्यिक प्रपत्र

- वाणिज्यिक पत्र (Commercial Paper) एक वचन-पत्र के रूप में जारी किया जाता है, जो जारीकर्ता द्वारा सीधे निवेशकों को बेचा जाता है या उधारकर्ताओं द्वारा मर्चेण्ट बैंकों और सुरक्षा गृहों में रखा जाता है।
- ये प्रमाण-पत्र पूँजी बाजार (Capital Market) में सूचीबद्ध कम्पनियों द्वारा (जिनकी कार्यकारी पूँजी ₹5 करोड़ से अधिक हो) ₹5 लाख के गुणांकों में जारी किए जाते हैं।
- इनकी न्यूनतम राशि ₹1 करोड़ व परिपक्वता अवधि 7 दिन से 1 वर्ष तक होती है। भारत में इनकी शुरुआत वर्ष 1990 में की गई थी।

> **प्रतिज्ञा-पत्र**
>
> - यह एक लिखित विलेख (Document) है (इसमें बैंक नोट अथवा करेन्सी नोट शामिल नहीं हैं), जिसमें शर्तहीन प्रतिज्ञा-पत्र (Promissory Note) लिखने वाला हस्ताक्षर करता है।
> - इसमें किसी निश्चित व्यक्ति अथवा उनके आदेशानुसार अथवा विलेख के वाहक को एक निश्चित राशि चुकाने का वचन दिया जाता है।
> - ये सामान्य रूप से बड़े निगमों द्वारा जारी किए जाते हैं, लेकिन कुछ देशों में लघु व्यवसाय वित्त का यह सामान्य रूप है।

निक्षेप प्रमाण-पत्र

- जब कोई वाणिज्यिक बैंक से उधार लेता है, तो वह एक वचन-पत्र पर हस्ताक्षर करता है। निक्षेप प्रमाण-पत्र (Certificate of Deposit) वाणिज्यिक बैंकों द्वारा जारी किए जाते हैं। इनका मूल्य ₹1 लाख या उनके ही गुणांकों में होता है।
- परिपक्वता अवधि 7 माह से 1 वर्ष तक होती है। इसके अतिरिक्ति इनका मूल्य 25 लाख या उनके गुणांकों में होता है, जिनकी परिपक्वता अवधि 3 माह से 1 वर्ष तक होती है।
- निक्षेप प्रमाण-पत्र (सीडी) वे प्रतिभूतियाँ हैं, जिन्हें बातचीत से उनके अंकित मूल्य से कम पर खरीदा जाता है और परिपक्वता पर प्रतिफल प्रदान किया जाता है। निक्षेप प्रमाण-पत्र पहली बार न्यूयॉर्क में 1960 के दशक में जारी किया गया था।

कोषागार बिल बाजार

- कोषागार बिल (Treasury Bill) एक प्रतिज्ञा-पत्र है, जो रिजर्व बैंक द्वारा जारी किया जाता है। इसकी तरलता अत्यधिक होती है, जिसको धारक द्वारा किसी भी दूसरे पक्ष को स्थानान्तरित किया जा सकता है तथा रिजर्व बैंक से भी भुनाया जा सकता है।
- यह सरकार द्वारा अल्पावधि उधार लेने का एक साधन है।
- कोषागार बिल (टी-बिल) सरकार को नकदी के लिए अपनी उतार-चढ़ाव वाली आवश्यकताओं को पूर्ण करने के लिए धन उधार लेने का एक अत्यधिक लचीला और अपेक्षाकृत सस्ता साधन प्रदान करता है।
- बैंकरों, डिस्काउण्ट हाउसों और दलालों से प्रत्येक हफ्ते निविदाएँ (Tenders) आमन्त्रित की जाती हैं।

- इसे 364 दिन से अधिक के लिए बट्टे के आधार पर जारी नहीं किया जा सकता है। इन्हें अंकित मूल्य (Face Value) से कम पर जारी किया जाता है, परन्तु इनका शोधन अंकित मूल्य पर ही होता है। इन दोनों मूल्यों के बीच का अन्तर विनियोग पर ब्याज प्रदर्शित करता है।
- यह 91 दिवसीय, 128 दिवसीय और 364 दिवसीय होता है। वर्ष 1997-98 में 14 दिवसीय और 28 दिवसीय कोषागार बिल भी जारी किए गए थे। साधारणत: चार प्रकार के कोषागार बिल होते हैं
  - 14 दिनों के
  - 91 दिनों के
  - 182 दिनों के
  - 364 दिनों के
- इनका नाम इनकी परिपक्वता (Maturity) दिनों के आधार पर रखा गया है। रिजर्व बैंक ऑफ इण्डिया अब 91 दिनों वाले टी-बिल की नीलामी साप्ताहिक आधार पर तथा 182 और 364 दिनों के टी-बिल की नीलामी पाक्षिक आधार पर करता है।

असंगठित मुद्रा बाजार

- असंगठित मुद्रा बाजार (Unorganised Money Market) क्षेत्र के अन्तर्गत देशी बैंकर तथा मुद्रा उधार देने वाले विभिन्न व्यक्ति आते हैं, जिन्हें देश के विभिन्न भागों में साहूकार, महाजन आदि नामों से जाना जाता है।
- ये ऐसे क्षेत्र हैं, जिन्हें किसी वित्तीय संस्था द्वारा वैधानिक मान्यता प्राप्त नहीं होती। चिटफण्ड निधि आदि इसी के अन्तर्गत आते हैं।
- इस क्षेत्र के अन्तर्गत आने वाली सभी व्यक्तिगत संस्थाओं के अपने कुछ निश्चित नियम-कानून होते हैं।
- इस क्षेत्र के अन्तर्गत आने वाली सभी संस्थाओं का प्रतिशत लाभ स्वयं उनके ही द्वारा निर्धारित किया जाता है। ऐसी संस्थाएँ प्राय: अविकसित क्षेत्रों में ही पाई जाती हैं।

भारतीय पूँजी बाजार

- पूँजी बाजार (Capital Market) वित्तीय प्रणाली का एक अंग है। यह दीर्घकालीन कोष (Fund) बाजार है, जिसमें अंश-पत्रों (Equity) तथा ऋण के माध्यम से पूँजी की वसूली की जाती है।
- इसमें प्राथमिक बाजार, द्वितीयक बाजार, दीर्घकालीन ऋण देने वाली संस्थाएँ, डिबेन्चर्स एवं बॉण्ड मार्केट, बैंक, निवेशक तथा अन्य जो औद्योगिक क्षेत्र के लिए दीर्घकालीन पूँजी प्रदान करते हैं, वे शामिल होते हैं।
- यह बाजार बचत को गतिशीलता प्रदान कर आर्थिक विकास में महत्त्वपूर्ण भूमिका निभाता है।
- इसके साथ ही सुचारू रूप से कार्य करने वाले चलनिधि युक्त तथा लचीले वित्तीय बाजार मौद्रिक नीति अन्तरण और भारत के विकास के वित्त पोषण में अनिवार्य रूप से जोखिमों के आवण्टन तथा अवशोषण में सहायक होते हैं।

भारतीय पूँजी बाजार को निम्नलिखित दो भागों में बाँटा जाता है

गिल्ट-एज्ड-मार्केट

- आरबीआई (RBI) द्वारा समर्थन प्राप्त यह एक उत्कृष्ट बाजार है, जो सरकारी एवं अर्द्ध-सरकारी प्रतिभूतियों से सम्बन्धित होता है।
- सरकारी प्रतिभूतियाँ सरकार द्वारा जारी की गईं हैं, जिनमें बिक्री योग्य ऋण लिखते हैं, जो इनकी वित्तीय आवश्यकताओं को पूर्ण करती हैं।
- उत्कृष्ट शब्द का अर्थ होता है-सर्वोत्तम क्वालिटी। इस कारण सरकारी प्रतिभूतियों को बाकीदारी का कोई जोखिम नहीं उठाना पड़ता एवं इनसे बहुत मात्रा में नकदी प्राप्त होती है। इसे बाजार में चालू मूल्यों पर बड़ी आसानी से बेचा जा सकता है।

औद्योगिक प्रतिभूति बाजार

- वह बाजार जहाँ शेयर, प्रतिभूति, बॉण्ड, डिबेन्चर, म्यूचुअल फण्ड इत्यादि माध्यमों द्वारा दीर्घकालिक पूँजी की व्यवस्था की जाती है, उसे औद्योगिक प्रतिभूति बाजार (Industrial Security Market) कहा जाता है।
- इन बाजारों में विभिन्न प्रकार के लेन-देन सम्पन्न होते हैं; जैसे—वायदा कारोबार, इनसाइड ट्रेडिंग इत्यादि। इन्हें प्राथमिक और द्वितीयक बाजार में बाँटा जाता है।

प्राथमिक बाजार

- प्राथमिक बाजार (Primary Market) पूँजी बाजार का वह अंग होता है, जहाँ कई प्रतिभूतियों का पहली बार विक्रय होता है अर्थात् यह नए निर्गमनों (New Issues) से सम्बन्धित बाजार है, जहाँ कोषों का गतिशीलन सर्वथा नई प्रतिभूतियों के माध्यम से होता है।
- प्राथमिक बाजार में घरेलू व विदेशी दोनों प्रकार के कोषों की उगाही की जा सकती है तथा इसमें निर्गमित प्रतिभूतियाँ, समता अंश (Equity Share) या ऋण प्रपत्र (Debenture) दोनों हो सकते हैं।

घरेलू कोषों के अन्तर्गत आने वाली प्रतिभूतियों में कम्पनियों द्वारा निर्गमित समता अंश व कम्पनियाँ सरकार तथा वित्तीय मध्यस्थों द्वारा निर्गमित ऋण प्रपत्र शामिल हैं। वहीं विदेशी कोषों के अन्तर्गत ग्लोबल डिपॉजिटरी रिसीट व अमेरिकन डिपॉजिटरी रिसीट के माध्यम से निर्गमित समता अंश व विदेशी वाणिज्यिक उधारी (Foreign Commercial Borrowing) के द्वारा आने वाली उधारियाँ सम्मिलित हैं।

- नई स्थापित होने वाली कम्पनियाँ जब पहली बार शेयर जारी करती हैं, तो उन्हें **Initial Public Offerings (IPO)** कहा जाता है। इस बाजार में प्रतिभूति के क्रेता को **प्राइमरी वित्तीय प्रपत्र धारक** कहा जाता है।

द्वितीयक बाजार

- वह बाजार, जिसके अन्तर्गत पुरानी अर्थात् पूर्व में निर्गमित प्रतिभूतियों का व्यापार होता है, द्वितीयक बाजार (Secondary Market) कहलाता है। द्वितीयक बाजार के अन्तर्गत कानून के अधीन कार्य करने वाले पंजीकृत (Registered) स्टॉक एक्सचेन्ज आते हैं।
- द्वितीय बाजार या स्टॉक एक्सचेन्ज में उन्हीं प्रतिभूतियों समता अंश या ऋण-पत्रों की ट्रेडिंग होती है, जो स्टॉक मार्किट में सूचीबद्ध (listed) होती हैं। यहाँ सूचीबद्धता का आशय किसी मान्यता प्राप्त स्टॉक एक्सचेन्ज द्वारा **प्रतिभूतियों** (Securities) को व्यापार के लिए स्वीकार किए जाने से है। इसे **शेयर बाजार** के नाम से भी जाना जाता है।
- वास्तव में एक सक्रिय द्वितीयक बाजार प्राथमिक बाजार की विकास प्रक्रिया को अपेक्षाकृत अधिक सुविधाजनक बनाता है, क्योंकि यह प्राथमिक बाजार में अंशों व ऋण-पत्रों को तरलता प्रदान करने हेतु सतत बाजार का कार्य करता है।
- द्वितीयक बाजार के अन्तर्गत प्राथमिक बाजार में शामिल संस्थाओं, व्यापारिक बैंकर्स, पारस्परिक कोष (Mutual Fund), वित्तीय संस्थान व व्यक्तिगत निवेशकों (Investors) के अतिरिक्त शेयर दलाल (Share Agents) भी शामिल होते हैं। ये शेयर दलाल, शेयर बाजार के सदस्य होते हैं और इन्हीं के माध्यम से शेयरों का क्रय-विक्रय होता है।
- इस बाजार में पुरानी सूचीबद्ध कम्पनियाँ जब अपने नए शेयरों को जारी करती हैं, तो उसे FPO (Follow on Public Offer) कहा जाता है।
- इस बाजार में प्रतिभूतियों का क्रय-विक्रय पूँजी निर्माण का सृजन नहीं करता है, बल्कि स्टॉक बाजार में विक्रय हेतु प्राप्त अंश प्रपत्रों को तरलता एवं विनिमय प्रदान करता है।

प्राथमिक बाजार तथा द्वितीयक बाजार में अन्तर

आधार	प्राथमिक बाजार	द्वितीयक बाजार
अर्थ	नए शेयरों (अंशों) का विक्रय	पहले से बिके/पुराने शेयरों का क्रय-विक्रय
क्रय का तरीका	प्रत्यक्ष	अप्रत्यक्ष
प्रतिभूति का विक्रय	एक बार	अनेक बार
क्रय-विक्रय	कम्पनी एवं निवेशक	निवेशकों
मूल्य	निश्चित मूल्य	माँग एवं पूर्ति के अनुसार परिवर्तन
मध्यस्थ	अभिगोपन कर्ता	कमीशन एजेण्ट, दलाल
संरचनात्मक ढाँचा	निश्चित भौगोलिक ढाँचा नहीं	निश्चित भौगोलिक ढाँचा, जहाँ प्रतिभूतियों का क्रय-विक्रय
पूँजी की उपलब्धता	कम्पनी की स्थापना एवं विस्तार हेतु	कम्पनी को पूँजी की प्राप्ति नहीं

प्रारम्भिक सार्वजनिक प्रस्ताव

- इनीशियल पब्लिक ऑफर को संक्षेप में **आईपीओ** (IPO) कहते हैं। IPO को कम्पनी अपनी पूँजी में विस्तार के लिए जारी करती है। इसके माध्यम से कम्पनी शेयर बाजार में सूचीबद्ध होती है। दिसम्बर, 2019 में सऊदी अरामको, विश्व में आईपीओ के माध्यम से सार्वजनिक पूँजी प्राप्त करने वाली कम्पनी बनी थी।
- जब भी कम्पनी IPO जारी करती है, वह यह घोषित करती है कि वह किस प्रकार के सिक्योरिटीज जारी करेगी। IPO पूर्ण रूप से एक जोखिम भरा निवेश माना जाता है। इसमें निवेशकों द्वारा लगाई गई पूँजी प्रत्यक्ष रूप से कम्पनी को प्राप्त होती है।

अनुवर्ती सार्वजनिक प्रस्ताव

- जब शेयर स्टॉक एक्सचेन्ज में सूचीबद्ध कम्पनियाँ पूँजी प्राप्त करने के उद्देश्य से अतिरिक्त शेयर को जारी करती है, तो उसे अनुवर्ती सार्वजनिक प्रस्ताव (Follow on Public Offer, FPO) कहा जाता है।
- इसे कम्पनी बाजार मूल्य से कम पर जारी करती है। इसके माध्यम से कम्पनी छूट दर पर शेयर प्राप्त करने का प्रयास करती है।

राइट्स इश्यू

- राइट्स इश्यू (Rights Issue) के अन्तर्गत कम्पनी धन जुटाने के लिए उपलब्ध शेयरधारकों को नए शेयर जारी करती है। सामान्यत: ये शेयर डिस्काउण्ट (मौजूदा भाव से कम) पर दिए जाते हैं।
- शेयरधारकों को उनके पास पहले से विद्यमान शेयरों के अनुपात में नए शेयर जारी किए जाते हैं। राइट्स इश्यू में जारी शेयर सूचीबद्ध होने के बाद सामान्य शेयरों की तरह ही खरीदे व बेचे जा सकते हैं।

पूँजी बाजार के उपकरण

पूँजी बाजार के उपकरण निम्नलिखित हैं

बॉण्ड

- बॉण्ड बाजार (Bond Market) वित्तीय बाजार होता है, जिसमें भागीदार नया डेब्ट जारी कर सकते हैं और डेब्ट सिक्योरिटीज को खरीद एवं बेच सकते हैं।
- सामान्यत: इस बाजार में कार्य, बॉण्ड्स के रूप में होता है, लेकिन नोट्स, बिल्स और अन्य वित्तीय उपकरणों का प्रयोग भी इस बाजार में होता है।
- बॉण्ड बाजार को **डेब्ट बाजार** या **क्रेडिट बाजार** भी कहते हैं। बॉण्ड बाजार का प्राथमिक उद्देश्य, निजी और लोक व्यय के लिए दीर्घकालीन वित्त व्यवस्था करना है।
- यह किसी देश की सरकार या कम्पनी के द्वारा पूँजी संग्रहण हेतु जारी किया जाता है, जिसकी परिपक्वता अवधि 1 वर्ष से अधिक होती है।
- प्रत्येक बॉण्ड का एक निश्चित मूल्य होता है, जिसे जारीकर्ता के द्वारा निर्धारित किया जाता है, उसे **अंकित मूल्य** कहा जाता है तथा इस पर प्राप्त वार्षिक ब्याज को **कूपन भुगतान** के नाम से जाना जाता है।

- बॉण्ड पर प्राप्त होने वाले लाभ या धनराशि अथवा प्रभावी प्राप्ति दर को **बॉण्ड प्रतिफल** (Bond Yield) कहा जाता है। इसकी गणना बॉण्ड की कूपन दर को उस पर अंकित मूल्य से भाग देकर की जाती है।
- यह बॉण्ड प्रतिफल आर्थिक विकास के आकलन में उपयोगी होता है। इसकी कीमत में उतार-चढ़ाव से बॉण्ड प्रतिफल पर विपरीत प्रभाव पड़ता है अर्थात् जब बॉण्ड का मूल्य बढ़ता है, तो बॉण्ड का प्रतिफल घटता है। इस प्रकार बॉण्ड कीमत तथा बॉण्ड प्रतिफल के बीच उल्टा अर्थात् व्युत्क्रमानुपाती सम्बन्ध पाया जाता है।
- बॉण्ड बाजार को निम्नलिखित भागों में बाँटा गया है
  - कॉर्पोरेट बॉण्ड बाजार
  - मॉर्टगेज बॉण्ड बाजार
  - सरकार और एजेन्सी
  - म्युनिसिपल बॉण्ड बाजार
  - फण्डिंग बॉण्ड बाजार

बॉण्ड बाजार भागीदारी

- बॉण्ड मार्केट के भागीदार, अन्य सभी वित्तीय बाजारों के भागीदारों के समान हैं। बॉण्ड बाजार के भागीदार या तो कोष के खरीदार या कोष के विक्रेता या फिर दोनों होते हैं।
- बॉण्ड मार्केट के भागीदारों में संस्थागत निवेशक, व्यापारी, सरकारें तथा व्यक्ति विशेष शामिल हैं

कुछ महत्त्वपूर्ण बॉण्ड

कुछ महत्त्वपूर्ण बॉण्ड इस प्रकार हैं

- **कॉर्पोरेट बॉण्ड** (Corporate Bond) एक निगम द्वारा अपनी गतिविधियों के लिए पूँजी जुटाने के लिए जारी किया गया एक बॉण्ड है। यह बॉण्ड धारक को कम्पनी के सामान्य शेयरों की एक निर्दिष्ट संख्या के लिए बॉण्ड का आदान-प्रदान करने का अधिकार देता है।
- **इलेक्टोरल बॉण्ड** (Electrol Bond) चुनाव सुधारों के लिए लाया गया है। योजना के अनुसार, इलेक्टोरल बॉण्ड किसी व्यक्ति या कम्पनियों द्वारा खरीदे जा सकते हैं, जो भारत का नागरिक है या भारत में स्थापित है। भारत सरकार द्वारा इस बॉण्ड को वर्ष 2018 में लाया गया था। इसकी वैधता खरीदे जाने से 15 दिन तक की होती है। इस बॉण्ड को खरीदकर कोई भी भारतीय अपने पसन्द के राजनीतिक पार्टी को चन्दा दे सकता है।
- **सरकारी बॉण्ड** (Government Bond) 1 वर्ष से अधिक की अवधि वाली सरकारी प्रतिभूतियों को सरकारी बॉण्ड कहा जाता है। यह बॉण्ड सरकार के लिए रिजर्व बैंक द्वारा जारी किया जाता है। ये निम्न जोखिम वाले तथा कम लाभ देने वाले होते हैं। सरकारी बॉण्ड के निम्न प्रकार है
  - **हरित बॉण्ड** (Green Bond) यह किसी भी अन्य बॉण्ड की तरह ही है, जहाँ एक निकाय धन जुटाने के लिए निवेशकों के लिए ऋण साधन जारी करता है। इस बॉण्ड में जारीकर्ता सार्वजनिक रूप से घोषणा करता है कि वह पर्यावरणीय लाभ; जैसे—अक्षय ऊर्जा, कम कार्बन परिवहन आदि जैसी हरित परियोजनाओं, परिसम्पत्तियों या व्यापारिक गतिविधियों के लिए पूँजी की उगाही कर रहा है। हरित बॉण्ड की पेशकश का लाभ हरित परियोजनाओं के वित्त पोषण में उपयोग के लिए होता है। भारत में सबसे पहले **यस बैंक** ने वर्ष 2015 में इसे जारी किया था।
  - **मसाला बॉण्ड** (Masala Bond) विदेशों से पूँजी जुटाने के लिए रुपए में जारी किया जाने वाला बॉण्ड मसाला बॉण्ड कहलाता है। यह एक प्रकार का कॉर्पोरेट बॉण्ड है, जो अन्तर्राष्ट्रीय बाजार में जारी किया जाता है। यह बॉण्ड विदेशी एक्सचेन्जों पर सूचीबद्ध किया जाता है। वर्ष 2015 में तत्कालीन वित्तमन्त्री अरुण जेटली ने मसाला बॉण्ड बेचने की अनुमति दी थी।

> **प्रथम मसाला बॉण्ड** नवम्बर, 2014 में अन्तर्राष्ट्रीय वित्त निगम के द्वारा जारी किया गया था, जबकि भारत में प्रथम मशाला बॉण्ड जारी करने वाला राज्य केरल है। इसके अन्तर्गत बॉण्ड ग्राहक अपनी अघोषित आय का 40% इसमें निवेश करने के योग्य होते हैं। इस पर ब्याज की दर 5% सामान्यत: होती है, जिससे प्राप्त ब्याज पर 7.5% की दर से कर देय होती है। इससे प्राप्त राशि का 45% भाग जमाकर्ता के पास जमा होता है तथा शेष 15% राशि सरकार के द्वारा कर के रूप में वसूल की जाती है।

  - **म्युनिसिपल बॉण्ड** (Municipal Bond) शहरी स्थानीय निकायों, नगर निकायों तथा नगर निगमों द्वारा जारी किया गया विपणन योग्य ऋण उपकरण होता है। इसका उद्देश्य—शहरी स्थानीय निकायों द्वारा क्रियान्वित की जा रही परियोजना के लिए ऋण उपलब्ध कराना है। इसके धन का उपयोग आवश्यक अवसंरचनात्मक बुनियादी ढाँचे, ऋणों के भुगतान, कार्यशील पूँजी की आवश्यकताओं को पूर्ण करने आदि के लिए किया जाता है।

> वर्ष 1997 में बंगलुरु नगर निगम के द्वारा जारी भारत का पहला **म्युनिसिपल बॉण्ड** था। वर्ष 2020 में लखनऊ नगर निगम ने ₹ 200 करोड़ का बॉण्ड जारी किया था। हालाँकि इससे पहले इसे इन्दौर, हैदराबाद तथा पूणे के नगर-निगमों के द्वारा जारी किया गया था।

  - **जीरो कूपन बॉण्ड** (Zero Coupon Bond) यह अपने अंकित मूल्य से कम कीमत पर जारी किया गया एक बॉण्ड है और इसके अंकित मूल्य पर देय ब्याज की कोई दर नहीं होती है। जब बॉण्ड परिपक्वता तक पहुँचता है, तो इसके निवेशकों को इसका सममूल्य ही प्राप्त होता है।

पूँजी बाजार एवं मुद्रा बाजार में अन्तर

पूँजी बाजार	मुद्रा बाजार
दीर्घकालीन कोष से सम्बन्धित।	अल्पकालीन कोष से सम्बन्धित।
यहाँ लेन-देन अंश (Shares), ऋण-पत्र (Debenture), बॉण्ड्स व राजकीय प्रतिभूतियों (Securities) के माध्यम से होता है।	लेन-देन, ट्रेजरी बिल वाणिज्यिक-पत्र, व्यापार-पत्र व जमा-पत्र के माध्यम से होता है।
दलाल (Agents), म्यूचुअल फण्ड, वित्तीय संस्थाएँ व अभिगोपक (Under writer) व निवेशक (Investor) इस बाजार में भाग लेते हैं।	रिजर्व बैंक, वाणिज्यिक बैंक व गैर-बैंकिंग वित्तीय कम्पनियाँ (NBFCs) इस बाजार की प्रतिभागी हैं।
SEBI द्वारा नियमन व नियन्त्रण।	RBI द्वारा नियमन व नियन्त्रण।

प्रतिभूति

- प्रतिभूति (Security) एक प्रमाण-पत्र होता है, जिसका विक्रय करके वित्त को प्राप्त किया जाता है। ये लिखित प्रमाण-पत्र होते हैं, जो ऋण लेने के बदले दी जाती हैं। इनमें जारी करने की शर्तों एवं मूल्यों का उल्लेख होता है तथा इनका क्रय-विक्रय भी किया जाता है।
- सरकार द्वारा जारी किया जाने वाला बॉण्ड, तरजीही शेयर, ऋण-पत्र आदि प्रतिभूतियों की श्रेणी में आते हैं। सामान्यत: प्रतिभूति को दो भागों में बाँटा जाता हैं-शेयर प्रतिभूति तथा ऋण प्रतिभूति।

शेयर या अंश प्रतिभूति

- जिस प्रतिभूति से क्रेता को प्रतिभूति जारी करने वाली संस्था के स्वामित्व में एक निश्चित अंश प्राप्त होता है, उसे अंश प्रतिभूति कहा जाता है। शेयर को किसी संस्था के द्वारा नहीं, केवल कम्पनी के द्वारा ही जारी किया जा सकता है।
- ये शेयर कई भागों में विभाजित हो सकते हैं, जिसमें सभी अंश कम्पनी के स्वामित्व के इकाई का प्रतिनिधित्व करते हैं। ये शेयर समता अंश तथा वरीयता क्रम अंश में होते हैं, जोकि निम्न हैं

1. समता अंश

- ये अंश होते हैं, जिनको लाभांश के भुगतान अथवा पूँजी के पुन: भुगतान के सम्बन्ध में कोई पूर्वाधिकार (Preferential Right) प्राप्त नहीं होता है, पूर्वाधिकार वाले अंशधारकों को लाभांश भुगतान करने के बाद लाभांश प्राप्त होता है।
- समता अंशधारकों के लिए लाभांश की कोई निश्चित दर नहीं होती, बल्कि यह अतिरिक्त लाभ पर निर्भर करती है। अधिक लाभ होने की दशा में कम्पनी समता अंशधारकों को ऊँची दर से लाभांश का भुगतान करती है। इस प्रकार के अंशों के निर्गमन से प्राप्त धन को समता अंश पूँजी कहते हैं। इसे **स्वामित्व पूँजी** या **स्वामित्व कोष** भी कहते हैं।

> समता अंश धारक ही कम्पनी के वास्तविक स्वामी माने जाते हैं, जिनकी कम्पनी के प्रबन्धन में भागीदारी होती है। इसमें धारित अंशों के अनुपात में कम्पनी का स्वामित्व प्राप्त होता है। इन्हें लाभांश प्राप्ति में कोई वरीयता नहीं दी जाती है।

2. वरीयता या अधिमान अंश

- वरीयता या अधिमान अंश (Preferential Shares) वे अंश होते हैं, जिनको लाभांश एवं पूँजी की वापसी के सम्बन्ध में अधिमान अधिकार प्राप्त होते हैं। समता अंशों के लाभांश भुगतान से पूर्व पूर्वाधिकार अंशों (Preferences Shares) पर निश्चित दर से लाभांश का भुगतान करना होता है, लेकिन यह लाभांश लाभ होने की दशा में ही देना होता है।
- पूर्वाधिकार अंशधारकों के पास कोई भी मताधिकार नहीं होता है, इसलिए वह कम्पनी के प्रबन्ध में भाग नहीं ले सकते। पूर्वाधिकार अंशों को निर्गमित करना कम्पनी के लिए अनिवार्य नहीं है। ये अंश दो प्रकार के होते हैं
    - ऐसे वरीयता अंश, जिन पर लाभांश संचित होता जाता है, उन्हें **संचयी वरीयता अंश** कहा जाता है। जिस वित्त वर्ष में कम्पनी को पर्याप्त लाभ होता है, उस वर्ष वरीयता अंशधारियों को पहले लाभांश दिया जाता है।
    - ऐसे वरीयता अंश, जिन पर लाभांश संचयी नहीं होता है, उन्हें **असंचयी वरीयता अंश** कहा जाता है। जब कम्पनी दिवालिया हो जाए, तो ऐसी स्थिति में समता अंशों की तुलना में इन्हें भुगतान में वरीयता दी जाती है।

ऋण प्रतिभूति

- ऋण प्रतिभूति (Debt Security) कम्पनियों के लिए दीर्घकालीन पूँजी प्राप्ति का एक स्रोत होता है। इसके आधार पर कम्पनियाँ ऋण प्राप्त करती हैं। ऋण प्रतिभूति पर अंकित ब्याज दर को **कूपन** कहा जाता है।

> ऋण-पत्रों (Debentures) के निर्गमन द्वारा कम्पनियाँ दीर्घकालीन वित्त प्राप्त कर सकती हैं, इनसे निवेशकों को निश्चित ब्याज दर के रूप में एक निश्चित आय प्राप्त होती है। इसे कम्पनी की **ऋण पूँजी** या **उधार पूँजी** भी कहते हैं।

- ऋण-पत्र उधार ली गई राशि की लिखित पावती (रसीद) है। इसमें नियम एवं शर्तें; जैसे—ब्याज दर, भुगतान वापसी का समय एवं दी गई जमानत इत्यादि विशेष रूप से लिखी होती हैं। ऋण-पत्र धारक कम्पनी के ऋणदाता होते हैं, जो निश्चित ब्याज प्राप्त करने के अधिकारी हैं, चाहे कम्पनी को लाभ हुआ हो अथवा नहीं। इनको कोई मताधिकार प्राप्त नहीं होता है।
- सामान्यतया ऋण-पत्र पूर्ण सुरक्षित होते हैं। कम्पनी यदि ऋण-पत्रों पर ब्याज देने या मूलधन को लौटाने में असफल रहती है, तो ऋण-पत्र धारक कम्पनी की सम्पत्तियाँ बेचकर इन्हें वसूल कर सकते हैं। इसके कुछ महत्त्वपूर्ण गुण निम्न हैं
    - ऋण-पत्र सुरक्षित ऋण है। कम्पनी का समापन होने पर समता एवं पूर्वाधिकार अंशधारक को कोई भी भुगतान करने से पूर्व इनका भुगतान किया जाता है।
    - लाभ न होने पर ऋण-पत्र धारकों को निश्चित दर से आय प्राप्त होती है। जब कम्पनी को अधिक लाभ होता है, तब ऋण-पत्रों का निर्गमन कम्पनी को उसके समता अंशधारकों को ऊँची दर से लाभ प्रदान करने को सामर्थ्य प्रदान करता है।
    - ऋण-पत्र धारकों को न तो मत देने का और न ही कम्पनी के प्रबन्ध में भाग लेने का अधिकार होता है, इसलिए ऋण-पत्रों द्वारा कम्पनी प्रबन्ध नियन्त्रण को प्रभावित किए बिना अतिरिक्त पूँजी प्राप्त करती है। ऋण-पत्रों पर दिए गए ब्याज़ को व्यय के रूप में माना जाता है। यह कम्पनी के लाभों पर प्रभार होता है। इस प्रकार से कम्पनी आयकर बचा लेती है।

शेयर का निर्गमन

- शेयर का निर्गमन (Issue of Share) कम्पनी जिस मूल्य पर शेयर को बेचती है, उसे आवण्टित मूल्य (Alloted Value) कहा जाता है, जबकि शेयर पर अंकित किया गया मूल्य उसका **अंकित मूल्य** (Face Value) कहलाता है। शेयरों का निर्गमन प्राय: तीन प्रकार से होता है, जिनका विवरण निम्न प्रकार है
  - **सममूल्य पर निर्गमन** (Issue of par) जब कोई कम्पनी शेयर को उसके अंकित मूल्य पर बेचता है, तो वह सममूल्य पर निर्गमन कहलाता है। यह एक स्थिर मूल्य होता है। इसका निर्धारण प्रतिभूति को जारी करते समय किया जाता है।
  - **कटौती पर निर्गमन** (Issue at Discount) जब कम्पनी शेयर को अंकित मूल्य से कम मूल्य पर बेचती है, तो उसे कटौती पर निर्गमन कहा जाता है। शेयर के सममूल्य (अंकित मूल्य) तथा शेयर पर प्राप्त राशि के बीच के अन्तर को शेयर पर निर्गमन छूट कहा जाता है।
  - **प्रीमियम पर निर्गमन** (Issue at Premium) जब कोई कम्पनी अपने शेयर को अंकित मूल्य से अधिक मूल्य पर बेचती है, तो उसे प्रीमियम पर निर्गमन कहा जाता है। शेयर के अंकित मूल्य से अधिक प्राप्त हुई राशि को शेयर पर प्रीमियम कहा जाता है।

- **बुल एण्ड बियर** ऐसा निवेशक जो किसी विशिष्ट प्रतिभूति (शेयर) के मूल्य बढ़ने की प्रत्याशा रखता है, को बुल या तेजड़िया कहते हैं, जबकि मूल्य कम होने की प्रत्याशा रखने वाले निवेशक को बियर या मन्दड़िया कहा जाता है।
  बुल्स चालू कीमत पर अपनी पसन्द की प्रतिभूतियों या शेयर को खरीद लेते हैं, जिससे कीमत अधिक होने पर इनकी बिक्री कर लाभ कमाया जा सके तथा बियर्स चालू कीमत पर अपने शेयरों को बेच देते हैं, जिससे प्राइस लेवल कम होने पर उन्हें फिर खरीद सकें। बियर्स प्राय: शेयरों की बिक्री करते हैं, जो उनके पास होते ही नहीं, इस प्रकार के सौदे को **शॉर्ट सेलिंग** कहते हैं।
- **पेन्नी स्टॉक्स** (शेयर) ये वे प्रतिभूतियाँ हैं, जिनकी शेयर बाजार में कोई कीमत नहीं होती है, परन्तु पेन्नी स्टॉक्स (Penny Stocks) व्यापार सट्टेबाजी में भागीदारी निभाता है।
- **लाभांश** (Dividend) विभाजन योग्य लाभों का वह भाग, जो शेयरधारकों के बीच वितरित किया जाता है, लाभांश कहा जाता है। यह **कर युक्त** और **कर मुक्त** दोनों प्रकार का हो सकता है।
- **डुअल लिस्टिंग** (Dual Listing) उस प्रक्रिया को कहते हैं, जिसके अन्तर्गत कोई कम्पनी दो अलग-अलग देशों के स्टॉक एक्सचेन्जों में स्वयं को सूचीबद्ध कराती है। अभी तक भारत में रुपए की पूर्ण परिवर्तनीयता के न होने व फेमा नियमों आदि के चलते डुअल लिस्टिंग पूर्ण रूप से लागू नहीं है।

शेयर बाजार

शेयर बाजार (Share Market) शब्द सामान्यत: द्वितीयक बाजार के लिए प्रयुक्त होने वाला शब्द है। यहाँ विभिन्न प्रकार की प्रतिभूतियों; जैसे—अंशों, ऋण-पत्रों, बॉण्ड्स तथा सरकारी प्रतिभूतियों इत्यादि का नियमित क्रय-विक्रय होता है। शेयर बाजार निम्नलिखित सुविधा प्रदान करते हैं

- तत्कालिक एवं अनवरत बाजार उपलब्ध कराना।
- लेन-देन एवं निवेश में सुरक्षा प्रदान करना।
- मूल्य एवं विक्रय सम्बन्धी सूचना प्रदान करना।
- बचत की गतिशीलता एवं पूँजी नियन्त्रण में सहायक।
- व्यापारिक एवं आर्थिक स्थिति का मापक।
- कोष का उचित आवण्टन।

भारत के प्रमुख शेयर बाजार

- सर्वप्रथम भारत में 1875 ई. में शेयर बाजार की स्थापना **बॉम्बे स्टॉक एक्सचेन्ज** (BSE) के नाम से की गई। इसके बाद अहमदाबाद, कलकत्ता (कोलकाता) व मद्रास (चेन्नई) आदि शहरों में भी शेयर बाजारों की स्थापना हुई।
- वर्तमान समय में भारत में कुल 6 सक्रिय तथा अन्य 19 शेयर बाजार हैं।
- संगठित शेयर बाजारों के अतिरिक्त बहुत से असंगठित शेयर बाजारों ने भी औपचारिक रूप से स्थापना के बाद कार्य प्रारम्भ किया, जिन्हें **कर्ब मार्केट** कहा जाता है।

भारत के स्टॉक एक्सचेन्ज

भारत के स्टॉक एक्सचेन्ज निम्नलिखित हैं

- राष्ट्रीय शेयर बाजार, मुम्बई*
- बॉम्बे स्टॉक एक्सचेन्ज, मुम्बई*
- उत्तर प्रदेश स्टॉक एक्सचेन्ज, कानपुर
- दिल्ली स्टॉक एक्सचेन्ज, दिल्ली
- वड़ोदरा स्टॉक एक्सचेन्ज, वड़ोदरा
- ओवर द काउण्टर एक्सचेन्ज ऑफ इण्डिया, मुम्बई
- कोलकाता स्टॉक एक्सचेन्ज, कोलकाता*
- मद्रास स्टॉक एक्सचेन्ज, चेन्नई
- कोयम्बटूर स्टॉक एक्सचेन्ज, कोयम्बटूर
- बंगलौर (बंगलुरु) स्टॉक एक्सचेन्ज, अहमदाबाद
- कोचीन स्टॉक एक्सचेन्ज, कोचीन
- गुवाहाटी स्टॉक एक्सचेन्ज, गुवाहाटी
- हैदराबाद स्टॉक एक्सचेन्ज, हैदराबाद
- मध्य प्रदेश स्टॉक एक्सचेन्ज, इन्दौर

- लुधियाना स्टॉक एक्सचेन्ज, लुधियाना
- पुणे स्टॉक एक्सचेन्ज, पुणे
- एनएसई आईएफएससी (NSE-IFSC) लिमिटेड, गाँधीनगर (गुजरात)*
- सौराष्ट्र कच्छ स्टॉक एक्सचेन्ज लिमिटेड गुजरात
- इण्डिया आईएनएक्स, गाँधीनगर (गुजरात)*
- मेट्रोपॉलिटन स्टॉक्स एक्सचेन्ज ऑफ इण्डिया, मुम्बई*
- इण्टरकनेक्टेड स्टॉक एक्सचेन्ज ऑफ इण्डिया लिमिटेड*
- मंगलौर स्टॉक एक्सचेन्ज, मंगलौर
- जयपुर स्टॉक एक्सचेन्ज, जयपुर
- अहमदाबाद स्टॉक एक्सचेन्ज, अहमदाबाद
- भुवनेश्वर स्टॉक एक्सचेन्ज, भुवनेश्वर

नोट * = सक्रिय स्टॉक एक्सचेन्ज

कमोडिटी एक्सचेन्ज

- कमोडिटी एक्सचेन्ज में कई प्रकार की कमोडिटी में ट्रेडिंग होती है। इनमें एग्री और नॉन एग्री कमोडिटी शामिल हैं। नॉन एग्री कमोडिटी में सोना-चाँदी, जिंक, पीतल आदि शामिल हैं, जबकि कमोडिटी में मेंथा, चना, सोयाबीन, हल्दी आदि शामिल हैं। भारत के प्रमुख कमोडिटी एक्सचेन्ज निम्नलिखित हैं
  - मल्टी कमोडिटी एक्सचेन्ज ऑफ इण्डिया लिमिटेड मुम्बई (MCX)
  - नेशनल कमोडिटी और डेरिवेटिव्स एक्सचेन्ज लिमिटेड मुम्बई
  - इण्डियन कमोडिटी एक्सचेन्ज लिमिटेड, नवी मुम्बई (ICEL)
  - नेशनल मल्टी कमोडिटी एक्सचेन्ज ऑफ इण्डिया (NHCE)

भारत के महत्त्वपूर्ण शेयर बाजार

भारत के कुछ महत्त्वपूर्ण शेयर बाजार निम्नलिखित हैं

बॉम्बे स्टॉक एक्सचेन्ज

- बॉम्बे शेयर बाजार की स्थापना 1875 ई. में हुई थी, जिसे वर्ष 1956 में शेयर बाजार के रूप में मान्यता प्राप्त हुई थी। यह दक्षिण एशिया का सबसे बड़ा स्टॉक एक्सचेन्ज है। वर्ष 2005 से यह पब्लिक लिमिटेड कम्पनी में रूपान्तरित हो गया है। इसका वर्तमान नाम (Bombay Stock Exchange, BSE) वर्ष 2002 में किया गया।

> यह एशिया का सबसे पुराना स्टॉक एक्सचेन्ज है, जिसमें 5000 से भी अधिक कम्पनियाँ पंजीकृत हैं। यह विश्व का सबसे बड़ा स्टॉक एक्सचेन्ज है।

- यह प्रतिभूतियों, शेयरों, डिबेन्चर्स, डेरिवेटिव्स, म्यूचुअल फण्ड आदि के व्यापार के लिए कुशल एवं पारदर्शी बाजार को बढ़ावा देते हुए निवेशकों के हितों की रक्षा करता है।

> बॉम्बे स्टॉक एक्सचेन्ज ISO 9001 : 2000 प्रमाण-पत्र प्राप्त करने वाला भारत का पहला तथा विश्व का दूसरा स्टॉक एक्सचेन्ज है। इसके साथ ही यह ऑनलाइन ट्रेडिंग सिस्टम (BOLT) के लिए सूचना सुरक्षा प्रबन्धन प्रणाली मानक बीएस 7799-2-2002 प्रमाणीकरण प्राप्त करने वाला देश का पहला तथा विश्व का दूसरा सूचकांक है।

- यह BSE संस्थान लिमिटेड के नाम से पूँजी बाजार से सम्बद्ध एक शैक्षिक संस्थान को संचालित करता है। यह अपने सेण्ट्रल डिपॉजिटरी सर्विसेज लिमिटेड (CDSL) के माध्यम से डिपॉजिटरी सेवाएँ भी प्रदान करता है। यह वर्ष 2017 में नेशनल स्टॉक एक्सचेन्ज पर सूचीबद्ध हुआ।
- यह बॉम्बे स्टॉक एक्सचेन्ज राष्ट्रीय सूचकांक 100 शीर्ष कम्पनियों तथा संवेदी सूचकांक वाली 30 शीर्ष कम्पनियों से सम्बद्ध पाया जाता है।

> वर्ल्ड फेडरेशन ऑफ एक्सचेन्ज, 2020 के अनुसार BSE, सूचीबद्ध कम्पनियों के बाजार पूँजीकरण ($ 1700 अरब) के आधार पर विश्व का 10वाँ सबसे बड़ा स्टॉक एक्सचेन्ज है तथा $ 19300 अरब डॉलर के बाजार पूँजीकरण के साथ न्यूयॉर्क स्टॉक एक्सचेन्ज प्रथम स्थान (शीर्ष) पर है।

- वर्तमान में बॉम्बे स्टॉक एक्सचेन्ज के साथ पाँच शेयर सूचकांक कार्य कर रहे हैं, जो निम्न प्रकार हैं

प्रमुख बीएसई (BSE) इण्डेक्स

- **सेन्सेक्स** इसे संवेदी सूचकांक द्वारा मापा जाता है तथा वर्तमान में सेन्सेक्स (Sensex) के अन्तर्गत 30 कम्पनियाँ अधिसूचित हैं।
- **BSE 500** इस नए सूचकांक का परिचलन वर्ष 1999 में BSE द्वारा किया गया तथा यह इसका सबसे बड़े आधार वाला सूचकांक है।
- **BSE 200** यह 200 बड़े आधार वाली कम्पनियों का शेयर सूचकांक है। इसमें शेयर का मूल्य अमेरिकी डॉलर में भी दर्शाया जाता है, इसलिए इसे **डॉलेक्स** (Dollex) भी कहा जाता है।
- **राष्ट्रीय सूचकांक** (National Index) इस सूचकांक में 100 कम्पनियाँ हैं। राष्ट्रीय सूचकांक (National Index) से देश के महत्त्वपूर्ण प्रादेशिक शेयर बाजारों में कोट किया जाता है।
- **इण्डोनेक्स्ट** (Indonext) बीएसई तथा FISE (Federation of India Stock Exchanges) द्वारा छोटी कम्पनियों के शेयरों की तरलता को प्रोत्साहित करने के उद्देश्य से संयुक्त रूप से इण्डोनेक्स्ट (Indonext) की स्थापना की गई है।

BSE-ग्रीनेक्स

- ग्रीनेक्स देश का पहला पर्यावरण अनुकूल शेयर मूल्य सूचकांक है। देश में हरित निवेश को बढ़ावा देने के लिए मुम्बई शेयर बाजार ने देश का पर्यावरण अनुकूल इक्विटी सूचकांक शुरू किया है।
- BSE ग्रीनेक्स नाम के इस सूचकांक का उद्घाटन कम्पनी मामलों के मन्त्री **वीरप्पा मोइली** द्वारा 22 फरवरी, 2012 को स्टॉक एक्सचेन्ज में किया गया।
- इसका उद्देश्य देश में हरित निवेश को बढ़ावा देना है। राष्ट्रीय स्टॉक एक्सचेन्ज ने अप्रैल, 1996 में NSE 100 के स्थान पर नया शेयर मूल्य सूचकांक NSE 50 लॉन्च किया है। इसमें 50 कम्पनियों के शेयर ही सम्मिलित किए गए हैं।

वैश्विक शेयर बाजार

सूचकांक	देश
हाँग सेन (Hang Seng)	हाँगकाँग
जेसीआई (JCI)	इण्डोनेशिया
निक्की 225 (Nikkei 225)	जापान
कोस्पी (KOSPI)	दक्षिण कोरिया
कोलालम्पुर कम्पोजिट	मलेशिया
टीएसइसी वेटेड इण्डेक्स	ताइवान
एसएसई कम्पोजिट इण्डेक्स	चीन
सेट (SET)	थाइलैण्ड
एफटीएसई 100 (FTSE 100)	यूके
नैसडैक्स कम्पोजिट इण्डेक्स	यूएस
स्टोक्स (STOXX)	यूरोप
डो जोन्स	यूएसए (न्यूयार्क)
टोरण्टो	कनाडा
फ्रेंकफर्ट	जर्मनी
शेन्जेन	चीन

नेशनल स्टॉक एक्सचेन्ज (NSE)

- यह भारत का सबसे महत्त्वपूर्ण शेयर बाजार है, जिसकी स्थापना वर्ष 1992 में **फरवानी समिति** की सिफारिशों के आधार पर हुई। इसका प्रमुख प्रवर्तक भारतीय औद्योगिक विकास बैंक (Industrial Development Bank of India) है। इसका मुख्यालय वर्ली (दक्षिणी मुम्बई) में स्थित है। इसने अपना कार्य वर्ष 1994 से प्रारम्भ किया और सम्पूर्ण देश इसका कार्यक्षेत्र है।

> राष्ट्रीय शेयर बाजार के अन्य प्रवर्तकों में भारतीय स्टेट बैंक, भारतीय जीवन बीमा निगम, भारतीय औद्योगिक वित्त निगम (IFCI), ICICI बैंक, स्टॉक होल्डिंग कॉर्पोरेशन ऑफ इण्डिया लिमिटेड (SHCIL), एसबीआई कैपिटल मार्केट लिमिटेड, आईएल तथा एफएस ट्रस्ट लिमिटेड कम्पनी आदि संस्थाएँ शामिल हैं।

नेशनल स्टॉक एक्सचेन्ज (NSE) के सूचकांक

- S और P CNX निफ्टी (NSE 50, का नाम वर्ष 1998 में बदला गया।)
- सीएनएक्स (CNX) निफ्टी जूनियर
- CNX 100
- S और P CNX 500
- CNX मिडकैप
- निफ्टी मिडकैप 50
- S और P CNX डेफ्टी
- S और P CNX निफ्टी डीवीडेण्ड
- भारत VIX

मिबोर एवं मिबिड (MIBOR and MIBID)

- अन्तर बैंक कॉल मनी मार्केट के ऋणों के लिए राष्ट्रीय शेयर बाजार (NSE) द्वारा नई दरें जून, 1998 को प्रारम्भ की गईं, जो निम्नलिखित हैं
  - मिबोर (Mumbai Inter-bank Offer Rate)
  - मिबिड (Mumbai Inter-Bank Bid Rate)
- मिबोर दर ऋणों के लिए उधार दर (Lending Rate) की सूचक है, जबकि मिबिड दर प्राप्तियों के लिए उधार दर की सूचक है।
- LIBOR (London India Bank Offered Rate) एक औसत ब्याज दर है, जिसे प्रमुख बैंक लन्दन में निर्धारित करते हैं और सभी बैंकों से उधार लेने में यह दर शॉर्ट टर्म की उधारी हेतु वैश्विक बेन्चमार्क के रूप में सम्पूर्ण विश्व में प्रयोग की जाती है।

निफ्टी

- निफ्टी (Nifty) 50 नेशनल स्टॉक एक्सचेन्ज द्वारा जारी प्रमुख सूचकांक है। नेशनल स्टॉक एक्सचेन्ज में सूचीबद्ध पहली 50 कम्पनियों के आधार पर निफ्टी को जारी किया जाता है। इस सूचकांक को ज्ञात करने के लिए Free Float Market Capitalization क्रियाविधि का उपयोग किया जाता है। इसका आधार वर्ष 1995 तथा आधार मूल्य 1000 है।
- इसी प्रकार निफ्टी नेक्स्ट 50 सूचकांक निफ्टी 100 में से 50 कम्पनियों के सूचकांक को निकालकर ज्ञात किया जाता है, जिसमें सामान्यत: निफ्टी 50 के बाद वाली 50 कम्पनियों के शेयरों को शामिल किया जाता है। इसके लिए आधार वर्ष 1996 तथा आधार मूल्य 1000 लिया जाता है।

ओवर द काउण्टर एक्सचेन्ज ऑफ इण्डिया

- यह लघु व मध्यम औद्योगिक इकाइयों के एक्सचेन्ज के रूप में भारत का प्रथम ऑनलाइन ट्रेडिंग सुविधा सम्पन्न कम्प्यूटराइज्ड एक्सचेन्ज है। इसकी स्थापना मुम्बई में वर्ष 1992 में की गई थी। UTI, ICICI, IDBI, IFCI, FIC आदि इसके प्रवर्तक हैं। इसमें उन कम्पनियों को सूचीबद्ध किया गया है, जिनकी पूँजी का स्तर ₹ 30 लाख से ₹ 25 करोड़ तक हो।
- इसके अतिरिक्त कुछ अंश-पत्रों व ऋण-पत्रों, जो अन्य शेयर बाजारों में सूचीबद्ध हैं, का भी व्यवसाय इसमें होता है, परन्तु यह 9 मार्च, 2015 से कार्यात्मक विनिमय नहीं है।
- इसकी स्थापना के मुख्य उद्देश्य—कम लागत पर नई परियोजनाओं के लिए वित्त जुटाना, निवेशकों को पारदर्शी तथा कुशल तरीके से ट्रेडिंग की सुविधा को उपलब्ध कराना था। भारत के शेयर बाजार में स्क्रीन आधारित कारोबार (कम्प्यूटर आधारित कारोबार) की शुरुआत की गई।

MCX-SX

BSE और NSE के पश्चात् देश में राष्ट्रीय स्तर पर तीसरा ऑनलाइन स्टॉक एक्सचेन्ज MCX-SX एक्सचेन्ज है। MCX-SX में शेयरों का कारोबार फरवरी, 2013 में शुरू हो गया था। इस एक्सचेन्ज में 51% मल्टी कमोडिटी एक्सचेन्ज (MCX) का है।

सोशल स्टॉक एक्सचेन्ज

- इलेक्ट्रॉनिक रूप से फण्ड जुटाने का एक प्लेटफॉर्म है, जो निवेशको को सामाजिक उद्यमों में शेयरों को खरीदने का अवसर प्रदान करता है।
- सामाजिक उद्यमों तथा स्वैच्छिक संगठनों को धन जुटाने में सहयोग करने के लिए सेबी (SEBI) के अन्तर्गत इसकी स्थापना का प्रस्ताव केन्द्रीय बजट, 2019 में रखा गया था।
- वर्तमान में विश्व स्तर पर 10 सोशल स्टॉक एक्सचेन्जों की स्थापना की गई है, जिसका उद्देश्य सामाजिक कल्याण करना होता है, न कि लाभ कमाना। इसकी कार्य प्रणाली बॉम्बे स्टॉक एक्सचेन्ज तथा नेशनल स्टॉक एक्सचेन्ज की तरह होती है।

पहला अन्तर्राष्ट्रीय स्टॉक एक्सचेन्ज

- प्रधानमन्त्री नरेन्द्र मोदी ने 9 जनवरी, 2017 को गुजरात के गाँधीनगर में भारत के पहले अन्तर्राष्ट्रीय स्टॉक एक्सचेन्ज ऑफ इण्डिया (आईएनएक्सआई) का उद्घाटन किया।
- यह 22 घण्टे कार्य करता है, जिसमें अन्तर्राष्ट्रीय निवेशक एवं प्रवासी भारतीय विश्व में कहीं से भी ट्रेडिंग कर सकते हैं।

क्रेडिट रेटिंग

- यह ऋणी या उधार लेने वाले की साख क्षमता या उधार लौटाने की क्षमता का निर्धारण है। क्रेडिट रेटिंग (Credit Rating) का मुख्य उद्देश्य उधार देने वाले को उधार लेने वाले की भुगतान क्षमता का मूल्यांकन प्रस्तुत करना है।
- क्रेडिट रेटिंग, वित्तीय बाजार के विकास में सहायक होता है। क्रेडिट रेटिंग की अवधारणा का प्रारम्भ संयुक्त राज्य अमेरिका में वर्ष 1999 में हुआ।

भारत में प्रमुख क्रेडिट एजेन्सियाँ

- क्रेडिट रेटिंग इन्फॉर्मेशन सर्विसेज ऑफ इण्डिया लिमिटेड (CRISIL) यह एक वैश्विक विश्लेषक (Global Analysis) कम्पनी है, जो रेटिंग, रिसर्च और जोखिम एवं नीति सम्बन्धी सलाहकारी सेवाएँ उपलब्ध कराती है। CRISIL की बहुमत शेयरधारक कम्पनी स्टैण्डर्ड एण्ड पुअर्स (Standards and Poor's) है। CRISIL का मुख्यालय मुम्बई में स्थित है। यह भारत की पुरानी व विश्वसनीय संस्था है, जिसकी स्थापना वर्ष 1987 में हुई थी तथा इसने अपना कार्य वर्ष 1988 से प्रारम्भ किया।
- इन्वेस्टमेण्ट इन्फॉर्मेशन एण्ड क्रेडिट रेटिंग एजेन्सी (ICAR) यह एक व्यावसायिक और स्वतन्त्र, भारतीय इन्वेस्टमेण्ट इन्फॉर्मेशन एवं क्रेडिट रेटिंग एजेन्सी है। इसकी स्थापना वर्ष 1991 में की गई थी। ग्राहक रेटिंग के आधार पर यह एजेन्सी भारत की दूसरी सबसे बड़ी क्रेडिट कम्पनी है। इस एजेन्सी में अन्तर्राष्ट्रीय रेटिंग एजेन्सी मूडीज की भागीदारी है। इसका मुख्यालय गुरुग्राम (गुड़गाँव) में स्थित है।
- क्रेडिट एनालिसिस एण्ड रिसर्च लिमिटेड (CARE) इस एजेन्सी की स्थापना वर्ष 1993 में की गई थी। CARE द्वारा तैयार की गई रेटिंग, भारत सरकार द्वारा प्रमाणित की जाती है। रिजर्व बैंक ऑफ इण्डिया, सेबी और अन्य विनियामक संस्थाएँ CARE द्वारा जारी रेटिंग को मान्यता देती हैं।

विश्व की क्रेडिट रेटिंग एजेन्सियाँ

विश्व की तीन प्रमुख क्रेडिट रेटिंग एजेन्सी क्रमश: स्टैण्डर्स एण्ड पुअर्स, मूडीज तथा फिच हैं, जिन्हें बिग थ्री क्रेडिट रेटिंग एजेन्सी के नाम से जाना जाता है। इनका विवरण इस प्रकार है

- स्टैण्डर्स एण्ड पुअर्स इसकी स्थापना 1860 ई. में तथा वर्ष 1914 में पुनर्गठन हुआ। इसका मुख्यालय न्यूयॉर्क (USA) में अवस्थित है।
- मूडीज इसकी स्थापना वर्ष 1909 में हुई तथा इसका मुख्यालय न्यूयॉर्क (USA) में अवस्थित है।
- फिच इसकी स्थापना वर्ष 1914 में हुई तथा मुख्यालय न्यूयॉर्क और लन्दन में अवस्थित है।

रेटिंग की श्रेणियाँ

- A वादों को पूर्ण करने की क्षमता, किन्तु विपरीत परिस्थितियों से प्रभावित भी होना।
- AA वादों को पूर्ण करने में सक्षम होना।

- AAA सबसे मजबूत स्थिति में होना तथा सबसे बेहतर होना।
- BBB वादों को पूर्ण करने की क्षमता तथा साथ ही विपरीत परिस्थितियों से आर्थिक स्थितियाँ प्रभावित होने की अधिक सम्भावना।
- CC वर्तमान में बहुत कमजोर स्थिति का होना
- D ऋण लौटाने में असफल होना।

भारत में वायदा कारोबार/वायदा बाजार

- जिस प्रकार से शेयरों के कारोबार के लिए स्टॉक एक्सचेन्जों की स्थापना की गई है, उसी प्रकार कमोडिटी बाजार में कारोबार हेतु वायदा बाजार की स्थापना की गई है। जिसके माध्यम से खाद्य, तेलों व प्रमुख अनाजों का प्रमुख रूप से ऑनलाइन कारोबार किया जा रहा है।
- कमोडिटी एक्सचेन्ज में कमोडिटीज; जैसे—कच्चे तेल, खाद्य पदार्थों तथा सोना-चाँदी जैसी वस्तुओं की कीमत का व्यापार होता है। किसी वस्तु की आगामी भविष्य की कीमतों का अनुमान लगाकर उनकी खरीद-फरोख्त करना (फ्यूचर ट्रेडिंग) ही कीमत का व्यापार कहलाता है।
- इस प्रकार कमोडिटी एक्सचेन्ज वह विनिमय बाजार होता है, जिसमें विभिन्न प्रकार की वस्तुओं या जिन्सोर (Commodities) व उनसे व्युत्पन्न वस्तुओं का व्यापार किया जाता है।

> विश्व में अधिकांश जिस बाजार कृषि उत्पादों व कच्चे उत्पादों; जैसे—गेहूँ, चीनी, दाल, तेल, कपास तथा धातुएँ आदि का व्यापार करते हैं। इसमें स्पॉट मूल्य, फॉरवर्ड्स तथा वायदा कारोबार आदि शामिल होते हैं। भारत में वायदा कारोबार की नियामक संस्था Forward Markets Commission (FMC) थी, जिसका वर्तमान में सेबी में विलय कर दिया गया है।

- वस्तु व्यापार एवं कमोडिटी एक्सचेन्ज वायदा कारोबार के माध्यम से अर्थव्यवस्था में भूमिका बढ़ा रही है। इसका प्रमुख उद्देश्य वस्तु में वायदा कारोबार की सुविधा प्रदान कर कीमतों में विपरीत संचलन से भागीदारों को सुरक्षा प्रदान करना होता है। इसमें वस्तुओं के लिए वायदा समझौता किया जाता है।
- इस प्रकार वायदा बाजार का समझौता उत्पादकों तथा इसमें लगे अन्य को मूल्य की वृद्धि के साथ संरक्षण प्रदान करता है।

सेबी में वायदा बाजार आयोग का विलय

- केन्द्र सरकार ने 28 सितम्बर, 2015 से भारतीय प्रतिभूमि एवं विनिमय बोर्ड (SEBI) के साथ वस्तुओं के बाजार नियामक वायदा बाजार आयोग (FMC) के विलय की अधिसूचना दे दी।
- इस उद्देश्य के लिए सरकार ने वायदा संविदा विनियमन अधिनियम (FCRA), 1952 को निरस्त कर दिया और रेगुलेशन एक्ट (SCRA), 1956 संविदा सिक्योरिटीज के अन्तर्गत को डेरिवेटिव बाजार के नियमन में परिवर्तन करके बनाया है।

विदेशी मुद्रा का वायदा कारोबार

- भविष्य की तिथि के लिए विदेशी मुद्रा के शेयर बाजार में निर्धारित दर पर क्रय-विक्रय को ही विदेशी मुद्रा का वायदा कारोबार की संज्ञा दी जाती है।
- भारत में सर्वप्रथम 29 अगस्त, 2008 को राष्ट्रीय स्टॉक एक्सचेन्ज (NSE) में डॉलर-रुपये के बीच इस कारोबार को अनुमति दी गई। इससे आयातकों, निर्यातकों एवं विदेश यात्रा पर जाने के इच्छुक लोगों को विनिमय दर (Exchange Rate) में होने वाले उतार-चढ़ाव के जोखिम से सुरक्षा मिलती है।
- विदेशी मुद्रा के वायदा कारोबार के लिए अभी तक निम्न चार वायदा बाजारों को स्वीकृति प्रदान की गई है
  - राष्ट्रीय स्टॉक एक्सचेन्ज (NSE)
  - बॉम्बे स्टॉक एक्सचेन्ज (BSE)
  - मल्टी कमोडिटी स्टॉक एक्सचेन्ज (MCX)
  - युनाइटेड स्टॉक एक्सचेन्ज ऑफ इण्डिया लिमिटेड (USEIL)

निक्षेप-निधि प्रणाली

- निक्षेप-निधि प्रणाली (Depository System) एक ऐसी व्यवस्था है, जिसके अन्तर्गत स्वामित्व सम्बन्धी परिवर्तन इलेक्ट्रॉनिक बही प्रविष्टि अन्तरण के द्वारा किया जाता है।
- इस प्रणाली में प्रतिभूतियों का भौतिक आदान-प्रदान नहीं किया जाता है।
- निक्षेप-निधि के प्रमुख कार्य निम्नलिखित हैं
  - प्रतिभूतियों को सुरक्षित रूप से रखने के लिए उनके डिपॉजिट स्वीकार करना।
  - स्वामित्व के हस्तान्तरण के साक्ष्य के रूप में प्रतिभूतियों की कम्प्यूटराइज्ड बही प्रविष्टि करना।
  - बन्धक रखी गई प्रतिभूतियों के विवरण को कम्प्यूटर पर रखना।

निक्षेप-निधि प्रणाली के प्रकार

विश्व के अलग-अलग देशों में प्राय: निम्नलिखित दो प्रकार की निक्षेप निधियाँ पाई जाती हैं

प्रतिभूतियों का भौतिकविहीन आदान-प्रदान

- इस प्रणाली के अन्तर्गत प्रतिभूतियों के प्रमाण-पत्र निक्षेप-निधि में सुरक्षित रूप से जमा हो जाते हैं तथा इनका सम्पूर्ण विवरण कम्प्यूटर पर ले लिया जाता है। इसके बाद इन प्रमाण-पत्रों का भौतिक चलन बन्द कर दिया जाता है।
- इन प्रतिभूतियों के भावी क्रय-विक्रय से उत्पन्न स्वामित्व सम्बन्धी परिवर्तन निक्षेप-निधि के इलेक्ट्रॉनिक अभिलेखों में ही किए जाते हैं।
- कोई भी प्रमाण-पत्र जब एक बार निक्षेप-निधि में जमा कर दिया जाता है, तो उससे सम्बन्धित समस्त कारोबार उस समय तक केवल इलेक्ट्रॉनिक लेखांकन प्रणाली के द्वारा ही किया जा सकता है, जब तक कि वह प्रतिभूति उस निक्षेप-निधि से वापस न निकाल ली जाए।

प्रतिभूति प्रमाण-पत्रविहीन निक्षेप-निधि प्रणाली

- इस प्रणाली में प्रतिभूतियों के स्वामित्व के साक्ष्य के रूप में भौतिक रूप से कोई प्रमाण-पत्र आदि नहीं रखा जाता है। स्वामित्व सम्बन्धी अभिलेख केवल इलेक्ट्रॉनिक प्रविष्टियों के रूप में कम्प्यूटर पर रखे जाते हैं।
- इस प्रकार की प्रणाली उस समय परिपक्व मानी जाती है, जब शेयरधारकों को शेयर प्रमाण-पत्र जारी किए जाने की आवश्यकता नहीं रहती। स्वामित्व में परिवर्तन सम्बन्धी प्रविष्टियाँ कम्प्यूटर द्वारा की जाती हैं। इस प्रकार यह प्रणाली पूर्व प्रणाली की तुलना में बहुत सस्ती है।

भारत में निक्षेप-निधि

- भारत में वर्ष 1992 के शेयर घोटालों के बाद, निक्षेप-निधि (Depository System) प्रणाली को अपनाने का निर्णय लिया है।
- इसका उद्देश्य प्रतिभूतियों के स्वामित्व के हिसाब-किताब का रख-रखाव और हस्तान्तरण इलेक्ट्रॉनिक बहीखाते के रूप में रखना तथा स्टॉक एक्सचेन्जों में मूल-पत्र के बिना कारोबार को सम्भव बनाना है, जिससे सौदों के निपटान में कोई जोखिम न हो।
- भारतीय प्रतिभूति एवं एक्सचेन्ज बोर्ड (सेबी) ने **डिपॉजिटरी अधिनियम, 1996** के अन्तर्गत दो डिपॉजिटरी कम्पनियों—नेशनल सिक्योरिटीज डिपॉजिटरी लिमिटेड (NSDL) और सेण्ट्रल डिपॉजिटरी सर्विसेज इण्डिया लिमिटेड (CDSL) को पंजीकृत कर दिया है।
- शेयरों को डिपॉजिटरी के माध्यम से इलेक्ट्रॉनिक खातों में दर्ज कर उनके कारोबार में मूल-पत्र की आवश्यकता समाप्त कर दी गई है। इस प्रक्रिया को शेयरों को **डि-मैटीरियलाइज** (De-materialisation) करना कहा जाता है।

डिपॉजिटरी

- यह एक ऐसी संस्था है, जिसमें निवेशकों के द्वारा विभिन्न प्रतिभूतियों; जैसे—शेयरों, डिबेन्चरों, बॉण्ड आदि में किए गए निवेश को इलेक्ट्रॉनिक रूप में रखा जाता है। इसकी शुरुआत वर्ष 1996 में हुई थी।
- इसमें शेयरों को अभौतिकीकरण अथवा इलेक्ट्रॉनिक या डिजिटली रूप में रखा जाता है, जिस कारण इसे **डीमैट** (Demat) कहा जाता है। यह विभिन्न प्रतिभूतियों का लेन-देन भी करता है।
- भारत में डिपॉजिटरी अधिनियम, 1996 के अन्तर्गत सार्वजनिक क्षेत्र की दो कम्पनियाँ शेयरों को डीमैट (Demat) के रूप में रखती हैं, जिनका विवरण इस प्रकार है
  - **नेशनल सिक्यूरिटीज डिपॉजिटरीज लिमिटेड** (NSDL) यह भारत की पहली एवं सबसे बड़ी डिपॉजिटरी है, जिसकी स्थापना अगस्त, 1996 में की गई थी।
  - **सेण्ट्रल डिपॉजिटरीज सर्विसेज लिमिटेड** (CDSL) इसकी भी महत्त्वपूर्ण भूमिका रही है, इसकी स्थापना वर्ष 1999 में की गई थी।

निक्षेप रसीद

- भारतीय कम्पनियाँ अन्तर्राष्ट्रीय पूँजी बाजार में शेयरों को सीधे विदेशों में बेचने के स्थान पर अन्तर्राष्ट्रीय पूँजी धारकों के पास जमा करती हैं।
- अन्तर्राष्ट्रीय पूँजी धारक शेयरों की साख के आधार पर जमा के बदले एक निक्षेप रसीद जारी करते हैं, जिसे विश्व के स्टॉक बाजारों में अनुसूचित करके अन्तर्राष्ट्रीय बाजारों में बेचा जाता है।
- अमेरिका के द्वारा जारी डिपॉजिटरी रसीदें ADR (American Depository Receipt) तथा विश्व के अन्य देशों के द्वारा जारी रसीदों को GDR (Global Depository Receipt) या IDR (Indian Depository Receipt) कहा जाता है। इनको (ADR, GDR या IDR) जारी करने के लिए सरकार से अनुमति लेनी होती है।

डीमैट अकाउण्ट

डीमैट से तात्पर्य डीमैटेरीलाइज्ड अकाउण्ट से है। यह एक प्रकार का खाता है, जिसमें रुपए का लेन-देन नहीं होता है। सेबी के नियमों के अनुसार, यदि आपको शेयर बाजार में खरीद-फरोख्त करनी हो, तो वह डीमैट खाते के माध्यम से ही हो सकती है। यही नहीं यदि किसी कम्पनी के आईपीओ में निवेश करना हो, तो भी डीमैट खाता आवश्यक है।

विदेशी वाणिज्यिक उधार नीति (ECB)

- विदेशी वाणिज्यिक उधार का सम्बन्ध उन वाणिज्यिक ऋणों से होता है, जो बैंकों के ऋण, खरीददारों के ऋण तथा आपूर्तिकर्ताओं के ऋण को अनिवासी ऋणदाताओं से 3 वर्षों की न्यूनतम औसत परिपक्वता के लिए भारतीय इकाई द्वारा प्राप्त किया जाता है।
- इसकी समीक्षा भारत सरकार के द्वारा रिजर्व बैंक के परामर्श से की जाती है। वर्तमान में भारतीय कम्पनियाँ निम्न माध्यमों से विदेशी धन प्राप्त करती हैं
  - विदेशी वाणिज्यिक ऋण
  - विदेशी मुद्रा परिवर्तनीय बॉण्ड्स
  - वरीयता प्राप्त शेयर
  - विदेशी मुद्रा विनिमय बॉण्ड्स
- भारतीय रिजर्व बैंक द्वारा **विदेशी मुद्रा प्रबन्धन अधिनियम, 1999** के अधीन जारी अधिसूचना के माध्यम से विदेशी वाणिज्यिक उधार नीति (ECB) का संचालन किया जाता है।
- यह मानक वित्त कम्पनियों के मामलों को छोड़कर अन्य सभी सन्दर्भों में विदेशी मुद्रा परिवर्तनीय बॉण्ड्स के सम्बन्ध में कार्य करता है। जबकि आवास वित्त कम्पनियों के लिए नियम आरबीआई के द्वारा निर्धारित (अधिसूचित) किए जाते हैं।

वित्तीय स्थिरता एवं विकास परिषद्

- इसकी स्थापना भारत सरकार द्वारा G-20 पहल की रूपरेखा पर दिसम्बर, 2010 में की गई। इसकी स्थापना रघुराम राजन समिति की अनुशंसा पर की गई थी।
- इसका मुख्य उद्देश्य—वित्तीय स्थिरता बनाए रखना, अन्तर्विनियामक समन्वय को बढ़ाना, वित्तीय, क्षेत्रक विकास के उत्थान के लिए तन्त्र का सुदृढ़ीकरण तथा संस्थानीकरण करना है।

> इसका अध्यक्ष भारत सरकार का वित्त मन्त्री होता है तथा इसमें सदस्य के रूप में सभी वित्तीय क्षेत्र के नियामकीय संस्थाएँ; जैसे—आरबीआई, सेबी, पीएफआरडीए एवं इरडा के प्रमुख, मुख्य आर्थिक सलाहकार, वित्त सचिव, आर्थिक मामलों के विभाग के सचिव, वित्तीय सेवा विभाग के सचिव शामिल होते हैं।

कम्पनी

व्यापार को संचालित करने के उद्देश्य से गठित स्वैच्छिक संगठन को कम्पनी कहा जाता है। भारत में कम्पनी का गठन एवं पंजीकरण कम्पनी अधिनियम, 2013 के अन्तर्गत किया जाता है। इसके प्रमुख लक्षणों में स्वतन्त्र कानूनी अधिकार, सीमित देयता, निरन्तर उत्तराधिकार स्वतन्त्र सम्पत्ति एवं स्वतन्त्र प्रबन्धन आदि शामिल होते हैं।

- **सार्वजनिक कम्पनी** (Public Company) इसमें कम से कम 7 सदस्य तथा अधिकतम सदस्यों की संख्या शेयरों की संख्या के बराबर हो सकती है। इसमें निदेशकों की संख्या कम-से-कम 3, किन्तु 15 निदेशकों से अधिक नहीं हो सकती।
- **लिमिटेड एवं अनलिमिटेड कम्पनी** (Limited and Unlimited Company) जिस कम्पनी के ऋण भुगतान का दायित्व, शेयरधारकों की व्यक्तिगत परिसम्पत्ति पर न होकर कम्पनी सम्पत्ति के मूल्य तक सीमित होता है, उस कम्पनी को लिमिटेड कम्पनी कहा जाता है। इसके विपरीत शेयरधारकों की व्यक्तिगत परिसम्पत्ति तक विस्तृत ऋण भुगतान के दायित्व वाली कम्पनी को अनलिमिटेड कम्पनी कहा जाता है। निजी कम्पनियाँ लिमिटेड तथा अनलिमिटेड दोनों हो सकती हैं, जबकि सार्वजनिक कम्पनी को अनलिमिटेड कम्पनी नहीं कहा जा सकता।
- **निजी कम्पनी** (Private Company) कम्पनी अधिनियम, 2013 के अन्तर्गत निजी कम्पनी वह होती है, जिसमें कम से कम 2 सदस्य तथा अधिकतम 200 तक होते हैं। इसमें निदेशकों की संख्या कम-से-कम 2 तथा अधिकतम 15 तक हो सकती है।

> **पट्टे वाली कम्पनी**
>
> - इस प्रकार की कम्पनी मशीन और उपकरण को किसी अन्य कम्पनी को या उत्पादन करने वाली यूनिट को पट्टे पर देती है। यह कम्पनी हमेशा वास्तविक सम्पत्ति की खरीद एवं बिक्री में लगी रहती है।
> - यह कम्पनी वस्तु की कानूनी मालिक होती है, जो कुछ समय के लिए दूसरी कम्पनी को उस वस्तु का जोखिम, लाभ आदि हस्तान्तरित कर देती है।

कम्पनियों से सम्बन्धित पूंजी

कम्पनियों से सम्बन्धित पूँजी इस प्रकार हैं

- **अधिकृत पूँजी** (Authorised Capital) सेबी में सूचीबद्ध कम्पनियाँ सेबी की अनुमति से जितने शेयर जारी करती हैं, उसे सम्बन्धित कम्पनियों की अधिकृत पूँजी कहते हैं।
- **निर्गत पूँजी** (Issue Capital) यह अधिकृत पूँजी का भाग होती है, जिसे सेबी द्वारा शेयर जारी करने की अनुमति दी जाती है, इसे ही निर्गत पूँजी कहते हैं।
- **चुकता पूँजी** (Paid up Capital) जब अंशधारक, अंश-पत्र के अंकित मूल्य से कम मूल्य का भुगतान करता है, तो इस भुगतान को चुकता पूँजी कहा जाता है।
- **जोखिम पूँजी** (Risk Capital) जब कोई उद्यमी, बाजार में पहली बार प्रवेश करता है, तो बिना गारण्टी के निवेशकों एवं कम्पनियों से दीर्घकाल के लिए पूँजी प्राप्त करता है, तो ऐसी पूँजी को जोखिम पूँजी कहा जाता है।

राजीव गाँधी इक्विटी योजना

- केन्द्र सरकार द्वारा 23 नवम्बर, 2012 को एक नई बचत योजना को स्वीकृति दी गई। यह **खुदरा निवेशकों** (Retail Investor) के लिए प्रतिभूति बाजार में निवेश से सम्बन्धित है।
- इस योजना के अन्तर्गत उन नए निवेशकों को, जिनकी वार्षिक आय ₹ 10 लाख से कम है और वे ₹ 50,000 तक का निवेश कर रहे हैं, उनकी कर योग्य निवेशित राशि पर 50% की छूट दी जाएगी।
- सेबी द्वारा इस योजना के परिचालन सम्बन्धी दिशा-निर्देश दिसम्बर, 2012 में जारी किए गए।
- राजीव गाँधी इक्विटी योजना के प्रमुख बिन्दु निम्नलिखित हैं
  - यह योजना **स्थायी खाता संख्या** के आधार पर अभिज्ञात नए खुदरा निवेशकों के लिए है।
  - अनुमत कर छूट आयकर अधिनियम की धारा-80(ग) के अन्तर्गत स्वीकृत/अनुमत ₹ 1 लाख की सीमा से अतिरिक्त होगी।
  - निवेशों के लिए 50% कर छूट के अतिरिक्त, लाभांश भी कर मुक्त है।
  - अन्य RGESS डीमैट खाते में ₹ 50,000 तक के निवेश के लिए यदि निवेशक बुनियादी सेवा डीमैट खाते का चयन करता है, तो डीमैट खाते के लिए वार्षिक रख-रखाव प्रभार शून्य है तथा ₹ 2 लाख तक के निवेशकों के लिए ₹ 100 है।
  - BSE 100 या COX 100 के अन्तर्गत सूचीबद्ध स्टॉक था। सरकारी क्षेत्रक उपक्रमों (PSU), जो नवरत्न, महारत्न और मिनीरत्न कम्पनियों, के स्टॉक योजना के अन्तर्गत पात्र होंगे। इन कम्पनियों की अनुवर्ती सार्वजनिक पेशकशें (FPO) भी पात्र होंगी।
  - सरकारी क्षेत्र इसके अन्तर्गत पात्र होंगे।
  - लघु निवेशकों को लाभ के लिए उस वर्ष में, जिसमें कर दावे किए गए हों, निवेशक किश्तों में अनुमति है।

- निवेशकों को लाभ के लिए, उस वर्ष में जिसमें कर दावे किए हों, निवेश किश्तों में अनुमति है।
- निवेशकों के लिए कुल अवरुद्धता अवधि में तीन वर्ष की प्रारम्भिक सर्वव्यापी अवरुद्धता अवधि शामिल है।

म्यूचुअल फण्ड

- पारस्परिक कोष या म्यूचुअल फण्ड (Mutual Funds) एक निवेश करने वाला वित्तीय मध्यस्थ है, जिसके माध्यम से आमजन प्रतिभूति बाजार (Share Market) में प्रतिभाग (Participation) करते हैं।
- म्यूचुअल फण्ड सामान्यत: एक ऐसी वित्तीय व्यवस्था है, जिसमें सामान्य जनता के निवेश योग्य धन को उनकी इच्छा के आधार पर विनियोग के सबसे अच्छे उपलब्ध अवसरों में प्रयुक्त किया जाता है।
- यह ऐसा कोष है, जो न्यास (Trust) के रूप में स्थापित किया जाता है। सबसे महत्त्वपूर्ण यह कि यह विनियोग के सर्वोत्तम अवसर मात्र उपलब्ध ही नहीं कराता है, बल्कि विनियोग के जोखिमों (Risks) को भी कम करता है और अच्छा प्रतिफल उपलब्ध कराता है तथा छोटे निवेशकों के लिए एक निवेश एजेन्सी के रूप में भी कार्य करता है।
- म्यूचुअल फण्ड के द्वारा निवेश करके निवेशक (Investors) को सुरक्षा एवं कर बचत (Invest) की भी सुविधा प्राप्त होती है।
- निवेशक शेयर मूल्यों में होने वाले परिवर्तनों तथा पूँजी हानि की सम्भावना के जोखिम के डर से शेयर बाजार में निवेश नहीं करते हैं, जबकि म्यूचुअल फण्ड एक पेशेवर रूप से प्रबन्धित करता है। म्यूचुअल फण्ड के रूप में छोटे-छोटे निवेशकों से विभिन्न प्रकार की योजनाओं के माध्यम से उनकी बचत को एकत्र किया जाता है तथा उसे स्टॉक, बॉण्ड एवं अन्य प्रतिभूतियों के रूप में निवेश किया जाता है।
- इसमें छोटे निवेशकों से प्राप्त बचतों को अनुभव तथा कुशलता के साथ सन्तुलित एवं विविधिकृत पोर्टफोलियों में विनियोजित किया जाता है, जिससे जोखिम कम होता है तथा उच्च प्रतिफल को प्राप्त किया जाता है।

म्यूचुअल फण्ड के प्रकार

म्यूचुअल फण्ड निम्नलिखित प्रकार के होते हैं

- **खुला कोष** (Open Ended Funds) इसके अन्तर्गत यूनिटों का क्रय-विक्रय वर्षभर चलता रहता है, अत: यूनिटधारक अपनी इच्छानुसार किसी भी समय अपने निवेश को वापस प्राप्त कर सकता है। US 64 इस प्रकार की योजना का सर्वोत्तम उदाहरण है। खुला कोष इस के अन्तर्गत निवेशक किसी भी प्रकार की योजना का चयन कर सकता है और किसी भी योजना में नि:शुल्क प्रवेश ले सकता है तथा जब चाहे बाहर आ सकता है।
- **बन्द कोष** (Close Ended Funds) इसका संचालन एक निश्चित अवधि के लिए किया जाता है, जिसमें सदस्यों से निश्चित अवधि तक अंशदान एकत्र करने के पश्चात्, अवधि के पूर्ण होने पर यूनिटों के पूँजी मूल्य में होने वाली वृद्धि को सदस्यों में वितरित (Distribute) कर दिया जाता है। इसमें निवेशक केवल द्वितीयक बाजार से ही यूनिट्स खरीदने योग्य होते हैं। इसमें शेयर केवल प्रारम्भिक प्रस्ताव अवधि में ही खरीदे जाते हैं तथा निश्चित अवधि में बेचे जाते हैं। इसके साथ ही इसके अन्तर्गत खरीदे गए शेयरों को पुन: म्यूचुअल फण्ड में नहीं बेचा जाता है।
- **ऑफशोर म्यूचुअल फण्ड** यह ऐसा निवेश बाजार है, जो किसी देश की राष्ट्रीय सीमाओं के बाहर स्थित होता है। यह निवेशकों को अन्तर्राष्ट्रीय बाजारों में धन निवेश करने का अवसर प्रदान करता है। इसलिए इसे **अन्तर्राष्ट्रीय फण्ड** भी कहा जाता है। उच्च जोखिम के कारण इससे (अपतटीय म्यूचुअल फण्ड) उच्च प्रतिफल की भी आशा की जाती है।
- **मनी मार्केट म्यूचुअल फण्ड** मनी मार्केट म्यूचुअल फण्ड एक प्रकार का म्यूचुअल फण्ड है जो उच्च गुणवत्ता और अल्पकालिक ऋण उपकरणों; जैसे—नकद और उसके समकक्षों में निवेश करता है। RBI ने अप्रैल, 1992 में भारत में MMMF की यह योजना शुरू की। इस योजना के पीछे का उद्देश्य व्यक्तिगत निवेशकों को एक अतिरिक्त अल्पावधि अवसर प्रदान करना था।

म्यूचुअल फण्ड नियामक

- वर्ष 1993 में सेबी (SEBI) द्वारा देश का प्रथम पारस्परिक कोष नियामक (Mutual Fund Regulator) जारी करने के साथ ही म्यूचुअल फण्ड बाजार में नवीन युग का प्रारम्भ हुआ। इस व्यवस्था से पहले भारत में म्यूचुअल फण्ड योजनाओं का संचालन मात्र, सार्वजनिक क्षेत्र के उपक्रमों द्वारा ही किया जाता था, परन्तु वर्ष 1993 में सेबी द्वारा जारी नियामक के पश्चात् देशी-विदेशी निजी उद्यमियों को भी म्यूचुअल फण्ड योजनाओं के संचालन की छूट दी गई।
- वर्ष 1996 में सेबी (SEBI) के द्वारा वर्ष 1993 के दिशा-निर्देशों को पूर्णत: संशोधित किया गया। वर्तमान समय में सेबी के इसी दिशा-निर्देश के अन्तर्गत म्यूचुअल फण्ड को विनियमित किया जाता है।
- विदेशी मुद्रा कोषों में निरन्तर हो रही वृद्धि को संज्ञान में लेते हुए RBI ने घरेलू म्यूचुअल फण्डों के लिए विदेशों में निवेश की सीमा के विस्तार हेतु वर्ष 2008 में अनुमति प्रदान की और यह सीमा 5 अरब डालर से बढ़ाकर 7 अरब डालर की गई।

भारत में म्यूचुअल फण्ड

- भारत में म्यूचुअल फण्ड व्यवस्था का आरम्भ वर्ष 1964 में यूनिट ट्रस्ट ऑफ इण्डिया (UTI) की स्थापना के साथ हुआ, जो अमेरिका की US 64 योजना पर आधारित थी।
- वर्ष 1987 तक UTI ने खुला कोष योजनाओं के अतिरिक्त मास्टर शेयर नामक बन्द कोष योजना का भी संचालन प्रारम्भ किया। मास्टर शेयर योजना लन्दन स्टॉक एक्सचेन्ज में सूचीबद्ध हुई और इसे अभूतपूर्व सफलता प्राप्त हुई।
- इन सफल उदाहरणों के साथ ही वर्ष 1987 में SBI Mutual Fund तथा Canbank Mutual Fund ने भारतीय म्यूचुअल फण्ड बाजार में प्रवेश किया। वर्ष 1990 तक पंजाब नेशनल बैंक, बैंक ऑफ इण्डिया, इण्डियन बैंक तथा 9 राष्ट्रीयकृत बीमा कम्पनियों ने बाजार में प्रवेश किया।

पूँजी बाजार से सम्बन्धित महत्त्वपूर्ण शब्दावलियाँ

पूँजी बाजार से सम्बन्धित महत्त्वपूर्ण शब्दावलियाँ निम्न प्रकार हैं

बाजार पूँजीकरण

- किसी स्टॉक एक्सचेन्ज में सूचीबद्ध अंशों को उसके बाजार मूल्य से गुणा करके पूँजीकरण ज्ञात करते हैं, जिसे स्टॉक एक्सचेन्ज का बाजार पूँजीकरण कहते हैं। इस आधार पर कम्पनी को तीन भागों में भाँटा जाता है
  - **Small Cap कम्पनी** यह ₹ 2500 करोड़ से कम शेयर मूल्य वाली कम्पनी होती है।
  - **Mid Cap कम्पनी** यह ₹ 2500-10,000 करोड़ से कम शेयर मूल्य वाली कम्पनी होती है।
  - **Large Cap कम्पनी** यह ₹ 10,000 करोड़ से अधिक शेयर मूल्य वाली कम्पनी होती है।

डेरिवेटिव्स

- यह एक ऐसा वित्तीय उपकरण होता है, जिसका स्वयं का कोई स्वतन्त्र मूल्य नहीं होता है तथा इसका मूल्य व लाभ इसके अन्तर्निहित प्रतिभूतियों के समझौतों पर निर्धारित होता है।
- कोई भी ऐसा उपकरण (Instrument) जिसका स्वयं का कोई मूल्य नहीं होता, बल्कि उसका मूल्य किसी और पर निर्भर रहता है, जिस पर मूल्य निर्भर होता है, उसे अन्तर्निहित परिसम्पत्ति (Underlying Assets) कहा जाता है। डेरिवेटिव्स (Derivatives) पूँजी बाजार में सबसे तेजी से धन कमाने का एक बेहतरीन माध्यम है।
- डेरिवेटिव्स एक प्रकार का फॉरवर्ड, फ्यूचर तथा अन्य उपबन्ध होता है, जिसमें वित्तीय परिसम्पत्तियों तथा प्रतिभूतियों के क्रय-विक्रय से सम्बन्धित अनुबन्ध शामिल होते हैं।

फॉरवर्ड अनुबन्ध

- यह भविष्य की किसी निश्चित तारीख को पहले से निर्धारित मूल्य पर किसी वित्तीय परिसम्पत्ति, मुद्रा, के क्रय-विक्रय से सम्बन्धित एक प्रकार का अनुबन्ध होता है।
- इसमें किसी प्रकार का मानक निश्चित नहीं होता है तथा इसके संविदा को निपटने एवं समाशोधन की कोई गारण्टी निर्धारित नहीं होती है।

फ्यूचर अनुबन्ध

- फ्यूचर अनुबन्ध (Future Contracts) यह वित्तीय परिसम्पत्ति मुद्रा, कमोडिटी के क्रय-विक्रय से सम्बन्धित अनुबन्ध होता है, जो सामान्य एक्सचेन्जों के माध्यम से किया जाता है।
- इसमें अनुबन्धों की शर्तों एवं मानकों का पूर्व निर्धारण होता है। इसमें अनुबन्धों के निपटान एवं समाशोधन की गारण्टी निश्चित होती है।

पार्टिसिपेटरी नोट्स

- पार्टिसिपेटरी नोट्स एक वित्तीय उपकरण होता है, जो सेबी में पंजीकृत नहीं किए गए निवेशकों या विदेशी संस्थागत निवेशकों द्वारा भारतीय प्रतिभूतियों में निवेश हेतु जारी किया जाता है।
- इस नोट्स में निवेश करने वाला निवेशक भारतीय प्रतिभूति का स्वामी नहीं होता है। इसका धारक वह विदेशी निवेशक होता है, जो पार्टिसिपेटरी नोट जारी करता है।

वित्तीय मध्यस्थ

- आपूर्ति और धन की माँग के बीच वित्तीय मध्यस्थता (Financial Intermediaries) वित्तीय बाजारों में व्यक्ति या संगठन है। सामान्य रूप में बैंकों और गैर-बैंक वित्तीय मध्यस्थों द्वारा वित्तीय मध्यस्थता विशेष रूप से वाणिज्यिक बैंकों, प्रतिभूति कम्पनियों, बीमा कम्पनियों और जानकारी की परामर्श सेवाओं तथा अन्य मध्यस्थ संगठनों सहित वित्तीय मध्यस्थों, गठन, वित्त आधुनिक अर्थव्यवस्था का मूल है।
- आधुनिक बाजार अर्थव्यवस्था गहराई से वित्तीय गतिविधियों से सम्बन्धित है।
- वित्तीय मध्यस्थ के रूप में म्यूचुअल फण्ड, बचत को बढ़ावा देते हैं और उन कोषों को चलायमान करते हैं, जो शेयर बाजार और बॉण्ड बाजार में निर्धारित किए गए हैं।
- म्यूचुअल फण्ड सार्वजनिक सदस्यों के संघ या ट्रस्ट होते हैं और अपने सदस्यों के परस्पर लाभ के लिए उन्हें व्यवसाय कम्पनी क्षेत्र के वित्तीय साधनों में निवेश के लिए सहायता करते हैं।

पारस्परिक कोष

- पारस्परिक कोष (Mutual Fund) एक निवेश करने वाला वित्तीय मध्यस्थ है, जिसके माध्यम से आमजन प्रतिभूति बाजार (Share Market) में प्रतिभाग करते हैं।
- म्यूचुअल फण्ड सामान्यत: एक ऐसी वित्तीय व्यवस्था है, जिसमें सामान्य जनता के निवेश योग्य धन को उनकी इच्छा के आधार पर विनियोग के अवसरों पर प्रयुक्त किया जाता है।

वेन्चर कैपिटल

- नए व्यवसाय की शुरुआत के लिए एकत्र की जाने वाली पूँजी को वेन्चर कैपिटल या साहस पूँजी कहते हैं।
- कम्पनियाँ ऐसी पूँजी एकत्र करने के लिए इक्विटी शेयर जारी करती हैं।

व्यापारिक बैंकिंग

- यह एक वित्तीय मध्यस्थ है, जो नए मुद्दों का प्रबन्धन करता है, आर्थिक उत्तरदायित्व लेता है, क्रेडिट की सिण्डिकेशन करता है तथा कॉर्पोरेट ग्राहकों को फण्ड एकत्र करने के लिए सलाह देता है (सेबी और रिजर्व बैंक द्वारा विनिमय के दायरे में)।

डिबेन्चर

- यह ऋण का एक साधन है, जिसके माध्यम से सरकार या कम्पनियाँ धन एकत्र करती हैं। डिबेन्चर खरीदने वाला वास्तव में कर्जदाता होता है।
- डिबेन्चर जारी करने वाली कम्पनी या संस्थान गिरवी के रूप में कुछ नहीं रखती, बल्कि खरीददार उनकी साख और प्रतिष्ठा को देखते हुए डिबेन्चर खरीदते हैं।

हंग अप

हंग अप (Hung up) एक ऐसी स्थिति होती है, जिसमें कोई निवेशक अपनी प्रतिभूति को खरीदे गए मूल्य से कम मूल्य पर रोक कर रखता है।

एंजेल निवेशक

- ये ऐसे निवेशक होते हैं, जो उद्यमियों को अपना कारोबार शुरू करने के लिए स्टार्टअप कैपिटल प्रदान करते हैं। इन्हें सेबी या भारत सरकार के द्वारा कुछ प्रोत्साहन भी दिया जाता है। इसकी संकल्पना वित्तीय वर्ष 2013-14 में प्रस्तुत की गई थी।
- सेबी के अनुसार, इनकी पहचान श्रेणी-I एआईएफ वेन्चर कैपिटल के रूप में की गई है, जिनका अर्थव्यवस्था पर स्पिल ऑवर प्रभाव धनात्मक होता है तथा ये अर्थव्यवस्था को अनुकूल रूप से प्रभावित करते हैं।

आर्बिट्रेज

- किसी प्रतिभूति को एक बाजार से खरीद करके उसी समय दूसरे बाजार में अधिक मूल्य पर बेचने की प्रक्रिया आर्बिट्रेज (Arbitrage) कहलाती है।
- ऐसा विश्व के विभिन्न बाजारों में विदेशी विनियम दरों के अन्तर का लाभ उठाने हेतु किया जाता है। इसमें विदेशी मुद्राओं प्रतिभूतियों तथा कमोडिटीज को खरीदा व बेचा जाता है।
- यह निवेशकों हेतु जोखिम रहित होता है। इसमें व्यापारी मध्यस्थ के अवसरों का लाभ उठाते हैं।

- **निबल परिसम्पत्ति मूल्य** (NAV, Net Asset Value) ऐसी राशि होती है, जो कम्पनी या फण्ड के बन्द होने के बाद कम्पनी के शेयरधारकों को सामूहिक रूप से भुगतान के रूप में प्राप्त होती है।
- **पूँजीकरण निर्गमन** (Capitalisation Issues) जब किसी कम्पनी के द्वारा वर्षों से एकत्रित की गई संचित निधि (वितरित लाभ से एकत्रित पूँजी), पूँजी संचित निधि से अधिक हो जाती है, तो कम्पनी अपने शेयरधारकों को बिना किसी अतिरिक्त भुगतान के अंश को निर्गत करती है, जिस प्रक्रिया को पूँजीकरण निर्गमन या पूँजीकरण के आधार पर निर्गमन कहा जाता है।

शॉर्ट सेलिंग

जब किसी व्यक्ति या दलाल द्वारा उससे अधिक स्टॉक के विक्रय का सौदा किया जाता है, जितना उसके पास नहीं होता है, तो वह उसे कहीं से लेकर पूर्ति कर सकता है, जिसे शॉर्ट सेलिंग कहते हैं।

स्नो बालिंग

जब शेयर के मूल्य एक निश्चित सीमा में पहुँच जाते हैं, तब क्रय-विक्रय के अनेक स्टॉप ऑर्डर होने लगते हैं। इन ऑर्डरों के कारण पुन: बाजार में दबाव बनता है तथा पुन: ऑर्डर मिलने लगते हैं, तो इस स्थिति को स्नो बालिंग कहा जाता है।

चिटफण्ड

- यह एक प्रकार की बचत योजना होती है, जिसे व्यक्ति या संस्था द्वारा संचालित किया जाता है। इसके सदस्य/ग्राहक इस फण्ड के लिए किस्तें एकत्रित करते हैं।
- इसमें ग्राहक को एक रियायती कटौती के बाद एकत्र की गई पूर्ण धनराशि प्रदान की जाती है। इसके माध्यम से कम समय में अधिक धन प्राप्त किया जाता है।

शेयरों का पुनर्क्रय

- किसी कम्पनी द्वारा अपने ही अंशों का अंशधारियों से बाजार में क्रय किया जाना, शेयर का पुनर्क्रय या **बाइबैक** कहलाता है।
- जब कम्पनी के पास पूँजी अधिक हो जाती है, तो उसके पास निवेश का कोई विकल्प नहीं होता है।
- वह अपने ही शेयरों को खरीदती है, जिससे कम्पनी के बचे हुए शेयर बाजार का निवल मूल्य बढ़ जाता है।

प्रतिभूतिकरण

- इसके अन्तर्गत गैर-तरल सम्पत्तियों को व्यापार योग्य प्रतिभूतियों में परिवर्तित किया जाता है। यह विकसित बाजार से फण्ड उगाही करने की एक प्रचलित तकनीक होती है।
- यह वर्ष 1960 में यूएसए में शुरू हुई थी। यह यूएसए एवं यूके में अधिक प्रचलन में पाई जाती है।

इनसाइडर ट्रेडिंग

यह एक अवैध कार्य होता है, जब उन व्यक्तियों द्वारा भारी मात्रा में शेयरों का क्रय-विक्रय करके लाभ कमाया जाता है, जिनके पास कम्पनियों की गुप्त सूचनाएँ रहती हैं, तो इस प्रकार के शेयरों के क्रय-विक्रय को इनसाइडर ट्रेडिंग कहा जाता है अर्थात् जब कम्पनी की गोपनीय सूचनाएँ रखने वाला व्यक्ति शेयरों का क्रय-विक्रय करता है, तो उस कारोबार को इनसाइडर ट्रेडिंग या भेदिया कारोबार कहा जाता है। सेबी के द्वारा इस पर नियन्त्रण हेतु मानदण्ड निर्धारित किए गए हैं।

राउण्ड ट्रिपिंग

सामान्य शब्दों में इसका अर्थ—जाना और पुन: लौटना होता है। इसमें किसी देश से धन अनाधिकारिक माध्यमों से बाहर जाता है और पुन उसी देश में कर समझौता का लाभ उठाते हुए किसी अन्य देश के माध्यम से निवेशित किया जाता है। इस प्रक्रिया का प्रयोग काले धन को वैद्य बनाने में किया जाता है।

ब्लूचिप शेयर

- पूँजी बाजार तथा उद्योग जगत में अत्यन्त ही अधिक ख्याति वाली बड़ी कम्पनियों के इक्विटी शेयर को **ब्लूचिप** कहते हैं। ये कम्पनियाँ ऐसी हैं, जिनका बाजार पूँजीकरण बहुत अधिक होता है।
- इन कम्पनियों के शेयरों की बहुत माँग होती है तथा शेयरों की तरलता भी बहुत अधिक होती है। ब्लूचिप शेयरों को **ग्रोथ शेयर** भी कहा जाता है। भारत में शीर्ष की 50 कम्पनियों को ब्लूचिप कम्पनी कहा जाता है।

हेजिंग

- यह एक जोखिम प्रबन्धन की रणनीति होती है, जिसमें कमोडिटी, मुद्राओं या प्रतिभूतियों की कीमतों में उतार-चढ़ाव से होने वाले नुकसान की सम्भावना को समायोजित किया जाता है।
- इसके द्वारा निर्यातक एवं आयातक विदेशी विनिमय दरों में होने वाले उतार-चढ़ाव से उत्पन्न हानियों से स्वयं को सुरक्षित रखते हैं। इसके माध्यम से भौतिक बाजार में होने वाले परिवर्तनों से बचने के लिए वायदा बाजार में खरीदारी की जाती है।

बबल

जब शेयर के बन्द भाव व उसके खुलने के भाव में बहुत अधिक अन्तर पाया जाता है, तो उसे बबल कहा जाता है। यह स्थिति तब उत्पन्न होती है, जब निवेशक अचानक किसी शेयरों और प्रतिभूतियों की बहुत अधिक माँग करता है, जिससे प्रतिभूतियों (शेयरों) से सम्पत्तियों की कीमतों में वृद्धि होती है।

क्रैश

जब शेयर बाजार में शेयरों की कीमतों में बहुत अधिक वृद्धि अथवा गिरावट आती है, तो उसे क्रैश कहा जाता है। इस स्थिति में शेयरों में तेजी से गिरावट आती है। इस दौरान शेयर को बेचकर हानि से बचते हुए बाजार से बाहर निकला जाता है।

बाजार के अन्य महत्त्वपूर्ण शब्द

- **शेयर वारण्ट** (Share Warrant) वह विलेख है, जो धारक को उसमें उल्लिखित शेयरों की संख्या को भविष्य में निश्चित मूल्य पर क्रय करने का अधिकार देता है।
- **स्विट शेयर** (Sweat Share) जब कम्पनी के द्वारा कर्मियों को बिना किसी शुल्क के शेयर उपलब्ध कराया जाता है, तो उसे स्वेट शेयर कहा जाता है। यह सामान्यत: उच्च कर्मियों को ही दिया जाता है।
- **स्प्रेड** (Spread) शेयर के क्रय-विक्रय मूल्य के बीच के अन्तर को स्प्रेड कहते हैं। इसे **मार्जिन** या **हेटकट** भी कहा जाता है। शेयर की तरलता अधिक होने पर स्प्रेड कम होता है।
- **ब्लोआउट** (Blowout) जब कोई कम्पनी नया इश्यू जारी करती है और उसका सब्सक्रिप्शन पहले ही दिन पूर्ण होकर बन्द हो जाता है, तो उसे ब्लोआउट या **आउट ऑफ विण्डो** कहा जाता है।
- **जंक बॉण्ड** (Junk Bond) यह वह बॉण्ड है, जिसकी रेटिंग नीची हो, परन्तु जिन पर प्राप्य प्रतिफल की दर ऊँची हो जाती है। इससे सम्बन्धित बाजार को **उच्च प्रतिफल ऋण बाजार** भी कहते हैं।
- **ब्रिज लोन** (Bridge Loan) किसी परियोजना/प्रोजेक्ट की दीर्घकालीन वित्तीय व्यवस्था जब तक नहीं हो जाती, तब तक के लिए स्थायी वित्त व्यवस्था को **ब्रिज लोन** कहते हैं।

भारतीय प्रतिभूति व विनियामक बोर्ड (सेबी)

- शेयर बाजार में चलने वाले व्यापक व वृहद् कारोबार के विनियमन व नियन्त्रण हेतु वर्ष 1988 में केन्द्र सरकार द्वारा कानून पास करके एक गैर-सांविधिक संस्था के रूप में भारतीय प्रतिभूति व विनियामक बोर्ड की स्थापना की गई।
- 30 जनवरी, 1992 को एक अध्यादेश द्वारा इस संस्था को वैधानिक दर्जा प्रदान कर दिया गया। सेबी (SEBI, Securities and Exchange Board of India) का मुख्यालय मुम्बई में स्थित है तथा इसके क्षेत्रीय कार्यालय कोलकाता, दिल्ली, चेन्नई में स्थापित किए गए हैं।

सेबी के कार्य

भारतीय शेयर बाजार को कार्य प्रणाली में पारदर्शिता हेतु सृजित करना सेबी के प्रमुख कार्य हैं। इसके अन्य कार्य निम्नलिखित है

- यथोचित उपायों के द्वारा प्रतिभूति बाजार को विकसित एवं नियमित करना तथा इस बाजार में निवेशकों के हितों की रक्षा करना।
- म्यूचुअल फण्ड्स की सामूहिक निवेश योजनाओं का पंजीकरण तथा नियमन करना।
- स्वयं द्वारा नियन्त्रित संगठनों को प्रोत्साहित करना।

- प्रतिभूतियों के इनसाइडर ट्रेडिंग को रोकना। इनसाइडर ट्रेडिंग शेयर बाजार सम्बन्धित अवैध कार्य हैं, जिसमें किसी कम्पनी के कर्मचारी या किसी सम्बन्धित व्यक्ति द्वारा आन्तरिक सूचनाओं का उपयोग करके ट्रेडिंग की जाती है।
- प्रतिभूति बाजार से सम्बन्धित अनुचित व्यवहार की समाप्ति करना।
- स्टॉक एक्सचेन्जों सहित किसी भी प्रतिभूति बाजार के व्यवसाय को नियन्त्रित करना। प्रतिभूति बाजार से संलग्न संगठनों के क्रियाकलापों का निरीक्षण एवं व्यवस्था सुनिश्चित करना।
- शेयर ट्रान्सफर एजेन्ट्स, स्टॉक ब्रोकर्स, सब-ब्रोकर्स, मर्चेण्ट बैंकर्स, ट्रस्टीज, अण्डर राइटर्स, पोर्टफोलियो मैनेजर आदि के कार्यों का नियमन करना तथा उनका पंजीकरण किया जाना।
- प्रतिभूति बाजार में संलग्न व्यक्तियों को प्रशिक्षण प्रदान करना तथा निवेशकों की शिक्षा को प्रोत्साहित करना।
- उपरोक्त उद्देश्यों की पूर्ति हेतु अनुसन्धान कार्य करना। वर्ष 2002 में सेबी संशोधन अधिनियम के अन्तर्गत सेबी को इनसाइडर ट्रेडिंग व लघु निवेशकों से धोखाधड़ी के मामले में जुर्माना लगाने तथा शेयर बाजार को मान्यता प्रदान करने का अधिकार प्रदान कर दिया गया।

सेबी गाइडलाइन, 1999 में संशोधन

- भारतीय प्रतिभूति एवं विनिमय बोर्ड (SEBI) द्वारा 17 जनवरी, 2013 को एम्प्लॉयी स्टॉक ऑप्शन स्कीम (Employee Stock Option Scheme, ESPS) तथा एम्प्लॉयी स्टॉक पर्चेज स्कीम (Employee Stock Purchase Scheme, ESPS) गाइडलाइन्स में संशोधन किए गए।
- इन दिशा-निर्देशों के माध्यम से कम्पनियाँ अपने कर्मचारियों के लिए लाभदायक योजनाओं का संचालन कर रही हैं।
- इन योजनाओं के माध्यम से वित्तीय धोखाधड़ी की प्रवृत्तियों को देखते हुए सेबी ने उन दिशा-निर्देशों में संशोधन किया है।
- कम्पनियों को अपने कर्मचारियों के लिए चलाई जा रही लाभदायक योजनाओं की जानकारी सेबी को देना अनिवार्य बना दिया गया है।

सेबी (संशोधन) अधिनियम, 2014

- देश की चिटफण्ड कम्पनियों द्वारा जनता से गलत तरीके से धन एकत्र करने अथवा सरकार द्वारा मान्य निर्धारित समय से पहले धन को दोगुना या तिगुना करने की योजनाओं पर नियन्त्रण करने के लिए केन्द्र सरकार ने भारतीय प्रतिभूति एवं विनिमय बोर्ड (SEBI) अधिनियम, 1992 में संशोधन किया है। इसके अन्तर्गत पहले से लागू प्रतिभूति संविदा (विनियमन) अधिनियम, 1956 तथा डिपॉजिटरी अधिनियम, 1991 के मूल प्रावधानों में संशोधन किया गया अथवा उसमें नए प्रावधानों को जोड़ा गया।
- इस संशोधन के द्वारा सेबी को कम्पनियों, चिटफण्ड योजना संचालकों के कार्यालयों, परिसरों आदि पर छापा मारने, सम्पत्ति तथा दस्तावेजों को जब्त करने का अधिकार दिया गया है। नए प्रावधानों के अन्तर्गत सेबी अपने मामलों की शीघ्र सुनवाई के लिए विशेष न्यायालय भी गठित कर सकता है। इस प्रकार सेबी को इसके अन्तर्गत व्यापक नियामक अधिकार तथा शक्तियाँ भी प्रदान की गई हैं।

सेबी (संशोधन) विधेयक, 2014 के मुख्य उद्देश्य

प्रतिभूति कानून संशोधन विधेयक, 2014 के प्रमुख उद्देश्य निम्नलिखित हैं

- यह भारतीय प्रतिभूति विनिमय बोर्ड (सेबी) को किसी भी व्यक्ति से सम्बन्धित जानकारी या रिकॉर्ड प्राप्त करने के लिए बुलाने का अधिकार प्रदान करता है।
- विधेयक में सेबी के अध्यक्ष को फर्जी योजनाओं के मामलों में तलाशी लेने, खाते सील करने और उन्हें बन्द करने के आदेश देने का प्रावधान है।
- इस विधेयक में सेबी को एक अरब से अधिक मूल्य की सभी धन जमा करने वाली योजनाओं का नियमन करने का अधिकार भी दिया गया है। यह विधेयक समझौते के लिए अधिकार प्रदान करता है।
- यह सेबी को विशेष अदालत स्थापित करने का अधिकार प्रदान करता है।
- इसमें सेबी को धन वसूलने के अधिकार का प्रावधान है।
- निर्णायक अधिकारी द्वारा लगाए गए जुर्माने को बढ़ाने के लिए बोर्ड को अधिकार है।
- यह सेबी को मुम्बई में विशेष अदालत के अन्तर्गत जाँच करने सम्बन्धी अनुसन्धान और जब्ती ऑपरेशन करने की भी शक्ति देता है।
- प्रतिभूति कानून (संशोधन) विधेयक, 2014 ने सेबी अधिनियम की धारा-15 (A-HB) में संशोधन किया है और प्रत्येक उल्लंघन के लिए एक न्यूनतम जुर्माने की सिफारिश की है।
- सेबी किसी मामले क जाँच या अन्वेषण (Investigation) के दौरान किसी भी व्यक्ति, संस्था, कम्पनी या बैंक से कोई भी सूचना अथवा दस्तावेज माँग सकता है।
- सेबी द्वारा जब्त की गई धनराशि को निवेशक सुरक्षा एवं शिक्षा कोष में जमा तथा शामिल किया जाना चाहिए।
- सितम्बर, 2015 में सेबी (SEBI) और एफएमसी (Forward Markets Commision, FMC) का आपस में विलय कर दिया गया है। इस विलय के साथ ही कमोडिटी ब्रोकर सेबी के ब्रोकर नियमों की सीमा में आ गए हैं, जिससे वायदा कारोबार में पारदर्शिता आई है।

बीमा

- बीमा एक वित्तीय उत्पाद है अर्थात् आर्थिक अवधारणा के अनुसार, वह घटक जो जोखिम (Risk) को कम करे, उसे बीमा कहा जाता है।
- इस प्रकार यह एक जोखिम प्रबन्धन का रूप होता है, जो प्राथमिक रूप से किसी आकस्मिक अथवा अनिश्चित हानि से संरक्षण प्रदान करता है।

- किसी बीमा कम्पनी के द्वारा सामान्यत: दो प्रकार की बीमा उत्पाद को उपलब्ध कराया जाता है, जो निम्न हैं
  - **जीवन बीमा** यह किसी दुर्घटना से मृत्यु अथवा साधारण मृत्यु तक के जोखिम का वहन कर संरक्षण प्रदान करता है।
  - **साधारण बीमा** इसे **गैर-जीवन बीमा** भी कहा जाता है। यह परिसम्पत्तियों (Assets) से जुड़े जोखिम का बीमा करता है। हालाँकि विगत कुछ वर्षों से बीमा के नए-नए स्वरूपों का विकास हुआ है; जैसे-स्वास्थ्य बीमा, पेंशन बीमा, यूनिट लिंक्ड बीमा आदि।

> किसी भी बीमा योजना के अन्तर्गत पॉलिसीधारकों को किस्त के रूप में कुछ राशि का भुगतान करना होता है, जिसे **प्रीमियम** कहा जाता है।

भारत में बीमा व्यवसाय का विकास

- भारत में बीमा व्यवसाय अपने मौजूदा स्वरूप में 1818 ई. में कलकत्ता में **ओरिएण्टल जीवन बीमा कम्पनी** की स्थापना के साथ शुरू हुआ था। **ट्राइटन बीमा कम्पनी लिमिटेड** पहली सामान्य बीमा कम्पनी है, जिसकी स्थापना 1850 ई. में कलकत्ता (वर्तमान में कोलकाता) में हुई थी।
- 1870 ई. में **बॉम्बे म्यूचुअल लाइफ इन्श्योरेन्स सोसायटी** नामक बीमा कम्पनी ने पहली बार भारतीय बीमा कम्पनी के रूप में कार्य करना शुरू किया।
- भारतीय जीवन बीमा कम्पनी अधिनियम, 1912 ही बीमा व्यवसाय को विनियमित करने वाला पहला अधिनियम था।
- वर्ष 1907 में स्थापित इण्डियन मर्केंटाइल इन्श्योरेन्स लिमिटेड, सामान्य बीमा व्यवसाय के सभी वर्गों को लेन-देन करने वाली पहली कम्पनी बनी।
- भारतीय बीमा कम्पनी अधिनियम, 1928 सरकार द्वारा जीवन और गैर-जीवन बीमा व्यवसाय के बारे में सांख्यिकीय जानकारी एकत्र करने में सक्षम बनाने के लिए लाया गया अधिनियम था।
- बीमा अधिनियम, 1938 द्वारा बीमा व्यवसाय के ढाँचे और स्वरूप में व्यापकता प्रदान की गई।
- 245 भारतीय एवं विदेशी बीमाकर्ता और प्राइवेट सोसायटी का केन्द्र सरकार द्वारा अधिग्रहण किया गया तथा इसका राष्ट्रीयकरण वर्ष 1956 में किया गया।
- इस प्रकार राष्ट्रीयकरण के समय भारत में लगभग 154 जीवन बीमा कम्पनियाँ, 16 विदेशी बीमा कम्पनियाँ तथा 75 प्रोविडेण्ड सोसायटीज कार्य कर रही थीं।

भारतीय बीमा विनियामक एवं विकास प्राधिकरण (IRDAI)

- इसका गठन **मल्होत्रा समिति** की सिफारिशों के आधार पर 19 अप्रैल, 2000 में किया गया।
- इसके मुख्य उद्देश्य बीमा उद्योग का क्रमबद्ध विनियमन, संवर्द्धन, सम्बन्धित व आकस्मिक मामलों पर कार्य करना तथा पॉलिसीधारकों के हितों की रक्षा करना इत्यादि हैं।
- इसका मुख्यालय हैदराबाद में स्थित है। यह उपभोक्ता (पॉलिसीधारी) के हितों को सुनिश्चित करने के लिए बीमा कम्पनियों का निरीक्षण करता है।
- यह आरडी अधिनियम, 1999 की धारा- 14(2) (ज) द्वारा प्रदत्त शक्तियों के अनुसार, सभी कम्पनियों का अवसर पर, अवसर के अतिरिक्त निरीक्षण करता है।
- 26 दिसम्बर, 2014 को राष्ट्रपति के हस्ताक्षर के उपरान्त IRDA का नाम बदलकर IDRAI कर दिया गया।
- यह एक स्वायत्त निकाय है, तथा इसके लिए 1 अध्यक्ष, 5 पूर्णकालिक सदस्य तथा 4 अंशकालिक सदस्यों की व्यवस्था की गई है। इनकी नियुक्ति भारत सरकार के द्वारा की जाती है। ये अपने मुख्यालय हैदराबाद (तेलंगाना) से कार्य करते हैं।

> इसके मुख्य लक्ष्य पॉलिसीधारकों के हितों की सुरक्षा करना तथा उनके प्रति उचित व्यवहार को सुनिश्चित करना, बीमा उद्योग से सम्बद्ध विनियमन करना तथा क्रमिक वृद्धि को सुनिश्चित करना इत्यादि हैं।

- यह बीमा के साथ सम्बन्ध रखने वाले वित्तीय बाजारों में निष्पक्षता, पारदर्शिता तथा सुव्यवस्थित कार्य संचालन को बढ़ावा देने के साथ बाजार की बीमा कम्पनियों में वित्तीय सुदृढ़ता के उच्च मानक को लागू करने के लिए विश्वसनीय प्रबन्ध सूचना प्रणाली का निर्माण करता है।

भारतीय बीमा, विनियामक एवं विकास प्राधिकरण के कार्य

भारतीय बीमा, विनियामक एवं विकास प्राधिकरण IRDAI अधिनियम, 1999 की **धारा-14** से IRDAI के कर्त्तव्यों, शक्तियों तथा कार्यों का उल्लेख किया गया है, जो निम्न हैं

- बीमा कम्पनियों का पंजीयन तथा विनियमन करना।
- पॉलिसीधारकों के हितों की सुरक्षा करना।
- बीमा मध्यस्थों की लाइसेन्सिंग तथा मानदण्ड निर्धारित करना।
- बीमा में व्यावसायिक संगठनों को बढ़ावा देना।
- गैर-जीवन बीमा के आवरण की प्रीमियम दरों तथा शर्तों का विनियमन एवं निगरानी करना।
- बीमा कम्पनियों के वित्तीय प्रतिवेदन मानदण्डों को विनिर्दिष्ट (निर्देशित) करना।
- बीमा कम्पनियों द्वारा पॉलिसीधारकों की निधियों के निवेश विनियमन करना।
- बीमा कम्पनियों द्वारा ऋणशोधन धनराशि (सॉल्वेन्सी मार्जिन) का रख-रखाव सुनिश्चित करना।
- ग्रामीण क्षेत्रों में तथा समाज में भेद्य (असुरक्षित) वर्गों का बीमा आवरण सुनिश्चित करना।

भारत में बीमा बाजार

- भारत में बीमा बाजार के अन्तर्गत 68 बीमा कम्पनियाँ कार्यरत हैं, जिनमें से 24 जीवन बीमा कम्पनियाँ व्यवसाय में हैं तथा 28 गैर-जीवन बीमाकर्ता हैं। इसमें 5 स्टैण्ड अलोन स्वास्थ्य बीमाकर्ता हैं, जिनका मुख्य कार्य स्वास्थ्य बीमा व्यवसाय है। इनके अतिरिक्त 11 पुन: बीमाकर्ता हैं।

> वर्तमान में बीमा क्षेत्र में 68 बीमा कर्ताओं में से 8 सार्वजनिक क्षेत्र में तथा 60 निजी क्षेत्र में हैं। जीवन बीमाकर्ताओं में से जीवन बीमा निगम एकमात्र सार्वजनिक क्षेत्र की कम्पनी है। वहीं 28 गैर-जीवन बीमा (साधारण बीमा) कर्ताओं में से 6 सार्वजनिक क्षेत्र के हैं।

- इस प्रकार 2 विशेषीकृत बीमाकर्ता में फसल बीमा के लिए कृषि बीमा कम्पनी लिमिटेड तथा ऋण बीमा के लिए भारतीय ऋण गारण्टी निगम शामिल हैं।
- इसके साथ ही भारतीय साधारण बीमा निगम एकमात्र राष्ट्रीय पुन: बीमाकर्ता भी है तथा 10 पुन: बीमाकर्ता निजी क्षेत्र में कार्य कर रहे हैं।
- स्टार हैल्थ एण्ड अलाइन्स इन्श्योरेन्स कम्पनी, अपोलो मुनिच हेल्थ इन्श्योरेन्स कम्पनी, मैक्स बूपा हैल्थ इन्श्योरेन्स कम्पनी तथा रेलीगेयर हेल्थ इन्श्योरेन्स कम्पनी स्वतन्त्र स्वास्थ्य बीमा कम्पनियों के रूप में कार्य करती हैं।

> **बैंक लॉकर का बीमा**
>
> - इस प्रकार के बीमा की पेशकश इफको टोकियो जनरल इन्श्योरेन्स ने की है। यह ऑफर **बैंक लॉकर प्रोटेक्टर पॉलिसी** (Bank Locker Protector Policy) के रूप में की जा रही है।
> - बैंक लॉकर का बीमा लेने के लिए आपको बीमा कम्पनी को उसमें रखी महँगी वस्तुओं की सूची बतानी होगी। यद्यपि उनके मूल्य को बताने की आवश्यकता नहीं होगी। मूल्य बताने की आवश्यकता तभी होगी, यदि बीमा की राशि ₹ 40 लाख से अधिक है। कम्पनी की यह बीमा पॉलिसी दुर्घटना, चोरी, आतंकी वारदात या बैंक कर्मचारी की किसी गलती से हुए नुकसान को कवर करती है।

भारतीय जीवन बीमा निगम

- संसद के अधिनियम के अन्तर्गत सितम्बर, 1956 में भारतीय जीवन बीमा निगम (Life Insurance Company, LIC) की स्थापना की गई। यह सरकारी अथवा सार्वजनिक कम्पनी के रूप में ₹ 5 करोड़ की पूँजी के साथ 1 सितम्बर, 1956 को पूर्ण रूप से स्थापित हुई।

> भारतीय जीवन बीमा निगम अपने मुम्बई स्थित केन्द्रीय कार्यालय के अतिरिक्त कोलकाता, दिल्ली, चेन्नई, हैदराबाद, कानपुर तथा भोपाल स्थित 8 क्षेत्रीय कार्यालयों एवं प्रमुख शहरों में स्थित अपने 109 मण्डल कार्यालयों, 2,048 शाखा कार्यालयों और 1,004 मोबाइल कार्यालयों के द्वारा कार्य करती है।

- वर्तमान में यह निगम फिजी, मॉरीशस और ब्रिटेन में शाखा कार्यालय तथा बहरीन, नेपाल, श्रीलंका, कीनिया और सऊदी अरब में संयुक्त उद्यम कम्पनियों के द्वारा भी कार्य कर रही है।
- बजट, 2020-21 में सरकार द्वारा LIC के IPO (Initial Public Offer) के जारी करने के लिए एक योजना की घोषणा की गई। इसक अन्तर्गत स्टॉक एक्सचेन्ज के माध्यम से निजी, खुदरा एवं संस्थागत निवेशकों को IDBI बैंक ने सरकार की इक्विटी को बेचने का प्रस्ताव दिया। वर्तमान में इस बैंक का LIC द्वारा अधिग्रहण किया गया है।
- इस प्रकार मार्च, 2020 से LIC द्वारा IPO के माध्यम से 5% की भागीदारी के विनिवेश की प्रक्रिया शुरू कर दी गई है। इसके पश्चात् सरकार की LIC में 95% की भागीदारी हो जाएगी।
- इस IPO का एक अंश पॉलिसीधारकों एवं कर्मचारियों के लिए आरक्षित है। इसके साथ ही स्वचालित मार्ग से LIC में 20% की FDI की अनुमति भी दी गई।

जनरल इन्श्योरेन्स कॉर्पोरेशन ऑफ इण्डिया

- नवम्बर, 1972 में भारत सरकार ने भारतीय साधारण बीमा निगम (General Insurance Company, GIC) के नाम से एक सरकारी कम्पनी की स्थापना की, जिसे बाद में चार साधारण बीमा कम्पनियों में विभाजित कर दिया गया।
- इसने 1 जनवरी, 1973 से कार्य करना प्रारम्भ किया। GIC को चार प्रमुख कम्पनियों में विभाजित किया गया है, ये निम्न हैं

कम्पनी/स्थापना	मुख्यालय
नेशनल इन्श्योरेन्स कम्पनी लिमिटेड (1906)	कोलकाता
न्यू इण्डिया इन्श्योरेन्स कम्पनी लिमिटेड (1919)	मुम्बई
यूनाइटेड इण्डिया इन्श्योरेन्स कम्पनी लिमिटेड (1938)	चेन्नई
ओरिएण्टल इन्श्योरेन्स कम्पनी लिमिटेड (1947)	नई दिल्ली

- साधारण बीमा निगम की ये कम्पनियाँ एक-दूसरे से स्पर्द्धा रखते हुए, सम्पूर्ण देश में अपना कार्य करती हैं। निगम ने 1 अप्रैल, 2003 से पुनर्बीमा का कार्य भी पूर्ण तरीके से शुरू कर दिया।
- नवम्बर, 2000 में GIC को एक पुनर्बीमाकर्ता के रूप में अधिसूचित कर दिया गया, जिसके पश्चात् GIC के अन्तर्गत संचालित चारों साधारण बीमा कम्पनियों का स्वामित्व भारत सरकार को हस्तान्तरित हो गया।
- वर्तमान समय में यह भारत की एकमात्र पुनर्बीमाकर्ता कम्पनी है, जिसका नाम बदलकर **GIC-Re** कर दिया गया है।
- GIC का लक्ष्य देश के अन्दर धारण क्षमता को इष्टतम बनाए रखना तथा पुनर्बीमा क्षमता का विकास करना है।
- GIC भारतीय बीमा उद्योग की ओर से समुद्री पोत पूल, आतंकवाद बीमा पूल तथा वाणिज्यिक वाहनों के लिए भारतीय पूल व अन्य बीमा पूल का भी प्रबन्धन करता है।

यह GIC सार्क (SAARC) अफ्रीका तथा मध्य एशिया के देशों में बीमा कम्पनियों के पुनर्बीमा कार्यक्रम का नेतृत्व करता है। इसकी शाखा के कार्यालय दुबई, लन्दन, क्वालालम्पुर तथा मॉस्को में अवस्थित हैं।

एग्रीकल्चर इन्श्योरेन्स कम्पनी ऑफ इण्डिया लिमिटेड

- **भारत कृषि बीमा कम्पनी लिमिटेड** (Agriculture Insurance Company of India, AIC) को 20 दिसम्बर, 2002 को कम्पनी अधिनियम, 1956 के अन्तर्गत भारत में कृषि और सम्बद्ध गतिविधियों में लगे व्यक्तियों की बीमा आवश्यकताओं को पूर्ण करने के लिए विशेष रूप से निगमित किया गया था।
- AIC की स्थापना **भारतीय कम्पनी अधिनियम, 1956** के अन्तर्गत ₹ 1500 करोड़ की प्राधिकृत शेयर पूँजी तथा ₹ 200 करोड़ की प्रदत्त पूँजी के साथ 20 दिसम्बर, 2002 को की गई। इसने 1 अप्रैल, 2003 से कार्य करना शुरू किया।
- यह सार्वजनिक क्षेत्र की बीमा कम्पनियों एवं विकास वित्त संस्थाओं का एक संयुक्त उपक्रम है। इसमें साधारण बीमा निगम की शेयरधारिता 35%, नाबार्ड की शेयरधारिता 30% तथा चारों सार्वजनिक क्षेत्र बीमा कम्पनियों से प्रत्येक की शेयरधारिता 8.75% है।

पुनर्बीमा

- एक बीमा कम्पनी द्वारा किसी अन्य बीमा कम्पनी को अपने जोखिम को स्थानान्तरित करने की प्रक्रिया को पुनर्बीमा कहते हैं। पुनर्बीमा बेचने वाली कम्पनी कोई भी साधारण बीमा कम्पनी हो सकती है या यह एक ऐसी कम्पनी भी हो सकती है, जो केवल इस प्रकार का बीमा ही बेचती है। पुनर्बीमा खरीदने का कम्पनी का एकमात्र उद्देश्य अपना जोखिम कुछ सीमा तक कम करना है।
- भारत में सरकार के द्वारा पुनर्बीमा के क्षेत्र में पहल करते हुए वर्ष 2000 में साधारण बीमा निगम को भारतीय पुनर्बीमा के रूप में परिवर्तित करते हुए **GIC-Re** की स्थापना की गई।
- इसी प्रकार नवम्बर, 2015 में भारतीय बीमा विनियामक एवं विकास प्राधिकरण (IRDA) ने पुनर्बीमा से सम्बन्धित विनिमय जारी किया। इसके अन्तर्गत ही वर्ष 2016 में चार विदेशी पुनर्बीमा कम्पनियों को भारत में कार्य करने की मंजूरी दी गई। इनमें शामिल विश्व की बड़ी पुनर्बीमा कम्पनी क्रमश: Munich Re, Swiss Re, Hannover और **SCOR** थीं। इसमें वर्ष 2018 में कुछ अन्य कम्पनियाँ; जैसे—RGA Life Reinsurance, General Reinsurance AG, XL Insurance Company SE आदि को शामिल किया गया।

बीमा के अन्य तरीके

बीमा उत्पादों को पेश करने के कई अन्य तरीके भी हैं। ये तरीके निम्न हैं

बैंकाश्योरेन्स

- बैंकाश्योरेन्स (Bancassurance), शब्द एकसमान ग्राहक या ग्राहक आधार को बीमा उत्पादों के वितरण के लिए बैंकों और बीमा कम्पनियों के मध्य हुए सहयोग को दर्शाता है।
- यह विश्व स्तर पर एक महत्त्वपूर्ण वितरण चैनल के रूप में उभरा है तथा परिचालन लागत और प्रभावशीलता के सन्दर्भ में अन्य चैनलों पर इसके द्वारा लाभों की पेशकश करने के कारण अपेक्षाकृत कम समय में आगे बढ़ गया है।
- यह बैंकों के लिए सुलभ व्यापक उपभोक्ता नेटवर्क के कारण सम्भव हुआ है।

यूनिट लिंक्ड इन्श्योरेन्स प्लान

- **यूलिप** (Unit Linked Insurance Plan, ULIP) दीर्घकालीन निवेशकों का एक लोकप्रिय निवेश करने का विकल्प है। इसके अन्तर्गत 10 से 20 वर्षों के लिए निवेश किया जाता है। यह प्लान लचीला होने के साथ-साथ परिवर्तनशील भी है।
- यह प्लान जीवन बीमा के साथ-साथ अधिक रिटर्न भी प्रदान करता है। इसका सम्बन्ध शेयर बाजार से होता है, जिनमें ग्राहकों को उनकी जोखिम क्षमता के अनुसार इक्विटी की यूनिट में निवेश करने का अवसर मिलता है। इनमें पॉलिसीधारक को जोखिम उठाना पड़ता है।

यूलिप एवं म्यूचुअल फण्ड में अन्तर

- **म्यूचुअल फण्ड** (Mutual Funds) की अपेक्षा यूलिप के ग्राहक जोखिम वहन करने की क्षमता के अनुसार फण्ड का चुनाव कर सकते हैं।
- यूलिप में बाजार की आवश्यकतानुसार एक फण्ड से दूसरे फण्ड में निवेश करने का विकल्प मिलता है। यूलिप में म्यूचुअल फण्ड की अपेक्षा अधिक धन निकासी की सुविधा मिलती है।

भारतीय बीमा, विनियामक और विकास प्राधिकरण

- भारत में आर्थिक सुधारों की प्रक्रिया के अन्तर्गत वर्ष 1993 में भारतीय रिजर्व बैंक के पूर्व गवर्नर आर. एन. मल्होत्रा की अध्यक्षता में एक बीमा सुधार समिति का गठन किया गया।
- इस समिति की सिफारिश के आधार पर ही 19 अप्रैल, 2000 को भारतीय बीमा, विनियामक और विकास प्राधिकरण (IRDAI) की स्थापना के साथ ही भारतीय तथा विदेशी क्षेत्र की बीमा कम्पनियों को बीमा क्षेत्र में प्रवेश की अनुमति दी गई।
- इन कम्पनियों के प्रवेश से भारतीय जीवन बीमा निगम तथा भारतीय साधारण बीमा निगम का एकाधिकार हो गया और बाजार में पूर्ण प्रतिस्पर्द्धा को बढ़ावा मिला। इससे कम प्रीमियम पर उच्च गुणवत्ता युक्त बीमा उत्पाद बीमाधारकों को मिलना प्रारम्भ हुआ।
- इसके साथ ही बीमा नियन्त्रक द्वारा बीमा सर्वेक्षकों को लाइसेन्स देने का अधिकार भी सरकार द्वारा वर्ष 2000 में लागू किया गया।
- इस प्रकार बीमा क्षेत्र में निजी कम्पनियों के प्रवेश का मार्ग प्रशस्त के करते हुए केन्द्र सरकार बीमा, विनियामक एवं विकास प्राधिकरण (Regulatory and Development Authority of

India, IRDAI) के गठन के पश्चात् अधिक सुधार हुआ है। वर्तमान में इसी का परिणाम है कि बीमा क्षेत्र में प्रत्यक्ष विदेशी निवेश की सीमा 74% हो गई है।

- भारतीय रिजर्व बैंक ने वाणिज्यिक बैंकों के बीमा क्षेत्र में प्रवेश हेतु 31 मार्च, 2000 को दिशा-निर्देश जारी किए, जो निम्न हैं
  - बैंक बीमा कारोबार में संयुक्त उपक्रम कम्पनियों के माध्यम से प्रवेश करेगा, जिसमें इसकी अधिकतम भागीदारी 50% होगी।
  - बैंक की चुकता पूँजी ₹ 500 करोड़ से कम नहीं होनी चाहिए।
  - बैंक का पूँजी पर्याप्तता अनुपात कम-से-कम 10% होना चाहिए।
  - बैंक की गैर-निष्पादनीय परिसम्पत्तियाँ (NPA) सन्तोषजनक स्तर पर होनी चाहिए।
  - विगत लगातार तीन वर्षों में बैंक ने शुद्ध लाभ अर्जित किया हो।

बीमा कानून (संशोधन) विधेयक, 2015

- मार्च, 2015 में बीमा कानून संशोधन विधेयक, 2015 संसद द्वारा (4 मार्च को लोकसभा तथा 12 मार्च को राज्यसभा) पारित किया गया।
- इस संशोधन का मुख्य उद्देश्य भारतीय स्वामित्व एवं नियन्त्रण की रक्षा के साथ-साथ भारतीय बीमा कम्पनी में विदेशी निवेश कैम्प की एक स्पष्ट रूप से समग्र सीमा को 26% से बढ़ाकर 49% करना है।

बीमा कानून के प्रमुख प्रावधान

इस कानून के प्रमुख प्रावधान निम्नलिखित हैं

- बीमा क्षेत्र में प्रत्यक्ष विदेशी निवेश कैम्प को 26% से बढ़ाकर 49% करना। जीवन बीमा परिषद् एवं जनरल इन्श्योरेन्स काउन्सिल की स्थापना, जो बीमा क्षेत्र के लिए आत्म-विनियमन निकायों के रूप में कार्य करेंगी।
- पीएसयू समान बीमा कम्पनियों को पूँजी बाजार से धन एकत्र करने की अनुमति।
- बीमा उत्पादों के बहुस्तरीय विपणन को रोकने हेतु जुर्माने की राशि में वृद्धि।
- बीमा नियामक (इरडा) के साथ पंजीकरण के बिना पॉलिसी बिक्री के लिए 10 वर्ष तक का कारावास।
- बीमा पॉलिसी को बेचने के 3 वर्ष की अवधि के पश्चात् किसी भी आधार पर इसे चुनौती देने से बीमा कम्पनी पर प्रतिबन्ध।
- पीएसयू सामान्य बीमा कम्पनियों को पूँजी बाजार से धन एकत्र करने की अनुमति प्रदान करना। पॉलिसीधारक के नामित को भुगतान करने की व्यवस्था को सरल बनाना।
- बीमाकर्ताओं को बीमा एजेण्टों की नियुक्ति का दायित्व सौंपना तथा इरडा को उनकी अर्हता, योग्यता एवं अन्य पक्षों को निश्चित करने की अनुमति प्रदान करना।
- इरडा को सर्वेक्षकों तथा क्षति आकलनकर्ताओं के कार्यों, आचरण आदि को नियमित करने की भी शक्ति प्रदान करना।
- स्वास्थ्य बीमा व्यवसाय के अन्तर्गत यात्रा व व्यक्तिगत दुर्घटना कवर को शामिल करना, किन्तु अगम्भीर परिचालकों को हतोत्साहित करना।
- भारत में पुनर्बीमा व्यवसाय को बढ़ावा देना तथा विदेशी पुनर्बीमा कम्पनियों को भारत में शाखा खोलने की अनुमति प्रदान करना।

बीमा कानून (संशोधन) अधिनियम, 2021

बीमा कानून (संशोधन) अधिनियम, 2021 के माध्यम से बीमा क्षेत्र से प्रत्यक्ष विदेशी निवेश की सीमा 49% से बढ़ाकर 74% कर दी गई है।

बीमा लोकपाल

- बीमा लोकपाल (Insurance Ombudsman) बीमा पॉलिसीधारकों के हितों की सुरक्षा हेतु एक मध्यस्थ अथवा निगरानी तन्त्र की आवश्यकता को देखते हुए, व्यक्तिगत पॉलिसीधारकों की शिकायतों, न्यायिक प्रणाली के बाहर लागत कुशल कार्यश्रम तथा निष्पक्ष तरीके से निपटने हेतु भारत सरकार द्वारा बीमा लोकपाल को लागू किया गया है।
- वर्तमान में देश के विभिन्न भागों में 17 बीमा लोकपाल कार्यरत हैं। शिकायतकर्ता को कार्यालय के सम्बन्धित अधिकार क्षेत्र वाले लोकपाल को शिकायत करनी होती है।

बीमा लोकपाल के समक्ष शिकायत करने की परिस्थितियाँ

- बीमाधारक द्वारा बीमा कम्पनी को शिकायत करना तथा समाधान नहीं होना।
- समाधान बीमाधारक की इच्छा व सन्तुष्टि के अनुरूप नहीं होना।
- 30 दिन तक की गई शिकायत पर प्रतिक्रिया आना।
- शिकायत पॉलिसी से सम्बद्ध होना।
- व्यय सहित दावे का मूल्य ₹ 30 लाख से अधिक नहीं होना।

नई बीमा योजनाएँ

- भारत सरकार ने वर्ष 2015-16 में प्रधानमन्त्री सुरक्षा बीमा योजना तथा प्रधानमन्त्री जीवन ज्योति बीमा योजना की शुरुआत की तथा राष्ट्रीय स्वास्थ्य बीमा योजना को स्वास्थ्य एवं परिवार कल्याण के अधीन कर दिया।

- इन सभी का उद्देश्य सार्वजनिक सुरक्षा की व्यवस्था करना है। इनका विस्तृत वितरण निम्नवत् है

प्रधानमन्त्री सुरक्षा बीमा योजना (PMSBY)

- यह आकस्मिक मृत्यु सह-विकलांगता की स्थिति में सुरक्षा प्रदान करने वाली प्रमुख योजना है, जिसकी शुरुआत वर्ष 2015 में हुई।
- यह 18-76 वर्ष के सभी खाताधारकों के लिए है। इस योजना में वार्षिक प्रीमियम राशि ₹ 12 प्रतिवर्ष निर्धारित है। इसके अन्तर्गत आकस्मिक मृत्यु या पूर्ण विकलांगता की स्थिति में ₹ 2 लाख तथा स्थायी आंशिक विकलांगता की स्थिति में ₹ 1 लाख की वित्तीय सुरक्षा प्रदान की जाती है।

प्रधानमन्त्री जीवन ज्योति बीमा योजना (PMJJBY)

- यह एक वार्षिक रूप से नवीकरणीय सुरक्षा बीमा योजना है। इसके अन्तर्गत प्रत्येक बैंक खाताधारकों को ₹ 2 लाख तक जीवन बीमा उपलब्ध कराया जाता है।
- इसकी शुरुआत वर्ष 2015 में की गई थी। इस योजना के लिए 18-50 वर्ष के आयु वर्ग के लोग पात्र होते हैं। इसमें वार्षिक प्रीमियम राशि ₹ 330 देनी होती है।

आम आदमी बीमा योजना (AABY)

- इस बीमा योजना की शुरुआत 2 अक्टूबर, 2007 को 18 से 59 वर्ष की आयु के ग्रामीण भूमिहीन परिवारों के मुखिया अथवा कमाने वाले किसी सदस्य को बीमा प्रदान करने के उद्देश्य से की गई।
- इसके अन्तर्गत प्राकृतिक मृत्यु होने पर ₹ 30,000, दुर्घटना से मृत्यु होने पर ₹ 75,000 तथा पूर्ण स्थायी अशक्तता पर ₹ 75,500 और आंशिक पूर्ण अशक्तता होने पर ₹ 37,500 का बीमा कवर प्रदान किया जाता है। इसमें केन्द्र तथा राज्य सरकार/संघ राज्य क्षेत्रों की सरकारों द्वारा बराबर अनुपात में ₹ 200 का अंशदान दिया जाता है।

राष्ट्रीय स्वास्थ्य बीमा योजना

- वर्ष 2008 से यह योजना श्रम एवं रोजगार मन्त्रालय, भारत सरकार द्वारा गरीबी रेखा से नीचे जीवन-यापन करने वालों के लिए शुरू की गई। इसके अन्तर्गत मातृत्व लाभ का भी प्रावधान है।
- इसके अन्तर्गत गरीबी रेखा से नीचे के परिवारों को प्रति परिवार अस्पताल में भर्ती के दौरान उपचार हेतु प्रतिवर्ष ₹ 30,000 की धनराशि स्मार्ट कार्ड के माध्यम से प्रदान की जाती है। इसमें नामांकन हेतु ₹ 30 प्रति परिवार भुगतान करना होता है। इसके कुल प्रीमियम का 75% केन्द्र सरकार के द्वारा तथा शेष 25% राज्य द्वारा भुगतान किया जाता है।
- 1 अप्रैल, 2015 से इस योजना का क्रियान्वयन स्वास्थ्य एवं परिवार कल्याण मन्त्रालय द्वारा किया जा रहा है। इसमें भवन निर्माण के मजदूर, रेलवे कुली, रिक्शा चालक, खान मजदूर तथा घरेलू नौकर आदि असंगठित क्षेत्र के कर्मकारों को शामिल किया गया है।

भारतीय वित्तीय संस्थाएँ

- **वित्त** (Finance) का अर्थ उस पूँजी से है, जो उत्पादन कार्य के सुचारु संचालन हेतु आवश्यक होती है। सामान्यत: वित्त का तात्पर्य उस रुपये से होता है, जो किसी भी प्रकार के उत्पादन हेतु दिन-प्रतिदिन के व्यय को पूर्ण करने का कार्य करता है। अर्थव्यवस्था में वित्त की आवश्यकता को पूर्ण करने वाली संस्थाएँ **वित्तीय संस्थाएँ** (Financial Institutions) कही जाती हैं।
- वित्तीय संस्थाएँ, भारतीय वित्तीय व्यवस्था का महत्त्वपूर्ण अंग हैं। विशेषीकृत वित्तीय संस्थाओं के अन्तर्गत IDBI, SIDBI, NHB, ICICI, LIC आदि संस्थाएँ आती हैं।

वित्त के संस्थागत स्रोत

- ऋण देने के लिए बने संगठन और प्रतिष्ठान वित्त के संस्थागत स्रोत (Institutional Source) कहलाते हैं। वित्त की व्यवस्था करना इनका विशेष उद्देश्य होता है। इन स्रोतों को वित्तीय संस्थाएँ भी कहते हैं।
- बैंक, सहकारी समितियाँ (Cooperative Societies), बीमा कम्पनियाँ, भारतीय यूनिट ट्रस्ट, राज्य वित्त विकास निगम (State Finance Development Corporation) आदि इसके कुछ उदाहरण हैं।
- उपरोक्त वर्णित संस्थाओं के अतिरिक्त विशिष्ट क्षेत्रों हेतु विशिष्ट वित्तीय संस्थाओं की भी स्थापना की गई है, जिन्हें **विशेषीकृत वित्तीय संस्थाएँ** भी कहा जाता है।

कृषि वित्त के संस्थागत स्रोत

कृषि वित्त के प्रमुख संस्थागत स्रोत निम्नलिखित हैं

भूमि विकास बैंक

- किसानों की दीर्घकालीन ऋण आवश्यकताओं की पूर्ति के उद्देश्य से भूमि विकास बैंक (Land Development Bank) की स्थापना की गई है। इस प्रकार का प्रथम बैंक वर्ष 1929 में मद्रास (वर्तमान में चेन्नई) शहर में स्थापित किया गया था।
- भूमि विकास बैंक एक द्विस्तरीय संरचना वाली संस्था है, जिसमें शीर्ष स्तर पर राज्य भूमि विकास बैंक होता है, जो सभी राज्यों में स्थित होते हैं।

- इसके नीचे जिला स्तर पर केन्द्रीय भूमि विकास बैंक होते हैं। कुछ राज्यों/केन्द्रशासित प्रदेशों; जैसे—उत्तर प्रदेश व जम्मू-कश्मीर में इनकी संरचना एकस्तरीय होती है।
- सामान्यत: भूमि विकास बैंक किसानों की अचल सम्पत्ति को बन्धक रखकर ऋण प्रदान करते हैं। अत: इन्हें **भूमि बन्धक बैंक** भी कहते हैं।
- ये बैंक किसानों को भूमि खरीदने, भूमि पर स्थायी सुधार करने अथवा पुराने ऋणों का भुगतान करने आदि के लिए दीर्घकालीन ऋणों की व्यवस्था करते हैं।
- देश में भूमि विकास बैंकों की पूँजी के मुख्य स्रोत अंश पूँजी, सुरक्षित कोष, जमा राशि, ऋण-पत्र तथा ऋण इत्यादि हैं।

> इनमें से ऋण-पत्र सबसे महत्त्वपूर्ण स्रोत हैं। ऋण-पत्रों से ही केन्द्रीय भूमि विकास बैंक अपनी अधिकांश कार्यशील पूँजी एकत्रित करते हैं। इन बैंकों के ऋण-पत्रों में मुख्य रूप से भारतीय रिजर्व बैंक, व्यापारिक बैंक, सहकारी बैंक, जीवन बीमा निगम तथा केन्द्र एवं राज्य सरकारें निवेश करती हैं। ये ऋण-पत्र दीर्घकालीन अवधि (25 वर्ष तक) के होते हैं।

राष्ट्रीय कृषि एवं ग्रामीण विकास बैंक (नाबार्ड)

- नाबार्ड (NABARD) की स्थापना 12 जुलाई, 1982 को **शिव रमन सिंह समिति** की संस्तुतियों पर कृषि, लघु उद्योगों, कुटीर एवं ग्रामीण उद्योगों, हस्तशिल्पों और गाँवों में अन्य आर्थिक गतिविधियों के संवर्द्धन हेतु ऋण उपलब्ध कराने के लिए की गई थी।
- नाबार्ड की अधिकृत पूँजी ₹ 500 करोड़ तथा चुकता पूँजी (Paid Capital) ₹ 100 करोड़ है। यह बैंक अपनी ऋण सम्बन्धी आवश्यकता की पूर्ति के लिए भारत सरकार, विश्व बैंक एवं अन्य एजेन्सियों से राशियाँ प्राप्त करता है।
- वर्ष 1995-96 से नाबार्ड (National Bank for Agriculture and Rural Development, NABARD) ग्रामीण ढाँचागत विकास कोष (RIDF) के अन्तर्गत ग्रामीण ढाँचागत परियोजनाओं के लिए राज्य सरकारों को वित्त उपलब्ध करा रहा है। यह कोष 31 अनुमोदित गतिविधियों के लिए राज्य सरकारों की वित्त आवश्यकताओं की पूर्ति करता है, जिसमें सिंचाई, ग्रामीण सड़कें, पुल, स्वास्थ्य, शिक्षा, मृदा संरक्षण, पेयजल आपूर्ति आदि महत्त्वपूर्ण हैं।
- वर्ष 2006-07 में प्रधानमन्त्री ग्राम सड़क योजना के अन्तर्गत ग्रामीण सड़कों के निर्माण हेतु भारत निर्माण का एक पृथक् पटल शुरू किया गया।
- 31 मार्च, 2010 तक राष्ट्रीय ग्रामीण सड़क विकास एजेन्सी (National Rural Roads Development Agency, NRRDA) को RIDF के अन्तर्गत नाबार्ड द्वारा कुल स्वीकृत धनराशि ₹ 18,500 करोड़ थी, जो पूर्ण रूप से जारी की जा चुकी है। इस पुनर्वित्त सुविधा के सुचारु संचालन हेतु नाबार्ड अपनी ऋण सम्बन्धी आवश्यकताओं की पूर्ति के लिए भारत सरकार, विश्व बैंक तथा अन्य एजेन्सियों से ऋण प्राप्त करता है।
- इसके अतिरिक्त नाबार्ड, केन्द्र सरकार द्वारा गारण्टी प्राप्त बॉण्ड तथा ऋण-पत्र जारी करके भी संसाधन जुटाता है।

ग्रामीण अवसंरचना विकास निधि

- **ग्रामीण अवसंरचना विकास निधि** (Rural Infrastructure Develpoment Fund, RIDF) नाबार्ड द्वारा उन **अनुसूचित वाणिज्यिक बैंकों** से **निधियों** को (Funds) जुटाकर वर्ष 1995-1996 से संचालित की जा रही है, जो प्राथमिकता प्राप्त क्षेत्र अथवा कृषि को ऋण देने का अपना लक्ष्य पूर्ण करने में असमर्थ रहा है।
- इस निधि की स्थापना का मुख्य उद्देश्य राज्य सरकारों को ग्राम आधार संरचना सम्बन्धी उन प्रोजेक्टों को कार्यान्वित करना था, जो राशियों के अभाव के कारण रुके हुए थे। आधार संरचना प्रोजेक्ट का अर्थ सिंचाई, ग्रामीण सड़कें, पुलों, वाटरशेड विकास, बाढ़ संरक्षण, मार्केट या गोदाम, शीत भण्डार, मछली पालन, वन विकास, अन्तर्देशीय जलमार्ग इत्यादि से है। नाबार्ड इन प्रोजेक्टों को पूर्ण करने हेतु समर्थ बनाने के लिए ऋण प्रदान कराता है।
- अब इसका क्षेत्र बढ़ाकर इसमें ग्रामीण पेयजल योजनाएँ, भूमि संरक्षण, ग्रामीण स्वास्थ्य केन्द्रों, आँगनबाड़ियों आदि को शामिल कर लिया गया है।

उद्योग के वित्त के संस्थागत स्रोत

उद्योगों के दीर्घकालीन वित्त की आवश्यकता को औद्योगिक बैंक (Industrial Banks) पूर्ण करते हैं। औद्योगिक बैंक ऐसी विशिष्ट संस्थाएँ हैं, जो उद्योगों को ऋण देने के साथ-साथ उनके विकास में भी सहायता करती हैं।

> औद्योगिक बैंक एक विशेष प्रकार की वित्तीय संस्थाएँ हैं, जोकि सरकार द्वारा स्थापित की गई हैं। इनका मुख्य उद्देश्य उद्योगों के **दीर्घकालीन वित्त** (Long Term Finance) की आवश्यकताओं को पूर्ण करना है। इस सन्दर्भ में ये बैंक वाणिज्यिक बैंकों के पूरक हैं, क्योंकि वाणिज्यिक बैंक उद्योगों की दीर्घकालीन आवश्यकताओं को पूर्ण नहीं करते हैं।

भारतीय औद्योगिक विकास बैंक लिमिटेड

- वर्ष 1964 में **भारतीय औद्योगिक विकास बैंक** (Industrial Development Bank of India) की स्थापना करने का निर्णय केन्द्रीय सरकार द्वारा देश में औद्योगिक विकास की वित्तीय आवश्यकताओं को पूर्ण करने के लिए लिया गया। इसका मुख्यालय मुम्बई में स्थित है।
- वर्ष 1976 में इसे रिजर्व बैंक से अलग कर इसका स्वामित्व भारत सरकार ने अपने अधीन ले लिया।

> वर्तमान में एलआईसी के पास 51% भागीदारी इसी बैंक की है, जबकि भारत सरकार की भागीदारी 46.46% है। IDBI का मुख्य कार्य औद्योगिक उद्योगों को वित्तीय सहायता प्रदान करने के साथ-साथ उद्योगों के विकास में लगी संस्थाओं को भी बढ़ावा देना है।

- IDBI वृहद् व मध्यम औद्योगिक इकाइयों को सीधे तथा छोटी व मझोली इकाइयों को बैंकों व राज्य स्तरीय वित्तीय संस्थाओं के माध्यम से वित्तीय सहायता प्रदान करता है।
- IDBI की स्थिति में सुधार हेतु सरकार द्वारा अक्टूबर, 2004 में एक अधिसूचना जारी कर इसको RBI अधिनियम, 1934 के अन्तर्गत एक अनुसूचित बैंक बना दिया गया है, जिसमें भारत सरकार की अंशधारिता 53% है।

भारतीय लघु उद्योग विकास बैंक

- इसकी स्थापना भारतीय औद्योगिक विकास बैंक (Small Industries Development Bank of India, SIDBI) के पूर्ण स्वामित्व में एक सहायक बैंक के रूप में की गई। वर्ष 1990 से इसने स्वतन्त्र रूप से कार्य करना प्रारम्भ कर दिया।
- यह लघु उद्योगों (Small Industries) के विकास, वित्त व संवर्द्धन हेतु अति लघु व मझोलें उद्यमों को व्यापारिक क्षेत्रीय ग्रामीण बैंकों व राज्य औद्योगिक वित्त निगमों के सहकारी माध्यम से सहायता प्रदान करता है।

> यह लघु उद्योगों के विकास तथा सम्बन्धित कार्यों में संलग्न संस्थाओं के मध्य समन्वय का कार्य भी करता है, साथ ही यह अपनी एकल खिड़की सेवा (Single Window Service) के अन्तर्गत भारतीय मुद्रा के साथ-साथ विदेशी मुद्रा में भी लघु उद्योगों को ऋण उपलब्ध कराता है।

- इसका मुख्यालय लखनऊ में अवस्थित है। इसके अतिरिक्त इसके 5 क्षेत्रीय कार्यालय व 21 शाखा कार्यालय देश के विभिन्न भागों में स्थापित किए गए हैं।
- इस बैंक की स्थापना हो जाने पर लघु क्षेत्र के उद्योगों के लिए जो कार्य IDBI करता था, वह सभी कार्य इस बैंक को हस्तान्तरित कर दिए गए हैं।

भारतीय औद्योगिक ऋण तथा निवेश निगम लिमिटेड

- ICICI की स्थापना जनवरी, 1955 में भारतीय कम्पनी अधिनियम के अन्तर्गत निजी क्षेत्र में लघु व मध्यम उद्योगों के विकास के लिए की गई थी, जिसकी समस्त पूँजी को कम्पनी, संस्थाओं व व्यक्तियों ने निजी रूप से धारण कर रखा था। वर्तमान में इसकी अधिकांश अंश पूँजी (Equity Capital) का स्वामित्व सार्वजनिक क्षेत्र (Public Sector) के संस्थानों के अधीन है।
- निगम दीर्घ व मध्यकालीन ऋणों का वितरण ऋण-पत्रों के आधार पर करता है, साथ ही निजी क्षेत्रों की औद्योगिक इकाइयों के अंशों में अभिदान, अंशों व ऋण-पत्रों की नई श्रृंखलाओं का अनुलेखन करता है। साथ ही बॉण्डों, ऋण-पत्रों का क्रय तथा रुपये में भुगतान योग्य ऋणों की गारण्टी भी देता है।
- मुम्बई उच्च न्यायालय के निर्णय के अनुसार, सरकार ने नौवहन उद्योग (Shipping Industry) को वित्त उपलब्ध कराने वाली SCICI (Shipping Credit and Investment Company of India) लिमिटेड का ICICI (Industrial Credit and Investment Corporation of India, ICICI) में विलय कर दिया। ICICI बैंक का मुख्यालय वड़ोदरा (गुजरात) में स्थित है।

भारतीय औद्योगिक निवेश बैंक

- मार्च, 1985 में भारतीय औद्योगिक पुनर्निर्माण बैंक अधिनियम, 1984 के अन्तर्गत भारतीय औद्योगिक निवेश बैंक (IIBIL) की स्थापना देश के मुख्य ऋण तथा पुनर्निर्माण एजेन्सी के रूप में रुग्ण व बन्द पड़ी औद्योगिक इकाइयों के पुनर्निर्माण हेतु की गई। इस संस्था का गठन तत्कालीन भारतीय औद्योगिक पुनर्निर्माण निगम लिमिटेड के पुनर्गठन के फलस्वरूप हुआ।
- अब भारतीय औद्योगिक पुनर्निर्माण बैंक (IRBI) के स्थान पर एक नई कम्पनी स्थापित करने की सरकार की योजना है। इस सम्बन्ध में 6 मार्च, 1997 को लोकसभा ने एक विधेयक भी पारित कर दिया। नई व्यवस्था के अन्तर्गत भारतीय औद्योगिक निवेश बैंक लिमिटेड (Industrial Investment Bank of India Ltd., IIBIL) के नाम से इसका पुनर्गठन किया गया है।
- इसका मुख्यालय कोलकाता में स्थित है और अब यह IDBI, IFCI व ICICI की तरह ही एक स्वतन्त्र वित्त विकास संस्था के रूप में कार्य करेगा।
- केन्द्र सरकार ने ग्रामीण विकास बैंक नाबार्ड के द्वारा देश के ग्रामीण क्षेत्रों में रूरल नॉलेज सेण्टर्स (Rural Knowledge Centres, RKC) की स्थापना की है।
- किसान क्रेडिट कार्ड की वैधता 3 वर्ष की होती है तथा प्रत्येक आहरण के भुगतान की समय-सीमा 12 माह निर्धारित की गई है।
- वित्तीय समावेशन पर सुझाव देने के लिए वर्ष 2008 में गठित डॉ. सी. रंगराजन समिति ने शहरी गरीबों को वित्त उपलब्ध कराने के लिए नाबार्ड अधिनियम में परिवर्तन का सुझाव दिया था।

> वर्ष 1951 के राज्य वित्त निगम अधिनियम में संशोधन करके केन्द्र सरकार ने अनेक निगमों के शेयरों पर लाभांश की गारण्टी समाप्त कर दी है।

राज्य वित्त निगम

- राज्य वित्त निगम (State Finance Corporation, SFC) सम्बन्धित राज्यों में छोटे व मध्यम वर्ग के उद्यमों के उन्नयन हेतु प्रयासरत रहते हैं, जिससे कि अधिक निवेश, रोजगार व सन्तुलित क्षेत्रीय विकास सुनिश्चित हो सकें।
- वर्तमान (जून, 2020 के अनुसार) समय में देश में 18 राज्य वित्त निगम कार्यरत हैं, जिनमें से 17 का गठन राज्य वित्त अधिनियम, 1951 के अन्तर्गत व तमिलनाडु औद्योगिक निवेश निगम लिमिटेड की स्थापना कम्पनी अधिनियम, 1951 के अन्तर्गत की गई।
- नए राज्य वित्त निगम (संशोधन) अधिनियम, 2000 के अन्तर्गत यह प्रावधान किया गया है कि राज्य वित्त निगम अपने लाभ के अनुरूप ही लाभांश का भुगतान करें।

- संशोधित अधिनियम के अन्तर्गत इन निगमों में भारतीय औद्योगिक विकास बैंक (IDBI) की शेयरधारिता को लघु उद्योग विकास बैंक (SIDBI) को हस्तान्तरित किया जाएगा तथा आगे से इन निगमों के क्रियाकलापों की निगरानी का दायित्व सम्बन्धित राज्य सरकारों व सिडबी का होगा। इन निगमों के पूँजी आधार को बढ़ाकर ₹ 500 करोड़ करने तथा आगे ₹ 1000 करोड़ तक बढ़ाने का विकल्प खुला रखने का प्रावधान भी संशोधित अधिनियम में किया गया है। संशोधित अधिनियम के अन्तर्गत इन निगमों में निजी शेयरधारिता 49% तक ही हो सकेगी।

राज्य औद्योगिक विकास निगम लिमिटेड

इनकी स्थापना राज्य सरकार ने अपनी पूर्ण स्वामित्वाधीन कम्पनियों के रूप में की है। वर्तमान (जून, 2023 के अनुसार) समय में देश में 28 निगम कार्यरत हैं। इन निगमों के प्रमुख उद्देश्यों में औद्योगिक क्षेत्रों का विकास, बाजार सुविधा की व्यवस्था तथा नए विकास केन्द्रों की स्थापना सम्मिलित हैं।

भारतीय आयात-निर्यात बैंक

- एक्जिम बैंक (Exim Bank) की स्थापना जनवरी, 1982 में निर्यातकों व आयातकों को वित्तीय सहायता प्रदान करने के प्रमुख उद्देश्य से की गई थी।
- इसके अतिरिक्त इसके अन्य महत्त्वपूर्ण कार्यों में उन सभी वित्तीय संस्थाओं का समन्वय करने का कार्य भी शामिल है, जो वस्तुओं व सेवाओं के निर्यात हेतु वित्त एकत्र करते हैं। इसका मुख्यालय मुम्बई में स्थित है।
- एक्जिम बैंक भारत के साथ-साथ तृतीय विश्व के देशों के लिए भी आयात-निर्यात (Export-Import Bank, EXIM) सम्बन्धी वित्त का प्रबन्ध करते हैं। वाशिंगटन, सिंगापुर, अजरबेजान व बुडापेस्ट में इसके विदेशी कार्यालय भी स्थित हैं।

राष्ट्रीय आवास बैंक

- राष्ट्रीय आवास बैंक (National Housing Bank, NHB) की स्थापना भारतीय रिजर्व बैंक की सहायक संस्था के रूप में जुलाई, 1988 में की गई थी।

यह बैंक देश में आवास सम्बन्धी वित्त व्यवस्था के लिए शीर्षस्थ बैंक है। यह बैंक भूमि एवं भवन निर्माण सामग्री एवं संघटकों; जैसे—वास्तविक संसाधनों की आपूर्ति के संवर्द्धन के लिए भी प्रयत्नशील रहा है। इसका मुख्यालय नई दिल्ली में स्थित है।

- वित्त अधिनियम, 2019 तथा राष्ट्रीय आवास बैंक अधिनियम, 1987 में संशोधन किया गया। संशोधन के अन्तर्गत भारतीय रिजर्व बैंक को राष्ट्रीय आवास बैंक तथा सम्बन्धित कम्पनियों के नियमन की शक्तियाँ प्रदान की गई हैं।
- राष्ट्रीय आवास बैंक बॉण्डों तथा ऋण-पत्रों को जारी करके अपने संसाधन जुटा सकता है। 30 जून, 2009 को राष्ट्रीय आवास बैंक की अधिकृत प्रदत्त पूँजी ₹ 450 करोड़ थी, जो शत-प्रतिशत RBI द्वारा प्रदत्त थी। यह बैंक देश की आवास वित्त कम्पनियों का नियामक एवं पर्यवेक्षक है।
- 1 जुलाई, 1989 से राष्ट्रीय आवास बैंक ने जमाराशि स्वीकार करने की एक योजना प्रारम्भ की, जिसे गृह ऋण खाते की योजना कहते हैं। यह योजना व्यापारिक बैंकों तथा सहकारी बैंकों के माध्यम से चलाई जा रही है।
- इस योजना के अन्तर्गत कोई भी व्यक्ति, जो मकान निर्माण के लिए ऋण लेना चाहता है, किसी व्यापारिक बैंक या सहकारी बैंक में गृह ऋण खाता खोलकर 5 वर्ष तक एक निर्धारित राशि जमा करता रहता है। 5 वर्ष बाद वह निर्धारित राशि तक का ऋण प्राप्त करने का अधिकारी हो जाता है। इस योजना में राष्ट्रीय आवास बैंक, व्यापारिक बैंक अथवा सहकारी बैंक के लिए पुनर्वित्त प्रदान करता है।

भारत की प्रमुख वित्तीय संस्थाएँ

संस्था	स्थापना
भारतीय रिजर्व बैंक (RBI)	1 अप्रैल, 1935
भारतीय औद्योगिक वित्त निगम (IFCI)	1948
भारतीय औद्योगिक ऋण व निवेश निगम (ICICI)	जनवरी, 1955
भारतीय स्टेट बैंक (SBI)	1 जुलाई, 1955
भारतीय जीवन बीमा निगम (LIC)	सितम्बर, 1956
भारतीय यूनिट ट्रस्ट (UTI)	1 फरवरी, 1964
भारतीय औद्योगिक विकास बैंक (IDBI)	जुलाई, 1964
भारतीय साधारण बीमा निगम (LIC)	नवम्बर, 1972
भारतीय निर्यात-आयात बैंक (EXIM Bank)	1 जनवरी, 1982
कृषि एवं ग्रामीण विकास हेतु राष्ट्रीय बैंक (NABARD)	12 जुलाई, 1982
भारतीय औद्योगिक पुनर्निर्माण बैंक (IRBI)	20 मार्च, 1985
राष्ट्रीय आवास बैंक (NHB)	जुलाई, 1988
भारतीय लघु उद्योग विकास बैंक (SIDBI)	1990

सूक्ष्म वित्त (माइक्रो फाइनेन्स)

- विभिन्न वित्तीय सेवाएँ (बचत, ऋण व बीमा) जो सूक्ष्म वित्तीय संस्थाओं द्वारा गरीबों को उपलब्ध कराई जाती हैं, उन्हें सूक्ष्म वित्त कहते हैं। इन्हें सूक्ष्म वित्त (Micro Finance) इसलिए भी कहा जाता है, क्योंकि ये विशेष रूप से गरीबों पर केन्द्रित रहती हैं और उनके द्वारा उत्पन्न उत्पाद प्रकृति से सूक्ष्म होते हैं।
- भारत में सूक्ष्म ऋण सहायता दो मॉडलों पर आधारित है। पहला, स्वयं सहायता समूह (SHG) बैंक सम्पर्क कार्यक्रम और दूसरा, लघु वित्त संस्थान SHG बैंक सम्पर्क वर्ष 1986 में अस्तित्व में आया, जब राष्ट्रीय कृषि एवं ग्रामीण विकास बैंक (नाबार्ड) ने कर्नाटक में एक स्वयं सेवी संगठन **मर्यादा** को पहला औपचारिक ऋण दिया। देश का पहला सूक्ष्म वित्त संस्थान **बेसिक्स** है, इसकी स्थापना वर्ष 1966 में हुई।

सूक्ष्म वित्त संस्थाएँ

- वित्तीय सुविधाओं से वंचित छोटे-छोटे कामगारों को विभिन्न प्रकार की वित्तीय सुविधाएँ उपलब्ध कराने वाले संगठन को सूक्ष्म वित्त संस्थान कहते हैं।
- ये संस्थाएँ अपनी गतिविधियों को सदैव गरीबों पर केन्द्रित करती हैं। कभी-कभी सूक्ष्म वित्त संस्थाएँ गैर-वित्तीय सेवाएँ भी उपलब्ध कराती हैं; जैसे—व्यावसायिक प्रशिक्षण, स्वास्थ्य, शिक्षा आदि।

माइक्रो यूनिट्स डेवलपमेण्ट रिफाइनेन्स एजेन्सी (मुद्रा) बैंक

- माइक्रो यूनिट्स डेवलमेण्ट रिफाइनेन्स एजेन्सी (मुद्रा) बैंक की घोषणा वर्ष 2015 के बजट में की गई, जिसके लिए ₹ 20,000 करोड़ का कोष निर्धारित किया गया और इसमें ₹ 3,000 करोड़ की ऋण गारण्टी राशि की घोषणा की गई।
- मुद्रा बैंक प्रधानमन्त्री मुद्रा योजना के द्वारा सूक्ष्म वित्त संस्थानों का पुनर्वित्तीयन करेगा।
- कर्ज (ऋण) देते समय अनुसूचित जाति/ जनजाति उद्यमों को प्राथमिकता दी जाएगी।
- इन उपायों से युवाओं, शिक्षित अथवा कौशल प्राप्त श्रमिकों का आत्मविश्वास बढ़ेगा, जो पहली पीढ़ी के उद्यमी बनने की आकांक्षा रखते हैं, साथ ही इसमें वर्तमान लघु उद्यमी भी शामिल होकर अपनी गतिविधियों का विस्तार कर सकेंगे।

प्रीलिम्स फैक्ट्स

- बाजार के अस्तित्व के लिए, बैंक, आर्थिक विधान, कीमतें और श्रमिक संघ में सबसे अनिवार्य क्या है? ***– कीमतें [MPPSC (Pre) 1997]***
- सरकारी प्रतिभूति बाजार, व्यापारिक बिल बाजार, याचना मुद्रा बाजार और जमा प्रमाण-पत्र बाजार में से कौन-सा एक भारत में संगठित मुद्रा बाजार का अत्यधिक अस्थिर भाग है? ***– याचना मुद्रा बाजार [RAS/RTS (Pre) 2018]***
- पूँजी बाजार से आशय है। ***– शेयर बाजार से [UPPSC (Pre) 2008]***
- क्रेता बाजार कहलाता है, जहाँ ***– माँग से पूर्ति अधिक होती है [UPPSC (Mains) 2010]***
- सुपर बाजार होता है एक ***– फुटकर विक्रय संगठन [UPPSC (Mains) 2003]***
- आईडीबीआई, आईसीआईसीआई, मुद्रा व्यापार सहयोग निधि और भारतीय रिजर्व बैंक में से कौन भारतीय मुद्रा व्यापार का अंग नहीं है? ***– मुद्रा व्यापार सहयोग निधि [UPPSC (Pre) 1999]***
- वाणिज्य प्रपत्र-वाणिज्य बैंक, कॉर्पोरेट (निगम) उद्योग, लघु उद्योग और विदेशी बैंक में से किसके लिए साख का स्रोत है? ***– कॉर्पोरेट (निगम) उद्योग [UPPSC (Mains) 2004]***
- भारत में भविष्य निधि संविदा आधारित बचत, अवशेष बचत, स्वैच्छिक बचत और नियोसक्त बचत में से क्या है? ***– संविदा आधारित बचत [UPPSC (Pre) 1998]***
- फेमा, सेबी, एमआरटीपी अधिनियम में से कौन भारत के शेयर बाजार के कार्य को नियन्त्रित करता है? ***– सेबी (SEBI) [UPPSC (Mains) 2012]***
- सेबी, भारतीय रिजर्व बैंक, भारतीय स्टेट बैंक में से किसे भारत सरकार ने भारतीय पूँजी बाजार में घोटालों की पुनरावृत्ति को रोकने हेतु नियामक शक्तियाँ प्रदान की हैं। ***– सेबी को [UPPSC (Mains) 2008]***
- दलाल स्ट्रीट, नई दिल्ली, लन्दन, मुम्बई और पेरिस में से कहाँ स्थित है? ***– मुम्बई में [UPPSC (Mains) 2012]***
- तेजड़िया, मन्दड़िया, दलाल और स्टैग में से कौन एक शेयर बाजार में सटोरिया नहीं है? ***– दलाल [UPPSC (Mains) 2004]***
- इनसाइड ट्रेडिंग (आन्तरिक व्यापार) शेयर बाजार, घुड़दौड़, करारोपण और अन्तर्राष्ट्रीय व्यापार में से किससे सम्बन्धित है? ***– शेयर बाजार से [UPPSC (Mains) 2017]***
- बुल तथा बिग शब्द विदेशी व्यापार, बैंकिंग, शेयर बाजार और वस्तु निर्माण में से किस व्यापार क्षेत्र से जुड़े है? ***– शेयर बाजार [UPPSC (Pre) 2002]***
- कम्पनी अंश (शेयर) पर मर्यादित लिमिटेड होने का अर्थ है ***– धारकों का उत्तरदायित्व सीमित होना [MPPSC (Pre) 1991]***

- भारतीय स्टेट बैंक का म्युचुअल फण्ड, सामान्य बीमा कम्पनी का म्युचुअल फण्ड, इण्डस बैंक म्युचुअल फण्ड और यूनिट ट्रस्ट ऑफ इण्डियन का म्युचुअल फण्ड में से कौन–सा भारत में सबसे बड़ा म्युचुअल फण्ड संगठन है? ***– यूनिट ट्रस्ट ऑफ इण्डियन का म्युचुअल फण्ड** [IAS (Pre) 1995]*
- विश्वसनीय प्रतिभूतियों से तात्पर्य है ***– ऐसे शेयर जिन पर लगातार ऊँची दर का लाभ हो** [UPPSC (Mains) 2008]*
- बी एस ई सेंसेक्स शेयर बाजार में उतार–चढ़ाव मापने का एक सूचकांक है। इस सूचकांक में जितनी कम्पनियों को सम्मिलित किया जाता है, उनकी संख्या है ***– 30** [UPPSC (Mains) 2005]*
- स्वैट इक्विटी शेयर्स– साधारण शेयर धारकों, अधिमान शेयर धारकों तथा कम्पनी के कर्मचारियों में से किसे आवण्टित किए जाते हैं? ***– कम्पनी के कर्मचारियों को** [UKPSC (Pre) 2022]*
- भारतीय जीवन बीमा की स्थापना कब हुई? ***– वर्ष 1956 में** [BPSC (Pre) 2008]*
- एक्युअरीज शब्द बैंकिंग, बीमा, शेयर बाजार में से किससे सम्बन्धित है? ***– बीमा से** [UPPSC (Pre) 2008]*
- सार्वजनिक वस्तुओं की कीमत निर्धारण हेतु छाया कीमतों की अवधारणा को किसने प्रतिपादित किया था? ***– जे. टिनबरगिन** [UP UDA/LDA (Pre) 2010]*
- भारत सरकार द्वारा बीमा नियामक एवं विकास प्राधिकरण की स्थापना कब की गई? ***– अप्रैल, 2000 में** [UKPSC (Pre) 2012]*
- एक्जिम बैंक, निर्यात साख एवं गारण्टी निगम और सामान्य बीमा निगम में से भारत की कौन–सी संस्था निर्यात व्यापार के जोखिम का बीमा करती है। ***– निर्यात साख एवं गारण्टी निगम** [UPPSC (Mains) 2004]*
- जी.वी. रामकृष्ण, सी. रंगराजन, अरुण जेटली और मोण्टेक सिंह अहलूवालिया में से कौन भारत के विनिवेश आयोग का प्रथम अध्यक्ष था? ***– जी.वी. रामकृष्ण** [UPPSC (Mains) 2004]*
- वर्ष 2011 में सूक्ष्म वित्त संस्थाएँ (माइक्रो फाइनेन्स इन्स्टीट्यूशन) किसकी समिति सिफारिश पर स्थापित किए गए? ***– मालेगाम समिति** [UP RO/ARO (Pre) 2014]*
- एक अन्तर्राष्ट्रीय वित्तीय सेवा केन्द्र गाँधीनगर, मुम्बई, अहमदाबाद और बंगलुरु में से कहाँ स्थापित किया गया है? ***– गाँधीनगर** [UPPSC (Mains) 2016]*
- भारतीय औद्योगिक ऋण और निवेश निगम की स्थापना कब की गई? ***– वर्ष 1955 में** [BPSC (Pre) 2015]*
- औद्योगिक और वित्तीय पुनर्निर्माण बोर्ड की स्थापना कब हुई? ***– वर्ष 1987 में** [BPSC (Pre) 2015]*
- भारत का औद्योगिक वित्त निगम किस रूप में कार्य करता है? ***– एक विकास बैंक के रूप में** [UPPSC (Mains) 2012]*
- नाबार्ड की स्थापना कब हुई थी? ***– वर्ष 1982 में** [UPPSC (Pre) 2020]*

सेल्फ चैक

1. भारतीय अर्थव्यवस्था के सन्दर्भ में निम्नलिखित कथनों पर विचार कीजिए **IAS (Pre) 2022**

1. घरेलू वित्तीय बचत का एक भाग सरकारी ऋणग्रहण के लिए जाता है।
2. नीलामी में बाजार सम्बन्धित दरों पर जारी दिनांकित प्रतिभूतियों, आन्तरिक ऋण का एक बड़ा घटक होती हैं।

उपरोक्त कथनों में से कौन-सा/से कथन सही है/हैं?

(a) केवल 1
(b) केवल 2
(c) 1 और 2 दोनों
(d) न तो 1 और न हो 2

2. वित्तीय निवेशों के विशिष्ट व्यवहार में 'मन्दड़िया' शब्द किसका द्योतक है? **IAS (Pre) 2010**

(a) उस निवेशक का, जो यह अनुभूत करता है कि अमुक प्रतिभूति की कीमत गिरने वाली है
(b) उस निवेशक का, जो यह अनुभूत करता है कि अमुक शेयरों की कीमत बढ़ने वाली है
(c) उस शेयरधारक या बॉण्डधारक का, जिसकी किसी वित्तीय या अन्यथा कम्पनी में भागीदारी है
(d) उस उधारदाता का, जो कर्ज देता है या बॉण्ड खरीदता है

3. भारतीय शेयर बाजार में उतार-चढ़ाव का कारण है

1. विदेशी कोषों का अन्तर्प्रवाह और बाह्य प्रवाह
2. विदेशी पूँजी बाजारों में उच्चावचन
3. मौद्रिक नीति के परिवर्तन

उपरोक्त कारणों में से कौन-सा/से कारण सही है/हैं?

(a) 1 और 2 (b) 1 और 3
(c) 1, 2 और 3 (d) 2 और 3

4. निम्नलिखित कथनों पर विचार कीजिए **IAS (Pre) 2010**

भारत में शेयर बाजार तथा फ्यूचर्स बाजार में हुए लेन-देनों पर कर

1. संघ द्वारा लगाए जाते हैं।
2. राज्यों द्वारा एकत्रित किए जाते हैं।

उपरोक्त कथनों में से कौन-सा/से कथन सही है/हैं?

(a) केवल 1 (b) केवल 2
(c) 1 और 2 दोनों (d) न तो 1 और न ही 2

5. भारत के सन्दर्भ में निम्नलिखित कथनों पर विचार कीजिए **IAS (Pre) 2021**

1. खुदरा निवेशक डीमैट खातों के माध्यम से प्राथमिक बाजार में 'राजकोष बिल (ट्रेजरी बिल)' और 'भारत सरकार के ऋण बॉण्ड' में निवेश कर सकते हैं।

2. 'बातचीत से तय लेन-देन प्रणाली-ऑर्डर मिलान (नेगोशिएटेड डीलिंग सिस्टम ऑर्डर मैचिंग)' भारतीय रिजर्व बैंक का सरकारी प्रतिभूति व्यापारिक मंच है।
3. 'सेण्ट्रल डिपोजिटरी सर्विसेज लिमिटेड' का भारतीय रिजर्व बैंक एवं बम्बई स्टॉक एक्सचेन्ज द्वारा संयुक्त रूप से प्रवर्तन किया जाता है।

उपरोक्त कथनों में से कौन सा/से कथन सही है/हैं?

(a) केवल 1
(b) 1 और 2
(c) केवल 3
(d) 2 और 3

6. सार्वजनिक क्षेत्रक के उद्यमों में शेयरों के विनिवेश पर रंगराजन समिति ने सुझाया कि

1. इक्विटी (साम्या) की मुक्त की जाने वाली प्रतिशतता स्पष्टत: सार्वजनिक क्षेत्रक हेतु आरक्षित उद्योगों के लिए 49% से अधिक नहीं होनी चाहिए और अन्य के लिए या तो 74% या 100% होनी चाहिए।
2. विनिवेश का वर्षवार लक्ष्य बनाए रखा जाना चाहिए।

उपरोक्त कथनों में से कौन-सा/से कथन सही है/हैं?

(a) केवल 1
(b) केवल 2
(c) 1 और 2 दोनों
(d) न तो 1 और न ही 2

7. भारत में कार्य कर रही विदेशी स्वामित्व की ई-वाणिज्य फर्मों के सन्दर्भ में निम्नलिखित कथनों में से कौन-सा/से कथन सही है/हैं? IAS (Pre) 2022

1. अपने प्लेटफॉर्मों को बाजार स्थान के रूप में प्रस्तुत करने के अतिरिक्त वे स्वयं अपने माल का विक्रय भी कर सकते हैं।
2. वे अपने प्लेटफॉर्मों पर किस अंश तक बड़े विक्रेताओं को स्वीकार कर सकते हैं, यह सीमित है।

कूट

(a) केवल 1
(b) केवल 2
(c) 1 और 2 दोनों
(d) न तो 1 और न ही 2

8. परिवर्तनीय बॉण्ड के सन्दर्भ में निम्नलिखित कथनों पर विचार कीजिए IAS (Pre) 2022

1. चूँकि बॉण्ड को इक्विटी के लिए बदलने का विकल्प है, परिवर्तनीय बॉण्ड अपेक्षाकृत कम ब्याज दर का भुगतान करते हैं।
2. इक्विटी के लिए बदलने का विकल्प बॉण्डधारक को बढ़ती हुई उपभोक्ता कीमतों से सहलग्नता (इण्डेक्सेशन) की मात्रा प्रदान करता है।

उपरोक्त कथनों में से कौन-सा/से कथन सही है/हैं?

(a) केवल 1
(b) केवल 2
(c) 1 और 2 दोनों
(d) न तो 1 और न ही 2

9. भारतीय सरकारी बॉण्ड प्रतिफल निम्नलिखित में से किससे/किनसे प्रभावित होता है/होते हैं? IAS (Pre) 2021

1. यूनाइटेड स्टेट्स फेडरल रिजर्व की कार्रवाई
2. भारतीय रिजर्व बैंक की कार्रवाई
3. मुद्रास्फीति एवं अल्पावधि ब्याज दर

कूट

(a) 1 और 2 (b) केवल 2
(c) केवल 3 (d) 1, 2 और 3

10. सरकार की 'सम्प्रभु स्वर्ण बॉण्ड योजना' एवं 'स्वर्ण मुद्रीकरण 'योजना' का/के उद्देश्य क्या है/हैं? IAS (Pre) 2016

1. भारतीय गृहस्थों के पास निष्क्रिय पड़े स्वर्ण को अर्थव्यवस्था में लाना।
2. स्वर्ण एवं आभूषण के क्षेत्र में एफडीआई (FDI) को प्रोत्साहित करना।
3. स्वर्ण आयात पर भारत की निर्भरता में कमी लाना।

कूट

(a) केवल 1 (b) 2 और 3
(c) 1 और 3 (d) 1, 2 और 3

11. भारतीय अर्थव्यवस्था के सन्दर्भ में 'मुद्रास्फीति सहलग्न बॉण्ड (Inflation Indexed Bonds, IIBs) के क्या लाभ हैं? IAS (Pre) 2022

1. सरकार IIBs के रूप में अपने ऋण ग्रहण पर कूपन दरों को कम कर सकती है।
2. IIBs निवेशकों को मुद्रास्फीति के विषय में अनिश्चितता से सुरक्षा प्रदान करते हैं।
3. IIBs पर प्राप्त ब्याज और साथ ही साथ पूँजीगत लाभ कर योग्य नहीं होते।

उपरोक्त कथनों में से कौन-सा/से कथन सही है/हैं?

(a) 1 और 2 (b) 2 और 3
(c) 1 और 3 (d) 1, 2 और 3

12. वित्तीय स्थिरता और विकास परिषद् के सन्दर्भ में निम्नलिखित कथनों पर विचार कीजिए IAS (Pre) 2016

1. यह नीति आयोग का एक अंग है।
2. संघ का वित्त मन्त्री इसका प्रमुख होता है।
3. यह अर्थव्यवस्था के समष्टि सविवेक (मैक्रोप्रूडेन्शियल) पर्यवेक्षण का अनुवीक्षण (मॉनिटरिंग) करता है।

उपरोक्त कथनों में से कौन-सा/से कथन सही है/हैं?

(a) 1 और 2 (b) केवल 3
(c) 2 और 3 (d) 1, 2 और 3

13. जोखिम पूँजी से क्या तात्पर्य है? IAS (Pre) 2014

(a) उद्योगों को उपलब्ध कराई गई अल्पकालीन पूँजी
(b) नए उद्यमियों को उलब्ध कराई गई दीर्घकालीन प्रारम्भिक पूँजी
(c) उद्योगों को हानि उठाते समय उपलब्ध कराई गई निधियाँ
(d) उद्योगों के प्रतिस्थापन एवं नवीकरण के लिए उपलब्ध कराई गई निधियाँ

14. निम्नलिखित कथनों पर विचार कीजिए **IAS (Pre) 2022**

1. भारत में साख क्षमता-निर्धारण एजेन्सियाँ (क्रेडिट रेटिंग एजेन्सीज) भारतीय रिजर्व बैंक द्वारा विनियमित होती हैं।
2. ICRA नाम से जानी जाने वाली क्षमता निर्धारण एजेन्सी एक पब्लिक लिमिटेड कम्पनी है।
3. ब्रिकवर्क रेटिंग्स एक भारतीय साख क्षमता-निर्धारण एजेन्सी है।

उपरोक्त कथनों में से कौन-सा/से कथन सही है/हैं?

(a) 1 और 2 (b) 2 और 3
(c) 1 और 3 (d) 1, 2 और 3

15. राष्ट्रीय निवेश निधि के, जिसमें विनिवेश प्राप्तियाँ पहुँचती हैं, सन्दर्भ में निम्नलिखित कथनों पर विचार कीजिए **IAS (Pre) 2010**

1. केन्द्रीय वित्त मन्त्रालय राष्ट्रीय निवेश निधि की परिसम्पत्ति का प्रबन्धन करता है।
2. राष्ट्रीय निवेश निधि, भारत की संचित निधि के अन्तर्गत रखी जाती है।
3. कुछ परिसम्पत्ति प्रबन्धन कम्पनियाँ, निधि प्रबन्धकों के रूप में नियुक्त की जाती हैं।
4. वार्षिक आय का निश्चित अनुपात चुनिन्दा सामाजिक क्षेत्रों का वित्त पोषण करने के लिए प्रयुक्त होता है।

कूट

(a) 1 और 2 (b) केवल 2
(c) 3 और 4 (d) केवल 3

16. निम्नलिखित में से कौन-से निजी (प्राइवेट) बीमा कार्यक्रमों तथा सामाजिक बीमा कार्यक्रमों के बीच प्ररूपी विभेद हैं?

1. पर्याप्तता बनाम साम्या
2. स्वैच्छिक बनाम अधिदेशात्मक सहभागिता
3. सम्वादात्मक बनाम सांविधिक अधिकार
4. निधीयन

कूट

(a) 1, 2 और 3
(b) 1, 2 और 4
(c) 3 और 4
(d) 1, 2, 3 और 4

17. निम्नलिखित कथनों पर विचार कीजिए **IAS (Pre) 2020**

1. कृषि क्षेत्र को अल्पकालीन साख प्रदान करने के सन्दर्भ में 'जिला केन्द्रीय सहकारी बैंक (DCCBs)', 'अनुसूचित वाणिज्यिक बैंकों' एवं 'क्षेत्रीय ग्रामीण बैंकों' की तुलना में अधिक ऋण देते हैं।
2. डी. सी. सी. बी. (DCCBs) का एक सबसे प्रमुख कार्य 'प्राथमिक कृषि साख समितियों' को निधि उपलब्ध कराना है।

उपरोक्त कथनों में से कौन-सा/से कथन सही है/हैं?

(a) केवल 1
(b) केवल 2
(c) 1 और 2 दोनों
(d) न तो 1 और न ही 2

जानें सही उत्तर

1. (c)	**2.** (a)	**3.** (c)	**4.** (a)	**5.** (b)	**6.** (d)	**7.** (b)	**8.** (c)	**9.** (d)	**10.** (c)
11. (a)	**12.** (c)	**13.** (b)	**14.** (b)	**15.** (c)	**16.** (b)	**17.** (b)			

● अध्याय आठ

लोकवित्त, राजकोषीय नीति एवं बजट

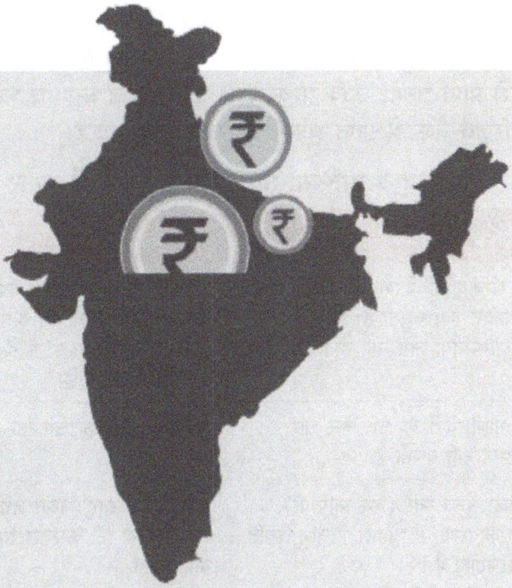

"

लोकवित्त का सम्बन्ध राजकोषीय नीतियों से है, जो देश की आर्थिक नीतियों तथा अर्थव्यवस्था को प्रभावित करती हैं। सभी सरकारों का लक्ष्य एक न्यायोचित वित्त व्यवस्था द्वारा सामाजिक न्याय लाना होता है। इस प्रकार सरकार की समस्त आर्थिक गतिविधियों का समावेश बजट के अन्तर्गत होता है। बजट किसी देश की आर्थिक वृद्धि दर का प्रमुख संकेतक एवं आर्थिक व्यवस्था का प्रमुख मापक होता है।

लोकवित्त का अर्थ

- राज्य अपने दायित्वों को सार्वजनिक सत्ताओं (केन्द्र सरकार, राज्य सरकार, स्थानीय शासन संस्थाओं आदि) के माध्यम से वित्तीय साधनों (धन) के द्वारा सम्पन्न करता है। इन्हीं संस्थाओं के वित्त से सम्बन्धित सिद्धान्तों, समस्याओं एवं नीतियों के विधिवत अध्ययन को ही लोकवित्त (Public Finance) कहा जाता है।
- लोकवित्त मात्र सरकारी आय-व्यय की अवधारणाओं से सम्बन्धित नहीं है, बल्कि इसके आयाम कहीं अधिक विस्तृत हैं। इसके अन्तर्गत सार्वजनिक ऋण, वित्तीय प्रशासन तथा राजकोषीय नीति आदि भी शामिल होते हैं।

लोकवित्त का विभाजन

- लोकवित्त को पाँच भागों में विभाजित किया जा सकता है, जो निम्न प्रकार हैं
  - सार्वजनिक आय
  - सार्वजनिक व्यय
  - सार्वजनिक ऋण
  - सार्वजनिक नीति
  - वित्तीय प्रशासन

सार्वजनिक आय

सार्वजनिक आय से आशय सरकार को किसी 1 वर्ष में विविध स्रोतों से प्राप्त होने वाली आय से है। सार्वजनिक आय के मुख्यत: दो प्रकार हैं

- **राजस्व प्राप्तियाँ** (Revenue Receipts) ऐसी सार्वजनिक प्राप्तियाँ, जिनसे न तो सरकार की देयता में वृद्धि होती है और न ही सरकार की परिसम्पत्तियों में कमी आती है, राजस्व प्राप्तियाँ कहलाती हैं। राजस्व प्राप्तियों को मुख्यत: दो भागों—कर आय (Tax Revenue) तथा गैर-कर आय (Non-Tax Revenue) में विभाजित किया जाता है।

- **पूँजीगत प्राप्तियाँ** (Capital Receipt) ऐसी प्राप्तियाँ, जिनके बदले में सरकार को भुगतान करना पड़ता है, पूँजीगत प्राप्तियाँ कहलाती हैं। यह भुगतान आगामी वित्तीय वर्ष में किया जाता है। विदेशी सरकारों से प्राप्त ऋण, राज्य सरकारों से वापस प्राप्त ऋण व भारतीय रिजर्व बैंक से प्राप्त धनराशि इसकी मुख्य मदें हैं।

राजस्व प्राप्तियाँ तथा पूंजी प्राप्तियों में अन्तर

राजस्व प्राप्तियाँ	पूँजीगत प्राप्तियाँ
ये सरकार की देयता की स्थिति को प्रभावित नहीं करती हैं। इनमें परिसम्पत्तियाँ कम नहीं होती हैं।	ये प्राप्तियाँ सरकार की देयता को प्रभावित करती हैं। इनसे परिसम्पत्तियाँ कम होती हैं अथवा देनदारियाँ बढ़ती हैं।
ये भावी पीढ़ी के लिए कर भार उत्पन्न नहीं करती हैं।	ये भावी पीढ़ी के लिए कर दायित्व कर सकती हैं।
इनका उच्च स्तर (कर प्राप्तियाँ) अर्थव्यवस्था की बेहतर वित्तीय स्थिति को बताता है।	इनका उच्च स्तर (उधार तथा विनिवेश) अर्थव्यवस्था की कमजोर वित्तीय स्थिति को दर्शाता है।

सार्वजनिक व्यय

- सरकारी प्राधिकारियों द्वारा किए जाने वाले व्यय को सार्वजनिक व्यय (Public Expenditure) कहते हैं।
- सरकारी व्यय उन व्ययों का सूचक होता है, जोकि सरकारी प्रशासन अर्थात् केन्द्र, राज्य तथा स्थानीय सरकारों द्वारा अपने नागरिकों की रक्षा करने तथा अनेक आर्थिक एवं सामाजिक कल्याण हेतु किए जाते हैं।
- सार्वजनिक व्यय के अन्तर्गत योजनागत व्यय एवं गैर-योजनागत व्यय को सम्मिलित किया जाता है, जोकि निम्न प्रकार हैं
  - **योजनागत व्यय** विकासशील प्रकृति का होता है तथा आने वाले समय में वह सार्वजनिक आय को बढ़ाने में सहायक होता है।
  - **गैर-योजनागत व्यय** गैर-विकासशील प्रकार का होता है; जैसे—रक्षा व्यय, ब्याज, सब्सिडी, प्रशासनिक व्यय इत्यादि।
- सार्वजनिक व्यय को दो भागों में विभाजित किया जाता है
  - **राजस्व व्यय** (Revenue Expenditure) साधारणत: राजस्व व्यय सार्वजनिक व्यय का वह स्वरूप है, जिससे किसी भी उत्पादित कोटि की परिसम्पत्ति का सृजन नहीं होता है। राजस्व व्यय का सम्बन्ध चालू खाते से होता है। सामान्यत: राजस्व व्यय की प्रमुख मदें हैं—सरकारी सेवाओं पर होने वाला व्यय, सरकारी सब्सिडी तथा ब्याज अदायगी एवं अनुदान।
  - **पूँजीगत व्यय** (Capital Expenditure) ऐसे व्यय, जिनसे सरकार की परिसम्पत्तियों में वृद्धि होती है, पूँजीगत व्यय कहलाते हैं। पूँजीगत व्यय उत्पादक कोटि का व्यय होता है, इसका लाभ कई वर्षों तक मिलता रहता है; जैसे—आधारिक संरचना का निर्माण करवाना। राज्यों व संघ राज्य क्षेत्रों को अनुदत्त ऋण और अग्रिम पूँजीगत व्यय भी प्रमुख मदें हैं।

राजस्व व्यय एवं पूँजीगत व्यय में अन्तर

राजस्व व्यय	पूँजीगत व्यय
यह सरकार की परिसम्पत्ति देयता को प्रभावित नहीं करता है।	यह सरकार की परिसम्पत्ति की देयता को प्रभावित करता है।
इसके बढ़ने से परिसम्पत्ति एवं देनदारियों में कमी अथवा वृद्धि नहीं होती है।	इसके बढ़ने से परिसम्पत्ति एवं देनदारियों में कमी आती है।
यह व्यय अधिकांश लोगों के कल्याण से सम्बन्धित होता है।	यह व्यय सकल घरेलू उत्पाद की संवृद्धि से सम्बन्धित होता है।
उच्च राजस्व व्यय लोगों की निर्धनता को दिखाता है।	उच्च पूँजी व्यय अर्थव्यवस्था में निजी निवेश के अभाव को दिखाता है।

पूँजी व्यय खाता

केन्द्र तथा राज्य सरकार के खाते तीन भागों में विभाजित किए जाते हैं

- **संचित कोष** सरकार को प्राप्त सभी प्रकार की आय; जैसे—कर आय, करेत्तर आय, ऋण प्राप्तियाँ आदि इसमें शामिल की जाती हैं।
- **आकस्मिक कोष** इस कोष से सरकार के ऐसे व्ययों को पूर्ण किया जाता है, जिनमें विलम्ब नहीं किया जा सकता है।
- **लोक खाता** इस खाते में एकत्रित धनराशि सरकार की नहीं होती।

सार्वजनिक ऋण

सरकार को विभिन्न कार्यों के निष्पादन के लिए बड़ी मात्रा में साधनों की आवश्यकता पड़ती है। इस कार्य हेतु सरकार देश तथा विदेश से ऋण लेती है, जिसे सार्वजनिक ऋण (Public Debt) कहा जाता हैं।

वित्तीय प्रशासन

वित्तीय क्रियाओं के प्रबन्धन का अध्ययन वित्तीय प्रशासन (Financial Administration) के अन्तर्गत करते हैं। लेखा-परीक्षण, बजट के प्रकाशन का कार्य भी वित्तीय प्रशासन के अन्तर्गत ही आता है।

राजकोषीय नीति

- राजकोषीय नीति (Fiscal Policy) से आशय सरकार की आय, व्यय तथा ऋण से सम्बन्धित क्रियाओं से है।
- राजकोषीय नीति का सम्बन्ध अर्थव्यवस्था निष्पादन को सुधारना तथा लोगों को सामाजिक न्याय प्रदान करने से है।

> - इसमें सार्वजनिक आय एवं व्यय के अतिरिक्त करारोपण, बजट घाटे, सब्सिडी तथा हीनार्थ प्रबन्धन (Deficit Financing) से सम्बन्धित नीतियाँ शामिल होती हैं।
> - करारोपण, सार्वजनिक व्यय तथा सार्वजनिक ऋण राजकोषीय नीति के घटक होते हैं।

- सरकार इस नीति के माध्यम से निजी क्षेत्रों के लिए संसाधनों की उपलब्धता, उसका आवण्टन तथा सार्वजनिक क्षेत्र की भूमिका

आदि को प्रभावित करती है। इस नीति का संचालन सरकार वित्त मन्त्रालय की सहायता से करती है।

- इसके अन्तर्गत मुद्रास्फीति की स्थिति में कम घाटे का बजट बनाने, हीनार्थ प्रबन्धन को अपनाने, आवश्यक वस्तुओं पर से कर को कम करने या समाप्त करने, सब्सिडी को बढ़ाने जैसे आदि महत्त्वपूर्ण कार्यों को अपनाया जाता है, जिससे आधारभूत वस्तुओं तक लोगों की पहुँच को सुनिश्चित किया जा सके।
- समग्र माँग एवं व्यय में कमी से उत्पन्न मन्दी में सरकारी करों में कमी तथा व्ययों में वृद्धि कर मन्दी से बाहर निकलने का प्रयास करती है। वहीं इसके विपरीत स्थिति में सार्वजनिक व्ययों में कमी तथा करारोपण में वृद्धि करके अर्थव्यवस्था को सन्तुलित करने का पूर्ण प्रयास करती है।
- राजकोषीय नीति के द्वारा सरकार अर्थव्यवस्था में रोजगार, राष्ट्रीय उत्पादन, आन्तरिक तथा बाह्य आर्थिक स्थिरता इत्यादि उद्देश्यों को प्राप्त करती है। यह अर्थव्यवस्था की संवृद्धि को दो मुख्य प्रकार से प्रभावित करती है—पहला विकास के लिए साधनों का एकत्रण करना तथा दूसरा, साधनों के आवण्टन द्वारा कार्यकुशलता में सुधार करना।

आर्थिक स्थिरता

देश में आर्थिक स्थायित्व लाने सम्बन्धी नीतियों पर विचार-विमर्श आर्थिक स्थिरता (Economical Stability) के अन्तर्गत किया जाता है। आर्थिक स्थिरता के अन्तर्गत ही राजकोषीय नीति का अध्ययन किया जाता है।

वित्तीय घाटा

- जब सरकार का व्यय उसकी आय प्राप्ति से अधिक हो जाता है, तो सरकार इस घाटे को पूर्ण करने के लिए जिस व्यवस्था का सहारा लेती है, उसे घाटे की वित्त व्यवस्था कहते हैं। भारतीय दृष्टिकोण में घाटे की वित्त व्यवस्था में निम्नांकित तीन उपाय सम्मिलित किए जाते हैं
  - केन्द्रीय बैंक से उधार लेकर अर्थात् नई मुद्रा का सृजन करवाकर।
  - संचित नकद बकाया को खातों से निकालकर।
  - सरकार द्वारा नई मुद्रा एवं सिक्के जारी करके।

वित्तीय घाटे के प्रकार

वित्तीय घाटों को निम्नलिखित आधारों पर वर्गीकृत किया जा सकता है।

वित्त के आधार पर

वित्त के आधार पर निम्नलिखित घाटों की व्याख्या की जा सकती है

बजट घाटा

- सरकार के बजट में कुल प्राप्तियों की तुलना में यदि कुल व्यय अधिक हो, तो उसे बजटीय घाटा (Budget Deficit) कहा जाता है। इसमें कुल सार्वजनिक व्यय में राजस्व व्यय तथा पूँजीगत व्यय शामिल होते हैं, वहीं कुल सार्वजनिक प्राप्तियों में राजस्व प्राप्तियाँ तथा पूँजीगत प्राप्तियाँ शामिल होती हैं। इसे निम्न रूप से व्यक्त किया जा सकता है

बजटीय घाटा = कुल बजट प्राप्तियाँ – कुल बजट व्यय

बजट घाटा = (कुल राजस्व प्राप्तियाँ + कुल पूँजीगत प्राप्तियाँ –(कुल राजस्व व्यय + कुल पूँजीगत व्यय) = (राजस्व प्राप्तियाँ + पूँजीगत प्राप्तियाँ) – आयोजना भिन्न व्यय + आयोजना व्यय

= [(कर राजस्व + कर भिन्न राजस्व) + (ऋणों की वसूली + अन्य प्राप्तियाँ + उधार और अन्य देयताएँ)]

– [(राजस्व खाते पर आयोजना भिन्न व्यय
+ पूँजी खाते पर आयोजना भिन्न व्यय)
+ (राजस्व खाते पर आयोजना व्यय
+ पूँजी खाते पर आयोजना व्यय)]

विनिमय के आधार पर

विनिमय के आधार पर निम्न घाटों का विवरण निम्न प्रकार है

राजस्व घाटा

- किसी वित्तीय वर्ष के अन्तर्गत कुल राजस्व प्राप्ति की तुलना में कुल राजस्व व्यय जितना अधिक होता है, उसे राजस्व घाटा (Revenue Deficit) कहा जाता है।
- इसका सम्बन्ध सरकार के राजस्व व्यय एवं राजस्व प्राप्तियों से होता है। इसमें पूँजीगत प्राप्तियों तथा पूँजीगत व्ययों को शामिल नहीं किया जाता है।
- राजस्व घाटे में राजस्व व्यय की राजस्व प्राप्तियों पर अधिकता पाई जाती है।
- राजस्व घाटे में ऐसे लेन-देन शामिल होते हैं, जिनसे सरकार की आय एवं व्यय प्रभावित होते हैं। अत: राजस्व व्यय में से राजस्व प्राप्तियों को घटाने पर राजस्व घाटा प्राप्त होता है। इसे इस प्रकार लिखा जा सकता है

राजस्व घाटा = राजस्व व्यय –राजस्व प्राप्तियाँ

राजस्व घाटा = [(कर राजस्व + कर भिन्न राजस्व)
– (राजस्व खाते पर आयोजना भिन्न व्यय
+ राजस्व खाते पर आयोजना व्यय)]

राजकोषीय घाटा

- जब बजटीय घाटे में उधार और अन्य देयताओं को जोड़ दिया जाता है, तब राजकोषीय घाटा (Fiscal Deficit) प्राप्त होता है।
राजकोषीय घाटा = बजटीय घाटा + उधार और अन्य देयताएँ
- बजटीय घाटे की तुलना में राजकोषीय घाटा अर्थव्यवस्था की वास्तविक स्थिति को और अधिक स्पष्ट रूप से व्यक्त करता है। बजटीय घाटे में सार्वजनिक ऋण को भी एक आय मान लिया जाता है, जबकि राजकोषीय घाटे में ऋण को आय नहीं माना जाता है।
राजकोषीय घाटा = [(राजस्व प्राप्तियाँ + ऋणों की वसूली
+ अन्य प्राप्तियाँ) – (कुल व्यय)]

- राजकोषीय घाटे की अवधारणा को वर्ष 1985 में मौद्रिक पद्धति के क्रियान्वयन पर गठित सुखमय चक्रवर्ती समिति ने प्रस्तुत किया था। इसमें सरकार के सभी व्ययों (राजस्व + पूँजीगत व्यय) तथा सभी प्राप्तियों (राजस्व + पूँजीगत प्राप्तियों) को शामिल किया जाता है। इसमें कुल व्ययों की कुल प्राप्तियों पर अधिकता पाई जाती है।
- इस प्रकार राजस्व प्राप्तियों तथा गैर-ऋण पूँजीगत प्राप्तियों के योग पर प्राप्त कुल सार्वजनिक व्यय की अधिकता राजकोषीय घाटा कहलाती है। यह सरकार की सम्पूर्ण देयता को दर्शाता है।

> यह दर्शाता है कि सरकार द्वारा किया गया खर्च उसके पास उपलब्ध संसाधनों से अधिक है। यह उस वर्ष के बजट के कारण सरकार की कुल देनदारी में हुई वृद्धि को भी दर्शाता है। इस घाटे को मात्रात्मक रूप से अथवा सकल घरेलू उत्पाद के प्रतिशत के रूप में देखा जा सकता है।

राजकोषीय घाटा को निम्न प्रकार से लिखा जा सकता है
राजकोषीय घाटा = कुल सार्वजनिक व्यय – कुल सार्वजनिक आय (उधार व देयता को छोड़कर)
= बजेटरी घाटा + उधार एवं अन्य देयताएँ
= (कुल व्यय – कुल प्राप्तियाँ) + सरकारी दायित्व
= राजस्व घाटा + (पूँजीगत व्यय – देयताएँ या सृजन करने वाली प्राप्तियाँ)

राजकोषीय घाटे के प्रकार

राजकोषीय घाटा दो प्रकार का होता है

- **सकल राजकोषीय घाटा** किसी वित्तीय वर्ष के अन्तर्गत सरकार के कुल आय और कुल व्यय का अन्तर ही सकल राजकोषीय घाटा (Gross Fiscal Deficit) कहलाता है।
  सकल राजकोषीय घाटा = राजस्व घाटा + पूँजीगत व्यय
  सकल राजकोषीय घाटा = कुल व्यय – (पूँजीगत प्राप्तियाँ + गैर-ऋण बनाने वाली पूँजी प्राप्ति)
  इसमें राजस्व प्राप्तियों और गैर-ऋण-पूँजीगत प्राप्तियों पर कुल व्यय की अधिकता पाई जाती है।
- **निवल राजकोषीय घाटा** जब सकल राजकोषीय घाटे की कुल आय एवं कुल व्यय के अन्तर को ऋण अदायगी के साथ समायोजित किया जाता है, तो उसे निवल राजकोषीय घाटा कहते हैं।
  निवल राजकोषीय घाटा = सकल राजकोषीय घाटा – ऋण की अदायगी यह सकल राजकोषीय घाटे में से सरकार के द्वारा लिए गए निवल ऋण घटाने पर प्राप्त होता है। राजकोषीय घाटा तथा चालू खाता घाटा को **जुड़वा घाटा** (Twin Deficit) कहा जाता है, क्योंकि ये दोनों अर्थव्यवस्था पर प्रतिकूल प्रभाव डालते हैं।

राजकोषीय घाटे का वर्गीकरण

- सरकारी बजट का सन्तुलन मूलतः संरचनागत (स्थायी) एवं चक्रीय (अस्थायी) दोनों प्रकार के कारकों से प्रभावित होता है, जिसका अर्थ है कि राजकोषीय घाटे में परिवर्तन या तो उत्पादन में होने वाले चक्रीय परिवर्तनों के कारण अथवा संरचनागत कारकों की प्रतिक्रिया स्वरूप होता है।
- **संरचनागत घाटा** (Structural Deficit) यह घाटा तब होता है, जब किसी देश का ऐसे समय में घाटा होता है, जब उस देश की अर्थव्यवस्था अपने सम्पूर्ण रोजगार स्तर पर कार्य कर रही हो।
- संरचनागत घाटे का अर्थ है कि घाटा अवश्य होगा, चाहे अर्थव्यवस्था-मन्दी या उत्कर्ष में कितना ही अच्छा निष्पादन क्यों न कर रही हो।
- जब अर्थव्यवस्था मजबूती से कार्य कर रही हो, तो अधिक नौकरियाँ, अधिक व्यय इत्यादि के कारण राजस्व सृजन अधिक होगा, लेकिन संरचनागत घाटे के चलते, अर्थव्यवस्था की अच्छी और मजबूत स्थिति अप्रासंगिक हो जाती है। संरचनागत घाटे को तीन भागों में बाँटा जा सकता है
  - राजकोषीय भार।
  - विवेकाधीन राजकोषीय नीति सम्बन्धी कार्यवाही।
  - आधार वर्ष सम्बन्धी सन्तुलन ताकि संरचनात्मक घाटे के निर्धारकों के बारे में अधिक अन्तर्दृष्टि प्राप्त की जा सके।
- इन तीन घटकों में से पहले दो राजकोषीय दशा को समझने की दृष्टि से महत्त्वपूर्ण हैं।
- **चक्रीय घाटा** (Cyclic Deficit) यह घाटा तब उत्पन्न होता है, जब कोई अर्थव्यवस्था अपनी पूर्ण क्षमता के अनुसार कार्य न कर रही हो। **उदाहरणस्वरूप** यदि कोई अर्थव्यवस्था मन्दी के दौर से गुजर रही हो।
- आन्तरिक बाजार उधारी, विदेशी ऋण, अल्पबचत योजना, विशिष्ट जमा, प्रोवीडेण्ट फण्ड आदि राजकोषीय घाटे को पूर्ण करने के स्रोत हैं
- राजकोषीय घाटे को समग्र प्राप्तियों (सार्वजनिक ऋण तथा अन्य दायित्वों) के आधार पर व्यक्त किया जाता है, जिससे इसको बजटीय घाटे के साथ सम्बन्धित किया जा सके।

प्राथमिक घाटा

- जब राजकोषीय घाटे में से ब्याज देयताओं को घटाया जाता है, तो प्राथमिक घाटा (Primary Deficit) प्राप्त होता है। प्राथमिक घाटा किसी भी वित्तीय वर्ष के दौरान सरकार की वास्तविक राष्ट्रीय वृद्धि का संकेतक है।

- इसका सम्बन्ध सरकार के सभी व्ययों तथा प्राप्तियों से होता है अर्थात् चालू वर्ष के राजकोषीय घाटे तथा पहले से ली गई उधारियों पर ब्याज भुगतान का अन्तर प्राथमिक घाटा होता है।
- इसमें इसका ध्यान नहीं रखा जाता है कि राजस्व घाटे का कितना भाग चालू बजेटरी व्यवहारों के कारण तथा कितना भाग पिछले वित्तीय वर्षों में किए गए बजेटरी व्यवहारों के कारण उत्पन्न हुआ है। इसे निम्न प्रकार से लिखा जा सकता है
  प्राथमिक घाटा = राजकोषीय घाटा – ब्याज की अदायगियाँ
  = [कर राजस्व + कर भिन्न राजस्व + ऋणों की वसूली + अन्य प्राप्तियाँ] – राजस्व खाते पर आयोजना भिन्न व्यय + पूँजी खाते पर आयोजना भिन्न व्यय + राजस्व खाते पर आयोजना व्यय + पूँजी खाते पर आयोजना व्यय + ब्याज की अदायगी] ।
- सकल राजकोषीय घाटे में से ब्याज भुगतान को घटाने पर प्राथमिक घाटा तथा निवल राजकोषीय घाटे में से निवल ब्याज भुगतान को घटाने पर निवल प्राथमिक घाटा प्राप्त होता है। भुगतान किए गए ब्याज में से प्राप्त ब्याज को घटाने पर निवल ब्याज भुगतान प्राप्त होता है।

प्राथमिक घाटे के प्रकार

- प्राथमिक घाटा (उपभोग) = राजस्व घाटा – ब्याज अदायगियाँ + ब्याज प्राप्तियाँ + लाभ तथा लाभांश।
- प्राथमिक घाटा (निवेश) = पूँजीगत व्यय – ब्याज प्राप्तियाँ – लाभ तथा लाभांश – ऋण की वापसी – अन्य प्राप्तियाँ।

पूँजीगत घाटा

- सरकार की पूँजीगत प्राप्तियों एवं पूँजीगत व्यय के अन्तर को **पूँजीगत घाटा** (Capital Deficit) कहते हैं।
- सरकार का पूँजीगत व्यय पूँजीगत प्राप्तियों से अधिक होता है तथा इसकी पूर्ति राजस्व खाते के अधिशेष के द्वारा की जाती है। यह किसी भी देश की अर्थव्यवस्था के लिए अच्छा संकेत है।

राजकोषीय समेकन

- भारत सरकार के द्वारा आर्थिक सुधारों की प्रक्रिया के अन्तर्गत वर्ष 1991 में राजकोषीय समेकन (Fiscal Consolidation) की शुरुआत की गई।
- यह वह प्रक्रिया होती है, जिसके अन्तर्गत सरकार विभिन्न प्रकार के घाटों को कम करने के लिए राजकोषीय नीति में आवश्यक रूप से बदलाव करती है। इसके माध्यम से सरकार न केवल विभिन्न प्रकार के घाटों, बल्कि पूर्व में लिए गए ऋण की मात्रा को भी कम करने का प्रयास करती है।

वर्ष 1975 से वर्ष 2000 तक भारत के राजकोषीय घाटे में तीव्र वृद्धि हुई, जिसका मुख्य कारण राजस्व व्यय में अत्यधिक वृद्धि थी। इसके कारण राजस्व घाटे में भी वृद्धि हुई है।

- अत: वर्ष 1991 में अन्तर्राष्ट्रीय मुद्राकोष (IMF) एवं विश्व बैंक (WB) द्वारा प्रदान किए गए ऋण के बदले राजकोषीय समेकन की प्रक्रिया को शुरू करना अनिवार्य हो गया।

राजस्व घाटे को कम करने सम्बन्धी उपाय

राजस्व घाटे को कम करने सम्बन्धी उपाय निम्नलिखित हैं

- राजस्व व्यय में कटौती करने के सम्बन्ध में भारत सरकार के द्वारा अनेक उपाय किए गए; जैसे—विदेशी ऋणों के समय पूर्व भुगतान करना, वेतन, पेंशन एवं आकस्मिक निधियों के भार में कमी करना, महँगे विदेशी ऋणों से बचना, ब्याज दरों में कटौती करना, घाटे में चल रहे सार्वजनिक उपक्रमों का विनिवेश करना आदि।
- राजस्व व्यय को बढ़ाने के सम्बन्ध में अनेक सुधार किए गए; जैसे—वस्तु एवं सेवा का मूल्य वर्द्धित कर, विदेशी विनिमय भण्डार के अतिरिक्त का विदेशी ऋण का आवण्टन तथा विदेशी बॉण्ड में निवेश, राज्य सरकारों को अपने योजनागत व्ययों की पूर्ति के लिए बाजार से ऋण प्राप्त करने की अनुमति प्रदान करना आदि।
- सरकार द्वारा विभिन्न घाटों की पूर्ति के लिए वित्तपोषण की प्रक्रिया एवं ऋणों से सम्बन्धित कार्यक्रमों में बदलाव किया गया।
  उदाहरणस्वरूप वर्ष 1997 में प्रारम्भ किए गए उपायों के माध्यम से सरकार एवं रिजर्व बैंक के द्वारा वित्त वर्ष से पूर्व ही ऋणों की मात्रा निश्चित कर ली जाती है, जिससे ऋणों में पारदर्शिता एवं नियन्त्रण निश्चित हो सके।
- वर्ष 1997 से भारत सरकार की प्रतिभूतियों एवं बॉण्ड्स के निर्गमन का प्राथमिक ग्राहक भारतीय रिजर्व बैंक को नहीं रखा गया। प्रतिभूतियों को सरकार के द्वारा बाजार में बेचने का कार्य शुरू कर दिया गया।
- वर्ष 2003 में संसद के द्वारा राजकोषीय उत्तरदायित्व एवं बजट प्रबन्धन अधिनियम पारित किया गया। इसके अन्तर्गत सरकार के राजकोषीय उत्तरदायित्व को कानूनी अधिकार दिया गया। इसके अन्तर्गत सरकार ने राजस्व घाटे एवं राजकोषीय घाटे को नियन्त्रित करने व रणनीति बनाने का कार्य शुरू किया।

राजकोषीय घाटे के नियन्त्रण के उपाय

राजकोषीय घाटे के नियन्त्रण हेतु सरकार दो प्रकार के उपायों को सामान्यत: अपनाती है, जो इस प्रकार हैं

- **सकारात्मक उपाय** इसके अन्तर्गत कर सुधार तथा कर आधार में वृद्धि करके राजस्व को बढ़ाने का प्रयास किया जाता है। कर उपवंचन (Tax Evasion) को रोकने हेतु सिंगापुर, मॉरीशस जैसे देशों से समझौते किए गए हैं। इसके साथ ही अप्रत्यक्ष करों की कटौती करते हुए वस्तु एवं सेवा कर (GST) को लाना एक महत्त्वपूर्ण कर सुधार है।
- **नकारात्मक उपाय** राजकोषीय घाटे को कम करने हेतु अनुत्पादक, सार्वजनिक व्यय का भुगतान, ब्याज का भुगतान, प्रशासनिक व्यय एवं सब्सिडी को कम किया जाता है। वर्तमान में सरकार

कम-से-कम विदेशी ऋण लेने तथा समय से पूर्व भुगतान करने की रणनीति पर कार्य कर रही है। सब्सिडी के बढ़ते भार को कम करने हेतु भारत सरकार लक्षित सब्सिडी की नीति को बढ़ावा देती है, जिससे जरूरतमन्दों को वास्तविक लाभ मिल सके।

- प्रशासनिक व्ययों में कमी करने के उद्देश्य से सब्सिडी को लाभार्थी के खाते में देने का कार्य किया जा रहा है।
- सरकार के द्वारा पेट्रोल तथा डीजल पर दिए जाने वाली सब्सिडी को कम करते हुए इनकी कीमतों के नियन्त्रण से मुक्त कर दी गई है। वर्तमान में अन्तर्राष्ट्रीय बाजार की कीमतों के आधार पर पेट्रोलियम कम्पनियाँ स्वयं कीमत निर्धारित करती हैं।
- प्रशासनिक व्यय को कम करने हेतु सार्वजनिक क्षेत्र की नौकरियों में कटौती की जा रही है तथा सार्वजनिक उपक्रमों की भागीदारी को बेचा जा रहा है तथा उनका विनिवेश (Disinvestment) एवं निजीकरण (Privatisation) किया जा रहा है।
- इसके अतिरिक्त व्यय सुधार आयोग का गठन, आउटकम बजट, शून्य आधारित बजट आदि महत्त्वपूर्ण पहलें की गई हैं।

राजकोषीय भार

- संरचनागत घाटे के घटकों में राजकोषीय भार महत्त्वपूर्ण है और इसे सामान्यत: समय के साथ-साथ सांकेतिक आय में वृद्धि या मुद्रास्फीति या वास्तविक जीडीपी वृद्धि के उच्च स्तरों के परिणामस्वरूप प्रगामी आयकर योजना में औसत कर-दरों में वृद्धि के रूप में देखा जाता है। यह देखा गया है कि राजकोषीय बोझ केन्द्र सरकारी शेष के संरचनागत घाटे का एक प्रमुख योगदानकर्ता है।
- भारत में जब सरकार की कुल आय उसके कुल व्यय से कम होती है, तो इस कमी को पूरा करने के लिए सरकार रिजर्व बैंक में जमा अपने नकद कोषों से धन निकालती है अथवा रिजर्व बैंक व्यापारिक बैंकों से ऋण प्राप्त करता है या नए नोट छापता है, तो इसे हीनार्थ प्रबन्धन (Deficit Financing) कहा जाता है।

राजकोषीय मजबूती एवं सरकारी कदम

- राजकोषीय मजबूती तीव्र वास्तविक तथा स्वपोषित आर्थिक विकास के लिए आवश्यक है। मुद्रा स्फीति की अल्प दर, सुदृढ़ भुगतान सन्तुलन आदि आर्थिक स्थायित्व के परिचायक हैं।
- राजस्व में वृद्धि, सार्वजनिक व्ययों का विवेकीकरण, सार्वजनिक ऋण के आकार तथा ब्याज दायित्व में कमी एवं राजस्व घाटे और राजकोषीय घाटे में कमी के द्वारा सरकार ने राजकोषीय समेकन की दिशा में अनेक कदम उठाए हैं। इनमें नकदी प्रबन्ध प्रमुख है।

नकदी प्रबन्ध

- नकदी प्रबन्ध, व्यय प्रबन्ध का ही एक रूप नहीं, बल्कि समुचित प्रभावी व्यय प्रबन्ध की अनिवार्य दशा है। वर्तमान व्यय प्रबन्ध में कोई प्रभावशाली नकदी प्रबन्ध नहीं है।
- वर्तमान में सभी मन्त्रालयों की वास्तविक आवश्यकताओं के आधार पर मासिक अथवा त्रैमासिक नकदी सीमाएँ निर्धारित की जाती हैं। इससे प्राप्तियों और व्ययों के बीच अधिकांश होने वाले असन्तुलन तथा व्यय की अधिकता एवं अन्तिम तिमाही में संसाधनों के सम्भावित अपव्यय से बचा जा सकेगा।

राजकोषीय उत्तरदायित्व बिल प्रबन्धन एक्ट, 2003

- राजकोषीय समेकन (सुदृढ़ीकरण) तथा सार्वजनिक व्यय प्रबन्धन की दिशा में राजकोषीय उत्तरदायित्व बिल प्रबन्धन एक्ट, 2003 एक अत्यन्त ही महत्त्वपूर्ण प्रभावी कदम है।
- राजकोषीय समेकन तथा सरकार के राजस्व प्रबन्धन को सन्मुन्नत करने के उद्देश्य से सरकार ने ई. ए. एस. शर्मा की अध्यक्षता में राजकोषीय उत्तरदायित्व विधि निर्माण (Fiscal Responsibility Legislation) के लिए जनवरी, 2000 में एक समिति गठित की, जिसका उद्देश्य राजकोषीय प्रणाली के विविध पहलुओं का परीक्षण करना तथा राजकोषीय दायित्व के सम्बन्ध में कानून (विधि) के प्रारूप के सम्बन्ध में संस्तुति करना था, परन्तु अन्तिम रूप में राजकोषीय पारदर्शिता पर निर्मित अहलूवालिया कमेटी की रिपोर्ट (2001) इसका आधार बनी।
- राजकोषीय उत्तरदायित्व बिल प्रबन्धन (Fiscal Responsibility and Budget Management, FRBM) दिसम्बर, 2000 में संसद में प्रस्तुत किया गया तथा कुछ सुधार के बाद यह 26 अगस्त, 2003 को FRBM एक्ट के रूप में पारित हुआ तथा 5 जुलाई, 2004 को FRBM नियम के साथ अधिसूचित किया गया। FRBM एक्ट की प्रमुख विशेषताएँ निम्नलिखित हैं
  - केन्द्र सरकार ने राजकोषीय घाटा तथा राजस्व घाटे को कम करने के लिए उचित कदम उठाए, जिससे राजस्व घाटा 31 मार्च, 2008 तक समाप्त हो जाए तथा उसके बाद पर्याप्त राजस्व आधिक्य सृजित हो सके।

- इसके अन्तर्गत उन नियमों को बनाना, जो राजकोषीय घाटा, राजस्व घाटा, आकस्मिक देयताएँ (Liabilities) तथा कुल देयताओं में कमी लाने के सम्बन्ध में वार्षिक लक्ष्य निर्धारित कर सकें।
- राजस्व घाटा तथा राजकोषीय घाटा इन नियमों में निर्दिष्ट लक्ष्यों का तभी अतिक्रमण कर सकते हैं, जब केन्द्र सरकार द्वारा निर्दिष्ट कोई राष्ट्रीय सुरक्षा या राष्ट्रीय संकट की स्थिति हो।
- केन्द्र सरकार, रिजर्व बैंक से केवल तभी उधार नहीं लेगी, जब नकदी प्राप्ति की अपेक्षा नकद/व्यय अस्थायी रूप से अधिक हो। सरकार अग्रिम के रूप में रिजर्व बैंक से उधार ले सकेगी।
- वर्ष 2006-07 से रिजर्व बैंक, केन्द्र सरकार की प्रतिभूतियों के प्राथमिक निर्गमन में खरीद नहीं करेगी।
- केन्द्र सरकार अपने राजकोषीय क्रियाशीलन में अधिकाधिक पारदर्शिता लाने के उपाय करेगी।
- केन्द्र सरकार प्रत्येक वित्तीय वर्ष में संसद के दोनों सदनों में वार्षिक वित्तीय विवरण तथा माँग अनुदान के साथ तीन विवरण प्रस्तुत करेगी। ये निम्न हैं—मीडियम टर्म फिस्कल पॉलिसी स्टेटमेण्ट, मैक्रोइकोनॉमिक फ्रेमवर्क स्टेटमेण्ट तथा फिस्कल पॉलिसी स्ट्रेटजी स्टेटमेण्ट।
- बजट के सन्दर्भ में वित्तमन्त्री प्राप्तियों तथा व्ययों की प्रवृत्ति की समीक्षा संसद में प्रत्येक तीन महीने के बाद प्रस्तुत करेंगे।

प्रभावी राजस्व घाटा

- इस धारणा की शुरुआत वर्ष 2011-12 के केन्द्रीय बजट से की गई तथा वर्ष 2012-13 के बजट से इसे FRBM की व्यवस्थाओं में सम्मिलित कर लिया गया। यदि राजस्व घाटे से उन अनुदानों या व्ययों को निकाल दिया जाए, जो प्रभाव में पूँजी सृजन से सम्बन्धित हैं या पूँजीगत व्यय है, तो प्रभावी राजस्व घाटा प्राप्त होगा।

> कर्नाटक पहला राज्य था, जिसने FRBM लागू किया। सिक्किम तथा पश्चिम बंगाल को छोड़कर शेष सभी राज्यों ने इसे लागू किया है।

- इसका प्रयोग राजस्व खाते में संरचनात्मक असन्तुलनों को व्यक्त करने के लिए किया जाता है। प्रभावी राजस्व की प्राप्ति केन्द्र सरकार के राजस्व घाटे में से उसके पूँजीगत परिसम्पत्तियों से सम्बन्धित अनुदानों को घटाने से होती है।

वित्तीय स्थिरता और विकास परिषद्

- इस परिषद् का मुख्य कार्य अन्तर विनियामक सहयोग तथा वित्तीय क्षेत्र विकास मुद्दों का समाधान करना है। यह परिषद् वित्तीय समावेशन को बढ़ाने में भी योगदान करती है।
- इस परिषद् का गठन वर्ष 2010 में रघुराम राजन समिति की सिफारिश पर किया गया था।
- इस परिषद् के अध्यक्ष केन्द्रीय वित्त मन्त्री हैं और वित्त क्षेत्र विनियामक प्राधिकरणों के प्रमुख, केन्द्रीय वित्त सचिव, केन्द्रीय आर्थिक कार्य विभाग सचिव, वित्तीय सेवाएँ विभाग सचिव तथा केन्द्र सरकार के मुख्य आर्थिक सलाहकार इसके सदस्य हैं।

FRBM एक्ट के संचालन व क्रियान्वयन से सम्बद्ध महत्त्वपूर्ण नियम

- वित्तीय वर्ष 2004-05 से प्रत्येक वित्तीय वर्ष में राजस्व घाटे को सकल घरेलू उत्पाद (GDP) के 0.5% या इससे कम करना, जिससे यह वर्ष 2007-08 (संशोधित वर्ष 2008-09) तक शून्य तक हो जाए।
- वित्तीय वर्ष 2004-05 से प्रत्येक वित्तीय वर्ष में राजस्व घाटे को जीडीपी के 0.3% या उससे अधिक कम करना, जिससे यह वर्ष 2007-08 (संशोधित वर्ष 2008-09) तक जीडीपी के 3% से कम हो जाए।
- वित्तीय वर्ष 2004-05 में जीडीपी के 9% से अधिक अतिरिक्त देयता का सृजन नहीं करना तथा आने वाले वर्षों में इसे प्रति वर्ष 1% की दर से कम करना।
- क्रियान्वयन सही न होने के कारण राजकोषीय घाटे में तीव्र वृद्धि हुई, जिसके कई कारण पाए गए।

FRBM समीक्षा समिति

- मई, 2016 में श्री एन. के. सिंह की अध्यक्षता में पाँच सदस्यीय समिति का गठन FRBM के पुनः लक्ष्य निर्धारण तथा भारत सरकार की रणनीति के सम्बन्ध में किया गया।
- इस समिति के सदस्यों में एन. के. सिंह के अतिरिक्त श्री सुमित बोरा, डॉ. उर्जित पटेल, रॉथिन रॉय और डॉ. अरविन्द सुब्रह्मण्यम थे। इस समिति ने अपनी रिपोर्ट वर्ष 2017 में प्रस्तुत की।

FRBM समिति की प्रमुख सिफारिशें

- समिति ने FRBM Act, 2003 तथा FRBM नियम, 2004 को समाप्त कर एक नया ऋण और राजकोषीय उत्तरदायित्व अधिनियम बनाने की सिफारिश की।
- वित्तीय वर्ष 2022-23 तक ऋण जीडीपी अनुपात को कम करते हुए 60% (केन्द्र 40% तथा राज्य 20%) तक करना।
- लक्षित ऋण जीडीपी अनुपात को प्राप्त करने के लिए वित्त वर्ष 2022-23 तक निरन्तर राजकोषीय घाटे को कम करने पर बल देना।
- राजकोषीय घाटे को वित्त वर्ष 2016-17 के 3.5% से कम करते हुए वर्ष 2017-18 से 2019-20 तक 3.0% तथा वर्ष 2022-23 तक 25% तक करना। राजस्व घाटे को प्रतिवर्ष 0.25% से कम करते हुए वित्त वर्ष 2016-17 के 2.3% के स्तर से कम करते हुए वर्ष 2022-23 तक 0.80% करना।
- राजकोषीय परिषद् की सलाह पर विषम परिस्थितियों में लक्ष्यों से विचलन होना। कुछ निर्धारित विषम परिस्थितियाँ निम्न हैं
  - राष्ट्रीय सुरक्षा को खतरा, युद्ध की स्थिति, राष्ट्रीय स्तर की कोई प्राकृतिक आपदा, कृषि फसलों का बर्बाद होना।
  - अर्थव्यवस्था में दूरगामी संरचनात्मक सुधार का होना।
  - वास्तविक उत्पादन वृद्धि दर का पूर्व चार तिमाहियों की औसत वृद्धि दर की तुलना में 3% का कम होना।

ऋण एवं घाटों का विवरण

वित्तीय वर्ष	ऋण जीडीपी अनुपात (%)	राजकोषीय घाटा जीडीपी (%)	राजस्व घाटा जीडीपी के (%)
2016-17	49.4	3.5	2.30
2017-18	47.3	3.0	2.05
2018-19	45.5	3.0	1.80
2019-20	43.7	3.0	1.55
2020-21	42.0	2.8	1.30
2021-22	40.3	2.6	1.05
2022-23	38.7	2.5	0.80

राजकोषीय परिषद्

- एन. के. सिंह समिति ने राजकोषीय परिषद् के गठन की सिफारिश की थी, जिसमें उन्होंने कहा था कि यह परिषद् एक स्वतन्त्र निकाय होगा।
- इसमें एक अध्यक्ष तथा दो सदस्य होंगे, जिसे केन्द्र सरकार के द्वारा नियुक्त किया जाएगा। इसका कार्यकाल 4 वर्ष का होगा।
- केन्द्र सरकार या राज्य सरकार के अन्तर्गत कार्य कर रहा कोई भी व्यक्ति इसका सदस्य या अध्यक्ष नहीं हो सकता है।
- लोकवित्त अर्थशास्त्र तथा सार्वजनिक मामलों के विद्वान इस परिषद् के अध्यक्ष अथवा सदस्य हो सकते हैं।

राजकोषीय परिषद् के प्रमुख कार्य निम्न हैं

- केन्द्र व राज्य सरकार की आगामी वर्षों की राजकोषीय स्थिति का पूर्व अनुमान लगाना।
- ऋण तथा राजकोषीय स्थिति विश्लेषण को तैयार करना।
- केन्द्र सरकार की राजकोषीय स्थिति का मूल्यांकन करना तथा निर्धारित लक्ष्यों के साथ तुलना करना।
- मैक्रो इकोनॉमिक फ्रेमवर्क स्टेटमेण्ट को समय पर तैयार करना।
- वार्षिक वित्तीय स्थिरता सुनिश्चित करने हेतु राजकोषीय रणनीतियों में आवश्यक परिवर्तनों की सिफारिश करना।
- राजकोषीय डेटा की गुणवत्ता में सुधार हेतु आवश्यक कदम उठाना तथा केन्द्र सरकार को राजकोषीय नीति के सम्बन्ध में सलाह देना।
- सरकार को राजकोषीय विचलन सम्बन्धी सुझाव देना तथा राजकोषीय लक्ष्यों को प्राप्त करने हेतु कार्य योजना बनाना तथा सिफारिश करना।

घाटे की वित्त व्यवस्था या हीनार्थ प्रबन्धन

- सरकार जिन स्रोतों के माध्यम से बजटरी घाटे एवं राजकोषीय घाटे को पूर्ण करने का प्रयास करती है, उसे घाटे की वित्त व्यवस्था अथवा हीनार्थ प्रबन्धन कहा जाता है।
- दूसरे शब्दों में, सरकार जिस प्रक्रिया के अन्तर्गत रिजर्व बैंक के अतिरिक्त नए नोट एवं सिक्के छापकर तथा आन्तरिक एवं बाह्य स्रोतों द्वारा ऋण एकत्रित करके बजेटरी घाटा एवं राजकोषीय घाटे की पूर्ति करती है, उसे हीनार्थ प्रबन्धन कहा जाता है।
- इसके अन्तर्गत वर्ष 1997 से मुद्रास्फीति को प्रोत्साहित करने वाली प्रक्रिया को समाप्त कर दिया गया है।

क्राउडिंग आउट इफेक्ट

- जब सरकार घाटे का बजट बनाती है, तो इसकी पूर्ति आन्तरिक बाजार से करती है। इसके लिए सरकार बॉण्ड जारी करके बैंक एवं वित्तीय संस्थाओं से ऋण लेती है, इससे निवेश एवं विकास पर नकारात्मक प्रभाव पड़ता है।
- इस प्रकार जब उच्च राजकोषीय घाटे के कारण अर्थव्यवस्था के कुल निवेश के स्तर में कमी आती है, तो इस प्रभाव को ही क्राउडिंग आउट प्रभाव कहा जाता है।
- इसके लिए यह आवश्यक होता है कि आन्तरिक बाजार उधारी की सहायता लें तथा हीनार्थ प्रबन्धन के उपायों की सहायता लें।

व्यय सुधार आयोग

- वित्त मन्त्रालय के द्वारा सरकार के गैर-योजनागत व्यय की उच्च दर की समस्या का समाधान करने तथा सरकार के प्रशासनिक ढाँचे एवं उनकी तथा उसकी भूमिका में कमी लाने के लिए 28 फरवरी, 2000 को के. पी. गीता कृष्णन की अध्यक्षता में व्यय सुधार आयोग का गठन किया गया। व्यय सुधार आयोग का कार्य समय-समय पर सुझाव देना कि किस प्रकार सार्वजनिक व्यय की मदों में कटौती करनी है।
- आयोग ने विभिन्न मन्त्रालयों तथा विभागों से सम्बन्धित कुल 10 रिपोर्ट्स प्रस्तुत की थीं, जिनमें कर्मचारियों की संख्या को कम करने से सम्बन्धित एक रिपोर्ट में 42,000 पदों को समाप्त करने की सिफारिश की गई थी, जिसके आधार पर सरकार ने लगभग 26,581 पदों को समाप्त किया था। इसके अतिरिक्त खाद्य सब्सिडी को कम करने तथा उर्वरक सब्सिडी को युक्तिसंगत बनाने की भी सिफारिश की थी।

व्यय प्रबन्धन आयोग

राजकोषीय घाटे को कम करने तथा एक उचित प्रबन्धन कार्य हेतु सुझाव देने के लिए वर्ष 2014 में **डॉ. विमल जालान** की अध्यक्षता में व्यय प्रबन्धन आयोग का गठन किया गया था। आयोग के सुझाव सम्बन्धी प्रमुख कार्य निम्न हैं

- केन्द्र सरकार के व्यय के प्रमुख क्षेत्रों की समीक्षा करना।
- उपभोग लक्ष्य तथा परिणाम पर व्यय प्रचालन सम्बन्धी दक्षता में सुधार सम्बन्धी रूप-रेखा तैयार करना।
- वित्तीय लागतों में कटौती के उपाय को बताना तथा सूचना प्रौद्योगिकी के उपयोग को बढ़ावा देना।
- बजट प्रक्रिया तथा एफआरबीएम नियमों की समीक्षा करना तथा सुधार सम्बन्धी सुझाव देना।
- बजट प्रक्रिया, लेखांकन आदि के सम्बन्ध में बेहतर वित्तीय सूचना प्रणाली के प्रयोग के सम्बन्ध में सुझाव देना।
- लोक व्यय प्रबन्धन से सम्बन्धित किसी अन्य संगत मामलों पर विचार करना तथा इसके लिए सुधार सम्बन्धी सिफारिश करना।

बजट

- बजट सरकार का एक दस्तावेज होता है, जो एक वित्तीय वर्ष के सम्बन्ध में सरकार के आर्थिक दृष्टिकोण को प्रस्तुत करता है। यह किसी देश की आर्थिक स्थिति का परिचायक होता है।
- यह संसाधनों की उपलब्धता का अनुमान लगाने तथा एक पूर्व निश्चित प्राथमिकता के अनुसार विभिन्न कियाकलापों के लिए आवण्टित करने की एक प्रक्रिया है। यह आय-व्यय का स्पष्ट विवरण होता है।

बजट के घटक

राजस्व बजट	पूँजीगत बजट
• राजस्व बजट के अन्तर्गत सरकार की राजस्व प्राप्तियों एवं राजस्व व्ययों को सम्मिलित किया जाता है।	• पूँजीगत बजट के अन्तर्गत सरकार की पूँजीगत प्राप्तियों एवं पूँजीगत व्ययों को सम्मिलित किया जाता है।
• राजस्व बजट में सरकार की परिसम्पत्ति देयतर को सन्दर्भित नहीं किया जाता है।	• पूँजीगत बजट सरकार की परिसम्पत्ति देयता से सन्दर्भित रहता है।
• राजस्व बजट के अन्तर्गत उच्च राजस्व प्राप्तियों की स्थिति में सरकार की पूँजीगत प्राप्तियों जैसे कि उधार एवं विनिवेश में कमी आती है।	• पूँजीगत बजट के अन्तर्गत उच्च पूँजीगत प्राप्तियों जैसे कि उधार एवं विनिवेश में वृद्धि के कारण सरकार राजस्व प्राप्तियों जैसे कि कर शुल्क, जुर्माना इत्यादि में भी वृद्धि करती है।
• राजस्व बजट लोगों के अधिकतम कल्याण की संकल्पना पर आधारित होता है।	• पूँजीगत बजट सकल घरेलू उत्पाद की अधिकतम संवृद्धि की संकल्पना पर आधारित होता है।
• इसके अन्तर्गत लोगों का अधिकतम कल्याण सुनिश्चित करने के लिए अनेक योजनाओं का क्रियान्वयन किया जाता है; जैसे—मनरेगा।	• इसके अन्तर्गत जीडीपी में अधिकतम संवृद्धि के लिए सार्वजनिक निवेश को माध्यम बनाया जाता है।

बजट के उद्देश्य

बजट के वस्तुत: क्या कार्य हैं और उनका वास्तविक उद्देश्य क्या है, यह निम्नलिखित बातों के माध्यम से जाना जा सकता है।

- यह विधायिका के प्रति कार्यपालिका की वित्तीय एवं न्यायिक जवाबदेही को सुनिश्चित करता है।
- यह सामाजिक और आर्थिक नीति का उपकरण है, जिसका कार्य नीतियों का निर्धारण, वितरण और स्थिरीकरण है।
- यह सरकारी कार्यों और सेवाओं के कुशल कार्यान्वयन को सुनिश्चित करता है।
- यह सरकारी विभागों की विभिन्न गतिविधियों को एक योजना के अधीन लाकर उनको एकीकृत करता है और इस प्रकार प्रशासनिक प्रबन्धन एवं समन्वय को आसान बनाता है।

सार्वजनिक बजट

- केन्द्र सरकार के समस्त वित्तीय संसाधनों को सार्वजनिक वित्त कहते हैं। सार्वजनिक वित्त के अन्तर्गत केन्द्र सरकार की समस्त आय एवं व्यय की मदों को सम्मिलित किया जाता है। इसी सार्वजनिक वित्त के बजटीय प्रबन्धन को सार्वजनिक बजट कहते हैं।

- सामान्यत: बजट एक वित्तीय वर्ष (भारत में 1 अप्रैल से 31 मार्च तक) की अवधि के दौरान सरकार की प्राप्तियों (आय) तथा सरकार के व्यय के अनुमानों का विवरण होता है। भारतीय संविधान के **अनुच्छेद-112** में इसका उल्लेख किया गया है।
- इसमें इसे **वार्षिक वित्तीय विवरण** कहा गया है। इसे ही **आम बजट** कहा जाता है। इस प्रकार **अनुच्छेद-202** के अन्तर्गत प्रत्येक राज्य सरकार राज्य का वार्षिक वित्तीय विवरण तैयार करती है, जिसे **राज्य का बजट** कहते हैं।

भारत का बजटीय इतिहास

- बजट शब्द का प्रतिपादन फ्रांसीसी शब्द **बूजे** से हुआ है, जिसका अर्थ **चमड़े का बैग** होता है। 1733 ई. में इंग्लैण्ड में इस शब्द का प्रयोग **जादू के पिटारे** के अर्थ में किया गया था।

> सर्वप्रथम 1803 ई. में बजट शब्द का प्रयोग किया गया था। भारत में प्रथम बजट 18 फरवरी, 1860 को तत्कालीन **वायसराय लॉर्ड कैनिंग** के परिषद् के सदस्य **जेम्स विल्सन** द्वारा प्रस्तुत किया गया। इन्हें भारतीय बजट का प्रणेता कहा जाता है।

- स्वतन्त्र भारत में बजट परम्परा का आधार वर्ष 1944 में निर्मित बॉम्बे प्लान से माना जाता है। इस प्लान की रचना करने वालो में जॉन मथाई, जी. के. बिरला तथा जे. आर. डी. टाटा प्रमुख थे।
- भारत में बजट निम्नलिखित अनुमानों को व्यक्त करता है; जैसे—
  - विगत वित्त वर्ष के वास्तविक आय-व्यय अनुमान।
  - चालू वित्त वर्ष के बजट अनुमान।
  - चालू वित्त वर्ष के संशोधित अनुमान।
  - आगामी वर्ष के प्रस्तावित बजट अनुमान।

भारत के बजटीय इतिहास के निम्नलिखित प्रमुख तथ्य हैं

- स्वतन्त्र भारत का पहला बजट 26 नवम्बर, 1947 को पहले वित्त मन्त्री **आर. के. षणमुखम शेट्टी** द्वारा पेश किया गया था। **जॉन मथाई** को वर्ष 1950 में गणतन्त्र भारत का पहला केन्द्रीय बजट पेश करने का गौरव प्राप्त हुआ था।
- गैर-हिन्दी भाषी होने के पश्चात् भी **सी. डी. देशमुख** ने वित्त मन्त्री रहते हुए वर्ष 1955-56 का बजट पेश करने से पहले इस बात को सुनिश्चित किया था कि बजट के सभी दस्तावेज हिन्दी में भी छपे। इससे पूर्व ये केवल अंग्रेजी में ही छपते थे।

> मोरारजी देसाई, चौधरी चरण सिंह, विश्वनाथ प्रताप सिंह और मनमोहन सिंह देश में चार ऐसे प्रधानमन्त्री हुए हैं, जो वित्तमन्त्री पद पर भी कार्य कर चुके हैं। भारत में सबसे अधिक बजट पेश करने वाले वित्तमन्त्री मोरारजी देसाई थे, उन्होंने कुल **दस** बजट पेश किए, जबकि पी. चिदम्बरम ने अब तक **आठ** बजट पेश किए हैं। हेमवती नन्दन बहुगुणा, के. सी. नियोगी और मनमोहन सिंह वित्त मन्त्री रहने के पश्चात् भी बजट पेश नहीं कर पाए।

- अंग्रेजों ने भारत के लिए बजट पेश करना शुरू किया, तो उसके लिए शाम के पाँच बजे का समय रखा गया था, लेकिन वर्ष 1999 से राष्ट्रीय जनतान्त्रिक गठबन्धन सरकार के वित्तमन्त्री यशवन्त सिन्हा ने बजट पेश करने का समय दिन के 11 बजे कर दिया।
- 25 फरवरी, 1992 में भारत में पहली बार रेल बजट और 29 फरवरी, 1992 को सामान्य बजट का टेलीविजन पर प्रसारण शुरू हुआ था।
- सर्वप्रथम सर्विस टैक्स की शुरुआत वर्ष 1994-95 के बजट में की गई। इस समय पहली बार टेलीफोन बिल, स्टॉक ब्रेकिंग चार्ज एवं जनरल इन्स्योरेन्स पर 5% सर्विस टैक्स लगाया गया था।
- बजट पेश करने के 75 दिन की अवधि के अन्दर बजट को पारित करना आवश्यक होता है। बजट के प्रस्तुतीकरण का दिन फरवरी माह के अन्तिम दिन में परिवर्तन करते हुए फरवरी माह का प्रथम दिन अर्थात् 1 फरवरी कर दिया गया है।

> **पृथक् रेल बजट समाप्त**
>
> वर्ष 1924 से ही रेल बजट को आम बजट से अलग प्रस्तुत किया जाता है। रेल बजट को अलग से प्रस्तुत करने की संस्तुति रेलों के विकास के लिए गठित **एक्टवर्थ समिति** ने वर्ष 1924 में की थी, यद्यपि रेलवे की प्राप्तियाँ तथा व्यय भारत की संचित निधि के भाग होते हैं तथा उनसे सम्बन्धित आँकड़े वार्षिक वित्तीय विवरण में सम्मिलित किए जाते हैं। वर्ष 2017-18 से रेल बजट को आम बजट के साथ ही प्रस्तुत किया जाने लगा है। अब पृथक् रेल बजट प्रस्तुत नहीं किया जाता।

बजट के प्रकार

बजटीय प्रक्रिया के दौरान विभिन्न सरकारी हस्तक्षेप, सरकार के कल्याणकारी स्वरूप, देशहित आदि के आधार पर बजट के अनेक रूप प्रकाश में आए हैं, जिनका वर्णन निम्नलिखित है

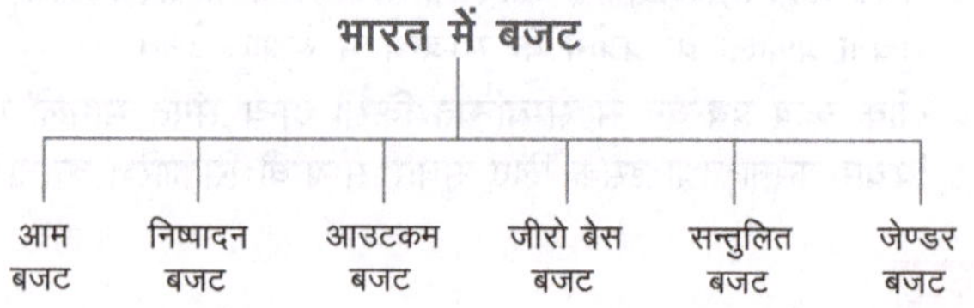

आम बजट

- आम बजट को **पारस्परिक बजट** भी कहा जाता है, जिसमें समस्त आय और व्यय का लेखा-जोखा रहता है। बजट का यह स्वरूप अत्यन्त पारस्परिक किस्म का होता है, जिसका विकास 18वीं और 19वीं शताब्दी में हुआ। इस बजट का मुख्य उद्देश्य सरकारी व्यय पर नियन्त्रण रखना तथा विकास करना है। इस बजट में वस्तुओं या मद का महत्त्व उद्देश्य की अपेक्षा अधिक होता है।

- बजटिंग का उद्देश्य विधायिका द्वारा कार्यपालिका को स्वीकृत धन के दुरुपयोग को रोकना है, किन्तु समय के बदलते स्वरूप को देखते हुए बजट की यह प्रणाली भारत की समस्याओं को सुलझाने एवं इसकी महत्त्वाकांक्षाओं को प्राप्त करने में असफल रही। अत: बजट को इस रूप के स्थापन पर निष्पादन बजट की आवश्यकता महसूस की गई।

निष्पादन बजट

- इस बजट को **उपलब्धि बजट** भी कहा जाता है। यह बजट का ऐसा स्वरूप है, जिसका निर्माण परिणामों को ध्यान में रखकर किया जाता है। निष्पादन बजट (Performance Budget) में सरकार उपलब्धियों पर ध्यान रखते हुए प्रस्तावित कार्यक्रमों की रूपरेखा एवं उन पर खर्च किए जाने वाले सभी मदों का मूल्यांकन आदि किया जाता है।
- निष्पादन बजट का सर्वप्रथम प्रयोग संयुक्त राज्य अमेरिका में **हूवर आयोग** की सिफारिशों के आधार पर किया गया।
- भारत सरकार के द्वारा वित्तीय वर्ष 1975-76 के आम बजट से निष्पादन बजट की शुरुआत की गई थी। इस बजट से संगठन के लक्ष्य एवं उद्देश्य परिलक्षित होते हैं।
- भारत में निष्पादन बजट को **कार्यपूर्ति बजट** या **उपलब्धि बजट** भी कहा जाता है। यह बजट लागत लाभ विश्लेषण को निरूपित करता है। यह संकेत देता है कि खर्च की गई निधियों से परिणामों को किस प्रकार प्राप्त होने की सम्भावना है।

आउटकम बजट

- आउटकम बजट के विभिन्न प्रकारों में यह नए प्रकार का बजट है। भारत में इसकी शुरुआत वित्तमन्त्री पी. चिदम्बरम ने वर्ष 2005 में की थी। इसके अन्तर्गत आवण्टित साधनों के साथ-साथ उन लक्ष्यों को भी निर्धारित कर दिया जाता है, जिन्हें प्राप्त करना आवश्यक माना जाता है।
- इस प्रकार पहला आउटकम बजट संसद के द्वारा 25 अगस्त, 2005 को पारित किया गया था। वर्ष 2007-08 में आउटकम बजट और निष्पादन बजट को मिला दिया गया तथा उसे दस्तावेज का रूप दे दिया गया।
- इस बजट के अन्तर्गत एक वित्तीय वर्ष के लिए किसी मन्त्रालय अथवा विभाग को आवण्टित किए गए बजट में अनुश्रवण तथा मूल्यांकन किए जा सकने वाले भौतिक लक्ष्यों का निर्धारण इस उद्देश्य से किया जाता है, जिससे बजट के क्रियान्वयन की गुणवत्ता को समझा जा सके।
- उल्लेखनीय है कि आउटकम बजट सामान्य बजट की तुलना में एक जटिल प्रक्रिया है, जिसमें वित्तीय प्रावधानों को परिणामों के सन्दर्भ में देखा जाना होता है।
- यह बजट सभी मन्त्रालयों एवं विभागों के कार्य प्रदर्शन हेतु एक मापक का कार्य करता है, जिससे विनिर्माण कार्य, सेवा एवं अन्य कार्यक्रम को बेहतर तरीके से करने में सहायता मिलती है।

जीरो बेस बजट

- जीरो बेस बजट (Zero-Base Budget) के प्रवर्तन का श्रेय अमेरिका के **पीटर ए. पायर** (1969) को जाता है, जबकि इसके विकास का श्रेय ब्रिटिश अर्थशास्त्री हिल्टन यंग को जाता है।

> यह बजट खर्चों (व्यय) पर अंकुश लगाने का एक बेहतर तरीका है। इस बजट को सर्वप्रथम अमेरिका के जॉर्जिया प्रान्त (1973) में अपनाया गया था। इसके अन्तर्गत पूर्व में किए गए समस्त व्यय को ध्यान में नहीं रखा जाता, बल्कि आगे आने वाले कार्यों के लिए व्यय की जाने व न की जाने वाली मदों (धनराशि) को ध्यान में रखा जाता है।

- भारत में शून्य आधारित बजट प्रक्रिया सीएमआईआर (Council of Scientific and Industrial Research) द्वारा शुरू की गई थी। भारत सरकार ने 10 जुलाई, 1986 को औपचारिक रूप से विभिन्न मन्त्रालयों व विभागों को पत्र लिखकर इसकी शुरुआत की। इसे वर्ष 1987-88 के आम बजट के साथ शुरू किया गया था।
- भारत का राजस्थान राज्य पहला ऐसा राज्य है, जिसने वित्त वर्ष 1995-96 से जीरो बेस बजट को सख्ती से लागू करने का निर्णय लिया।
- भारत में इस बजट को अपनाए जाने के कुछ प्रमुख कारण निम्न हैं
  - देश में सतत् रूप से पाए जाने वाले बजटीय घाटे की स्थिति।
  - निष्पादन प्रणाली का सफल क्रियान्वयन न होना।

जीरो बेस बजट की विशेषताएँ

- यह निचली वरीयता के कार्यक्रमों को घटाता या न्यूनतम कर देता है। यह कार्यक्रम की प्रभावशीलता को बढ़ा देता है।
- इसमें प्रभावी कार्यक्रमों को अधिक धन मिलता है।
- इसमें कर वृद्धि में कमी आती है।
- यह योजनाओं की आलोचनात्मक समीक्षा को आसान बनाता है।
- इससे वर्ष के दौरान बजट समायोजन शीघ्र होता है।
- यह पर्याप्त संसाधनों का सुसंगत आवण्टन करता है।
- बजट की तैयारी में यह सम्बद्ध कार्मिकों की भागीदारी को बढ़ाता है।

सन्तुलित बजट

- यह एक आदर्श बजट है, जिसे व्यवहार में लाना कठिन है, सन्तुलित बजट (Balanced Budget) में विभिन्न क्षेत्रों का समान अनुपात में आवण्टन किया जाता है तथा इसमें व्यय एवं प्राप्ति का अन्तराल सीमित होता है, जिसके परिणामस्वरूप बजट के अनुमानित घाटे एवं वास्तविक घाटे में भी अन्तर नहीं होता।
- मुद्रा की आन्तरिक विनिमय दर एवं मुद्रा प्रसार में ताल-मेल होना चाहिए, जिससे मुद्रा मूल्य स्थिर रहे।

> - सन्तुलित बजट → बजट प्राप्तियाँ = बजट व्यय
> - बचत (अधिशेष) का बजट → बजट प्राप्तियाँ > बजट व्यय
> - घाटे का बजट → बजट प्राप्तियाँ > बजट व्यय

जेण्डर बजट

- बजट की यह प्रणाली **महिला सशक्तीकरण** की दिशा में एक सशक्त प्रयास है, जिसका प्रारम्भ वर्ष 1982 में ऑस्ट्रेलिया में किया गया था। भारत में जेण्डर बजटिंग (Gender Budgeting) की बात पहली बार वित्तमन्त्री पी. चिदम्बरम द्वारा वर्ष 2005-06 के बजट में की गई थी।
- जेण्डर बजटिंग के माध्यम से सरकार महिलाओं के विकास, कल्याण और सशक्तीकरण से सम्बन्धित योजनाओं एवं कार्यक्रमों के लिए प्रतिवर्ष बजट में एक निर्धारित राशि की व्यवस्था सुनिश्चित करती है।
- इसके माध्यम से आवण्टित धन एवं कार्यक्रमों से यह सुनिश्चित किया जाता है कि विकास का लाभ पुरुष-महिला दोनों को समान रूप से प्राप्त हो।

बजट के अन्य प्रकार

बजट के अन्य प्रकार निम्नलिखित हैं

- **घाटे का बजट** यह एक ऐसा बजट है, जिसमें सरकार द्वारा प्रस्तावित व्यय का आकार सरकार की प्रस्तावित प्राप्तियों से अधिक होता है। इस प्रकार के घाटे की पूर्ति संचित कोषों से ऋण लेकर की जाती है। यदि यह ऋण केन्द्रीय बैंक से लिया जाए, तो मुद्रा का विस्तार होता है। मन्दी की स्थिति से निपटने व आर्थिक विकास के लिए साधन एकत्र करने के उद्देश्य के लिए घाटे का बजट बनाया जाता है। अत: बहुत से अर्द्ध-विकसित व विकासशील देश आर्थिक विकास को ध्यान में रख घाटे का बजट बनाते हैं।
- **पूरक बजट** इस बजट को कभी-कभी अप्रत्याशित कारणों; जैसे—प्राकृतिक आपदा, राजस्व में गिरावट या अन्य आकस्मिक कारणों के कारण पारित बजट पर पुन: विचार करने की आवश्यकता होती है अथवा नई माँगों, गतिविधियों को पूर्ण करने के लिए या विद्यमान सेवाओं में वृद्धि के लिए अतिरिक्त धन की आवश्यकता होती है, तब इसके लिए पूरक बजट का निर्माण किया जाता है।
- **एकल बजट** से आशय सरकार के समस्त विभागों एवं कार्यक्रमों के लिए एक ही बजट का प्रयोग करना है; जैसे—इसमें सरकार की समस्त आय एवं व्यय शामिल कर लिए जाते हैं; जैसे—ब्रिटेन एवं संयुक्त राज्य अमेरिका का संघीय बजट एकल बजट है।
- **बहुलक बजट** इसमें सरकार प्रत्येक विभाग के लिए अलग-अलग बजट बनाती है; जैसे—फ्रांस, स्विट्जरलैण्ड, जर्मनी इत्यादि देशों में बहुलक बजट (Polymer Budget) प्रचलन में है।
- **मद आधारित बजट** यह वह बजट है, जिसमें निश्चित धनराशि की माँग की जाती है, लेकिन विभागानुसार उनका विवरण नहीं दर्शाया जाता है। इसमें सरकार को किसी भी मद का पैसा अन्य मद में खर्च करने की स्वीकृति मिल जाती है, लेकिन पुनर्वियोजन का अनुमोदन विधायिका से लेना पड़ता है। लेखानुदान (Vote on Account) इसी प्रकार का बजट है।
- **अनुपूरक बजट** यह अल्पकालिक बजट होता है। इस बजट को विशेषकर उस वर्ष प्रस्तुत किया जाता है, जिस वर्ष लोकसभा के आम चुनाव होते हैं। इस वित्तीय वर्ष में सरकार के शेष कार्यकाल हेतु व्यय निर्वाह के लिए यह बजट प्रस्तुत किया जाता है।

वित्त मन्त्रालय

बजट के लिए आवश्यक सभी संसाधनों का एकत्रीकरण, भिन्न संस्थाओं के मध्य समन्वय स्थापना तथा प्रारम्भिक स्तर से लेकर अन्तिम स्तर तक बजट के समस्त कार्यों का सम्पादन वित्त मन्त्रालय (Finance Ministry) द्वारा ही किया जाता है।

बजट निर्माण प्रक्रिया

- बजट निर्माण एक अत्यन्त विस्तृत एवं जटिल प्रक्रिया है। भारत में वित्तीय वर्ष की अवधि (जिसके लिए बजट बनाया जाता है) प्रत्येक वर्ष 1 अप्रैल से 31 मार्च तक की रहती है।
- बजट निर्माण हेतु प्रक्रिया सामान्यत: बजट प्रस्तुति समय से 6-7 माह पूर्व ही प्रारम्भ कर दी जाती है। बजट निर्माण प्रक्रिया को पाँच चरणों में बाँटा जा सकता है
  - बजट का प्राक्कलन या रूपरेखा
  - बजट का दस्तावेज
  - संसद की स्वीकृति
  - बजट का क्रियान्वयन
  - वित्तीय कोषों का लेखांकन और लेखा परीक्षण
- भारत में बजट प्रस्तुतीकरण का सम्बन्ध 3 वर्षों के आँकड़ों से होता है।

भारतीय बजट का दस्तावेजी रूप

भारत के आम बजट में सात दस्तावेजों को सम्मिलित किया जाता है

- **वित्तमन्त्री का भाषण** भारत के वित्तमन्त्री का बजट भाषण दो भागों में बँटा होता है—प्रथम भाग में आर्थिक तथ्यों तथा दूसरे भाग में प्रत्यक्ष और अप्रत्यक्ष करों के बारे में चर्चा करते हुए देश की आर्थिक नीतियों का विवरण देता है।
- **वार्षिक वित्तीय कथन** वित्तमन्त्री अपने भाषण के दौरान वार्षिक वित्तीय कथन के अन्तर्गत आगामी वित्तीय वर्ष के लिए समस्त अनुमानित सरकारी आय और व्यय पर विस्तृत टिप्पणी प्रस्तुत करता है।
- **बजट का सार** इस दस्तावेज में सम्पूर्ण बजट का संक्षिप्त रूप दिया होता है, जिसमें राज्यों/केन्द्रशासित प्रदेशों को दी जाने वाली धनराशि का विवरण होता है।
- **वित्त विधेयक** बजट के इस दस्तावेज में सरकार द्वारा प्रस्तावित सभी कर प्रणालियों का विवरण रहता है।

- **बजट प्राप्तियाँ** इस भाग में सरकार द्वारा प्राप्त होने वाली सभी आयों तथा घरेलू और विदेशी ऋण का विवरण रहता है।
- **बजट व्यय** बजट प्राप्ति वाले बजटीय दस्तावेज में जहाँ सरकार को प्राप्त होने वाली समस्त आय है, वहीं बजट व्यय वाले भाग में सरकार द्वारा व्यय की जाने वाली धनराशि, विभिन्न मन्त्रालयों और विभागों द्वारा व्यय, योजनागत और गैर-योजनागत व्ययों आदि को दी जाने वाली मदों का विवरण दिया होता है।
- **अनुदान की माँग** सरकार की माँगों का सारांश अनुदान की माँग दस्तावेज के अन्तर्गत उल्लिखित किया गया है। अनुदान माँगों पर विचार-विमर्श करने की अवधि 26 दिनों की होती है।

बजट से सम्बन्धित संवैधानिक कोष

बजट से सम्बन्धित संवैधानिक कोष निम्नलिखित हैं

भारत की संचित निधि [अनुच्छेद-266(1)]

- इस कोष की समस्त प्राप्तियों को जमा एवं समस्त भुगतानों को व्यय में डाला जाता है। सरकार की ओर से किए जाने वाले सभी भुगतान वैधानिक रूप से इसी कोष से किए जाते हैं।
- केन्द्र सरकार की सभी राजस्व प्राप्तियाँ, ट्रेजरी बिल से प्राप्त ऋण तथा ऋण अदायगी से प्राप्त धन इसमें जमा होते हैं। हालाँकि संसद के द्वारा पारित विनियोग विधेयक (अधिनियम) या अनुपूरक अनुदान सम्बन्धी अधिनियम के बाद ही इस निधि से धन को निकाला जा सकता है।

भारत का सार्वजनिक लेखा [अनुच्छेद-266(2)]

- भारत सरकार द्वारा या इसकी ओर से प्राप्त सभी अन्य सार्वजनिक राशियाँ (उनके अतिरिक्त जो भारत की संचित निधि में जमा की जाती हैं) भारतीय सार्वजनिक लेखा (Public Accounting) में जमा की जाती हैं।
- उनमें भविष्य निधि जमा, न्यायिक जमा, बचत खाता जमा, विभागीय जमा एवं प्रेषित जमा इत्यादि शामिल किए जाते हैं।
- इस खाते का संचालन कार्यपालक कार्यवाही द्वारा किया जाता है अर्थात् इस खाते से भुगतान संसदीय विनियोजन के बिना किए जा सकते हैं। भुगतानों की प्रकृति प्राय: बैंकिंग लेन-देन की होती है।
- इसके लिए सरकार को संसद की मंजूरी लेना आवश्यक नहीं होता है। इसमें जमा प्राप्तियों को सरकार दूसरों के लिए अपने पास रखती हैं तथा जिन्हें बाद में लौटा दिया जाता है। इस सम्बन्ध में सरकार केवल एक बैंकर या कस्टोडियन के रूप में कार्य करती है।

भारत की आकस्मिक निधि (अनुच्छेद-267)

- भारतीय संविधान द्वारा संसद को भारत की एक आकस्मिक निधि की स्थापना के लिए अधिकृत किया गया है, जिसमें समय-समय पर कानून द्वारा निर्धारित राशियाँ जमा किए जाने का प्रावधान है।
- वर्ष 1950 को भारतीय संसद द्वारा भारतीय आकस्मिकता अधिनियम पारित किया गया। इस निधि को राष्ट्रपति के नियन्त्रण में रखा गया है। वह संसद द्वारा प्राधिकृत करने के पूर्व, अनदेखे खर्चे की पूर्ति के लिए इसमें से पेशगी दे सकता है।
- राष्ट्रपति की ओर से यह निधि वित्त सचिव के अधीन रहती है। भारतीय सार्वजनिक लेखा निधि की तरह ही इसका संचालन भी कार्यकारी कार्यवाही द्वारा होता है।
- इस निधि का प्रयोग राष्ट्रपति प्रधानमन्त्री की सलाह पर करता है। जब तक किसी आकस्मिक व्यय के लिए संसद ने सरकार को प्राधिकृत न किया हो, तब तक राष्ट्रपति उस व्यय की पूर्ति के लिए इस निधि से आवश्यक धन सरकार को अग्रिम रूप से दे सकती है।

विनियोग विधेयक

- **भारतीय संविधान के अनुच्छेद-114** के अन्तर्गत संचित निधि से धन की निकासी हेतु लोकसभा के द्वारा अनुदान की माँग को पारित करने के बाद एक विनियोग विधेयक को लोकसभा में प्रस्तुत किया जाता है। प्रत्येक विनियोग विधेयक धन विधेयक होता है, जिसे धन विधेयक की प्रक्रिया के अनुसार ही पारित किया जाता है। इसमें संशोधन का निर्णय सदन के पीठासीन अधिकारी द्वारा किया जाता है।
- **लेखानुदान** यह एक अग्रिम व्यवस्था है, इसके अन्तर्गत संचित निधि से धन की प्राप्ति हेतु विनियोग विधेयक को प्रस्तुत किया जाता है। यह संघ सरकार को एक निश्चित अवधि के लिए संचित निधि से धन की निकासी की अनुमति देता है।

वित्त विधेयक

- जब धन विधेयक में साधारण विधेयक के भी उपबन्ध जोड़ दिए जाते हैं, तो उसे वित्त विधेयक कहते हैं। इसका उल्लेख भारतीय संविधान के **अनुच्छेद-110** में किया गया है। सभी धन विधेयक, वित्त विधेयक होते हैं, लेकिन सभी वित्त विधेयक, धन विधेयक नहीं होते हैं।
- वित्त विधेयक केवल लोकसभा में ही पेश किया जा सकता है। इसके लिए राष्ट्रपति की पूर्व अनुमति आवश्यक है। साधारण विधेयक के समान इसे भी दोनों सदनों में पारित होना होता है। राज्यसभा इसमें संशोधन कर सकती है या अस्वीकार कर सकती है। दोनों सदनों में असहमति होने पर संयुक्त बैठक का भी प्रावधान है। राष्ट्रपति इसे पुनर्विचार के लिए दोनों सदनों को लौटा सकता है।

बजट सम्बन्धी महत्त्वपूर्ण तथ्य

तत्कालीन वित्त मन्त्री **सी. डी. देशमुख** ने वर्ष 1955-56 का बजट पेश करने से पहले सुनिश्चित किया कि बजट के सभी दस्तावेज हिन्दी में भी छापे जाएँ। इससे पूर्व दस्तावेज केवल अंग्रेजी में ही छापे जाते थे।

विजन डॉक्यूमेण्ट, 2030

- केन्द्र सरकार के द्वारा वित्त वर्ष 2019-20 के लिए अन्तरिम बजट प्रस्तुत करते हुए 1 फरवरी, 2019 को अगले दशक में नए भारत के निर्माण हेतु एक विजन डॉक्यूमेण्ट, 2030 प्रस्तुत किया गया।
- इसमें ऐसे भारत के निर्माण की बात कही गई है, जिसके अन्तर्गत भारत गरीबी, गन्दगी और निरक्षरता से मुक्त होगा तथा भारतीय समाज तकनीकी सम्पन्न, उच्च विकास के साथ एक पारदर्शी समाज होगा। इस डॉक्यूमेण्ट में निहित महत्त्वपूर्ण तथ्य निम्नवत् हैं
    - 10 ट्रिलियन डॉलर की अर्थव्यवस्था तथा सहज एवं सुखद जीवन हेतु सामाजिक और भौतिक अवसंरचना का निर्माण करना।
    - डिजिटल भारत का निर्माण करना, डिजिटल भारत के सृजन में स्टार्टअप तथा इको सिस्टम को बढ़ावा देना।
    - भारत को स्वच्छ बनाने हेतु इलेक्ट्रिकल वाहनों तथा नवीकरणीय ऊर्जा पर विशेष बल देना।
    - डिजिटल प्रौद्योगिकी का उपयोग करके ग्रामीण औद्योगीकरण के विस्तार के साथ बड़े पैमाने पर रोजगार सृजन करना।
    - भारतीयों के लिए सुरक्षित पेयजल के साथ नदियों तथा लघु सिंचाई तकनीकी की सहायता से सिंचाई में उचित जल का उपयोग करना।
    - भारत को न्यूनतम सरकार अधिकतम शासन वाले राष्ट्र के रूप में विकसित करना तथा इसके माध्यम से बेहतर अभिशासन को मूर्त रूप देना। सागरमाला कार्यक्रम में तेजी लाना तथा भारत के तटीय एवं समुद्री भागों को मजबूत बनाकर भारत की प्रगति को बढ़ावा देना।
    - जैविक खेती के माध्यम से खाद्यान्न उत्पादन तथा खाद्यान्न निर्यात में भारत को आत्मनिर्भर बनाना।
    - अन्तरिक्ष कार्यक्रम को अधिक बेहतर बनाना। गगनयान तथा भारतीय अन्तरिक्ष यात्री को वर्ष 2024 तक अन्तरिक्ष में भेजने के लक्ष्य में भारत को उपग्रहों को छोड़ने वाले लॉन्च पेड के रूप में विकसित किया है।
    - वर्ष 2030 तक स्वस्थ भारत बनाने की संकल्पना को साकार करना, जिसमें आयुष्मान भारत तथा महिला सहभागिता महत्त्वपूर्ण घटक के रूप में होगी।

प्रीलिम्स फैक्ट्स

- भारत में राजकोषीय नीति का निर्माण–भारतीय रिजर्व बैंक, योजना आयोग, वित्त मन्त्रालय और भारतीय प्रतिभूति एवं विनिमय बोर्ड में से किसके द्वारा किया जाता है। *– वित्त मन्त्रालय [UPPSC (Pre) 2012]*
- किस अर्थशास्त्री ने वर्ष 1929-30 की महान मन्दी को सुधारने के लिए राजकोषीय नीति के उपाय का उपयोग किया? *–प्रो. कीन्स [UKPSC (Pre) 2012]*
- पूर्ण रोजगार, मूल्य स्थिरता, अन्तर्राज्यीय व्यापार का नियमन और धन तथा आय का न्यायोचित वितरण में कौन–सा एक भारत सरकार की राजकोषीय नीति का उद्देश्य नहीं है। *–अन्तर्राज्यीय व्यापार का नियमन [UPPSC (Pre) 2006]*
- करारोपण, सार्वजनिक व्यय, ब्याज दर और सार्वजनिक ऋण में से एक कौन–सा राजकोषीय नीति का उपकरण नहीं है? *–ब्याज दर [UPPSC (Pre) 2016]*
- उत्पादन नीति, कर नीति, विदेश नीति और ब्याज दर नीति में कौन–सा एक राजकोषीय नीति का भाग है। *–कर नीति [UKPSC (Pre) 2012]*
- सरकारी व्यय को नियन्त्रित करने का प्राधिकारी भारतीय रिजर्व बैंक, योजना आयोग, वित्त मन्त्रालय और वित्त आयोग में से कौन है? *–वित्त मन्त्रालय [BPSC (Pre) 2015]*
- कराधान, उपादान, समष्टि–आर्थिक नीतियाँ और अनुदान में से किसके द्वारा सरकार निजी क्षेत्रक व्यय को प्रभावित कर सकती है? *– कराधान, उपादान और अनुदान [UPPSC (Pre) 2008]*
- बजट सरकार की मौद्रिक नीति, सरकार की वाणिज्य नीति, सरकार की राजकोषीय नीति और सरकार की मुद्रा–बचत नीति में से किसका एक लेख–पत्र है? *–सरकार की राजकोषीय नीति का [UPPSC (Pre) 2013]*
- भारत में बजट का राजस्व अनुमान तैयार किया जाता है *–वित्त मन्त्रालय द्वारा [JPSC (Pre) 2013]*
- संयुक्त राज्य अमेरिका, फ्रांस, भारत और जर्मनी में से किस देश में शून्य आधारित बजट सर्वप्रथम लागू किया गया था? *–संयुक्त राज्य अमेरिका [UPPSC (Mains) 2017]*
- निष्पादन बजट की अवधारणा जर्मनी, फ्रांस, यू. के. और संयुक्त राज्य अमेरिका में से कहाँ से ली गई है? *–संयुक्त राज्य अमेरिका [UPPSC (Pre) 2010]*
- भारत का आर्थिक सर्वेक्षण नीति आयोग–भारतीय रिजर्व बैंक, वित्त मन्त्रालय और वित्त आयोग में से किससे सम्बन्धित है? *–वित्त मन्त्रालय से [UPPSC (Mains) 2010, CGPSC (Pre) 2019]*
- राजस्व विभाग, आर्थिक कार्य विभाग, वित्तीय सेवाएँ विभाग और व्यय विभाग में से कौन एक संघीय बजट की तैयारी और उसे संसद में पेश करने के लिए उत्तरदायी है? *–आर्थिक कार्य विभाग [IAS (Pre) 2016]*
- भारत में जेण्डर बजटिंग कब शुरू किया गया था? *–केन्द्रीय बजट, 2005-06 [BPSC (Pre) 2020]*

- ब्याज प्राप्तियाँ, कर प्राप्तियाँ, सरकारी विभागों व सार्वजनिक उपक्रमों से प्राप्त लाभ तथा लाभांश और अल्प बचतों में से कौन–सा एक केन्द्रीय बजट के राजस्व खाते में सम्मिलित नहीं किया जाता है? *–लाभांश और अल्प बचत* [RAS/RTS (Pre) 2018]
- भारत के संघीय बजटों में योजना व्यय, गैर–योजना व्यय, आगम (रेवेन्यू) व्यय और पूँजी व्यय में से कौन–सी रकम सबसे अधिक होती है? *आगम (रेवेन्यू) व्यय* [UPPSC (Pre) 2006]
- भारत में घाटे की वित्त व्यवस्था आर्थिक विकास, सार्वजनिक ऋण का भुगतान, भुगतान शेष का समायोजन और विदेशी ऋण को कम करने में से किसके लिए संसाधनों को बढ़ाने के लिए उपयोग की जाती है? *–आर्थिक विकास के लिए* [IAS (Pre) 2013]
- संघीय सरकार के बजटों में राजकोषीय घाटे के बड़े भाग की पूर्ति–कर आगम, घरेलू उधार, विदेशी उधार और कागजी मुद्रा छापकर में से किससे की जाती है? *–घरेलू उधारों से* [UPPSC (Mains) 2005]
- प्रभावी राजस्व घाटा वर्ष 2010-11, वर्ष 2011-12, वर्ष 2009-10 और वर्ष 2012-13 में किस केन्द्रीय बजट में पेश किया गया? *–वर्ष 2011-12* [BPSC (Pre) 2015]
- भारतीय केन्द्र सरकार के बजट में राजस्व घाटे से ब्याज भुगतान घटाने पर कौन–सा घाटा प्राप्त होता है? *–प्राथमिक घाटा* [UPPSC (Mains) 2004]
- यदि सकल राजकोषीय घाटे में से ब्याज भुगतान को निकाल दिया जाए, तो अवशेष को सकल प्राथमिक घाटा, बजटीय घाटा, मौद्रिकृत घाटा और राजस्व घाटा में से क्या कहा जाएगा? *– सकल प्राथमिक घाटा* [UPPSC (Mains) 2008]
- राजकोषीय उत्तरदायित्व एवं बजट प्रबन्धन अधिनियम, भारत में कब पारित किया गया था? *–वर्ष 2003* [UPPSC (Mains) 2008]
- राजकोषीय उत्तरदायित्व तथा बजट प्रबन्धन अधिनियम राजकोषीय घाटा व राजस्व घाटे में से किससे सम्बन्धित है? *–दोनों से* [IAS (Pre) 2006]
- भारत में बजट घाटे को पूरा करने की तदर्थ बिल प्रणाली को कब समाप्त कर दिया गया? *–31 मार्च, 1997 को* [BPSC (Pre) 2015]

सेल्फ चैक

1. सरकार के निम्नलिखित कार्यों पर विचार कीजिए IAS (Pre) 2010

1. कर दरों में कटौती करना
2. सरकारी व्यय को बढ़ाना
3. उपादानों को समाप्त करना

आर्थिक मन्दी के सन्दर्भ में उपरोक्त कार्यों में से कौन-सा/से राजकोषीय उद्दीपन पैकेज का भाग माना/माने जा सकता/सकते है/हैं?

(a) 1 और 2 (b) केवल 2
(c) 1 और 3 (d) 1, 2 और 3

2. आर्थिक मन्दी के समय निम्नलिखित में से कौन-सा कदम उठाए जाने की सर्वाधिक सम्भावना होती है? IAS (Pre) 2021

(a) कर की दरों में कटौती के साथ-साथ ब्याज दर में वृद्धि करना
(b) सार्वजनिक परियोजनाओं पर व्यय में वृद्धि करना
(c) कर की दरों में वृद्धि के साथ-साथ ब्याज दर में कमी करना
(d) सार्वजनिक परियोजनाओं पर व्यय में कमी करना

3. कोई देश ऋण-जाल में फँसा हुआ माना जाएगा, यदि HPSC (Pre) 2021

(a) इसे अन्तर्राष्ट्रीय मुद्रा कोष के द्वारा लागू की गई शर्तों को मानना पड़ता है
(b) इसे बकाया ऋण पर ब्याज को चुकाने के लिए उधार लेना होता है
(c) ऐसे ऋणदाताओं को ऋण अथवा अनुदान देने से मना कर दिया गया हो
(d) विश्व बैंक बकाया तथा नए ऋण पर अत्यधिक ब्याज की दर वसूल करता है

4. निम्नलिखित कथनों पर विचार कीजिए IAS (Pre) 2017

1. पिछले दशक में भारत के GDP के प्रतिशत के रूप में कम राजस्व में सतत् वृद्धि हुई है।
2. पिछले दशक में भारत GDP के प्रतिशत के रूप में राजकोषीय घाटे में सतत् वृद्धि हुई है।

उपरोक्त कथनों में से कौन-सा/से कथन सही है/हैं?

(a) केवल 1 (b) केवल 2
(c) 1 और 2 दोनों (d) न तो 1 और न ही 2

5. यदि प्राथमिक घाटा शून्य है, तो उधार की राशि होगी UKPSC (Pre) 2022

(a) ब्याज भुगतान से अधिक (b) ब्याज भुगतान से कम
(c) ब्याज भुगतान के ठीक बराबर (d) इनमें से कोई नहीं

6. सूची I को सूची II के साथ सुमेलित कीजिए और सूचियों के नीचे दिए गए कूट का प्रयोग कर सही उत्तर चुनिए

सूची I (घाटे का प्रकार)	सूची II (व्याख्या)
A. वित्तीय घाटा	1. कुल व्यय-राजस्व प्राप्तियाँ एवं ऋणरहित पूँजीगत प्राप्तियाँ
B. राजस्व घाटा	2. राजस्व व्यय-राजस्व प्राप्तियाँ
C. प्रभावी राजस्व	3. राजस्व घाटा-पूँजीगत परिसम्पत्तियों के सृजन हेतु अनुदान
D. प्राथमिक घाटा	4. वित्तीय घाटा-ब्याज भुगतान

कूट

	A	B	C	D
(a)	1	2	3	4
(b)	1	3	2	4
(c)	4	2	3	1
(d)	4	3	2	1

7. भारत में घाटे की वित्त व्यवस्था किसके लिए संसाधनों को बढ़ाने के लिए उपयोग की जाती है? IAS (Pre) 2013

(a) आर्थिक विकास के लिए
(b) सार्वजनिक ऋण चुकाने के लिए
(c) भुगतान शेष का समायोजन करने के लिए
(d) विदेशी ऋण कम करने के लिए

8. शासन के सन्दर्भ में निम्नलिखित पर विचार कीजिए IAS (Pre) 2010

1. विदेशी प्रत्यक्ष निवेश अन्तर्वाह को प्रोत्साहन देना।
2. उच्च शैक्षिक संस्थानों का निजीकरण करना।
3. अधिकारी तन्त्र की डाउनसाइजिंग करना।
4. सार्वजनिक क्षेत्र के उपक्रमों के शेयरों की ब्रिकी/ऑफ लोडिंग करना।

उपरोक्त में से कौन-से उपाय भारत में राजकोषीय घाटे पर नियन्त्रण पाने के उपायों के रूप में कार्य कर सकते हैं?

(a) 1, 2 और 3 (b) 2, 3 और 4 (c) 1, 2 और 4 (d) 3 और 4

9. निम्नलिखित कथनों पर विचार कीजिए IAS (Pre) 2018

1. राजकोषीय दायित्व और बजट प्रबन्धन (एफआरबीएम) समीक्षा समिति के प्रतिवेदन में सिफारिश की गई है कि वर्ष 2023 तक केन्द्र एवं राज्य सरकारों को मिलाकर ऋण-GDP अनुपात 60% रखा जाए, जिसमें केन्द्र सरकार के लिए 40% तथा राज्य सरकारों के लिए 20% हो।
2. राज्य सरकारों के जीडीपी के 49% की तुलना में केन्द्र सरकार के लिए GDP का 21% घरेलू देयताएँ हैं।
3. भारत के संविधान के अनुसार, यदि किसी राज्य के पास केन्द्र सरकार की बकाया देयताएँ हैं, तो उसे कोई भी ऋण लेने से पहले केन्द्र सरकार से सहमति लेना अनिवार्य है।

उपरोक्त कथनों में से कौन-सा/से कथन सही है/हैं?

(a) केवल 1 (b) 2 और 3 (c) 1 और 3 (d) 1, 2 और 3

10. वित्तमन्त्री संसद में बजट प्रस्तुत करते हुए उसके साथ अन्य प्रलेख भी प्रस्तुत करता है, जिनमें 'वृहद् आर्थिक रूपरेखा विवरण' भी सम्मिलित रहता है। यह पूर्वोक्त प्रलेख निम्न आदेश के कारण प्रस्तुत किया जाता है IAS (Pre) 2020

(a) चिरकालिक संसदीय परम्परा के कारण
(b) भारत के संविधान के अनुच्छेद-112 तथा अनुच्छेद-110(1) के कारण
(c) भारत के संविधान के अनुच्छेद-113 के कारण
(d) राजकोषीय उत्तरदायित्व एवं बजट प्रबन्धन अधिनियम, 2003 के प्रावधानों के कारण

11. निम्नलिखित कथनों पर विचार कीजिए और उनके नीचे दिए गए कूट का प्रयोग कर सही उत्तर चुनिए

कथन (A) भारत में शून्य आधार बजट प्रवर्तित किया गया है।

कारण (R) शून्य आधार बजट तकनीक के अन्तर्गत बजट प्रावधान करने से पूर्व प्रत्येक योजना की विवेचनात्मक समीक्षा की जाती है। UPPSC (Mains) 2011

कूट

(a) A और R दोनों सही हैं तथा R, A की सही व्याख्या है
(b) A और R दोनों सही हैं, परन्तु R, A की सही व्याख्या नहीं है
(c) A सही है, किन्तु R गलत है
(d) A गलत है, किन्तु R सही है

12. भारत के केन्द्रीय बजट में राजकोषीय घाटे का तात्पर्य होता है JPSC (Pre) 2021

(a) मुद्रीकृत घाटे और बजटीय घाटे का जोड़
(b) भारतीय रिजर्व बैंक से केन्द्र सरकार के उधार में शुद्ध वृद्धि
(c) चालू खर्च और चालू आय के बीच का अन्तर
(d) राजकोषीय घाटा बताता है कि सरकार को अपने खर्चों को पूरा करने के लिए कितने पैसों की आवश्यकता है

13. भारत में केन्द्रीय सरकार के व्यय की कुछ मदें निम्नलिखित हैं

1. ब्याज अदायगी
2. मुख्य सहायिकियाँ
3. पेंशन
4. ऋण एवं अग्रिम

उपरोक्त में से कौन-सी गैर-योजना राजस्व व्यय में शामिल है/हैं?

(a) केवल 1 (b) 2 और 3
(c) 1, 2 और 3 (d) 2, 3 और 4

14. भारतीय अर्थव्यवस्था के सन्दर्भ में निम्नलिखित में कौन-सा/से गैर-वित्तीय ऋण में सम्मिलित है/हैं? IAS (Pre) 2020

1. परिवारों का बकाया गृह ऋण
2. क्रेडिट कार्डों पर बकाया राशि
3. राजकोष बिल

कूट

(a) केवल 1 (b) 1 और 2 (c) केवल 3 (d) 1, 2 और 3

15. निम्नलिखित में से किसको/किनको भारत सरकार के पूँजी बजट में शामिल किया जाता है? IAS (Pre) 2016

1. सड़कों, इमारतों, मशीनरी आदि जैसी परिसम्पत्तियों के अधिग्रहण पर व्यय।
2. विदेशी सरकारों से प्राप्त ऋण।
3. राज्यों और संघ राज्य क्षेत्रों को अनुदत्त ऋण और अग्रिम।

कूट

(a) केवल 1 (b) केवल 2 (c) 1 और 3 (d) 1, 2 और 3

16. किसी संगठन या कम्पनी द्वारा किए गए व्यय के सन्दर्भ में निम्नलिखित कथनों में से कौन-सा/से सही है/हैं? IAS (Pre) 2022

1. नई प्रौद्योगिकी प्राप्त करना पूँजीगत व्यय है।
2. ऋण वित्तीयन को पूँजीगत व्यय माना जाता है, जबकि इक्विटी वित्तीयन को राजस्व व्यय माना जाता है।

कूट

(a) केवल 1 (b) केवल 2
(c) 1 और 2 दोनों (d) न तो 1 और न ही 2

17. वर्ष-प्रतिवर्ष निरन्तर घाटे का बजट रहा है। घाटे को कम करने के लिए सरकार द्वारा निम्नलिखित में से कौन-सी कार्यवाही/कार्यवाहियाँ की जा सकती है/हैं? IAS (Pre) 2015

1. राजस्व व्यय में कमी लाना।
2. नई कल्याणकारी योजनाएँ आरम्भ करना।
3. उपदानों (सब्सिडी) का युक्तीकरण करना।
4. आयात शुल्क को कम करना।

कूट

(a) 1 और 3 (b) 2 और 3
(c) केवल 1 (d) 1, 2, 3 और 4

जानें सही उत्तर

1. (a)	2. (b)	3. (b)	4. (d)	5. (c)	6. (a)	7. (a)	8. (b)	9. (c)	10. (d)
11. (a)	12. (d)	13. (c)	14. (d)	15. (d)	16. (a)	17. (a)			

• अध्याय नौ

भारतीय कर प्रणाली

"देश की व्यवस्था को सुचारू रूप से चलाने तथा कल्याणकारी एवं विकासात्मक कार्य हेतु सरकार को धन की आवश्यकता होती है। कर प्रणाली केन्द्र, राज्य तथा स्थानीय सरकारों के राजस्व का प्रमुख स्रोत है। संविधान की मूल आत्मा के अनुसार, केन्द्र से राज्यों को करों का बँटवारा इस प्रकार किया जाना चाहिए, जिससे देश में विभिन्न राज्यों के बीच व्याप्त असमानताओं को ध्यान में रखते हुए अल्पविकसित राज्यों को विकास के लिए अधिक संसाधन उपलब्ध कराए जा सकें।

कर

- कर (Tax) सरकार को दिया गया एक अनिवार्य भुगतान होता है, जो करदाता द्वारा बिना प्रत्यक्ष लाभ प्राप्ति की आशा के ही दिया जाता है। वास्तव में, कर राज्य की आय का मुख्य साधन है, जो राज्य को अनिवार्य रूप से भुगतान किया जाता है। बदले में करदाता को प्रदान की जाने वाली सेवा के आकार से अंशदान का कोई सम्बन्ध नहीं होता है।
- भारत में सरकार तीन स्तरों पर विभाजित है। इन्हें करों को लगाने का अधिकार भी प्राप्त है। वित्त आयोग की सिफारिशों के आधार पर केन्द्र सरकार एवं राज्य सरकारों के बीच कर राजस्व का विभाजन किया जाता है।

> केन्द्र सरकार के द्वारा लगाए जाने वाले करों में आयकर, निगम कर, सीमा शुल्क, केन्द्रीय उत्पादन शुल्क तथा सेवा कर प्रमुख हैं। राज्य सरकारें, राज्य मूल्य वर्द्धित कर, कृषि आय पर कर, मनोरंजन कर, स्टाम्प ड्यूटी आदि करों को आवश्यकतानुसार लगाती हैं। स्थानीय स्तर पर स्थानीय सरकार व निकायों को चुँगी कर, भवन कर, जल कर, सफाई कर आदि को लगाने का अधिकार प्राप्त है।

- कुछ कर केन्द्र सरकार के द्वारा लगाए एवं एकत्रित किए जाते हैं, किन्तु उनसे प्राप्त आय को राज्यों के बीच बाँट दिया जाता है; जैसे—सम्पदा शुल्क, विज्ञापन कर आदि। कुछ कर एवं शुल्क केन्द्र सरकार द्वारा लगाए जाते हैं, किन्तु उनका एकत्रण तथा खर्च राज्य सरकारों के द्वारा किया जाता है; जैसे—स्टाम्प शुल्क आदि।
- 1 जुलाई, 2017 से **वस्तु एवं सेवा कर** (GST) को लागू किया गया है। यह सहकारी संघवाद को बढ़ावा देने की दिशा में महत्त्वपूर्ण पहल है।
- इस प्रकार आर्थिक सुधारों के पश्चात् उदारीकृत नीतियों की दिशा में भारतीय कर संरचना में मूलभूत परिवर्तन हुए हैं; जैसे—कर कानून को सरलीकृत करना, कर संरचना का पुनर्गठन करना, कर जीडीपी अनुपात को सन्तुलित करना, कर दबाव को कम करना आदि।

कर की विशेषताएँ

- एक कर नागरिकों द्वारा भुगतान किया जाने वाला एक अनिवार्य भुगतान है, जिसका भुगतान करने के लिए नागरिक उत्तरदायी हैं।
- कर का भुगतान करने से इंकार करना एक दण्डनीय अपराध है। कर एक कानूनी संग्रह होता है। राष्ट्रहित में सरकार द्वारा किए गए सार्वजनकि व्यय को पूर्ण करने के लिए कर लगाया जाता है।
- कर नियमित रूप से समय-समय पर देय होता है तथा कर प्राधिकरण द्वारा निर्धारित किया जाता है।

करारोपण के उद्देश्य

- कर सरकार की आय का स्रोत होता है। इसके माध्यम से सरकार अपने सार्वजनिक खर्च से सम्बन्धित दायित्वों को पूर्ण करती है।
- वर्तमान में कर का मुख्य उद्देश्य सरकार की आय प्राप्ति न होकर आय की असमानता को दूर करना है। करारोपण (Taxation) के मुख्य उद्देश्य निम्न प्रकार हैं
  - अर्थव्यवस्था का नियमन
  - आय की प्राप्ति
  - धन का समान वितरण
  - मूल्य की स्थिरता को बढ़ावा देना।

करारोपण की विधियाँ

- कराधान अथवा करारोपण सरकार द्वारा किसी नागरिक से उसकी आय, सम्पत्ति अथवा उसकी आर्थिक गतिविधियों पर लगाए गए कर को वसूले जाने की प्रक्रिया होती है।
- जब करों को लोगों की भुगतान क्षमता के आधार पर लगाया जाता है, तो इसे करों की **न्यायशीलता की स्थिति** कहते हैं। इसमें क्षैतिज एवं उर्ध्वाधर समानता का विशेष रूप से ध्यान रखा जाता है।
- करारोपण की प्रक्रिया में जब समान स्तर के व्यक्तियों के द्वारा समान कर का भुगतान किया जाता है, तो उसे **क्षैतिज समानता** कहते हैं, जबकि वही आर्थिक रूप से सशक्त लोगों द्वारा अधिक एवं कम धनी लोगों के द्वारा कम भुगतान किया जाता है, तो उसे **ऊर्ध्वाधर समानता** कहते हैं।

उपकर एवं अधिभार

उपकर	अधिभार
कर आधार पर लगाया गया अन्य कर उपकर होता है।	कर की दर पर लगाया गया अतिरिक्त कर अधिभार होता है।
यह किसी विशेष उद्देश्य के लिए लगाया जाता है।	इसके लिए विशेष उद्देश्य आवश्यक नहीं होता है।
यह प्रत्यक्ष तथा अप्रत्यक्ष दोनों करों पर लगाया जाता है।	यह आयकर तथा कुछ अन्य करों पर लगाया जाता है।
इसकी राशि एक निश्चित मद से जुड़ी होती है।	अधिभार से प्राप्त राजस्व भारत की संचित निधियों में जाता है।

विभिन्न प्रकार की कर प्रणाली

वैश्विक स्तर पर कर प्रणाली के अनेक रूप प्रचलित हैं, इसमें निम्नलिखित कर प्रणालियाँ उल्लेखनीय हैं

प्रगतिशील/प्रगामी कर प्रणाली

- प्रगतिशील कर प्रणाली (Progressive Tax System) में आय दर बढ़ने के साथ-साथ कर की दर भी बढ़ती जाती है; जैसे—₹ 2.5 लाख तक की आय का कर मुक्त होना। उसके बाद ₹ 2.5 से 5 लाख तक की आय पर 10% आयकर तथा पुनः ₹ 5-10 लाख की आय पर 20% की दर से कर लगाना। भारत में इसी प्रकार की कर प्रणाली प्रचलित है।
- इस स्थिति में निर्धन व्यक्ति को कम दर से तथा धनी व्यक्ति को ऊँची दर से कर देना होता है। यह एक बेहतर कर प्रणाली है, क्योंकि इसमें करों के भुगतान में न्यायशीलता का सिद्धान्त अपनाया जाता है।
- भारत में आयकर की प्रवृत्ति प्रगतिशील कर की पाई जाती है। करारोपण जब अधिक प्रगतिशील होता है, तो करदाता कर अपवंचन (Tax Evasion) के लिए प्रोत्साहित होता है।

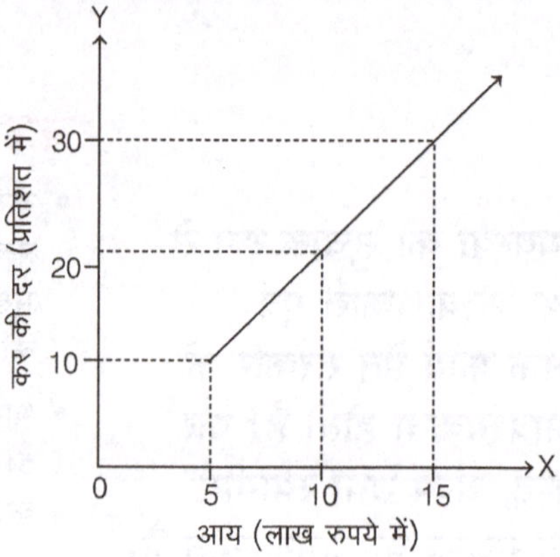

प्रगतिशील कर प्रणाली

प्रगतिहीन या प्रतिगामी कर प्रणाली

- प्रतिगामी कर प्रणाली (Regressive Tax System) में आय बढ़ने के साथ-साथ कर प्रतिशत में कमी आने लगती है; जैसे— ₹ 5 लाख तक 10% कर लगाना तथा ₹ 5-10 लाख तक की आय पर 8% कर लगाना।
- इस प्रणाली का सबसे बड़ा लाभ यह होता है कि इसमें कर की दर में वृद्धि नहीं होती। परिणामतः लोग अपनी अधिक-से-अधिक आय को घोषित करना चाहते हैं। इससे काले धन में कमी आती है। यह प्रणाली अधिकांशतः विकसित देशों में प्रचलित है।

- इस कर प्रणाली में कर का भार निम्न आय वर्ग पर अधिक पड़ता है। यह कर प्रणाली अधिक आय अर्जित करने वाले व्यक्तियों को प्रोत्साहन प्रदान करती है। इसमें कर देने वाले के स्तर को ध्यान में रखे बिना ही करारोपण किया जाता है।

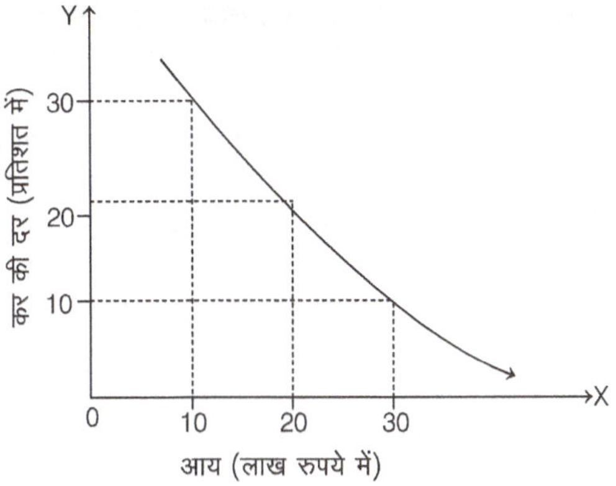

प्रतिगामी कर प्रणाली

आनुपातिक कर प्रणाली

- आनुपातिक कर प्रणाली (Proportional Tax System) में सम्पूर्ण आय पर सभी को समान दर से कर अदा करना पड़ता है। इसमें आय बढ़ने से कर की राशि में तो वृद्धि होती है, परन्तु कर प्रतिशत यथावत बना रहता है।
- इसमें आय के प्रत्येक स्तर पर कर की दर एकसमान पाई जाती है। यह करों की न्यायशीलता के सिद्धान्त का पालन नहीं करती है। इसलिए करों का भार अमीर एवं गरीब दोनों पर समान रूप से पड़ता है।

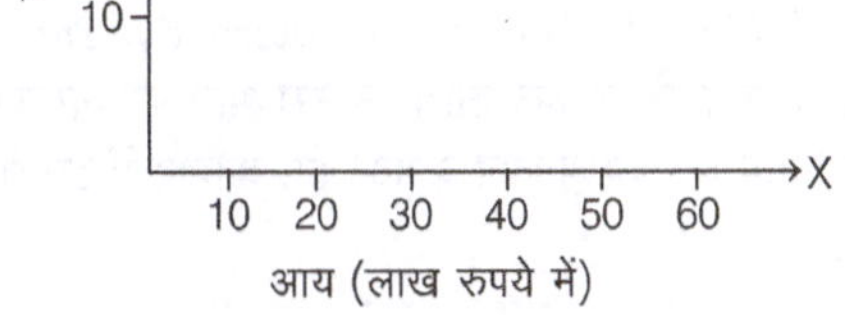

आनुपातिक कर प्रणाली

अधोगामी/अवक्रमिक कर प्रणाली

- इसमें एक सीमा तक आय बढ़ने पर कर प्रतिशत में वृद्धि होती है, किन्तु उसके बाद उससे ऊपर कितनी भी आय हो, अधोगामी कर प्रणाली की दर समान ही रहती है।
- इसमें प्रगतिशील और समानुपातिक दोनों कर प्रणालियों की विशेषताएँ शामिल होती हैं। इस प्रकार इसमें प्रारम्भ में कर की दर आय बढ़ने के साथ बढ़ती है, किन्तु एक निश्चित सीमा के बाद स्थिर अथवा निश्चित हो जाती है।

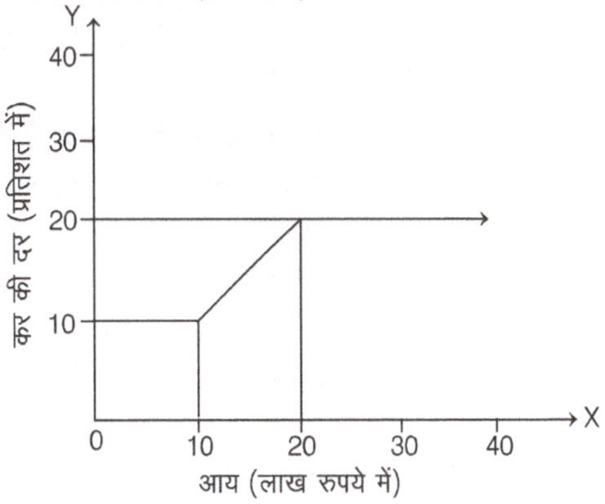

अवक्रमिक कर प्रणाली

करापात

करापात (Incidene of Tax) उस बिन्दु को दिखाता है, जहाँ कर लगता हुआ प्रतीत होता है। उदाहरणस्वरूप किसी वस्तु पर आरोपित VAT में वृद्धि होती है, तो करापात का बिन्दु व्यापारी होता है।

कर विवर्तन

कर विवर्तन (Shifting of Taxation) वह प्रक्रिया है, जिसके द्वारा एक व्यक्ति स्वयं पर लगाए गए कर भार को अन्य व्यक्तियों पर डाल देता है। उदाहरण के लिए, GST के मामले में निर्माता द्वारा कर के बोझ को अन्तिम उपभोक्ता पर स्थानान्तरित कर दिया जाता है।

कराघात

कर लगाए जाने के पश्चात् कर का भुगतान, जिसके द्वारा किया जाता है, उस बिन्दु पर कराघात (Import of Tax) हुआ माना जाता है।

कर के प्रकार

सामान्यत: कर दो प्रकार के होते हैं-प्रत्यक्ष कर तथा अप्रत्यक्ष कर।

प्रत्यक्ष कर

- यह वह कर है, जिसे व्यक्ति या संस्था पर लगाया जाता है, वही कर का भुगतान करता है। प्रत्यक्ष कर के बोझ को स्थानान्तरित नहीं किया जा सकता है।
- इसमें करारोपण प्रणाली तथा इसका पूर्वानुमान सरल होता है। इसमें कराघात और करापात दोनों एक ही व्यक्ति पर होते हैं। आयकर, सम्पत्ति कर, निगम कर (Corporate Tax), ब्याज कर, उपहार कर आदि प्रत्यक्ष कर के उदाहरण हैं। भारत के कर राजस्व में प्रत्यक्ष कर का योगदान 55% तक पाया जाता है।

प्रमुख प्रत्यक्ष कर

भारत में प्रमुख प्रत्यक्ष कर निम्न हैं

आयकर

- किसी व्यक्ति विशेष की शुद्ध आय पर आयकर लगाए जाने का प्रावधान है। केन्द्रीय प्रत्यक्ष कर बोर्ड (CBDT) के अन्तर्गत आयकर विभाग द्वारा इसकी वसूली की जाती है।

- आयकर प्रणाली में सुधार करने के लिए आयकर अधिनियम, 1961 में समय-समय पर अनेक संशोधन किए गए हैं। शेयर बाजार बैंकिंग लोन तथा ₹ 50,000 से अधिक के लेन-देन के लिए पेनकार्ड को अनिवार्य किया गया है।
- आयकर अधिनियम में एक नया कर शामिल किया गया है, जो ऐसी सूचीबद्ध कम्पनियों के कदाचार रोकने के लिए है, जो लाभांश वितरण कर से बचने के लिए लाभांशों का भुगतान करने के अतिरिक्त शेयरों को वापसी खरीद सकती हैं।
- इसके अतिरिक्त मान्यता प्राप्त संस्थान में कारोबारित कृषि पण्य (Goods) को छोड़कर अन्य पण्यों के सम्बन्ध में पण्यों व्युत्पादों (Goods Perivatives) की बिक्री पर 0.01% की दर से पण्य लेन-देन कर (CTT) लगाना प्रारम्भ किया गया था।
- इस प्रकार आयकर स्रोतों में वेतन, व्यापार और व्यवसाय से प्राप्त आय, ब्याज प्राप्तियाँ तथा लाभांश आदि शामिल होते हैं।

विथहोल्डिंग कर

यह एक ऐसी राशि होती है, जो नियोक्ता के द्वारा कर्मचारी की आय से प्रत्यक्ष रूप से काटकर सरकार को व्यक्तिगत कर देय के भाग के रूप में भुगतान की जाती है।

निगम कर

- किसी कम्पनी विशेष की शुद्ध वार्षिक आय पर लगाए जाने वाले कर को निगम कर (Corporate Tax) कहते हैं। यह एक प्रकार का प्रत्यक्ष कर है। वर्तमान में इसकी दर 30% है।
- यह वित्तीय वर्ष में किसी कम्पनी अथवा निगम द्वारा अपने व्यापार से प्राप्त शुद्ध वार्षिक आय पर लगाया जाता है। इसे **कॉर्पोरेशन** या **कम्पनी कर** भी कहा जाता है। यह कर केन्द्र द्वारा आरोपित एवं एकत्रित किया जाता है। यह राज्यों में विभाजित नहीं होता है।
- यह कर देश में व्यापार करने वाली घरेलू कम्पनी तथा विदेशी कम्पनी दोनों पर लगाया जाता है।
- वैयक्तिक आयकर की तरह राजस्व वृद्धि के उपाय के रूप में यदि किसी घरेलू कम्पनी की आय ₹ 10 करोड़ से अधिक हो, तो अधिभार 5% से बढ़ाकर 10% और अन्य के मामले में यदि कर योग्य आय ₹ 10 करोड़ से अधिक हो, तो अधिभार 20% से बढ़ाकर 25% किया गया।
- भारत में वर्ष 1960-61 के पूर्व कम्पनियों के लाभ पर लगाए जाने वाले कर को **सुपर टैक्स** कहा जाता था। इसे वर्ष 1960-61 में समाप्त कर दिया गया। इसके स्थान पर **निगम कर** को लगाया जाना शुरू किया गया, जो वर्तमान में कम्पनियों के निवल लाभ (आय) पर लगाया जाता है। इसे **कम्पनी अधिनियम, 1956** के अन्तर्गत पंजीकृत निजी और सार्वजनिक दोनों प्रकार की कम्पनियों तथा निगमों पर लगाया जाता है।

लैफर वक्र

- अमेरिकी अर्थशास्त्री **आर्थर लैफर** द्वारा प्रतिपादित वक्र कर से राजस्व की प्राप्ति तथा कर की दर के बीच सम्बन्धों को प्रदर्शित किया जाता है।
- जब आधार अक्ष पर कर की दर तथा लम्ब पर कुल कर राजस्व प्रदर्शित किया जाता है, तो दोनों के मध्य सम्बन्ध दर्शाने वाला वक्र लैफर वक्र कहलाता है।
- इस वक्र के अनुसार, कर की एक इष्टतम दर पर उच्चतम राजस्व की प्राप्ति होती है। इसमें कर की दर कम होने पर राजस्व में कमी तथा उच्च होने पर कर वंचना की प्रवृत्ति बढ़ती है।
- यह वक्र बताता है कि कर की दर ऐसी होनी चाहिए, जिससे अधिकतम राजस्व प्राप्त हो सके। इसे व्यक्तिगत आयकर तथा निगम कर के सम्बन्ध में देखा जा सकता है।

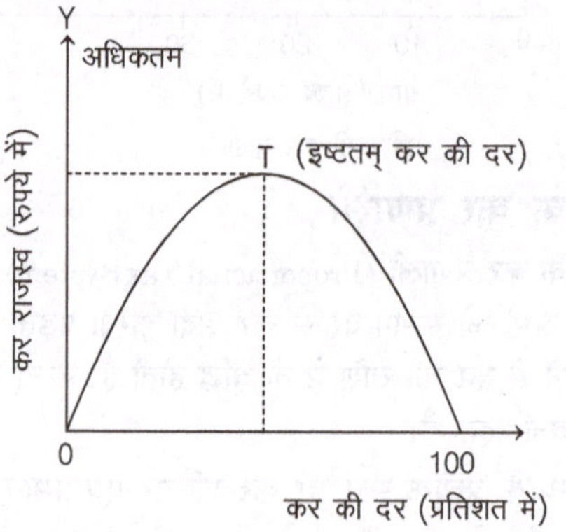

न्यूनतम वैकल्पिक कर

- न्यूनतम वैकल्पिक कर (मैट) के अन्तर्गत किसी कम्पनी को अपने पिछले वर्ष के सन्दर्भ में प्राप्त आय पर कर देना होता है, जहाँ लेखा पुस्तक की आय कम्पनी की आय होती है। इसी पर कम्पनी को कर देना होता है।
- इसके अन्तर्गत निर्धारित किया गया कि शून्य कर कम्पनियाँ न्यूनतम वैकल्पिक कर के अन्तर्गत निगम कर का भुगतान करेंगी।
- निगम कर की चोरी को रोकने के लिए सर्वप्रथम वर्ष 1997-98 में 2.5% की दर से MAT (Minimum Alternative Tax) लगाया गया। यह कम्पनी के सकल लाभ के उस भाग पर लगाया जाता है, जिस पर निगम कर का भुगतान न हुआ हो। वर्तमान में इसकी दर 18.5% है।

शून्य कर कम्पनी

जब किसी कम्पनी का शुद्ध लाभ धनात्मक होता है तथा वह अपने शेयरधारकों को लाभांश प्रदान करती है, किन्तु सरकार की कर छूट योजनाओं के कारण उसका कर योग्य लाभ शून्य हो जाता है, तो ऐसी कम्पनी को शून्य कर कम्पनी कहा जाता है।

सम्पत्ति कर

- यह कर सम्पत्ति से प्राप्त लाभ पर लगाया जाता है। सम्पत्ति कर (Wealth Tax) अधिनियम, 1957 के अन्तर्गत भारत में प्रथम बार सम्पत्ति कर 1 अप्रैल, 1957 को लगाया गया।
- यह कर व्यक्तियों, संयुक्त हिन्दू परिवारों तथा कम्पनियों की कर मुक्त सम्पत्ति को निकाल देने के पश्चात् निवल सम्पत्ति पर बाजार मूल्य पर लगाया जाता है।

> भारत में सम्पत्ति कर राज्य सरकारों का कर है, जिसके अन्तर्गत प्रतिवर्ष सम्पत्ति मूल्यांकन का कर लगाया जाता है। सम्पत्ति कर वर्ष 2015-16 में तत्कालीन वित्त मन्त्री अरुण जेटली ने समाप्त कर दिया।

उपहार कर

- इसके अन्तर्गत वसीयत के उत्तराधिकार से प्राप्त सम्पत्ति तथा किसी पंजीकृत स्थानीय प्राधिकरण से प्राप्त उपहार, विवाह आदि पर निकटवर्त्ती रिश्तेदारी से मिले उपहार को छोड़कर शेष ₹ 50,000 से अधिक मूल्य के उपहार प्राप्त करने पर उपहार के मूल्य का 30% आयकर के रूप में देना होता है।
- भारत में आयकर अधिनियम के अन्तर्गत किसी व्यक्ति द्वारा किसी दूसरे व्यक्ति को स्वेच्छा या बिना किसी प्रतिफल के हस्तान्तरित की गई चल या अचल परिसम्पत्ति उपहार कहलाती है। इसी उपहार पर लगने वाला कर उपहार कर कहलाता है।
- भारत में उपहार कर अधिनियम, 1958 के अन्तर्गत प्रथम बार उपहार कर 1 अप्रैल, 1958 को लगाया गया।
- हालाँकि इसे वर्ष 1998 के पश्चात् समाप्त कर दिया गया, किन्तु पुन: वर्ष 2002-03 से इसे नई व्यवस्था के अन्तर्गत शुरू किया गया। इसकी शुरुआत तत्कालीन वित्त मन्त्री **पी. चिदम्बरम** ने की थी। इसके अन्तर्गत कर कुछ शर्तों के साथ लगाया जाता है।

पूँजी लाभ कर

- जब वित्तीय परिसम्पत्ति एवं प्रतिभूति; जैसे—भूमि, भवन, डिबेन्चर आदि क्रय किए जाते हैं तथा उन्हें अधिक लाभ पर बेचा जाता है, तो इससे होने वाले लाभ को पूँजी लाभ तथा इन पर लगने वाले कर को पूँजी लाभ कर (Capital Gain Tax) कहा जाता है।
- पूँजी लाभ कर सामान्यत: समय अवधि के आधार पर कार्य करता है। इनका विवरण निम्न है
  - अल्पकालीन पूँजी लाभ कर जब कोई वित्तीय सम्पत्ति; जैसे—भूमि, भवन आदि विक्रेता के पास 36 माह से कम तथा प्रतिभूति (शेयर) 1 वर्ष से कम अवधि के लिए विक्रेता के पास रहता है, तो इसके विक्रय से होने वाले पूँजी लाभ पर कर अल्पकालीन पूँजी लाभ कर (Short Term Capital Gain Tax) कहलाता है।
  - दीर्घकालीन पूँजी लाभ कर जब कोई वित्तीय परिसम्पत्ति; जैसे—भवन, भूमि आदि 36 माह से अधिक तथा प्रतिभूति (शेयर) 1 वर्ष से अधिक समय अवधि तक विक्रेता के पास रही हो, तो इस पर विक्रय से होने वाले पूँजी लाभ पर लगने वाले कर को दीर्घकालीन पूँजी लाभ कर (Long Term Capital Gain Tax) कहा जाता है।

फ्रिंज लाभ कर

- इस कर की शुरुआत वित्तीय वर्ष 2005-06 से की गई थी। इनका सम्बन्ध उन लाभों तथा सुविधाओं से होता है, जिसे एक नियोक्ता अपने कर्मचारियों को प्रदान करता है; जैसे—वेतन के अतिरिक्त उपहार, आवास, सुविधा, फोन, स्वास्थ्य सुविधाएँ, रिटायरमेण्ट के प्रोविडेण्ट फण्ड के रूप में अंशदान, यातायात सुविधा आदि। इसे 1 अप्रैल, 2009 से समाप्त कर दिया गया है।
- इसमें प्राप्त लाभ को सीमान्त लाभ तथा इस पर लगने वाले कर को सीमान्त लाभ कर कहा जाता है।

प्रतिभूति विनिमय कर

- यह एक ऐसा विनिमय कर है, जो घरेलु स्टॉक एक्सचेन्ज में हुए लेन-देन पर लगाया जाता है। इसकी शुरुआत 1 अक्टूबर, 2004 को की गई थी।
- इस कर की वसूली विभिन्न प्रतिभूतियों; जैसे—शेयर, डिबेन्चर, डेरिवेटिव्स, म्यूचुअल फण्ड आदि के खरीदने एवं बेचने पर की जाती है।
- इस प्रकार प्रतिभूति लेन-देन (STT) एक प्रत्यक्ष कर है, यह शेयर बाजारों में शेयरों के हस्तान्तरण मूल्य पर लगाया जाता है।

अन्य प्रत्यक्ष कर

- व्यय कर यह कर वर्ष 1989 में लागू किया गया तथा वर्ष 2003 में इसे समाप्त कर दिया गया।
- वस्तु शेयर कर वस्तु शेयर बाजार में लेन-देन पर लगाने वाले कर को वस्तु शेयर कर कहा जाता है, जिसे वर्ष 2008 में शुरू किया गया था।
- लाभांश वितरता कर इसे वर्ष 2007-08 में शुरू किया गया। वर्तमान में कम्पनियों को अपने शेयरधारकों को प्रदत्त लाभांश पर लागू अधिभार तथा उपकर सहित 15% की दर से लाभांश वितरण कर (Dividend Distribution Tax-DDT) देय होता है।
- वर्ष 2020-21 के बजट में इसे हटाकर लाभांश कराधान की क्लासिकल प्रणाली को अपनाने का प्रस्ताव किया गया है।

प्रत्यक्ष कर संहिता

- 1961 के आयकर अधिनियम के स्थान पर प्रत्यक्ष कर संहिता (DTC, Direct Tax Code) को लाया जा रहा है। इस संहिता में कर की तीनों दरों (10%, 20%, 30%) को बराबर रखा गया है, किन्तु कर छूट की सीमा को बढ़ाने का प्रस्ताव है।
- इसमें वरिष्ठ नागरिकों को कर छूट की सीमा में वृद्धि का प्रावधान है, किन्तु महिलाओं को इसके अतिरिक्त छूट देने का प्रावधान नहीं है। इसमें बचत योजनाओं की परिपक्वता राशि को कर मुक्त रखने

का प्रस्ताव है। यद्यपि DTC अभी तक लागू नहीं हो सका है, किन्तु इसके अधिकांश प्रावधानों को बजट, 2012-2013 के माध्यम से लागू कर दिया गया।

> **सेण्ट्रल बोर्ड ऑफ डायरेक्ट टैक्सेज**
>
> यह बोर्ड प्रत्यक्ष करों की उगाही से जुड़े सभी मामलों का निपटारा करता है। इसने जनवरी, 1963 से कार्य करना प्रारम्भ किया। इसमें अध्यक्ष के अतिरिक्त 5 सदस्य होते हैं।

अप्रत्यक्ष कर

- यह कर वस्तुओं एवं सेवाओं पर लगाया जाता है, इसमें कर के बोझ को स्थानान्तरित किया जाना सम्भव होता है। इसमें करारोपण की प्रणाली कठिन होती है तथा इसका अनुमान लगाना भी कठिन होता है। इसमें कराघात किसी अन्य व्यक्ति पर होता है तथा करापात किसी अन्य व्यक्ति पर पड़ता है।
- अप्रत्यक्ष कर (Indirect Tex) के कारण ही वस्तुओं एवं सेवाओं के मूल्यों में वृद्धि होती है। अप्रत्यक्ष करों में मुख्य हैं—उत्पाद शुल्क, सीमा शुल्क तथा बिक्री कर। वर्तमान (1 जुलाई, 2017 से) समय में सभी अप्रत्यक्ष करों को समाप्त करके इनके स्थान पर वस्तु एवं सेवा कर (GST) को लागू किया गया है।

> **उपकर तथा अधिभार**
>
> - कर के साथ, कर आधार पर ही, किसी विशेष प्रयोजन के लिए लगाया गया कर ही उपकर (Cess) है, जबकि अधिभार (Surcharge) कर पर निरूपित कर होता है, जिसकी गणना कर दायित्व पर की जाती है।
> - सामान्यत: अधिभार प्रत्यक्ष कर पर लगाया जाता है, जबकि उपकर प्रत्यक्ष तथा अप्रत्यक्ष दोनों कर के साथ जुड़ा होता है।

प्रमुख अप्रत्यक्ष कर

भारत के प्रमुख अप्रत्यक्ष कर निम्न हैं

उत्पाद शुल्क

- किसी वस्तु का उत्पादन देश के अन्दर करने पर केन्द्र सरकार के द्वारा, जो कर लगाया जाता है, उसे उत्पाद शुल्क कहा जाता है। समस्त विनिर्मित उत्पादों के साधन लागत पर उत्पाद शुल्क (Excise Duty) लगाया जाता है।
- मादक पदार्थों पर उत्पाद शुल्क राज्य सरकार द्वारा लगाया जाता है। उत्पाद शुल्क के सन्दर्भ में अब तक अनेक सुधार किए गए हैं।
- वर्तमान में वर्ष 2017 से जीएसटी के लागू होने से इस कर की संरचना काफी बदल चुकी है।
- केन्द्रीय उत्पाद शुल्क भारत में केन्द्रीय उत्पाद शुल्क अधिनियम, 1944 के प्रावधानों के अन्तर्गत भारत सरकार के राजस्व विभाग के अधीन अप्रत्यक्ष कर एवं सीमा शुल्क बोर्ड द्वारा प्रशासित किया जाता है।

संशोधित मूल्य वर्द्धित कर (MANVAT) तथा केन्द्रीय मूल्य संवर्द्धन कर (CENVAT)

- वर्ष 1978 में श्री एल. के. झा समिति ने निर्मित वस्तुओं पर मूल्य वर्द्धित कर लगाने के लिए MANVAT कर लगाने का सुझाव दिया। सर्वप्रथम वर्ष 1981 में MANVAT (Manufacturing Value Added Tax) लागू किया गया।
- वर्ष 1986 में MODVAT (Modified Value Added Tax) लागू किया गया। इसके अन्तर्गत उत्पादन के दो स्तर के बीच मूल्य वृद्धि पर कर लगाया गया, जिससे कर दोहराव से बचा जा सके। उत्पाद शुल्क की अलग-अलग दर को एकसमान करने के उद्देश्य से 1 अप्रैल, 2000 से CENVAT (Central Value Added Tax) लागू किया गया, जिसकी दर 16% निर्धारित की गई।

> CENVAT के साथ ही कुछ उत्पादों को दो अलग-अलग श्रेणियों में बाँटकर इनके लिए अलग-अलग कर की दर निर्धारित की गई है। इसे मेरिट एक्साइज एवं नॉन मेरिट एक्साइज कहा जाता है। मेरिट एक्साइज में ऐसे उत्पादों को रखा जाता है, जो पर्यावरण सुरक्षा, बच्चों एवं गरीबों के उपयोग हेतु होते हैं। इन पर 6% की दर से उत्पाद शुल्क लिया जाता है। नॉन मेरिट एक्साइज में विलासिता से जुड़ी वस्तुओं को शामिल किया जाता है। इन पर 24% की दर से शुल्क लिया जाता है।

मूल्य वर्द्धित कर (VAT)

- यह एक अप्रत्यक्ष कर है, जो उत्पादन से लेकर बिक्री के प्रत्येक चरण में होने वाले मूल्य संवर्द्धन पर चुकाया जाता है। इसमें कर की गणना का आधार मूल्य वर्द्धन होता है। यह मूल रूप से राज्यों का विषय है।
- केन्द्र सरकार ने वर्ष 1986 में राजकोषीय नीति के अन्तर्गत इसे अपनाने का निश्चय किया। भारत में वैट केन्द्र एवं राज्य दोनों स्तरों पर लागू किया गया। यह एक कर नहीं, बल्कि करारोपण की एक प्रणाली है, जिसमें उत्पादन से लेकर वितरण तक प्रत्येक चरण में मूल्य वृद्धि पर कर लगाया जाता है।

> भारत में उपभोग प्रकार का वैट लागू किया गया, जिसका अर्थ है कि कोई भी व्यक्ति, चाहे वह भारतीय हो या विदेशी, यदि वह भारतीय वस्तु का उपभोग करेगा, तो वैट के अन्तर्गत कर देना होता है।

- भारत में वैट टैक्स क्रेडिट विधि से लागू किया गया। भारत में वैट असीम दास गुप्ता समिति की सिफारिश पर लगाया गया था। इसमें चुंगी तथा प्रवेश कर को छोड़कर सभी शुल्कों को समाप्त कर दिया गया। जीएसटी के आने के पश्चात् यह कर भी समाप्त कर दिया गया है।
- राज्यों में बिक्री कर के स्थान पर इसे लागू किया गया है। वर्तमान में अण्डमान एवं निकोबार द्वीप समूह तथा लक्षद्वीप को छोड़कर सम्पूर्ण देश में यह कर लागू है। वर्तमान में पेट्रोल एवं डीजल को छोड़कर शेष वस्तुओं की बिक्री पर VAT (Value Added Tax) लागू है, जबकि इन दोनों उत्पादों पर बिक्री कर लागू है।

- VAT में केवल वर्जित मूल्य पर कर लागू होने के कारण जहाँ एक ओर कर दोहराव नहीं होता, वहीं दूसरी ओर इसमें वस्तुओं की मूल्य वृद्धि भी रुकती है। व्यवस्थित लेखा पद्धति पर आधारित होने के कारण कर की चोरी भी रुकी है। VAT भारत में अप्रैल, 2005 से लागू किया गया। इसे लगाने वाला सर्वप्रथम राज्य **हरियाणा** था।

सीमा शुल्क

- इसे **आयात-निर्यात शुल्क** भी कहा जाता है, जो देश से होने वाले आयात व निर्यात पर लगाया जाता है। भारत से निर्यात को प्रोत्साहन देने के उद्देश्य से सरकार द्वारा न केवल वस्तुओं एवं सेवाओं पर से निर्यात शुल्क को हटा दिया गया है, बल्कि कुछ वस्तुओं पर निर्यात सब्सिडी भी दी जा रही है।
- वर्तमान में आयात शुल्क ही सीमा शुल्क (Custom Duty) है। **WTO** के मानकों के अनुरूप गैर-कृषि उत्पादों पर 10% की दर से यह शुल्क लागू है। कृषि उत्पादों पर आयात शुल्क की दर आरोपित करने का अधिकार इस समय सरकार के अधीन है।
- इसके अन्तर्गत आयात की जाने वाली वस्तुओं पर आयात शुल्क तथा निर्यात की जाने वाली वस्तुओं पर निर्यात शुल्क लगाया जाता है। यह केन्द्र का प्रमुख अप्रत्यक्ष कर है।
- भारत में सीमा शुल्क का संग्रहण **सीमा शुल्क अधिनियम, 1962** के अन्तर्गत होता है। सीमा शुल्क के मामलों में केन्द्रीय अप्रत्यक्ष कर एवं सीमा शुल्क बोर्ड एक शीर्ष निकाय है, जो भारत सरकार के वित्त मन्त्रालय के राजस्व विभाग के अन्तर्गत कार्य करता है।
- प्रतिकारी शुल्क एक आयात शुल्क होता है, जिसे आयातक देश द्वारा नकारात्मक सब्सिडी के प्रभाव को कम करने के लिए आयात की गई वस्तुओं पर लगाया जाता है।

एण्टी डम्पिंग ड्यूटी

- डम्पिंग से आशय किसी देश के निर्माता के द्वारा किसी उत्पाद को या तो इसकी घरेलू कीमतों से नीचे अथवा उत्पादन लागत से कम कीमत पर निर्यात करना होता है।
- एण्टी डम्पिंग ड्यूटी (Anti Dumping Duty) एक संरक्षणवादी शुल्क होता है, जो आयातक देश द्वारा निर्यातक देश पर अधिक मात्रा में निर्यात की जाने वाली वस्तुओं पर लगाया जाता है।
- यह शुल्क किसी अर्द्ध-न्यायिक निकाय; जैसे—भारत के व्यापार उपचार महानिदेशालय के द्वारा जाँच के पश्चात् आरोपित किया जाता है।

सेवा कर

- यह अप्रत्यक्ष कर विभिन्न सेवाओं को प्रदान करने के बदले लिए जाने वाला कर होता है। भारत में सर्वप्रथम वर्ष 1994-95 में तीन सेवाओं (टेलीफोन, बीमा तथा शेयर बाजार) पर सेवा कर (Service Tax) लगाया गया था। सेवाओं पर कर लगाने की सिफारिश सर्वप्रथम **चेलैया समिति** ने की थी।
- भारतीय अर्थव्यवस्था में सेवा क्षेत्र की भागीदारी बढ़कर लगभग 57% से अधिक हो चुकी है, किन्तु सबसे अधिक कर औद्योगिक क्षेत्र से प्राप्त हो रहा है। आने वाले समय में कर राजस्व में सेवा क्षेत्र की भागीदारी बढ़ने की सम्भावना है।
- वर्तमान में नकारात्मक सूची में शामिल 17 सेवाओं के अतिरिक्त अन्य सेवाओं पर सेवा कर लागू है। 88वें संविधान संशोधन, 2003 द्वारा इसे संवैधानिक दर्जा देते हुए **अनुच्छेद-268(A)** एवं केन्द्रीय सूची में **अनुच्छेद-92(C)** जोड़ा गया।

> वित्तीय वर्ष 2016-17 से सभी सेवा कर, आरोपित मदों पर 0.5% का कृषि कल्याण उपकर लगाया गया, जिसमें प्राप्त धनराशि का प्रयोग किसानों के कल्याण उपक्रमों पर किया जाता है। वहीं नवम्बर, 2015 से 0.5% स्वच्छ भारत उपकर भी सेवा कर पर लगाया गया। जीएसटी के आने के बाद सेवा कर को उसमें शामिल कर दिया गया है।

- इस प्रकार वर्तमान में स्वच्छ पर्यावरण उपकर को छोड़कर अन्य सभी उपकर एवं अधिभार वस्तु एवं सेवा कर के अन्तर्गत शामिल कर दिए गए हैं।

करों के लागू होने का वर्ष

कर	लागू वर्ष	विशिष्ट तथ्य
सम्पदा शुल्क	1953	एल. के. झा समिति की सिफारिश से प्रारम्भ, वर्ष 1985 में समाप्त।
सम्पत्ति कर	1957	एन. निकोलस की सिफारिशों से लागू।
आयकर	1960	बजट, 2004-05 से पुनः लागू।
निगम कर	1960-61	चेलैया समिति की सिफारिशों पर लागू।
सीमा कर	1962	चेलैया समिति की सिफरिशों पर लागू।
कृषि आयकर	1972	के. एन. राज कमेटी की सिफारिश, परन्तु अभी तक लागू नहीं।
व्यय कर	1957	एन. निकोलस की सिफारिशों से लागू।
सेवा कर	1994-95	चेलैया समिति की सिफारिश से लागू।
प्रतिभूति कारोबार कर	2004	पी. चिदम्बरम ने वर्ष 2004-05 में लागू किया।

केन्द्रीय बिक्री कर

- सामान्यतः बिक्री कर (व्यापार कर) लगाने का अधिकार राज्यों को है, किन्तु अन्तर्राज्यीय बिक्री की दशा में **केन्द्रीय विक्रय कर** (CST) **अधिनियम, 1956** के अन्तर्गत केन्द्र सरकार को भी बिक्री कर लगाने का अधिकार है, जिसे **केन्द्रीय बिक्री कर** कहते हैं।
- केन्द्र द्वारा दो राज्यों के बीच व्यापार पर केन्द्रीय बिक्री कर (Central Sales Tax, CST) लगाया जाता है।
- GST के लागू होने के बाद इसे समाप्त कर दिया गया तथा वर्तमान में यह 2% है।

प्रत्यक्ष एवं अप्रत्यक्ष करों का वर्गीकरण/केन्द्र सरकार के कर

प्रत्यक्ष कर	अप्रत्यक्ष कर
आय कर (Income Tax)	सीमा शुल्क (Custom Duty)
निगम कर (Corporate Tax)	केन्द्रीय उत्पाद शुल्क (Central Excise Duty)
व्यय कर (Expenditure Tax)	वस्तु एवं सेवा कर (Goods and Service Tax)
सम्पति कर (Wealth Tax)	केन्द्रीय बिक्री कर (Union Sales Tax)
पूँजी लाभ कर (Capital Gains Tax)	–
लाभांश वितरण कर (Dividend Distribution Tax)	–
ब्याज कर (Interest Tax)	–
उपहार कर (Gift Tax)	–
सम्पत्ति कर (Estate Duty)	–
फ्रिंज बेनिफिट टैक्स (FBT)	–
बैंकिंग कैश ट्रान्जेक्शन टैक्स (BCTT)	–
प्रतिभूति व्यापार कर (Securities Transacton Tax, STT)	–
कमोडिटी ट्रान्जेक्शन टैक्स (CTT)	–

राज्य सरकार के कर

प्रत्यक्ष कर	अप्रत्यक्ष कर
व्यापार कर/बिक्री कर	भू-राजस्व कर
स्टाम्प एवं पंजीयन शुल्क	कृषि आय पर कर
राज्य उत्पाद शुल्क	होटल प्राप्तियों पर कर
डीजल/पेट्रोल पर ब्रिकी कर	व्यवसाय पर कर
वाहनों पर कर	अचल सम्पत्तियों पर कर
परिवहन पर कर	रोजगारों पर कर
प्रवेश कर (चुंगी कर)	पथ कर (Toll Tax)
विज्ञापन कर	–
विद्युत पर कर व शुल्क	–
शिक्षा उपकर	–
सट्टेबाजी पर कर	–

वस्तु एवं सेवा कर (जीएसटी)

- यह एक एकीकृत अप्रत्यक्ष कर प्रणाली है, जिसमें केन्द्र व राज्य सरकारों के द्वारा वस्तुओं एवं सेवाओं पर विभिन्न चरणों में लगाए जाने वाले करों को समाप्त कर एकीकृत कर लगाने की व्यवस्था की गई है। इसे भारतीय कर सुधारों का सबसे महत्त्वपूर्ण सुधार माना गया है। एक ऐतिहासिक बदलाव के रूप में वस्तु एवं सेवा कर को 1 जुलाई, 2017 से लागू किया गया है। इसमें वस्तु एवं सेवा कर से 17 केन्द्रीय एवं राज्य कर तथा 22 प्रकार के उपकरों को शामिल किया गया है।
- सीमा शुल्क (Custom Duty) को छोड़कर केन्द्रीय एवं राज्य स्तर की सभी वस्तुओं एवं सेवाओं के सन्दर्भ में अप्रत्यक्ष करों को समाप्त करके इनके स्थानों पर एकसाथ (जीएसटी) (Goods and Service Tax) को लागू किया गया है।
- पेट्रोलियम पदार्थों को (जीएसटी) के दायरे से बाहर रखा गया है। भारत के संघीय ढाँचे को देखते हुए एकसाथ केन्द्र एवं राज्यों के लिए दोहरे (जीएसटी) को लागू किया गया है। यह कनाडा के **उपभोग वैट मॉडल** पर आधारित है।

जीएसटी में प्रतिस्थापित कर

केन्द्र सरकार के द्वारा लगाए एवं संग्रह किए जाने वाले कर
- केन्द्रीय उत्पादक शुल्क
- उत्पाद शुल्क (दवाइयाँ एवं प्रसाधन पदार्थ)
- अतिरिक्त उत्पाद शुल्क
- अतिरिक्त सीमा शुल्क (सीवीडी)
- अतिरिक्त विशेष सीमा शुल्क (एसएडी)
- सेवा कर
- केन्द्रीय अधिभार एवं उपकर

- राज्य सरकार के कर, जिन्हें जीएसटी में प्रतिस्थापित किया गया है
  - राज्य वैट (मूल्य वर्द्धित कर)
  - बिक्री कर
  - विलासिता कर
  - प्रवेश कर
  - क्रय कर, मनोरंजन कर, विज्ञापन कर
  - लॉटरी, सट्टेबाजी एवं जुए पर कर
  - राज्य अधिभार एवं उपकर

जीएसटी का इतिहास

- वर्ष 2000 में केन्द्र सरकार ने जीएसटी पर विचार-विमर्श करने हेतु **असीम दास गुप्ता समिति** का गठन किया।
- वर्ष 2003 में **केलकर समिति** ने वेट सिद्धान्त पर आधारित वस्तु एवं सेवा कर का सुझाव दिया।
- वर्ष 2006-07 में तत्कालीन वित्त मन्त्री पी. चिदम्बरम ने वर्ष 2010 से जीएसटी लागू करने का प्रस्ताव दिया।
- इसके बाद **13वें वित्त आयोग** ने जीएसटी की सिफारिश की। वर्ष 2011 में **जीएसटी विधेयक** को 115वें संविधान संशोधन विधेयक के रूप में संसद में प्रस्तुत किया गया, किन्तु यह पारित न हो सका।
- भारत ने 17 वर्षों के बाद 1 जुलाई, 2017 को जीएसटी लागू करके इतिहास बनाया।

जीएसटी के स्वरूप/प्रारूप

- वस्तु एवं सेवा कर भारत में अप्रत्यक्ष कर सुधार की दिशा में स्वतन्त्रता के पश्चात् एक भागीरथ प्रयास है। वस्तु एवं सेवा कर अप्रत्यक्ष कर से सम्बन्धित है, जो वर्तमान में लगाए जाने वाले अनेक अप्रत्यक्ष करों को अपने में समाहित करता है।
- यह कुछ अपवादों को छोड़कर राष्ट्रीय स्तर पर एक कर एक देश की अवधारणा पर आधारित है, क्योंकि वर्तमान में देश में केन्द्रीय उत्पाद शुल्क, सीमा शुल्क, सीमा शुल्क का विशेष अतिरिक्त शुल्क तथा राज्य स्तर पर बिक्री कर, प्रवेश कर (एण्ट्री कर), मनोरंजन कर, विलासिता कर तथा लॉटरी, जुए एवं बेटिंग पर लगाए जाने वाले अनेक प्रकार के अप्रत्यक्ष कर आरोपित किए जाते हैं। इन सभी करों का जीएसटी में समावेश कर दिया गया है।

> जीएसटी प्रणाली के अन्तर्गत वस्तु एवं सेवा की खरीद पर दिए गए कर को उनकी सप्लाई के समय दिए जाने वाले कर के मुकाबले समायोजित कर दिया जाता है अर्थात् जीएसटी एक ऐसी सरलीकृत संरचना है, जो वस्तुओं के निर्माण पर या माल की बिक्री पर अथवा सेवाओं के प्रावधान पर, कर की वर्तमान व्यवस्था के स्थान पर और वस्तुओं की आपूर्ति पर लगाया जाता है।

वस्तु एवं सेवा कर की प्रमुख विशेषताएँ

वस्तु एवं सेवा कर की प्रमुख विशेषताएँ निम्नलिखित हैं

- GST वस्तुओं एवं सेवाओं की आपूर्ति पर लागू होगा। यह एक **गन्तव्य आधारित कर** है।
- GST में तीन अंग होंगे-**केन्द्रीय जीएसटी, राज्य जीएसटी** और **इण्टीग्रेटेड जीएसटी**। केन्द्रीय जीएसटी और इण्टीग्रेटेड जीएसटी केन्द्र लागू करेगा। यह दोहरा कर होगा, जिसे केन्द्र एवं राज्यों द्वारा एकसाथ उभयनिष्ट आधार पर लागू किया जाएगा।
- वस्तुओं तथा सेवाओं की अन्तर्राज्यीय आपूर्ति पर एक एकीकृत GST लागू किया गया। यह केन्द्र द्वारा एकत्र किया गया, जिससे क्रेडिट श्रृंखला में बाधा उत्पन्न न हो।
- वस्तुओं एवं सेवाओं के आयात को अन्तर्राज्यीय आपूर्ति माना जाएगा एवं यह लागू सीमा शुल्कों के अतिरिक्त (Integrated GST अर्थात् IGST)) एकीकृत GST के अधीन होगा।
- केन्द्रीय GST, CGST, AGST एवं IGST उन दरों पर लागू किए जाएँगे, जिनकी अनुशंसा वस्तु एवं सेवा कर परिषद् द्वारा की जाएगी। केन्द्रीय वित्तमन्त्री इसके अध्यक्ष एवं सभी राज्यों के वित्तमन्त्री इसके सदस्य होंगे।
- केन्द्रीय करों को GST प्रतिस्थापित करेगी; जैसे—सेण्ट्रल उत्पाद शुल्क, सेवाकर, SAD, माल और सेवाओं की आपूर्ति पर उपकर और अधिकार आदि।
- राज्य GST में अनेक करों का विलय होगा; जैसे—केन्द्रीय सेवा बिक्री कर, राज्यों को मिलने वाला वैट, मनोरंजन कर, लग्जरी टैक्स, लॉटरी कर, एण्ट्री कर आदि।
- CGST एवं SGST दोनों पर सामान्य प्रारम्भिक छूट सीमा लागू है।
- इसमें निर्यात की दर शून्य पाई जाती है।

जीएसटी परिषद्

- **101वें संविधान संशोधन अधिनियम, 2016** के द्वारा **अनुच्छेद-279 (A)-1** में प्रावधान है कि राष्ट्रपति के द्वारा एक जीएसटी परिषद् का गठन किया जाएगा।
- परिषद् द्वारा विभिन्न राज्यों में वस्तुएँ एवं वैट की अलग-अलग दरें होने के पश्चात् भी सभी वस्तुएँ एवं सेवाओं को सुचारू रूप से विभिन्न स्तरों पर समायोजित किया गया है। परिषद् को एक सहकारी संघवाद के आदर्श रूप में प्रस्तुत किया गया है।

जीएसटी परिषद् की संरचना

- जीएसटी परिषद् की संरचना में केन्द्र एवं राज्यों के प्रतिनिधि शामिल होते हैं तथा यह परिषद् जीएसटी के लिए एक शीर्ष निकाय के रूप में कार्य करती है।
- इसमें केन्द्र व राज्यों से कुल मिलाकर 33 सदस्य होते हैं। केन्द्रीय वित्त मन्त्री अध्यक्ष तथा केन्द्रीय वित्त राज्य मन्त्री सदस्य होते हैं। इसके उपाध्यक्ष राज्य सरकारों के मन्त्रियों के बीच से निर्वाचित होते हैं।
- केन्द्रीय वित्त मन्त्री जीएसटी परिषद् के पदेन सभापति होते हैं। केन्द्रीय राजस्व सचिव जीएसटी परिषद् के पदेन सचिव होते हैं, जबकि परिषद् की समस्त कार्यवाही के लिए **केन्द्रीय उत्पाद** एवं **सीमा शुल्क बोर्ड** (CBEC) के अध्यक्ष अस्थायी सदस्य के रूप में शामिल होते हैं।
- जीएसटी परिषद् का निर्णय उपस्थित एवं मतदान के 75% भारित बहुमत (3/4 भारित बहुमत) होने के पश्चात् ही लिया जाता है।

जीएसटी परिषद् की संरचना

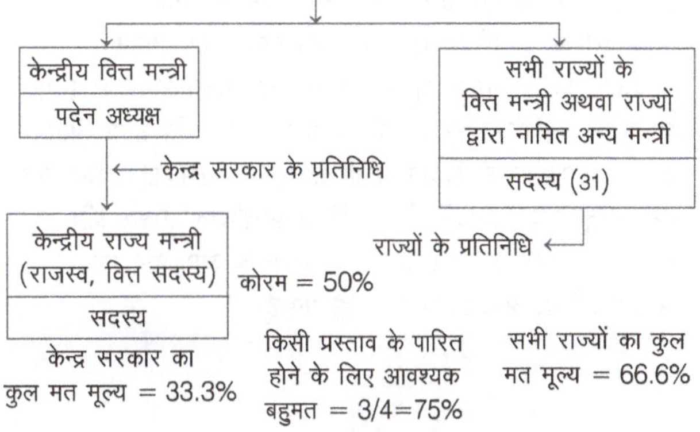

जीएसटी परिषद् के कार्य

जीएसटी परिषद् के कार्य निम्नलिखित हैं

- जीएसटी परिषद् का कार्य केन्द्र एवं राज्यों की सिफारिश करना है।
- केन्द्र सरकार, राज्य सरकारों तथा स्थानीय निकायों द्वारा वसूले जाने वाले कर, उपकर तथा अधिशुल्क की सिफारिश करना।
- आदर्श जीएसटी कानून, उद्ग्रहण के सिद्धान्त, IGST का बँटवारा तथा आपूर्ति के स्थान पर प्रशासित करने वाले सिद्धान्त की सिफारिश करना।
- प्राकृतिक आपदा के दौरान अतिरिक्त संसाधन एकत्रित करने हेतु किसी विशेष अवधि के लिए किसी विशेष दर की सिफारिश करना।

जीएसटी नेटवर्क

- GST की सम्पूर्ण प्रक्रिया को सरल एवं डिजिटल रूप में कार्य करने हेतु एक **GST Online Portal** का निर्माण केन्द्र एवं राज्य सरकारों के द्वारा किया गया है।
- इसे भारतीय आईटी कम्पनी **इन्फोसिस** (Infosys) के द्वारा तैयार किया गया है। इसमें केन्द्र एवं राज्य सरकार की कुल भागीदारी 49% (प्रत्येक 24.5%) है।

जीएसटी के प्रकार

जीएसटी प्रणाली के अन्तर्गत चार प्रकार की जीएसटी का प्रावधान किया गया है

केन्द्रीय जीएसटी

- केन्द्रीय जीएसटी (C-GST) के अन्तर्गत केन्द्र सरकार द्वारा वस्तुओं एवं सेवाओं की आपूर्ति पर कर लगाए जाने व वसूल किए जाने का प्रावधान है।
- वर्तमान में केन्द्र सरकार द्वारा लगाए जाने वाले करों में केन्द्रीय उत्पाद शुल्क, आबकारी (औषधि और शौचालय निर्माण), आबकारी का अतिरिक्त शुल्क (विशेष महत्त्व का सामान), आबकारी का अतिरिक्त शुल्क (कपड़ा और वस्त्र उत्पाद), सीमा शुल्क का अतिरिक्त शुल्क (जो सीवीडी के अन्तर्गत जाना जाता है), सीमा शुल्क का विशेष अतिरिक्त शुल्क (एसएडी), सेवा कर तथा वस्तुओं या सेवाओं की आपूर्ति से सम्बन्धित उपकर और अधिभार शामिल हैं। ये सभी कर जीएसटी के लागू होने पर सीजीएसटी के अन्तर्गत समाहित हो गए हैं।

राज्य जीएसटी

- राज्य जीएसटी (SGST, एसजीएसटी) के अन्तर्गत वस्तुओं एवं सेवाओं पर राज्य सरकार द्वारा कर लगाए एवं वसूल किए जाएँगे।
- वर्तमान में राज्य सरकारों द्वारा लगाए जाने वाले करों के अन्तर्गत राज्य वैट, खरीद कर, प्रवेश कर, मनोरंजन कर, विज्ञापनों पर कर, ऐश्वर्य कर, लॉटरी, सट्टे एवं जुए पर कर, केन्द्रीय बिक्री कर तथा वस्तुओं या सेवाओं की आपूर्ति से सम्बन्धित राज्य उपकर और अधिभार शामिल हैं, जो जीएसटी के लागू होने के साथ ही एसजीएसटी के रूप में परिवर्तित हो गए हैं।

एकीकृत जीएसटी

- प्रस्तावित जीएसटी में एकीकृत जीएसटी (IGST) का प्रावधान है। आईजीएसटी अन्तर्राष्ट्रीय वस्तुओं एवं सेवाओं पर लगाया जाने वाला कर है।
- यह कर केन्द्र सरकार द्वारा लगाया एवं वसूल किया जाएगा। आईजीएसटी के अन्तर्गत प्राप्त कर की राशि को राज्यों को होने वाले राजस्व क्षति की पूर्ति हेतु राज्यों में वितरित कर दिए जाने का प्रावधान है।

संघ राज्य क्षेत्र जीएसटी

वस्तु एवं सेवा कर प्रणाली के अन्तर्गत यूटीजीएसटी (UTGST) की व्यवस्था या प्रावधान उन केन्द्रशासित प्रदेशों के लिए है, जहाँ उनकी अपनी विधानसभाएँ नहीं हैं; जैसे—अण्डमान-निकोबार द्वीपसमूह, लद्दाख, लक्षद्वीप, दमन और दीव तथा दादरा एवं नगर हवेली (DNHDD)। इन प्रदेशों में केन्द्र द्वारा कर लगाने व वसूले जाने का प्रावधान है।

जीएसटी से बाहर के कर

ऐसे कर जो जीएसटी के किसी भी प्रारूप में शामिल नहीं हैं, उनमें मानव उपभोग के लिए शराब, रियल एस्टेट, कच्चा तेल, पेट्रोल, प्राकृतिक गैस तथा हवाई एवं टरबाइन ईंधन पर कर शामिल हैं। ये सभी कर जीएसटी के दायरे से बाहर हैं तथा इन उत्पादों पर पूर्व में प्रचलित कर प्रणाली ही प्रचलित है।

केन्द्र-राज्य के बीच वित्तीय सम्बन्ध

- केन्द्र राज्य के बीच वित्तीय सम्बन्धों की व्याख्या भारतीय संविधान के **अनुच्छेद-264** से **293** के मध्य की गई है। इनमें राष्ट्रीय स्तर के विषयों/क्रियाकलापों पर कर लगाने का अधिकार केन्द्र सरकार को दिया गया है, जबकि राज्य स्तर के विषयों पर कर लगाने का अधिकार राज्यों को प्राप्त है।

- इस पर कर सम्बन्धी निर्णय का अधिकार केन्द्र को प्राप्त है। केन्द्र सरकार द्वारा आरोपित करों को मुख्यत: चार भागों में बाँटा जा सकता है, जो निम्नलिखित हैं
    - वे कर, जो केन्द्र द्वारा आरोपित एवं संगृहीत किए जाते हैं तथा केन्द्र द्वारा स्वयं इनका उपयोग किया जाता है। इनमें सीमा शुल्क (Custom Duty) मुख्य है।
    - वे कर, जो केन्द्र द्वारा आरोपित एवं एकत्रित किए जाते हैं तथा इनका कुछ भाग राज्यों को भी बाँटा जाता है। इनमें कृषि आय के अतिरिक्त अन्य आय पर कर तथा उत्पाद शुल्क मुख्य हैं।
    - वे कर, जो केन्द्र द्वारा लगाए जाते हैं, किन्तु इनकी वसूली और इनका उपयोग राज्यों द्वारा ही किया जाता है। इनमें मुख्यत: स्टाम्प शुल्क तथा औषधि एवं प्रसाधनों पर उत्पाद शुल्क शामिल हैं।
    - वे कर, जो केन्द्र द्वारा आरोपित किए जाते हैं तथा इनकी वसूली भी केन्द्र द्वारा ही की जाती है, किन्तु समस्त आय को केन्द्र सरकार, राज्य सरकार को सौंप देती है।
- इनके अतिरिक्त स्थानीय महत्त्व की वस्तुओं पर कर लगाने का अधिकार राज्य को प्राप्त है, किन्तु ऐसा विषय, जिसका उल्लेख न तो केन्द्रीय सूची में है और न ही राज्य सूची में है, बल्कि इन पर कर लगाने का अधिकार केन्द्र को प्राप्त है। इनमें **उपहार कर** (Gift Tax) व **व्यय कर** (Expenditure Tax) मुख्य हैं।
- इनके अतिरिक्त केन्द्र एवं राज्य को अलग-अलग स्रोतों से गैर-कर राजस्व की भी प्राप्ति होती है। केन्द्र के गैर-कर राजस्व स्रोतों में रेलवे, पोस्ट एवं टेलीग्राफ, प्रसारण, केन्द्रीय उपक्रमों से प्राप्त लाभ आदि शामिल हैं। इसी प्रकार राज्यों को गैर-कर राजस्व के रूप में वन, सिंचाई के साधनों तथा राज्यों के उपक्रमों से प्राप्त लाभ आदि शामिल किए जाते हैं।
- संविधान की सातवीं अनुसूची में केन्द्र एवं राज्यों के बीच वित्तीय स्रोतों का विभाजन किया गया है। इस अनुसूची की प्रथम लिस्ट में उन करों का वर्णन है, जो पूर्णतया केन्द्र द्वारा लगाए जाते हैं। इन्हें **संघीय कर** (Union Taxes) कहते हैं।
- द्वितीय लिस्ट में उन करों का वर्णन है, जो पूर्णतया राज्यों के अधिकार में आते हैं। इन्हें **राज्य के कर** (State Taxes) कहते हैं। केन्द्र राज्यों के राजस्व में योगदान हेतु राज्यों को ऐच्छिक वित्तीय सहायता भी हस्तान्तरित करता है।

ई. वे बिल

- जीएसटी के अन्तर्गत शुरू किया गया ई. वे बिल (E-Way Bill) सिस्टम 1 अप्रैल, 2018 से सम्पूर्ण देश में लागू है। यह एक दस्तावेज है। जीएसटी की अधिनियम की धारा-68 के अन्तर्गत GST के अन्तर्गत ₹ 59000 से अधिक की वस्तु को 10 किमी से बाहर ले लाने वाले वाहन के लिए ई. वे बिल अनिवार्य है।
- यह वस्तुओं के अन्तर्राज्यीय हस्तान्तरण की स्थिति में जारी किया जाता है।

संघीय कर/केन्द्रीय कर

संविधान की सप्तम अनुसूची की प्रथम सूची में उल्लेखित कर संघीय कर है। इस प्रथम सूची को संघीय सूची (Union List) भी कहा जाता है।

संघीय कर में निम्नलिखित करों को सम्मिलित किया गया है

- आयकर (कृषि आय के अतिरिक्त), निगम कर, सेवा कर, सीमा शुल्क (Custom Duties) अथवा आयात-निर्यात शुल्क अफीम व एल्कोहॉलिक पेय पदार्थों को छोड़कर शेष वस्तुओं के सम्बन्ध में उत्पादन शुल्क (औषधि एवं प्रसाधन उत्पादों सहित) इत्यादि।
- कृषि भूमि से भिन्न अन्य सम्पत्ति के सम्बन्ध में सम्पदा और उत्तराधिकार शुल्क (Estate and Succession Duty), व्यक्तियों तथा कम्पनियों की सम्पत्तियों के पूँजी मूल्य (Capital Value) पर कर (कृषि भूमि के अतिरिक्त), प्रपत्रों पर स्टाम्प शुल्क आदि।
- शेयर बाजारों तथा सट्टे बाजार के व्यवहारों पर स्टाम्प शुल्क के अतिरिक्त अन्य कर, समाचार-पत्रों के क्रय-विक्रय तथा उनमें प्रकाशित विज्ञापनों पर कर।
- रेलयात्री किराए तथा माल भाड़े पर कर, रेल, समुद्र या वायु मार्ग द्वारा ले जाए गए यात्रियों तथा माल पर कर (Terminal Tax) आदि।
- अन्तर्राज्यीय व्यापार तथा वाणिज्य के दौरान माल के क्रय-विक्रय पर कर (कुछ मदों को छोड़कर)।

> संघीय सूची में सम्मिलित उपरोक्त सभी करों से प्राप्त होने वाले सम्पूर्ण राजस्व की प्राप्ति केन्द्र को नहीं होती। केन्द्र एवं राज्य सरकारों के मध्य वित्तीय सन्तुलन स्थापित करने की दृष्टि से इनमें से कुछ करों से प्राप्त राजस्व का बँटवारा राज्यों के साथ किया जाता है। उदाहरणस्वरूप कृषि आय के अतिरिक्त अन्य आय पर कर, उत्पाद शुल्क इत्यादि।

- अन्तर्राज्यीय व्यापार एवं वाणिज्य पर कर, यद्यपि संघीय सूची में शामिल हैं, परन्तु इनकी वसूली तथा इनके राजस्व का उपयोग राज्यों द्वारा ही किया जाता है। उपहार कर व व्यय कर लगाने का अधिकार केन्द्रीय सरकार को दिया गया है, जोकि न तो केन्द्र सूची में है और न ही राज्य सूची में है।

राज्य कर

- ये कर राज्य सरकारों द्वारा ही आरोपित किए जाते हैं और उन्हीं के द्वारा संगृहीत किए जाते हैं। संविधान की अनुसूची 7 में राज्य सरकारों के कर अधिकारों का विवरण है।
- यदि राज्य चाहे, तो उनके द्वारा यह अधिकार केन्द्रीय सरकार को हस्तान्तरित किया जा सकता है। ऐसी परिस्थिति में केन्द्र द्वारा कर संगृहीत करके उस राज्य सरकार को कर राजस्व दे दिया जाता है। भारत में पश्चिम बंगाल और जम्मू-कश्मीर के अतिरिक्त अन्य समस्त राज्य सरकारों ने कृषि भूमि पर सम्पदा शुल्क वसूल करने का अधिकार केन्द्रीय सरकार को दे रखा है।

- राज्य करों में शामिल हैं—लगान या भूमिकर, माल के क्रय-विक्रय पर कर (समाचार-पत्रों के अतिरिक्त), कृषि आय पर कर, भूमि तथा भवन पर कर, कृषि भूमि पर सम्पदा शुल्क तथा उत्तराधिकार के सम्बन्ध में शुल्क, एल्कोहॉल, मदिरा, नारकोटिक्स आदि पर उत्पादन शुल्क, स्थानीय क्षेत्र में प्रविष्ट होने वाले माल पर कर, खनिज अधिकारों पर कर (संसद द्वारा निर्धारित सीमाओं के अधीन), विद्युत के उपयोग तथा विक्रय पर कर, गाड़ियों, पशुओं तथा नावों पर कर, सड़क और आन्तरिक जलमार्गों द्वारा यात्रियों तथा माल के आवागमन पर कर, विलासिताओं (मनोरंजन, जुआ आदि) पर कर, पथ कर (Toll Tax), पेशे, व्यापार, आजीविका तथा रोजगार पर कर, विज्ञापनों पर कर (समाचार-पत्रों, रेडियो व दूरदर्शन के विज्ञापनों के अतिरिक्त) इत्यादि।
- वे कर, जो केन्द्र द्वारा लगाए जाते हैं, किन्तु जिनकी वसूली तथा उपयोग राज्यों द्वारा किया जाता है, वे निम्न हैं- स्टाम्प शुल्क, औषधि तथा प्रसाधनों पर उत्पादन शुल्क यद्यपि संघीय सूची में सम्मिलित हैं तथा केन्द्रीय सरकार द्वारा ही आरोपित किए जाते हैं, किन्तु इन्हें राज्यों को संगृहीत करने व उपयोग करने हेतु अधिकार दिए गए हैं।
- वे कर, जो केन्द्र द्वारा आरोपित एवं संगृहीत किए जाते हैं, किन्तु जिनकी सम्पूर्ण राशि राज्यों को हस्तान्तरित कर दी जाती है, वे निम्न हैं कृषि भूमि से भिन्न सम्पत्ति के सम्बन्ध में सम्पदा शुल्क उत्तराधिकार शुल्क, रेल, समुद्र या वायु मार्ग द्वारा ले जाए जाने वाले माल तथा यात्रियों पर सीमा कर, रेल किराए तथा माल भाड़े पर कर, समाचार-पत्रों के क्रय-विक्रय तथा उनके विज्ञापनों पर कर, समाचार-पत्रों से भिन्न माल के क्रय-विक्रय पर उस दशा में कर, जिसमें ऐसा क्रय या विक्रय अन्तर्राज्यीय व्यापार या वाणिज्य के दौरान होता है, आदि को केन्द्रीय सरकार द्वारा आरोपित एवं संगृहीत किया जाता है, किन्तु इनका हस्तान्तरण उन राज्यों को कर दिया जाता है, जहाँ से ये संगृहीत किए जाते हैं।
- वे कर, जो केन्द्र द्वारा आरोपित एवं संगृहीत किए जाते हैं तथा जिनका केन्द्र तथा राज्यों के मध्य बँटवारा किया जाता है, वे निम्न हैं- कृषि आय के अतिरिक्त अन्य आय पर आरोपित कर, औषधि एवं प्रसाधन उत्पादों पर आरोपित उत्पाद शुल्क के अतिरिक्त अन्य वस्तुओं के सम्बन्ध में उत्पाद शुल्क, इस प्रकार के राजस्व को संसद के विधि निर्माण के द्वारा दोनों के मध्य विभाजित किया जा सकता है।

केन्द्रीय एवं राज्य सरकारों में गैर-कर राजस्व का वितरण

केन्द्रीय सरकार के गैर-कर राजस्व में निम्नलिखित क्षेत्रों से प्राप्त आय को सम्मिलित किया जाता है

- रेलवे, पोस्ट तथा टेलीग्राफ, अफीम, चलन एवं टकसाल, केन्द्रीय सरकार के औद्योगिक एवं वाणिज्यिक उपक्रम, जोकि केन्द्रीय सरकार के क्षेत्राधिकार के अन्तर्गत आते हैं।

राज्य सरकारों के गैर-कर राजस्व में निम्नलिखित क्षेत्रों से प्राप्त आमद को सम्मिलित किया जाता है

- वन, सिंचाई, वाणिज्यिक एवं औद्योगिक उपक्रम, जोकि राज्य सरकार के क्षेत्राधिकार के अन्तर्गत आते हैं, गहरे समुद्री क्षेत्रों में मत्स्यपालन तथा सिल्क आदि।

वित्त आयोग

- भारतीय संविधान के अनुच्छेद-280 (1) के अनुसार, राष्ट्रपति द्वारा प्रत्येक पाँचवें वर्ष या उससे पहले भी वित्त आयोग (Finance Commission) का गठन किया जा सकता है।
- प्रथम वित्त आयोग का गठन के. सी. नियोगी की अध्यक्षता में किया गया था। वर्तमान में 15वाँ वित्त आयोग कार्यरत है, जिसका कार्यकाल वर्ष 2021-26 है। वित्त आयोग में एक अध्यक्ष तथा चार अन्य सदस्य सहित कुल पाँच सदस्य होते हैं।
- इनका गठन भारत के राष्ट्रपति के द्वारा 5 वर्ष पर या उससे पहले भी किया जा सकता है। यह कर राजस्व से प्राप्त शुद्ध आगमों का विभाजन केन्द्र व राज्य सरकारों तथा विभिन्न राज्यों के बीच करने की राष्ट्रपति को सिफारिश करता है।

वित्त आयोग के कार्य

वित्त आयोग के कार्य निम्नलिखित हैं

- केन्द्र व राज्यों के बीच बाँटे जा सकने वाले करों के सम्बन्ध में राष्ट्रपति को सिफारिश करना। कर राजस्व, राज्यों के बीच किस आधार पर बाँटा जाए, इसकी सिफारिश करना।
- भारत में संचित निधि बढ़ाने के सम्बन्ध में सिफारिश करना।
- केन्द्र से राज्यों को किए जाने वाले करों का भागीदारी अनुदान, समग्र हस्तान्तरण के सम्बन्ध में आवश्यक सिफारिश करना।
- पंचायतों व नगर निगम की वित्तीय समस्याओं को दूर करने के लिए राज्यों की संचित निधि को बढ़ाने के सम्बन्ध में सिफारिश करना।
- राष्ट्रपति के द्वारा माँगे गए किसी अन्य मुद्दों व परामर्शों के सम्बन्ध में सिफारिश करना।

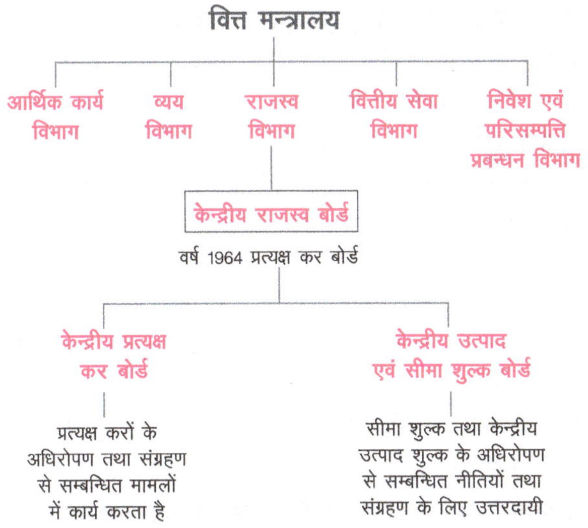

14वाँ वित्त आयोग

- संविधान के **अनुच्छेद-280** में प्रदत्त शक्तियों के अन्तर्गत सरकार ने 2 जनवरी, 2013 को 14वें वित्त आयोग का गठन किया गया।
- इस आयोग की अध्यक्षता रिजर्व बैंक के पूर्व गवर्नर **डॉ. वाई. वी. रेड्डी** को सौंपी गई है और इसमें चार अन्य सदस्यों के साथ **प्रो. अभिजीत सेन** इसके अंशकालिक सदस्य थे।

14वें वित्त आयोग की रिपोर्ट

- 14वें वित्त आयोग ने 24 फरवरी, 2015 को अपनी रिपोर्ट केन्द्रीय वित्त मन्त्रालय को सौंपी। इस रिपोर्ट में केन्द्र तथा राज्यों के मध्य वित्तीय प्रबन्धन की प्रक्रिया तथा प्रवृत्तियों को स्पष्ट करते हुए विभिन्न सिफारिशें की गई हैं।
- 14वें वित्त आयोग की रिपोर्ट में कर हस्तान्तरण सम्बन्धी सिफारिश लागू होने पर राज्यों को वित्त वर्ष 2015-16 में ₹ 5.26 लाख करोड़ प्राप्त हुए।

15वाँ वित्त आयोग

- 27 नवम्बर, 2017 को योजना आयोग के पूर्व सदस्य **एन. के. सिंह** की अध्यक्षता में 15वें वित्त आयोग के गठन की घोषणा की गई। इस बारे में जारी अधिसूचना के अनुसार, **अजय नारायण झा** पूर्व मुख्य आर्थिक सलाहकार, **अशोक लाहिड़ी** व **जॉर्ज टाउन** विश्वविद्यालय में **प्रोफेसर अनूप सिंह** इस आयोग के पूर्णकालिक सदस्य बनाए गए।
- इस आयोग ने अपनी अन्तिम रिपोर्ट को अक्टूबर, 2020 तक सौंपा। आयोग केन्द्र व राज्य सरकारों के वित्त, घाटे, ऋण स्तर व राजकोषीय अनुशासन प्रयासों की मौजूदा स्थिति की समीक्षा की गई है। इसने राजकोषीय स्थिति मजबूत करने की व्यवस्था पर सुझाव दिया।
- 15वें वित्त आयोग की अवधि 1 अप्रैल, 2020 से 31 मार्च, 2025 तक होनी थी, लेकिन दो नए केन्द्रशासित प्रदेश बनने के कारण वार्षिक रिपोर्ट (2020-21) बनाई गई। इस कारण इस वित्त आयोग की अवधि अब वर्ष 2021-2026 होगी।
- इस आयोग के अध्यक्ष पूर्व सांसद तथा केन्द्र सरकार के सचिव हैं। इसमें पहले सदस्य के रूप में वर्तमान RBI के गवर्नर **शक्तिकान्त दास** थे। इनके गवर्नर बनने के बाद **अजय नारायण झा** को सदस्य के रूप में शामिल किया गया।

15वें वित्त आयोग की अन्तरिम रिपोर्ट

- **एन. के. सिंह** की अध्यक्षता में गठित 15वें वित्त आयोग ने अपनी अन्तरिम रिपोर्ट में पूर्ववर्ती आयोग (14वें वित्त आयोग) की सिफारिशों को संरक्षित रखा है।
- इस आयोग ने विभाजन योग्य राजस्व में वित्त वर्ष 2020-21 हेतु राज्यों के लिए 41% भागीदारी की सिफारिश की, जोकि अब तक 42% थी।
- वित्त आयोग के अनुसार, राज्यों की भागीदारी में हो रही कटौती साधारणतया पूर्ववर्ती जम्मू-कश्मीर राज्य के भाग के बराबर है, जोकि 0.85% थी।
- केन्द्र की भागीदारी में बढ़ोतरी का मुख्य कारण नवगठित केन्द्रशासित प्रदेशों (जम्मू-कश्मीर और लद्दाख) की सुरक्षा तथा अन्य आवश्यकताओं की पूर्ति करना है।
- 15वें वित्त आयोग के विचारार्थ विषय में रक्षा और राष्ट्रीय सुरक्षा के लिए केन्द्र सरकार द्वारा की गई धनराशि की माँग पर विचार करना भी शामिल है।

अब तक गठित वित्त आयोग

वित्त आयोग	अध्यक्ष	समयावधि (वर्ष)
पहला	के. सी. नियोगी	1952-57
दूसरा	के. सन्थानम	1957-62
तीसरा	ए. के. चन्द	1962-66
चौथा	पी. वी. राजमन्नार	1966-69
पाँचवाँ	महावीर त्यागी	1969-74
छठा	के. ब्रह्मानन्द रेड्डी	1974-79
सातवाँ	जे. एम. सेलात	1979-84
आठवाँ	वाई. बी. चव्हाण	1984-89
नौवाँ	एन. के. पी. साल्वे	1989-95
दसवाँ	के. सी. पन्त	1995-2000
ग्यारहवाँ	ए. एम. खुसरो	2000-2005
बारहवाँ	डॉ. सी. रंगराजन	2005-2010
तेरहवाँ	डॉ. विजय केलकर	2010-2015
चौदहवाँ	वाई. वी. रेड्डी	2015-2020
पन्द्रहवाँ	एन. के. सिंह	2021-2026

वित्त आयोग द्वारा अन्य सिफारिशें

- वित्त आयोग ने कुशल सार्वजनिक वित्तीय प्रबन्धन प्रणाली का वैधानिक ढाँचा प्रदान करने के लिए कानून का मसौदा तैयार करने हेतु एक विशेषज्ञ समूह के गठन की सिफारिश की है।
- इस आयोग का मानना है कि सरकार के सभी स्तरों पर बजट, लेखांकन और अंकेक्षण हेतु मानक प्रदान करने वाले एक वैधानिक राजकोषीय ढाँचे की आवश्यकता है।
- वित्त आयोग ने वित्तीय वर्ष 2020-21 के लिए स्थानीय निकायों को अनुदान के रूप में ₹ 90,000 करोड़ की धनराशि देने की सिफारिश की है, जोकि अनुमानित विभाजन योग्य राजस्व की 4.31% है।
- इसके अतिरिक्त इस आयोग ने वस्तु एवं सेवा कर (GST) के क्रियान्वयन को लेकर रिफण्ड में देरी और पूर्वानुमान की अपेक्षा कर संग्रह में कमी जैसी कुछ चुनौतियों का भी उल्लेख किया है।

अनुदान सम्बन्धी सिफारिशें

15वें वित्त आयोग ने वित्तीय वर्ष 2021-26 की अवधि के लिए अनुदानों के सम्बन्ध में निम्न सिफारिशें की हैं

- **राजस्व घाटा अनुदान** इस आयोग द्वारा देश के 17 राज्यों को राजस्व घाटा को समाप्त करने के लिए लगभग ₹ 2.9 करोड़ के अनुदान की सिफारिश की गई है।
- **क्षेत्र-विशिष्ट अनुदान** इस आयोग द्वारा राज्यों को 8 क्षेत्रों के लिए लगभग ₹ 1.3 लाख करोड़ के अनुदान की सिफारिश की गई है।
- **राज्य-विशिष्ट अनुदान** इस आयोग ने राज्य विशिष्ट अनुदान के लिए सिफारिश की है, जिसमें सामाजिक आवश्यकताएँ, प्रशासनिक गवर्नेन्स तथा बुनियादी ढाँचा, जल एवं स्वच्छता, पर्यटन आदि शामिल हैं।
- **स्थानीय निकायों को अनुदान** इस आयोग द्वारा स्थानीय निकायों को कुल ₹ 4.36 लाख करोड़ के अनुदान की सिफारिश की गई है। इसमें प्रदर्शन से जुड़े भाग भी शामिल हैं।
- **आपदा जोखिम प्रबन्धन** इस आयोग ने आपदा प्रबन्धन विधियों के सम्बन्ध में केन्द्र व राज्यों के बीच लागत-साझाकरण पैटर्न को बनाए रखने की सिफारिश की है। इसमें हिमालयी राज्यों के लिए 90 : 10 तथा अन्य सभी राज्यों के लिए 75 : 25 के अनुपात का प्रावधान है।
- 15वें वित्त आयोग ने वित्तीय वर्ष 2026 तक पाँच वर्ष की अवधि के लिए लगभग ₹ 3 ट्रिलियन राजस्व घाटा अनुदान की सिफारिश की है।

वित्त सम्बन्धित महत्त्वपूर्ण समितियाँ

सरकार के व्यय एवं वित्तीय अनुशासन से सम्बन्धित निम्नलिखित समितियों का गठन किया गया

रंगराजन समिति

योजना आयोग ने **डॉ. सी. रंगराजन** की अध्यक्षता में सरकारी व्यय के दक्ष प्रबन्धन के सम्बन्ध में सुझाव देने के लिए एक उच्चस्तरीय विशेषज्ञ समिति गठित की थी, जिसने अपनी रिपोर्ट सितम्बर, 2011 में सौंप दी। इसकी महत्त्वपूर्ण संस्तुतियाँ निम्न प्रकार हैं

- सार्वजनिक व्यय के सम्बन्ध में आयोजन तथा आयोजन भिन्न अन्तर को समाप्त करना और बजट व्यवस्था को उत्पादन एवं परिणामों के साथ जोड़कर सरकारी व्यय प्रबन्धन के दृष्टिकोण में मूलभूत परिवर्तन लाना।
- राज्यों में क्रियान्वित हो रहे केन्द्रीय कार्यक्रमों, उप-कार्यक्रमों तथा योजनाओं के लिए एकसमान करों के साथ एक नवीन बहुआयामी बजट तथा लेखाकरण की शुरुआत करना।
- सभी नई योजनाओं के लिए 12वीं योजना से सम्पूर्ण राजकोषीय मोड में रूपान्तरण।
- क्रय-शक्ति समानता सम्बन्धी परियोजनावार, क्षेत्रवार तथा मन्त्रालयवार सूचना उपलब्ध कराई जाएगी।
- राजस्व पूंजी वर्गीकरण को बनाए रखने पर समायोजित राजस्व घाटा।

कर सुधार सम्बन्धी समितियाँ

कर सुधार सम्बन्धी समितियाँ निम्नलिखित हैं

करारोपण जाँच समिति

- भारत में वर्ष 1953 में **जॉन मथाई** की अध्यक्षता में करारोपण जाँच समिति का गठन किया गया।
- इसका गठन केन्द्र, राज्य तथा स्थानीय प्राधिकरणों से सम्बद्ध करारोपण से सम्बन्धित सभी समस्याओं पर विचार करने, कर प्रणाली का भार, स्फीति नियन्त्रण आदि के लिए किया गया था।
- इसने वस्तु करारोपण पर बल, प्रत्यक्ष करों की प्रगतिशीलता पर बल, भूमि पर कर के सम्बन्ध में कर आधार विवेकीकरण तथा मूल्य के परिवर्तनों के साथ जोड़ने पर बल दिया।

कर सुधार समिति

- वर्ष 1956 में **निकोलस फेल्डार** की अध्यक्षता में कर सुधार समिति का गठन किया गया। इसका गठन प्रत्यक्ष करारोपण पर विचार करने हेतु किया गया था।
- इन्होंने कर आधार के प्रसार के लिए निवल सम्पत्ति पर वार्षिक कर, पूँजी लाभ कर, उपहार कर तथा व्यय कर लगाने आदि का सुझाव दिया।

कर प्रशासन सुधार समिति

- वर्ष 1968 में **महावीर त्यागी** की अध्यक्षता में कर प्रशासन सुधार समिति का गठन किया गया। इसका गठन कर अपवंचन की समस्या पर विचार करने के लिए किया गया था।
- इस समिति ने करदाताओं को स्थायी खाता संख्या देने की सिफारिश की, जिसे वर्ष 1972 से लागू किया गया। इससे पहले, वर्ष 1959 में महावीर त्यागी की अध्यक्षता में राजकोषीय ढाँचे पर विचार करने के लिए गठित किया गया था। इन्होंने राजकोषीय ढाँचे को अधिक प्रभावपूर्ण बनाने का सुझाव दिया।

प्रत्यक्ष कर जाँच समिति

- वर्ष 1970 में **के. एन. वान्चू** की अध्यक्षता में एक प्रत्यक्ष कर जाँच समिति का गठन किया गया।
- इनके प्रमुख कार्य मुख्यत: काले धन को बाहर निकालने, निगम कर के अन्तर्गत विभिन्न देय रियायतों के सम्बन्ध में विचार करना, कर प्रशासन के सुधार पर विचार करना इत्यादि थे।
- इस समिति ने वर्ष 1972 में अपनी रिपोर्ट पेश की। इस समिति ने वर्तमान नियन्त्रण एवं लाइसेन्सिंग प्रणाली और परमिट की पद्धति को काले धन के सृजन का कारण बताया तथा कर की सीमान्त दर में कटौती का सुझाव दिया।
- वर्ष 1968 में **रेशनलाइजेशन सिम्पलीफिकेशन ऑफ द टैक्स स्ट्रक्चर** के सम्बन्ध में वान्चू समिति का गठन किया गया। इसका गठन कर ढाँचे को सरल बनाने के उद्देश्य से किया गया था।
- इन्होंने राष्ट्रीय आय में परिवर्तनों के अनुरूप अनुक्रिया के लिए सामान्य उत्पादन शुल्क की अवधारणा की सिफारिश की।

कृषि सम्पत्ति और आय पर करारोपण समिति

- वर्ष 1972 में **के. एन. राज** की अध्यक्षता में कृषि सम्पत्ति और आय पर करारोपण समिति का गठन किया गया।
- इसका गठन कृषि क्षेत्र के आर्थिक विकास के लिए अतिरिक्त संसाधनों की गतिशीलता, कृषि आय तथा सम्पत्ति के सम्बन्ध में करारोपण के परीक्षण हेतु किया गया था।
- इस समिति ने कृषि जोत कर, कृषि और गैर-कृषि आय पर कर की दर निर्धारित करने हेतु आयकर, अधिभार सम्पत्ति कर तथा उपहार कर को एकसाथ करने पर बल देने का सुझाव दिया।

प्रत्यक्ष करारोपण सुधार समिति

प्रत्यक्ष करारोपण पर विचार करने हेतु **सी. सी. चोंक्सी** की अध्यक्षता में वर्ष 1978 में प्रत्यक्ष करारोपण सुधार समिति का गठन किया गया। इन्होंने **रिटर्न फाइल** करने सम्बन्धी सुझाव दिया।

पार्थ सारथी सोम समिति

कर वर्ष 2014 में कर प्रशासन सुधार, प्रत्यक्ष कर सुधार हेतु **पार्थ सारथी सोम** की अध्यक्षता में एक समिति का गठन किया गया था।

आर. वी. ईश्वर समिति

वर्ष 2015 में प्रत्यक्ष कर सुधार के सम्बन्ध में **आर. वी. ईश्वर** की अध्यक्षता में एक समिति का गठन किया गया। इन्होंने आयकर सम्बन्धी नियमों को सरल बनाने का सुझाव दिया।

चेलैया समिति

- देश में कर ढाँचे में सुधार पर सुझाव देने हेतु वर्ष 1991 में **प्रो. राजा चेलैया** की अध्यक्षता में एक समिति गठित की गई थी।
- समिति द्वारा अन्तिम रिपोर्ट जनवरी, 1993 में सरकार को सौंपी गई। समिति की अधिकांश सिफारिशों को सरकार ने बजट, 1993-94 में सम्मिलित कर लिया।

केलकर समिति

देश में प्रत्यक्ष एवं अप्रत्यक्ष करों में सुधार के सम्बन्ध में सुझाव देने हेतु गठित केलकर कार्यदल ने अपनी रिपोर्ट दिसम्बर, 2002 में सरकार को सौंपी। इस समिति की मुख्य सिफारिशों में शामिल हैं

- वैयक्तिक आयकर छूट की सीमा बढ़ाकर ₹ 1 लाख करना।
- आयकर की केवल 2 दरें लागू करना।
- आयकर पर अधिभार की समाप्ति।
- आयकर छूट को समाप्त करना।
- वरिष्ठ नागरिकों एवं विधवाओं को कर राहत।
- निगम कर की दर को 36.5% से घटाकर 30% करना।
- MAT को सामाप्त करना।
- उत्पाद शुल्क व सीमा शुल्क की संरचना में परिवर्तन करना।
- सेवा कर के दायरे में विस्तार करना आदि।

एम. के. गुप्ता आयोग

- वस्तु एवं सेवा कर के साथ उत्पाद शुल्क एवं सेवा कर के समन्वय हेतु **एकसमान कर संहिता** (Common Tax Code) के निर्माण के लिए सरकार ने अप्रैल, 2012 में **श्री एम. के. गुप्ता** की अध्यक्षता में एक आयोग गठित किया।
- समान कर संहिता का निर्माण इस प्रकार किया जाता है, जिससे भारत के संवैधानिक ढाँचे के अन्तर्गत उसे लागू किया जा सके।

प्रत्यक्ष कर मामलों हेतु उच्चस्तरीय समिति

- प्रत्यक्ष कर से सम्बन्धित मामले को सुलझाने हेतु वित्त मन्त्रालय ने 20वें विधि आयोग के अध्यक्ष **न्यायमूर्ति ए. पी. शाह** की अध्यक्षता में 20 मई, 2015 को एक उच्चस्तरीय समिति का गठन किया।
- यह समिति विदेशी संस्थागत निवेशकर पर न्यूनतम वैकल्पिक कर (मैट) से सम्बन्धित विवाद को निपटाने के तरीके सुझाएगी। यह तीन सदस्यीय समिति है, जिसमें अध्यक्ष के अतिरिक्त डॉ. गिरीश आहूजा और डॉ. अशोक लहरी इसके सदस्य हैं।

नई प्रत्यक्ष कर संहिता

- 1961 के आयकर अधिनियम के स्थान पर प्रत्यक्ष कर संहिता (Direct Tax Code, DTC) को लाया जा रहा है। इस संहिता में कर की तीनों दरों (10%, 20% तथा 30%) को बराबर रखा गया है, किन्तु कर छूट की सीमा को बढ़ाने का प्रस्ताव है। इसमें वरिष्ठ नागरिकों को कर छूट की सीमा में वृद्धि का प्रावधान है, किन्तु महिलाओं को इसके अतिरिक्त छूट देने का प्रावधान नहीं है। इसमें बचत योजनाओं की परिपक्वता राशि को कर मुक्त रखने का प्रस्ताव है।
- निगम कर, जोकि आयकर के साथ 33.2% है, उसे कम करके 30% करने का प्रस्ताव है। न्यूनतम वैकल्पिक कर को 18% से बढ़ाकर 20% करने का भी प्रावधान DTC के माध्यम से किया गया है। यद्यपि DTC अभी तक लागू नहीं हो सका है, किन्तु इसके अधिकांश प्रावधानों को बजट, 2012-13 के माध्यम से लागू कर दिया गया।

कुल सार्वजनिक आय करों का प्रतिशत

कर अथवा शुल्क	प्रतिशत
वस्तु एवं सेवा कर और अन्य कर	23
निगम कर	19
आयकर	16
केन्द्रीय उत्पाद कर	8
सीमा कर	4

- नई प्रत्यक्ष कर संहिता को पहले 1 अप्रैल, 2011 से लागू करने की सरकार की योजना थी, परन्तु कुछ तकनीकी कठिनाइयों को देखते हुए इसे 1 अप्रैल, 2013 से लागू किया गया।

कर प्रशासन सुधार आयोग

कर-सुधारों के क्षेत्र में एक प्रमुख पहल करते हुए, केन्द्र सरकार ने 26 अगस्त, 2013 को कर क्षेत्र विशेषज्ञ व वित्त मन्त्री के सलाहकार पार्थ सारथी सोम की अध्यक्षता में कर प्रशासन सुधार आयोग (Tax Administration Reform Commission) गठित किया।

- इस आयोग का कार्यकाल 18 माह निर्धारित किया गया। इसमें अध्यक्ष सहित कुल सात सदस्य होंगे। आयोग के अध्यक्ष को राज्य मन्त्री का दर्जा दिया गया। इस आयोग के प्रस्तावित कार्य निम्नलिखित रहे
  - वैश्विक व्यवहार के सन्दर्भ में कर-कानूनों (Tax-Laws) की समीक्षा करना और सम्बन्धित प्रशासन के सुचारु संचालन हेतु संगणनात्मक ढाँचे में सुधार हेतु सरकार को सलाह देना।
  - कर आधार को व्यापक बनाने हेतु सुझाव देना व मौजूदा करदाताओं की बढ़ोतरी की प्रक्रिया की समीक्षा करना।
  - कर विवाद निपटान की मौजूदा प्रणाली की समीक्षा करना।
  - केन्द्रीय प्रत्यक्ष कर बोर्ड (CBDT, Central Board of Direct Taxes), उत्पाद व सीमा शुल्क बोर्ड (CBEC, Central Board of Excise and Customs), प्रवर्तन निदेशालय (ED) आदि विभिन्न एजेन्सियों के बीच सूचना बाँटने की प्रणाली को सुदृढ़ बनाने हेतु उपाय सुझाना।
  - कर प्रबन्धन से सम्बन्धित-कर्मचारियों की (Tax Management) भर्ती, क्षमता-बढ़ोतरी, सतर्कता, मानव संसाधन का उत्तरदायित्व व प्रदर्शन के स्तर का आकलन करना।
  - नीतिगत स्तर पर बेहतर फैसलों के सम्बन्ध में सिफारिश करना।
  - करदाताओं को दी जाने वाली सेवाओं व करदाता साक्षरता कार्यक्रम (Taxpayer Literacy Programme) में सुधार के उपाय बताना।

कुछ अन्य प्रकार के कर

कुछ अन्य प्रकार के कर निम्न हैं

- **सीमा समायोजन कर** (Border Adjustment Tax, BAT) यह ऐसा कर होता है, जो घरेलु उद्योगों को संरक्षण प्रदान करने के लिए अन्य देशों से आयातित वस्तुओं पर बन्दरगाह पर लेवी के शुल्क के अतिरिक्त लगाया जाता है। यह एक राजकोषीय उपाय होता है, जिसे कर के गन्तव्य सिद्धान्त के अनुसार वस्तुओं एवं सेवाओं पर लगाया जाता है।
- **एंजेल कर** (Angle Tax) जब कोई स्टार्टअप निवेश वाली कम्पनी विस्तार हेतु शेयर जारी करती है, जो प्रायः ऊँची कीमत पर जारी किए जाते हैं। इससे प्राप्त आय पर लगने वाला कर ही एंजेल कर कहलाता है।
- **पाइगोवियन कर** (Pigovian Tax) यह ऐसा कर, जो बाजार की नकारात्मक गतिविधियों के क्रम में उत्पन्न नकारात्मक प्रभावों पर लगाया जाता है; जैसे—वाहन उपयोग से प्रदूषण पर लगाया जाने वाला कर।

- **सिन कर** (Sin Tax) यह ऐसा कर, जो व्यक्तिगत रूप से तथा समाज के लिए हानिकारक वस्तुओं एवं सेवाओं पर लगाया जाता है; जैसे—एल्कोहॉल, तम्बाकू, सॉफ्ट इण्डिया ड्रिंक आदि पर लगाया जाने वाला कर।
- **मूल्यानुसार कर** (Advalorem Tax) जब किसी वस्तु अथवा सेवा पर लगाए गए कर को मौद्रिक मूल्य पर निर्धारित किया जाता है, उसे मूल्यानुसार कर कहते हैं।

कर से सम्बन्धित शब्दावली

- **कर उत्प्लावकता** यह राष्ट्रीय आय का सकल घरेलू उत्पाद के सम्बन्ध में कर प्राप्तियों की अनुक्रियाशीलता की माप होती है। कर ढाँचे में सुधार, कर का युक्तिकरण, कर वसूली को प्रभावी बनाना आदि के फलस्वरूप कर राजस्व में होने वाले परिवर्तनों के बीच पाए जाने वाले सम्बन्ध को कर उत्प्लावकता कहा जाता है। यह उस स्थिति में उत्पन्न होती है, जब राष्ट्रीय आय या सकल घरेलू उत्पाद में 1% की वृद्धि होने पर कर राजस्व से 1% की वृद्धि होती है।
- **कर अपवंचन** यह आय छिपाने की वह प्रक्रिया है, जिसमें कर अदायगी को अवैध रूप से बचा लिया जाता है अर्थात् आयकर की चोरी की जाती है तथा इसके माध्यम से संचित किए गए धन को **काला धन** कहते हैं। यह एक गैर-कानूनी क्रिया एवं अपराध होता है।
- **कर बचाव** यह ऐसी प्रक्रिया है, जिसके माध्यम से कोई व्यक्ति अथवा संस्था किसी देश के कर कानूनों के अन्तर्गत कर छूट प्राप्त करती है अथवा कर कानूनों की कमियों के कारण कर भुगतान करने से बच जाती है।
- **कर विवर्तन** यह ऐसी प्रक्रिया है, जिसके कारण कर चुकाने का दायित्व किसी अन्य व्यक्ति का होता है, किन्तु वह कर चुकाने के दायित्व का हस्तान्तरण किसी अन्य व्यक्ति को करने में सफल हो जाता है।

सामान्य परिवर्तन-रोधी नियम

- यह ऐसी व्यवस्था है, जिसमें कर बचाने के उद्देश्य से किए गए विदेशी निवेश पर कर लगाया जाता है। इस प्रणाली में कर से बचाने वाले उपायों को समाप्त करने का प्रावधान होता है।
- इसे वित्त मन्त्रालय के राजस्व विभाग के द्वारा तैयार किया गया है। भारत एकमात्र ऐसा देश है, जो कर बचाने के उपायों को समाप्त करना चाहता है।

विशिष्ट कर परिवर्जन-रोधी नियम

अर्थशास्त्रियों के द्वारा यह अनुमान लगाया गया है कि GAAR के नियम से भविष्य में इसके दुरुपयोग होने की सम्भावना हो सकती है। अत: GAAR के स्थान पर SAAR को लगाया जाना चाहिए तथा नियमों को बेहतर बनाया जाना चाहिए।

काला धन

- काला धन (Black Money) अवैध रूप से प्राप्त की गई वह आय है, जिस पर कर अदा करने से बचने के लिए सरकार को सूचित नहीं किया जाता है। इस प्रकार की अर्थव्यवस्था **थर्ड वर्ल्ड** और **फर्स्ट वर्ल्ड** की अनेक अर्थव्यवस्थाओं में पाई जाती है।
- यह एक नकद आधारित व्यवस्था है, जिसका लेन-देन गोपनीय अकाउण्ट बुक में रखा जाता है। इस आय को रीयल एस्टेट, गोल्ड अथवा देश के बाहर जमा किया जाता है। देश के बाहर इस तरह की गोपनीय जमाएँ **स्विट्जरलैण्ड, लक्जमबर्ग** आदि देशों में जमा की जाती हैं।
- यह आय वितरण में असमानता लाता है। एक निश्चित वेतन पाने वाले जो कर भुगतान करते हैं, सदैव अपने को निम्न आय वर्ग में पाते हैं। भारत में केवल 3 करोड़ लोग कर अदा करते हैं।
- एक बड़े स्तर पर काले धन की मौजूदगी से देश स्तर पर न तो नीतियों का सफल क्रियान्वयन हो पाता है और न ही त्रुटिरहित विश्लेषण। उदाहरण के लिए, बचत-आय अनुपात, राष्ट्रीय आय का विश्लेषण आदि। ऐसे में आर्थिक अनुमान, अनुमान आधारित ही हो पाते हैं।
- काले धन से मार्केट में माँग अधिक हो जाने पर अर्थव्यवस्था को तकनीकी मुद्रास्फीति का सामना करना पड़ता है।

काले धन की जाँच हेतु एसआईटी (SIT) गठित

- **नरेन्द्र मोदी सरकार** ने 27 मई, 2014 को एक महत्त्वपूर्ण फैसला लेते हुए विदेशों में जमा कुछ भारतीयों के काले धन की जाँच करने के लिए एक स्पेशल इन्वेस्टिगेशन टीम (Special Investigation Team, SIT) का गठन किया। इस SIT के अध्यक्ष सुप्रीम कोर्ट के पूर्व जज **जस्टिस एम. बी. शाह** और उपाध्यक्ष सुप्रीम कोर्ट के पूर्व जज **जस्टिस अरिजित पसायत** हैं।
- इस उच्चस्तरीय SIT के सदस्यों में रॉ, आईबी (IB), सीबीआई (CBI) के निदेशक, खुफिया राजस्व निदेशालय के सचिव, रिज़र्व बैंक के डिप्टी गवर्नर, सीबीडीटी के चेयरमैन, नारकोटिक्स कण्ट्रोल ब्यूरोरेवेन्यू इण्टेलिजेन्स के महानिदेशक, वित्त खुफिया इकाई के निदेशक शामिल हैं।

काला धन उत्पन्न होने के कारण

- काले धन की उत्पत्ति का प्रमुख कारण सरकार की नीतियों का प्रभावी न होना तथा केन्द्रीय बैंक की मौद्रिक नीति की विफलता का होना है।
- यह देश में एक समान्तर अर्थव्यवस्था का सृजन करता है, जिसके कारण अनेक प्रकार की विसंगतियाँ उत्पन्न हो जाती हैं। देश में काला धन उत्पन्न होने के प्रमुख कारण निम्न हैं

- प्रत्यक्ष तथा अप्रत्यक्ष करों की दरों का ऊँचा होना। करों की दरों में वृद्धि से उत्पादों, व्यापारियों एवं विशेषज्ञों की व्यवसायी मनोवृत्ति में कमी होने लगती है, जिससे चोरी की प्रवृत्ति को बढ़ावा मिलता है।
- कर की ऊँची दरें लोगों को कर से बचने के लिए भी बाध्य करती हैं तथा इसके कारण भी व्यक्ति इसके दुष्चक्र में फँस जाता है।
- करारोपण के प्रभावी न होने से काले धन का सृजन होता है अर्थात् लोग विभिन्न प्रकार के करों को बचाने में लग जाते हैं।
- वस्तुओं की कमी से काला धन एवं समान्तर अर्थव्यवस्था को बढ़ावा मिलता है। इतना ही नहीं, इससे जमाखोरी की प्रवृत्ति को भी बढ़ावा मिलता है।
- सार्वजनिक व्ययों में वृद्धि से वित्त का दुरुपयोग होता है तथा काले धन का सृजन होता है।

काले धन से उत्पन्न समस्याएँ

काले धन के कारण उत्पन्न होने वाली प्रमुख समस्याएँ निम्नलिखित हैं

- इससे सरकार को कर आय की हानि होती है।
- काले धन की सक्रियता से देश की वास्तविक आर्थिक स्थिति की जानकारी नहीं हो पाती है।
- इससे विलासिता एवं उपभोग में वृद्धि होती है, जिसका समाज पर नकारात्मक प्रभाव पड़ता है।
- इससे अनुत्पादक प्रकृति के क्षेत्र में निवेश अधिक होने लगता है।
- काला धन बढ़ने से देश से विदेशों की ओर अवैध तरीके से घरेलू पूँजी का पलायन होने लगता है।
- काले धन के सृजन से समानता के नियम का भी उल्लंघन होता है।
- काले धन के बढ़ने से समाज में विसंगतियाँ उत्पन्न होती हैं। फलत: अपराध तथा हिंसा को बढ़ावा मिलता है।

काला धन नियन्त्रित करने के उपाय

भारत में काले धन को नियन्त्रित करने के लिए निम्न सुझावों को अपनाया जा सकता है

- वित्तीय प्रशासन को प्रभावी, पारदर्शी, ईमानदार तथा जवाबदेह बनाया जाना।
- करों की दरों को तार्किक बनाना तथा कर के ढाँचे की विसंगतियों को दूर करना एवं प्रभावी कदम उठाना।
- समाज के लिए आवश्यक वस्तुओं एवं सेवाओं का उत्पादन बड़े पैमाने पर करना।
- विदेशों से होने वाली तस्करी को रोकना तथा इसके लिए अन्तर्राष्ट्रीय स्तर पर सुरक्षा तन्त्र को विकसित करना।
- काले धन के दुष्प्रभावों के बारे में लोगों को जागरूक करना, कार्यक्रम चलाना आदि।

काले धन के सन्दर्भ में उठाए गए प्रमुख कदम

काले धन के सन्दर्भ में सरकार द्वारा उठाए गए प्रमुख कदम निम्नलिखित हैं

- **प्रधानमन्त्री जन-धन योजना** इसके अन्तर्गत सभी लोगों को बैंकों से जोड़ा गया है अर्थात् इस योजना के अन्तर्गत सभी का बैंक खाता होना अनिवार्य बनाया गया। इसका उद्देश्य अप्रत्यक्ष रूप से वित्तीय लेन-देन को नियन्त्रित करना भी है।
- **कर सन्धियों की पुन: वार्ता तथा स्वत: सूचना विनिमय समझौता** यह विदेशों में जमा काले धन को लाने के लिए दोहरा कर अपवंचन सन्धि के अन्तर्गत अनेक देशों के द्वारा किया गया समझौता है। वर्ष 2017 में इसके माध्यम से देश काले धन की जमा की सूची देने पर सहमत हुए।
- **विदेशी कालाधन और इम्पोजिशन ऑफ टैक्स एक्ट, 2015** विदेशों में जमा काले धन के सम्बन्ध में काला धन और इम्पोजिशन ऑफ टैक्स एक्ट, 2015 को संसद में पारित किया गया। 1 जुलाई, 2015 से विदेश से होने वाली आय तथा सम्पत्ति के मूल्यांकन के नियमों को लागू किया गया। इसके अन्तर्गत विदेशी सम्पत्ति से होने वाली आय को छुपाने तथा कर चोरी पर 10 वर्ष की सजा का प्रावधान किया गया। इसके अन्तर्गत दोषी को सेटलमेण्ट कमीशन के पास जाने की अनुमति नहीं होगी तथा अघोषित सम्पत्ति की आय पर अधिकतम दर से कर लगाने का प्रावधान किया गया।
- **इनकम डिक्लेरेशन स्कीम, 2016(1)** यह स्कीम जून, 2016 से 30 सितम्बर, 2016 तक प्रभावी रही। इसके अन्तर्गत काला धन का खुलासा करने वाले व्यक्ति को 45% कर देना था। इसके साथ ही व्यक्ति का नाम गुप्त रखने का प्रावधान किया गया। इससे सरकार को ₹ 70 हजार करोड़ की काले धन की जानकारी प्राप्त हुई।
- **इनकम डिक्लेरेशन स्कीम, 2016(2)** इस स्कीम की घोषणा 26 नवम्बर, 2016 को की गई। इसके माध्यम से अघोषित आय या काले धन पर अधिक जुर्माना लगाया गया। इसमें नकदी पर 50% कर, जुर्माना तथा उपकर लगाने का प्रावधान है। इसमें प्रावधान किया गया कि निर्धारित तिथि के बाद राशि को घोषित करने पर 85% तक अधिभार तथा जुर्माना लगाया जाएगा। आय को छुपाने या गलत रिपोर्ट देने पर 200% की दर लगाने की व्यवस्था की गई।
- **रियल स्टेट आयकर में संशोधन** इसके अन्तर्गत रियल एस्टेट में ₹ 20 हजार से अधिक के नकद लेन-देन को प्रतिबन्धित किया गया। साथ ही इससे अधिक के लेन-देन पर 20% के जुर्माने का प्रावधान किया गया तथा एक लाख की सम्पत्ति की खरीदारी और बिक्री पर पैन (PAN) देना अनिवार्य बनाया जाएगा।
- **आधार क्षय एवं लाभ स्थानान्तरण** (Base Erosion and Profit Shifting, BSPS) एक कर अपवंचन की रणनीति है, जिसके अन्तर्गत बहुराष्ट्रीय कम्पनियाँ योजनाबद्ध तरीके से कर नियमों के अन्तराल एवं बेमेलता का गलत लाभ उठाती हैं और यह

प्रदर्शित करती हैं कि उनको कम लाभ हुआ है, जिससे वे कर देने की स्थिति में नहीं है। आधार क्षय एवं लाभ स्थानान्तरण (BEPS) विकासशील देशों की मुख्य विशेषता है, क्योंकि यहाँ की सरकारें निगम कर पर अधिक निर्भर होती हैं, जिस कारण निगम कर की दर उच्च होती है। अत: बहुराष्ट्रीय कम्पनियाँ **कर वंचन** के लिए बाध्य होती हैं। G-20 देश इसे रोकने हेतु प्रभावी रणनीति बनाने के लिए अग्रसर हैं।

- **बेनामी लेन-देन संशोधन विधेयक, 2015** देश में काले धन पर रोक लगाने से सम्बन्धित बेनामी लेन-देन संशोधन विधेयक, 2015 लोकसभा से 13 मई को एवं राज्यसभा से 15 मई, 2015 को पारित कर दिया गया। इसके अन्तर्गत बेनामी सम्पत्ति को कुर्क और जब्त करने के प्रावधानों को भी शामिल किया गया। इसका उद्देश्य बेनामी सम्पत्ति को अवरुद्ध करना है, जो रियल एस्टेट में काले धन का मुख्य कारण है। इसके अन्तर्गत विदेशों में काला धन छिपाने पर 7 वर्ष तक की सजा का प्रावधान किया गया। नए कानून के अन्तर्गत रिटर्न फाइल में देरी व सम्पत्ति की जानकारी छिपाने पर 7 वर्ष तक की सजा का प्रावधान किया गया।

टैक्स हेवेन्स

टैक्स हेवेन्स ऐसे देश या क्षेत्र होते हैं, जहाँ कोई कर अदा नहीं करना होता है या अन्य देशों की अपेक्षा कर की दर न्यूनतम होती है। इन देशों द्वारा काला धन जमा करने वालों के प्रति अत्यधिक गोपनीयता बरती जाती है। विश्व के प्रमुख टैक्स हेवेन्स देश हैं—स्विट्जरलैण्ड, बरमूडा, लिन्चेस्तीन, सेण्ट किट्स एवं नेविस, एण्टीगुआ, लक्जमबर्ग, बारबाडोस, केनरी द्वीप, कुक द्वीप, साइप्रस, माल्टा, समोआ, ग्रेनेडा तथा जिब्राल्टर आदि।

- **मनी-लाउण्डरिंग (कानून)** भारत में मनी-लाउण्डरिंग वर्ष 2002 में अधिनियमित किया गया था, लेकिन इसमें 3 बार संशोधन (2005, 2009 और 2012) किया जा चुका है।
- **मनी-लाउण्डरिंग (संशोधन), 2009** में आतंकवादी गतिविधियों के लिए काले धन के प्रयोग पर निगरानी के उपाय किए गए हैं। वित्तीय लेन-देन में मध्यस्थता करने वाले धन अन्तरण सेवा प्रदाताओं; जैसे—वेस्टर्न यूनियन, इण्टरनेशनल पेमेण्ट गेटवेज के अतिरिक्त वीजा एवं मास्टर कार्ड को भी उसके दायरे में लाया गया है। मनी-लाउण्डरिंग संशोधन अधिनियम, 2012 में अपराधों की सूची में धन को छुपाना, अधिग्रहण, कब्जा और धन का आपराधिक (क्रिमिनल) कार्यों में उपयोग करना आदि को शामिल किया गया है।
- **मुखबिर इनाम योजना** भारत सरकार द्वारा 1 जून, 2018 को इस योजना की शुरुआत की गई। इसके अन्तर्गत बेनामी प्रॉपर्टी की जानकारी देने पर ₹ 1 करोड़ तक इनाम देने की बात कही गई है। यद्यपि सम्पूर्ण सम्पत्ति का कुल 5% तक इस योजना में इनाम दिए जाने की घोषणा की गई है।
- **कराधान कानून (संशोधन) अधिनियम** यह अधिनियम 13 अगस्त, 2021 को पारित किया गया अर्थात् राष्ट्रपति द्वारा सहमति प्रदान की गई। इसमें विदेश से होने वाले भारतीय परिसम्पत्ति के किसी भी अप्रत्यक्ष हस्तान्तरण के लिए वित्त अधिनियम, 2012 के अन्तर्गत आयकर अधिनियम की धारा-9 में किए गए संशोधन के आधार पर भविष्य में कर माँग नहीं उठाए जाने के उद्देश्य से आयकर अधिनियम, 1961 में संशोधन किया गया है। इसमें शामिल कुछ महत्त्वपूर्ण प्रावधान निम्न हैं
    - 28 मई, 2012 से पहले विदेश से किए गए भारतीय परिसम्पत्तियों के अप्रत्यक्ष हस्तान्तरण की गई कर माँग को कुछ निर्दिष्ट शर्तों पर रद्द करना।
    - शर्तों में लम्बित मुकदमे को वापस लेने और लागत, नुकसान, ब्याज आदि के लिए दावा नहीं किए जाने की स्थिति में निर्धारित शर्तों को पूर्ण करना।
    - निर्धारित शर्तों को पूर्ण करने पर भुगतान/एकत्रित की गई राशि को बिना ब्याज के वापस करना।
    - कर सम्बन्धी निश्चितता लाना, एक बार निर्दिष्ट शर्तों को पूर्ण करने के पश्चात् आयकर से जुड़ी लम्बित कार्यवाही को वापस लेना आदि।

प्रीलिम्स फैक्ट्स

- भारत में 'आय कर' (Income Tax) की शुरुआत किसने की थी?
  –जेम्स विल्सन [UP RO/ARO (Pre) 2014]
- निगम कर वह है, जो लगता है *–कम्पनी की आय पर [RPSC (Pre) 1996]*
- भारत में प्रत्यक्ष कर कोड-बिक्री कर, आयकर, उत्पादन कर और सेवा कर में से किससे सम्बन्धित है? *–आयकर [UPPSC (Pre) 2018]*
- भारत में आयकर, सम्पत्ति कर, सम्पदा शुल्क और बिक्री कर में से कौन-सा प्रत्यक्ष कर नहीं है? *–बिक्री कर [UKPSC (Pre) 2011]*
- भारत में कृषि आयकर, राज्य सरकार, केन्द्र सरकार, स्थानीय सरकार और केन्द्र तथा राज्य सरकारों में से किसके द्वारा लगाया जाता है? *–राज्य सरकारों द्वारा [UPPSC (Mains) 2009]*
- राज्य सरकारों को कृषि आयकर वित्त आयोग, राष्ट्रीय विकास परिषद्, अन्तर्राज्यीय परिषद् और भारत के संविधान में से कौन समानुदेशित करता है? *–भारत का संविधान [IAS (Pre) 1995]*
- शराब पर उत्पादन कर केन्द्र सरकार, राज्य सरकार, नगर निगम और जिला बोर्ड में से किसके द्वारा लगाया जाता है?
  –राज्य सरकारों द्वारा [UPPSC (Mains) 2014]
- बिक्री कर, भू-राजस्व कर, स्थानीय मेलों पर कर में से कौन-सा कर ग्राम पंचायतों द्वारा लगाया जाता है?
  –स्थानीय मेलों पर कर [UPPSC (Pre) 2018]
- अक्टूबर, 2015 में ई-सहयोग योजना बिक्री कर, आयकर, आबकारी कर और पथ कर में से किस विभाग द्वारा प्रारम्भ की गई?
  –आयकर [MPPSC (Pre) 2016]
- आयकर, व्यापार कर, आयात कर और उत्पाद कर में से कौन-सा कर खरीदारों के लिए प्रत्यक्ष रूप से वस्तुओं के मूल्यों की वृद्धि नहीं करता है? *–आयकर [UPPSC (Pre) 1995]*
- भारत में सेवा कर कब प्रारम्भ किया गया था?
  – 1 जुलाई, 1994 [BPSC (Pre) 2015]
- कॉर्पोरेशन कर (निगम कर) कृषि आय के अतिरिक्त अन्य आय पर, रेल किराए तथा माल भाड़े पर और सीमा शुल्क में से कौन-सा एक कर संघ द्वारा लगाया तथा वसूला जाता है, किन्तु संघ तथा राज्यों में बाँटा जाता है?
  –कृषि आय के अतिरिक्त अन्य आय पर कर [UPPSC (Pre) 2004]
- स्टाम्प शुल्क, यात्री और माल पर कर, सम्पदा शुल्क और समाचार-पत्रों पर कर में से किस कर का आरोपण केन्द्र करता है, किन्तु संग्रह और विनियोजित राज्य करता है?
  –स्टाम्प शुल्क [JPSC (Pre) 2008]
- भारत में सामूहिक अतिरिक्त लाभ कर, न्यूनतम वैकल्पिक कर, पूँजी लाभ कर और कम्पनियों के लाभ कर में से किस एक का सम्बन्ध निगम की आय से नहीं है?
  –पूँजी लाभ कर [UPPSC (Mains) 2005]
- सम्पदा कर भारत में पहली बार किस वर्ष में लागू किया गया?
  –वर्ष 1957 [MPPSC (Pre) 2006]
- आयात और निर्यात पर लगाए जाने वाले कर को किस नाम से जाना जाता है? *–सीमा शुल्क [UPPSC (Mains) 2005]*
- कम्पनी कर, सीमा शुल्क, सम्पत्ति कर और उत्पाद शुल्क में से कौन-सा अप्रत्यक्ष कर है?
  –सीमा शुल्क, उत्पाद शुल्क [IAS (Pre) 2001]
- भारत के बजट में किस वर्ष वस्तु लेन-देन कर (सी टी टी) प्रस्तुत किया गया था?
  –वर्ष 2013-14 [BPSC (Pre) 2020]
- विक्रय कर जिसका भुगतान आप कोई टूथपेस्ट खरीदते समय करते हैं, किस प्रकार का कर है?
  –राज्य सरकार द्वारा आरोपित एवं संग्रहित का [IAS (Pre) 2014]
- भूमि राजस्व, पंजीकरण शुल्क, सीमा शुल्क और वाणिज्य कर में से कौन-सा भारत में राज्य सरकारों में मुख्यतः राजस्व कर का भाग नहीं होता है?
  –सीमा शुल्क [JPSC (Pre) 2003]
- भारत में कर निर्दिष्टीकरण के संवैधानिक प्रावधानों के अन्तर्गत-जीएसटी, आयकर, भू-राजस्व और निगम कर में से कौन-सा कर है, जो पूर्ण रूप से राज्य सरकारों द्वारा लगाया और वसूला जाता है? *–भू-राजस्व [JPSC (Pre) 2021]*
- टोबिन टैक्स किस पर लगाया जाता है
  –विदेशी विनिमय लेन-देन पर [UKPSC (Pre) 2022]
- वाँचू समिति (1971) का सम्बन्ध किससे है?
  –प्रत्यक्ष कर से [UPPSC (Mains) 2015]
- किसने भारत में पहली बार 'व्यय कर' लगाने का सुझाव दिया था?
  –कॉल्डॉर ने [UPPSC (Pre) 2010]
- मानवीय उपभोग के लिए शराब, विद्युत, पेट्रोलियम उत्पाद और घी में से किसे (वस्तु एवं सेवा कर) जीएसटी के दायरे के अन्दर रखा गया है? *–घी [RAS/RTS (Pre) 2018]*
- प्रथम वित्त आयोग के अध्यक्ष कौन थे?
  – के. सी. नियोगी [UPPSC (Pre) 2021]

सेल्फ चैक

1. करारोपण के निम्नलिखित में से किस सिद्धान्त के पक्ष का समर्थन एडम स्मिथ द्वारा नहीं किया गया था?
(a) समानता का सिद्धान्त
(b) निश्चितता का सिद्धान्त
(c) सुविधा का सिद्धान्त
(d) राजकोषीय पर्याप्तता का सिद्धान्त

2. कराघात (कर देयता) के बारे में निम्नलिखित कथनों पर विचार कीजिए
1. कर, उपभोक्ताओं के अग्र भाग की ओर (सामने) स्थानान्तरित हो जाता है, यदि आपूर्ति के सापेक्ष माँग, मूल्य निरपेक्ष (लोचहीन) है।
2. कर, उत्पादकों (निर्माताओ) के पश्च की ओर स्थानान्तरित हो जाता है, यदि माँग की तुलना में आपूर्ति अपेक्षाकृत अधिक मूल्य निरपेक्ष है।

उपरोक्त कथनों में कौन-सा/से कथन सही है/हैं?
(a) केवल 1 (b) केवल 2
(c) 1 और 2 दोनों (d) न तो 1 और न ही 2

3. अप्रत्यक्ष करों को प्रतिगामी कर व्यवस्था क्यों कहा जाता है?
(a) ये प्रत्यक्ष करों की तुलना में अधिक दर पर लगाए जाते हैं
(b) ये सभी आय समूहों पर समान दरों पर लगाए जाते हैं
(c) ये सभी आय समूहों पर समान नहीं लगाए जाते हैं
(d) उपरोक्त में से कोई नहीं

4. संघ विक्रय कर के बारे में निम्नलिखित में से क्या सत्य है?
1. यह अन्तर्राज्य व्यापार पर लगाया जाता है।
2. यह केन्द्रशासित प्रदेशों पर लगाया जाता है।
3. यह विशेष आर्थिक क्षेत्र पर लगाया जाता है।

कूट
(a) 1 और 2 (b) केवल 1 (c) 2 और 3 (d) 1, 2 और 3

5. विक्रय कर, जिसका भुगतान आप कोई टूथपेस्ट खरीदते समय करते हैं, निम्नलिखित में से किस प्रकार का कर है?
(a) केन्द्र सरकार द्वारा आरोपित कर
(b) केन्द्र सरकार द्वारा आरोपित, किन्तु राज्य सरकार द्वारा संगृहीत कर
(c) राज्य सरकार द्वारा आरोपित, किन्तु केन्द्र सरकार द्वारा संगृहीत कर
(d) राज्य सरकार द्वारा आरोपित एवं संगृहीत कर

6. नीचे दो कथन दिए गए हैं, जिसमें से एक को कथन (A) तथा दूसरे को कारण (R) कहा गया है **IAS (Pre) 2015**

कथन (A) उपभोग, बचत और निवेश पर आयकर के प्रभाव व्यष्टि प्रभाव हैं।

कारण (R) आयकर, प्रत्यक्ष कर का एक उदाहरण है।
(a) A और R दोनों सत्य हैं तथा R, A की सही व्याख्या है
(b) A और R दोनों सत्य हैं, परन्तु R, A की सही व्याख्या नहीं है
(c) A सत्य है, किन्तु R असत्य है
(d) A असत्य है, किन्तु R सत्य है

7. निम्नलिखित में से कौन-सी मूल्य आधारित कर (वैल्यू ऐडेड टैक्स) की विशेषता नहीं है? **IAS (Pre) 2011**
(a) यह बहु-बिन्दु लक्ष्य आधारित कर (टैक्सेशन) प्रणाली है।
(b) यह उत्पादन/वितरण शृंखला में लेन-देन के प्रत्येक चरण में हुए मूल्य संवर्द्धन पर लगाया गया कर (टैक्स) है।
(c) यह वस्तुओं तथा सेवाओं पर उपभोग के अन्तिम चरण में लगाया गया कर (टैक्स) है, जिसका वहन अन्ततः उपभोक्ताओं को करना पड़ता है।
(d) यह मूलभूत रूप से केन्द्र सरकार का विषय है और राज्य सरकारों का दायित्व इसे सफलता के साथ लागू करने तक सीमित है।

8. सेवा कर के सन्दर्भ में निम्नलिखित कथनों पर विचार करें
1. यह प्रत्यक्ष कर है। **UPPSC (Mains) 2013**
2. यह अप्रत्यक्ष कर है।
3. यह वर्ष 1994-95 की अवधि में लागू किया गया।

उपरोक्त में से कौन-सा/से कथन सही है/हैं?
(a) केवल 1 (b) 2 और 3
(c) 1 और 3 (d) केवल 2

9. निम्नलिखित मदों पर विचार कीजिए **IAS (Pre) 2018**
1. छिलका उतरे हुए अनाज।
2. मुर्गी के पकाए हुए अण्डे।
3. संसाधित और डिब्बाबन्द मछली।
4. विज्ञापन सामग्री युक्त समाचार-पत्र।

उपरोक्त मदों में से कौन-सी मद/मदें GST (वस्तु एवं सेवा कर) के अन्तर्गत छूट प्राप्त है/हैं?

कूट
(a) केवल 1 (b) 2 और 3
(c) 1, 2 और 4 (d) उपरोक्त सभी

10. भारत में वस्तुओं और सेवाओं पर कर परोक्ष कर सुधार के रूप में लागू किया गया था। निम्न में से कौन-सी वस्तुओं और सेवाओं पर कर की विशेषताएँ हैं? **HPSC (Pre) 2021**
1. वस्तुओं और सेवाओं पर कर वस्तुओं के उत्पादन, वस्तुओं की बिक्री, सेवाओं की उपलब्धता पर लागू होता है।
2. वस्तुओं और सेवाओं पर कर वस्तुओं अथवा सेवाओं की आपूर्ति पर लागू होता है।
3. वस्तुओं और सेवाओं पर कर गन्तव्य आधारित उपभोग कर के सिद्धान्त पर आधारित है।
4. वस्तुओं और सेवाओं पर कर काउन्सिल द्वारा निर्धारित दरों पर वसूला जाता है।

कूट
(a) 1 और 4
(b) 2 और 3
(c) 2, 3 और 4
(d) 1, 3 और 4

11. निम्नलिखित कथनों पर विचार कीजिए

1. जीएसटी परिषद् की अध्यक्षता संघीय वित्त मन्त्री करते हैं और केन्द्र के राजस्व या वित्त के प्रभारी राज्य मन्त्री इसके सदस्य हैं।
2. जीएसटी परिषद् कर दर से छूट वाली वस्तुओं के बारे में निर्णय करेगी और नई कर नीति की देहली निर्धारण भी करेगी।
3. राज्य सरकारों के पास उगाही का विकल्प होगा, यदि वे ऐसा चाहें।

कूट

(a) केवल 1
(b) केवल 2
(c) 2 और 3
(d) 1 और 2

12. 14वें वित्त आयोग के सन्दर्भ में निम्नलिखित कथनों में से कौन-सा/से कथन सही है/हैं? **IAS (Pre) 2015**

1. इसने केन्द्रीय विभाज्य पूल में राज्यों को मिलने वाला भाग 32% से बढ़ाकर 42% कर दिया है।
2. इसने विशेष रूप से सेक्टरों से जुड़े सेक्टर स्पेसिफिक अनुदानों से सम्बन्धित सिफारिश की है।

कूट

(a) केवल 1
(b) केवल 2
(c) 1 और 2 दोनों
(d) न तो 1 और न ही 2

13. निम्नलिखित कथनों पर विचार कीजिए

राज्य सरकार एक वित्त आयोग को नियुक्त करेगी, जो पंचायतों की वित्तीय स्थिति का पुनरीक्षण और

1. राज्य द्वारा उद्गृहीत किए जाने वाले करों, पथकरों एवं फीस के निवल आगम के राज्य एवं पंचायतों के बीच वितरण के विषय में सिफारिशें करेगा।
2. पंचायतों को समानुदेशित किए जाने वाले कर, शुल्क, पथकर एवं फीस का निर्धारण करेगा।
3. पंचायतों को दिए जाने वाले सहायता अनुदान का निर्धारण करने वाले सिद्धान्तों के विषय में सिफारिशें करेगा।

उपरोक्त कथनों में से कौन-सा/से कथन सही है/हैं?

(a) केवल 1 (b) 2 और 3
(c) 1 और 3 (d) 1, 2 और 3

14. निम्नलिखित में से कौन-सा 15वें वित्त आयोग के सम्बन्ध में सही नहीं है?

(a) भारत सरकार द्वारा 15वें वित्त आयोग का गठन 27 नवम्बर, 2017 को किया गया।
(b) श्री एन. के. सिंह इसके अध्यक्ष हैं।
(c) इस आयोग की अनुशंसाएँ वर्ष 2020-25 के 5 वर्षों की अवधि के लिए होंगी।
(d) इस आयोग को 30 अक्टूबर, 2020 तक अपना प्रतिवेदन प्रस्तुत करने के लिए कहा गया है।

15. अप्रवासी सत्वों द्वारा दी जा रही ऑनलाइन विज्ञापन सेवाओं पर भारत द्वारा 6% समकरण कर लगाए जाने के निर्णय के सन्दर्भ में निम्नलिखित कथनों में से कौन-सा/से कथन सही है/हैं? **IAS (Pre) 2018**

1. यह आय के अधिनियम के भाग के रूप में लागू किया गया है।
2. भारत में विज्ञापन सेवाएँ देने वाले अप्रवासी सत्व अपने गृह देश में 'दोहरे कराधान से बचाव समझौते' के अन्तर्गत टैक्स क्रेडिट का दावा कर सकते हैं।

कूट

(a) केवल 1
(b) केवल 2
(c) 1 और 2 दोनों
(d) न तो 1 और न ही 2

16. भारत के सन्दर्भ में हाल ही में जनसंचार माध्यमों में अकसर चर्चित अप्रत्यक्ष अन्तरण को निम्नलिखित में कौन-सी एक स्थिति सर्वोत्तम रूप से प्रतिबिम्बित करती है? **UPSC (Pre) 2022**

(a) कोई भारतीय कम्पनी, जिसने किसी विदेशी उद्यम में निवेश किया हो और अपने निवेश पर मिलने वाले लाभ पर उस बाहरी देश को कर अदा करती हो।
(b) कोई विदेशी कम्पनी, जिसने भारत में निवेश किया हो और अपने निवेश से मिलने वाले लाभ पर अपने आधारभूत देश को कर अदा करती हो।
(c) कोई भारतीय कम्पनी, जो किसी बाहरी देश में मूर्त सम्पत्ति खरीदती है और उनका मूल्य बढ़ने पर उन्हें बेच देती है तथा प्राप्ति को भारत में अन्तरित कर देती है।
(d) कोई विदेशी कम्पनी शेयर अन्तरित करती है और ऐसे शेयर भारत में स्थित परिसम्पत्तियों से अपना वस्तुगत मूल्य व्युत्पन्न करते हैं।

जानें सही उत्तर

1. (d)	2. (c)	3. (b)	4. (a)	5. (d)	6. (b)	7. (d)	8. (b)	9. (c)	10. (c)
11. (d)	12. (a)	13. (d)	14. (d)	15. (d)	16. (d)				

• अध्याय दस

कृषि एवं सम्बद्ध क्षेत्र

"

भारतीय अर्थव्यवस्था में कृषि को केन्द्रीय स्थान प्राप्त है, क्योंकि कृषि न केवल महत्त्व एवं रोजगार की दृष्टि से एक महत्त्वपूर्ण क्षेत्र है, बल्कि भारत के लोगों के लिए एक जीवन पद्धति व परम्परा भी है। इसने भारत के लोगों के विचार, दृष्टिकोण व आर्थिक जीवन को प्राचीन काल से ही सँवारा है। भारत में आयोजना निर्माण की प्रक्रिया में भी कृषि को सामाजिक एवं आर्थिक विकास की सभी नीतियों का केन्द्र-बिन्दु माना गया है।

भारतीय कृषि

- भारतीय अर्थव्यवस्था में कृषि को प्राथमिक क्षेत्र के अन्तर्गत शामिल किया गया है। कृषि एवं इससे सम्बद्ध क्षेत्रों में कृषि, पशुपालन, मत्स्यपालन एवं बागवानी आदि शामिल हैं।
- भारतीय कृषि के महत्त्व को इस बात से समझ सकते हैं कि विश्व के मात्र 2.4% क्षेत्र से विश्व की आबादी के लगभग 17.5% लोगों का भरण-पोषण हो रहा है। वर्तमान समय में भारत खाद्यान्न उत्पादन पर आत्मनिर्भर है।
- जनगणना, 2011 के अनुसार, देश की आबादी की 54.6% जनसंख्या कृषि एवं इससे सम्बद्ध गतिविधियों से जुड़ी हुई है। कृषि एवं इससे सम्बन्धित क्षेत्रों में हुए विकास के साथ-साथ नए क्षेत्रों; जैसे—एग्री वेयरहाउसिंग, कोल्ड चेन, सप्लाई चेन, डेयरी, पोल्ट्री, मत्स्यन, बागवानी आदि में रोजगार के साथ-साथ स्वरोजगार के भी अवसर बढ़ रहे हैं।

> आजादी के समय भारत के सकल घरेलू उत्पाद में कृषि तथा इससे सम्बद्ध क्षेत्रों का योगदान लगभग 50% था, परन्तु वित्त वर्ष 2022-23 में निरन्तर कम होती भागीदारी के कारण योगदान लगभग 18.3% हो गया।

भारत में कृषि का महत्त्व

भारतीय अर्थव्यवस्था में कृषि का महत्त्वपूर्ण स्थान है। कृषि क्षेत्र अकेले ही देश की कुल श्रम शक्ति का लगभग 49% लोगों के लिए रोजगार का सृजन करता है, इसलिए इसे **भारतीय अर्थव्यवस्था की रीढ़** कहा जाता है। राष्ट्रीय अर्थव्यवस्था में कृषि के महत्त्व को निम्न बिन्दुओं के अन्तर्गत समझा जा सकता है

- **राष्ट्रीय आय में योगदान** कृषि क्षेत्र का भारत की राष्ट्रीय आय में महत्त्वपूर्ण योगदान है। भारत के सकल घरेलू उत्पाद में वित्तीय वर्ष 2022-23 में वर्ष 2022-23 के आधार वर्षों के सापेक्ष स्थिर कीमतों पर 18.3% का योगदान रहा। कृषि क्षेत्र का राष्ट्रीय आय में लगातार घटना मुख्यत: अल्पविकसित अर्थव्यवस्था से विकसित अर्थव्यवस्था की ओर संक्रमण को दर्शाता है। हालाँकि कृषि क्षेत्र में होने वाले संरचनात्मक तथा संस्थागत सुधारों के कारण पिछले कुछ वर्षों में सकारात्मक परिवर्तन हुए हैं।

- **रोजगार में योगदान** देश की लगभग 49% जनसंख्या प्रत्यक्ष या अप्रत्यक्ष रूप से कृषि क्षेत्र में रोजगार प्राप्त करती है। अत: अन्य व्यवसाय की तुलना में कृषि क्षेत्र आज भी रोजगार की दृष्टि से अत्यधिक महत्त्वपूर्ण है।
- **औद्योगिक विकास के लिए कृषि का महत्त्व** भारत के प्रमुख उद्योगों को कच्चा माल कृषि से ही प्राप्त होता है; जैसे-सूती और पटसन वस्त्र उद्योग, चीनी, वनस्पति आदि उद्योग प्रत्यक्ष रूप से कृषि पर निर्भर हैं। कृषि क्षेत्र ही खाद्य प्रसंस्करण उद्योगों को कच्चा माल उपलब्ध कराता है।
- **वृहद् आबादी के लिए खाद्यान्नों की पूर्ति** कृषि क्षेत्र के उत्पादन में भारत लगातार प्रगति कर रहा है। वित्तीय वर्ष 2014-15 में भारत में कुल खाद्यान्नों का उत्पादन 252 मिलियन टन था, जिसका वित्तीय वर्ष 2022-23 में बढ़कर लगभग 323.55 मिलियन टन होने का अनुमान लगाया गया। वर्तमान में भारत अपनी बढ़ती जनसंख्या की खाद्यान्न आवश्यकताओं की पूर्ति ही नहीं करता, बल्कि रिकॉर्ड स्तर पर खाद्यान्नों का निर्यात भी करता है।
- **वैदेशिक व्यापार में योगदान** भारत के वैदेशिक व्यापार में भी कृषि का बहुत बड़ा योगदान है तथा भारत द्वारा विदेशों को चाय, जूट, काजू, तम्बाकू, कॉफी और मसाले आदि का निर्यात किया जाता है। भारत के कुल निर्यातों में एक बड़ा भाग कृषि क्षेत्र का भी होता है। वर्ष 1990-91 में भारत द्वारा किए गए कुल निर्यात में कृषि उत्पादों का 19.4% योगदान रहा, जबकि वर्ष 2017-18 में यह 12.07% तथा वर्ष 2020-21 में 17.34% हो गया। यद्यपि वर्ष 2021-22 में यह बढ़कर 23.20% पर पहुँच गया।
- **गरीबी उन्मूलन और आजीविका सृजन में योगदान** भारत में कृषि आजीविका का सबसे बड़ा साधन है। भारतीय आबादी की लगभग 70% ग्रामीण जनसंख्या अपनी आजीविका के लिए कृषि पर पूर्ण रूप से निर्भर है, जिसमें से लगभग 82% लघु एवं सीमान्त श्रेणी के किसान हैं।

भारतीय कृषि का स्वरूप

भारतीय कृषि स्वरूप में कई विभिन्नताओं को अपने अन्दर समेटे हुए है, जिनमें से कुछ प्रमुख निम्नलिखित हैं

- निम्न उत्पादकता।
- लघु जोत का आकार।
- कृषि क्षेत्र में बेरोजगारी का आधिक्य।
- भू-स्वामी और काश्तकार के मध्य संघर्ष।
- निर्वाह खेती की विद्यमानता।
- वर्षा पर अत्यधिक निर्भरता।
- खेती में तकनीक का नगण्य प्रयोग।
- आधुनिक कृषि आगतनों का अभाव।
- खेती के कई भागों में विभाजन की समस्या।
- कृषि उत्पादन में क्षेत्रीय विषमता।

पंचवर्षीय योजनाएँ एवं भारतीय कृषि क्षेत्र

पंचवर्षीय योजना	विवरण
पहली पंचवर्षीय योजना (1951-56)	इस योजना में देश में खाद्य संकट को दूर करने के उद्देश्य से कृषि क्षेत्र को प्राथमिकता दी गई। कुल राजस्व आवण्टन का 31% कृषि क्षेत्र को प्रदान किया गया। परिणामत: औसत वार्षिक उत्पादन 67 लाख टन रहा, जबकि लक्ष्य 62 लाख टन का था। इस योजना में कृषि में कुल वृद्धि दर 2.71% रही थी।
दूसरी पंचवर्षीय योजना (1956-61)	इसमें कुल व्यय का 20% भाग कृषि को आवण्टित किया गया। परिणामत: उत्पादकता में कमी आई।
तीसरी पंचवर्षीय योजना (1961-66)	यह योजना पुन: कृषि को विशेष प्राथमिकता दी गई। इस योजना में गहन कृषि कार्यक्रम के अन्तर्गत कृषि जिला कार्यक्रम (District Agriculture Programme) एवं अधिक उपज वाली किस्मों पर विशेष ध्यान दिया गया, किन्तु भयंकर सूखे के कारण यह योजना पूर्ण रूप से सफल नहीं रही।
चौथी पंचवर्षीय योजना (1969-74)	इस योजना में कृषि क्षेत्र में अनुसन्धान तथा विज्ञान एवं प्रौद्योगिकी के उपयोग पर विशेष बल देते हुए प्रारम्भ की गई। इसमें कुल योजना व्यय का 22% कृषि क्षेत्र को आवण्टित किया गया।
पाँचवीं पंचवर्षीय योजना (1974-79)	इस योजना में कुल परिव्यय का 15% कृषि क्षेत्र को आवण्टित किया गया। यद्यपि पहली पंचवर्षीय योजना से पाँचवीं पंचवर्षीय योजना तक (तीसरी योजना को छोड़कर) वास्तविक उत्पादन लक्ष्य से अधिक ही रहा। इस योजना में खाद्यान्न उत्पादन का लक्ष्य 1520 लाख टन रखा गया था, जबकि उत्पादन लक्ष्य से अधिक (1840 लाख टन) हुआ। फलस्वरूप इस स्थिति को कुछ विद्वानों ने द्वितीय हरित क्रान्ति की संज्ञा दी।
छठी पंचवर्षीय योजना (1980-85)	इससे हरित क्रान्ति का दूसरा चरण शुरू हुआ। इसके अन्तर्गत कृषि क्षेत्र में निवेश एवं प्रबन्धन (Investment and Management) पर अधिक बल दिया गया।
सातवीं पंचवर्षीय योजना (1985-90)	इसमें कपास को छोड़कर सभी फसलों का उत्पादन लक्ष्य से अधिक रहा।
आठवीं पंचवर्षीय योजना (1992-97)	इसमें कृषि क्षेत्र में विकास दर 4.7% रही।
नौवीं पंचवर्षीय योजना (1997-2002)	यह योजना कृषि के सम्बन्ध में असफल मानी जाती है। इस दौरान कृषि क्षेत्र में विकास दर मात्र 2.06% रही।
दसवीं पंचवर्षीय योजना (2002-07)	इसमें राष्ट्रीय कृषि नीति, 2000 को अपनाया गया। इस नीति में मृदा स्वास्थ्य (Soil Health) एवं जल जैसे संसाधनों के प्रबन्धन पर विशेष ध्यान दिया गया। इस योजना में कृषि क्षेत्र की वार्षिक विकास दर 2.4% रही।
ग्यारहवीं पंचवर्षीय योजना (2007-12)	इसमें कृषि उत्पादकता में वृद्धि, रोजगार सृजन, भूमि पर जनसंख्या दबाव कम करने तथा ग्रामीण क्षेत्रों में असमानता को कम करने जैसे महत्त्वपूर्ण लक्ष्य निर्धारित किए गए। इस योजना में कृषि में 4% वृद्धि का वार्षिक लक्ष्य निर्धारित किया गया।
बारहवीं पंचवर्षीय योजना (2012-17)	इसके दृष्टिकोण-पत्र में कृषि क्षेत्र में 4% वार्षिक विकास दर का लक्ष्य रखा गया। इसमें से खाद्य कृषि उत्पाद में वार्षिक वृद्धि 2% एवं गैर-खाद्य कृषि उत्पाद में वार्षिक वृद्धि 6.5% रखी गई।

वर्ष 2017-18 से 2022-23 तक कृषि विकास

भारत में कृषि क्षेत्र में पिछले 6 वर्षों में 4.6% की औसत वार्षिक वृद्धि दर के साथ मजबूत वृद्धि देखी जा रही है।

वर्ष	कृषि में विकास
2017-18	6.6%
2018-19	2.1%
2019-20	5.5%
2020-21	3.3%
2021-22	3.0%
2022-23	3.5%

कृषि क्षेत्र में निविष्टियाँ

कृषि उपज में सुधार, कृषि की दीर्घावधि वृद्धि का मुख्य कारण है। अत: कृषि की वृद्धि हेतु प्रौद्योगिकी, गुणवत्तापूर्ण बीजों के उपयोग, उर्वरक, वित्तीय सुविधाएँ, कीटनाशक, सूक्ष्म पोषक तत्त्वों व सिंचाई सहित कई कारक महत्त्वपूर्ण भूमिका निभाते हैं। इन कृषि निविष्टियों (Agriculture Inputs) से सम्बन्धित महत्त्वपूर्ण तथ्यों का वर्णन निम्नलिखित रूप से किया जा रहा हैं

बीज

- उन्नत बीज कृषि उत्पादकता और उत्पादन बढ़ाने के लिए अत्यन्त महत्त्वपूर्ण निविष्टियों में से एक है। अन्य कृषि निविष्टियाँ; जैसे—उर्वरकों, कीटनाशकों और सिंचाई की प्रभावोत्पादकता बड़े स्तर पर बीज के द्वारा निर्धारित होती हैं।
- बीज गुणवत्ता का उत्पादकता में योगदान अनुमानत: 20-25% है। अत: यह आवश्यक है कि किसानों को गुणवत्तापूर्ण बीज उपलब्ध कराए जाएँ।

राष्ट्रीय बीज मिशन

- तेजी से विकसित हो रहे बीज क्षेत्र की चुनौतियों से निपटने के लिए बड़े परिवर्तन और उन्नयन तथा गुणवत्तापूर्ण बीजों के विस्तृत उपयोग को सुनिश्चित करने की आवश्यकता है। तद्नुसार बारहवीं योजना अवधि में एक राष्ट्रीय बीज मिशन (National Seed Mission) का प्रस्ताव है।
- कृषि विकास के संवर्द्धन में बीज क्षेत्र के महत्त्व को देखते हुए मौजूदा बीज अधिनियम, 1966 को कृषि मन्त्रालय द्वारा उपयुक्त विधान के अन्तर्गत प्रतिस्थापित किए जाने का प्रस्ताव है। नए अधिनियम से यह प्रत्याशा है कि इससे
  - बीज उद्योग के विकास के लिए अनुकूल वातावरण उत्पन्न होगा।
  - विभिन्न फसलों की बीज प्रतिस्थापन दरों (Seed Replacement Rate) में बढ़ोतरी होगी।
  - बीजों के निर्यात और उपयोगी जनन द्रव्य के आयात को बढ़ावा मिलेगा।
  - विविध विकास में सम्बन्धित विज्ञान के अनुप्रयोग और अनुसन्धान तथा विकास में वर्द्धित निवेश के लिए अनुकूल वातावरण तैयार होगा।
  - राष्ट्रीय बीज अनुसन्धान एवं प्रशिक्षण केन्द्र वाराणसी (उत्तर प्रदेश) को 1 अप्रैल, 2007 से प्रभावी केन्द्रीय बीज प्रशिक्षण एवं रेफरल प्रयोगशाला के रूप में अधिसूचित किया किया गया है।
  - राष्ट्रीय बीज अनुसन्धान एवं प्रशिक्षण केन्द्र को स्थापित करने का प्राथमिक उद्देश्य केन्द्रीय बीज परीक्षण एवं रेफरल प्रयोगशाला के रूप में कार्य करने के लिए अलग से राष्ट्रीय बीज गुणवत्ता नियन्त्रण प्रयोगशाला बनाना तथा बीज गुणवत्ता के क्षेत्र में मानव संसाधन विकास के रूप में कार्य करना है।

राष्ट्रीय बीज अनुसन्धान एवं परीक्षण केन्द्र की केन्द्रीय बीज परीक्षण एवं रेफरल प्रयोगशाला वर्ष 2007 से स्विट्जरलैण्ड के ज्यूरिख स्थित अन्तर्राष्ट्रीय बीज परीक्षण संघ की सदस्य प्रयोगशाला बन गई है।

जल एवं सिंचाई प्रणाली का प्रयोग

- भारतीय कृषि मानसून पर आधारित है। जलवायु परिवर्तन से मानसून विचलन बढ़ रहा है, इसलिए भारत में कृषि उत्पादकता की वृद्धि के लिए जल एवं सिंचाई की सुदृढ़ प्रणाली अत्यन्त आवश्यक है। देश में (वर्तमान) उपलब्ध जल स्रोतों का लगभग 80% भाग कृषि क्षेत्रों में प्रयोग किया जाता है।
- भारत में शुद्ध सिंचित क्षेत्र का भाग देश में कुल शुद्ध बुआई किए गए क्षेत्र का लगभग 49% है। इन सिंचित क्षेत्रों में लगभग 40% भाग नहर के द्वारा सिंचित है और लगभग 60% भाग भू-जल के द्वारा सिंचित है।
- कृषि क्षेत्र में सिंचित दक्षता को बढ़ावा देने के लिए भारत सरकार द्वारा 1 जुलाई, 2015 को **प्रधानमन्त्री कृषि सिंचाई योजना** को आरम्भ किया गया था। इसके अतिरिक्त **स्प्रिंकलर विधि** को भी बढ़ावा देने का प्रयास करना होगा।

सिंचाई परियोजनाओं का वर्गीकरण

छोटी सिंचाई परियोजना	2000 हेक्टेयर तक कृषि भूमि
मध्यम सिंचाई परियोजना	2000-10000 हेक्टेयर तक कृषि भूमि
बड़ी सिंचाई परियोजना	10000 हेक्टेयर से अधिक कृषि भूमि

कीटनाशक दवाएँ

- भारतीय कृषि क्षेत्र में कीटों के द्वारा बीमारियों एवं खरपतवारों के कारण किसानों के कृषि उत्पादन की लगभग 15% से 25% उत्पादित वस्तुएँ नष्ट या क्षतिग्रस्त हो जाती हैं। इनके बचाव के लिए फसलों में कीटनाशकों का प्रयोग सावधानीपूर्वक करना चाहिए।
- भारत में कीटनाशकों का प्रयोग प्रति हेक्टेयर 0.5 किलोग्राम होता है, जबकि अमेरिका में कीटनाशकों का प्रयोग प्रति हेक्टेयर 7 किलोग्राम किया जाता है।

कृषि मशीनीकरण का प्रयोग

- कृषि क्षेत्र में मशीनीकरण से तात्पर्य कृषि में मशीनों के अधिकाधिक प्रयोग से है। परम्परागत खेती में मनुष्यों और पशुओं के श्रम का प्रयोग होता था। कृषि में मशीनीकरण से श्रम और समय की बचत होती है तथा फसल की उत्पादन लागत में कमी और किसानों की आय में बढ़ोतरी होती है।
- विकसित देशों में श्रम के अभाव एवं पूँजी की पर्याप्तता के कारण यन्त्रीकरण का प्रयोग अधिक होता है, वहीं विकासशील देशों में श्रम की अधिकता के कारण मशीनीकरण का प्रयोग कम होता है, जिससे किसानों की आय का स्तर भी बढ़ता है।
- भारत सरकार द्वारा कृषि क्षेत्र की आवश्यकता को देखते हुए वर्ष 2014-15 में मशीनीकरण से सम्बन्धित **मिशन ऑन एग्रीकल्चर मेकनाइजेशन** को प्रारम्भ किया गया।
- अमेरिका में सकल घरेलू उत्पाद में कृषि क्षेत्र का योगदान 18% है, जबकि मशीनीकरण 99% हो चुका है। भारत में सकल घरेलू उत्पाद में कृषि क्षेत्र का योगदान लगभग 20% तथा रोजगार हेतु प्रत्यक्ष और अप्रत्यक्ष रूप से निर्भरता 49%, जबकि कृषि मशीनीकरण वर्ष 2017-18 में 45% तक ही हुआ था।

उर्वरक

- हरित क्रान्ति के पश्चात् भारत में उर्वरकों के उपयोग में वृद्धि हुई है। उर्वरकों के उपयोग से भूमि की उर्वरा शक्ति को बढ़ावा मिलता है, जिससे वर्ष में एक या एक से अधिक फसलों का उत्पादन किया जा सकता है।
- उर्वरकों के लिए अक्टूबर, 2018 में **प्रत्यक्ष लाभ हस्तान्तरण** (DBT) प्रणाली शुरू की गई।
- उर्वरक प्रत्यक्ष लाभ हस्तान्तरण प्रणाली के अन्तर्गत उर्वरकों की विभिन्न श्रेणियों पर 100% तक सब्सिडी फुटकर व्यापारियों द्वारा लाभार्थियों हेतु की गई।
- भारत अपनी यूरिया आवश्यकता के 80% भाग की पूर्ति स्वदेशी उत्पादन से कर रहा है, लेकिन अपनी फॉस्फेट तथा पोटाश उर्वरक आवश्यकताओं हेतु आयात पर निर्भर है।
- यूरिया, फॉस्फेट तथा पोटाश उर्वरकों के 21 ग्रेड तथा NP के (नाइट्रोजन, फॉस्फोरस तथा पोटाश) सम्मिश्रित उर्वरकों के 15 ग्रेड किसानों को सब्सिडी प्राप्त मूल्यों पर उपलब्ध कराए जाते हैं।
- उर्वरकों (Fertilisers) के पोषक तत्त्व पर आधारित सब्सिडी (NBS) नीति वर्ष 2011 में कार्यान्वित हुई थी।
- किसान वास्तविक लागत का केवल 25% से 40% भुगतान करते हैं और शेष लागत सरकार द्वारा सब्सिडी के रूप में वहन की जाती है, जिसकी प्रतिपूर्ति विनिर्माताओं/आयातकों को की जाती है।
- वर्ष 2012 में सरकार ने यूरिया क्षेत्र में **नई निवेश नीति** को अधिसूचित किया है, जिससे स्वदेशी क्षमता में बढ़ोतरी, आयात-निर्भरता में कमी एवं सब्सिडियों में बचत होगी।
- केन्द्र सरकार ने वर्ष 2015 में अगले चार वित्त वर्ष के लिए **नई यूरिया नीति, 2015** को अपनी अनुमति प्रदान की। इसका उद्देश्य घरेलू यूरिया उत्पादन को अधिकतम करना एवं यूरिया इकाइयों में ऊर्जा संवर्द्धन क्षमता को बढ़ावा देना है, जिससे सरकार पर सब्सिडी का बोझ कम हो सके।

उर्वरक उत्पादन एवं खपत

- उर्वरक उत्पादन में चीन व अमेरिका के पश्चात् भारत का तीसरा स्थान व उर्वरक उपभोग में दूसरा स्थान है।
- भारत अभी भी अपने कुल उर्वरक की खपत का पूर्ण उत्पादन नहीं कर पाता है और पोटाशी उर्वरकों के लिए पूर्ण रूप से आयात पर निर्भर है।
- कृषि विशेषज्ञों के अनुसार, भारत में धान्य फसलों के NPK उर्वरकों का सन्तुलित अनुपात 4 : 2 : 1 व दलहनी फसलों के लिए 1 : 2 : 1 है, परन्तु भारत में यह अनुपात असन्तुलित है। देश में उर्वरकों की खपत में पंजाब पहले व आन्ध्र प्रदेश दूसरे स्थान पर है, जबकि नागालैण्ड में उर्वरक की न्यूनतम खपत है।

नई यूरिया नीति, 2015

- नई यूरिया नीति को 13 मई, 2015 को अनुमति प्रदान की गई।
- इसका प्रमुख उद्देश्य स्वदेशी यूरिया उत्पादन और यूरिया की प्रौद्योगिकी का विकास करना था, जिससे इसकी लागत में लगने वाली ऊर्जा दक्षता को कम किया जा सकता था।
- इसके अन्तर्गत किसानों की यूरिया पर निर्भरता कम करना और किसानों को समय पर इसकी आपूर्ति करना था।
- इस नीति के अन्तर्गत घरेलू क्षेत्र में कार्यरत 31 ऊर्जा इकाइयों को अधिक ऊर्जा दक्ष बनाने और सब्सिडी बोझ को कम करने या युक्तिसंगत बनाने के लिए प्रोत्साहन देना है।

जैविक-उर्वरक

- जैव-उर्वरकों (Biofertilizers) में राइजोबियम प्रजाति के जीवाणु, जो दलहनी फसलों की जड़ों में पाए जाते हैं, का प्रयोग विभिन्न दलहनी फसलों में अच्छी संख्या की उपस्थिति के लिए किया जाता है।
- ये वायुमण्डलीय नाइट्रोजन का मृदा में संस्थापन करते हैं। **राष्ट्रीय जैव-उर्वरक विकास केन्द्र** (भारत सरकार) गाजियाबाद, उत्तर प्रदेश में स्थित है।

फर्टीगेशन

इस विधि से फसल को पोषक तत्त्व सिंचाई के माध्यम से दिए जाते हैं। फर्टीगेशन में 25% उर्वरक की बचत होती है।

वित्तीय सुविधाएँ

- भारत में लगभग 85% किसान लघु तथा मध्यम श्रेणी के हैं, ये सामान्यत: वित्तीय अभाव से ग्रस्त हैं। जागरूकता के अभाव के कारण वर्तमान में ही असंगठित क्षेत्र पर वित्तीय सहायता हेतु एक बड़ी संख्या निर्भर है।
- कृषि क्षेत्र में विकास (उत्पादकता वृद्धि) हेतु ऋण महत्त्वपूर्ण कारक है। कृषि कार्यों हेतु उन्नत किस्म के बीज क्रय, फसल उत्पादकता वृद्धि हेतु उर्वरक, विभिन्न बीमारियों से बचाव हेतु कीटनाशक, सिंचाई प्रबन्धन हेतु, फसल कटाई, फसल के परिवहन भण्डारण तथा विपणन आदि के लिए वित्त की आवश्यकता होती है।
- सरकार द्वारा प्रत्येक वर्ष बजटीय आवण्टन के साथ वर्ष 1993 में **किसान क्रेडिट कार्ड** की शुरुआत की गई, जिसमें अत्यधिक कम ब्याज दर पर लोन उपलब्ध कराए जाते हैं।
- आरबीआई ने बैंकों को प्राथमिकता क्षेत्र उधार (PSL) के अन्तर्गत कृषि क्षेत्रों हेतु ऋण प्रदान करने के लिए बाध्य किया है।

भारतीय कृषि क्षेत्र की समस्याएँ

भारतीय कृषि में अनेक समस्याएँ विद्यमान हैं, जो निम्न प्रकार हैं

- **परम्परागत दृष्टिकोण** भारतीय किसान आज भी परम्परागत तरीके से खेती करते हैं और खेती को केवल जीवन-निर्वाह का साधन मानते हैं।
- **वित्त का अभाव** भारतीय कृषि की एक बड़ी समस्या वित्त के अभाव से है। किसानों को अल्पकाल एवं दीर्घकालीन वित्त की आवश्यकता होती है, जिससे वे अपनी आवश्यकताओं; को पूर्ण करने हेतु जैसे—बीज, उर्वरक, कीटनाशक, ट्रैक्टर थ्रेसर आदि को खरीद कर उनका उपयोग कर सकें।
- **छोटी एवं बिखरी आकार की जोतें** भारत के सभी राज्यों में चकबन्दी न होने से जोतों का बिखराव (फैलाव) अधिक है और इनका आकर भी छोटा है, जिसके कारण फसल उत्पादन में लागत अधिक लगती है।
- **सिंचाई साधन के स्थायी स्रोत का अभाव** भारत में खेती मुख्यत: वर्षा पर आधारित होती है और प्राकृतिक वर्षा का अधिकतर पानी बिना किसी तटबन्ध के नदियों में बह जाता है।
- **कृषि में मशीनीकरण का निम्न प्रयोग** भारतीय कृषि में मशीनों का बहुत कम प्रयोग होता है, जिससे उत्पादन लागत पर अधिक प्रभाव पड़ता है और उत्पादन भी कम होता है।
- **सुसंगत विपणन (बाजार) प्रणाली का अभाव** कृषि उत्पादों के लिए एक सुसंगत विपणन प्रणाली का अभाव है। छोटे किसान अपने उत्पादों को कम कीमत पर स्थानीय मण्डियों में बेचते हैं, जिससे उन्हें अपनी फसल का उचित व सम्पूर्ण मूल्य प्राप्त नहीं होता है और उन्हें (किसान) हानि उठानी पड़ती है।
- **कृषि भूमि की उत्पादकता में कमी** लगातार खेती करने से कृषि भूमि की उत्पादकता में कमी आने लगती है। अत: भूमि की उर्वरा शक्ति को बढ़ाने के लिए जैविक खाद या प्राकृतिक जीवांश से परिपूर्ण खाद का प्रयोग करना चाहिए, जिससे भूमि की उर्वरा शक्ति बढ़ जाए।
- **पर्याप्त भण्डारण और परिवहन की सुविधा का न होना** भारतीय किसानों के पास पर्याप्त भण्डारण की सुविधा नहीं होती है, जिससे वे अपने उत्पादों को कम कीमत में बेचने पर विवश होते हैं। भारत में परिवहन के पर्याप्त साधन न होने से विभिन्न प्रकार के अनाजों, फलों व सब्जियों का परिवहन एक राज्य से दूसरे राज्यों में नहीं हो पाता है। इसके अभाव में कृषकों की आय निम्न स्तर की बनी रहती है।
- **फसल अवशेष प्रबन्धन** भारत में हरियाणा, पंजाब, उत्तर प्रदेश तथा राष्ट्रीय राजधानी क्षेत्र दिल्ली में किसानों के फसल अवशेष के प्रबन्धन की भी समस्या है।

भारतीय कृषि क्षेत्र में सुधार के प्रयास

संस्थागत अथवा भूमि सुधार
- मध्यस्थों का उन्मूलन
- जमींदारी प्रथा का समापन
- लगान का नियमन
- चकबन्दी
- भूमि की उच्चतम सीमा का निर्धारण/दृढ़बन्दी
- सहकारी खेती

तकनीकी सुधार
- कृषि का आधुनिकीकरण
- अधिक उपज देने वाले बीजों का प्रयोग
- रासायनिक खाद का प्रयोग
- फसल संरक्षण के लिए कीटनाशक दवाइयों का प्रयोग
- वैज्ञानिक खेती प्रबन्धन
- खेती के मशीनीकरण साधन

सामान्य सुधार
- सिंचाई सुविधाओं का विस्तार
- वित्तीय साख उपलब्ध कराना
- कीमत समर्थन नीति
- अच्छी भण्डारण व्यवस्था
- बेहतर विपणन व्यवस्था

फसलों का विशिष्ट वर्गीकरण

फसलों को उनके उपभोग, प्रतिरूप, उत्पादन प्रणाली तथा आर्थिक उद्देश्य के आधार पर निम्न भागों में विभाजित किया गया है

खाद्यान्न फसल

- खाद्यान्न फसलें (Cereal Crops) सम्पूर्ण विश्व में भरण-पोषण का प्रमुख आधार हैं। खाद्यान्न का सम्बन्ध घास कुल के पौधों से है, जिन्हें भोजन के लिए उगाया जाता है।
- खाद्यान्न फसलों में 12 प्रमुख फसलें कुल मानवीय भोजन की आवश्यकताओं के 93% भाग को पूर्ण करती हैं। खाद्यान्न फसलों को निम्नलिखित तीन उपवर्गों में विभाजित किया जा सकता है
  - **प्रमुख खाद्यान्न** (Major Cereals) इनके अन्तर्गत गेहूँ, धान तथा जौ को सम्मिलित किया जाता है।
  - **मोटे खाद्यान्न** (Millets/Minor Cereals) इनके अन्तर्गत मक्का, ज्वार, बाजरा तथा मडुवा (रागी) को सम्मिलित किया जाता है। संघीय बजट में मोटे अनाजों को **श्री अन्न** कहा गया।
  - **लघु खाद्यान्न** (Smaller Millets) इनके अन्तर्गत मडुवा या रागी, कोदो, साँवा, काकुन, चना तथा कुटकी आदि सम्मिलित किए जाते हैं।

व्यापारिक फसल

- व्यापारिक फसलें (Commercial Crops) उन फसलों को कहते हैं, जिन्हें उगाने का मुख्य उद्देश्य व्यापार करके धन अर्जित करना होता है। किसान इन्हें या तो पूर्ण रूप से बेच देता है या आंशिक रूप से इनका उपयोग करता है।
- इन फसलों में प्रमुख रूप से तिलहन (Oil Seeds) फसलें; जैसे—मूँगफली, सरसों, तिल, अलसी, अरण्डी (Castor) आदि को शामिल किया गया है।
- सूरजमुखी शर्करा वाली फसलें (Sugar Crops); जैसे—गन्ना और चुकन्दर तथा रेशे वाली फसलें (Fibre Crops); जैसे—जूट, मेस्टा (Mesta), सनई (Sunnhemp) और कपास आदि शामिल हैं।
- उद्दीपक वाली फसलें (Narcotic Crops); जैसे—चाय एक कहवा आदि सम्मिलित हैं।

नकदी फसल

- ऐसी फसलें, जिनकी बिक्री से तुरन्त मुद्रा प्राप्त होती है अर्थात् वे फसलें, जो बाजार में शीघ्र बिक जाती हैं, उन फसलों को नकदी फसल कहते हैं; जैसे—जूट, गन्ना, कपास, तम्बाकू आदि।
- भारत में कृषि उत्पादन के मूल्य में नकदी फसलों का योगदान लगभग 40% होता है और ये फसलें देश के 23% क्षेत्रों में उत्पादित होती हैं।

जीएम फसलें

- भारत में सर्वप्रथम वर्ष 2002 में जीएम फसल के अन्तर्गत बी. टी. कॉटन को अनुमति प्रदान की गई थी और इसके परिणाम सन्तोषजनक नहीं थे।
- बी. टी. कॉटन की फसल रोपाई के 4 महीने बाद ही कपास का बढ़ना बन्द हो गया और आन्ध्र प्रदेश में 80% के लगभग कपास की फसल बर्बाद हो गई।
- 15 जीएम फसलों को भारत सरकार के **पर्यावरण मन्त्रालय** द्वारा परीक्षण की अनुमति प्रदान की गई थी, लेकिन लोगों के विरोध करने के कारण इसे वापस लेना पड़ा।
- वर्तमान समय में जीएम फसलों से लोगों के स्वास्थ्य पर पड़ने वाले दुष्प्रभावों को देखते हुए, यह मामला उच्चतम न्यायालय में विचाराधीन है।

बागवानी फसलें

- वर्तमान परिप्रेक्ष्य में बागवानी (Horticulture) सम्भावनाओं से परिपूर्ण क्षेत्र है। इसके अन्तर्गत फल, सब्जी, कन्दमूल फसलें, फूल, चिकित्सीय पौधे, मसाले, बागवानी फसलें आदि शामिल हैं। रोजगार सृजन, आजीविका सुरक्षा, पोषण सुरक्षा के साथ ही साथ यह आय बढ़ाने का भी एक मुख्य स्रोत है।
- 11वीं योजना के दौरान बागवानी/उच्च मूल्य बागवानी फसलों के अन्तर्गत 16.7 लाख हेक्टेयर भूमि लाई गई। वर्षों के बाद बागवानी उत्पाद की उपलब्धता में पर्याप्त सुधार हुआ है।
- विश्व के कुल फल उत्पादन का 11% भाग उत्पादित कर भारत विश्व में फल उत्पादन में **द्वितीय स्थान** पर है। संसार में सर्वाधिक फल उत्पादन **चीन** में होता है।

भारत में सर्वाधिक फल उत्पादक क्षेत्रफल महाराष्ट्र में, तदोपरान्त उत्तर प्रदेश में पाया जाता है। फलों की **सर्वाधिक उत्पादकता** (Highest Productivity) **कर्नाटक** में, तदोपरान्त महाराष्ट्र में पाई जाती है।

- बागवानी फसलों में मसालों का महत्त्वपूर्ण स्थान है। भारत, विश्व में **मसालों के घर** के नाम से प्रसिद्ध है। भारत वैश्विक रूप से मसालों का सबसे बड़ा उत्पादक, उपभोक्ता व निर्यातक देश है। विश्व के कुल मसाला व्यापार में भारत की भागीदारी 10% है।
- देश में मसालों की सर्वाधिक खेती राजस्थान में होती है तथा उत्पादन आन्ध्र प्रदेश में होता है। देश के सम्पूर्ण मसाला निर्यात में 50% से अधिक भाग हल्दी व काली मिर्च का है।
- वित्तीय वर्ष 2019-20 में भारत में कुल बागवानी फसलों का उत्पादन लगभग 313.35 मिलियन टन हुआ, जो वर्ष 2018-19 से लगभग 0.84% अधिक रहा। इसी प्रकार फल उत्पादन में वर्ष 2019-20 में वर्ष 2018-19 से 2.27% कम होने का अनुमान लगाया गया।

राष्ट्रीय बागवानी बोर्ड

भारत सरकार द्वारा वर्ष 1989 में राष्ट्रीय बागवानी बोर्ड की स्थापना की गई। यह एक स्वायत्त संस्थान है, जिसका मुख्यालय गुरुग्राम (हरियाणा) में स्थित है। राष्ट्रीय बागवानी बोर्ड के प्रमुख उद्देश्य निम्नलिखित हैं

- बागवानी उद्योग का विकास करना।
- बागवानी फसलों (फल एवं सब्जियों) के उत्पादन एवं प्रसंस्करण को उच्च स्तर पर बनाए रखना।
- फसलों के रख-रखाव के लिए कोल्ड स्टोरेज शृंखला की अवसंरचना का विकास करना।
- इसके विकास के लिए कुछ विशेष क्षेत्रों को बागवानी हब के रूप में विकसित करना।

राष्ट्रीय बागवानी मिशन

- कृषि मन्त्रालय अग्र और पश्च जुड़ाव सुनिश्चित करते हुए सभी पणधारियों की सक्रिय भागीदारी के साथ वर्ष 2005-06 से बागवानी क्षेत्र के सम्पूर्ण विकास के लिए केन्द्र प्रायोजित राष्ट्रीय बागवानी मिशन (National Horticulture Mission) कार्यान्वित कर रहा है।
- कुछ राज्य तथा अण्डमान और निकोबार द्वीप समूह, लक्षद्वीप और पुदुचेरी नामक तीन केन्द्रशासित राज्य इसमें शामिल हैं, यद्यपि सिक्किम, जम्मू-कश्मीर, हिमाचल प्रदेश और उत्तराखण्ड सहित आठ पूर्वोत्तर राज्य इस मिशन में शामिल नहीं हैं।
- ये राज्य पूर्वोत्तर और हिमालयी राज्य (HMNEH) बागवानी मिशन में शामिल हैं।

राष्ट्रीय कृषि वानिकी एवं बाँस मिशन

- यह मिशन एकीकृत बागवानी विकास मिशन की एक उप-योजना है। बाँस की फसल की सम्भावना को देश में उपयोग करने के दृष्टिकोण से कृषि मन्त्रालय के कृषि सहकारिता एवं किसान कल्याण विभाग द्वारा देश के 27 राज्यों में केन्द्र प्रायोजित एक योजना विभिन्न राज्यों में क्षेत्रीय विभेदित रणनीति के द्वारा लागू की जा रही है।
- इस मिशन का उद्देश्य क्षेत्र आधारित क्षेत्रवार भिन्न-भिन्न कार्य योजनाएँ अपनाकर बाँस क्षेत्र का सम्पूर्ण विकास तथा बाँस कृषि और विपणन के अन्तर्गत क्षेत्र में वृद्धि करना है।
- इस मिशन के अन्तर्गत नई पौधशालाओं/उत्तम संवर्द्धन इकाइयों की स्थापना और पहले से स्थापित इकाइयों को सशक्त बनाकर गुणवत्ता पौध सामग्री की उपलब्धता बढ़ाने के लिए कदम उठाए गए।
- इस मिशन द्वारा बाँस उत्पादन, विशेष रूप से हस्तशिल्प सामान का विपणन सशक्त बनाने के लिए कदम उठाए जा रहे हैं।

एकीकृत बागवानी विकास मिशन की उप-योजनाएँ और कार्यक्षेत्र

उप-योजना	कार्यक्षेत्र
राष्ट्रीय बागवानी मिशन	हिमालयी व पूर्वोत्तर राज्यों को छोड़कर सम्पूर्ण भारत के सभी राज्यों में
पूर्वोत्तर व हिमालयी राज्य बागवानी मिशन	पूर्वोत्तर व हिमालयी राज्यों में
राष्ट्रीय कृषि वानिकी एवं बाँस मिशन	सम्पूर्ण भारत में
राष्ट्रीय बागवानी बोर्ड	व्यावसायिक बागवानी के लिए सम्पूर्ण भारत में
नारियल विकास बोर्ड	नारियल उत्पादन वाले सभी राज्यों व केन्द्रशासित प्रदेशों में
केन्द्रीय बागवानी संस्थान	केवल पूर्वोत्तर राज्यों में

विभिन्न फलों के शीर्ष उत्पादक राज्य

फल	उत्पादक राज्य
आम	उत्तर प्रदेश, आन्ध्र प्रदेश, कर्नाटक
अंगूर	महाराष्ट्र, कर्नाटक, तमिलनाडु
अमरूद	उत्तर प्रदेश, मध्य प्रदेश, बिहार
सेब	जम्मू-कश्मीर, हिमाचल प्रदेश, उत्तराखण्ड
केला	आन्ध्र प्रदेश, गुजरात, महाराष्ट्र
कोको	आन्ध्र प्रदेश, केरल, कर्नाटक
काजू	महाराष्ट्र, आन्ध्र प्रदेश, ओडिशा
नारियल	केरल, कर्नाटक, तमिलनाडु
आँवला	उत्तर प्रदेश, मध्य प्रदेश, तमिलनाडु
बादाम	जम्मू-कश्मीर, हिमाचल प्रदेश, आन्ध्र प्रदेश

विभिन्न फलों के शीर्ष उत्पादक देश

फल	उत्पादक देश
अंगूर	चीन, इटली, संयुक्त राज्य अमेरिका, फ्रांस
आम	भारत, चीन, थाईलैण्ड
अनन्नास	कोस्टारिका, ब्राजील, फिलिपीन्स
अमरूद	भारत, चीन, थाईलैण्ड
सेब	चीन, अमेरिका, पोलैण्ड (भारत 5वाँ)
सन्तरा	ब्राजील, चीन, भारत
केला	भारत, चीन, फिलिपीन्स
बादाम	संयुक्त राज्य अमेरिका, स्पेन, ईरान
आँवला	भारत
नारियल	भारत, इण्डोनेशिया, फिलिपीन्स

अनुबन्धित कृषि

- अनुबन्धित कृषि के अन्तर्गत कृषि उत्पादन का क्रेता किसानों के साथ किसी फसल उत्पाद को उगाने व उससे खरीदने का अनुबन्ध करता है।
- इस प्रकार का अनुबन्ध किसान एवं किसी संस्था तथा कम्पनी के मध्य होता है। इसमें कम्पनी अथवा संस्था किसान से उसके फसल उत्पाद को किसी पूर्व निर्धारित निश्चित मूल्य पर अथवा बाजार मूल्य पर खरीदती है।

प्राकृतिक खेती

- प्राकृतिक खेती के अन्तर्गत प्रकृति व पर्यावरण के साथ सामंजस्य स्थापित कर कृषि उत्पादन को बनाए रखना है, जिससे कृषि में प्रयुक्त होने वाले रसायनों को इसके उत्पादन से बाहर रखा जा सके। इस खेती के अन्तर्गत मिट्टी की उर्वरता और मिट्टी के कार्बनिक पदार्थ को बहाल किया जा सकता है। इस प्रकार की कृषि जलवायु के अनुकूल होती है तथा इस प्रणाली में पानी की भी कम आवश्यकता होती है।
- भारत में प्राकृतिक खेती को **भारतीय प्राकृतिक कृषि पद्धति कार्यक्रम** (बीपीकेपी) द्वारा बढ़ावा दिया जा रहा है। भारतीय प्राकृतिक कृषि पद्धति कार्यक्रम परम्परागत कृषि विकास योजना के अन्तर्गत एक उप-मिशन है। पारम्परिक स्वदेशी प्रथाओं को बढ़ावा देना, जो किसानों को बाहरी रूप से खरीदे गए इनपुट से आजादी देते हैं। यह योजना मुख्य रूप से सभी सिन्थेटिक रासायनिक आदानों के बहिष्करण पर ध्यान केन्द्रित करती है और बायोगैस, मल्चिंग, गाय के गोबर-मूत्र के भोगों तथा अन्य पौधों पर आधारित तैयारियों पर बल देने के साथ ऑनफार्म बायोमास रि-साइक्लिंग को बढ़ावा देती है।
- **झूम कृषि** कृषि कार्य करने की वह विधि है, जिसमें पहले किसी स्थान का चुनाव करना, फिर वृक्ष काटकर साफ करना और आग लगाकर मैदान को कृषि कार्य के लिए तैयार करना, झूम कृषि कहलाती है, कुछ समय के बाद नए स्थान को कृषि के लिए चुना जाता है। भारत के पूर्वोत्तर राज्यों में मध्य प्रदेश, केरल आदि में **झूम कृषि** प्रणाली प्रचलित है।
- **मिश्रित कृषि** कृषि उत्पादन के साथ पशुपालन करना, मिश्रित कृषि का उदाहरण है, परन्तु एक सामान्य शर्त यह है कि द्वितीयक क्रिया से कुल आय का 10% कम से कम प्राप्त होना चाहिए।
- **बारानी खेती** खेती की ऐसी प्रणाली जिसमें सिचांई कार्य पूर्ण रूप से वर्षा पर निर्भर होता है। इस प्रकार की कृषि में सिंचाई किसी भी कृत्रिम सिंचाई पर निर्भर नहीं होती है।

जैविक कृषि

- जैविक कृषि से तात्पर्य ऐसी कृषि से है, जिसमें संश्लेषित उर्वरकों एवं कीटनाशकों का न्यूनतम प्रयोग किया जाता है। इस कृषि के अन्तर्गत जैविक खाद अथवा प्राकृतिक खाद का अधिक प्रयोग किया जाता है।
- जैविक कृषि में भूमि की उर्वरा शक्ति को बनाए रखने के लिए हरी खाद, कम्पोस्ट और फसल चक्र आदि का ध्यान रखा जाता है। जैविक कृषि करने से धारणीय कृषि जैव-विविधता संरक्षण एवं पर्यावरण संरक्षण को बढ़ावा दिया जाता है।

जैविक कृषि के लाभ

- फसल विविधता
- मृदा प्रबन्धन
- पशुपालन को बढ़ावा
- खरपतवार प्रबन्धन
- कम्पोस्टिंग

जैविक कृषि का महत्त्व

- जल संरक्षण
- पशुओं का अधिक योगदान
- कम लागत के साथ अधिक लाभ
- कृषि मित्र जीव सुरक्षित रहेंगे, संरक्षण होगा
- मानव स्वास्थ्य में सुधार
- प्रदूषण के खतरे को कम किया जा सकता है।
- जैव विविधता संरक्षण

सिक्किम भारत का पहला जैविक राज्य बना है। यह जैविक कृषि अपनाने वाला राज्य है।

कृषि जोत

- कृषि जोत (Agriculture Holding) से आशय भूमि के उस क्षेत्रफल से है, जो प्रत्येक किसान तथा परिवार के पास अपने पारिवारिक भरण-पोषण के लिए उपलब्ध होता है।
- भारत में कृषि जोत को तीन प्रकारों में विभक्त किया गया है—**लाभकर जोत, पारिवारिक जोत** तथा **अनुकूलतम जोत।** **लाभकर जोत** (Economic Holding) उस आकार की जोत है, जिससे कृषक परिवार को पूर्णकालिक रोजगार उपलब्ध हो तथा रहन-सहन का उचित स्तर प्राप्त किया जा सके। केन्द्रीय भूमि सुधार कमेटी के अनुसार, एक परिवार (पाँच सदस्यों का) के लिए लाभकर जोत का आकार सिंचित भूमि का 10 एकड़ या अंशत: सिंचित भूमि का 27 एकड़ या असिंचित भूमि का 54 एकड़ बताया गया है।
- एक हेक्टेयर से कम आकार वाली जोत को **सीमान्त जोत** कहा जाता है। भारत में सर्वाधिक संख्या (64.0%) में सीमान्त जोत पाई जाती है। 1 से 2 हेक्टेयर वाले खेतों/जोतों को **लघु जोत**, 2-4 हेक्टेयर वाली जोत को **अर्द्ध-मध्यम जोत** और 4-10 हेक्टेयर वाली जोत को **मध्यम जोत** तथा 10 हेक्टेयर से ऊपर वाली जोत को **वृहद् जोत** कहा जाता है।

- भारत में सर्वाधिक विस्तृत जोत आकार राजस्थान (3.94 हेक्टेयर) में और न्यूनतम जोत आकार केरल (0.36 हेक्टेयर) में पाया जाता है। भारत में 18.0% जोतों का आकार 1 से 2 हेक्टेयर है, इसे छोटी जोत की संज्ञा दी जाती है।

कृषि जोत की उच्चतम सीमा

- कृषि जोत के उच्चतम सीमांकन का अर्थ है—किसी व्यक्ति या परिवार द्वारा रखे जाने वाली कृषि भूमि की उच्चतम सीमा का निर्धारण।
- इस उच्चतम सीमा से जिसके पास भी अधिक भूमि होगी, वह सरकार की हो जाएगी।
- इसका प्रमुख उद्देश्य भू-स्वामित्व के वितरण में व्याप्त विषमता को दूर करना है।

कृषि जोतों का पुनर्गठन

पुनर्गठन का आशय खेतों को इस प्रकार व्यवस्थित करना है, जिसमें छोटे तथा बिखरे खेतों से उत्पन्न होने वाली समस्याएँ समाप्त हो सकें तथा खेतों की उत्पादकता में वृद्धि हो सके। इसके अन्तर्गत मुख्य रूप से दो तरीके हैं

- चकबन्दी (Consolidation) वह तरीका है, जिसके द्वारा किसी किसान के दूर-दूर फैले हुए खेतों को एकसाथ व्यवस्थित किया जा सकता है।
- सहकारी खेती (Co-operative Farming) इनके रूप में सुधार प्रमुख रूप से दो उद्देश्यों पर आधारित है—पहला, खेतों के छोटे तथा बिखरे होने की समस्या का समाधान तथा दूसरा, भूमि का समाजीकरण, जिससे भूमिहीनों, छोटे किसानों तथा कृषि श्रमिकों के साथ न्यायोचित बर्ताव हो सके।

भू-उपयोग

- भारत में कुल भौगोलिक क्षेत्रफल के उपलब्ध आँकड़ों के अनुसार, देश में 46.0% भाग शुद्ध बोए गए क्षेत्रफल के अन्तर्गत आता है। इसमें भी खाद्यान्न खेती के अन्तर्गत आने वाली भूमि 65.6% है।
- वर्ष 1950-51 में खाद्यान्न फसलों के अन्तर्गत 76.7% भूमि थी। भारत में कुल भूमि का लगभग 15% भाग बंजर भूमि है। बंजर भूमि का सर्वाधिक भाग क्रमश: राजस्थान, जम्मू-कश्मीर एवं मध्य प्रदेश राज्यों में है।

भारत में भूमि सुधार

- भूमि सुधार (Land Reform) एक व्यापक अवधारणा है, जिसमें सामाजिक न्याय की दृष्टि से जोतों के स्वामित्व का पुनर्वितरण तथा भूमि के इष्टतम् प्रयोगों की दृष्टि से खेती किए जाने वाले जोतों का पुनर्गठन सम्मिलित है। भूमि सुधार के अन्तर्गत हम निम्नलिखित तत्त्वों को सम्मिलित करते हैं
  - बिचौलियों (मध्यस्थों) की समाप्ति।
  - काश्तकारी सुधार।
  - जोतों के अधिकतम तथा न्यूनतम आकार का निर्धारण।
  - भूमि सम्बन्धी ढाँचे का पुनर्गठन, जिसमें जोतों की चकबन्दी एवं खेती के छोटे तथा बिखराव को रोकना सम्मिलित है।
  - सहकारी खेती की व्यवस्था।

स्वतन्त्रता के तुरन्त बाद भूमि सुधार के अन्तर्गत महत्त्वपूर्ण कदम जमींदारी उन्मूलन का था, चूँकि भूमि सुधार राज्य के विषय के अन्तर्गत आता है, इसलिए सम्बन्धित कानून राज्य द्वारा बनाए गए। जमींदारी उन्मूलन की शुरुआत उत्तर प्रदेश में जमींदारी उन्मूलन एवं भूमि सुधार अधिनियम, 1950 के पारित होने से हुई एवं 1970 के दशक तक लगभग सभी राज्यों में बिचौलियों को समाप्त कर दिया गया।

राष्ट्रीय भूमि अभिलेख आधुनिकीकरण कार्यक्रम

- यह कार्यक्रम एक आधुनिक सुधार की पहल सिद्ध हुआ है, जो न केवल भूमि अभिलेखों के कम्प्यूटरीकरण, अध्ययन करने और अनुरक्षण तथा नामों के विधि मान्यकरण से सम्बन्धित है, बल्कि यह विकासात्मक योजना, विनियामक और आपदा प्रबन्धन की गतिविधियों के लिए भी व्यापक आँकड़े उपलब्ध कराता है।
- इस कार्यक्रम के अन्तर्गत खतौनी के डाटा का वैलिडेशन, खसरा अभिलेखों की फीडिंग, नक्शे का कम्प्यूटरीकरण आदि कार्य किया जा रहा है। इस कार्यक्रम के अधीन उपग्रह चित्रों, हवाई फोटोग्राफी आकाशीय आँकड़े, भारत का सर्वेक्षण, भारत के वनों के सर्वेक्षण के मानचित्र और राजस्व अभिलेख सम्बन्धी आँकड़ों की उपलब्धता सुनिश्चित कराई जाती है।
- इस कार्यक्रम के अन्तर्गत ग्राम स्तर से ऊपर पंचायत, ब्लॉक, तहसील, सर्किल, सब-डिवीजन, राज्य और राष्ट्रीय सीमाएँ आदि से सम्बन्धित आँकड़े, भूमि उपयोग विवरण आदि को जोड़कर उपलब्ध कराए जाते हैं।
- इस कार्यक्रम के अन्तर्गत नागरिकों को मानचित्र के साथ रिकॉर्ड ऑफ राइट्स (Record of Rights, RoR), अन्य भूमि आधारित प्रमाण-पत्र; जैसे—जाति प्रमाण-पत्र, आय प्रमाण-पत्र, अधिवास प्रमाण-पत्र आदि विकासात्मक कार्यों के लिए उपलब्ध कराया जाना है।
- राष्ट्रीय भूमि अभिलेख आधुनिकीकरण को आगे चलकर डिजिटल इण्डिया भूमि अभिलेख आधुनिकीकरण कार्यक्रम नाम दिया गया।

डिजिटल इण्डिया भूमि अभिलेख आधुनिकीकरण कार्यक्रम

- इस कार्यक्रम को पूर्व में राष्ट्रीय भूमि अभिलेख आधुनिकीकरण के नाम से जाना जाता था।
- यह परिवर्तित कार्यक्रम देश की भूमि अभिलेखों की गुणवत्ता में सुधार करने, उन्हें सुलभ बनाने तथा सरकार द्वारा गारण्टीकृत अधिकार की ओर बढ़ने की माँग करता है।
- इस कार्यक्रम का 1 अप्रैल, 2016 से पूर्णत: केन्द्र सरकार द्वारा वित्तपोषित योजना के रूप में नवीकरण किया गया।

- डिजिटल इण्डिया भूमि अभिलेख आधुनिकीकरण कार्यक्रम के उद्देश्य निम्न हैं
  - इस कार्यक्रम के उद्देश्यों में भूमि अभिलेखों के प्रबन्धन का आधुनिकीकरण, भूमि/सम्पत्ति विवादों के दायरों को कम करना, भूमि अभिलेख रख-रखाव प्रणाली में पारदर्शिता लाना और देश में अचल सम्पत्तियों के लिए गारण्टीकृत निर्णायक अधिकार की ओर बढ़ने की सुविधा प्रदत्त करना शामिल हैं।
  - इस कार्यक्रम के प्रमुख घटकों में भूमि स्वामित्व परिवर्तन, मानचित्रों का डिजिटलीकरण, पाठ्यचर्या व स्थानिक डाटा का एकीकरण, सर्वेक्षण और मूल भूमि रिकॉर्डों सहित भूमि अभिलेखों को कम्प्यूटरीकृत करना आदि शामिल हैं।

कृषि जोतों का आकार

1. सीमान्त जोत	—	1 हेक्टेयर से कम
2. लघु जोत	—	1-2 हेक्टेयर से कम
3. अर्द्ध-मध्यम जोत	—	2-4 हेक्टेयर से कम
4. मध्यम जोत	—	4-10 हेक्टेयर से कम
5. वृहत् जोत	—	10 हेक्टेयर और इससे अधिक

- **कृषि संगणना, 2015-16** के अनुसार, देश में क्रियाशील जोतों की कुल संख्या वर्ष 2010-11 के 138.35 मिलियन से बढ़कर वर्ष 2015-16 में 146.45 मिलियन हो गई, जो इन पाँच वर्षों की अवधि में 5.86% की वृद्धि को दर्शाता है।

कृषि भूमि पट्टा प्रारूप अधिनियम, 2016

- कृषि भूमि की पट्टेदारी के लिए **टी. हक** के नेतृत्व में गठित सदस्यीय समिति द्वारा कृषि भूमि को पट्टा देने तथा उसे सरल बनाने के लिए एक कानून बनाने की सिफारिश भी की गई।
- इनकी सिफारिश के बाद नीति आयोग ने **कृषि भूमि पट्टा प्रारूप अधिनियम, 2016** को प्रस्तुत किया। इसके अन्तर्गत भूमिहीन किसानों, छोटे एवं सीमान्त किसानों को पट्टे पर भूमि की उपलब्धता कराने का प्रावधान शामिल किया गया।

अधिनियम के महत्त्वपूर्ण प्रावधान

- टी. हक के अनुसार, भूमि जोत का लगभग 20% भाग पट्टेदार कृषकों द्वारा प्रबन्धित किया जा सकता है।

> इस अधिनियम के अन्तर्गत भूमि को पट्टे पर देने हेतु एक अनुबन्ध भू-स्वामी एवं कृषक के मध्य करना, जिसमें पट्टे की कीमत, समयावधि आदि शर्तें शामिल होंगी।

- भू-स्वामी को कृषि भूमि को विक्रय करने, उपहार में देने तथा गिरवी रखने का अधिकार होगा। इसमें कृषक के कृषि भूमि के उपयोग सम्बन्धी अधिकार बाधित नहीं होंगे।
- इस अधिनियम के अन्तर्गत किराए का भुगतान न करने, भूमि का आपसी सहमति से निर्धारित तरीकों के बदले अन्य तरीकों से उपयोग करने, पट्टे द्वारा भूमि को हानि होने से, पट्टे का कानूनी ढाँचा 8 कृषकों के लिए हितकारी न होने तथा दोनों के लिए लाभप्रद न होने की स्थिति में नोटिस देकर लीज समयावधि के अन्दर पट्टेदारी को समाप्त किया जा सकता है।
- यह अप्रयुक्त भूमि को उत्पादक कार्यों के लिए उपयोग करने में सहायक होगा तथा ऋण एवं बीमा तक पहुँच सुनिश्चित होगी।
- इसके अन्तर्गत भू-स्वामी एवं कृषक अपने मध्य उत्पन्न विवाद को समाप्त करने के लिए किसी तीसरे पक्ष की सहायता ले सकते हैं। वह व्यक्ति ग्राम सभा या ग्राम पंचायत का सदस्य भी हो सकता है।

कृषि व सम्बद्ध क्षेत्रों में क्रान्तियाँ

देश की लगभग दो-तिहाई जनसंख्या कृषि व सम्बन्धित क्षेत्रों पर प्रत्यक्ष या अप्रत्यक्ष रूप से आश्रित है। अत: कृषि की समृद्धि सम्पन्नता व उत्पादकता से सम्बन्धित कुछ महत्त्वपूर्ण क्रान्तियों का विवरण निम्नलिखित है

हरित क्रान्ति

- अमेरिकी वैज्ञानिक **डॉ. विलियम गैड** ने अधिक उपज देने वाली किस्मों के सन्दर्भ में सर्वप्रथम वर्ष 1968 में हरित क्रान्ति (Green Revolution) शब्द का प्रयोग किया था। भारत में तृतीय पंचवर्षीय योजना (1961-66) के अन्तिम दो वर्षों में देशव्यापी सूखे का प्रभाव कृषि के उत्पादन पर पड़ा। अत: देश के खाद्य उत्पादन में आत्मनिर्भर बनाने के उद्देश्य को ध्यान में रखकर वर्ष 1966-67 में (योजनावकाश) कृषि क्षेत्र में विकास के लिए नई कृषि रणनीति अपनाई गई।

> इसके अन्तर्गत बड़े पैमाने पर अधिक उपज देने वाले उन्नत किस्म के बीजों का प्रयोग आरम्भ हुआ। इन **उन्नत किस्म के बीजों** (High Yield Variety, HYV) से अधिक उत्पादन प्राप्त करने के लिए रासायनिक उर्वरकों के प्रयोग को बढ़ावा दिया गया तथा **सघन कृषि कार्यक्रम** अपनाया गया। इनके अतिरिक्त कृषि क्षेत्र में अनुसन्धान एवं प्रशिक्षण, लघु सिंचाई, भूमि संरक्षण जैसे उपाय भी अपनाए गए।

- इन उपायों के परिणामस्वरूप भारत के पश्चिमोत्तर भाग में गेहूँ के उत्पादन में तीव्र वृद्धि हुई तथा अन्य फसलों के उत्पादन का भी मार्ग प्रशस्त हुआ।
- इसे ही भारतीय कृषि के क्षेत्र में **हरित क्रान्ति** नाम दिया गया, क्योंकि इस नीति के परिणामस्वरूप भारतीय कृषि में क्रान्तिकारी परिवर्तन आया।
- इस कार्य में अमेरिकी कृषि वैज्ञानिक **डॉ. नॉर्मन बॉरलोग** तथा भारतीय कृषि वैज्ञानिक **डॉ. एम. एस. स्वामीनाथन** का विशेष योगदान रहा।
- भारत में हरित क्रान्ति के परिणामस्वरूप गेहूँ, मक्का और चावल जैसे खाद्यान्नों के उत्पादन में भारी वृद्धि हुई। इससे भारत खाद्यान्न के मामलों में आत्मनिर्भर हो गया। अनाजों का आयात बन्द होने से महत्त्वपूर्ण विदेशी मुद्रा की बचत होने लगी।

- ग्रामीण क्षेत्रों में रोजगार में वृद्धि के साथ-साथ कृषि आधारित उद्योगों को भी बढ़ावा मिला, किन्तु इस क्रान्ति का लाभ देश के कुछ ही क्षेत्रों (पंजाब, हरियाणा, पश्चिमी उत्तर प्रदेश, राजस्थान का गंगानगर जिला, महाराष्ट्र, तमिलनाडु) को प्राप्त हो सका। अन्य राज्य इससे अप्रभावित ही रहे। इससे क्षेत्रीय असन्तुलन को बढ़ावा मिला।

> हरित क्रान्ति का सर्वाधिक प्रभाव गेहूँ के उत्पादन पर पड़ा। शेष फसलों को हरित क्रान्ति का लाभ उस अनुपात में प्राप्त नहीं हो सका। रासायनिक उर्वरकों एवं कीटनाशकों के अत्यधिक प्रयोग से पर्यावरण प्रदूषण को भी बढ़ावा मिला। 1990 के दशक तक आते-आते कृषि क्षेत्र में स्थिरता आ गई।

द्वितीय हरित क्रान्ति

- कृषि क्षेत्र में आई स्थिरता को दूर करने, क्षेत्रीय असन्तुलन को कम करने, पर्यावरणीय हितों को ध्यान में रखते हुए कृषि क्षेत्र में समग्र विकास को बढ़ावा देने के उद्देश्य से सबसे पहले वर्ष 2006 के विज्ञान कांग्रेस में **ए. पी. जे. अब्दुल कलाम** ने द्वितीय हरित क्रान्ति का आह्वान किया।
- इसके अन्तर्गत उन्नत बीजों का चयन क्षेत्रीय भूमि की दशा के आधार पर किया जाएगा। इसमें मोटे अनाजों के उत्पादन पर भी ध्यान दिया जाएगा। द्वितीय हरित क्रान्ति के अन्तर्गत **जैव-प्रौद्योगिकी** तथा **आनुवंशिक इंजीनियरिंग** (Biotechnology and Genetic Engineering) के प्रयोग द्वारा अधिक उत्पादकता एवं गुणवत्तापूर्ण बीजों के विकास पर बल दिया जाएगा। इस चरण में **ड्रिप सिंचाई** एवं **स्प्रिंकल सिंचाई** जैसे सिंचाई के उन्नत एवं पर्यावरणीय दृष्टि से अनुकूल साधनों के उपयोग पर बल दिया गया है।
- इसके साथ ही वाटर शेड मैनेजमेण्ट द्वारा बंजर भूमि को कृषि योग्य बनाने के भी उपाय किए जाएँगे। प्रथम हरित क्रान्ति, जहाँ **उत्पादकता में वृद्धि** पर आधारित थी, वहीं द्वितीय हरित क्रान्ति **कृषिगत आय वृद्धि** पर आधारित होगी।

> **एग्री पोर्टल** किसानों को कृषि प्रणालीकरण, उर्वरकों की गुणवत्ता और मृदा स्वास्थ्य कार्ड आदि में सहायता करने तथा अन्य कृषि सम्बन्धी जानकारी प्रदान करने के लिए वेब आधारित तीन एग्री पोर्टल जुलाई, 2015 में शुरू किए गए।

श्वेत क्रान्ति

- भारत में पशुपालन भारतीय कृषि की एक प्रमुख सहायक क्रिया के रूप में है। दुग्ध के क्षेत्र में क्रान्ति उत्पन्न करके उत्पादकता बढ़ाने के कार्यक्रम को ही श्वेत क्रान्ति (White Revolution) की संज्ञा प्रदान की गई है।
- वर्ष 1964-65 में **सघन पशु विकास कार्यक्रम** (Integrated Conservation and Development Projects, ICDP) चलाया गया, जिसके अन्तर्गत श्वेत क्रान्ति को सम्मिलित करने के लिए पशुपालकों को सहायता राशि उपलब्ध कराई गई तथा बाद में श्वेत क्रान्ति की गति को अधिक तीव्र करने के उद्देश्य से **ऑपरेशन फ्लड** नामक योजना आरम्भ की गई।

ऑपरेशन फ्लड

भारत में ऑपरेशन फ्लड के जनक **डॉ. वर्गीज कूरियन** हैं। ऑपरेशन फ्लड तथा श्वेत क्रान्ति एक-दूसरे के पर्याय हैं। इस योजना को तीन चरणों में लागू किया गया है, जिससे कृषकों तथा दुग्ध उत्पादकों को पर्याप्त लाभ मिला है, जिनका विवरण निम्नलिखित है-

- **प्रथम चरण** (वर्ष 1970 से 1980 तक) इस चरण को विश्व खाद्य कार्यक्रम के माध्यम से यूरोपीय संघ तत्कालीन (EEC) द्वारा उपहार में दिए गए स्किम्ड मिल्क पाउडर और बटर ऑयल की ब्रिकी से वित्तपोषित किया गया था। पहले चरण के दौरान, ऑपरेशन फ्लड ने भारत के चार प्रमुख महानगरीय शहरों—दिल्ली, मुम्बई, कोलकाता और चेन्नई में उपभोक्ताओं के साथ भारत के 18 प्रमुख मिल्कशेड को जोड़ा।
- **द्वितीय चरण** (वर्ष 1981 से 1985 तक) इस चरण के अन्तर्गत यूरोपियन आर्थिक समुदाय के सहयोग से संकर गाय तथा अच्छी नस्ल की भैंस तैयार करने की योजना बनाई गई। इस योजना का लाभ देश के 12 राज्यों (उत्तर प्रदेश, पंजाब, राजस्थान, गुजरात, तमिलनाडु, मध्य प्रदेश, आन्ध्र प्रदेश, हरियाणा, पश्चिम बंगाल, महाराष्ट्र, बिहार तथा कर्नाटक) को मिला।
- **तृतीय चरण** (वर्ष 1986 से 1996 तक) इस चरण में दुग्ध उत्पादन में तीव्रता से वृद्धि के साथ-साथ विपणन सुविधाओं में वृद्धि के उद्देश्य को भी सम्मिलित किया गया, जिससे कृषकों तथा दुग्ध उपभोक्ताओं को भी इस योजना का समान लाभ प्राप्त हो सके।

> **ऑपरेशन फ्लड** की सफलता का ही परिणाम है कि दूध की भारत में प्रति व्यक्ति दैनिक औसत प्राप्ति, जो वर्ष 1950 में मात्र 124 ग्राम थी, वह वर्ष 2022 में बढ़कर 444 ग्राम हो गया है। ऑपरेशन फ्लड की सफलता के कारण आज दुग्ध उत्पादन के क्षेत्र में भारत का विश्व में प्रथम स्थान है।

नीली क्रान्ति (मत्स्यपालन)

- मछली उत्पादन के क्षेत्र में हुई प्रगति को नीली क्रान्ति (Blue Revolution) के नाम से जाना जाता है।
- भारत विश्व में मत्स्य उत्पादन (Fisheries) के क्षेत्र में तीसरा बड़ा देश है तथा अन्तर्देशीय उत्पादन में विश्व का दूसरा बड़ा देश है। भारत में तटवर्ती राज्यों के 15 मिलियन लोगों का यह मुख्य व्यवसाय है।
- देश में मत्स्य उत्पादन में वृद्धि करने के लिए विश्व बैंक की सहायता से 5 तटवर्ती राज्यों में एक परियोजना लागू की गई। भारत में मत्स्यपालन भोजन की आपूर्ति में वृद्धि करने, पोषाहार के स्तर को बढ़ाने, रोजगार उत्पन्न करने तथा विदेशी मुद्रा को अर्जित करने का एक महत्त्वपूर्ण स्रोत है।

> वित्त वर्ष 2021-22 में देश में 16.24 मिलियन टन मत्स्य उत्पादन किया है।

इन्द्रधनुषी / सदाबहार क्रान्ति

- वर्तमान में प्राथमिक क्षेत्र में व्याप्त नीली, हरी, पीली, गुलाबी, श्वेत, भूरी क्रान्तियों को समेकित करते हुए इन्हें **इन्द्रधनुषी क्रान्ति** अथवा **सदाबहार क्रान्ति** (Evergreen Revolution) के अन्तर्गत शामिल किया जाएगा। इस इन्द्रधनुषी क्रान्ति का मुख्य उद्देश्य कृषि क्षेत्र में उत्पादन की दर को बढ़ाकर 4% से ऊपर करना है।
- इसमें कृषि को अनुसन्धान कार्य से जोड़ा जाएगा तथा इस अनुसन्धान तक कृषकों की पहुँच सुनिश्चित की जाएगी। इस इन्द्रधनुषी क्रान्ति के अन्तर्गत अनुबन्धित कृषि तथा निजी कृषि को कृषि क्षेत्र में पूँजी निवेश की अनुमति जैसे उपाय भी अपनाए जाएँगे।

> प्रसिद्ध कृषि वैज्ञानिक डॉ. एम. एस. स्वामीनाथन द्वारा सदाबहार क्रान्ति की परिकल्पना प्रस्तुत की गई। इसके अन्तर्गत जैविक कृषि एवं हरित कृषि के अतिरिक्त कीट प्रबन्धन, संगठित पौष्टिकता आपूर्ति एवं प्राकृतिक संसाधन प्रबन्धन का प्रयोग किया जाता है। ये सदाबहार क्रान्ति के केन्द्र बिन्दु हैं।

त्रिरंगीय क्रान्ति

प्रधानमन्त्री नरेन्द्र मोदी ने त्रिरंगीय क्रान्ति (Tricolour Revolution) को निम्न सन्दर्भ में निर्धारित किया

- **केसर ऊर्जा क्रान्ति** सौर ऊर्जा के बेहतर उपयोग एवं प्रोत्साहन हेतु।
- **श्वेत क्रान्ति** पशु कल्याण एवं अनाज की उपलब्धता सुनिश्चित करने के लिए।
- **नीली क्रान्ति** (तिरंगे का चक्र नीला होता है) मछुआरों के कल्याण के लिए, साथ ही नदियों की सफाई के सन्दर्भ में।
- **द्वितीय हरित क्रान्ति** दालों एवं जैविक कृषि में।

विविध क्रान्तियाँ

क्रान्ति	सम्बन्धित उत्पादन
काली क्रान्ति	पेट्रोलियम उत्पादन
भूरी क्रान्ति	कोको उत्पादन/चर्म उत्पादन
स्वर्ण फाइबर क्रान्ति	जूट उत्पादन
गोल्डन क्रान्ति	समस्त बागवानी/शहद उत्पादन
ग्रे क्रान्ति	उर्वरक उत्पादन
गुलाबी क्रान्ति	प्याज/औषधि/झींगा उत्पादन
लाल क्रान्ति	मांस/टमाटर उत्पादन
चाँदी फाइबर क्रान्ति	कपास उत्पादन/अण्डा उत्पादन
पीली क्रान्ति	तिलहन उत्पादन
सदाबहार क्रान्ति	कृषि का समस्त विकास

स्वामित्व योजना

- स्वामित्व योजना केन्द्र सरकार के पंचायती राज मन्त्रालय द्वारा शुरू की गई योजना है, इसकी घोषणा 24 अप्रैल, 2020 को की गई थी।
- इस योजना का उद्देश्य ग्रामीण क्षेत्रों में लोगों को **रिकॉर्ड ऑफ राइट्स** देने के लिए सम्पत्ति कार्ड का वितरण किया जाना है।
- इस योजना के अन्तर्गत 11 अक्टूबर, 2020 को गाँवों में भू-सम्पत्ति के 1 लाख मालिकों को प्रोपर्टी कार्ड बाँटे गए। इससे गाँवों में लोगों को अपनी सम्पत्ति का मालिकाना अधिकार प्राप्त होगा।
- गाँवों का जमीनी विवाद कम हो जाएगा। इससे गाँवों में ऐतिहासिक परिवर्तन आएगा। यह आत्मनिर्भर भारत अभियान की दिशा में उठाई गई महत्त्वपूर्ण पहल है।
- इस योजना का कार्यान्वयन वर्ष 2020-24 के बीच पूर्ण किया जाना है, जो चरणबद्ध तरीकों से लागू होगा। इस योजना के अन्तर्गत देश के 6.62 लाख गाँवों को कवर किया जाना है।

कृषि साख

- कृषि विकास तथा कृषि साख (Agricultural Credit) में गहरा सम्बन्ध है। समय तथा उचित ब्याज दर पर ऋण की उपलब्धता कृषि उत्पादन में वृद्धि करती है।
- भारतीय कृषि क्षेत्र में वित्त की समस्या मुख्य रूप से ग्रामीण साहूकारों के कारण है, जो कृषकों को अत्यन्त ही ऊँची ब्याज दर पर ऋण देते हैं, साथ ही उनकी गरीबी का लाभ उठाकर उनका शोषण करते हैं और उन्हें बाध्य करते हैं कि वे अपनी फसल कम मूल्य पर उनको बेच दें।
- कृषि के क्षेत्र में वित्त सम्बन्धित आवश्यकताओं को पूर्ण करने के लिए वित्त का वर्गीकरण तीन अवधियों के आधार पर किया गया है
  - **अल्पावधिक ऋण** इसके द्वारा किसानों को उर्वरक, बीज, सिंचाई व मजदूरी आदि की सुविधा दी जाती है। यह ऋण 15 महीने की अवधि के लिए दिया जाता है।
  - **मध्यकालिक ऋण** यह प्रायः 15 महीनों से 5 वर्ष तक की अवधि के लिए प्रदान किया जाता है। इस प्रकार के ऋणों का प्रयोग प्रायः कृषि यन्त्रों एवं मशीनों को खरीदने के लिए किया जाता है।
  - **दीर्घकालिक ऋण** इस प्रकार का ऋण प्रायः किसानों को 5 से 20 वर्षों की अवधि के लिए प्रदान किया जाता है। यह ऋण प्रायः बड़े कृषि यन्त्रों (ट्रैक्टर, थ्रेसर) एवं कृषि भूमि के क्रय करने के लिए प्रदान किया जाता है।

कृषि साख के स्रोत

कृषि साख के स्रोतों को दो भागों में बाँटकर देखा जा सकता है

- **गैर-संस्थागत स्रोत** इसके अन्तर्गत महाजन तथा साहूकार, सम्बन्धी एवं रिश्तेदार, व्यापारी, जमींदार, आढ़तिए और व्यापारियों को शामिल किया गया है।
- **संस्थागत स्रोत** इसके अन्तर्गत सहकारी समितियाँ तथा बैंक, व्यावसायिक बैंक, क्षेत्रीय ग्रामीण बैंक तथा सरकार को सम्मिलित किया गया है।।
- वित्तीय वर्ष 2022-23 में भारत सरकार द्वारा कृषि साख के अन्तर्गत पूरे वित्त वर्ष में ₹ 16.50 लाख करोड़ के कृषि साख के वितरण का लक्ष्य निर्धारित किया गया था।
- वर्तमान समय में कृषि साख का लगभग 72% भाग संस्थागत स्रोतों से उपलब्ध होता है और 28% भाग गैर-संस्थागत स्रोतों से आता है।

कृषि साख से सम्बन्धित संस्थाएँ

कृषि साख से सम्बन्धित प्रमुख संस्थाएँ निम्नलिखित हैं

नाबार्ड

- नाबार्ड (NABARD) की स्थापना 12 जुलाई, 1982 को **शिवरमन सिंह समिति** की संस्तुति के आधार पर की गई। यह देश में कृषि एवं ग्रामीण विकास हेतु वित्त उपलब्ध कराने वाली शीर्ष संस्था है। इसका मुख्यालय मुम्बई में स्थित है।
- नाबार्ड ग्रामीण ऋण ढाँचे में एक शीर्षस्थ संस्था के रूप में अनेक वित्तीय संस्थाओं; जैसे—राज्य भूमि विकास बैंक, क्षेत्रीय ग्रामीण बैंक आदि को पुनर्वित्त की सुविधाएँ प्रदान करता है, जो ग्रामीण क्षेत्र में उत्पादक गतिविधियों के विस्तृत क्षेत्रों को बढ़ावा देने के लिए ऋण देती हैं।

भूमि विकास बैंक

- किसानों की दीर्घकालीन वित्तीय आवश्यकताओं की पूर्ति के लिए भूमि विकास बैंक (Land Development Bank) की स्थापना की गई है।
- यह बैंक किसानों को भूमि खरीदने, भूमि पर स्थायी सुधार करने अथवा पुराने ऋणों का भुगतान करने आदि के लिए दीर्घकालीन ऋणों की व्यवस्था करता है।

क्षेत्रीय ग्रामीण बैंक

- वर्ष 1975 में गठित ग्रामीण बैंकों के सम्बन्ध में नियुक्त कार्यदल की संस्तुति पर वर्ष 1975 में क्षेत्रीय ग्रामीण बैंकों (Regional Rural Banks) की स्थापना की गई।
- क्षेत्रीय ग्रामीण बैंक कृषि के लिए साख उपलब्ध कराने वाली महत्त्वपूर्ण संस्था है।

कृषि ऋण प्रवाह

- वर्तमान समय में कृषि क्षेत्र को प्रदत्त कुल ऋणों का लगभग 65% ऋण संस्थागत स्रोतों द्वारा उपलब्ध कराया जाता है।
- वित्तीय वर्ष 2020-21 में कृषि क्षेत्र को ₹ 15 लाख करोड़ का ऋण उपलब्ध कराने का लक्ष्य सरकार द्वारा निर्धारित किया गया।
- वर्ष 2015-16 के दौरान कृषि को दिए गए ऋण में सबसे बड़ा भाग वाणिज्यिक बैंकों का था, जो कुल उपलब्ध कराए गए संस्थागत ऋणों का 59.61% था। वहीं इस सन्दर्भ में सहकारी बैंकों का अंश 26.99% व क्षेत्रीय ग्रामीण बैंकों का अंश 13.41% था।
- केन्द्र सरकार द्वारा निर्धारित नीति के अन्तर्गत निजी व सार्वजनिक दोनों प्रकार के बैंकों को अपने कुल ऋणों का 40% प्राथमिकता क्षेत्र को उपलब्ध कराना आवश्यक है।
- इसमें से भी 18% भाग कृषि क्षेत्र को उपलब्ध कराने का प्रावधान है।
- सरकार द्वारा किसानों को वर्ष 2006-07 से ही रियायती ब्याज दरों पर फसल ऋण उपलब्ध कराए जा रहे हैं। अपने अल्पकालिक ऋणों की समय पर अदायगी करने वाले को 3% बिन्दु की विशेष रियायत सरकार द्वारा उपलब्ध कराई जा रही है, जिसके फलस्वरूप किसानों के लिए प्रभावी ब्याज दर 7 से घटकर 4% वार्षिक हो गई है।

कृषि विपणन

- कृषि विपणन (Agriculture Marketing) वह प्रक्रिया है, जिससे सम्पूर्ण देश में उत्पादित कृषि पदार्थों का संग्रह, भण्डारण, प्रसंस्करण, परिवहन, पैकिंग, वर्गीकरण और वितरण आदि किया जाता है।
- प्राय: किसानों को बाजार में प्रचलित भावों का पता नहीं हो पाता और उन्हें अपनी फसल कम कीमत पर बेचनी पड़ती है। उनके पास अपनी फसल उत्पादन के लिए अच्छी भण्डारण सुविधा भी नहीं होती है। अत: वे अच्छे दाम मिलने तक माल की बिक्री को स्थगित नहीं रख पाते।
- आज कृषि उत्पादन का महत्त्वपूर्ण भाग भण्डारण सुविधाओं के अभाव के कारण क्षतिग्रस्त हो रहा है, इसलिए सरकार को निजी व्यापारियों को नियन्त्रित करने के लिए बाजार में हस्तक्षेप करने हेतु बाध्य होना पड़ा। कृषि विपणन के विभिन्न पहलुओं को सुधारने के लिए निम्न कदम उठाए गए हैं
  - कृषि उत्पादों के लिए न्यूनतम समर्थन मूल्य (Minimum Support Price, MSP) सुनिश्चित करना।
  - भारतीय खाद्य निगम (Food Corporation of India, FCI) द्वारा गेहूँ और चावल के सुरक्षित भण्डार का रख-रखाव करना।
  - सार्वजनिक वितरण प्रणाली (Public Distribution System, PDS) के माध्यम से खाद्यान्नों और चीनी का वितरण करना।

- इलेक्ट्रॉनिक राष्ट्रीय कृषि बाजार (ई-नाम) का शुभारम्भ वर्ष 2016 में किया गया, जिससे किसानों को उनके उत्पादों का प्रतियोगी और लाभकारी मूल्य मिल सके।

कृषि विपणन से सम्बन्धित प्रमुख संस्थाएँ

वर्तमान समय में देश में सहकारी विपणन से सम्बन्धित प्रमुख संस्थाएँ निम्नलिखित हैं

ट्राइफेड

- जनजातीय लोगों का शोषण करने वाले, निजी व्यापारियों से छुटकारा दिलाने और उनके द्वारा तैयार की गई वस्तुओं का अच्छा मूल्य दिलाने के उद्देश्य से सरकार ने अगस्त, 1987 में **भारतीय जनजातीय सहकारी विपणन विकास परिसंघ** (Tribal Co-operative Marketing Development Federation of India Ltd, TRIFED) की स्थापना की थी, जिसने अप्रैल, 1988 से कार्य करना प्रारम्भ कर दिया था।
- इसे पेड़ों तथा वनों के उत्पादों के एकत्रीकरण, प्रसंस्करण, भण्डारण और विकास की प्रमुख एजेन्सी भी घोषित किया गया है।
- गेहूँ और धान की सरकारी खरीद के लिए ट्राइफेड भारतीय खाद्य निगम के एजेण्ट और मोटे अनाजों, दालों और तिलहनों की सरकारी खरीद में कृषि एवं सहकारिता विभाग के एजेण्ट के रूप में कार्य करता है।
- अप्रैल, 2008 में ट्राइफेड की नियमावली को बहुराज्यीय समिति अधिनियम, 2002 से सुसंगत बनाने के लिए इसमें से लघु वन उपवन और अधिनियम कृषि उपजों की खरीद को बन्द कर लिया गया।

नाफेड

- कृषि उपजों के विपणन हेतु सहकारी क्षेत्र में राष्ट्रीय स्तर पर **राष्ट्रीय कृषि सहकारी विपणन संघ** (National Agricultural Co-operative Marketing Federation of India Ltd, NAFED) की स्थापना वर्ष 1958 में की गई।
- यह दलहन, तिलहन, सब्जियों तथा मसालों के सन्दर्भ में केन्द्र सरकार की नोडल एजेन्सी के रूप में कार्य करती है।

राष्ट्रीय सहकारी विकास निगम

- राष्ट्रीय सहकारी विकास निगम (National Co-operative Development Corporation, NCDC) संसद के एक अधिनियम के द्वारा वर्ष 1963 में अधिनियमित किया गया था। इस निगम का उद्देश्य सहकारी कृषि विपणन कार्यक्रमों की योजना बनाना और बढ़ावा देना है।
- इस संस्था ने उत्पादन, प्रसंस्करण, भण्डारण तथा विपणन की गतिविधियों को सहकारी समितियों के माध्यम से सम्पन्न कराने के लिए अधिसूचित किया।

एपिडा

कृषि एवं संवर्द्धित खाद्य उत्पाद निर्यात विकास प्राधिकरण (Agricultural and Processed Food Products Exports Development Authority, APEDA) वर्ष 1986 में अस्तित्व में आया। यह प्राधिकरण कृषि उत्पादों एवं संकरित बीजों के विकास तथा कृषि उत्पादों के निर्यात को बढ़ावा देता है। निर्यात द्वारा विदेशी मुद्रा की प्राप्ति, किसानों की अच्छी आय एवं ग्रामीण क्षेत्रों में रोजगार का सृजन किया जाता है। एपिडा नए बाजारों की खोज निर्यातकों को विशेष सुविधाओं द्वारा एवं नए उत्पादों को बाजार में लाता है। कृषि निर्यात क्षेत्रों के मामले में एपिडा केन्द्र सरकार की शीर्ष एजेन्सी है।

ऐपीडा को निम्नलिखित उत्पादों के निर्यात एवं संवर्द्धन तथा विकास के लिए उत्तरदायी बनाया गया है

- फल, सब्जियाँ एवं इनसे सम्बन्धित उत्पाद
- दुग्ध (डेयरी) उत्पाद
- मांस एवं मांस से सम्बन्धित उत्पाद
- कुक्कुट एवं कुक्कुट से सम्बन्धित उत्पाद
- मूँगफली एवं अखरोट का उत्पाद
- अनाज एवं अनाज से सम्बन्धित उत्पाद
- शहद, गुड़ एवं चीनी उत्पाद
- कन्फेक्शनरी, बिस्कुट तथा बेकरी उत्पाद
- कोको एवं उसके उत्पाद तथा सभी प्रकार के चॉकलेट
- अचार, पापड़ एवं चटनी
- पुष्प कृषि एवं पुष्प कृषि से सम्बन्धित उत्पाद
- जड़ी-बूटी एवं औषधीय पौधे
- ग्वार गम, एल्कोहॉल एवं गैर-एल्कोहल पेय पदार्थ
- ऐपीडा के द्वारा चीनी के आयात की भी निगरानी की जाती है।

आदर्श उत्पाद कृषि विपणन समिति अधिनियम

- इस अधिनियम को **कृषि उत्पाद विपणन समिति अधिनियम, 2003** के अन्तर्गत विनियमित किया गया है। इसके अन्तर्गत भारत सरकार के कृषि एवं किसान मन्त्रालय द्वारा अप्रैल, 2017 में नए आदर्श ऐपीएमसी कानून की घोषणा की गई।
- इस घोषणा के अन्तर्गत राज्य सरकारों को यह छूट प्राप्त है कि वे अपनी आवश्यकतानुसार बदलाव कर सकती हैं।

ई-राष्ट्रीय कृषि बाजार

- 14 अप्रैल, 2016 को प्रधानमन्त्री नरेन्द्र मोदी ने **ई-राष्ट्रीय कृषि बाजार** (e-NAM) को प्रारम्भ किया, जिसका उद्देश्य किसानों को उनकी उपज का अधिकतम मूल्य प्रदान कराना है।
- प्रारम्भ में ई-राष्ट्रीय कृषि को देश के 8 राज्यों की 21 मण्डियों में शुरू किया गया और इन्हें इलेक्ट्रॉनिक माध्यम से आपस में जोड़ा गया है। यह एक एकीकृत बाजार प्रणाली है, जिसमें देश की 2477 प्रमुख मण्डियाँ और 4843 छोटी मण्डियाँ आपस में जुड़ी हुई हैं। ई-नाम की टैग लाइन **उत्तम फसल, उत्तम इनाम** है।

- राष्ट्रीय कृषि बाजार एक वर्चुअल (आभाषी) बाजार है, जिसमें देश के किसी भी क्षेत्र के किसान एवं व्यापारी देश के किसी भी कृषि बाजार में अपने उत्पादों को खरीद व बेच सकते हैं।
- ई-राष्ट्रीय कृषि बाजार से 1 जुलाई, 2023 तक 23 राज्यों एवं 4 केन्द्रशासित प्रदेशों की 1361 मण्डियों को ई-नाम प्लेटफॉर्म के साथ जोड़ा गया। प्रारम्भ में ई-नाम से चना, अरण्डी के बीज, धान, गेहूँ, मक्का आदि का क्रय-विक्रय किया गया। वर्तमान में 69 प्रकार की कृषि जिन्सों का क्रय-विक्रय किया जाता है।
  - भारत सरकार द्वारा ई-राष्ट्रीय किसान एग्री मण्डी (e-RAKAM) नाम से एक पोर्टल को शुरू किया गया है, जिससे किसान अपने कृषि उत्पादों की ऑनलाइन बिक्री कर सकेंगे।
- इसका विकास मेटल स्क्रैप ट्रेड कॉर्पोरेशन लिमिटेड (एमएसटीसी) और सेण्ट्रल रेलसाइड वेयरहाउस कम्पनी लिमिटेड (सीआरडब्ल्यूसी) द्वारा संयुक्त रूप से किया गया है।

किसान उत्पादक संगठन

- किसान उत्पादक संगठन (Farmer Producer Organisations) के सदस्य किसान होते हैं, जिसकी अवधारणा वर्ष 2011-12 में अस्तित्व में आई थी। यह एक कानूनी संगठन है, जिसका गठन प्राथमिक उत्पादों से मिलकर; जैसे—किसान, दुग्ध उत्पादक, मछुआरे, बुनकर, ग्रामीण कारीगर, काश्तकार व शिल्पकार आदि से होता है।
- वर्तमान में सम्पूर्ण देश में लगाभग 5000 कृषक उत्पादक संगठन कार्यरत हैं और 5 वर्ष की अवधि वर्ष 2019-2024 के मध्य में लगभग 10000 नए कृषक उत्पादक संगठनों की स्थापना और निर्माण के लिए आर्थिक मामलों की मन्त्रिमण्डलीय समिति ने स्वीकृति प्रदान की है।
- नीति आयोग द्वारा अपनी रिपोर्ट के प्रकाशन के सम्बन्ध में किसानों की आय को वर्ष 2022 तक दोगुना करने के लिए 7000 नए कृषक उत्पादक संगठन के गठन का सुझाव दिया गया।

कृषि में आयात-निर्यात

भारत कुछ फसलों अर्थात् कपास, चावल, तेल, काली मिर्च और शर्करा में महत्त्वपूर्ण कृषि निर्यातक के रूप में उभरा है। विश्व व्यापार संगठन (WTO) की व्यापार सांख्यिकी के अनुसार, भारत में कृषि के निर्यात का भाग और विश्व व्यापार में निर्यात वर्ष 2013-14 में क्रमशः 2.46 % तथा 1.46% था। भारत के आर्थिक सर्वेक्षण, 2019-20 के अनुसार, विश्व कृषि व्यापार का कुल कृषि निर्यात 2.15% रहा।

- **शीर्ष दस कृषि निर्यात** (घटते क्रम में) भारत में कृषि निर्यात शीर्ष दस घटते क्रम में; जैसे—कच्चा कपास अपशिष्ट सहित, समुद्री उत्पाद, बासमती चावल, मांस व इसके उत्पाद, मसाले, खाद्य तेल, चीनी, चावल (बासमती के अतिरिक्त), अरण्डी का तेल एवं चाय।
- **शीर्ष दस कृषि आयात** (घटते क्रम में) भारत में कृषि आयात शीर्ष दस घटते क्रम में; जैसे-खाद्य निर्धारित वनस्पति तेल, दालें, काजू, फल एवं गिरी (काजू को छोड़कर), चीनी, मसाले, कच्चा कपास तथा अपशिष्ट, दूध तथा क्रीम, कच्चा पटसन, अनाज उत्पाद।

कृषि निर्यात क्षेत्र

- वर्ष 2001-02 में कृषि निर्यात को बढ़ावा देने के कार्यक्रम के अन्तर्गत सात राज्यों में आठ नए कृषि निर्यात क्षेत्रों (Agriculture Export Zones, AEZs) की स्थापना को केन्द्र सरकार ने अनुमति प्रदान की थी। जुलाई, 2023 के अनुसार, देश के 20 राज्यों में कृषि निर्यात क्षेत्रों की कुल संख्या 60 हो गई।
- उत्तराखण्ड में बासमती चावल, मध्य प्रदेश में मसालों, पश्चिम बंगाल व तमिलनाडु में आम, पश्चिम बंगाल में हरी सब्जी, महाराष्ट्र में प्याज, झारखण्ड में सब्जी तथा ओडिशा में अदरक व हल्दी के लिए निर्यात क्षेत्र शामिल हैं।
- उत्तराखण्ड में बासमती चावल के लिए स्थापित किया जाने वाला निर्यात क्षेत्र देश का दूसरा निर्यात क्षेत्र होगा। बासमती के लिए एक निर्यात क्षेत्र पंजाब में पहले ही स्थापित किया गया है।
- मध्य प्रदेश में स्थापित किया जाने वाला बीज मसाला (Seed Spice) निर्यात क्षेत्र देश में अपनी किस्म का पहला निर्यात क्षेत्र है। यह धनिया (Coriander) व मेथी (Fenugreek) के निर्यात पर केन्द्रित होगा। इससे पूर्व प्याज, आलू व अदरक के लिए एक कृषि निर्यात क्षेत्र पहले ही केन्द्र द्वारा मध्य प्रदेश के लिए स्वीकृत किया जा चुका है।

कृषि निर्यात नीति, 2018

कृषि निर्यात नीति का मुख्य उद्देश्य वर्ष 2022 तक कृषि निर्यात को उपलब्ध 30 अरब डॉलर से बढ़ाकर 60 अरब डॉलर कर दिया गया तथा एक टिकाऊ व्यापार नीति के माध्यम से अगले कुछ वर्षों में इसे 100 अरब डॉलर तक पहुँचाना है। केन्द्र सरकार ने इस नीति को दिसम्बर, 2018 में अनुमति दी थी।

कृषि निर्यात नीति के उद्देश्य

कृषि निर्यात नीति के निम्न उद्देश्य हैं

- कृषि उत्पादों के रख-रखाव का प्रबन्ध करना, जिससे शीघ्र खराब होने वाले कृषि उत्पादों सहित अन्य किस्म के उत्पादों को प्रयोग करने योग्य बनाकर उनके मूल्य को बढ़ाना।
- कृषि उत्पादों के निर्यात को बढ़ावा देना, जिसमें मुख्य रूप से स्वदेशी, जैविक स्थानीय प्रजाति और पारम्परिक उत्पादों को शामिल किया गया है।
- संस्थागत प्रणाली का विकास करना, जिससे कृषि उत्पादों के लिए बाजार तक पहुँच आसान हो गई है। वैश्विक व्यापार से जुड़कर कृषि उत्पादों की भागीदारी को बढ़ाकर व्यापार को दोगुना करना।
- वैश्विक बाजार में घरेलू किसानों के लिए निर्यात के अवसर बढ़ाना।

विश्व व्यापार संगठन और कृषि

- विश्व व्यापार संगठन के अन्तर्गत विभिन्न समझौतों में कृषि समझौता सर्वाधिक विवादास्पद रहा है। प्रत्येक सरकार द्वारा कृषि क्षेत्र में प्रदान की जाने वाली सब्सिडी (छूट) को विश्व व्यापार संगठन द्वारा सकल सहायता व्यवस्था कहा गया है।

- विश्व व्यापार संगठन (WTO) के अन्तर्गत किसी देश द्वारा कृषि वर्ग को प्रदान की जाने वाली सब्सिडी (जैसे–न्यूनतम समर्थन मूल्य MSP) और आगत छूटें (जैसे–ऋण, उर्वरक, सिंचाई, बिजली) कृषि में लगने वाले मूल्यों को घटाती हैं और उस देश को अनुचित तरीके से वैश्विक व्यापार में लाभ पहुँचाती हैं। इस प्रकार की छूटें विश्व व्यापार में विसंगति उत्पन्न करती हैं।
- विश्व व्यापार संगठन द्वारा किसी देश को उसकी सकल मात्रा के अनुसार ही छूट की सीमा निर्धारित की जाती है।
- विकसित एवं विकासशील देशों के लिए यह सीमा वर्ष 1998 के अनुसार उनकी कुल सकल आय का क्रमश: 5% और 10% निर्धारित है।

निर्यात सब्सिडी

विश्व स्वास्थ्य संगठन (WTO) के अन्तर्गत यह सर्वाधिक विवादास्पद मुद्दा है, जो दोहा वार्ता के अन्तर्गत सामने आया था। पिछले दिनों विकासशील देशों द्वारा बनाए जा रहे दबाव के कारण विकसित देशों द्वारा अपने निर्यातकों को दी जा रही सब्सिडी में अधिक कटौती की गई है, किन्तु अन्य रूप में सब्सिडी जारी है। इससे विकासशील देशों के कृषकों के दीर्घकालीन हित से जुड़े होने के कारण विकासशील देश इस मुद्दे पर पीछे हटने के लिए तैयार नहीं हैं।

विकसित देशों द्वारा प्रदान की जाने वाली सब्सिडी

विकसित देशों द्वारा अपने कृषकों को प्रदान की जाने वाली सब्सिडी को तीन भागों में बाँटा गया

- **ग्रीन बॉक्स सब्सिडी** यह सब्सिडी पर्यावरण संरक्षण, पशुधन संरक्षण, अनुसन्धान कीट प्रबन्धन, बीमारी नियन्त्रण के अन्तर्गत किए जा रहे उपायों के लिए किसानों को प्रदान की जाती है। इसके अन्तर्गत किसी भी प्रकार की मूल्य सहायता (न्यूनतम समर्थन मूल्य) प्रदान नहीं की जाती है। इसमें सरकारी व्यय को शामिल किया जाता है, जो किसानों की उत्पादन तथा मूल्यों के वर्तमान स्तर से सम्बन्धित न हो।
- **ब्लू बॉक्स सब्सिडी** इसमें उत्पादन को सब्सिडी से जोड़ा जाता है और कोटा प्रणाली द्वारा उत्पादन को सीमित किया जाता है। इसके अन्तर्गत विशेष उत्पादन स्तर की प्राप्ति के लिए किसानों को छूट प्रदान की जाती है। इस प्रकार की छूटों का उद्देश्य कृषि एवं ग्रामीण विकास को प्रोत्साहन प्रदान करना है।
- **एम्बर बॉक्स सब्सिडी** यह सब्सिडी अधिक उत्पादन को प्रोत्साहन देने के उद्देश्य से दी जाती है। इससे विकासशील एवं विकसित देशों के निर्यातकों के बीच अस्वस्थ प्रतिस्पर्द्धा को बढ़ावा मिलता है। इसके अन्तर्गत सरकार द्वारा प्रदान की जाने वाली सभी प्रकार की सब्सिडी शामिल हैं, जो किसानों के उत्पादन में सहायता प्रदान करती हैं; जैसे–सामाजिक एवं विकास बॉक्स सब्सिडी को विश्व व्यापार संगठन द्वारा एक नए प्रकार के बॉक्स के रूप में परिभाषित किया गया है, जिसे सामाजिक एवं विकास बॉक्स सब्सिडी कहा जाता है। इसके अन्तर्गत विकासशील देशों को कुछ शर्तों के साथ कृषि छूट की अनुमति प्रदान की जाती है। यह अनुमति इन्हें मानव विकास के मुद्दों; जैसे–गरीबी, स्वास्थ्य सहायता और न्यूनतम सामाजिक सहायता के लिए प्रदान की जाती है। इसके अन्तर्गत विकासशील देश अपने सकल कृषि उत्पाद में 5% तक की सीमा छूट प्रदान कर सकते हैं।

खाद्य सुरक्षा

खाद्य एवं कृषि संगठन (Food and Agriculture Organisation, FAO) के अनुसार, "सभी व्यक्तियों को सही समय पर उनके लिए आवश्यक बुनियादी भोजन के लिए भौतिक एवं आर्थिक दोनों रूप में उपलब्धि का आश्वासन मिलना खाद्य सुरक्षा (Food Security) कहलाता है।"

सार्वजनिक वितरण प्रणाली

- आवश्यक खाद्यान्न वस्तुओं (गेहूँ, चावल, चीनी) तथा केरोसिन को उचित मूल्य पर उपभोक्ताओं को उपलब्ध कराने के उद्देश्य से वर्ष 1950 में सार्वजनिक वितरण प्रणाली (Public Distribution System, PDS) लागू की गई थी।
- इसके अन्तर्गत विश्व में फैली सार्वजनिक वितरण प्रणाली की सरकारी उचित मूल्य की दुकानों से गेहूँ, चावल, चीनी तथा केरोसिन उपलब्ध कराया जाता है। यह खाद्य सुरक्षा सुनिश्चित करने के अतिरिक्त गरीब जनसंख्या को मूल्यों में उतार-चढ़ाव से अप्रभावित रखती है।
- सार्वजनिक वितरण प्रणाली के 6 अंग हैं, जहाँ से उपभोक्ताओं को वस्तुएँ उपलब्ध कराई जाती हैं, जो निम्न हैं
  - राशन या सरकारी गल्ले की दुकान।
  - सहकारी उपभोक्ता भण्डार।
  - नियन्त्रित उपभोक्ता भण्डार।
  - नियन्त्रित कपड़े की दुकान।
  - सुपर बाजार।
  - केरोसिन तेल की दुकान।

नवीकृत सार्वजनिक वितरण प्रणाली

- नवीकृत सार्वजनिक वितरण प्रणाली का प्रारम्भ जून, 1992 को किया गया। इसके अन्तर्गत सूखा प्रवण क्षेत्र, रेगिस्तानी क्षेत्र, पहाड़ी क्षेत्र व शहरों की मलिन बस्तियों के 1775 खण्डों का चयन किया गया।
- वर्ष 1995 से इसे 2446 विकास खण्डों में लागू किया जा रहा है। इसमें 6 मुख्य आवश्यक वस्तुओं में गेहूँ, चावल, चीनी, खाद्य तेल, मिट्टी का तेल एवं कोयला आदि को शामिल किया गया है।

लक्षित सार्वजनिक वितरण प्रणाली

- लक्षित सार्वजनिक वितरण प्रणाली (TPDS) को और अधिक प्रभावी बनाने के उद्देश्य से वर्ष 1997 में इसकी शुरुआत की गई। इस योजना के अन्तर्गत मूल्य निर्धारण के लिए उपभोक्ताओं को दो वर्गों, गरीबी की रेखा से नीचे (Below Poverty Line, BPL) तथा गरीबी की रेखा से ऊपर (Above Poverty Line, APL) में बाँटा गया है। इन दोनों ही वर्गों को विशेष पहचान युक्त राशनकार्ड जारी किए जाते हैं।

अन्त्योदय अन्न योजना

- अत्यधिक गरीब श्रेणी के उपभोक्ताओं को खाद्य सुरक्षा उपलब्ध कराने के लिए अन्त्योदय अन्न योजना (AAY) प्रारम्भ की गई।
- इसके अन्तर्गत ग्रामीण एवं शहरी निर्धनों को एक विशेष राशन कार्ड जारी करके प्रतिमाह ₹ 2 प्रति किग्रा की दर से गेहूँ तथा ₹ 3 प्रति किग्रा की दर से चावल उपलब्ध कराया जा रहा है। इसके अन्तर्गत प्रत्येक परिवार को प्रतिमाह 35 किग्रा खाद्यान्न उपलब्ध कराया जा रहा है।

राष्ट्रीय खाद्य सुरक्षा अधिनियम, 2013

- राष्ट्रीय खाद्य सुरक्षा अधिनियम, 2013 भारत सरकार द्वारा अधिसूचित एक कानून है। इसके माध्यम से भारत सरकार का उद्देश्य यह सुनिश्चित करना है कि देश में जनसाधारण को खाद्यान्न सुरक्षा उपलब्ध हो सके। भारतीय संसद द्वारा पारित होने के उपरान्त सरकार द्वारा 10 सितम्बर, 2013 को इसे अधिसूचित कर दिया गया।
- राष्ट्रीय खाद्य सुरक्षा अधिनियम देश के सभी 36 राज्यों और केन्द्र शासित प्रदेशों में 3 नवम्बर, 2016 से प्रचलन में है।

मुख्य प्रावधान

- राष्ट्रीय खाद्य सुरक्षा कानून के अन्तर्गत लक्षित सार्वजनिक वितरण प्रणाली (टीपीडीएस) के अन्तर्गत ग्रामीण क्षेत्रों में 75% तक तथा शहरी क्षेत्रों की 50% तक की आबादी को रियायती दरों पर खाद्यान्न उपलब्ध कराने का प्रावधान है।
- इस प्रकार देश की लगभग दो-तिहाई जनसंख्या को इसका लाभ मिलने का अनुमान है।
- पात्र परिवारों को प्रतिमाह पाँच किग्रा चावल, गेहूँ व मोटा अनाज क्रमशः ₹ 3, 2 और 1 प्रति किग्रा की रियायती दर पर मिल सकेगा।
- अन्त्योदय अन्न योजना (एएवाई) में शामिल परिवारों को प्रति परिवार 35 किग्रा अनाज का मिलना पूर्ववत् जारी रहेगा।
- इसके लागू होने के 365 दिन की अवधि के लिए, लक्षित सार्वजनिक वितरण प्रणाली (टीपीडीएम) के अन्तर्गत सब्सिडी युक्त खाद्यान्न प्राप्त करने हेतु पात्र परिवारों का चयन किया जाएगा।
- खाद्यान्न अथवा भोजन की आपूर्ति न हो पाने की स्थिति में लाभार्थी को खाद्य सुरक्षा भत्ता दिया जाएगा।
- इस अधिनियम में जिला एवं राज्य स्तर पर शिकायत निवारण तन्त्र स्थापित करने का भी प्रावधान है।
- इस अधिनियम के अनुसार, APL परिवारों को मिलने वाले खाद्यान्न का मूल्य MSP के 50% से अधिक नहीं होगा।
- इसमें खाद्यान्न पाने वाले परिवारों में महिला मुखिया के नाम से राशन कार्ड जारी करने का प्रावधान किया गया है।
- इस अधिनियम में पारदर्शिता और जवाबदेहिता की सुनिश्चितता के लिए जिला और राज्य स्तरों पर शिकायत निवारण तन्त्र की स्थापना की गई है।
- इस अधिनियम के अनुसार, भारत में खाद्यान्नों की आवश्यकता टीपीडीएस और अन्य योजनाओं के अन्तर्गत 614.3 लाख टन की है। इसके अन्तर्गत सम्पूर्ण देश में लगभग 81 करोड़ लोगों को खाद्य सुरक्षा प्रदान की जा रही है, जिसके लिए लगभग प्रतिवर्ष ₹ 140700 करोड़ खर्च हो रहा है।

एक राष्ट्र एक राशन कार्ड योजना

- केन्द्रीय उपभोक्ता मामले, खाद्य एवं सार्वजनिक वितरण मन्त्रालय (Ministry of Consumer Affairs, Food and Public Distribution) द्वारा 30 जून, 2020 तक सम्पूर्ण भारत में एक राष्ट्र, एक राशन कार्ड (One Nation One Ration Card) योजना लागू करने की घोषणा की गई है।
- मार्च, 2021 से यह योजना सम्पूर्ण देश में लागू हो गई। एक राष्ट्र एक राशन कार्ड योजना को लागू करने वाला 36वाँ राज्य अथवा केन्द्रशासित प्रदेशों में असम शामिल हुआ है।
- इस योजना के माध्यम से देश के सभी नागरिकों को एक कार्ड से सम्पूर्ण देश में कहीं भी राशन उपलब्ध हो सकेगा तथा राष्ट्रीय खाद्य सुरक्षा अधिनियम, 2013 के अन्तर्गत सभी लोगों को अनाज की उपलब्धता सुनिश्चित हो सकेगी। इस योजना से गरीब, मजदूर और ऐसे लोग लाभान्वित होंगे, जो जीविका, रोजगार या किसी अन्य कारण से एक राज्य से दूसरे राज्य में प्रवास करते हैं।
- वर्तमान में आन्ध्र प्रदेश, गुजरात, हरियाणा, झारखण्ड, कर्नाटक, केरल, महाराष्ट्र, राजस्थान, तेलंगाना और त्रिपुरा ऐसे 10 राज्य हैं, जहाँ खाद्यान्न वितरण का 100% कार्य मशीनों के द्वारा हो रहा है।
- इसके अन्तर्गत गरीबों को ₹ 2 प्रति किलो गेहूँ और ₹ 3 प्रति किलो चावल देने की व्यवस्था की गई है। इस योजना की नोडल एजेन्सी भारतीय खाद्य निगम (FCI) है और इस योजना की समय सीमा 30 जून, 2030 तक निर्धारित की गई है।

राष्ट्रीय खाद्य सुरक्षा मिशन

- राष्ट्रीय खाद्य सुरक्षा मिशन एक केन्द्र प्रायोजित योजना है। यह योजना अक्टूबर, 2007 में पेश की गई थी। 12वीं पंचवर्षीय योजना के अन्तर्गत इस योजना को जारी रखा गया तथा इसमें नए लक्ष्य भी सम्मिलित किए गए। इन लक्ष्यों में प्रमुखत: खाद्यान्न उत्पादन को 25 मिलियन टन तक बढ़ाना, जिसमें 10 मिलियन टन चावल, 8 मिलियन टन गेहूँ, 4 मिलियन टन दालें, 3 मिलियन टन मोटा अनाज शामिल किए गए।
- वर्ष 2014-15 से 28 राज्यों के 619 जिलों में नवीकृत राष्ट्रीय खाद्य सुरक्षा मिशन योजना चल रही है।
- वर्ष 2014-15 से इसमें व्यावसायिक फसल (कपास, जूट व गन्ना) तथा मोटे अनाज भी जोड़े गए हैं।

खाद्य प्रबन्धन

- खाद्य प्रबन्धन के मुख्य उद्देश्य लाभकारी मूल्यों में किसानों से खाद्यान्नों की अधिप्राप्ति, उपभोक्ताओं विशेष रूप से समाज के कमजोर वर्गों को वहनीय कीमतों पर खाद्यान्न का वितरण और खाद्य सुरक्षा एवं मूल्य विस्तार के लिए खाद्य बफर का अनुरक्षण है। उपयोग में लाए गए लिखित न्यूनतम समर्थन मूल्य (Minimum Support Price, MSP) और केन्द्रीय निर्गम मूल्य (Central Issue Price, CIP) हैं।
- खाद्यान्न की अधिप्राप्ति, वितरण और भण्डारण करने वाली नोडल एजेन्सी भारतीय खाद्य निगम है। न्यूनतम समर्थन मूल्य पर अधिप्राप्ति खुली है, जबकि वितरण आवण्टन के स्केल और लाभभोगियों के उपभोग से नियन्त्रित हैं।
- खाद्यान्नों की कुल खरीद प्राथमिक रूप से लक्षित सार्वजनिक वितरण प्रणाली के अन्तर्गत और भारत सरकार की अन्य कल्याणकारी योजनाओं के लिए है।

खाद्य प्रसंस्करण

खाद्य प्रसंस्करण वह प्रणाली या प्रक्रिया है, जिसके अन्तर्गत किसी कृषि उत्पाद को तकनीक का प्रयोग कर उसे टिकाऊ और पोषणयुक्त बनाना तथा इसके मूल्यवर्द्धन और आसानी से प्रयोग में प्रयोग के लिए बनाना ही खाद्य प्रसंस्करण कहलाता है।

> **खाद्य सब्सिडी**
>
> सब्सिडी प्राप्त खाद्यान्नों के द्वारा गरीबों को न्यूनतम पोषाहार सहायता का प्रावधान और विभिन्न राज्यों में कीमत स्थिरता सुनिश्चित करना आदि खाद्य सुरक्षा व्यवस्था के दो उद्देश्य हैं। समुचित वितरण का अपना दायित्व पूर्ण करते हुए सरकार खाद्य सब्सिडी देती है।

खाद्य प्रसंस्करण के प्रकार

खाद्य प्रसंस्करण को प्रमुखत: तीन वर्गों में बाँटा जाता है

- **प्राथमिक प्रसंस्करण** इसमें किसी कृषि पदार्थ को थोड़े बहुत परिवर्तन के साथ मानव के प्रयोग के योग्य बनाया जाता है। इसके लिए मुख्यत: सफाई, छँटाई, पैकिंग, ग्रेडिंग और रिफाइनिंग का कार्य किया जाता है।
- **द्वितीयक प्रसंस्करण** इसके अन्तर्गत मूल कृषि उत्पादों में भौतिक परिवर्तन कर इसे नए रूप में तैयार किया जाता है। इस प्रक्रिया में मशीन, बिजली और पूँजी का प्रयोग किया जाता है; जैसे—गेहूँ को आटे में बदलना, मांस उत्पादों का प्रसंस्करण करना आदि।
- **तृतीयक प्रसंस्करण** इसके अन्तर्गत किसी कृषि उत्पाद को परिवर्तन कर उन्हें तुरन्त खाने योग्य बनाया जाता है; जैसे—फलों से जूस तैयार करना, जैम, सॉस, मुरब्बा आदि।

राष्ट्रीय खाद्य प्रसंस्करण मिशन

- भारत सरकार ने 12वीं पंचवर्षीय योजना के दौरान वर्ष 2012-13 में किसानों की आय बढ़ाने के उद्देश्य से तथा खाद्य पदार्थों को लम्बे समय तक संरक्षित रखने के उद्देश्य से राष्ट्रीय खाद्य प्रसंस्करण मिशन (National Food Processing Mission) प्रारम्भ करने का निर्णय लिया गया। यह केन्द्र प्रायोजित योजना है, जिसे राज्य सरकारों की सहायता से कार्यान्वित किया गया।
- इस योजना के अन्तर्गत वर्ष 2012 से निम्नलिखित मुख्य योजनाओं और कार्यक्रमों को सम्मिलित किया गया है
  - खाद्य प्रसंस्करण उद्योग में नई प्रौद्योगिकी का विकास और आधुनिकीकरण किया जाएगा।
  - आधारिक अवसंरचना का निर्माण किए जाएगा; जैसे—शीतगृह, संस्करण प्रणाली एवं मूल्य वर्द्धन आदि।
  - मानव संसाधन विकास एवं तकनीकी का विकास।
  - स्लॉटर हाउस (बूचड़खाना) का आधुनिकीकरण किया जाएगा।
- इस मिशन के अन्तर्गत केन्द्र एवं राज्यों की भागीदारी क्रमश: 75 : 25 में होगी तथा केन्द्र एवं पूर्वोत्तर राज्यों की भागीदारी 90 : 10 के अनुपात में होगी।

> **पीएम फॉर्मलाइजेशन ऑफ माइक्रो फूड प्रोसेसिंग सेण्टर प्राइजेज योजना**
>
> - इस योजना को ₹ 10 हजार करोड़ के व्यय के साथ पाँच वर्षों (2020-21 से 2024-25) की अवधि के लिए आरम्भ किया गया।
> - पीएमएफएमई योजना को खाद्य प्रसंस्करण उद्योग मन्त्रालय द्वारा सूक्ष्म खाद्य प्रसंस्करण उद्यमों को तकनीकी और वित्तीय, व्यावसायिक सहायता प्रदान करने के उद्देश्य से प्रारम्भ किया गया।
> - इस योजना में केन्द्र और राज्यों की भागीदारी क्रमश: 60 : 40 के अनुपात में तथा केन्द्र व पूर्वोत्तर एवं हिमालयी राज्यों के मध्य 90 : 10 के अनुपात में और केन्द्रशासित प्रदेशों के लिए 100% सहायता केन्द्र सरकार द्वारा प्रदान की जाती है। इस योजना का लक्ष्य एक जिला एक उत्पाद को बढ़ावा देना था।

प्रधानमन्त्री किसान सम्पदा योजना

- केन्द्रीय खाद्य प्रसंस्करण मन्त्रालय द्वारा 11 अप्रैल, 2017 को एक नई योजना (स्कीम फोर एग्रो-मरीन प्रोड्यूस प्रोसेसिंग एण्ड डेवलपमेण्ट ऑफ एग्रो प्रोसेसिंग क्लस्टर्स सम्पदा) आरम्भ करने की घोषणा की गई।
- इसके अन्तर्गत खाद्य प्रसंस्करण क्षेत्र की मौजूदा तथा नई योजनाओं को एकीकृत कर खाद्य अपव्यय को कम और किसानों की आय को दोगुना करने का लक्ष्य है।
- इस योजना से सम्पूर्ण खाद्य प्रसंस्करण क्षेत्र के विकास में सहायता मिलेगी।
- पहले से चल रही मेगा फूड पार्क्स तथा कोल्ड चेन प्रोजेक्ट जैसी योजनाओं में बदलाव करते हुए तीन नई योजनाएँ लाई गई हैं, जिसमें खाद्य प्रसंस्करण के क्षेत्र में बेहतर दक्षता और पारदर्शिता के लिए सम्पदा स्कीम के साथ इन्हें एकीकृत किया गया है।

> **सम्पदा की विशिष्टताएँ**
>
> सम्पदा के अन्तर्गत खाद्य प्रसंस्करण उद्योग तथा उसके अन्तर्गत आधारभूत संरचना को प्रभावी बनाने के लिए तीन योजनाओं को आरम्भ किया जाएगा।

भारत में खाद्य प्रसंस्करण उद्योग का महत्त्व अथवा लाभ

- भारत में खाद्य प्रसंस्करण उद्योग के स्थापित किए जाने से कृषि उत्पादों की हानि कम हो जाएगी एवं खाद्य मुद्रा स्फीति की स्थिति भी नियन्त्रित की जा सकेगी। इससे भारतीय खाद्य सुरक्षा अधिनियम की गारण्टी भी सुनिश्चित हो पाएगी।
- खाद्य प्रसंस्करण उद्योग, प्राथमिक क्षेत्र (कृषि एवं सम्बद्ध क्षेत्र) तथा द्वितीयक क्षेत्र (औद्योगिक क्षेत्र) के मध्य सेतु (Bridge) का कार्य करता है, जिससे अर्थव्यवस्था की संवृद्धि के साथ-साथ रोजगार में भी वृद्धि होती है।
- यह उद्योग **समावेशी विकास** के लक्ष्य को प्राप्त करने में अधिक कारगर सिद्ध हो सकती है।

> यह उद्योग फसल विविधिकरण में भी सहायक है। इससे भारत सरकार के लक्ष्य **कृषकों की आय को दोगुना करना** की प्राप्ति में सहायता मिल सकती है, क्योंकि इससे उनकी आय में निरन्तर कई प्रकार से वृद्धि होती है।

- इस उद्योग में बेहतर गुणवत्ता वाले एवं पर्याप्त पोषण स्तर वाले उत्पादों के उत्पादन को प्राथमिकता दी जाती है। इससे कुपोषण की समस्या का निदान होने के साथ-साथ लोगों के पोषण स्तर में भी सुधार आएगा।
- खाद्य प्रसंस्करण उद्योग को निर्यात उन्मुख बनाए जाने से विदेशी मुद्रा का भी आगमन होगा, जिससे भुगतान सन्तुलन की स्थिति बेहतर बनेगी।

भारत में खाद्य प्रसंस्करण उद्योग की सम्भावनाएँ

- भारत मानसूनी जलवायु प्रदेश में अवस्थित होने के कारण यहाँ विभिन्न प्रकार के कच्चे मालों की पर्याप्त उपलब्धता है। साथ ही पशुधन की उपलब्धता भी पर्याप्त मात्रा में है। इससे कृषि एवं कृषि से सम्बन्धित उत्पादों में लगातार वृद्धि हो रही है। यदि खाद्य प्रसंस्करण उद्योग की समुचित व्यवस्था कर दी जाए, तो खाद्य पदार्थों की हानि एवं अपव्यय में कमी हो सकेगी।
- प्रसंस्कृत उत्पादों की संख्या एवं मात्रा में भी बढ़ोतरी की जा सकेगी। चूँकि भारत में युवा श्रम शक्ति वर्तमान में सबसे अधिक है। उनमें कुशलता भी विद्यमान है। महिलाएँ भी अब कामकाजी स्वरूप में आ चुकी हैं, जिनसे उत्पादन को बढ़ाने में व्यापक सहयोग लिया जा सकता है।
- इस सन्दर्भ में भारत का आन्तरिक बाजार भी बहुत विस्तृत है, क्योंकि यहाँ लगभग सवा सौ करोड़ जनसंख्या निवास करती है, जो इन उत्पादों की माँग को बढ़ा देती है। साथ ही गुणवत्तापूर्ण एवं पर्याप्त मात्रा में उत्पादों की वृद्धि से इसे अन्तर्राष्ट्रीय बाजार में बेचा जा सकता है। इससे विदेशी मुद्रा का भी आगमन होगा।

खाद्य प्रसंस्करण क्षेत्र में प्रत्यक्ष विदेशी निवेश

- इस क्षेत्र में स्व-अनुमोदित मार्ग (Antomatic Route) के अन्तर्गत 100% एफडीआई की अनुमति है। वर्ष 2020 से 2022 तक इस क्षेत्र में $ 11.79 बिलियन एफडीआई आया।
- अप्रैल, 2021 से मार्च, 2022 के बीच खाद्य प्रसंस्करण क्षेत्र में $ 709.72 मिलियन एफडीआई का प्रवाह हुआ था। वर्ष 2025-26 तक खाद्य प्रसंस्करण क्षेत्र में प्रत्यक्ष विदेशी निवेश (FDI) अमेरिकी $ 535 तक होने का अनुमान है।

मेगा फूड पार्क

- मेगा फूड पार्क (Mega Food Park) योजना, केन्द्र की ओर से शुरू की गई है, जिसका उद्देश्य खाद्य प्रसंस्करण क्षेत्र में ग्रामीण बुनियादी सुविधाओं के निर्माण में सार्वजनिक-निजी भागीदारी को प्रोत्साहित करना है। इस योजना को सितम्बर, 2008 में आरम्भ किया गया तथा इस योजना के अन्तर्गत देश के भिन्न-भिन्न स्थानों में 10 मेगा फूड पार्क स्थापित किए गए।
- ग्यारहवीं पंचवर्षीय योजना (2007-12) के अन्तर्गत 30 मेगा फूड पार्क स्थापित किए गए। 12वीं पंचवर्षीय योजना (2012-17) के अन्तर्गत 50 मेगा फूड पार्क स्थापित करने की बात कही गई। देश में वर्तमान में 18 मेगा फूड पार्क परिचालन में हैं तथा 37 मेगा फूड पार्क वर्ष 2020 में स्वीकृत किए गए।
- खाद्य प्रसंस्करण उद्योग मन्त्रालय के फ्लैगशिप कार्यक्रम मेगा फूड पार्क योजना का मुख्य उद्देश्य एक प्रभावी आपूर्ति शृंखला के द्वारा मजबूत खाद्य प्रसंस्करण अवसंरचना की स्थापना करके देश में खाद्य प्रसंस्करण उद्योग के विकास में प्रगति लाना है। देश में इस प्रकार के फूड पार्क निम्न गतिविधियों को प्रोत्साहित करेंगे
  - फसल के बाद नुकसान को कम करेगा
  - स्थायी तरीके से आपूर्ति शृंखला का रख-रखाव
  - मूल्य संवर्द्धन
  - किसानों की अतिरिक्त आय का सृजन
  - किसानों का अधिक बाजार संचालित और खेती गतिविधियों की ओर स्थानान्तरण।

बफर स्टॉक

सूखा, अकाल, फसल नष्ट होने तथा मूल्य क्षेत्र में अचानक आई तेजी जैसी घटनाओं से सामान्य लोगों को सुरक्षित करने के लिए गेहूँ एवं चावल की अतिरिक्त मात्रा जिसे सरकार रखती है, को बफर स्टॉक कहा जाता है।

कृषि से सम्बन्धित राष्ट्रीय योजनाएँ

कृषि क्षेत्र से सम्बन्धित राष्ट्रीय योजनाओं का विवरण निम्नलिखित है

प्रधानमन्त्री किसान मान-धन योजना

- किसानों का जीवन सुरक्षित करने के लिए प्रधानमन्त्री श्री नरेन्द्र मोदी ने 12 सितम्बर, 2019 को झारखण्ड की राजधानी राँची में प्रधानमन्त्री किसान मान-धन योजना (पीएम-केएमवाई) का शुभारम्भ किया।
- इस योजना से 5 करोड़ लघु और सीमान्त किसानों का जीवन सुरक्षित होगा। ऐसे किसानों को 60 वर्ष की आयु होने पर न्यूनतम ₹ 3000 प्रति माह पेंशन उपलब्ध कराई जाएगी।
- 18 से 40 वर्ष की आयु के किसानों के लिए यह स्वैच्छिक और योगदान आधारित पेंशन योजना है। इस योजना को छोटे किसानों के लिए बनाया गया है।

प्रधानमन्त्री किसान सम्मान निधि योजना

- इस योजना की शुरुआत 1 दिसम्बर, 2018 को गोरखपुर (उत्तर प्रदेश) से की गई। इसे लोकप्रिय रूप से पीएम किसान सम्मान योजना के नाम से भी जाना जाता है। केन्द्र सरकार की इस योजना से देश के लगभग 12.50 करोड़ किसानों को इसका लाभ मिल सकेगा। इस योजना के अन्तर्गत ₹ 6,000 छोटे किसानों के खातों में तीन किस्तों में डाले जाएँगे।
- यह राशि दो-दो हजार रुपये की किस्तों में चार महीने के अन्तराल पर तीन बार सीधे किसान के बैंक खाते में जमा होगी। इसमें ऐसे किसान परिवारों को शामिल किया गया है, जिसमें पति-पत्नी और 18 वर्ष तक के बच्चे 2 हेक्टेयर भूमि पर खेती करते हों। इसके अतिरिक्त 1 फरवरी, 2019 तक के लैण्ड रिकॉर्ड में किसान का नाम होना आवश्यक है।

प्रधानमन्त्री फसल बीमा योजना

- इस योजना को केन्द्रीय मन्त्रिमण्डल ने 13 जनवरी, 2016 को अनुमति प्रदान की थी। इस फसल बीमा के सुरक्षा कवच का लाभ देश के 13.5 करोड़ किसानों को मिलेगा।
- इस योजना का प्रमुख उद्देश्य सभी राज्यों के अतिरिक्त कृषि समुदाय को देश की आजादी की 75वीं वर्षगाँठ (2022) तक किसानों की आय को दोगुना करना है।

> - बीमा योजना के अन्तर्गत यदि फसल बोने या तैयार होने के पश्चात् बारिश या अन्य प्राकृतिक आपदा से उपज नष्ट होती है, तो किसानों को मुआवजा दिया जाएगा।
> - फसल नष्ट होने पर तकनीक के माध्यम से सर्वेक्षण कराया जाएगा और 25% मुआवजे का भुगतान तुरन्त किया जाएगा। यदि कटाई के 14 दिन तक फसल नष्ट होती है, तो बीमा दावा मिलेगा।

- किसान कमजोर बारिश से बुआई नहीं करता है, तब भी धन मिलेगा तथा इस योजना में सब्सिडी की कोई अधिकतम सीमा नहीं होगी।
- इसके अन्तर्गत सभी प्रकार की फसलों (खरीफ के रबी, जायद और बागवानी) को शामिल किया जाता है। रबी फसलों के लिए 1.5% प्रीमियम के भुगतान का प्रावधान है। खरीफ फसल के लिए 2% प्रीमियम का भुगतान होगा।
- जायद और बागवानी फसलों के बीमा के लिए 5% का प्रीमियम का प्रावधान किया गया है। इसके अन्तर्गत आधुनिक संचार तकनीक का प्रयोग, किसान मोबाइल हैण्डसेट के माध्यम से अपनी फसल के नुकसान के बारे में जान सकता है।
- इसमें प्राकृतिक आपदाओं के लिए ही बीमे का प्रावधान है। मनुष्य द्वारा उत्पन्न आपदाओं (आग लगना, चोरी होना) को इसमें शामिल नहीं किया गया है।
- इसके अन्तर्गत भारत के सभी जिलों को समूहों में बाँटकर बीमें की प्रीमियम दर में एकरूपता लाने का प्रयास किया गया है। यह फसल बीमा योजना **एक राष्ट्र एक योजना** के सिद्धान्त पर आधारित है।

> #### भारतीय कृषि बीमा निगम लिमिटेड
>
> - कृषि बीमे के लिए कम्पनी अधिनियम, 1956 के अधीन एक अलग संगठन का गठन 20 दिसम्बर, 2002 से भारतीय कृषि बीमा निगम के नाम से किया गया।
> - इस प्रयोजन के लिए भारतीय सामान्य बीमा निगम, सार्वजनिक क्षेत्र की चार सामान्य बीमा कम्पनियों 1. नेशनल इन्श्योरेन्स कम्पनी लिमिटेड, 2. न्यू इण्डिया इन्श्योरेन्स कम्पनी लिमिटेड, 3. ओरिएण्टल इन्श्योरेन्स कम्पनी लिमिटेड, 4. यूनाइटेड इण्डिया इन्श्योरेन्स कम्पनी लिमिटेड तथा नाबार्ड से पूँजी जुटाई गई।
> - प्रारम्भ में भारतीय कृषि बीमा निगम लिमिटेड द्वारा अपना कार्य कृषि बीमा से शुरू किया गया, परन्तु फिर सम्बद्ध ग्रामीण/कृषि जोखिमों के लिए बढ़ाया गया।
> - सामान्य बीमा निगम द्वारा लागू राष्ट्रीय कृषि बीमा योजना को अब नए संगठन आईसीआईएल को हस्तान्तरित कर दिया गया है। इसके अतिरिक्त यह मौसम आधारित उपज बीमा योजना भी चला रही है।

प्रधानमन्त्री कृषि सिंचाई योजना

- प्रधानमन्त्री नरेन्द्र मोदी की अध्यक्षता में मन्त्रिमण्डल की आर्थिक मामलों की समिति (सीसीईए) ने 2 जुलाई, 2015 को प्रधानमन्त्री कृषि सिंचाई योजना (पीएमकेएसवाई) को अनुमति दे दी।
- इसमें पूर्व से प्रचलित तीन सिंचाई योजनाओं त्वरित सिंचाई लाभ कार्यक्रम, समन्वित वाटरशेड प्रबन्धन कार्यक्रम तथा खेत में जल प्रबन्धन को सम्मिलित कर बनाया गया है।
- प्रधानमन्त्री की अध्यक्षता में गठित एक अन्तर मन्त्रालयी राष्ट्रीय संचालन समिति (NSC) द्वारा इस योजना की निगरानी एवं नियन्त्रण किया जाता है।
- इस योजना (NSC) की टैग लाइन **हर खेत को पानी** तथा **प्रति बूँद अधिक उत्पादन** है। इसमें पाँच वर्षों (2015-16 से 2019-20) के लिए ₹ 50000 करोड़ की राशि का प्रावधान किया गया।

- इसके अतिरिक्त इसके द्वारा सिंचाई में निवेश को आकर्षित करने का भी प्रयास किया गया।
- इस योजना में केन्द्र एवं राज्यों की भागीदारी 75:25 है एवं विशेष राज्यों के लिए अनुपात 90:10 है।

> इसके मुख्य उद्देश्य सिंचाई में निवेश में एकरूपता लाना, हर खेत को पानी के अन्तर्गत कृषि योग्य क्षेत्र का विस्तार करने हेतु, खेतों में ही जल का प्रयोग करने की दक्षता को बढ़ाना, जिससे पानी के अपव्यय को कम किया जा सके तथा सही सिंचाई और पानी को बचाने की तकनीकी को अपनाना आदि हैं।

- सिंचाई परियोजनाओं का वर्गीकरण वर्ष 1978-79 के बाद से योजना आयोग ने सिंचाई परियोजनाओं को एक नए आधार पर निम्नलिखित तीन भागों में विभाजित किया है
  - **लघु सिंचाई परियोजनाएँ** 20,000 हेक्टेयर तक खेती योग्य क्षेत्रफल वाली परियोजनाएँ।
  - **मध्य सिंचाई परियोजनाएँ** 2000 हेक्टेयर से 10,000 हेक्टेयर के बीच क्षेत्रफल वाली परियोजनाएँ।
  - **बड़ी सिंचाई परियोजनाए** 10,000 हेक्टेयर से अधिक क्षेत्रफल वाली परियोजनाएँ।

नीरांचल सम्भरण योजना

- प्रधानमन्त्री नरेन्द्र मोदी की अध्यक्षता में मन्त्रिमण्डल द्वारा 7 अक्टूबर, 2015 को नीरांचल वाटरशेड योजना को अनुमति प्रदान की गई। इस परियोजना के लिए ₹ 2142 करोड़ परिव्यय का निर्धारण किया गया।
- नीरांचल जल सम्भरण योजना का संचालन केन्द्र सरकार के द्वारा विश्व बैंक के सहयोग से नौ राज्यों आन्ध्र प्रदेश, तेलंगाना, छत्तीसगढ़, ओडिशा, महाराष्ट्र, झारखण्ड, मध्य प्रदेश, राजस्थान और गुजरात में किया गया।
- प्रधानमन्त्री कृषि सिंचाई योजना (पीएमकेएसवाई) के जल सम्भरण घटक के रूप में **नीरांचल** का मुख्य लक्ष्य प्रत्येक खेत में सिंचाई सुनिश्चित करना और जल के अधिकतम उपयोग को बढ़ावा देना है।

मृदा स्वास्थ्य कार्ड योजना

- प्रधानमन्त्री नरेन्द्र मोदी ने **विश्व मृदा दिवस** के अवसर पर 19 फरवरी, 2015 को राष्ट्रीय स्तर पर **मृदा स्वास्थ्य कार्ड** योजना की शुरुआत की।
- इस कार्ड योजना का उद्देश्य मिट्टी की स्थिति में सुधार के लिए किसानों द्वारा आवश्यक सूचनाएँ प्राप्त करना है।
- यह योजना कृषि एवं सहकारिता विभाग, कृषि एवं किसान कल्याण मन्त्रालय भारत सरकार द्वारा चलाई जा रही है।
- यह योजना किसानों को वैज्ञानिक दृष्टि से मृदा का विश्लेषण करने में सहायता करती है। इस योजना का उद्देश्य पोषण तत्त्वों एवं उर्वरकों के उचित उपयोग से उत्पादकता में सुधार लाकर किसानों की सहायता करना है।
- इसके द्वारा कृषि भूमि पर उर्वरकों की मात्रा की आवश्यकता की जाँच भी की जा सकेगी।
- इस योजना के लिए प्रधानमन्त्री ने स्वस्थ धरा, खेत हरा का नारा भी दिया है।
- इस योजना के प्रथम चरण (2015-17) में 100 मिलियन मृदा स्वास्थ्य कार्ड वितरित किए गए तथा इसका दूसरा चरण 1 मई, 2017 से 2019 तक रहा।

राष्ट्रीय सतत् कृषि मिशन

- भारतीय कृषि के जलवायु परिवर्तन की चुनौती को पहचानते हुए राष्ट्रीय सतत् कृषि मिशन, जो जलवायु परिवर्तन सम्बन्धी राष्ट्रीय कार्रवाई योजना (National Action Plan) के अन्तर्गत आठ मिशनों में से एक है, को तैयार किया गया है। कृषि उत्पादकता पर जलवायु परिवर्तन का प्रभाव पड़ता है तथा कृषि गतिविधियाँ स्वयं भी वैश्विक तापन (Global Warming) में योगदान देती हैं।
- यह मिशन खाद्य सुरक्षा एवं आजीविका के अवसरों को बढ़ाने और राष्ट्रीय स्तर पर आर्थिक स्थायित्व में योगदान सुनिश्चित करने वाली उचित अनुकूलन तथा प्रशासन कार्य योजनाएँ सुझाकर जलवायु परिवर्तन के जोखिमों के सन्दर्भ में **सतत् कृषि** (Sustainable Farming) सम्बन्धी मुद्दे हल करती है। यह मिशन पशुधन और मात्स्यिकी के साथ कृषि प्रणालियों को स्वीकृत करने के लिए वर्षा सिंचित क्षेत्रों तक इसके कवरेज का विस्तार करेगा, जिससे कृषि का सतत् तरीके से विकास हो सके।

राष्ट्रीय कृषि विकास योजना (RKVY)

- यह योजना ₹ 25,000 करोड़ की लागत के साथ वर्ष 2007-08 में प्रारम्भ की गई। इस योजना का मुख्य उद्देश्य राज्यों को कृषि व सम्बद्ध क्षेत्रों में और अधिक धन बाँटने के लिए प्रोत्साहित करना है। इस सन्दर्भ में राज्यों को व्यापक अधिकार दिए गए हैं, जिससे कि वे 11वीं योजना के काल में कृषि व सम्बद्ध क्षेत्रों में 4% की विकास दर प्राप्त कर सकें।
- इस योजना ने केन्द्रीय सहायता का 50% कृषि और सम्बद्ध क्षेत्रों पर राज्य आयोजना व्यय के प्रतिशत से जोड़ दिया है। इसकी अन्य योजनाओं; जैसे—महात्मा गाँधी राष्ट्रीय ग्रामीण रोजगार योजना (MGNREGA) के साथ संयोजित होने से कृषि अर्थव्यवस्था के विकास में वृद्धि की आशा है।

- कृषि क्षेत्र में सूचना एवं प्रौद्योगिकी का उपयोग बढ़ाने के लिए राष्ट्रीय ई-गवर्नेन्स तैयार किया जा रहा है। इसका उद्देश्य सामान्य सेवा केन्द्रों इण्टरनेट एवं SMS सहित किसानों को विविध माध्यमों से सूचना उपलब्ध कराना है।
- भारतीय कृषि में जलवायु परिवर्तन के कारण उत्पन्न चुनौतियों से निपटने के लिए जो आठ मिशन निर्धारित किए गए हैं, उनमें राष्ट्रीय **सतत् कृषि मिशन** भी है। यह खाद्य सुरक्षा, आजीविका अवसरों को बढ़ाने और राष्ट्रीय स्तर पर आर्थिक स्थायित्व के सम्बन्ध में सुझाव देता है।

कृषि में राष्ट्रीय ई-गवर्नेन्स योजना

- इस योजना में सूचना एवं प्रसारण प्रौद्योगिकी के प्रयोग से किसानों को संशोधित सेवाएँ उपलब्ध कराने के लिए ICT पहल पर बल दिया जा रहा है।
- कृषि एवं सहयोग विभाग इस लक्ष्य को प्राप्त करने के लिए कृषि में राष्ट्रीय ई-गवर्नेन्स प्लान तैयार कर रहा है। इस योजना का उद्देश्य हितधारकों को प्रासंगिक सूचना और सेवा का अनुकूल वातावरण उपलब्ध कराना है।

किसान क्रेडिट कार्ड योजना

- किसानों को कृषि साख उपलब्ध कराने के उद्देश्य से अगस्त, 1998 में इस योजना की शुरुआत की गई। इसका कार्यान्वयन वाणिज्यिक बैंक, केन्द्रीय सहकारी बैंकों और क्षेत्रीय ग्रामीण बैंकों के माध्यम से किया जाता है। इस योजना की व्यवस्था नाबार्ड द्वारा होती है।
- किसानों को उनकी भूमि के आधार पर दिया जाने वाला यह कार्ड ₹ 5,000 अथवा उससे अधिक ऋण के लिए पात्र किसानों को दिया जाता है। प्राप्त ऋण का उपयोग किसान, बीज, उर्वरक, कीटनाशक के अतिरिक्त अन्य आवश्यक वस्तुओं की खरीद के लिए कर सकता है।
- कार्ड की वैधता 3 वर्ष की होती है तथा प्रत्येक आहरण के भुगतान की समय-सीमा 12 माह निर्धारित की गई है। ऋण का निर्धारण जोत, फसल प्रारूप तथा वित्त की श्रेणी द्वारा निर्धारित होता है। प्राकृतिक आपदा अथवा अन्य कारणों से होने वाली फसल के नुकसान के मामले में ऋण का पुन:निर्धारण भी किया जा सकता है। इस योजना में ₹ 3 लाख तक की राशि पर प्रसंस्करण शुल्क नहीं लगाया जाता है।
- इसके अतिरिक्त कृषि लागत में वृद्धि होने पर ऋण की सीमा भी बढ़ाई जा सकती है। इसमें ब्याज में परिवर्तन भारतीय रिजर्व बैंक के मानदण्डों के अनुसार होता है। जारी करने वाले बैंक अथवा उसके द्वारा नामित अन्य शाखाओं से बैंकिंग कार्य किए जाने का प्रावधान है। इसके अतिरिक्त स्लिप और चैक के माध्यम से भी आहरण किया जा सकता है।
- बैंक, किसान क्रेडिट कार्ड की वैधता को ऋण अवधि की सुविधा की स्वीकृति के अनुसार 3 वर्ष से 5 वर्ष तक बढ़ा सकते हैं, साथ ही जिन किसानों के पास किसान क्रेडिट कार्ड है, उनकी किसी दुर्घटना में मौत या हमेशा के लिए अपंग होने पर क्रमश: ₹ 50,000 तथा ₹ 25,000 तक के बीमा की भी व्यवस्था है।

किसान कॉल सेण्टर

- किसान कॉल सेण्टर 21 जनवरी, 2004 से कार्य कर रहे हैं और ये देश के लगभग सभी राज्यों में 25 विभिन्न स्थानों पर चालू हैं। इन सभी किसान कॉल सेण्टरों में एक ही टोल फ्री नम्बर 1551 और 1880-180-1551 को डायल करके बात की जा सकती है।
- ये किसान कॉल सेण्टर सम्पूर्ण भारत में सप्ताह के सभी सातों दिन प्रात: 7 बजे से शाम 7 बजे तक उपलब्ध हैं। प्रत्येक किसान कॉल सेण्टर पर किसान कॉल सेण्टर एजेण्ट कार्य करते हैं, जिसे एल-1 एजेण्ट के रूप में जाना जाता है और वे किसानों के सवालों का तत्काल जवाब देते हैं। किसानों की समस्याओं का उत्तर 22 स्थानीय भाषाओं में दिया जाता है।

किसान चैनल

- प्रधानमन्त्री नरेन्द्र मोदी ने दूरदर्शन पर किसान चैनल को लॉन्च किया। DD किसान चैनल का प्रसारण 24 घण्टे होगा, जिस पर कृषि की नई तकनीक और किसानों की चिन्ताओं से जुड़े कार्यक्रमों का प्रसारण किया जाएगा। DD किसान चैनल के पीछे सरकार का मुख्य उद्देश्य किसानों को खेती से जुड़ी जानकारी देना है, जिससे कि किसानों में जागरूकता बढ़े।
- इस चैनल पर सम्पूर्ण देश की 1000 मण्डियों के भाव का प्रसारण होगा। इसमें मौसम आधारित घटनाओं की भी जानकारी दी जाएगी और प्रतिदिन मौसम से सम्बन्धित आधे घण्टे का कार्यक्रम प्रसारित होगा।

कृषि क्षेत्र में सम्बन्धित प्रौद्योगिकी

कृषि क्षेत्र में सम्बन्धित प्रौद्योगिकी इस प्रकार हैं

- **किसान ड्रोन** (Kisan Drones) इसके माध्यम से फसलों का मूल्यांकन, भूमि अभिलेखों (पट्टों) का डिजिटलीकरण रूप में संरक्षण एवं खेतों में पोषक तत्त्वों एवं कीटनाशकों का छिड़काव आसानी से सम्भव हो पाएगा। इससे समय एवं श्रम दोनों की बचत होगी। किसान ड्रोन एक मानवरहित टैंक है, जिसमें 5 से 10 किग्रा तक कीटनाशक अथवा पोषक तत्त्व को भरा जा सकता है।
- **डिजिटल कृषि** (Digital Krishi) इसे **कृषि 2.0** भी कहा जाता है। इसके माध्यम से विभिन्न कृषि एवं उससे सम्बन्धित क्षेत्रों की गतिविधियों के सन्दर्भ में सूचनाएँ उपलब्ध कराई जाती हैं। इन सूचनाओं का प्रयोग कृषि उत्पादन में वृद्धि हेतु किया जा सकता है।
- **कृषि में डिजिटल प्लेटफॉर्म** (Digital Platform in Agriculture) इसका क्रियान्वयन साइबर एग्रोफिजिकल सिस्टम (CAP_5) के माध्यम से किया जाएगा, जिसमें सुपर कम्प्यूटिंग सुविधा एवं कृत्रिम बुद्धिमता (AI) जैसी प्रौद्योगिकी का प्रयोग किया जाएगा। इससे भारतीय कृषि को व्यावहारिक, आत्मनिर्भर एवं अन्तर्राष्ट्रीय स्तर पर प्रतिस्पर्द्धी उद्यम के रूप में परिवर्तित किया जा सकेगा।
- **किसान पोर्टल** (Farmer's Portal) इसका उद्देश्य किसानों को एक ऐसा मंच उपलब्ध कराना है, जिससे वे सभी कृषिगत गतिविधियों की सूचनाएँ प्राप्त कर सकें; जैसे—

खेती करने के तरीके, बीजों के प्रकार (किस्मों), कृषि उपकरण, कृषि मौसम सम्बन्धी परामर्श एवं पुर्वानुमान की प्राप्ति इत्यादि।

- **राष्ट्रीय फसल बीमा पोर्टल** (National Crop Insurance Portal) इसके अन्तर्गत सभी राज्य एवं केन्द्रशासित प्रदेशों के किसानों को फसल बीमा के सन्दर्भ में महत्त्वपूर्ण जानकारियाँ उपलब्ध कराई जाती हैं। इसमें बीमा के दावों का शीघ्र निपटान हेतु व्यवस्था भी की गई है।
- **किसान सुविधा ऐप** (Kisan Suvidha App) इस ऐप का प्रारम्भ 19 मार्च, 2016 को किया गया। इस ऐप के माध्यम से किसान जलवायु, फसलों एवं पौधों के संरक्षण, जिन्सों के बाजार मूल्य, कृषि डीलरों, कृषि विशेषज्ञों के परामर्श इत्यादि के सम्बन्ध में जानकारी प्राप्त कर सकते हैं।
- **एग्री मार्केट ऐप** (Agri Market App) इस ऐप के माध्यम से किसान अपने नजदीकी लगभग 50 किलोमीटर के दायरे में अवस्थित मण्डियों में विभिन्न कृषि उपजों के बाजार मूल्य के सन्दर्भ में जानकारी एकत्रित कर सकते हैं।
- **फसल बीमा ऐप** (Crop Insurance App) इस ऐप के माध्यम से किसान विभिन्न क्षेत्रों में उपजाई जाने वाली फसलों, फसलों के विभिन्न प्रकार, सरकार द्वारा चलाई जा रही विभिन्न योजनाएँ एवं उन योजनाओं में देय प्रीमियम के सन्दर्भ में जानकारी प्राप्त कर सकते हैं।
- **पूसा कृषि** (Pusha Krishi) इस ऐप का प्रारम्भ 21 मार्च, 2016 को किया गया। इस ऐप का उद्देश्य प्रधानमन्त्री के **प्रयोगशाला से श्वेत** के सपने को पूर्ण करना है। यह ऐप उन प्रौद्योगिकियों की भी जानकारी प्रदान करेगा, जो भारतीय कृषि अनुसन्धान संस्थान द्वारा या तो विकसित किए जा चुके हैं था अन्यथा विकसित किए जा रहे हों।
- **इण्डिया वेदर** (India Weather) इस ऐप के माध्यम से देश के 300 से अधिक शहरों के लिए वर्तमान मौसम की स्थिति एवं आने वाले 4 दिनों के मौसम पूर्वानुमान के सन्दर्भ में सूचना प्राप्त की जा सकती है।

कृषि प्रौद्योगिकी व अनुसन्धान से सम्बन्धित महत्त्वपूर्ण संस्थान

कृषि प्रौद्योगिकी व अनुसन्धान से सम्बन्धित महत्त्वपूर्ण संस्थान निम्नलिखित हैं

कपार्ट

- लोक कार्यक्रम एवं ग्रामीण प्रौद्योगिकी विकास परिषद् अर्थात् कपार्ट (Council for Advancement of People's Action and Rural Technology, CAPART) का गठन 1 सितम्बर, 1986 को किया गया था।
- इसका मुख्य उद्देश्य ग्रामीण समृद्धि के लिए परियोजनाओं के कार्यान्वयन में स्वैच्छिक कार्य को प्रोत्साहन देना और उनमें मदद करना है।
- कपार्ट ने 9 प्रादेशिक समितियाँ/केन्द्र स्थापित किए हैं, जो जयपुर, लखनऊ, अहमदाबाद, भुवनेश्वर, पटना, चण्डीगढ़, हैदराबाद, गुवाहाटी और धारवाड़ में स्थित हैं।
- प्रादेशिक समितियों को अपने-अपने प्रदेशों में स्वयं सेवी संस्थाओं की ₹ 20 लाख तक के परिव्यय वाली परियोजनाओं को अनुमति देने की शक्तियाँ प्राप्त हैं। इसका मुख्यालय नई दिल्ली में स्थित है।

कृषि तकनीक प्रबन्धन एजेन्सी

- 6 नवम्बर, 2005 को किसानों तक नई तकनीक और आवश्यक जानकारी उपलब्ध कराने के लिए किसानों एवं गाँव पंचायत से लेकर जिला स्तर की प्रशासनिक इकाइयों, कृषि विज्ञान केन्द्रों और गैर-सरकारी संगठनों को एकसाथ जोड़कर **एग्रीकल्चरल टेक्नोलॉजी मैनेजमेण्ट एजेन्सी** (Agricultural Technology Management Agency, ATMA) का गठन करने का निर्णय लिया गया। इस योजना पर केन्द्र सरकार कुल खर्च का 90% तथा राज्य सरकार 10% वहन करती है।
- इस योजना के माध्यम से कृषि एक्सटेन्शन व्यवस्था में सुधारों को लागू किया जा रहा है। इसका उद्देश्य कृषि विकास दर को बढ़ाकर 4% तक ले जाना है।

भारतीय कृषि अनुसन्धान परिषद्

भारतीय कृषि अनुसन्धान परिषद्

सामान्य निकाय (सर्वोच्च प्राधिकरण) | शासित निकाय (मुख्य कार्यकारिणी)

- भारतीय कृषि अनुसन्धान परिषद् (Indian Council for Agriculture Research, ICAR) राष्ट्रीय स्तर की शीर्ष स्वायत्त संस्था है, जिसका उद्देश्य कृषि अनुसन्धान के क्षेत्र में विज्ञान एवं प्रौद्योगिकी कार्यक्रमों को प्रोत्साहित करना और उनके बारे में शिक्षित करना है।
- यह परिषद् प्रत्यक्ष रूप से कृषि क्षेत्र में संसाधनों के संरक्षण और प्रबन्ध, फसलों, पशुओं, मत्स्यपालन आदि सम्बन्धित क्षेत्रों से समस्याओं को दूर करने के लिए पारम्परिक व सीमान्त क्षेत्रों में अनुसन्धान की गतिविधियों में शामिल है।
- यह परिषद् कृषि क्षेत्र में नई प्रौद्योगिकी विकसित करने में यह महत्त्वपूर्ण भूमिका निभाती है तथा पौधों, पशुओं एवं मत्स्यपालन को प्रस्तुत करने और तलाश एवं जेनेरिक संसाधनों का कार्य करती है।

- परिषद् का मुख्यालय नई दिल्ली में स्थित है और सम्पूर्ण देश में इसके 49 संस्थान और विश्वविद्यालय स्तर के 4 राष्ट्रीय संस्थान, 6 राष्ट्रीय ब्यूरो, 17 राष्ट्रीय अनुसन्धान केन्द्र, 25 परियोजना निदेशालय और 78 अखिल भारतीय समन्वय अनुसन्धान परियोजनाएँ और नेटवर्क परियोजनाएँ हैं।

भारतीय कृषि अनुसन्धान संस्थान

- केन्द्रीय मन्त्रिमण्डल ने झारखण्ड राज्य में भारतीय कृषि अनुसन्धान संस्थान (IARI) की स्थापना की अनुमति 18 जनवरी, 2017 को प्रदान की। इस संस्थान की अनुमानित लागत ₹ 200.79 करोड़ है, जिसका खर्च भारतीय कृषि अनुसन्धान परिषद् (ICAR) करेगी।
- इस संस्थान द्वारा भारत की कृषि चुनौतियों और जटिलताओं पर शोध कार्य किया जाएगा।
- इस संस्थान में कृषि से सम्बन्धित सभी क्षेत्रों; जैसे—फसल, बागवानी, कृषि वानिकी, पशुपालन, मत्स्यपालन, मुर्गीपालन, सुअर पालन, रेशम और लाख उत्पादन शहद उत्पादन आदि में अनुसन्धान व शोध किया जाएगा। इस संस्थान की एक शाखा का शिलान्यास असम में 26 मई, 2017 को किया गया।

राष्ट्रीय नींबू वर्गीय फल-फसल अनुसन्धान केन्द्र

वर्ष 1985 में नागपुर में नींबू वर्गीय फल-फसल अनुसन्धान केन्द्र की स्थापना की गई थी। इस संस्थान का मुख्य उद्देश्य नींबू वर्गीय फलों, विशेषत: सन्तरे पर शोध करने के लिए किया गया था।

कृषि से सम्बन्धित नीतियाँ व आयोग

कृषि से सम्बन्धित राष्ट्रीय नीतियों व कृषि आयोगों का संक्षिप्त विवरण निम्नलिखित है

राष्ट्रीय कृषि नीति, 2007

यह स्वतन्त्र भारत की तीसरी कृषि नीति है। प्रथम कृषि नीति वर्ष 1992 में तथा द्वितीय कृषि नीति वर्ष 2000 में जारी की गई। इस कृषि नीति में स्वामीनाथन आयोग की अधिकांश संस्तुतियों को शामिल कर लिया गया। इस कृषि नीति के प्रमुख लक्ष्य निम्नलिखित हैं

- कृषकों की निवल आय (Net Income) में पर्याप्त वृद्धि।
- उत्पादकता, लाभदेयता तथा प्रमुख कृषि प्रणालियों की स्थिरता विद्यमान करने के लिए भूमि, जल, जैव-विविधता तथा जेनेटिक संसाधनों को सुरक्षित तथा समुन्नत बनाना।
- समर्थक सेवाओं; जैसे—बीज, सिंचाई, उर्वरक इत्यादि का विकास करना।
- फसलों, कृषि, पशु, मछली, जंगल के सन्दर्भ में जैव-सुरक्षा (Bio-security) को मजबूत बनाना।
- भूमि सुधार एजेण्डे के शेष भाग को पूर्ण करना।
- सभी कृषि नीति तथा कार्यक्रम में मानवीय आयाम को स्थान देना।
- पोषणीय ग्रामीण आजीविका पर ध्यान देना।
- कृषकों के लिए सामाजिक सुरक्षा विकसित करना।
- ग्रामीण परिवारों के लिए गैर-कृषि रोजगार (Non-Agricultural Employment) के पर्याप्त अवसर विकसित करना।
- कृषि के विकास के लिए कृषि को राज्य सूची से समवर्ती सूची में लाना।

कृषि मूल्य नीति

सरकार द्वारा कृषि नीति का प्रारम्भ तब किया गया, जब वर्ष 1965 में कृषि कीमत आयोग की स्थापना की गई, जिसे वर्ष 1985 में कृषि लागत एवं कीमत आयोग (Commission for Agricultural Costs and Prices, CACP) के नाम से गठित किया गया। कृषि कीमत नीति के मुख्य उद्देश्य निम्नलिखित हैं

- उत्पादन प्रक्रिया को इस प्रकार प्रोत्साहित करना कि उनके उपज की कीमत एक न्यूनतम स्तर से कम न हो। इसके अतिरिक्त कृषि और गैर-कृषि क्षेत्र के बीच उचित व्यापार शर्तों द्वारा कृषक समुदाय की प्रासंगिक आय स्तर को सुनिश्चित करना।
- उपभोक्ता के हितों की सुरक्षा हेतु कीमत स्तर में अत्यधिक वृद्धि को रोकना तथा कृषि क्षेत्र और सम्पूर्ण अर्थव्यवस्था को स्थिर रखने हेतु कीमतों में स्थिरता लाना।

कृषि लागत मूल्य आयोग

- वर्ष 1964 में कृषि उत्पादों का मूल्य निर्धारित करने के लिए गठित खाद्य मूल्य नीति समिति की अनुशंसा पर वर्ष 1965 में कृषि मूल्य आयोग (Agricultural Prices Commission, APC) की स्थापना की गई, जिसका नाम वर्ष 1985 में कृषि लागत मूल्य आयोग रखा गया।
- इस आयोग का मुख्यालय नई दिल्ली में स्थित है। इस आयोग का प्रमुख कार्य कृषि की लागत व बाजार मूल्यों को ध्यान में रखकर कृषिगत उत्पादों के न्यूनतम समर्थन मूल्य (Minimum Support Price, MSP), खरीद या वसूली मूल्य तथा आवण्टन मूल्यों के निर्धारण के सन्दर्भ में सरकार को सलाह देना है। यद्यपि सरकार इसकी दी गई सलाह को मानने हेतु बाध्य नहीं है।

राष्ट्रीय कृषि आयोग

- किसानों और कृषि क्षेत्र के लिए कार्य योजना का सुझाव देने के लिए वर्ष 2004 में डॉ. एम. एस. स्वामीनाथन की अध्यक्षता में गठित राष्ट्रीय कृषक आयोग (National Agriculture Commission) ने दिसम्बर, 2004 में, अगस्त, 2005 में, दिसम्बर, 2005 में, अप्रैल, 2006 में तथा अक्टूबर, 2006 में अपनी पाँच अन्तरिम रिपोर्टें प्रस्तुत की थीं।
- चौथी रिपोर्ट केन्द्रीय कृषि मन्त्री द्वारा 13 अप्रैल, 2006 को प्रस्तुत की गई थी, जिसमें किसानों के लिए एक विस्तृत नीति के निर्धारण की संस्तुति की गई। इसमें कहा गया कि सरकार को सभी कृषिगत उपजों के लिए न्यूनतम समर्थन मूल्य घोषित करना चाहिए तथा यह भी सुनिश्चित करना चाहिए कि किसानों को विशेषत: वर्षाधारित कृषि वाले क्षेत्रों में न्यूनतम समर्थन मूल्य उचित समय पर प्राप्त हो सके।
- कृषिगत उपजों के मूल्यों में होने वाले उतार-चढ़ावों से किसानों की सुरक्षा के लिए केन्द्र एवं राज्य सरकारों के साथ-साथ वित्तीय संस्थानों द्वारा नियन्त्रित **मार्केट रिस्क स्टेबलाइजेशन फण्ड** के गठन के लिए आयोग ने कहा है। इसी के साथ सूखे एवं वर्षा सम्बन्धी आपदाओं से किसानों की सुरक्षा के लिए **एग्रीकल्चर रिस्क फण्ड** की स्थापना की संस्तुति आयोग ने की है। संक्षेप में नई कृषि नीति के लिए निम्नलिखित बातों पर बल दिया गया है
  - सभी कृषिगत उपजों के लिए न्यूनतम समर्थन मूल्य (MSP)।
  - मूल्यों में उतार-चढ़ाव से किसानों की सुरक्षा हेतु **मार्केट रिस्क स्टेबलाइजेशन फण्ड** का सुझाव।
  - सूखे एवं वर्षा सम्बन्धी जोखिमों से बचाव हेतु **एग्रीकल्चर रिस्क फण्ड** का सुझाव।
  - सभी राज्यों में राज्यस्तरीय किसान आयोग (Farmer Commission) के गठन का सुझाव।
  - किसानों के लिए बीमा योजनाओं का विस्तार।
  - कृषि सम्बन्धी मामलों में स्थानीय पंचायतों के अधिकारों में वृद्धि।
  - राज्य सरकारों द्वारा कृषि हेतु अधिक संसाधनों के आवण्टन की संस्तुति।
  - केन्द्र एवं राज्यों में कृषि मन्त्रालयों का नाम बदलकर कृषि एवं कृषक कल्याण मन्त्रालय करने का सुझाव।

कृषि उपज व्यापार और वाणिज्य (संवर्द्धन और सुविधा) अध्यादेश

- यह अध्यादेश राज्यों के कृषि उत्पाद मार्केट कानूनों (APMC Act, 2017) के अन्तर्गत अधिसूचित बाजारों के बाहर किसानों को उपज के निशुल्क व्यापार की सुविधा देता है।
- इस अध्यादेश के प्रावधान राज्यों के एपीएमसी अधिनियमों के प्रावधानों के होते हुए भी लागू रहेंगे। इस अध्यादेश का मूल उद्देश्य एक देश, एक कृषि बाजार की अवधारणा को बढ़ावा देना और एपीएमसी बाजारों की सीमाओं से बाहर किसानों को कारोबार के साथ ही अवसर उपलब्ध कराना है, जिससे किसानों की फसल की अच्छी कीमत मिल सके। कोई व्यापार करने पर राज्य सरकार किसानों, व्यापारियों और इलेक्ट्रॉनिक ट्रेडिंग प्लेटफॉर्म्स से कोई बाजार फीस, सेस या प्रभार नहीं वसूलेगी।

कृषि कीमत और कीमत नीति

कृषि उत्पादों की दर (कीमत) को कृषि कीमत कहा जाता है। कृषि कीमत किसी भी वस्तु एवं उत्पाद के विक्रय मूल्य का निर्धारण करती है। कृषि कीमतों के निम्नलिखित प्रकार हैं

- **मण्डी कीमत** किसी उत्पाद की मण्डी में तात्कालिक समय की कीमत को मण्डी कीमत कहा जाता है। यह एक अल्पकालीन कीमत होती है।
- **सामान्य कीमत** किसी बाजार विशेष में किसी उत्पाद की माँग व पूर्ति पर निर्भर जो कीमत होती है, उसे सामान्य कीमत कहते हैं। यह दीर्घकालीन कीमत होती है।

न्यूनतम समर्थन मूल्य

- प्रमुख कृषि वस्तुओं के सम्बन्ध में वसूली मूल्य या न्यूनतम समर्थित मूल्य (Minimum Support Price) की घोषणा वर्ष में दो बार रबी और खरीफ की फसल के समय की जाती है। भारत सरकार द्वारा किसानों की कृषि उपजों के मूल्य में तीव्र गिरावट के विरुद्ध सुरक्षा से बचाव के लिए न्यूनतम समर्थन मूल्य का प्रयोग किया जाता है।
- न्यूनतम समर्थन मूल्य की घोषणा, सरकार द्वारा कृषि लागत एवं मूल्य आयोग (CACP) की संस्तुति पर की जाती है।
- इसका का उद्देश्य किसानों को उनके उत्पाद का उचित मूल्य प्रदान करना व सार्वजनिक वितरण प्रणाली और खाद्य सुरक्षा के लिए खाद्यान्न को प्राप्त करना भी है। सरकार द्वारा घोषित किए गए मूल्य पर ही किसानों से उनके उत्पाद को खरीदा जाता है।
- वर्तमान में सरकार द्वारा 24 फसलों के लिए न्यूनतम समर्थन मूल्य की घोषणा की गई है, जिसमें 16 खरीफ की फसल, 6 रबी की फसल और 2 वाणिज्यिक फसलें हैं।

न्यूनतम समर्थन मूल्य का निर्धारण

- न्यूनतम समर्थन मूल्य का निर्धारण कृषि लागत एवं मूल्य आयोग द्वारा किया जाता है। उत्पाद के मूल्य के निर्धारण के लिए CACP द्वारा उत्पादन की लागत को आधार बनाया जाता है।
- CACP द्वारा वित्तीय वर्ष 2018-19 से A_2 + FL मानक के आधार पर फसल की उत्पादन लागत का निर्धारण किया जाता है। सरकार द्वारा न्यूनतम समर्थन मूल्य का निर्धारण फसल की उत्पादन लागत की तुलना में 50% ऊपर किया जाता है। किसानों के फसल उत्पादन में लगने वाली लागत को दो आधारों पर वर्गीकृत किया जाता है
  - **स्पष्ट लागतें** (Explicit Cost) इसके अन्तर्गत किसानों द्वारा फसल उत्पादन के समय फसलों के मूल्य को वस्तु या मौद्रिक के रूप में लगाया जाता है।
  - **निहित लागतें** (Implicit Cost) इसमें किसानों द्वारा स्वयं की भूमि पारिवारिक भूमि, स्वयं की पूँजी और पारिवारिक श्रम को लागत के रूप में गिना जाता है।

वसूली खरीद मूल्य

इसका तात्पर्य उस कीमत से है, जिस पर सरकार द्वारा किसानों से उनके उत्पादों को क्रय किया जाता है, ताकि कमजोर कृषकों को उचित कीमतों पर न्यूनतम आवश्यक मात्रा में खाद्यान्न उपलब्ध कराया जा सके।

निर्गमन अथवा आवण्टन मूल्य

इसका तात्पर्य सरकार द्वारा जिस कीमत पर उपभोक्ताओं को सरकारी दुकानों से सामान अथवा खाद्यान्न उपलब्ध करवाया जाता है, उसकी कीमत प्राय: क्रय कीमत से कम होती है, क्योंकि अत्यन्त कमजोर वर्गों को भी खाद्यान्न उपलब्ध करवाया जाता है।

न्यूनतम समर्थन मूल्य से सम्बन्धित

नीति आयोग द्वारा प्रस्तुत मॉडल नीति आयोग के द्वारा न्यूनतम समर्थन मूल्य से सम्बन्धित तीन मॉडल प्रस्तुत किए गए हैं

- **बाजार आश्वासन योजना** इसके अन्तर्गत राज्य सरकार किसान के द्वारा उत्पादित फसलों की खरीदारी करेगी। इस खरीद के उपरान्त यदि एमएसपी से सम्बन्धित कुछ सीमा तक हानि होती है, तो राज्य सरकार के द्वारा इसकी क्षतिपूर्ति खरीदे गए उपजों की बिक्री करके की जाती है।
- **मूल्य अन्तर खरीद योजना** इसके अन्तर्गत यदि उपज का विक्रय मूल्य नीति आयोग द्वारा प्रस्तुत मॉडल से कम होता है, तो किसानों की क्षतिपूर्ति के रूप में एमएसपी एवं वास्तविक मूल्य के मध्य के अन्तर की राशि प्रदान की जाती है, किन्तु यह राशि एमएसपी के 25% से अधिक्य नहीं हो सकती।
- **निजी खरीद एवं स्टॉकिस्ट योजना** इसके अन्तर्गत निजी उद्यमियों के द्वारा एमएसपी पर कृषि फसल की खरीद की जाएगी। इसके लिए भारत सरकार उन्हें विभिन्न प्रकार की रियासतें देगी; जैसे—नीतिगत एवं कर से सम्बन्धित इत्यादि। पारदर्शिता सुनिश्चित करने हेतु निजी उद्यमियों के सन्दर्भ में भारत सरकार के द्वारा **बोली प्रक्रिया** अपनाई जाएगी।

कृषि से सम्बन्धित अन्य महत्त्वपूर्ण क्षेत्रक

कृषि से सम्बन्धित कुछ अन्य महत्त्वपूर्ण क्षेत्रक निम्नलिखित हैं

पशुपालन

- पशुपालन (Animal Husbandry) की दृष्टि से भारत का विश्व में प्रथम स्थान है। पशुपालन, डेयरी और मत्स्यपालन विभाग कृषि एवं सहकारिता मन्त्रालय के अन्तर्गत कार्य करता है।
- भारत के पास विश्व की भैंसों का 57% तथा गायों का लगभग 16% है। 11वीं पंचवर्षीय योजना के दौरान जीव भण्डार क्षेत्र ने औसतन 4.8% की वृद्धि प्राप्त की।

डेयरी क्षेत्र

- भारत विश्व में दुग्ध उत्पादन के क्षेत्र में प्रथम स्थान पर है। इस सन्दर्भ में दूसरा स्थान संयुक्त राज्य अमेरिका का है।
- भारत में दुग्ध उत्पादन के क्षेत्र में उत्तर प्रदेश प्रथम व आन्ध्र प्रदेश द्वितीय स्थान पर है। दुग्ध उत्पादन में सर्वाधिक हिस्सा क्रमश: भैंस (50%), गाय (46%) व बकरी (4%) का था।
- विश्व में प्रति व्यक्ति दुग्ध की औसत खपत 294 ग्राम प्रतिदिन है। भारत में यह आँकड़ा वर्ष 2007-08 में 252 ग्राम था, जो वर्ष 2019-20 में 406 ग्राम प्रतिदिन हो गया।
- वर्ष 2020-21 (अन्तरिम) में दूध की प्रति व्यक्ति उपलब्धता 427 ग्राम प्रतिदिन थी।

भारत सरकार ने पाँच वर्षों (2019-2024) के लिए खुर एवं मुख रोग (FMD) और ब्रुसेलोसिस के नियन्त्रण के लिए एक नई केन्द्रीय योजना **राष्ट्रीय पशु रोग नियन्त्रण कार्यक्रम** (NADCA) शुरू की है। यह योजना वर्ष 2025 तक पूर्ण नियन्त्रण की परिकल्पना करती है।

राष्ट्रीय दुग्ध विकास कार्यक्रम

- इस कार्यक्रम को 19 अप्रैल, 2012 को आरम्भ किया गया था। इसका मुख्य उद्देश्य-दुधारू पशुओं की नस्ल सुधारना तथा अधिक दूध देने वाले पशुओं का विकास करना है। इस कार्यक्रम के लिए राष्ट्रीय डेयरी विकास बोर्ड (NDDB) को इसका नोडल एजेन्सी बनाया गया है।
- इस कार्यक्रम में 14 राज्य (उत्तर प्रदेश, पंजाब, हरियाणा, गुजरात, बिहार, राजस्थान, पश्चिम बंगाल, मध्य प्रदेश, महाराष्ट्र, कर्नाटक, ओडिशा, तमिलनाडु, केरल और आन्ध्र प्रदेश) सम्मिलित हैं।

पशुपालन अवसंरचना विकास कोष

- केन्द्रीय मत्स्यपालन, पशुपालन एवं डेयरी मन्त्रालय द्वारा ₹ 15000 करोड़ की अनुमानित लागत से 24 जून, 2020 को पशुपालन अवसंरचना विकास कोष (AHIDF) की स्थापना को अनुमति प्रदान की गई। इस विकास कोष में किसान उत्पादक संगठन (FPO), एमएसएमईएस कम्पनी, निजी क्षेत्र की कम्पनियों और व्यक्तिगत उद्यमियों को सम्मिलित किया जाएगा।
- पशुपालन अवसंरचना विकास कोष का प्रमुख उद्योग **दुग्ध उद्योग** और **मांस प्रसंस्करण उद्योग** को बढ़ावा देना तथा इस क्षेत्र में नए रोजगार का सृजन करना है।
- यह प्रावधान देश के सभी राज्यों और केन्द्रशासित प्रदेशों में संचालित है। इसके संचालन के लिए प्रदान की गई राशि बैंकों द्वारा अगले 3 वर्षों में वितरित की जाएँगी।

रेशमकीट पालन एवं रेशम उद्योग

- विश्व में भारत रेशम का दूसरा सर्वाधिक उत्पादक देश है तथा यह विश्व में कच्चे रेशम के उत्पादन में 18% का योगदान करता है। भारत के पास रेशम की चारों किस्में उपलब्ध हैं; जैसे—मलबरी, एरी, टसर एवं मूँगा।
- रेशम न्यूनतम निवेश पर अधिक लाभ देने वाली एक उच्च लाभकारी नकदी फसल है और यह एकमात्र नकदी फसल है, जो पूरे वर्ष लाभों को बनाए रखती है। रेशमकीट (Sericulture) पालन क्षेत्र में लगभग 6 मिलियन लोगों को रोजगार मिलता है। सम्बन्धित 60% गतिविधियों में ग्रामीण महिलाओं का योगदान है।
- देश में रेशम उद्योग के विकास का उत्तरदायित्व भारत सरकार का है, जिसे वह प्रमुख रूप से केन्द्रीय रेशम बोर्ड (SSB) के माध्यम से पूर्ण करती है। रेशम उत्पादन विशेष रूप से मलबरी रेशम के उत्पादन में भारत का स्थान चीन के बाद दूसरा है।

रेशम उद्योग के विकास हेतु सरकारी उपाय

- भारत में रेशम उद्योग को प्रोत्साहन देने के लिए वर्ष 1919 में केन्द्रीय रेशम बोर्ड की स्थापना की गई। केन्द्रीय रेशम अनुसन्धान प्रशिक्षण संस्थान की स्थापना मैसूर (कर्नाटक) में की गई है।
- केन्द्रीय ईरी अनुसन्धान संस्थान मेन्दीपाथर (मेघालय) में तथा केन्द्रीय टसर अनुसन्धान प्रशिक्षण संस्थान राँची (झारखण्ड) में स्थापित किए गए हैं। इसको और व्यापक बनाने के लिए 13 स्थानों पर क्षेत्रीय अनुसन्धान स्टेशन स्थापित किए गए हैं।

मात्स्यिकी

- भारत में मत्स्य उत्पादन (Fisheries) में भारी वृद्धि हुई है। भारत विश्व में मत्स्यपालन का दूसरा सबसे बड़ा उत्पादक और अन्तर्देशीय मत्स्य पालन का दूसरा सबसे बड़ा उत्पादक देश है।
- इस उद्योग के विकास के लिए राष्ट्रीय मत्स्य विकास बोर्ड की स्थापना सितम्बर, 2006 में हैदराबाद में की गई।

राष्ट्रीय मत्स्य उद्योग विकास बोर्ड

- राष्ट्रीय मत्स्य उद्योग विकास बोर्ड (National Fisheries Development Board, NFDB) की स्थापना सितम्बर, 2006 में की गई। इसका मुख्यालय हैदराबाद में स्थित है।
- इसका प्रमुख कार्य मत्स्य उद्योग क्षेत्र की अनुपयुक्त क्षमता, मत्स्यपालन, मत्स्य संसाधन एवं विपणन, मत्स्य उद्योग में उत्पादन एवं आशाजनक उत्पादन के लिए अनुसन्धान व विकास के आधुनिक उपकरणों के उपयोग को प्रोत्साहित किया जाना है।

मत्स्य उत्पादक शीर्ष 5 राज्य (2022-23)

राज्य	उत्पादक (लाख टन)
1. आन्ध्र प्रदेश	41.74 लाख टन
2. पश्चिम बंगाल	17.82 लाख टन
3. गुजरात	8.59 लाख टन
4. ओडिशा	8.18 लाख टन
5. तमिलनाडु	7.57 लाख टन

प्रधानमन्त्री मत्स्य सम्पदा योजना

- प्रधानमन्त्री नरेन्द्र मोदी ने डिजिटल माध्यम से 10 सितम्बर, 2020 को प्रधानमन्त्री मत्स्य सम्पदा योजना (PMMSY) का शुभारम्भ किया। पीएम मोदी ने इस योजना को बिहार में वीडियो कॉन्फ्रेन्स के माध्यम से लॉन्च किया था। इस योजना का उद्देश्य देश के गाँवों को सशक्त बनाना और 21वीं सदी में आत्मनिर्भर भारत का निर्माण करना है।
- यह मत्स्य क्षेत्र पर केन्द्रित और सतत् विकास योजना है। इसे आत्मनिर्भर भारत पैकेज के अन्तर्गत वित्त वर्ष 2020-21 से वित्त वर्ष 2024-25 तक 5 वर्ष की अवधि के दौरान सभी राज्यों/संघ शासित प्रदेशों में कार्यान्वित किया जाना है।
- इस पर अनुमानित रूप में ₹ 20050 करोड़ का निवेश होना है। वर्ष 2024-25 तक मत्स्य उत्पादन के अतिरिक्त 70 लाख टन बढ़ाना है, जबकि मत्स्य निर्यात से आय को ₹ 100000 करोड़ तक करना है।
- इसके अन्य उद्देश्य मछुआरों और मत्स्य किसानों की आय दोगुनी करना, पैदावार के बाद नुकसान 20-25% से घटाकर 10% करना, मत्स्यपालन क्षेत्र और सहायक गतिविधियों में 55 लाख प्रत्यक्ष एवं अप्रत्यक्ष रोजगार के अवसर उत्पन्न करना तथा मूल्य निर्धारण शृंखला का आधुनिकीकरण और सुदृढ़ीकरण करना आदि हैं।

राष्ट्रीय मत्स्यपालन नीति, 2020

- इस नीति के अन्तर्गत सरकार आने वाले 5 वर्षों में मत्स्यपालन से जुड़े विभिन्न मदों में लगभग ₹ 45 करोड़ खर्च करने वाली है।
- इसके द्वारा अन्तर्देशीय मत्स्यपालन, जलीय कृषि और सागरीय कृषि के विभिन्न उप-क्षेत्रों को एकीकृत किया जाएगा।
- सरकार ने वर्ष 2018-19 में मत्स्यपालन और जलीय कृषि अवसंरचना विकास निधि (FIDF) की स्थापना की है, जिसमें वित्त पोषण 5 वर्षों में ₹ 7522.48 करोड़ होगा। नीली क्रान्ति योजना के लिए सरकार ने ₹ 560 करोड़ आवण्टित किए हैं।

कृषि उत्पादन में विश्व में भारत का स्थान

उत्पाद	वैश्विक रैंक (2020)
गेहूँ	द्वितीय
चावल/धान	द्वितीय
कुल दालें	प्रथम
मूँगफली (खोल में)	द्वितीय
सब्जियाँ	द्वितीय
फल	द्वितीय
गन्ना	द्वितीय
चाय	तृतीय
जूट और जूट जैसे रेशे	प्रथम
कपास (लिण्ट)	द्वितीय
कुल (दूध)	प्रथम
अण्डे	तृतीय
मांस	पंचम

सहकारी कृषि

- भूमि के अपखण्डन की समस्या का एक और उपाय सहकारी कृषि (Cooperative Farming) है। इसके सहारे न केवल जोत उपविभाजन और विखण्डन की समस्या का स्थायी समाधान सम्भव है, बल्कि इससे कृषि की अनेक समस्याएँ भी हल की जा सकती हैं।
- सहकारी कृषि से आशय उस कृषि प्रणाली से है, जिसके अन्तर्गत कृषि क्षेत्र के भूमिधर कृषक स्वेच्छा से अपनी जमीनें एक में मिलाकर संयुक्त रूप से खेती करते हैं।
- इस प्रक्रिया में कृषक अपनी जमीन के मालिक बने रहते हैं। सहकारी व्यवस्था में केवल जमीनों को आपस में मिलाकर कृषि की जाती है।
- सहकारी व्यवस्था के अन्तर्गत कृषि का कार्य संयुक्त रूप से सदस्यों द्वारा योजनानुसार किया जाता है। सदस्यों को उनके कार्य के बदले में मजदूरी तथा उनकी भूमि के बदले में लाभांश प्रदान किया जाता है।

प्रीलिम्स फैक्ट्स

- भारत में धीमी कृषि विकास गति के लिए ग्रामीण निर्धनता, शहरी निर्धनता, कुशल श्रमिक और शहर में गाँवों की ओर पलायन में से कौन-सा प्रभावी कारण है? *– ग्रामीण निर्धनता [UPPSC (Mains) 2016]*
- जवाहरलाल नेहरू, लाल बहादुर शास्त्री, चौधरी चरण सिंह और अबुल कलाम आजाद में से कौन भारत में सहकारी कृषि के विचार का समर्थक नहीं था? *– चौधरी चरण सिंह [UPPSC (Pre) 1996]*
- 'लाखों करोड़ों पुरुष और स्त्री श्रमिकों में, जो वास्तव में काम करते हैं, परस्पर भागी एवं सहयोगपूर्ण निष्पादन की भावना भर देना' सुनियोजित विकास, सामुदायिक विकास, पंचायती राज प्रणाली और एकीकृत विकास कार्यक्रम में से किससे सम्बन्धित है? *– सामुदायिक विकास से [IAS (Pre) 2000]*
- ट्रक कृषि साग-सब्जी, दूध, अनाज और मुर्गीपालन में से किससे सम्बन्धित है? *– साग-सब्जी से [MPPSC (Pre) 2022]*
- 'झूम' एक प्रकार का लोक नृत्य, एक नदी का नाम, पूर्वोत्तर की एक जनजाति और कृषि (खेती) की एक पद्धति में से क्या है? *– कृषि की एक पद्धति [UKPSC (Pre) 2022]*
- मोटे अनाज तथा चावल, कपास तथा तम्बाकू, चाय तथा कहवा और सब्जियाँ तथा फलों में से कौन-सी फसलें अधिकांशतः निर्वाह मूलक कृषि के अन्तर्गत उगाई जाती हैं? *– मोटे अनाज तथा चावल [UPPSC (Mains) 2007]*
- भारत में गेहूँ, गन्ना, मक्का और धान में से किस फसल के अन्तर्गत सर्वाधिक क्षेत्रफल है? *– धान [UPPSC (Mains) 2011]*
- दशहरी, लंगड़ा, अलफॉन्सो और आम्रपाली में से कौन-सी निर्यात हेतु आम की पसन्दीदा प्रजाति है? *– अलफॉन्सो [UPPSC (Mains) 2014]*
- कॉफी/कहवा, बासमती चावल, कच्ची कपास और चाय में से कौन-सी कृषि उत्पाद अपने निर्यात से देश के लिए सर्वाधिक विदेशी मुद्रा प्राप्त करता है? *– कच्ची कपास [UP UDA/LDA (Mains) 2010]*
- भारत में सीमान्त कृषि भूमि जोत का आकार है *– 1 हेक्टेयर से कम [UPPSC (Pre) 2016, BSPC (Pre) 2018]*
- जमींदारी प्रथा का उन्मूलन, भूमि जोतों की अधिकतम सीमा का निर्धारण, काश्तकारी सुधार और बहुफसलीय योजना में से कौन-सा भारत में भूमि सुधार का हिस्सा नहीं है? *– बहुफसलीय योजना [UPPSC (Pre) 2015]*
- लोबिया, ढेंचा, मूँग और सनई में से कौन-सी एक नई सुधारी गई ऊसर में हरी खाद के लिए उपयुक्त फसल है? *– ढेंचा [UPPSC (Mains) 2008]*
- कृषि उत्पादन में काष्ठ के हलों के स्थान पर इस्पात के हलों का उपयोग, श्रम बढ़ाने वाली प्रौद्योगिकीय (टेक्नोलॉजिकल) प्रगति, पूँजी बढ़ाने वाली प्रौद्योगिकीय प्रगति, पूँजी घटाने वाली प्रौद्योगिकीय प्रगति में से किसका उदाहरण है? *– पूँजी बढ़ाने वाली प्रौद्योगिकीय प्रगति [IAS (Pre) 2015]*
- एगमार्क एक्ट भारत में किस वर्ष लागू किया गया? *– वर्ष 1937 में [IAS (Pre) 2009]*
- किस वर्ष में राष्ट्रीय भूमि अभिलेख आधुनिकीकरण कार्यक्रम प्रारम्भ किया गया था? *– वर्ष 2008 में [UPPSC (Pre) 2016]*
- भारतीय 'हरित क्रान्ति' जन्मस्थली पन्तनगर, बंगलुरु, कानपुर और दिल्ली में से कौन-सी है? *– पन्तनगर [MPPSC (Pre) 2006]*
- श्वेत क्रान्ति का सम्बन्ध किससे है? *– दुग्ध उत्पादन से [UPPSC (Pre) 2015]*
- काली क्रान्ति-मत्स्य उत्पादन, कोयला उत्पादन, कच्चा तेल उत्पादन और सरसों उत्पादन में से किससे सम्बन्धित है? *– कच्चा तेल उत्पादन [BPSC (Pre) 2016]*
- नॉर्मन बोरलॉग, एम एस स्वामीनाथन, राजा कृष्णा और आर. के. वी. राव में किसके द्वारा 'सदाबहार क्रान्ति' भारत में कृषि उत्पादन बढ़ाने के लिए प्रयोग में लाई गई? *– एम. एस. स्वामीनाथन द्वारा [UPPSC (Mains) 2015]*
- भारतीय कृषि अनुसन्धान परिषद्, नाबार्ड, कृषि लागत और कीमत आयोग और भारतीय कृषि अनुसन्धान संस्थान में से कौन फसलों के न्यूनतम समर्थन मूल्य निर्धारण सम्बन्धी संस्तुति करता है? *– कृषि लागत और कीमत आयोग [UPPSC (Pre) 2015]*
- गन्ने की उचित एवं लाभप्रद कीमतों को कौन अनुमोदित करता है? *– आर्थिक मामलों की मन्त्रिमण्डलीय समिति [IAS (Pre) 2015]*
- सार्वजनिक वितरण प्रणाली को बनाए रखने और सुरक्षित भण्डार के निर्माण के लिए जिन कीमतों पर सरकार खाद्यान्न खरीदती है, न्यूनतम समर्थन कीमत, वसूली कीमत, निर्गम कीमत और उच्चतम (सीलिंग) कीमत में से किस नाम से जानी जाती है? *– वसूली कीमतों [IAS (Pre) 2001]*
- नैफेड, स्टेट ट्रेडिंग कॉर्पोरेशन, इफको और एमएमटीसी में से कौन-सी एजेन्सी भारत से कृषि समानों के निर्यात में सम्मिलित नहीं है (सहभागी नहीं है)? *– इफको (IFFCO) [UPPSC (Pre) 2017]*
- राष्ट्रीय बागवानी मिशन कब प्रारम्भ किया गया? *– वर्ष 2005 में [UPPSC (Mains) 2016]*
- राष्ट्रव्यापी 'मृदा स्वास्थ्य कार्ड स्कीम' का उद्देश्य है *– कृषि भूमि में उर्वरकों के अति-उपयोग को रोकना [IAS (Pre) 2017]*
- उच्च उत्पादक किस्म के बीजों का वितरण, सुधारीकृत उत्पादन तकनीक का निदर्शन, साख सुविधाओं को सुदृढ़ करना और फसलों की नई विकसित किस्मों का प्रचार-प्रसार करना में से कौन-सा एक राष्ट्रीय खाद्य सुरक्षा मिशन का उद्देश्य नहीं है? *– साख सुविधाओं को सुदृढ़ करना [UPPSC (Pre) 2016]*

सेल्फ चैक

1. निम्नलिखित में से कौन-सी भारत में कृषि की विशेषता नहीं है?
(a) निर्वाह कृषि
(b) कृषि पर जनसंख्या का दबाव
(c) मानसून पर निर्भरता
(d) नकदी फसलों की प्रधानता

2. झूम है UKPSC (Pre) 2022
(a) एक प्रकार का लोक नृत्य
(b) एक नदी का नाम
(c) पूर्वोत्तर की एक जनजाति
(d) कृषि (खेती) की एक पद्धति

3. एन एस एस ओ के 70वें चक्र द्वारा संचालित कृषक-कुटुम्बों की स्थिति आकलन सर्वेक्षण के अनुसार, निम्नलिखित कथनों पर विचार कीजिए IAS (Pre) 2018
1. राजस्थान में ग्रामीण कुटुम्बों में कृषि कुटुम्बों का प्रतिशत सर्वाधिक है।
2. देश के कुल कृषि कुटुम्बों में 60% से कुछ अधिक ओबीसी (अन्य पिछड़ा वर्ग) के पास है।
3. केरल में 60% से कुछ अधिक कृषि कुटुम्बों ने यह सूचना दी कि उन्होंने अधिकतम आय गैर-कृषि स्रोतों से प्राप्त की है।

उपरोक्त कथनों में से कौन-सा/से कथन सही है/हैं?
(a) 2 और 3 (b) केवल 2
(c) 1 और 3 (d) ये सभी

4. भारत में पिछले पाँच वर्षों में खरीफ की फसलों की खेती के सन्दर्भ में निम्नलिखित कथनों पर विचार कीजिए IAS (Pre) 2019
1. धान की खेती के अन्तर्गत क्षेत्र अधिकतम है।
2. ज्वार की खेती के अन्तर्गत क्षेत्र तिलहन की खेती के अन्तर्गत क्षेत्र की तुलना में अधिक है।
3. कपास की खेती का क्षेत्र, गन्ने की खेती के क्षेत्र की तुलना में अधिक है।
4. गन्ने की खेती के अन्तर्गत क्षेत्र निरन्तर घटा है।

उपरोक्त कथनों में से कौन-सा/से कथन सही है/हैं?
(a) 1 और 3 (b) 2, 3 और 4
(c) 2 और 4 (d) ये सभी

5. निम्न कथन से हम क्या समझते हैं? UPPSC (Mains) 2014
"भारत ने राष्ट्रीय खाद्यान्न सुरक्षा प्राप्त कर ली है, परन्तु पारिवारिक सुरक्षा प्राप्त नहीं की है।"
(a) प्रत्येक परिवार को अन्त:स्थ (बफर) स्टॉक उपलब्ध नहीं है।
(b) खाद्यान्न उत्पादन वृद्धि दर्शाता है, परन्तु प्रति व्यक्ति उपलब्धता घटी है।
(c) गरीबी रेखा से नीचे के व्यक्तियों की संस्था बढ़ी है।
(d) खाद्यान्न स्टॉक पर्याप्त है, परन्तु सभी परिवारों में उसे प्राप्त करने की सामर्थ्य नहीं है।

6. भारत में दालों के उत्पादन के सन्दर्भ में निम्नलिखित कथनों पर विचार कीजिए IAS (Pre) 2020
1. उड़द की खेती खरीफ और रबी दोनों फसलों में की जा सकती है।
2. कुल दाल उत्पादन का लगभग आधा भाग केवल मूँग का होता है।
3. पिछले तीन दशकों में जहाँ खरीफ दालों का उत्पादन बढ़ा है, वहीं रबी दालों का उत्पादन घटा है।

उपरोक्त कथनों में से कौन-सा/से कथन सही है/हैं?
(a) केवल 1 (b) 2 और 3
(c) केवल 2 (d) 1, 2 और 3

7. भारत में सीमान्त कृषि भूमि जोत का आकार है UKPSC (Pre) 2016, BPSC (Pre) 2018
(a) 5 हेक्टेयर से 4 हेक्टेयर ज्यादा
(b) 2 हेक्टेयर से 4 हेक्टेयर
(c) 1 हेक्टेयर से 2 हेक्टेयर
(d) 1 हेक्टेयर से कम

8. कृषि उत्पादन में काष्ठ के हलों के स्थान पर इस्पात के हलों का उपयोग निम्नलिखित में से किसका उदाहरण है? IAS (Pre) 2015
(a) श्रम बढ़ाने वाली प्रौद्योगिकीय (टेक्नोलॉजिकल) प्रगति
(b) पूँजी बढ़ाने वाली प्रौद्योगिकीय प्रगति
(c) पूँजी घटाने वाली प्रौद्योगिकीय प्रगति
(d) उपरोक्त में से कोई नहीं

9. हरित क्रान्ति नई कृषि व्यूह रचना का परिणाम थी, जो 20वीं सदी में प्रारम्भ की गई थी UPPSC (Pre) 2015
(a) पाँचवें दशक के दौरान
(b) छठे दशक के दौरान
(c) सातवें दशक के दौरान
(d) आठवें दशक के दौरान

10. **कथन** (A) भारत में हरित क्रान्ति के फलस्वरूप खाद्यान्नों के उत्पादन में वृद्धि हुई है।
कारण (R) भारत में हरित क्रान्ति के परिणामस्वरूप क्षेत्रीय असमानताओं में वृद्धि हुई है। RAS/RTS (Pre) 2016
कूट
(a) A और R दोनों सही हैं तथा R, A की सही व्याख्या करता है
(b) A और R दोनों सही हैं, परन्तु R, A की सही व्याख्या नहीं करता है
(c) A सही है, किन्तु R गलत है
(d) A गलत है, किन्तु R सही है

11. भारत में द्वितीय हरित क्रान्ति के सम्बन्ध में क्या सही है? UPPSC (Pre) 2014
1. इसका लक्ष्य हरित क्रान्ति से पूर्व में ही लाभान्वित हो चुके क्षेत्रों में गेहूँ एवं चावल के उत्पादन में और वृद्धि करना है।
2. इसका लक्ष्य हरित क्रान्ति से अब तक लाभान्वित न हो सकने वाले क्षेत्रों में बीज, पानी, उर्वरक तकनीक का विस्तार करना है।

3. इसका लक्ष्य हरित क्रान्ति के प्रारम्भ में प्रयुक्त हो चुकी फसलों को छोड़कर अन्य फसलों के उत्पादन में वृद्धि करना है।
4. इसका लक्ष्य पशुपालन, सामाजिक वानिकी तथा मत्स्यपालन के साथ शस्योत्पादन का समाकलन करना है।

उपरोक्त कथनों में से कौन-सा/से कथन सही है/हैं?

(a) 1 और 2 (b) 2 और 3
(c) 2 और 4 (d) 1 और 4

12. निम्न में से कौन फसलों के न्यूनतम समर्थन मूल्य निर्धारण सम्बन्धी संस्तुति करता है? UPPSC (Pre) 2015

(a) भारतीय कृषि अनुसन्धान परिषद्
(b) नाबार्ड
(c) कृषि लागत और कीमत आयोग
(d) भारतीय कृषि अनुसन्धान संस्थान

13. निम्नलिखित कथनों पर विचार कीजिए IAS (Pre) 2020

1. सभी अनाजों, दालों एवं तिलहनों का 'न्यूनतम समर्थन मूल्य' पर प्रापण (खरीद) भारत के किसी भी राज्य/केन्द्रशासित प्रदेश में असीमित होता है।
2. अनाजों एवं दालों का न्यूनतम समर्थन मूल्य किसी भी राज्य/केन्द्रशासित प्रदेश में उस स्तर पर निर्धारित किया जाता है, जिस स्तर पर बाजार मूल्य कभी नहीं पहुँच पाते।

उपरोक्त कथनों में से कौन-सा/से कथन सही है/हैं?

(a) केवल 1 (b) केवल 2
(c) 1 और 2 दोनों (d) न तो 1 और न ही 2

14. निम्नलिखित कथनों पर विचार कीजिए IAS (Pre) 2020

1. कृषि क्षेत्र को अल्पकालीन साख परिदान करने के सन्दर्भ में 'जिला केन्द्रीय सहकारी बैंक (DCCBs)' 'अनुसूचित वाणिज्यिक बैंकों' एवं 'क्षेत्रीय ग्रामीण बैंकों' की तुलना में अधिक ऋण देते हैं।
2. DCCBs का एक सबसे प्रमुख कार्य 'प्राथमिक कृषि साख समितियों' को निधि उपलब्ध कराना है।

उपरोक्त कथनों में से कौन-सा/से कथन सही है/हैं?

(a) केवल 1
(b) केवल 2
(c) 1 और 2 दोनों
(d) न तो 1 और न ही 2

15. 'न्यूनतम समर्थन मूल्य' के सन्दर्भ में निम्नलिखित कथनों पर विचार कीजिए UPPSC (Mains) 2016

1. यदि बाजार मूल्य ज्यादा है, तो किसान सरकार को बेचेंगे।
2. यह किसानों की पैदावार के लिए न्यूनतम निश्चित मूल्य सुनिश्चित करती है।
3. यह खाद्य सुरक्षा मिशन में सहायता प्रदान करती है।
4. यह किसानों के लिए अत्यन्त लाभदायक है, क्योंकि वे अपनी पैदावार पर ज्यादा बड़ा लाभ कमाते हैं।

उपरोक्त कथनों में से कौन-सा/से कथन सही है/हैं?

(a) 1, 2 और 4 (b) 2, 3 और 4
(c) 2 और 4 (d) 2 और 3

16. भारत में कृषि क्षेत्र में छूटों (फार्म सब्सिडी) के सन्दर्भ में निम्न कथनों पर विचार कीजिए IAS (Pre) 2022

1. भारत में इनपुट सब्सिडी जैसे उर्वरकों पर दी जाने वाली अप्रत्यक्ष फार्म सब्सिडी के अन्तर्गत आती है।
2. किसानों को बिजली एवं सिंचाई पर दी जाने वाली कटौतियाँ प्रत्यक्ष फार्म सब्सिडी के अन्तर्गत आती हैं।
3. विश्व व्यापार संगठन (WTO) के कृषि सम्बन्धी प्रावधान प्रत्यक्ष फार्म सब्सिडी की अनुमति देते हैं, परन्तु अप्रत्यक्ष सब्सिडी पर रोक लगाते हैं।
4. भारत में सरकारों द्वारा दी जाने वाली सभी सब्सिडियाँ अप्रत्यक्ष श्रेणी में आती हैं।

उपरोक्त कथनों में से कौन-सा/से कथन सही है/हैं?

(a) 1 और 2
(b) 3 और 4
(c) 2 और 3
(d) 1 और 4

17. 'प्रधानमन्त्री फसल बीमा योजना' के सन्दर्भ में निम्नलिखित कथनों पर विचार कीजिए IAS (Pre) 2016

1. इस योजना के अन्तर्गत कृषकों को वर्ष के किसी भी मौसम में उनके द्वारा किसी भी फसल की खेती करने पर दो प्रतिशत की एकसमान दर से बीमा किस्त का भुगतान करना होगा।
2. यह योजना, चक्रवात एवं गैर-मौसमी वर्षा से होने वाली कटाई उपरान्त घटे को बीमाकृत करती है।

उपरोक्त कथनों में से कौन-सा/से कथन सही है/हैं?

(a) केवल 1 (b) केवल 2
(c) 1 और 2 दोनों (d) न तो 1 और न ही 2

18. भारत में खाद्य प्रबन्ध का निम्न में से कौन-सा एक उद्देश्य नहीं है? BPSC (Pre) 2020

(a) खाद्यान्नों का वितरण करना
(b) खाद्यान्नों की खरीद करना
(c) खाद्यान्नों के बफर स्टॉक का रख-रखाव करना
(d) खाद्यान्नों का निर्यात करना

19. निम्नलिखित कथनों पर विचार कीजिए IAS (Pre) 2018

1. खाद्य सुरक्षा एवं मानक अधिनियम, 2006 ने खाद्य अपमिश्रण की रोकथाम (प्रिवेन्शन ऑफ फूड एडल्टरेशन) अधिनियम, 1954 को प्रतिस्थापित किया।
2. भारतीय खाद्य सुरक्षा एवं मानक प्राधिकरण (फूड सेफ्टी एवं स्टैण्डर्ड्स ऑथोरिटी ऑफ इण्डिया) केन्द्रीय स्वास्थ्य एवं परिवार कल्याण मन्त्रालय में स्वास्थ्य सेवा महानिदेशक के प्रभाव में है।

उपरोक्त कथनों में से कौन-सा/से कथन सही है/हैं?

(a) केवल 1 (b) केवल 2
(c) 1 और 2 दोनों (d) न तो 1 और न ही 2

20. किसान क्रेडिट कार्ड योजना के अन्तर्गत निम्नलिखित में से किन-किन उद्देश्यों के लिए कृषकों को अल्पकालीन ऋण समर्थन उपलब्ध कराया जाता है? IAS (Pre) 2020

1. फॉर्म परिसम्पत्तियों के रख-रखाव हेतु कार्यशील पूँजी के लिए
2. कम्बाइन कटाई मशीनों, ट्रैक्टरों एवं मिनी ट्रकों के क्रय के लिए
3. फॉर्म परिवारों की उपभोग आवश्यकताओं के लिए
4. फसल कटाई के बाद खर्चे के लिए
5. परिवार के लिए घर निर्माण तथा गाँव में शीतागार सुविधा की स्थापना के लिए

कूट

(a) 1, 2 और 5 (b) 1, 3 और 4
(c) 2, 3, 4 और 5 (d) 1, 2, 3, 4 और 5

21. निम्नलिखित कथनों पर विचार कीजिए IAS (Pre) 2020

1. कृषि लागत और कीमत आयोग 32 फसलों के लिए न्यूनतम समर्थन कीमतों की सिफारिश करता है।
2. केन्द्रीय उपभोक्ता मामलों, खाद्य एवं सार्वजनिक वितरण मन्त्रालय ने 'राष्ट्रीय खाद्य सुरक्षा मिशन' आरम्भ किया है।

उपरोक्त कथनों में से कौन-सा/से कथन सही है/हैं?

(a) केवल 1 (b) केवल 2
(c) 1 और 2 दोनों (d) न तो 1 और न ही 2

22. भारत में निम्नलिखित में से किन्हें कृषि में सार्वजनिक निवेश माना जा सकता है? IAS (Pre) 2020

1. सभी फसलों के कृषि उत्पाद के लिए न्यूनतम समर्थन मूल्य निर्धारित करना।
2. प्राथमिक कृषि साख समितियों का कम्प्यूटरीकरण।
3. सामाजिक पूँजी विकास।
4. कृषकों को नि:शुल्क बिजली की आपूर्ति।
5. बैंकिंग प्रणाली द्वारा कृषि ऋण की माफी।
6. सरकारों द्वारा शीतागार सुविधाओं को स्थापित करना।

कूट

(a) 1, 2 और 5 (b) 1, 3, 4 और 5
(c) 2, 3 और 6 (d) उपरोक्त सभी

23. निम्नलिखित में से कौन-सा/से भारत के भूमि सुधार के प्रमुख उद्देश्यों में सम्मिलित था/थे?

1. आर्थिक न्याय को सुनिश्चित करना।
2. ग्रामीण गरीबी को दूर करना।
3. कृषि उत्पादकता को बढ़ाना।
4. पुराने भूमि सम्बन्धों को बनाए रखना।

कूट

(a) 1 और 2 (b) केवल 2
(c) 1, 2 और 3 (d) ये सभी

24. महालवाड़ी व्यवस्था के सन्दर्भ में निम्नलिखित कथनों में से कौन-सा/से कथन सत्य है/हैं?

1. महालवाड़ी व्यवस्था के अन्तर्गत राजस्व की दृष्टि से सम्पूर्ण गाँव को एक इकाई मान लिया जाता था।
2. महालवाड़ी व्यवस्था के अन्तर्गत गाँव के लिए निर्धारित मालगुजारी को राजकोष में जमा करने का दायित्व गाँव के मुखिया का होता था।
3. महालवाड़ी व्यवस्था तत्कालीन कुल कृषि योग्य भूमि के लगभग 51% भूमि पर लागू थी।

कूट

(a) केवल 1 (b) 1 और 2
(c) 1 और 3 (d) ये सभी

25. स्वतन्त्र भारत में भूमि सुधारों के सन्दर्भ में निम्नलिखित में से कौन-सा कथन सही है? IAS (Pre) 2019

(a) हदबन्दी कानून पारिवारिक जोत पर केन्द्रित थे, न कि व्यक्तिगत जोत पर
(b) भूमि सुधारों का प्रमुख उद्देश्य सभी भूमिहीनों को कृषि भूमि प्रदान करना था
(c) इसके परिणामस्वरूप नकदी फसलों की खेती, कृषि का प्रमुख रूप बन गई
(d) भूमि सुधारों ने हदबन्दी सीमाओं को किसी भी प्रकार की छूट की अनुमति नहीं दी

26. भारत में पट्टेदारी सुधार के उपायों के सन्दर्भ में कौन-सा कथन सही है/हैं? UPPSC (Pre) 2019

1. लगान का विनियमन 2. अवधि की सुरक्षा
3. पट्टेदारी पर स्वामित्व की घोषणा

कूट

(a) केवल 1 (b) 1 और 2
(c) 2 और 3 (d) 1, 2 और 3

27. भूमि सुधार से सम्बन्धित निम्नलिखित कथनों पर विचार कीजिए

1. चकबन्दी के अन्तर्गत कृषि भूमि के अलग-अलग फैले हुए टुकड़ों को एकसाथ एकत्रित करने का प्रयास किया गया।
2. हदबन्दी के अन्तर्गत किसी भी व्यक्ति या परिवार के पास कृषि भूमि के स्वामित्व की उच्चतम सीमा को निर्धारित कर दिया गया।

उपरोक्त कथनों में से कौन-सा/से कथन सही है/हैं?

(a) केवल 1 (b) केवल 2
(c) 1 और 2 दोनों (d) न तो 1 और न ही 2

28. स्थायी बन्दोबस्त व्यवस्था के सन्दर्भ में निम्नलिखित कथनों में से कौन-सा/से कथन सही है/हैं?

1. स्थायी बन्दोबस्त व्यवस्था की शुरुआत 1793 ई. में लॉर्ड कॉर्नवालिस द्वारा की गई।
2. स्थायी बन्दोबस्त व्यवस्था तत्कालीन ब्रिटिश भारत की लगभग 19% भूमि पर लागू थी।

कूट

(a) केवल 1 (b) केवल 2
(c) 1 और 2 दोनों (d) न तो 1 और न ही 2

29. निम्नलिखित में से कृषि उत्पादन को प्रभावित करने वाले संस्थागत कारक है/हैं?

1. भू-धारण प्रणाली 2. जलवायु
3. भू-जोत का आकार 4. मिट्टी

कूट

(a) केवल 1 (b) 2 और 4
(c) 1 और 3 (d) ये सभी

30. निम्न युग्मों में से कौन-सा/से युग्म सही सुमेलित है/हैं?

जमींदारी उन्मूलन किया गया		वर्ष
1. ओडिशा	—	1952
2. हिमाचल प्रदेश	—	1956
3. उत्तर प्रदेश	—	1951
4. असम	—	1953

कूट

(a) केवल 1 (b) 1 और 2
(c) 1 और 3 (d) ये सभी

31. निम्नलिखित कथनों पर विचार कीजिए

1. वर्ष 1901 में भारत सरकार ने एडवर्ड लॉ की अध्यक्षता में सहकारी समिति की स्थापना की।
2. वर्ष 1904 में भारत में सहकारी साख अधिनियम पारित किया गया।
3. भारत में सहकारिता के माध्यम से ही श्वेत क्रान्ति को सफल बनाया गया।

उपरोक्त कथनों में से कौन-सा/से कथन सही है/हैं?

(a) केवल 1 (b) केवल 3
(c) 1 और 2 (d) 1, 2 और 3

32. भारत में भूमि सुधार की विफलता के निम्न में से कौन-सा/से कारण है/हैं?
1. भूमि स्वामित्व को सामाजिक प्रतिष्ठा मानना।
2. राजनीतिक इच्छा की कमी।
3. शासन व्यवस्था में भ्रष्टाचार एवं अकुशल नेतृत्व का होना।
कूट
(a) केवल 1 (b) केवल 2
(c) 1 और 3 (d) 1, 2 और 3

33. निम्न में से कौन-सा/से भूमि सुधार के उद्देश्य है/हैं?
1. आर्थिक असमानता को कम करना।
2. सामाजिक समानता को बढ़ावा देना।
3. भूमि अधिकार पर ध्यान देना।
कूट
(a) केवल 1 (b) केवल 3 (c) 1 और 2 (d) 1, 2 और 3

34. निम्न में से कौन सा/से कथन भू-दान आन्दोलन के सम्बन्ध में सही है/हैं?
1. इसकी शुरुआत वर्ष 1951 में आन्ध्र प्रदेश में हुई।
2. विनोवा भावे ने इसके माध्यम से भूमि के निजी स्वामित्व को दूर करने का प्रयास किया।
कूट
(a) केवल 1 (b) केवल 2
(c) 1 और 2 दोनों (d) न तो 1 और न ही 2

35. भूमि सुधार के सम्बन्ध में निम्नलिखित में से कौन-सा/से कथन सत्य है/हैं?
1. भूमि अभिलेखों का नवीकरण योजना का प्रारम्भ छठी पंचवर्षीय योजना में किया गया।
2. वर्ष 2008 में राष्ट्रीय भूमि अभिलेख आधुनिकीकरण कार्यक्रम प्रारम्भ किया गया।
कूट
(a) केवल 1
(b) केवल 2
(c) 1 और 2 दोनों
(d) उपरोक्त में से कोई नहीं

36. डिजिटल इण्डिया भूमि अभिलेख आधुनिकीकरण कार्यक्रम के सम्बन्ध में कौन-सा कथन असत्य है?
(a) इसे 1 अप्रैल, 2016 से पूर्णतः केन्द्र सरकार द्वारा वित्तपोषित योजना के रूप में प्रारम्भ किया गया
(b) यह देश में अचल सम्पत्तियों के लिए गारण्टीकृत निर्णायक अधिकार की ओर बढ़ने की सुविधा प्रदान करता है
(c) महाराष्ट्र, तमिलनाडु एवं कर्नाटक ने इस प्रक्रिया को पूर्ण कर लिया है
(d) यह सम्पत्ति पंजीकरण प्रक्रिया को पूर्ण रूप से डिजिटल करता है

37. स्वामित्व योजना के सम्बन्ध में कौन सा/से कथन सही नहीं है/हैं?
1. इस योजना का उद्देश्य ग्रामीण क्षेत्रों में लोगों को सम्पत्ति का अधिकार तथा रिकॉर्ड ऑफ राइट्स के लिए सम्पत्ति कार्ड का वितरण करना।
2. इस योजना को सतत् विकास लक्ष्य की अवधि वर्ष 2030 तक पूर्ण करना है।
कूट
(a) केवल 1
(b) केवल 2
(c) 1 और 2 दोनों
(d) न तो 1 और न ही 2

जानें सही उत्तर

1. (d)	**2.** (d)	**3.** (c)	**4.** (a)	**5.** (d)	**6.** (a)	**7.** (d)	**8.** (b)	**9.** (b)	**10.** (b)
11. (c)	**12.** (c)	**13.** (d)	**14.** (b)	**15.** (d)	**16.** (a)	**17.** (b)	**18.** (d)	**19.** (a)	**20.** (b)
21. (d)	**22.** (c)	**23.** (c)	**24.** (b)	**25.** (b)	**26.** (d)	**27.** (c)	**28.** (c)	**29.** (c)	**30.** (c)
31. (d)	**32.** (d)	**33.** (d)	**34.** (c)	**35.** (b)	**36.** (c)	**37.** (a)			

● अध्याय ग्यारह

उद्योग एवं औद्योगिक क्षेत्र

"

औद्योगिक क्षेत्र किसी भी अर्थव्यवस्था की नींव होते हैं। इसी के आधार पर देश की प्रगति का आकलन होता है। इससे लोगों को रोजगार मिलता है। भारत में औद्योगिक क्षेत्र का विकास वैसे तो औपनिवेशिक काल में होना शुरू हो गया था, किन्तु इसका विस्तार स्वतन्त्रता के बाद विभिन्न पंचवर्षीय योजनाओं के दौरान हुआ है।

उद्योग एवं औद्योगिक विकास

- उद्योग एक व्यावसायिक क्रिया है, जिसमें वस्तुओं के उत्पादन परिष्करण अथवा निर्माण की क्रिया सम्पन्न होती है। इसके अन्तर्गत उत्पाद दो प्रकार के होते हैं
  - **उपभोक्ता वस्तुएँ** (Consumer Goods) ऐसी वस्तुएँ, जिनका प्रयोग उपभोक्ता तथा लोगों द्वारा होता है; जैसे—कपड़ा, खाद्य पदार्थ, खेल की वस्तुएँ आदि।
  - **पूँजीगत वस्तुएँ** (Capital Goods) ऐसी वस्तुओं, जिनका प्रयोग औद्योगिक वस्तुओं या उपभोक्ता वस्तुओं के उत्पादन के लिए किया जाता है; जैसे—मशीन, उपकरण, औजार आदि।

> किसी भी देश का औद्योगिक विकास (Industrial Development) उसके विकास का मापक होता है, क्योंकि इस पर ही कृषि क्षेत्र एवं सेवा क्षेत्र का विकास निर्भर करता है। यह रोजगार का सृजन करता है, परिणामस्वरूप श्रमिकों की क्रयशक्ति में वृद्धि होती है, जिससे औद्योगिक माँग में वृद्धि होती है।

- औद्योगिक विकास से ही देश का तीव्र विकास होता है, जिससे उसमें आत्मनिर्भरता को बल मिलता है। इसमें प्राथमिक उत्पादों के द्वितीयक उत्पादों में परिवर्तन की दर अधिक होती है। अर्थव्यवस्था में औद्योगिक क्षेत्र का अर्थ द्वितीयक क्षेत्र से होता है, जिसमें विनिर्माण, गैस, बिजली आदि को शामिल किया जाता है। किसी भी देश के आर्थिक विकास में औद्योगिक विकास निम्नलिखित रूप में योगदान देता है
  - कृषि उत्पादों का प्रसंस्करण करके मूल्य वर्द्धन करता है।
  - कृषि उत्पादन उद्योगों के लिए कच्चे माल की आपूर्ति करता है, जबकि कृषि एवं सेवा क्षेत्र के लिए औद्योगिक क्षेत्र, उर्वरक, मशीन एवं संयन्त्र आदि को उपलब्ध कराता है, जिससे कृषि विकास में योगदान मिलता है।
  - अर्थव्यवस्था में रोजगार के अवसर उपलब्ध कराता है।
  - विनिर्माण क्षेत्र निर्यात के लिए उत्पाद उपलब्ध कराते हैं।

- भारत में औद्योगिक विकास की दर वर्ष 2019-20 में –1.2% तथा वर्ष 2020-21 में –7.0% रही, जबकि वर्ष 2021-22 में 11.8% रहने का अनुमान लगाया गया। इसे वर्ष 2011-12 के आधार वर्ष पर माना गया।

उद्योग में सकल मूल्य वर्द्धन में वृद्धि और उसके घटक (प्रतिशत में)

क्षेत्र	वर्ष			
	2018-19	2019-20	2020-21	2021-22
खनन और उत्खनन	0.3	– 2.5	– 8.5	14.3
उत्पादन	5.3	– 2.4	– 7.2	12.5
बिजली, गैस, जल आपूर्ति और अन्य उपयोगी सेवाएँ	8.0	2.1	1.9	8.5
निर्माण	6.3	1.0	– 8.6	10.7
उद्योग	5.3	– 1.2	– 7.0	11.8

औद्योगीकरण

- प्राथमिक उत्पादों के द्वितीयक उत्पाद में बदलने की प्रक्रिया को औद्योगीकरण (Industrialisation) कहते हैं।
- यह कार्य विनिर्माण क्षेत्रों द्वारा किया जाता है। इसके लिए उद्योगों में निवेश आवश्यक है। औद्योगीकरण द्वारा राष्ट्रीय उत्पादन में उद्योगों के उत्पादन की बहुलता एवं सकल घरेलू उत्पादन में औद्योगिक क्षेत्र का भाग बढ़ाया जाता है।
- इससे अर्थव्यवस्था में कृषि की भागीदारी धीरे-धीरे कम होती जाती है, जबकि उद्योगों की भागीदारी बढ़ती जाती है।

सकल घरेलू उत्पाद में उद्योगों का योगदान

- एक लेखा वर्ष में एक देश की घरेलू सीमा में सभी उद्यमियों, चाहे वे निवासी हों या अनिवासी, द्वारा की गई सकल मूल्य दृष्टि को सकल घरेलू उत्पाद कहा जाता है। सकल घरेलू उत्पाद में उद्योगों का एक बड़ा योगदान होता है।
- वर्ष 2020-21 में GVA में औद्योगिक क्षेत्र का भाग लगभग 25.9% पहुँच गया तथा वर्ष 2021-22 में 28.2% का अनुमान लगाया गया, जो वर्ष 1951-52 में GDP का 16.6% था। उद्योगों की इस बढ़त के पीछे निर्माण क्षेत्र में हुई वृद्धि को उत्तरदायी माना जा रहा है।
- इस बढ़त के पीछे मुख्य रूप से औद्योगिक सुधार, विदेशी निवेश नीति और व्यापार नीति में किए गए बदलाव हैं। इन नीतिगत बदलावों के कारण भारतीय अर्थव्यवस्था में सकारात्मक बदलाव आए हैं।

भारत के औद्योगिक क्षेत्र

- भारत की अर्थव्यवस्था एक मिश्रित अर्थव्यवस्था है, जिसमें उत्पादन के साधनों पर सार्वजनिक एवं निजी क्षेत्र दोनों का आधिपत्य होता है।
- भारत में सार्वजनिक तथा निजी दोनों प्रकार के उद्योग अस्तित्व में हैं। इनके मध्य अन्तर संसाधनों के स्वामित्व और उनके क्रियाकलापों के आधार पर किया जाता है।

सार्वजनिक क्षेत्र

- सार्वजनिक क्षेत्र (Public Sector) के उद्यमों पर सरकार का स्वामित्व होता है और सरकार इस प्रकार के उद्योगों का प्रबन्धन करती है।
- सार्वजनिक क्षेत्र के उद्यमों को संचालित करने के लिए सरकार द्वारा अनेक विभागों का गठन किया गया है; जैसे—रेलवे, डाक आदि। सरकार मन्त्रालय के सहयोग से इनका क्रियान्वयन अथवा संचालन करती है।

निजी क्षेत्र

- स्वतन्त्रता के बाद भारत में निजी क्षेत्र (Private Sector) के उद्यमों का स्वामित्व एवं संचालन निजी क्षेत्र के हाथों में आ गया।
- नई औद्योगिक नीति, 1991 के अन्तर्गत अर्थव्यवस्था के 9 उद्योगों को निजी क्षेत्र के लिए खोल दिया गया।
- भारत में निजी क्षेत्र के उद्योगों का विस्तार हो रहा है, जिनमें बड़े उद्योग, लघु उद्योग, व्यापार, होटल व्यवसाय, दूरसंचार आदि क्षेत्रों में निजी कम्पनियों की भागीदारी बढ़ रही है।
- वर्तमान समय में केवल दो उद्योगों को ही सार्वजनिक क्षेत्र के लिए आरक्षित किया गया है तथा अन्य सभी उद्योगों को निजी क्षेत्र के लिए खोल दिया गया है।

संयुक्त क्षेत्र

- संयुक्त क्षेत्र (Joint Sector) के उद्यमों के संचालन एवं प्रबन्धन का कार्य सरकार एवं निजी दोनों क्षेत्रों के द्वारा किया जाता है।
- संयुक्त क्षेत्र का सुझाव सर्वप्रथम दत्त समिति द्वारा वर्ष 1970 में दिया गया था और इसके सम्बन्ध में वर्ष 1972 में दिशा-निर्देश दिए गए।

सहकारी क्षेत्र

- इसके अन्तर्गत लोगों के समूह, जो आर्थिक, सामाजिक व सांस्कृतिक तरीके से उद्यमों को संचालित करते हैं, को शामिल किया जाता है। इसका उद्देश्य समूह के लोगों को सशक्त करना है।
- भारत में दो सहकारी क्षेत्र (Co-operative Sector) के दो उपक्रम वर्ष 1967 में इण्डियन फार्मर्स फर्टिलाइजर को-ऑपरेटिव (IFFCO) और वर्ष 1980 में कृषक भारती को-ऑपरेटिव की स्थापना की गई।

औद्योगिक नीति

- औद्योगिक नीति और संवर्द्धन विभाग (डीआईपीपी) के नाम को जनवरी, 2019 में परिवर्तित कर, **उद्योग और आन्तरिक व्यापार संवर्द्धन विभाग** (डीपीआईआईटी) कर दिया गया है।
- यह वाणिज्य और उद्योग मन्त्रालय के अन्तर्गत आता है, जो औद्योगिक नीति के लिए उत्तरदायी है।
- किसी भी देश के सन्तुलित औद्योगिक विकास के लिए एक स्पष्ट एवं व्यापक औद्योगिक नीति की आवश्यकता होती है।
- भारत में स्वतन्त्रता प्राप्ति के बाद से लेकर अब तक कई औद्योगिक नीतियों की घोषणा की गई है। इनका संक्षिप्त विवरण निम्न है

औद्योगिक नीति, 1948

- इस औद्योगिक नीति की घोषणा 6 अप्रैल, 1948 को तत्कालीन उद्योग एवं वाणिज्य मन्त्री डॉ. श्यामा प्रसाद मुखर्जी द्वारा की गई थी।
- इस नीति में सार्वजनिक और निजी क्षेत्र के सह-अस्तित्व को स्वीकारा गया तथा मिश्रित अर्थव्यवस्था जारी रखने का सुझाव दिया गया। इस नीति के अन्तर्गत उद्योगों को चार भागों में वर्गीकृत किया गया
    - **प्रथम वर्ग** इसमें सैनिक एवं राष्ट्रीय महत्त्व के उद्योग (अस्त्र-शस्त्र, अणु शक्ति, रेल परिवहन इत्यादि) को रखा गया तथा इस पर सरकार के एकाधिकार की बात कही गई।
    - **द्वितीय वर्ग** इसके अन्तर्गत छः आधारभूत उद्योगों में कोयला, लौह-इस्पात, वायुयान निर्माण, जलयान निर्माण, टेलीफोन (टेलीग्राम) तथा खनिज तेल उद्योग को रखा गया। यद्यपि इन उद्योगों को निजी क्षेत्र के अन्तर्गत कार्य करते रहने की आज्ञा थी, किन्तु आवश्यकता पड़ने पर इनके राष्ट्रीयकरण की बात भी कही गई।
    - **तृतीय वर्ग** इसमें 18 उद्योगों को रखा गया, जिनमें रासायनिक उद्योग, चीनी, सूती एवं ऊनी-वस्त्र, सीमेण्ट, कागज, नमक, मशीन टूल्स इत्यादि मुख्य हैं।
    - **चतुर्थ वर्ग** इसके अन्तर्गत शेष उद्योगों को रखा गया तथा इसे निजी एवं सहकारी क्षेत्रों द्वारा वर्ष 1956 में स्थापित एवं संचालन की आज्ञा दी गई।

औद्योगिक नीति, 1956

- भारत में द्वितीय पंचवर्षीय योजना के अन्तर्गत आधारभूत एवं भारी उद्योगों के विकास पर बल दिया गया। इसी लक्ष्य को व्यावहारिक रूप देने के उद्देश्य से 30 अप्रैल, 1956 को औद्योगिक नीति, 1956 की घोषणा की गई। इस औद्योगिक नीति के अन्तर्गत उद्योगों को निम्नलिखित तीन वर्गों में रखा गया
    - **प्रथम वर्ग** इसके अन्तर्गत आधारभूत क्षेत्र के 17 उद्योगों को रखा गया। वर्ष 1956 की औद्योगिक नीति में इस पर सर्वाधिक बल दिया गया।
    - **द्वितीय वर्ग** इस सूची में 12 उद्योगों को रखा गया।
    - **तृतीय वर्ग** इसके अन्तर्गत शेष सभी उद्योगों को रखा गया। निजी उद्यमियों को इसके विकास की अनुमति दी गई।
- इस नीति में लघु एवं कुटीर उद्योगों के विकास, बड़े पैमाने पर उत्पादन तथा छोटे उद्योगों के विकास में समन्वय पर बल दिया गया।
- इस नीति की सबसे बड़ी विशेषता यह थी कि इसमें उद्योगों का वर्गीकरण अधिक कठोर नहीं था और आवश्यकतानुसार सूचियों में परिवर्तन सम्भव था। इसके अतिरिक्त औद्योगिक विकास में क्षेत्रीय विषमता को कम करने पर भी बल दिया गया।
- इस नीति में समाजवादी समाज की स्थापना के उद्देश्य को ध्यान में रखते हुए श्रमिकों के हितों की रक्षा एवं प्रबन्धकीय मामलों में उनकी भागीदारी को स्वीकार किया गया।
- औद्योगिक नीति, 1956 के अन्तर्गत ही भारत में बड़े इस्पात संयन्त्रों की स्थापना की गई, जो निम्नलिखित हैं

इस्पात संयन्त्र	सहयोगी देश
भिलाई इस्पात संयन्त्र (छत्तीसगढ़)	सोवियत संघ
दुर्गापुर इस्पात संयन्त्र (पश्चिम बंगाल)	ब्रिटेन
बोकारो इस्पात संयन्त्र (झारखण्ड)	सोवियत संघ
राउरकेला इस्पात संयन्त्र (ओडिशा)	जर्मनी

औद्योगिक नीति, 1969

- इस औद्योगिक नीति का प्रमुख उद्देश्य कम्पनियों की व्यापारिक तथा वाणिज्यिक प्रक्रियाओं का नियमन करना तथा आर्थिक सुधार के लिए एकाधिकार एवं केन्द्रीकरण को कम करना।
- इसके लिए एकाधिकार तथा व्यापारिक प्रतिबन्धक व्यापार व्यवहार अधिनियम (MRTP Act) वर्ष 1969 को पारित किया गया था, जिसे नई औद्योगिक नीति, 1991 के पश्चात् समाप्त कर दिया गया।

औद्योगिक नीति, 1977

- 23 दिसम्बर, 1977 में घोषित औद्योगिक नीति में सार्वजनिक क्षेत्र की भूमिका में बिना बदलाव किए, इसे वर्ष 1956 की नीति के अनुसार ही बनाया गया। इस नीति में लघु एवं कुटीर उद्योग के विकास पर विशेष बल दिया गया तथा लघु क्षेत्र को तीन वर्गों में बाँटा गया—कुटीर उद्योग; घरेलू उद्योग, सूक्ष्म एवं लघु उद्योग।
- इसके अन्तर्गत लघु उद्यमकर्ता को एक ही स्थान पर सभी सुविधाएँ उपलब्ध कराने के उद्देश्य से जिला उद्योग केन्द्र (District Industries Centre, DIC) की स्थापना का निर्णय लिया गया।

औद्योगिक नीति, 1980

- 23 जुलाई, 1980 को घोषित इस नीति के तीन मौलिक उद्देश्य निर्धारित किए गए थे—आधुनिकीकरण, विस्तार और पिछड़े क्षेत्रों का विकास। इस नीति में सार्वजनिक उद्यमों (Public Enterprises) के कुशल प्रबन्धन पर बल दिया गया।

- इस नीति में आर्थिक संघवाद की धारणा पर बल देते हुए, प्रत्येक चिह्नित पिछड़े जिलों में लघु एवं कुटीर औद्योगिक इकाइयों की स्थापना पर बल दिया गया।
- इस नीति में ग्रामीण क्षेत्रों में उद्योगों की स्थापना तथा रुग्ण औद्योगिक इकाइयों की समस्याओं के समाधान पर बल देने का निर्णय लिया गया। इसके अतिरिक्त लघु इकाई, लघु उद्योग एवं अनुषंगी इकाइयों में निवेश सीमा में भी निम्न वृद्धि की गई
  - लघु इकाई ₹ 1 लाख से ₹ 2 लाख (निवेश की सीमा)
  - लघु उद्योग ₹ 10 लाख से ₹ 20 लाख
  - अनुषंगी इकाई ₹ 15 लाख से ₹ 25 लाख

नई आर्थिक नीति (LPG)

उदारीकरण (Liberalisation)

- इस नीति के अन्तर्गत सरकार द्वारा उद्योग क्षेत्र से लाइसेन्सिंग की व्यवस्था को हटाया गया और अर्थव्यवस्था को सभी के लिए खोला गया।
- उद्योग तथा अन्य आर्थिक क्रियाओं पर से सरकार का नियन्त्रण कम किया गया। निजीकरण (Privatisation) के अन्तर्गत उद्योगों में कोटा प्रणाली के स्थान पर निजी क्षेत्र को आमन्त्रित किया गया, इन्हें उद्योगों में स्वामित्व का अधिकार प्रदान किया गया।

वैश्वीकरण (Globalisation)

- इस प्रणाली के अन्तर्गत देश की अर्थव्यवस्था को पूँजी व्यापार तथा प्रौद्योगिकी के माध्यम से विश्व अर्थव्यवस्था के साथ जोड़ा गया।

नई औद्योगिक नीति, 1991

भारत में औद्योगिक नीति में व्यापक परिवर्तन की घोषणा सरकार द्वारा 24 जुलाई, 1991 में की गई। इसके अन्तर्गत औद्योगिक लाइसेन्सिंग नीति, एकाधिकार (Monopoly) तथा प्रतिबन्धात्मक व्यापार व्यवहार, सार्वजनिक क्षेत्र, विदेशी निवेश आदि के सम्बन्ध में व्यापक बदलाव किए गए। इस नीति के मुख्य बिन्दु निम्नलिखित हैं

- औद्योगिक नीति (Industrial Policy) में एकाधिकार एवं प्रतिबन्धक व्यापार व्यवहार अधिनियम (MRTP Act) के अन्तर्गत आने वाली कम्पनियों की परिसम्पत्ति सीमा को समाप्त कर दिया गया है, इसलिए अब नई इकाइयों की स्थापना, विस्तार, विलयन, समामेलन (Amalgamation) तथा अधीनीकरण (Take over) के लिए एवं निदेशकों की नियुक्ति के लिए केन्द्र सरकार से पूर्व-अनुमति लेना आवश्यक नहीं रहा।
- नई औद्योगिक नीति (New Industrial Policy) में उच्च-प्रौद्योगिकी व उच्च-निवेश के आधार पर कुछ प्राथमिक उद्योगों की सूची बनाई गई। इन उद्योगों में बिना सरकार की अनुमति लिए 51% तक विदेशी इक्विटी की अनुमति दी गई। इन क्षेत्रों में विदेशी प्रत्यक्ष निवेश (Foreign Direct Investment, FDI) की अनुमति नहीं है; जैसे—परमाणु ऊर्जा, लॉटरी का व्यवसाय तथा जुआ एवं सट्टा आदि।
- वर्ष 1956 की औद्योगिक नीति में 17 उद्योग सार्वजनिक क्षेत्र के लिए आरक्षित रखे गए थे। नई नीति में इनकी संख्या घटाकर मात्र 8 कर दी गई थी।
- वर्तमान में 6 और उद्योगों को इससे मुक्त कर दिया गया। इस प्रकार मात्र 2 उद्योग सार्वजनिक क्षेत्र के लिए आरक्षित रह गए हैं, इन उद्योगों में परमाणु ऊर्जा, भारत सरकार के वाणिज्य और उद्योग मन्त्रालय तथा रेल परिवहन सम्मिलित हैं।

औद्योगिक लाइसेन्सिंग

- वर्ष 1991 की नई औद्योगिक नीति लागू होने के पश्चात् औद्योगिक क्षेत्र में विभिन्न नियन्त्रणों की समाप्ति हेतु एक व्यापक कार्यक्रम प्रारम्भ किया गया।
- वर्तमान में सुरक्षा, सामरिक व पर्यावरण की दृष्टि से मात्र 5 उद्योग अनिवार्य लाइसेन्स के अन्तर्गत शामिल हैं, जो निम्न प्रकार हैं
  - एल्कोहॉल युक्त पेय पदार्थों का आसवन, मद्यकरण।
  - तम्बाकू निर्मित सिगार, सिगरेट तथा विनिर्मित तम्बाकू उत्पाद।
  - इलेक्ट्रॉनिक, एरोस्पेस और सभी प्रकार के रक्षा उपकरण।
  - डिटोनेटिंग सेल्युलोज, सुरक्षा फ्यूजिंग, बारूद, नाइट्रो सेल्युलोज और दियासलाई सहित औद्योगिक विस्फोटक।
  - विशिष्ट प्रकार के खतरनाक रसायन; जैसे—हाइड्रोसाइएनिक अम्ल और इसके व्युत्पन्न फास्जीन एवं इसके आइसोसाइनेट एवं हाइड्रोकार्बन के आइसोसाइनेट (उदाहरणस्वरूप—मिथाइल आइसोसाइनेट)

नई औद्योगिक नीति, 1991 का मूल्यांकन

- औद्योगिक नीति वर्ष 1991 के पश्चात् भारत में औद्योगिक विकास तीव्र हुआ, जहाँ वर्ष 1991 के पूर्व के वर्षों में औद्योगिक विकास दर औसतन 4% थी, वहीं वर्ष 1991 के बाद वर्ष 2012 तक औसत वृद्धि दर बढ़कर 6.5% प्रतिवर्ष हो गई। इसके अतिरिक्त उदारीकरण (Liberalisation) की नीतियों के परिणामस्वरूप उद्योगों में श्रम सघनता में बढ़ोतरी हुई तथा जीडीपी में औद्योगिक उत्पाद का अनुपात बढ़ा है।
- सार्वजनिक क्षेत्र में किए जाने वाले सुधारों से उत्पादन पर अनुकूल प्रभाव पड़ा। इन सुधारों के अन्तर्गत सार्वजनिक क्षेत्र की इकाइयों को निजी क्षेत्र के हाथ बेचने की व्यवस्था है, क्योंकि निजी क्षेत्र की कार्यदक्षता बेहतर है, इसलिए इस बिक्री से उत्पादन बढ़ेगा।

- दूसरी ओर अक्षम व कमजोर इकाइयों को बन्द करने से इनमें लगे संसाधन उचित रूप से उपयोग किए जा सकेंगे।
- निजीकरण (Privatisation) के परिणामस्वरूप स्टॉक एक्सचेंज पर सार्वजनिक इकाइयों के शेयरों की खरीद-बिक्री बढ़ी है, जिससे इनकी दक्षता स्तरों में सुधार हुआ है।

नई विनिर्माण नीति, 2011

- भारत सरकार द्वारा 4 नवम्बर, 2011 को नई विनिर्माण नीति (New Manufacturing Policy) की घोषणा की गई।
- इस नीति का उद्देश्य एक दशक के अन्दर देश की जीडीपी में विनिर्माण क्षेत्र की 25% भागीदारी करना तथा रोजगार के 10% अतिरिक्त (Additional) अवसरों का सृजन करना है।
- सतत् विकास (Sustainable Development) इस नीति का एक अभिन्न अंग है। अत: विनिर्माण हेतु बेहतर व धारणीय प्रौद्योगिकी के प्रयोग पर बल दिया जाएगा। यह नीति केन्द्र व राज्य की भागीदारी पर आधारित है, जिसमें औद्योगिक वृद्धि के लिए केन्द्र सरकार आवश्यक ढाँचा प्रदान करेगी और सार्वजनिक-निजी भागीदारी पर विकसित ढाँचे को उचित वित्तीय सहायता देगी।

राष्ट्रीय निवेश व निर्माण क्षेत्र (NIMZs)

प्रारम्भ में निम्नलिखित को औद्योगिक शहरों के रूप में विकसित करने का कार्य शुरू किया गया है

- अहमदाबाद-धोलेरा निवेश क्षेत्र (गुजरात)
- शेन्द्रा-विदकिन औद्योगिक पार्क सिटी (औरंगाबाद के निकट, महाराष्ट्र)
- मानेसर-बावल निवेश क्षेत्र (हरियाणा)
- खुशखेड़ा-भिवाड़ी-नीमराना निवेश क्षेत्र (राजस्थान)
- जोधपुर-पाली-मारवाड़ औद्योगिक क्षेत्र (राजस्थान)
- पीतमपुर-धार-महू निवेश क्षेत्र (मध्य प्रदेश)
- दादरी-नोएडा-गाजियाबाद निवेश क्षेत्र (उत्तर प्रदेश)
- डिगी पोर्ट औद्योगिक क्षेत्र (महाराष्ट्र)
- पाँच अल्प औद्योगिक क्षेत्रों को सैद्धान्तिक रूप से स्वीकृति दी गई है, जिनमें नागपुर (महाराष्ट्र), तुमुकु (कर्नाटक), चित्तूर, मेदक एवं प्रकासम (आन्ध्र प्रदेश) हैं।

प्रतिस्पर्द्धा नीति तथा कानून समिति

- वर्ष 1991 की औद्योगिक नीति के बाद बदलावों के अन्तर्गत सरकार ने अक्टूबर, 1999 में एस. बी. एस. राघवन की अध्यक्षता में प्रतिस्पर्द्धा नीति तथा कानून समिति गठित कीं।
- इस समिति के गठन का मुख्य उद्देश्य एकाधिकारी प्रवृत्ति को रोकने के स्थान पर प्रतिस्पर्द्धा को बढ़ावा देने वाली नीति के सम्बन्ध में सुझाव देना था। एकाधिकारी एवं प्रतिबन्धात्मक व्यापार व्यवहार आयोग के स्थान पर गठित भारतीय प्रतिस्पर्द्धा आयोग ने 20 मई, 2009 से कार्य करना शुरू किया।

कम्पनी अधिनियम, 2013

संसद द्वारा पारित नए कम्पनी अधिनियम को 29 अगस्त, 2013 को संसद से पारित होने के उपरान्त भारत के राष्ट्रपति ने अनुमति दी है। इस अधिनियम ने कम्पनियों से सम्बन्धित वर्ष 1956 के कानून का स्थान लिया है।

प्रमुख प्रावधान

- कम्पनी के निदेशक बोर्ड में एक-तिहाई स्वतन्त्र निदेशकों को रखना।
- कम-से-कम एक महिला निदेशक की नियुक्ति अनिवार्य।
- पारदर्शी कॉर्पोरेट गवर्नेन्स व भ्रष्टाचार के मामलों का निपटारा करने के लिए विशेष अदालतें गठित की जाएँगी।
- प्रत्येक पाँच वर्ष में लेखा परीक्षक को बदलना होगा।

- कम्पनी अधिनियम, 2013 में निम्नलिखित नई परिभाषाओं को दिया गया है, जो निम्न प्रकार हैं
    - **एक व्यवस्थित कम्पनी** यह कम्पनी व्यवसायियों को एक व्यवस्थित व्यवसाय शुरू करने का अवसर देती है।
    - **लघु कम्पनी** लघु कम्पनी ऐसी कम्पनियों को कहते हैं, जिनकी प्रदत्त पूँजी ₹ 50 लाख से अधिक न हो तथा जिनका कुल कारोबार ₹ 2 करोड़ से कम हो।
    - **सुषुप्त कम्पनी** (Dormant Company) वह कम्पनी, जो इस अधिनियम के अन्तर्गत भविष्य की किसी परियोजना के लिए पंजीकृत है या कुछ परिसम्पत्ति रखती है और कोई महत्त्वपूर्ण लेन-देन नहीं करती है।
    - **राष्ट्रीय वित्तीय प्रतिवेदन प्राधिकरण** इसके अन्तर्गत राष्ट्रीय वित्तीय प्रतिवेदन प्राधिकरण (National Financial Reporting Authority, NFRA) के संगठन का प्रावधान है।
    - **क्लास एक्शन स्यूट** (Class Action Suit) इसके अन्तर्गत निवेशकों का कोई समूह या मंच कम्पनी के विरुद्ध कोई विवाद दर्ज करता है, तो उसका फैसला उन सभी पर लागू होगा, जो समान रूप से पीड़ित हैं।
    - **राष्ट्रीय वित्तीय प्रतिवेदन प्राधिकरण** इसे विशेष अधिकार दिए गए हैं। यह इकाई लेखा परीक्षण पेशे का विनियमन (Regulation) करती है।

- **कॉर्पोरेट सामाजिक जिम्मेदारी**(Corporate Social Responsibility, CSR) इस अधिनियम के अन्तर्गत भारतीय कॉर्पोरेट क्षेत्र में कॉर्पोरेट सामाजिक दायित्व को प्रस्तावित किया गया है। कॉर्पोरेट सामाजिक दायित्व के अन्तर्गत कम्पनियों को लगातार तीन वर्ष के अपने औसत लाभ का न्यूनतम 2% सामाजिक दायित्वों के लिए व्यय करना होगा। इसके अन्तर्गत किए जाने वाले खर्चे जीवन स्तर का विकास, वन्यजीव संरक्षण, स्वास्थ्य, शिक्षा, पर्यावरणीय गतिविधियाँ आदि पर खर्च किए जाएँगे। यह सभी कम्पनियों पर लागू होगा, जिनका लाभ वार्षिक रूप में ₹ 5 करोड़ से अधिक हो, इसके अतिरिक्त ₹ 1000 करोड़ वार्षिक टर्न ओवर और ₹ 500 करोड़ नेटवर्थ वाली कम्पनियाँ भी इसमें शामिल हैं। इस सामाजिक दायित्व में पंजीकृत विदेशी कम्पनियाँ भी शामिल होंगी।

कम्पनी अधिनियम, 2013 में संशोधन

- कम्पनी अधिनियम, 2013 में संशोधन सरकार द्वारा मई, 2020 में किया गया, जिसमें कुछ प्रक्रियाओं को इसमें अपराध श्रेणी से बाहर कर दिया गया; जैसे—तकनीकी और प्रक्रियात्मक चूक, कम्पनी की वार्षिक बैठक के सन्दर्भ में बोर्ड रिपोर्ट में होने वाली अनियमितता आदि।
- इस संशोधन में कम्पाउण्डेबल अपराधों (Compoundable Offence) की संख्या को कम कर 31 कर दिया गया है तथा 7 अपराधों को समाप्त कर दिया गया है।

> कम्पाउण्डेबल अपराध ऐसे अपराध होते हैं, जिन्हें पूर्व में एक राशि का भुगतान करके समाधान किया जाता था। इसके अन्तर्गत अधिकांश अपराधों का वर्तमान कम्पनी रजिस्ट्रार के द्वारा निपटारा किया जाता है, जोकि पूर्व में नेशनल कम्पनी लॉ ट्रिब्यूनल के अन्तर्गत होते थे।

कम्पनी (संशोधन) विधेयक, 2015

भारत में कारोबार को सुगम बनाने के लिए केन्द्रीय मन्त्रिमण्डल ने कम्पनी कानून में संशोधन के प्रस्तावों को अनुमति दी। प्रधानमन्त्री नरेन्द्र मोदी की अगुवाई वाली NDA सरकार के मई, 2014 में सत्ता में आने के बाद यह दूसरी बार है, जब कम्पनी ने कानून में संशोधन का प्रस्ताव किया है। इसमें किए गए प्रमुख संशोधन निम्नलिखित हैं

- न्यूनतम चुकता शेयर पूँजी की अनिवार्यता समाप्त करना और तदनुसार बदलाव लाना (कारोबार करने की आसानी के लिए)।
- मुहर वैकल्पिक बनाना और दस्तावेजों के निष्पादन हेतु परिणामी परिवर्तन के लिए अधिकृत करना (व्यवसाय की आसानी के लिए)।
- कानून के अन्तर्गत जमाकर्ता की अदायगी में चूक के साथ स्वीकार की गई जमा के लिए विशिष्ट सजा निर्धारित करना (जमाकर्ताओं के हितों के संरक्षण के लिए)। रजिस्ट्री में दायर बोर्ड के प्रस्तावों की जनता के निरीक्षण पर रोक लगाने हेतु (प्रस्तावों में चर्चा किए गए व्यावसायिक हितों की गोपनीयता प्रदान करने के लिए)।
- वर्ष के (मानक प्रूडेन्शियल खण्ड के लिए) लाभांश घोषित करने से पहले पिछले घाटे/ह्रास को दूर करने के लिए प्रावधान आदि।

> **नई औद्योगिक नीति और संयुक्त उपक्रम**
>
> नई औद्योगिक नीति के अन्तर्गत सरकार द्वारा बहुत-से उद्यमों में विनिवेश किया जा रहा है, जिससे इनमें निजीकरण की भागीदारी को बढ़ावा दिया जा सके। संयुक्त उपक्रम के लिए निम्नलिखित तीन प्रकार के प्रयास किए जाते हैं
>
> - इसके अन्तर्गत निजी क्षेत्र के लिए 25% शेयर का स्वामित्व सौंपा जाता है तथा 5% शेयर का स्वामित्व व्यक्तियों और कर्मचारियों को दिया जाता है तथा इन शेयरों पर वीटो पावर का अधिकार सरकार के पास होता है। सरकार द्वारा कम्पनी के 49% शेयर निजी क्षेत्र को बेचे जाते हैं तथा 51% शेयर अपने पास रखे जाते हैं।
> - तीसरे प्रकार में सरकार अपने पास 26% शेयर अंश रखती है तथा 74% शेयर पूँजी निजी क्षेत्रों को बेच देती है और वीटो का अधिकार सरकार द्वारा अपने पास रखा जाता है।

औद्योगिक नवीकरण : बौद्धिक सम्पदा अधिकार

- सरकार ने देश में **बौद्धिक सम्पदाओं** (Intellectual Properties) के विकास के लिए ऐसी बहुमुखी रणनीति बनाई है, जिससे कार्य संस्कृति तथा रचनात्मकता का विकास हो सके। इस दिशा में निम्नलिखित कदम उठाए गए हैं, जिनमें अन्तर्राष्ट्रीय बाध्यताओं को पूर्ण करना, राष्ट्रीय हितों की रक्षा करना, प्रशासन का आधुनिकीकरण तथा जागरूकता को बढ़ाना आदि सम्मिलित हैं।
- हाल ही के वर्षों की उपलब्धियाँ निम्न प्रकार हैं
  - **पेटेण्ट डिजाइन** ट्रेडमार्क तथा भौगोलिक संकेतों (Geographical Indication) से सम्बद्ध सभी कानूनों को संशोधित किया गया है। ये सभी व्यापार से सम्बद्ध बौद्धिक सम्पदा अधिकारों के अन्तर्गत भारत की अन्तर्राष्ट्रीय बाध्यताओं का पालन करते हैं।
  - **ट्रेडमार्क (संशोधन) अधिनियम, 2010** ट्रेडमार्क (संशोधन) विधेयक को संसद द्वारा स्वीकृत किया गया था, जो ट्रेडमार्क (संशोधन) अधिनियम, 2010 बना।
  - **राष्ट्रीय डिजाइन नीति** इस नीति की घोषणा पहली बार फरवरी, 2007 में की गई। यह नीति भारतीय उद्योग के विकास में सहायक होने के साथ ही इसे प्रतिस्पर्द्धात्मक (Competitive) भी बनाएगी।
  - **डिजाइन परिषद्** की स्थापना मार्च, 2009 में डिजाइन जागरूकता का प्रभावी कार्यक्रम शुरू करने और डिजाइन संस्थानों को मान्यता, डिजाइन पाठ्यक्रम के विकास को अधिक स्तरीय बनाने, सरकार के साथ समन्वय कर नई डिजाइनों के पंजीकरण की प्रक्रिया को सरल बनाने के लिए सभी दावेदारों से बातचीत के फोरम के रूप में की गई।

- केन्द्र सरकार ने मई, 2016 में राष्ट्रीय बौद्धिक सम्पदा नीति को स्वीकृति प्रदान की। इस नीति से भारत में रचनात्मक और अभिनव ऊर्जा भण्डार को प्रोत्साहन मिला तथा सभी के बेहतर और उज्ज्वल भविष्य के लिए इस ऊर्जा का आदर्श उपयोग सम्भव होगा। राष्ट्रीय बौद्धिक सम्पदा अधिकार नीति रचनात्मक भारत : अभिनव भारत के लिए कार्य करेगी।
- बौद्धिक सम्पदा अधिकार के अन्तर्गत 7 प्रमुख लक्ष्यों का निर्धारण किया गया है, जो निम्न रूप से प्रमुख हैं
    - **IPR जागरूकता कार्यक्रम** (आधुनिकीकरण योजना) इस कार्यक्रम के अन्तर्गत आधुनिकीकरण योजना का एक महत्त्वपूर्ण पहलू है—जागरूकता फैलाना। इससे शेयरधारकों को पंजीकरण के बारे में शिक्षित करने में आसानी होगी। आम जनता तथा विशेषकर व्यवसायी समुदाय को उत्पाद की पाइरेसी या इससे सम्बद्ध जानकारी जागरूकता के माध्यम से मिल सकती है।
    - **IPR अधिकारों का निर्माण** बौद्धिक सम्पदा अधिकारों के निर्माण को प्रोत्साहन प्रदान करना। बौद्धिक सम्पदा के अधिकार के अन्तर्गत आने वाले विभिन्न प्रकार के क्षेत्रों को चिह्नित करते हुए उन्हें विभिन्न श्रेणियों में बाँटा जा सकता है।
    - **कानून एवं नियामकीय तन्त्र का विकास** इसके अन्तर्गत प्रभावी एवं सशक्त कानूनों को बनाना, जिससे व्यक्तियों एवं जनहित के कार्यों के मध्य सन्तुलन को स्थापित किया जा सके।
    - **प्रशासनिक एवं प्रबन्धकीय तन्त्र** को सशक्त बनाना, जिससे अधिकारों की सेवा को सुचारू रूप से चलाया जा सके।
    - **व्यावसायिकरण** इसके अन्तर्गत बौद्धिक सम्पदा के अधिकारों का मूल्य प्राप्त किया जा सकता है।
    - **प्रवर्तन में लाना** इससे सम्बन्धित कानूनों के उल्लंघन होने एवं इसके समाधान के लिए स्वतन्त्र न्यायपालिका को मजबूत बनाना।
    - **मानव पूँजी विकास** इसके अन्तर्गत मानव पूँजी का विकास करने के लिए शिक्षण, प्रशिक्षण, अनुसन्धान तथा कौशल आदि का विकास करना।

आर्थिक गणना

- केन्द्रीय सांख्यिकी संगठन ने वर्ष 1977 में पहली देशव्यापी **आर्थिक गणना** (Economic Census) कराई थी।
- देश में आर्थिक जनगणना वर्ष 1977, 1980, 1990, 1998, 2005, 2013 के बाद वर्ष 2019-2020 में सम्पूर्ण देश में की गई है।

> - **सर्वाधिक उद्यम संख्या वाले तीन राज्य** तमिलनाडु, महाराष्ट्र व आन्ध्र प्रदेश हैं।
> - **सर्वाधिक उद्यम संख्या वाले तीन केन्द्रशासित प्रदेश** दिल्ली, चण्डीगढ़, पुदुचेरी हैं। छठी आर्थिक गणना जनवरी, 2013 से अप्रैल, 2014 के दौरान कराई गई।

पंचवर्षीय योजनाएँ एवं औद्योगिक विकास

पंचवर्षीय योजना	विवरण
पहली पंचवर्षीय योजना	इसमें औद्योगिक विकास में सार्वजनिक एवं निजी दोनों क्षेत्रों की भूमिका को स्वीकार करते हुए मिश्रित अर्थव्यवस्था (Mixed Economy) की शुरुआत की गई। यह मूलत: कृषि एवं सम्बद्ध क्षेत्र पर केन्द्रित योजना थी और इसमें कुल व्यय का केवल 2.8% भाग ही उद्योग एवं खनिज क्षेत्र को प्रदान किया गया।
दूसरी पंचवर्षीय योजना	यह व्यापक औद्योगीकरण से सम्बन्धित आधारभूत योजना थी। इस योजना में देश में तीव्र औद्योगिक विकास सुनिश्चित करने के लिए आधारभूत उद्योगों की स्थापना पर बल दिया गया। इस योजना के अन्तर्गत कुल व्यय की 20.1% राशि उद्योग क्षेत्र को प्रदान की गई।
तीसरी पंचवर्षीय योजना	यह दूसरी योजना की निरन्तरता में चल रही योजना थी। इसमें भी कुल व्यय का 20.1% भाग औद्योगिक क्षेत्र में खर्च किया गया।
चौथी पंचवर्षीय योजना	इसमें औद्योगिक विकास में किया गया व्यय कुल व्यय का 18.2% रहा।
पाँचवीं पंचवर्षीय योजना	इसमें कुल व्यय का लगभग 22.8% भाग उद्योग पर व्यय किया गया, जो सभी योजनाओं में सर्वाधिक था।
छठी पंचवर्षीय योजना	इस योजना के दौरान औद्योगिक नीति में अनेक बदलाव किए गए तथा उदारीकरण की प्रक्रिया शुरू की गई। इस योजना में कुल व्यय का 13.8% भाग औद्योगिक क्षेत्र में किया गया।
सातवीं पंचवर्षीय योजना	इसमें कुल व्यय का लगभग 11.9% भाग औद्योगिक क्षेत्र में व्यय किया गया।
आठवीं पंचवर्षीय योजना	इसमें कुल व्यय का लगभग 9.3% भाग औद्योगिक क्षेत्र में व्यय किया गया।
नौवीं पंचवर्षीय योजना	इस योजना में कुल योजनागत व्यय का 5% औद्योगिक क्षेत्र को प्रदान किया गया।
दसवीं पंचवर्षीय योजना	इसमें कुल व्यय का मात्र 3.9% भाग ही औद्योगिक क्षेत्र में व्यय किया गया।
ग्यारहवीं पंचवर्षीय योजना	इसमें 10% औद्योगिक विकास का लक्ष्य निर्धारित करते हुए इस क्षेत्र में कुल व्यय का लगभग 4.5% भाग व्यय के लिए प्रदान किया गया।
बारहवीं पंचवर्षीय योजना	इसमें 9.6% भाग पर औद्योगिक विकास का लक्ष्य निर्धारित किया गया है।

भारत में औद्योगिक विकास के समक्ष बाधाएँ

भारत में औद्योगिक विकास के समक्ष बाधाएँ निम्नलिखित हैं

- उत्पादन में प्रयुक्त होने वाले कच्चे माल, आधुनिक यन्त्रों (Machines) तथा उन्नत प्रौद्योगिकियों का अभाव आदि।
- पूँजी एवं साख सुविधाओं की अपर्याप्त व्यवस्था।
- सार्वजनिक क्षेत्र के कई उद्यमों का असफल होना एवं इनका निराशाजनक निष्पादन (Performance) करना।
- योजनाकाल में औद्योगिक विकास के लक्ष्य एवं प्राप्ति में भारी अन्तर।
- औद्योगिक रुग्णता की समस्या।
- क्षेत्रीय असमानताओं में वृद्धि।
- विदेशी उद्यमों के साथ होने वाली प्रतिस्पर्द्धा।
- उद्यमशीलता का अभाव।
- आर्थिक शक्तियों का केन्द्रीकरण इत्यादि।

औद्योगिक प्रदर्शन का मूल्यांकन

- देश में औद्योगिक प्रदर्शन के मूल्यांकन का सबसे सामान्य तरीका है—उद्योगों का वार्षिक सर्वेक्षण करना। इस सर्वेक्षण के अन्तर्गत विनिर्माण क्षेत्र की उन इकाइयों को भी शामिल कर लिया जाता है, जहाँ 10 या उससे अधिक लोग कार्यरत् होते हैं। यह सर्वेक्षण, राष्ट्रीय सांख्यिकी कार्यालय (NSO) के द्वारा किया जाता है, जिसके परिणाम संगठित विनिर्माण क्षेत्र का कामकाज प्रदर्शित करते हैं।
- अद्यतन जारी उद्योगों के वार्षिक सर्वेक्षण के अनुसार, देश की कुल फैक्ट्रियों में सर्वाधिक संख्या खाद्य उत्पाद समूह से सम्बन्धित है, जिनका 16.1% भाग इसमें सम्मिलित है।
- औद्योगिक उत्पादन सूचकांक का आकलन (जारी) मासिक आधार पर विकास के नियमित संकेतक के रूप में राष्ट्रीय सांख्यिकी कार्यालय (NSO) के द्वारा किया जाता है, चूँकि यह एक निर्धारित भार व आधार वाला सूचकांक है। अत: औद्योगिक क्षेत्र में संरचनात्मक परिवर्तनों पर दृष्टि रखने हेतु दशकीय आधार पर इसमें संशोधन किया जाता है।
- औद्योगिक निष्पादन सूचकांक के आधार वर्ष को वर्ष 2004-05 से संशोधित कर वर्ष 2011-12 कर नई शृंखला अप्रैल, 2017 में प्रारम्भ की गई।

औद्योगिक निष्पादन सूचकांक का भारांश

क्षेत्र	आधार वर्ष (2004-05)		आधार वर्ष (2011-12)	
	मदों की संख्या	भारांश (%)	मदों की संख्या	भारांश (%)
खनन	1	14.2	1	14.4
विनिर्माण	397	75.5	405	77.6
विद्युत	1	10.3	1	8
कुल		100		100

उद्योगों में प्रत्यक्ष विदेशी निवेश का अन्तर्प्रवाह

- भारत में प्रत्यक्ष विदेशी निवेश (IDI) का अन्तर्प्रवाह विशेषकर मशीनरी, रसायन, ऑटोमोबाइल क्षेत्र, विविध निर्माण, दूरसंचार तथा विद्युत जैसे क्षेत्रों में अधिक होता है।
- भारत के पारम्परिक उद्योग में विदेशी निवेश का प्रवाह सामान्यत: कम होता है, क्योंकि इस क्षेत्र में तकनीकी विकास का स्तर बहुत कम है।
- भारत में प्रत्यक्ष विदेशी निवेश के अन्तर्प्रवाह में लगातार उन्नयन हो रहा है। वर्ष 2003-04 के 2.19 अरब डॉलर की तुलना में वर्ष 2021-22 में यह 83.57 अरब डॉलर हो गया।
- विश्व निवेश रिपोर्ट, 2022 के अनुसार, भारत का प्रत्यक्ष विदेशी निवेश वर्ष 2020 के 64 अरब डॉलर से घटकर वर्ष 2021 में 45 अरब डॉलर पर आ गया। इस रिपोर्ट के अनुसार, भारत का विश्व में 7वाँ स्थान रहा।

प्रमुख औद्योगिक क्षेत्र में विदेशी निवेश

औद्योगिक क्षेत्र	भागीदारी
वस्त्र	1.3%
रसायन	17.0%
दूरसंचार	13.4%
विद्युत	9.6%
अन्य विनिर्माण	9.6%
मशीनरी और उपकरण	23.2%

आठ कोर उद्योग

- आईआईपी (Index of Industrial Production, IIP) बास्केट में आने वाले उद्योगों में से आठ प्रमुख उद्योगों (Eight Core Industry, ECI), जैसे कि कोयला, उर्वरक, विद्युत, कच्चा तेल, प्राकृतिक गैस, रिफाइनरी उत्पाद, इस्पात और सीमेण्ट, जोकि महत्त्वपूर्ण (कोर) प्रकृति के होते हैं, क्योंकि सामान्य आर्थिक क्रियाकलापों के साथ-साथ अन्य उद्योगों पर जिनका प्रभाव पड़ता है, का एक संकेतात्मक मासिक सूचकांक तैयार किया जाता है, जोकि सम्बन्धित माह के अन्तिम उत्पादन सूचकांकों पर आधारित होता है।
- इन आठों प्रमुख उद्योगों का कुल भार लगभग 40.27% माना गया है (नई आधार वर्ष शृंखला 2011-12 के अनुसार)। आठ उद्योगों का प्रमुख भार निम्न प्रकार है
  - विद्युत (भार 19.85%)
  - इस्पात (भार 17.92%)
  - रिफाइनरी उत्पाद (भार 28.04%)
  - कच्चा तेल (भार 6.88%)
  - कोयला (भार 10.33%)
  - सीमेण्ट (भार 5.37%)
  - प्राकृतिक गैस (भार 8.98%)
  - उर्वरक (भार 2.63%)

भारत के कुछ महत्त्वपूर्ण शहर एवं उनसे सम्बन्धित उद्योग

शहर	उद्योग
कानपुर	चमड़ा उद्योग, विस्फोटक
बरेली	बाँस उत्पादन, जरी साड़ियाँ
मुरादाबाद	ब्रासवेयर हैण्डीक्राफ्ट, धातु-पत्र
तिरुपुर	हौजरी एवं बुनाई उद्योग
सहारनपुर	काष्ठ नक्काशी
लुधियाना	भारी मशीनरी एवं हौजरी, ऊनी वस्त्र
पानीपत	हथकरघा
सूरत	रत्न और आभूषण, वस्त्र उद्योग, जरी और रेशम साड़ी
भोपाल	कीटनाशक उद्योग
मोदीनगर	रबर उद्योग
जालन्धर	खेल का सामान
रानीपेट	चमड़ा उद्योग
नलवाड़ी (असम)	बाँस पर आधारित वस्तुएँ
गुरुग्राम	ऑटोमोबाइल
नेपानगर	अखबारी कागज
टीटागढ़ (पश्चिम बंगाल)	जूट का सामान
भदोही (उत्तर प्रदेश)	ऊनी कालीन
बाराबंकी	पॉली फाइबर
मूरी	एल्युमीनियम
पीलीभीत	काष्ठ पादुका
नागपुर	हस्त उपकरण
विशाखापत्तनम	स्टील उत्पादन, मछली उत्पादन एवं पोत निर्माण
मेरठ	खेल का सामान
अलीगढ़	पीतल के ताले
आगरा	चमड़ा फुटवियर, पर्यटन
काँचीपुरम	रेशम वस्त्र उद्योग एवं पारम्परिक साड़ी
सलेम	हस्त उपकरण, कपड़ा
खुर्जा	मिट्टी के बर्तन
शिवकाशी	पटाखे, माचिस
अम्बाला	वैज्ञानिक उपकरण, हथकरघा
उन्नाव	चमड़ा उद्योग

भारत के प्रमुख उद्योग

भारत के प्रमुख उद्योगों को निम्नलिखित उप-वर्गों में बाँटा जा सकता है

लोहा और इस्पात उद्योग

- लौह-इस्पात उद्योग (Iron Steel Industry) के विकास के सम्बन्ध में पहली पंचवर्षीय योजना पर विचार किया गया, किन्तु इसका कार्य दूसरी पंचवर्षीय योजना में ही प्रारम्भ हो सका।
- अत: द्वितीय पंचवर्षीय योजना में **भिलाई** (छत्तीसगढ़) में (सोवियत संघ के सहयोग से), **दुर्गापुर** (पश्चिम बंगाल) में (ब्रिटेन के सहयोग से) और **राउरकेला** (ओडिशा) में (पश्चिम जर्मनी के सहयोग से) लौह-इस्पात कारखानों की स्थापना की गई।
- तीसरी पंचवर्षीय योजना में सोवियत संघ के सहयोग से **बोकारो** (झारखण्ड) में एक और इस्पात कारखाने की स्थापना की गई। चौथी पंचवर्षीय योजना में **सलेम** (तमिलनाडु), **विजयनगर** (कर्नाटक) और **विशाखापत्तनम** (आन्ध्र प्रदेश) में नए इस्पात कारखाने स्थापित करके इस्पात की उत्पादन क्षमता में वृद्धि करने का लक्ष्य निश्चित किया गया।

भारतीय इस्पात प्राधिकरण लिमिटेड (सेल)

- वर्ष 1973 में सरकार ने स्टील अथॉरिटी ऑफ इण्डिया (सेल) की स्थापना की तथा इसे इस्पात उद्योग के विकास का उत्तरदायित्व दिया गया। इण्डियन आयरन एण्ड स्टील कम्पनी का विलय भारतीय इस्पात प्राधिकरण में हो गया है। सन्दर्भित विलय 1 अप्रैल, 2005 से प्रभावी माना गया है।
- सेल 5 एकीकृत इस्पात संयन्त्रों तथा 3 विशेष इस्पात संयन्त्रों के माध्यम से लौह-इस्पात का उत्पादन करती है।

सेल के अन्तर्गत इस्पात संयन्त्र

- एकीकृत संयन्त्र के अन्तर्गत भिलाई, बोकारो, दुर्गापुर इस्पात संयन्त्र एवं राउरकेला आदि आते हैं।
- विशेष संयन्त्र के अन्तर्गत सलेम व विश्वेश्वैरया इस्पात संयन्त्र शामिल हैं। सहायक कम्पनी के अन्तर्गत सेल रिफ्रैक्टरी कम्पनी लिमिटेड शामिल है।
- भारत ने वर्ष 2019 से प्रतिवर्ष 111.2 मिलियन टन इस्पात का उत्पादन किया। कच्चा इस्पात उत्पादन में भारत का विश्व में दूसरा स्थान है।

भारत में स्थापित प्रमुख इस्पात संयन्त्र

इस्पात संयन्त्र	स्थापना वर्ष	सहयोगी देश
राउरकेला (ओडिशा)	1955	जर्मनी
दुर्गापुर (पश्चिम बंगाल)	1955	ब्रिटेन
भिलाई (छत्तीसगढ़)	1955	सोवियत संघ
बोकारो (झारखण्ड)	1964	सोवियत संघ

राष्ट्रीय इस्पात नीति, 2017

इस नीति को लौह-इस्पात उद्योग के अन्तर्गत मई, 2017 में अपनाया गया। इसमें इस्पात उद्योग के लिए एक दीर्घकालिक दृष्टिकोण को अपनाया गया है, जोकि निम्न प्रकार है

- छोटे एवं निजी स्तर के इस्पात उत्पादकों को नीतिगत एवं तकनीकी सहायता प्रदान करना।
- उन्नत एवं प्रतिस्पर्द्धी इस्पात उद्योग का विकास करना।
- आयात पर निर्भरता को कम करना।
- विदेशी निवेश को बढ़ाना तथा घरेलू स्तर पर माँग को सशक्त बनाना।

इस्पात विकास कोष

इस्पात विकास कोष का मुख्य कार्य लौह-इस्पात क्षेत्र में अनुसन्धान व विकास को बढ़ावा देना है। वर्तमान समय तक इस्पात विकास कोष के ₹ 318 करोड़ के साथ ₹ 606 करोड़ सार्वजनिक व निजी क्षेत्र की 89 अनुसन्धान परियोजनाओं पर खर्च किए जाने का निर्णय लिया गया है।

मिशन पूर्वोदय

- इस्पात मन्त्रालय द्वारा मिशन पूर्वोदय की शुरुआत 28 फरवरी, 2020 को की गई। यह योजना भारत के पूर्वी क्षेत्र के विकास से जुड़ी हुई है। इस मिशन से सम्बन्धित मुख्य बिन्दु निम्नलिखित हैं
  - 5 ट्रिलियन डॉलर अर्थव्यवस्था की ओर बढ़ने के भारत के प्रयासों में पूर्वी राज्य प्रमुख भूमिका निभा सकते हैं।
  - इस मिशन में फोकस, भारत के पूर्वी राज्यों में ओडिशा, झारखण्ड, छत्तीसगढ़, पश्चिम बंगाल और उत्तरी आन्ध्र प्रदेश पर किया गया है, जहाँ से लगभग 200 मिलियन टन इस्पात उत्पादन का लक्ष्य है।
  - इसके अन्तर्गत वर्ष 2030-31 तक 300 मिलियन टन इस्पात उत्पादन की क्षमता को विकसित करना है।
  - जापान सरकार और भारतीय उद्योग परिसंघ 22 भारत के पूर्वी क्षेत्र में किया जाएगा। एकीकृत स्टील हब की विकास योजना के लिए इस्पात मन्त्रालय द्वारा Confederation of Indian Industry (CII) और Joint Plant Committee (JPC) के साथ भागीदारी की गई।
  - इसके अन्तर्गत कलिंग नगर (ओडिशा) में एक उपकेन्द्र की स्थापना का प्रस्ताव है। वर्तमान में ओडिशा देश का सर्वाधिक इस्पात उत्पादक राज्य है।

ऑटोमोबाइल उद्योग

- वैश्विक रूप से ऑटोमोबाइल उद्योग (Automobile Industry) एक बड़ा उद्योग है तथा अर्थव्यवस्था के संचालन में भी इसका अधिक योगदान है।
- भारत का ऑटोमोबाइल उद्योग अधिक विकसित है। इस उद्योग द्वारा अनेक प्रकार के वाहन तैयार किए जाते हैं; जैसे—पैसेंजर कार, हल्के, मध्यम तथा भारी व्यावसायिक वाहन, बहु-उपयोगी वाहन, स्कूटर, मोटरसाइकिल, थ्री व्हीलर आदि। जुलाई, 1991 में जब से इसे लाइसेन्स मुक्त तथा 100% FDI के अन्तर्गत लाया गया है, इस क्षेत्र का अत्यधिक विकास हुआ है।
- भारत में ऑटोमोटिव उद्योग (वाहन व कलपुर्जा निर्माण) प्रत्यक्ष व अप्रत्यक्ष रूप से 13.1 मिलियन लोगों को रोजगार प्रदान करता है तथा राष्ट्रीय GDP में इसका 6% का योगदान है, साथ ही अप्रत्यक्ष कर के रूप में यह 20% का योगदान देता है। भारत के ऑटोमोबाइल उद्योग को सनराइज क्षेत्र की संज्ञा दी जाती है। इसमें यात्री वाहन, वाणिज्यिक वाहन, तिपहिया, दोपहिया और क्वाड्रिसाइकिल सहित सभी ऑटोमोबाइल वाहन शामिल हैं।
- भारत का मोटर बाजार वर्ष 2021 में 100 बिलियन अमेरिकी डॉलर का था, जिसके पूर्वानुमान अवधि (2022-2027) पर 1% की चक्रवृद्धि वार्षिक वृद्धि दर (सीएजीआर) दर्ज करते हुए वर्ष 2027 में 160 बिलियन अमेरिकी डॉलर तक पहुँचने की उम्मीद है। इसके कुछ बिन्दु निम्न प्रकार हैं
  - 4 मिलियन से अधिक मोटरवाहनों के औसत वार्षिक उत्पादन के साथ भारत विश्व में ऑटोमोबाइल का चौथा सबसे बड़ा उत्पादक देश है।
  - भारत विश्व का सबसे बड़ा ट्रैक्टर निर्माता, दूसरा सबसे बड़ा बस निर्माता और तीसरा सबसे बड़ा भारी ट्रक निर्माता है।
  - वर्ष 2025 तक भारत में इलेक्ट्रिक वाहनों का बाजार ₹ 50,000 करोड़ (7.09 अमेरिकी डॉलर) तक पहुँचने की उम्मीद है।
  - इसकी सकल घरेलू उत्पाद (जीडीपी) में भागीदारी 7.1% तथा भारत के निर्यात में भागीदारी 4.5% रही है।

ऑटोमोटिव मिशन प्लान (2016-2025)

केन्द्र सरकार ने सितम्बर, 2015 में ऑटोमोटिव मिशन प्लान-II जारी किया, जिसकी विशेषताएँ निम्नलिखित हैं

- वर्ष 2026 तक भारत को मोटरवाहन उद्योग के 74 अरब अमेरिकी डॉलर के वर्तमान मूल्य से 4 गुना वृद्धि करना तथा विश्व के शीर्ष तीन मोटरवाहन उद्योगों में भारत को स्थापित करना।
- वर्तमान में ऑटोमोटिव क्षेत्र का भाग 70% है, जो वर्ष 2026 तक 12% हो जाएगा। इसके अतिरिक्त इस क्षेत्र में 12 मिलियन अतिरिक्त नौकरियों का सृजन होगा।
- इस योजना का उद्देश्य ऑटोमोटिव क्षेत्र को मेक इन इण्डिया कार्यक्रम के इंजन के रूप में बनाना है। उल्लेखनीय है कि ऑटोमोटिव मिशन प्लान, 2006-16 को वर्ष 2007 में जारी किया गया था।
- भारतीय मोटरवाहन क्षेत्र के द्वारा देश की GDP में 12% से अधिक का योगदान करने की सम्भावना है और यह विनिर्माण क्षेत्र के 40% से भी अधिक भाग का प्रतिनिधित्व करता है। यह देश के सूक्ष्म, लघु और मध्यम उद्योगों को बढ़ावा देगा।

एल्युमीनियम उद्योग

- देश का प्रथम एल्युमीनियम संयन्त्र जे. के. नगर (पश्चिम बंगाल) में स्थापित किया गया था।
- दूसरा उद्योग वर्ष 1938 में झारखण्ड के बॉक्साइट खनन क्षेत्र मुरी में स्थापित किया गया। वर्तमान समय में भारत की प्रमुख एल्युमीनियम कम्पनियों का विवरण तालिका के द्वारा स्पष्ट किया गया है

एल्युमीनियम संयन्त्र : संक्षिप्त परिचय

कम्पनी	प्रमुख केन्द्र	स्थापना (वर्ष)
इण्डाल्को	जे. के. नगर (पश्चिम बंगाल) आसनसोल	1937
इण्डाल	मुरी (झारखण्ड), हीराकुंड, बेलगांव, बेलूर (पश्चिम बंगाल)	1938
हिण्डाल्को	रेनुकूट (मध्य प्रदेश)	1958
माल्को	मेटूर (सलेम) तमिलनाडु	1965
वाल्को	कोरबा (छत्तीसगढ़)	–
वाल्को	दामनजोड़ी अंगुल	1981

- स्वतन्त्रता के उपरान्त देश में एल्युमीनियम के उत्पादन में तीव्र वृद्धि हुई है, जहाँ वर्ष 1950-51 में देश में केवल 1,000 टन एल्युमीनियम का उत्पादन होता था।
- वर्ष 2014-15 में भारत में कुल 3.96 मिलियन टन एल्युमीनियम उत्पादित हुआ। पिछले चार वर्षों (2015-18) में भारत का एल्युमीनियम उत्पादन 4.1 मिलियन टन तक बढ़ गया। वर्ष 2020 में यह मात्र 3.55 मिलियन टन रहा। वर्ष 2022 में भारत में एल्युमीनियम उत्पादन 4 मिलियन टन था। एल्युमीनियम एक खनिज आधारित उद्योग है। भारत में बॉक्साइट नामक खनिज से एल्युमीनियम का निष्कर्षण किया जाता है।
- भारत में एल्युमीनियम उद्योग मुख्य रूप से नेशनल एल्युमीनियम कम्पनी लिमिटेड (नाल्को), हिन्दुस्तान एल्युमीनियम कॉर्पोरेशन लिमिटेड, (हिण्डाल्को), वेदान्ता समूह, भारत एल्युमीनियम कम्पनी लिमिटेड आदि के द्वारा किया जाता है।

नेशनल एल्युमीनियम कम्पनी लिमिटेड (नाल्को)

भारत के सर्वाधिक बड़े एकीकृत एल्युमीनियम परियोजना कॉम्प्लेक्स नेशनल एल्युमीनियम कम्पनी लिमिटेड (नाल्को) की स्थापना 7 जनवरी, 1981 को हुई थी। इसका निबन्धित कार्यालय भुवनेश्वर में स्थित है और ₹ 4200 करोड़ के निवेश से कम्पनी के प्रथम चरण का विस्तार वर्ष 2004 में पूर्ण किया गया।

चीनी उद्योग

- भारत विश्व में ब्राजील के बाद चीनी उत्पादन करने वाला दूसरा बड़ा देश है, जबकि चीनी खपत का विश्व में पहला स्थान रखता है। चीनी उद्योग देश के प्रमुख कृषि पर आधारित उद्योगों में से एक है। कृषि उत्पादों पर आधारित उद्योगों में सूती-वस्त्र उद्योग के बाद चीनी उद्योग द्वितीय वृहत्तम् उद्योग है।
- देश में चीनी मिलों की संख्या महाराष्ट्र में सबसे अधिक है तथा यह चीनी उत्पादन में भी प्रथम स्थान पर है, जबकि दूसरे स्थान पर उत्तर प्रदेश तथा तीसरे स्थान पर कर्नाटक है। 20 अगस्त, 1998 को सरकार द्वारा इस उद्योग को लाइसेन्स मुक्त कर दिया गया।
- गन्ने के लिए केन्द्र सरकार द्वारा निर्धारित **सांविधिक न्यूनतम मूल्य** (Statutory Minimum Price, SMP) के अतिरिक्त राज्य सलाहकारी कीमतें (State Advisory Prices) भी राज्यों द्वारा निर्धारित की जाती हैं, जोकि सांविधिक न्यूनतम कीमतों से अधिक होती हैं।

वस्त्र उद्योग

- भारतीय अर्थव्यवस्था में वस्त्र उद्योग (Textile Industry) कृषि के बाद सर्वाधिक रोजगार प्रदाता उद्योग है। विश्व में भारत को इस क्षेत्र में दूसरा स्थान प्राप्त है।
- वर्तमान में औद्योगिक उत्पादन में इसका योगदान 14%, सकल घरेलू उत्पादन में 4% तथा विदेशी आय में लगभग 11% है। यह साढ़े तीन करोड़ व्यक्तियों को प्रत्यक्ष रोजगार प्रदान करता है।

साथी योजना (SAATHI)

साथी योजना (Sustainable and Accelerated Adoption of Efficient Textile Technology to Help Small Industries-SAATHI) का प्रारम्भ अक्टूबर, 2017 में वस्त्र मन्त्रालय और विद्युत मन्त्रालय द्वारा एक नई पहल के रूप में किया गया। इस पहल के अन्तर्गत विद्युत चालित ऊर्जा करघों (Power Looms) मोटर एवं रिपेयर किटों को थोक में क्रय कर बिना किसी अग्रिम लागत के लघु एवं मध्यम इकाइयों को उपलब्ध कराया जाएगा।

एकीकृत वस्त्रोद्योग पार्क

- एकीकृत (Integrated) वस्त्रोद्योग पार्क की योजना (SITP) जुलाई, 2005 में शुरू की गई। इसमें पहले से चल रही दो योजनाओं; जैसे—निर्यात योजना के लिए परिधान पार्क तथा वस्त्रोद्योग केन्द्र बुनियादी ढाँचा विकास योजना को शामिल किया गया है।
- इसका उद्देश्य वस्त्रोद्योग वृद्धि में बुनियादी ढाँचे का विकास करना है। एकीकृत वस्त्रोद्योग पार्क योजना के अन्तर्गत दसवीं योजना अवधि के दौरान अनेक पार्कों को मंजूरी दी गई। सरकार ने इस योजना को 11वीं योजना अवधि के दौरान चालू रखने का निर्णय लिया।

नेशनल टेक्सटाइल कॉर्पोरेशन

- नेशनल टेक्सटाइल कॉर्पोरेशन (National Textile Corporation, NTC) ने 17 मिलों का आधुनिकीकरण किया है। इनमें से 4 मिलें कोयम्बटूर (तमिलनाडु) तथा 3 मिलें मुम्बई में स्थित हैं, जहाँ उत्पादन जारी है।
- देश का पहला वस्त्र पार्क सिले-सिलाए वस्त्रों के निर्यात संवर्द्धन के लिए वस्त्र पार्क (Apparel Park) की स्थापना तमिलनाडु में तिरुपुर में एट्टीवरम्पलायम गाँव में की गई है। इसके साथ ही इस गाँव का नाम तिरुपुर कर दिया गया। भारतीय कपड़ा उद्योग देश के निर्यात में भी महत्त्वपूर्ण योगदान करता है। वर्तमान में देश के कुल निर्यातों में कपड़े के निर्यात (हस्तशिल्प, पटसन और नारियल रेशा मिलाकर) का 20% योगदान है।

जूट उद्योग

- भारत में जूट को सोने का रेशा (Golden Fibre) कहा जाता है। भारत में जूट का प्रथम कारखाना 1854 ई. में पश्चिम बंगाल में रिशरा में लगाया गया। आज यह देश के लिए विदेशी मुद्रा प्राप्त करने का एक बड़ा साधन बन चुका है।
- भारत जूट से निर्मित वस्तुओं का सबसे बड़ा उत्पादक देश है और विश्व का 35% जूट भारत में उत्पादित किया जाता है।

उर्वरक उद्योग

- देश की बढ़ती आबादी की आवश्यकताएँ पूर्ण करने हेतु भारतीय कृषि के लिए उर्वरकों को आवश्यक माना जाता है। अनाज उत्पादन बढ़ाने में रासायनिक उर्वरकों का बहुत अधिक योगदान है।
- वर्ष 1967 में गठित इण्डियन फार्मर्स को-ऑपरेटिव लिमिटेड, (इफको) तथा वर्ष 1980 में गठित कृषक भारती को-ऑपरेटिव लिमिटेड (कृभको) बहुराजकीय सहकारी सोसायटी हैं।
- भारत में उर्वरक उद्योग (Fertiliser Industry) का सर्वाधिक संकेन्द्रण गुजरात व तमिलनाडु राज्य में है।
- वर्ष 2018-19 और वर्ष 2020-21 के बीच भारत का उर्वरक आयात 18.84 मिलियन टन से लगभग 8% बढ़कर 20.33 मिलियन टन हो गया।
- वित्तीय वर्ष 2021 में यूरिया की आवश्यकता का एक-चौथाई से अधिक आयात किया गया था।

पेट्रो-रसायन उद्योग

- पेट्रो-रसायन ऐसे रसायन तथा यौगिक हैं, जिन्हें मुख्यत: पेट्रोलियम पदार्थों से प्राप्त किया जाता है। इनका उपयोग कृत्रिम रेशा, प्लास्टिक, कृत्रिम रबर, रंग-रोगन कीटनाशक, डिटर्जेण्ट और औषधि निर्माण में किया जाता है। देश में पेट्रो-रसायन उद्योग की शुरुआत निजी क्षेत्र में वर्ष 1966 में यूनियन कार्बाइड इण्डिया लिमिटेड ट्रॉम्बे के संयन्त्र की स्थापना से हुई। वड़ोदरा में वर्ष 1969 में सार्वजनिक क्षेत्र का प्रथम कारखाना इण्डियन पेट्रो केमिकल स्थापित किया गया।
- पेट्रो—रसायन उद्योग एक महत्त्वपूर्ण उद्योग है। इस उद्योग में मुख्यत: सिन्थेटिक फाइबर, पॉलीमर्स, इलास्टोमर्स, सिन्थेटिक डिटर्जेण्ट, परफॉर्मेन्स प्लास्टिक आदि आते हैं। पेट्रो-रसायन उद्योग के लिए फीड स्टॉक तथा ईंधन का मुख्य स्रोत प्राकृतिक गैस तथा नाफ्था (Naphtha) हैं।
- पहनावा, मकान, निर्माण, फर्नीचर, ऑटोमोबाइल, घरेलू आवश्यकताएँ, खिलौने, कृषि, बागवानी, सिंचाई, पैकिंग, चिकित्सा आदि में पेट्रो-रसायन के उत्पादों का प्रयोग होता है।

तेल एवं गैस उद्योग

- भारत के छ: आधारभूत उद्योगों में से एक तेल एवं गैस उद्योग भारतीय अर्थव्यवस्था की प्रगति में काफी महत्त्वपूर्ण भूमिका निभाता है।
- पेट्रोलियम और प्राकृतिक गैस क्षेत्र, जिनमें पेट्रोलियम उत्पादों व गैस का परिवहन, रिफाइनिंग और मार्केटिंग शामिल हैं, देश के सकल घरेलू उत्पाद जीडीपी में 15% से अधिक भागीदारी रखता है।
- पेट्रोलियम उत्पादों के निर्यात का देश के कुल निर्यात में 17.24% भाग है और विदेशी मुद्रा कमाने में यह उद्योग अन्य उद्योगों से आगे है।
- भारत का खनिज तेल का सबसे बड़ा आपूर्तिकर्ता देश सऊदी अरब है। वहीं ईरान को विस्थापित कर इराक, दूसरा सबसे बड़ा आपूर्तिकर्ता देश बन गया है। नवीन उपलब्ध आँकड़ों के अनुसार, भारत के खनिज तेल के प्रमुख आपूर्तिकर्ता देश निम्नलिखित हैं
  - सऊदी अरब
  - इराक
  - कुवैत
  - ईरान
  - नाइजीरिया

तेल एवं प्राकृतिक गैस निगम

- यह 23 जून, 1993 से प्रारम्भ हुई एक भारतीय सार्वजनिक क्षेत्र की पेट्रोलियम क्षेत्र की पेट्रोलियम कम्पनी है। इसे फॉर्च्यून ग्लोबल 500 द्वारा 335वें स्थान पर रखा गया है।
- यह भारत में कच्चे तेल के कुल उत्पादन में 77% और गैस के उत्पादन में 81% का योगदान करती है। यह सार्वजनिक क्षेत्र की सबसे अधिक लाभ अर्जित करने वाली कम्पनी है। इसे 14 अगस्त, 1956 को एक आयोग के रूप में स्थापित किया गया था। इस कम्पनी में भारत की कुल इक्विटी का 74.14% भाग है।

सीमेण्ट उद्योग

- सीमेण्ट उद्योग देश के तकनीकी रूप से सर्वाधिक उन्नत उद्योगों में से एक है। वर्ष 1989 से सीमेण्ट से वितरण सम्बन्धी प्रतिबन्धों को हटा लिया गया तथा औद्योगिक (विकास एवं नियमन) कानून, 1951 के अन्तर्गत वर्ष 1991 में इसे लाइसेन्स में भी छूट दे दी गई।

- भारतीय सीमेण्ट उद्योग न केवल उत्पादन के स्तर पर विश्व में दूसरा स्थान रखता है, बल्कि विश्व स्तरीय गुणवत्ता का सीमेण्ट उत्पादित करता है।
- भारत में सीमेण्ट उद्योग का वितरण एकसमान नहीं है। यहाँ सीमेण्ट उद्योग का सर्वाधिक केन्द्रीकरण मध्य भारत में दिखाई देता है। उत्तर एवं पूर्वी भारत में पर्याप्त माँग के अतिरिक्त पर्याप्त मात्रा में विकसित नहीं हो पाया है।

> भारत में सीमेण्ट उद्योग मध्य प्रदेश के कटनी, सतना, नीमच, दुर्ग, रतलाम में, झारखण्ड में झींकपानी, सिन्दरी, चाईबासा एवं खलारी में, राजस्थान के चित्तौड़गढ़, सवाई, माधोपुर, सीकर आदि में, गुजरात के जामनगर, द्वारिका, पोरबन्दर में तथा कर्नाटक के बंगलुरु, बीजापुर, भद्रावती, गुलबर्गा आदि में मुख्य रूप से स्थापित हैं।

जीएसटी का क्रियान्वयन एवं उद्योगों पर इसके पड़ने वाले प्रभाव

- जीएसटी के क्रियान्वयन से कर बाधाएँ दूर होती हैं, जिससे एक साझे बाजार (Common Market) का निर्माण सम्भव हो पा रहा है। इसके क्रियान्वयन से करों का प्रपाती प्रभाव (Cascading Effect) की भी समाप्ति सम्भव हुई, जिसके परिणामस्वरूप विनिर्माण वस्तुओं की उत्पादन लागत कम हो गई।
- उपभोक्ताओं को अब उपभोग की वस्तुएँ सापेक्षिक रूप से कम कीमत पर प्राप्त हो रही हैं। मुद्रास्फीति भी इसके नियन्त्रण की स्थिति में रहती है।

राष्ट्रीय स्तर पर उद्यमिता जागरूकता अभियान

- इस अभियान की शुरुआत भारतीय लघु उद्योग विकास बैंक (SIDBI) के द्वारा 115 आकांक्षी जिलों में **उद्यम अभिलाषा** के नाम से की गई है।
- इसके अन्तर्गत 800 से अधिक प्रशिक्षकों की नियुक्ति की जाएगी और लगभग 15000 युवाओं को प्रशिक्षण प्रदान किया जाएगा।
- इस अभियान के क्रियान्वयन के लिए सिडबी के द्वारा कॉमन सर्विस सेण्टर्स एवं ई-गवर्नेन्स सर्विसेज इण्डिया लिमिटेड के साथ साझेदारी की गई है।
- इस अभियान के प्रमुख उद्देश्य निम्न हैं
  - आकांक्षी जिलों के ग्रामीण युवाओं को अपना उद्यम स्थापित करने हेतु प्रोत्साहित करना।
  - सम्पूर्ण देश में डिजिटल माध्यम के द्वारा प्रशिक्षण प्रदान करना।
  - आकांक्षी जिलों की महत्त्वाकांक्षी महिला उद्यमियों को प्रोत्साहित करना।
  - कॉमन सर्विस सेण्टर्स के माध्यम से ग्रामीण उद्यमियों के लिए व्यावसायिक अवसर का सृजन करना।
  - ग्रामीण प्रतिभागियों (उद्यमियों) को बैंकों से ऋण प्राप्त करने में सहायता उपलब्ध कराना।

सार्वजनिक क्षेत्र के उपक्रम

- ऐसे आर्थिक व औद्योगिक उपक्रम, जिनका स्वामित्व और नियन्त्रण राज्य या सरकार के पास हो, **सार्वजनिक उपक्रम** कहलाते हैं। भारत में स्वतन्त्रता के बाद मिश्रित अर्थव्यवस्था वाले समाजवादी मॉडल को अपनाया गया तथा इसमें सार्वजनिक उपक्रमों की परिकल्पना अर्थव्यवस्था के इंजन के रूप में की गई। मार्च, 2019 तक सार्वजनिक क्षेत्र के उपक्रम की कुल संख्या 348 थी।
- सार्वजनिक उपक्रमों का उद्देश्य लाभ अर्जित करना न होकर सामाजिक और सार्वजनिक हित को बढ़ावा देना है। भारत में सार्वजनिक क्षेत्र के उपक्रमों को मुख्यत: तीन भागों में बाँटा जाता है, ये निम्न प्रकार हैं
  - **विभागीय संगठन** इनमें रेलवे, दूरसंचार, डाकतार इत्यादि शामिल हैं। इनकी लाभ और हानि **संचित निधि** से सम्बन्धित होती हैं।
  - **कम्पनी अधिनियम, 1956** इसके अन्तर्गत गठित सरकारी लिमिटेड कम्पनी; जैसे—सेल, भेल इत्यादि शामिल हैं। ये लाभ और हानि के लिए स्वयं उत्तरदायी होती हैं।
  - **निगमित कम्पनी अथवा लोक निगम** इनमें—ओएनजीसी, डीवीसी, एनटीपीसी इत्यादि शामिल हैं। इनमें प्रत्येक कम्पनी के लिए अलग-अलग कानून होते हैं। ये अपने लाभ और हानि के लिए स्वयं उत्तरदायी होती हैं।
- सार्वजनिक उपक्रमों को भारत सरकार के भारी उद्योग और सार्वजनिक उद्यम मन्त्रालय के अन्तर्गत सार्वजनिक उपक्रम विभाग द्वारा संचालित किया जाता है।
- सरकार द्वारा सार्वजनिक उद्यमों द्वारा दिए गए लाभ के आधार पर इन उद्यमों को **महारत्न, नवरत्न** और **मिनीरत्न** का दर्जा प्रदान किया जाता है

केन्द्रीय सार्वजनिक क्षेत्र के उद्यमों में एमओयू व्यवस्था

- केन्द्रीय सार्वजनिक क्षेत्र के उद्यमों में एमओयू व्यवस्था की शुरुआत वर्ष 1986 में हुई।
- एमओयू व्यवस्था का मुख्य उद्देश्य प्राइवेट कॉर्पोरेट सेक्टर की चुनौतियों के समक्ष पब्लिक सेक्टर उद्यम की क्षमता को सुनिश्चित करना है।
- वर्ष 1987-88 में केन्द्रित सार्वजनिक क्षेत्र के केवल चार उद्यमों ने आपसी समझौते (एमओयू) पर हस्ताक्षर किए, जबकि वर्ष 2010-11 में यह संख्या बढ़कर 202 तक पहुँच गई थी।

महारत्न योजना

- इस योजना की शुरुआत वर्ष 2009 से की गई थी। इसका उद्देश्य बड़े आकार के नवरत्न उपक्रमों के बोर्ड को अधिक स्वायत्तता सौंपना है, जिससे उपक्रमों का संचालन घरेलू बाजार के साथ ही वैश्विक बाजार में भी हो सके।

- किसी भी नवरत्न कम्पनी को महारत्न का दर्जा प्रदान करने के लिए निम्नलिखित मानदण्ड को आधार बनाया जाता है
  - जो कम्पनी शेयर बाजार में सूचीबद्ध हो।
  - पिछले तीन वर्षों में कम्पनी का औसत कारोबार ₹ 20000 करोड़ रहा हो।
  - इस दौरान कम्पनी ने ₹ 2500 करोड़ का औसत शुद्ध लाभ अर्जित किया हो।
  - तीन वर्षों में कम्पनी का निवल मूल्य (नेटवर्थ) औसतन ₹ 15,000 करोड़ रहा हो।
  - कम्पनी के पास नवरत्न का दर्जा हो।
  - कम्पनी का विदेश में भी कारोबार हो।

भारत की महारत्न कम्पनियाँ

- भारतीय इस्पात प्राधिकरण लिमिटेड (SAIL)
- तेल एवं प्राकृतिक गैस निगम (ONGC)
- भारतीय तेल निगम (IOC)
- राष्ट्रीय ताप-विद्युत निगम (NTPC)
- कोल इण्डिया लिमिटेड (CIL)
- भारत हैवी इलेक्ट्रिकल्स लिमिटेड (BHEL)
- भारतीय गैस प्राधिकरण लिमिटेड (GAIL)
- भारत पेट्रोलियम कॉर्पोरेशन लिमिटेड (BPCL)
- पावर ग्रिड कॉर्पोरेशन ऑफ इण्डिया लिमिटेड (PGCIL)
- हिन्दुस्तान पेट्रोलियम कॉर्पोरेशन लिमिटेड (HPCL)
- पावर फाइनेन्स कॉर्पोरेशन लिमिटेड (PFCL)
- ग्रामीण विद्युतीकरण निगम लिमिटेड (RECL)

नवरत्न योजना

- नवरत्न सार्वजनिक उपक्रमों का एक विशिष्ट वर्ग है, जिनमें सरकार ग्लोबल कम्पनी होने की सम्भाव्य क्षमता देखती है। सरकार ने नवरत्न योजना का प्रारम्भ वर्ष 1997 में किया।
- किसी सार्वजनिक क्षेत्र की कम्पनी को नवरत्न का दर्जा प्राप्त करने के लिए कुल 100 में से 60 अंक प्राप्त करने होते हैं। ये अंक छः मानको द्वारा निर्धारित होते हैं, जो निम्न हैं
  - कुल परिसम्पत्ति की तुलना में विशुद्ध लाभ।
  - कुल उत्पादन लागत व सेवा लागत की तुलना में कुल श्रमशक्ति लागत।
  - पूँजी नियोज्य की तुलना में मूल्य ह्रास से पूर्व लाभ, ब्याज व कर।
  - टर्नओवर की तुलना में मूल्य ह्रास से पूर्व लाभ, ब्याज व कर।
  - प्रति शेयर अर्जन।
  - अन्तर्क्षेत्रक प्रदर्शन।
- नवरत्न का दर्जा स्वायत्तता प्राप्त कम्पनियों को अधिक प्रशासनिक एवं वित्तीय स्वायत्तता मिलती है। ये कम्पनियाँ घरेलू एवं अन्तर्राष्ट्रीय बाजार में पूँजी एकत्रित कर सकती हैं और ये कम्पनियाँ सरकार की अनुमति के बिना भी ₹ 1000 करोड़ या परियोजना के कुल मूल्य के 15% तक निवेश कर सकती हैं एवं देश-विदेश में उद्यम लगा सकती हैं। इन कम्पनियों के निदेशक बोर्ड को अधिग्रहण एवं विलय सम्बन्धी निर्णय लेने का अधिकार होता है।

भारत की नवरत्न कम्पनियाँ

- भारत इलेक्ट्रॉनिक्स लिमिटेड (BEL)
- महानगर टेलीफोन निगम लिमिटेड (MTNL)
- हिन्दुस्तान एयरोनॉटिक्स लिमिटेड (HAL)
- राष्ट्रीय खनिज विकास निगम लिमिटेड (NMDCL)
- नेशनल एल्युमीनियम कम्पनी लिमिटेड (NACL)
- राष्ट्रीय इस्पात निगम लिमिटेड (RINL)
- शिपिंग कॉर्पोरेशन ऑफ इण्डिया लिमिटेड (SCOIL)
- ऑयल इण्डिया लिमिटेड (OIL)
- नेवेली लिग्नाइट कॉर्पोरेशन लिमिटेड (NLCL)
- कण्टेनर कॉर्पोरेशन ऑफ इण्डिया (CONCOR)
- इंजीनियर्स इण्डिया लिमिटेड (EIL)
- राष्ट्रीय भवन निर्माण निगम (NBCCL)

मिनीरत्न योजना

सरकार ने वर्ष 1997 में मिनीरत्न योजना की शुरुआत की थी। सरकार ने नवरत्न के अतिरिक्त मुनाफा (लाभ) कमा रहे अन्य उद्यमों को प्रोत्साहन देने के लिए कुछ शर्तों के साथ इन्हें वित्तीय संचालन एवं प्रबन्धन सम्बन्धी स्वायत्तता प्रदान की है। वर्तमान में इसकी संख्या 74 है। इसे दो श्रेणियों में रखा गया है

- **श्रेणी 1** इसके अन्तर्गत वे मिनीरत्न कम्पनियाँ आती हैं, जिन्होंने किसी एक वर्ष में ₹ 30 करोड़ से अधिक लाभ के साथ लगातार तीन वर्षों तक लाभ कमाया हो। ये कम्पनियाँ ₹ 500 करोड़ या अपने शुद्ध मूल्य के बराबर राशि बिना सरकार की आज्ञा के खर्च कर सकती हैं। वर्तमान में इनकी संख्या 62 है।
- **श्रेणी 2** (मिनीरत्न) इसमें लगातार 3 वर्षों तक लाभ कमाने वाली कम्पनियों को रखा जाता है। ये कम्पनियाँ अपने शुद्ध मूल्य के 50% अथवा ₹ 150 करोड़ बिना सरकार की आज्ञा के खर्च कर सकती हैं। इनकी वर्तमान में संख्या 12 है।

विजन 2022 के प्रमुख उद्देश्य

विजन 2022 के प्रमुख उद्देश्य निम्नलिखित हैं

- **इस्पात** इसके अन्तर्गत इस्पात की उत्पादन क्षमता को वर्ष 2022 तक बढ़ाकर 175 मिलियन टन और वर्ष 2031 तक 300 मिलियन टन बढ़ाने का लक्ष्य है। क्रूड स्टील के उत्पादन में 11% की वृद्धि कर 200.5 मिलियन टन प्रतिवर्ष उत्पादित करना।
- **तेल** उत्पादन में 415 मिलियन मिट्रिक टन प्रतिवर्ष की क्षमता को वर्ष 2025 तक प्राप्त करने का लक्ष्य और आयातों में 10% तक की कटौती करना।

- पेट्रोल और डीजल में 4% तक जैव ईंधन के मिश्रण को बढ़ावा देना।
- **प्राकृतिक गैस** बड़े शहरों में एलपीजी पाइपलाइन नेटवर्क का विस्तार करना और उत्तर-पूर्व के राज्यों में राष्ट्रीय गैस ग्रिड का विस्तार 1500 किमी तक करना।
- **ऊर्जा क्षेत्र** में सरकार द्वारा वर्ष 2022 तक 20% बिजली की प्राप्ति नवीकरणीय स्रोत से करना था। भारत के 75 शहरों में सरकार द्वारा इलेक्ट्रिक वाहन चार्जिंग स्टेशनों के निर्माण का लक्ष्य है।
- **उर्वरक क्षेत्र** इन क्षेत्रों में यूरिया उत्पादन में आत्मनिर्भरता की प्राप्ति यूरिया उत्पादन को 30 मिलियन टन बढ़ाने का लक्ष्य है।
- **जैव प्रौद्योगिकी** इस क्षेत्र में भारत सरकार द्वारा अगले कुछ वर्षों में 100 बिलियन डॉलर की सहायता से इकोसिस्टम की स्थापना करना और इसके अन्तर्गत 3000 स्टार्ट-अप, 150 प्रौद्योगिकी कार्यालय और 50 बायो इनक्यूबेटरों का निर्माण किया जाएगा।

सूक्ष्म, लघु एवं मध्यम उद्योग की नई परिभाषा, 2020

- सूक्ष्म, लघु एवं मध्यम उद्योग की परिभाषा में समय-समय पर बदलाव आते रहे हैं। वर्तमान में इसे निर्माण उद्योग और सेवा उद्योग के लिए अलग-अलग रूप से परिभाषित किया गया है।
- एमएसएमई किसी देश की अर्थव्यवस्था में विविधता, उत्पादन क्षमता, रोजगार सृजन तथा क्षेत्रीय असमानता को कम कर लोगों को सशक्त करने में प्रमुख भूमिका निभाते हैं।
- भारत में ये उद्यम लगभग 6000 प्रकार के विविध उत्पादों का निर्माण करते हैं तथा देश के कुल विनिर्माण में 33% का योगदान और कुल निर्यात में 48% का योगदान करते हैं।
- एमएसएमई को प्रोत्साहन प्रदान करना राज्य सरकार का प्राथमिक कार्य है, लेकिन केन्द्र सरकार द्वारा वर्ष 2006 में सूक्ष्म, लघु एवं मध्यम उद्यम विकास अधिनियम का निर्माण कर, इसे सशक्त करने का प्रयास किया गया।
- सरकार द्वारा एमएसएमई की कम्पनियों को कई प्रकार से प्रोत्साहन प्रदान किया जाता है; जैसे—बैंकों से कम ब्याज पर ऋण, टैक्स, छूट, लाइसेन्स एवं प्रमाण-पत्र आदि।
- भारत सरकार ने मई, 2020 में एमएसएमई की परिभाषा में परिवर्तन कर उनके टर्नओवर और निवेश की नई परिभाषा दी है।
- सरकार द्वारा 1 जुलाई, 2020 को सूक्ष्म, लघु एवं मध्यम उद्योग की नई परिभाषा निम्न प्रकार दी गई है

अद्यतन एमएसएमई परिभाषा

उद्योग के प्रकार	निवेश	कारोबार (टर्नओवर)
सूक्ष्म उद्यम	₹ 1 करोड़	₹ 5 करोड़
लघु उद्यम	₹ 10 करोड़	₹ 50 करोड़
मध्यम उद्यम	₹ 50 करोड़	₹ 250 करोड़

- सूक्ष्म, लघु व मध्यम उद्योग क्षेत्र का देश के उत्पादन, रोजगार सृजन व निर्यात में महत्त्वपूर्ण योगदान है।
- इस क्षेत्र की लगभग 36.1 मिलियन इकाइयाँ इस समय भारत में लगी हुई हैं।
- इस क्षेत्र में लगभग 120 मिलियन लोगों को रोजगार मिलता है। यह क्षेत्र कुल निर्यात में 45% योगदान करता है। देश के सकल घरेलू उत्पाद में 8% का योगदान इसी क्षेत्र का है।
- वित्त मन्त्री निर्मला सीतारमण ने 13 मई, 2020 को निम्न संशोधित वर्गीकरण दिया था

विनिर्माण क्षेत्र	
सूक्ष्म उद्योग	निवेश ₹ 1 करोड़ से कम
लघु उद्योग	निवेश ₹ 10 करोड़ से कम
मध्यम उद्योग	निवेश ₹ 20 करोड़ से कम
सेवा क्षेत्र	
सूक्ष्म उद्योग	टर्नओवर ₹ 5 करोड़ से कम
लघु उद्योग	टर्नओवर ₹ 50 करोड़ से कम
मध्यम उद्योग	टर्नओवर ₹ 100 करोड़ से कम

सूक्ष्म, लघु और मध्यम उद्यमों के लिए सार्वजनिक क्रय नीति

- सूक्ष्म, लघु और मध्यम उद्यमों के विकास तथा प्रोत्साहन के लिए एमएसएमई (MSME) मन्त्रालय ने केन्द्रीय मन्त्रालय, विभागों, सूक्ष्म, लघु एवं मध्यम उद्यमों और सार्वजनिक क्षेत्र के उद्यमों के लिए माल एवं सेवा की खरीद के लिए एक वरीयता नीति अधिसूचित की है, जो सूक्ष्म और लघु उद्यमों के लिए सार्वजनिक क्रय नीति, आदेश 2012 के शीर्षक के रूप में अधिसूचित की गई है।
- इस आदेश के अन्तर्गत प्रत्येक केन्द्रीय मन्त्रालय, विभाग को मध्यम उद्यमों से दी जाने वाली वस्तुओं और सेवा की खरीद का लक्ष्य निर्धारित करना होगा।
- तीन वर्षों की अवधि के लिए यह लक्ष्य कुल उत्पादों और सेवाओं की खरीद का कम-से-कम 20% होना चाहिए। वार्षिक लक्ष्य में कुल खरीद का अनुसूचित जाति और अनुसूचित जनजाति के उद्यमियों से कम-से-कम 4% की खरीद करना आवश्यक है।

महत्त्वपूर्ण लघु उद्योग

महत्त्वपूर्ण लघु उद्योग निम्नलिखित हैं

कुटीर और ग्रामोद्योग

- कुटीर उद्योग परिवार के सदस्यों द्वारा पूर्ण या अंशकालिक आधार पर चलाए जाते हैं। इनमें नगण्य पूँजी निवेश होती है।

- 10,000 से कम जनसंख्या वाले स्थानों पर और ₹ 15,000 से कम स्थायी पूँजी निवेश वाले ग्रामीण क्षेत्रों में स्थापित उद्योग को ग्रामोद्योग कहा जाता है।

हथकरघा व हस्तशिल्प

- **हथकरघा** (Handicrafts) भारतीय संस्कृति का प्रतीक व हमारी समृद्ध परम्परा का अंग है। अपने विशेषीकृत डिजाइनों व पर्यावरण अनुकूल होने के कारण हथकरघा उत्पादों की घरेलू व अन्तर्राष्ट्रीय बाजार में बहुत माँग है। देश के वस्त्र उत्पादन उद्योग में हथकरघा का 15% भाग है तथा निर्यात से होने वाली आय में इसका विशेष योगदान है। वाराणसी, सैलम, गुवाहाटी, जोधपुर व बारगढ़ में भारतीय हथकरघा प्रौद्योगिकी संस्थान चलाए जा रहे हैं।
- **भारतीय हस्तशिल्प** (Handloom) देश की विविधता व संस्कृति के प्रतिनिधि हैं, जो हमारी विरासत, परम्परागत कौशल व गुणों को संरक्षित रखते है। इस क्षेत्र में निवेश की लागत कम है और यह अधिक लाभ निर्यात की दृष्टि से सर्वाधिक सम्भावना वाला क्षेत्र है। 11वीं पंचवर्षीय योजना में देश में करीब 69 लाख शिल्पकारों को रोजगार प्राप्त हुआ, जिसमें महिलाओं की संख्या लगभग 39 लाख है। कुल शिल्पकारों में 56% महिलाएँ हैं। हाल के वर्षों में हस्तशिल्प क्षेत्र विदेशी मुद्रा अर्जित करने वाले सबसे महत्त्वपूर्ण क्षेत्र के रूप में उभरा है। भारतीय कालीनों का विश्व कालीन बाजार में 26% भाग का योगदान है।

भारत में असमाविष्ट गैर-कृषि उद्यमों (निर्माण को छोड़कर) की मुख्य संकेतक रिपोर्ट

इस रिपोर्ट को जून, 2017 में राष्ट्रीय प्रतिदर्श सर्वेक्षण कार्यालय (NSSO) द्वारा 73वें दौर की संकलित सूचना के आधार पर जारी किया गया था। इस रिपोर्ट के प्रकाशन से निम्नलिखित परिणाम आए हैं

- वर्ष 2022 तक भारत में कुल 6634006 करोड़ उद्यमों ने उद्यम पोर्टल पर पंजीकरण कराया है, जिनमें से 6279858 सूक्ष्म, 319793 लघु और 34355 माध्यम उद्यम हैं।
- इन उद्यमों में से 51.3% ग्रामीण क्षेत्रों में और 48.7% शहरी क्षेत्रों में स्थापित हैं।
- भारत के लगभग 22 राज्यों में 98% उद्यम स्थापित हैं। उत्तर प्रदेश में 14.20%, पश्चिम बंगाल में 13.99%, तमिलनाडु में 7.80%, महाराष्ट्र में 7.54% एवं कर्नाटक में 6.05% उद्यम स्थापित हैं।
- इन उद्यमों का 80% स्वामित्व पुरुषों के पास तथा शेष का स्वामित्व महिलाओं के पास है।
- इससे 11.13 करोड़ नौकरियों का सृजन किया गया, जिनमें से 55% लोग शहरी क्षेत्रों में और 45% लोग ग्रामीण क्षेत्रों में कार्यरत् हैं।
- इस क्षेत्र में कार्य करने वाले लोगों में से लगभग 50% लोग 5 राज्यों (उत्तर प्रदेश, पश्चिम बंगाल, तमिलनाडु, महाराष्ट्र, कर्नाटक) में कार्यरत् हैं।

हथकरघा से सम्बन्धित योजनाएँ

हथकरघा से सम्बन्धित योजनाएँ निम्न प्रकार हैं

- वित्तीय वर्ष 2021-22 से 2025-26 के लिए **राष्ट्रीय हथकरघा विकास कार्यक्रम** (NHDP) शुरू किया गया है।
- योग्य हथकरघा बुनकरों को रियायती दरों पर गुणवत्तापूर्ण धागा उपलब्ध कराने के लिए **यार्न आपूर्ति योजना** (YSS) को शुरू किया गया।
- बुनकर **MUDRA योजना** के अन्तर्गत 6% की रियायती ब्याज पर ऋण प्रदान किया जाएगा।
- बुनकरों हेतु पर्याप्त विपणन सुविधाओं के लिए **शहरी हाट योजना** को लाया गया है।
- डिजाइन और प्रौद्योगिकी उन्नयन (DTU) योजना के अन्तर्गत नवीन डिजाइनों का विकास तथा लुप्तप्राय शिल्पों का पुनरुद्धार किया जाएगा।

सूक्ष्म, लघु एवं मध्यम उद्यमों के लिए 12 सूत्री कार्य योजना

- भारत में वित्तीय समावेशन के लक्ष्य की प्राप्ति हेतु सूक्ष्म, लघु एवं मध्यम उद्यमों (MSMEs) का विकास अपरिहार्य है तथा इसके विकास हेतु सरकार के द्वारा पाँच पहलुओं; जैसे—उद्यमियों की ऋण तक आसान पहुँच, बाजार तक पहुँच, तकनीकी अथवा प्रौद्योगिकी विकास, व्यापार करने की सुविधा एवं कर्मचारियों हेतु सामाजिक सुरक्षा पर विशेष ध्यान दिया जा रहा है। इन पाँचों पहलुओं की प्राप्ति हेतु ही सरकार के द्वारा 12 सूत्री कार्य योजना के क्रियान्वयन की घोषणा की गई है।

12 सूत्री कार्य योजना

कार्य योजना	विवरण
59 मिनट का ऋण	GST पंजीकृत सूक्ष्म, लघु और मध्यम उद्यमों (MSME) को एक नए पोर्टल के माध्यम से केवल 59 मिनट में ₹ 71 करोड़ का ऋण स्वीकृत किया जाएगा।
ब्याज दर में छूट	GST पंजीकृत MSMEs को 2% सबवेन्शन या ₹ 1 करोड़ तक के वृद्धिशील नए ऋणों पर छूट मिलेगी।
कैश फ्लो निश्चितता	अब ₹ 500 करोड़ से अधिक टर्नओवर वाली कम्पनियों के लिए ट्रेड रिसीवेबल्स ई-डिस्काउण्टिंग सिस्टम (TREDs) से जुड़ना अनिवार्य है, जिससे MSMEs को कैश फ्लो में कठिनाई का सामना न करना पड़े।
PSUs द्वारा खरीद	सार्वजनिक क्षेत्र (PSUs) की कम्पनियों द्वारा खरीद, जिन्हें अपनी वार्षिक खरीद का 20% MSMEs से निकालना अनिवार्य था।

कार्य योजना	विवरण
महिला उद्यमी	MSMEs से अनिवार्य 25% खरीद में से 3% अब महिला उद्यमियों के लिए आरक्षित होगा।
गवर्नमेण्ट ई-मार्केटप्लेस (GeM)	सभी सार्वजनिक क्षेत्र के उद्यमों को सामान के सामान्य उपयोग की ऑनलाइन खरीद की सुविधा के लिए GeM की सदस्यता लेनी होगी।
तकनीकी उन्नयन	सरकार ने बेहतर तकनीकी सहायता और उपकरणों की सुविधा के लिए ₹ 6000 करोड़ के पैकेज की घोषणा की।
फार्मा कम्पनियाँ	सरकार MSME फार्मा कलस्टर बनाएगी। इन कलस्टरों की स्थापना की 70% लागत सरकार द्वारा वहन की जाएगी।
एक वार्षिक रिटर्न	MSME को 8 श्रम कानूनों और 10 केन्द्रीय नियमों पर केवल एक वार्षिक रिटर्न दाखिल करना होगा।
इन्स्पेक्टर राज नहीं	MSME के क्षेत्र में अब और इन्स्पेक्टर राज की मंजूरी नहीं दी जाएगी।
पर्यावरण मंजूरी में छूट	MSME को अब फैक्ट्री स्थापित करने के लिए हवा और पानी की एक ही मंजूरी तथा एक सहमति की आवश्यकता होगी।
कम्पनी अधिनियम में अध्यादेश	कम्पनी अधिनियम के अन्तर्गत मामूली अपराधों के लिए दण्ड को आसान बनाने के लिए एक अध्यादेश जारी किया गया है।

उद्यमियों की ऋण तक आसान पहुँच

- उद्यमी एमएसएमई के क्रियान्वयन के लिए ऋण तक आसान पहुँच को सुनिश्चित कर पाए, इसके लिए एक ऋण पोर्टल विकसित किया गया है। इस ऋण पोर्टल के अन्तर्गत 59 मिनट में ही ₹ 71 करोड़ तक के ऋण को सैद्धान्तिक रूप से मंजूरी मिल सकती है। ऋण की प्राप्ति हेतु लिंक जीएसटी पोर्टल के द्वारा उपलब्ध कराए जाएँगे।
- इसके अन्तर्गत सभी एमएसएमई जो जीएसटी के अन्तर्गत पंजीकृत हैं, उन्हें 2% ब्याज अनुदान उपलब्ध कराए जाएँगे।
- प्री-शिपमेण्ट एवं पोस्ट शिपमेण्ट के समय यदि कोई निर्यातक ऋण की प्राप्ति करता है, तो उसके ब्याज में छूट 3-5% की बढ़ोतरी की जाएगी।

> ऐसी कम्पनियाँ, जो ₹ 500 करोड़ से अधिक टर्नओवर वाली हैं, उन्हें नकदी की समस्या से लड़ना न पड़े, इसके लिए यह व्यवस्था की गई है कि ये कम्पनियाँ व्यापार प्राप्तियाँ ई-डिस्काउण्टिंग सिस्टम के साथ जुड़ें, जिससे वे अपनी आगामी प्राप्तियों के लिए बैंकों से ऋण प्राप्त कर सकें।

बाजार तक पहुँच

- सार्वजनिक क्षेत्र की कम्पनियों के लिए यह अनिवार्य कर दिया गया है कि वे अपनी कुल खरीदारी की 25% खरीदारी एमएसएमई क्षेत्र से करेंगे।
- इन 25% खरीद में से 3% खरीद अनिवार्य रूप से महिला उद्यमियों से की जानी है।
- केन्द्र सरकार के सभी सार्वजनिक उपक्रम अनिवार्यत: जीईएम पोर्टल के साथ जुड़ेंगे। साथ ही वे अपने उपभोक्ताओं को भी इस पोर्टल पर पंजीकृत कराएँगे।

तकनीकी अथवा प्रौद्योगिकी विकास

- फार्मा क्षेत्र में एमएसएमई से सम्बन्धित कलस्टर विकसित किए जाएँगे। इस दौरान कुल लागत का 70% केन्द्र सरकार वहन करेगी।
- सरकारी प्रक्रियाओं का सरलीकरण करते हुए सरकार द्वारा 8 श्रम कानूनों एवं 10 केन्द्रीय विनियमों का निर्माण किया जा रहा है। इन विनियमों में यह भी प्रावधान होगा कि उद्यमी एक वर्ष में केवल एक ही बार फाइल रिटर्न करेंगे।
- इन्स्पेक्टर राज की समाप्ति करते हुए इन्स्पेक्टरों के लिए यह व्यवस्था की जा रही है कि वे कम्प्यूटरीकृत माध्यम से ही अपने वरीय अधिकारियों का निर्देशन प्राप्त करेंगे कि वे किन प्रतिष्ठानों का दौरा करेंगे।
- पर्यावरण एवं स्थापना से सम्बन्धित अनापत्ति प्रमाण-पत्र (NOC) उद्यमी अब एक ही अनुज्ञा-पत्र से प्राप्त कर सकते हैं। इसके अतिरिक्त स्व-प्रमाणन के माध्यम से भी रिटर्न स्वीकार किए जाएँगे।

> कम्पनी अधिनियम में संशोधन करते हुए यह व्यवस्था की गई है कि यदि उद्यमी के द्वारा इस अधिनियम का मामूली उल्लंघन होता है, तो उन्हें अब न्यायालय आने की आवश्यकता नहीं पड़ेगी।

कर्मचारियों हेतु सामाजिक सुरक्षा

इसके लिए सरकार के द्वारा कई योजनाएँ चलाई जा रही हैं; जैसे—जनधन योजना, आम आदमी बीमा योजना इत्यादि।

सूक्ष्म, लघु एवं मध्यम उद्योग विकास संगठन

इसकी स्थापना वर्ष 1954 में लघु उद्योग विकास संगठन के रूप में की गई थी। यह सूक्ष्म, लघु एवं मध्यम उद्योगों के लिए एक शीर्ष संस्था के रूप में कार्य करता है। यह सूक्ष्म, लघु एवं मध्यम औद्योगिक इकाइयों को सुविधाएँ और सेवाएँ प्रदान करता है।

राष्ट्रीय लघु उद्योग निगम लिमिटेड

- राष्ट्रीय लघु उद्योग निगम एनएसआईसी, सूक्ष्म, लघु और मध्यम उद्यम (MSME) मन्त्रालय के अन्तर्गत एक आईएसओ वर्ष 9001-2015 प्रामाणिक भारत सरकार का उद्यम है। एनएसआईसी देश में सूक्ष्म, लघु और उद्यमों के विकास को बढ़ावा देने तथा सहायता देने के लिए कार्य कर रहा है।
- इसकी स्थापना वर्ष 1955 में की गई थी। यह सूक्ष्म एवं लघु उद्योग के लिए प्रोत्साहन, सहायता और पोषण का कार्य करता है।

महत्त्वपूर्ण संस्थान

संस्थान	स्थान
भारतीय उद्यमशीलता संस्थान	गुवाहाटी
राष्ट्रीय उद्यमशीलता एवं लघु विकास व्यापार संस्थान	नोएडा
राष्ट्रीय लघु उद्योग विस्तार पश्चिमी संस्थान	हैदराबाद

राष्ट्रीय उद्यमिता विकास संस्थान

- अति लघु, लघु और मध्यम उद्यमों एमएसएमई को बढ़ावा देने, विशेषकर पहली पीढ़ी के उद्यमियों द्वारा नए उद्यमों की स्थापना के लिए उद्यमिता विकास और प्रशिक्षण एक मुख्य तत्त्व है। पहली पीढ़ी के उद्यमियों में उद्यमिता संस्कृति का विकास करने के लिए मन्त्रालय ने तीन राष्ट्रीय स्तर के उद्यमिता विकास संस्थानों की स्थापना की है।

इसकी स्थापना वर्ष 1983 में भारतीय औद्योगिक वित्त निगम, इण्डस्ट्रियल क्रेडिट एण्ड इन्वेस्टमेण्ट कॉर्पोरेशन ऑफ इण्डिया (आईसीआईसीआई) एवं भारतीय स्टेट बैंक की स्पॉन्सरशिप से हुई।

सूक्ष्म, लघु एवं मध्यम उद्योग से सम्बन्धित बोर्ड

- एमएसएमई के विकास कार्य में केन्द्र व राज्य सरकारों के कई विभाग/मन्त्रालय और संगठन शामिल हैं। समन्वय और अन्तर संस्था सम्पर्क के लिए एमएसएमई विकास अधिनियम, 2006 के अन्तर्गत नेशनल बोर्ड फॉर माइक्रो, स्मॉल और मीडियम एण्टरप्राइजेज की स्थापना की गई है।
- यह एमएसएमई क्षेत्र से जुड़े सभी मुद्दों पर सरकार को सलाह देने वाली शीर्ष संस्था है। एमएसएमई के प्रभारी मन्त्री बोर्ड के अध्यक्ष हैं। इस बोर्ड में राज्यों के उद्योग मन्त्री, कुछ सांसद, भारत सरकार के विभिन्न विभागों के सचिव, वित्तीय संस्थाओं, सार्वजनिक क्षेत्र के प्रतिष्ठानों, उद्योग संघों के प्रतिनिधि और क्षेत्र के विशेषज्ञ शामिल होते हैं।

मीरा सेठ समिति

- देश में हथकरघा क्षेत्र से जुड़ी समस्याओं की पहचान एवं उनके समाधान हेतु उपाय सुझाने के लिए मीरा सेठ समिति का गठन किया गया था। इन्होंने अपनी रिपोर्ट जनवरी, 1997 में सरकार को सौंपी।
- इस समिति ने गैर-सरकारी क्षेत्र के बुनकरों को ऋण प्रदान करने के लिए ₹ 500 करोड़ का **राष्ट्रीय हथकरघा ऋण कोष** स्थापित करने तथा एक **आपदा राहत योजना** लागू करने की सिफारिश की थी।

आबिद हुसैन समिति

- लघु उद्योग की समस्या का अध्ययन करके उनके विकास हेतु सुझाव देने के लिए उद्योग मन्त्रालय द्वारा गठित डॉ. आबिद हुसैन समिति की सिफारिशों को 27 जनवरी, 1997 को सार्वजनिक रूप से घोषित किया गया। इस समिति का गठन वर्ष 1995 में किया गया था। इस समिति की प्रमुख सिफारिशें निम्नलिखित थीं
  - लघु उद्योगों के लिए मदों के आरक्षण की प्रणाली की समाप्ति।
  - निवेश की सीमा, वर्तमान ₹ 60-75 लाख से बढ़ाकर ₹ 3 करोड़ की जाए।
  - विदेशी पूंजी निवेश की 24% सीमा की समाप्ति।
  - लघुतर इकाई में निवेश-सीमा ₹ 5 लाख के वर्तमान स्तर से बढ़ाकर ₹ 25 लाख की जाए। प्राथमिकता क्षेत्र ऋण के अन्तर्गत लघु उद्योगों को दिए जाने वाले ऋण का 70% अति लघु इकाइयों को दिया जाए।
  - अगले पाँच वर्षों में लघु उद्योगों के हितों के लिए सरकार ₹ 2500 करोड़ के विशेष पैकेज की घोषणा करे। अति लघु उद्योगों की सहायता के लिए रिवॉल्विंग फण्ड की स्थापना हो।
  - लघु औद्योगिक इकाइयों पर नजर रखने के लिए उद्योगमन्त्री की अध्यक्षता में एक संचालन समिति का गठन किया जाए।
  - सेवा क्षेत्र की लघु स्तर की इकाइयों को भी लघु उद्योगों में सम्मिलित किया जाए तथा लघु उद्योग क्षेत्र लघु स्तरीय उद्यम क्षेत्र के नाम से जाना जाए।
  - एक ही प्रकार के एक ही स्थान पर केन्द्रीय लघु उद्यम समूहों के लिए क्रेडिट रेटिंग प्रणाली विकसित की जाए।

सूक्ष्म, लघु व मध्यम उद्योग की महत्त्वपूर्ण योजनाएँ व कार्यक्रम

योजना	वर्ष	लक्ष्य
पूँजी सहायता योजना	2000	मशीनरी व संयन्त्र खरीदने हेतु पूँजी सहायता।
ऋण गारण्टी कोष योजना	2000	उद्यमियों को बिना कुछ गिरवी रखे ₹ 1 करोड़ तक का ऋण उपलब्ध कराना।
सूक्ष्म वित्त कार्यक्रम	2003-04	सिडबी की सूक्ष्म क्रेडिट योजना के साथ सम्बद्ध किया गया है, भारत सरकार एक पोर्टफोलियो जोखिम निधि के अन्तर्गत सिडबी को फण्ड प्रदान करती है, जिसका उपयोग सूक्ष्म वित्त संस्थाएँ करती हैं।
ऋण रेटिंग योजना	2005	इसके अन्तर्गत मध्यम उद्योग नहीं आते। इसे राष्ट्रीय लघु उद्योग निगम द्वारा कार्यान्वित किया जाता है।
राष्ट्रीय उत्पादन प्रतिस्पर्द्धात्मक कार्यक्रम	2007-08	उद्यमों में वैश्विक प्रतिस्पर्द्धा विकसित करने हेतु।

चैम्पियन पोर्टल

- यह एक आईसीटी आधारित प्रौद्योगिकी प्रणाली है, जो लघु इकाइयों को बड़ी इकाई में परिवर्तित करने में मदद करती है।
- यह एमएसएमई मन्त्रालय के अधीन है।
- एमएसएमई क्षेत्र में हाल के विकास का नियमित अध्ययन करना।
- शिकायतों के त्वरित समाधान के लिए मन्त्रालय के अधिकारियों की योजना की मैपिंग करना।
- इसे राष्ट्रीय सूचना विज्ञान केन्द्र की सहायता से तैयार किया गया है।

विशेष आर्थिक क्षेत्र

- इस क्षेत्र का अभिप्राय ऐसे भौगोलिक क्षेत्र से है, जो देश में गैर-विशेष आर्थिक क्षेत्र (नॉन सेज) की अपेक्षा विशेषाधिकारों का लाभ प्राप्त कर रहा है।
- एक्सपोर्ट प्रोसेसिंग जोन का अनुभव बहुत अधिक सकारात्मक नहीं होने के कारण आयात-निर्यात नीति वर्ष 1997-2002 में सेज की संकल्पना लागू की गई।
- चीनी मॉडल का अनुसरण करते हुए 1 अप्रैल, 2000 से कोच्चि (केरल) को छोड़कर सभी को सेज में परिवर्तित कर दिया गया। सेज की कार्य प्रणाली को अधिक प्रभावी बनाने के लिए सेज अधिनियम, 2005 पारित किया गया। सामान्यत: आर्थिक मामलों में सेज को विदेशी क्षेत्र माना जाता है।

विशेष आर्थिक क्षेत्रों की वर्तमान स्थिति

- वर्ष 2022 में 425 औपचारिक सेज का अनुमोदन प्राप्त हुआ।
- भारत में अधिसूचित सेज (7 केन्द्र सरकार + 12 राज्य/निजी) की संख्या कुल 376 है।
- भारत में वर्तमान (वर्ष 2022) में 268 परिचालित या संचालित सेज हैं।
- वर्ष 2022 तक सेज के अन्तर्गत कुल 5576 स्वीकृत इकाइयाँ कार्यरत् रहीं।
- सेज से वर्तमान में 2996180 लाख रोजगार का सृजन होता है।
- वित्तीय वर्ष 2021-22 में सेज से कुल निर्यात ₹ 990747 करोड़ रहा।

विशेष आर्थिक क्षेत्र के मुख्य उद्देश्य

विशेष आर्थिक क्षेत्र के मुख्य उद्देश्य निम्नलिखित हैं

- निवेश को घरेलू व विदेशी स्रोतों से आकर्षित करना।
- रोजगार के अवसरों का सृजन करना।
- वस्तुओं एवं सेवाओं के निर्यात को प्रोत्साहित करना।
- आधारिक संरचनाओं का विकास करना।
- नई आर्थिक गतिविधियों का सृजन करना।

सेज नीति और बाबा कल्याण समिति

- वाणिज्य एवं उद्योग मन्त्रालय द्वारा बाबा कल्याणी की अध्यक्षता में सेज नीति के अध्ययन के लिए समिति का गठन किया गया।
- बाबा कल्याणी द्वारा सेज नीति से सम्बन्धित कुछ महत्त्वपूर्ण सुझाव दिए गए हैं, जो निम्नलिखित हैं
  - सेज नीति की स्थापना का मुख्य उद्देश्य निर्यात के साथ-साथ रोजगार सृजन और आर्थिक संवृद्धि करना था।
  - सेवा और विनिर्माण उद्योग के लिए अलग-अलग प्रकार के सेज की स्थापना का प्रयास करना चाहिए।
  - संचालन दृष्टिकोण को अपनाना, क्योंकि इससे रोजगार एवं आर्थिक संवृद्धि को बल मिलता है।
  - आधारिक संरचना का विकास हाईस्पीड, मल्टी मॉडल कनेक्टिविटी और व्यावसायिक सेवाओं में निवेश को बढ़ावा देना, जिससे प्रतिस्पर्द्धा को बढ़ावा मिलेगा।
  - विशेष आर्थिक क्षेत्रों में परिवहन और संचार सेवाओं का विकास करना।
  - सेज परियोजनाओं को वित्त की व्यवस्था करने वाले संस्थानों को आधारिक संस्थान का दर्ज़ा प्रदान करना।
  - सरकार द्वारा ड्यूटी व कर से सम्बन्धित लाभों को सेज में यथावत् बनाए रखना।
  - सेज के अन्तर्गत प्राप्त होने वाले विभिन्न अनुमोदनों में तेजी लाना।
  - इसके अन्तर्गत विवादों का निपटारा मध्यस्थता व वाणिज्यिक अदालतों से इसका समाधान करना।

निर्यात प्रसंस्करण क्षेत्र

- निर्यात प्रसंस्करण क्षेत्र एक इकाई के रूप में निर्यात को बढ़ावा देने के लिए किसी भी देश के द्वारा स्थापित किया जाता है। इसके अन्तर्गत इस क्षेत्र में स्थापित उद्योगों को राजकोषीय प्रोत्साहन, कर छूट और निर्यातित वस्तुओं के लिए उपयुक्त वातावरण उत्पन्न करना है, जिससे वे अन्तर्राष्ट्रीय प्रतियोगिता में अपना स्थान बना सकें।
- भारत द्वारा निर्यात संवर्द्धन को बढ़ावा देने के उद्देश्य से एशिया का पहला निर्यात संवर्द्धन क्षेत्र वर्ष 1965 में काण्डला में स्थापित किया गया। सार्वजनिक क्षेत्र में कुल 7 ईपीज स्थापित किए गए। ये हैं—काण्डला (गुजरात), सान्ताक्रुज (महाराष्ट्र), पश्चिम बंगाल, नोएडा (उत्तर प्रदेश), कोच्चि (केरल), चेन्नई (तमिलनाडु) तथा विशाखापत्तनम (आन्ध्र प्रदेश)।

- इनके अतिरिक्त निजी क्षेत्र में दो ईपीज स्थापित किए गए हैं; जैसे मुम्बई (महाराष्ट्र), सूरत (गुजरात) सान्ताक्रुज। इलेक्ट्रॉनिकी निर्यात संसाधन क्षेत्र विशिष्ट रूप से इलेक्ट्रॉनिक सामान तथा रत्न और आभूषणों के लिए है, जबकि अन्य क्षेत्र सभी प्रकार के उत्पादों के लिए हैं।

राष्ट्रीय निवेश तथा विनिर्माण क्षेत्र

- भारत सरकार ने एक दशक के अन्दर सकल घरेलू उत्पाद में विनिर्माण की भागीदारी को 25% तक बढ़ाने और 100 मिलियन रोजगार सृजित करने के उद्देश्य से एक राष्ट्रीय विनिर्माण नीति, 2011 की घोषणा की है।
- इस नीति के अनुसार, एनआईएम जेड को जोनिंग के आधार पर अत्याधुनिक बुनियादी ढाँचे और भूमि उपयोग के साथ एकीकृत औद्योगिक टाउनशिप के रूप में विकसित किया जाएगा, जहाँ पर स्वच्छ और ऊर्जा कुशल प्रौद्योगिकी, आवश्यक सामाजिक अवसंरचना, कौशल विकास सुविधाओं आदि का विकास किया जाएगा।
- एनआईएम जेड के लिए प्रस्तावित कुल भूमि क्षेत्र का कम-से-कम 30% निर्माण इकाइयों के स्थान के लिए उपयोग किया जाएगा। इसके लिए भूमि की व्यवस्था बंजर भूमि से की जाएगी।
- एनआईएम जेड को कम-से-कम 5000 हेक्टेयर भूमि क्षेत्र के साथ विकसित किया जा सकेगा। इसके लिए उद्योग और आन्तरिक व्यापार संवर्द्धन विभाग नोडल एजेन्सी होगा।
- भारत सरकार ने अभी तक 16 एनआईएम जेड क्षेत्रों को सैद्धान्तिक अनुमति प्रदान की है। हाल ही में तीन नए राष्ट्रीय निवेश और विनिर्माण क्षेत्रों प्रकाशम (आन्ध्र प्रदेश), संगारेड्डी (तेलंगाना) और कलिंगनगर (ओडिशा) को स्वीकृति प्रदान की गई है।

औद्योगिक रुग्णता

- कम्पनी अधिनियम, 2002 की धारा-3 (46AA) के अनुसार, रुग्ण इकाई वह है, जिसकी किसी वित्तीय वर्ष में संचित हानियाँ पिछले चार वित्तीय वर्षों के औसत निवल सम्पत्ति मूल्य के 50% के बराबर या अधिक हों, अथवा जो निरन्तर तीन तिमाहियों में अपने देनदारों के ऋण को चुकाने में विफल रही हो।
- यदि सामान्य शब्दों में कहा जाए, तो एक औद्योगिक रुग्ण इकाई वह है, जो बहुत दिनों से घाटे में चल रही हो। औद्योगिक रुग्णता (Industrial Sickness) भारत में औद्योगिक क्षेत्र की प्रमुख समस्याओं में से एक है। एक अनुमान के अनुसार, भारत में 2 लाख से अधिक औद्योगिक इकाइयाँ रुग्ण अवस्था में हैं तथा इनमें 33% इकाइयाँ लघु क्षेत्र से हैं। इनके अतिरिक्त प्रतिवर्ष इनमें 29000 इकाइयाँ शामिल होती जा रही हैं, जोकि गम्भीर चिन्ता का विषय है।

औद्योगिक रुग्णता के कारण

औद्योगिक रुग्णता के निम्नलिखित कारण हैं

- आधारभूत संरचना की अपर्याप्तता।
- माँग का अभाव, कार्यशील पूँजी का अभाव, कच्चे-माल की अनुपलब्धता।
- श्रमिकों के साथ औद्योगिक विवाद।
- ऊर्जा सुविधाओं की अनुपलब्धता।
- विपणन (Marketing) की समस्या।
- कुशल प्रबन्धन का अभाव और इसके कारण कार्यकुशलता और प्रतिस्पर्द्धात्मकता में कमी।

औद्योगिक रुग्णता के परिणाम

औद्योगिक रुग्णता के निम्नलिखित परिणाम हैं

- देश की उत्पादक पूँजी के एक बड़े अंश का अनुत्पादक पूँजी में परिवर्तित हो जाना, जिसके कारण उस निवेश का लाभ निवेशकर्ता के साथ-साथ देश की अर्थव्यवस्था को नहीं मिल पाता।
- श्रमिक हितों पर प्रतिकूल प्रभाव और श्रमिकों का अनिश्चित भविष्य।
- बैंकों और वित्तीय संस्थाओं पर प्रतिकूल प्रभाव तथा गैर-निष्पादित परिसम्पत्ति की समस्या।
- सरकारी राजस्व पर प्रतिकूल प्रभाव।
- बन्द इकाइयों के श्रमिकों की छँटनी का अन्य उद्योगों के श्रम संघ विरोध करते हैं तथा व्यापक स्तर पर औद्योगिक हड़तालें होती हैं।
- बैंकों और दूसरे वित्तीय संस्थानों को अत्यधिक हानि होती है, जो रुग्ण इकाइयों को पहले ऋण दिए होते हैं।

भारतीय औद्योगिक निवेश बैंक

- भारतीय औद्योगिक पुनर्निर्माण बैंक की स्थापना 20 मार्च, 1985 को भारतीय औद्योगिक पुनर्निर्माण बैंक अधिनियम, 1984 के अन्तर्गत भारतीय औद्योगिक पुनर्निर्माण निगम लिमिटेड के पुनर्गठन के फलस्वरूप की गई।
- इसका मुख्य उद्देश्य देश के प्रधान ऋण तथा पुनर्निर्माण एजेन्सी के रूप में रुग्ण तथा बन्द औद्योगिक एककों का पुनर्निर्माण करना है।
- वर्ष 1997 में नई व्यवस्था में कम्पनी अधिनियम, 1956 के अन्तर्गत पंजीकृत कर इसे एक कम्पनी का रूप दे दिया गया।
- इसका मुख्यालय कोलकाता में स्थित है। IIBI, सेबी के पास पंजीकृत श्रेणी-1 का मर्चेण्ट बैंकर है।

औद्योगिक रुग्णता से बचने के उपाय : विभिन्न समितियाँ

- भारत में औद्योगिक रुग्णता की समस्या पर विचार हेतु वर्ष 1981 में **तिवारी समिति** गठित की गई। तिवारी समिति की सिफारिश पर वर्ष 1985 में **रुग्ण औद्योगिक कम्पनी अधिनियम** पारित किया गया।
- औद्योगिक रुग्णता की समस्या पर विचार के लिए 1 मई, 1987 को **औद्योगिक एवं वित्तीय पुनर्निर्माण बोर्ड** की स्थापना की गई।
- औद्योगिक रुग्णता पर विचार के लिए अप्रैल, 1993 में **ओंकार गोस्वामी** की अध्यक्षता में एक समिति गठित की गई थी। इस समिति ने अपनी रिपोर्ट में औद्योगिक रुग्णता की परिभाषा को बदलने के साथ-साथ **सीका** और **बीआईएफआर** में भी परिवर्तन की सिफारिश की।
- पुन: वर्ष 2000 में **बी. बालकृष्ण इराडी** की अध्यक्षता में एक समिति गठित की गई। समिति ने एक नेशनल कम्पनी लॉ ट्रिब्यूनल के गठन तथा इसे कम्पनी लॉ बोर्ड के अधिकार को सौंपे जाने की सिफारिश की।
- इस समिति के सुझाव के अनुरूप वर्ष 2002 में नया कम्पनी विधेयक लाया गया। इसके प्रभावी होने के साथ ही सीका, एनसीएलटी तथा एएआईएफआर का अस्तित्व समाप्त हो जाएगा तथा इनका कार्य एनसीएलटी को सौंप दिया जाएगा। इस अधिनियम के अन्तर्गत एक इन्सॉल्वेन्सी फण्ड के गठन का भी प्रावधान है।

औद्योगिक श्रम

- स्वतन्त्रता के प्रारम्भ के वर्ष 1948 में ही श्रमिकों को पूँजीपतियों के शोषण से बचाने के उद्देश्य से न्यूनतम मजदूरी अधिनियम पास किया गया। इस नियम के अन्तर्गत केन्द्रीय अथवा राज्य सरकारें न्यूनतम मजदूरी दर, कार्य के घण्टे, अवकाश की अवधि इत्यादि का निर्धारण करती हैं।
- सार्वजनिक उपक्रमों के विनिवेश से सम्बन्धित सुझाव देने हेतु सर्वप्रथम रामकृष्ण की अध्यक्षता में विनिवेश आयोग का गठन किया गया था।

> भारत में लघु उद्योगों से जुड़ी समस्याओं की पहचान के लिए **आबिद हुसैन समिति** तथा हस्तकरघा क्षेत्र की समस्याओं के लिए मीरा सेठ समिति गठित की गई।

- विनिवेश (Disinvestment) के अन्तर्गत सार्वजनिक उपक्रम में लगी सरकारी पूँजी को बाहर निकाला जाता है, जबकि निजीकरण की अवस्था में सार्वजनिक क्षेत्र के उपक्रम की पूँजी एवं प्रबन्धन पर निजी नियन्त्रण स्थापित हो जाता है।
- औद्योगिक नीति, 1977 के अन्तर्गत लघु उद्यमकर्ता को एक ही स्थान पर सभी सुविधाएँ उपलब्ध कराने के उद्देश्य से जिला उद्योग केन्द्र (डीआईसी) की स्थापना का निर्णय किया गया था।

> **राष्ट्रीय श्रम आयोग**
>
> - प्रथम राष्ट्रीय श्रम आयोग का गठन वर्ष 1966 में किया गया था, जिसने श्रम समस्याओं के सभी पहलुओं का अध्ययन करने के बाद वर्ष 1969 में अपनी रिपोर्ट पेश की। उसके बाद से अनेक महत्त्वपूर्ण परिवर्तन हो चुके हैं।
> - रवीन्द्र वर्मा की अध्यक्षता में 15 अक्टूबर, 1999 को दूसरे राष्ट्रीय श्रम आयोग का गठन किया गया, जिसने अपनी रिपोर्ट 29 जून, 2002 को प्रस्तुत की। इस आयोग ने अपनी रिपोर्ट में श्रम सन्नियमों में व्यापक सुधारों के सुझाव दिए हैं। इसमें संगठित क्षेत्र के साथ-साथ असंगठित क्षेत्र के श्रमिकों के कार्य की दशाओं को सुधारने के लिए भी सुझाव दिए गए हैं।

उदारीकरण, निजीकरण और वैश्वीकरण (LPG)

- **पी. वी. नरसिम्हा राव** ने वर्ष 1991 में नई औद्योगिक नीतियाँ पेश कीं। वर्ष 1991 के अन्त में इन्होंने विभिन्न नीतिगत उपायों पर बल दिया, जिससे विकास की रणनीतियाँ एक अलग दिशा में चली गईं।
- संरचनात्मक सुधार नीतियों का उद्देश्य अन्तर्राष्ट्रीय प्रतिस्पर्द्धा में बाहर खड़े होने के लिए अर्थव्यवस्था में सुधार करना है। इन सुधारों को तीन प्रमुखों-उदारीकरण, निजीकरण और वैश्वीकरण (LPG) के अन्तर्गत वर्गीकृत किया जा सकता है। LPG में सुधार से निम्नलिखित क्षेत्रों में मदद मिली
  - भारतीय अर्थव्यवस्था में प्रौद्योगिकी के आगमन ने औद्योगिक विकास में मदद की।
  - औद्योगिक एवं सेवा क्षेत्रों के तेजी से विकास के साथ आर्थिक अवसर और रोजगार में वृद्धि हुई।
  - FDI के आने से विदेशी मुद्रा भण्डार में वृद्धि हुई।
  - वैश्विक निर्यात और आयात में भारत की भागीदारी बढ़ी।
  - भारत अब प्रेषण का सबसे बड़ा प्राप्तकर्ता है।
  - वैश्वीकरण और उदारीकरण के कारण लोगों की वस्तुओं और सेवाओं की पसन्द में वृद्धि हुई। एलपीजी सुधार के कारण, भारतीय बाजार में लगभग सभी वैश्विक ब्राण्ड के सामान उपलब्ध हैं।

उदारीकरण

- उदारीकरण का अर्थ है— उपभोक्ताओं को घरेलू या विदेशी बाजारों से जो वे चाहते हैं, उसे खरीदने की स्वतन्त्रता देना, निर्माताओं को अपनी इच्छानुसार उत्पादन करने की स्वतन्त्रता देना और साथ ही घरेलू बाजार या विदेश से बेचने या खरीदने की स्वतन्त्रता देना। उदारीकरण नीति के अन्तर्गत निम्न सुविधाओं को शामिल किया गया है
  - घरेलू और बहुराष्ट्रीय दोनों ही प्रकार के निजी निवेशकों को आकर्षित करने के लिए औद्योगिक नीति को उदार बनाया गया है।
  - लाइसेन्स प्राप्त क्षेत्र में निवेश के लिए परिसम्पत्ति की सीमा को समाप्त कर दिया गया है।

- सुरक्षा, रणनीतिक या पर्यावरण चिन्ताओं से सम्बन्धित छः उद्योगों को छोड़कर अधिकांश क्षेत्रों की औद्योगिक लाइसेन्सिंग नीति को समाप्त कर दिया गया था।
- विदेशी प्रौद्योगिकी के लिए नि:शुल्क प्रवेश प्रदान किया गया था।
- पूँजी बाजार में सभी को मुफ्त और समान पहुँच की स्वतन्त्रता प्रदान की गई।
- निर्माता और विक्रेता अपने तैयार माल या कच्चे माल का निर्यात या आयात कर सकते हैं।
- चरणबद्ध विनिर्माण कार्यक्रम को समाप्त कर दिया गया।

निजीकरण

- निजीकरण का अर्थ है—सार्वजनिक/सरकार से निजी रूप में बिक्री या विनिवेश द्वारा स्वामित्व का हस्तान्तरण।
- खनन, दूरसंचार, राजमार्ग निर्माण और प्रबन्धन, जैसे कि कुछ क्षेत्र, जो पहले निजी क्षेत्रों के लिए खुले नहीं थे, लेकिन अब उन्हें निजी क्षेत्रों के लिए खोल दिया गया है।
- निजीकरण के अन्तर्गत वर्ष 1956 से सार्वजनिक क्षेत्र के लिए आरक्षित उद्योगों की संख्या 17 से घटाकर 4 कर दी गई है।
- परमाणु ऊर्जा और रेलवे से सम्बन्धित उद्योगों के अतिरिक्त अन्य सभी उद्योगों को बन्द या निजीकरण करने की योजना है।

वैश्वीकरण

- वैश्वीकरण और उदारीकरण निकटता से सम्बन्धित अवधारणाएँ हैं, जो सामाजिक और आर्थिक बाधाओं को कम करने का सन्दर्भ प्रस्तुत करती हैं, जिसके परिणामस्वरूप अर्थव्यवस्था के भीतर और राष्ट्रों के बीच बेहतर एकीकरण होता है।

> वैश्वीकरण और उदारीकरण दोनों ही आधुनिकता के परिणाम हैं तथा जैसे-जैसे अर्थव्यवस्थाएँ बढ़ती है और समृद्ध होती हैं, वैसे-वैसे अधिक एकीकरण, लचीलापन एवं अन्योन्याश्रयता का परिणाम सभी के लिए आर्थिक लाभ के रूप में होता है।

- वैश्वीकरण व्यापार, आर्थिक, सामाजिक एवं राजनीतिक लाभ के लिए देशों और अर्थव्यवस्थाओं का बढ़ता एकीकरण है।
- वाणिज्य में वैश्वीकरण को एक वैश्विक बाजार के रूप में भी जाना जाता है, जिसमें एक ग्राहक को अपनी खरीद को किसी विशेष देश/अर्थव्यवस्था तक सीमित नहीं रखना पड़ता है, लेकिन सम्पूर्ण विश्व में उत्पादित वस्तुओं और सेवाओं से लाभ हो सकता है।
- वैश्वीकरण से पहले एक एशियाई उपभोक्ता मैसी का माल नहीं खरीद सकता था, किन्तु वैश्वीकरण के कारण विश्व के किसी भी हिस्से में कोई भी ग्राहक अब मैसी के उत्पादों को खरीद सकता है और उन्हें ऑनलाइन लेन-देन के माध्यम से अपने घर तक पहुँचा सकता है।
- वस्तुओं एवं सेवाओं की तरह लोगों, पूँजी और निवेश को अन्तर्राष्ट्रीय स्तर पर वितरित किया जाएगा, जिससे वस्तुओं एवं सेवाओं को वैश्विक बाजार तक पहुँचाया जा सके। उदाहरणस्वरूप एक जापानी कार निर्माता टोयोटा के पास प्रत्येक बाजार की माँगों को पूर्ण करने के लिए सम्पूर्ण विश्व में कई विनिर्माण संयन्त्र हैं।

विनिवेश

- विनिवेश वह प्रक्रिया है, जिसके अन्तर्गत किसी सार्वजनिक उपक्रम में लगी सरकारी पूँजी को बाहर निकाला जाता है। यह 100% तक हो सकती है। वर्ष 1991 के उदारीकरण के बाद इस दिशा में अधिक तेजी आई है।

> सार्वजनिक उपक्रमों के विनिवेश से सम्बन्धित सुझाव देने हेतु सर्वप्रथम रामकृष्ण की अध्यक्षता में विनिवेश आयोग का गठन किया गया। वर्ष 1999-2004 में पुन: एच. आर. पाटिल की अध्यक्षता में एक विनिवेश आयोग का गठन किया गया।

- 17 मई, 2020 को भारत सरकार ने यह घोषणा की कि गैर-रणनीतिक क्षेत्रों में सभी सार्वजनिक क्षेत्र के उद्यमों का निजीकरण करेगी।
- भारत सरकार द्वारा 14 अप्रैल, 2016 से विनिवेश विभाग का नाम परिवर्तित कर निवेश और लोक परिसम्पत्ति प्रबन्धन विभाग कर दिया गया।

विनिवेश का उद्देश्य

- विनिवेश प्रक्रिया में सार्वजनिक क्षेत्र के उद्यमों में रणनीतिक या वित्तीय खरीदारों को सरकारी भागीदारी की बिक्री शामिल है, जिसे स्टॉक एक्सचेंजों पर शेयरों की बिक्री के माध्यम से या सीधे खरीदारों को शेयरों की बिक्री के माध्यम से किया जाता है।
- भारत में सार्वजनिक क्षेत्र का विस्तार हुआ तथा इसकी कमियाँ कम क्षमता उपयोग और कम दक्षता में प्रकट होने लगीं। इसलिए वर्ष 1991 में विनिवेश के मार्ग पर चलने का फैसला लिया गया। भारत में परिवर्तन की प्रक्रिया वर्ष 1991-92 में शुरू हुई, जिसमें 31 चयनित सार्वजनिक उपक्रमों का ₹ 3,038 करोड़ में विनिवेश किया गया।
- अगस्त, 1996 में जीवी रामकृष्ण की अध्यक्षता में विनिवेश आयोग की स्थापना भारतीय पीएसयू के धीरे-धीरे विनिवेश की सलाह, पर्यवेक्षण, निगरानी और प्रचार करने के लिए की गई थी।
- विनिवेश का उद्देश्य अक्षम सार्वजनिक उपक्रमों के कारण सरकार पर वित्तीय बोझ को कम करना और सार्वजनिक वित्त में सुधार करना है। यह प्रतिस्पर्द्धा और बाजार अनुशासन का परिचय देता है तथा गैर-आवश्यक सेवाओं को अराजनीतिक बनाने में मदद करता है।

विनिवेश के प्रकार

विनिवेश को दो प्रकारों में विभाजित किया जा सकता है

- **सांकेतिक विनिवेश** यह विनिवेश की वह प्रक्रिया है, जिसमें सार्वजनिक क्षेत्र के उपक्रमों पर सरकारी नियन्त्रण को बरकरार रखा जाता है तथा उसके कुछ भागो; जैसे—5%, 10%, 20%, 25% तथा 49% को ही बेचा जाता है।

- **सामरिक विनिवेश** इस विनिवेश प्रक्रिया के अन्तर्गत सार्वजनिक क्षेत्र के उपक्रमों में निजी क्षेत्र के भागों को बढ़ाया जाता है और सरकार द्वारा सार्वजनिक क्षेत्र के उपक्रमों पर अपना नियन्त्रण कम किया जाता है। सरकार द्वारा इस प्रक्रिया में सार्वजनिक क्षेत्र के उपक्रमों में अपने हिस्से को घटाकर 26% या उससे भी कम किया जा सकता है। सरकार द्वारा सार्वजनिक क्षेत्र के उद्यमों को सामरिक तथा गैर-सामरिक उद्योगों में वर्गीकृत किया जाता है
  - सरकार गैर-सामरिक प्रकार के उद्यमों में अपनी भागीदारी को कम करके 26% या उससे भी कम कर सकती है।
  - सरकार द्वारा सामरिक उद्योगों के अन्तर्गत अस्त्र-शस्त्र एवं युद्धोपकरण, परमाणु ऊर्जा व सम्बद्ध क्रियाएँ तथा रेल में अपनी अधिकांश भागीदारी को सुनिश्चित रखा जाएगा।

भारत सरकार द्वारा कुछ वर्षों में निर्धारित किए गए लक्ष्य एवं उपलब्धियाँ

वित्त वर्ष	लक्ष्य (₹ करोड़)	उपलब्धि (₹ करोड़)
2019-20	105000	50298.64
2020-21	–	32845.18
2021-22	–	13530.67
2022-23	–	24543.67

विनिवेश और निजीकरण में अन्तर

- विनिवेश में सार्वजनिक क्षेत्र की कम्पनी में सरकार कुछ भाग बेचती है, लेकिन कम्पनी पर नियन्त्रण सरकार का ही रहता है, जबकि निजीकरण में बहुमत भागीदारी निजी कम्पनियों को दे दी जाती है। इस प्रकार प्रबन्धन निजी कम्पनी के हाथों में चला जाता है।
- अन्य शब्दों में अन्तर यह है कि विनिवेश के सन्दर्भ में सरकार नियन्त्रण निजी कम्पनी को दे या न दे, यह उस पर निर्भर है, लेकिन निजीकरण में ऐसा नहीं है।

विनिवेश प्रक्रिया

- राजकोष पर राजकोषीय भार को कम करने के लिए सरकार द्वारा विनिवेश किया जा रहा है। यह अन्य स्रोतों से आय की कमी को पूर्ण करने जैसे विशिष्ट उद्देश्यों के लिए धन जुटाता है।
- एक सार्वजनिक क्षेत्र की इकाई की किसी अन्य इकाई को शेयरधारिता के हस्तान्तरण की रणनीतिक विनिवेश (अधिक निजी क्षेत्र की इकाई को) के रूप में जाना जाता है।
- विनिवेश आयोग रणनीतिक बिक्री को केन्द्रीय सार्वजनिक क्षेत्र के व्यवसाय; जैसे—50% या उससे अधिक (CPSE) में सरकार के स्टॉक के एक महत्त्वपूर्ण भाग की बिक्री के रूप में परिभाषित करता है। इसमें प्रबन्धन, प्राधिकरण को सौंपना भी शामिल है।
- भारत में विनिवेश प्रक्रिया का संचालन निवेश और सार्वजनिक सम्पत्ति प्रबन्धन विभाग (DIPAM) द्वारा किया जाता है, जो वित्त मन्त्रालय के अन्तर्गत आता है।
- DIPAM का प्राथमिक उद्देश्य सार्वजनिक क्षेत्र के उद्यमों में सरकार के निवेश का प्रबन्धन करना और इन उद्यमों में सरकारी इक्विटी के विनिवेश की देख-रेख करना है।

> सरकार ने वर्ष 2005 में राष्ट्रीय निवेश कोष (National Investment Fund-NIF) का गठन किया था, जिसमें केन्द्रीय सार्वजनिक क्षेत्र के उद्यमों के विनिवेश से प्राप्त आय को चैनलाइज किया जाना था।

विनिवेश की आवश्यकता

- **राजकोषीय दबाव में कमी** सरकार राजकोषीय दबाव को कम करने या उस वर्ष हेतु राजस्व की कमी को पूर्ण करने के लिए विनिवेश कर सकती है। वह विनिवेश से प्राप्त आय का उपयोग राजकोषीय घाटे को वित्तपोषित करने, अर्थव्यवस्था और विकास या सामाजिक क्षेत्र के कार्यक्रमों में निवेश करने एवं सरकारी ऋण चुकाने हेतु करती है।
- **निजी अभिकर्ता को प्रोत्साहन** विनिवेश सम्पत्ति निजी स्वामित्व और खुले बाजार में व्यापार को भी प्रोत्साहित करती है। अर्थव्यवस्था में निजी क्षेत्र के निवेश को प्रोत्साहन करना, यह सुधारों के प्रति सरकार की प्रतिबद्धता और अधिक अनुकूल कारोबारी वातावरण बनाने हेतु संकेत देता है। इसके सफल होने पर अब सरकार को घाटे में चल रही इकाई के घाटे को निधि देने की आवश्यकता नहीं होगी।
- **कार्यकुशलता में सुधार** सार्वजनिक क्षेत्र के उद्यमों से हटकर सरकार इन उद्यमों की दक्षता और प्रतिस्पर्द्धात्मकता में सुधार कर सकती है, क्योंकि निजी क्षेत्र का स्वामित्व और प्रबन्धन नए विचारों एवं अधिक बाजारोन्मुख दृष्टिकोण को बढ़ावा दे सकता है।
- **संसाधनों का बेहतर आवण्टन** सरकार विनिवेश के माध्यम से मुक्त संसाधनों को सामाजिक और बुनियादी ढाँचे के विकास जैसे अन्य प्राथमिकताओं हेतु पुन: आवण्टित कर सकती है।
- **पारदर्शिता** विनिवेश सार्वजनिक क्षेत्र के उद्यमों के कामकाज में पारदर्शिता और जवाबदेही को बढ़ा सकता है, क्योंकि निजी क्षेत्र के स्वामित्व तथा प्रबन्धन के अन्तर्गत वित्तीय एवं परिचालन सम्बन्धी रिपोर्टिंग अधिक सख्त हो सकती है।

राष्ट्रीय निवेश कोष

- राष्ट्रीय निवेश कोष (National Investment Fund) के गठन को केन्द्रीय मन्त्रिमण्डल ने वर्ष 2005 में अनुमति प्रदान की थी। इसकी औपचारिक शुरुआत 6 अक्टूबर, 2007 से उस समय हुई, जब **पावर ग्रिड कॉर्पोरेशन ऑफ इण्डिया लिमिटेड** के विनिवेश से प्राप्त ₹ 994.82 करोड़ की राशि इस कोष में जमा की गई।
- सार्वजनिक उपक्रमों के विनिवेश से प्राप्त होने वाले राजस्व के सुनिश्चित उपयोग के लिए केन्द्रीय सड़क निधि की तर्ज पर राष्ट्रीय निवेश निधि की स्थापना की गई है। सार्वजनिक उपक्रमों में विनिवेश से प्राप्त होने वाली राशि इस कोष में जमा की जाएगी तथा यह राशि भारत के संचित कोष (Consolidated Fund) से बाहर रहेगी।

- इस राशि के 75% भाग का उपयोग शिक्षा, स्वास्थ्य जैसे सामाजिक क्षेत्र के विकास के साथ-साथ 25% राशि का उपयोग सार्वजनिक क्षेत्र की इकाइयों में निवेश के लिए किया जाएगा।
- विनिवेश से प्राप्त राशि का प्रबन्धन तीन एसेट मैनेजमेण्ट कम्पनियों को सौंपा गया है। इनमें UTI एसेट मैनेजमेण्ट कम्पनी प्राइवेट लिमिटेड, SBI फण्ड्स मैनेजमेण्ट प्राइवेट लिमिटेड व एलआईसी म्यूचुअल फण्ड एसेट मैनेजमेण्ट कम्पनी लिमिटेड शामिल हैं।

उद्योग संवर्द्धन और आन्तरिक व्यापार विभाग

- सर्वप्रथम वर्ष 1995 में औद्योगिक नीति एवं संवर्द्धन विभाग (DIPP) की स्थापना की गई। इसके पश्चात् औद्योगिक विकास विभाग के साथ विलय करते हुए वर्ष 2000 में इसे पुनर्गठित किया गया।
- जनवरी, 2019 में इसका नाम परिवर्तित करते हुए उद्योग संवर्द्धन और आन्तरिक व्यापार विभाग (DPIIT) कर दिया गया। इस विभाग के कार्य निम्न हैं
  - भारत में औद्योगिक क्षेत्र को प्रोत्साहित करते हुए, उसके लिए औद्योगिक नीति तैयार करना एवं उसका क्रियान्वयन सुनिश्चित करना।
  - तीव्र औद्योगिक वृद्धि हेतु औद्योगिक अवसंरचनात्मक सहायता उपलब्ध कराना।
  - प्रत्यक्ष विदेशी निवेश एवं अनिवासी भारतीय निवेश को आकर्षित करना।
  - यह बौद्धिक सम्पदा अधिकारों से सम्बन्धित नीतियों का निर्माण करता है।
  - यह ई-कॉमर्स एवं स्टार्ट-अप से सम्बन्धित गतिविधियों का निर्धारण करता है।
  - इसके द्वारा औद्योगिक उत्पादन सूचकांक के निर्माण हेतु **थोक मूल्य सूचकांक** एवं **मासिक औद्योगिक उत्पादन के आँकड़ों का संकलन** किया जाता है।

औद्योगिक वित्त

औद्योगिक क्षेत्र के विकास की स्थापना से लेकर पुनर्जीवन (Innovation) अर्थात् बीमार औद्योगिक इकाई के पुन: संचालन, आधुनिकीकरण, यन्त्रीकरण आदि के लिए पूँजी की व्यवस्था ही औद्योगिक वित्त कहलाता है।

औद्योगिक वित्त के प्रकार

औद्योगिक वित्त के निम्नलिखित दो प्रकार हैं

- **स्थिर पूँजी** अथवा **दीर्घकालीन पूँजी** इसके अन्तर्गत मुख्यत: नए उद्यमों की स्थापना में प्रयुक्त भूमि, भवन, मशीन, औजार, फर्नीचर आदि की खरीद में लगने वाली पूँजी को दीर्घकालिक पूँजी कहा जाता है।
- **कार्यशील पूँजी** अथवा **अल्पकालिक पूँजी** इसके अन्तर्गत उद्योग में लगने वाले या होने वाले दिन-प्रतिदिन के खर्चे एवं अन्य कार्यों को पूर्ण करने के लिए लगने वाली पूँजी को कार्यशील पूँजी कहते हैं।

औद्योगिक वित्त के स्रोत

औद्योगिक वित्त के स्रोत को दो प्रकारों-आन्तरिक स्रोत व बाह्य स्रोतों में विभाजित किया जाता है; जो निम्न प्रकार हैं

- **आन्तरिक स्रोत** अंश पूँजी, ऋण-पत्र, लाभ का पुनर्नियोजन।
- **बाह्य स्रोत** व्यापारिक बैंक, सार्वजनिक जमाएँ, उद्योगों का संस्थागत वित्त प्रबन्धन।

भारतीय औद्योगिक वित्त निगम

- औद्योगिक वित्त निगम की स्थापना वर्ष 1948 में की गई। इसकी स्थापना का प्रमुख उद्देश्य उद्योगों को मध्यकालीन तथा दीर्घकालीन साख उपलब्ध कराना था।
- इस निगम की प्रदत्त पूँजी ₹ 5 करोड़ थी, जिसे बढ़ाकर वर्ष 1962 में ₹ 7 करोड़ कर दी गई। निगम द्वारा ऋणों के अतिरिक्त गारण्टी देने का कार्य भी सम्पन्न किया जाता है। औद्योगिक उपक्रमों द्वारा व्यापारिक बैंकों और राज्य सरकारी बैंकों से लिए गए ऋणों तथा भारत सरकार की पूर्वानुमति से विदेशी मुद्रा में लिए गए ऋणों की गारण्टी भी प्रदान की जाती है।

दिवाला और दिवालियापन संहिता, 2016

- दिवाला और दिवालियापन संहिता, 2016 को संसद द्वारा अधिनियमित किया गया था।
- इसका उद्देश्य कॉर्पोरेट व्यक्तियों, साझेदारी फर्मों और व्यक्तियों के दिवालिया होने तथा दिवालियापन से प्रभावी तरीके से निपटना है।
- इसके अतिरिक्त यह संहिता उपलब्ध विधायी ढाँचे के प्रावधानों को भी समेकित करती है, जिससे सभी वर्गों के देनदारों और लेनदारों के लिए एक साझा मंच तैयार किया जा सके।
- इस संहिता में कॉर्पोरेट दिवालियापन समाधान प्रक्रिया को अधिकतम 270 दिनों में पूर्ण करने का प्रावधान किया गया है।

दिवाला और दिवालियापन संहिता (द्वितीय संशोधन) अधिनियम, 2018

- इस अधिनियम के अन्तर्गत दिवाला और दिवालियापन संहिता, 2016 में संशोधन हुआ था, जिससे यह स्पष्ट होता है कि रियल एस्टेट प्रोजेक्ट के अन्तर्गत एलॉटी को वित्तीय लेनदार माना जाएगा।
- इसके अन्तर्गत किए गए संशोधनों में दिवाला और दिवालियापन में लगने वाली अवधि को 270 दिन कर दिया गया है।
- लेनदारों की समिति द्वारा लिए गए नियमित निर्णयों के लिए मतदान की सीमा 75% से घटाकर 51% कर दी गई है। यद्यपि कुछ प्रमुख निर्णयों के लिए, यह सीमा घटाकर 66% कर दी गई है।

- विधेयक संहिता के अन्तर्गत एनसीएनटी को प्रस्तुत समाधान आवेदन को वापस लेने की अनुमति देता है। यह निर्णय लेनदारों को समिति के 90% अनुमोदन के साथ लिया जा सकता है।

भारतीय दिवाला और शोधन अक्षमता बोर्ड-कॉर्पोरेट लोगों के लिए दिवालियापन समाधान प्रक्रिया (संशोधन) अधिनियम, 2019

- इस अधिनियम की प्रक्रिया द्वारा ऋणदाताओं की समिति के गठन के पूर्व एवं बाद में आवेदन को वापस लिया जा सकता है।
- इसके अन्तर्गत ऋणदाताओं की समिति द्वारा कॉर्पोरेट देनदार के ऋणशोधन का फैसला करके मंजूरी प्रदान की जाती है।
- इसके अन्तर्गत कॉर्पोरेट कर्जदार की बिक्री की प्रक्रियाओं का निर्धारण किया जाता है। कॉर्पोरेट देनदार की बिक्री होने के पश्चात् ऋण शोधन की प्रक्रिया को बन्द कर दिया जाता है।
- ऋण शोधन की प्रक्रिया को प्रारम्भ करने के एक वर्ष के अन्दर ही पूर्ण किया जाता।
- ऋण शोधन प्रक्रिया के अन्तर्गत प्रत्येक कार्य के लिए निश्चित समय-सीमा का निर्धारण किया जाता है।

दिवाला और शोधन अक्षमता संहिता (संशोधन) अधिनियम, 2021

- दिवाला और शोधन अक्षमता संहिता (संशोधन) विधेयक, 2021 को दिवाला कानूनों में संशोधन करने तथा तनावग्रस्त सूक्ष्म, लघु और मध्यम उद्यमों के लिए पूर्व से तैयार समाधान प्रक्रिया प्रदान करने के लिए पेश किया गया था।
- यह विधेयक अध्यादेश प्री-पैक्स को एमएसएमई के लिए दिवाला समाधान तन्त्र के रूप में प्रस्तावित किया गया है।
- इस प्रक्रिया के अन्तर्गत मुख्य हितधारक, जैसे कि लेनदार और शेयरधारक एक सम्भावित खरीददार की पहचान हेतु तथा सार्वजनिक बोली प्रक्रिया के कारण बातचीत करने के लिए एकसाथ आते हैं।
- इसके अन्तर्गत प्री-पैकेज्ड इनसॉल्वेन्सी रिजॉल्यूशन प्रोसेस शुरू करने के लिए न्यूनतम सीमा ₹ 1 करोड़ से अधिक नहीं है।
- यह एक ही कॉर्पोरेट देनदार के विरुद्ध लम्बित दिवाला समाधान प्रक्रिया और प्री-पैकेज्ड दिवाला समाधान प्रक्रिया शुरू करने के लिए एकसाथ आवेदनों के निपटान का प्रावधान करता है।

> यह प्री-पैकेज्ड इनसॉल्वेन्सी रिजॉल्यूशन प्रोसेस (PIR) की कपटपूर्ण या दुर्भावनापूर्ण पहल के लिए या व्यक्तियों को धोखा देने के इरादे से और प्रक्रिया के दौरान कॉर्पोरेट देनदार के कपटपूर्ण प्रबन्धन के लिए जुर्माने का प्रावधान करता है।

- यह प्री-पैकेज्ड दिवाला समाधान प्रक्रिया से सम्बन्धित अपराधों के लिए सजा का प्रावधान करता है।
- एनसीएलटी सीआईआरपी के लिए एक याचिका पर विचार करने से पहले प्री-पैकेज्ड दिवाला कार्यवाही के लिए 14 दिनों के अन्दर आवेदन को स्वीकार या अस्वीकार कर सकती है।
- आवेदन के लिए कम-से-कम 66% वित्तीय लेनदारों के अनुमोदन की आवश्यकता होगी, जो एसजीएलटी (National Company of Low Tribunal) को समाधान योजना प्रस्तुत करने के लिए अनुकूल होगी।
- इस संहिता की धारा-12 में यह उल्लेख है कि देनदार की समाधान प्रक्रिया को आवेदन प्राप्त होने के समय से 330 दिनों के अन्दर पूर्ण होना चाहिए।

भारतीय दिवाला और शोधन अक्षमता बोर्ड

- इसकी स्थापना 1 अक्टूबर, 2016 को दिवाला और दिवालियापन संहिता, 2016 के अन्तर्गत की गई थी।
- यह दिवालियापन से सम्बन्धित सभी एजेन्सियों, पेशेवरों और सूचना उपक्रम को विनियोजित करता है।

> ### प्रतिस्पर्द्धा अधिनियम, 2002
>
> - प्रतिस्पर्द्धा अधिनियम, 2002 एक ऐसा कानून है, जो भारत में वाणिज्यिक प्रतिस्पर्धा को नियन्त्रित करता है। इसने पूर्ववर्ती एकाधिकार और प्रतिबन्धित व्यापार व्यवहार अधिनियम, 1969 का स्थान लिया है।
> - इसके अन्तर्गत भारतीय प्रतिस्पर्द्धा आयोग की स्थापना हुई। इस अधिनियम में देश के आर्थिक विकास को ध्यान में रखते हुए, भारत में व्यवसाय पर प्रतिकूल प्रभाव डालने वाले व्यवहारों को रोकने, बाजार में प्रतिस्पर्द्धा को बढ़ावा और उसे बनाए रखने, उपभोक्ताओं के हितों की रक्षा करने तथा बाजार में अन्य प्रतिभागियों द्वारा चलाए जा रहे व्यापार की स्वतन्त्रता सुनिश्चित करने एवं उससे जुड़े और सम्बन्धित मामलों के लिए एक आयोग की स्थापना का प्रावधान है।

औद्योगिक विकास से सम्बन्धित योजनाएँ व कार्यक्रम

औद्योगिक विकास से सम्बन्धित योजनाएँ व कार्यक्रम निम्नलिखित हैं

मेक इन इण्डिया

- प्रधानमन्त्री श्री नरेन्द्र मोदी जी ने 25 सितम्बर, 2014 को मेक इन इण्डिया पहल की शुरुआत नई दिल्ली में राष्ट्रीय और राज्य स्तर पर एकसाथ की।
- इस कार्यक्रम का उद्देश्य भारत को एक निवेश स्थल के रूप में प्रदर्शित करना है। यह कार्यक्रम नोडल मन्त्रालय-औद्योगिक नीति एवं संवर्द्धन विभाग, वाणिज्य एवं उद्योग मन्त्रालय द्वारा क्रियान्वित किया जा रहा है।

- मेक इन इण्डिया पहल का मुख्य उद्देश्य नए आविष्कार और नई प्रौद्योगिकी के क्षेत्र में अग्रणी घरेलू कम्पनियों की पहचान कर उन्हें विश्व में सर्वोत्तम बनाना है।
- इसके अन्तर्गत हरित और अत्याधुनिक निर्माण को बढ़ावा देने और इन कम्पनियों को वैश्विक मूल्य श्रृंखला में भाग लेने में सहायता करने पर मुख्य रूप से ध्यान दिया जाएगा।

स्टैण्ड-अप इण्डिया योजना

- 6 जनवरी, 2016 को केन्द्रीय मन्त्रिमण्डल ने अनुसूचित जाति/अनुसूचित जनजातियों एवं महिलाओं में उद्यमिता को बढ़ावा देने के लिए स्टैण्ड-अप इण्डिया योजना को अनुमति दी।
- योजना का उद्देश्य प्रत्येक उद्यमी वर्ग के लिए औसतन प्रति बैंक शाखा न्यूनतम दो परियोजनाओं को सरल बनाना है। योजना से 2.5 लाख उधारकर्ताओं को लाभ मिलने की उम्मीद है। कम-से-कम 2.5 लाख अनुमति का यह लक्ष्य योजना के शुरू होने के 3 वर्षों के भीतर प्राप्त करना तय किया गया है।
  स्टैण्ड-अप इण्डिया योजना की मुख्य विशेषताएँ निम्न हैं
  - यह योजना ₹ 10,000 करोड़ की प्रारम्भिक धनराशि के साथ भारतीय लघु उद्योग एवं विकास बैंक (सिडबी) के माध्यम से पुनर्वित्त है।
  - यह योजना राष्ट्रीय क्रेडिट गारण्टी ट्रस्टी कम्पनी (एनसीजीटीसी) के द्वारा क्रेडिट गारण्टी तन्त्र बनाएगी।
  - यह योजना उधारकर्ताओं को ऋण पूर्व चरण और संचालन दोनों के दौरान समर्थन उपलब्ध कराएगी।
  - इस योजना का उद्देश्य एससी/एसटी और महिला उधारकर्ताओं को समर्थन देना है।
  - इस योजना का उद्देश्य 7 वर्ष तक बैंक का कर्ज चुकाने की सुविधा के साथ आबादी के पिछड़ों तक संस्थागत ऋण संरचना का लाभ पहुँचाना और एससी, एसटी तथा महिला उधारकर्ताओं द्वारा गैर-कृषि क्षेत्र वाले सेटअप में ग्रीनफील्ड एण्टरप्राइजेज के लिए ₹ 10 लाख से ₹ 100 लाख के बीच की धनराशि उपलब्ध कराना है।

स्टार्ट-अप इण्डिया अभियान

- प्रधानमन्त्री नरेन्द्र मोदी ने 16 जनवरी, 2016 को नई दिल्ली में स्टार्ट-अप इण्डिया अभियान का शुभारम्भ किया।
- इस दौरान देश में नए उद्योगों (स्टार्ट-अप) को बढ़ावा देने के लिए कार्य योजना प्रस्तुत की गई। स्टार्ट-अप कार्य योजना की मुख्य बातें निम्न हैं
  - स्टार्ट-अप को वित्त-पोषण के लिए एक ₹ 10,000 करोड़ का स्टार्ट-अप फण्ड बनाया जाएगा।
  - स्टार्ट-अप को पहले तीन वर्षों तक लाभ पर आयकर के भुगतान से छूट दी जाएगी।
  - सरकार स्टार्ट-अप के लिए एक सरल निकास नीति पर कार्य कर रही है।
  - सरकार स्टार्ट-अप पेटेण्ट आवेदनों की फास्ट-ट्रैकिंग के लिए एक सिस्टम तैयार करेगी।
  - इन कारोबारों के लिए पेटेण्ट शुल्क में 80% तक छूट प्रदान की जाएगी।
  - स्टार्ट-अप के लिए 9 श्रम और पर्यावरण कानूनों के लिए एक स्व-प्रमाणन आधारित अनुपालन व्यवस्था पेश की जाएगी।
  - नवाचार को बढ़ावा देने के लिए जल्द ही अटल इनोवेशन मिशन प्रस्तुत किया जाएगा।
  - 16 जनवरी को प्रतिवर्ष राष्ट्रीय स्टार्ट-अप दिवस के रूप में मनाया जाता है।

पावर टेक्स इण्डिया योजना

- सरकार ने देश में 45 स्थानों पर एकसाथ पावर टेक्स इण्डिया योजना का आरम्भ 3 अप्रैल, 2017 को किया, जो बिजली के क्षेत्र के विकास के लिए एक व्यापक योजना है।
- केन्द्रीय कपड़ा मन्त्री श्रीमती स्मृति ईरानी ने भिवण्डी, ठाणे जिला, महाराष्ट्र में इस योजना की शुरुआत की। इस योजना से विशेष रूप से छोटे मशीनकरघा बुनकरों को लाभ होगा।
- मन्त्री और मुख्यमन्त्रियों ने वीडियो कॉन्फ्रेन्स के द्वारा महाराष्ट्र, गुजरात, बिहार, तमिलनाडु, कर्नाटक, उत्तर प्रदेश और अन्य राज्यों से बातचीत की, क्योंकि पावर टेक्स इण्डिया योजना देशव्यापी शुरू की गई थी।

प्रधानमन्त्री मुद्रा योजना

- यह योजना प्रधानमन्त्री नरेन्द्र मोदी द्वारा 8 अप्रैल, 2015 को नई दिल्ली से प्रारम्भ हुई। इस योजना का पूर्ण रूप सूक्ष्म इकाई विकास एवं पुनर्वित्त एजेन्सी लिमिटेड (MUDRA) है।
- इस योजना के अन्तर्गत माइक्रो यूनिट्स डेवलपमेण्ट रिफाइनेन्स एजेन्सी बैंक की घोषणा वर्ष 2015 के बजट में की गई थी, जिसके लिए ₹ 20,000 करोड़ का कोष निर्धारित किया गया था और इसमें ₹ 3,000 करोड़ की ऋण गारण्टी राशि की घोषणा की गई थी।
- मुद्रा बैंक प्रधानमन्त्री मुद्रा योजना के जरिए सूक्ष्म वित्त संस्थानों का पुनर्वित्तीयन करेगा तथा कर्ज देते समय अनुसूचित जाति/जनजाति उद्यमियों को प्राथमिकता दी जाएगी।
- इन उपायों से युवाओं, शिक्षित अथवा कौशल प्राप्त श्रमिकों का आत्मविश्वास बढ़ेगा, जो पहली पीढ़ी के उद्यमी बनने की आकांक्षा रखते हैं, साथ ही इसमें वर्तमान लघु उद्यमी भी शामिल होकर अपनी गतिविधियों का विस्तार कर सकेंगे।

मुद्रा बैंक की आवश्यकता

मुद्रा बैंक से देश के लगभग 5 करोड़ 77 लाख छोटे कारोबारियों को लाभ मिलेगा। छोटी मैन्युफैक्चरिंग यूनिट और दुकानदारों को इससे लोन मिलेगा। इसके साथ ही सब्जी, सैलून एवं खोमचे वालों को भी इस योजना के अन्तर्गत ऋण प्राप्त होगा। प्रधानमन्त्री मुद्रा योजना के अन्तर्गत प्रत्येक सेक्टर के लिए योजना स्कीम बनाई जाएगी।

मुद्रा का वर्गीकरण

मुद्रा का वर्गीकरण निम्न प्रकार है

- पीएमएमवाई के अन्तर्गत ऋणों को मुद्रा ऋण के रूप में वर्गीकृत किया जाता है।
- ये ऋण वाणिज्यिक बैंक, क्षेत्रीय ग्रामीण बैंक, लघु वित्त बैंक, वित्त संस्थाओं तथा गैर-बैंकिंग वित्तीय कम्पनियों द्वारा प्रदान किए जाते हैं।
- प्रधानमन्त्री मुद्रा योजना के अन्तर्गत तीन प्रकार के ऋणों की व्यवस्था की गई
    - शिशु (Shishu), ₹ 50000 तक के ऋण।
    - किशोर (Kishor), ₹ 50001 से 5 लाख तक के ऋण।
    - तरुण (Tarun), ₹ 500001 से 10 लाख तक के ऋण।
- मुद्रा कम्पनी को 100% पूँजी के योगदान के साथ भारतीय लघु उद्योग विकास बैंक के पूर्ण स्वामित्व वाली सहायक कम्पनी के रूप में स्थापित किया गया है। वर्तमान में मुद्रा कम्पनी की अधिकृत पूँजी 1000 करोड़ है और भुगतान की गई पूँजी (Paid Up Capital) 750 करोड़ है।

प्रधानमन्त्री गतिशक्ति योजना

- प्रधानमन्त्री नरेन्द्र मोदी द्वारा अक्टूबर, 2021 में मल्टी-मॉडल कनेक्टिविटी के लिए राष्ट्रीय मास्टर प्लान लॉन्च किया गया, जो अनिवार्य रूप से बुनियादी ढाँचा कनेक्टिविटी परियोजनाओं की एक एकीकृत योजना है।
- इसमें रेलवे, रोडवेज सहित 16 मन्त्रालयों को एक-साथ समाहित किया गया है। यह एक डिजिटल प्लेटफॉर्म है।
- इस योजना के अन्तर्गत सरकारों की बुनियादी ढाँचा योजनाओं; जैसे—भारतमाला, सागरमाला, अन्तर्देशीय जलमार्ग, शुष्क भूमि बन्दरगाह, उड़ान आदि को समाहित किया गया है।
- यह योजना वर्ष 2019 में ₹ 110 लाख करोड़ की लागत से शुरू की गई। इसके अन्तर्गत राष्ट्रीय अवसंरचना पाइपलाइन भी समाहित है।

> यह वर्ष 2024-25 के लिए सरकार द्वारा निर्धारित महत्त्वाकांक्षी लक्ष्यों को पूर्ण करने में सहायता करेगा, जिसमें राष्ट्रीय राजमार्ग नेटवर्क की लम्बाई को 20 लाख किमी तक विस्तारित तथा 200 से अधिक नए हवाई अड्डे, हेलीपोर्ट और वाटर एयरोड्रोम का निर्माण किया जाएगा।

राष्ट्रीय मुद्रीकरण पाइपलाइन

- इस योजना की शुरुआत अगस्त, 2021 में की गई।
- इस योजना के लिए वित्तीय वर्ष 2022 से 2025 तक 4 वर्षों के लिए केन्द्र सरकार की मूल सम्पत्ति में ₹ 6 लाख करोड़ की कुल मुद्रीकरण क्षमता का अनुमान है।

> इस योजना के अन्तर्गत सम्पत्ति मुद्रीकरण, सरकार या सार्वजनिक प्राधिकरण के स्वामित्व वाली सम्पत्ति का एक सीमित अवधि का लाइसेन्स/पट्टा निजी क्षेत्र की इकाई को अग्रिम या आवधिक विचार के लिए शामिल किया जाता है।

- इस योजना के अन्तर्गत बुनियादी अवसरंचना के वित्त पोषण हेतु एक प्रमुख साधन प्रदान किया जाता है।
- इस योजना के अन्तर्गत भारत सरकार के मन्त्रालयों के साथ-साथ केन्द्रीय सार्वजनिक उपक्रम की सम्पत्ति को भी शामिल किया गया है।
- इस योजना के माध्यम से ब्राउनफील्ड सम्पत्तियों में जो जोखिम रहित होती हैं, में निजी निवेश को प्रोत्साहित किया जाएगा।
- इसमें 12 से अधिक मन्त्रालयों व 22 से अधिक सम्पत्ति श्रेणियों को शामिल किया गया है।
- इस योजना के अन्तर्गत सड़क, बन्दरगाह, हवाई अड्डे, खनन, दूरसंचार, स्टेडियम, हॉस्पिटैलिटि, आवास, वेयरहाउसिंग गैस एवं उत्पाद पाइपलाइन, बिजली उत्पादन और पारेषण आदि को शामिल किया गया है।
- मौद्रिकरण के माध्यम से जुटाई राशि राष्ट्रीय अवसंरचना पाइपलाइन के अन्तर्गत केन्द्र के ₹ 43 लाख करोड़ के प्रस्तावित परिव्यय का लगभग 14% है।

> इस योजना का उद्देश्य ब्राउनफील्ड परियोजनाओं में निजी क्षेत्र को शामिल करना और उन्हें राजस्व अधिकार हस्तान्तरित करना है, हालाँकि इसके अन्तर्गत परियोजनाओं के स्वामित्व का हस्तान्तरण नहीं किया जाएगा, साथ ही इसके माध्यम से उत्पन्न पूँजी का उपयोग विश्व में बुनियादी अवसंरचनाओं के निर्माण के लिए किया जाएगा।

- इस योजना का उद्देश्य NMP का प्राथमिक कार्य मुद्रीकरण (Monetisation) के लिए एक स्पष्ट ढाँचा प्रदान करना और सम्भावित निवेशकों के लिए मुद्रीकरण हेतु उपलब्ध सम्पत्ति की एक सूची तैयार करना है।
- केन्द्रीय बजट, 2021-22 के अन्तर्गत स्थायी बुनियादी अवसंरचना के वित्तपोषण हेतु मौजूदा सार्वजनिक बुनियादी अवसंरचना परिसम्पत्तियों के मुद्रीकरण को एक प्रमुख साधन के रूप में मान्यता दी गई थी।
- वर्तमान में इसके अन्तर्गत केवल केन्द्र सरकार के मन्त्रालयों और केन्द्रीय सार्वजनिक क्षेत्र के उद्यमों (CPSE) की सम्पत्ति को ही शामिल किया गया है।
- सरकार ने यह स्पष्ट किया है कि ब्राउनफील्ड सम्पत्तियाँ वे सम्पत्तियाँ हैं, जिन्हें सरकार द्वारा जोखिम रहित माना गया है और इसलिए निजी निवेश को प्रोत्साहित किया जा रहा है।

- सड़क, रेलवे और बिजली क्षेत्र की सम्पत्ति में मुद्रीकृत होने वाली सम्पत्ति के कुल अनुमानित मूल्य का 66% से अधिक शामिल होगा, इसके अतिरिक्त इसमें दूरसंचार, खनन, विमानन, बन्दरगाह, प्राकृतिक गैस और पेट्रोलियम उत्पाद पाइपलाइन, गोदाम और स्टेडियम भी शामिल हैं।
- मूल्य के अनुसार, वार्षिक चरणबद्धता के सन्दर्भ में चालू वित्त वर्ष में ₹ 0.88 लाख करोड़ के सांकेतिक मूल्य के साथ 15% परिसम्पत्तियों को इसी वित्तीय वर्ष में मुद्रीकृत किया जाएगा।

> राष्ट्रीय मुद्रीकरण पाइपलाइन दिसम्बर, 2019 में घोषित ₹ 100 लाख करोड़ की **राष्ट्रीय अवसंरचना पाइपलाइन** (NIP) के साथ-साथ क्रियान्वित की जाएगी।

- मुद्रीकरण के माध्यम से जुटाई जाने वाली अनुमानित राशि राष्ट्रीय अवसंरचना पाइपलाइन के अन्तर्गत केन्द्र के ₹ 43 लाख करोड़ के प्रस्तावित परिव्यय का लगभग 14% है।
- राष्ट्रीय अवसंरचना पाइपलाइन बुनियादी अवसंरचना परियोजना पर एक सकारात्मक दृष्टिकोण प्रदान करेगी, जो रोजगार उत्पन्न करने, जीवन-यापन में सुधार और सभी के लिए बुनियादी अवसंरचना तक समान पहुँच सुनिश्चित करने में मददगार होगी, जिससे विकास अधिक समावेशी हो सकेगा। इसमें मुख्यत: आर्थिक और सामाजिक बुनियादी अवसंरचना परियोजना शामिल हैं।
- बुनियादी अवसंरचना विकास से सम्बन्धित अन्य पहलों में राज्यों के पूँजीगत व्यय हेतु विशेष सहायता योजना और औद्योगिक गलियारे आदि शामिल हैं।

वित्तीय वर्ष 2022-25 के लिए क्षेत्र-वार मुद्रीकरण

पाइपलाइन	राशि (करोड़ में)
क्षेत्र	₹ 160200
रेलवे	₹ 152496
विद्युत ट्रान्समिशन	₹ 45200
विद्युत उत्पादन	₹ 39832
भण्डारण	₹ 28900
बन्दरगाह	₹ 12828
रियल स्टेट (शहरी)	₹ 15000
उत्पाद पाइपलाइन/अन्य	₹ 22504

प्रीलिम्स फैक्ट्स

- भारत में उद्यमों हेतु लाइसेन्सिंग प्रणाली का आधार-औद्योगिक नीति प्रस्ताव, 1948, औद्योगिक नीति प्रस्ताव, 1956, समाजवादी नमूने (पैटर्न) के समाज की स्थापना का कांग्रेस पार्टी का प्रस्ताव और उद्योग अधिनियम, 1951 में क्या था?
  *– **उद्योग अधिनियम, 1951** [UPPSC (Mains) 2007]*
- भारत में आर्थिक उदारीकरण औद्योगिक लाइसेन्स नीति में वास्तविक बदलाव, भारतीय रुपए की परिवर्तनशीलता, प्रत्यक्ष विदेशी पूँजी निवेश में कार्यविधिक औपचारिकताएँ दूर करने और कर दरों में महत्त्वपूर्ण कटौती में से किसके साथ शुरू हुआ?
  *– **औद्योगिक लाइसेन्स नीति में वास्तविक बदलाव के साथ** [IAS (Pre) 2000]*
- वर्ष 1991 की औद्योगिक नीति की अनेक बिन्दुओं पर आलोचना हुई थी। अनिश्चित औद्योगिक विकास, विदेशी प्रतियोगिता से खतरा, कृषि सेक्टर की उपेक्षा और विदेशी निवेश में गलत विश्वास में से कौन-सा एक बिन्दु उसमें से नहीं था?
  *– **कृषि सेक्टर की उपेक्षा** [JPSC (Pre) 2003]*
- भारत सरकार ने व्हाइट गुड्स उद्योग को लाइसेन्स मुक्त करने का निर्णय लिया। व्हाइट गुड्स में सम्मिलित होता है
  *– **प्रदर्शन उपभोग के लिए खरीदी गई वस्तुएँ** [IAS (Pre) 1998]*
- राष्ट्रीय विनिर्माण नीति भारत सरकार द्वारा कब आरम्भ की गई थी?
  *– **वर्ष 2011** [JKPSC (Pre) 2017]*
- नवाचार, रोजगार सृजन, व्यावसायिक समन्वय और जोखिम प्रबन्धन में से व्यवसाय का सामाजिक उद्देश्य क्या है?
  *– **रोजगार सृजन** [UPPSC RO/ARO (Pre) 2016]*
- भारत हैवी इलेक्ट्रिकल्स लिमिटेड, कोल इण्डिया लिमिटेड, इण्डिया ऑयल कॉर्पोरेशन लिमिटेड और ऑयल इण्डिया लिमिटेड में से कौन-सा केन्द्रीय सार्वजनिक क्षेत्र का उपक्रम भारत सरकार के लोक उद्यम विभाग द्वारा सूचीबद्ध (जनवरी, 2020) महारत्न की श्रेणी में नहीं आता है?*– **ऑयल इण्डिया लिमिटेड** [MPPSC (Pre) 2021]*
- नवरत्न स्टेट्स-संयुक्त उद्यम कम्पनी, निजी कम्पनी, सार्वजनिक कम्पनी और पॉवर सेक्टर कम्पनी में से किससे सम्बन्धित है?
  *– **सार्वजनिक कम्पनी** [MPPSC (Pre) 2009]*
- केन्द्र सरकार के भारी उद्योग एवं सार्वजनिक उद्यम मन्त्रालय द्वारा 'लघु रत्न' श्रेणी-1 उद्योग को अधिकतम कितनी धनराशि तक वित्तीय स्वायत्तता दी गई है? *– **₹ 500 करोड़** [BPSC (Pre) 2011]*
- भारत जैसे विकासशील देश के लिए लघुस्तरीय व कुटीर उद्योगों को मुख्यतः इसलिए प्रोत्साहित करना चाहिए, क्योंकि वे
  *– **अधिक रोजगार के अवसर उत्पन्न करते हैं** [UPPSC (Mains) 2004]*
- विनिर्माण क्षेत्र में बड़े उद्योग, लघु उद्योग, सूक्ष्म उद्योग, मध्यम उद्योग और निर्माण उद्योग में से किसे शामिल नहीं किया जाता है?
  *– **निर्माण उद्योग** [CGPSC (Pre) 2016]*

- लघु उद्योगों के लिए बनी समितियों–नायक समिति, आबिद हुसैन समिति, एस. एस. कोहली समिति और कार्वे समिति का सही कालानुक्रम है

  – कार्वे समिति–आबिद हुसैन समिति, नायक समिति, एस एस कोहली समिति [UPPSC (Pre) 2019]
- वर्ष *1929* का व्यापार विवाद–उद्योगों के प्रबन्धन में कामगारों की भागीदारी, औद्योगिक झगड़ों के दमन के लिए प्रबन्धन के पास मनमानी करने की शक्ति, व्यापार विवाद की स्थिति ब्रिटिश न्यायालय द्वारा हस्तक्षेप और अधिकरणों (ट्रिब्यूनल्स की प्रणाली तथा हड़तालों पर रोक) में से किसका उपबन्ध करता है?

  – अधिकरणों (ट्रिब्यूनल्स) की प्रणाली तथा हड़ताल पर रोक [IAS (Pre) 2017]
- कौन उन फैक्ट्रियों में जिनमें कामगार नियुक्त हैं, औद्योगिक विवादों, समापनों, छँटनी और कामबन्दी के विषय में सूचनाओं को संकलित करता है?

  – श्रम ब्यूरो [IAS (Pre) 2022]
- हैण्डलूम मार्क–हैण्डलूम कपड़ों, शिल्पकला, हाथ–कशीदाकारी और हाथ–ब्लॉक प्रिण्टिंग में से किसकी प्रमाणित बताता है?

  – शिल्पकला को [RAS/RTS (Pre) 2009]
- औद्योगिक उत्पादन, जोकि भारतीय अर्थव्यवस्था में औद्योगिक क्रियाओं का मापक है, इसमें गैस एवं जलापूर्ति, विद्युत, विनिर्माण और खनन में से क्या सम्मिलित नहीं किया जाता है?

  – गैस एवं जलापूर्ति [RAS/RTS (Pre) 2021]
- भारतीय खाद्य निगम, खनिज एवं धातु व्यापार निगम, खादी व ग्रामोद्योग निगम और भारतीय व्यापार मेला प्राधिकरण में से कौन एक भारत की सरकारी क्षेत्र में सबसे बड़ी व्यापारिक संस्था है?

  – खनिज एवं धातु व्यापार निगम [UPPSC (Mains) 2008]
- खादी एवं ग्रामीण उद्योग कमीशन का मुख्यालय कहाँ अवस्थित है?

  – मुम्बई में [UPPSC (Pre) 2014]
- चीनी को नियन्त्रण मुक्त करने हेतु बनी समिति के अध्यक्ष एम. एस. अहलुवालिया, डी. सुब्बाराव, वाई वी. रेड्डी और सी. रंगराजन में से कौन थे? *– सी. रंगराजन [CGPSC (Pre) 2014]*
- मेक इन इण्डिया कार्यक्रम कब आरम्भ किया गया?

  – सितम्बर, 2014 [MPPSC (Pre) 2020]
- भारत का औद्योगिक वित्त निगम एक व्यापारिक बैंक के रूप में, एक विकास बैंक के रूप में, एक औद्योगिक बैंक के रूप में से किस रूप में कार्य करता है? *– एक विकास बैंक के रूप में [UPPSC (Mains) 2012]*
- एसआईडीबीआई, आईडीबीआई, आईसी आइसी आई और नाबार्ड में से कौन–सा बैंक मुख्यतः लघु उद्योगों के सम्बन्ध में कार्य करता है?

  – एस आई डी बी आई [UPPSC (Mains) 2012]
- भारत में प्रतिस्पर्द्धा आयोग का गठन वर्ष 2001, 2002, 2003 और 2004 में से कब किया गया? *– वर्ष 2003 में [UPPSC (Mains) 2004]*
- राष्ट्रीय नवीकरण कोष की स्थापना का लक्ष्य है

  – श्रम का पुनर्प्रशिक्षण [UPPSC (Mains) 2004]
- गुरुपदस्वामी समिति का सम्बन्ध किस विषय से था?

  – बाल श्रम विषयों से (1979) [IAS (Pre) 2007]

सेल्फ चैक

1. भारत में नब्बे के दशक में औद्योगिक क्षेत्र में आयोजन प्रक्रिया ने पूर्व काल की आयोजन प्रक्रिया की तुलना में अपेक्षाकृत कम महत्त्वपूर्ण स्थान ग्रहण किया। इस विषय में निम्नलिखित कथनों में से कौन-सा एक कथन सत्य नहीं है? **IAS (Pre) 2019**

(a) उदारीकरण के आगमन के साथ, औद्योगिक निवेश/विकास को बहुत अधिक हद तक निजी और बहुराष्ट्रीय क्षेत्र के दायरे में रखा गया है

(b) बाजार के केन्द्रीय स्थान ग्रहण कर लेने के साथ अनेक क्षेत्रों में केन्द्रीय आयोजन की भूमिका अनावश्यक हो गई है

(c) आयोजन का केन्द्र मानव संसाधन विकास, आधारित संरचना जनसंख्या नियन्त्रण और कल्याण जैसे क्षेत्रों में अन्तरित हो गया है

(d) राष्ट्र की प्राथमिकताएँ औद्योगिक विकास से दूर हटकर ग्रामीण विकास तक हो गई हैं

2. भारत में औद्योगिक समूह विकास के सन्दर्भ में निम्नलिखित कथनों में से कौन-सा कथन सही नहीं है?

(a) औद्योगिक समूह एमएसएमई प्रतिभागियों के लिए उनके समावेशन, प्रौद्योगिकी अन्तर्लयन और दक्षता सुधार में महत्त्वपूर्ण भूमिका निभाते हैं

(b) औद्योगिक समूह, परम्परागत हथकरघा, हस्तशिल्प और आधुनिक एमएसएमई में सुस्पष्ट है

(c) भारत में औद्योगिक समूह कार्यक्रम विभिन्न मन्त्रालयों द्वारा संचालित किए जाते हैं

(d) औद्योगिक समूहों से बाजार में एकाधिपत्य का संवर्द्धन होता है

3. भारत में सार्वजनिक क्षेत्र के कार्यों के सन्दर्भ में निम्नलिखित कथनों में से कौन-से कथन सही हैं? **UPPSC (Pre) 2019**

1. सार्वजनिक उपयोगिता संसाधन प्रदान करना।
2. सामाजिक और आर्थिक उपरि पूँजी का निर्माण।
3. सन्तुलित क्षेत्रीय और क्षेत्रकीय विकास सुनिश्चित करना।
4. समतावादी लक्ष्यों को आगे बढ़ाना।

कूट

(a) 1, 2 और 3 (b) 2, 3 और 4
(c) 1, 2, 3 और 4 (d) 1, 2 और 4

4. भारत सरकार केन्द्रीय सार्वजनिक क्षेत्र उद्यमों (CPSEs) में लगी अपनी इक्विटी का विनिवेश क्यों कर रही है? **IAS (Pre) 2011**

1. सरकार अपनी इक्विटी के विनिवेश से मिले राजस्व का उपयोग मुख्यत: अपने बाह्य ऋण को लौटाने में करना चाहती है।

2. सरकार अब (CPSEs) के प्रबन्धन का नियन्त्रण अपने हाथों में नहीं रखना चाहती।

उपरोक्त कथनों में से कौन-सा/से कथन सही है/हैं?

कूट

(a) केवल 1
(b) केवल 2
(c) 1 और 2 दोनों
(d) न तो 1 और न ही 2

5. निम्नलिखित में से कौन-सा केन्द्रीय सार्वजनिक क्षेत्र का उद्यम भारत सरकार के लोक उद्यम विभाग द्वारा सूचीबद्ध (जनवरी, 2020) 'महारत्न' की श्रेणी में नहीं आता है? MPPSC (Pre) 2021

(a) भारत हैवी इलेक्ट्रिकल्स लिमिटेड
(b) कोल इण्डिया लिमिटेड
(c) इण्डियन ऑयल कॉर्पोरेशन लिमिटेड
(d) ऑयल इण्डिया लिमिटेड

6. निम्नलिखित में से किस वृहत् सार्वजनिक क्षेत्र के उपक्रम को नवरत्न का दर्जा दिया गया?

(a) इण्डियन ऑयल कॉर्पोरेशन लिमिटेड
(b) गैस अथॉरिटी ऑफ इण्डिया लिमिटेड
(c) भारत पेट्रोलियम कॉर्पोरेशन लिमिटेड
(d) भारत इलेक्ट्रॉनिक लिमिटेड

7. एक संयुक्त पूँजी कम्पनी (Joint Stock) कम्पनी के विषय में निम्नलिखित कथनों पर विचार कीजिए

1. इसका एक कानूनी अस्तित्व होता है।
2. शेयरधारकों का सीमित दायित्व होता है।
3. इसका एक लोकतन्त्रीय प्रबन्ध होता है।
4. इसका एक सामूहिक स्वामित्व होता है।

उपरोक्त कथनों में से कौन-से कथन सही हैं?

(a) 1 और 2 (b) 1, 2 और 3
(c) 3 और 4 (d) 1, 2, 3 और 4

8. भारत के औद्योगिक उत्पादन सूचकांक में निम्नलिखित में से कौन-सी गतिविधि सम्मिलित नहीं है? UPPSC (Mains) 2016

(a) विनिर्माण (b) खनन
(c) विद्युत (d) निर्माण

9. निम्नलिखित में से भारत का कौन-सा औद्योगिक/आर्थिक गलियारा (Corridor) जापान के सहयोग से विकसित किया जा रहा है? BPSC (Pre) 2019

(a) चेन्नई-वाइजाग
(b) मुम्बई-बंगलुरु
(c) दिल्ली-मुम्बई
(d) अमृतसर-कोलकाता

10. निम्न में से किस वर्ष में MSME का अद्यतन वर्गीकरण किया गया था? UKPSC (Pre) 2022

(a) वर्ष 2012 (b) वर्ष 2014
(c) वर्ष 2018 (d) वर्ष 2020

11. मीरा सेठ समिति का सम्बन्ध किससे था? UPPSC (Pre) 1997

(a) हथकरघे के विकास से
(b) रोजगार में लिंगभेद से
(c) बालश्रम की समाप्ति से
(d) कार्यरत् महिलाओं के कल्याण से

12. सूक्ष्म, लघु और मध्यम उद्यम विकास अधिनियम, 2006 के अनुसार, उसे मध्यम उद्यम के रूप में परिभाषित किया जाता है, जिसकी निवेश राशि होती है UPPSC (Mains) 2016

(a) ₹ 25 लाख से ₹ 5 करोड़
(b) ₹ 5 करोड़ से ₹ 10 करोड़
(c) ₹ 25 लाख से कम
(d) ₹ 10 करोड़ से अधिक

13. विशिष्ट आर्थिक क्षेत्र पर सम्बन्धित तटीय राष्ट्रों का एक अनन्य अधिकार निम्नलिखित में से कौन-सा सही नहीं है?

(a) महासागरीय निक्षेपों के खनिज संसाधनों का सर्वेक्षण और दोहन
(b) समुद्री जल ऊर्जा और मत्स्य-ग्रहण (महागीरी) सहित समुद्री जीवों का दोहन
(c) समुद्री संसाधनों का संरक्षण और प्रबन्धन
(d) जहाजों का नौचालन और अन्त:समुद्री तारों (केबिल) को स्थापित किया (बिछाया) जाना

14. कॉर्पोरेट सामाजिक उत्तरदायित्व के सन्दर्भ में निम्न कथनों में कौन-सा/से कथन सही है/हैं? UPPSC (Pre) 2019

1. कम्पनी अधिनियम, 2014 ने CSR को अनिवार्य बना दिया।
2. इसके अन्तर्गत आने वाली कम्पनियों को अपने वार्षिक शुद्ध लाभ का 1% CSR गतिविधियों में व्यय करना होगा।

कूट

(a) केवल 1 (b) केवल 2
(c) 1 और 2 दोनों (d) न तो 1 और न ही 2

15. विनिर्माण क्षेत्र के विकास को प्रोत्साहित करने के लिए भारत सरकार ने कौन-सी नई नीतिगत पहल की है/हैं? IAS (Pre) 2012

1. राष्ट्रीय निवेश तथा विनिर्माण क्षेत्रों की स्थापना।
2. एकल खिड़की मंजूरी (सिंगल विण्डो क्लीयरेंस) की सुविधा प्रदान करना।
3. प्रौद्योगिकी अधिग्रहण तथा विकास कोष की स्थापना।

कूट

(a) केवल 1 (b) 2 और 3
(c) 1 और 3 (d) 1, 2 और 3

16. कथन (A) भारत में अनुसन्धान में निजी निवेश, सार्वजनिक निवेशों से बहुत अधिक पीछे (कम) है।
कथन (R) देश की अनुसन्धान गतिविधियों में विश्वविद्यालय तुलनात्मक रूप से छोटी भूमिका निभाते हैं।
कूट
(a) दोनों कथन अलग-अलग सही हैं तथा कथन R, कथन A का सही स्पष्टीकरण है
(b) दोनों कथन अलग-अलग सही हैं, परन्तु कथन R कथन A का सही स्पष्टीकरण नहीं है
(c) कथन A सही है, किन्तु कथन R गलत है
(d) कथन A गलत है, किन्तु कथन R सही है

17. वर्ष 1929 का व्यापार विवाद निम्नलिखित में से किसका उपबन्ध करता है? IAS (Pre) 2017
(a) उद्योगों के प्रबन्धन में कामगारों की भागीदारी
(b) औद्योगिक झगड़ों के दमन के लिए प्रबन्धन के पास मनमानी करने की शक्ति
(c) व्यापार विवाद की स्थिति में ब्रिटिश न्यायालय द्वारा हस्तक्षेप
(d) अधिकरणों (ट्रिब्यूनल्स) की प्रणाली तथा हड़तालों पर रोक

18. भारत में निम्नलिखित में कौन एक उन फैक्ट्रियों में, जिनमें कामगार नियुक्त हैं, औद्योगिक विवादों, समापनों, छँटनी और कामबन्दी के विषय में सूचनाओं को संकलित करता है? IAS (Pre) 2022
(a) केन्द्रीय सांख्यिकी कार्यालय
(b) उद्योग संवर्द्धन और आन्तरिक व्यापार विभाग
(c) श्रम ब्यूरो
(d) राष्ट्रीय तकनीकी जनशक्ति सूचना प्रणाली

19. निम्नलिखित में से कौन-सा कथन वित्तीय उत्प्रेरक की समुचित व्याख्या करता है? IAS (Pre) 2011
(a) यह सरकार द्वारा उत्पादन क्षेत्र में किया गया वृहद् निवेश है, जिसका लक्ष्य माल की आपूर्ति कर तीव्र आर्थिक विकास के कारण बढ़ी हुई माँग को पूर्ण करना है
(b) यह सरकार की गहन निश्चयात्मक कार्यवाही है, जिसका लक्ष्य देश में आर्थिक गतिविधियों को बढ़ावा देना है
(c) यह सरकार द्वारा वित्तीय संस्थानों पर की गई गहन कार्यवाही है, जिसका लक्ष्य कृषि तथा सहबद्ध क्षेत्रों को ऋण वितरित कराना है, जिससे वृहत्तर खाद्य उत्पादन को प्रोत्साहन मिल सके और खाद्य स्फीति पर अंकुश लग सके
(d) यह सरकार की चरम निश्चयात्मक कार्यवाही है, जिसका लक्ष्य वित्तीय समावेशन नीति का अनुसरण करना है

20. सरकार की नीति मेक इन इण्डिया का उद्देश्य है BPSC (Pre) 2018
(a) नौकरशाही का ढीलापन दूर करना
(b) लालफीताशाही को हटाना
(c) विनिर्माण की लागत को कम करना
(d) उत्पाद को प्रतियोगी बनाना
(e) उपरोक्त में से कोई नहीं/उपरोक्त में से एक से अधिक

जानें सही उत्तर

1. (d)	**2.** (c)	**3.** (c)	**4.** (d)	**5.** (d)	**6.** (d)	**7.** (d)	**8.** (d)	**9.** (c)	**10.** (d)
11. (a)	**12.** (b)	**13.** (a)	**14.** (d)	**15.** (d)	**16.** (c)	**17.** (d)	**18.** (c)	**19.** (b)	**20.** (e)

● अध्याय बारह

भारत में सेवा क्षेत्रक

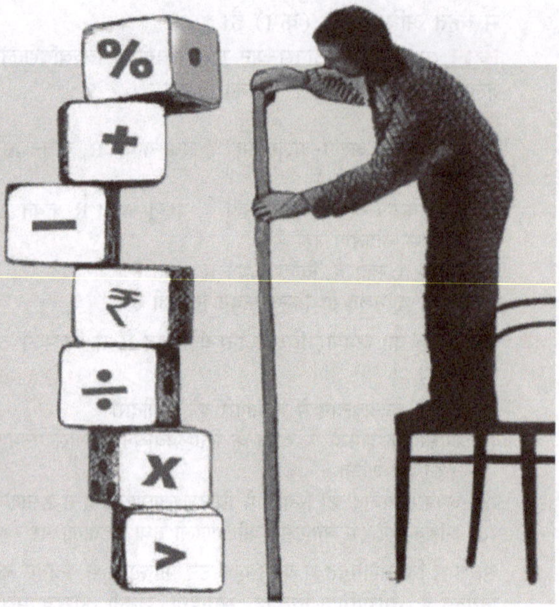

"सेवा क्षेत्रक का तीव्र विकास व अर्थव्यवस्था में इसका गुणात्मक रूप से बढ़ता योगदान भारतीय अर्थव्यवस्था को एक विशिष्ट पहचान दिलाता है। भारत में सेवा क्षेत्र की प्रगति गत्यात्मकता पिछले कुछ वर्षों से अर्थशास्त्रियों व विचारकों हेतु व्यापक विचार-विमर्श का विषय रही है। सेवा क्षेत्र के इस तीव्र विकास ने विश्व आर्थिक विकास प्रक्रिया में एक नए प्रतिरूप को जन्म दिया है, जो विकसित देशों के विकसित प्रतिरूप से सर्वथा भिन्न है।

सेवा क्षेत्र

- सेवा क्षेत्र एक व्यापक क्षेत्र है, इसके अन्तर्गत विभिन्न प्रकार के क्रियाकलापों को शामिल किया जाता है; जैसे—दूरसंचार, कम्प्यूटर सॉफ्टवेयर साधारण घरेलू सेवा प्रदाता, परिवहन, जहाजरानी व नागर विमानन पर्यटन, आवास, भू-सम्पदा, आधारभूत संरचना सम्बन्धित आदि। इसके अतिरिक्त स्वास्थ्य व शिक्षा से सम्बन्धित सामाजिक क्षेत्र के क्रियाकलाप भी शामिल हैं।
- सेवा के व्यापक क्षेत्र के फलस्वरूप सेवाओं के वर्गीकरण में व्यापक भिन्नता दिखाई देती है। सेवा क्षेत्र के राष्ट्रीय लेखा वर्गीकरण में व्यापार, होटल एवं रेस्तराँ, परिवहन, भण्डारण, संचार, वित्त, बीमा, भू-सम्पदा के साथ-साथ सामाजिक, सामुदायिक व वैयक्तिक सेवाओं को भी शामिल किया गया है।
- इस क्षेत्र में मुख्य रूप से शामिल होने वाली सेवाएँ; परिवहन, वैज्ञानिक तकनीकी, स्वास्थ्य कल्याण और सामाजिक सहायता तथा मनोरंजन आदि हैं।

> भारत के सकल घरेलू उत्पाद में सेवा क्षेत्र का योगदान 50% से अधिक है, परन्तु **कोविड-19 महामारी** का अर्थव्यवस्था के अधिकांश क्षेत्रों पर प्रतिकूल प्रभाव पड़ा। इसमें सेवा क्षेत्र सबसे अधिक प्रभावित हुआ।

- सेवा क्षेत्र में गैर-सम्पर्क वाली सेवाएँ; जैसे—सूचना, संचार, वित्तीय, पेशेवर एवं व्यावसायिक सेवाएँ कोविड-19 के दौरान भी लचीली बनी रहीं, जबकि सम्पर्क आधारित सेवाओं; जैसे—पर्यटन, खुदरा, व्यापार, होटल तथा मनोरंजन आदि पर व्यापक प्रभाव पड़ा।

विश्व व्यापार संगठन (डब्ल्यू टीओ) व भारतीय रिजर्व बैंक (आरबीआई) जैसी प्रतिष्ठित संस्थाओं द्वारा निर्माण क्षेत्र को भी सेवा क्षेत्र के अन्तर्गत रखा गया है।

सेवा क्षेत्र का प्रदर्शन (आर्थिक समीक्षा, 2022-23)

- सेवा क्षेत्र ने वित्त वर्ष 2022-23 में बड़ी तेजी से अपनी वापसी करते हुए 8.4% की वार्षिक वृद्धि दर्ज की है, जबकि इससे पिछले वित्त वर्ष (2021-22) में इसमें 7.8% का संकुचन या गिरावट दर्ज की गई थी।
- प्रथम अग्रिम अनुमान के अनुसार सेवा क्षेत्र में सकल मूल्य वर्द्धित (Gross Value Added, GVA) में वित्त वर्ष 2023 में 9.1 प्रतिशत की वृद्धि होने का अनुमान है जोकि संपर्क-गहन सेवा क्षेत्र में 13.7 प्रतिशत की वृद्धि की बदौलत संभव हो पाएगा।
- आर्थिक समीक्षा, 2022 में इस बात पर प्रकाश डाला गया है कि सेवा क्रय प्रबन्धक सूचकांक (Purchasing Manager's Index, PMI) दिसम्बर 2022 में बढ़कर 58.5 अंक हो गया, जोकि खुदरा महंगाई में समग्र रूप से कमी होने से ही संभव हो पाया है क्योंकि इसकी बदौलत कच्चे माल की कीमतों का दबाव घट गया है।
- वर्ष 2022 में सम्पर्क-गहन सेवा, जिसने महामारी के अधिकतम दंश को सहन किया है, के उपक्षेत्र में हुई वृद्धि के परिणामस्वरूप भारत के सेवा क्षेत्र ने द्रुत गति से वापसी की है।
- वर्ष 2021 में भारत शीर्ष 10 सेवा निर्यातक देशों में शामिल होने के कारण सेवा व्यापार क्षेत्र में एक प्रमुख राष्ट्र रहा है, जिसमें विश्व वाणिज्यिक सेवाओं के निर्यात में अपनी हिस्सेदारी को 4% कर लिया है।

सेवा निर्यात के दृष्टिकोण से, वर्ष 2021 और वर्ष 2022 में परिवहन एवं यात्रा सबसे अधिक प्रभावित उप-घटक रहे हैं, जो कोविड-19 महामारी के दौरान अन्तर्राष्ट्रीय यात्रा और पर्यटन पर प्रतिबन्ध लगने के कारण संकुचित हो गए थे।

सेवा क्षेत्र में व्यापार

- भारत के सेवाओं के निर्यात पर कोविड-19 का प्रभाव कम था। वित्तीय वर्ष 2020-21 में भारत के सेवा निर्यात में केवल 3.3% की गिरावट आई। इसके अतिरिक्त सबसे अधिक प्रभाव यात्रा सेवा क्षेत्र में निर्यात पर पड़ा, जिसमें लगभग 72% की गिरावट दर्ज की गई।
- वित्तीय वर्ष 2021-22 के दौरान भारत के सेवा निर्यात में लगभग 21.6% की वृद्धि हुई है। निर्यात में सुधार लगभग सभी सेवा उपक्षेत्रों में देखा गया, केवल यात्रा सेवाओं को छोड़कर, जो अन्तर्राष्ट्रीय यात्रा तथा पर्यटन पर लगातार प्रतिबन्धों के कारण संकुचन मोड़ में रहा है।

सेवा क्षेत्र में विभिन्न राज्यों की भागीदारी

- भारत के सेवा क्षेत्र में 12 राज्यों का योगदान 50% से अधिक है। चण्डीगढ़ का योगदान सेवा क्षेत्र के सकल राज्य मूल्य वर्द्धन (Gross State Value Added, GSVA) में सर्वाधिक 74% है, वहीं सिक्किम राज्य का योगदान सबसे कम 24.25% है।
- सिक्किम के GSVA में सेवाओं की भागीदारी 2018-19 में 18% से बढ़ाकर 2020-21 में 24% से अधिक हो गयी।
- इसी तरह पिछले 3 वर्षों में सेवाओं की भागीदारी में हिमाचल प्रदेश और ओडिशा GSVA में 4% अधिक की वृद्धि हुई है।
- वर्ष 2020-21 में सेवा क्षेत्र द्वारा क्रमशः ₹ 15.1 लाख करोड़ और ₹ 9.71 लाख करोड़ के साथ महाराष्ट्र और कर्नाटक सेवा GSVA में शीर्ष दो योगदानकर्ता हैं।

भारत में सेवा नियोजन

- राष्ट्रीय सांख्यिकीय कार्यालय (National Statistical Office-NSO) के अनुसार, ग्रामीण क्षेत्र में नियोजित प्रत्येक 1000 व्यक्ति में से 24% सेवा क्षेत्र में नियोजित हैं, वहीं शहरी क्षेत्र में प्रति 1000 व्यक्तियों में से 683 व्यक्ति सेवा क्षेत्र में नियोजित हैं।
- सभी आकार वर्ग वाले नगरों में सेवा क्षेत्र में नियोजित कामगारों का अनुपात प्राथमिक व द्वितीयक क्षेत्र में नियोजित कामगारों से अधिक है।
- नगरीय भारत में 15 वर्ष व उससे अधिक आयु वाले पुरुष कामगारों में लगभग 59% व महिला कामगारों में लगभग 53% कामगार सेवा क्षेत्र में नियोजित हैं, अब यदि प्रथम श्रेणी के सभी महानगरों की बात की जाए, तो 64% पुरुष कामगार व 67% महिला कामगार सेवा क्षेत्र में नियोजित हैं।

प्रमुख सेवाओं का प्रदर्शन

विकास व सम्बन्धित संकेतकों के माध्यम से यह स्पष्ट है कि दूरसंचार, रेलवे व पर्यटन जैसी सेवाओं के कार्य में लगातार बेहतर प्रदर्शन हो रहा है, वहीं अन्य क्षेत्र अभी मन्दी की मार से उबर रहे हैं। इस सन्दर्भ में कुछ प्रमुख सेवाओं का विवरण निम्नलिखित है

पर्यटन उद्योग

- महामारी के बाद वैश्विक पर्यटन का परिदृश्य धीरे-धीरे सुधर रहा है तथा महामारी की पूर्व की स्थिति लौट रही है।
- संयुक्त राष्ट्र विश्व पर्यटन संगठन के विश्व पर्यटन बैरोमीटर के अनुसार, अन्तर्राष्ट्रीय पर्यटन ने जनवरी-सितम्बर, 2022 में बेहतर प्रदर्शन किया है।
- वर्ष 2022 के शुरुआती नौ महीनों में ही अन्तर्राष्ट्रीय पर्यटकों का आगमन महामारी-पूर्व पर्यटकों के आगमन का 63% हो गया था।
- कम माँग के कारण जनवरी-मार्च 2022 के दौरान औसत होटल अधिभोग दर 50% हो गई। उच्च टीकाकरण के उपरान्त होटल उद्योग परिचालन में तेजी से सुधार हुआ है।
- कार्पोरेट यात्रा और लचीली कार्य-व्यवस्थाओं की बहाली होने से (Meetings, Incentives, Conferences and Exhibitions, MICE) पर्यटन और ब्लीजर 'यात्रा वापसी' भारत में फिर से लोकप्रियता हासिल कर रही है। आधारभूत संरचना सम्बन्धी सुविधाओं में हुए अनवरत सुधार के साथ भारत MICE कार्यक्रमों के लिए पसन्दीदा स्थान बना हुआ है।

- मेडिकल टूरिज्म एसोएिशन द्वारा जारी मेडिकल टूरिज्म इण्डेक्स के अनुसार वित्त वर्ष 2021-22 में भारत विश्व के शीर्ष 46 देशों में 10वें स्थान पर है।
- नीति आयोग की रिपोर्ट के अनुसार, पर्यटन और आतिथ्य सेवा उद्योग में निवेश वर्ष 2022 के अन्त तक $ 13 बिलियन तक बढ़ गया है।
- भारत ने एक विशेष पर्यटन स्थल के रूप में विकसित होने के लिए अपने आकर्षण को बढ़ाने का भी प्रयास किया है। चिकित्सा के लिए भारत आने वाले पर्यटकों के लिए आयुष वीजा जैसी हालिया पहल, सतत पर्यटन और जिम्मेदार यात्री अभियान के लिए राष्ट्रीय रणनीति का शुभारम्भ किया गया है।

होटल उद्योग

- भारतीय आतिथ्य उद्योग, होटल बाजार के नेतृत्व में, प्राथमिक क्षेत्रों में से एक के रूप में उभरा है।
- भारत में, होटलों को स्थान (शहर के होटल, हवाई अड्डे के मोटल, रिसॉर्ट, आदि), सेवा के स्तर (अपस्केल, मध्य-बाजार और अर्थव्यवस्था) और थीम (बुटीक होटल, हेरिटेज होटल, आदि) के आधार पर वर्गीकृत किया जाता है।
- भारत में होटल उद्योग की वर्ष 2023 के अन्त तक 1,210.87 बिलियन रुपये के मूल्य तक पहुँचने की सम्भावना है, जो वर्ष 2019-2023 की अवधि के दौर में 13% की चक्रवृद्धि वार्षिक वृद्धि दर (Compound Annual Growth Rate, CAGR) से बढ़ रहा है।
- केरल को कुल 440 स्वीकृत होटलों के साथ देश में आतिथ्य सेवाओं का अग्रणी प्रदाता होने का अनुमान है।
- महाराष्ट्र, गुजरात, राजस्थान और तमिलनाडु अन्य राज्य हैं जो आतिथ्य सेवाओं के संबंध में शीर्ष पांच राज्यों की सूची में हैं।

> भारत सरकार ने पर्यटन निर्माण परियोजनाओं, होटलों, रिसॉर्ट्स और मनोरंजक सुविधाओं के विकास में 100% प्रत्यक्ष विदेशी निवेश (Foreign Direct Investment, FDI) की अनुमति दी है। यह देश भर में नए होटलों के विकास के लिए प्रेरक शक्ति के रूप में कार्य करेगा।

रियल एस्टेट

- रियल एस्टेट को कोविड-19 ने सर्वाधिक प्रभावित किया था। लॉकडाउन के कारण पलायन ने स्थिति को गम्भीर बना दिया।
- महामारी के कारण व्यक्तिगत घर खरीददारों की मानसिकता में बदलाव आया। लोग स्वयं के लिए अपना घर खरीदने के प्रति जागरूक हुए।
- रूस तथ यूक्रेन के बीच भू-राजनीतिक तनाव होने से वैश्विक आपूर्ति शृंखला में व्यवधान के कारण रियल एस्टेट की चिन्ताएँ बढ़ी हैं। इससे स्टील, सीमेण्ट, परिष्करण सामग्री, आयातित रसायनों और ईंधन की कीमतों में वृद्धि हुई है।
- आवास ऋण पर बढ़ती ब्याज दरों ने रियल एस्टेट को बाधित करने का कार्य किया है, किन्तु आवासों की बिक्री में वित्त वर्ष 2023-24 में सुधार की आशा की जा रही है।
- जेएलएल के 2022 ग्लोबल रियल एस्टेट ट्रान्सपेरेन्सी इण्डेक्स के अनुसार, भारत रियल एस्टेट बाजार की पारदर्शिता वैश्विक स्तर पर शीर्ष 10 बेहतर बाजारों में एक है।
- मॉडल टेनेन्सी एक्ट और भूमि रजिस्ट्रियों का डिजिटलीकरण और धरणी तथा महा डेटा प्लेटफॉर्मों के माध्यम से बाजार डेटा जैसी नियामक पहलों ने बाजार को व्यापक बनाने और क्षेत्र में अधिक औपचारिकता लाने में मदद की है।

> **भारत की सूचना प्रौद्योगिकी (इण्टरमीडियरी गाइडलाइन्स एण्ड डिजिटल मीडिया एथिक्स कोड) नियम, 2021**
>
> भारत सरकार ने सूचना प्रौद्योगिकी अधिनियम, 2000 की धारा 87(2) के अन्तर्गत अपनी शक्तियों का प्रयोग करते हुए और पहले के सूचना प्रौद्योगिकी (इण्टरमीडियरी गाइडलाइन्स) नियम, 2011 को अतिक्रमित कर, सूचना प्रौद्योगिकी इण्टरमीडियरी गाइडलाइन्स एण्ड डिजिटल मीडिया एथिक्स कोड नियम, 2021 (नए आईटी नियम) को 25 फरवरी, 2021 को अधिसूचित किया। महत्त्वपूर्ण संस्थाओं के लिए नए नियम 26 मई, 2021 से लागू हो गए हैं।

आईटी-बीपीएम उद्योग

- प्रौद्योगिकी के अधिकाधिक उपयोग, त्वरित प्रौद्योगिकी अपनाने और डिजिटल परिवर्तन फलस्वरूप भारत का आईटी-बीपीएम उद्योग महामारी के दौरान भी लचीला बना रहा।
- आईटी-बीपीएम उद्योग राजस्व ने वित्तीय वर्ष 2022 के दौरान 15.5% की वृद्धि दर्ज की, जबकि यह वृद्धि वित्तीय वर्ष 2021-22 में 2% थी, इसमें सभी उपक्षेत्र दोहरे अंकों वाली राजस्व वृद्धि भी शामिल थी।
- उद्योग जगत ने मुख्य रूप से डिजिटल सेवाओं पर ध्यान केन्द्रित करते हुए वित्तीय वर्ष 2022 में 290 से अधिक विलय और अधिग्रहण किए हैं।
- सार्वजनिक डिजिटल प्लेटफॉर्म को भारत के डिजिटल लाभ का आधार बनने के साथ ही भारत के बड़े डिजिटल बुनियादी ढाँचे ने प्रौद्योगिकी को अपनाने में महत्त्वपूर्ण भूमिका निभाई है।

ई-कॉमर्स

- डिजिटल अर्थव्यवस्था को बढ़ावा देने के लिए सरकार का प्रोत्साहन, इण्टरनेट की बढ़ती उपयोगिता, स्मार्टफोन के प्रयोग में वृद्धि, मोबाइल प्रौद्योगिकी में नवाचार और डिजिटल भुगतानों को अपनाने में वृद्धि सम्बन्धी समस्त गतिविधियों ने ई-कॉमर्स को तीव्रता के साथ प्रेरित किया है।

- बैन एण्ड कम्पनी की नवीनतम रिपोर्ट हाउ इण्डिया शॉप्स ऑनलाइन 2022 के अनुसार, उभरती श्रेणियाँ: जैसे—फैशन एवं ग्रॉसरी इत्यादि से भारत में ई-कॉमर्स को बढ़ावा मिलेगा और ई-कॉमर्स वर्ष 2027 तक भारतीय बाजार के लगभग दो-तिहाई हिस्से पर कब्जा जमा लेगा।

डिजिटल वित्तीय सेवाएँ

- उभरती प्रौद्योगिकियों और अभिनव समाधानों द्वारा डिजिटल वित्तीय सेवाओं के माध्यम से वित्तीय समावेशन को बढ़ावा दिया जा रहा है।
- जन धन-आधार-मोबाइल (JAM), ट्रिनिटी, यूनिफाइड पेमेण्ट्स इण्टरफेस (UPI) और अन्य नियामक ढाँचे द्वारा लेनदेन को डिजिटल प्लेटफॉर्मों ने बढ़ावा दिया है।
- भारत में फिनटेक अंगीकरण (Adoption) की दर 87% रही है, जो **ग्लोबल फिनटेक एडॉप्शन इण्डेक्स** के अनुसार 64% के वैश्विक औसत से काफी अधिक है।
- भारतीय रिजर्व बैंक (RBI) ने हाल ही में थोक और खुदरा दोनों सेगमेण्ट में डिजिटल रूपी लॉन्च किया है।
- डिजिटल वित्तीय सेवाओं को गति देने में दस्तावेजों के डिजिटलीकरण ने भी महत्त्वपूर्ण भूमिका निभाई है। दस्तावेजों के डिजिटलीकरण से सुरक्षा, ऑनलाइन सत्यापन तथा बेहतर पहुँच में वृद्धि हुई है।

अन्तरिक्ष सेवाएँ

- भारतीय अन्तरिक्ष कार्यक्रम पृथ्वी प्रेक्षण, संचार और नौवहन से सम्मिलित अन्तरिक्ष प्रौद्योगिकी के अनुप्रयोग के माध्यम से वृहत से सूक्ष्म स्तरों पर सामाजिक-आर्थिक सम्बन्धित मुद्दों का निवारण करने के लिए राष्ट्रीय विकास में योगदान करता है।
- भारत में अन्तरिक्ष कार्यक्रम की शुरुआत 1960 के दशक में हुई थी। इसकी गतिविधियों में परिवर्तन होने के कारण अब यह निजी क्षेत्र भी अन्तरिक्ष गतिविधि में अपनी भूमिका निभा रहा है।
- इसी को ध्यान में रखते हुए भारत सरकार द्वारा वर्ष 2020 में अन्तरिक्ष क्षेत्र में सुधार किया गया, जिसके आलोक (प्रकाश) में अब गैर-सरकारी क्षेत्र के लिए भी बाह्य अन्तरिक्ष क्षेत्र को खोला गया तथा अन्तरिक्ष आधारित सेवाएँ प्रदान करने के लिए आमन्त्रित किया गया।

भुवन सेवाएँ

- इसरो ने एक **भूमि पोर्टल** लॉन्च किया है, जिसका नाम भुवन है। यह एक बहुसंवेदी, बहु प्लेटफॉर्म और बहु लौकिक उपग्रह बिम्ब मानचित्र प्रणाली तथा पृथ्वी प्रेक्षण एवं आपदा प्रणाली में सहायता करने सम्बन्धित सूचना उपलब्ध कराता है।
- इसे वर्ष 2009 को शुरू किया गया था और इससे वर्तमान समय तक लगभग 6500 से अधिक मानचित्र सेवाओं का उपयोग किया जा चुका है। यह भारत सरकार के 20 से अधिक मन्त्रालयों और 30 से अधिक राज्यों को अपनी सेवाएँ प्रदान कर रहा है।

मैपिंग और भू-स्थानिक सेवाएँ

- इसरो द्वारा प्रक्षेपित उपग्रहों से मैपिंग और भू-स्थानिक सेवाओं का सुचारु रूप से संचालन होता है। इनसे भू-आँकड़ों के साथ समकालिक उपग्रह आँकड़े भी प्राप्त होते हैं, जिनसे कृषि, विज्ञान तथा अर्थव्यवस्था के क्षेत्रों को लाभ मिलता है।
- इनसे प्राप्त आँकड़ों से कृषि से सम्बन्धित विभिन्न फसलों का रकबा (भूमि) और देश में 8 प्रमुख फसलों के उत्पादन के लिए मौसम पूर्वानुमान की जानकारी मिलती है।
- मानचित्रण और भू-स्थानिक विकसित सेवाओं के आधार पर सैटेलाइट डाटा में बागवानी फसल सूची राष्ट्रीय जल विज्ञान परियोजना के अन्तर्गत हाइड्रॉ इन्फॉर्मेटिक उत्पाद, ग्रामीण स्तरीय भू-जल सम्भावना का पता लगाया जा सकता है।
- आधुनिक भू-स्थानिक डेटा तकनीकों और मैपिंग सेवाओं पर आधारित नवीन तकनीकों के अनुप्रयोग से विभिन्न क्षेत्रों को व्यापक लाभ प्राप्त हो सकता है। इसमें कृषि से लेकर वित्त, निर्माण, स्थानीय उद्यम से जुड़ी गतिविधियाँ शामिल हैं।

बन्दरगाह और नौपरिवहन सेवाएँ

- किसी भी देश के सामाजिक एवं आर्थिक विकास के लिए समुद्री परिवहन एक महत्त्वपूर्ण अवसंरचना होती है।
- बन्दरगाह और नौपरिवहन सेवाएँ अर्थव्यवस्था के महत्त्वपूर्ण क्षेत्र हैं। ये सेवाएँ भारतीय अर्थव्यवस्था के आयात-निर्यात में लगभग 90% तथा मूल्य के हिसाब से 70% तक प्राप्त होती हैं। भारत के सभी बन्दरगाहों की कुल कार्य क्षमता बढ़कर वर्ष 2021 में 1246.86 मिलियन टन प्रतिवर्ष हो गई।
- भारत के 12 प्रमुख बन्दरगाहों में से श्यामाप्रसाद मुखर्जी पोर्ट कोलकाता, विशाखपट्टनम और मोर्मुगोवा बन्दरगाहों को छोड़कर और सभी बन्दरगाहों ने उच्च स्तर की वृद्धि दर्ज की।

> कोविड-19 महामारी में वैश्विक प्रतिबन्धों के कारण विश्वभर में नौपरिवहन में कण्टेनरों का अन्तर्वाह कम हो गया। सरकार द्वारा कण्टेनरों की कमी तथा उच्च माल भाड़ा की समस्या को समाप्त करने के लिए खाली कण्टेनरों का उच्च आयात करना, बेहतर परिचालन की व्यवस्था करना आदि प्रयास किए गए हैं।

- अंकटाड (United Nations Conference on Trade and Development, UNCTAD) के अनुसार, वैश्विक स्तर पर नौवहन का औसत टर्नअराउण्ड वर्ष 2020 में 1 दिन था। वर्ष 2020 के दौरान, वायरस प्रसार को रोकने के लिए टर्मिनल संचालकों,

अधिकारियों तथा इण्टरमॉडल परिवहन प्रदाताओं ने सामाजिक सम्पर्क को कम करने के लिए कदम उठाए हैं।

> **सागरमाला कार्यक्रम**
>
> यह कार्यक्रम भारत के 7500 किमी लम्बी तटरेखा, 14500 किलोमीटर लम्बे सम्भावित नौगम्य जलमार्ग तथा प्रमुख समुद्री व्यापार मार्गों पर स्थित सामरिक स्थानों का लाभ उठाकर देश में बन्दरगाह आधारित विकास को बढ़ावा देने के लिए बन्दरगाह, नौवहन तथा जलमार्ग मन्त्रालय का प्रमुख कार्यक्रम है।

भारत में सेवा क्षेत्र में तीव्र संवृद्धि के कारण

- वर्तमान में सेवा क्षेत्र में विशेषज्ञता प्राप्त पेशेवरों का योगदान लिया जा रहा है, जिसके कारण इस क्षेत्र में व्यापक संवृद्धि देखने को मिल रही है। अनेक विदेशी कम्पनियों के द्वारा सूचना प्रौद्योगिकी से सम्बन्धित कार्य भारत से ही कराए जा रहे हैं, क्योंकि यहाँ के तकनीकी विशेषज्ञ कम वेतन पर भी कार्य सम्पन्न कर देते हैं, जिससे इनका उत्पादन लागत कम हो जाता है। सेवा क्षेत्र में तीव्र संवृद्धि का यह भी एक प्रमुख कारण रहा है।
- भारतीयों में क्रय-शक्ति क्षमता के बढ़ने से उनके द्वारा सेवा के सन्दर्भ में माँग को भी बढ़ा दिया गया है। माँग पक्ष के बढ़ने के कारण आपूर्ति पक्ष को भी मजबूत किया जाने लगा, जिस क्रम में सेवा क्षेत्र में संवृद्धि तीव्र गति से बढ़ने लगी।

> वर्ष 1991 के उदारीकरण की नीति के पश्चात् सेवा क्षेत्र में निजी क्षेत्रों (कम्पनियों) का प्रवेश होता है तथा निजी क्षेत्र लाभ से प्रेरित रहते हैं। जिस कारण वे सदैव ही विशेषज्ञता को प्राथमिकता देते हैं। इन विशेषज्ञताओं से उपभोक्ता सन्तुष्टि भी बढ़ी है। इस प्रकार यह भी सेवा क्षेत्र के तीव्र संवृद्धि का एक कारक रहा है।

- वर्तमान समय में उन्नत तकनीकों के प्रयोग के फलस्वरूप भी सेवा क्षेत्र तीव्र संवृद्धि को प्राप्त कर रहे हैं।
- द्वितीयक क्षेत्र (औद्योगिक क्षेत्र) एवं तृतीयक क्षेत्र (सेवा क्षेत्र) के मध्य अनुनाश्रय सम्बन्ध होता है। फलत: द्वितीयक क्षेत्र की संवृद्धि भी सेवा क्षेत्र की संवृद्धि में सहायक भूमिका का निर्वाह करती है, जिसके कारण सेवा क्षेत्र की संवृद्धि में तीव्रता आती है।

सेवा क्षेत्र की प्रमुख नीति और योजनाएँ

सेवा क्षेत्र की प्रमुख नीति और योजनाएँ निम्नलिखित हैं

राष्ट्रीय ब्रॉडबैण्ड नीति

- भारत में पहली बार वर्ष 2004 में ब्रॉडबैण्ड नीति को प्रस्तुत किया गया, जोकि राष्ट्रीय दूरसंचार नीति का एक हिस्सा है।

> भारत में ब्रॉण्डबैण्ड नीति, 2004 को तैयार करने के पीछे का उद्देश्य सूचनाओं की त्वरित पहुँच, वेब आधारित संचार की प्राप्ति, टेली-एजुकेशन, टेली-मेडिसिन, ई-गवर्नेन्स, मनोरंजन और रोजगार सृजन की सम्भावना आदि का विकास करना है।

- इसमें उपभोक्ताओं को कॉपर लूप आधारित डिजिटल उपभोक्ता लाइनों, ऑप्टिकल फाइबर तकनीकों, केबल टीवी नेटवर्क वीसैट आदि द्वारा सुविधा प्रदान करना है।

राष्ट्रीय दूरसंचार नीति, 2012

राष्ट्रीय दूरसंचार नीति, 2012 के उद्देश्यों में निम्न बातें शामिल हैं

- एक राष्ट्र-एक लाइसेन्स की अवधारणा को सभी सेवाओं तथा सेवा क्षेत्र के लिए लागू करना।
- एक राष्ट्र-पूर्ण मोबाइल नम्बर परिवर्तनीयता और एक राष्ट्र में मोबाइल के सभी कार्यों को रोमिंग फ्री करना।
- दूरसंचार को महत्त्व देने के साथ-साथ शिक्षा, स्वास्थ्य जैसी प्राथमिक आवश्यकता के रूप में ब्रॉडबैण्ड कनेक्टिविटी उपलब्ध कराना और ब्रॉडबैण्ड के अधिकार की दिशा में कार्य करना था।
- वर्ष 2017 तक ग्रामीण टेली-घनत्व (Rural Teledensity) को वर्तमान के स्तर 40.66 से बढ़ाकर 70% तथा वर्ष 2020 तक इसे 100% करना।
- वर्ष 2020 तक न्यूनतम 2 MBPS डाउनलोड स्पीड के 600 मिलियन कनेक्शन उपलब्ध कराना और माँग पर न्यूनतम 100 MBPS की उच्चतर गति पर ब्रॉडबैण्ड कनेक्शन उपलब्ध कराना।
- वर्ष 2014 तक प्रौद्योगिकी के सफल संयोजन में सभी ग्राम पंचायतों तक तीव्रतम और उच्चस्तरीय ब्रॉडबैण्ड उपलब्धता सुनिश्चित करना और वर्ष 2020 तक उत्तरोत्तर रूप से इसे देश के सभी गाँवों तक पहुँचाना था।
- भेदभाव रहित पहुँच उपलब्ध कराने के लिए विविध नेटवर्कों के इण्टरकनेक्शनों के लिए एक कॉमन प्लेटफॉर्म की स्थापना कराना। दूरसंचार में हरित नीतियों को अपनाया जाना जारी रखना।
- देश में सभी टेलीफोनों में वायरलेस फोनों की भागीदारी अब 97% के लगभग हो गई है और ग्राहकों की संख्या के सन्दर्भ में निजी क्षेत्र की भागीदारी 87% के स्तर पर है।

> भारत सरकार द्वारा नई दूरसंचार नीति का मसौदा राष्ट्रीय डिजिटल दूरसंचार नीति, 2018 के नाम से प्रकाशित किया गया। इसके अन्तर्गत वर्ष 2022 तक 40 लाख नए रोजगारों का निर्माण करने के साथ ही अन्य अनेक सुविधाओं का इसमें प्रावधान किया गया है।

- नई पॉलिसी के ड्राफ्ट में निम्नलिखित लक्ष्यों को निर्धारित किया गया है
  - वर्ष 2022 तक सभी ग्राम पंचायतों को 1GBPS ब्रॉडबैण्ड की सुविधा प्रदान करना।
  - वर्ष 2022 तक 10GBPS ब्रॉडबैण्ड की सुविधा प्रदान करना।
  - टेलीकॉम सेक्टर में 100 अरब डॉलर के निवेश को आकर्षित करना। 50MBPS स्पीड ब्रॉडबैण्ड सेवा उपलब्ध करवाना।
  - 40 लाख नए लोगों को रोजगार उपलब्ध करवाना।
  - वर्ष 2022 तक यूनिक मोबाइल सब्सक्राइबर घनत्व को 55 तथा वर्ष 2022 तक 65 तक बढ़ाना।

- वर्ष 2022 तक 10 मिलियन तक पब्लिक वाई-फाई हॉटस्पॉट को उपलब्ध करवाना।
- कनेक्टिविटी की सुविधा को सभी क्षेत्रों में बढ़ाना।

विज्ञान, प्रौद्योगिकी और नवोन्मेष नीति, 2020

इस नीति के अन्तर्गत उन व्यक्तियों एवं संगठनों को शामिल किया गया है, जो अनुसन्धान एवं नवाचार क्षेत्र से सम्बन्धित हैं। इस नीति के प्रमुख प्रावधान निम्नलिखित हैं

न्याय एवं समावेशन से सम्बन्धित

- सभी निर्णय लेने वाले निकायों में महिलाओं का कम-से-कम 30% प्रतिनिधित्व सुनिश्चित करना, साथ ही, लेस्बियन गे, बाइसेक्सुअल, ट्रान्सजेण्डर एवं क्यूर समुदाय को लैंगिक समानता से सम्बन्धित सभी वार्तालापों में शामिल करना।
- इन दोनों गतिविधियों के माध्यम से सरकार लैंगिक समानता स्थापित करने के अपने उद्देश्य को प्राप्त करना चाहती है।

इस नीति के अन्तर्गत बच्चों एवं बुजुर्गों की देखभाल को भी प्राथमिकता दी गई है। मातृत्व प्रसव एवं बच्चों की समुचित देखभाल हेतु माता-पिता के लिए पर्याप्त अवकाश का प्रावधान किया गया है। साथ ही, **डे-केयर सेण्टर** उन कर्मचारियों के बच्चों के लिए स्थापित किया गया है, जो सरकार के द्वारा वित्तपोषित अनुसन्धान संस्थानों एवं विश्व-विद्यालयों में कार्यरत् हैं।

- इसका उद्देश्य बुजुर्गों की देखभाल सुनिश्चित किया जाना है। साथ ही, बिना लैंगिक भेद-भाव के बाल-देखभाल को बढ़ावा देना है।
- इसके अन्तर्गत काम के घण्टों को भी लचीला बनाया गया है। यह नीति दिव्यांगजन की सहायता हेतु भी प्रावधान करती है।

अनुसन्धान और शिक्षा से सम्बन्धित

- इस नीति के अन्तर्गत शिक्षा अनुसन्धान केन्द्र एवं सहयोगी अनुसन्धान केन्द्र स्थापित किए जा रहे हैं।
- इस नीति का उद्देश्य-अनुसन्धान की गुणवत्ता बढ़ाने के साथ-साथ स्थानीय अनुसन्धान एवं विकास क्षमताओं में भी वृद्धि करना है, जिससे कि रेलवे, रक्षा, घरेलू उपकरण इत्यादि के क्षेत्र में आयात को घटाने के लिए आधारभूत संरचनाओं को विकसित किया जा सके।

भारत की सामरिक स्थिति को मजबूत करने से सम्बन्धित

- इस नीति के माध्यम से भारत को शीर्ष तीन वैज्ञानिक महाशक्तियों में शामिल करने का प्रयास किया जा रहा है, जो तकनीकी रूप से भी आत्म-निर्भर स्थिति में है।
- शोध एवं विकास के क्षेत्र में निजी क्षेत्र की भागीदारी (योगदान) को प्रत्येक पाँच वर्षों में दुगुना करना।
- एक रणनीतिक प्रौद्योगिकी बोर्ड की स्थापना करना, जिसके द्वारा सभी सामरिक सरकारी विभागों के मध्य समन्वय स्थापित किया जाएगा एवं आयातित की जाने वाली अथवा स्वदेशी निर्मित प्रौद्योगिकियों की अनुशंसा एवं निगरानी की जाएगी।

स्वदेश दर्शन योजना

- यह योजना भारत सरकार के पर्यटन मन्त्रालय द्वारा थीम आधारित पर्यटक सर्किटों के एकीकृत विकास के लिए शुरू की गई, एक केन्द्रीय क्षेत्र की योजना है। इसे भारत सरकार के पर्यटन और संस्कृति मन्त्रालय द्वारा वर्ष 2014-15 में लॉन्च किया गया था।
- यह देश में थीम आधारित पर्यटक सर्किट है। इन पर्यटक सर्किटों के एकीकृत तरीके से उच्च पर्यटक मूल्य प्रति स्पर्द्धात्मकता और स्थिरता के सिद्धान्तों पर विकसित किया जाएगा।

इस योजना के उद्देश्यों में भारत में पर्यटन की क्षमता को बढ़ावा देना, विकसित करना और उसका दोहन करना शामिल हैं। **स्वदेश दर्शन योजना** के अन्तर्गत पर्यटन मन्त्रालय सर्किट के अवसंरचना के विकास के लिए राज्य सरकारों, संघ राज्य क्षेत्रों के प्रशासन को केन्द्रीय वित्तीय सहायता सीएफए प्रदान करता है।

- इसके अन्तर्गत स्वदेश दर्शन के लिए 15 विषयगत सर्किटों की पहचान की गई है; जैसे—बुद्ध सर्किट, तटीय सर्किट, डेजर्ट सर्किट, इको सर्किट, हेरिटेज सर्किट, नॉर्थ-इस्ट सर्किट, हिमालयन सर्किट, सूफी सर्किट, कृष्णा सर्किट, रामायण सर्किट, ग्रामीण सर्किट, आध्यात्मिक सर्किट, तीर्थंकर सर्किट, वन्यजीव सर्किट और जनजातीय परिपथ।
- **पर्यटक परिपथ** ऐसे मार्ग होते हैं, जिन पर कम-से-कम तीन प्रमुख पर्यटन गन्तव्य पृथक् एवं विशिष्ट प्रकृति के होते हैं। ये एक राज्य में अथवा एक से अधिक राज्य या संघ-शासित क्षेत्रों में अवस्थित हो सकते हैं। इन परिपथों में एक मुख्य विषय एवं अन्य उप-विषय शामिल होते हैं। इस योजना के अन्तर्गत प्रथम जनजातीय सर्किट परियोजना का उद्घाटन छत्तीसगढ़ में किया गया।
- यह केन्द्र सरकार द्वारा पूर्णत: 100% वित्त पोषित योजना है। यह केन्द्रीय लोक उपक्रमों एवं औद्योगिक संस्थानों से स्वैच्छिक फण्ड की भी प्राप्ति कर सकती है।

भारतीय पर्यटन विकास निगम

- देश के पर्यटन की आधारिक संरचना के विकास हेतु भारतीय पर्यटन विकास निगम की स्थापना वर्ष 1996 में की गई थी।
- यह भारत की सबसे बड़ी होटल श्रृंखला विकसित करने के साथ-साथ पर्यटन से सम्बद्ध अन्य सुविधाएँ; जैसे—परिवहन, शुल्क मुक्त खरीददारी, मनोरंजन पर्यटक प्रचार, साहित्य की प्रस्तुति, परामर्शी सेवाएँ आदि प्रदान करने में सफल रहा है।
- इस विकास निगम के भारत में 5 क्षेत्रीय कार्यालय-नई दिल्ली, चेन्नई, मुम्बई, कोलकाता व गुवाहाटी में स्थित हैं।

प्रसाद योजना

- पर्यटन मन्त्रालय ने चुने गए महत्त्वपूर्ण तीर्थ स्थलों में तीर्थ यात्रा अवसंरचना के उद्देश्य से जनवरी, 2015 में नेशनल मिशन ऑन पिलग्रीमेज रीजुवेनेशन एण्ड स्प्रीचुअल, हेरिटेज ऑगमण्टेशन ड्राइवर (प्रसाद) आरम्भ किया।
- प्रसाद योजना के अन्तर्गत विकास के लिए अनेक धार्मिक शहरों/स्थलों की पहचान की गई है; जैसे—अमरावती और श्रीशैलम (आन्ध्र प्रदेश), कामाख्या (असम), परशुराम कुण्ड (लोहित जिला, अरुणाचल प्रदेश), पटना और गया (बिहार) आदि।
- केन्द्र सरकार सार्वजनिक वित्तपोषण के लिए शुरू किए गए परियोजना घटकों हेतु 100% वित्तपोषण प्रदान करती है।
- इस योजना के अन्तर्गत आने वाली परियोजनाओं की बेहतर स्थिरता के लिए कॉर्पोरेट सामाजिक उत्तरदायित्व (सीएसआर) और सार्वजनिक-निजी भागीदारी के लिए उपलब्ध स्वैच्छिक धन का लाभ उठाने का प्रयास करती है।
- वर्तमान में इस योजना का संचालन रोजगार कार्यान्वयन पर्यटन मन्त्रालय द्वारा किया जा रहा है।
- इसका उद्देश्य सृजन और धार्मिक विकास पर प्रत्यक्ष और गुणक प्रभाव के लिए तीर्थ पर्यटन का उपयोग करना है। पहले लॉन्च की गई प्रसाद योजना का फोकस हृदय योजना के अन्तर्गत चिह्नित तीर्थ स्थलों के विकास और सौन्दर्यकरण पर था।

> यह योजनाबद्ध, प्राथमिकता और टिकाऊ तरीके से तीर्थ स्थानों के विकास को एकीकृत करके एक व्यापक धार्मिक पर्यटक अनुभव बनाने का प्रयास करता है। इससे पहली योजना में तीर्थ और विरासत स्थलों के विकास के लिए 12 शहरों की पहचान की गई थी। इन शहरों के चयन की कसौटी उनकी समृद्ध विरासत और सांस्कृतिक इतिहास से है।

परिवहन सम्बन्धी सेवा

- पोत परिवहन सेवा इस सन्दर्भ में महत्त्वपूर्ण स्थान रखती है और वस्तुगत व्यापार का भविष्य पोत-परिवहन की क्षमता पर निर्भर करता है। भारतीय व्यापार की कुल मात्रा का लगभग 95% परिवहन समुद्री परिवहन द्वारा होता है।
- 11वीं पंचवर्षीय योजना के अन्त तक भारतीय बन्दरगाहों की क्षमता के सन्दर्भ में वृद्धि करने का लक्ष्य था, जिसे 12वीं योजना में भी रखा गया था। 12वीं योजना में क्षमता वृद्धि के लक्ष्यों की प्राप्ति हेतु दो बड़े बन्दरगाहों का निर्माण कार्य प्रगति पर रहा।
- विकासशील देशों में भारत के पास व्यापारिक जलपोतों का सबसे बड़ाबेड़ा है। जनवरी, 2019 तक दुनिया के बेड़े में भारत की 0.9% भागीदारी थी। भारत के 13 मुख्य बन्दरगाह और लगभग 200 गैर-प्रमुख बन्दरगाह हैं।

स्थावर सम्पदा सेवा एवं आवासीकरण

- स्थावर सम्पदा (Real Estate) व आवासी क्षेत्रक का हिस्सा वर्ष 2025 तक देश के जीडीपी का 13% होने का अनुमान है, जबकि यह 2015-16 में भारत के समग्र सकल मूल्यवर्द्धन का 7.7% था।
- स्थावर सम्पदा और निर्माण दोनों मिलकर देश में कृषि के पश्चात् सबसे अधिक रोजगार उपलब्ध करवाते हैं।
- निर्माण क्षेत्र जिसमें बाँध, सड़क, पुल, इमारतें आदि शामिल हैं, की वृद्धि में कमी आई है।
- सरकार ने सभी योजनाओं के लिए आवास निर्माण के अन्तर्गत वर्ष 2022 तक 6 करोड़ मकान बनाने की घोषणा की है।

> **विधि सेवा**
>
> - विधि सेवा (Legal Service) क्षेत्र की वृद्धि दर वर्ष 2005-06 से 2011-12 तक प्रत्येक वर्ष 8.2% के स्तर पर ही है।
> - कानूनी सुधार हेतु राष्ट्रीय मिशन के लिए आम बजट 2020-21 के अन्तर्गत वर्ष 2019-20 के ₹ 210 करोड़ को बढ़ाकर वर्ष 2020-21 में ₹ 287.73 करोड़ कर दिया गया है।

राष्ट्रीय विधिक सेवा प्राधिकरण

- विधिक सेवा प्राधिकरण अधिनियम, 1987 (Legal Service Authority Act,1987) के अन्तर्गत 'राष्ट्रीय विधिक सेवा प्राधिकरण' (नालसा) का गठन विधिक सहायक कार्यक्रमों के क्रियान्वयन की निगरानी करने व इनका मूल्यांकन करने के लिए और इस अधिनियम के अन्तर्गत विधिक सेवाएँ उपलब्ध कराने के उद्देश्य से नीतियों और सिद्धान्तों को तय करने के लिए किया गया है।
- नि:शुल्क विधिक सेवाओं में न्यायालय की फीस, प्रक्रिया शुल्क विधिक कार्यवाही में होने वाले अन्य खर्चे, वकीलों की सेवाएँ, विधिक कार्यवाही में आदेशों और अन्य दस्तावेजों की सत्यापित प्रतियों को प्राप्त करना व इनकी आपूर्ति करना और अपील, पेपर बुक को तैयार करना इत्यादि शामिल हैं।

> लाभान्वितों में महिलाएँ व बच्चे, अनुसूचित जातियाँ और अनुसूचित जनजातियाँ, औद्योगिक कामगार, नि:शक्त व्यक्ति, हिरासत में व्यक्ति, 1 लाख से कम आय वाले व्यक्ति, मानव तस्करी के पीड़ित या भिखारी और प्राकृतिक आपदा से पीड़ित शामिल हैं।

- प्रत्येक राज्य में एक राज्य विधिक सेवा प्राधिकरण और प्रत्येक उच्च न्यायालय में एक उच्च न्यायालय विधिक सेवा समिति गठित की गई है।
- सेवा क्षेत्र के तीव्र विकास हेतु प्रत्यक्ष विदेशी निवेश के प्रवाह को अधिक तेजी से आकर्षित करने के लिए सरकार समय-समय पर विभिन्न क्षेत्रों में विदेशी निवेश की सीमाओं में बढ़ोतरी करती रहती है।

- ग्रामीण क्षेत्र में टेलीफोन कनेक्शनों को बढ़ाने हेतु व ग्रामीण टेलीफोनों को प्रोत्साहन देने हेतु सरकार द्वारा एक सार्वभौमिक सेवा दायित्व कोष की स्थापना की गई है।

सेवा क्षेत्र में प्रत्यक्ष विदेशी निवेश

- अंकटाड की विश्व निवेश रिपोर्ट-2022 ने अपनी प्रत्यक्ष विदेशी निवेश सेवा क्षेत्र की सूची में भारत को वर्ष 2021 में शीर्ष 20 मेजबान देशों में से सातवें सबसे बड़े प्राप्तकर्ता के रूप में दर्शाया है।
- वित्त वर्ष 2021-22 में भारत को सेवा क्षेत्र में $7.1 बिलियन की प्रत्यक्ष विदेशी निवेश (FDI) इक्विटी प्रवाह सहित $84.8 बिलियन की उच्चतम एफडीआई अन्तर्प्रवाह प्राप्त हुई।
- निवेश के लिए सरकार ने रेशनल सिंगल विण्डो सिस्टम, अनुमोदनों के लिए एक समाधान, निवेशकों, उद्यमियों एवं कारोबार द्वारा अपेक्षित समाशोधन के लिए विभिन्न कदम उठाए गए हैं।
- विभिन्न उद्योगों में निवेश के उदारीकरण को सुनिश्चित करने के लिए सरकार ने ऑटोमैटिक रूप से सभी सेवा एवं अवसंरचना प्रदाताओं समेत दूर संचार सेवाओं में 100% भागीदारी की स्वीकृति दी है।
- निवेश की सुविधा उपलब्ध कराने के लिए सरकार द्वारा विभिन्न उपाय किए गए हैं; जैसे—राष्ट्रीय एकल-खिड़की प्रणाली का शुभारम्भ, निवेशकों, उद्यमियों और व्यवसायों को आवश्यक अनुमोदन और मंजूरी देने के लिए 'वन स्टॉप समाधान'।
- सरकार ने ऑटोमैटिक रूट के माध्यम से सभी सेवाओं और बुनियादी ढाँचा प्रदाताओं सहित दूरसंचार सेवाओं में 100% विदेशी भागीदारी की अनुमति दी है। बीमा कम्पनियों में भी प्रत्यक्ष विदेशी निवेश (FDI) 49% से बढ़ाकर 74% कर दी गई है।

भारत में सेवा क्षेत्र में विद्यमान प्रमुख चुनौतियाँ समस्याएँ

- भारत में सेवा क्षेत्र से सम्बन्धित आधारभूत संरचनाओं का अभाव है, जिससे विद्युत, परिवहन, संग्रहण इत्यादि समस्याएँ बनी रहती हैं।
- यह क्षेत्र रोजगार विहीन संवृद्धि वाला क्षेत्र है, क्योंकि इसके अन्तर्गत रोजगार में जनसंख्या के अपर्याप्त भाग को ही नियोजित किया जाता है।
- भारतीय सेवा प्रदाता कम्पनियों, जैसे—बीपीओ एवं आईटी क्षेत्र को विश्व की अनेक सेवा प्रदाता कम्पनियों से प्रतिस्पर्द्धा करना पड़ रहा है।
- भारतीय तकनीकी विशेषज्ञों के समक्ष अनेक देशों ने वीजा से सम्बन्धित कठिनाइयाँ उत्पन्न कर दी हैं; जैसे-अमेरिका एवं ऑस्ट्रेलिया इत्यादि देश।
- भारत के अनेक स्थानों में लोक-व्यवस्था दुरुस्त नहीं होने के कारण से विदेशी पर्यटक भारत-भ्रमण में कम रुचि लेते हैं।

भारत में सेवा क्षेत्र में की गई सरकारी पहलें

भारत सरकार द्वारा सेवा क्षेत्र में की गई सरकारी पहलें निम्नलिखित हैं

- स्वास्थ्य, पर्यटन, परिवहन, सूचना प्रौद्योगिकी, बैंकिंग, वित्त प्रबन्धन, शिक्षा, इंजीनियरिंग एवं संचार आदि क्षेत्रों में प्रोत्साहन राशि प्रदान करना।
- सभी को सम्बन्धित सरकारी सेवाओं तक निर्बाध पहुँच को सुनिश्चित करना।
- देश में ऑनलाइन पोर्टल के माध्यम से सरकार तक सेवाओं की पहुँच द्वारा कारोबारी जगत में सुधार के लिए सरकार द्वारा 'ई-बिल योजना' शुरू की गई है, जिसका प्रारम्भ औद्योगिक नीति और संवर्द्धन विभाग और निजी कम्पनी इन्फोसिस द्वारा किया गया है।
- सरकार द्वारा अपनी व्यापारिक वीजा प्रणाली को उदारीकृत बनाया गया है, जिससे भारत के सेवा निर्यात को प्रोत्साहन मिलेगा।
- दूरदराज के क्षेत्रों में संचार की सुविधा को बढ़ाने के लिए सामान्य सेवा केन्द्र या ई-सेवा केन्द्रों की संख्या को और अधिक बढ़ाना।
- भारत में सेवाओं पर एवं समान कर की स्थापना हेतु नए वस्तु एवं सेवा कर को लागू किया गया।
- देश में शोध एवं अनुसन्धान के लिए प्रोत्साहन पैकेज की घोषणा तथा कर में छूट प्रदान की गयी है।
- सेतू (स्वरोजगार और प्रतिभा उपयोग) कार्यक्रम की शुरुआत विश्व स्तरीय प्रौद्योगिकी व्यवसाय को सहायता पहुँचाने तथा देना एवं स्टार्टअप बिजनेस को प्रोत्साहन प्रदान करने के लिए की गई है।

कुछ महत्त्वपूर्ण योजनाएँ

- **उदय योजना** प्रधानमन्त्री नरेन्द्र मोदी की अध्यक्षता में केन्द्रीय मन्त्रिमण्डल द्वारा **उज्ज्वल डिस्कॉम इंश्योरेन्स योजना** (उदय योजना), 2015 को स्वीकृति प्रदान की गई। इस योजना का प्रयोजन विद्युत वितरण कम्पनियों के वित्तीय, कायापलट और पुनरुत्थान का प्रबन्ध करना है। इस योजना के अन्तर्गत बिजली वितरण कम्पनियों का 75% ऋण राज्यों द्वारा 2 वर्षों में अधिगृहीत किया जाएगा। इस योजना से '24 × 7 सबके लिए बिजली' का लक्ष्य प्राप्त करना आसान हो जाएगा।
- **सेतु भारतम् योजना** राष्ट्रीय राजमार्गों पर सुरक्षित और सहज यात्रा सुनिश्चित करने के लिए पुलों के निर्माण हेतु भारत सरकार ने ₹ 50,000 करोड़ के निवेश वाली अति महत्त्वाकांक्षी 'सेतु भारतम् योजना' का शुभारम्भ 4 मार्च, 2016 को किया है। सड़क सुरक्षा सुनिश्चित करना सेतु भारतम् परियोजना का प्रमुख उद्देश्य है।
- **उजाला योजना** 30 अप्रैल, 2016 को भोपाल (मध्य प्रदेश) में भारत सरकार का राष्ट्रीय कार्यक्रम उन्नत ज्योति द्वारा सभी के लिए रियायती LED बल्ब का शुभारम्भ किया गया है। इस योजना का उद्देश्य ऊर्जा संरक्षण है। उपभोक्ता अपना कोई भी पहचान-पत्र दिखाकर वितरक से ये बल्ब खरीद सकते हैं।

प्रीलिम्स फैक्ट्स

- व्यापार एवं परिवहन, वित्त एवं वास्तविक (स्थावर) सम्पदा, वानिकी और मात्स्यिकी में कौन भारत में तृतीयक क्षेत्र *(Tertiary Sector)* में सम्मिलित है ***– व्यापार एवं परिवहन, वित्त एवं वास्तविक (स्थावर) सम्पदा** [UPPSC (Mains) 2004, UPPSC (Pre) 2003]*
- वानिकी, विनिर्माण, कृषि और विपणन में से कौन एक तृतीयक क्रियाकलाप है? ***– विपणन** [UP Lower 2008]*
- खनन व उत्खनन, परिवहन और संचार, होटल, वानिकी व मात्स्यिकी से कौन भारत के सेवा क्षेत्र में सम्मिलित है ***– परिवहन व संचार, होटल** [UPPSC (Mains) 2004]*
- सेवाएँ > कृषि > उद्योग > उद्योग > सेवाएँ > कृषि, उद्योग >कृषि > सेवाएँ और सेवाएँ >उद्योग >कृषि में से कौन भारत के सकल घरेलू उत्पादन में योगदान का घटता हुआ सही अनुक्रम है ***– सेवाएँ > उद्योग > कृषि** [UPPSC (Mains) 2017]*
- कृषि क्षेत्र, औद्योगिक क्षेत्र और सेवा क्षेत्र में किस क्षेत्र का भारतीय अर्थव्यवस्था के सकल घरेलू उत्पाद में सर्वाधिक योगदान है ***– सेवा क्षेत्र** [UK UDA/LDA (Mains) 2006]*
- स्वर्णिम चतुर्भुज क्या है? ***– राष्ट्रीय राजमार्ग परियोजना** [BPSC (Pre) 2016]*
- भारत में ग्रामीण अवस्थापना विकास कोष कार्यक्रम को क्रियान्वित करने वाली मुख्य *(Nodal)* संस्था है ***– नाबार्ड** (NABARD) [UPPSC (Mains) 2009]*
- भारत निर्माण योजना–शहरी ढाँचागत विकास, ग्रामीण ढाँचागत विकास, पुलों एवं सड़कों का विकास और सूचना तकनीकों के विकास में से किससे सम्बन्धित है? ***– ग्रामीण ढाँचा विकास से** [RAS/RTS (Pre) 2008]*
- सिंचाई, जलापूर्ति, सफाई का प्रबन्ध और निवास जैसी ग्रामीण अवस्थापना क्षेत्रों में से कौन केन्द्रीय सरकार की भारत निर्माण योजना में आच्छादित नहीं है? ***– सफाई का प्रबन्ध** [UPPSC (Mains) 2011]*
- भारत सरकार द्वारा आरम्भ किए गए मेगा फूड पार्क्स योजना का उद्देश्य क्या है? ***– खाद्य प्रसंस्करण उद्योग के लिए अवसंरचना (ढाँचागत) सुविधाओं में सुधार लाना** [UP Lower 2009]*
- भारत में पर्यटन और होटल उद्योग का विकास किसका कार्य है? ***– ITDC-Indian Tourism Development Corporation***
- भारत का कौन–सा औद्योगिक/आर्थिक गलियारा जापान के सहयोग से विकसित किया जा रहा है? ***– दिल्ली–मुम्बई** [BPSC (Pre) 2019]*

सेल्फ चैक

1. भारत में सेवा क्षेत्र में सम्मिलित हैं

1. खनन व उत्खनन	2. परिवहन और संचार
3. होटल	4. वानिकी व मत्स्यिकी

कूट

(a) 1 और 2	(b) 2 और 3
(c) 3 और 4	(d) 1 और 4

2. सेवा क्षेत्र से सम्बन्धित किस वर्ग का भारत की GDP में सर्वाधिक हिस्सा था?

(a) व्यापार, होटल, परिवहन एवं संचार
(b) वित्तीयन, बीमा, स्थावर सम्पदा और कारोबारी सेवाएँ
(c) सामुदायिक, सामाजिक और वैयक्तिक सेवाएँ
(d) भवन निर्माण

3. निम्नलिखित कथनों में से कौन-से कथन सत्य हैं?

1. भारत का सेवा सकल घरेलू उत्पाद में 15वाँ स्थान है।
2. होटलों के निर्माण के लिए विदेशी पूँजी निवेश की सीमा को 100% की अनुमति प्रदान कर दी गई।
3. डाक सेवा ने मोबाइल पर धन भेजने की सुविधा प्रदान की है।

कूट

(a) 1 और 2	(b) 2 और 3
(c) 1, 2 और 3	(d) इनमें से कोई नहीं

4. निम्नलिखित कथनों में से कौन-सा/से कथन सत्य है/हैं?

1. विश्व का सबसे बड़ा निर्यात उद्योग सॉफ्टवेयर है।
2. कारोबार प्रक्रिया बाह्य स्रोत का सम्बन्ध पर्यटन उद्योग से है।

कूट

(a) केवल 1	(b) केवल 2
(c) 1 और 2 दोनों	(d) न तो 1 और न ही 2

5. निम्नलिखित कथनों में से कौन-सा/से कथन असत्य है/हैं?

1. विश्व में सबसे अधिक पर्यटक यूरोपीय देशों के होते हैं।
2. पर्यटन व्यवसाय में मात्र 30% से भी कम हिस्सा महिला कार्यबल का है।
3. भारत में पर्यटन विकास निगम की स्थापना 1 अक्टूबर, 1966 में हुई।

कूट
(a) केवल 1
(b) 1 और 2
(c) 1, 2 और 3
(d) इनमें से कोई नहीं

6. भारत में 'पब्लिक की इन्फ्रास्ट्रक्चर' पदबन्ध किसके प्रसंग में प्रयुक्त किया जाता है? IAS (Pre) 2020
(a) डिजिटल सुरक्षा आधारभूत संरचना
(b) खाद्य सुरक्षा आधारभूत संरचना
(c) स्वास्थ्य देखभाल और शिक्षा आधारभूत संरचना
(d) दूरसंचार और परिवहन आधारभूत संरचना

7. सरकारी व्यय में वृद्धि से प्रेरित, निजी निवेश व्यय में वृद्धि को क्या कहते हैं?
(a) निजी निवेश का अन्तर्गमन (क्राउडिंग इन)
(b) घाटे कीं वित्त व्यवस्था (डेफिसिट फाइनेन्सिंग)
(c) निजी निवेश का बहिर्गमन (क्राउडिंग आउट)
(d) निजी निवेश की भरमार से बाहर निकलना (पम्पिंग आउट)

8. कम्पनियाँ प्रौद्योगिकी की सहायता से कारोबारी प्रक्रिया की पुनर्रचना क्यों करती हैं? RAS/RTS (Pre) 2018
(a) उपभोक्ताओं की माँग एवं अपेक्षाएँ निरन्तर बढ़ रही हैं
(b) कम लागत पर उत्पादों और सेवाओं में प्रतिस्पर्द्धी बढ़त प्राप्त करने हेतु सूचना प्रौद्योगिकी का लाभ उठाया जा रहा है
(c) अर्थव्यवस्थाओं के विश्वव्यापी उदारीकरण के साथ परिवर्तन की दर तीव्र हो गई है
(d) उपरोक्त सभी

9. भारत की व्यावसायिक संरचना का वर्षों बाद भी लगभग वैसा ही बने रहने का एक कारण है
(a) निवेश का प्रतिमान पूँजी प्रधान उद्योगों की दिशा में उन्मुख रहा है
(b) कृषि में उत्पादकता इतनी अधिक रही है कि जनता को कृषि में ही बने रहने की प्रेरणा मिली है
(c) भूधृति (जोत) पर लगी अधिकतम सीमा के कारण अधिक लोगों को भूस्वामित्व मिला है और उन्होंने कृषि में ही बने रहना पसन्द किया है
(d) आर्थिक विकास के लिए कृषि से उद्योग की दिशा में अन्तरण के महत्त्व की जनता को अधिकतर जानकारी नहीं है

10. भारतीय पेटेण्ट कानून लागू हुआ
(a) वर्ष 1970 में
(b) वर्ष 1971 में
(c) वर्ष 1972 में
(d) वर्ष 1973 में

11. 2जी स्पैक्ट्रम काण्ड की जाँच करने हेतु बनी संसद की संयुक्त समिति का अध्यक्ष कौन है? RAS/RTS (Pre) 2012
(a) मुरली मनोहर जोशी
(b) पीसी चाको
(c) एबी वर्द्धन
(d) सीताराम येचुरी

12. ई-ब्रिज भारत सरकार की राष्ट्रीय ई-गवर्नेन्स योजना के अन्तर्गत एक एकीकृत सेवा परियोजना है, जो 31 मिशन मोड प्रोजेक्टों का हिस्सा है। ई-ब्रिज औद्योगिक एवं उद्योग मन्त्रालय की देख-रेख और संरक्षण में किसके द्वारा कार्यान्वित की जा रही है?
(a) टाटा कन्सलटेन्सी सर्विसेज
(b) इन्फोसिस टेक्नोलॉजीस लिमिटेड
(c) विप्रो
(d) एचसीएल टेक्नोलॉजी

13. संयुक्त राष्ट्र विश्व पर्यटन संगठन के अनुसार, होटल व रेस्टोरेण्ट सहित पर्यटन के अन्तर्गत कार्यशील जनसंख्या में कितना प्रतिशत भाग महिलाओं का है?
(a) 50%
(b) 60%
(c) 70%
(d) 90%

जानें सही उत्तर

1. (b)	2. (c)	3. (b)	4. (d)	5. (d)	6. (a)	7. (a)	8. (d)	9. (d)	10. (c)
11. (b)	12. (b)	13. (c)							

● अध्याय तेरह

भुगतान सन्तुलन एवं विदेशी निवेश

"

किसी भी देश के अन्तर्राष्ट्रीय दायित्वों का पूर्ण विवरण भुगतान सन्तुलन के माध्यम से ज्ञात होता है, भुगतान सन्तुलन देश की अन्तर्राष्ट्रीय वित्तीय स्थिति को अपने खातों के माध्यम से प्रदर्शित करता है। भुगतान की सन्तुलित स्थिति प्राप्त करने के लिए सरकार लगातार प्रयासरत् रही है। इसके लिए प्रमुख उपाय के रूप में निर्यात के सन्दर्भ में तीव्र वृद्धि की योजनाएँ अपना रही है, जिसके फलस्वरूप देश के विदेशी व्यापार व विदेशी मुद्रा भण्डार में सकारात्मकता के संकेत मिलने लगे हैं।

भुगतान सन्तुलन

- भुगतान सन्तुलन (Balance of Payments, BoP) का अभिप्राय—देश के सभी आयातों एवं निर्यातों तथा अन्य सेवाओं के सम्पूर्ण विवरण से है। यह विवरण दोहरी प्रविष्टि प्रणाली पर आधारित होता है तथा जब विदेशी उद्यम या उद्यमी लाभ और उत्पादन से प्रेरित होकर वित्तीय परिसम्पत्तियों को किसी राष्ट्र में व्यय करते हैं, तो इसे **विदेशी निवेश** कहा जाता है।
- इसके अन्तर्गत किसी देश में पूँजी तकनीक आदि का आगमन होता है। इसके अतिरिक्त विदेशी निवेश से सरकार को अतिरिक्त राजस्व की प्राप्ति होती है। यही कारण है कि वैश्वीकरण के इस दौर में लगभग सभी देशों ने आर्थिक विकास के लिए विदेशी पूँजी (निवेश) के महत्त्व को स्वीकार किया है।

> किसी देश का भुगतान सन्तुलन (बीओपी) एक निश्चित अवधि में उस देश और शेष विश्व के साथ उसके सभी मौद्रिक व्यापार का क्रमबद्ध विवरण होता है अर्थात् यह एक वर्ष के अन्दर एक देश के निवासियों का विश्व के अन्य देश के निवासियों के साथ सभी प्रकार के आर्थिक लेन-देन (दृश्य, अदृश्य या पूँजीगत) का विवरण है।

- जब तक भुगतान सन्तुलन में लेन-देन दोनों ही पक्षों में सामान्यत: सहज स्वाभाविक ढंग से प्राप्त हों, तो देश के लिए चिन्ता का कोई विषय नहीं है। स्थिति उस समय असन्तोषजनक होती है, जब किसी देश के चालू भुगतान उसकी प्राप्तियों से अधिक होते हैं और वह देश विदेशी ऋण लेकर अथवा **विदेशी विनिमय कोष** (Foreign Exchange Fund) से विदेशी मुद्राओं को खर्च करके अपने लेन-देन के बीच सन्तुलन स्थापित करता है।

भुगतान सन्तुलन में आर्थिक लेन-देन

- भुगतान सन्तुलन (BoP) के गणना में रिकार्ड किए जाने वाले आर्थिक लेन-देन निम्न प्रकार हैं
    - **दृश्य मदें** इसमें सभी प्रकार की भौतिक वस्तुएँ, जिनका आयात तथा निर्यात किया जाता है, दृश्य मदों के अन्तर्गत सम्मिलित की जाती हैं। इन दृश्य मदों के आयात-निर्यात के अन्तर को **व्यापार सन्तुलन** कहा जाता है। इस प्रकार की मदों को देखा, छुआ तथा मापा जा सकता है; जैसे—दवाएँ, मशीनरी, खाद्य-पदार्थ आदि।
    - **अदृश्य मदें** इसके अन्तर्गत वे सभी मदें और सेवाएँ आती हैं, जिनके द्वारा ही सेवाएँ उपलब्ध कराई जाती हैं और प्राप्त की जाती हैं। इसके अन्तर्गत बैंक एवं वित्तीय संस्थाएँ, बीमा कम्पनी, जहाजरानी, एयरलाइन्स, इंजीनियर्स, डॉक्टरी सेवाओं, विद्यार्थियों, पर्यटकों, दूतावास कर्मचारियों द्वारा की गई सेवाओं से प्राप्त आय, भुगतान, ब्याज, लाभांश एवं रॉयल्टी से प्राप्त आय एवं भुगतान आदि मदें शामिल हैं।

भुगतान सन्तुलन के घटक

भुगतान सन्तुलन के मुख्यत: दो घटक निम्नलिखित हैं

चालू खाता

- जिस खाते में उन प्राप्तियों व भुगतानों का लेखा किया जाता है, जो चालू वर्ष (एक वर्ष) में पूर्ण किए जाते हैं, चालू खाता (Current Accounts) कहलाता है। चालू खाता दृश्य मदों, अदृश्य मदों और एक पक्षीय हस्तान्तरण से सम्बन्धित प्राप्तियों और भुगतान का समावेश करता है। दृश्य व्यापार से अभिप्राय वस्तुओं के लेन-देन से होता है, वहीं अदृश्य मदों के अन्तर्गत सभी प्रकार की सेवाओं के आयात-निर्यात का विवरण होता है।
- किसी भी देश के भुगतान सन्तुलन की अनुकूलता या प्रतिकूलता का निर्णय उस देश के भुगतान सन्तुलन के चालू खाते मात्र के आधार पर किया जाता है।
- चालू खाते में वस्तुओं एवं सेवाओं के भुगतान के अतिरिक्त एक-पक्षीय भुगतान, ब्याज लाभांश भुगतान व उपहार आदि का भी विवरण दिया जाता है। भुगतान सन्तुलन के चालू खाते में शामिल मदों का सीधा प्रभाव अर्थव्यवस्था में आय, उत्पादन व रोजगार पर पड़ता है।

> चालू खाते में वस्तुओं के आयात-निर्यात, सेवाओं के अन्तरण-अदायगियों के विवरण दर्ज किए जाते हैं। वस्तु के निर्यात को आयात से घटाकर व्यापार सन्तुलन प्राप्त किया जाता है। जब निर्यात, आयात से अधिक होता है, तो व्यापार में घाटा होता है। भारत में भुगतान सन्तुलन चालू खाते की दृष्टि से स्वतन्त्रता के पश्चात् से ही केवल वर्ष 1976-79 को छोड़कर नकारात्मक रहा है। इसका कारण आयात निर्यात की तुलना में अधिक होना है।

चालू खाते के घटक

भुगतान सन्तुलन के चालू खाते के घटकों को निम्न रूपों में वर्णित किया गया है

- **वस्तुओं का आयात तथा निर्यात** विदेशी व्यापार में आर्थिक सौदों का मुख्य भाग वस्तुओं के आयात तथा निर्यात के रूप में होता है। वस्तुओं के निर्यात से प्राप्तियाँ धनात्मक भाग (लेनदारी मदें) की ओर लिखी जाती हैं तथा वस्तुओं के आयात का भुगतान ऋणात्मक भाग (देनदारी मदें) की ओर लिखा जाता है। यह **दृश्य व्यापार** (Visible Trade) भी कहलाता है।
- **सेवाओं का आयात तथा निर्यात** यह **अदृश्य व्यापार** (Invisible Trade) भी कहलाता है, क्योंकि इसमें एक देश तथा शेष विश्व के मध्य बेची तथा खरीदी गई गैर-साधन सेवाओं, जिन्हें अदृश्य मदों के नाम से भी जाना जाता है, को शामिल किया जाता है। इसमें बैंकिंग, बीमा आदि को भी शामिल किया जाता है।
- **विदेशों को और विदेशों से एक पक्षीय हस्तान्तरण** इस प्रकार के हस्तान्तरण में उपहार, दान, व्यक्तिगत प्रेषणाएँ तथा एक ओर सौदे शामिल किए जाते हैं। इनका अभिप्राय उन प्राप्तियों और भुगतानों से है, जो बदले में किसी सेवा के बिना सम्पन्न किए जाते हैं। एक पक्षीय हस्तान्तरण की प्राप्ति को लेनदारी भाग पर लिखा जाता है, जबकि एक पक्षीय हस्तान्तरण के भुगतान को देनदारी भाग पर लिखा जाता है।
- **विदेशों से आय प्राप्तियाँ और विदेशों को भुगतान** यह ब्याज, किराया और लाभ के रूप में निवेश आय को सम्मिलित करता है।

भुगतान सन्तुलन के चालू खाते की संरचना

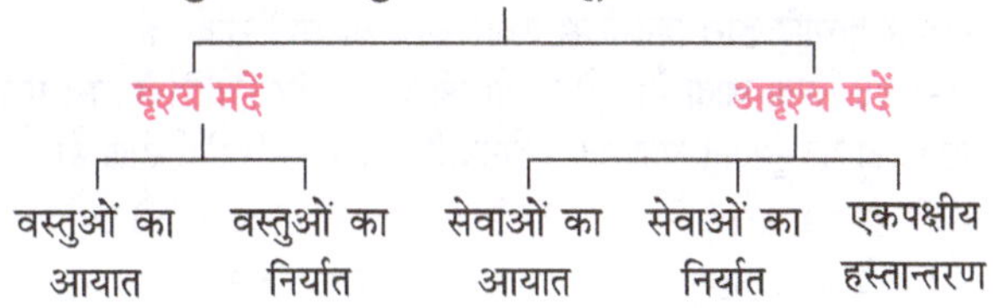

चालू खाते के घाटे को कम करने के उपाय

- चालू खाते के घाटे को कम करने के लिए पेट्रोलियम पदार्थों के विकल्प ढूँढने, सेवा व्यापार को बढ़ावा देने, अनावश्यक आयात पर रोक लगाने, विदेशी व्यापार को बढ़ावा देने जैसे उपाय किए जा सकते हैं।
- व्यापार घाटे में वृद्धि के कारण भारत का चालू खाता घाटा (सीएडी) वर्ष 2018-19 में सकल घरेलू उत्पाद का 2.1% हो गया। वहीं वर्ष 2017-18 में यह मात्र 1.8% ही था। यद्यपि वर्ष 2021-22 में सीएडी में जीडीपी का 1.8% रखने का अनुमान था।
- वित्त वर्ष 2021-22 में सीएडी $ 43.81 बिलियन अमेरिकी डॉलर रहने का अनुमान रहा।

- भारत में भुगतान सन्तुलन की स्थिति में वर्ष 2015-16 में सुधार देखने को मिला। इसका अधिकांश श्रेय सरकार एवं आरबीआई द्वारा किए गए उपायों एवं कुछ सीमा तक समग्र वृहत् आर्थिक मन्दी को जाता है, जो विदेशी क्षेत्र में घटी।

पूँजी खाता

- भुगतान सन्तुलन का पूँजी खाता (Capital Account) देश के निवासियों और शेष विश्व के बीच में हुए उन सभी सौदों का रिकॉर्ड रखता है, जो देश के निवासियों या उनकी सरकार की सम्पत्ति या देयता में परिवर्तन लाते हैं। यह वित्तीय प्रकृति के दावों और देयता से सम्बन्धित होता है।
- पूँजी खाते का प्रयोग चालू खाते में घाटे को वित्तीयन करने या चालू खाते के अतिरेक का शोषण करने के लिए प्रयोग किया जाता है। पूँजी खाता वित्तीय हस्तान्तरण के साथ सम्बन्धित होता है, इसलिए इसका देश की आय, उत्पादन और रोजगार पर कोई प्रत्यक्ष प्रभाव नहीं पड़ता है।
- भुगतान सन्तुलन के पूँजी खाते के लेन-देन का सम्बन्ध भौतिक परिसम्पत्तियों (भूमि, भवन, प्लॉट, मशीनरी) के क्रय-विक्रय और इनके कारण होने वाले परिसम्पत्तियों के स्वामित्व के परिवर्तन से है। इसके अतिरिक्त वित्तीय परिसम्पत्तियों (स्टॉक्स, बॉण्ड्स) के क्रय-विक्रय से होने वाले परिसम्पत्तियों के स्वामित्व में परिवर्तन से है।
- विदेशी प्रत्यक्ष निवेश (FDI) और विदेशी पोर्टफोलियो निवेश (FPI) से मिलकर विदेशी, पूँजीगत खाते का सबसे बड़ा घटक है।

पूँजी खाते के घटक

भुगतान सन्तुलन के पूँजी खाते के घटक निम्नलिखित हैं

- **विदेशों को उधार और विदेशों से उधार** इसके अन्तर्गत निजी क्षेत्र, सरकार इत्यादि द्वारा विदेशों से उधार सम्बन्धी सभी सौदों को सम्मिलित किया जाता है। ऐसे ऋणों की प्राप्ति और विदेशियों द्वारा ऐसे ऋणों का पुनर्भुगतान धनात्मक (लेनदारी) भाग पर रिकॉर्ड होता है।
- **निजी क्षेत्र और सरकार द्वारा विदेशों को ऋण** विदेशों को ऋण और विदेशों से ऋण का पुनर्भुगतान ऋणात्मक (देनदारी) भाग में रिकॉर्ड किया जाता है।
- **विदेशों में और विदेशों से निवेश** इसके अन्तर्गत शेष विश्व से भारतीय कम्पनियों के शेयरों में तथा भारत में सम्पत्ति इत्यादि में निवेश को सम्मिलित किया जाता है।

भुगतान सन्तुलन के पूँजी खाते की संरचना/घटक

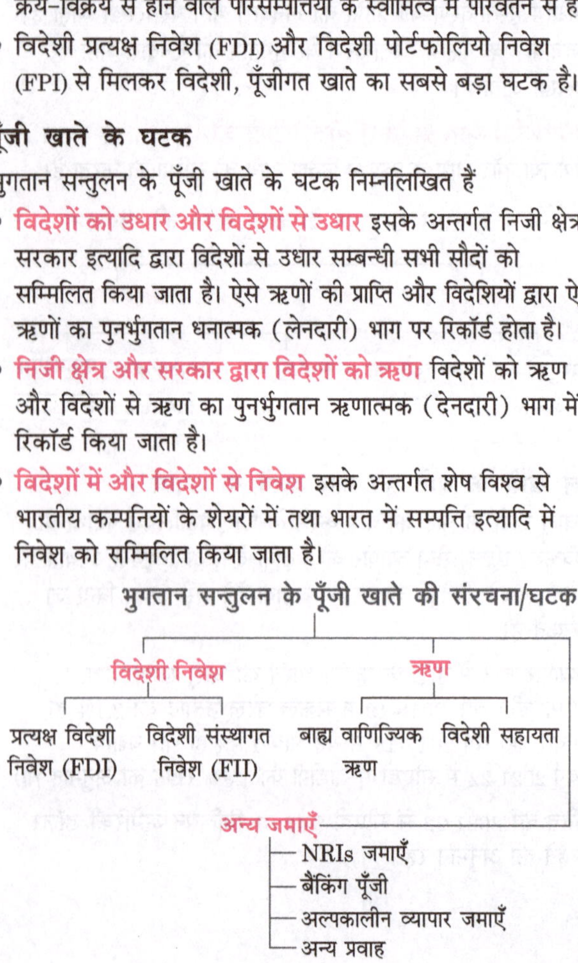

पूँजी खाते पर भुगतान सन्तुलन

- पूँजी खाते के अन्तर्गत ऐसे वित्तीय लेन-देन का विवरण होता है, जिसमें सभी प्रकार के अन्तर्राष्ट्रीय पूँजीगत अन्तरण, स्वर्ण के आदान-प्रदान, निजी भुगतान व राष्ट्रीय संस्थाओं से सम्बन्धित भुगतान व प्राप्तियाँ शामिल होती हैं।
- चूँकि पूँजी खाते के सभी लेन-देन का सम्बन्ध वित्तीय अन्तरणों से होता है। अतः इसका देश के उत्पादन, आय व रोजगार पर कोई प्रत्यक्षतः प्रभाव नहीं पड़ता।

भुगतान सन्तुलन और भारत

- वर्ष 1991 के पश्चात् आर्थिक सुधारों के माध्यम से निर्यात बढ़ाने का प्रयास किया गया, जिसके लिए प्रत्यक्ष विदेशी निवेश को प्रोत्साहित करने वाली नीतियों का निर्माण किया गया।
- तकनीकी उन्नयन पर विशेष बल देने व इसे प्रोत्साहित करने हेतु आयात के उदारीकरण की नीति अपनाई गई। इन सभी क्रियाकलापों व नीतियों से भुगतान सन्तुलन को सकारात्मकता प्राप्त हुई।

भुगतान सन्तुलन में सुधार हेतु प्रमुख प्रयास

- 1990 के दशक में सरकार ने उदारीकरण एवं आर्थिक सुधारों के परिप्रेक्ष्य में भुगतान सन्तुलन की प्रतिकूलता को दूर करने के लिए अनेक कदम उठाए गए, जो निम्नलिखित हैं
  - वर्ष 1992-93 के बजट में उदारीकृत विनिमय दर प्रबन्ध प्रणाली (एलईआरएमएस) घोषित की गई, जिसके अन्तर्गत 1 मार्च, 1992 से दोहरी विनिमय दर प्रणाली अपनाई गई।
  - वर्ष 1993-94 में रुपए को व्यापार खाते में **पूर्ण परिवर्तनीय** (Fully Convertible) बना दिया गया। इस नई प्रणाली में आयात-निर्यात के लिए दोहरी विनिमय दर प्रणाली को समाप्त करके खुले बाजार पर आधारित **एकीकृत विनिमय दर** की प्रणाली देश में लागू की गई और वर्ष 1991 में रुपयों का तीन चरणों में **अवमूल्यन** (Devaluation) किया गया।
  - रिजर्व बैंक द्वारा 19 अगस्त, 1994 को रुपए को चालू खाते में पूर्ण परिवर्तनीय घोषित कर दिया गया। निर्यातों को बढ़ावा देने के लिए निर्यात संवर्द्धन पूँजीगत सामान योजना (ईपीसीजी) लागू की गई।
  - निर्यात संवर्द्धन व विशेष आर्थिक क्षेत्रों (Special Economic Zones) की स्थापना तथा निर्यात को बढ़ावा देने के लिए निर्यात गृह, स्टार ट्रेडिंग हाउस तथा सुपर ट्रेडिंग हाउस की स्थापना की गई।
  - निर्यात संवर्द्धन में राज्यों की सही सहभागिता सुनिश्चित करने के लिए केन्द्र सरकार ने राज्यों में निर्यात संवर्द्धन औद्योगिक पार्क स्थापित किए गए।
  - वर्ष 1996-97 में आधारित संरचना की कमियों के कारण निर्यात में आने वाली बाधाओं को दूर करने के लिए **क्रूशियल बैलेन्सिंग इन्वेस्टमेण्ट स्कीम** लागू की गई।

- वर्ष 1997-98 के बजट में एफईआरए (1973) के स्थान पर एक नया अधिनियम **विदेशी मुद्रा प्रबन्ध अधिनियम** (एफईएमए) लागू करने की घोषणा की गई।

> **मुद्रा अवमूल्यन** का अर्थ अन्तर्राष्ट्रीय व्यापार में प्रयुक्त प्रमुख मुद्राओं की तुलना में मूल्य में गिरावट से है। एक देश व्यापार शेष को ठीक करने के लिए अपनी मुद्रा के अवमूल्यन का सहारा लेता है।

भुगतान शेष प्रबन्धन

- भुगतान शेष के प्रबन्धन (Management of Balance of Payments) के लिए भारत सरकार ने समय-समय पर आवश्यक कदम उठाए हैं। इसमें से कुछ प्रमुख क्रियाकलापों का विवरण निम्नलिखित शीर्षकों के अन्तर्गत दिया जा रहा है
  - विदेशी विनिमय दर प्रबन्धन
  - विदेशी ऋण
  - विदेशी मुद्रा भण्डार के प्रबन्धन हेतु नीतियाँ

विदेशी विनिमय दर प्रबन्धन

- विनिमय दर प्रबन्धन का प्रत्यक्ष सम्बन्ध व्यापार नीति से है। अत: विनिमय दर में परिवर्तनों के माध्यम से भुगतान शेष में चालू खाते घाटे को कम किया जा सकता है।
- उपरोक्त तथ्य को ध्यान में रखते हुए भारत सरकार द्वारा वर्ष 1993 में बाजार द्वारा निर्धारित **विनिमय दर प्रणाली** लागू की गई, जिसका परिणाम यह हुआ कि भारत में रुपए की विनिमय दर का निर्धारण बाजार की शक्तियों के द्वारा होने लगा। इसके साथ ही बाजार में अत्यधिक उतार-चढ़ावों को रोकने हेतु भारतीय रिजर्व बैंक को भी बाजार में हस्तक्षेप करना पड़ता है।
- भारत में विदेशी विनिमय दर प्रबन्धन का प्रमुख उद्देश्य रुपए का विदेशी मूल्य, वास्तविक व विश्वसनीय स्तर पर रखना है।

> **विदेशी ऋण**
>
> - किसी भी देश का विदेशी ऋण उसके भुगतान शेष के चालू खाते के व्यवहार का सटीक प्रतिबिम्ब होता है।
> - इस अर्थ में भारत के विदेशी ऋणों की बकाया मात्रा को पिछले वर्ष के चालू खाते के घाटों का संचयन माना जा सकता है।

विदेशी मुद्रा भण्डार एवं भण्डार प्रबन्धन नीतियाँ

- वर्ष 1991-92 में भारत के सम्मुख उत्पन्न गम्भीर आर्थिक संकट से यह बात स्पष्ट हुई कि भुगतान शेष के संकटों से उबरने व अन्तर्राष्ट्रीय विश्वास को बनाए रखने के लिए उपयुक्त विदेशी मुद्रा भण्डार का होना एक आवश्यक शर्त है।
- इन बातों का ध्यान रखते हुए रिजर्व बैंक ने विदेशी मुद्रा भण्डारों के निर्माण पर व्यापक रूप से ध्यान दिया है, जिससे कि चालू खाते में होने वाले घाटे व विदेशी मुद्रा सम्बन्धी समस्याओं का भविष्य में सामना किया जा सके। भारतीय रिजर्व बैंक (RBI) द्वारा 17 फरवरी, 2023 को जारी आँकड़ों के अनुसार, भारत में विदेशी मुद्रा भण्डार $ 561.27 अरब रहा।
- भुगतान सन्तुलन के पूँजी खाते से सम्बन्धित तीन प्रमुख मदों में **विदेशी वाणिज्यिक उधार** (एफसीबी), **अनिवासी जमाएँ** व **अल्पकालीन ऋण** प्रमुख हैं।
- भारत में निवेशकों के लिए आकर्षक वातावरण तैयार करने के उद्देश्य से दिसम्बर, 2004 में **रतन टाटा** की अध्यक्षता में **निवेश आयोग** (Investment Commission) का गठन किया गया।
- आयोग का कार्य देश में औद्योगिक घरानों और विदेशों में बड़ी कम्पनियों के साथ बैठक करके उन क्षेत्रों के लिए निवेश का मार्ग प्रशस्त करना है, जहाँ निवेश की आवश्यकता है, किन्तु अब तक निवेश नहीं हो सका है।

> भारत को प्राप्त विदेशी सहायताओं में **अनुदानों** (Grants) का भाग बहुत कम रहा, साथ ही पिछले अनेक वर्षों से कुल सहायता में **रियायती सहायता** (Concessional Assistance) का भाग कम होता गया है तथा भारत को उच्च ब्याज दरों पर प्राप्त विदेशी वाणिज्यिक उधारों तथा इसी प्रकार के स्रोतों पर अपनी निर्भरता बढ़ानी पड़ी है। स्वाभाविक है कि इससे विदेशी ऋण की लागत बढ़ गई है तथा विकसित देशों ने भी भारत से होने वाले आयातों पर भिन्न-भिन्न प्रकार के व्यापार प्रतिबन्ध एवं नियन्त्रण लगा रखे हैं। इन सभी कारणों से भारत का विदेशी ऋण बढ़ गया है।

विदेशी विनिमय कोष

- सामान्यत: भारत के विदेशी मुद्रा भण्डार को विदेशी विनिमय कोष कहा जाता है। इस कोष में विदेशी मुद्रा परिसम्पत्तियाँ, सोना, विशेष आहरण अधिकार (एसडीआर) और अन्तर्राष्ट्रीय मुद्रा कोष में आरक्षित किस्त की स्थिति को समाहित किया जाता है।
- देश के विदेशी मुद्रा कोषों का संरक्षक भारतीय रिजर्व बैंक है व देश के जितने भी विदेशी विनिमय का लेन-देन होता है, वह भारतीय रिजर्व बैंक के माध्यम से ही किया जाता है। यदि यह लेन-देन धनात्मक होता है, तो इससे सरकारी कोष में वृद्धि होती है तथा ऋणात्मक होने पर सरकारी कोषों में कमी होती है।

विदेशी विनिमय दर

- विनिमय दर (Exchange Rate) से आशय दो अलग-अलग मुद्राओं की सापेक्ष कीमत से है अर्थात् यह एक मुद्रा के पदों में दूसरी मुद्रा के मूल्य की माप है। किन्हीं दो मुद्राओं के मध्य विनिमय की दर उनकी पारस्परिक माँग और पूर्ति के आधार पर निर्धारित होती है।
- विनिमय दर वह अनुपात है, जिस पर एक देश की मुद्रा दूसरे देश की मुद्रा से बदली जाती है। कुछ अर्थशास्त्री विनिमय दर को **मुद्रा का बाह्य मूल्य** भी कहते हैं। उदाहरण—यदि एक डॉलर की कीमत ₹ 54 है, तो यह डॉलर की रुपए में विनिमय दर है। इस प्रकार अलग-अलग मुद्राओं की विनिमय दर भी अलग-अलग होती है।

विनिमय दर के प्रकार

विनिमय दर के निम्नलिखित प्रकार हैं

नाममात्र प्रभावी विनिमय दर

- भारतीय रिजर्व बैंक (Reserve Bank of India, RBI) 36 व्यापारिक साझेदार देशों की मुद्राओं के सम्बन्ध में रुपए की नाममात्र प्रभावी, विनिमय दर (Nominal Effective Exchange Rate, NEER) को सारणीबद्ध करता है।
- यह एक प्रकार का भारित सूचकांक है अर्थात् इसमें उन देशों को अधिक महत्त्व दिया जाता है, जिनके साथ भारत अधिक व्यापार करता है। इस सूचकांक में कमी रुपए के मूल्य में ह्रास को दर्शाती है, जबकि सूचकांक में बढ़ोतरी रुपए के मूल्य में अभिमूल्यन को दर्शाती है।

वास्तविक प्रभावी विनिमय दर

- NEER के अतिरिक्त वास्तविक प्रभावी विनिमय दर (Real Effective Exchange Rate, REER) भी भारतीय अर्थव्यवस्था में हो रहे परिवर्तनों को मापने के लिए एक महत्त्वपूर्ण मापदण्ड है।
- REER के अन्तर्गत NEER में शामिल अन्य कारकों के अतिरिक्त विभिन्न अर्थव्यवस्थाओं में घरेलू मुद्रास्फीति को भी ध्यान में रखा जाता है, जिसके कारण इसका महत्त्व अधिक बढ़ जाता है।

NEER बनाम REER

- NEER विदेशी मुद्राओं के सन्दर्भ में घरेलू मुद्रा के द्विपक्षीय विनिमय दरों का भारित औसत होता है, जबकि REER मुद्रास्फीति के प्रभावों के लिए समायोजित अन्य प्रमुख मुद्राओं के सापेक्ष घरेलू मुद्रा का भारित औसत है। NEER विदेशी मुद्रा बाजार के सन्दर्भ में देश की अंतर्राष्ट्रीय प्रतिस्पर्द्धा का एक संकेतक है।
- REER की गणना NEER में मूल्य परिवर्तन को समायोजित करने के पश्चात् की जाती है। इस प्रकार अर्थशास्त्री NEER की अपेक्षा REER को अधिक महत्त्व देते हैं।
- NEER = विशेष आहरण अधिकार (SDR) के सन्दर्भ में घरेलू विनिमय दर/विशेष आहरण अधिकार (SDR) के सन्दर्भ में विदेशी विनिमय दर।
- REER = NEER × (घरेलू मूल्य सूचकांक/विदेशी मूल्य सूचकांक)

विदेशी विनिमय दर प्रणाली

विदेशी विनिमय दर प्रणाली के निम्नलिखित प्रकार हैं

स्थिर विनिमय दर प्रणाली

इस प्रणाली में भारतीय रिजर्व बैंक ऑफ इण्डिया द्वारा विनिमय दर का निर्धारण किया जाता है। विनिमय दरों में जो उतार-चढ़ाव आता है, उसे अवमूल्यन तथा अधिमूल्यन कहते हैं। स्थिर विनिमय दर (Stable Exchange Rate System) को निम्न व्यवस्था में बाँटा जाता है

- **विनिमय दर की स्वर्णमान प्रणाली** (Gold Standard System of Exchange Rate) यह प्रणाली वर्ष 1920 के पूर्व विश्व के अनेक हिस्सों में प्रचलित थी। इसके अन्तर्गत विश्व के विभिन्न देशों के मध्य प्रचलित मुद्राओं की समानता के लिए स्वर्ण को एक इकाई माना जाता था और प्रत्येक देश द्वारा अपनी मुद्राओं के मूल्य को स्वर्ण के तथ्य में परिभाषित करना होता था। इसमें विश्व की सभी मुद्राओं के मूल्यों के निर्धारण की तुलना स्वर्णमान से की जाती थी।
- **विनिमय दर की ब्रेटन वुड्स प्रणाली** (Bretton Woods System of Exchange Rate) इसके अन्तर्गत डॉलर के मूल्य को स्वर्ण के मूल्य द्वारा निर्धारित किया जाता है और दो मुद्राओं के बीच समानता के लिए स्वर्णमान को अन्तिम इकाई माना जाता है।
- **परिवर्तनशील या तैरती विनिमय दर प्रणाली** (Floating Exchange Rate System) बाजार की शक्तियों के अन्तर्गत माँग एवं पूर्ति का निर्धारण जिस विनिमय दर से होता है, उसे परिवर्तनशील विनिमय दर प्रणाली कहते हैं। तैरती विनिमय दर प्रणाली के अन्तर्गत विनिमय दरों में होने वाले परिवर्तन स्वतः स्फूर्त होते हैं।
- **प्रबन्धित विनिमय दर प्रणाली** (Managed Exchange Rate System) इसके अन्तर्गत यदि विनिमय दर का निर्धारण बाजार द्वारा और उसका प्रबन्धन सही तरीके से प्रशासनिक निकाय द्वारा किया जाए, तो इसे प्रबन्धित विनिमय दर प्रणाली कहते हैं। यह स्थिर एवं परिवर्तनशील विनिमय दर प्रणालियों का मिश्रण है।

उदारीकृत विनिमय दर व्यवस्था/प्रणाली

- भारत एक नियत मुद्रा व्यवस्था से उदारीकृत मुद्रा व्यवस्था की ओर अग्रसर हुआ है।
- भारत में दो प्रकार की विनिमय दरों का प्रचलन है, जिसमें एक का निर्धारण भारतीय रिजर्व बैंक द्वारा निर्धारित होता है तथा दूसरे की विनिमय दर का निर्धारण बाजार में मुद्रा की माँग व पूर्ति के आधार पर होता है। भारत में बाजार द्वारा निर्धारित विनिमय दर ही अधिकांशतः निर्देशित होती है।

भारत में विनिमय दर प्रणाली

- भारत की स्वतन्त्रता प्राप्ति के बाद यहाँ पर नियत विनिमय दर प्रणाली प्रचलित थी, जो ब्रेटन वुड्स प्रणाली के समान थी। भारतीय रुपए को वर्ष 1975 में पाउण्ड स्टर्लिंग से अलग कर दिया गया।
- इसके पश्चात् भारत में विनिमय दर प्रणाली को विनिमय दर संचालन के आधार पर सन्दर्भ दर पर निर्धारित किया गया। भारत में वर्ष 1992 में उदारीकृत विनिमय दर प्रबन्ध प्रणाली के सापेक्ष दोहरी विनिमय दर प्रणाली का प्रचलन किया गया।
- भारत में वर्ष 1993 में प्रबन्धित विनिमय दर प्रणाली की शुरुआत की गई, जिसके अनुसार विनिमय दर का निर्धारण बाजार की माँग एवं पूर्ति के आधार पर किया जाने लगा। इसमें होने वाले उतार-चढ़ाव को रोकने के लिए भारतीय रिजर्व बैंक द्वारा इसमें हस्तक्षेप कर इसे सामान्य किया जाने लगा।

अवमूल्यन

- अवमूल्यन (Devaluation) का तात्पर्य होता है—विदेशी मुद्राओं के सन्दर्भ में अपने देश की मुद्रा के मूल्य में जान-बूझकर कमी करना। मान लीजिए कि 1 डॉलर = 50 रुपया है, यदि आरबीआई सरकार द्वारा भारतीय रुपए का अवमूल्यन किया जाता है और इसे 1 डॉलर = 55 रुपया कर दिया जाता है, तो इससे अब 1 डॉलर प्राप्त करने के लिए ₹ 5 अधिक चुकाने होंगे।
- स्वाभाविक है कि अब विदेशों से आयात करने के लिए जो डॉलर खरीदा जाएगा, उसके लिए अधिक रुपए खर्च करने पड़ेंगे। इस प्रकार, आयात महँगा तथा इसके विपरीत निर्यात सस्ता हो जाएगा। अत: आयात हतोत्साहित तथा निर्यात प्रोत्साहित होगा।
- अवमूल्यन से वस्तु एवं सेवा व्यापार दोनों प्रभावित होते हैं, किन्तु अवमूल्यन की सफलता के लिए कुछ शर्तें आवश्यक हैं; जैसे—
  - अवमूल्यन तभी सफल हो सकता है, जब कोई दूसरा देश इसके विरोध में अपनी मुद्रा का अवमूल्यन न करे।
  - घरेलू बाजार में उन वस्तुओं की कीमत बढ़ जाएगी, जिनके निर्माण में प्रयुक्त सामग्री में विदेशों से आयात करना पड़ता है। अत: अवमूल्यन के कारण घरेलू मूल्य में होने वाली वृद्धि दर अवमूल्यन की तुलना में कम होनी चाहिए।
  - अवमूल्यन का लाभ तभी प्राप्त हो सकता है, जब निर्यात योग्य आधिक्य पर किसी प्रकार का प्रतिबन्ध न हो। इसके अतिरिक्त निर्यात योग्य आधिक्य का होना भी आवश्यक है।

भारत में मुद्रा का अवमूल्यन

- भारत में मुद्रा (रुपए) का अवमूल्यन आजादी के बाद से अभी तक 3 बार हुआ है।
- भारत में पहली बार 19 सितम्बर, 1949 को रुपए का अवमूल्यन किया गया और डॉलर की तुलना में इसे 1 डॉलर = 4.76 रुपए किया गया। पुन: 5 जून, 1966 को रुपए के मूल्य में 36.5% कमी की गई और इसे 1 डॉलर = 7.50 रुपए और पाउण्ड की तुलना में 1 पाउण्ड = 21 रुपए कर दिया गया। 1 जुलाई तथा 3 जुलाई, 1991 में जो अधोमुखी समायोजन हुआ, वह 18.5% था, जिसे मात्रा के आधार पर अर्थशास्त्रियों द्वारा अवमूल्यन माना गया। वर्ष 1949 तथा 1966 में अवमूल्यन जहाँ स्थिर विनिमय दर में हुआ, वहीं वर्ष 1991 का अवमूल्यन गिरती विनिमय दर प्रणाली के अन्तर्गत हुआ।

अधिमूल्यन

- मुद्रा का अधिमूल्यन (Appreciation) विदेशी मुद्रा बाजारों में एक मुद्रा के मूल्य में दूसरी मुद्रा के मूल्य के सापेक्ष वृद्धि को सन्दर्भित करता है।
- एक अल्पकालिक विनिमय दर प्रणाली के अन्तर्गत, बाजार की शक्तियाँ मुद्रा के मूल्य में परिवर्तन उत्पन्न करती हैं, जिसे मुद्रा **मूल्यह्रास** या अधिमूल्यन के रूप में जाना जाता है।

विदेशी मुद्रा भण्डार

- सामान्यत: भारत के विदेशी मुद्रा भण्डार (Foreign Exchange Reserve) में विदेशी मुद्रा परिसम्पत्तियाँ, सोना, विशेष आहरण अधिकार और अन्तर्राष्ट्रीय मुद्रा कोष में आरक्षित किश्त स्थिति को समाहित किया जाता है।

> एक लचीली विनिमय दर प्रणाली में सरकारी अन्तर्राष्ट्रीय आरक्षित परिसम्पत्तियाँ आरबीआई को घरेलू मुद्रा खरीदने की अनुमति प्रदान करती हैं, जिनसे वह अपनी देयताओं के सापेक्ष व्यवहार कर सकें। आरबीआई, विनिमय दर में उतार-चढ़ाव को सुगम करने तथा यूएस डॉलर की बदलती स्थितियों के सापेक्ष अन्य मुद्राओं की स्थिरता को बनाए रखने के लिए अपने स्तर से विनिमय बाजार में हस्तक्षेप करता है।

- भारत में विदेशी मुद्रा के आरक्षित भण्डार में आरबीआई द्वारा विनिमय बाजार में हस्तक्षेप कर विनिमय दर को आसान करने से, सहायक प्राप्तियाँ, ब्याज प्राप्तियाँ तथा इण्टरनेशनल बैंक फॉर रिकन्स्ट्रक्शन एण्ड डेवलपमेण्ट, एशियन डेवलपमेण्ट बैंक तथा इण्टरनेशनल डेवलपमेण्ट एसोसिएशन जैसी संस्थाओं द्वारा सहायता कोष दिए जाने से वृद्धि होती है।
- किसी देश/अर्थव्यवस्था के पास उपलब्ध कुल विदेशी मुद्रा उसकी **विदेशी मुद्रा सम्पत्ति/भण्डार** कहलाती है। भारतीय रिजर्व बैंक (आरबीआई) द्वारा जारी नवीनतम आँकड़ों के अनुसार, भारत की विदेशी मुद्रा $ 561.27 अरब है।
- किसी भी देश के विदेशी मुद्रा भण्डार में निम्नलिखित 4 तत्त्व शामिल होते हैं
  - विदेशी परिसम्पत्तियाँ (विदेशी कम्पनियों के शेयर, डिबेन्चर, बॉण्ड इत्यादि विदेशी मुद्रा में)
  - स्वर्ण भण्डार
  - आईएमएफ के पास रिजर्व कोष
  - विशेष आहरण अधिकार

विदेशी मुद्रा परिसम्पत्तियाँ

- यह ऐसी कम्पनियाँ हैं, जिनका मूल्यांकन देश की स्वयं की मुद्रा के अतिरिक्त किसी अन्य मुद्रा के आधार पर किया जाता है।
- एफसीए विदेशी मुद्रा भण्डार का सबसे बड़ा घटक है। इसे डॉलर के रूप में व्यक्त किया जाता है।
- एफसीए में विदेशी मुद्रा भण्डार में रखे हुए यूरो, पाउण्ड और येन जैसी गैर-अमेरिकी मुद्रा की कीमतों में उतार-चढ़ाव या मूल्यह्रास का प्रभाव शामिल है।

विशेष आहरण अधिकार

- विशेष आहरण अधिकार (Special Drawing Rights) को अन्तर्राष्ट्रीय मुद्रा कोष द्वारा वर्ष 1969 में अपने सदस्य देशों के लिए अन्तर्राष्ट्रीय आरक्षित सम्पत्ति के रूप में बनाया गया था।

- एसडीआर न तो एक मुद्रा है और न ही आईएमएफ, लेकिन इसका दावा किया जा सकता है। एसडीआर का मूल्य, बास्केट करेन्सी में शामिल मुद्राओं के औसत भार के आधार पर किया जाता है।
- इस बास्केट में पाँच देशों की मुद्राएँ शामिल हैं—अमेरिकी डॉलर, यूरोप का यूरो, चीन की मुद्रा रेनमिनबी, जापानी येन, ब्रिटेन का पाउण्ड आदि।

मुद्रा की पूर्ण परिवर्तनीयता

- मुद्रा की परिवर्तनीयता (Convertibility of Currencies) भुगतान सन्तुलन हेतु एक प्रमुख तत्त्व है। मुद्रा की परिवर्तनीयता का अर्थ ऐसी व्यवस्था से है, जिसके अन्तर्गत देश की मुद्रा मुक्त रूप से प्रमुख विदेशी मुद्राओं में तथा प्रमुख विदेशी मुद्राएँ मुक्त रूप से स्थानीय मुद्रा में परिवर्तनशील होती हैं।

> प्रथम विश्वयुद्ध के पूर्व विश्व के अधिकांश राष्ट्रों में स्वर्णमान व्यवस्था प्रचलित थी, जिसके अन्तर्गत देश की प्रधान मुद्रा या तो स्वर्ण की बनी होती थी या कुछ शर्तों के अन्तर्गत मुद्रा का मुक्त रूप से स्वर्ण में तथा स्वर्ण का स्थानीय मुद्रा में परिवर्तन किया जा सकता था। इस प्रकार **स्वर्ण परिवर्तनीय मुद्रा** को ही **परिवर्तनीय मुद्रा** कहा जाता था।

- प्रथम विश्वयुद्ध के पश्चात् सभी राष्ट्रों ने स्वर्णमान का परित्याग कर दिया और इन राष्ट्रों में प्रचलित पत्र मुद्रा अपरिवर्तनीय घोषित कर दी गई।

रुपए की परिवर्तनीयता

- **भारत** अन्तर्राष्ट्रीय मुद्रा कोष (आईएमएफ) के संस्थापक सदस्यों में से एक है। अत: वह बहुपक्षीय भुगतान की प्रणाली को स्वीकार करता है अर्थात् रुपया आईएमएफ के सभी देशों की मुद्राओं में मुक्त रूप से परिवर्तनीय होगा, किन्तु भारत सरकार ने लम्बे समय तक भारतीय रिजर्व बैंक के **विदेशी मुद्रा विनियम कानून** (एफईआरए) के अधीन विदेशी मुद्रा नियन्त्रण की व्यापक प्रणाली अपना ली थी।
- विदेशी मुद्रा नियन्त्रणों और विदेशी मुद्रा विनियमन कानून के लागू करने से आयातकों एवं निर्यातकों तथा सामान्य जनता को भारी कठिनाइयों और असुविधाओं का सामना करना पड़ा। इसके अतिरिक्त काला बाजारी में बढ़ोतरी हुई।

भारत और परिवर्तनीयता

- वर्ष 1991 में **पी.वी. नरसिंह राव** की सरकार द्वारा स्वीकृत की गई और शुरू की गई उदारीकरण की नीति के पहले वर्ष 1947 से भारत की विकास रणनीति संरक्षण, आत्म-निर्भरता और आयात प्रतिस्थापन पर आधारित थी। उस समय तक विदेशी पूँजी के प्रवाहों को अनुकूल दृष्टि से देखा नहीं जाता था और न ही इन्हें प्रोत्साहित किया जाता था।
- चालू खाते में होने वाले घाटे का वित्तपोषण ऋण प्रवाहों और आधिकारिक विकास सहायता (ओडीए) के माध्यम से किया जाता था, परन्तु भुगतान सन्तुलन और वर्ष 1990-91 में भारत के समक्ष उपस्थित हुए आर्थिक संकट ने भारत को थोक मात्रा में सुधारों को अपनाने के लिए मजबूर किया।

पूँजी खाते की पूर्ण परिवर्तनीयता

- साधारण भाषा में, पूँजी खाते पर परिवर्तनीयता किसी व्यक्ति को स्थानीय मुद्रा से विदेशी मुद्रा और विदेशी मुद्रा से स्थानीय मुद्रा में परिवर्तन की पूर्ण छूट देती है।
- इसका प्रमुख उद्देश्य विदेशी निवेशकों को एक आसान बाजार दिखाकर आकर्षित करना है, जिससे वे किसी देश में प्रवेश कर सकें और उससे जब चाहें, बाहर आ सकें।
- इसका एक अन्य उद्देश्य वैश्विक व्यवस्था में मुद्रा का सशक्त सन्देश भेजना है कि भारतीय अर्थव्यवस्था काफी मजबूत है और भारत के पास विदेशी मुद्रा के पर्याप्त रिजर्व हैं, जो देश से पूँजी के पलायन की किसी भी मात्रा का सामना करने में सक्षम हैं।

तारापोर समिति : पूँजी खाते पर परिवर्तनीयता

भारतीय रिजर्व बैंक ने वर्ष 1997 में रुपए की पूँजी खाते पर परिवर्तनीयता के लिए भूतपूर्व उप-गवर्नर **श्री एस. एस. तारापोर** की अध्यक्षता में इस समिति का गठन किया।

सीएसी पर प्रथम तारापोर समिति

- आर्थिक सुधारों, बाह्य और वित्तीय क्षेत्रों की स्थिरता, त्वरित वृद्धि और वैश्विक समेकन (वास्तव में, ये 4 प्रमुख कारक हैं) के सन्दर्भ में पूँजी खाते की अधिक पूर्ण परिवर्तनीयता के विषय पर पुनर्विचार करने के लिए आरबीआई के एस. एस. तारापोर की अध्यक्षता में तारापोर समिति का गठन भारत सरकार की सलाह के साथ वर्ष 1997 में हुआ था।

> प्रारम्भ में इस समिति ने सिफारिश की थी कि भारत को वर्ष 2000 तक पूर्ण परिवर्तनीयता की ओर बढ़ना चाहिए, परन्तु वर्ष 1997-1998 के व्यापक पूर्व एशियाई वित्तीय संकट के परिप्रेक्ष्य में इस समय-सारणी का परित्याग कर दिया गया। वास्तव में, अनेक लोगों का कहना है कि भारत की रूढ़िवादी (अपरिवर्तनवादी) नीतियों ने भारत को उस समय उन देशों में हुए दुर्भाग्य से बचा लिया।

- वर्ष 2000 तक पूँजी खाते की पूर्ण परिवर्तनीयता की सिफारिश करते समय तारापोर समिति ने देश के अन्दर कुल वित्तीय गतिशीलता को लक्षित किया था, परन्तु वह सतर्क थी। उसने कहा था कि निम्न 5 पूर्व शर्तों की पूर्णता के बाद ही पूँजी खाते की पूर्ण परिवर्तनीयता पर विचार करना चाहिए
  - भारत सरकार का राजकोषीय घाटा सकल घरेलू उत्पाद के 3.5% तक कम होना चाहिए।

- मुद्रास्फीति की दरें 3-5% के बीच आ जाती हैं।
- अनर्जक परिसम्पत्तियों (एनपीए) को 5% तक नीचे लाया जाता है।
- आरक्षित नकदी निधि अनुपात (सीआरआर) को 3% तक नीचे लाया जाता है।
- धन या ऋण 5% का एक मौद्रिक विनिमय दर बन्धन निर्मित किया जाता है।

सीएसी पर दूसरी तारापोर समिति

- तत्कालीन प्रधानमन्त्री डॉ. मनमोहन सिंह ने 18 मार्च, 2006 को मुम्बई में भारतीय रिजर्व बैंक में की गई अपनी उद्घोषणा में पूँजी की परिवर्तनीयता के विषय पर पुनर्विचार करने की आवश्यकता को सन्दर्भित किया था।
- उन्हीं के शब्दों में "पिछले दो दशकों के दौरान हुए परिवर्तनों को देखते हुए एक पारदर्शी रूपरेखा के अन्तर्गत अधिक पूर्ण पूँजी खाते की परिवर्तनीयता की ओर बढ़ने के लाभ हैं।
  अत: मैं वित्त मन्त्री और भारतीय रिजर्व बैंक से अनुरोध करूँगा कि इस विषय पर पुनर्विचार किया जाए और वर्तमान वास्तविकताओं के आधार पर एक रूपरेखा तैयार की जाए।"
- आरबीआई ने अधिक पूर्ण पूँजी खाता परिवर्तनीयता की रूपरेखा निर्धारित करने के लिए दूसरी तारापोर समिति की नियुक्ति की। आरबीआई ने इस समिति की रिपोर्ट 1 सितम्बर, 2006 को सार्वजनिक की।
- इस रिपोर्ट में पूँजी खाते में रुपए की परिवर्तनीयता को अपनाने के लिए 3 चरणों का सुझाव दिया; जैसे–प्रथम चरण वर्ष 2006-07 में, द्वितीय चरण वर्ष 2007-09 में एवं तृतीय चरण वर्ष 2011 तक इस समिति की कुछ प्रमुख सिफारिशें निम्नानुसार थीं
  - स्वत: अनुमोदन के लिए बाह्य वाणिज्यिक उधार (ईसीबी) की सीमा को बढ़ाया जाना चाहिए।
  - अनिवासी भारतीयों को पूँजी में निवेश की अनुमति दी जानी चाहिए।
  - अनिवासी भारतीयों की जमा राशियों को कर लाभ दिए जाने चाहिए।
  - बैंकिंग विनियमों में सुधार किया जाना चाहिए।
  - विदेशी संस्थागत निवेशकों को पार्टिसिपेटरी नोट्स से उठाई गई नई धनराशि का निवेश करने से प्रतिबन्धित किया जाना चाहिए।
  - विद्यमान पार्टिसिपेटरी नोट्सधारकों को एक निकास मार्ग प्रदान किया जाना चाहिए, जिससे पार्टिसिपेटरी नोट्स को चरणबद्ध तरीके से पूर्णत: समाप्त किया जा सके।

तारापोर समिति की प्रमुख अनुशंसाएँ

- विदेशी वाणिज्यिक उधारी (Foreign Commercial Borrowings, FCB) की ऊपरी सीमा तथा स्वायत्त मंजूरी की ऊपरी सीमा को धीरे-धीरे बढ़ाना।
- विदेशों में निगमों द्वारा किए जाने वाले विनियोगों (Investments) या बाह्य प्रवाहों की सीमा को कम्पनी के निवल मूल्य (Networth) के 200% से बढ़ाकर 400% करना।
- पार्टिसिपेटरी नोट्स को समाप्त करना।
- निगमों तथा संस्थाओं को रुपी बॉण्ड निर्गत करने की मंजूरी देना, जिसमें विदेशी विनिमय में परिवर्तन का विकल्प हो, जिसकी सीमा निर्धारित हो, परन्तु जो धीरे-धीरे बढ़ा दी जाए।
- FRBM (Fiscal Responsibility and Budget Management) लक्ष्यों की प्राप्ति।
- राजकोषीय घाटे से PSBR (Public Sector Borrowing Requirements) की ओर विस्थापन।
- सरकारी ऋण प्रबन्धन एवं मौद्रिक नीति प्रणाली को अलग-अलग रखना तथा मौद्रिक प्रणाली के क्रियान्वयन में अधिक स्वायत्तता लाना।
- चालू खाते के घाटे को GDP के 3% से कम के स्तर पर लाना।

चालू खाते पर परिवर्तनीयता

- वर्ष 1991 में भारत में उदारीकरण की नीति के अन्तर्गत द्वैध विनिमय दर प्रणाली आरम्भ की गई थी।
- इसके अन्तर्गत देश में दो विनिमय दरों औपचारिक विनिमय दर एवं बाजार विनिमय दर को लागू किया गया।

औपचारिक विनिमय दर

- यह सरकार द्वारा नियन्त्रित थी। इसके अन्तर्गत निर्यात आय का 40% भारतीय रिजर्व बैंक को अधिकृत व्यापारियों (Authorised Dealers) द्वारा औपचारिक विनिमय दर पर बेचना था।
- इस राशि का प्रयोग भारतीय रिजर्व बैंक अधिमान प्राप्त आयात (Pre Ferred Imports) या अम्बारी आयात के लिए कर सकता था।

बाजार विनिमय दर

- इसे काले बाजार की विनिमय दर भी कहा जाता था। यह परिवर्तन बाजार के उच्चावचन पर निर्भर था।
- इसके अन्तर्गत निर्यात आय के 60% का परिवर्तन मुक्त बाजार द्वारा निर्धारित विनिमय दर पर किया जा सकता था। इस विनिमय दर का प्रयोग सौदों एवं भुगतान के लिए बिना रोक-टोक के किया जा सकता था।

- द्वैध विनिमय दर प्रणाली के परिणामस्वरूप औपचारिक विनिमय दर बाजार विनिमय दर से नीची थी। अत: व्यापारियों एवं विदेशों में कार्य करने वाले भारतीयों के हितों को नुकसान पहुँचा, जिसके फलस्वरूप 19 अगस्त, 1994 को तत्कालीन वित्त मन्त्री मनमोहन सिंह के कार्यकाल में रिजर्व बैंक द्वारा रुपये को चालू खाते पर पूर्ण परिवर्तनीय कर दिया गया।

विदेशी मुद्रा विनिमय से सम्बन्धित कानून

विदेशी मुद्रा विनिमय से सम्बन्धित निम्न कानून हैं

विदेशी मुद्रा विनियमन कानून (फेरा), 1974

- भारत में विदेशियों द्वारा नियन्त्रित कम्पनियों को विनियमित करने के उद्देश्य से इस कानून को वर्ष 1974 में (एफईआरए, 1947) पारित किया गया। वर्ष 1973 में इस कानून में अनेक महत्त्वपूर्ण संशोधन किए गए। इसके निम्नलिखित उद्देश्य थे
  - भारत के विदेशी मुद्रा भण्डार को सुरक्षित करना।
  - विदेशी निवेशकों को भारत के आधारभूत क्षेत्रों में निवेश के लिए नियम बनाना, जिससे उच्च स्तरीय विदेशी टेक्नोलॉजी का प्रयोग किया जा सके।

विदेशी मुद्रा प्रबन्ध कानून (फेमा), 2000

- विदेशी मुद्रा विनियमन कानून (फेरा), 1973 अत्यधिक कठोर था। अत: इसके स्थान पर वर्ष 1998 में विदेशी मुद्रा प्रबन्धन कानून (फेमा) लाया गया। इसे 1 जून, 2000 से लागू कर दिया गया। इसके निम्नलिखित उद्देश्य हैं
  - विदेशी व्यापार से सम्बन्धित भुगतानों में कोई रुकावट या कठिनाई न हो।
  - भारत के विदेशी विनिमय बाजार का सुचारू ढंग से विकास हो।

मुद्रा प्रक्षालन निरोधक कानून, 2002

- मुद्रा प्रक्षालन (Money Laundering) ऐसी प्रक्रिया है, जिसके अन्तर्गत किसी जन सम्पदा के वास्तविक उद्‌गम को छिपाया जाता है। वर्ष 2002 में इस कानून को लागू किया गया। इस कानून का मुख्य उद्देश्य अवैध रूप से धन को विदेशी बैंकों में भेजकर वैध बनाने से रोकना है।

> इस कानून के उल्लंघन पर 3-7 वर्ष तक के कठोर कारावास की सजा के अतिरिक्त ₹ 5 लाख तक जुर्माना भी किया जा सकता है। यह अपराध जमानत योग्य नहीं होगा तथा स्वयं को निर्दोष साबित करने का दायित्व भी आरोपी पर होगा।

- इस कानून में वर्ष 2005 और वर्ष 2009 में अनेक संशोधन किए गए। इसके अतिरिक्त दिसम्बर, 2011 में भी इस कानून में संशोधन सम्बन्धी विधेयक लोकसभा में प्रस्तुत किया गया है।

फेरा व फेमा में अन्तर

- भारत में विदेशी निवेश तथा विदेशों में भारतीय निवेश सम्बन्धी नियम फेरा की तुलना में फेमा में अधिक उदार एवं पारदर्शी हैं।
- विदेशी यात्राओं व अन्य विभिन्न उद्देश्यों के लिए विदेशी मुद्राओं के आहरण की सीमाएँ फेरा की तुलना में फेमा में काफी अधिक निर्धारित की गई हैं।
- फेमा के उल्लंघन के मामलों का निपटान सिविल अपराधों के तरीके से किया जाएगा अर्थात् इसके उल्लंघनकर्ताओं को जेल की सजा नहीं, बल्कि केवल अर्थदण्ड ही वहन करना होगा।
- फेरा उल्लंघन के मामले में दण्ड की राशि, जहाँ सम्बद्ध राशि के पाँच गुना तक हो सकती थी, वहीं नए फेमा के अन्तर्गत यह अधिकतम तीन गुना ही होगी।
- फेरा के अन्तर्गत सिद्ध करने का दायित्व अभियुक्त का होता था, जबकि फेमा के अन्तर्गत यह दायित्व प्रवर्तन एजेन्सी (Enforcement Agency) का होगा।

विदेशी ऋण

- मार्च, 2022 के अन्त में भारत का बाह्य ऋण 620.7 बिलियन अमेरिकी डॉलर था, जिसने मार्च, 2021 के अन्त में स्तर से 47.1 बिलियन अमेरिकी डॉलर की वृद्धि दर्ज की है।
- भारत के विदेशी ऋण में 0.4% की समग्र गिरावट में से सरकारी विदेशी ऋण (SED) में 0.5% की गिरावट थी, जबकि गैर-सरकारी (Non SED) वृद्धि 0.2% थी।
- भारत के विदेशी ऋण भेद्यता संकेतक असहज नहीं रहे। सकल घरेलू उत्पाद (GDP) के अनुपात के रूप में विदेशी ऋण सितम्बर, 2022 के अन्त तक 19.2% था। कुल बाह्य ऋण में गैर-वित्तीय और गैर-सरकारी दोनों क्षेत्रों के बकाया ऋण में वृद्धि हुई। कुल बाह्य ऋण में गैर-वित्तीय निगमों के बकाया ऋण की भागीदारी सबसे अधिक 40.3% थी, इसके बाद जमा स्वीकार करने वाले निगम (केन्द्रीय बैंक को छोड़कर) (25.6%), सामान्य सरकार (21.1%) और अन्य वित्तीय निगम (8.6%) की भागीदारी थी।
- विदेशी ऋण अल्पसमयावधि के लिए तथा दीर्घावधि के लिए जारी किए जाते हैं। ऋणों को जिस मुद्रा में प्राप्त किया जाता है, उसे वापस उसी मुद्रा में चुकाना पड़ता है। विदेशी ऋणों को निम्न रूपों में वर्णित किया गया है
  - **दीर्घ और अल्पावधि ऋण** दीर्घावधि ऋण एक वर्ष से अधिक की मूल परिपक्वता वाला ऋण होता है और अल्पावधि ऋण को माँग पर या एक वर्ष या उससे भी कम की मूल परिपक्वता वाले ऋण पुनर्भुगतान के रूप में परिभाषित किया जाता है।

- **बहुपक्षीय और द्विपक्षीय ऋण** बहुपक्षीय संस्थान जैसे कि अन्तर्राष्ट्रीय विकास संघ (IDA), पुनर्निर्माण और विकास के लिए अन्तर्राष्ट्रीय बैंक (IBRD), एशियाई विकास बैंक (ADB) आदि को बहुपक्षीय लेनदार माना जाता है, जबकि राष्ट्र जो सम्प्रभु और गैर-सम्प्रभु व्यवस्थाओं जैसे एक-से-एक ऋण व्यवस्था में संलग्न हैं, द्विपक्षीय लेनदार हैं। भारत के द्विपक्षीय लेनदार जापान, जर्मनी, संयुक्त राज्य अमेरिका, फ्रांस आदि हैं।
- **सम्प्रभु (सरकारी) और गैर-सम्प्रभु (गैर-सरकारी) ऋण** बाहरी सहायता कार्यक्रम के अन्तर्गत भारत सरकार द्वारा प्राप्त ऋण के कारण बाहरी ऋण, सरकार का ऋण, जिसमें IMF से उधार शामिल है, रुपया ऋण का रक्षा ऋण घटक और विदेशी मुद्रा रक्षा ऋण मिलकर सम्प्रभु ऋण का गठन करते हैं। गैर-सार्वभौम ऋण बाहरी ऋण के शेष घटकों द्वारा गठित किया जाता है।
- **व्यापार/निर्यात क्रेडिट** यह तब होता है, जब विदेशी आपूर्तिकर्ताओं, बैंकों और वित्तीय संस्थानों द्वारा सम्प्रभु और गैर-सम्प्रभु संस्थाओं को आयात के लिए ऋण और क्रेडिट दिए जाते हैं।
- **बाहरी वाणिज्यिक उधार (ECB)** इसमें वाणिज्यिक बैंकों, वित्तीय संस्थानों से लिया गया उधार, बाण्ड, फ्लोटिंग रेट नोट्स (FRN), वाणिज्यिक बैंकों की प्रतिभूतिकृत उधारी आदि जैसे प्रतिभूतिकृत उपकरणों को जारी करके जुटाया गया धन शामिल है।

ऋण जाल

तकनीकी रूप से एक ऋण जाल (Debt Trap) एक ऐसी स्थिति है, जहाँ आपको अपने मौजूदा ऋण दायित्वों को चुकाने के लिए ताजा ऋण लेने के लिए मजबूर किया जाता है और इससे पहले कि आप इसे जानते हों, आप ऐसी परिस्थिति में फँस जाते हैं, जहाँ आपके द्वारा देय ऋण की राशि बदतर और नियन्त्रण से बाहर हो जाती है।

विदेशी निवेश

- जब विदेशी उद्यम या उद्यमी लाभ तथा उत्पादन से प्रेरित होकर वित्तीय परिसम्पत्तियों को किसी राष्ट्र में व्यय करते हैं, तो इसे उस राष्ट्र के सन्दर्भ में विदेशी निवेश (Foreign Investment) कहा जाता है।
- इसके अन्तर्गत किसी देश में पूँजी तकनीक आदि का आगमन होता है। इसकी आवश्यकता देश में निवेश का स्तर ऊँचा करके प्राकृतिक साधनों का पूर्ण दोहन करने, आधुनिक तकनीक की उपलब्धि, आधारभूत आर्थिक ढाँचे का विकास, भुगतान सन्तुलन की स्थिति में सुधार आदि के लिए होती है।
- इसके अतिरिक्त विदेशी निवेश से सरकार को अतिरिक्त राजस्व की प्राप्ति होती है। यही कारण है कि वैश्वीकरण के इस दौर में लगभग सभी देशों ने आर्थिक विकास के लिए विदेशी पूँजी (निवेश) के महत्त्व को स्वीकार किया है। विदेशी निवेश को मुख्यत: दो भागों में बाँटा जाता है
  - विदेशी प्रत्यक्ष निवेश (एफडीआई)
  - पोर्टफोलियो विदेशी निवेश (एफपीआई)

विदेशी प्रत्यक्ष निवेश

- सामान्यत: किसी एक देश की कम्पनी द्वारा दूसरे देश में किया गया निवेश विदेशी प्रत्यक्ष निवेश (Foreign Direct Investment) कहलाता है अर्थात् जब उत्पादन के साधनों (भूमि, मशीन, पूँजीगत सामान) में विदेशी निवेशक प्रत्यक्ष रूप से निवेश करते हैं, तो उसे विदेशी प्रत्यक्ष निवेश कहा जाता है।
- सामान्यत: यह दीर्घकालिक उद्यमीय निवेश होता है। ऐसे निवेश से निवेशकों को दूसरे देश की उस कम्पनी के प्रबन्धन में कुछ हिस्सा प्राप्त होता है, जिसमें उनका पैसा निवेश होता है।
- भारत में विदेशी प्रत्यक्ष निवेश के अन्तर्गत भारतीय रिजर्व बैंक के स्वत: अनुमोदित मार्ग (Automatic Route) तथा अनुमोदन सचिवालय अनिवासी भारतीय और शेयरों के अधिग्रहण मार्ग से आने वाली पूँजी सम्मिलित है।
- किसी निवेश को एफडीआई की श्रेणी में शामिल करने के लिए कम-से-कम कम्पनी में विदेशी निवेशकों को 10% शेयर खरीदना पड़ता है। इसके साथ उसे निवेश वाली कम्पनी से मताधिकार भी हासिल करना पड़ता है।
- 24 मई, 2017 को **विदेशी निवेश संवर्द्धन बोर्ड** को समाप्त करने का प्रस्ताव सरकार ने मंजूर कर लिया। 95% एफडीआई प्रपोजल अब ऑटोमैटिक रूट से आता है। इसलिए अब इसकी कोई आवश्यकता नहीं रह गई। इसे वर्ष 1990 में प्रधानमन्त्री कार्यालय के अधीन गठित किया गया था।
- नौ ऐसे क्षेत्र, जहाँ एफडीआई प्रतिबन्धित हैं, जिनमें लॉटरी व्यवयास, जुआ, सट्टेबाजी, चिट फण्ड, निधी कम्पनी, रियल एस्टेट, रेलवे संचालन और तम्बाकू-सिगरेट आदि शामिल हैं।

- **वित्त वर्ष 2021-22** के दौरान भारत में **प्रत्यक्ष विदेशी निवेश** के क्षेत्र में सर्वाधिक सिंगापुर और अमेरिका ने किया। इसके बाद मॉरीशस, नीदरलैण्ड एवं स्विट्जरलैण्ड का स्थान है।
- यूएनसीटीएडी विश्व निवेश रिपोर्ट (डब्ल्यूआईआर), 2022 ने एफडीआई के मामले में वर्ष 2021 के लिए शीर्ष 20 मेजबान अर्थव्यवस्था में भारत को 7वें स्थान पर रखा है।

भारत के आँकड़े

- भारत के वित्त वर्ष 2021-22 में 84835 मिलियन अमेरिकी डॉलर का उच्चतम वार्षिक एफडीआई को प्राप्त किया, जो पिछले वर्ष की तुलना में 2.87 बिलियन अमेरिकी डॉलर से अधिक था।
- वर्ष 2021-22 में एफडीआई प्रवाह वित्त वर्ष 2019-2020 के 74391 मिलियन अमेरिकी डॉलर से बढ़कर वित्त वर्ष 2020-21 में 81973 मिलियन अमेरिकी डॉलर हो गया।
- **शीर्ष 5 एफडीआई सोर्सिंग राष्ट्र**
  - सिंगापुर 01%
  - अमेरिका 94%
  - मॉरीशस 98%
  - नीदरलैण्ड 86%
  - स्विट्जरलैण्ड 31%

- **शीर्ष क्षेत्र**
  - कम्प्यूटर सॉफ्टवेयर और हार्डवेयर 60%
  - सेवा क्षेत्र (वित्त, बैंकिंग, बीमा, गैर-वित्तीय/व्यवसाय, आउटसोर्सिंग, अनुसन्धान एवं विकास, कूरियर, टेक, परीक्षण और विश्लेषण, अन्य) 12.13%
  - ऑटोमोबाइल उद्योग 11.89%
  - ट्रेडिंग 7.72%
  - निर्माण (इन्फ्रास्ट्रक्चर) गतिविधियाँ 5.52%
- **शीर्ष राज्य**
  - कर्नाटक 37.55%
  - महाराष्ट्र 26.26%
  - दिल्ली 5.10%
  - हरियाणा 4.76%

> **पिछले वित्त वर्ष 2020-21** (12.09 बिलियन अमेरिकी डॉलर) की तुलना में वित्त वर्ष 2021-22 (21.34 बिलियन अमेरिकी डॉलर) में **विनिर्माण क्षेत्र** में एफडीआई इक्विटी प्रवाह में 76% की वृद्धि हुई।

प्रत्यक्ष विदेशी निवेश के प्रकार

विदेशी व्यक्तिगत तथा संस्थानिक रचनाओं द्वारा देश की आधारभूत संरचना मुद्रा बाजार तथा उद्यमों में किया गया निवेश विदेशी प्रत्यक्ष निवेश कहलाता है। यह दो प्रकार का होता है

- **ब्राउनफील्ड निवेश** ऐसा विदेशी प्रत्यक्ष निवेश, जिसे पूर्व में व्यवस्थित किसी इकाई में निवेशित किया जाता है।
- **ग्रीनफील्ड निवेश** ऐसा विदेशी प्रत्यक्ष निवेश, जिससे किसी नई इकाई तथा आधारभूत संरचना का विकास किया जाता है। ग्रीनफील्ड निवेश द्वारा किसी विदेशी कम्पनी में विलय या कम्पनी को अर्जन द्वारा घरेलू कम्पनी/फर्म विदेशों में अपने उद्यमों को बढ़ाती है। घरेलू कम्पनियाँ देशी बाजार के संतृप्त होने पर विदेशों में उपलब्ध अवसरों के लाभ के लिए यह निवेश करती हैं।

खुदरा क्षेत्र में प्रत्यक्ष विदेशी निवेश

- वर्ष 2011 को भारत सरकार द्वारा सिंगल ब्राण्ड रिटेल क्षेत्र में 51% के स्थान पर 100% एफडीआई की मंजूरी प्रदान की गई, जो जनवरी 2012 से भारत में प्रभावी हो गई।

> **सिंगल ब्राण्ड और मल्टी ब्राण्ड**
>
> सिंगल ब्राण्ड के स्टोर ऐसे होते हैं, जहाँ पर उत्पाद एक ब्राण्ड से सम्बन्धित होता है और जहाँ पर सभी ब्राण्ड के उत्पाद एक ही स्टोर से उपलब्ध होते हैं, उसे **मल्टी ब्राण्ड स्टोर** कहा जाता है।

मल्टी ब्राण्ड रिटेल में एफडीआई से मिलने वाले सम्भावित लाभ

मल्टी ब्राण्ड रिटेल में एफडीआई से मिलने वाले सम्भावित लाभ निम्नलिखित हैं

- इसमें निवेश से खाद्य शृंखला (Food Chain) का विकास होगा और लोगों को बेहतर सुविधा की प्राप्ति होगी।
- छोटे-छोटे शहरों में रोजगार का सृजन होगा।
- आधारिक अवसंरचना में निवेश होने से बुनियादी सुविधाओं का विकास होगा। उत्पादकों एवं उपभोक्ता दोनों वर्ग को उचित दर पर सामान उपलब्ध होगा।
- उपभोक्ताओं के सामने बेहतर या अनेक प्रकार के विकल्प उपलब्ध होंगे।

विदेशी निवेश प्राप्त करने का मार्ग

विदेशी निवेश प्राप्त करने के सम्बन्ध में वर्तमान में निम्न मार्ग प्रचलित हैं

- **स्वतः अनुमोदन मार्ग** के अन्तर्गत निवेश के लिए भारत सरकार या भारतीय रिजर्व बैंक की अनुमति आवश्यक नहीं होती है। इसकी जानकारी बाद में रिजर्व बैंक को दी जा सकती है। इस प्रकार के अधिकांश निवेश देश में पहले से कार्यरत् विदेशी कम्पनियों द्वारा प्राप्त किए जाते हैं।
- **विशेष आर्थिक क्षेत्र** के अन्तर्गत कम्पनी मुद्रा अर्जक विदेशी मुद्रा खाते से ₹ 50 करोड़ अमेरिकी डॉलर तक निवेश कर सकती है।

> एडीआर, जीडीआर स्वअनुमोदन मार्ग-एडीआर, जीडीआर के अन्तर्गत प्राप्त राशि का 100% उपयोग भारतीय कम्पनियाँ कर सकती हैं। बाद में आरबीआई को इसकी सूचना दी जा सकती है।

- एडीआर, जीडीआर स्वअनुमोदन शेयर/अदला-बदली मार्ग बाद में आरबीआई को सूचना देने की शर्त पर इसके अन्तर्गत $ 10 लाख या उसके बराबर राशि प्राप्त कर सकती है या विदेशों में निवेश कर सकती है।

> **100% विदेशी निवेश वाले क्षेत्र**
>
> - दूरसंचार
> - वित्तीय कम्पनियाँ
> - पेट्रोलियम रिफाइनिंग
> - थोक व्यापार
> - औषधि
> - होटल एवं परिवहन
> - कोरियर सेवाएँ
> - चाय बागान एवं उद्योग
> - विज्ञान एवं तकनीकी पत्रिकाएँ
> - विदेशी समाचार-पत्र
> - सिगार एवं सिगार उत्पादन
> - खतरनाक रसायन
> - गैर-बैंकिंग वित्तीय कम्पनियाँ
> - निर्माण विकास परियोजनाएँ
> - कोयला खनन
> - विद्युत (परमाणु ऊर्जा के अतिरिक्त)
> - सड़क एवं बन्दरगाह
> - खनन एवं खनिज
> - पर्यावरण नियन्त्रण
> - प्रिण्ट मीडिया
> - कृषि
> - कॉफी एवं रबड़ प्रसंस्करण
> - एल्कोहॉल
> - औद्योगिक विस्फोटक
> - हवाई अड्डों का आधुनिकीकरण
> - विदेशी निवेश संवर्द्धन बोर्ड (एफआईपीबी) वित्त मन्त्रालय का आर्थिक मामलों का विभाग विदेशी निवेश संवर्द्धन बोर्ड (एफआईपीबी) का घर है, जो एक अन्तर-मन्त्रालयी संगठन है जो एफडीआई बोलियों को संशोधित करने और सरकारी अनुमोदन के लिए सुझाव देने का कार्य करता है।

पोर्टफोलियो विदेशी निवेश

- इस श्रेणी में वे विनियोग आते हैं, जो किसी विदेशी द्वारा समता व अंशों के रूप में रखे जाते हैं। इस विनियोग पर एक निश्चित ब्याज व लाभांश की गारण्टी दी जाती है। इस प्रकार के विनियोगकर्ता कोई जोखिम नहीं उठाते हैं। इसमें कम्पनी का स्वामित्व और नियन्त्रण भारतीयों के पास छोड़ दिया जाता है।
- यह शेयर बाजार के माध्यम से किया जाने वाला निवेश है, इसके अन्तर्गत विदेशी संस्थागत निवेश, सार्वभौमी न्यासी रसीदें (Global Depository Receipts, GDR), अमेरिकी न्यासी रसीदें (American Depository Receipts, ADR) आदि आते हैं।
- विदेशी पोर्टफोलियो निवेशकों (एफपीआई) ने वर्ष 2022 में भारतीय शेयर बाजार से लगभग ₹ 1.21 लाख करोड़ निकाले। एफपीआई की यह निकासी किसी एक वर्ष में सर्वाधिक है। इससे पहले एफपीआई ने लगातार तीन वर्षों तक घरेलू शेयर बाजार में बड़ी धनराशि निवेश की थी।

विदेशी संस्थागत निवेश

- प्रत्यक्ष विदेशी निवेश में किसी विदेशी कम्पनी द्वारा देश में प्रत्यक्ष निवेश किया जाता है, जबकि विदेशी संस्थागत निवेश शेयरों, म्यूचुअल फण्डों के माध्यम से होता है।
- विदेशी प्रत्यक्ष निवेश (एफडीआई) की प्रवृत्ति अधिकांशत: स्थायी होती है, दूसरी ओर बाजार की उथल-पुथल की स्थिति में विदेशी संस्थागत निवेश (एफआईआई) शीघ्र ही शेयरों की बिक्री करके बाजार से पलायन कर जाते हैं।
- विदेशी मुद्रा के सम्भावित अन्तर्प्रवाह के दबाव से निपटने के लिए भारतीय रिजर्व बैंक ने **भारतीय नागरिकों, निगमित इकाइयों व म्यूचुअल फण्डों** को विदेश में निवेश करने के लिए प्रावधानों को बहुत अधिक उदार बना दिया है।

ग्लोबल डिपॉजिटरी रिसीट

- इसके अन्तर्गत भारत में सूचीबद्ध कम्पनियाँ विदेश में डिपॉजिटरी शेयर जारी कर डॉलर या यूरो में पूँजी जुटाती हैं। यह काफी लोकप्रिय तरीका है। जीडीआर एक प्रकार के बैंक प्रमाण-पत्र होते हैं। कम्पनी के शेयरों के बदले इन्हें एक से अधिक देश में जारी किया जाता है।
- अन्तर्राष्ट्रीय बैंक की विदेशी शाखाएँ, इन्हें खरीदती हैं। इन कम्पनियों के शेयरों का कारोबार तो घरेलू बाजारों में होता है, लेकिन डिपॉजिटरी रसीदों की बिक्री नामित बैंकों की शाखाओं के द्वारा अन्तर्राष्ट्रीय स्तर पर की जा सकती है।

अमेरिकन डिपॉजिटरी रिसीट

- अमेरिकन डिपॉजिटरी रिसीट संयुक्त राज्य अमेरिका (यूएसए) के भीतर विदेशी कम्पनियों की व्यापार प्रतिभूतियों के लिए उपयोग कर रहे हैं। यद्यपि कम्पनियों की प्रतिभूतियों की तरह एडीआर अमेरिकी डॉलर में मूल्यवर्गित रहे हैं।
- एडीआर स्टॉक एक्सचेन्जों पर सूचीबद्ध हैं और अमेरिकी एवं अन्तर्राष्ट्रीय बाजार पर पूँजी को आकर्षित करने के लिए एक साधन है। विशेष रूप से एडीआर का बाजार की आवश्यकताओं के अनुसार अलग-अलग नाम हो सकता है।

भारतीय डिपॉजिटरी रिसीट

- अमेरिकन डिपॉजिटरी रिसीट और ग्लोबल डिपॉजिटरी रिसीट की तरह डेरीवेटिव इन्स्ट्रूमेण्ट होते हैं।
- भारतीय कम्पनियाँ अमेरिका में एडीआर और यूरोप में जीडीआर के द्वारा पूँजी जुटाती हैं। इसी प्रकार कोई विदेशी कम्पनी भारत में आईडीआर के द्वारा पूँजी जुटा सकती है।
- भारत में डिपॉजिटरी विदेशी कम्पनियों के शेयरों के बदले में यह आईडीआर जारी करती है। भारत में वर्ष 2004 में पहली बार आईडीआर लॉन्च किया गया था, लेकिन तब से इसे कोई विशेष सफलता नहीं मिली है।

विदेशी प्रत्यक्ष निवेश तथा संस्थागत निवेश में अन्तर

विदेशी प्रत्यक्ष निवेश (एफडीआई)	विदेशी संस्थागत निवेश (एफआईआई)
यह एक दीर्घ अवधि अर्थात् एक वर्ष से अधिक का निवेश है।	यह लघु अवधि अर्थात् एक वर्ष से कम का निवेश है।
यह निवेश पूँजी सम्पत्तियों में निवेश से सम्बन्धित है।	यह निवेश वित्तीय बाजार से सम्बन्धित है।
इस निवेश के प्रवेश तथा निर्गम के निर्णय एफआईआई की तरह शीघ्रता में नहीं लिए जाते।	इससे प्रवेश तथा निर्गम सम्बन्धी निर्णय रातों-रात लिए जा सकते हैं।
इसका प्रवाह एक निश्चित प्रवृत्ति के अनुसार होता रहता है।	इसके प्रवाह में काफी उतार-चढ़ाव रहते हैं।

पार्टिसिपेटरी नोट्स (पी-नोटस)

- ऐसे विदेशी निवेशक, जो भारत में स्टॉक मार्किट में पैसा लगाना चाहते हैं, परन्तु सेबी के पास पंजीकृत (Registered) नहीं हैं, पैसा नहीं लगा सकते, ये भावी निवेशक पार्टिसिपेटरी नोट्स द्वारा पैसों का निवेश कर सकते हैं।
- पी-नोट्स वे दस्तावेज होते हैं, जिनके माध्यम से कुछ व्यक्तियों या संस्थाओं को भारतीय शेयर बाजार में सहभागिता करने का अवसर मिल जाता है। इसके प्रावधान निम्न प्रकार हैं
  - पी-नोट्स पंजीकृत एफआईआई द्वारा जारी किया जा सकता है।
  - पी-नोट्स पर केवल जारी करने वाले एफआईआई का उल्लेख होगा न कि खरीदने वाले का।
  - भारत में लगभग 40% एफआईआई का निवेश पी-नोट्स के माध्यम से हुआ है।
  - पी-नोट्स द्वारा हम ऐसे निवेशकों को आमन्त्रित करते हैं, जिनके कार्यों के उद्देश्य, नाम, पते की कोई जानकारी हमें नहीं होती। वस्तुत: इसका उपयोग मुख्य रूप से विदेशी धनी निवेशक, हेज फण्ड और अन्य विदेशी संस्थान करते हैं।

- अब तक पी-नोट्स पर केवल जारी करने वाले एफआईआई का उल्लेख होता था, परन्तु काले धन पर गठित एसआईटी की सिफारिश पर बाजार नियामक सेबी ने पी-नोट्स के लिए केवाईसी आवश्यक कर दिया है अर्थात् अब से पी-नोट्स के द्वारा निवेश करने पर मूल निवेशक और उसके धन के बारे में पूर्ण जानकारी देना आवश्यक होगा।

अरविन्द मायाराम समिति

- एफडीआई और एफआईआई को परिभाषित करने के लिए केन्द्र सरकार ने मार्च, 2013 में **अरविन्द मायाराम** की अध्यक्षता में एक समिति गठित की।
- इस समिति ने रक्षा क्षेत्र में सरकार की मंजूरी से विदेशी प्रत्यक्ष निवेश की (एफडीआई) सीमा 26% से बढ़ाकर 49% करने की सिफारिश की है।
- इस समिति ने सरकार की मंजूरी से मल्टी ब्राण्ड खुदरा कारोबार में भी विदेशी प्रत्यक्ष निवेश (एफडीआई) की सीमा 51% से बढ़ाकर 74% तक किए जाने का सुझाव दिया है।
- **नागर विमानन** क्षेत्र में इस समिति ने गैर-अनुसूचित विमान यातायात सेवाओं में स्वत: मंजूरी के माध्यम से प्रत्यक्ष विदेशी निवेश वर्तमान 49% से बढ़ाकर 100% किए जाने की सिफारिश की है।
- साथ ही बाजार, सार्वजनिक बैंकों, प्रिण्ट मीडिया, पीएसयू पेट्रोलियम रिफाइनरी, शेयर बाजारों, बीमा समेत विभिन्न क्षेत्रों में एफडीआई सीमा बढ़ाकर 49% करने का सुझाव दिया है।
- इस समिति ने कुरियर सेवा के मामले में 100% तक तथा हवाई परिवहन सेवा जो नियमित नहीं है, क्षेत्र में एफडीआई सीमा 49% से बढ़ाकर 100% करने का सुझाव दिया। अरविन्द मायाराम के अनुसार, सुझावों का उद्देश्य और विदेशी निवेश आकर्षित करना है।

एफडीआई और एफआईआई पर मायाराम समिति की रिपोर्ट

- केन्द्रीय वित्त मन्त्रालय द्वारा 21 जून, 2014 को विदेशी प्रत्यक्ष निवेश (एफडीआई) और विदेशी संस्थागत निवेश (एफआईआई) को तर्कसंगत बनाने के लिए केन्द्रीय वित्त सचिव अरविन्द मायाराम की अध्यक्षता में गठित समिति की सिफारिशों को स्वीकार कर लिया गया।
- इस समिति ने (एफडीआई) तथा एफआईआई के बीच स्पष्ट सीमांकन कर उन्हें स्पष्ट करने का सुझाव दिया है।
- इस समिति ने स्पष्ट रूप से कहा है कि बुनियादी रूप से दीर्घावधि में विदेशी निवेशकों के दो वर्ग **पोर्टफोलियो निवेशक** तथा **विदेशी प्रत्यक्ष निवेशक** होने चाहिए, इन्हीं दोनों वर्गों के लिए समिति ने सुझाव दिए।

विदेशी प्रत्यक्ष निवेश पर सिफारिशें

- किसी सूचीबद्ध कम्पनी में 10% या उससे अधिक के विदेशी निवेश को विदेशी प्रत्यक्ष निवेश की श्रेणी में रखा जाएगा।
- एक निवेशक के 10% से नीचे के निवेश को एफडीआई के रूप में देखा जा सकेगा, यदि निवेश की भागीदारी पहली खरीद की तिथि से एक वर्ष के अन्दर 10% या उससे अधिक तक पहुँच जाए।
- कम्पनी विशेष में एक निवेशक या तो एफडीआई के द्वारा निवेश कर सकता है या FPI (विदेशी पोर्टफोलियो) निवेश के द्वारा, किन्तु दोनों एकसाथ नहीं कर सकता।
- गैर-सूचीबद्ध कम्पनी में किए जाने वाले विदेशी निवेश को सीमा की चिन्ता किए बिना एफडीआई के रूप में ही देखा जाएगा।

विदेशी पोर्टफोलियो निवेश पर सिफारिशें

- इक्विटी शेयरों, 10% से कम इक्विटी भुगतान वाले **अनिवार्य परिवर्तनीय तरजीही शेयरों** (मेनडेटरी कन्वेर्टेवल प्रिफरेन्स शेयर) अथवा डिबेन्चरों द्वारा किए जाने वाले किसी भी निवेश को एफपीआई के अन्तर्गत रखा जाएगा।
- सूचीबद्ध होने वाली भारतीय निवेशक कम्पनियों द्वारा परिवर्तनीय डिबेन्चरों की श्रेणी में यदि 10% से भी कम मूल्य का भुगतान किया जाता है, तो इसे एफपीआई के अन्तर्गत माना जाएगा।
- 10% से कम एफपीआई सीमा की व्यक्तिगत निगरानी का कार्य भारतीय प्रतिभूति और विनियामक बोर्ड सेबी एवं एफपीआई की कुल सीमा की निगरानी भारतीय रिजर्व बैंक (आरबीआई) पहले की ही तरह करते रहेंगे।

प्रत्यक्ष विदेशी निवेश की सीमा

विदेशी निवेश के क्षेत्र	निवेश की सीमा
निजी क्षेत्र की बैंकिंग, विपणन, उपग्रहों की स्थापना एवं संचालन, बीमा कम्पनियाँ	74%
विज्ञापन, फिल्म में	74-100%
मल्टी ब्राण्ड खुदरा व्यापार में	51%
सार्वजनिक क्षेत्र की बैंकिंग, स्वदेशी विमान सेवा, बुनियादी ढाँचा और सेवा क्षेत्र में निवेश करने वाली कम्पनियाँ, पैट्रोलियम और प्राकृतिक गैस	49%
सार्वजनिक क्षेत्र-बैंकिंग	20%
करेण्ट अफेयर्स के समाचार-पत्र और पत्रिकाएँ	26%
रेलवे अवसंरचना	100%
दूरसंचार	100%
पशुपालन, मत्स्यपालन, कृषि एवं सम्बद्ध सेवाएँ, आवास, टाउनशिप निर्माण, अवसंरचना एवं निर्माण, परियोजनाएँ, कोरियर सेवाएँ, ई-कॉमर्स, गैर-बैंकिंग वित्तीय कम्पनियाँ, नवीन फार्मास्यूटीकल्स कम्पनियाँ, रक्षा क्षेत्र	100%
प्रसारण सामग्री सेवाएँ, पेंशन क्षेत्र, निजी सुरक्षा एजेन्सियाँ	49%

प्रीलिम्स फैक्ट्स

- 'भुगतान सन्तुलन' शब्द का प्रयोग किसके सन्दर्भ में किया जाता है?
  – आयात एवं निर्यात के [UPPSC (Mains) 2012]
- विदेशी व्यापार का भुगतान–आयात के गुणों, निर्यात के गुणों, विदेशी व्यापार के गुणक और भुगतान सन्तुलन में से किससे सम्बन्धित है?
  – भुगतान सन्तुलन [MPPSC (Pre) 2016]
- निर्यात, आयात, गैर–साधन सेवा आय और अनिवासी भारतीयों की शुद्ध जमा में से कौन–सा मद भारत में भुगतान सन्तुलन के चालू खाते में सम्मिलित नहीं किया जाता है?
  – अनिवासी भारतीयों की शुद्ध जमा [UPPSC (Mains) 2011]
- भुगतान सन्तुलन के सन्दर्भ में व्यापार सन्तुलन, विदेशी परिसम्पत्तियाँ, अदृश्यों का सन्तुलन और विशेष आहरण अधिकार में से किनसे चालू खाता बनता हैं?
  – व्यापार सन्तुलन और अदृश्यों का सन्तुलन [IAS (Pre) 2014]
- निगम कर, सार्वजनिक प्रतिष्ठानों से प्राप्त लाभ, राष्ट्रीय बचत पत्रों का विक्रय, विश्व बैंक से प्राप्त ऋण और उत्पाद कर में से कौन–से केन्द्र सरकार के चालू खाते में आय के स्रोत है?
  – निगम कर, राष्ट्रीय बचत पत्रों का विक्रय, उत्पाद कर [UPPSC (Pre) 1998]
- आयात प्रतिस्थापन नीति को बढ़ावा, रुपए का अवमूल्यन, आयातों पर अधिक कर लगाना और निर्यातों पर अधिक कर लगाना, उपायों में से कौन–सा भारतीय भुगतान सन्तुलन स्थिति को सुधारने में सक्षम नहीं है?
  – निर्यातों पर अधिक कर लगाना [IAS (Pre) 2017]
- तारापोर समिति विशेष आर्थिक क्षेत्र, पूर्ण पूँजी लेखा सम्परिवर्तनीयता, विदेशी मुद्रा बाजार, भारतीय अर्थव्यवस्था पर तेल की कीमतों का प्रभाव में से किस एक से सम्बन्धित थी?
  – पूर्ण पूँजी लेखा सम्परिवर्तनीयता [IAS (Pre) 2007]
- भारत अधिकतम विदेशी मुद्रा–लोहा, चाय, कपड़ा और रबड़ में से किसके निर्यात से कमाता है?
  – कपड़ा [BPSC (Pre) 2015]
- सहभागित नोट भारत की संचित निधि, विदेशी संस्थागत निवेशक, संयुक्त राष्ट्र विकास कार्यक्रम और क्योटो प्रोटोकॉल में से किस एक से सम्बन्धित है?
  – विदेशी संस्थागत निवेशक [IAS (Pre) 2007]
- भारत में प्रत्यक्ष विदेशी निवेश के सन्दर्भ में प्रमुख विशेषता मानी जाती है?
  – यह मुख्यतः ऋण सृजित न करने वाला पूँजी प्रवाह है [IAS (Pre) 2020]
- भारत में विदेशी निवेश संवर्द्धन बोर्ड भारतीय रिजर्व बैंक, विदेश मन्त्रालय, वाणिज्य मन्त्रालय और वित्त मन्त्रालय में से अब किसके साथ सम्बद्ध होकर कार्य कर रहा है?
  – वित्त मन्त्रालय [UPPSC (Mains) 2007]

सेल्फ चैक

1. 'भुगतान सन्तुलन' शब्द का प्रयोग निम्नलिखित में से किसके सन्दर्भ में किया जाता है? UPPSC (Mains) 2012

(a) एक कारखाने का वार्षिक विक्रय से
(b) कर संग्रह से
(c) आयात एवं निर्यात से
(d) उपरोक्त में से कोई नहीं

2. विदेशी व्यापार का भुगतान सम्बन्धित है MPPSC (Pre) 2016

(a) आयात के गुणों से
(b) निर्यात के गुणों से
(c) विदेशी व्यापार के गुणक से
(d) भुगतान सन्तुलन से

3. किसी देश का भुगतान सन्तुलन किसका व्यवस्थित अभिलेख है? IAS (Pre) 2013

(a) किसी निर्धारित समय के दौरान सामान्यतः एक वर्ष में किसी देश के समस्त आयात और निर्यात का लेन-देन
(b) किसी वर्ष में एक देश द्वारा निर्यात की गई वस्तुएँ
(c) एक देश की सरकार और दूसरे देश की सरकार के बीच आर्थिक लेन-देन
(d) एक देश से दूसरे देश को पूँजी का संचालन

4. भुगतान सन्तुलन के सन्दर्भ में निम्नलिखित में से किससे/किनसे चालू खाता बनता है? IAS (Pre) 2014

1. व्यापार सन्तुलन
2. विदेशी परिसम्पत्तियाँ
3. अदृश्यों का सन्तुलन
4. विशेष आहरण अधिकार

कूट

(a) केवल 1
(b) 2 और 3
(c) 1 और 3
(d) 1, 2 और 4

5. निम्न उपायों में से कौन-सा भारतीय भुगतान सन्तुलन स्थिति को सुधारने में सक्षम नहीं है? IAS (Pre) 2017

(a) आयात प्रतिस्थापन नीति को बढ़ावा
(b) रुपये का अवमूल्यन
(c) आयातों पर अधिक कर लगाना
(d) निर्यातों पर अधिक कर लगाना

6. चालू लेखा घाटा क्या है? **CGPSC (Pre) 2018**
(a) बैंकों में खोले गए चालू लेखों में जमा राशि से अधिक आहरित राशि
(b) चालू वर्ष में सरकारी राजस्व से अधिक सरकारी व्यय से होने वाला घाटा
(c) देश के कुल निर्यात से कुल आयात अधिक होने वाला घाटा
(d) वस्तु के बाजार मूल्य से लागत मूल्य अधिक होने पर होने वाला घाटा

7. निम्नलिखित में से कौन-से पूँजीगत लेखा की रचना करते हैं? **IAS (Pre) 2013**
1. विदेशी ऋण
2. प्रत्यक्ष विदेशी निवेश
3. निजी प्रेषित धन
4. पोर्टफोलियो निवेश

कूट
(a) 1, 2 और 3 (b) 1, 2 और 4 (c) 2, 3 और 4 (d) 1, 3 और 4

8. नीचे दो कथन दिए गए हैं
कथन (A) जब एक देश का भुगतान उसके व्यापार में वस्तुओं, सेवाओं, स्थानान्तरण एवं विशुद्ध आय की प्राप्तियों से अधिक हो जाता है, तब उसे चालू खाता घाटा (CAD) कहा जाता है।
कारण (R) चालू खाता (CAD) तब होता है, जब एक देश वस्तुओं, सेवाओं एवं पूँजी का अधिक निर्यात करता है।
कूट
(a) A और R सत्य हैं तथा R, A की सही व्याख्या है
(b) A और R सत्य हैं, परन्तु R, A की सही व्याख्या नहीं है
(c) A सत्य है, किन्तु R असत्य है
(d) A असत्य है, किन्तु R सत्य है

9. भारत की विदेशी मुद्रा आरक्षित निधि में निम्नलिखित में से कौन-सा एक मद समूह सम्मिलित है? **IAS (Pre) 2013**
(a) विदेशी मुद्रा परिसम्पत्ति, विशेष आहरण अधिकार (एसडीआर) तथा विदेशों से ऋण
(b) विदेशी मुद्रा परिसम्पत्ति, भारतीय रिजर्व बैंक द्वारा धारित स्वर्ण तथा विशेष आहरण अधिकार
(c) विदेशी मुद्रा परिसम्पत्ति, विश्व बैंक से ऋण तथा विशेष आहरण अधिकार
(d) विदेशी मुद्रा परिसम्पत्ति, भारतीय रिजर्व बैंक द्वारा धारित स्वर्ण तथा विश्व बैंक से ऋण

10. भारतीय रुपये की पूँजीगत लेखा परिवर्तनीयता का अर्थ है **IAS (Pre) 1998**
(a) कि यात्रा के लिए भारतीय रुपये को प्राधिकृत डीलर द्वारा विनिमय किया जा सकता है
(b) कि माल और सेवाओं के व्यवसाय के प्रयोजन से भारतीय रुपये का किसी भी प्रमुख मुद्रा से विनिमय किया जा सकता है
(c) कि वित्तीय परिसम्पत्ति के व्यापार के प्रयोजन से भारतीय रुपये का किसी भी प्रमुख मुद्रा से विनिमय किया जा सकता है
(d) उपरोक्त में से कोई भी नहीं

11. तारापोर समिति निम्नलिखित में से किस एक से सम्बन्धित थी?
(a) विशेष आर्थिक क्षेत्र
(b) पूर्ण पूँजी लेखा सम्परिवर्तनीयता
(c) विदेशी मुद्रा बाजार
(d) भारतीय अर्थव्यवस्था पर तेल की कीमतों का प्रभाव

12. विदेशी निवेश संवर्द्धन बोर्ड (FIPB) के निम्नलिखित कार्यों में से कौन-से सही हैं?
1. विदेशी निवेश के लिए प्रस्तावों की शीघ्र निकासी (क्लियर) सुनिश्चित करना।
2. बोर्ड द्वारा निकासी (क्लियर) किए गए प्रस्तावों के कार्यान्वयन का आधुनिक पुनरीक्षण करना।
3. विदेशी प्रत्यक्ष निवेश के संवर्द्धन तथा सुगमीकरण के लिए समय-समय पर आवश्यक समझे गए अन्य सभी क्रियाकलाप करना।
4. उद्योग मन्त्रालय द्वारा अलग से गठित किए जा रहे FIPB के साथ अन्योन्यक्रिया करना।

कूट
(a) 1, 2 और 3 (b) 1, 2 और 4 (c) 1, 2, 3 और 4 (d) 3 और 4

13. निम्नलिखित में कौन-सा विदेशी प्रत्यक्ष निवेश का उदाहरण नहीं है? **UKPSC (Pre) 2022**
(a) विदेशों में मौजूद कपड़ा मिल का अधिग्रहण
(b) विदेशों में पूर्ण स्वामित्व वाली व्यावसायिक फर्म का निर्माण
(c) विदेशों में फार्मा कम्पनी द्वारा निर्गत ब्राण्ड अथवा स्टॉक का क्रय
(d) विदेशों में नए स्टील का निर्माण

14. भारत में प्रत्यक्ष विदेशी निवेश के सन्दर्भ में निम्नलिखित में से कौन-सी उसकी प्रमुख विशेषता मानी जाती है? **IAS (Pre) 2020**
(a) यह मूलत: किसी सूचीबद्ध कम्पनी में पूँजीगत साधनों द्वारा किया जाने वाला निवेश है
(b) यह मुख्यत: ऋण सृजित न करने वाला पूँजी प्रवाह है
(c) यह ऐसा निवेश है, जिससे ऋण समाशोधन अपेक्षित होता है
(d) यह विदेशी संस्थागत निवेशकों द्वारा सरकारी प्रतिभूतियों में किया जाने वाला निवेश है

15. निम्नलिखित कथनों पर विचार कीजिए **IAS (Pre) 2019**
1. भारत का अधिकांश विदेशी ऋण सरकारी सत्वों के ऋणी होने के द्वारा है।
2. भारत का सारा विदेशी ऋण US डॉलर के मूल्य वर्ग में है।

उपरोक्त में से कौन-सा/से कथन सही है/हैं?
कूट
(a) केवल 1
(b) केवल 2
(c) 1 और 2 दोनों
(d) न तो 1 और न ही 2

16. प्रत्यक्ष विदेशी निवेश (FDI) तथा संस्थागत विदेशी निवेशक (FII) दोनों ही किसी देश में निवेश से सम्बद्ध हैं। निम्नलिखित में से कौन-सा कथन दोनों के बीच की एक महत्त्वपूर्ण भिन्नता को सबसे अच्छे ढंग से व्यक्त करता है? **IAS (Pre) 2011**
(a) FII बेहतर प्रबन्धन कुशलताएँ तथा प्रौद्योगिकी अन्तरण को लाने में सहायक है, जबकि FDI केवल पूँजी लेकर आता है
(b) FII व्यापक स्तर पर पूँजी उपलब्धता बढ़ाने में सहायक है, जबकि FDI का लक्ष्य केवल विशिष्ट क्षेत्रों तक सीमित होता है
(c) FDI केवल द्वितीयक बाजार में चलित होता है, जबकि FII का लक्ष्य प्राथमिक बाजार होता है
(d) FDI की तुलना में FII अधिक स्थायी माना जाता है

जानें सही उत्तर

1. (c)	2. (d)	3. (c)	4. (c)	5. (d)	6. (c)	7. (a)	8. (c)	9. (b)	10. (c)
11. (b)	12. (a)	13. (c)	14. (b)	15. (d)	16. (b)				

● अध्याय चौदह

अन्तर्राष्ट्रीय व्यापार एवं समझौते

"

भूमण्डलीकरण के दौर में विश्व के अधिकांश देशों की अर्थव्यवस्था की प्रगति में अन्तर्राष्ट्रीय व्यापार का महत्त्वपूर्ण योगदान है। विश्व व्यापार वर्तमान वैश्विक अर्थव्यवस्था के लिए अपरिहार्य बन चुका है। अन्तर्राष्ट्रीय आर्थिक निर्भरता के फलस्वरूप विश्व के विभिन्न क्षेत्रों के देश एक-दूसरे की प्रगति में सहभागी बनकर लोगों के आर्थिक स्तर को बढ़ा रहे हैं। विश्व व्यापार के माध्यम से विभिन्न क्षेत्रों की संस्कृतियाँ भी एक-दूसरे से जुड़ रही हैं।

अन्तर्राष्ट्रीय व्यापार

- विश्व व्यापार संगठन के अनुसार, क्षेत्रीय व्यापार समझौते को दो या दो से अधिक भागीदारों के बीच पारस्परिक व्यापार समझौते के रूप में परिभाषित किया जा सकता है।
- अन्तर्राष्ट्रीय व्यापार, भौगोलिक विशिष्टिकरण का परिणाम है। किसी देश के विदेशी व्यापार से उसकी अर्थव्यवस्था की प्रकृति और आकार का पता चलता है।
- यदि किसी देश का निर्यात उसके कुल आयात की तुलना में अधिक होता है, तो विदेशी व्यापार के सन्दर्भ में वह लाभ की स्थिति में होता है, किन्तु उसका आयात यदि निर्यात की तुलना में अधिक होता है, तो वह विदेशी व्यापार के सन्दर्भ में घाटे की स्थिति में होता है।
- विदेशी व्यापार किसी अर्थव्यवस्था की उत्पादन क्रिया में श्रम विभाजन और विशिष्टिकरण के आधार पर उत्पादन साधनों की दक्षता और कार्य कुशलता में वृद्धि करता है। इस प्रकार यह उत्पादन, रोजगार, औद्योगीकरण और कीमत स्तर पर अनुकूल प्रभाव डालता है।

दो राष्ट्रों के मध्य वस्तुओं और सेवाओं के आदान-प्रदान को **अन्तर्राष्ट्रीय व्यापार** (International Trade) कहते हैं अर्थात् अन्तर्राष्ट्रीय व्यापार से तात्पर्य आयात-निर्यात के स्वरूप से है। जब हम वस्तुओं या सेवाओं को विदेशों में लाभ के ध्येय से भेजते हैं, तो इसे **निर्यात** कहा जाता है और जब हम आवश्यक वस्तुओं को विदेशों से मँगाते हैं, तो इसे **आयात** कहा जाता है। व्यापार (आयात-निर्यात) को उसकी प्रकृति के आधार पर दो भागों में विभाजित किया जा सकता हैं, जो निम्न प्रकार हैं

- **दृश्य व्यापार** (Visible Trade) इसमें वस्तुओं या जिन्सों (Jeans) का व्यापार किया जाता है, जिन्हें हम छू सकते हैं तथा देख सकते हैं।
- **अदृश्य व्यापार** (Invisible Trade) इसमें सेवाओं का व्यापार होता है।

- यदि किसी देश के कुल निर्यात में मूल्य के अनुसार, प्राथमिक उत्पादों (खाद्यान्न, खनिज इत्यादि) की प्रधानता होती है, तो सामान्यत: उसकी अर्थव्यवस्था अल्पविकसित और विकासशील प्रकृति की मानी जाती है; जैसे—नेपाल, पाकिस्तान, भूटान एवं अधिकांश अफ्रीकी तथा लैटिन अमेरिकी देश। विकसित अर्थव्यवस्था में औद्योगिक उत्पादनों एवं सेवा क्षेत्र के निर्यात की प्रधानता यूएसए एवं अधिकांश यूरोपीय देशों में होती है।

भारत के विदेशी व्यापार की स्थिति

- 19 जनवरी, 2016 को प्रकाशित डब्ल्यूईओ (WEO) के नवीनतम प्रकाशन में, आईएमएफ (IMF) के अनुसार, वर्ष 2015 में भारत की वैश्विक अर्थव्यवस्था में भागीदारी 2% से बढ़कर वर्ष 2016 में 3.4% हो जाने का अनुमान रहा। भारत 2021-22 के लिए निर्धारित $400 विलियन के महत्त्वाकांक्षी वस्तु निर्यात लक्ष्य को प्राप्त करने के मार्ग पर सर्वोत्तम रूप से अग्रसर रहा।
- भारत का विदेशी रिजर्व अमेरिकी 462 बिलियन डॉलर से ऊपर पहुँच गया। भुगतान सन्तुलन में यह सुधार चालू खाता घाटे में सीमित होने के कारण वर्ष 2018-19 में 21% से घटकर वर्ष 2019-20 के प्रथम छमाही में जीडीपी का 1.5% हो गया। वर्ष 2021-22 की पहली छमाही में 0.2% में परिवर्तित हो गया।

भारत के विदेशी व्यापार की दिशा

- स्वतन्त्रता के समय ब्रिटेन, भारत का सबसे बड़ा व्यापारिक भागीदार था, परन्तु बाद के वर्षों में अमेरिका भारत का सबसे बड़ा व्यापारिक भागीदार के रूप में सामने आया।
- भारत के घरेलू माँग में वृद्धि रही है। वर्ष 2021-22 में भारत के तीन शीर्ष व्यापारिक भागीदार देशों में चीन, संयुक्त राज्य अमेरिका, संयुक्त अरब अमीरात रहे।
- क्षेत्रीय रूप से एशिया-ओशीनिया देशों से भारत का सर्वाधिक विदेशी व्यापार होता है। व्यापारिक समूहों के दृष्टिकोण से यूरोपीय संघ भारत का सबसे बड़ा व्यापारिक भागीदार समूह है। इसके बाद आसियान का स्थान आता है।

> भारत के प्रमुख आयातकर्ता देशों में चीन (15.5%), संयुक्त अरब अमीरात (7.3%), यूएसए (7.2%), सऊदी अरब (5.0%) और इराक (4.9%) हैं, जबकि प्रमुख निर्यातक देशों में यूएसए (18.4%), संयुक्त अरब अमीरात (6.6%), चीन (5.9%), बांग्लादेश (3.5%) और हाँगकाँग (2.85%) हैं।

- **आर्थिक समीक्षा, 2022-23** के अनुसार, भारत के व्यापारिक भागीदारों में से चीन, स्विट्जरलैण्ड, सऊदी अरब, इराक और दक्षिण कोरिया शीर्ष 5 देश हैं, जिनके साथ भारत का द्विपक्षीय व्यापार सन्तुलन ऋणात्मक है, जबकि अमेरिका, संयुक्त अरब अमीरात, बांग्लादेश, नेपाल और यूके शीर्ष 5 देश हैं, जिनके साथ भारत का व्यापार सन्तुलन अधिशेष है।
- कमजोर पर्यटन राजस्वों के पश्चात् भी अप्रैल-दिसम्बर, 2021 के दौरान सेवाओं से होने वाली निवल आय में उल्लेखनीय वृद्धि हुई थी। ऐसा मजबूत सॉफ्टवेयर और व्यावसायिक आय के कारण तब सम्भव हुआ, जब आय और भुगतान दोनों ने ही अपने पूर्व-महामारी स्तरों को पार कर लिया था।

भारतीय विदेशी व्यापार की संरचना

भारत के आयात-निर्यात की क्रमबद्ध विवेचना निम्नलिखित है

आयात

आयात को बहुतायत एवं गैर-बहुतायत श्रेणी में वर्गीकृत किया जाता है

- **बहुतायत आयात** के अन्तर्गत पेट्रोलियम एवं उसके उत्पाद, उपभोग वस्तुएँ; जैसे—अनाज, दाल, खाद्य तेल, चीनी आदि तथा अन्य अम्बारी मदों में उर्वरक, कागज, रबड़ खनिज अयस्क एवं इस्पात आदि आते हैं।
- **गैर-बहुतायत आयात** के अन्तर्गत पूँजी वस्तुएँ; जैसे—मशीनरी, इलेक्ट्रिक एवं इलेक्ट्रॉनिक्स उपकरण तथा निर्यात से सम्बन्धित वस्तुएँ; जैसे—हीरे तथा कीमती पत्थर, कार्बनिक एवं अकार्बनिक रसायन, सूती-वस्त्र, काजू आदि आते हैं।

> **आयात आवरण**
> - आयात आवरण उन महीनों की संख्या बताता है, जितने महीनों के आयात का भुगतान देश के अन्तर्राष्ट्रीय रिजर्व द्वारा किया जा सकता है।
> - विदेशी विनिमय रिजर्व भारतीय रिजर्व बैंक के पास आरक्षित रहता है। आयात आवरण की संख्या से सम्बन्धित रिपोर्ट भारतीय रिजर्व बैंक द्वारा प्रकाशित की जाती है।

आयात में संरचनात्मक परिवर्तन

- स्वतन्त्रता के बाद से आयात में लगातार वृद्धि की प्रवृत्ति विद्यमान रही है। पहली योजना के दौरान उपभोक्ता वस्तुएँ एवं खाद्यान्नों का भाग कुल आयात का 40% था एवं वर्ष 1970-80 तक खाद्यान्न का आयात लगभग समाप्त हो गया। वर्ष 1951 के पश्चात् आयात में विभिन्न संरचनात्मक परिवर्तन हुए हैं, जिसके अन्तर्गत
  - औद्योगीकरण में तीव्र प्रगति के परिणामस्वरूप पूँजी वस्तुओं और कच्चे माल के आयात में वृद्धि हुई।
  - निर्यात प्रोत्साहन के लिए आयात के उदारीकरण के आधार पर कच्चे माल के आयात में वृद्धि हुई।
  - देश के खाद्यान्नों, उपभोक्ता एवं वस्तुओं में कृषि तथा औद्योगिक विकास के परिणामस्वरूप आत्मनिर्भर हो जाने के कारण खाद्यान्नों एवं उपभोक्ता वस्तुओं के आयात में गिरावट आई।
  - पेट्रोलियम, तेल और स्नेहकों में अन्तर्राष्ट्रीय कीमत में तीव्र वृद्धि तथा देशीय माँग में तेजी से वृद्धि होने के कारण भारी वृद्धि हुई।

> वर्ष 2021-22 के (अप्रैल-जनवरी) कुल आयात 495.83 बिलियन अमेरिकी डॉलर का हुआ, जो वर्ष 2020-21 की तुलना में 62.68% अधिक रहा। ग्लोबल **ट्रेड आउटलुक रिपोर्ट, 2021** के अनुसार, भारत विश्व का तीसरा सबसे बड़ा आयातक देश है।

भारत की मुख्य 10 आयात वस्तुएँ

निम्नलिखित उत्पाद समूह आर्थिक समीक्षा, 2021-22 के अनुसार, भारत के आयात में उच्चतम मूल्य का प्रतिनिधित्व करते हैं। इसमें यह भी दिखाया गया है कि प्रत्येक उत्पाद श्रेणी का प्रतिशत शेयर भारत के समग्र आयात में कितना है।

शीर्ष 10 आयात वस्तुएँ

क्र.सं.	वस्तु	वर्ष 2021-22(%)
1.	पेट्रोलियम क्रूड	19.2
2.	सोना	8.7
3.	पेट्रोलियम उत्पाद	6.3
4.	मोती, कीमती, अर्द्ध-कीमती पत्थर	5.0
5.	कोयला, कोक और ब्रिकेट्स	4.9
6.	इलेक्ट्रॉनिक घटक	3.8
7.	वनस्पति तेल	3.2
8.	ऑर्गेनिक रसायन	2.9
9.	कम्प्यूटर हार्डवेयर, सहायक उपकरण	2.6
10.	प्लास्टिक रॉ मेटेरियल	2.5
	कुल 10 वस्तुओं का योग	59.2
	भारत का कुल आयात	100

भारत में शीर्ष 10 आयातक देशों का अंशदान (2021-22) (प्रतिशत में)

क्र.सं.	देश	अंशदान (%)
1.	चीन	15.5%
2.	संयुक्त अरब अमीरात	7.3%
3.	अमेरिका	7.2%
4.	सऊदी अरब	5.0%
5.	इराक	4.9%
6.	स्विट्जरलैण्ड	4.7%
7.	हाँगकाँग	3.2%
8.	इण्डोनेशिया	2.9%
9.	सिंगापुर	2.9%
10.	दक्षिण कोरिया	2.9%

मुख्य आयातों की प्रवृत्तियाँ

मुख्य आयातों की प्रवृत्तियाँ निम्नलिखित हैं

- **खाद्यान्न** भारत की बढ़ती हुई आबादी के कारण वर्ष 1950-51 से वर्ष 1960-61 तक खाद्यान्नों का आयात कुल आयात के आधे से अधिक था। चौथी योजना और हरित क्रान्ति के कारण भरपूर फसल और बफर स्टॉक उपलब्ध होने के कारण खाद्यान्न आयात में कमी व्यक्त हुई। वर्तमान में खाद्यान्न आयात की भागीदारी की मात्रा 3 से 5% है।
- **मशीनरी** वर्ष 1960-61 से औद्योगीकरण के आरम्भ होने से अब तक मशीनरी के आयात में उत्तरोत्तर वृद्धि हुई है। मशीनरी का बढ़ता हुआ आयात एक ओर हमारे औद्योगीकरण की ओर संकेत करता है, परन्तु दूसरी ओर हमारी देशी टेक्नोलॉजी के विकास में विफलता और आयात नीति में तीव्र **उदारीकरण** (Liberalisation) को दर्शाता है।
- **पेट्रोलियम तेल और स्नेहक** भारत में खनिज तेलों की कमी के कारण उनके आयात में उत्तरोत्तर वृद्धि हुई है। तेल की अन्तर्राष्ट्रीय कीमतों में कमी एवं देशीय तेल उत्पादन में बढ़ोतरी के कारण वर्ष 1985-90 तक **वार्षिक औसत आयात** कम था।
- **रसायन और औषधियाँ** भारत में रासायनों और औषधियों तथा कृषि में नई तकनीक को अपनाने के फलस्वरूप उर्वरकों के आयात में वृद्धि हुई है।

> **आयात प्रतिस्थापन**
>
> - आयात प्रतिस्थापन में आयात की जाने वाली वस्तुओं का देशी विकल्प ढूँढकर विदेशों पर निर्भरता कम करने के प्रयास किए जाते हैं, जिससे देश का आयात बिल कम होता है।
> - आयात बिल कम हो जाने के कारण आयात प्रतिस्थापन की नीति विदेशी मुद्रा की बचत करके विदेशी विनिमय की समस्या का समाधान प्रस्तुत करती है। इससे देश में औद्योगीकरण को बढ़ावा मिलता है, जिससे देश के विकास की गति तीव्र होती है।

- औद्योगीकरण विस्तार के कारण अतिरिक्त रोजगार के अवसरों का सृजन होता है और देश में बेरोजगारी का दबाव घटता है। आयात प्रतिस्थापन प्रक्रिया में देश आर्थिक विकास की आत्मनिर्भर अवस्था प्राप्त करने में सफल हो जाता है।

निर्यात

- पेट्रोलियम उत्पाद, कीमती पत्थर, औषधीय फॉर्मूले एवं जैविक मदें, स्वर्ण एवं कीमती वस्तुएँ निर्यातित वस्तुओं में शीर्ष पर बनी हुई हैं, जिसमें औषधीय फॉर्मूलों एवं जैविक मदों के सम्बन्ध में वर्ष 2020-21 में सबसे तेज वृद्धि देखी गई।
- भारत में निर्यात मुख्यत: चार भागों में विभाजित किए जाते हैं
  - **कृषि सम्बन्धित उत्पाद** चावल, फल, सब्जियाँ, चाय एवं उनके उत्पाद, दुग्ध उत्पाद, दाल, मछली आदि।
  - **अयस्क एवं खनिज** कच्चा लोहा, कच्चा मैंगनीज, अभ्रक आदि।
  - **निर्मित वस्तुएँ** सूती-वस्त्र, हस्तशिल्प, इन्जीनियरिंग वस्तुएँ, इस्पात, रसायन, चमड़ा, पटसन की वस्तुएँ आदि।
  - **निर्यात उत्पाद** खनिज ईंधन और स्नेहक आदि।

निर्यात में संरचनात्मक परिवर्तन

भारत में निर्यात में निम्नलिखित संरचनात्मक परिवर्तन हुए हैं, जो निम्न प्रकार हैं

- भारतीय अर्थव्यवस्था का विविधीकरण हो रहा है और गैर-पारम्परिक निर्यात का महत्त्व बढ़ रहा है।
- इंजीनियरिंग वस्तुओं के निर्यात के विस्तार का कारण औद्योगिक देशों और मध्य पूर्व (Middle East) के देशों में भी इनकी बढ़ती हुई माँगें हैं। इन देशों में आधार संरचना प्रोजेक्ट; जैसे-सड़कें, बन्दरगाहों, रेल निर्माण, टेली संचार और नागरिक निर्माण चालू किए गए हैं।
- भारत, अन्तर्राष्ट्रीय बाजारों में माँग की अनुकूल स्थिति और आकर्षक कीमत स्थिति का लाभ उठाने की अब क्षमता रखता है, जबकि कुछ वस्तुओं में निर्यात क्षमता बहुत ही अधिक है; जैसे – हस्तशिल्प, वस्तुएँ और सिले-सिलाए कपड़े, जबकि अन्य वस्तुओं अर्थात् चीनी, पटसन, सूत एवं निर्मित वस्तुओं, लौह एवं इस्पात में भारी उतार-चढ़ाव व्यक्त हुए हैं।

> **नई कृषि-नीति की घोषणा** के पश्चात् कृषि-वस्तुओं के निर्यात पर बल दिया जा रहा है। चावल का निर्यात महत्त्वपूर्ण बनता जा रहा है। इसके अतिरिक्त **फल एवं सब्जियाँ** और **प्रसंस्कृत खाद्य-पदार्थ** (Processed Foods) भी हमारे निर्यात में महत्त्वपूर्ण बन गए हैं।

- स्वतन्त्रता प्राप्ति के उपरान्त निर्यात व्यापार में महत्त्वपूर्ण परिवर्तन हुए हैं।
- स्वतन्त्रता प्राप्ति के समय भारत सूती-वस्त्र, सूत एवं जूट की वस्तुएँ, चाय, चमड़ा एवं उससे निर्मित वस्तुएँ, कच्चा लोहा, काजू एवं मसालों का निर्यात करता था।
- वर्ष 1950-51 में कुल निर्यातों में परम्परागत निर्यातों (सूती-वस्त्र, जूट एवं उनके उत्पाद तथा चाय) की भागीदारी 55% थी, जो वर्तमान में लगभग 15% हो गई है। अत: भारतीय निर्यात का ढाँचा निर्मित वस्तुओं के पक्ष में परिवर्तित हो रहा है।

> भारत कोविड-19 महामारी के बाद पिछले वर्ष 2019-20 की अवधि के 26.5% की तुलना में वर्ष 2021-22 के दौरान व्यापारिक निर्यात 49.7% की वृद्धि के साथ 301.4 बिलियन अमेरिकी डॉलर दर्ज किया गया।

प्रमुख निर्यातों की प्रवृत्तियाँ

प्रमुख निर्यातों की प्रवृत्तियाँ निम्नलिखित हैं

- **सूत और निर्मित वस्तुएँ** भारतीय सूती-वस्त्र उद्योग में उत्पादन की अपेक्षाकृत अधिक लागत होने के कारण भारत के लिए अन्तर्राष्ट्रीय बाजार में सूत तथा कपड़ा बेचना कठिन हो जाता है। वास्तव में, अधिक लागत के दो मुख्य कारण हैं-अधिक श्रम लागत और पुरानी मशीनरी का प्रयोग। अवमूल्यन के पश्चात् कपड़े के निर्यात में वृद्धि हुई है।
- **चाय एवं कॉफी** चाय भारत के निर्यात की महत्त्वपूर्ण मद है। वर्ष 1951 से अब तक तीसरी योजना अवधि को छोड़कर, चाय के निर्यात में उत्तरोत्तर वृद्धि हुई है। भारतीय चाय के प्रमुख ग्राहक देश हैं—यूके, यूएसए, कनाडा, ऑस्ट्रेलिया, रूस, मिस्र और जर्मनी। वर्ष 2020-21 में भारत में चाय और कॉफी का निर्यात क्रमश: ₹ 56.03 बिलियन तथा ₹ 53.4 बिलियन हो गया।
- **लौह-अयस्क** भारत कच्चे लोहे (Sponge Iron) का निर्यात करता है। वर्ष 1960-61 से इसके निर्यात मूल्य में लगातार वृद्धि होती आई है, यह एक अस्वस्थ प्रवृत्ति है। भारत को अपने निर्यात में इस्पात के भागों को बढ़ाना चाहिए और कच्चे लोहे का प्रयोग अपने स्टील प्लाण्टों में करना चाहिए।
- हस्तशिल्प समय के साथ-साथ भारतीय हस्तशिल्पों का निर्यात में महत्त्व बढ़ता जा रहा है।
- वर्ष 1970-71 से अब तक इसमें लगातार वृद्धि हो रही है। इनमें 92% भाग हीरों तथा जवाहरात के निर्यात का था।
- **इंजीनियरिंग वस्तुएँ** इस वर्ग में लौह एवं इस्पात, इलेक्ट्रॉनिक वस्तुएँ और सॉफ्टवेयर (Software) शामिल किए जाते हैं। वर्ष 1980-81 से शुरू होकर वर्ष 2011-12 से इनके निर्यात में तीव्र वृद्धि हुई है, जोकि हमारे कुल निर्यात का 22.0% है। यह एक प्रशंसनीय उपलब्धि है।

निर्यात की प्रमुख मदें

- वर्तमान समय में विनिर्मित मालों का निर्यात में 63% से अधिक भाग है। इसके बाद अशोधित और पेट्रोलियम उत्पादों (कोयला सहित) का निर्यात में भाग 20% है तथा कृषि और सम्बद्ध उत्पादों का भाग 13.7% है।
- हाल ही के वर्षों में विनिर्मित मालों के निर्यात का बड़ा भाग 63% से अधिक है। इसके बाद अशोधित और पेट्रोलियम उत्पादों (कोयला सहित) का निर्यात में भाग 20% है तथा कृषि और सम्बद्ध उत्पादों का भाग 13.7% है।
- वर्ष 2021-22 में भारत की प्रमुख निर्यात मदें—पेट्रोलियम उत्पाद (8.8%), रत्न और आभूषण (6.2%), दवा एवं अन्य रसायन (6.5%), सोना, आभूषण (2.3%) आदि रहीं।

भारत की मुख्य 10 निर्यात वस्तुएँ

भारत सरकार के **वाणिज्य मन्त्रालय** द्वारा वर्ष 2021-22 में निर्यात होने वाले 10 उत्पाद थे, जिनके बदले भारत को उच्च आय की प्राप्ति हुई।

शीर्ष 10 निर्यात वस्तुएँ

क्र.सं.	वस्तु	वर्ष 2021-22(%)
1.	पेट्रोलियम उत्पाद	14.9
2.	मोती, अर्द्ध-कीमती पत्थर	6.8
3.	लोहा और इस्पात	6.0
4.	ड्रग फॉर्मुलेशन, बायोलॉजिकल	4.7
5.	सोने और अन्य कीमती धातु के आभूषण	2.8
6.	ऑर्गेनिक रसायन	2.8
7.	इलेक्ट्रिक मशीनरी और उपकरण	2.4
8.	एल्युमीनियम, एल्युमीनियम के उत्पाद	2.3
9.	लौह और इस्पात के उत्पाद	2.0
10.	सामुद्रिक सामग्री	2.0
	कुल 10 वस्तुओं का योग	46.7
	भारत का कुल निर्यात	100

निर्यात संवर्द्धन

- देश में व्यापार घाटे को नियन्त्रित करने के लिए निर्यात संवर्द्धन एवं आयात प्रतिस्थापन की नीति पर बल दिया गया है।
- निर्यात संवर्द्धन द्वारा निर्यात वृद्धि के लिए पुराने निर्यातकर्ताओं को तथा नवीन फर्मों या व्यक्ति को प्रोत्साहित किया जाता है।

निर्यात संवर्द्धन के उपाय

- निर्यात संवर्द्धन के लिए गठित समितियाँ; जैसे—डिसूजा समिति (1957), मुदालियर समिति (1961), अलेक्जेण्डर समिति (1977), टण्डन समिति (1980) आदि की सिफारिशों के आधार पर विभिन्न संगठनों; जैसे—विदेशी व्यापार संस्थान, राजकीय व्यापार निगम, निर्यात संवर्द्धन परिषद्, आयात-निर्यात सलाहकारी परिषद्, राजकीय व्यापार निगम, सूती-वस्त्र निगम, आयात-निर्यात बैंक आदि की स्थापना की गई थी।
- निर्यात संवर्द्धन उपाय के अन्तर्गत ही **निर्यात प्रसंस्करण क्षेत्र** (ईपीजेड) तथा **विशेष आर्थिक क्षेत्र** (सेज) की स्थापना की गई। निर्यात संवर्द्धन के अनेक उपाय किए गए हैं, जो निम्न प्रकार हैं

निर्यात प्रसंस्करण क्षेत्र

- निर्यात प्रसंस्करण क्षेत्र एक इकाई के रूप में निर्यात को बढ़ावा देने के लिए किसी भी देश के द्वारा स्थापित किया जाता है।
- इसके अन्तर्गत इस क्षेत्र में स्थापित उद्योगों को राजकोषीय प्रोत्साहन, कर छूट और निर्यातित वस्तुओं के लिए उपयुक्त वातावरण उत्पन्न करना है, जिससे वे अन्तर्राष्ट्रीय प्रतियोगिता में अपना स्थान बना सकें।

> भारत द्वारा निर्यात संवर्द्धन को बढ़ावा देने के उद्देश्य से एशिया का **प्रथम निर्यात संवर्द्धन क्षेत्र** वर्ष 1965 में **काण्डला** में स्थापित किया गया। सार्वजनिक क्षेत्र में कुल सात ईपीजेड स्थापित किए गए। ये हैं—काण्डला (गुजरात), सान्ताक्रुज (महाराष्ट्र) एवं फाल्टा (पश्चिम बंगाल), नोएडा (उत्तर प्रदेश), कोच्चि (केरल), चेन्नई (तमिलनाडु) तथा विशाखापत्तनम (आन्ध्र प्रदेश)।

- इनके अतिरिक्त निजी क्षेत्र में दो ईपीजेड स्थापित किए गए; जैसे—मुम्बई (महाराष्ट्र), सूरत (गुजरात) आदि। इलेक्ट्रॉनिकी निर्यात संसाधन क्षेत्र विशिष्ट रूप से इलेक्ट्रॉनिक सामान तथा रत्न और आभूषणों के लिए हैं, जबकि अन्य क्षेत्र सभी प्रकार के उत्पादों के लिए हैं।

> **विशेष आर्थिक क्षेत्र**
>
> - विशेष आर्थिक क्षेत्र (सेज) का अभिप्राय—ऐसे भौगोलिक क्षेत्र से है, जो देश में गैर-विशेष आर्थिक क्षेत्र की अपेक्षा विशेषाधिकारों का लाभ प्राप्त कर रहा है।
> - ईपीजेड का अनुभव सर्वाधिक सकारात्मक नहीं होने के कारण आयात-निर्यात नीति वर्ष 1997-2002 में सेज की संकल्पना लागू की गई। **चीनी मॉडल** का अनुसरण करते हुए 1 अप्रैल, 2000 से कोच्चि (केरल) को छोड़कर सभी को सेज में परिवर्तित कर दिया गया।
> - सेज की कार्य प्रणाली को और प्रभावी बनाने के लिए **सेज अधिनियम, 2005** पारित किया गया। सामान्यत: आर्थिक मामलों में सेज को विदेशी क्षेत्र माना जाता है।

निर्यात संवर्द्धन औद्योगिक पार्क

- केन्द्र सरकार ने राज्यों के निर्यात में बेहतर सहभागिता सुनिश्चित करने के उद्देश्य से राज्यों में निर्यात संवर्द्धन औद्योगिक पार्क (Export Promotion Industrial Park, EPIP) स्थापित करने की योजना बनाई है। इस योजना के अन्तर्गत परियोजना लागत की 75% राशि केन्द्र सरकार द्वारा अनुदानित होगी, किन्तु औद्योगिक पार्क के लिए भूमि की लागत राज्य सरकार द्वारा प्रदान की गई।
- केन्द्र सरकार ने अभी तक विभिन्न राज्यों में ऐसे 25 पार्कों के प्रस्तावों को स्वीकृति प्रदान की है। इन पार्कों का कार्यान्वयन विभिन्न अवस्थाओं के अन्तर्गत किया गया है। अभी (2022) तक 11 पार्क बनाए जा चुके हैं।
- देश का **पहला औद्योगिक निर्यात संवर्द्धन पार्क** का औपचारिक उद्घाटन 22 मार्च, 1997 को जयपुर के निकट सीतापुर में केन्द्रीय वाणिज्य राज्यमन्त्री द्वारा किया गया। इस औद्योगिक पार्क का विकास राजस्थान औद्योगिक निवेश निगम द्वारा केन्द्र सरकार के सहयोग से किया गया है।
- राजस्थान में ही भिवाड़ी (अलवर जिले) में एक अन्य ईपीआईपी स्थापित करने का राज्य सरकार का प्रस्ताव केन्द्र के समक्ष विचाराधीन है।

- उत्तर प्रदेश सरकार ने राज्य में पहला निर्यात संवर्द्धन औद्योगिक पार्क ग्रेटर नोएडा में कासना में स्थापित करने का निर्णय किया है। इसकी स्थापना का दायित्व राज्य औद्योगिक विकास निगम को सौंपा गया है।

कृषि निर्यात क्षेत्र

- कृषि उत्पादों के निर्यात को बढ़ावा देने के उद्देश्य से वर्ष 2001-02 में अलग-अलग राज्यों में कृषि निर्यात क्षेत्रों (Agri Export Zone, AEZ) की स्थापना को मंजूरी दी गई।
- इनमें बासमती चावल के लिए पंजाब एवं उत्तराखण्ड, मसालों के लिए मध्य प्रदेश, आम के लिए पश्चिम बंगाल और तमिलनाडु, सब्जी के लिए पश्चिम बंगाल और झारखण्ड, प्याज के लिए महाराष्ट्र, अदरक और हल्दी के लिए ओडिशा में कृषि निर्यात क्षेत्र स्थापित किए गए हैं।

भारतीय आयात-निर्यात की वर्तमान स्थिति

- चीन, भारत का सबसे बड़ा आयात स्रोत है, इसके बाद संयुक्त राज्य अमेरिका, यूएई एवं सऊदी अरब का स्थान है। हाल ही में हाँगकाँग, कोरिया एवं सिंगापुर भी भारत के लिए महत्त्वपूर्ण आयात स्रोत के रूप में उभरे हैं।
- वर्ष 2019-20 में भारत से सर्वाधिक निर्यात करने वाला देश संयुक्त राज्य अमेरिका रहा, तत्पश्चात् संयुक्त अरब अमीरात (यूएई), चीन और हाँगकाँग रहे। वर्ष 2011-2012 से 2019-20 के बीच यूएसए भारत में होने वाले निर्यात के लिए सबसे बड़ा देश बना।
- सकल घरेलू उत्पाद के अनुपात के रूप में निवल सेवाएँ बीओपी पर सेवा निर्यात और आयात के निवल प्रभाव को दर्शाता है। भारतीय सेवा निर्यात सतत रूप से जीडीपी के 7.4% से 7.7% के बीच रहा, जो बीओपी के स्थायित्व में योगदान करने वाले इस स्रोत की निरन्तरता को प्रदर्शित करता है।

विदेशी ऋण

- जीडीपी, अनुपात की तुलना में विदेशी ऋण में वृद्धि, ऋण की अदायगी तथा विदेशी मुद्रा भण्डार पर आहरण को बढ़ाता है, जिससे भुगतान सन्तुलन बिगड़ता है।
- वर्ष 2009-14 की तुलना में 2014-19 में प्रमुख गिरावट के पश्चात् जीडीपी की तुलना में भारत का विदेशी ऋण वाणिज्यिक उधारियों, गैर-निवासियों द्वारा की गई जमाओं तथा लघु आवधिक व्यापार ऋण में बढ़ोतरी के कारण मुख्य रूप से मार्च के अन्त तक वर्ष 2019 के अपने स्तर से वर्ष 2020 की पहली छमाही के अन्त तक 0.3% से थोड़ा-सा बढ़ गया था।
- विदेशी ऋण वर्ष 2018-19 में 19.8% (जीडीपी के) था, जो वर्ष 2019-20 की पहली छमाही में 20.1% हो गया, तथापि यह बढ़ोतरी आंशिक रूप से भारतीय रुपए के अमेरिकी डॉलर तथा वर्ष 2019-20 की दूसरी तिमाही में प्रमुख मुद्राओं के प्रति अधिमूल्यन के परिणामस्वरूप मूल्य वृद्धि द्वारा हुई थी।

मार्च, 2022 में जारी **वित्त मन्त्रालय की रिपोर्ट** के अनुसार, अक्टूबर-दिसम्बर, 2021 में भारत का विदेशी ऋण 115 अरब डॉलर से बढ़कर 614.9 अरब डॉलर हो गया। हालाँकि सितम्बर, 2021 में विदेशी ऋण देश के कुल जीडीपी का 20.3% से घटकर 20% को गया।

पण्य व्यापार सन्तुलन

- घरेलू गतिविधि के साथ-साथ अनेक व्यापारिक भागीदारों में पुनरुद्धार के साथ-साथ वैश्विक माँग में वापसी के कारण, व्यापारिक निर्यात और साथ ही आयात दोनों में बेहतर उछाल आया तथा पूर्व महामारी के स्तर को पार कर गया, जिससे व्यापारिक घाटे में वृद्धि हुई।
- अप्रैल-दिसम्बर, 2021 में यह 142.4 बिलियन अमेरिकी डॉलर रहा, जबकि पिछले वर्ष की इसी अवधि में यह 61.4 बिलियन अमेरिकी डॉलर और अप्रैल-दिसम्बर, 2019 में 125.9 बिलियन अमेरिकी डॉलर का घाटा था।
- सरकार द्वारा किए गए विभिन्न उपायों; जैसे—कीमती धातुओं के आयात शुल्क में कमी, प्रमुख निर्यात बाजारों में माँग में पुनरुद्धार के साथ-साथ व्यापार करने में सहजता को बढ़ाने के लिए प्रक्रियात्मक मुद्दों के सरलीकरण के कारण, पिछले वर्ष की तुलना में मोती, कीमती व अर्द्ध-कीमती पत्थरों और सोने तथा अन्य कीमती धातु के आभूषणों के निर्यात ने अप्रैल-नवम्बर, 2021 में 88% की वृद्धि दिखाई थी।
- अप्रैल-नवम्बर, 2021 के समय शीर्ष दस निर्यात की गई वस्तुओं की सूची में **एल्युमीनियम और उसके उत्पादों** का निर्यात एक नई शामिल की गई वस्तु रही।

चालू खाता शेष

- भारत के बाह्य क्षेत्र ने भू-राजनीतिक विकास को दर्शाते हुए काफी वैश्विक तथा विपरीत परिस्थितियों का सामना किया है। वित्त वर्ष 2022-23 की दूसरी तिमाही में भारत के चालू खाता शेष (CAB) में $ 34.6 बिलियन (GDP का 4.4%) का घाटा दर्ज किया गया है।
- वित्त वर्ष 2022-23 की दूसरी तिमाही में चालू खाता घाटे (CAD) का बढ़ना मुख्य रूप से $83.5 बिलियन के उच्च पण्य-व्यापार घाटे और निवल निवेश आय में निर्गम के कारण था।
- अप्रैल-सितम्बर, 2022 (वित्त वर्ष 2022-23 की पहली छमाही) की अवधि के लिए भारत ने सकल घरेलू उत्पाद (GDP) के 3.3% का चालू खाता घाटा (CAD) दर्ज किया, जो वित्त वर्ष 2021-22 की पहली छमाही में 0.2% की तुलना में पण्य-व्यापार घाटे में वृद्धि के कारण था।

व्यापार सन्तुलन

- व्यापार सन्तुलन (Balance of Trad, BOT) से तात्पर्य-एक निश्चित समय-सीमा के अन्दर किसी भी देश में वस्तुओं के निर्यात-आयात के सन्तुलन से है। व्यापार सन्तुलन में सेवाओं का व्यापार और शुद्ध अन्तरण का योग कर चालू खाता सन्तुलन (सीएबी) प्राप्त किया जाता है।
- चालू खाते के घटकों से संव्यवहार के कारण आई हुई प्राप्तियों से अधिक का प्रवाह भुगतान के रूप में होने पर चालू खाते का घाटा (सीएडी) प्राप्त होता है। यदि प्राप्तियाँ अदायगी से अधिक हों, तो इसे चालू खाते का आधिक्य (सीएएस) माना जाता है। व्यापार सन्तुलन में तीन सम्भावनाएँ बनती हैं
    - सन्तुलित व्यापार सन्तुलन → निर्यात = आयात
    - असन्तुलित व्यापार सन्तुलन → निर्यात < आयात
    - अनुकूल व्यापार सन्तुलन → निर्यात > आयात

भुगतान सन्तुलन तथा व्यापार सन्तुलन में अन्तर

आधार	भुगतान सन्तुलन	व्यापार सन्तुलन
विवरण	इसमें आयात-निर्यात के साथ-साथ सेवाओं, पूँजी तथा स्वर्ण का भी विवरण रहता है।	इसमें केवल आयात-निर्यात का विवरण रहता है।
क्षेत्र	इसका क्षेत्र व्यापक होता है।	यह संकुचित क्षेत्र तथा भुगतान सन्तुलन का ही एक भाग है।
प्रकृति	यह सदैव सन्तुलित रहता है।	यह अनुकूल तथा प्रतिकूल दोनों ही अवस्था में हो सकता है।
मदें	इसमें दृश्य तथा अदृश्य दोनों मदें शामिल होती हैं।	इसमें केवल दृश्य मदों के आयात-निर्यात को ही शामिल किया जाता है।
विनिमय दर पर प्रभाव	यह अधिक प्रभावित करता है।	यह अधिक प्रभावित नहीं करता।
महत्त्व	यह तुलनात्मक रूप से अधिक महत्त्वपूर्ण होता है।	इसका महत्त्व भुगतान सन्तुलन की अपेक्षा कम होता है।

चालू खाता घाटा

- चालू खाता घाटा, तब होता है, जब किसी देश द्वारा आयात की जाने वाली वस्तुओं और सेवाओं का कुल मूल्य उसके द्वारा निर्यात की जाने वाली वस्तुओं एवं सेवाओं के कुल मूल्य से अधिक हो जाता है।
- वस्तुओं के निर्यात या आयात के सन्तुलन को व्यापार सन्तुलन कहा जाता है। व्यापार सन्तुलन चालू खाता सन्तुलन का एक भाग है।
- वर्ष 2021 की एक रिपोर्ट के अनुसार, उच्च तेल आयात, उच्च स्वर्ण सीएडी को बढ़ाने वाले प्रमुख कारक हैं।

विदेश व्यापार नीति

- वर्ष 2004 के पूर्व तक आयात-निर्यात नीति की घोषणा की जाती थी, लेकिन वर्ष 2004-05 में प्रथम बार **पंचवर्षीय विदेश व्यापार नीति** की घोषणा की गई।
- इसका उद्देश्य विदेश व्यापार नीति को आयात-निर्यात तक ही सीमित नहीं, बल्कि रोजगार सृजन से सम्बद्ध कर करना है।
- केन्द्रीय वाणिज्य एवं उद्योग मन्त्री द्वारा 27 अगस्त, 2009 को विदेश व्यापार नीति वर्ष 2009-2014 की घोषणा की थी। इस नीति के दो मुख्य उद्देश्य निम्न थे
    - भारत के वस्तु व्यापार को वर्ष 2010-11 के वित्तीय वर्ष के अन्त तक बढ़ाकर 200 अरब डॉलर करना था।
    - 15% की वार्षिक वृद्धि के साथ वर्ष 2014 तक विश्व व्यापार में भारत की भागीदारी को बढ़ाकर दोगुना करना था।

विदेश व्यापार नीति, 2023-28

- विदेश व्यापार नीति, 2023-28 (FTP) 1 अप्रैल, 2023 से लागू हुई। FTP, 2023 एक नीति दस्तावेज है, जो निर्यात को सुगम बनाने वाली समय-परीक्षणित योजनाओं की निरन्तरता पर आधारित है, साथ ही यह एक ऐसा दस्तावेज है, जो त्वरित व्यापार आवश्यकताओं के लिए उत्तरदायी है।
- यह नीति निर्यातकों के साथ विश्वास एवं साझेदारी के सिद्धान्तों पर आधारित है और इसका उद्देश्य निर्यातकों को व्यापार करने में सुविधा हेतु पुन: इंजीनियरिंग तथा स्वचालन की प्रक्रिया से है।

> सरकार का लक्ष्य वर्ष 2030 तक भारत के समग्र निर्यात को 2 ट्रिलियन अमेरिकी डॉलर तक बढ़ाना है, जिसमें वस्तु एवं सेवा क्षेत्रों का समान योगदान होगा। सरकार का लक्ष्य सीमा पार व्यापार में भारतीय मुद्रा के उपयोग को प्रोत्साहित करना भी है, जो जुलाई, 2022 में RBI द्वारा पेश किए गए एक नए भुगतान निपटान ढाँचे से सहायता प्राप्त है।

- मुख्य दृष्टिकोण चार स्तम्भों पर आधारित है
    - छूट के लिए प्रोत्साहन।
    - सहयोग के माध्यम से निर्यात संवर्द्धन-निर्यातक, राज्य, जिले, भारतीय मिशन।
    - व्यापार करने में सुगमता, लेन-देन की लागत में कमी और ई-पहल।
    - उभरते क्षेत्र ई-कॉमर्स निर्यात हब के रूप में जिलों का विकास करना एवं विशेष रसायन, जीव, सामग्री, उपकरण और प्रौद्योगिकी (SCOMET) नीति को सुव्यवस्थित करना।

विदेशी व्यापार नीति, 2023 की मुख्य विशेषताएँ

विदेशी व्यापार नीति (FTP), 2023 की मुख्य या महत्त्वपूर्ण विशेषताएँ निम्न प्रकार हैं

पुनः इंजीनियरिंग प्रक्रिया और स्वचालन

- यह नीति निर्यात संवर्द्धन और विकास को प्रोत्साहन आधारित व्यवस्था से एक ऐसी व्यवस्था में परिवर्तित करने पर बल देती है, जो प्रौद्योगिकी इण्टरफेस एवं सहयोग के सिद्धान्तों के आधार पर सुविधा प्रदान करती है।
- शुल्क संरचनाओं और IT आधारित योजनाओं में कमी से MSME तथा अन्य के लिए निर्यात लाभ प्राप्त करना आसान हो जाएगा।
- निर्यात उत्पादन के लिए शुल्क छूट योजनाएँ अब क्षेत्रीय कार्यालयों के माध्यम से एक नियम आधारित IT प्रणाली के वातावरण में कार्यान्वित की जाएँगी, जिससे मैन्युअल इण्टरफेस की आवश्यकता समाप्त हो जाएगी।

निर्यात उत्कृष्टता वाले शहर

- मौजूदा 39 शहरों के अतिरिक्त चार नए शहरों अर्थात् फरीदाबाद, मिर्जापुर, मुरादाबाद और वाराणसी को Towns of Excellence Export (TEE) के रूप में नामित किया गया है।
- TEEs को मार्केट एक्सेस इनिशिएटिव योजना के अन्तर्गत निर्यात संवर्द्धन निधियों तक पहुँच प्राप्त होगी और वे निर्यात संवर्द्धन पूँजीगत वस्तु (EPCG) योजना के अन्तर्गत निर्यात पूर्ति हेतु सामान्य सेवा प्रदाता (CSP) लाभ प्राप्त करने में सक्षम होंगे।

निर्यातकों को मान्यता

- निर्यात प्रदर्शन के आधार पर स्थिति के साथ मान्यता प्राप्त निर्यातक फर्में अब सर्वोत्तम प्रयास के आधार पर क्षमता निर्माण पहल में भागीदार होंगी। ईच वन टीच वन पहल के समान 2-स्टार और उससे ऊपर की स्थिति धारकों को इच्छुक व्यक्तियों को एक मॉडल पाठ्यक्रम के आधार पर व्यापार से सम्बन्धित प्रशिक्षण प्रदान करने हेतु प्रोत्साहित किया जाएगा।
- स्थिति मान्यता मानदण्डों को पुन: निर्धारित किया गया है, जिससे अधिक निर्यातक फर्मों को 4 और 5 स्टार रेटिंग प्राप्त करने में सक्षम बनाया जा सके, जिससे निर्यात बाजारों में बेहतर ब्राण्डिंग के अवसर सृजित हो सकें।

जिलों से निर्यात को बढ़ावा

- FTP का उद्देश्य राज्य सरकारों के साथ साझेदारी का निर्माण करना और जिला स्तर पर निर्यात को बढ़ावा देने तथा जमीनी स्तर पर व्यापार पारिस्थितिकी तन्त्र के विकास में तेजी लाने हेतु जिलों को निर्यात हब पहल के रूप में आगे ले जाना है।
- निर्यात योग्य उत्पादों एवं सेवाओं की पहचान करने और जिला स्तर पर समस्याओं को हल करने का प्रयास क्रमशः राज्य और जिला स्तर पर एक संस्थागत तन्त्र-राज्य प्रोत्साहन समिति और जिला निर्यात प्रोत्साहन समिति के माध्यम से किया जाएगा।
- पहचान किए गए उत्पादों और सेवाओं के निर्यात को बढ़ावा देने हेतु जिला विशिष्ट रणनीति को रेखांकित करते हुए प्रत्येक जिले के लिए जिला विशिष्ट निर्यात कार्य योजना तैयार की जाएगी।

SCOMET नीति को कारगर बनाना

- भारत निर्यात नियन्त्रण व्यवस्था पर अधिक बल दे रहा है, क्योंकि निर्यात नियन्त्रण व्यवस्था वाले देशों के साथ यह मजबूत व्यापार एकीकरण सुनिश्चित कर रहा है।
- SCOMET पर हितधारकों के बीच व्यापक पहुँच और समझ है, साथ ही भारत द्वारा की गई अन्तर्राष्ट्रीय सन्धियों एवं समझौतों को लागू करने हेतु नीति व्यवस्था को और अधिक मजबूत बनाया जा रहा है।
- भारत में मजबूत निर्यात नियन्त्रण प्रणाली भारत से SCOMET के अन्तर्गत नियन्त्रित वस्तुओं/प्रौद्योगिकियों के निर्यात की सुविधा प्रदान करते हुए भारतीय निर्यातकों को दोहरे उपयोग वाली कीमती वस्तुओं और प्रौद्योगिकियों तक पहुँच प्रदान करेगी।

ई-कॉमर्स निर्यात को सुगम बनाना

- वर्ष 2030 तक ई-कॉमर्स क्षेत्र में निर्यात की सम्भावना 200 से 300 बिलियन अमेरिकी डॉलर के बीच होने का अनुमान है।
- FTP (Foreign Trade Policy), 2023 में भुगतान समाधान, बहीखाता पद्धति, वापसी नीति और निर्यात पात्रता जैसे सम्बन्धित घटकों के साथ-साथ ई-कॉमर्स केन्द्र बनाने का लक्ष्य और रोडमैप शामिल है।
- FTP, 2023 में शुरुआती बिन्दु के रूप में कूरियर आधारित ई-कॉमर्स निर्यात हेतु खेप आधारित सीमा को ₹ 5 लाख से बढ़ाकर ₹ 10 लाख कर दिया गया है।
- निर्यातकों की प्रतिक्रिया के आधार पर इस सीमा को संशोधित किया जाएगा या अन्तत: हटा दिया जाएगा।

EPCG योजना के अन्तर्गत सुविधा

EPCG (एक्सपोर्ट प्रमोशन कैपिटल गुड्स) योजना जो निर्यात उत्पादन हेतु शून्य सीमा शुल्क पूँजीगत वस्तुओं के आयात की अनुमति देती है, को और अधिक युक्तिसंगत बनाया जा रहा है। इसमें कुछ प्रमुख परिवर्तन शामिल हैं

- प्रधानमन्त्री मेगा एकीकृत वस्त्र क्षेत्र और परिधान पार्क (PM MITRA) योजना को EPCG की सामान्य सेवा प्रदाता (CSP) योजना के अन्तर्गत लाभ हेतु पात्र अतिरिक्त योजना के रूप में जोड़ा गया है।
- डेयरी क्षेत्र को प्रौद्योगिकी के उन्नयन हेतु डेयरी क्षेत्र का सहयोग करने के लिए औसत निर्यात दायित्व बनाए रखने से छूट दी जाएगी।

- सभी प्रकार के बैटरी चालित इलेक्ट्रिक वाहन, वर्टिकल फार्मिंग उपकरण, अपशिष्ट जल उपचार और पुनर्चक्रण प्रणाली, वर्षा जल संचयन प्रणाली, वर्षा जल फिल्टर तथा ग्रीन हाइड्रोजन को हरित प्रौद्योगिकी उत्पादों की सूची में जोड़ा गया है, जो EPCG योजना के अन्तर्गत अब कम निर्यात दायित्व आवश्यकता हेतु पात्र हैं।

अग्रिम प्राधिकरण योजना के अन्तर्गत सुविधा

- घरेलू टैरिफ क्षेत्र (Domestic Tariff Area, DTA) इकाइयों द्वारा उपयोग की जाने वाली अग्रिम प्राधिकरण योजना निर्यात वस्तुओं के निर्माण के लिए कच्चे माल पर शुल्क मुक्त आयात की सुविधा प्रदान करती है और इसे EOU तथा SEZ योजना के समान स्तर पर रखा गया है। निर्यात आदेशों के त्वरित निष्पादन की सुविधा के लिए स्व-घोषणा के आधार पर परिधान और वस्त्र क्षेत्र के निर्यात के लिए विशेष अग्रिम प्राधिकरण योजना का विस्तार किया गया।
- इनपुट-आउटपुट मानदण्ड निर्धारित करने के लिए स्व-अनुमान योजना के लाभ वर्तमान में अधिकृत आर्थिक ऑपरेटरों के अतिरिक्त 2 स्टार और उससे अधिक की श्रेणी वाले धारकों के लिए विस्तारित किए गए हैं।

एमनेस्टी योजना

- एमनेस्टी योजना के अन्तर्गत पंजीकरण के लिए एक ऑनलाइन पोर्टल लॉन्च किया जाएगा और निर्यातकों को इस योजना का लाभ उठाने के लिए छः महीने की विण्डो उपलब्ध होगी।
- इसमें प्राधिकरणों के निर्यात दायित्व में चूक से सम्बन्धित सभी लम्बित मामले शामिल होंगे, इन्हें अपूर्ण निर्यात दायित्व के अनुपात में छूट प्राप्त सभी सीमा शुल्क के भुगतान पर नियमित किया जा सकता है।

अन्तर्राष्ट्रीय व्यापार बढ़ाने की पहल

- भारत लगातार अन्तर्राष्ट्रीय व्यापार को विस्तार देने की प्रक्रिया को आगे बढ़ा रहा है। वित्त वर्ष 2021-22 में भारत ने $ 422.0 बिलियन के निर्यात का सराहनीय प्रदर्शन किया था।
- अनुकूल वैश्विक पण्य कीमतों से निर्यात को सहायता मिली है। सरकार की कुछ विशिष्ट योजनाओं ने भी निर्यात को सुविधाजनक बनाया है। ये योजनाएँ निम्न हैं
    - **ब्याज समानीकरण योजना** यह योजना बैंकों द्वारा निर्यातकों को उनके प्री और पोस्ट शिपमेण्ट रुपया निर्यात क्रेडिट पर ब्याज दरों में लाभ देने के लिए तैयार की गई थी। इस योजना का विस्तार करते हुए 1 अक्टूबर, 2021 से सबवेंशन (सरकारी अनुदान) दरों में भी कमी की गई है।
    - **निर्यात ऋण गारण्टी** (ईसीजीसी) इस प्रक्रिया के द्वारा निर्यातकों और बैंकों की सहायता की जाती है। निर्यात ऋण गारण्टी निगम निर्यातकों को भुगतान जोखिमों के परिणामों से बचाने के लिए निर्यात ऋण पर बीमा सुरक्षा देता है।
    - **कृषि उड़ान योजना** कृषि उत्पादों के परिवहन में किसानों की सहायता करने के लिए अन्तर्राष्ट्रीय और राष्ट्रीय मार्गों पर अगस्त, 2020 में कृषि उड़ान योजना आरम्भ की गई थी, जिससे उनके मूल्य की प्राप्ति में सुधार हो सके।
    - **निर्यात योजना के लिए व्यापार अवसंरचना** (टीआईईएस) सरकार राज्यों से निर्यात के विकास के लिए उपयुक्त बुनियादी ढाँचे के निर्माण में केन्द्र और राज्य सरकार की एजेन्सियों की सहायता के लिए वित्त वर्ष 2018-19 से निर्यात योजना के लिए व्यापार अवसंरचना को लागू किया गया।

> **एक जिला एक उत्पाद पहल** निर्यात केन्द्र के रूप में जिला-ओडीओपी पहल का उद्देश्य सामान्य जनता के लिए निर्यात प्रोत्साहन, विनिर्माण और रोजगार सृजन को लक्षित करना है, जिससे राज्यों तथा जिलों की आत्मनिर्भर भारत मिशन का भागीदार बनाया जा सके।

क्षेत्रीय व्यापार समझौते

- क्षेत्रीय समझौते के व्यापारिक उद्देश्यों के साथ-साथ राजनीतिक निहितार्थ भी होते हैं। क्षेत्रीय व्यापार समझौते को दो या दो से अधिक भागीदारों के बीच पारस्परिक व्यापार समझौते के रूप में परिभाषित किया जाता है।
- इससे सदस्य देशों के बीच कूटनीतिक सम्बन्धों के साथ-साथ क्षेत्रीय एकजुटता को भी मजबूती प्रदान की जाती है। इसके द्वारा क्षेत्रीय आर्थिक हितों का बेहतर तरीके से संरक्षण सम्भव हो पाता है।

> **प्रिफरेन्शियल ट्रेड एग्रीमेण्ट**
>
> इस व्यापार समझौते में शामिल सदस्य देश, गैर-सदस्य देशों की तुलना में आपसी व्यापारिक अवरोधों को अपेक्षाकृत निम्न स्तर पर रखते हैं और सदस्य देशों के लिए सीमा-शुल्क की दर भी अपेक्षाकृत कम रखी जाती है। साफ्टा को इसके उदाहरण के रूप में देखा जा सकता है।

- इस व्यापार समझौते में शामिल सदस्य देश एक-दूसरे के उत्पादों के लिए शून्य बुनियादी सीमा-शुल्क की सुविधा प्रदान करते हैं। इसके द्वारा उनके उत्पादों को मूल सीमा-शुल्क की अदायगी से छूट प्रदान की जाती है।
- इस समझौते के सदस्य देशों के उत्पादों पर अतिरिक्त सीमा शुल्क या अन्य प्रकार के शुल्क लागू होते हैं। **साफ्टा** या **इण्डो-आसियान फ्री-ट्रेड एग्रीमेण्ट** को इसके उदाहरण के रूप में देखा जा सकता है।

मुक्त व्यापार समझौता

- क्षेत्रीय संगठनों द्वारा आपसी व्यापारिक सम्बन्धों को गति प्रदान करने के लिए मुक्त व्यापार समझौते किए जाते हैं।
- विदेशी व्यापार को विस्तार देने के उद्देश्य से भारत द्वारा अनेक देशों एवं समूहों के साथ मुक्त व्यापार समझौते किए जा रहे हैं।

इसके अन्तर्गत द्विपक्षीय एवं बहुपक्षीय स्तर पर बहुत से करों एवं शुल्कों में कटौती की जाती है।

- इस समझौते के अन्तर्गत अधिकतम संवेदनशील वस्तुओं को इससे अलग रखा जाता है और इसमें सामान्यत: वस्तुओं एवं सेवाओं के व्यापार को सम्मिलित किया जाता है।

कस्टम यूनियन

- यह मुक्त व्यापार समझौते का विकसित रूप है। इसके द्वारा सदस्य देशों को वस्तुगत उत्पादों से सभी प्रकार के सीमा शुल्क (मूल सीमा शुल्क तथा अतिरिक्त सीमा शुल्क) से छूट प्रदान की जाती है।
- इसके साथ-साथ सदस्य देशों द्वारा गैर-सदस्य देशों के सन्दर्भ में एकसमान टैरिफ नीति अपनाई जाती है। इसका प्रमुख उदाहरण दक्षिण अफ्रीका कस्टम यूनियन है।

साझा बाजार

- साझा बाजार (Common Market) कस्टम यूनियन का विकसित रूप है। इसमें कस्टम यूनियन की सभी विशेषताएँ होती हैं।
- इसके अतिरिक्त यह वस्तुओं के अतिरिक्त श्रम और पूँजी के मुक्त आवागमन को भी सुनिश्चित करता है। इसके प्रमुख उदाहरण दक्षिण अमेरिका साँझा बाजार एवं साउथ अमेरिका का कॉपरटेनरी मार्केट हैं।

आर्थिक संघ

- आर्थिक संघ (Economic Union) मुक्त व्यापार समझौते का सबसे विकसित रूप है। इसमें साँझा बाजार के सभी लक्षण उपलब्ध होते हैं।
- इसके सदस्य देशों के द्वारा एकसमान राजकोषीय मौद्रिक व विनिमय दर नीति समान आर्थिक-सामाजिक नीति को भी अपनाया जाता है।
- यह यूरोपियन यूनियन साँझा बाजार से आर्थिक संघ बनने की ओर अग्रसर है।

मुक्त व्यापार समझौते में भारतीय संलग्नता

- भारत हमेशा से खुली, न्यायोचित, पूर्वानुमेय, भेदभाव रहित तथा नियम आधारित अन्तर्राष्ट्रीय व्यापार प्रणाली का समर्थन करता रहा है।
- भारत की दृष्टि से मुक्त व्यापार समझौते को व्यापार उदारीकरण के उद्देश्य से बहुपक्षीय व्यापार प्रणाली का पूरक होना चाहिए।
- परिणामस्वरूप भारत द्वारा अब तक **10 मुक्त व्यापार समझौते** किए गए हैं, जिसमें 5 सीमित क्षेत्र तरजीही व्यापार समझौते हैं तथा 18 अन्य समझौते, समझौते/विस्तार की प्रक्रिया में हैं।

मुक्त व्यापार समझौते की शब्दावली

शब्द	विवरण
तरजीही व्यापार समझौता (Preferential Trade Agreement, PTA)	सीमित संख्या में लाइनों पर शुल्क उदारीकरण अर्थात् भारत-मर्कोसुर PTA
मुक्त व्यापार समझौता (Free Trade Agreement, FTA)	भारत और श्रीलंका FTA जैसे सहयोगी देशों के बीच ठोस द्विपक्षीय व्यापार वाले मदों पर शुल्क समाप्त करना
व्यापक आर्थिक सहयोग समझौता (CECA) **व्यापक आर्थिक साझेदारी समझौता** (CEPA)	CECA (Comprehensive Economic Co-operation Agreement) अथवा CEPA (Comprehensive Economic Partnership Agreement) या BTIA शब्दों का प्रयोग समझौतों का विवरण देने के लिए किया जाता है, जिसमें वस्तुओं, सेवाओं, निवेश इत्यादि को शामिल किया जाता है।
व्यापक आधार वाला व्यापार और निवेश समझौता (BITA)	पारस्परिक पहचान, बौद्धिक सम्पदा आदि के बारे में समझौते का सम्पूर्ण पैकेज है; जैसे—भारत, कोरिया, CEPA।

भारत और क्षेत्रीय व्यापार समझौता

- भारत के पड़ोसी देशों की अर्थव्यवस्थाओं की तुलना में भारतीय अर्थव्यवस्था की प्रतिस्पर्द्धात्मक क्षमता अधिक होने के कारण इसके द्वारा क्षेत्रीय व्यापार समझौतों की प्रगति में विलम्ब हुआ।
- भारतीय उद्यमियों द्वारा क्षेत्रीय व्यापार समझौते की तुलना में बहुपक्षीय व्यापार समझौते को प्राथमिकता दी जाती थी, लेकिन दोहा दौर में उत्पन्न गतिरोध के कारण भारत ने क्षेत्रीय व्यापार समझौते की ओर बढ़ना शुरू किया। आरम्भिक दौर में विचार-विमर्श की यह प्रक्रिया केन्द्रीय मन्त्रालयों और व्यापार संघों तक सीमित रही, लेकिन परवर्ती चरण में अन्य हितधारकों को भी इसमें शामिल किया गया।
- वर्ष 1998 में श्रीलंका के साथ मुक्त व्यापार समझौता वास्तविक अर्थों में **पहला मुक्त व्यापार समझौता** है।

भारत में पिछले दो दशकों से क्षेत्रीय व्यापार समझौते में बढ़ती हुई सक्रियता के संकेत हैं। भारत ने इस प्रक्रिया में विभिन्न हितधारक समूहों को शामिल करते हुए विशिष्ट लक्ष्य निर्धारित किया। साथ ही इसके द्वारा आर्थिक और राजनीतिक-सामरिक उद्देश्यों के मध्य भी सन्तुलन बनाने में सफलता प्राप्त की है।

दक्षिण एशियाई मुक्त व्यापार समझौता

- सर्वप्रथम श्रीलंका ने दिसम्बर, 1991 में सार्क देशों के छठे शिखर सम्मेलन में दक्षिण एशियाई वरीयता व्यापार व्यवस्था का प्रस्ताव प्रस्तुत किया था। रियायती प्रशुल्कों पर आपसी व्यापार करने के इस समझौते को प्रभावी करने का निर्णय दक्षेस के 8वें शिखर सम्मेलन के दौरान नई दिल्ली में वर्ष 1995 में लिया गया।
- रियायती प्रशुल्क दरों पर आपसी व्यापार समझौता हो जाने के बाद दक्षिण एशियाई देशों के मध्य व्यापार संवर्द्धन हेतु दक्षिण एशियाई मुक्त व्यापार समझौता (साफ्टा) 1 जनवरी, 2006 को सम्पन्न हुआ तथा 1 जनवरी, 2007 को लागू किया गया।
- इस समझौते के अन्तर्गत भारत, पाकिस्तान एवं श्रीलंका को 1 जनवरी, 2009 तक अपने-अपने देशों में सीमा शुल्क घटाकर शून्य से 5% के मध्य करना था। इसके लिए दक्षेस के अपेक्षाकृत कम विकसित देशों को 1 जनवरी, 2016 तक का समय दिया गया। इस श्रेणी के देशों में बांग्लादेश, मालदीव, नेपाल, अफगानिस्तान एवं भूटान को शामिल किया गया।

> इसका मुख्य उद्देश्य सदस्य देशों के बीच आपसी व्यापार कारोबार एवं आर्थिक सहयोग को प्रोत्साहन देना एवं वृद्धि करना, व्यापार कारोबार की बाधाओं को हटाना और सहयोगी देशों की सीमाओं के बीच वस्तुओं को सीमा पार आने-जाने की सुविधा प्रदान करना है।

एशिया-प्रशान्त व्यापार समझौता

- एशिया-प्रशान्त व्यापार समझौते को पहले **बैंकॉक समझौते** के नाम से जाना जाता था। इस समझौते पर 31 जुलाई, 1975 को हस्ताक्षर किए गए। यह **यूनाइटेड नेशन्स इकोनॉमिक एण्ड सोशल कमीशन फॉर एशिया एण्ड द पेसिफिक** (एस्केप) की एक पहल है।
- यह एस्केप के नई दिल्ली घोषणा में निहित सिद्धान्तों से प्रेरित है। यह एस्केप के विकासशील सदस्य देशों के बीच कारोबारी वार्ता के लिए पहला समझौता है।
- यह एस्केप क्षेत्र के सदस्य देशों के द्वारा आपसी सहमति द्वारा अधिमानी प्रशुल्क व्यवस्था में रियायतों के विनिमय के माध्यम से **अन्तर्क्षेत्रीय व्यापार** को प्रोत्साहन देता है।
- इस समझौते के संस्थापक देश; जैसे—भारत, बांग्लादेश, लाओस, कोरिया और श्रीलंका हैं।
- चीन को अप्रैल, 2000 में बैंकॉक समझौते की स्थायी समिति के 16वें सत्र में शामिल किया गया था।
- इस समझौते का उद्देश्य एस्केप के विकासशील सदस्य देशों के बीच व्यापार विस्तार की एक निरन्तर प्रक्रिया के माध्यम से आर्थिक प्रोत्साहन देना और उनके वर्तमान तथा भावी विकास एवं कारोबारी आवश्यकताओं के साथ आपसी लाभ के व्यापारिक उदारीकरण उपायों को अपनाना व तीसरी दुनिया के देशों के व्यापारिक हितों को विचार में लाना है।

> यह समझौता समग्र व्युत्क्रमणीयता और लाभों की आपसी सहमति के आधार पर होगा, जिससे सभी प्रतिभागी राज्यों को समान प्रकार से लाभ मिल सके। पारदर्शिता, राष्ट्रीय उपचार और सर्वाधिक लोकप्रिय उपचार के सिद्धान्त प्रतिभागी राज्यों के बीच व्यापारिक सम्बन्धों पर लागू होंगे।

भारत और आसियान के मध्य समझौता

- भारत और आसियान दोनों कारोबार के दृष्टिकोण से एक-दूसरे के लिए बहुत महत्त्वपूर्ण हैं। आसियान, भारत का **चौथा** सबसे बड़ा कारोबारी क्षेत्र है, जबकि भारत आसियान के लिए **सातवाँ** सबसे बड़ा कारोबारी देश है।
- वर्ष 2016-17 में भारत और आसियान के बीच 70 अरब डॉलर का द्विपक्षीय कारोबार हुआ था। भारत और आसियान के बीच वर्ष 2014 में ही मुक्त व्यापार समझौता हुआ था। इस सम्मेलन के पश्चात् भारत और आसियान के नेता वर्ष 2016-20 की नई कार्य योजना की समीक्षा करेंगे, जिससे विभिन्न क्षेत्रों में सहयोग बढ़ाया जा सके।
- अप्रैल, 2021 से फरवरी, 2022 की अवधि में भारत और आसियान क्षेत्र के बीच वस्तु व्यापार 98.39 बिलियन अमेरिकी डॉलर तक पहुँच गया। भारत के मुख्य व्यापारिक सम्बन्ध इण्डोनेशिया, सिंगापुर, मलेशिया, वियतनाम और थाइलैण्ड देशों के साथ हैं।

भारत-जापान व्यापक आर्थिक भागीदारी समझौता

- अक्टूबर, 2011 में जापान, सिंगापुर और दक्षिण कोरिया के बाद भारत के साथ व्यापक आर्थिक भागीदारी समझौता संघ वाला तीसरा देश है। यह समझौता 1 अगस्त, 2011 से लागू किया गया था। जापान, भारत के साथ ऐसा समझौता करने वाला पहला विकसित देश है।
- इस समझौते के अन्तर्गत **रूल ऑफ ऑरिजन** को परिभाषित किया गया है। यह कहा गया है कि यदि कोई वस्तु मूल रूप से उस देश का उत्पाद नहीं भी है, तो उसे भी **सेपा** के अन्तर्गत मिलने वाली छूटों का लाभ मिलेगा, बशर्ते उस वस्तु की 35% या इससे अधिक वैल्यू उस देश से सम्बद्ध हो। इसके अतिरिक्त कुछ वस्तुओं के सन्दर्भ में उत्पाद-विशेष पर आधारित नियमों को भी अपनाया गया, जिससे उन्हें मूल उत्पाद के रूप में परिभाषित किया जा सके।

भारत-जापान के मध्य दोहरे कराधान निषेध हेतु द्विपक्षीय संशोधित समझौता

- भारत तथा जापान ने दोहरे कराधान निषेध हेतु द्विपक्षीय संशोधित समझौते पर 11 दिसम्बर, 2015 को हस्ताक्षर किए। यह समझौता मूल रूप से वर्ष 1989 में किया गया था।
- द्विपक्षीय समझौते में दोहरे कराधान के साथ आयकर चोरी तथा सम्बन्धित सूचनाओं के आदान-प्रदान के लिए अन्तर्राष्ट्रीय स्तर पर स्वीकृत मानदण्डों को लागू करने की सहमति हुई है। द्विपक्षीय समझौतों से सम्बन्धित निम्न बिन्दु निम्न प्रकार हैं
    - जापान के किसी निवासी के सम्बन्ध में सूचनाएँ भारत के सक्षम प्राधिकार की स्वीकृति के बाद जापान को सौंपी जाएँगी।

- भारत तथा जापान दोनों ही देश राजस्व दावों के संग्रह में एक-दूसरे को सहायता प्रदान करेंगे। सार्वजनिक वित्तीय संस्थाओं के कर में छूट की चर्चा भी समझौते में की गई है।

> अन्तर्राष्ट्रीय स्तर पर द्विपक्षीय एवं बहुपक्षीय आर्थिक सम्बन्धों को बढ़ावा देने के उद्देश्य से **व्यापक आर्थिक समझौता** (Comprehensive Economic Cooperation Agreement, CECA) तथा **व्यापक आर्थिक भागीदारी समझौता** (Comprehensive Economic Partnership Agreement, CECA) दोनों पर बल दिया गया है।

- व्यापक आर्थिक समझौता मुख्य रूप से व्यापार के लिए प्रारम्भिक समझौता है। इसके अन्तर्गत कुछ संवेदनशील वस्तुओं को जोड़कर आयात शुल्क में कटौती की जाती है।

नया आर्थिक सहयोग मंच

- क्षेत्रीय आर्थिक सहयोग को बढ़ावा देने के उद्देश्य से भारत, बांग्लादेश, म्यांमार व चीन ने एक नए आर्थिक सहयोग मंच का गठन फरवरी, 2002 में इन राष्ट्रों के सम्मेलन में किया।
- यह मंच कुल 3 अरब की जनसंख्या वाले सदस्य राष्ट्रों के बीच आर्थिक सहयोग को मजबूती प्रदान करने की दिशा में कार्य करेगा। इसके लिए 11 सूत्रीय ढाका घोषणा-पत्र को सम्मेलन में स्वीकार किया गया।
- घोषणा-पत्र में इस बात पर विशेष बल दिया गया था कि सदस्य राष्ट्र अपने मौजूदा क्षेत्रीय संसाधनों का प्रयोग करते हुए सम्पूर्ण क्षेत्र के आर्थिक विकास में यथासम्भव सहयोग करेंगे, साथ ही परिवहन लिंक भी स्थापित किया जाएगा।

- भारत ने प्रारम्भिक व्यापक आर्थिक समझौते को सिंगापुर के साथ जून, 2005 में लागू किया। इस समझौते के अन्तर्गत टैरिफ दरों में चरणबद्ध कटौती की जाती है, जबकि मुक्त व्यापार समझौता (Free Trade Agreement FTA) में शून्य बेसिक कस्टम ड्यूटी का प्रस्ताव होता है।

भारत-मॉरिशस दोहरा करारोपण बचाव समझौता

- भारत को प्राप्त होने वाले कुल विदेशी निवेश का लगभग 37% अकेले मॉरिशस से प्राप्त होता है, इसे **मॉरिशस मार्ग** कहा जाता है। इसका कारण यह है कि भारत द्वारा मॉरिशस के साथ दोहरा करारोपण बचाव समझौता (डीटीएए) किया गया।
- भारत में विदेशी निवेश को प्रोत्साहित करने के लिए भारत द्वारा इस प्रकार के समझौते कुछ देशों के साथ किए गए हैं। इस समझौते के अन्तर्गत निवेश स्रोत देश तथा निवेश प्राप्तकर्ता देशों में निवेश की राशि पर कर न लगाकर किसी एक देश में ही कर लगाया जा सकता है।
- मॉरिशस द्वारा प्राप्त होने वाले निवेश पर भारत में कर नहीं लगाया जाता है। मॉरिशस ने भी वहाँ से होने वाले निवेश को कर मुक्त कर दिया है। इसके अतिरिक्त मॉरिशस का कुछ अन्य देशों से दोहरा करारोपण बचाव समझौता हुआ है।
- अधिकांश विदेशी निर्यातकर्ता इस समझौते का लाभ उठाकर सीधे भारत में निवेश न करके मॉरिशस मार्ग का अनुसरण करते हैं। इस प्रकार यह निवेशकर्ता के लिए कर मुक्त मार्ग बन जाता है।
- भारत को इससे पर्याप्त विदेशी निवेश प्राप्त हो रहा है, किन्तु इससे अरबों डॉलर के राजस्व की भी हानि होती है। यही कारण है कि मॉरिशस मार्ग को बन्द करके नए समझौते की माँग अर्थशास्त्रियों द्वारा की जा रही है।
- कुछ विशेषज्ञों के अनुसार, इस मार्ग का उपयोग काले धन को सफेद धन करने के लिए भी किया जाता है। अन्य देशों के साथ भारत का दोहरा करारोपण समझौते को निम्न बिन्दुओं द्वारा समझ सकते हैं
  - **भारत और दक्षिण कोरिया** के मध्य दोहरा कराधान समझौता 2 सितम्बर, 2016 से प्रभावी हो गया।
  - **भारत और जापान** के मध्य दोहरा कराधान समझौता पर 29 अक्टूबर, 2016 को इसके संशोधन हेतु प्रोटोकॉल पर हस्ताक्षर हुए।
  - **भारत और सिंगापुर** दोनों देशों के मध्य DTAA (Double Texation Avidance Agreement) पर हस्ताक्षर 30 दिसम्बर, 2016 को हुए।
  - **भारत और साइप्रस** दोनों देशों के मध्य दोहरे कराधान समझौते के अन्तर्गत कराधान के परिहार और राजकोषीय अपवंचन की रोकथाम के लिए 18 नवम्बर, 2016 को इसके प्रोटोकॉल पर हस्ताक्षर किए गए।
  - **भारत और स्विट्जरलैण्ड** दोनों देशों के मध्य कर अपवंचन एवं विदेशों के बैंकों में रखे गए काले धन के सम्बन्ध में सूचनाओं के आदान-प्रदान के लिए इस समझौते पर 20 नवम्बर, 2016 को हस्ताक्षर किए गए। इसके अनुसार, भारत सरकार को स्विट्जरलैण्ड के बैंकों में रखे गए काले धन के खातों सम्बन्धी वित्तीय सूचनाएँ स्वतः प्राप्त होंगी।
  - **भारत और तजाकिस्तान** दोनों देशों के मध्य दोहरे कराधान के समझौते पर 6 जनवरी, 2017 को इसके प्रोटोकॉल पर हस्ताक्षर हुए।
  - **भारत और कजाखिस्तान** मध्य दोहरा कराधान परिहार सन्धि पर समझौता 6 जनवरी, 2017 को सम्पन्न हुआ।

क्षेत्रीय व्यापक आर्थिक भागीदारी समझौता

- यह एक व्यापार समझौता है, जो सदस्य देशों को एक-दूसरे के साथ व्यापार करने की सलाह प्रदान करता है।
- इस समझौते के अनुसार, सदस्य देशों को आयात-निर्यात पर लगने वाला कर या तो नहीं भरना पड़ता है या बहुत कम भरना पड़ता है। इस समझौते पर 10 आसियान देशों के अतिरिक्त भारत, चीन, जापान, दक्षिण कोरिया, ऑस्ट्रेलिया और न्यूजीलैण्ड को हस्ताक्षर करने थे। यद्यपि भारत ने इसमें शामिल न होने का निर्णय लिया है।

पहले से लागू मुक्त व्यापार समझौते

क्र. सं.	समझौते का नाम	समझौते पर हस्ताक्षर की तारीख	समझौते को लागू करने की तारीख
1.	भारत-श्रीलंका	28 दिसम्बर, 1998	मार्च, 2000
2.	साफ्टा पर समझौता (भारत, पाकिस्तान, नेपाल, श्रीलंका, बांग्लादेश, भूटान और मालदीव)	4 जनवरी, 2004	1 जनवरी, 2006 (शुल्क छूट 1 जुलाई, 2006 से लागू)
3.	अनाधिकृत व्यापार पर नियन्त्रण के लिए भारत और नेपाल सरकार के बीच सहयोग का संशोधित समझौता	अक्टूबर, 2009	27 अक्टूबर, 2009
4.	व्यापार-वाणिज्य और पारगमन पर भारत-भूटान समझौता	17 जनवरी, 1972	आपस में सहमत परिवर्तनों के साथ समय-समय पर इसमें परिवर्तन किए जाते हैं।
5.	भारत-थाइलैण्ड FTA-समय से पहले फसल योजना (EHS)	9 अक्टूबर, 2003	1 सितम्बर, 2004
6.	भारत-सिंगापुर CEECA	29 जून, 2005	1 अगस्त, 2005
7.	भारत-आसियान-CECA-वस्तु व्यापार समझौता, 2010	13 अगस्त, 2009	
8.	एशिया-प्रशान्त व्यापार समझौता (APTA) (बांग्लादेश, चीन, भारत, कोरिया गणराज्य, श्रीलंका)	जुलाई, 1975 (2 नवम्बर, 2005 को संशोधित)	1 नवम्बर, 1976
9.	भारत—अफगानिस्तान	6 मार्च, 2003	मई, 2003
10.	भारत—मर्कोसुर (उरुग्वे, पराग्वे, वेनेजुएला, अर्जेण्टीना और ब्राजील का क्षेत्रीय समूह)	25 जनवरी, 2004	1 जून, 2009
11.	भारत-चिली	8 मार्च, 2006	सितम्बर, 2007
12.	भारत—यूएई व्यापक आर्थिक भागीदारी समझौता (CEPA)	18 फरवरी, 2022	1 मई, 2022
13.	भारत—आस्ट्रेलिया व्यापक आर्थिक सहयोग समझौता (ECTA)	2 अप्रैल, 2022	—

प्रीलिम्स फैक्ट्स

- आयात की प्रक्रिया इण्डेण्ट, मेट की रसीद, सामुद्रिक बीमा और जहाजी बिल में से किससे आरम्भ होती है? ***– इण्डेण्ट से [UPPSC (Pre) 2011]***
- राष्ट्रीयकृत बैंक, विनिमय बैंक, भारतीय रिजर्व बैंक और वित्त मन्त्रालय में से कौन माल के आयात हेतु विनिमय की स्वीकृति देता है? ***– भारतीय रिज़र्व बैंक [UPPSC (Pre) 2011]***
- यूएसए, यू.के., फ्रांस और चीन में से कौन–सा देश भारत के विदेशी व्यापार में सबसे बड़ा भागीदार है? ***यूएसए [UKPSC (Pre) 2016]***
- आयात–निर्यात बैंक का गठन भारत में किस वर्ष हुआ? ***– वर्ष 1982 में [UKPSC (Pre) 2010]***
- भारत में निजी क्षेत्र का प्रथम निर्यात प्रक्रिया क्षेत्र सूरत, नोएडा, चेन्नई और बंगलुरु में से कहाँ स्थापित किया गया? ***– सूरत में [UPPSC (Mains) 2005]***
- भारत में चमड़े का सामान, कपड़ा, चाय और चावल में से निर्यात होने वाली सबसे महत्त्वपूर्ण वस्तु क्या है? ***– कपड़ा [UPPSC (Pre) 2018]***
- आर्थिक क्रियाकलापों के सन्दर्भ में (19वें) राष्ट्रमण्डल खेलों को देखने के लिए विदेशी नागरिकों का भारत में आगमन निर्यात, आयात, उत्पादन और उपभोग में से किस श्रेणी में रखा गया? ***– निर्यात [IAS (Pre) 2011]***
- गेहूँ, चावल, चीनी और दाल उत्पादों में से सामान्यतः किसका भारत से निर्यात नहीं होता है? ***– दालों का [UPPSC (Mains) 2013]***
- पिछड़े एवं पर्वतीय क्षेत्र, ग्रामीण एवं लघु उद्योग तथा निर्यात उद्योग में से किस एक की प्रोन्नति के लिए भारत में मुक्त व्यापार क्षेत्रों की स्थापना की गई है? ***– निर्यात उद्योग [UPPSC (Mains) 2003]***
- एशिया का प्रथम निर्यात प्रसंस्करण क्षेत्र वर्ष 1965 में अल हिलाली, काण्डला, नोएडा और सिंगापुर में से कहाँ स्थापित किया गया? ***– काण्डला [UPPSC (Mains) 2011]***
- विशेष आर्थिक क्षेत्र (SEZ) अधिनियम, 2004, 2005, 2006 और 2007 में से कब प्रभावी हुआ? ***– वर्ष 2006 में [UPPSC (Pre) 2010]***

- भारत में विशेष आर्थिक क्षेत्र नीति कब घोषित की गई थी?
  – अप्रैल, 2000 में [UPPSC (Mains) 2007]
- आर्थिक उदारीकरण की एक महत्त्वपूर्ण नीति साधन, किसमें कमी करना है? *– पूँजीगत माल पर आयात शुल्क में कमी [IAS (Pre) 1995]*
- आयात शुल्क में कमी से स्थानीय उद्यमियों को विश्व बाजार का सामना करने के लिए किसमें सुधार करने में सहायता मिलती है?
  – प्रौद्योगिकी का सुधार करने में [IAS (Pre) 1995]
- भारत सरकार का रक्षा मन्त्रालय, विदेश मन्त्रालय, वाणिज्य एवं उद्योग मन्त्रालय और गृह मन्त्रालय में से कौन–सा मन्त्रालय भारत की विदेश व्यापार नीति से सम्बन्धित है?
  – वाणिज्य एवं उद्योग मन्त्रालय [MPPSC (Pre) 2019]
- भारत और अमेरिका के मध्य विदेशी खाता कर अनुपालन अधिनियम (एफ ए टी सी ए) कब क्रियाशील हुआ?
  – 30 सितम्बर, 2015 [UPPSC (Pre) 2015]
- व्यापार सन्तुलन में माल, सेवाएँ, भुगतान का हस्तान्तरण में से कौन सम्मिलित होता है?
  – माल [UPPSC (Mains) 2016]
- एण्ट्रीपोर्ट व्यापार से तात्पर्य निर्यात व्यापार, आयात व्यापार, तटीय व्यापार और निर्यात के लिए आयात की गई वस्तुओं में से क्या है?
  – निर्यात के लिए आयात की गई वस्तुएँ [UPPSC (Mains) 2002]
- इयूटी–ड्रॉबैक का आशय है
  – निर्यातकों को आयात शुल्क की वापसी [UPPSC (Mains) 2011]
- 'सुपर 301' अन्तर्राष्ट्रीय सन्धि, परमाणु विस्फोट, मानवाधिकार और मुक्त व्यापार में अवरोध में से किससे सम्बन्धित है?
  – मुक्त व्यापार में अवरोध से [UPPSC (Pre) 1993]
- इण्डिया ब्राण्ड इक्विटी फण्ड की स्थापना किस वर्ष में हुई?
  – वर्ष 1996 [UPPSC (Pre) 1997]
- EPCG का पूर्ण रूप क्या है?
  – एक्सपोर्ट प्रमोशन कैपिटल गुड्स [BPSC (Pre) 2019]
- 'ई सी जी सी' निर्यात संवर्द्धन, निर्यात वित्तीयन एवं बीमा, निर्यात गुणवत्ता के प्रमाणन और निर्यात आँकड़ों के प्रकाशन में से किससे सम्बन्धित है? *– निर्यात वित्तीयन एवं बीमा से [UPPSC (Pre) 2018]*
- किस अर्थशास्त्री ने व्यापार चक्र का विशुद्ध मौद्रिक सिद्धान्त प्रतिपादित किया? *– आर जी हाट्रे [UKPSC (Pre) 2012]*
- भारत सरकार ने वर्ष 2020-2021 के बजट में एक नई योजना निर्विक (NIRVIK) घोषित की। अर्थव्यवस्था का कृषि, औद्योगिक, स्वास्थ्य और निर्यात क्षेत्र में कौन–सा क्षेत्र इस योजना से लाभान्वित होगा?
  – निर्यात क्षेत्र [BPSC (Pre) 2020]
- 'डिजिटल एकल बाजार कार्यनीति' पद ASEAN, BRICS, EU और G20 में से किसे निर्दिष्ट करता है?
  – EU को [IAS (Pre) 2017]
- कल्चर मोती का उत्पादन बेल्जियम, वेस्टइण्डीज, न्यूजीलैण्ड और जापान में से किस देश का महत्त्वपूर्ण कुटीर उद्योग है?
  – जापान [IAS (Pre) 1993]
- तिरुपुर, विश्व के अनेक क्षेत्रों–रत्न और आभूषण, चमड़े का सामान, बुने हुए वस्त्र और दस्तकारी में से किसके निर्यात के लिए सुप्रसिद्ध है
  – बुने हुए वस्त्र [IAS (Pre) 2005]
- भारत और मलेशिया के बीच विस्तृत आर्थिक सहयोग समझौते पर कब हस्ताक्षर किए गए? *– वर्ष 2011 [UPPSC (Pre) 2011]*

सेल्फ चैक

1. भारत द्वारा आयातित कृषि वस्तुओं में पिछले पाँच वर्षों में निम्नलिखित में से किस एक का मूल्य के आधार पर अधिकतम आयात रहा है? IAS (Pre) 2019
(a) मसाले (b) ताजे फल (c) दलहन (d) वनस्पति तेल

2. भारत सरकार का कौन–सा मन्त्रालय भारत की विदेश व्यापार नीति से सम्बन्धित है? MPPSC (Pre) 2019
(a) रक्षा मन्त्रालय
(b) विदेश मन्त्रालय
(c) वाणिज्य एवं उद्योग मन्त्रालय
(d) गृह मन्त्रालय

3. 'E-बिज' सम्बन्धित है UPPSC (Pre) 2016
(a) इलेक्ट्रॉनिक वाणिज्य से
(b) वित्तीय लेने-देन हेतु एकल द्वार से
(c) विपणन सम्बन्धी पूछताछ हेतु एकल द्वार से
(d) सरकारी सेवाओं की पहुँच हेतु एकल द्वार से

4. किसी देश को ऋण जाल में फँसा हुआ कहा जा सकता है, यदि
(a) उसे अन्तर्राष्ट्रीय मुद्रा कोष (IMF) द्वारा लगाई गई शर्तों का पालन करना पड़ता है
(b) उसे बकाया ऋण पर ब्याज के भुगतान के लिए ऋण लेना पड़ता है
(c) विदेशी ऋणदाताओं ने उसे ऋण अथवा सहायता देने से इनकार कर दिया है
(d) विश्व बैंक बकाया ऋण के साथ-साथ नए ऋणों पर ब्याज की अत्यधिक दर वसूल करता है

5. विशेष आर्थिक क्षेत्रों (सेज) को किसलिए विकसित किया गया है?
(a) सम्पूर्ण देश में अतिरिक्त आर्थिक गतिविधि उत्पन्न करने के लिए
(b) उपनगरीय क्षेत्रों के सुन्दरीकरण के लिए
(c) देहातों में सुविधाओं को उन्नत करने के लिए
(d) घरेलू तथा विदेशी स्रोतों से निवेश के संवर्द्धन के लिए

6. निम्नलिखित में से कौन-सा कभी-कभी समाचारों में दिखने वाले आयात आवरण का सर्वोत्तम वर्णन करता है? IAS (Pre) 2016
(a) यह किस देश के अतिरिक्त मूल्य एवं सकल घरेलू उत्पाद के अनुपात को बताता है
(b) यह किस देश के एक वर्ष में आयात के कुल मूल्य को बताता है
(c) यह दो देशों के बीच निर्यात एवं आयात के मूल्यों के अनुपात को बताता है
(d) यह उन महीनों की संख्या बताता है, जितने महीनों के आयात का भुगतान देश के अन्तर्राष्ट्रीय रिजर्व द्वारा दिया जा सकता है

7. निम्नलिखित में से कौन-सा एक भारत के पण्य पदार्थ आयात का मूल्य के आधार पर सही अवरोही अनुक्रम है?
(a) पूँजीगत माल-इलेक्ट्रॉनिक सामान-खाद्य उत्पाद-उर्वरक
(b) उर्वरक-खाद्य उत्पाद-इलेक्ट्रॉनिक सामान-रसायन
(c) पूँजीगत माल-इलेक्ट्रॉनिक सामान-खाद्य उत्पाद-रसायन
(d) इलेक्ट्रॉनिक सामान-पूँजीगत माल-उर्वरक खाद्य-उत्पाद

8. 'व्यापार-सम्बन्धित निवेश उपायों (TRIMS) के सन्दर्भ में निम्नलिखित कथनों में कौन-सा/से कथन सही है/हैं? IAS (Pre) 2020
1. विदेशी निवेशकों द्वारा किए जाने वाले आयात पर 'परिणामात्मक निर्बन्धन' निषिद्ध होते हैं।
2. ये वस्तुओं एवं सेवाओं दोनों के व्यापार से सम्बन्धित निवेश उपायों पर लागू होते हैं।
3. ये विदेशी निवेश के नियमन से सम्बन्धित नहीं हैं।

कूट
(a) 1 और 2 (b) केवल 2
(c) 1 और 3 (d) 1, 2 और 3

9. निम्नलिखित कथनों पर विचार कीजिए IAS (Pre) 2020
1. पिछले दशक में भारत-श्रीलंका व्यापार के मूल्य में सतत वृद्धि हुई है।
2. भारत और बांग्लादेश के बीच होने वाले व्यापार में 'कपड़े और कपड़े से बनी चीजों' का व्यापार प्रमुख है।
3. पिछले पाँच वर्षों में दक्षिण एशिया में भारत के व्यापार का सबसे बड़ा भागीदार नेपाल रहा है।

उपरोक्त कथनों में से कौन-सा/से कथन सही है/हैं?
(a) 1 और 2 (b) केवल 2
(c) केवल 3 (d) 1, 2 और 3

10. निम्नलिखित कथनों पर विचार कीजिए IAS (Pre) 2018
1. पिछले पाँच वर्षों में आयातित खाद्य तेलों की मात्रा खाद्य तेलों के घरेलू उत्पादन से अधिक रही है।
2. सरकार विशेष स्थिति के रूप में सभी आयातित खाद्य तेलों पर किसी प्रकार का सीमा शुल्क नहीं लगाती है।

उपरोक्त कथनों में से कौन-सा/से कथन सही है/हैं?
(a) केवल 1
(b) केवल 2
(c) 1 और 2 दोनों
(d) न तो 1 और न ही 2

11. वर्तमान में भारत में अन्तर्राष्ट्रीय व्यापार के सन्दर्भ में निम्नलिखित कथनों में से कौन-सा/से कथन सही है/हैं?
1. भारत के माल का निर्यात, माल के आयात से कम है।
2. भारत के लोहे व इस्पात, रसायनों, उर्वरकों और मशीनों के आयात में हाल के वर्षों में कमी आई है।
3. भारत की सेवाओं का निर्यात, सेवाओं के आयात से अधिक है।
4. भारत को कुल मिलाकर व्यापार/चालू खाते का घाटा हो रहा है।

कूट
(a) 1 और 2 (b) 2 और 4
(c) केवल 3 (d) 1, 3 और 4

12. निम्नलिखित कथनों पर विचार कीजिए IAS (Pre) 2022
1. हाल ही के वर्षों में वियतनाम विश्व में सबसे तेजी से बढ़ती हुई अर्थव्यवस्था में से एक रहा है।
2. वियतनाम का नेतृत्व बहुदलीय राजनीतिक प्रणाली के द्वारा होता है।
3. वियतनाम का आर्थिक विकास विश्वव्यापी पूर्ति शृंखलाओं के साथ इसके एकीकरण और निर्यात पर मुख्य ध्यान होने से जुड़ा है।
4. लम्बे समय से वियतनाम की निम्न श्रम लागतों और स्थिर विनिमय दरों ने वैश्विक निर्माताओं को आकर्षित किया है।
5. हिन्द-प्रशान्त क्षेत्र का सर्वाधिक उत्पादक E-सेवा वियतनाम में है।

उपरोक्त कथनों में से कौन-से कथन सही हैं?
(a) 2 और 4 (b) 3 और 5
(c) 1, 3 और 4 (d) 1 और 2

13. कथन I दो देशों के बीच व्यापार, लागतों में अन्तर के कारण होता है।
कारण II अलग-अलग देशों के अलग-अलग कारक एण्डाउमेण्ट होते हैं।

कूट
(a) दोनों ही कथन I और II अलग-अलग सत्य हैं तथा कथन II कथन I का सही स्पष्टीकरण है
(b) दोनों ही कथन I और II अलग-अलग सत्य हैं, परन्तु कथन II, कथन I का सही स्पष्टीकरण नहीं है
(c) कथन I सत्य है, किन्तु कथन II असत्य है
(d) कथन I असत्य है, किन्तु कथन II सत्य है

जानें सही उत्तर

1. (d)	**2.** (c)	**3.** (d)	**4.** (b)	**5.** (a)	**6.** (d)	**7.** (c)	**8.** (c)	**9.** (b)	**10.** (a)
11. (d)	**12.** (c)	**13.** (a)							

● अध्याय पन्द्रह

अन्तर्राष्ट्रीय वित्तीय संस्थान

"

वैश्विक व्यापार एवं वित्तीय मामलों में प्रभावी सहयोग तथा राष्ट्रों की सन्तुलित एवं समन्वित समृद्धि के लिए अन्तर्राष्ट्रीय वित्तीय संस्थाओं और व्यापारिक संगठनों की महत्त्वपूर्ण भूमिका रही है। इनके अतिरिक्त क्षेत्रीय स्तर पर आसियान, सार्क, शंघाई सहयोग संगठन, यूरोपीय यूनियन जैसे संगठन भी आर्थिक दृष्टिकोण से काफी महत्त्वपूर्ण हैं, क्योंकि ये संगठन मुक्त व्यापार समझौतों के माध्यम से वैश्विक व्यापार में योगदान दे रहे हैं।

अन्तर्राष्ट्रीय वित्तीय संगठन

- वैश्विक स्तर पर पूँजी एवं तकनीकों के आदान-प्रदान द्वारा आर्थिक विकास को बढ़ावा देने में विभिन्न अन्तर्राष्ट्रीय वित्तीय संगठनों/संस्थाओं का विशेष योगदान रहा है। बड़े अन्तर्राष्ट्रीय संगठनों; जैसे—विश्व (WTO), अन्तर्राष्ट्रीय मुद्रा कोष (IMF) के अतिरिक्त क्षेत्रीय स्तर पर भी आसियान, सार्क, साफ्टा, ओपेक (OPEC) जैसे संगठन इस सन्दर्भ में महत्त्वपूर्ण भूमिका रखते हैं।

> वैश्विक स्तर पर पूँजी एवं तकनीकों के आदान-प्रदान द्वारा आर्थिक विकास को बढ़ावा देने में विश्व बैंक, अन्तर्राष्ट्रीय-मुद्रा कोष, एशियाई विकास बैंक तथा विश्व व्यापार संगठन जैसी संस्थाओं का विशेष योगदान है। इनके अतिरिक्त क्षेत्रीय स्तर पर आसियान, सार्क, शंघाई सहयोग संगठन (SCO) इत्यादि जैसे संगठनों की भी महत्त्वपूर्ण भूमिका होती है।

- क्षेत्रीय संगठनों द्वारा आपसी व्यापार बढ़ाने के लिए मुक्त व्यापार समझौते भी किए गए हैं। आर्थिक दृष्टिकोण से ये सभी संगठन काफी महत्त्वपूर्ण हैं।

अन्तर्राष्ट्रीय मुद्रा कोष

- संयुक्त राज्य अमेरिका द्वारा प्रस्तावित व्हाइट प्लान एवं ब्रिटेन द्वारा प्रस्तावित कीन्स योजना पर जुलाई, 1944 में 44 देशों के प्रतिनिधियों ने ब्रेटन वुड्स अधिवेशन में विचार-विमर्श किया। इस सम्मेलन में ही अन्तर्राष्ट्रीय मुद्रा कोष (International Monetary Fund, IMF) और अन्तर्राष्ट्रीय पुनर्निर्माण विकास बैंक (International Bank for Reconstruction and Development, IBRD) की स्थापना की गई थी।
- अन्तर्राष्ट्रीय मुद्रा कोष तथा विकास बैंक (विश्व बैंक) को **ब्रेटन वुड्स की जुड़वाँ** सन्तानों के नाम से जाना जाता है।
- अन्तर्राष्ट्रीय मुद्रा कोष (IMF) के समझौते का प्रलेख 27 दिसम्बर, 1945 को लागू हुआ, किन्तु इसने वास्तविक रूप से 1 मार्च, 1947 से कार्य करना प्रारम्भ किया।

नवम्बर, 1947 में यह संयुक्त राष्ट्र का विशिष्ट अभिकरण बना। इसका मुख्यालय वॉशिंगटन डीसी में तथा कार्यालय पेरिस एवं जेनेवा में स्थित है। वर्तमान में इसकी सदस्य संख्या 190 है।

नौरू गणराज्य इसका 189वाँ सदस्य है, जिसको अप्रैल, 2016 में सदस्यता प्रदान की गई। इसके बाद 16 अक्टूबर, 2020 में अण्डोरा गणराज्य को 190वाँ सदस्य बनाया गया। वर्तमान में (1 अक्टूबर, 2019 से) अन्तर्राष्ट्रीय मुद्रा कोष की प्रबन्ध निदेशक क्रिस्टालिना जॉर्जीवा हैं और इसके प्रथम प्रबन्ध निदेशक कैमिल गट्ट (6 मई, 1946 से 5 मई, 1951) थे।

- अन्तर्राष्ट्रीय सहयोग तथा स्थायी वैश्विक मौद्रिक ढाँचे को बढ़ावा देने के लिए स्थापित अन्तर्राष्ट्रीय मुद्रा कोष एक प्रधान अन्तर्राष्ट्रीय मौद्रिक संस्था है।
- भारत, अन्तर्राष्ट्रीय मुद्रा कोष का संस्थापक सदस्य है। जब से अन्तर्राष्ट्रीय मुद्रा कोष की स्थापना हुई है, इसके उद्देश्यों में कोई परिवर्तन नहीं हुआ है, किन्तु इसके संचालन, जिसमें निगरानी, वित्तीय सहायता और तकनीकी सहायता शामिल हैं, में विश्व की बदलती अर्थव्यवस्था में इसके सदस्य देशों की बदलती आवश्यकताओं को पूर्ण करने के लिए परिवर्तन हुआ है।

अन्तर्राष्ट्रीय मुद्रा कोष के उद्देश्य

अन्तर्राष्ट्रीय मुद्रा कोष के निम्नलिखित उद्देश्य हैं

- अन्तर्राष्ट्रीय मौद्रिक सहयोग (International Monetary Co-operation) की स्थापना करना।
- अन्तर्राष्ट्रीय व्यापार का सन्तुलित विकास करना।
- विनिमय दरों (Exchange Rate) में स्थिरता बनाए रखना।
- बहुपक्षीय भुगतानों (Multilateral Payments) की व्यवस्था करके विनिमय प्रतिबन्धों को समाप्त अथवा न्यूनतम करना।
- सदस्य देशों के प्रतिकूल भुगतान सन्तुलन को अनुकूल बनाने के लिए सहायता प्रदान करना।
- असन्तुलन की मात्रा एवं अवधि में कमी करना।
- सदस्य देशों तथा अन्य अन्तर्राष्ट्रीय संस्थाओं को धन शोधन तथा आतंकवाद के वित्तीयन को रोकने हेतु सहयोग प्रदान करना।
- विश्व स्तर पर गरीबी कम करने हेतु प्रयास करना।

संगठन एवं संरचना

- अन्तर्राष्ट्रीय मुद्रा कोष का नियन्त्रण एवं प्रबन्धन एक बोर्ड ऑफ गवर्नर्स में निहित है।
- प्रत्येक सदस्य एक गवर्नर को नियुक्त करता है, जिन्हें मिलाकर बोर्ड ऑफ गवर्नर्स का गठन होता है। इस मनोनयन के साथ ही प्रत्येक देश एक वैकल्पिक गवर्नर को भी नियुक्त करता है, जो मुख्य गवर्नर की अनुपस्थिति में मतदान करता है।
- प्रत्येक गवर्नर को कितने मताधिकार प्राप्त हों, यह उस देश को प्राप्त कोटे के आधार पर निर्भर होता है। प्रत्येक गवर्नर को 250 मत सदस्यता के तथा उस देश को प्राप्त कोटे में प्रत्येक 1 लाख (Special Drawing Rights, SDRs) पर एक अतिरिक्त मत देने का अधिकार है। इन दोनों का योग ही सदस्य राष्ट्रों के मताधिकार को व्यक्त करता है।
- बोर्ड ऑफ गवर्नर्स की वार्षिक बैठक सितम्बर-अक्टूबर में होती है, इसमें मुद्रा कोष के कार्यों की समीक्षा होती है तथा भविष्य के लिए नीतियों का निर्धारण किया जाता है। कार्यकारी बोर्ड (Executive Board) मुद्रा कोष का सबसे शक्तिशाली अंग है। वर्तमान में इसके 24 सदस्य हैं।
- अन्तर्राष्ट्रीय मुद्रा कोष का कार्यकारी मण्डल इसमें होने वाली दिन-प्रतिदिन की कार्यवाही का संचालन करता है। कार्यकारी मण्डल में कुल 24 निदेशक होते हैं, जिनका चयन कार्यकारी मण्डल के द्वारा किया जाता है।
- इस मण्डल में सभी 190 सदस्य देशों का प्रतिनिधित्व होता है। इनके चुनाव के लिए सदस्य देशों को 24 समूहों में वर्गीकृत किया जाता है, जिसमें से प्रत्येक समूह अपना निदेशक चुनता है। किसी सदस्य देश के अंशदान या कोटे का निर्धारण उसकी विश्व बैंक में भागीदारी, प्रति व्यक्ति राष्ट्रीय आय और आर्थिक विकास की दर पर निर्भर करता है, जो समूह का प्रतिनिधित्व करता है।

विशेष आहरण अधिकार

- विशेष आहरण अधिकार (SDR) अन्तर्राष्ट्रीय मुद्रा कोष द्वारा जनित अन्तर्राष्ट्रीय वित्तीय परिसम्पत्तियाँ हैं। अन्तर्राष्ट्रीय मुद्रा कोष ने विशेष आहरण अधिकार को अन्तर्राष्ट्रीय तरलता की समस्या के समाधान के लिए शुरू किया था।
- दिसम्बर, 1971 तक अन्तर्राष्ट्रीय मुद्रा कोष की हिसाबी मुद्रा अमेरिकी डॉलर थी, किन्तु दिसम्बर, 1971 में विशेष आहरण अधिकार द्वारा मुद्रा कोष की नई मुद्रा बन गई और कोष के सभी लेन-देन विशेष आहरण अधिकार में व्यक्त किए जाने लगे। अन्तर्राष्ट्रीय मौद्रिक क्षेत्र में विशेष आहरण अधिकार स्वर्ण मुद्रा की भूमिका निभाता है। इसी कारण इसे कागजी स्वर्ण (Paper Gold) भी कहा जाता है।
- विशेष आहरण अधिकार के मूल्य का निर्धारण विश्व की पाँच प्रमुख मुद्राओं की बास्केट पर आधारित होता है, ये मुद्राएँ अमेरिकी डॉलर (41.73%), यूरो (30.93%), जापानी येन (8.33%), चीनी RMB (10.92%) तथा पाउण्ड स्टर्लिंग (8.09%) है।
- अन्तर्राष्ट्रीय मुद्रा कोष (IMF) के कोटे को सदस्य देशों द्वारा स्वर्ण (कोटे का 25%) तथा अपने देश की मुद्रा (कोटे का 75%) में जमा करना पड़ता है।
- अब तक कुल 11 बार कोटे में परिवर्तन किया जा चुका है। वर्तमान में संयुक्त राज्य अमेरिका के पास सर्वाधिक कोटा है। 11वें कोटा पुनरीक्षण के पश्चात् अन्तर्राष्ट्रीय मुद्रा कोष में भारत का कोटा बढ़ा दिया गया है एवं वर्तमान में अग्रणी कोटाधारियों में भारत का स्थान 8वाँ है।

अन्तर्राष्ट्रीय मुद्रा कोष द्वारा सदस्य देशों को प्रदान किए जाने वाले ऋण

अन्तर्राष्ट्रीय मुद्रा कोष द्वारा सदस्य देशों को उनकी आर्थिक स्थिति के आधार पर दो प्रकार के ऋण प्रदान किए जाते हैं

- **गैर-रियायती ऋण** अन्तर्राष्ट्रीय मुद्रा कोष द्वारा विकसित और विकासशील देशों से गैर-रियायती ऋण प्रदान किए जाते हैं। यह ऋण इन्हें भुगतान सन्तुलन की समस्या से निपटने एवं आर्थिक विकास को बढ़ावा देने के लिए प्रदान किया जाता है। यह ऋण मध्यम अवधि के लिए प्रदान किया जाता है और ऋण प्राप्तकर्ता देश को इसके बढ़ने में ब्याज का भुगतान किया जाता है।
- **रियायती ऋण** अन्तर्राष्ट्रीय मुद्रा कोष द्वारा ऋण अल्प विकसित अर्थव्यवस्था वाले देशों को प्रदान किया जाता है। इससे ऋण प्राप्तकर्ता देश अपने भुगतान सन्तुलन की समस्या का समाधान करता है तथा आर्थिक विकास को बढ़ावा देता है। इस ऋण के प्राप्तकर्ता देश को केवल ऋण की राशि का ही भुगतान करना पड़ता है और इस पर ब्याज से छूट प्राप्त रहती है।

अन्तर्राष्ट्रीय मुद्रा कोष द्वारा ऋण देने की शर्त

- अन्तर्राष्ट्रीय मुद्रा कोष द्वारा अपने सदस्य देशों को ऋण प्रदान करते समय कुछ शर्तों का उल्लेख किया जाता है, जिसे अन्तर्राष्ट्रीय मुद्रा कोष की **शर्तावली** कहा जाता है। ऐसा माना जाता है कि आईएमएफ की ऋण शर्तावली बेहद कठोर है, जिससे कुछ देश इसका विरोध करते हैं।
- अन्तर्राष्ट्रीय मुद्रा कोष द्वारा अपनी ऋण शर्तों के सम्बन्ध में यह कहा जाता है कि ये शर्तें, ऋण प्राप्तकर्ता देश के आर्थिक विकास को मजबूती प्रदान करती हैं। अन्तर्राष्ट्रीय मुद्रा कोष की ऋण शर्तें निम्नलिखित हैं
  - राजकोषीय घाटे में कमी करना।
  - निजीकरण को बढ़ावा देना।
  - सदस्य देश की मुद्रा को विदेशी लेन-देन के लिए नियन्त्रण मुक्त करना।
  - सरकारी कर्मचारियों की संख्या में कमी करना।
  - सब्सिडी में कटौती करना।
  - श्रम क्षेत्र में सुधार करना।

भारत और अन्तर्राष्ट्रीय मुद्रा कोष

- भारत उन 44 देशों में से एक है, जिन्होंने **ब्रेटन वुड्स सम्मेलन** में भाग लिया था। अत: यह अन्तर्राष्ट्रीय मुद्रा कोष का संस्थापक सदस्य है। आरम्भ में भारत सर्वाधिक अभ्यंश वाले 5 देशों में होने के कारण संचालक मण्डल का स्थायी सदस्य था, किन्तु वर्ष 1970 में अन्य देशों का कोटा अधिक हो जाने के कारण संचालक मण्डल में भारत की स्थायी सदस्यता समाप्त हो गई।

> भारत के वित्त मन्त्री अन्तर्राष्ट्रीय मुद्रा कोष के गवर्नर मण्डल का पदेन (Ex-officio) गवर्नर होता है और रिजर्व बैंक ऑफ इण्डिया का अध्यक्ष भारत का अन्तर्राष्ट्रीय मुद्रा कोष में दूसरा गवर्नर (वैकल्पिक गवर्नर) होता है।

- अन्तर्राष्ट्रीय मुद्रा कोष में भारत का प्रतिनिधित्व एक कार्यकारी निदेशक करता है, जो अन्य तीन देशों-बांग्लादेश, श्रीलंका तथा भूटान का भी प्रतिनिधित्व करता है।
- अन्तर्राष्ट्रीय मुद्रा कोष की 13वीं समीक्षा बैठक में भारत का कोटा बढ़कर 1.91% से 2.44% हो गया तथा 14वीं समीक्षा बैठक में भारत का कोटा 2.76% हो गया और इसी के साथ भारत, अन्तर्राष्ट्रीय मुद्रा कोष का 8वाँ बड़ा कोटाधारी राष्ट्र हो गया है।
- अपनी आवश्यकता के लिए अन्तर्राष्ट्रीय मुद्रा कोष से कर्ज लेने वाले देश के बदले भारत अब इसका वित्तपोषक राष्ट्र बन चुका है। ये भारत के भुगतान सन्तुलन के सुदृढ़ होने तथा विदेशी मुद्रा कोष में वृद्धि के कारण हुआ है।

> भारत अब अन्तर्राष्ट्रीय मुद्रा कोष के वित्त पोषक राष्ट्रों में शामिल है अर्थात् यह इस बहुपक्षीय संस्था को ऋण उपलब्ध कराने लगा है। भारत ने मुद्रा कोष को यह राशि फाइनेन्शियल ट्रान्जेक्शन प्लान के अन्तर्गत उपलब्ध कराई थी।

- अन्तर्राष्ट्रीय विकास परिषद् उदार ऋण प्रदान करने के पूर्व तीन कसौटियों की ओर ध्यान देती है, ये कसौटियाँ हैं—गरीबी का मूल्यांकन, परियोजना का मूल्यांकन एवं निष्पादन का मूल्यांकन।
- अन्तर्राष्ट्रीय मुद्रा कोष द्वारा **वर्ल्ड इकोनॉमिक आउटलुक** को प्रकाशित किया जाता है।

अन्तर्राष्ट्रीय मुद्रा कोष की रिपोर्ट्स

अन्तर्राष्ट्रीय मुद्रा कोष द्वारा निम्नलिखित रिपोर्टों का प्रकाशन किया जाता है

- विश्व आर्थिक परिदृश्य रिपोर्ट (World Economic Outlook Report)
- वैश्विक वित्तीय स्थिरता रिपोर्ट (Global Financial Stability Report)
- राजकोषीय अनुश्रवण (Fiscal Movitor)

SDR धारित के सापेक्ष IMF के शीर्ष 10 देशों की भागीदारी तथा वोटिंग शेयर (प्रतिशत में)

देश	कोटा (प्रतिशत)	वोटिंग शेयर (प्रतिशत)
यूएसए	17.43	16.50
जापान	6.47	6.14
चीन	6.40	6.08
जर्मनी	5.59	5.31
फ्रांस	4.23	4.03
यूके	4.23	4.03
इटली	3.16	3.02
भारत	2.76	2.63
रूस	2.71	2.59
ब्राजील	2.32	2.22

विश्व बैंक

- अन्तर्राष्ट्रीय पुनर्निर्माण एवं विकास बैंक या विश्व बैंक (World Bank, WB) की स्थापना वर्ष 1944 के ब्रेटन वुड्स समझौते के अन्तर्गत वर्ष 1945 में हुई थी। इसकी स्थापना के लिए जेनेवा में 27 देशों के बीच समझौता हुआ था।

> विश्व बैंक ने 25 जून, 1946 से कार्य करना प्रारम्भ किया। भारत इसका संस्थापक सदस्य है। इसकी स्थापना युद्धकालीन अर्थव्यवस्था को शान्तिकालीन अर्थव्यवस्था में शान्तिमय ढंग से लाने में सहायता के लिए की गई थी। यह अन्तर्राष्ट्रीय मुद्रा कोष की सह-संस्था है।

- इसका मुख्यालय वॉशिंगटन डीसी में स्थित है। वर्तमान में इसके सदस्यों की संख्या 189 है। नौरू गणराज्य इसका 189वाँ सदस्य है। अन्तर्राष्ट्रीय मुद्रा कोष के सभी सदस्य विश्व बैंक के भी सदस्य होते हैं। इसके 13वें अध्यक्ष **डेविड मालपास** हैं। विश्व बैंक प्रारम्भ में दो संस्थाओं के सहयोग से बना था
  - इण्टरनेशनल बैंक ऑफ रिकन्सट्रक्शन एण्ड डेवलपमेण्ट (IBRD)
  - इण्टरनेशनल डेवलपमेण्ट एसोसिएशन (IDA)
- इन संस्थाओं के पश्चात् तीन अन्य संस्थाएँ भी बनाई गईं, जो निम्न हैं
  - इण्टरनेशनल फाइनेन्स कॉर्पोरेशन (IFC)
  - मल्टी इन्वेस्टमेण्ट गारण्टी एजेन्सी (MIGA)
  - इण्टरनेशनल सेण्टर फॉर सेटलमेण्ट ऑफ इन्वेस्टमेण्ट डिस्प्यूट्स (ICSID)

> विश्व बैंक का गठन सदस्य देशों को आर्थिक पुनर्निर्माण और विकास के कार्यों में आर्थिक सहायता देने, विश्व में गरीबी को कम करने एवं अन्तर्राष्ट्रीय निवेश को बढ़ावा देने के लिए किया गया है। उपरोक्त सभी संस्थाओं को मिलाकर **विश्व बैंक समूह** कहा जाता है।

विश्व बैंक के उद्देश्य

विश्व बैंक के निम्नलिखित उद्देश्य हैं

- सदस्य देशों के आर्थिक पुनर्निर्माण एवं विकास हेतु दीर्घकालीन पूँजी (Long Term Capital) उपलब्ध कराना, जिसकी अवधि ई-20 वर्ष तक होती है।
- भुगतान सन्तुलन की साम्यता एवं अन्तर्राष्ट्रीय व्यापार के सन्तुलित विकास हेतु दीर्घकालीन पूँजी विनियोग (Investment) को प्रोत्साहित करना। सदस्य राष्ट्रों में पूँजी निवेश को प्रोत्साहित करने हेतु पूँजी की व्यवस्था करना।
- सदस्य देशों की लघु एवं बड़ी परियोजनाओं के कार्यान्वयन हेतु ऋण प्रदान करना तथा ऐसे ऋणों के लिए गारण्टी देना।
- युद्ध से पीड़ित देशों की अर्थव्यवस्थाओं को शान्तिकालीन अर्थव्यवस्था में परिवर्तित करने हेतु कार्यक्रमों को लागू करना।

संगठन एवं संरचना

- अन्तर्राष्ट्रीय मुद्रा कोष की भाँति विश्व बैंक का ढाँचा भी त्रि-स्तरीय है। इसका एक अध्यक्ष होता है, दूसरे स्तर पर अधिशासी निदेशक होते हैं और तीसरे स्तर पर शासक मण्डल होता है।
- इसके संगठन में **गवर्नरों का बोर्ड, प्रशासनिक संचालक बोर्ड, सलाहकार समिति** तथा **ऋण समिति** महत्त्वपूर्ण हैं। प्रत्येक सदस्य देश 5 वर्ष की अवधि के लिए एक गवर्नर और एक वैकल्पिक गवर्नर की नियुक्ति करता है। प्रत्येक गवर्नर की मतदान की शक्ति उसके देश की सरकार के वित्तीय योगदान से सम्बन्ध रखती है।
- प्रशासनिक निदेशक बोर्ड की बैठक नियमित रूप से वर्ष में एक बार होती है, जिसकी अध्यक्षता शासक मण्डल का अध्यक्ष करता है। प्रशासनिक निदेशक समझौते के नियमों के ढाँचे में नीति के विषय में निर्णय लेते हैं। वे अध्यक्ष द्वारा दिए गए ऋण (Debt) तथा साख (Credit) सम्बन्धी सुझावों पर विचार करते हैं और निर्णय लेते हैं। वे शासक मण्डल की वार्षिक मीटिंगों में ऑडिट, शुद्ध हिसाब-किताब, प्रशासकीय बजट और बैंक के प्रचालनों एवं नीतियों की वार्षिक रिपोर्ट भी प्रस्तुत करते हैं।
- संचालक बोर्ड के सदस्यों की संख्या 24 होती है। इनमें से पाँच उन देशों द्वारा नियुक्त किए जाते हैं, जिनका बैंक की पूँजी में सर्वाधिक भाग होता है। ये देश USA, जापान, चीन, जर्मनी एवं फ्रांस हैं।
- शेष 19 संचालक अन्य 184 देशों द्वारा 2 वर्षों के लिए चुने जाते हैं। प्रत्येक संचालक को उसके देश के अंशदान के अनुसार मताधिकार प्राप्त होते हैं।
- सलाहकार समिति (Advisory Committee) तथा ऋण समिति (Debt Committee) की नियुक्ति संचालक बोर्ड द्वारा होती है। संचालक बोर्ड की मीटिंग एक महीने में कम-से-कम एक बार होना आवश्यक है।
- संचालक समिति का अध्यक्ष बैंक का प्रधान अधिकारी होता है और वह बैंक के सभी साधारण कार्यों की देखभाल करता है। अध्यक्ष को केवल अपना निर्णायक मत देने का अधिकार होता है, साधारण मताधिकार नहीं।

> संचालक मण्डल द्वारा कम-से-कम सात सदस्यों की एक **सलाहकार परिषद्** (Advisory Council) नियुक्त की जाती है। ये सदस्य विभिन्न आर्थिक क्षेत्रों के विशेषज्ञ होते हैं। परिषद् की साधारणतया प्रतिवर्ष एक बैठक होती है। संचालक मण्डल द्वारा समय-समय पर ऋण समितियाँ भी नियुक्त की जाती हैं, जो किसी सदस्य देश द्वारा माँगे गए ऋण की उपयुक्तता के सम्बन्ध में जाँच करती हैं।

भारत एवं विश्व बैंक

- भारत, विश्व बैंक के संस्थापक सदस्यों में से एक है। शुरू में भारत का अभ्यंश 400 मिलियन डॉलर था एवं उसका नाम अधिकतम पूँजी वाले 5 देशों में शामिल था, जिससे भारत को विश्व बैंक में एक स्थायी कार्यकारी संचालक नियुक्त करने का अधिकार प्राप्त था, किन्तु अब अन्य देशों का अभ्यंश भारत से अधिक हो जाने के कारण प्रथम 5 देशों में भारत का स्थान नहीं रह गया है। मताधिकार के मामले में इसका स्थान 7वाँ (2.91% के साथ) है।
- भारत के आर्थिक विकास की गति को त्वरित करने में विश्व बैंक ने देश की विभिन्न विकास परियोजनाओं में दीर्घकालीन पूँजी निवेश करके अभूतपूर्व योगदान दिया है, विभिन्न विकास परियोजनाओं को पूर्ण करने हेतु विश्व बैंक द्वारा दीर्घकालीन ऋण प्रदान किए गए हैं। विशेषत: देश की परिवहन एवं संचार, सिंचाई, शिक्षा, जलापूर्ति, विद्युतशक्ति, जनसंख्या नियन्त्रण, गरीबी उन्मूलन, बुनियादी ढाँचा, ग्रामीण विकास, सड़क निर्माण आदि दीर्घकालीन परियोजनाओं को पूर्ण करने हेतु बैंक द्वारा वित्तीय सहायता उपलब्ध कराई गई है।
- विश्व बैंक से भारत को आर्थिक सहायता देने के लिए वर्ष 1958 में ऐड इण्डिया क्लब कन्सोर्टियम की स्थापना की गई। जून, 1994 में इसका नाम बदलकर भारत विकास मंच कर दिया गया।

अन्तर्राष्ट्रीय मुद्रा कोष एवं विश्व बैंक में अन्तर

- विश्व बैंक द्वारा सदस्य देशों के सन्तुलित विकास हेतु दीर्घकालीन ऋण उपलब्ध कराया जाता है, जबकि अन्तर्राष्ट्रीय मुद्रा कोष द्वारा सदस्य देशों के भुगतान शेष की प्रतिकूलता को अनुकूल बनाने के लिए अल्पकालीन ऋण उपलब्ध कराया जाता है।
- अन्तर्राष्ट्रीय मुद्रा कोष सदस्य देशों के मध्य मौद्रिक सहयोग बढ़ाने तथा विनिमय दर को स्थिर रखने में सहायता प्रदान करता है, जबकि विश्व बैंक मौद्रिक सहयोग के साथ-साथ विकास कार्यों के लिए भी धन उपलब्ध कराता है।

विश्व बैंक समूह

विश्व बैंक (World Bank Group) समूह के अन्तर्गत बैंकों का विवरण निम्न प्रकार है

अन्तर्राष्ट्रीय पुनर्निर्माण एवं विकास बैंक

- विश्व बैंक समूह के पाँच संस्थानों में से एक अन्तर्राष्ट्रीय पुनर्निर्माण एवं विकास बैंक (IBRD) है। इसकी स्थापना वर्ष 1944 में सम्पन्न ब्रेटन वुड्स सम्मेलन के पश्चात् हुई एवं इसने वर्ष 1946 से अपना कार्य करना प्रारम्भ किया।
- यह एक अन्तर्राष्ट्रीय वित्तीय संस्थान है, जो मध्यम आय के विकासशील देशों को ऋण प्रदान करता है। इस बैंक का मुख्यालय वॉशिंगटन डीसी संयुक्त राज्य अमेरिका में स्थित है।
- यह पुनर्निर्माण और विकास के लिए अन्तर्राष्ट्रीय बैंक आर्थिक विकास और गरीबी उन्मूलन पर विशेष ध्यान रखते हुए ही मध्यम आय के विकासशील देशों को ऋण प्रदान करता है।
- अन्तर्राष्ट्रीय पुनर्निर्माण एवं विकास बैंक में (वर्तमान में) कुल 189 देश हैं।
- अन्तर्राष्ट्रीय पुनर्निर्माण एवं विकास बैंक द्वारा विश्व विकास रिपोर्ट का प्रकाशन किया जाता है।

अन्तर्राष्ट्रीय विकास संघ

- अन्तर्राष्ट्रीय विकास संघ (International Development Association, IDA) की स्थापना 24 सितम्बर, 1960 को हुई थी। कानूनी और वित्तीय रूप से यह संस्था विश्व बैंक से अलग है, परन्तु वास्तव में, यह विश्व बैंक की सहयोगी संस्था है। विश्व बैंक का अध्यक्ष ही इसका पदेन अध्यक्ष होता है। इसे विश्व बैंक की रियायती ऋण देने वाली खिड़की कहा जाता है।
- इसने 8 नवम्बर, 1960 से कार्य करना प्रारम्भ किया एवं मार्च, 1961 में संयुक्त राष्ट्र का एक अभिकरण बना।
- इस संघ की सदस्यता विश्व बैंक के सभी सदस्यों के लिए खुली है। केवल विश्व बैंक के सदस्य ही इसके सदस्य बन सकते हैं। यदि कोई देश विश्व बैंक की सदस्यता से हट जाता है, तो उसकी परिषद् की सदस्यता भी अपने आप समाप्त हो जाती है।
- अन्तर्राष्ट्रीय विकास संघ के समझौते की धाराओं के अनुसार, सदस्यों को दो भागों में बाँटा गया है। भाग-I में विकसित देश और भाग-II में विकासशील देश हैं। वर्तमान में इसके 173 सदस्य हैं।

वर्तमान में इस संघ के 32 अंशदाता देश हैं। विकास परिषद् को पूँजी संसाधन इसके सदस्य देशों द्वारा दिए गए अंशदान, विकसित सदस्य देशों के द्वारा की गई सामान्य आपूर्तियों (Replenishments) और विश्व बैंक के शुद्ध अर्जनों के हस्तान्तरणों से प्राप्त होते हैं।

उद्देश्य एवं कार्य पद्धति

- यह आर्थिक विकास के लिए ऐसे देशों को रियायती सहायता (Grant Assistance) देती है, जिससे लोगों का जीवन-स्तर ऊँचा हो। इनका सम्बन्ध जनसंख्या नियन्त्रण, शिक्षा, स्वास्थ्य सेवाओं, पोषण आहार आदि से है। विश्व के दरिद्रतम देशों की गरीबी हटाने के लिए सहायता प्रदान करना भी इसके उद्देश्यों में शामिल है।
- यह संगठन ऐसे सदस्य देशों, जिनकी इस समय प्रति व्यक्ति आय 375 डॉलर प्रतिवर्ष से कम है, को उदार ऋण प्रदान करता है।
- इस प्रकार के कर्जे केवल उन्हीं परियोजनाओं के लिए दिए जाते हैं, जिन्हें विश्व बैंक प्रदान नहीं करता। ये केवल सहायता प्राप्तकर्ता देश की सरकार को दिए जाते हैं।

अन्तर्राष्ट्रीय विकास संघ के उदार ऋण

- इन ऋणों की अदायगी में प्रथम 10 वर्ष की छूट होती है।
- इन ऋणों की भुगतान अवधि 35-40 वर्ष होती है।
- आवण्टित राशि पर 0.75% प्रतिवर्ष का प्रशासकीय शुल्क (Administrative Fee) लिया जाता है।
- इन ऋणों पर 0 से 05% तक ब्याज दर ली जाती है, जिसे वचनबद्धता शुल्क (Commitment Fee) भी कहते हैं। व्यवहार में पिछले कुछ वर्षों से ऋणों पर कोई वचनबद्धता शुल्क नहीं लिया गया है।
- इसके अन्तर्गत परियोजनागत और गैर-परियोजनागत दोनों प्रकार के ऋण प्रदान किए जाते हैं।

अन्तर्राष्ट्रीय वित्त निगम

- अन्तर्राष्ट्रीय वित्त निगम (International Finance Corporation, IFC) विश्व बैंक से सम्बन्धित एक अन्य संस्था है, जो जुलाई, 1956 में प्रारम्भ की गई थी। वर्ष 1961 में यह UNO का एक अभिकरण बना। वर्तमान में इसके सदस्यों की संख्या 184 है। इसकी धाराएँ विश्व बैंक करार के ढाँचे के अनुरूप हैं। इस निगम की सदस्यता होने के लिए एक देश को विश्व बैंक का सदस्य होना अनिवार्य है।
- इसके अपने कर्मचारी हैं, परन्तु यह प्रशासकीय सेवाओं के लिए विश्व बैंक से सहायता लेता है। इसका अपना एक संगठनात्मक ढाँचा है, जिसमें एक अध्यक्ष, एक सभापति, शासक मण्डल और अधिशासी निदेशक, विश्व बैंक के ढाँचे के अनुसार हैं। विश्व बैंक का अध्यक्ष ही इस निगम का अध्यक्ष होता है, परन्तु निगम की सभी प्रशासकीय शक्तियाँ उपाध्यक्ष में केन्द्रित होती हैं।

> अन्तर्राष्ट्रीय वित्त निगम के अन्तर्गत आठ विभाग हैं, जिनमें से चार निवेश से सम्बन्धित हैं, जो भौगोलिक आधार पर कार्य करते हैं, जबकि शेष चार विभाग-पूँजी बाजारों, वित्त और प्रबन्धन (Finance and Management), कानूनी विषयों तथा इंजीनियरिंग से सम्बन्धित हैं, जो कार्यात्मक आधार पर परिचालन करते हैं।

- यह निगम विकासशील देशों में निजी उद्योगों (Private Industries) के लिए बिना सरकारी गारण्टी के धन की व्यवस्था करता है तथा अतिरिक्त पूँजी विनियोग द्वारा उन्हें प्रोत्साहित करता है। यह निजी उपक्रम की स्थापना, सुधार और प्रसार के वित्त-प्रबन्धन में सहायता करता है। यह सदस्य देशों में घरेलू और विदेशी पूँजी, उत्पादकीय निवेश में प्रवाहित करने के लिए प्रोत्साहित करता है।
- अन्तर्राष्ट्रीय वित्त निगम (IFC) तीन प्रकार से विकासशील देशों में उत्पादकीय निजी निवेश को प्रोत्साहन देता है
  - प्रत्यक्ष निवेश द्वारा
  - स्थानीय और विदेशी पूँजी प्राप्त करके
  - मार्गदर्शन और तकनीकी सहायता प्रदान करके
- यह 7 से 12 वर्षों में परिपक्व होने वाले दीर्घकालीन ऋण और जोखिम पूँजी, व्यापारिक दर पर विकासशील देशों में निजी उपक्रम को उत्पादक निवेश के लिए देता है। निगम केवल विनिर्माण उद्योगों को ऋण देता है। यद्यपि यह सामाजिक सेवाओं के लिए ऋण नहीं दे सकता।

बहुपक्षीय निवेश गारण्टी एजेन्सी

- यह विश्व बैंक ग्रुप की नवीनतम सम्बन्धित संस्था है, जो अप्रैल, 1998 में स्थापित हुई। यह अन्तर्राष्ट्रीय वित्त निगम के साथ संयुक्त उपक्रम है। इसकी अधिकृत पूँजी 1.08 बिलियन डॉलर है।
- अपने गारण्टी प्रोग्राम के द्वारा यह राजनीतिक जोखिम दूर करने के लिए निवेश बीमा (Investment Insurance) प्रदान करती है। यह केवल नए निवेशों का बीमा कर सकता है, जिसमें वर्तमान निवेशों का प्रसार, निजीकरण और वित्तीय पुनर्संरचना करना शामिल है।
- इसका मुख्य उद्देश्य सदस्य विकासशील देशों में प्रत्यक्ष निवेश के प्रवाह को प्रोत्साहित करना है। यह विकासशील देशों की सरकारों को प्रोत्साहन और परामर्श देने वाली सेवाएँ भी प्रदान करती है, जिससे उनके निवेश वातावरण (Investment Environment) का आकर्षण बढ़ाया जा सके।
- बहुपखीय निवेश गारण्टी एजेन्सी (मिगा) से सहायता प्राप्त करने के लिए एक देश को उसका सदस्य बनना अनिवार्य है, जिसके लिए मिगा के समझौते पर उसे हस्ताक्षर करने होते हैं। वर्तमान में मिगा के 182 सदस्य (154 विकासशील देश और 28 औद्योगिक देश) हैं।
- इसका पूर्ण सदस्य बनने के लिए एक देश को अपना पूँजी-अंशदान भी मिगा को देना होता है। अन्य देशों की तरह भारत ने भी प्रत्यक्ष विदेशी निवेश की सुरक्षा के लिए मिगा के समझौते पर 13 अप्रैल, 1992 को हस्ताक्षर किए।

निवेश सम्बन्धी विवाद निपटान हेतु अन्तर्राष्ट्रीय केन्द्र

- वर्ष 1966 में स्थापित यह केन्द्र सरकार एवं विदेशी निजी निवेशकों के मध्य निवेश सम्बन्धी विवादों के समझौते या पंच निर्णय द्वारा निपटारे की सुविधाएँ प्रदान करता है।
- समाधान के लिए इस केन्द्र का आलम्बन स्वैच्छिक है, किन्तु जब एक बार पक्ष पंचनिर्णय के लिए सहमत हो जाते हैं, तो फिर उनमें से कोई अपनी सहमति को एक पक्षीय रूप से वापस नहीं ले सकता।
- इस केन्द्र ने बहुत-से अन्तर्राष्ट्रीय निवेश झगड़े सुलझाने में; जैसे—भारत-पाकिस्तान के बीच नदी जल-विवाद, मिस्र और इंग्लैण्ड में स्वेज नहर का विवाद आदि के मामले में सफलतापूर्वक मध्यस्थता की थी।

> वर्तमान में निवेश सम्बन्धी विवाद निपटान हेतु अन्तर्राष्ट्रीय केन्द्र के सदस्यों की संख्या 165 (हस्ताक्षरकर्ता 8 देश एवं अनुबन्धित देश 157) है।

- यह केन्द्र एक बहुपक्षीय सन्धि है, जो विश्व बैंक के कार्यकारी निदेशकों द्वारा अन्तर्राष्ट्रीय निवेश को बढ़ावा देती है। यह एक स्वतन्त्र, राजनीतिक प्रभाव से मुक्त तथा प्रभावी निवेश विवाद समाधान संस्था है। यह केन्द्र निवेशकों एवं राष्ट्रों में भरोसा उत्पन्न कर अन्तर्राष्ट्रीय निवेश को बढ़ावा देता है।

- यह केन्द्र विश्व विवादों के मध्य सुलह मध्यस्थता तथा तथ्यान्वेषण के द्वारा विवादों का समाधान करता है।

विश्व व्यापार संगठन

- 31 दिसम्बर, 1994 को गैट (GATT) की समाप्ति के साथ ही 1 जनवरी, 1995 से विश्व व्यापार संगठन अस्तित्व में आया। इसका मुख्यालय जेनेवा में स्थित है। इसके सदस्यों की संख्या 164 है। अफगानिस्तान इस संगठन का नवीनतम सदस्य है, जिसने अप्रैल, 2016 में सदस्यता ग्रहण की।

> वर्ष 1947 में भारत सहित 53 राष्ट्रों का सम्मेलन हवाना (क्यूबा) में आयोजित किया गया। इसमें भारत सहित 23 देशों ने व्यापार प्रतिबन्धों तथा टैरिफ में कमी लाने के उद्देश्य से एक समझौते पर हस्ताक्षर किए। इसी समझौते को बाद में व्यापार एवं प्रशुल्क विषयक सामान्य समझौता (General Agreement on Tariff and Trade, GATT) नाम दिया गया। वर्ष 1948 में जेनेवा सम्मेलन से गैट का प्रारम्भ माना जाता है।

- गैट की स्थापना के साथ ही वर्ष 1986-93 तक यह 8 दौर से गुजरा। गैट के 8 दौर की बातचीत दिसम्बर, 1986 में उरुग्वे में आयोजित की गई।
- इस दौर में सदस्यों द्वारा परम्परागत मुद्दों के अतिरिक्त कुछ गैर-परम्परागत मुद्दे उठाए गए। ये मुद्दे मुख्यत: व्यापार सम्बन्धी बौद्धिक सम्पदा अधिकार (Trade Related Aspects of Intellectual Property Rights, TRIPS), व्यापार सम्बन्धी निवेश, व्यापार सम्बन्धी सेवाएँ आदि थे।
- विश्व व्यापार संगठन के सदस्य बनने के बाद आपसी व्यापार में कोई देश एक-दूसरे से भेदभाव नहीं कर सकता है। यह सदस्यों के मध्य सर्वाधिक वरीयता प्राप्त राष्ट्र की अवधारणा पर आधारित है। विश्व व्यापार संगठन के अन्तर्गत किए गए समझौते वस्तु, सेवा एवं बौद्धिक सम्पदा से सम्बन्धित हैं।
- इसकी एक कानूनी स्थिति है और यह विश्व बैंक तथा अन्तर्राष्ट्रीय मुद्रा कोष के समकक्ष ही स्थान रखता है। इसमें उरुग्वे दौर द्वारा संशोधित गैट (1986-94) के अन्तर्गत स्वीकृत सभी समझौते और व्यवस्थाएँ तथा उरुग्वे दौर के सम्पूर्ण परिणाम सम्मिलित हैं। 1 जनवरी, 1995 को विश्व व्यापार संगठन के सदस्य 77 देश थे। भारत इसके संस्थापक देशों में शामिल है।
- यह एक वैश्विक स्वायत्त संस्था है, जो इसके सदस्यों के साथ आपसी सहमती के आधार पर कार्य करती है। यह संस्था संयुक्त राष्ट्र से सम्बद्ध संस्था नहीं है।

विश्व व्यापार संगठन एवं गैट में अन्तर

- गैट केवल वस्तुओं के व्यापार से सम्बन्धित है, जबकि विश्व व्यापार संगठन वस्तुओं, सेवाओं और बौद्धिक सम्पदा के अधिकारों के व्यापार से सम्बन्धित है।
- विश्व व्यापार संगठन में व्यापार से सम्बन्धित विवादों का भी निपटान किया जाता है, परन्तु गैट में इस प्रकार के प्रावधान नहीं थे।
- विश्व व्यापार संगठन के अन्तर्गत संविदाकारी पक्षों (Contracting Parties) को अपने नियम और कानूनों में परिवर्तन की आज्ञा है, परन्तु गैट के प्रावधानों के अन्तर्गत इसकी अनिवार्यता नहीं है।

विश्व व्यापार संगठन की संरचना

विश्व व्यापार संगठन की संरचना में निम्नलिखित निकाय हैं

- मन्त्रिस्तरीय सम्मेलन (Ministerial Council) यह विश्व व्यापार संगठन की शीर्षस्तरीय निकाय है। इस संगठन का आयोजन प्रत्येक 2 वर्ष पर किया जाता है, जिसके सम्मेलन में प्रत्येक सदस्य देश के वाणिज्य एवं व्यापार मन्त्री शामिल होते हैं। यह सभी सदस्य देशों की व्यापार नीतियों की आवधिक समीक्षा करता है। इसके 12वें मन्त्रिस्तरीय सम्मेलन का आयोजन वर्ष 2022 में जेनेवा (स्विट्जरलैण्ड) में किया गया था।
- सामान्य काउन्सिल (General Council) यह संगठन विश्व व्यापार संगठन की संरचना के द्वितीय स्तर पर है और इसमें सभी सदस्य देशों के राजदूत प्रतिभाग करते हैं। यह काउन्सिल मन्त्रिस्तरीय सम्मेलन में लिए गए निर्णयों के लिए क्रियान्वयन का कार्य करती है। इस स्तर पर इसके साथ ही दो अन्य निकाय भी कार्य करते हैं—**विवाद निपटान निकाय** (Dispute Settlement Body) एवं **व्यापार नीति समीक्षा निकाय** (Trade Policy Review Body)।
- व्यापार परिषद् यह विश्व व्यापार संगठन की संरचना के तीसरे स्तर का निकाय है, जो प्रत्यक्षत: जनरल काउन्सिल के नियन्त्रण में होती है। ये व्यापार परिषदें निम्नलिखित हैं
  - वस्तुओं के व्यापार के लिए परिषद्।
  - सेवाओं के व्यापार के लिए परिषद्।
  - बौद्धिक सम्पदा अधिकारों के व्यापार सम्बन्धी पहलुओं के लिए परिषद्।
  - विश्व व्यापार संगठन का एक अपना सचिवालय होता है, जो संगठन के विभिन्न स्तरों के क्रियाकलापों में सहयोग प्रदान करता है। विश्व व्यापार संगठन के वर्तमान महानिदेशक रॉबर्टो एजेवेडो हैं।

> ### विश्व व्यापार संगठन के सिद्धान्त
>
> विश्व व्यापार संगठन के निम्नलिखित सिद्धान्त हैं
>
> - गैर-भेदभाव (Non-Discrimination)
> - पारस्परिक (Reciprocity)
> - बाध्यकारी एवं लागू करने योग्य प्रतिबद्धताएँ (Binding and Enforceable Commitments)
> - पारदर्शिता (Transparency)
> - सुरक्षा वाल्व (Safety Valves)

विश्व व्यापार संगठन की स्थापना के उद्देश्य

विश्व व्यापार संगठन के स्थापना समझौते की प्रस्तावना में निम्न उद्देश्य वर्णित हैं

- विश्व के साधनों का इष्टतम् उपयोग सततीय दृष्टि से करना इसका मुख्य उद्देश्य है, जिससे
  - पर्यावरण की रक्षा और संरक्षण हो।
  - पर्यावरण रक्षा के साधनों का विस्तार आर्थिक विकास के विभिन्न स्तरों की आवश्यकताओं और समस्याओं के अनुरूप हो।
- व्यापार और वित्तीय प्रयासों के क्षेत्रों में इसके सम्बन्ध इस प्रकार चलाए जाएँ, जिससे रोजगार सुनिश्चित हो और विस्तृत वास्तविक आय और प्रभावी माँग में लगातार वृद्धि हो, रहन-सहन के स्तर में सुधार हो तथा वस्तुओं एवं सेवाओं के उत्पादन और व्यापार का प्रसार हो। निश्चयात्मक प्रयत्न करना, जिससे विकासशील देश, विशेषत: निम्नतम विकसित देश अपने आर्थिक विकास की आवश्यकताओं के अनुसार अन्तर्राष्ट्रीय व्यापार की वृद्धि में अपना उचित भाग प्राप्त कर सकें।
- गैट में सम्मिलित, भूतकालीन व्यापार उदारीकरण के परिणाम और उरुग्वे दौर की सभी बहुपक्षीय व्यापार वार्ताओं के फलस्वरूप अधिक स्थायी और व्यवहार्य बहुपक्षीय संगठित व्यापार प्रणाली को विकसित करना।
- पारस्परिक एवं परस्पर लाभकारी व्यवस्थाएँ, जिनके द्वारा टैरिफ और व्यापार की रुकावटें तथा अन्तर्राष्ट्रीय व्यापार सम्बन्धों में पक्षपातकारी व्यवहार को हटाकर इन उद्देश्यों की प्राप्ति करना।
- व्यापारिक नीतियों, पर्यावरण सम्बन्धी नीतियों और सततीय विकास से सम्बन्ध स्थापित करना।

विश्व व्यापार संगठन के अन्तर्गत व्यापार समझौते

- वर्तमान समय में विश्व व्यापार संगठन में 60 से अधिक व्यापार समझौते सम्मिलित हैं। इन समझौतों को तीन वर्गों में वर्गीकृत किया जाता है— वस्तुओं में व्यापार पर बहुपक्षीय समझौता, सेवाओं में व्यापार पर सामान्य समझौता तथा बौद्धिक सम्पदा अधिकारों के व्यापार सम्बन्धी पहलुओं पर समझौता।
- विश्व व्यापार संगठन के अन्तर्गत कृषि समझौते पर कृषकों को प्रदान की जाने वाली सब्सिडियों को तीन समूहों में विभाजित किया जाता है, जिन्हें **बॉक्स** (Box) कहा जाता है। ये बॉक्स निम्न प्रकार हैं
  - **ग्रीन बॉक्स सब्सिडी** यह पर्यावरण संरक्षण, पशुधन संरक्षण, अनुसन्धान, कीट प्रबन्धन बीमारी नियन्त्रण के अन्तर्गत किए जा रहे उपायों के लिए किसानों को प्रदान की जाती है। इसमें व्यापार विकृति उत्पन्न नहीं होती है। इस प्रकार की सब्सिडी पर संसद द्वारा कोई प्रतिबन्ध नहीं लगाया जाता है।
  - **ब्लू बॉक्स सब्सिडी** इसमें उत्पादन को सब्सिडी से जोड़ा जाता है और कोटा प्रणाली द्वारा उत्पादन को सीमित किया जाता है। इसके अन्तर्गत प्रदान की जाने वाली सब्सिडी कृषि उत्पादों की व्यापार प्रकृति में कमी लाने की शर्तों पर दी जाती है।
  - **एम्बर बॉक्स सब्सिडी** यह अधिक उत्पादन को प्रोत्साहन देने के उद्देश्य से दी जाती है। इसमें कृषि उत्पादन के कुल मूल्य का 5% विकसित देशों के लिए तथा 10% विकासशील देशों के लिए कोटा निर्धारित है, जो निर्यातकों के बीच अवस्था प्रतिस्पर्द्धा को बढ़ावा देता है।

सेवाओं में व्यापार पर सामान्य समझौता

- विश्व व्यापार संगठन के अधीन सेवाओं के व्यापार के लिए सेवाओं में व्यापार पर सामान्य समझौता एक अन्तर्राष्ट्रीय समझौता है।
- यह उरुग्वे दौर की वार्ता के बाद 1 जनवरी, 1995 से लागू हुआ। इस समझौते के उद्देश्य निम्नलिखित हैं
  - अन्तर्राष्ट्रीय व्यापार नियमों के लिए विश्वसनीय प्रणाली का निर्माण करना।
  - निष्पक्ष और न्यायसंगत की प्राप्ति सभी हितधारक समूह को प्रदान करना।
  - आर्थिक गतिविधियों को बाध्यकारी नीतियों के माध्यम से गति प्रदान करना।
  - व्यापार एवं विकास को प्रगतिशील उदारीकरण के माध्यम से बढ़ावा देना।

बौद्धिक सम्पदा अधिकारों के व्यापार सम्बन्धी पहलुओं पर समझौता

- बौद्धिक सम्पदा अधिकार के व्यापार सम्बन्धी पहलू (ट्रिप्स) अन्तर्राष्ट्रीय आईपी अधिकारों पर एक समझौता है।
- ट्रिप्स समझौते के अन्तर्गत विभिन्न मानक स्थापित किए गए; जैसे—ट्रेडमार्क एवं कॉपीराइट, भौगोलिक संकेत, पेटेण्ट, औद्योगिक डिजाइन, एकीकृत सर्किट के लिए ले-आउट डिजाइन, अज्ञात जानकारी और व्यापार रहस्य की उपलब्धता एवं संविदात्मक लाइसेन्सों में प्रतिस्पर्द्धा प्रथाओं पर नियन्त्रण आदि हैं।

सर्वाधिक पसन्दीदा राष्ट्र

- अन्तर्राष्ट्रीय व्यापार के सम्बन्ध में एक देश द्वारा दूसरे देश को दिया जाने वाला व्यापार दर्जा या स्तर का उपचार है। यह सुनिश्चित करता है कि पसन्दीदा राष्ट्र का दर्जा प्रदान करने वाले देश को सबसे पसन्दीदा राष्ट्र को सभी प्रकार का व्यापार लाभ देना चाहिए।
- विश्व व्यापार संगठन द्वारा भेदभाव-रहित और गैर-विभेदकारी अन्तर्राष्ट्रीय व्यापार व्यवस्था की स्थापना के लिए सर्वाधिक पसन्दीदा राष्ट्र की अवधारणा को प्रतिपादित किया गया।

व्यापार सुविधा समझौता

- व्यापार सुविधा समझौते (TFA) को WTO के सदस्यों द्वारा दिसम्बर 2013 में इण्डोनेशिया में बाली मन्त्रिस्तरीय सम्मेलन में अपनाया गया था। व्यापार सुविधा समझौता, WTO सदस्यता को दो-तिहाई के समर्थन के बाद 22 फरवरी, 2017 को लागू हुआ।
- इसका उद्देश्य-माल की सीमा पार आवाजाही के लिए सीमा शुल्क नियमों को सरल बनाकर लालफीताशाही को कम करके, अन्तर्राष्ट्रीय व्यापार को नियन्त्रित करने वाले सख्त नियमों को सुव्यवस्थित करना है। व्यापार सुविधा समझौता (TFA) सम्पूर्ण विश्व में व्यापार बाधाओं को कम करने में सहायता करेगा।

संयुक्त राष्ट्र व्यापार एवं विकास सम्मेलन (अंकटाड)

- संयुक्त राष्ट्र संघ ने 1960-70 के दशक को संयुक्त राष्ट्र विकास दशक घोषित किया, जिसका मुख्य उद्देश्य व्यापार एवं विकास की अतिरिक्त सम्भावनाओं का पता लगाकर अल्पविकसित देशों की आय में 5% वृद्धि करना था। इस विचार के कारण कि गैर-विकासशील देशों के विकास में बाधक है। इसकी क्रियाओं का लाभ केवल विकसित देशों को ही प्राप्त होता है।
- संयुक्त राष्ट्र संघ की आर्थिक एवं सामाजिक परिषद् ने जेनेवा में एक विश्व व्यापार एवं विकास सम्मेलन बुलाया, जो 23 मार्च, 1964 से 16 जून, 1964 तक चला। इसमें अन्तर्राष्ट्रीय व्यापार सम्बन्धी विश्वव्यापी नीति निर्धारित की गई तथा विकासशील देशों की विशेष आवश्यकताओं एवं अन्तर्राष्ट्रीय व्यापार विस्तार सम्बन्धी समस्याओं के व्यावहारिक पहलू पर विचार किया गया।
- इसी सम्मेलन को संयुक्त राष्ट्र का प्रथम व्यापार एवं विकास सम्मेलन (United Nation Conference on Trade and Development, UNCTAD-I) कहा गया। इसका मुख्यालय जेनेवा में स्थित है। अंकटाड एक स्थायी अन्तर-सरकारी इकाई है, जिसकी स्थापना वर्ष 1964 में संयुक्त राष्ट्र महासभा के द्वारा की गई।
- अंकटाड का सम्मेलन 4 वर्ष के अन्तराल पर होता है। इसके सभी सम्मेलनों में अन्तर्राष्ट्रीय मुद्रा कोष को स्थायी प्रतिनिधित्व प्राप्त है। अंकटाड द्वारा पारित प्रस्तावों को अन्तर्राष्ट्रीय मुद्रा कोष अपनी नीति निर्माण प्रक्रिया में प्रयोग करता रहा है, परन्तु अंकटाड के सुझाव मात्र रचनात्मक होते हैं। इसके पालन के लिए किसी को बाध्य नहीं किया जा सकता।

> अंकटाड के कुल 14 सम्मेलन हो चुके हैं। इसका दूसरा सम्मेलन वर्ष 1968 में नई दिल्ली में तथा 11वाँ सम्मेलन 13 से 18 जून, 2004 साओ पाउलो (ब्राजील) में हुआ था। इसका 12वाँ सम्मेलन 19 से 25 अप्रैल, 2008 को घाना की राजधानी अंकारा में हुआ था एवं 13वाँ सम्मेलन अप्रैल, 2012 में कतर की राजधानी दोहा में सम्पन्न हुआ। अंकटाड का 14वाँ सम्मेलन 17 से 22 जुलाई, 2016 के मध्य केन्या की राजधानी नैरोबी में सम्पन्न हुआ। 15वाँ सम्मेलन 3 से 8 अक्टूबर, 2021 के मध्य ब्रिजटाउन, बारबाडोस में हुआ।

- संयुक्त राष्ट्र संघ की एक स्थायी एजेन्सी के रूप में अंकटाड कार्य कर रहा है, जिसकी सदस्यता पूर्णरूपेण ऐच्छिक है। कोई भी राष्ट्र अपनी इच्छानुसार अंकटाड की सदस्यता ग्रहण कर सकता है अथवा परित्याग कर सकता है।
- इसके प्रत्येक सदस्य को केवल एक मत देने का अधिकार है। सामान्य महत्त्व के विवादों पर केवल उपस्थित सदस्यों के बहुमत के आधार पर निर्णय लिए जाते हैं, जबकि अत्यन्त महत्त्वपूर्ण प्रश्नों के लिए दो-तिहाई बहुमत आवश्यक हैं।

विश्व आर्थिक मंच

- विश्व आर्थिक मंच (World Economic Forum, WEF) एक गैर-लाभकारी संगठन है, जिसे **क्लाउस श्वाब** द्वारा जनवरी, 1971 में स्थापित किया गया था। वर्ष 1987 में अन्तर्राष्ट्रीय संघर्षों को हल करने के लिए एक मंच प्रदान करने की दृष्टि से इसका नाम बदलकर विश्व आर्थिक मंच कर दिया गया। इसका मुख्यालय जेनेवा, स्विट्जरलैण्ड में स्थित है।

> विश्व आर्थिक मंच की वार्षिक बैठक का आयोजन प्रत्येक वर्ष दावोस, स्विट्जरलैण्ड में किया जाता है। इस बैठक में सम्पूर्ण विश्व के देशों के प्रतिनिधि प्रतिभाग करते हैं, जिसमें मुख्यत: वित्त एवं व्यापार मन्त्री, केन्द्रीय बैंकों के गवर्नर, अर्थशास्त्री एवं नागरिक समाज के सदस्य होते हैं।

- विश्व आर्थिक मंच की 52वीं बैठक का आयोजन, दावोस में 22 से 26 मई, 2022 के मध्य किया गया। इस संस्था द्वारा समय-समय पर विभिन्न रिपोर्टों का प्रकाशन किया जाता है, जिनके विषय मुख्यत: विकास, ऊर्जा, समावेशन, प्रतिस्पर्द्धा आदि होते हैं।
- WEF द्वारा विभिन्न रिपोर्टों का प्रकाशन किया जाता है; जो निम्न हैं
  - समावेशी विकास सूचकांक।
  - वैश्विक लैंगिक अन्तराल रिपोर्ट।
  - वैश्विक जोखिम रिपोर्ट।
  - यात्रा और पर्यटन प्रतिस्पर्द्धात्मकता रिपोर्ट।

आर्थिक सहयोग एवं विकास संगठन

- द्वितीय विश्वयुद्ध के बाद यूरोप के देशों की कमजोर अर्थव्यवस्था की पुन: स्थापना के लिए वर्ष 1948 में अमेरिकी विदेश मन्त्री मार्शल द्वारा प्रस्तावित योजना के प्रत्युत्तर में पेरिस में यूरोपीय राष्ट्रों का सम्मेलन तथा यूरोपीय आर्थिक सहयोग संगठन बुलाया गया। 30 सितम्बर, 1961 को इसका नाम बदलकर आर्थिक सहयोग एवं विकास संगठन (Organisation for Economic Co-operation and Development, OECD) कर दिया गया।
- वर्तमान में इसके 38 सदस्य हैं—ऑस्ट्रेलिया, ऑस्ट्रिया, बेल्जियम, कनाडा, चैक रिपब्लिक, हंगरी, कोरिया (रिपब्लिक), मैक्सिको, पोलैण्ड, डेनमार्क, जर्मनी, फिनलैण्ड, फ्रांस, ग्रीस,

आइसलैण्ड, इटली, जापान, लक्जमबर्ग, नीदरलैण्ड्स, न्यूजीलैण्ड, नॉर्वे, पुर्तगाल, स्लोवाकिया, स्पेन, स्वीडन, स्विट्जरलैण्ड, टर्की, यूके, यूएसए, एस्टोनिया, आयरलैण्ड, इजरायल, स्लोवाक गणराज्य, लाटविया, लिथुआनिया, कोलम्बिया, कोस्टारिका तथा स्लोवेनिया। इसका मुख्यालय पेरिस (फ्रांस) में स्थित है।

- आर्थिक सहयोग एवं विकास संगठन एक थिंक-टैंक की भाँति कार्य करता है। इसके प्रमुख कार्यों में विश्व व्यापार का विस्तार, आर्थिक प्रगति को बढ़ावा, गरीबी उन्मूलन, सामाजिक विकास व पर्यावरणीय प्रभावों का आकलन करना है।
- आर्थिक सहयोग एवं विकास संगठन वित्तीय कार्यवाही कार्यबल (FATF) के साथ मिलकर आतंकी वित्तपोषण एवं धनशोधन पर नियन्त्रण हेतु भी कार्य कर रहा है। भारत आर्थिक सहयोग एवं विकास संगठन का सदस्य नहीं है, लेकिन भारत का आर्थिक सहयोग एवं विकास संगठन के साथ सकारात्मक सम्बन्ध है।

वित्तीय कार्रवाई कार्यबल

- वित्तीय कार्यवाही कार्यबल (Financial Action Task Force, FATF) एक अन्तर्राष्ट्रीय अन्तर्सरकारी निकाय है। इसका गठन काले धन को वैध बनाने के सम्बन्ध में बढ़ती चिन्ताओं को दूर करने तथा आतंकी गतिविधियों के वित्त पोषण को रोकने हेतु पेरिस में वर्ष 1989 में सम्पन्न जी-7 सम्मेलन में किया गया। इसका सचिवालय पेरिस में **ऑर्गेनाइजेशन फॉर इकोनॉमिक कॉर्पोरेशन एण्ड डेवलपमेण्ट** के मुख्यालय में ही स्थित है।

> भारत वर्ष 2006 में एफएटीएफ का पर्यवेक्षक बना तथा वर्ष 2010 में इसका 34वाँ सदस्य बना। सदस्य बनने के बाद भारत एफएटीएफ के अन्तर्गत काले धन व आतंकी गतिविधियों के वित्त पोषण के मुद्दों पर प्रस्तावित सूक्ष्म, लघु एवं दीर्घ स्तरीय कार्यक्रमों को अपनाने पर सहमत हुआ। इसका सदस्य बनने के बाद भारत को काले धन सम्बन्धी मुद्दों तथा आतंकी गतिविधियों के विरुद्ध अपनी लड़ाई में अन्तर्राष्ट्रीय सहयोग प्राप्त हो सकेगा।

- वर्तमान समय में वित्तीय कार्यवाही कार्यबल के कुल 39 सदस्य हैं, जिसमें 2 क्षेत्रीय संगठन (यूरोपीय आयोग एवं खाड़ी सहयोग परिषद्) के सदस्य हैं।

खाद्य एवं कृषि संगठन

- खाद्य एवं कृषि संगठन (Food and Agriculture Organization FAO) संयुक्त राष्ट्र की एक विशेष संस्था है, जो अन्तर्राष्ट्रीय भूख की समस्या को कम करने का प्रयास करती है।
- खाद्य एवं कृषि संगठन की स्थापना 16 अक्टूबर, 1945 को कनाडा के क्यूबेक के FAO सम्मेलन के बाद की गई, इसका मुख्यालय रोम, इटली में स्थित है।
- खाद्य एवं कृषि संगठन के प्रमुखत: तीन लक्ष्य निर्धारित किए गए हैं
  - भूख, खाद्य, असुरक्षा एवं कुपोषण को कम करना।
  - गरीबी कम करना एवं सभी लोगों के लिए आर्थिक एवं सामाजिक प्रगति को बढ़ावा देना।
  - भावी पीढ़ियों की आवश्यकता के लिए संसाधनों का सम्पोषणीय प्रबन्धन एवं उपयोग करना।

> खाद्य और कृषि संगठन एक वैश्विक संगठन है और इसके कार्यों को निम्नानुसार सूचीबद्ध किया जा सकता है।
> - सरकारों और विकास एजेन्सियों को उनकी गतिविधियों का समन्वय करने में मदद करना, जो कृषि, मत्स्यपालन, वानिकी और जल तथा भूमि संसाधनों के विकास और सुधार के लिए प्रयास करती हैं।
> - कृषि उत्पादन और विकास में सुधार से सम्बन्धित विभिन्न परियोजनाओं के लिए अनुसन्धान करना और तकनीकी सहायता प्रदान करना।
> - खाद्य एवं कृषि संगठनों द्वारा अनेक रिपोर्ट का प्रकाशन भी किया जाता है; जैसे—कृषि उत्पाद बाजार स्थिति रिपोर्ट, खाद्य एवं कृषि स्थिति रिपोर्ट, विश्व वन स्थिति रिपोर्ट आदि।

संयुक्त राष्ट्र औद्योगिक विकास संगठन

- संयुक्त राष्ट्र औद्योगिक विकास संगठन (United Nationas Industrial Development Organisation, UNIDO) संयुक्त राष्ट्र का एक महत्त्वपूर्ण निकाय है, जो गरीबी निवारण समावेशी वैश्वीकरण और पर्यावरणीय स्थिरता के लिए औद्योगिक विकास को बढ़ावा देता है।
- इसकी स्थापना वर्ष 1966 में संयुक्त राष्ट्र महासभा में लाए गए एक प्रस्ताव के माध्यम से की गई। इसका दूसरा मुख्य उद्देश्य औद्योगीकरण को गति एवं प्रोत्साहन प्रदान करना है।
- इस संगठन का मुख्यालय वियना (ऑस्ट्रिया) में है और इसने वर्ष 1969 से कार्य करना प्रारम्भ किया।
- इस संगठन में वर्तमान में 170 देश हैं। इसका प्रमुख कार्य सदस्य देशों में समावेशी और सतत औद्योगिक विकास को बढ़ावा देना है। इस संगठन को वर्ष 2013 में जनरल कॉन्फ्रेन्स में अपनाया गया था, इसकी घोषणा लीमा (पेरू) में की गई थी।
- भारत ने संयुक्त राष्ट्र औद्योगिक विकास संस्थान की सदस्यता 21 जून, 1985 को ग्रहण की। सदस्यता ग्रहण के बाद से UNIDO संगठन द्वारा भारत को औद्योगिक विकास परियोजना में सहायता प्रदान की गई है।
- संयुक्त राष्ट्र औद्योगिक विकास संस्थान द्वारा औद्योगिक विकास रिपोर्ट का प्रकाशन किया जाता है।

एशियाई विकास बैंक

- एशियाई विकास बैंक एक बहुपक्षीय विकास बैंक है। इसकी स्थापना 22 अगस्त, 1966 को एशियाई देशों के आर्थिक विकास के लिए मनीला (फिलीपिन्स) में की गई।
- यह बैंक यूएन, इकोनॉमिक कमीशन फॉर एशिया एण्ड फॉर ईस्ट (UN, ECAFE) और गैर-क्षेत्रीय विकसित देशों के सदस्यों को सम्मिलित करता है। इस बैंक की स्थापना 31 सदस्यों के साथ हुई थी, अब इस बैंक के पास 68 सदस्य हैं, जिसमें से 48 एशिया पैसिफिक से हैं और 20 सदस्य बाहरी हैं।

> ADB का प्रारूप काफी सीमा तक वर्ल्ड बैंक के आधार पर बनाया गया था और वर्ल्ड बैंक के समान यहाँ भी भारित वोट प्रणाली की व्यवस्था है, जिसमें वोटों का वितरण सदस्यों के पूँजी अभिदान अनुपात के आधार पर किया जाता है। वर्तमान में, संयुक्त राज्य अमेरिका और जापान के पास शेयरों का सबसे बड़ा भाग है, जो कुल शेयरों का 12.756% है।

- बैंक की सर्वोच्च नीति-निर्धारक संस्था, बोर्ड ऑफ गवर्नर्स है, जो प्रत्येक सदस्य देश के एक प्रतिनिधि के द्वारा बनी है। इसके बदले में बोर्ड ऑफ गवर्नर्स, अपने समूह में से 12 सदस्यों को बोर्ड ऑफ डायरेक्टर्स और उनके सहायक के रूप में चुनते हैं। बोर्ड ऑफ गवर्नर्स, बैंक के अध्यक्ष का भी चुनाव करते हैं, जो बोर्ड ऑफ डायरेक्टर्स का भी अध्यक्ष होता है और एशियाई विकास बैंक का प्रबन्धन देखता है। सामान्य रूप से अध्यक्ष का कार्यकाल 5 वर्ष का होता है और इसे पुन: निर्वाचित किया जा सकता है।
- इस बैंक को अपने विकासशील सदस्य देशों की सहायता करने के मुख्य उपकरण नीतिगत वार्ता, ऋण, इक्विटी, निवेश, गारण्टी अनुदान और तकनीकी सहायता हैं।

भारत और एशियाई विकास बैंक

- भारत वर्ष 1966 में एशियाई विकास बैंक (ADB) की स्थापना से ही इसका एक संस्थापक सदस्य रहा है। वर्ष 1986 में देश में इसके ऋण प्रदान करने के कार्यों के प्रारम्भ के समय से, एशियाई विकास बैंक ने बुनियादी ढाँचे से सम्बन्धित विकास के माध्यम से गरीबी को कम करने के लिए अपने प्रयासों में भारत के साथ भागीदारी की है।
- भारत एशियाई विकास बैंक का चौथा सबसे बड़ा शेयरधारक (6.42%) है। एशियाई विकास बैंक से सम्बन्धित मामलों को देखने वाली भारतीय संस्था, वित्त मन्त्रालय है।
- वर्तमान में (मई, 2020 तक) भारत में एशियाई विकास बैंक की सहायता वाली 1460 परियोजनाएँ चल रही हैं।
- एशियाई विकास बैंक ऑर्डिनरी कैपिटल रिसोर्सेज (ओसीआर सामान्य पूँजी संसाधन) से व्यापारी शर्तों पर हार्ड लोन देता है और एशियाई विकास बैंक से सम्बद्ध एशियन डेवलपमेण्ट फण्ड विशिष्ट कोष से रियायती दरों पर सॉफ्ट लोन देता है।

भारत की महत्त्वपूर्ण भूमिका वाले संगठन

विश्व में अनेक ऐसे वित्तीय संगठन हैं, जिनमें भारत की महत्त्वपूर्ण भूमिका है। कुछ महत्त्वपूर्ण संगठन निम्नलिखित हैं

दक्षिण एशियाई क्षेत्रीय सहयोग संगठन

- दक्षिण एशियाई क्षेत्रीय सहयोग संगठन (South Asian Association for Regional Co-operation) की स्थापना 7 एवं 8 दिसम्बर, 1985 को ढाका में दक्षिण एशिया के सात देशों (भारत, पाकिस्तान, बांग्लादेश, नेपाल, भूटान, श्रीलंका और मालदीव) के राष्ट्राध्यक्षों के सम्मेलन के दौरान हुई। सार्क की स्थापना का विचार सर्वप्रथम वर्ष 1980 में बांग्लादेश के राष्ट्रपति जियाउर्रहमान ने दिया था।
- सार्क का 14वाँ शिखर सम्मेलन 3-4 अप्रैल, 2007 को नई दिल्ली में सम्पन्न हुआ। पहली बार सार्क का विस्तार इस सम्मेलन में किया गया तथा अफगानिस्तान को 8वें सदस्य के रूप में इस समूह में शामिल किया गया। पहली बार सार्क सदस्यों के अतिरिक्त पर्यवेक्षकों ने भी इस सम्मेलन में भाग लिया। ईरान को भी सार्क में पर्यवेक्षक का दर्जा इस सम्मेलन में प्रदान किया गया है। 16वें सार्क सम्मेलन वर्ष 2010 (थिम्पू) में ऑस्ट्रेलिया तथा म्यांमार को पर्यवेक्षक राष्ट्र का स्थान दिया गया।
- 2010-20 के दशक को सार्क ने अन्तर्क्षेत्रीय सम्पर्कता दशक (Inter Regional Connectivity Decade) के रूप में मनाने का निर्णय लिया है। सार्क देशों का 18वाँ शिखर सम्मेलन नेपाल की राजधानी काठमाण्डू में सम्पन्न हुआ। इसका 19वाँ शिखर सम्मेलन वर्ष 2016 में पाकिस्तान में होना था, जिसे रद्द कर दिया गया।

संगठन एवं संरचना

- वर्ष 1983 की मन्त्रिपरिषद् की बैठक में सार्क संगठन के ढाँचे को व्यवस्थित करने के लिए पहला व्यावहारिक कदम उठाया गया। इस बैठक में एक दो-मुखी ढाँचे को तकनीकी समिति एवं स्थायी समिति के रूप में स्थापित किया गया। तकनीकी समिति में अनेक अध्ययन एवं कामकाजी दल शामिल किए गए तथा स्थायी समिति में सार्क के सदस्य देशों के सभी विदेश सचिव आते हैं।
- सार्क सचिवालय की स्थापना काठमाण्डू में 16 जनवरी, 1987 को हुई। सचिवालय में एक प्रधान महासचिव, सात निदेशक तथा सामान्य सेवा कर्मचारी होते हैं। महासचिव की नियुक्ति विदेश मन्त्रियों की परिषद् द्वारा सदस्य देशों के बीच वर्णानुक्रम के अनुसार बारी-बारी से 2 वर्ष के लिए होती है, जिसका दोबारा नवीनीकरण नहीं होता।

> निर्देशकों की नियुक्ति सार्क के सदस्य देशों की नामजदगी (Nomination) पर महासचिव द्वारा होती है। यह नियुक्ति तीन वर्ष के लिए होती है, जिसे विशेष स्थितियों में सम्बन्धित सदस्य देशों के साथ विचार-विमर्श के बाद महासचिव द्वारा अधिक-से-अधिक 3 वर्ष के लिए बढ़ाया जा सकता है।

सार्क शिखर सम्मेलन

वर्ष	आयोजन स्थल
दिसम्बर, 1985	ढाका (बांग्लादेश)
नवम्बर, 1986	बंगलुरु (भारत)
नवम्बर, 1987	काठमाण्डू (नेपाल)
दिसम्बर, 1988	इस्लामाबाद (पाकिस्तान)
नवम्बर, 1990	माले (मालदीव)
दिसम्बर, 1991	कोलम्बो (श्रीलंका)
अप्रैल, 1993	ढाका (बांग्लादेश)
मई, 1995	नई दिल्ली (भारत)
मई, 1997	माले (मालदीव)
जुलाई, 1998	कोलम्बो (श्रीलंका)
जनवरी, 2002	काठमाण्डू (नेपाल)
जनवरी, 2004	इस्लामाबाद (पाकिस्तान)
नवम्बर, 2005	ढाका (बांग्लादेश
अप्रैल, 2007	नई दिल्ली (भारत)
अगस्त, 2008	कोलम्बो (श्रीलंका)
अप्रैल, 2010	थिम्पू (भूटान)
नवम्बर, 2011	आडू सिटी (मालदीव)
नवम्बर, 2014	काठमाण्डू (नेपाल)
नवम्बर, 2016	पाकिस्तान में प्रस्तावित था, किन्तु स्थगित

दक्षिण एशियाई मुक्त व्यापार क्षेत्र

- साफ्टा (South Asian Free Trade Agreement, SAFTA) 1 जनवरी, 2006 से प्रभावी हो गया। साफ्टा में कुल 24 अनुच्छेद हैं, जिनमें से अनुच्छेद- 3, 7, 10, 16 व 21 सर्वाधिक महत्त्वपूर्ण हैं।

> साफ्टा समझौते का मुख्य उद्देश्य-मुक्त व्यापार से सम्बन्धित बाधाओं को दूर करना और सदस्यों के बीच स्वस्थ प्रतिस्पर्द्धा को बढ़ावा देना है। इस समझौते को सभी देशों को बराबर लाभ के सिद्धान्त पर तैयार किया गया है। इसके अन्तर्गत नेपाल, भूटान, बांग्लादेश, मालदीव आदि अल्पविकसित देशों को शुल्क दरों में विशेष छूट दी जाएगी।

- साफ्टा के अन्तर्गत भारत, पाकिस्तान और श्रीलंका जैसे अपेक्षाकृत विकसित देशों को 1 जनवरी, 2009 तक अपनी सीमा शुल्क घटाकर 0.5% तक करना था।
- अन्य देशों को 1 जनवरी, 2016 तक का समय दिया गया। प्रशुल्क कटौती से यदि कम विकसित देशों को नुकसान होता है, तो इसकी भरपाई अपेक्षाकृत अधिक विकसित सदस्य देश करेंगे। इसके अतिरिक्त कुछ संवेदनशील उत्पादों की भी सूची बनाई गई, जिन पर ये शुल्क कटौती समझौते लागू नहीं होंगे।

बिमस्टेक

- बिमस्टेक को आरम्भ में बिस्टेक (BISTEC) के नाम से जाना जाता था। इसकी स्थापना जून, 1997 में बैंकॉक सम्मेलन में चार सदस्य देश भारत, बांग्लादेश, श्रीलंका एवं थाइलैण्ड द्वारा की गई थी। नवम्बर, 1997 में बैंकॉक में म्यांमार को शामिल करने के निर्णय के कारण इसका नाम बिमस्टेक (Bangladesh, India, Myanmar, Sri Lanka, Thailand Economic Co-operation) किया गया।
- वर्ष 2004 में नेपाल एवं भूटान को बिमस्टेक में शामिल होने के पश्चात् इसका नाम बदलकर अब Bay of Bengal Initiative for Multi-Sectoral Technical and Economic Co-operation किया गया है। इसमें शामिल 7 सदस्यों में से 5 देश दक्षेस के भी सदस्य हैं।

> इस संगठन का उद्देश्य आपसी सहयोग के लिए व्यापार, निवेश, उद्योग, परिवहन, आधारिक संरचना, विज्ञान एवं प्रौद्योगिकी, मानव संसाधन विकास, ऊर्जा, मात्स्यिकी, कृषि, प्राकृतिक संसाधन एवं पर्यटन को बढ़ावा देना है।

- इसका मुख्यालय बांग्लादेश की राजधानी ढाका में स्थित है। बिमस्टेक की कल्पना दो क्षेत्रीय संगठनों दक्षेस एवं आसियान के मध्य आपसी सहयोग को बढ़ावा देने के उद्देश्य के रूप में की गई थी।
- बिमस्टेक समूह का पाँचवा शिखर सम्मेलन कोलम्बो (श्रीलंका) में आयोजित किया गया। थाईलैण्ड ने समृद्ध, लचीला और मजबूत तथा बंगाल की खाड़ी क्षेत्र को खोलने के लिए वर्ष 2022-23 के लिए बिमस्टेक की अध्यक्षता ग्रहण की है।

आसियान

- दक्षिण-पूर्वी एशियाई राष्ट्रों का संघ (Association of South-East Asian Nations, ASEAN) एक असैनिक, गैर-सुरक्षात्मक, आर्थिक तथा सांस्कृतिक क्षेत्रीय संस्था है। इसका गठन बैंकॉक घोषणा द्वारा 8 अगस्त, 1967 को दक्षिण-पूर्व एशिया के पाँच देशों मलेशिया, सिंगापुर, इण्डोनेशिया, फिलीपीन्स तथा थाइलैण्ड ने यूरोपीय आर्थिक समुदाय की सफलता से अभिभूत होकर किया था।
- वर्तमान में इसके सदस्यों की संख्या 10 है। अन्य 5 राष्ट्र सदस्य हैं—कम्बोडिया, लाओस, म्यांमार, ब्रूनेई एवं वियतनाम। भारत, संयुक्त राज्य अमेरिका, चीन और रूस सहित इसके 12 पूर्ण वार्ता भागीदार देश (Full Dialogue Partner) भी हैं।
- क्षेत्रीय सुरक्षा चिन्ता को दूर करने के लिए आसियान के बैंकॉक सम्मेलन में (1994) कनाडा, ऑस्ट्रेलिया, यूरोपीय संघ, चीन, जापान, दक्षिण कोरिया, लाओस, न्यूजीलैण्ड, पापुआ न्यू गिनी और रूस को शामिल किया गया और इसका नाम आसियान क्षेत्रीय मंच (Asean Regional Forum) रखा गया।
- अमेरिका और भारत ने भी इसकी सदस्यता वर्ष 1996 में ग्रहण की। आसियान प्लस थ्री इसी संगठन का अंग है। इसमें आसियान के देशों के अतिरिक्त चीन, जापान और दक्षिण कोरिया भी शामिल हैं। इसका मुख्यालय जकार्ता (इण्डोनेशिया) में स्थित है।

- इसके महासचिव का पद प्रति 2 वर्ष बाद प्रत्येक सदस्य देश को दिया जाता है और देश के चुनाव का आधार क्रमागत होता है। आसियान का 35वाँ शिखर सम्मेलन वर्ष 2021 में ब्रूनेई दारुशेलम में सम्पन्न हुआ था।

आसियान और भारत

- आसियान भारत का चौथा सबसे बड़ा व्यापारिक साझेदार है, जबकि भारत आसियान के लिए उसका सातवाँ सबसे बड़ा व्यापारिक साझेदार है।
- इसके अतिरिक्त भारत ने आसियान के साथ आपसी व्यापार को वर्ष 2022 तक 200 बिलियन डॉलर तक पहुँचाने का लक्ष्य रखा है।

हिन्द महासागर परिधि संघ

- 5 मार्च, 1995 को मॉरीशस के पोर्टलुई नामक स्थान पर हिन्द महासागर के तटीय क्षेत्र में स्थित राष्ट्रों के मध्य पारस्परिक आर्थिक सहयोग बढ़ाने के लिए हिमतक्षेस (IORARC) की स्थापना की गई।
- औपचारिक रूप से इसे मार्च, 1997 में स्थापित किया गया। यह तीन महाद्वीपों एशिया, ऑस्ट्रेलिया व अफ्रीका के मध्य एक सेतु का कार्य करेगा।
- हिमतक्षेस के सदस्य देश हैं—भारत, ऑस्ट्रेलिया, बांग्लादेश, ईरान, फ्रांस, मालदीव, मलेशिया, तंजानिया, सोमालिया कोमोरोस, इण्डोनेशिया, श्रीलंका, सिंगापुर, ओमान, यमन, तंजानिया, थाइलैण्ड, संयुक्त अरब अमीरात, कीनिया, मोजाम्बिक, मेडागास्कर, दक्षिण अफ्रीका एवं मॉरीशस।

- हिमतक्षेस को अब हिन्द महासागर परिधि संघ (Indian Ocean Rim Association, IORA) के नाम से जाना जाता है। इसका उद्देश्य हिन्द महासागर परिधि के देशों के बीच समुद्री सुरक्षा एवं संरक्षा, व्यापार एवं निवेश सुविधा, मात्स्यिकी प्रबन्धन, आपदा जोखिम प्रबन्धन, शैक्षिक एवं विज्ञान प्रौद्योगिकी सहयोग एवं सांस्कृतिक विनिमय को बढ़ावा देना है।
- हिन्द महासागर क्षेत्र विश्व का तीसरा बड़ा महासागर है, जिससे विश्व के लगभग एक-तिहाई माल एवं दो-तिहाई तेल का परिवहन होता है।

ब्रिक्स सम्मेलन

- 21वीं शताब्दी के पहले दशक में जहाँ परम्परागत देश दशक के अन्त तक वैश्विक वित्तीय संकट से ग्रसित हो गए, वहीं विश्व के कतिपय विकासशील देशों ने इस दशक में उल्लेखनीय आर्थिक प्रगति दर्ज की है।
- वर्ष 2009 में ऐसे ही चार देशों-ब्राजील, रूस, भारत व चीन ने एक नए आर्थिक संगठन ब्रिक की स्थापना की थी। ब्रिक की स्थापना इन चार देशों के प्रथम शिखर सम्मेलन का परिणाम थी।
- ब्रिक शब्द का पहली बार प्रयोग वर्ष 2001 में गोल्डमैन सैश के जिम ओ नील द्वारा किया गया था। ब्रिक का पहला शिखर सम्मेलन 16 जून, 2009 को रूस के शहर येकातेरिनबर्ग में सम्पन्न हुआ था।
- इस सम्मेलन में इन चारों देशों ने अमेरिका व उसके यूरोपीय सहयोगियों के प्रभुत्व वाली वर्तमान वैश्विक व्यवस्था के स्थान पर बहुध्रुवीय वैश्विक व्यवस्था की माँग उठाई थी।
- ब्रिक का नामकरण इसके सदस्य देशों के नाम के पहले अक्षर से हुआ है। अत: दक्षिण अफ्रीका के वर्ष 2011 में शामिल होने के बाद इसका नाम ब्रिक्स (Brazil, Russia, India, China and South Africa, BRICS) हो गया।
- नए ब्रिक्स विकास बैंक की स्थापना तथा वित्तीय सुरक्षा जाल (Financial Security Network) के रूप में आकस्मिक रिजर्व व्यवस्था (CRA) के सृजन पर सहमति तथा इस शिखर सम्मेलन की प्रमुख उपलब्धियाँ रहीं। छठा ब्रिक्स शिखर सम्मेलन वर्ष 2014 में ब्राजील में आयोजित किया गया।
- ब्रिक्स का 10वाँ शिखर सम्मेलन का आयोजन 25 से 27 जुलाई, 2018 के मध्य दक्षिण अफ्रीका के जोहान्सबर्ग में सम्पन्न हुआ।
- 11वाँ शिखर सम्मेलन 13 से 14 नवम्बर, 2019 के मध्य ब्रासीलिया में तथा 12वाँ शिखर सम्मेलन 21 से 23 जुलाई, 2020 के मध्य रूस में सम्पन्न हुआ, लेकिन 13वाँ शिखर सम्मेलन वर्ष 2021 में भारत द्वारा वर्चुअल माध्यम से किया गया।
- ब्रिक्स का 14वाँ शिखर सम्मेलन 23 जून, 2022 को चीन की अध्यक्षता में किया गया था।
- इसका विषय (Theme) उच्च गुणवत्ता वाली ब्रिक्स साझेदारी को बढ़ावा देना व वैश्विक विकास के लिए एक नए युग की शुरुआत करना है।

ब्रिक्स के शिखर सम्मेलन

स्थान	वर्ष
येकातेरिनबर्ग (रूस)	2009
ब्रासीलिया (ब्राजील)	2010
सान्या (चीन)	2011
नई दिल्ली (भारत)	2012
डरबन (दक्षिण अफ्रीका)	2013
फोर्टालेजा (ब्राजील)	2014
उफा (रूस)	2015
गोवा (भारत)	2016
जियामेन (चीन)	2017
जोहान्सबर्ग (दक्षिण अफ्रीका)	2018
ब्रासीलिया (ब्राजील)	2019
मॉस्को (रूस)	2020
भारत (वर्चुअल)	2021
चीन (वर्चुअल)	2022

न्यू डेवलपमेण्ट बैंक

- न्यू डेवलपमेण्ट बैंक (NDB), जिसे पहले ब्रिक्स बैंक के अनौपचारिक नाम से भी जाना जाता था, ब्रिक्स समूह के देशों द्वारा स्थापित किए गए एक नए विकास बैंक का आधिकारिक नाम है। वर्ष 2014 के ब्रिक्स सम्मेलन में $ 100 अरब की शुरुआती अधिकृत पूँजी $ 50 बिलियन की अभिदत्त पूँजी (Subscribed Capital) के साथ नए विकास बैंक की स्थापना का निर्णय किया गया।
- ब्रिक्स के सदस्य देशों में भारत, चीन, रूस, ब्राजील और दक्षिण अफ्रीका आदि हैं। 2 सितम्बर, 2021 को संयुक्त अरब अमीरात, उरुग्वे और बांग्लादेश नए सदस्य के रूप में न्यू डेवलपमेण्ट बैंक में आए हैं।
- इस बैंक का प्रथम अध्यक्ष भारत के के. वी. कामथ को बनाया गया था। इसका मुख्यालय शंघाई (चीन) में स्थापित किया गया है।
- इसका उद्देश्य ब्रिक्स देशों और अन्य उभरती तथा विकासशील अर्थव्यवस्थाओं की सतत विकास की मूलभूत परियोजनाओं के लिए वित्तीय संसाधन जुटाना है।
- इस बैंक के प्रमुख कार्य मुख्यत: किसी देश की शॉर्ट-टर्म लिक्विडिटी समस्याओं को दूर करना, ब्रिक्स देशों के बीच सहयोग बढ़ाना, वैश्विक फाइनेन्शियल सेफ्टी नेट को मजबूत करना आदि हैं।

- इसमें सभी सदस्य बैंकों को समान मताधिकार का अधिकार दिया गया है और किसी भी सदस्य को वीटो का अधिकार नहीं दिया गया है।
- बैंक का मुख्य प्रशासनिक अधिकारी इसका अध्यक्ष है। वर्तमान समय में इसके अध्यक्ष मार्कोस ट्रायनो (ब्राजील) हैं। अन्य सदस्यों द्वारा इसमें एक-एक उपाध्यक्ष को नियुक्त किया जाता है।
- वर्तमान में भारत द्वारा अनिल किशोर को इसका उपाध्यक्ष नियुक्त किया गया है।

इब्सा

- अमेरिका और यूरोपीय संघ के दबदबे वाली विश्व आर्थिक व्यवस्था में विकासशील देशों के हितों की रक्षा के लिए ब्राजीलिया घोषणा-पत्र (Brasilia Declaration) के द्वारा भारत, ब्राजील और दक्षिण अफ्रीका का (India, Brazil and South Africa, IBSA) इब्सा संगठन 6 जून, 2003 में बना।
- इब्सा तीन अलग-अलग महाद्वीपों के तीन बड़े लोकतन्त्र एवं प्रमुख अर्थव्यवस्थाओं को एक मंच पर लाता है। ये तीनों ही देश विकासशील, बहुलवादी, बहुसांस्कृतिक, बहुजातीय, बहुभाषीय एवं बहुधार्मिक राष्ट्र हैं। इब्सा का छठा शिखर सम्मेलन जून, 2013 में तथा 7वाँ शिखर सम्मेलन वर्ष 2015 में नई दिल्ली में सम्पन्न हुआ।
- इब्सा तीन मंचों पर सहयोग देता है। पहला, वैश्विक एवं क्षेत्रीय राजनीतिक मुद्दों पर परामर्श और समन्वय के लिए मंच के रूप में; जैसे—राजनीतिक एवं आर्थिक क्षेत्र की वैश्विक संस्थाओं में सुधार, WTO दोहा विकास एजेण्डा, जलवायु परिवर्तन, आतंकवाद आदि। दूसरा, तीन देशों के साझे लाभ के लिए 14 कार्य समूहों एवं 6 अन्य मंचों के माध्यम से ठोस क्षेत्रों एवं परियोजनाओं पर त्रिपक्षीय सहयोग। तीसरा, इब्सा निधि के माध्यम से विकासशील देशों में परियोजनाएँ शुरू करके अन्य विकासशील देशों की सहायता करना।

इब्सा महिला मंच का 5वाँ सम्मेलन

तीन-दिवसीय इब्सा के 5वें महिला मंच का सम्मेलन 14-16 मई, 2013 को नई दिल्ली में सम्पन्न हुआ। वर्ष 2007 में दूसरे इब्सा सम्मेलन के दौरान लैंगिक समानता एवं महिला सशक्तीकरण को बढ़ावा देने के उद्देश्य से इस फोरम की शुरुआत की गई थी।

इब्सा शिखर सम्मेलन

तिथि	स्थान
सितम्बर, 2006	ब्राजीलिया (ब्राजील)
अक्टूबर, 2007	प्रिटोरिया (दक्षिण अफ्रीका)
अक्टूबर, 2008	नई दिल्ली (भारत)
15 अप्रैल, 2010	ब्राजीलिया (ब्राजील)
18 अक्टूबर, 2011	प्रिटोरिया (दक्षिण अफ्रीका)
16 मई, 2013 (स्थगित)	नई दिल्ली (भारत)
17 अक्टूबर, 2017	डरबन (दक्षिण अफ्रीका)

बेसिक

- बेसिक, ब्राजील (Brazil), दक्षिण अफ्रीका (South Africa), भारत (India) एवं चीन (China) चार नव-औद्योगिककृत देशों का एक संगठन है। इसकी स्थापना 28 नवम्बर, 2009 को कोपेनहेगेन में हुए एक समझौते के माध्यम से की गई थी।
- इस संगठन का मुख्य उद्देश्य जलवायु परिवर्तन सम्बन्धी होने वाली वार्ता में एक-दूसरे को सहयोग प्रदान करना है।

एशियन इन्फ्रास्ट्रक्चर इन्वेस्टमेण्ट बैंक

- यह बैंक एशिया में निवेश एवं आधारिक संरचना का विकास करने के लिए चीन के नेतृत्व में गठित किया गया है। एशियाई अवसंरचना निवेश बैंक (AIIB) की स्थापना का प्रस्ताव चाइना सेण्टर फॉर इण्टरनेशनल इकोनॉमिक्स नामक चीनी थिंक-टैंक द्वारा अप्रैल, 2009 में वोआवो फोरम में प्रस्तावित किया गया था। जून, 2015 में इसके गठन हेतु समझौता किया गया था, जिसमें भारत सहित 50 देशों द्वारा हस्ताक्षर किए गए।
- चीन 30.34% के साथ इसका सबसे बड़ा तथा भारत 8.52% के साथ दूसरा सबसे बड़ा शेयरधारक है। इसकी अधिकृत पूँजी 100 अरब डॉलर होगी, जिसमें से 75% केवल एशियाई देशों के लिए निश्चित होगी। इसका मुख्यालय चीन की राजधानी बीजिंग में स्थित है। इसके सदस्य देशों की संख्या 105 हो गई है।

- एआईआईबी का मुख्य उद्देश्य एशिया में सम्पदाओं का सृजन करना और अवसंरचना सम्पर्क में सुधार करना है एवं सम्पोषणीय आर्थिक संवृद्धि को बढ़ावा देना है।
- एआईआईबी द्वारा एशियाई विकास बैंक, विश्व बैंक एवं न्यू डेवलपमेण्ट बैंक जैसे अन्य विश्व वित्तीय संस्थाओं के साथ अवसंरचना विकास के लिए कार्य करना है एवं वित्तीयन का प्रबन्ध करना।

G-7

- नवम्बर, 1975 में पेरिस के निकट रम्बोनिल्ट में पाँच प्रमुख औद्योगिक देशों का सम्मेलन हुआ। वर्ष 1976 में इसमें कनाडा तथा इटली को शामिल कर लिया गया। यह संगठन G-7 के नाम से जाना जाता था।

> रूस में समाजवादी ढाँचा समाप्त होने और बाजारोन्मुखी अर्थव्यवस्था आरम्भ होने के बाद वर्ष 1997 में रूस को 8वें सदस्य के रूप में इसमें सम्मिलित कर लिया गया, जिसे G-8 के नाम से जाना जाता था। क्रीमिया के अधिग्रहण पर हुए विवाद के कारण रूस को मार्च, 2014 में संगठन से निष्कासित कर दिया गया, तब से यह पुनः G-7 हो गया।

- G-7 के सदस्य देशों में कनाडा, फ्रांस, जर्मनी, इटली, जापान, ब्रिटेन, संयुक्त राज्य अमेरिका शामिल है। G-7 के राष्ट्राध्यक्षों का शिखर सम्मेलन प्रत्येक वर्ष सम्पन्न होता है, जिसमें विश्व की राजनीतिक समस्या तथा आर्थिक मुद्दों पर वार्ता की जाती है।
- G-7 का न तो कोई मुख्यालय है और न ही इसके लिए सदस्य राष्ट्रों द्वारा किसी प्रकार के बजट का कोई प्रावधान है। इसका सम्पूर्ण खर्च वही देश उठाता है, जो इसका आयोजन करता है और आयोजनकर्ता राष्ट्र ही इसका अध्यक्ष भी होता है।
- G-7 का 45वाँ शिखर सम्मेलन अगस्त, 2019 में फ्रांस में सम्पन्न हुआ। यद्यपि 46वाँ शिखर सम्मेलन रद्द कर दिया गया, परन्तु 47वाँ शिखर सम्मेलन ब्रिटेन में हुआ।

G-15

- G-15 निर्गुट (Non-Alligned) एवं विकासशील देशों का संगठन है। G-15 की स्थापना वर्ष 1989 में बेलग्रेड में निर्गुट शिखर सम्मेलन में हुई। G-15 का प्रथम शिखर सम्मेलन 1 से 3 जून, 1990 की अवधि में कुआलालम्पुर (मलेशिया) में हुआ था। अब तक इसके 15 शिखर सम्मेलन हो चुके हैं। इसका 15वाँ सम्मेलन वर्ष 2012 में कोलम्बो में आयोजित किया गया।

> वर्तमान में इस संगठन में 17 देश सम्मिलित हैं, जिसमें ब्राजील और मैक्सिको को छोड़कर शेष सभी देश निर्गुट राष्ट्र हैं। G-15 के वर्तमान सदस्य हैं—भारत, इण्डोनेशिया, मलेशिया, श्रीलंका, मिस्र, अल्जीरिया, सेनेगल, जिम्बाब्वे, कीनिया, नाइजीरिया, वेनेजुएला, ब्राजील, अर्जेण्टीना, मैक्सिको, जमैका, ईरान एवं चिली।

- G-15 की स्थापना का मुख्य उद्देश्य विकासशील देशों में व्यापार, निवेश और वित्तीय प्रवाह में सन्तुलन बनाए रखने के लिए विकसित तथा पिछड़े देशों के बीच विचार-विमर्श को प्रोत्साहन देना है।

G-20

- G-20 की स्थापना वर्ष 1999 में वित्तीय स्थायित्व (Financial Stability) से सम्बन्धित मुख्य मुद्दों पर चर्चा करने के लिए एक व्यवस्थित व महत्त्वपूर्ण औद्योगीकृत और विकासशील अर्थव्यवस्थाओं को एक मंच पर लाने के लिए की गई थी।
- यह सदस्य देशों के वित्त मन्त्रियों व केन्द्रीय बैंकों के गवर्नरों की वार्षिक बैठक है। अन्तर्राष्ट्रीय वित्तीय संरचना की मजबूती में योगदान देकर और राष्ट्रीय नीतियों, अन्तर्राष्ट्रीय सहयोगों और अन्तर्राष्ट्रीय वित्तीय संस्थाओं सम्बन्धी चर्चा को अवसर प्रदान कर, G-20 विश्व में विकास, वित्तीय स्थायित्व और विकास में सहायता करती है।
- वैश्विक आर्थिक मंच और संस्थान एकसाथ कार्य करें, यह सुनिश्चित करने के लिए अन्तर्राष्ट्रीय मुद्रा कोष के प्रबन्ध निदेशक और विश्व बैंक के अध्यक्ष तथा इण्टरनेशनल मॉनिट्री फण्ड फाइनेन्शियल कमेटी के अध्यक्ष G-20 के पदेन सदस्य के रूप में नियुक्त किए गए हैं।
- वर्ष 2008 में वैश्विक संकट के प्रादुर्भाव के बाद G-20 के नेताओं अथवा राष्ट्राध्यक्षों के 6 शिखर सम्मेलन आयोजित हो चुके हैं। G-20 का वर्ष 2012 में 7वाँ सम्मेलन लॉस काबोस (मैक्सिको) में सम्पन्न हुआ था।

> G-20 का 11वाँ शिखर सम्मेलन सितम्बर, 2016 में चीन के हाँकझ़ू तथा 12वाँ शिखर सम्मेलन जर्मनी के हेम्बर्ग में सितम्बर, 2017 में सम्पन्न हुआ। इसका 14वाँ शिखर सम्मेलन वर्ष 2019 में जापान का 15वाँ शिखर सम्मेलन सऊदी अरब में तथा 16वाँ शिखर सम्मेलन 30-31 अक्टूबर, 2021 को इटली में सम्पन्न हुआ।

भारत और G-20

- भारत जी-20 का सदस्य तब से बना, जब इसकी स्थापना वर्ष 1999 में वित्त मन्त्रियों के मंच के रूप में हुई।
- भारत दक्षिण एशिया से एकमात्र जी-20 का सदस्य देश है और जी-20 में महत्त्वपूर्ण उभरते बाजार (Emerging Market) सदस्य देशों में से एक है। G-20 में भारत की कुछ महत्त्वपूर्ण उपलब्धियाँ निम्नलिखित हैं
  - भारत वर्ष 2002 में जी-20 का अध्यक्ष था और उसने वर्ष 2002 में जी-20 वित्त मन्त्रियों और सेण्ट्रल बैंक गवर्नरों की बैठक की मेजबानी भी की।
  - भारत वर्तमान में कनाडा के साथ सशक्त, सतत और सन्तुलित वृद्धि को जी-20 फ्रेमवर्क सम्बन्धी कार्यदल का सह-अध्यक्ष है।

- भारत विभिन्न विषयक् मुद्दों पर जी-20 में विकासशील देशों के दृष्टिकोण का प्रतिनिधित्व करता है, जिनमें वित्तीय क्षेत्र नियामक सुधार (Financial Sector Regulatory Reform), जलवायु परिवर्तन, अन्तर्राष्ट्रीय वित्तीय संस्थान सुधार, वृद्धि और राजकोषीय समेकन (Development and Fiscal Inflation), वित्तीय स्थायित्व बोर्ड (FSV) और IASB जैसे मंचों में शेयरधारिता में वृद्धि, असहकारी क्षेत्राधिकार (वैश्विक मंच, वित्तीय कार्यवाही टास्क फोर्स (FATF) आदि) सम्बन्धी मुद्दे शामिल हैं।

G-77

- इसकी स्थापना जेनेवा में अंकटाड की बैठक के दौरान वर्ष 1964 में हुई थी। यह विकासशील देशों का समूह है। वर्तमान में इसके सदस्यों की संख्या 134 है, किन्तु संस्थापक देशों की संख्या 77 होने के कारण इसे G-77 कहते हैं।

> इसके प्रमुख उद्देश्य हैं—विकासशील देशों के मध्य आर्थिक सहयोग एवं सामूहिक आत्मनिर्भरता हेतु समर्थन करना, G-24 द्वारा समूह 77 के कार्यकारी समूह के रूप में तीसरी दुनिया के हितों से जुड़े मुद्दों को उठाना, विकासशील देशों के हितों को पूर्ण करने के लिए विश्व अर्थव्यवस्था को नवीन स्वरूप देने का प्रयास करना आदि।

अफ्रीका विकास बैंक समूह

- अफ्रीका विकास बैंक समूह एक बहुपक्षीय विकास वित्त संस्थान है। यह क्षेत्रीय सदस्य देशों में निवेश करने वाली अफ्रीकी सरकारों और निजी कम्पनियों को वित्त प्रदान करता है।
- अफ्रीकी विकास बैंक समूह की तीन संस्थाएँ हैं—अफ्रीकी विकास बैंक, अफ्रीकी विकास कोष और नाइजीरिया ट्रस्ट फण्ड।
- अफ्रीकी विकास बैंक इस समूह की मूल संस्था है, जिसकी स्थापना से सम्बन्धित समझौता 14 अगस्त, 1963 को किया गया, परन्तु यह समझौता 10 सितम्बर, 1964 से प्रभाव में आया। यद्यपि इसने अपना कार्य 1 जुलाई, 1966 से करना प्रारम्भ किया।

> इसके प्रमुख उद्देश्य अफ्रीकी महाद्वीप की सामाजिक आर्थिक उन्नति के लिए ऋण और इक्विटी में निवेश करना तथा अफ्रीकी महाद्वीप का आर्थिक एकीकरण एवं विकास करना आदि हैं।

- अफ्रीकी विकास कोष (ADF) एक रियायती ऋण खिड़की है, जो अफ्रीका महाद्वीप के देशों को ऋण की सुविधा प्रदान करती है। इसकी स्थापना वर्ष 1972 में की गई और इसने वर्ष 1974 से अपना कार्य करना प्रारम्भ किया। वर्तमान समय में इसमें 32 योगदानकर्ता सदस्य देश हैं एवं 38 देश लाभार्थी हैं।
- नाइजीरिया न्यास कोष की स्थापना वर्ष 1976 में अफ्रीकी विकास बैंक समूह एवं नाइजीरिया सरकार के मध्य एक समझौते द्वारा की गई। इसका उद्देश्य निर्धनतम सदस्य देशों को आर्थिक सहायता प्रदान करना है।
- भारत वर्ष 1982 में अफ्रीकी विकास कोष में शामिल हुआ और वर्ष 1983 में बैंक का सदस्य बना। भारत अफ्रीकी बैंक समूह का एक गैर-क्षेत्रीय सदस्य है।

> इस समूह में वर्तमान में 81 सदस्य देश हैं, जिनमें से 54 क्षेत्रीय सदस्य देश और 27 गैर-क्षेत्रीय सदस्य देश हैं। इस समूह का मुख्यालय आइवरी कोष्ट के आबिदजान में स्थित है।

- वर्ष 2017 में अफ्रीकी विकास बैंक की 52वीं वार्षिक बैठक गाँधीनगर (गुजरात, भारत) में पहली बार आयोजित की गई थी।
- अफ्रीकी विकास बैंक समूह की 57वीं वार्षिक बैठक का आयोजन घाना में 23 से 27 मई, 2022 के मध्य हुआ था।

यूरोपीय आर्थिक समुदाय (यूरोपियन यूनियन)

- यूरोपीय आर्थिक समुदाय (European Economic Community, EEC) अथवा यूरोपीय समुदाय की स्थापना वर्ष 1957 में रोम की सन्धि के अन्तर्गत 6 राष्ट्रों-फ्रांस, बेल्जियम, लक्जमबर्ग, पश्चिमी जर्मनी, इटली और नीदरलैण्ड्स द्वारा की गई।
- वर्ष 1995 से यह **यूरोपीय संघ** कहलाता है। वर्तमान में इसके सदस्यों की संख्या 27 है। ब्रिटेन ने यूरोपियन यूनियन से 31 जनवरी, 2020 को अपनी सदस्यता वापस ले ली। इसका मुख्यालय **ब्रुसेल्स** (बेल्जियम) में स्थित है।
- यूरोपीय संघ सदस्य राष्ट्रों को एकल बाजार के रूप में मान्यता देता है एवं इसका कानून सभी सदस्य राष्ट्रों पर लागू होता है, जो सदस्य राष्ट्र के नागरिकों की चार तरह की स्वतन्त्रताएँ सुनिश्चित करता है- मानव संसाधन, वस्तुओं, सेवाओं एवं पूँजी का स्वतन्त्र आदान-प्रदान।
- संघ सदस्य देश के लिए एकसमान व्यापार, मानवाधिकार, क्षेत्रीय विकास की नीति पर अमल करता है। इसने साझी विदेश सुरक्षा, न्याय नीति की घोषणा की है। इसके द्वारा सदस्य राष्ट्रों के बीच **श्लेगन सन्धि** के अन्तर्गत पासपोर्ट नियन्त्रण भी समाप्त कर दिया गया है।
- यूरोपीय संघ को वर्ष 2012 में यूरोप में शान्ति और सुलह, लोकतन्त्र और मानव अधिकारों की उन्नति में अपने योगदान के लिए **नोबेल शान्ति पुरस्कार** से सम्मानित किया गया।

यूरो

- आर्थिक एवं मौद्रिक संघ की सफलता ने यूरोपीय समुदाय को एकल करेन्सी अपनाने के लिए प्रोत्साहित किया। फलस्वरूप फरवरी, 1992 में यूरोपीय संघ के 15 सदस्यों ने मॉस्ट्रिच स्थान में यूरोपीय मौद्रिक संघ बनाने के लिए एक सन्धि पर हस्ताक्षर किए। **मॉस्ट्रिच सन्धि** के आधार पर 1 जनवरी, 1999 से यूरोपीय समुदाय की साझी मुद्रा 'यूरो' अस्तित्व में आई।
- 1 जुलाई, 2002 से यूरो सिक्के और बैंक नोट जारी किए गए तथा सदस्य देशों की करेन्सियाँ समाप्त कर दी गईं। यूरो जोन के वर्तमान सदस्य देशों की संख्या 19 है।

ब्रेक्जिट

- ब्रेक्जिट **Britain Exit** का संक्षिप्त रूप है। इसका प्रयोग यूरोपियन यूनियन से अलग होने के लिए किया गया। ब्रेक्जिट के लिए ऐतिहासिक जनमत संग्रह में ब्रिटिश लोगों का बहुमत यूरोपीय संघ से बाहर होने के पक्ष में किया गया था। इस जनमत संग्रह में यूरोपियन संघ से बाहर जाने के पक्ष में 51.8% मत पड़े थे।

यूरेशियन इकोनॉमिक यूनियन

- यूरोपीय संघ (EU) के समानान्तर रूस के नेतृत्व में यूरेशियन इकोनॉमिक यूनियन (EEU) के गठन को 23 दिसम्बर, 2014 को अन्तिम रूप दिया गया। यह संगठन 1 जनवरी, 2015 को अस्तित्व में आया। यूरेशियन इकोनॉमिक यूनियन ने सकल बाजार तथा एकल मौद्रिक नीति को विस्तार देने हेतु प्रवृत्तियों को आगे बढ़ाया है, जो विश्व के सबसे बड़े भौगोलिक क्षेत्र तथा 183 मिलियन जनसंख्या का प्रतिनिधित्व कर रहा है।
- इसके गठन को अन्तिम रूप कॉलेक्टिव सिक्योरिटी ट्रीटी ऑर्गेनाइजेशन (CSTO) की मास्को (रूस) में हुई बैठक के दौरान दिया गया, जिसमें बेलारूस, कजाकिस्तान, किर्गिस्तान, अर्मेनिया, तथा रूस शामिल हैं।
- यूरेशियन इकोनॉमिक यूनियन का मुख्य उद्देश्य सदस्य देशों के मध्य मुक्त व्यापार को बढ़ावा देना है। इसके साथ वित्तीय प्रणाली में औद्योगिक तथा कृषिगत नीतियों में समन्वय करना, इस नवगठित संस्था का महत्त्वपूर्ण कार्य होगा।
- सदस्य देशों के बीच परिवहन नेटवर्क तथा श्रम बाजार को विस्तार देने तथा पारदर्शी बनाने पर भी बल दिया जाना है। यह नई क्षेत्रीय संस्था $ 4.5 ट्रिलियन की आर्थिक गतिविधियों का केन्द्र है।

यूरेशियन डेवलपमेण्ट बैंक

यूरेशियन डेवलपमेण्ट बैंक की स्थापना वर्ष 2006 में की गई थी। इसके वर्तमान में अर्मेनिया, बेलारूस, किर्गिस्तान, कजाकिस्तान, रूस तथा ताजिकिस्तान छः सदस्य देश हैं। इसका मुख्यालय अलमाटी (कजाकिस्तान) में स्थित है। यूरेशियन इकोनॉमिक यूनियन (EEU) के गठन में इसने महत्त्वपूर्ण भूमिका निभाई है। अब यह यूरेशियन डेवलपमेण्ट बैंक की अनुषंगी संस्था बन गई है।

ओपेक

- पेट्रोलियम निर्यातक देशों का संगठन (Organisation of the Petroleum Exporting Countries, OPEC) वर्ष 1960 में बगदाद में संस्थापित किया गया।
- इसके संस्थापक सदस्य राष्ट्र ईरान, इराक, कुवैत, सऊदी अरब तथा वेनेजुएला थे। इसके मौजूदा सदस्यों की संख्या 15 है। इनमें ईरान, कुवैत, सऊदी अरब, वेनेजुएला, गुएना, गैबोन, लीबिया, इक्वेडोर, संयुक्त अरब अमीरात, इण्डोनेशिया, अल्जीरिया, नाइजीरिया व अंगोला शामिल हैं। इसका मुख्यालय **वियना** (ऑस्ट्रिया) में स्थित है।
- इसका उद्देश्य खनिज तेल के उत्पादन व इसकी कीमत को नियन्त्रित करके पेट्रोलियम निर्यात करने वाले राष्ट्रों के हितों का उन्नयन करना है।
- इसके अन्तर्गत तेल की कीमतों को स्थिरता प्रदान करना, तेल की अधिक कीमत प्राप्त करना तथा समय-समय पर इनके हितों को संवर्द्धन करने वाली नीतियों का निर्धारण करना है।
- ओपेक देशों के पास वर्तमान में विश्व के कुल पेट्रोलियम भण्डारों का लगभग दो-तिहाई है और उत्पादन में इनकी भागीदारी लगभग एक-तिहाई की है।

एशिया प्रशान्त आर्थिक सहयोग

- इसे **एपेक** (APEC) के नाम से भी जाना जाता है। वर्ष 1989 में ऑस्ट्रेलिया के प्रधानमन्त्री **बॉब ठॉक** की पहल पर 12 देशों को लेकर इस संगठन की स्थापना की गई थी।
- वर्तमान समय में इस संगठन के 21 सदस्य देश हैं। सदस्य देशों के बीच क्षेत्रीय अर्थव्यवस्था, सहयोग, व्यापार एवं निवेश को बढ़ावा देना ही इसका प्रमुख लक्ष्य है, जिसमें एशिया प्रशान्त देशों के मध्य मुक्त एवं खुला व्यापार तथा निवेश शामिल है। एपेक का मुख्यालय सिंगापुर में स्थित है। इसके सदस्य देशों में सिंगापुर, थाइलैण्ड, अमेरिका, ताइवान, हाँगकाँग, चीन, मैक्सिको, पापुआ न्यूगिनी, चिल्ली, पेरू, रूस, वियतनाम, ऑस्ट्रेलिया, ब्रुनेई, कनाडा, इण्डोनेशिया, जापान, दक्षिण कोरिया, मलेशिया, न्यूजीलैण्ड फिलीपीन्स हैं।

खाड़ी सहयोग परिषद्

- खाड़ी सहयोग परिषद् मध्य-पूर्व एवं पश्चिम एशिया के देशों का एक क्षेत्रीय संगठन है। इसकी स्थापना वर्ष 1981 में की गई थी और इसका मुख्यालय रियाद (सऊदी अरब) में स्थित है।
- इसके सदस्य देशों में कुवैत, ओमान, सऊदी अरब, कतर, बहरीन और संयुक्त अरब अमीरात हैं।
- खाड़ी सहयोग परिषद् के मुख्य उद्देश्य निम्नलिखित हैं
  - सभी क्षेत्रों में सदस्य देशों के बीच एकीकरण, समन्वय और अन्तर्सम्बन्ध को बढ़ावा देना है, और लोगों के बीच सम्बन्धों को मजबूत करना।

- वित्त अर्थव्यवस्था, सीमा शुल्क, व्यापार, पर्यटन प्रशासन कानून में समान नियम तैयार करना।
- कृषि, खनन, उद्योग, पशु संसाधन और जल के क्षेत्रों में वैज्ञानिक और तकनीकी सहयोग को बढ़ावा देना।
- एक एकीकृत सेना का गठन करना।
- वैज्ञानिक अनुसन्धान केन्द्र की स्थापना करना।
- संयुक्त उद्यम की स्थापना करना और निजी क्षेत्र के सहयोग को प्रोत्साहित करना। शिक्षा एवं संस्कृति और सामाजिक एवं स्वास्थ्य सम्बन्धी मामले को बढ़ावा देना।

शंघाई सहयोग संगठन

- शंघाई सहयोग संगठन (Shanghai Co-operation Organisation, SCO) 6 देशों का एक बहुपक्षीय निकाय (Multilateral Body) है, जो यूरेशिया क्षेत्र में सुरक्षा एवं आर्थिक सहयोग पर ध्यान केन्द्रित करता है।
- वर्ष 1996 में गठित 5 देशों का समूह **शंघाई-5,** जिसे चीन द्वारा अपने चार पड़ोसियों के साथ सीमा सुरक्षा से जुड़े मुद्दे को निपटाने के लिए गठित किया गया था, का रूपान्तरण शंघाई सहयोग संगठन के रूप में हो गया है।
- वर्तमान स्वरूप में इस संगठन की स्थापना वर्ष 2001 में शंघाई में शिखर बैठक के दौरान रूस, चीन, कजाकिस्तान, किर्गिस्तान, तजाकिस्तान और उज्बेकिस्तान के राष्ट्राध्यक्षों द्वारा की गई था। अस्ताना शिखर बैठक में भारत, ईरान एवं पाकिस्तान को प्रेक्षक के रूप में शामिल किया गया। आगे चलकर मंगोलिया को भी प्रेक्षक के रूप में शामिल किया गया, जबकि श्रीलंका और बेलारूस को वार्ता भागीदार बनाया गया।

तुर्कमेनिस्तान शंघाई सहयोग संगठन की शिखर बैठकों में विशेष आमन्त्रित सदस्य के रूप में भाग लेता रहा है। वर्ष 2012 में बीजिंग शिखर बैठक के दौरान अफगानिस्तान को प्रेक्षक बनाया गया, जबकि तुर्की को वार्ता भागीदार के रूप में शामिल किया गया।

भारत और शंघाई सहयोग संगठन

- भारत के माननीय विदेश मन्त्री ने (EAM) के स्तर पर वर्ष 2005 में शंघाई सहयोग संगठन की शिखर बैठक में भाग लिया तथा वर्ष 2009 में आयोजित येकातेरिनबर्ग (रूस) शिखर बैठक को छोड़कर सभी परिवर्ती शिखर बैठकों में मन्त्री स्तर पर या निचले स्तरों पर भाग लेता रहा है। वर्ष 2009 की येकातेरिनबर्ग (रूस) शिखर बैठक में प्रधानमन्त्री **डॉ. मनमोहन सिंह** ने भाग लिया था।
- वर्ष 2017 में अस्ताना (कजाकिस्तान) में आयोजित SCD के 17वें शिखर सम्मेलन में भारत और पाकिस्तान को SCO के पूर्ण सदस्य देश का दर्जा प्रदान किया गया।
- इसका 19वाँ शिखर सम्मेलन का आयोजन 14 से 15 जून, 2019 के मध्य किर्गिस्तान के बिश्केक में सम्पन्न हुआ, जबकि 21वाँ शिखर सम्मेलन वर्ष 2021 में दुशाम्बे में सम्पन्न हुआ। इसमें ईरान 9वें सदस्य के रूप में शामिल हुआ।

शंघाई सहयोग संगठन के शिखर सम्मेलन

वर्ष	आयोजन स्थल
2001	शंघाई (चीन)
2002	सेण्ट पीटर्सबर्ग (रूस)
2003	मॉस्को (रूस)
2004	ताशकन्द (उज्बेकिस्तान)
2005	अस्ताना (कजाखिस्तान)
2006	शंघाई (चीन)
2007	बिश्केक (किर्गिस्तान)
2008	दुशाम्बे (तजाकिस्तान)
2009	येकातेरिनबर्ग (रूस)
2010	ताशकन्द (उज्बेकिस्तान)
2011	अस्ताना (कजाखिस्तान)
2012	बीजिंग (चीन)
2013	बिश्केक (किर्गिस्तान)
2014	दुशाम्बे (तजाकिस्तान)
2015	ऊफा (रूस)
2016	ताशकन्द (उज्बेकिस्तान)
2017	अस्ताना (कजाखिस्तान)
2018	किंग्दाओ (चीन)
2019	बिश्केक (किर्गिस्तान)

24 देशों का समूह (G-24)

- 24 देशों का समूह मूल रूप से G-77 समूह का एक भाग है। वर्ष 1971 में अन्तर्राष्ट्रीय मौद्रिक और विकास वित्त सम्बन्धी मुद्दों पर उभरते हुए बाजारों तथा विकासशील देशों की स्थिति का समन्वय करने के लिए G-24 का गठन किया गया था।
- ब्रेटन वुड्स समझौते के अन्तर्गत गठित अन्तर्राष्ट्रीय मुद्रा कोष (IMF) में विकासशील देशों के हितों के पर्याप्त प्रतिनिधित्व के लिए इसका गठन किया गया था।

इसके सदस्य देशों में **रीजन I** में अफ्रीका से अल्जीरिया, आइवरी कोस्ट, मिस्र, इथियोपिया, गैबोन, घाना, कांगो, दक्षिण अफ्रीका व नाइजीरिया सम्मिलित हैं।

- **रीजन-II**, लैटिन अमेरिका व कैरीबियन क्षेत्र से अर्जेण्टीना, ब्राजील, मैक्सिको, पेरू, वेनेजुएला, कोलम्बिया, ग्वाटेमाला एवं त्रिनिदाद एवं टोबैगो शामिल हैं
- **रीजन-III** में एशिया से भारत, ईरान, लेबनान, पाकिस्तान, फिलिपीन्स, श्रीलंका व सीरिया शामिल हैं।

चीन इस समूह का विशेष आमन्त्रित सदस्य देश है। इस समूह की बैठकों में G-77 के अन्य सदस्य देश, जो G-24 में शामिल नहीं हैं, वे भी इसकी बैठकों में भाग ले सकते हैं। भारत को वर्ष 2012 में G-24 की सदस्यता प्राप्त हुई।

एशियाई समाशोधन संघ

- एशियाई समाशोधन संघ (ACU), जिसका मुख्यालय तेहरान (ईरान) में स्थित है, को एशिया और प्रशान्त हेतु संयुक्त राष्ट्र का आर्थिक और सामाजिक आयोग की पहल पर 9 दिसम्बर, 1974 को स्थापित किया गया।
- इसका उद्देश्य बहुपक्षीय आधार पर सदस्य देशों के बीच समाशोधन भुगतान के लिए एक प्रणाली प्रदान करने के लिए संघ के सदस्यों के बीच मात्र मौद्रिक लेन-देन के निपटान के सम्बन्ध में क्षेत्रीय सहयोग को बढ़ावा देना है। वर्तमान समय में इसके सदस्य देशों की संख्या 9 है, जिसमें भारत, पाकिस्तान, बांग्लादेश, भूटान, म्यांमार, नेपाल, श्रीलंका, मालदीव व ईरान शामिल हैं।

मर्कोसुर

- मर्कोसुर एक दक्षिण अमेरिकी व्यापार संगठन है, जिसे वर्ष 1991 में असुनसियन की सन्धि के माध्यम से बनाया गया और ब्राजील के शहर औरो-प्रेटो में इस सन्धि पर 17 दिसम्बर 1994 को हस्ताक्षर हुए, जिससे इस क्षेत्र में स्वतन्त्र व्यापार संगठन की स्थापना हुई।
- इसके संस्थापक सदस्यों में ब्राजील, अर्जेण्टीना, पराग्वे और उरुग्वे हैं एवं वर्ष 2006 में वेनेजुएला इसका पाँचवाँ स्थायी सदस्य बना।
- इसका उद्देश्य मुक्त व्यापार और माल तथा लोगों और मुद्रा के प्रवाह को बढ़ावा देना है। मर्कोसुर वर्तमान में स्वयं को एक सीमा शुल्क संघ तक सीमित रखता है, जिसमें मुक्त अन्तर्क्षेत्रीय व्यापार और सदस्य देशों के बीच एक सामान्य व्यापार नीति है।

अन्तर्राष्ट्रीय संस्थाओं द्वारा प्रकाशित रिपोर्ट्स

अन्तर्राष्ट्रीय संस्थान/संगठन	रिपोर्ट
अन्तर्राष्ट्रीय मुद्रा कोष (IMF)	विश्व आर्थिक परिदृश्य रिपोर्ट, वैश्विक वित्तीय स्थिरता रिपोर्ट
विश्व बैंक समूह	विश्व विकास रिपोर्ट, वैश्विक आर्थिक सम्भावना रिपोर्ट, कमोडिटी मार्केट आउटलुक, वैश्विक वित्तीय विकास रिपोर्ट, विश्व विकास संकेतक
विश्व व्यापार संगठन	विश्व व्यापार सांख्यिकी समीक्षा, विश्व व्यापार रिपोर्ट
विश्व आर्थिक मंच	यात्रा एवं पर्यटन प्रतिस्पर्द्धात्मकता रिपोर्ट, समावेशी विकास सूचकांक, वैश्विक जोखिम रिपोर्ट, वैश्विक लैंगिक अन्तराल रिपोर्ट
संयुक्त राष्ट्र विकास कार्यक्रम (UNDP)	मानव विकास रिपोर्ट (HDR)
वित्तीय कार्रवाई कार्यबल (FATF)	वैश्विक धनशोधन एवं आतंकी वित्तपोषण खतरा मूल्यांकन
अन्तर्राष्ट्रीय खाद्य नीति अनुसन्धान संस्थान (IFPRI)	वैश्विक खाद्य नीति रिपोर्ट
अन्तर्राष्ट्रीय ऊर्जा एजेन्सी	विश्व ऊर्जा परिदृश्य
ओपेक	विश्व तेल परिदृश्य
संयुक्त राष्ट्र औद्योगिक विकास संगठन	औद्योगिक विकास रिपोर्ट
विश्व बौद्धिक सम्पदा संगठन	विश्व बौद्धिक सम्पदा रिपोर्ट, वैश्विक सूचकांक
अन्तर्राष्ट्रीय संगठन	विश्व सामाजिक सुरक्षा, रिपोर्ट, वैश्विक मजदूरी रिपोर्ट, विश्व रोजगार एवं सामाजिक परिदृश्य

अन्तर्राष्ट्रीय संगठन एवं उनके मुख्यालय

संगठन	मुख्यालय	संगठन	मुख्यालय
संयुक्त राष्ट्र संघ (UNO)	न्यूयॉर्क	उत्तर अटलाण्टिक सन्धि संगठन (NATO)	ब्रुसेल्स
संयुक्त राष्ट्र बाल आपात कोष (UNICEF)	न्यूयॉर्क	ट्रान्सपेरेन्सी इण्टरनेशनल (Transparency International)	बर्लिन
संयुक्त राष्ट्र जनसंख्या कोष (UNFPA)	न्यूयॉर्क	दक्षिण एशियाई क्षेत्रीय सहयोग संगठन (SAARC)	काठमाण्डू
संयुक्त राष्ट्र व्यापार और विकास सम्मेलन (UNCTAD)	जेनेवा	दक्षिण-पूर्व एशियाई राष्ट्रों का संगठन (ASEAN)	जकार्ता
विश्व स्वास्थ्य संगठन (WHO)	जेनेवा	एशिया-प्रशान्त आर्थिक सहयोग (APEC)	सिंगापुर
अन्तर्राष्ट्रीय श्रम संगठन (ILO)	जेनेवा	विश्व आर्थिक मंच (WEF)	जेनेवा
विश्व व्यापार संगठन (WTO)	जेनेवा	संयुक्त राष्ट्र औद्योगिक विकास संगठन (UNIDO)	वियना
विश्व मौसम विज्ञान संगठन (WMO)	जेनेवा	अन्तर्राष्ट्रीय परमाणु ऊर्जा एजेन्सी (IAEA)	वियना
विश्व बौद्धिक सम्पदा संगठन (WIPO)	जेनेवा	पेट्रोलियम निर्यातक देशों का संगठन (OPEC)	वियना
अन्तर्राष्ट्रीय मानकीकरण संगठन (ISO)	जेनेवा	अन्तर्राष्ट्रीय मुद्रा कोष (IMF)	वॉशिंगटन डीसी
संयुक्त राष्ट्र शैक्षिक, वैज्ञानिक और सांस्कृतिक संगठन (UNESCO)	पेरिस	विश्व बैंक (World Bank)	वॉशिंगटन डीसी
एमनेस्टी इण्टरनेशनल (Amnesty International)	लन्दन	अन्तर्राष्ट्रीय न्यायालय (ICJ)	द हेग
खाद्य एवं कृषि संगठन (FAO)	रोम	अन्तर्राष्ट्रीय कृषि विकास निधि (IFAD)	रोम

अन्तर्राष्ट्रीय संगठनों से सम्बन्धित महत्त्वपूर्ण तथ्य

संगठन	स्थापना वर्ष	मुख्यालय	सदस्य संख्या
अन्तर्राष्ट्रीय मुद्रा कोष (IMF)	1945	वॉशिंगटन डीसी	190
विश्व बैंक	1944	वॉशिंगटन डीसी	189
विश्व व्यापार संगठन (WTO)	1995	जेनेवा	164
संयुक्त राष्ट्र व्यापार एवं विकास सम्मेलन (UNCTAD)	1964	जेनेवा	195
एशियाई विकास बैंक (ADB)	1966	मनीला (फिलीपीन्स)	68
दक्षिण पूर्वी एशियाई देशों का संघ (ASEAN)	1967	जकार्ता	10 (इण्डोनेशिया, फिलीपीन्स, मलेशिया, सिंगापुर, थाइलैण्ड, ब्रुनेई, वियतनाम, लाओस, म्यांमार तथा कम्बोडिया)
नाफ्टा (NAFTA)	1994		3 (अमेरिका, कनाडा, मैक्सिको)
एपेक (APEC)	1989	सिंगापुर	21 (एपेक ने वर्ष 2020 तक एशिया प्रशान्त क्षेत्र के स्वतन्त्र व्यापार क्षेत्र बनाने की घोषणा की है। यह विश्व का सबसे बड़ा स्वतन्त्र व्यापार क्षेत्र होगा।)
यूरोपीय संघ (EU)	1958 (EEC का परिवर्तित रूप)	ब्रुसेल्स	27
मर्कोसुर (Mercosur)	1995	मोण्टेवीडियो	4 (ब्राजील, अर्जेण्टीना, पराग्वे व उरुग्वे) (यह दक्षिणी अमेरिकी क्षेत्र का स्वतन्त्र व्यापार क्षेत्र है)
ओपेक (OPEC)	1960	वियना (ऑस्ट्रिया)	13 (ईरान, इराक, अंगोला, कुवैत, सऊदी अरब, वेनेजुएला लीबिया, संयुक्त अरब अमीरात, अल्जीरिया, नाइजीरिया, कांगो, इक्वेटोरियल गिनी व गैबोन)
दक्षेस (SAARC)	1985	काठमाण्डू	8 (भारत, पाकिस्तान, श्रीलंका, बांग्लादेश, नेपाल, भूटान, मालदीव और अफगानिस्तान)
आर्थिक सहयोग एवं विकास संगठन (OECD)	वर्ष 1948 में स्थापित यूरोपीय आर्थिक सहयोग संगठन का परिवर्तित रूप	पेरिस (फ्रांस)	36
एसेम (ASEM)	1996		53
एशियाई क्लीयरिंग यूनियन (ACU)	1975	तेहरान	9 (भारत, पाकिस्तान, बांग्लादेश, नेपाल, श्रीलंका, ईरान, भूटान, मालदीव व म्यांमार)
संयुक्त राष्ट्र संघ (UNO)	1945	न्यूयॉर्क	193 (दक्षिणी सूडान 193वाँ सदस्य)
G-15	1989	जेनेवा	17 विकासशील देशों का संगठन

प्रीलिम्स फैक्ट्स

- विश्व बैंक की स्थापना कब की गई थी?
  – वर्ष 1945 में [MPPSC (Pre) 2006, UKPSC (Pre) 2016]
- कौन–से संगठन मिलकर विश्व बैंक का गठन करते हैं?
  – अन्तर्राष्ट्रीय पुनर्निर्माण और विकास बैंक, अन्तर्राष्ट्रीय वित्त निगम, अन्तर्राष्ट्रीय विकास संघ [UPPSC (Pre) 1995, IAS 2010]
- भारत में राज्यों के अवस्थापना सुधार के लिए ऋण एवं अनुदान विश्व बैंक, विश्व आर्थिक फोरम, अन्तर्राष्ट्रीय मुद्रा कोष और विश्व व्यापार संगठन में से किस एक संस्था द्वारा दिए गए हैं?
  – विश्व बैंक [UPPSC (Pre) 2002]
- अन्तर्राष्ट्रीय वित्त निगम, अन्तर्राष्ट्रीय विकास संघ, बहुपक्षीय निवेश गारण्टी एजेन्सी और अन्तर्राष्ट्रीय मौद्रिक कोष में से विश्व बैंक की कौन–सी सम्बद्ध संस्था, विश्व के निर्धनतम राष्ट्रों को गरीबी उन्मूलन हेतु सहायता प्रदान करती है?
  – अन्तर्राष्ट्रीय विकास संघ [UPPSC (Pre) 2012]
- 'हरा सूचकांक' संयुक्त राष्ट्र पर्यावरण कार्यक्रम, अन्तर्राष्ट्रीय मुद्रा कोष, विश्व बैंक में से किसके द्वारा विकसित किया गया है?
  – विश्व बैंक [UPPSC (Pre) 2014]
- बहुपक्षीय विनियोग गारण्टी अभिकरण (MIGA) विश्व बैंक समूह, अन्तर्राष्ट्रीय मुद्रा कोष, अन्तर्राष्ट्रीय वित्त निगम, और अन्तर्राष्ट्रीय विकास संघ में से किससे सम्बन्धित है?
  – विश्व बैंक समूह से [UKPSC (Pre) 2022]
- अन्तर्राष्ट्रीय मुद्रा कोष की स्थापना किस समझौते के अन्तर्गत हुई?
  – ब्रेटनवुड्स समझौता [UKPSC (Pre) 2012, UPPSC (Mains) 2015]
- ब्रेटन वुड्स सम्मेलन ने आईएमएफ, विश्व बैंक, संयुक्त राष्ट्र और डब्ल्यूटीओ में से किन संस्थाओं की स्थापना की?
  – आई एम एफ, विश्व बैंक [IAS (Pre) 2013]
- अन्तर्राष्ट्रीय मुद्रा कोष के सन्दर्भ में 'कोटा' किसे कहते हैं?
  – आईएमएफ द्वारा विभिन्न देशों को दिए गए अनुदान को [UP UDA/LDA (Pre) 2005]
- अन्तर्राष्ट्रीय मुद्रा कोष *(IMF)* कर्ज देता है
  – केवल सदस्य देशों को [UKPSC (Pre) 2022]
- 'त्वरित वित्तीय प्रपत्र' और 'त्वरित ऋण सुविधा' एशियाई विकास बैंक, अन्तर्राष्ट्रीय मुद्रा कोष, संयुक्त राष्ट्र पर्यावरण कार्यक्रम वित्त पहल और विश्व बैंक में से किस एक के द्वारा उधार दिए जाने के उपबन्धों से सम्बन्धित है? *– अन्तर्राष्ट्रीय मुद्रा कोष [IAS (Pre) 2022]*
- विश्व व्यापार संगठन (WTO) स्थापित हुआ?
  – वर्ष 1995 में [UKPSC (Pre) 2003]
- अन्तर्राष्ट्रीय आर्थिक सहयोग में अन्तर्राष्ट्रीय मुद्रा कोष, विश्व बैंक, विश्व व्यापार संगठन और गैट में से किसे तीसरे स्तम्भ के रूप में जाना जाता है? *– विश्व व्यापार संगठन [UPPSC (Pre) 2008]*
- भारत विश्व व्यापार संगठन का सदस्य किस वर्ष बना?
  – वर्ष 1995 में [UDA/LDA (Mains) 2006]
- ऑर्थर डंकल का नाम आई एम एफ, गैट, ओसी जी सी और एक्जिम बैंक में से किससे सम्बन्धित है
  – गैट से [UP UDA/LDA (Mains) 2010]
- व्यापार मार्क, एकीकृत सर्किट के रूपाकृति का बाह्य, प्रारूप, भौगोलिक संकेतांक और पौधा उत्पादन में से किसको ट्रिम्स समझौते में संरक्षण प्रदान करने के लिए सम्मिलित नहीं किया गया है? *– पौधा उत्पादन [UP UDA/LDA (Pre) 2010]*
- WTO के अन्तर्गत सरकारी न्यूनतम समर्थन मूल्य (MSP) एवं बाजार मूल्य के अन्तर, जब सीधे किसानों को भुगतान किया जाता है, तो उसे क्या कहा जाता है
  – नीला बॉक्स सहायिका [UPPSC RO/ARO 2016]
- एम्बर बॉक्स, ब्लू बॉक्स और ग्रीन बॉक्स शब्द WTO मामला, SAARC मामला, UNFCCC मामला और FTA पर भारत EU वार्ता में से किससे सम्बन्धित है? *– WTO मामला [IAS (Pre) 2016]*
- यूरोपीय संघ का मुख्यालय कहाँ अवस्थित है?
  – ब्रुसेल्स (बेल्जियम) [UPPSC (Mains) 2011]
- आसियान एकेडमी ऑफ साउथ–ईस्ट एशियन नेशन्स, एसोसिएशन ऑफ साउथ–ईस्ट अफ्रीका नेशन्स और एसोसिएशन ऑफ साउथ–ईस्ट एशियन नेशन्स में से किसके लिए है?
  – एसोसिएशन ऑफ साउथ–ईस्ट एशियन नेशन्स [BPSC (Pre) 2008]
- लाओस पीडीआर, चीन, म्यांमार और भारत में से कौन–सा देश एशिया पैसिफिक ट्रेड एग्रीमेण्ट (APTA) का सदस्य नहीं है?
  – म्यांमार [UPPSC (Mains) 2010]
- ऑस्ट्रेलिया, कनाडा, चीन, भारत, जापान और यू एस ए देशों में से कौन–कौन–से आसियान के मुक्त व्यापार भागीदारों में से हैं?
  – ऑस्ट्रेलिया, चीन, भारत और जापान [UPPSC (Pre) 2018]
- दक्षिण एशियाई क्षेत्रीय सहयोग संगठन (सार्क) की स्थापना कब हुई? *– वर्ष 1985 में [UKPSC (Pre) 2012]*
- ब्रिक संघ किस वर्ष 'ब्रिक्स' में परिवर्तित हुआ?
  – वर्ष 2010 में [UKPSC (Pre) 2016]
- रूस, कजाकिस्तान, यूक्रेन और उज्बेकिस्तान में से कौन–सा एक शंघाई सहयोग संगठन का सदस्य नहीं है? *– यूक्रेन [UPPSC (Pre) 2007]*
- ग्रेट ब्रिटेन, कनाडा, मैक्सिको और संयुक्त राष्ट्र अमेरिका में से कौन नाफ्टा में सम्मिलित नहीं है *– ग्रेट ब्रिटेन [BPSC (Pre) 2018]*
- ओपेक (ऑर्गेनाइजेशन ऑफ दी पेट्रोलियम एक्सपोर्टिंग कण्ट्रीज) का, पेट्रोलियम का उत्पादन और पेट्रोलियम की कीमतों पर नियन्त्रण में से किस पर विशेष बल है?
  – उपरोक्त दोनों पर [UKPSC (Pre) 2016]
- विकसित देश, विकासशील देश, कम विकसित देश और विकासशील एवं कम विकसित देश में से किन देशों ने नामा–11 का गठन किया है?
  – विकासशील देश [CGPSC (Pre) 2021]

सेल्फ चैक

1. विश्व बैंक से सम्बन्धित निम्नलिखित कथनों पर विचार कीजिए

1. विश्व बैंक वर्ष 1945 में स्थापित किया गया, जिसका मुख्यालय न्यूयॉर्क में स्थित है।
2. विश्व बैंक समूह ने वर्ष 2030 तक विश्व से चरम गरीबी समाप्त करने का अपना लक्ष्य निर्धारित किया है।
3. विश्व बैंक सम्पूर्ण विश्व में विकासशील देशों के लिए वित्तीय और तकनीकी सहायता का एक महत्त्वपूर्ण स्रोत है। यह सामान्य अर्थों में एक बैंक नहीं है, बल्कि गरीबी को कम करने और विकास को प्रोत्साहन देने की एक अन्य साझेदारी है।
4. विश्व बैंक समूह, प्रत्येक देश के निचले स्तर के 40% लोगों की आय वृद्धि को प्रोत्साहन देते हुए साझी समृद्धि को बढ़ाने के लिए अपने सदस्य देशों द्वारा प्रतिबन्धित पाँच संस्थाओं से मिलकर बनता है।

उपरोक्त कथनों में से कौन-से कथन सही हैं?

(a) 1, 2 और 3
(b) 2, 3 और 4
(c) 1, 3 और 4
(d) 2 और 4

2. विश्व बैंक का सृजन द्वितीय विश्वयुद्ध के तुरन्त बाद किया गया था। इसके क्रियाकलाप विकासशील देशों पर केन्द्रित हैं। निम्नलिखित में से कौन-से बैंक के क्रियाकलाप हैं?

1. मानव विकास
2. कृषि एवं ग्रामीण विकास
3. पर्यावरण संरक्षण एवं शासन
4. सदस्य देशों को ऋण एवं अनुदान

कूट

(a) 1, 2 और 3 (b) 3 और 4
(c) 2 और 4 (d) ये सभी

3. विश्व आर्थिक सम्भावना (ग्लोबल इकोनॉमिक प्रोस्पेक्ट्स) रिपोर्ट आवधिक रूप से निम्नलिखित में से कौन जारी करता है? **IAS 2015**

(a) एशिया विकास बैंक
(b) यूरोपीय पुनर्निर्माण और विकास बैंक (यूरोपियन बैंक फॉर रिकन्स्ट्रक्शन एण्ड डेवलपमेण्ट)
(c) यूएस फेडरल रिजर्व बैंक
(d) विश्व बैंक

4. त्वरित वित्तीयन प्रपत्र (Rapid Financing Instrument) और त्वरित ऋण सुविधा (Rapid Credit Facility) निम्नलिखित में से किस एक के द्वारा उधार दिए जाने के उपबन्धों से सम्बन्धित है? **IAS 2022**

(a) एशियाई विकास बैंक
(b) अन्तर्राष्ट्रीय मुद्रा कोष
(c) संयुक्त राष्ट्र पर्यावरण कार्यक्रम वित्त पहल
(d) विश्व बैंक

5. वैश्विक प्रतियोगित्व रिपोर्ट (ग्लोबल कम्पिटेटिव रिपोर्ट) कौन प्रकाशित करता है? **IAS 2019**

(a) अन्तर्राष्ट्रीय मुद्रा कोष
(b) संयुक्त राष्ट्र व्यापार एवं विकास सम्मेलन (यूनाइटेड नेशन्स कॉन्फ्रेन्स ऑन ट्रेड डेवलपमेण्ट)
(c) विश्व आर्थिक मंच (वर्ल्ड इकोनॉमिक फोरम)
(d) विश्व बैंक

6. अन्तर्राष्ट्रीय मुद्रा कोष के सन्दर्भ में निम्नलिखित में से कौन-से कथन सही हैं?

1. IMF संयुक्त राष्ट्र संघ का एक विशिष्ट अभिकरण है।
2. IMF को अन्तर्राष्ट्रीय मौद्रिक सहयोग सुनिश्चित करने के लिए वर्ष 1944 में हुए ब्रेटन वुड्स सम्मेलन में स्थापित किया गया।
3. IMF का उद्देश्य मुद्रा विनिमय दरों को स्थिरता प्रदान करना तथा अन्तर्राष्ट्रीय तरलता का विस्तार करना (दुर्लभ मुद्राओं तक पहुँच बनाना) है।

कूट

(a) 1, 2 और 3 (b) 2 और 3
(c) 1 और 2 (d) 1 और 3

7. अन्तर्राष्ट्रीय मुद्रा कोष के सम्बन्ध में निम्नलिखित कथनों में से कौन-से कथन सही हैं?

1. भारत IMF का संस्थापक सदस्य है।
2. IMF में भारत का कोटा 4% से अधिक है।
3. IMF में वित्त मन्त्री पदेन प्रतिनिधित्व करता है।
4. IMF अनुच्छेद-4 के अधीन, भारत की आर्थिक स्थिति का नियमित पुनरीक्षण करता है।

कूट

(a) 1, 2 और 3 (b) 1, 3 और 4
(c) 2 और 4 (d) 1, 2, 3 और 4

8. WTO शासन व्यवस्था के अन्तर्गत सर्वाधिक पसन्दीदा राष्ट्र (MFN) का प्रावधान किस सिद्धान्त पर आधारित है?

(a) राष्ट्रों के बीच गैर-विभेदीकरण
(b) राष्ट्रों के बीच विभेदीकरण
(c) स्थानीय और विदेशियों के बीच विभेदी व्यवहार
(d) वस्तुओं के बीच एकसमान प्रशुल्क (टैरिफ)

9. निम्नलिखित कथनों पर विचार कीजिए **UPPSC (Pre) 2017**

1. भारत ने WTO के व्यापार सुकर बनाने के कारण व्यापार सुविधा समझौता (Trade Facilitation Agreement, TFA) का अनुसमर्थन किया है।
2. TFA, WTO के बाली मन्त्रिस्तरीय पैकेज, 2013 का एक भाग है।
3. TFA जनवरी, 2016 में प्रवृत्त हुआ।

उपरोक्त कथनों में से कौन-सा/से कथन सही है/हैं?

(a) 1 और 2 (b) 1 और 3
(c) 2 और 3 (d) 1, 2 और 3

10. विश्व व्यापार संगठन (WTO) से सम्बन्धित निम्नलिखित कथनों पर विचार कीजिए

1. WTO राष्ट्रों के बीच व्यापार के विश्वव्यापी नियमों से सम्बन्ध रखता है।
2. WTO का लक्ष्य माल एवं सेवाओं के उत्पादकों, निर्यातकों और आयातकों को उनके व्यापार संचालन में सहायता करना है।
3. WTO, जो टैरिफ एवं व्यापार सम्बन्धी सामान्य करार का उत्तराधिकारी निकाय है और यह उरुग्वे दौर की सन्धि वार्ता के परिणामस्वरूप अस्तित्व में आया।
4. WTO बौद्धिक सम्पदा अधिकारों के व्यापार के नियम बनाने से स्वयं को दूर रखता है।

उपरोक्त कथनों में से कौन-से कथन सही हैं?

(a) 1, 2 और 3
(b) 2, 3 और 4
(c) 1, 2 और 4
(d) 1 और 4

11. राष्ट्रीय बौद्धिक सम्पदा नीति के सन्दर्भ में निम्नलिखित कथनों पर विचार कीजिए **IAS (Pre) 2017**

1. यह दोहा विकास एजेण्डा और TRIPS समझौते के प्रति भारत की प्रतिबद्धता को दोहराता है।
2. औद्योगिक नीति और संवर्द्धन विभाग भारत में बौद्धिक सम्पदा अधिकारों के विनियमन के लिए केन्द्रक अभिकरण है।

उपरोक्त कथनों में से कौन-सा/से कथन सही है/हैं?

(a) केवल 1
(b) केवल 2
(c) 1 और 2 दोनों
(d) न तो 1 और न ही 2

12. व्यापार सम्बन्धित निवेश उपायों के सन्दर्भ में निम्नलिखित कथनों में से कौन-सा/से कथन सही है/हैं? **IAS (Pre) 2020**

1. विदेशी निवेशकों द्वारा किए जाने वाले आयात पर परिमाणात्मक निर्बन्धन निषिद्ध होते हैं।
2. ये वस्तुओं एवं सेवाओं दोनों के व्यापार से सम्बन्धित निवेश उपायों पर लागू होते हैं।
3. ये विदेशी निवेश के नियमन से सम्बन्धित नहीं है।

कूट

(a) 1 और 2 (b) केवल 2
(c) 1 और 3 (d) ये सभी

13. एशियाई आधारिक संरचना निवेश बैंक एशियन इन्फ्रास्ट्रक्चर इन्वेस्टमेण्ट बैंक (AIIB) के सन्दर्भ में निम्नलिखित कथनों पर विचार कीजिए **IAS (Pre) 2019**

1. AIIB के 80 से अधिक सदस्य राष्ट्र हैं।
2. AIIB में भारत सबसे बड़ा शेयरधारक है।
3. AIIB में एशिया से बाहर का कोई सदस्य नहीं है।

उपरोक्त कथनों में से कौन-सा/से कथन सही है/हैं?

(a) केवल 1 (b) 2 और 3
(c) 1 और 3 (d) 1, 2 और 3

14. निम्नलिखित पर विचार कीजिए **IAS 2022**

1. एशियाई अवसंरचना निवेश बैंक (एशियन इन्फ्रास्ट्रक्चर इन्वेस्टमेण्ट बैंक)
2. प्रक्षेपास्त्र प्रौद्योगिकी नियन्त्रण व्यवस्था (मिसाइल टेक्नोलॉजी कण्ट्रोल रिजीम)
3. शंघाई सहयोग संगठन (शंघाई को-ऑपरेशन ऑर्गेनाइजेशन) भारत, उपरोक्त में से किसका/किनका सदस्य है?

(a) 1 और 2 (b) केवल 3 (c) 2 और 3 (d) 1, 2 और 3

15. निम्नलिखित में से किस समूह के सभी चारों देश G20 के सदस्य हैं? **IAS (Pre) 2022**

(a) अर्जेण्टीना, मैक्सिको, दक्षिण अफ्रीका एवं तुर्की
(b) ऑस्ट्रेलिया, कनाडा, मलेशिया एवं न्यूजीलैण्ड
(c) ब्राजील, ईरान, सऊदी अरब एवं वियतनाम
(d) इण्डोनेशिया, जापान, सिंगापुर एवं दक्षिण कोरिया

16. भारत में माल के भौगोलिक संकेत (रजिस्ट्रेशन और संरक्षण) अधिनियम, 1999 को निम्नलिखित में से किससे सम्बन्धित दायित्वों के अनुपालन के लिए लागू किया गया? **IAS (Pre) 2018**

(a) आईएलओ (b) आईएमएफ
(c) यूएनसीटीएडी. (d) डब्ल्यूटीओ

17. G20 कॉमन फ्रेमवर्क के सन्दर्भ में निम्नलिखित कथनों पर विचार कीजिए **IAS 2022**

1. यह G20 और उसके साथ पेरिस क्लब द्वारा समर्थित पहल है।
2. यह अधारणीय ऋण वाले निम्न आय देशों को सहायता देने की पहल है।

उपरोक्त कथनों में से कौन-सा/से कथन सही है/हैं?

(a) केवल 1 (b) केवल 2
(c) 1 और 2 (d) न तो 1 और न ही 2

18. क्षेत्रीय सहयोग के लिए हिन्द महासागर रिम संघ (इण्डियन ओशन रिम एसोसिएशन फॉर रीजनल कॉर्पोरेशन, IOR-ARC) के सन्दर्भ में निम्नलिखित कथनों पर विचार कीजिए **IAS 2015**

1. इसकी स्थापना अत्यन्त हाल ही में समुद्री डकैती की घटनाओं और तेल अधिप्लाव (ऑयल स्पिल्स) की दुर्घटनाओं के प्रतिक्रियास्वरूप की गई है।
2. यह एक ऐसी मैत्री है, जो केवल समुद्री सुरक्षा हेतु है।

उपरोक्त कथनों में से कौन-सा/से कथन सही है/हैं?

(a) केवल 1 (b) केवल 2
(c) 1 और 2 दोनों (d) न तो 1 और न ही 2

19. BRICS के रूप में ज्ञात देशों के एक समूह के सन्दर्भ में निम्नलिखित कथनों पर विचार कीजिए **IAS (Pre) 2014**

1. BRICS का पहला शिखर सम्मेलन रिओ दे जेनेरो में वर्ष 2009 में हुआ।
2. दक्षिण अफ्रीका BRICS समूह में अन्त में शामिल हुआ।

उपरोक्त कथनों में से कौन-सा/से सही है/हैं?

(a) केवल 1 (b) केवल 2
(c) 1 और 2 दोनों (d) न तो 1 और न ही 2

20. निम्नलिखित देशों पर विचार कीजिए
1. ऑस्ट्रेलिया
2. कनाडा
3. चीन
4. भारत
5. जापान
6. यूएसए

उपरोक्त में से कौन-से देश आसियान (Association of South-East Asian Nations, ASEAN) के मुक्त व्यापार भागीदारों में से हैं?
(a) 1, 2, 4 और 5
(b) 3, 4, 5 और 6
(c) 1, 3, 4 और 5
(d) 2, 3, 4 और 6

21. निम्नलिखित कथनों पर विचार कीजिए IAS (Pre)C 2010
1. यूरेशियन इकोनॉमिक यूनियन का मुख्य उद्देश्य सदस्य देशों के मध्य मुक्त व्यापार को बढ़ावा देना है।
2. यूरेशियन इकोनॉमिक यूनियन के गठन को वर्ष 2014 में अन्तिम रूप दिया गया।

उपरोक्त कथनों में से कौन-सा/से कथन सही है/हैं?
(a) केवल 1
(b) केवल 2
(c) 1 और 2 दोनों
(d) न तो 1 और न ही 2

22. ट्रान्स-पैसिफिक पार्टनरशिप (Trans-Pacific Partnership) के सन्दर्भ में निम्नलिखित कथनों पर विचार कीजिए
1. यह चीन और रूस को छोड़कर प्रशान्त महासागर तटीय सभी देशों के मध्य एक समझौता है।
2. यह केवल तटवर्ती सुरक्षा के प्रयोजन से किया गया सामरिक गठबन्धन है।

उपरोक्त कथनों में से कौन-सा/से कथन सही है/हैं?
(a) केवल 1
(b) केवल 2
(c) 1 और 2 दोनों
(d) न तो 1 और न ही 2

23. निम्नलिखित कथनों पर विचार कीजिए
1. न्यू डेवलपमेण्ट बैंक की स्थापना एपेक (APEC) द्वारा की गई है।
2. न्यू डेवलपमेण्ट बैंक का मुख्यालय शंघाई में स्थित है।

उपरोक्त कथनों में से कौन-सा/से कथन सही है/हैं? IAS (Pre) 2016
(a) केवल 1
(b) केवल 2
(c) 1 और 2 दोनों
(d) न तो 1 और न ही 2

जानें सही उत्तर

1. (d)	**2.** (d)	**3.** (d)	**4.** (b)	**5.** (c)	**6.** (a)	**7.** (b)	**8.** (a)	**9.** (a)	**10.** (a)
11. (c)	**12.** (c)	**13.** (a)	**14.** (d)	**15.** (a)	**16.** (d)	**17.** (c)	**18.** (d)	**19.** (b)	**20.** (c)
21. (c)	**22.** (d)	**23.** (b)							

● अध्याय सोलह

जनांकिकी एवं जनगणना

"

अर्थव्यवस्था के सन्दर्भ में जनांकिकी व जनगणना का अभूतपूर्व महत्त्व है। नीतियों के निर्धारण व उसके बेहतर निष्पादन हेतु जनसंख्या व उसके विविध पक्षों की जानकारी एक आवश्यक शर्त है। इस सन्दर्भ में अपेक्षित जानकारी व सूचना का अभाव नीतियों के क्रियान्वयन व उसके असर पर दुष्प्रभाव डाल सकता है। जनगणना की आवश्यकता व इसके महत्त्व पर चर्चा इस परिप्रेक्ष्य में अति-आवश्यक प्रतीत होती है।

जनसंख्या

- किसी भी अर्थव्यवस्था में जनसंख्या के आधिक्य को संसाधन के रूप में देखा जाता है। किसी देश की जनसंख्या का आकार जितना अधिक होगा, उस देश का श्रम बल भी उतना सशक्त होगा। जनसंख्या श्रम बल किसी भी देश के आर्थिक विकास के लिए महत्त्वपूर्ण घटक है। जनसंख्या में समाज के सभी पहलुओं का अध्ययन किया जाता है, जिसमें एक भू-भाग में अधिवास करने वाले लोगों की संख्या ही जनसंख्या कहलाती है।
- नवीनतम संयुक्त राष्ट्र जनसंख्या कोष (UNFPA) की रिपोर्ट के अनुसार, 1428.6 मिलियन की आबादी के साथ भारत ने 2.9 मिलियन के अन्तर से चीन को पीछे छोड़ दिया (20 अप्रैल, 2022 के अनुसार) है।

> भारत की जनसंख्या अमेरिका, इण्डोनेशिया, ब्राजील, पाकिस्तान, बांग्लादेश और जापान की संयुक्त जनसंख्या के लगभग बराबर है। भारत का भौगोलिक क्षेत्रफल विश्व का 2.4% है, किन्तु भारत में विश्व की लगभग 17.5% जनसंख्या निवास करती है। विश्व में जनसंख्या के मामले में पहला स्थान भारत का आता है। सम्पूर्ण विश्व में जनसंख्या वृद्धि को लेकर जागरूकता फैलाने के लिए 11 जुलाई को प्रत्येक वर्ष विश्व जनसंख्या दिवस मनाने का निर्णय लिया गया है।

जनांकिकी

- जनांकिकी (Demography) विषय के अन्तर्गत जनसंख्या से सम्बन्धित अनेक प्रवृत्तियों तथा प्रक्रियाओं का अध्ययन किया जाता है; जैसे—जनसंख्या के आकार में परिवर्तन, जन्म, मृत्यु और प्रजनन के स्वरूप तथा जनसंख्या की संरचना, गठन अर्थात् इसमें स्त्रियों, पुरुषों और विभिन्न आय वर्ग के लोगों का अनुपात।
- जनांकिकी के दो प्रमुख प्रकार हैं—**आकारिक जनांकिकी** (Formal Demography), जिसमें अधिकतर जनसंख्या के आकार अर्थात् मात्रा का अध्ययन किया जाता है, जबकि **सामाजिक जनांकिकी** (Social Demography), जिसमें आबादियों के सामाजिक, आर्थिक एवं राजनीतिक पक्षों पर विचार किया जाता है।

जनांकिकी से सम्बन्धित महत्त्वपूर्ण सिद्धान्त

जनांकिकी से सम्बन्धित महत्त्वपूर्ण सिद्धान्त निम्नलिखित हैं

माल्थस का जनसंख्या सिद्धान्त

- जनांकिकी के सर्वाधिक प्रसिद्ध सिद्धान्तों में एक सिद्धान्त अंग्रेज राजनीतिक अर्थशास्त्री **थॉमस रॉबर्ट माल्थस** के नाम से जुड़ा है।
- इन्होंने यह सिद्धान्त 1798 ई. में अपने लेख **An Essay on the Principles of Population** में प्रकाशित किया था।
- माल्थस के अनुसार, "मनुष्यों की जनसंख्या उस दर की तुलना में अधिक तेजी से बढ़ती है, जिस दर पर मनुष्य के भरण-पोषण के साधन बढ़ सकते हैं, इसलिए मनुष्य सदा ही गरीबी की हालत में जीने के लिए विवश रहा है, उनके मतानुसार कृषि उत्पादन की वृद्धि हमेशा ही जनसंख्या वृद्धि से पीछे रही है।
- इस प्रकार जनसंख्या तीव्रगति से बढ़ती है और प्रत्येक 25 वर्ष बाद पहले से दोगुनी हो जाती है। वृद्धि की इस प्रवृत्ति को माल्थस ने **गुणोत्तर** या **ज्यामितीय श्रेणी** (1, 2, 4, 8, 16 ....32 ....) की दर की वृद्धि माना है। वहीं जीविकोपार्जन के साधन में वृद्धि समान्तर श्रेणी (1, 2, 3, 4 ....6 ....) की दर से होती है।

> माल्थस ने बताया कि यदि जीवन निर्वाह के संसाधनों का अवरोध न हो, तो प्रत्येक 25 वर्ष में जनसंख्या दोगुनी हो जाएगी। यदि यह अनुपात चलता रहे, तो 200 वर्षों में जनसंख्या में 256 गुना, परन्तु जीवन निर्वाह क्षमता में मात्र 9 गुना वृद्धि होगी। ऐसी स्थिति में खाद्य-आपूर्ति की समस्या उत्पन्न हो जाएगी।

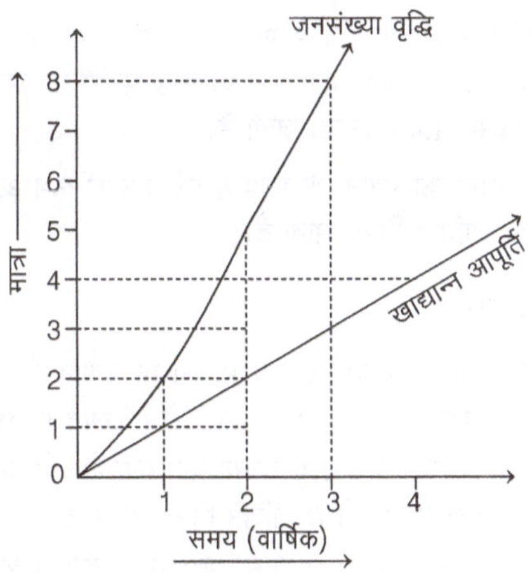

अनुकूलतम जनसंख्या सिद्धान्त

- इस सिद्धान्त की उत्पत्ति जनसंख्या व संसाधनों के सम्बन्धों के तुलनात्मक विश्लेषण से हुई है। इस सिद्धान्त का सर्वप्रथम उल्लेख **एडवर्ड वेस्ट** ने 1815 ई. में किया तथा **हेनरी सिजविक** ने वर्ष 1907 में इस सिद्धान्त को विकसित किया था।
- ब्रिटिश अर्थशास्त्री **एडविन केनन** ने अनुकूलतम शब्द का प्रथम बार प्रयोग किया था। उनके अनुसार, किसी देश की अनुकूलतम जनसंख्या (Optimum Population) से अभिप्राय जनसंख्या के उस आकार से है, जो उपलब्ध संसाधन, पूँजी व वर्तमान प्रविधि की स्थिति में अधिकतम प्रति व्यक्ति आय प्रदान करता है।

> यदि वास्तविक जनसंख्या अनुकूलतम जनसंख्या से अधिक होती है, तो वह देश **अति जनसंख्या** वाला देश बन जाता है। इसके विपरीत, यदि वास्तविक जनसंख्या अनुकूलतम जनसंख्या से कम हो, तो वह देश **न्यून जनसंख्या** वाला देश होता है।

- जनसंख्या व संसाधनों के सह-सम्बन्ध को निम्न सूत्र के द्वारा विवेचित किया गया है।

$$M = \frac{A - O}{O}$$

जहाँ, M = असन्तुलन की मात्रा (Mal-Adjustment)

A = वास्तविक जनसंख्या (Actual Population)

O = आदर्श जनसंख्या (Optimum Population)

यदि M धनात्मक है, तो जनाधिक्य होगा और यदि ऋणात्मक है, तो जनसंख्या न्यून होगी। इस प्रकार यदि M का मान O के बराबर हो, तो जनसंख्या व संसाधन के बीच सह-सम्बन्धों की आदर्श व अनुकूलतम स्थिति होगी। वस्तुत: किसी भी देश की अनुकूलतम जनसंख्या स्थिर नहीं होती, क्योंकि अनुकूलतम जनसंख्या की अवधारणा एक गतिशील अवधारणा है।

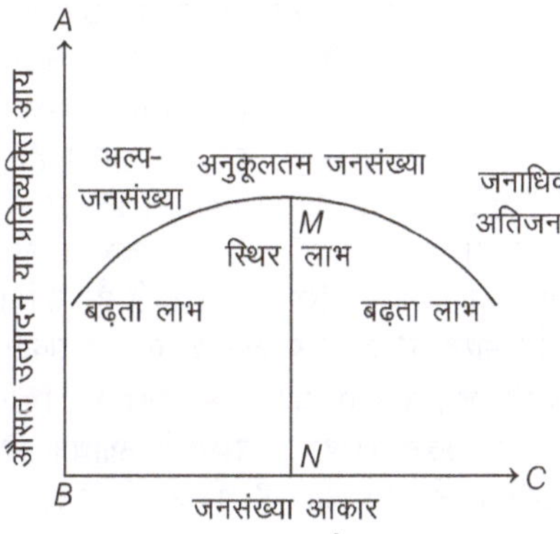

इष्टतम जनसंख्या

उपरोक्त रेखाचित्र में BN तक देश की जनसंख्या में हुई प्रत्येक वृद्धि के परिणामस्वरूप प्रति व्यक्ति आय में वृद्धि है। जब वास्तविक जनसंख्या BN के बराबर हो जाती है, तो प्रति व्यक्ति वास्तविक आय (NM) अधिकतम हो जाती है। यह संसाधनों की मात्रा एवं गुणों में परिवर्तन के अनुसार परिवर्तनशील होती है।

इसी प्रकार **अल्प जनसंख्या** (Under Population) व **अधिक जनसंख्या** (Over Population) की अवधारणा भी गतिशील है। यह वास्तविक भी हो सकती है और सापेक्षिक भी।

जनांकिकीय संक्रमण का सिद्धान्त

- जनांकिकीय संक्रमण सिद्धान्त (Theory of Demographic Transition) का प्रतिपादन **डब्ल्यू एम थॉमसन** ने किया था, परन्तु **फ्रेंक नोटेन्स्टीन** ने वर्ष 1945 में इसे व्यवस्थित एवं वैज्ञानिक स्वरूप प्रदान किया।

- यह सिद्धान्त विकसित क्षेत्रों के वास्तविक अनुभवों पर आधारित है, जिसके अनुसार, आर्थिक विकास के भिन्न-भिन्न स्तरों पर जन्म दर एवं मृत्यु दर की प्रवृत्तियाँ अलग-अलग होती हैं। इस कारण जनसंख्या वृद्धि दर भी अलग-अलग होती है। इस सिद्धान्त के अनुसार, सामान्यत: प्रत्येक अर्थव्यवस्था की जनसंख्या वृद्धि निम्न पाँच अवस्थाओं से होकर गुजरती है, जो निम्न प्रकार हैं
  - **प्रथम अवस्था** इस अवस्था में जन्म दर (Birth-Rate) एवं मृत्यु दर (Death-Rate) दोनों ही ऊँची होती हैं, इसलिए जनसंख्या स्थिर रहती है और ऐसे देशों की अर्थव्यवस्थाएँ मुख्य रूप से कृषि प्रधान होती हैं, जिससे यहाँ के लोगों की आय निम्न होती है। फलत: लोगों का भोजन भी असन्तुलित एवं अपर्याप्त होता है। अस्वास्थ्यकर आवास व्यवस्था, अशिक्षा, अन्धविश्वास तथा चिकित्सा सुविधाओं का अभाव होने के कारण इस अवस्था में मृत्यु दर उच्च होती है। इस अवस्था में जन्म दर तथा मृत्यु दर दोनों ही ऊँची रहती हैं। अत: जनसंख्या लगभग स्थिर रहती है। वर्ष 1921 से पूर्व भारत की जनसंख्या को इस अवस्था में शामिल किया जा सकता है। वैसे यह अवस्था अफ्रीका व एशिया महाद्वीप के पिछड़े देशों में देखने को मिलती है।
  - **द्वितीय अवस्था** इस अवस्था को जनसंख्या विस्फोट की अवस्था (Population Explosion) भी कहा जाता है। इसका कारण यह है कि आर्थिक विकास के आरम्भ होते ही राष्ट्रीय आय में वृद्धि होने के साथ-साथ प्रति व्यक्ति आय भी बढ़ती है, जिससे आम लोगों के जीवन-स्तर में सुधार होने के साथ-साथ भुखमरी (Poverty) दूर होने लगती है। चिकित्सा सुविधाओं में वृद्धि होने के कारण महामारी इत्यादि से होने वाली मृत्यु दर में कमी आती है। आर्थिक विकास की दृष्टि से यह अवस्था बहुत गम्भीर व चिन्ताजनक होती है। वर्ष 1921 से 1991 तक के भारत को हम इस अवस्था में रख सकते हैं।
  - **तृतीय अवस्था** इस अवस्था को निम्न जन्म दर, निम्न मृत्यु दर की अवस्था कहते हैं। इस अवस्था में आर्थिक विकास की गति और अधिक तीव्र हो जाती है। शिक्षा, चिकित्सा एवं स्वास्थ्य सम्बन्धी सुधार के फलस्वरूप मृत्यु दर में गिरावट आ जाती है, साथ ही परिवार नियोजन (Family Planning) ऐच्छिक रूप ले लेता है, जिस कारण जन्म दर भी गिरने लगती है। इस अवस्था में जन्म दर एवं मृत्यु दर दोनों ही गिरती हैं, परन्तु दोनों में अन्तर बहुत अधिक होता है, जिससे जनसंख्या में वृद्धि दर अधिक होती है। यह अवस्था भी जनसंख्या विस्फोट की ही अवस्था है।
    इस अवस्था में देश विकसित अवस्था में पहुँच जाता है, जिससे देश क्रमिक आर्थिक विकास के कारण कृषि प्रधान स्थिति से उद्योग प्रधान स्थिति में रूपान्तरित होने लगता है।
  - **चतुर्थ अवस्था** इस अवस्था में सुविधाओं एवं विलासिताओं में वृद्धि के कारण सन्तानोत्पादन की इच्छा कम हो जाती है, जिस कारण जन्म दर तथा मृत्यु दर दोनों ही कम होकर एक निम्न स्तर पर स्थिर हो जाती हैं, जिससे जनसंख्या में शुद्ध वृद्धि नगण्य के समान होती है। यूरोप के विकसित देशों में यह स्थिति देखने को मिल रही है।

जनसंख्या से सम्बन्धित पारिभाषिक शब्द

जनसंख्या से सम्बन्धित पारिभाषिक (Terminology Related to Population) शब्द निम्नलिखित हैं

अशोधित जन्म दर

किसी क्षेत्र विशेष में प्रति 1000 जनसंख्या पर 1 वर्ष में पंजीकृत जन्में जीवित बच्चों की संख्या को अशोधित जन्म दर (Crude Birth Rate) कहा जाता है।

अशोधित जन्म दर

$$= \frac{\text{किसी वर्ष में पंजीकृत जीवित बच्चों की संख्या}}{\text{उस वर्ष की जनसंख्या (मध्य की)}} \times 100$$

अशोधित मृत्यु दर

किसी भौगोलिक क्षेत्र में प्रति 1000 जनसंख्या पर 1 वर्ष में मृतकों की संख्या को अशोधित मृत्यु दर कहते हैं।

अशोधित मृत्यु दर (Crude Death Rate)

$$= \frac{\text{किसी क्षेत्र विशेष में 1 वर्ष में कुल मृतकों की संख्या}}{\text{अनुमानित मध्य वर्ष में जनसंख्या}} \times 1000$$

लिंगानुपात

- किसी विशेष भौगोलिक क्षेत्र में प्रति 1000 पुरुषों के पीछे महिलाओं की संख्या या प्रति 1000 महिलाओं के पीछे पुरुषों की संख्या को लिंगानुपात (Sex Ratio) कहा जाता है।
- शिशु लिंगानुपात की गणना के लिए 6 वर्ष तक से कम आयु के शिशुओं को शामिल किया जाता है।

शिशु मृत्यु दर

- शिशु मृत्यु दर (Infant Mortality Rate) की गणना में किसी निश्चित वर्ष अथवा समयावधि में किसी क्षेत्र विशेष में एक वर्ष से कम आयु के शिशुओं की मृत्यु संख्या को उसी क्षेत्र में उत्पन्न शिशुओं की कुल संख्या से विभाजित किया जाता है।
- विभाजित संख्या को 1000 से सामान्यत: गुणा कर दिया जाता है।

$$\text{शिशु मृत्यु दर} = \frac{\text{एक वर्ष में शिशुओं के मौतों की संख्या}}{\text{एक वर्ष में जीवित जन्मों की संख्या}} \times 1000$$

बाल मृत्यु दर

1 वर्ष के दौरान प्रति 1000 जीवित जन्में बच्चों की संख्या के सन्दर्भ में 0-5 वर्ष के बीच मृत बच्चों की संख्या को **बाल-मृत्यु दर** (Child Mortality Rate) कहा जाता है।

$$\text{बाल मृत्यु दर} = \frac{\text{एक वर्ष में } 0-5 \text{ वर्षों की आयु के बच्चों की मौतों की संख्या}}{\text{एक वर्ष में जीवित जन्मों की संख्या}} \times 1000$$

जनसंख्या वृद्धि दर

किसी दिए गए देश, क्षेत्र या भौगोलिक क्षेत्र के लिए निर्दिष्ट अवधि के दौरान **अशोधित जन्म दर** (Growth Rate of Population) तथा **अशोधित मृत्यु दर** के अन्तर को जनसंख्या की प्राकृतिक वृद्धि दर कहते हैं। जब प्राकृतिक वृद्धि दर में प्रवास की दर को भी जोड़ दिया जाता है, तो यह जनसंख्या वृद्धि दर कहलाती है।

$$\text{निवल प्रवास दर} = \frac{\text{देश में आने वाले लोगों की संख्या} - \text{देश से बाहर जाने वालो की संख्या}}{\text{अनुमानित मध्य वर्ष में जनसंख्या}} \times 1000$$

दशकीय वृद्धि दर

इसके द्वारा 10 वर्षों की अवधि में हुई जनसंख्या में प्रतिशत वृद्धि को दशकीय वृद्धि दर (Decadal Growth Rate) कहते हैं।

$$\text{दशकीय वृद्धि दर} = \frac{\text{वर्तमान जनसंख्या} - \text{पूर्व जनसंख्या}}{\text{पूर्व जनसंख्या}} \times 100$$

साक्षरता दर

7 वर्ष तथा उससे ऊपर की आयु के वे सभी लोग, जो पढ़ना-लिखना जानते हैं, साक्षर माने गए हैं।

$$\text{साक्षरता दर} = \frac{\text{साक्षरों की संख्या}}{7 \text{ वर्ष से अधिक आयु वाली जनसंख्या}} \times 1000$$

$$\text{अशोधित साक्षरता दर} = \frac{\text{कुल साक्षर लोगों की संख्या}}{\text{देश की कुल जनसंख्या}} \times 1000$$

जनसंख्या घनत्व

- सामान्यत: जनसंख्या घनत्व (Population Density) किसी क्षेत्र विशेष में जनसंख्या के दबाव का द्योतक है।
- जनसंख्या के घनत्व से अभिप्राय किसी देश या क्षेत्र विशेष में प्रति वर्ग किमी में निवास करने वाले व्यक्तियों की संख्या से है।

$$\text{जनसंख्या घनत्व} = \frac{\text{देश या स्थान विशेष की कुल जनसंख्या}}{\text{देश या स्थान विशेष की कुल जनसंख्या}}$$

कुपोषण की दर

कुपोषण (Malnutrition) के अन्तर्गत ऐसे बच्चे आते हैं, जिनमें 3 वर्ष तक के बच्चों को रखा जाता है, जो अपने वजन के हिसाब से कम वजन तथा कम लम्बाई के होते हैं।

सम्पूर्ण प्रजनन दर

- एक महिला अपने जीवन काल के जिस स्तर पर बच्चे पैदा करने की क्षमता रखती है, उसे प्रजनन काल (Fertility Rate) कहते हैं। भारत में प्रजनन काल के अन्तर्गत 15-49 वर्ष की महिलाओं को शामिल किया जाता है।
- सम्पूर्ण प्रजनन दर (Total Fertility Rate) के अन्तर्गत एक महिला अपने सम्पूर्ण प्रजनन काल (15-49 वर्ष) के दौरान जितने बच्चों को जन्म देती है, वह सम्पूर्ण प्रजनन दर कहलाती है।

मातृ मृत्यु दर

- विश्व स्वास्थ्य संगठन के अनुसार, मातृ मृत्यु दर (Maternal Mortality Rate) महिलाओं की गर्भावस्था के दौरान या गर्भावस्था की समाप्ति के 42 दिनों के अन्दर प्रति एक लाख जीवित जन्मों पर प्रसव पीड़ा से ग्रसित एवं गर्भावस्था के बाद को मातृ मृत्यु दर है।
- वर्तमान में मातृ मृत्यु दर वर्ष 2018-20 के अनुसार 97 प्रति एक लाख है।

जनसंख्या पिरामिड

- जनसंख्या पिरामिड (Population Pyramid) को **आयु-लिंग पिरामिड** भी कहा जाता है, जिसमें विशेषत: देश की जनसंख्या को रेखांकन के रूप में दर्शाया जाता है। यह हमें समय के साथ जनसंख्या में परिवर्तन अर्थात् जन्म दर, मृत्यु दर और देश की जीवन प्रत्याशा के बारे में बताता है।

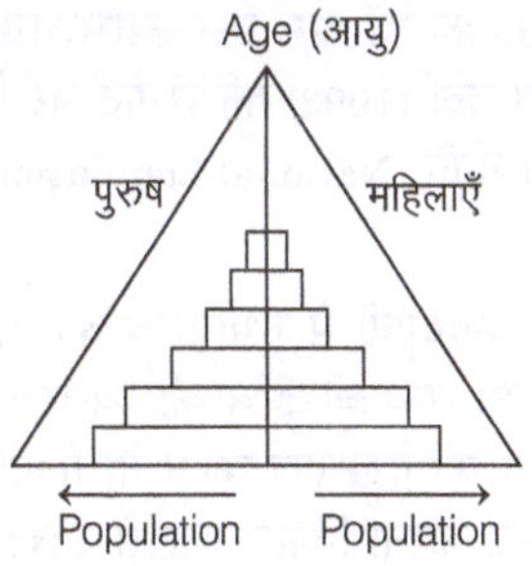

- जनसंख्या पिरामिड उस विशेष देश में रहने वाले लोगों की कहानी को प्रकट करता है। इसे विभिन्न आयु समूहों में बाँटा गया है, जो आगे लिंग के आधार पर उप-विभाजित हैं। पुरुषों की जनसंख्या ग्राफ के बाईं ओर है और महिलाओं की जनसंख्या दाईं ओर है तथा बीच में खड़ी रेखा पुरुषों और महिलाओं को अलग करती है।
- जनसंख्या पिरामिड में सबसे नीचे आधार पर सबसे कम आयु वर्ग की होती है, जो सबसे बड़ी होती है और ऊपर की ओर जाने पर सभी आयु वर्ग की जनसंख्या घटती चली जाती है। जनसंख्या पिरामिड से आयु तथा लिंग के आधार पर जनसंख्या का अध्ययन किया जाता है।

- जनसंख्या पिरामिड के आधार पर जनसंख्या पर आश्रित रहने वाले लोगों का पता चलता है और इसकी सहायता से जन्म दर और मृत्यु दर में होने वाले अन्तर का अध्ययन भी किया जाता है।
- विकसित देशों के जनसंख्या पिरामिड का आकार सामान्यत: ऊँचा और आकृति आयताकार होती है, क्योंकि इन देशों में जीवन स्तर बेहतर होता है तथा स्वास्थ्य सेवाओं का स्तर भी अच्छा रहता है। विकासशील देशों में जनसंख्या पिरामिड का आकार शंकु होता है।

भारत की जनसंख्या नीति

- वर्तमान समय में भारत में जनसंख्या विस्फोट की स्थिति है। देश की जनसंख्या विस्फोट की स्थिति को आर्थिक विकास में बाधक समझा जाता है। इस जनसंख्या विस्फोट की स्थिति पर नियन्त्रण के लिए एक राष्ट्रीय नीति का होना अति आवश्यक है।
- भारत में सर्वप्रथम वर्ष 1952 में **परिवार नियोजन** कार्यक्रम की शुरुआत हुई, जिसे बाद में वर्ष 1961-62 में **परिवार कल्याण नियोजन** कार्यक्रम बना दिया गया और वर्ष 1966 में **परिवार नियोजन विभाग** का सृजन किया गया।
- भारत में पहली बार जनसंख्या नीति की घोषणा वर्ष 1976 में की गई, जिसके अन्तर्गत लड़कियों की विवाह की न्यूनतम आयु को 15 वर्ष से बढ़ाकर 18 वर्ष एवं लड़कों की आयु 18 वर्ष से बढ़ाकर 21 वर्ष कर दी गई।
- वर्ष 1976 की नीति के अन्तर्गत संसद में प्रतिनिधित्व के प्रयोजनों के साथ केन्द्रीय सहायता के वितरण करों के हस्तान्तरण आदि के लिए जनसंख्या के आँकड़ों को वर्ष 2001 तक के लिए वर्ष 1971 के स्तर को निश्चित कर दिया गया। भारत सरकार द्वारा वर्ष 1997 में प्रजनन और बाल स्वास्थ्य कार्यक्रम को शुरू किया गया।

राष्ट्रीय जनसंख्या नीति, 2000

- 15 फरवरी, 2000 को **डॉ. एम एस स्वामीनाथन** की अध्यक्षता में गठित विशेषज्ञ दल (1993) की रिपोर्ट पर केन्द्र सरकार ने राष्ट्रीय जनसंख्या नीति (National Population Policy) की घोषणा की।
- इसके तात्कालिक उद्देश्यों में गर्भनिरोध की आवश्यकताओं को पूर्ण करना, स्वास्थ्य सम्बन्धी ढाँचे की व्यवस्था करना तथा प्रजनन और शिशु स्वास्थ्य की देखभाल करने के लिए समुचित सेवा प्रणाली की स्थापना करना विशेष रूप से उल्लेखनीय हैं।
- वर्ष 2010 तक **जनन क्षमता दर** को प्रतिस्थापना स्तर तक लाना राष्ट्रीय जनसंख्या नीति का मध्यावधि उद्देश्य है तथा इस नीति का दीर्घकालिक उद्देश्य वर्ष 2045 तक स्थिर जनसंख्या को प्राप्त करना निर्धारित किया गया है, लेकिन वर्ष 2010 में इस लक्ष्य को पुन: निर्धारित करते हुए वर्ष 2070 कर दिया गया है। इन सभी नीतिगत उद्देश्यों का प्राप्त करने के लिए राष्ट्रीय जनसंख्या नीति, 2000 द्वारा निम्नलिखित लक्ष्य निर्धारित किए गए हैं
  - प्रजनन नियन्त्रण एवं गर्भनिरोध के लिए विभिन्न विकल्पों के विषय में जानकारी और सेवाओं की आम जनता तक पहुँच को सम्भव बनाना।
  - प्रजनन और शिशु स्वास्थ्य सुविधाओं को घर-घर तक पहुँचाना।
  - परिवार कल्याण कार्यक्रम को जन-केन्द्रित कार्यक्रम का रूप देने का प्रयास करना। एड्स तथा अन्य संक्रामक रोगों के प्रसार को रोकना तथा उसके लिए समुचित प्रबन्ध करना।
  - 14 वर्ष की आयु तक स्कूली शिक्षा को नि:शुल्क एवं अनिवार्य बनाना।
  - मातृत्व मृत्यु दर को प्रति 1 लाख जीवित जन्मों पर 100 से कम करना।
  - शिशु मृत्यु दर को प्रति हजार जीवित जन्मों पर 30 से कम करना।
  - लड़कियों की विवाह की आयु 18 वर्ष करना।
  - छोटे परिवारों को प्रोत्साहन देना, जिससे कुल जनन क्षमता दर प्रतिस्थापन स्तर पर आ जाए।
  - जन्म-मरण, विवाह और गर्भ का शत-प्रतिशत पंजीयन करना।
  - अस्पतालों में 80% प्रसव सुविधा उपलब्ध कराना।

भारत में जनगणना

- भारत में जनगणना (Census in India) का प्रारम्भिक प्रमाण कौटिल्य (मौर्यकालीन) के **अर्थशास्त्र** (321-296 ई. पू.) में मिलता है। इसके बाद मुगलकाल में अबुल फजल की **आइने अकबरी** (1595-96 ई.) में भी इसका उल्लेख मिलता है।
- वैज्ञानिक पद्धति पर आधारित व्यवस्थित जनगणना के अनेक प्रयास 1865 ई. से 1872 ई. के बीच क्रमबद्ध रूप से किए गए, लेकिन जनगणना का क्रमवार आकलन अर्थात् प्रथम नियमित जनगणना 1881 ई. में **लॉर्ड रिपन** के शासनकाल से मानी जाती है। इसके पश्चात् आज तक प्रत्येक 10 वर्ष बाद जनसंख्या का आकलन नियमित रूप से कराया जा रहा है।
- 2011 की जनगणना भारत की 15वीं एवं स्वतन्त्र भारत की 7वीं अखिल भारतीय जनगणना है।

भारत की 15वीं जनगणना (जनगणना, 2011)

- भारत देश की इस विशाल जनसंख्या की राष्ट्रीय जनगणना, 2011 भारत की 15वीं (1872 ई. से प्रारम्भ) एवं स्वतन्त्र भारत की 7वीं जनगणना है।
- **हमारी जनगणना हमारा भविष्य** (Our Census Our Future) शीर्षक वाक्य के साथ जनगणना, 2011 के अन्तिम आँकड़ों का प्रकाशन गृहसचिव **जी के पिल्लई** की उपस्थिति में महापंजीयक व जनगणना आयुक्त (Registrar General and Census Commissioner) **सी चन्द्रमौलि** द्वारा किया गया।
- 30 अप्रैल, 2013 को 15वीं जनगणना के अन्तिम आँकड़े (Final Data) जारी किए गए। इन आँकड़ों के माध्यम से जनसंख्या लिंगानुपात, साक्षरता दर, जनघनत्व, अनुसूचित जनगणना, शिशु लिंगानुपात एवं ग्रामीण-शहरी जनसंख्या विवरण को आँकड़ों के रूप में प्रस्तुत किया गया।

भारत में जनसंख्या वृद्धि की प्रवृत्तियाँ

भारत की जनसंख्या वृद्धि की प्रवृत्ति का अध्ययन निम्न चार अवस्थाओं के अन्तर्गत किया जा सकता है

प्रथम अवस्था (वर्ष 1901 से 1921 तक)	देश की जनसंख्या में धीमी गति से वृद्धि हुई
द्वितीय अवस्था (वर्ष 1921 से 1951 तक)	देश की जनसंख्या में लगभग स्थिर या धीमी गति से वृद्धि हुई
तृतीय अवस्था (वर्ष 1951 से 1981 तक)	देश की जनसंख्या में अत्यधिक गति से वृद्धि हुई
चतुर्थ अवस्था (वर्ष 1981 से 2011 तक)	देश की जनसंख्या में वृद्धि तो हुई, किन्तु वृद्धि दर में गिरावट का रुख जारी रहा

1921 से पूर्व की अवधि

- इस अवधि में भारत की जनसंख्या वृद्धि दर काफी धीमी (लगभग स्थिर) थी, इसका कारण उच्च जन्म दर के साथ उच्च मृत्यु दर का होना था। उच्च मृत्यु दर का सम्बन्ध चिकित्सा सुविधा एवं सुपोषण के अभाव में बड़ी जनसंख्या की अकाल मृत्यु से था।
- वष 1911 से 1921 के दशक में इन्फ्लुएंजा महामारी के कारण कुल जनसंख्या के लगभग 7% लोग मृत्यु के शिकार हुए। इसी अवधि में वृहद् जनसंख्या ने दूसरे देशों में उत्प्रवास किया।

1901 से 1921 की अवधि की जनसंख्या वृद्धि दर

दर	1901-1911 का दशक	1911-1921 का दशक
जन्म दर	49/1000	48/1000
मृत्यु दर	43/1000	47/1000
प्राकृतिक वृद्धि दर	6	1
औसत वार्षिक घातीय वृद्धि दर	+0.56%	–0.03%

- भारतीय जनगणना के इतिहास में 1911 से 1921 का दशक एकमात्र दशक रहा है, जिसके दौरान जनसंख्या वृद्धि दर ऋणात्मक (-0.03%) थी। इस दशक (1911-21) को भारतीय जनसंख्या की **महान विभाजक रेखा** (Great Divide Line) कहा जाता है।
- वर्ष 1921 को **जनांकिकीय विभाजक** इसलिए कहा गया, क्योंकि इसके पूर्व तक जनसंख्या वृद्धि दर काफी धीमी थी, लेकिन इसके बाद यह क्रमश: बढ़ती गई।

1921 से 1951 की अवधि

- इस अवधि में प्राकृतिक वृद्धि दर ऊँची थी। महामारी एवं अकाल पर आंशिक नियन्त्रण कर लिया गया, स्वास्थ्य सेवाओं में सुधार हुआ।
- इसके कारण मृत्यु दर 47 प्रति हजार (1921) से घटकर 27 प्रति हजार (1951) हो गई। जन्म दर अभी भी 40 प्रति हजार (1951) ऊँची थी, इसे **मृत्यु प्रेरित वृद्धि** कहा गया।

1951 से 1981 की अवधि

- इस अवधि के दौरान जनसंख्या में विस्फोटक वृद्धि हुई। देश की जनसंख्या लगभग दोगुनी हो गई। इस अवधि में औसत वृद्धि दर 2.2% थी।
- जनसंख्या में अभूतपूर्व वृद्धि विकास कार्यों में तेजी तथा स्वास्थ्य सुविधाओं में सुधार एवं प्रसार के कारण हुई।
- 1981 की जनगणना के अनुसार जन्म दर 34 प्रति हजार एवं मृत्यु दर 15 प्रति हजार थी।

1981 से 2001 की अवधि

- यद्यपि वर्ष 1981 के बाद भी जनसंख्या में उच्च वृद्धि हुई है, लेकिन वृद्धि दर में क्रमिक ह्रास की प्रवृत्ति रही। वर्ष 1981 से 2001 की अवधि में जन्म दर में तीव्र गिरावट की प्रवृत्ति रही। यह 34 प्रति हजार (1981) से घटकर 21 प्रति हजार (2011) हो गई। मृत्यु दर में गिरावट की प्रवृत्ति पूर्ववत् बनी रही। 2011 की जनगणना में मृत्यु 7.48 प्रति हजार थी।
- जन्म दर में गिरावट का सम्बन्ध उच्च जीवन स्तर, शिक्षा का प्रसार-विशेष रूप से महिला शिक्षा, शहरी जीवन शैली तथा रोजगार में द्वितीयक एवं तृतीयक क्षेत्रों की बढ़ती भागीदारी से है।
- इन कारणों ने लोगों में **छोटा परिवार सुखी परिवार** की धारणा को मजबूत किया है। अत: वर्तमान में (वर्ष 1981 के बाद से) भारत की जनसंख्या घटती दर से बढ़ रही है।

सामाजिक, आर्थिक और जातिगत जनगणना, 2011

- भारत में सर्वप्रथम जाति आधारित जनगणना वर्ष 1931 में की गई थी। यह जनगणना, 2011 में स्वतन्त्रता के पश्चात् पहली बार सामाजिक, आर्थिक एवं जाति आधारित जनगणना की गई, जिसकी शुरुआत पश्चिमी त्रिपुरा के संखोला ग्राम से 29 जून, 2011 को की गई।
- सामाजिक, आर्थिक और जातिगत जनगणना **ग्रामीण विकास मन्त्रालय एवं नीति आयोग** (पहले योजना आयोग) द्वारा सम्पन्न की गई।

> इस जनगणना के माध्यम से सरकार निम्न स्थिति जानने का प्रयास करती है
> - सामाजिक आधार पर लोगों की शिक्षा की स्थिति का पता लगाया जा सके।
> - आर्थिक जनगणना का आधार गरीबी रेखा से नीचे जीवन-यापन करने वाले लोगों की सही स्थिति का आकलन हो सके।
> - जाति आधारित जनगणना से प्रामाणिक जानकारी जुटा सके।

- इस जनगणना से सरकार द्वारा चलाए जा रही विभिन्न सरकारी योजनाओं एवं कार्यक्रमों की सही लोगों तक पहुँच सुनिश्चित की जा सके।

- केन्द्र सरकार द्वारा जनगणना, 2011 के सन्दर्भ में सामाजिक, आर्थिक और जातिगत जनगणना के सन्दर्भ में निम्न आँकड़े जारी किए गए

जनगणना, 2011 : एक दृष्टि में

कुल जनसंख्या	—	1,21,08,54,977
दशकीय वृद्धि दर	—	17.7%
शहरी-ग्रामीण क्षेत्रों में जनसंख्या वितरण		
शहरी जनसंख्या (प्रतिशत में)	—	31.2
ग्रामीण जनसंख्या (प्रतिशत में)	—	68.8
लिंगानुपात	—	943
जनसंख्या घनत्व	—	382
साक्षरता (प्रतिशत में)	—	74.04
पुरुषों में साक्षरता (प्रतिशत में)	—	80.9
महिला में साक्षरता (प्रतिशत में)	—	64.6
शिशु जनसंख्या (प्रतिशत में)	—	13.6
शिशु लिंगानुपात	—	919

जनगणना 2011 के प्रमुख संकेतक

जनगणना, 2011 के प्रमुख संकेतक निम्न प्रकार हैं

लिंगानुपात

- जनगणना, 2011 के अन्तिम आँकड़ों के अनुसार, भारत का लिंगानुपात 943 रहा, जबकि 2001 की जनगणना के अनुसार, लिंगानुपात 933 था।
- भारत में वर्ष 1901 से 1941 तक लिंगानुपात में कमी की प्रवृत्ति रही है। वर्ष 1991 में यह अनुपात अपने न्यूनतम स्तर पर था। भारत में लिंगानुपात सम्बन्धित आँकड़े निम्नलिखित हैं

लिंगानुपात वाले राज्य

शीर्ष तीन राज्य		न्यूनतम तीन राज्य	
राज्य	प्रतिशत	राज्य	प्रदेश
केरल	1084	हरियाणा	879
तमिलनाडु	996	जम्मू-कश्मीर	889
आन्ध्र प्रदेश	993	सिक्किम	890

शिशु (0-6 आयु वर्ग) की जनगणना

- जनगणना, 2011 के अन्तिम आँकड़ों के अनुसार, भारत की शिशु जनसंख्या 16.44 करोड़ है, जोकि कुल जनसंख्या का 13.6% है।
- 0-6 आयु वर्ग का लिंगानुपात 919 है।
- शिशु लिंगानुपात के सन्दर्भ में अरुणाचल प्रदेश (972) शीर्ष स्थान पर है, जबकि दूसरे स्थान पर मिजोरम व मेघालय (970 प्रत्येक) है। वहीं हरियाणा (834) में लिंगानुपात न्यूनतम है। इसके पश्चात् पंजाब (846) का स्थान है।

भारत के सर्वाधिक एवं न्यूनतम जनसंख्या वाले चार राज्य

सर्वाधिक		न्यूनतम	
उत्तर प्रदेश	199812341 (16.50%)	सिक्किम	610577 (0.05%)
महाराष्ट्र	112374333 (9.28%)	मिजोरम	1097206 (0.09%)
बिहार	104099452 (8.60%)	अरुणाचल प्रदेश	1383727 (0.11%)
पश्चिम बंगाल	91276115 (7.54%)	गोवा	1458545 (0.12%)

भारत के सर्वाधिक एवं न्यूनतम जनसंख्या वाले चार राज्य

सर्वाधिक		न्यूनतम	
दिल्ली	16787941 (1.39%)	लक्षद्वीप	64473 (0.01%)
पुदुचेरी	1247953 (0.10%)	दमन और दीव	243247 (0.01%)
चण्डीगढ़	1055450 (0.09%)	दादरा और नगर हवेली	343709 (0.03%)
अण्डमान एवं निकोबार द्वीप समूह	380581 (0.03%)		

साक्षरता दर

- जनगणना, 2011 के अन्तिम आँकड़ों के अनुसार, भारत की साक्षरता दर (Literacy Rate) 73% रही, जिसमें पुरुष साक्षरता 80.9% व महिला साक्षरता 64.6% रही।
- वर्ष 2001 के मुकाबले कुल साक्षरता में 8.16% की वृद्धि हुई। पुरुष साक्षरता में जहाँ 29.15% की वृद्धि हुई, वहीं महिला साक्षरता के मामले में यह वृद्धि 46.67% रही।
- जनगणना, 2011 के साक्षरता सम्बन्धी प्रमुख आँकड़े निम्नलिखित हैं

शीर्ष तीन राज्य		न्यूनतम तीन राज्य	
राज्य	प्रतिशत	प्रदेश	प्रतिशत
केरल	94.0	बिहार	61.1
मिजोरम	91.3	अरुणाचल प्रदेश	65.4
त्रिपुरा	88.7	राजस्थान	66.1

शीर्ष तीन संघ शासित राज्य		न्यूनतम तीन संघ शासित राज्य	
राज्य	प्रतिशत	प्रदेश	प्रतिशत
लक्षद्वीप	91.8	दादरा एवं नगर हवेली	76.2
दमन एवं दीव	87.1	पुदुचेरी	85.8
पुदुचेरी	86.6	चण्डीगढ़	86.0

- 2001 से 2011 के दशक में सर्वाधिक साक्षर जनसंख्या वृद्धि दादरा एवं नगर हवेली (119.4%) व दमन एवं दीव (75.6%) में हुई। पुरुष साक्षरता के मामले में शीर्ष तीन राज्यों का क्रम क्रमशः केरल (96.1%), लक्षद्वीप (95.6%) व मिजोरम (93.3%) रहा। वहीं स्त्री साक्षरता के सन्दर्भ में तीन शीर्ष राज्य केरल (92.1%), मिजोरम (89.3%) व लक्षद्वीप (87.9%) हैं।
- पुरुष एवं महिला साक्षरता के सन्दर्भ में निम्नतम स्थान बिहार का रहा, जहाँ पुरुष 71.2% तथा 51.5% महिला साक्षर हैं। पुरुष एवं महिला साक्षरता दर में सर्वाधिक अन्तर राजस्थान (27.1%) में रहा, जबकि यह अन्तर सबसे कम मेघालय (3.1%) में रहा।

मिजोरम राज्य के सरचिप (98.76.10), अजावल (98.5%) जिले देश के सर्वाधिक साक्षर जिले रहे, वहीं मध्य प्रदेश का अलीराजपुर (37.22%) व छत्तीसगढ़ राज्य का बीजापुर (41.58%) जिला देश के न्यूनतम साक्षर जिले रहे।

जनसंख्या घनत्व

- जनसंख्या घनत्व (Density of Population) का तात्पर्य प्रति वर्ग किलोमीटर में रहने/बसने वाली जनसंख्या से है। 2011 की जनगणना के अन्तिम आँकड़ों के अनुसार, भारत का जनसंख्या घनत्व 382 व्यक्ति प्रति वर्ग किमी रहा, जबकि वर्ष 2001 में भारत का जनसंख्या घनत्व 325 व्यक्ति प्रति वर्ग किमी था।
- 1911 से 1921 के दशक को छोड़कर प्रत्येक जनगणना में जनघनत्व में वृद्धि हुई है। जनघनत्व में सर्वाधिक वृद्धि 1961-71 के दशक में हुई थी, जो 24.6% थी। वहीं 1911-21 के दशक में यह वृद्धि ऋणात्मक थी। जनगणना, 2011 से सम्बन्धित प्रमुख आँकड़ें निम्न प्रकार हैं

जनगणना, 2011 से सम्बन्धित प्रमुख आँकड़ें इस प्रकार हैं

शीर्ष जनघनत्व वाले तीन राज्य		न्यूनतम जनघनत्व वाले तीन राज्य	
राज्य	जनघनत्व/ वर्ग किमी	राज्य	जनघनत्व/ वर्ग किमी
बिहार	1106	अरुणाचल प्रदेश	17
पश्चिम बंगाल	1028	मिजोरम	52
केरल	860	सिक्किम	86

शीर्ष जनघनत्व वाले तीन संघ शासित राज्य		न्यूनतम जनघनत्व वाले तीन संघ शासित राज्य	
राज्य	जनघनत्व/ वर्ग किमी	प्रदेश	जनघनत्व/ वर्ग किमी
दिल्ली	11320	अण्डमान-निकोबार	46
चण्डीगढ़	9258	दादरा एवं नगर हवेली	700
पुदुचेरी	2547	लक्षद्वीप	2149

- दिल्ली राज्य का उत्तर-पूर्वी जिला जनघनत्व के सन्दर्भ में सम्पूर्ण देश में शीर्षतम स्थान पर रहा, जिसका जनघनत्व (37346) रहा, वहीं दूसरा स्थान चेन्नई (26903) का रहा।
- अरुणाचल प्रदेश के दिबांग घाटी जिले का जनघनत्व सम्पूर्ण देश में न्यूनतम (1 व्यक्ति/1 किमी^{2}) है। जम्मू-कश्मीर राज्य का सम्बा जिला (2 व्यक्ति/किमी^{2}) इस सन्दर्भ में दूसरे स्थान पर है।

ग्रामीण व शहरी जनगणना

- इन आँकड़ों के अनुसार, देश की कुल 121.05 करोड़ जनसंख्या में 37.71 करोड़ शहरी क्षेत्रों में व शेष 83.34 करोड़ ग्रामीण क्षेत्रों में निवास करती है।
- इस प्रकार देश की कुल जनसंख्या में शहरी जनसंख्या अब 31.2% है, जबकि 68.8% जनसंख्या ही अब गाँवों में निवास करती है।
- इससे पूर्व 2001 की जनगणना के अनुसार, देश में शहरी व ग्रामीण जनसंख्या का वितरण क्रमशः 27.81% व 72.19% था। वर्ष 2001 में देश की कुल जनसंख्या की शहरी व ग्रामीण जनसंख्या 28.61% है। इन आँकड़ों के अनुसार, 2001-11 दशक में देश में शहरी जनसंख्या में जहाँ 9.10 करोड़ की वृद्धि हुई है, वहीं ग्रामीण जनसंख्या में यह वृद्धि 9.08 करोड़ रही है। इस प्रकार 2001-11 के दशक में देश में ग्रामीण जनसंख्या में, जहाँ 12.22 % की वृद्धि दर्ज की गई है, वहीं शहरी जनसंख्या में वृद्धि 31.8% रही है।
- ग्रामीण व शहरी जनसंख्या से सम्बन्धित प्रमुख आँकड़े निम्न प्रकार हैं

सर्वाधिक ग्रामीण जनसंख्या वाले चार राज्य		सर्वाधिक शहरी जनसंख्या वाले तीन राज्य	
राज्य	जनसंख्या (मिलियन में)	क्रम	राज्य
उत्तर प्रदेश	155.31 (18.63)	प्रथम	महाराष्ट्र
बिहार	92.34 (11.07)	द्वितीय	उत्तर प्रदेश
पश्चिम बंगाल	62.18 (7.46)	तृतीय	तमिलनाडु
महाराष्ट्र	61.55 (7.4)		

दशकीय जनसंख्या वृद्धि दर (2001-2011)

दशक 2001-11 के मध्य भारत की जनसंख्या की वृद्धि दर 17.7% रही। इस दौरान ग्रामीण जनसंख्या वृद्धि दर 12.3% और शहरी जनसंख्या वृद्धि दर 31.8% रही

सर्वाधिक दशकीय वृद्धि दर वाले तीन राज्य		न्यूनतम दशकीय वृद्धि वाले तीन राज्य	
राज्य	दशकीय (2001-11) वृद्धि दर में	राज्य	दशकीय वृद्धि दर में
मेघालय	27.9	नागालैण्ड	(-)0.6%
अरुणाचल प्रदेश	26.0	केरल	4.9%
बिहार	25.4	गोवा	8.2%

- इस दशक में सर्वाधिक दशकीय वृद्धि वाले 2 केन्द्रशासित प्रदेश क्रमशः दादरा एंव नगर हवेली (55.9%) व दमन एवं दीव (53.8%) रहे, वहीं न्यूनतम दशकीय वृद्धि दर वाला केन्द्रशासित प्रदेश लक्षद्वीप (6.3%) रहे।
- इस देशक में देश में सर्वाधिक जनसंख्या वृद्धि दर वाले दो जिले क्रमशः अरुणाचल प्रदेश का कुरण करनु (111.01%) व पुदुचेरी का दमन (77.15%) रहा।
- इस दशक में देश में न्यूनतम जनसंख्या वृद्धि दर वाले दो जिले क्रमशः नागालैण्ड के लांगलेग (-58.39%) व किफरें (-30.5%) रहे।

धार्मिक आधार पर कामकाजी जनसंख्या के आँकड़े

- केन्द्र सरकार द्वारा दिसम्बर, 2015 में धार्मिक आधार पर कामकाजी सम्बन्धी आँकड़े जारी किए गए। इसके अनुसार, राष्ट्रीय औसत कार्य-संलग्न आबादी 40% थी, जबकि देश की 48.2 करोड़ जनसंख्या कामगार थी।
- इस नवीन आँकड़े के अनुसार, क्षेत्रगत रोजगार उपलब्धता के आधार पर कृषि सम्बन्धी क्षेत्र से सर्वाधिक 55% आबादी जुड़ी थी, वहीं सेवा व उद्योग क्षेत्र में 41% रोजगार उपलब्ध थे।

समुदाय	रोजगारपरक आबादी	महिला
बौद्ध	43%	33%
हिन्दू	41%	27%
जैन	36%	12%
सिख	36%	15%
मुस्लिम	33%	15%

- भारत में वर्ष 2001 से 2011 के मध्य में हिन्दुओं की आबादी में 0.7% की घटोतरी हुई, वहीं मुसलमानों की आबादी 0.5% की दर से बढ़ी।
- वर्ष 2001 से 2011 तक हिन्दुओं की दशकीय वृद्धि दर 16.8% थी, जबकि मुसलमानों की दशकीय वृद्धि दर 24.6% थी। यद्यपि हिन्दुओं और मुसलमानों की सबसे अधिक वृद्धि दर दादरा एवं नगर हवेली में 56.6% एवं 98.1 % रही।
- इस दशक में विभिन्न धर्मों का लिंगानुपात-हिन्दुओं में 939, मुसलमानों में 951, ईसाइयों में 1023, सिक्खों में 903, बौद्धों में 965 और जैनों में 954 है।

जनगणना, 2011 से सम्बन्धित कुछ महत्त्वपूर्ण आँकड़े

सर्वाधिक महिला साक्षरता के आधार पर राज्यों एवं केन्द्रशासित प्रदेशों का स्थान (घटते क्रम में)

रैंक	राज्य/केन्द्रशासित प्रदेश	साक्षरता दर (%)
1.	केरल	92.1
2.	मिजोरम	89.3
3.	लक्षद्वीप	87.9
4.	गोवा	84.7
5.	त्रिपुरा	82.7

न्यूनतम महिला साक्षरता के आधार पर राज्यों एव केन्द्रशासित प्रदेशों का स्थान (बढ़ते क्रम में)

रैंक	राज्य/केन्द्रशासित प्रदेश	साक्षरता दर (%)
1.	बिहार	51.5
2.	राजस्थान	52.1
3.	झारखण्ड	55.4
4.	जम्मू और कश्मीर	56.4
5.	उत्तर प्रदेश	57.2

सर्वाधिक जनसंख्या घनत्व के आधार पर राज्यों एवं केन्द्रशासित प्रदेशों का स्थान (घटते क्रम में)

रैंक	राज्य/केन्द्रशासित प्रदेश	जनघनत्व/वर्ग किमी
1.	दिल्ली	11,320
2.	चण्डीगढ़	9,258
3.	पुदुचेरी	2,547
4.	दमन और दीव	2,191
5.	लक्षद्वीप	2,149

न्यूनतम जनसंख्या घनत्व के आधार पर राज्यों एवं केन्द्रशासित प्रदेशों का स्थान (बढ़ते क्रम में)

रैंक	राज्य/केन्द्रशासित प्रदेश	जनघनत्व/वर्ग किमी
1.	अरुणाचल प्रदेश	17
2.	अण्डमान एवं निकोबार द्वीप	46
3.	मिजोरम	52
4.	सिक्किम	86
5.	नागालैण्ड	119

क्षेत्रफल की दृष्टि से : वर्ष 2011

सबसे बड़ा राज्य	राजस्थान
सबसे छोटा राज्य	गोवा
सबसे बड़ा केन्द्रशासित प्रदेश	अण्डमान एवं निकोबार
सबसे छोटा केन्द्रशासित प्रदेश	लक्षद्वीप

जनसंख्या की दृष्टि से : वर्ष 2011

सबसे बड़ा राज्य	उत्तर प्रदेश
सबसे छोटा राज्य	सिक्किम
सबसे बड़ा केन्द्रशासित प्रदेश	दिल्ली
सबसे छोटा केन्द्रशासित प्रदेश	लक्षद्वीप

राष्ट्रीय जनसंख्या आयोग

- 11 मई, 2000 को राष्ट्रीय जनसंख्या आयोग (National Population Commission) का गठन किया गया। जनसंख्या आयोग के गठन का प्रस्ताव राष्ट्रीय जनसंख्या नीति, 2000 में किया गया था। आयोग के गठन का उद्देश्य राष्ट्रीय जनसंख्या नीति का क्रियान्वयन सुनिश्चित करना है। राष्ट्रीय जनसंख्या आयोग के पदेन अध्यक्ष प्रधानमन्त्री हैं।
- प्रमुख समाजशास्त्री, जनांकिकी विशेषज्ञ तथा अर्थशास्त्री भी इसके सदस्य बनाए गए हैं। राष्ट्रीय जनसंख्या आयोग की पहली बैठक 22 जुलाई, 2000 को हुई थी, जिसमें **जनसंख्या स्थिरीकरण कोष** का प्रस्ताव किया गया था। राष्ट्रीय जनसंख्या नीति के कार्यान्वयन व निगरानी हेतु गठित राष्ट्रीय जनसंख्या आयोग का पुनर्गठन प्रधानमन्त्री द्वारा 19 मई, 2005 को किया गया।
- प्रधानमन्त्री इसके अध्यक्ष व केन्द्रीय स्वास्थ्य व परिवार कल्याण मन्त्री तथा योजना आयोग के उपाध्यक्ष को इस आयोग के दो उपाध्यक्षों के रूप में नामित किया गया है।
- यह आयोग अभी तक **योजना आयोग** के अधीन था, परन्तु अब इसे स्वास्थ्य मन्त्रालय के अधीन किया गया है। इसके प्रभावी व सुचारु संचालन हेतु इसके सदस्यों की संख्या घटाकर 40 की गई है। आयोग के सदस्यों में राष्ट्रीय स्तर के राजनीतिक दलों के अध्यक्ष भी सदस्य बनाए गए हैं।

राष्ट्रीय जनसंख्या कोष

- फरवरी, 2000 में घोषित नई राष्ट्रीय जनसंख्या नीति के क्रियान्वयन के लिए फरवरी, 2003 में राष्ट्रीय जनसंख्या कोष (National Population Fund) की स्थापना ₹ 100 करोड़ की प्राथमिक पूँजी के साथ की गई।
- इस कोष के लिए विभिन्न निजी संस्थानों, चैरिटेबिल संस्थाओं, उद्योगों, गैर-सरकारी संगठनों से सहयोग भी लिया गया है।
- प्रधानमन्त्री इस कोष के **पदेन** (Ex-Officio) अध्यक्ष तथा केन्द्रीय स्वास्थ्य एवं परिवार कल्याण मन्त्री इसके उपाध्यक्ष हैं। वर्ष 2025 तक लक्ष्य को प्राप्त करने हेतु इस कोष द्वारा विभिन्न प्रकार के जनसंख्या नियन्त्रण कार्यक्रम चलाए जा रहे हैं।

राष्ट्रीय जनसंख्या रजिस्टर

- भारत सरकार द्वारा जनगणना अभियान के दौरान पहली बार राष्ट्रीय जनसंख्या रजिस्टर (NPR) तैयार किया गया। इसे **नागरिकता अधिनियम, 1955** और **नागरिकता** (नागरिकों का पंजीयन और राष्ट्रीय पहचान जारी करना) **नियमावली, 2003** के अन्तर्गत लागू किया गया।
- इस NPR का मुख्य उद्देश्य सभी नागरिकों की एक व्यक्तिगत विवरण पत्रिका तैयार करना व ग्रामीण और नगरीय क्षेत्रों में रहने वाले 15 वर्ष से अधिक के लोगों का फोटोग्राफ व 10 अंगुलियों की छाप लेना है।
- यह रजिस्टर एक व्यापक डाटा तैयार करेगा, जिसमें लोगों से सम्बन्धित 15 प्रश्नावलियों का एक सेट तैयार किया जाएगा, जिसमें सभी विवरणी उपलब्ध रहेगी।
- डाटाबेस तैयार होने के बाद 15 वर्ष से अधिक के सभी भारतीयों को एक विशिष्ट पहचान संख्या जारी की जाएगी।

आधार

- भारतीय विशिष्ट पहचान प्राधिकरण (यूआईडीएआई) एक सांविधिक प्राधिकरण है, जिसकी स्थापना भारत सरकार द्वारा आधार (वित्तीय और अन्य सब्सिडी, लाभ और सेवाओं के लक्षित वितरण) अधिनियम, 2016 (आधार अधिनियम, 2016) के प्रावधानों के अन्तर्गत इलेक्ट्रॉनिक्स एवं सूचना प्रौद्योगिकी मन्त्रालय (एमईआईटीवाई) के अन्तर्गत 12 जुलाई, 2016 को की गई।
- एक सांविधिक प्राधिकरण के रूप में अपनी स्थापना से पूर्व यूआईडीएआई तत्कालीन योजना आयोग (अब नीति आयोग) के एक सम्बद्ध कार्यालय के रूप में कार्य कर रहा था।
- यूआईडीएआई की स्थापना भारत के सभी निवासियों को आधार नाम की एक विशिष्ट पहचान संख्या (यूआईडी) प्रदान करने हेतु की गई थी, जिससे इसके द्वारा (क) दोहरी और फर्जी पहचान समाप्त की जा सके तथा (ख) उसे आसानी से एवं किफायती लागत में सत्यापित और प्रमाणित किया जा सके।

जनगणना, 2011 के राज्यवार अन्तिम आँकड़े (Final Data)

क्र. सं.	भारत के राज्य/ केन्द्रशासित प्रदेश	जनसंख्या (करोड़ में)			लिंगानुपात प्रति 1000 पुरुष पर	जनघनत्व (व्यक्ति/ वर्ग किमी)	दशकीय वृद्धि (प्रतिशत में)	साक्षरता (प्रतिशत में)		
		व्यक्ति	पुरुष	महिलाएँ				व्यक्ति	पुरुष	महिलाएँ
	भारत	121.08	62.37	58.64	943	382	17.7	74.04	80.9	64.6
1	जम्मू-कश्मीर	1.25	0.66	0.59	889	124	23.6	67.2	76.8	56.4
2	हिमाचल प्रदेश	0.68	0.34	0.33	972	123	12.9	82.8	89.5	75.9
3	पंजाब	2.77	1.46	1.31	895	551	13.9	75.8	80.4	70.7
4	चण्डीगढ़	0.10	0.05	0.04	818	9258	17.2	86.0	90.0	81.2
5	उत्तराखण्ड	1.00	0.51	0.49	963	189	18.8	78.8	87.4	70.0
6	हरियाणा	2.53	1.34	1.18	879	573	19.90	75.6	84.1	65.9
7	दिल्ली	1.67	0.89	0.78	868	11320	21.2	86.2	90.9	80.8
8	राजस्थान	6.85	3.55	3.29	928	200	21.3	66.1	79.2	52.1
9	उत्तर प्रदेश	19.98	10.44	9.53	912	829	20.2	67.7	77.3	57.2
10	बिहार	10.40	5.42	4.98	918	1106	25.4	61.8	71.2	51.5
11	सिक्किम	0.061	0.032	0.028	890	86	12.9	81.4	86.6	75.6
12	अरुणाचल प्रदेश	0.13	0.071	0.066	938	17	26.0	65.4	72.6	57.7
13	नागालैण्ड	0.19	0.10	0.09	931	119	–0.6	79.6	82.8	76.1
14	मणिपुर	0.28	0.14	0.14	985	128	24.5	79.2	86.1	72.4
15	मिजोरम	0.109	0.055	0.054	976	52	23.5	91.3	93.3	89.3
16	त्रिपुरा	0.367	0.187	0.179	960	350	14.8	87.2	91.5	82.7
17	मेघालय	0.296	0.149	0.14	989	132	27.9	74.4	76.0	72.9
18	असम	3.12	1.59	1.52	958	398	17.1	72.2	77.8	66.3
19	पश्चिम बंगाल	9.12	4.68	4.44	950	1028	13.8	76.3	81.7	70.5
20	झारखण्ड	3.29	1.69	1.60	949	414	22.4	66.4	76.8	55.4
21	ओडिशा	4.19	2.12	2.07	979	270	14.0	72.9	81.6	64.0
22	छत्तीसगढ़	2.55	1.28	1.27	991	189	22.6	70.3	80.3	60.2
23	मध्य प्रदेश	7.26	3.76	3.50	931	236	20.30	69.3	78.7	59.2
24	गुजरात	6.04	3.14	2.89	919	308	19.3	78.0	85.8	69.7
25	दमन एवं दीव	0.02	0.01	0.009	618	2191	53.8	87.1	91.5	79.5
26	दादरा एवं नगर हवेली	0.034	0.019	0.014	774	700	55.9	76.2	85.2	64.3
27	महाराष्ट्र	11.23	5.82	5.41	929	365	16.0	82.3	88.4	75.9
28	आन्ध्र प्रदेश	8.45	4.24	4.21	993	308	11.0	67.0	74.9	59.1
29	कर्नाटक	6.10	3.09	3.01	973	319	15.67	75.4	82.5	68.1
30	गोवा	0.145	0.073	0.071	973	394	8.2	88.7	92.6	84.7
31	लक्षद्वीप	0.006	0.003	0.003	947	2149	6.3	91.8	95.6	87.9
32	केरल	3.34	1.60	1.73	1084	860	4.9	94.0	96.1	92.1
33	तमिलनाडु	7.21	3.61	3.60	996	555	15.60	80.1	86.8	73.4
34	पुदुचेरी	0.124	0.061	0.063	1037	2547	28.1	85.8	91.3	80.7
35	अण्डमान-निकोबार	0.038	0.020	0.017	876	46	6.9	86.6	90.3	82.4

नमूना पंजीकरण प्रणाली सर्वेक्षण

वर्ष 2020 के आँकड़े रजिस्ट्रार जनरल ऑफ इण्डिया द्वारा संकलित नमूना पंजीकरण प्रणाली सर्वेक्षण आँकडे मई, 2022 को जारी किए गए।

सैम्पल रजिस्ट्रीकरण प्रणाली के आँकड़े

जन्म दर

उच्च जन्म दर वाले राज्य		न्यूनतम जन्म दर वाले तीन राज्य	
राज्य	**जन्म दर (%)**	**राज्य**	**जन्म दर (%)**
बिहार	25.5	गोवा	12.1
उत्तर प्रदेश	25.1	नागालैण्ड	12.5
मध्य प्रदेश	24.1	त्रिपुरा	12.6
राजस्थान	23.5	केरल	13.2

संघीय क्षेत्रों में उच्चतम एवं न्यूनतम जन्म दर

- उच्चतम : दादरा एवं नगर हवेली (20.3%)।
- न्यूनतम : अण्डमान एवं निकोबार (10.8%)।
- राष्ट्रीय स्तर पर जन्म दर 19.7% है।

मृत्यु दर

उच्चतम मृत्यु दर वाले राज्य		न्यूनतम मृत्यु दर वाले राज्य	
राज्य	**मृत्यु दर (%)**	**राज्य**	**मृत्यु दर (%)**
छत्तीसगढ़	7.9	नागालैण्ड	3.7
ओडिशा	7.3	सिक्किम	4.1
पंजाब	7.2	मिजोरम	4.2

संघीय क्षेत्रों में उच्चतम और न्यूनतम मृत्यु दर

- उच्चतम : पुदुचेरी (6.5%)।
- न्यूनतम : दिल्ली (3.6%)।
- राष्ट्रीय स्तर पर मृत्यु दर 6 है।

शिशु मृत्यु दर

उच्चतम शिशु मृत्यु दर वाले राज्य		न्यूनतम शिशु मृत्यु दर वाले राज्य	
राज्य	**मृत्यु दर (%)**	**राज्य**	**मृत्यु दर (%)**
मध्य प्रदेश	43	मिजोरम	3
उत्तर प्रदेश	38	नागालैण्ड	4
छत्तीसगढ़	38	सिक्किम	5

संघीय क्षेत्रों में उच्चतम एवं न्यूनतम शिशु मृत्यु दर

- उच्चतम : दादरा एवं नगर हवेली (16%), दमन व दीव (16%), लद्दाख (16%)।
- न्यूनतम : पुदुचेरी (6%)।
- राष्ट्रीय स्तर पर शिशु मृत्यु दर 28% है।

प्राकृतिक संवृद्धि दर

उच्चतम संवृद्धि दर वाले राज्य		न्यूनतम संवृद्धि दर वाले राज्य	
राज्य	**संवृद्धि दर (%)**	**राज्य**	**संवृद्धि दर (%)**
बिहार	20	गोवा	6.2
उत्तर प्रदेश	18.7	केरल	6.2
राजस्थान	17.9	त्रिपुरा	6.9

संघीय क्षेत्रों में उच्चतम एवं न्यूनतम प्राकृतिक संवृद्धि दर

- उच्चतम : दादरा एवं नगर हवेली (16.5%), दमन दीव (16.5%)।
- न्यूनतम : अण्डमान निकोबार (5%)।
- राष्ट्रीय स्तर पर संवृद्धि दर (13.5%) है।

प्रीलिम्स फैक्ट्स

- वर्ष 2011 की भारत की जनगणना के लिए कौन–सा आदर्श वाक्य उपयोग किया गया था?
  – 'हमारी जनगणना, हमारा भविष्य' [UPPSC RO/ARO (Pre) 2016]
- जनसंख्या की प्राकृतिक वृद्धि अशोधित जन्मदर, अशोधित मृत्यु दर, प्रवजन और विवाह में से किसका परिणाम है?
  – अशोधित जन्मदर, अशोधित मृत्युदर [UPPSC (Pre) 2018]
- जनसंख्या वृद्धि के स्वरूप में एक दीर्घ कालावधि में घटित क्रमिक परिवर्तन को क्या कहते हैं?
  – जनांकिकीय संक्रमण [UP RO/ARO (Pre) 2016]
- स्थायी जनसंख्या संरचना की उचित प्रक्रिया है
  – स्थिर जन्मदर और मृत्युदर [UP RO/ARO (Mains) 2014]
- माल्थस के अनुसार, जनसंख्या नियन्त्रण का सर्वाधिक प्रभावकारी उपाय युद्ध, विपत्ति, जन्म नियन्त्रण और अनैतिक व्यवहार में से कौन–सा है? *– जन्म नियन्त्रण* [UP UDA/LDA (Pre) 2017]
- माल्थस के जनसंख्या सिद्धान्त के अनुसार जनसंख्या में वृद्धि–ज्यामितीय क्रम, अंकगणितीय क्रम, हरात्मक क्रम में से किसमें होती है?
  – ज्यामितीय क्रम में [UKPSC (Pre) 2012]
- जनसंख्या का घनत्व, रहन–सहन का स्तर, लिंगानुपात और ग्रामीण शहरी जनसंख्या में से कौन–सा जनसंख्या की जनांकिकीय विशेषताओं का हिस्सा नहीं है?
  – रहन–सहन का स्तर [UPPSC Re-Exam 2015]
- भारत में प्रथम जनगणना कब प्रारम्भ हुई?
  – 1872 ई. में [MPPSC (Pre) 1990]
- 2011 की जनगणना के अनुसार, 2001-2011 के दशक में जनसंख्या वृद्धि दर का प्रतिशत क्या था? *– 17.7%* [BPSC (Pre) 2016]
- 2011 की जनगणना के अनुसार, भारत में जनसंख्या घनत्व है
  – 382 [MPPSC (Pre) 2017]
- 2011 की जनगणना के अनन्तिम आँकड़ों के अनुसार, भारत में साक्षरता का प्रतिशत है *– 74.04%* [UPPSC (Mains) 2012]
- जनगणना 2011 के आँकड़ों के अनुसार, भारत में 0-6 वर्ष के आयु सूमह के बच्चों का यौन अनुपात है *– 914* [UPPSC (Mains) 2010]
- भारत की गिनती जनांकिकीय लाभांश (डेमोग्राफिक डिविडेण्ड) वाले देश के रूप में की जाती है। ऐसा इसलिए है, क्योंकि
  – यहाँ 15-64 वर्ष के आयु वर्ग की जनसंख्या अधिक है [IAS (Pre) 2011]
- जब जनसंख्या विशेषज्ञ वर्ष 2016 के आस–पास भारत को मिलने वाली सम्भावित जनसांख्यकीय बोनस की बात करते हैं, तो उनका आशय है
  – जनसंख्या में उत्पादनकारी आयु समूह में वृद्धि [UPPSC (Mains) 2009]
- कार्यकारी जनसंख्या के आकार में वृद्धि, जोतों के आकार में कमी, बढ़ती हुई बेरोजगारी और अनाजों की प्रति व्यक्ति उपलब्धता में कमी में से कौन–सा अर्थव्यवस्था में जनसंख्या वृद्धि का प्रतिकूल प्रभाव नहीं है?
  – कार्यकारी जनसंख्या के आकार में वृद्धि [UPPSC Re-Exam 2015]
- मध्य प्रदेश, महाराष्ट्र, पश्चिम बंगाल और हरियाणा में से कौन–सा एक राज्य आर्थिक दृष्टि से सबसे ऊपर, किन्तु लिंगानुपात के आधार पर सबसे नीचे है? *– हरियाणा* [UPPSC (Pre) 2017]
- राष्ट्रीय जनसंख्या नीति, 2000 के अन्तर्गत, जो एक लक्ष्य था कि वर्ष 2045 तक जनसंख्या (में) स्थिरता प्राप्त कर ली जाएगी, अब वह लक्षित वर्ष रखा गया है *– वर्ष 2070 तक* [UP UDA/LDA (Pre) 2016]
- जनसंख्या के पिरामिड में 15-60 वर्ष का आयु समूह, 60 वर्ष से ऊपर आयु समूह, 5 वर्ष से ऊपर के आयु समूह और 0-14 वर्ष के आयु समूह में से कौन–सा समूह आश्रित आबादी के रूप में जाना जाता है? *– 0-14 वर्ष का आयु समूह* [UPPSC (Pre) 2015]
- जनसंख्या के सीमान्त कृषक, भूमिहीन कृषि श्रमिक, अनुसूचित जाति/अनुसूचित जनजाति और अर्द्धशहरी क्षेत्रों में रहने वाले व्यक्ति में से किस अंग को समावेशी विकास के कार्यक्रम में सम्मिलित नहीं किया जाता है? *– अर्द्धशहरी क्षेत्रों में रहने वाले व्यक्ति* [UPPSC (Pre) 2016]

सेल्फ चैक

1. भारत की जनगणना, 2011 के अनुसार, भारत के निम्नलिखित राज्यों में से कौन-सा एक राज्य न्यूनतम आबादी वाला राज्य है? BPSC (Pre) 2018

(a) महाराष्ट्र (b) मध्य प्रदेश
(c) ओडिशा (d) पंजाब

2. भारत में निर्भरता अनुपात घट रहा है, क्योंकि UPPSC (Pre) 2019, 2020

(a) 0-14 वर्ष की जनसंख्या सापेक्षतया अधिक है
(b) 60 वर्ष और अधिक की जनसंख्या सापेक्षतया अधिक है
(c) 15-59 वर्ष की जनसंख्या सापेक्षतया अधिक है
(d) 0-14 वर्ष और 60 वर्ष व अधिक की जनसंख्या सापेक्षतया अधिक है

3. 2011 की जनगणना के अनुसार, भारत की कुल जनसंख्या में नगरीय जनसंख्या का प्रतिशत था, लगभग BPSC (Pre) 2018

(a) 210% (b) 31% (c) 36% (d) 40%

4. 2011 की जनगणना के अनुसार, निम्नलिखित में से किस धार्मिक समूह में सर्वाधिक साक्षरता दर प्रतिशत दर्ज की गई है? BPSC (Pre) 2019

(a) ईसाई (b) हिन्दू
(c) सिख (d) जैन

5. जनांकिकीय लाभांश के पूर्ण लाभ को प्राप्त करने के लिए भारत को क्या करना चाहिए? BPSC (Pre) 2013

(a) कौशल विकास का प्रोत्साहन
(b) और अधिक सामाजिक सुरक्षा योजनाओं का प्रारम्भ
(c) शिशु मृत्यु दर में कमी
(d) उच्च शिक्षा का निजीकरण

6. जनगणना, 2011 के अनुसार, लिंग अनुपात (प्रति हजार पुरुषों पर स्त्री) के सम्बन्ध में भारत में राज्यों का सही अवरोही क्रम निम्नलिखित में से कौन-सा है?

(a) पश्चिम बंगाल-मध्य प्रदेश-उत्तराखण्ड-जम्मू और कश्मीर
(b) मध्य प्रदेश-पश्चिम बंगाल-जम्मू और कश्मीर-उत्तराखण्ड
(c) उत्तराखण्ड-पश्चिम बंगाल-मध्य प्रदेश-जम्मू और कश्मीर
(d) पश्चिम बंगाल-उत्तराखण्ड-मध्य प्रदेश-जम्मू और कश्मीर

7. भारत में जनसंख्या घनत्व

(a) निरन्तर बढ़ा है
(b) लगभग स्थिर रहा है
(c) कुछ कम हुआ है
(d) पहले बढ़ा और फिर वर्ष 1991 के पश्चात् घटा है

8. भारत की 2011 की जनगणना के अनुसार, सर्वाधिक जनसंख्या निम्नलिखित नगरीय युग्मों में से किसमें दर्शित हुई? UPPSC (Pre) 2016

(a) कोलकाता एवं दिल्ली
(b) दिल्ली एवं बंगलुरु
(c) मुम्बई एवं कोलकाता
(d) मुम्बई एवं दिल्ली

9. 2011 की भारत की जनगणना के लिए निम्नलिखित में से कौन-सा आदर्श वाक्य उपयोग किया गया था?

(a) अवर फ्यूचर, अवर कण्ट्री UPPSC (Pre) 2016
(b) अवर कण्ट्री, अवसर सेंसस
(c) पीपुल ऑफ इण्डिया, अवर सेंसस
(d) अवर सेंसस, अवर फ्यूचर

10. निम्नलिखित राज्यों को 2011 की जनगणना के अनुसार उनके नगरीकरण के अवरोही क्रम में व्यवस्थित कीजिए तथा राज्यों के नीचे दिए गए कूटों से सही उत्तर चुनिए UPPSC (Pre) 2016

1. केरल 2. मिजोरम 3. गोवा 4. तमिलनाडु

कूट

(a) 3, 2, 4, 1 (b) 1, 2, 3, 4
(c) 3, 4, 1, 2 (d) 4, 1, 2, 3

11. निम्नलिखित कथनों पर विचार कीजिए IAS (Pre) 2009

1. शिशु मृत्यु दर जन्म से एक महीने के अन्दर होने वाली शिशु मृत्यु का आकलन करती है।
2. शिशु मृत्यु दर किसी वर्ष में प्रति 100 जीवित जन्मों पर उसी वर्ष में मृत शिशुओं की संख्या है।

उपरोक्त कथनों में से कौन-सा/से कथन सही है/हैं?

(a) केवल 1 (b) केवल 2
(c) 1 और 2 दोनों (d) न तो 1 और न ही 2

12. आर्थिक विकास से सम्बद्ध जनांकिकीय संक्रमण की निम्नलिखित विशिष्ट अवस्थाओं पर विचार कीजिए IAS (Pre) 2012

1. निम्न मृत्यु दर के साथ निम्न जन्म दर
2. उच्च मृत्यु दर के साथ उच्च जन्म दर
3. निम्न मृत्यु दर के साथ उच्च जन्म दर

कूट

(a) 1, 2 और 3
(b) 2, 1 और 3
(c) 2, 3 और 1
(d) 3, 2 और 1

जानें सही उत्तर

1. (d)	**2.** (c)	**3.** (b)	**4.** (d)	**5.** (a)	**6.** (c)	**7.** (a)	**8.** (d)	**9.** (d)	**10.** (a)
11. (d)	**12.** (c)								

• अध्याय सत्रह

निर्धनता एवं बेरोजगारी

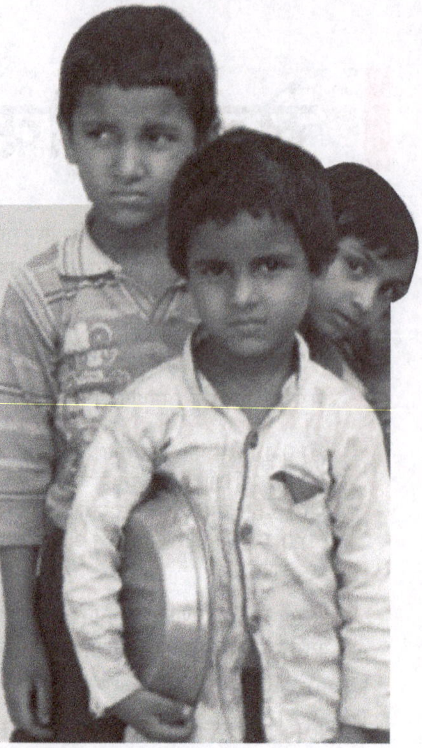

"

निर्धनता अर्थव्यवस्था के विकास के स्तर पर निर्भर करती है, यही कारण है कि विभिन्न समाजों में यह अलग-अलग है; जैसे—अमेरिका तथा पश्चिमी यूरोप के देशों में निर्धनता की धारणा भारत से बिल्कुल अलग होगी, क्योंकि यहाँ का साधारण व्यक्ति भी भारत से अधिक ऊँचे जीवन-स्तर पर रह रहा होगा। निर्धनता की स्थिति बेरोजगारी द्वारा अधिक विकट हो जाती है। सामान्यत: देश की सम्पूर्ण श्रमिक संख्या रोजगार में नहीं लगी होती, अपितु उसका अधिक भाग बेरोजगार होता है।

निर्धनता

- निर्धनता (Poverty) एक ऐसी स्थिति है, जिसमें समाज का एक भाग अपनी मूल मानवीय आवश्यकता को पूर्ण कर पाने में असमर्थ होता है। ये मूल मानवीय आवश्यकताएँ मुख्यत: पर्याप्त पौष्टिक आहार प्राप्त करना, रहने के लिए उपयुक्त स्थान व पहनने के लिए उपयुक्त वस्त्र की उपलब्धता, शिक्षा ग्रहण करने का साधन एवं परिहार्य बीमारियों से बचने की क्षमता का वंचन इत्यादि हैं।
- संयुक्त राष्ट्र विकास कार्यक्रम के अनुसार गरीबी बहुआयामी होती है। बहुआयामी गरीबी सूचकांक UNDP के द्वारा जारी किया जाता है।

नीति आयोग के अनुसार, गरीबी के मानक

नीति आयोग के अनुसार, जीवित रहने, स्वस्थ रहने एवं दक्षता के लिए न्यूनतम आवश्यकताओं को पूर्ण करने का अभाव ही गरीबी है। इसके अनुसार गरीबी के मानक निम्नलिखित है;

- जीवित रहने के लिए आवश्यक पानी व भोजन।
- स्वस्थ रहने के लिए आवश्यक पोषण, ऊर्जा, प्रोटीन व विटामिन इत्यादि।
- दक्षता के लिए आवश्यक आवास, वस्त्र, शिक्षा, स्वास्थ्य, बैंकिंग, कानून व्यवस्था व योग्यता इत्यादि।

- प्रो. अमर्त्यसेन के अनुसार, गरीबी क्षमताओं का अभाव है।
- अन्तर्राष्ट्रीय श्रम संगठन (ILO) के अनुसार, गरीबी आधारभूत आवश्यताओं की पूर्ति की अक्षमता है। संयुक्त राष्ट्र ने मनुष्य की आवश्यकताओं को दो भागों में विभाजित किया है
  - **न्यूनतम आवश्यकताएँ** भोजन, वस्त्र, आवास, शिक्षा, स्वास्थ्य आदि।
  - **क्षमता निर्माण के लिए आवश्यकताएं** बैंक सेवा, बीमा सेवा, कानून-व्यवस्था, सुरक्षा, सुशासन आदि।

भारत में निर्धनता की श्रेणियाँ

- वर्ष 1998 के नोबेल पुरस्कार विजेता **प्रो. अमर्त्य सेन** ने कहा है कि निर्धनता केवल आय से सम्बन्धित नहीं है, किन्तु **बहुआयामी** (Multidimensional) समस्या है। गरीब न्यूनतम जीवन स्तर से वंचित वर्ग होता है, जो केवल निर्वाह स्तर पर अपना गुजारा करता है। इन दोनों विधियों से स्पष्ट है कि अर्थव्यवस्था के अल्पविकास तथा राष्ट्रीय आय के असमान वितरण के कारण ही गरीबी उत्पन्न होती है।
- निर्धनता के वर्गीकरण की प्रचलित विधियों में से एक विधि में निर्धनों का वर्गीकरण सदैव निर्धन और सामान्य निर्धन में किया जाता है। सामान्यत: निर्धन के अन्तर्गत वे व्यक्ति आते हैं, जिनके पास कभी-कभी कुछ धन भी आ जाता है; जैसे— अनियमित मजदूर।

निर्धन व्यक्तियों की तीन श्रेणियाँ

- **चिरकालिक निर्धन** ये सामान्यत: निर्धनता रेखा के नीचे होते हैं; जैसे—भूमिहीन, मजदूर आदि।
- **अल्पकालिक निर्धन** ये दो प्रकार के होते हैं
  - **मौसमी निर्धन** ये निर्धन और गैर-निर्धन वर्ग के बीच में आते जाते रहते हैं; जैसे—छोटे किसान, मौसमी मजदूर।
  - अनियमित निर्धन आदि।
- **कभी निर्धन नहीं** ये वे व्यक्ति होते हैं, जिनकी आय निर्धनता रेखा से बहुत अधिक होती है; जैसे—व्यवसायी, चतुर्थ एवं पंचम क्षेत्रक के लोग आदि।

निर्धनता के प्रकार

निर्धनता को मुख्यत: दो प्रकारों में विभाजित किया जाता है

निरपेक्ष निर्धनता

- इसके अन्तर्गत एक निश्चित मापदण्ड के आधार पर यह निश्चित किया जाता है कि कितने लोग इस मापदण्ड से नीचे हैं और उन्हें हम निर्धन मान सकते हैं। इसके अन्तर्गत राष्ट्रीय स्तर पर संसाधनों के अनुरूप परिमाणात्मकता के आधार पर जीविका स्तर (निर्धनता रेखा) को निर्धारित किया जाता है।
- निर्धनता रेखा में **न्यूनतम उपभोग स्तर** बताया जाता है। वे सभी व्यक्ति, जो न्यूनतम उपभोग स्तर तक नहीं पहुँच पाते, वे निर्धन होते हैं। निर्धनता ज्ञात करने की इस विधि को **हेड काउण्ट विधि** (Head Count Methed) कहा जाता है। इस विधि में कुल जनसंख्या में सम्मिलित उन व्यक्तियों को रखा जाता है, जो गरीबी रेखा से नीचे जीवन-यापन करते हैं।

सापेक्ष निर्धनता

- इसमें उच्च आय वर्गों और निम्न आय वर्गों के बीच तुलना की जाती है तथा यह देखा जाता है कि विभिन्न आय वर्गों के बीच कितनी विषमता है। यद्यपि इस प्रकार की निर्धनता तब उत्पन्न होती है, जब किसी देश या क्षेत्र में कुछ लोगों की आय अन्य सामान्य लोगों से भिन्न होती है। इसके अन्तर्गत समाज के औसत व्यक्ति की तुलना में किसी व्यक्ति के पास मूलभूत संसाधनों का न होना **सापेक्षिक** (Relative) गरीबी होती है।
- इसे प्राय: **गिनी गुणांक** तथा **लॉरेन्ज वक्र** द्वारा मापा जाता है। यह विधि विकसित देशों में गरीबी मापने के लिए अधिक उपयुक्त है।

लॉरेन्ज वक्र

- लॉरेन्ज वक्र (Lorenz Curve) द्वारा किसी देश के लोगों के बीच आय विषमता को ज्ञात करते हैं। इसे वर्ष 1905 में **मैक्स ओ लॉरेन्ज** ने विकसित किया। इस वक्र का प्रत्येक बिन्दु उन व्यक्तियों को प्रदर्शित करता है, जो एक निश्चित आय के प्रतिशत के नीचे होते हैं।
- लॉरेन्ज वक्र जितना अधिक निरपेक्ष समता रेखा के पास होगा, समाज में आय की असमानता उतनी ही कम होगी।

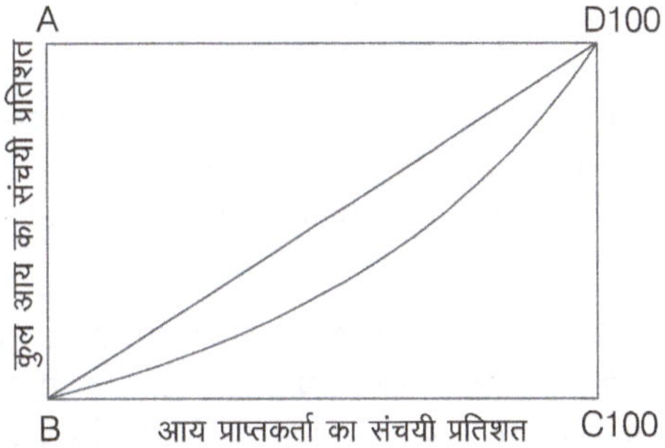

गिनी गुणांक

- गिनी गुणांक को वर्ष 1912 में इटैलियन सांख्यिकीविद् **कोरेडो गिनी** ने विकसित किया। यह लॉरेन्ज वक्र से क्षेत्रफल और काल्पनिक समता रेखा के नीचे के सम्पूर्ण क्षेत्रफल के अनुपात को प्रदर्शित करता है, जिसका मान 0 से 1 के बीच में होता है। यदि विषमता अधिकतम है, तो इसका मान 1 होगा और यदि विषमता न्यूनतम है, तो इसका मान शून्य होगा।
- गिनी गुणांक में यदि 100 से गुणा कर दें, तो गिनी सूचकांक निकलता है।
- लॉरेन्ज वक्र तथा गिनी गुणांक आय की विषमता की माप से सम्बन्धित हैं। आय की विषमता को **प्रति व्यक्ति आय** या **कुजनेट्स विषमता वक्र** से नहीं मापा जा सकता है।
- इसे विभिन्न आय वर्गों से जनसंख्या के प्रतिशत बँटवारे के आधार पर भी मापा जा सकता है। प्रति व्यक्ति आय इससे सम्बन्धित नहीं है।

गिनी गुणांक

$$= \frac{\text{आदर्श आय वितरण रेखा और लॉरेन्ज वक्र का क्षेत्रफल}}{\text{आदर्श आय वितरण रेखा के बीच के क्षेत्रफल}}$$

विषमता समायोजन

प्रति व्यक्ति आय अवधारणा का प्रतिपादन प्रसिद्ध अर्थशास्त्री अमर्त्य सेन द्वारा किया गया, उन्होंने आय के स्तर तथा वितरण के आयाम को जोड़कर आर्थिक कल्याण के मापन के लिए इस धारणा को विकसित किया। उनके अनुसार, मानव कल्याण में वृद्धि तब होगी, जब प्रतिव्यक्ति आय के स्तर में वृद्धि हो या आय की विषमता समायोजित हो अर्थात् आय की विषमता में कमी आए।

$$W = \mu (1 - G)$$

जहाँ W = कल्याण

μ = प्रति व्यक्ति आय

G = विषमता (Inequality) की आयु

गरीबी रेखा

- निर्धनता वह रेखा है, जो व्यक्ति के औसत मासिक व्यय को निर्धारित करती है। इस औसत मासिक व्यय से कम होने पर व्यक्ति को निर्धन/गरीब माना जाता है।
- जिन लोगों के पास जीवन-यापन करने के लिए; जैसे—रहने के लिए घर, खाने के लिए भोजन और पहनने के लिए कपड़े नहीं होते हैं, ऐसे लोग गरीबी रेखा के अन्तर्गत आते हैं।

गरीबी रेखा से नीचे जीवन-यापन व्यतीत करने वाली जनसंख्या के प्रतिशत को व्यक्ति गणना अनुपात (Head Count Ratio) अथवा निर्धनता प्रभाव अनुपात (Poverty Incidence Ratio) कहा जाता है।

- गरीबी रेखा की गणना का कार्य भारत में ग्रामीण विकास मन्त्रालय द्वारा राज्यों की साझेदारी के साथ में किया जाता है। भारत में गरीबी रेखा का अनुमान उपभोग व्यय के आधार पर निर्धारित किया जाता है, क्योंकि उपभोग व्यय किसी व्यक्ति द्वारा वस्तुओं और सेवाओं के वास्तविक प्रयोग को दर्शाता है, जबकि आय किसी व्यक्ति के केवल खरीदने की क्षमता के मापदण्ड का निर्धारण करती है।
- गरीबी उन्मूलन कार्यक्रम द्वारा गरीबों के लिए न्यायपूर्ण और न्यायसंगत समाज का निर्माण सम्भव हो सकेगा।
- भारत में गरीबी रेखा का अनुमान वर्ष 1993-94 तक समान स्रोत काल (Uniform Resources Period, URP) के अन्तर्गत निर्धारित होता था, जिसके अन्तर्गत गणना में शामिल लोगों के 30 दिनों के उपभोग व्यय के सम्बन्ध में सूचनाओं को डीकॉल अवधि (Decall Period) में एकत्रित किया जाता था।
- NSSO ने वर्ष 1999-2000 से मिश्रित सन्दर्भ अवधि (Mixed Reference Period MRP) को अपनाया, जिसमें व्यक्तियों द्वारा पिछले एक वर्ष के दौरान प्रयोग किए पाँच आवृत्ति की मदों (कपड़े, जूते, टिकाऊ वस्तु, शिक्षा और स्वास्थ्य) पर व्यय से सम्बन्धित आँकड़ों का संग्रहण किया जाता है।

वर्तमान समय में गरीबी रेखा का आकलन भारत में नीति आयोग द्वारा सांख्यिकी और कार्यक्रम कार्यान्वयन मन्त्रालय (MOSPI) के अन्तर्गत राष्ट्रीय नमूना सर्वेक्षण द्वारा (National Sample Survey) डाटा जुटाए गए आँकड़ों के आधार पर किया जाता है।

उपभोग के आधार पर निर्धनता मापने की विधियाँ

उपभोग के आधार पर निर्धनता मापने की प्रमुखत: दो विधियाँ होती हैं; जो निम्न प्रकार हैं

- यूनिफॉर्म रिकॉल अवधि (Uniform Recall Period, URP) पिछले 30 दिनों में उपयोग की सभी वस्तुओं (खाद्य एवं गैर-खाद्य दोनों) के आकलन को यूनिफॉर्म रिकॉल अवधि कहते हैं।
- मिश्रित रिकॉल अवधि (Mixed Recall Period, MRP) पिछले 30 दिनों के खाद्य पदार्थों के उपयोग एवं गैर-खाद्य पदार्थ; जैसे—कपड़े, जूते आदि का पिछले 365 दिनों में उपयोग के आकलन को ही मिश्रित रिकॉल अवधि कहते हैं।

भारत में निर्धनता को मापने से सम्बन्धित समितियाँ

- भारत में निर्धनता का अध्ययन सर्वप्रथम 1870 ई. में दादाभाई नौरोजी ने किया था, इन्होंने निर्धनता मापने के लिए जीवन के निर्वाह लागत सिद्धान्त का प्रयोग किया था।
- स्वतन्त्रता प्राप्ति के पश्चात् भारत में गरीबी का अध्ययन सर्वप्रथम बी एस मिन्हास ने किया था, उन्होंने वर्ष 1958-59 तथा वर्ष 1967-68 के बीच ग्रामों के निर्धनों के प्रतिशत में कमी होने के संकेत दिए। इसके अतिरिक्त पी डी ओझा एवं प्रणव के वर्धन ने ग्रामीण निर्धनों के अनुपात में वृद्धि के संकेत दिए। इनके विचार से देश में आर्थिक परिवर्तन की दिशा बढ़ती हुई गरीबी का कारण है।
- इनके पश्चात् दाण्डेकर एवं रथ ने वर्ष 1960-61 और वर्ष 1967-68 के दौरान नगरीय एवं ग्रामीण दोनों क्षेत्रों में गरीबी को स्थिर माना। सामान्यत: निर्धनता मापन करते समय यह पाया गया कि भारत में कुछ राज्यों की आधिकारिक गरीबी रेखाएँ अन्य राज्यों की तुलना में उच्चतर हैं, क्योंकि कीमत स्तर अलग-अलग राज्यों में अलग-अलग होते हैं।
- योजना आयोग द्वारा जारी रिपोर्ट के अनुसार, ग्रामीण क्षेत्रों में प्रति व्यक्ति 2400 कैलोरी प्रतिदिन तथा शहरी क्षेत्रों में प्रति व्यक्ति 2100 कैलोरी प्रतिदिन से कम भोजन प्राप्त करने वाले को गरीबी रेखा से नीचे माना जाएगा।
- भारत में निर्धनता की मापन से सम्बन्धित समितियाँ निम्नलिखित हैं

डॉ. वाई के अलघ समिति

- वर्ष 1977 में डॉ. वाई के अलघ की अध्यक्षता में भारत में गरीबी निर्धारण हेतु एक समिति का गठन किया गया। इस समिति द्वारा वर्ष 1978 में अपनी रिपोर्ट प्रस्तुत की गई।
- इनके द्वारा दी गई सिफारिशों में एक ऐसा गरीबी निर्देशांक तैयार किया गया, जिसके लिए ग्रामीण क्षेत्रों में 2400 कैलोरी प्रति व्यक्ति प्रतिदिन एवं शहरी क्षेत्रों में 2100 कैलोरी प्रति व्यक्ति प्रतिदिन की संस्तुति की।

लकड़वाला समिति की निर्धनता रिपोर्ट

- योजना आयोग ने सितम्बर, 1989 में **प्रो. डी टी लकड़वाला** की अध्यक्षता में एक विशेष समूह की नियुक्ति की, जिसका गठन भारत में निर्धनों की संख्या और अनुपात के अनुमान की कार्यविधि एवं परिकलन पर विचार के लिए किया गया था, इन्होंने अपनी रिपोर्ट जुलाई, 1993 में प्रस्तुत की थी।

> लकड़वाला समिति में शहरी निर्धनता के आकलन हेतु औद्योगिक श्रमिकों के उपभोक्ता मूल्य सूचकांक व ग्रामीण क्षेत्रों में इस उद्देश्य हेतु कृषि श्रमिकों के उपभोक्ता मूल्य सूचकांक को आधार बनाया गया है। इस फॉर्मूले के अन्तर्गत सभी राज्यों में अलग-अलग निर्धनता रेखा अर्थात् कुल 35 निर्धनता रेखाएँ होंगी।

तेन्दुलकर समिति की निर्धनता रिपोर्ट

- भारत में योजना आयोग ने निर्धनता रेखा से नीचे (Below Poverty Line, BPL) के लोगों की पहचान के लिए नए फॉर्मूले के निर्धारण हेतु **प्रो. सुरेश तेन्दुलकर** की अध्यक्षता में एक समिति का गठन किया गया। इस समिति ने अपनी रिपोर्ट दिसम्बर, 2009 में प्रस्तुत की। इस समिति की कुछ प्रमुख सिफारिशें निम्न प्रकार हैं
  - गरीबी के अनुमान हेतु **राष्ट्रीय सैम्पल सर्वेक्षण** द्वारा संगृहीत भारतीय परिवारों के निजी पारिवारिक उपभोक्ता व्यय सम्बन्धी आँकड़ों का ही प्रयोग किया जाए।
  - देश में निर्धनता रेखा के निर्धारण के लिए, जिस दाण्डेकर-रथ फॉर्मूलों का उपयोग वर्ष 1971 से किया जाता रहा है, उसमें भोजन में कैलोरी की मात्रा को ही एकमात्र आधार माना गया है। समिति के नए फॉर्मूलों में कॉस्ट ऑफ लिविंग को निर्धनता की पहचान के लिए आधार के रूप में स्वीकार किया गया है।
  - इसमें यह देखा जाता है कि जीवन-यापन के लिए कम-से-कम कितनी राशि आवश्यक है। राष्ट्रीय सैम्पल सर्वे संगठन के निर्णय को स्वीकार किया गया है कि पारिवारिक व्यय के अनुमान लगाने की स्मरण विधि में भविष्य में सभी उपभोक्ता सर्वेक्षणों में **मिश्रित स्मरण** अवधि का प्रयोग किया जाएगा।

> ### एस आर हासिम समिति
>
> - योजना आयोग समूह का गठन **एस आर हासिम** की अध्यक्षता में मई, 2010 में हुआ था। इसका उद्देश्य शहरी क्षेत्रों में गरीबी रेखा से नीचे रहने वाले परिवारों की पहचान करने की विधि के विषय में सुझाव देना।
> - इस समिति द्वारा **त्रिस्तरीय** दृष्टिकोण का सुझाव दिया गया, जिसमें शहरी गरीबी का स्वचालित समावेश एवं निष्कासन होता है।

निर्धनता आकलन हेतु रंगराजन समिति

- योजना आयोग द्वारा सर्वोच्च न्यायालय में दायर एक शपथ-पत्र के अनुसार, शहरी क्षेत्रों में ₹ 28.65 प्रति व्यक्ति प्रतिदिन उपभोग व्यय तथा ग्रामीण क्षेत्रों में ₹ 22.42 प्रति व्यक्ति प्रतिदिन उपभोग व्यय को निर्धनता रेखा निरूपित किए जाने की तीखी आलोचनाओं के बीच योजना आयोग ने प्रधानमन्त्री की आर्थिक सलाहकार परिषद् के अध्यक्ष **डॉ. सी रंगराजन** की अध्यक्षता में एक नवीन विशेषज्ञ तकनीकी समूह का गठन 24 मई, 2012 को किया था।
- इन्दिरा गाँधी विकास अनुसन्धान संस्थान के निदेशक **प्रो. महेन्द्र देव**, सेण्टर फॉर मॉनीटरिंग इण्डियन इकोनॉमी **के के सुन्दरम्** एवं **महेश व्यास** तथा योजना आयोग में परामर्शदाता **के एल दत्ता** इस विशेषज्ञ समूह के अन्य सदस्य हैं।

गरीबी पर रंगराजन समिति की रिपोर्ट

- गरीबी की परिभाषा और गरीबों की संख्या निर्धारित करने हेतु बनी सी रंगराजन समिति ने अपनी रिपोर्ट 6 जुलाई, 2014 को केन्द्रीय योजना क्रियान्वयन मन्त्री **राव इन्द्रजीत सिंह** को सौंप दी।
- इस समिति का गठन 24 मई, 2012 को किया गया था। इस रिपोर्ट के मुख्य बिन्दु निम्नलिखित हैं
  - वर्ष 2009-10 में 38.2% आबादी गरीब थी, जो वर्ष 2011-12 में घटकर 29.5% पर आ गई। इसके विपरीत **तेन्दुलकर समिति** ने कहा था कि वर्ष 2009-10 में गरीबों की आबादी 29.8% थी, जो वर्ष 2011-12 में घटकर 21.9% रह गई।
  - कोई ग्रामीण व्यक्ति यदि एक महीने में ₹ 972 (₹ 32 प्रतिदिन) से कम खर्च करता है, तो उसे गरीब समझा जाएगा, जबकि तेन्दुलकर समिति के अनुसार, यह राशि ₹ 816 प्रतिमाह (₹ 27 प्रतिदिन) थी।
  - शहरी क्षेत्रों में प्रतिमाह ₹ 1407 (₹ 47 प्रतिदिन) से कम खर्च करने वाले लोगों को गरीबी की श्रेणी में रखा गया है, जबकि तेन्दुलकर समिति के अनुसार, यह राशि ₹ 1000 (₹ 33 प्रतिदिन) थी।

विभिन्न समितियों द्वारा निर्धारिक मानक

विशेषज्ञ समूह	वर्ष	प्रतिव्यक्ति प्रतिदिन उपभोग व्यय (₹ में)		प्रतिव्यक्ति औसत मासिक उपभोग व्यय (₹ में)		अखिल भारतीय निर्धनता रेखाएँ	
		ग्रामीण	शहरी	ग्रामीण	शहरी	ग्रामीण	शहरी
सुरेश तेन्दुलकर	2011-12	27.2	33.3	816	1000	4080	5000
	2009-10	22.4	28.7	673	860	3365	4300
सी रंगराजन	2011-12	32.4	46.9	972	1407	4860	7035
	2009-10	26.7	39.9	801	1198	4005	5990

अरविन्द पनगड़िया टास्क फोर्स

- भारत सरकार द्वारा वर्ष 2015 में नीति आयोग द्वारा **डॉ. अरविन्द पनगड़िया** की अध्यक्षता में एक टास्क फोर्स का गठन किया गया
- इसका प्रमुख उद्देश्य भारत में निर्धनता अनुमान के लिए विधि की सिफारिश या सुझाव देना था।

- इस टास्क फोर्स द्वारा (Eliminating Poverty : Creating Jobs and Strengthening Social Programs) नाम से रिपोर्ट का प्रकाशन किया गया।

BPL जनगणना

- ग्रामीण क्षेत्रों में BPL परिवारों की पहचान के लिए डॉ. एन सी सक्सेना की अध्यक्षता में गठित समिति ने अपनी रिपोर्ट वर्ष 2009 में प्रस्तुत की।
- इस समिति ने कुछ विशेषाधिकार प्राप्त वर्गों के स्वयं ही बहिष्करण तथा सोसायटी के कतिपय वंचित और अत्यन्त कमजोर वर्गों के स्वमेव समावेशन तथा 10 के पैमाने पर उनकी रैंक देने के लिए शेष आबादी का सर्वेक्षण कराने की सिफारिश की है।

भारत में निर्धनता की प्रवृत्तियाँ

वर्ष	निर्धनों की संख्या (करोड़ों में)	कुल जनसंख्या में निर्धनों का प्रतिशत
1973-74	32	54.9
1977-78	33	51.3
1983	32	44.5
1987-88	31	38.9
1993-94	32	36
1999-2000	26	26
2004-05	40.7	37.2
2009-2010	35.46	29.8
2011-12	26.93	21.9

- वर्ष 2004-05, 2009-10 और 2011-12 के आँकड़े नई निर्धनता रेखा पर आधारित हैं। विश्व बैंक के अनुसार, गरीबी रेखा का मानक $ 2.15 प्रतिदिन किया गया है।

भारत में निर्धनता की प्रवृत्तियों का विश्लेषण करने पर पता चलता है कि यहाँ जनसंख्या बढ़ने के साथ-साथ निर्धनों की संख्या में भी वृद्धि हुई है, लेकिन सरकार द्वारा चलाई गई अनेक योजनाओं के प्रभाव से कुल जनसंख्या में निर्धनों के प्रतिशत में कमी आई है।

निर्धनता आकलन के लिए अन्तर्राष्ट्रीय मापदण्ड

- संयुक्त राष्ट्र विकास कार्यक्रम (UNDP) ने क्षमता निर्धनता माप (Capacity Poverty Measure) का एक नया मापदण्ड प्रस्तुत किया है, क्योंकि UNDP का मानना है कि वास्तव में निर्धनता एक बहुआयामी संकल्पना है। इसे केवल आय के आधार पर नहीं निकाला जा सकता अर्थात् आय निर्धनता (Income Poverty) स्वयं में पूर्ण नहीं है, बल्कि उसके लिए अन्य मानकों को भी ध्यान में रखना होगा।
- इसके अन्य मानकों में स्वास्थ्य व पोषाहार की क्षमता, जिसके अन्तर्गत यह देखा जाता है कि 5 वर्ष से कम आयु के बच्चों का कितना प्रतिशत भाग कुपोषण का शिकार है या मानक भार से नीचे है। परिवार के सदस्यों की शैक्षणिक स्थिति को भी इसमें सम्मिलित किया जाता है।

भारत में निर्धनता पर संयुक्त राष्ट्र की रिपोर्ट

- सहस्राब्दि विकास लक्ष्य (Millennium Development Goals,) पर संयुक्त राष्ट्र की वर्ष 2010 की रिपोर्ट में कहा गया है कि भारत में निर्धनता का अनुपात वर्ष 1990 में 51% था।
- UNDP रिपोर्ट के अनुसार, भारत के आठ राज्यों में निर्धनों की कुल संख्या अफ्रीका के 26 निर्धनतम देशों में निर्धनों की कुल संख्या से अधिक है। ये राज्य हैं—बिहार, छत्तीसगढ़, झारखण्ड, मध्य प्रदेश, ओडिशा, राजस्थान, उत्तर प्रदेश व पश्चिमी बंगाल।

अन्तर्राष्ट्रीय निर्धनता रेखा

- विश्व बैंक के आकलन के अनुसार, यदि कोई व्यक्ति एक दिन में $ 2.15 प्रतिदिन (2022) से कम पर गुजर-बसर करता है, तो उसे निर्धन माना जाएगा। इसके अन्तर्गत मुद्रास्फीति के साथ-साथ विभिन्न देशों के मध्य मूल्य अन्तरों को भी समाहित किया जाता है।
- एशियाई विकास बैंक ने अपने आकलन में $ 1.51 को प्रति व्यक्ति प्रतिदिन निर्धनता का मानक माना है।

गरीबी का दुश्चक्र

- इस अवधारणा को प्रो. रेगनर नर्कसे के द्वारा प्रस्तुत किया गया है, इसके अनुसार गरीबी का कारण गरीबी ही है।
- भारत का किसान गरीब है, क्योंकि वह गरीब है और गरीबी के कारण निवेश नही कर सकता, परिणामस्वरूप कम उत्पादन प्राप्त करता है।

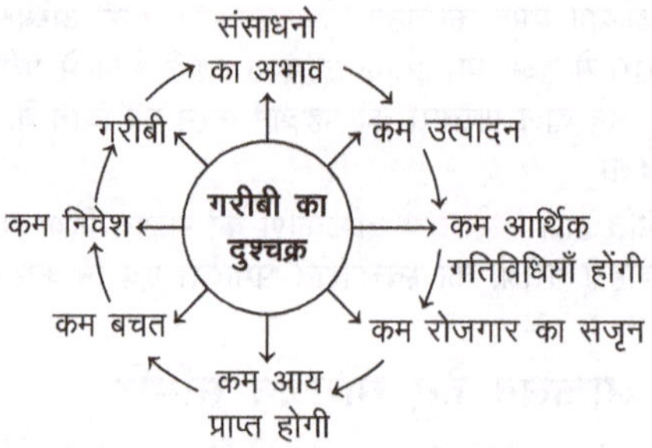

इसरकार द्वारा निर्धनता उन्मूलन हेतु चलाए जा रहे कार्यक्रम

सरकार द्वारा निर्धनता उन्मूलन हेतु चलाए जा रहे कार्यक्रम निम्नलिखित हैं

प्रधानमन्त्री उज्ज्वला योजना 2.0

- प्रधानमन्त्री नरेन्द्र मोदी ने 10 अगस्त, 2021 को उत्तर प्रदेश के महोबा जिले के लाभार्थियों को LPG कनेक्शन सौंपकर उज्ज्वला योजना के दूसरे चरण उज्ज्वला 2.0 का शुभारम्भ किया। इसके अन्तर्गत लाभार्थियों को जमा मुक्त LPG कनेक्शन के साथ-साथ पहला रिफिल और चूल्हा नि:शुल्क प्रदान किया जाएगा।
- इस योजना में निवास प्रमाण-पत्र स्थायी नहीं होने पर भी न्यूनतम कागजी कार्यवाही के साथ LPG कनेक्शन दिया जाएगा।
- प्रधानमन्त्री नरेन्द्र मोदी ने मजदूर दिवस के अवसर पर 1 मई, 2016 को बलिया (उत्तर प्रदेश) से 10 महिलाओं को रसोई गैस कनेक्शन प्रदान कर प्रधानमन्त्री उज्ज्वला योजना का शुभारम्भ किया था।
- इस योजना का उद्देश्य अगले 3 वर्षों में (वर्ष 2019 तक) गरीबी रेखा के नीचे (बी पी एल) के 5 करोड़ लाभार्थियों को रसोई गैस के कनेक्शन प्रदान करना था। इस योजना के मुख्य तथ्य निम्न थे
  - महिला सदस्य के नाम पर नि:शुल्क LPG गैस कनेक्शन होगा।
  - इसमें एक सिलेण्डर और प्रेशर रेग्युलेटर दिया जाएगा। इस योजना में ग्रामीण और शहरी BPL परिवार शामिल होंगे।
  - ₹ 1,600 सब्सिडी की राशि प्रधानमन्त्री जन-धन योजना के बैंक खाते में भेजी जाएगी।
  - इस योजना का क्रियान्वयन पेट्रोलियम एवं प्राकृतिक गैस मन्त्रालय द्वारा किया जा रहा है।
  - बजट, 2021-22 में प्रधानमन्त्री उज्ज्वला योजना के लाभार्थियों की संख्या को 8 करोड़ से बढ़ाकर 9 करोड़ करने की घोषणा की गई।
  - इस योजना में सरकार द्वारा इसके प्रथम चरण के अन्तर्गत शामिल बीपीएल परिवारों को स्टोन खरीदने और पहली बार सिलेण्डर भरवाने पर आने वाले खर्च की पूर्ति करने के लिए किश्तों की सुविधा भी प्रदान करती है।
  - इस योजना में बीपीएल परिवारों की पहचान राज्य सरकार एवं केन्द्र सरकार मिलकर करेंगे।
  - इसमें पात्रता के लिए 18 वर्ष से ऊपर आयु होनी चाहिए। और आवेदक का सम्बन्ध BPL परिवार से होना चाहिए।
- इसके अन्तर्गत पात्र महिला का भारत सरकार के किसी भी राष्ट्रीयकृत बैंक में एक खाता होना चाहिए।

दीनदयाल उपाध्याय ग्रामीण कौशल योजना

- दीनदयाल उपाध्याय ग्रामीण कौशल योजना को 25 सितम्बर, 2014 को शुरू किया गया। यह ग्रामीण विकास मन्त्रालय (MORD) द्वारा वित्त पोषित एक राष्ट्रव्यापी प्लेसमेण्ट लिंक्ड कौशल प्रशिक्षण कार्यक्रम है।
- यह 15 से 35 वर्ष की आयु के ग्रामीण गरीब युवाओं के लिए विशिष्ट रूप से राष्ट्रीय ग्रामीण आजीविका मिशन का एक भाग है, जिसका उद्देश्य गरीब परिवारों में आय विविधता उत्पन्न करना और ग्रामीण युवाओं को उनकी करियर आकांक्षाओं को साकार करने में मदद करना है।
- दीनदयाल उपाध्याय ग्रामीण कौशल योजना की प्रमुख विशेषताएँ निम्नलिखित हैं
  - यह ग्रामीण युवाओं के जीवन स्तर को सुधारने में एक नीति-निर्माता तकनीकी सहायक और सुविधा एजेन्सी के रूप में कार्य करती है।
  - इस योजना के अन्तर्गत प्रशिक्षित होने वाले कुल उम्मीदवारों में से एक-तिहाई महिला होने को अनिवार्य करता है। महिला उम्मीदवारों के लिए ऊपरी आयु सीमा 45 वर्ष है।
  - डीडीयू-जीकेवाई वर्तमान में 27 राज्यों एवं 3 केन्द्रशासित प्रदेशों में संचालित किया जा रहा है। इस योजना के अन्तर्गत कम-से-कम 70% प्रशिक्षित उम्मीदवारों के लिए गारण्टीकृत प्लेसमेण्ट के साथ एक परिणाम आधारित डिजाइन है और यह न्यूनतम अनिवार्य प्रमाणन की ओर बढ़ रहा है।
  - इस योजना के अन्तर्गत 576 घण्टे (3 महीने) से 2304 घण्टे (12 महीने) तक की प्रशिक्षण अवधि वाली परियोजनाओं के लिए धन उपलब्ध कराता है।

> दीनदयाल उपाध्याय ग्रामीण कौशल योजना के प्रमुख लक्ष्य इस निम्न प्रकार हैं
> - लाभ प्राप्त करने के लिए गरीबों और वंचितों को सक्षम बनाना।
> - ग्रामीण गरीबों के लिए निशुल्क कौशल प्रशिक्षण प्रदान करना।
> - सामाजिक रूप से वंचित समूहों का अनिवार्य कवरेज (SC/ST के 50%, अल्पसंख्यक वर्ग के 15% और महिला वर्ग के 33%)।
> - प्रशिक्षण प्रदान कर आजीविका उन्नयन पर बल देना।
> - नियोजित उम्मीदवारों के लिए अतिरिक्त सहायता प्रदान करना।
> - रोजगार साझेदारी की दिशा में सकारात्मक प्रयास करना।
> - नए प्रशिक्षण सेवा प्रदाताओं का पोषण करना और उनके कौशल का विकास करना।
> - इस योजना के अन्तर्गत शामिल होने वाले युवाओं की न्यूनतम आयु 15 वर्ष निर्धारित की गई है, जबकि आजीविका कौशल मिशन के अन्तर्गत न्यूनतम आयु 18 वर्ष है।

प्रधानमन्त्री आवास योजना (ग्रामीण)

- इस योजना की घोषणा प्रधानमन्त्री नरेन्द्र मोदी ने आगरा (उत्तर प्रदेश) में 20 नवम्बर, 2016 को की। इस योजना का पुराना नाम इन्दिरा आवास योजना था।
- इस योजना के अन्तर्गत 3 वर्षों (2019 तक) में लगभग 1 करोड़ पक्के मकान बनाने के लिए आर्थिक सहायता प्रदान की जाएगी।

इस योजना के अन्तर्गत क्षेत्रों के अनुसार आर्थिक सहायता दी जाएँगी, जो निम्न प्रकार हैं

- मैदानी क्षेत्रों के प्रत्येक लाभार्थी को ₹ 1 लाख 20 हजार तक की सहायता तथा पहाड़ी व दुर्गम क्षेत्रों के प्रत्येक लाभार्थी को ₹ 1 लाख 30 हजार तक की सहायता।
- इसके अतिरिक्त प्रत्येक लाभार्थी को मनरेगा के अन्तर्गत 90 से 95 दिनों की मजदूरी का अवसर दिया जाएगा।
- साथ-ही-साथ पक्के शौचालय का निर्माण करने के लिए ₹ 12 हजार तक की वित्तीय सहायता दी जाएगी।
- इस योजना के अन्तर्गत लाभार्थी का लाभ सीधे बैंक खाते अथवा पोस्ट ऑफिस खाते में डिजिटली भेज दिया जाएगा।
- आवास का न्यूनतम क्षेत्रफल 25 वर्ग मी सुनिश्चित किया गया है।

स्वर्ण जयन्ती ग्राम स्व-रोजगार योजना

- ग्रामीण निर्धनों को स्व-रोजगार के लिए सहायता प्रदान करने के उद्देश्य से स्वर्ण जयन्ती ग्राम स्वरोजगार योजना (Swarnajayanti Gram Swarozgar Yojana, SGSY) की शुरुआत 1 अप्रैल, 1999 में की गई।
- पहले से चल रही 6 योजनाओं का इसमें विलय कर दिया गया। ये हैं—समन्वित ग्रामीण विकास कार्यक्रम (Integrated Rural Development Programme, IRDP), स्वरोजगार के लिए ग्रामीण युवाओं का प्रशिक्षण कार्यक्रम (Training Rural Youth for Self Employment, TRYSEM), ग्रामीण क्षेत्र में महिला एवं बाल विकास कार्यक्रम (Development of Women and Children in Rural Areas, DWCRA), ग्रामीण कारीगरों को उन्नत औजार की किट आपूर्ति का कार्यक्रम (1992), गंगा कल्याण योजना (Ganga Kalyan Yojana, 1997) तथा दस लाख कुँआ योजना (1989)।

प्रधानमन्त्री गरीब कल्याण योजना

20 मार्च, 2020 को Covid-19 महामारी में लगे लॉकडाउन से उत्पन्न दशाओं से निपटने के लिए सरकार द्वारा ₹ 1.70 लाख करोड़ का राहत पैकेज देते हुए इस योजना को लाया गया। इसमें निम्नलिखित प्रावधानों को शामिल किया गया

- मनरेगा मजदूरी बढ़ाई गई।
- बुजुर्गों, दिव्यांगों तथा विधवाओं को ₹ 1000 की आर्थिक सहायता।
- PM किसान योजना के अन्तर्गत तुरन्त भुगतान।
- Covid-19 से लड़ने वाले स्वास्थ्य कर्मियों को ₹ 50 लाख का बीमा सुरक्षा।
- मुफ्त राशन वितरण।

राष्ट्रीय ग्रामीण आजीविका मिशन

- ग्रामीण क्षेत्रों में निर्धनता निवारण के लिए राष्ट्रीय ग्रामीण आजीविका मिशन की शुरुआत 3 जून, 2011 को राजस्थान के बाँसवाड़ा जिले से की गई। इस मिशन के अन्तर्गत ग्राम स्तर पर स्वयं सहायता समूहों को फेडरेशन के रूप में गठित करके उनके माध्यम से लाभप्रद स्वरोजगार के अवसर उपलब्ध कराना है।
- यह कार्य योग्यता पर आधारित स्व-सहायता समूह में प्रत्येक परिवार से एक महिला को सुनियोजित तथा गाँवों में उनके संघ बनाकर और उच्चतर स्तर पर किया जाएगा।
- अब BPL का प्रावधान NRLM में समाप्त हो गया है तथा सभी के लिए इसे खोल दिया गया है। 150 जिलों में महिला स्वयं सहायता समूहों को अब 7% पर ही बैंकों द्वारा ऋण उपलब्ध कराया जाएगा। समय पर भुगतान करने वालों को 4% पर ऋण दिया जाएगा। बाजार व सस्ती दर के ब्याज अन्तर का वहन केन्द्र सरकार करेगी।
- राष्ट्रीय ग्रामीण आजीविका मिशन (National Rural Livelihood Mission, NRLM) का उद्देश्य वर्ष 2024-25 तक सभी ग्रामीण परिवारों को संगठित करना और उन्हें लगातार तब तक समपोषित करना और सहायता देना है जब तक वे दयनीय गरीबी से ऊपर नहीं आ जाते।

गरीब कल्याण रोजगार अभियान

- प्रधानमन्त्री नरेन्द्र मोदी ने यह योजना बिहार के खगड़िया जिले के तेलिहार गाँव से 20 जून, 2020 को शुरू की। इस योजना का उद्देश्य कामगारों को उनकी रुचि और कौशल के अनुसार रोजगार और स्वरोजगार उपलब्ध कराना है। इसमें 6 राज्यों के 116 जिले, जिसमें बिहार के 32 जिलों को शामिल किया गया है।
- गरीब कल्याण रोजगार अभियान के अन्तर्गत वर्ष में 125 दिनों तक रोजगार उपलब्ध कराने की योजना है। कामगारों को योग्यता के अनुसार 25 प्रकार के कार्य दिए जाएँगे। इसमें सड़क, ग्रामीण आवास, बागवानी, पौधारोपण, जल संरक्षण और सिंचाई, आँगनबाड़ी, पंचायत भवन और जलजीवन इत्यादि जैसे कार्य शामिल हैं।

- प्रो. गुन्नार मिर्डल के अनुसार भारत में उत्पादन की 'श्रमप्रधान तकनीकी' का प्रयोग होना चाहिए, जिससे रोजगार में वृद्धि होगी और गरीबी को खत्म किया जा सकेगा।

बेरोजगारी

- जब समाज में प्रचलित पारिश्रमिक पर भी कार्य करने के इच्छुक एवं सक्षम व्यक्तियों को कोई कार्य नहीं मिलता, तब ऐसे व्यक्तियों को बेरोजगार तथा ऐसी समस्या को बेरोजगारी की समस्या कहा जाता है। दूसरे शब्दों में, जब योग्य एवं कुशल लोगों को उनकी क्षमता के अनुसार रोजगार नहीं मिल पाता है, तो इस समस्या को बेरोजगारी कहते हैं।
- बेरोजगारी के अनेक आर्थिक एवं आर्थिकेत्तर दुष्परिणाम होते हैं। इससे देश में राष्ट्रीय उत्पादन की मात्रा कम हो जाती है, जिसका पूँजी- निर्माण, व्यापार-व्यवसाय और प्रगति पर प्रतिकूल प्रभाव पड़ता है।
- इसके कारण गरीबी बढ़ती है तथा शिक्षित बेरोजगारों के सम्बन्ध में उन संसाधनों की बर्बादी भी होती है, जो इनके कौशल और प्रशिक्षण

में लगे होते हैं। नीति आयोग के अनुसार बेरोजगारी को निम्न आधारों पर स्पष्ट किया गया है।

अवसर
- इच्छा — स्वयं पर निर्भर है
- क्षमता — प्राकृतिक होती है
- योग्यता — अर्जित की जाती है

- रोजगार अवसर की उपलब्धता के साथ-साथ इच्छा, क्षमता एवं योग्यता आदि पर भी निर्भर करता है। अधिकतर ऐसा होता है कि पर्याप्त अवसर उपलब्ध होने पर भी व्यक्ति को इच्छा, योग्यता और क्षमता के अभाव में रोजगार नहीं मिल पाता है, जिससे वह व्यक्ति बेरोजगार रह जाता है। इनका विवरण निम्न प्रकार है
  - **इच्छा** इसका तात्पर्य है कि व्यक्ति रोजगार का इच्छुक है, लेकिन उसके पास रोजगार नहीं है। इसके लिए आवश्यक है कि वह अपना नाम रोजगार कार्यालय में दर्ज कराए।
  - **क्षमता** इससे तात्पर्य किसी कार्य को करने की क्षमता से है। इसके अन्तर्गत यदि कोई दिव्यांग व्यक्ति कार्य करने की इच्छा, क्षमता और योग्यता रखता है और उसे रोजगार नहीं मिल पा रहा है, तो वह बेरोजगार कहलाएगा।
  - **योग्यता** किसी कार्य को सम्पन्न करने के कौशल को योग्यता कहते है। इसके अन्तर्गत यह देखा गया है कि व्यक्ति रोजगार पाने की इच्छा एवं क्षमता तो रखता है, लेकिन उसके पास आवश्यक योग्यता का अभाव होता है, जिससे वह बेरोजगार रह जाता है। भारत में इस प्रकार की कमी को दूर करने के लिए **स्किल इण्डिया** जैसे कार्यक्रम संचालित किए जा रहे हैं।
- प्रो पीगू के अनुसार, "एक व्यक्ति केवल तभी बेरोजगार कहलाता है, जब उसके पास कोई काम नहीं होता, जबकि वह काम पाने की इच्छा रखता है।"

भारत में बेरोजगारी का वर्गीकरण/प्रकार

- भारत में बेरोजगारी के मुख्यत: दो प्रकार हैं

भारत में बेरोजगारी
- ग्रामीण बेरोजगारी
  - अदृश्य बेरोजगारी
  - मौसमी बेरोजगारी
- शहरी बेरोजगारी
  - औद्योगिक बेरोजगारी
  - शिक्षित बेरोजगारी

ग्रामीण बेरोजगारी

- ग्रामीण क्षेत्रों में जनसंख्या बढ़ने से भूमि पर जनसंख्या का भार अधिक होता है। भूमि पर जनसंख्या की मात्रा बढ़ने से कृषकों की संख्या भी बढ़ जाती है, जिसके कारण **प्रच्छन्न बेरोजगारी** बढ़ जाती है।

> अधिकांश श्रम शक्ति अस्त-प्राथमिक व्यवसायों में संलग्न रहती है तथा व्यावसायिक ढाँचे के अस्त-व्यस्त होने के कारण बिना मौसम में भी श्रमिक बाहर नहीं जा पाते हैं, जिसके कारण **मौसमी बेरोजगारी** की समस्या उत्पन्न होती है।

- भारत के ग्रामीण क्षेत्रों में प्रमुखत: प्रच्छन्न बेरोजगारी और मौसमी बेरोजगारी पाई जाती है, इनका वर्णन निम्न प्रकार है

प्रच्छन्न/अदृश्य बेरोजगारी

- ऐसी बेरोजगारी है, जिसमें कार्य करने के लिए जितने लोगों की आवश्यकता होती है, उससे कहीं अधिक संख्या में लोग रहते हैं। इस प्रकार की बेरोजगारी कृषि क्षेत्र में अधिक पाई जाती है।
- कृषि क्षेत्र में पाई जाने वाली अदृश्य बेरोजगारी उस स्थिति को दर्शाती है, जब श्रमिकों की सीमान्त उत्पादकता शून्य होती है अर्थात् इन व्यक्तियों को कृषि क्षेत्र से हटाने के बाद भी कृषि क्षेत्र की उत्पादकता पर कोई प्रभाव नहीं पड़ता।

मौसमी बेरोजगारी

- मौसमी बेरोजगारी (Seasonal Unemployment) मुख्य रूप से कृषि क्षेत्र में पाई जाती है, क्योंकि कृषि में लगभग 7 से 9 महीने ही श्रम की आवश्यकता होती है। इस प्रकार वर्ष के शेष महीनों में वहाँ के श्रमिक खाली पड़े रहते हैं, जो अनुपलब्ध मौसमी रोजगार के कारण बेरोजगारी का सामना करते हैं।
- ग्रामीण क्षेत्रों में कृषि के अतिरिक्त भी मौसमी कार्यों में लगे श्रमिक; जैसे—ईंट-भट्टे के श्रमिक, गन्ना पेराई में संलग्न श्रमिक आदि मौसमी बेरोजगारी से ग्रसित होते हैं।

शहरी बेरोजगारी

शहरी क्षेत्रों में भी मुख्यत: दो प्रकार की बेरोजगारी पाई जाती है

औद्योगिक बेरोजगारी

- औद्योगिकी बेरोजगारी (Industrial Unemployment) में उन लोगों को शामिल किया जाता है, जो तकनीकी एवं गैर-तकनीकी रूप से कार्य करने की क्षमता तो रखते हैं, किन्तु बेरोजगार हैं। औद्योगिकी क्षेत्र में बेरोजगारी की समस्या जनसंख्या वृद्धि के साथ बढ़ती जाती है। औद्योगिक बेरोजगारी में आर्थिक विकास की रफ्तार धीमी रहती है, जबकि जनसंख्या वृद्धि की रफ्तार तेज रहती है।
- इसका तात्पर्य यह हुआ कि सरकार के द्वारा औद्योगिक विकास के लिए बनाई जा रही नीतियाँ कमजोर सिद्ध हो रही हैं, जिस कारण उपयुक्त मात्रा में रोजगार के अवसर उत्पन्न नहीं हो रहे हैं।

शिक्षित बेरोजगारी

- शिक्षित बेरोजगार (Educated Unemployment) ऐसे श्रमिक हैं, जिनके शिक्षण-प्रशिक्षण में बड़ी मात्रा में संसाधन उपयोग किए जाते हैं और इनकी कार्य करने की क्षमता दूसरे श्रमिकों से अधिक होती है।
- इन श्रमिकों की कार्य के प्रति अपेक्षाएँ भी अलग होती हैं और ये विशेष प्रकार के कार्य के ही योग्य होते हैं। इनमें से कुछ अल्परोजगार की स्थिति में एवं कुछ खुले बेरोजगार होते हैं।

बेरोजगारी के अन्य प्रकार

बेरोजगारी के अन्य प्रकार निम्न हैं

- **खुली बेरोजगारी** (Open Unemployment) बेरोजगारी का सबसे वीभत्स रूप है। इसमें श्रमिक बिल्कुल काम-काज के बिना, परन्तु कार्य करने के इच्छुक होते हैं तथा उनमें कार्य करने की योग्यता और क्षमता भी होती है, परन्तु उन्हें थोड़ा बहुत भी कार्य नहीं मिलता।
- **संरचनात्मक बेरोजगारी** (Structural Unemployment) दीर्घकालीन प्रवृत्ति की संरचनात्मक बेरोजगारी अर्थव्यवस्था के ढाँचे का पिछड़ापन, सीमित पूँजी एवं श्रम के बाहुल्य के कारण उत्पन्न होता है। आर्थिक विकास से बाजार प्रतियोगिता में वृद्धि होती है। इस तीव्र प्रतियोगिता से सामना नहीं करने के कारण कुछ उद्योग बन्द हो जाते हैं और उसके कामगार बेरोजगार हो जाते हैं।
- **अल्प रोजगार** ऐसी स्थिति है, जिसमें श्रमिकों को कार्य तो मिलता है, परन्तु **उत्पादन** में उनका कुछ अंशों तक का ही योगदान होता है अर्थात् या तो उन्हें उनकी क्षमता के अनुसार कार्य नहीं मिलता या फिर वे एक वर्ष में कुछ महीने ही कार्य कर पाते हैं। सामान्यत: कृषि क्षेत्र में कार्यरत मजदूरों को इस प्रकार का सामना करना पड़ता है।
  - **दृश्य अल्प रोजगार** (Visible Under Employment) श्रमिकों के श्रम समय के न्यून उपयोग को ही दृश्य अल्परोजगार कहते हैं। ऐसे व्यक्ति सामान्यत: रोजगार में होते हैं, परन्तु उनके श्रम समय में उनका उचित उपयोग नहीं हो पाता है।
  - **अदृश्य अल्प रोजगार** (Invisible Under Employment) कुछ श्रमिक या स्वरोजगार व्यक्ति सम्पूर्ण वर्ष रोजगार में लगे होते हैं, परन्तु अपनी आवश्यकताओं को पूर्ण नहीं कर पाते हैं। इस अवस्था को अदृश्य अल्परोजगार कहते हैं। इसके अन्तर्गत किसी भी श्रमिक को किसी अन्य के स्थान पर या अतिरिक्त कार्य भार देकर कार्य कराया जाता है।
  - **घर्षणात्मक बेरोजगारी** बाजार में वस्तुओं की माँग एवं पूर्ति में परिवर्तन आने से घर्षणात्मक बेरोजगारी उत्पन्न होती है, जैसे कि द्वितीय विश्वयुद्ध की समाप्ति के पश्चात् हुआ था।
  - **चक्रीय बेरोजगारी** (Cyclic Unemployment) मुख्यत: विकसित देशों में पाई जाती है। यह व्यापार चक्र से सम्बन्धित होती है। इसके अन्तर्गत बहुत-से श्रमिक अचानक से बेकार हो जाते हैं। यह व्यापार चक्र के उस चरण में उत्पन्न होती है, जब व्यापार क्षेत्र में मन्दी की स्थिति आती है। यह बेरोजगारी अस्थायी होती है। जब मन्दी की स्थिति समाप्त हो जाती है और आर्थिक क्रियाओं में वृद्धि होने लगती है, तो यह बेरोजगारी समाप्त हो जाती है।
  - **प्रतिशोधात्मक बेरोजगारी** यह बेरोजगारी विकास से सम्बन्धित है। विकास के फलस्वरूप अनेक नए उद्योग खुलते रहते हैं और पुराने उद्योग समाप्त होते रहते हैं। नए कामकाज के योग्य बनने के लिए श्रमिकों को पुराने कार्य छोड़ने होते हैं और नए कार्यों के लिए आवश्यक प्रशिक्षण प्राप्त करना होता है। ये श्रमिक जब तक नए कार्य पर फिर से नहीं लग जाते, तब तक वे कार्य के बिना ही रहते हैं। अत: वे इस प्रकार बेरोजगार हो जाते हैं।

बेरोजगारी की अवधारणाएँ

राष्ट्रीय प्रतिदर्श सर्वेक्षण संगठन (NSSO) द्वारा बेरोजगारी मापने की तीन अवधारणाएँ विकसित की गई हैं, जो निम्नलिखित हैं

- **सामान्य स्थिति बेरोजगारी** इसके अन्तर्गत सर्वेक्षण में शामिल लोगों के बारे में यह जानने का प्रयास किया जाता है कि उनकी सामान्य स्थिति क्या है? अर्थात् इसमें सामान्यत: यह देखा जाता है कि लोग रोजगार में हैं, बेरोजगार हैं या श्रम शक्ति से बाहर हैं। संकल्पना में लम्बी अवधि के आँकड़ों का विश्लेषण करके बेरोजगारी की व्याख्या की जाती है। इसके अन्तर्गत यदि व्यक्ति 365 दिनों में से 183 दिन या इससे अधिक दिन श्रम बल में नियोजित है, तो रोजगार माना जाता है तथा 183 दिनों से रोजगाररत् नहीं हैं, तो उसे श्रम बल से बाहर माना जाता है। अत: यह दीर्घकालीन बेरोजगारी को दर्शाती है।
- **साप्ताहिक स्थिति बेरोजगारी** इसमें व्यक्ति की पिछले सात दिनों की गतिविधियों का ही विश्लेषण किया जाता है। यदि इन सात दिनों में कोई व्यक्ति एक भी घण्टा कार्य प्राप्त करने में सक्षम रहता है, तो उसे रोजगार में मान लिया जाता है।
- **दैनिक स्थिति बेरोजगारी** इसमें किसी व्यक्ति के प्रत्येक दिन की गतिविधियों का विश्लेषण किया जाता है। उपरोक्त दो अवधारणाओं में बेरोजगारी की प्रति व्यक्ति दर का आकलन किया जाता है, जबकि इससे बेरोजगारी के समय दर का आकलन किया जाता है, इसलिए दैनिक स्थिति बेरोजगारी उपरोक्त तीनों अवधारणाओं में बेरोजगारी की सर्वोत्तम माप प्रस्तुत करती है।
- **सामान्य सैद्धान्तिक एवं सहायक स्थिति दृष्टिकोण** (Usual Principal and Subsidiary Status Approach, UPSS) इसके अन्तर्गत यदि कोई व्यक्ति पिछले 12 महीनों में 30 दिन या उससे अधिक दिनों के लिए आर्थिक गतिविधियों में नियोजित रहता है, तो उस व्यक्ति को रोजगार में माना जाता है।

मजदूरों के प्रकार

- **स्वनियोजित मजदूर** — ये वे लोग होते हैं, जो अपने ही व्यापार अथवा व्यवसाय में लगे होते हैं। इन्हें अपनी सेवाओं का पुरस्कार लाभ (Profit) के रूप में प्राप्त होता है।
- **भाड़े के मजदूर** — ये वे लोग हैं, जो भाड़े पर दूसरों का कार्य करते हैं तथा अपनी सेवाओं के पुरस्कार के रूप में मजदूरी या वेतन प्राप्त करते हैं।
  - **अनियमित मजदूर** — ये लोग दैनिक मजदूरी पर रखे जाते हैं। नियोक्ता की स्थायी सूची पर इनका नाम नहीं लिखा जाता। इन्हें किसी प्रकार का सामाजिक सुरक्षा लाभ प्राप्त नहीं होता।
  - **नियमित मजदूर** — इनका नाम नियोक्ता की स्थायी सूची पर लिखा जाता है तथा ये सामाजिक सुरक्षा, लाभ प्राप्त करने के अधिकारी होते हैं।

अन्य महत्त्वपूर्ण अवधारणाएँ

अन्य महत्त्वपूर्ण अवधारणाएँ निम्नलिखित हैं

- **श्रम आपूर्ति** (Labour Supply) से तात्पर्य श्रमिकों की उस संख्या से लगाया जाता है, जिसमें वे एक दी हुई मजदूरी दर पर अपनी आपूर्ति के लिए सदैव तत्पर रहते हैं। इसके लिए यदि मजदूरी दर में परिवर्तन किया जाता है, तो श्रम की आपूर्ति में परिवर्तन होता है। यदि मजदूरी की दर अधिक होगी, तो श्रम की आपूर्ति में भी वृद्धि होगी। श्रम आपूर्ति को सामान्यत: कार्य के घण्टों के रूप में मापा जाता है।
- **श्रम बल** (Labour Force) इससे तात्पर्य उन व्यक्तियों से है, जो वर्तमान समय में जिस मजदूरी दर पर वे कार्य करते हैं एवं इच्छुक रहते हैं।
- **कार्य बल** (Work Force) से अभिप्राय वास्तव में, कार्य करने वाले व्यक्तियों से है, न कि उन व्यक्तियों से जो कार्य करने के इच्छुक हैं, किन्तु कार्य नहीं कर रहे हैं।

> कार्य बल = श्रम बल – उन व्यक्तियों की संख्या, जो कार्य नहीं कर रहे हैं, किन्तु कार्य करने के इच्छुक हैं। बेरोजगार व्यक्तियों की संख्या = श्रम बल – कार्य बल

- **स्टैण्डर्ड वर्ष** एक वर्ष के दौरान 8 घण्टे प्रतिदिन कार्य के साथ 273 दिन कार्य करने को हम स्टैण्डर्ड वर्ष कहते हैं। इसके अनुसार, यदि कोई व्यक्ति 8 घण्टे प्रतिदिन कार्य करके 273 दिनों तक रोजगार करता है, तो **रोजगार युक्त** कहा जाता है।

भारत में बेरोजगारी की स्थिति

- सरकार की प्राथमिकता में रोजगार क्षमता में सुधार के साथ रोजगार के अवसर उत्पन्न करना है। सरकार द्वारा रोजगार उत्पन्न करने के लिए विभिन्न कदम उठाए गए हैं; जैसे—प्रधानमन्त्री रोजगार प्रोत्साहन योजना, मेक इन इण्डिया, स्टार्टअप इण्डिया, प्रधानमन्त्री रोजगार सृजन कार्यक्रम, महात्मा गाँधी राष्ट्रीय ग्रामीण रोजगार गारण्टी योजना, पण्डित दीनदयाल उपाध्याय ग्रामीण कौशल योजना आदि हैं।
- इन योजनाओं के अतिरिक्त अन्य योजनाएँ; जैसे—दीनदयाल अन्त्योदय योजना, राष्ट्रीय शहरी (आजीविका) मिशन, निजी क्षेत्र को प्रोत्साहित करना, बड़े निवेश वाली फास्ट ट्रैकिंग विभिन्न परियोजनाएँ, 14 क्षेत्रों के लिए उत्पादन लिंक्ड प्रोत्साहन योजना, प्रधानमन्त्री स्वनिधि योजना, स्टैण्ड अप इण्डिया योजना जैसी स्कीमों पर सार्वजनिक व्यय में बढ़ोतरी करती हैं।

आवधिक श्रम बल सर्वेक्षण-राष्ट्रीय सांख्यिकी कार्यालय

आवधिक श्रम बल सर्वेक्षण-राष्ट्रीय सांख्यिकी कार्यालय को निम्न बिन्दुओं द्वारा दर्शाया गया है

- **बेरोजगारी दर** इससे तात्पर्य है कि बेरोजगारी दर वर्ष 2020-21 में गिरकर 4.2% हो गई, जबकि वर्ष 2019-20 में यह दर 4.8% थी। ग्रामीण क्षेत्रों में बेरोजगारी दर 3.3% तथा शहरी क्षेत्रों में 6.7% है। श्रम बल भागीदारी दर (LFPR) वित्त वर्ष 2020-21 के दौरान जनसंख्या में श्रम बल व्यक्तियों का प्रतिशत पिछले वर्ष के 40.1% से बढ़कर 41.6% हो गया।
- **श्रमिक जनसंख्या अनुपात (WPR)** यह अनुपात पिछले वर्ष के 38.3% से बढ़कर 39.8% हो गया।
- **प्रवासन दर** वर्तमान समय में प्रवासन दर 28.9% है। ग्रामीण और शहरी क्षेत्रों में महिलाओं की प्रवास दर क्रमश: 48% और 47.8% है।
- **CWS दृष्टिकोण** गहरी बेरोजगारी PLFS, करेण्ट विकली स्टेटस (CWS) के दृष्टिकोण पर आधारित है। CWS के अन्तर्गत ऐसे व्यक्ति को बेरोजगार माना जाता है, जिसने सप्ताह के दौरान किसी भी दिन एक घण्टे के लिए भी कार्य नहीं किया है, लेकिन इस सप्ताह के दौरान किसी भी दिन एक घण्टे के लिए कार्य की माँग या कार्य उपलब्ध था।
- **श्रमिक जनसंख्या अनुपात (WPR)** इसे जनसंख्या में नियोजित व्यक्तियों के प्रतिशत के रूप में मापा जाता है। **राष्ट्रीय सांख्यिकी कार्यालय** (NSO) ने अप्रैल, 2017 में आवधिक श्रम बल सर्वेक्षण (PLFS) की शुरुआत की।

सेण्टर फॉर मॉनिटरिंग इण्डियन इकोनॉमी

- सीएमआईई या सेण्टर फॉर मॉनिटरिंग इण्डियन इकोनॉमी एक प्रमुख व्यावसायिक सूचना कम्पनी है। यह मुख्य रूप से एक स्वतन्त्र थिंक-टैंक के रूप में वर्ष 1976 में स्थापित की गई थी।
- सीएमआईई की सम्पूर्ण सूचना खाद्य शृंखला पर आधारित है। यह बड़े पैमाने पर प्राथमिक डेटा संग्रह और विश्लेषण एवं पूर्वानुमान के माध्यम से सूचना संग्रह करता है। यह सरकारों, शिक्षाविदों, वित्तीय बाजारों, व्यावसायिक उद्यमों, पेशेवरों और मीडिया सहित व्यावसायिक सूचना उपभोक्ताओं के सम्पूर्ण स्पेक्ट्रम को सेवाएँ प्रदान करता है।
- सीएमआईई, आर्थिक एवं व्यवसायिक डेटाबेस तैयार करता है और निर्णय लेने तथा अनुसन्धान के लिए अपने ग्राहकों को देने के लिए विशेष विश्लेषणात्मक उपकरण विकसित करता है। यह अर्थव्यवस्था में रुझानों को समझने के लिए डेटा का विश्लेषण करता है। इसका मुख्यालय मुम्बई में स्थित है।

बेरोजगारी से सम्बन्धित सरकारी योजनाएँ एवं कार्यक्रम

बेरोजगारी से सम्बन्धित सरकारी योजनाएँ एवं कार्यक्रम निम्नलिखित हैं

प्रधानमन्त्री श्रम योगी मानधन योजना

- असंगठित श्रमिकों के लिए वृद्धावस्था सुरक्षा सुनिश्चित करने हेतु भारत सरकार ने असंगठित श्रमिकों के लिए प्रधानमन्त्री श्रम योगी मानधन (पीएम-एसवाईएम) नामक एक पेंशन योजना शुरू की है।
- असंगठित श्रमिक अधिकांश घर पर आधारित श्रमिकों, स्ट्रीट वेण्डर्स, मिड-डे मील वर्कर्स, हेड लोडर, मोची, चीर बीनने वाले, घरेलू कामगार, वाशर मैन, रिक्शा चालक, भूमिहीन मजदूर, स्वयं खाता कार्यकर्ता, कृषि श्रमिक के रूप में लगे हुए हैं। निर्माण श्रमिक, बीड़ी श्रमिक, हथकरघा श्रमिक, चमड़ा श्रमिक, ऑडियो-विजुअल श्रमिक और इसी तरह के अन्य व्यवसाय, जिनकी मासिक आय ₹ 15,000 प्रति माह या उससे कम है और 18-40 वर्ष के प्रवेश आयु वर्ग के हैं। उन्हें नई पेंशन योजना (एनपीएस), कर्मचारी राज्य बीमा निगम योजना (ईएसआईसी) या कर्मचारी भविष्य निधि संगठन (ईपीएफओ) के अन्तर्गत कवर नहीं किया जाना चाहिए। इसके अतिरिक्त वह आयकर दाता नहीं होना चाहिए।

पण्डित दीनदयाल उपाध्याय श्रमेव जयते कार्यक्रम

16 अक्टूबर, 2014 को भारत सरकार ने इस कार्यक्रम का शुभारम्भ किया। इसका क्रियान्वयन भारत सरकार के श्रम मन्त्रालय द्वारा किया जा रहा है। इस कार्यक्रम के अन्तर्गत निम्नलिखित पाँच योजनाएँ आरम्भ की गईं

- **श्रम सुविधा पोर्टल** (Labour Identification Number, LIN) यह वेब पोर्टल नियोक्ता के लिए विशिष्ट LIN माध्यम के रूप में कार्य करेगा तथा नियोक्ताओं द्वारा वार्षिक रिटर्न की ई-फाइलिंग की सुविधा भी प्रदान करेगा।
- **सार्वभौमिक खाता संख्या योजना** (Universal Account Number, UAN) इसके अन्तर्गत भविष्य निधि में योगदान करने वाले सभी लोगों के लिए ऑनलाइन जानकारी उपलब्ध कराई जाएगी।
- **आकस्मिक निरीक्षण योजना** (Random Inspection Scheme RIS) यह श्रम निरीक्षण में पारदर्शिता लाने के लिए लाई गई है।
- **प्रशिक्षु प्रोत्साहन योजना** (Apprentice Protsahan Yojana) प्रशिक्षण के पहले दो वर्षों के दौरान प्रशिक्षुओं को भुगतान किए गए मानदेय का 50% लौटाकर निर्माण इकाइयों और अन्य प्रतिष्ठानों की सहायता की जाएगी।
- **पुनर्गठित राष्ट्रीय स्वास्थ्य योजना** (Revamped Rashtriya Swasthya Yojana) असंगठित क्षेत्र के श्रमिकों को स्मार्ट कार्ड उपलब्ध कराया जाएगा, जिससे अन्य सामाजिक सुरक्षा योजनाओं का वितरण हो जाएगा।

प्रधानमन्त्री कौशल विकास योजना

- प्रधानमन्त्री कौशल विकास योजना (PMKVY) युवाओं के कौशल प्रशिक्षण के लिए एक प्रमुख योजना है, जिसे वर्ष 2015 में शुरू किया गया।
- इसके अन्तर्गत पाठ्यक्रमों में सुधार, बेहतर शिक्षण और प्रशिक्षित शिक्षकों पर विशेष बल दिया गया हैं। प्रधानमन्त्री कौशल विकास योजना के उद्देश्य निम्नलिखित हैं
  - प्रशिक्षण में अन्य पहलुओं के साथ व्यवहार कुशलता और व्यवहार में परिवर्तन भी शामिल हैं। इसके अन्तर्गत 24 लाख युवाओं को प्रशिक्षण के दायरे में लाया जाएगा।
  - कौशल प्रशिक्षण नेशनल स्किल क्वालिफिकेशन फ्रेमवर्क (NSQF) और उद्योग द्वारा निर्धारित मानदण्डों पर आधारित होगा।
  - कार्यक्रम के अन्तर्गत तृतीय पक्ष आकलन संस्थाओं द्वारा मूल्यांकन और प्रमाण-पत्र के आधार पर प्रशिक्षुओं को नकद पारितोषिक दिया जाएगा। नकद पारितोषिक औसतन ₹ 8000 प्रति प्रशिक्षु होगा।
  - प्रधानमन्त्री कौशल विकास योजना के अन्तर्गत मुख्य रूप से श्रम बाजार में पहली बार प्रवेश कर रहे व्यक्तियों पर ध्यान केन्द्रित होगा और विशेषकर कक्षा 10 व 12 के दौरान स्कूल छोड़ गए छात्रों पर ध्यान केन्द्रित किया जाएगा।
  - योजना का क्रियान्वयन **राष्ट्रीय कौशल विकास निगम** (NSDC) के प्रशिक्षण साझेदारों द्वारा किया जाएगा।

कौशल विकास एवं उद्यमिता के लिए राष्ट्रीय नीति, 2015

- इसका प्रारम्भ 15 जुलाई, 2015 को केन्द्र सरकार के द्वारा किया गया। इसके पूर्व वर्ष 2009 में कौशल विकास को सन्दर्भित करते हुए श्रम एवं रोजगार मन्त्रालय के द्वारा राष्ट्रीय नीति बनाई गई थी। इसकी समीक्षा करते हुए ही नई नीति का निर्माण किया गया है।

इसका प्रमुख उद्देश्य कौशल विकास को ध्यान में रखते हुए सशक्तीकरण को बढ़ावा देना तथा उद्यमिता पर आधारित नवाचार गतिविधियों में वृद्धि करना है। उद्योगों में कुशल श्रमिकों की माँग के अनुरूप लगभग 40 करोड़ भारतीय युवाओं को प्रशिक्षित करना है।

- इस कार्यक्रम के सफल क्रियान्वयन हेतु प्रधानमन्त्री की अध्यक्षता में एक परिषद् का गठन किया गया है।
- इस नीति के अन्तर्गत प्रशिक्षित उद्यमियों को परामर्शदाताओं, सहायकों एवं ऋण बाजारों से जोड़ा जा रहा है। साथ ही व्यावसायिक प्रबन्धन को भी अधिक सुगम बनाया जा रहा है।
- इसके अन्तर्गत कौशल विकास से सम्बन्धित सभी बाधाओं को दूर करने का प्रयत्न किया जा रहा है; जैसे—कौशल प्रशिक्षण हेतु आधारभूत संरचनाओं एवं प्रशिक्षकों के अभाव की समस्या को दूर किया जा रहा है।
- इस प्रशिक्षण कार्यक्रम में महिलाओं के प्रशिक्षण के ऊपर विशेष ध्यान दिया जा रहा है, जिससे **महिला सशक्तीकरण** को भी बढ़ावा दिया जा सके। साथ ही लक्षित समूह के अन्तर्गत वंचित वर्गों को शामिल किया गया है।

प्रधानमन्त्री स्वनिधि योजना

- 1 जून, 2020 को भारत सरकार के आवासन एवं शहरी कार्य मन्त्रालय द्वारा **पीएम स्ट्रीट वेण्डर्स** आत्मनिर्भर निधि की शुरुआत की गई, जिसे पीएम स्वनिधि योजना के नाम से जाना गया। कोविड-19 वैश्विक महामारी तथा इसके परिणामस्वरूप किए गए लॉकडाउन से पथ विक्रेताओं अथवा रेहड़ी वालों की आजीविका पर बुरा प्रभाव पड़ा था।
- उनकी स्थिति को सुधारने के उद्देश्य से सरकार द्वारा इस योजना की शुरुआत की गई। यह एक केन्द्रीय क्षेत्र की योजना है। यह एक विशेष सूक्ष्म ऋण सुविधा योजना है। इस योजना का कार्यकाल मार्च, 2022 तक निर्धारित किया गया।
- इसके अन्तर्गत ₹ 10,000 तक का ऋण प्रदान किया गया। **भारतीय लघु उद्योग विकास बैंक** इस योजना हेतु कार्यान्वयन साझीदार है। एक वेण्डर को ऋणों के शीघ्र या समय पर पुन:भुगतान पर 7% की दर से ब्याज सब्सिडी प्राप्त होती थी।
- प्रधानमन्त्री स्वनिधि योजना के प्रमुख उद्देश्य निम्नलिखित हैं
  - विक्रेताओं को लाभकारी कार्यशील पूँजी ऋण तक पहुँच प्रदान करने के लिए, जो इन्हें देशव्यापी लॉकडाउन (महामारी के कारण) के बाद अपनी आजीविका गतिविधियों को पुन: शुरू करने में सहायता करना।
  - कैश-बैक, बाद की माँगों पर अधिक ऋण आदि जैसे प्रावधानों द्वारा ऋणों की नियमित वापसी को प्रोत्साहित कर सकता है।
  - ऋणों के डिजिटल पुनर्भुगतान का विकल्प चुनने वाले विक्रेताओं को पुरस्कृत करके डिजिटलीकरण को बढ़ावा देना।

आत्मनिर्भर भारत अभियान

- प्रधानमन्त्री **नरेन्द्र मोदी** ने 17 मई, 2020 को कोरोना संकट के दौर में भारत की अर्थव्यवस्था को सुधारने के लिए ₹ 20 लाख करोड़ के राहत पैकेज का ऐलान किया था। इस पैकेज को आत्मनिर्भर भारत अभियान के अन्तर्गत शुरू किया गया।

यह योजना **वोकल फॉर लोकल** को बढ़ावा देती है। इस पैकेज को आत्मनिर्भर भारत अभियान का नाम दिया गया। प्रधानमन्त्री नरेन्द्र मोदी का कहना है कि इस बड़े राहत पैकेज द्वारा भारत में लोगों को कार्य करने की सुविधा उपलब्ध कराई जाएगी।

- अगले कुछ वर्षों में भारत अपनी आवश्यकता की अधिकांश वस्तुओं के लिए स्वयं पर निर्भर हो जाए, इसलिए इस अभियान का नाम आत्मनिर्भर भारत अभियान रखा गया है। इस मिशन को दो चरणों में लागू किया जाएगा
  - **प्रथम चरण** इसमें चिकित्सा, वस्त्र, इलेक्ट्रॉनिक्स प्लास्टिक, खिलौने, जैसे क्षेत्रों को प्रोत्साहित किया जाएगा, जिससे स्थानीय विनिर्माण और निर्यात को बढ़ावा दिया जा सके।
  - **द्वितीय चरण** इस चरण में रत्न एवं आभूषण, फार्मा, स्टील जैसे क्षेत्रों को प्रोत्साहित किया जाएगा।

आत्मनिर्भर भारत अभियान के पाँच स्तम्भ

- **अर्थव्यवस्था** यह वृद्धिशील परिवर्तन के स्थान पर बड़ी उछाल पर आधारित हो।
- **अवसंरचना** ऐसी अवसंरचना का विकास करना, जो आधुनिक भारत की पहचान हो।
- **प्रौद्योगिकी** 21वीं सदी प्रौद्योगिकी संचालित व्यवस्था पर आधारित प्रणाली का विकास करना।
- **गतिशील जनसंख्या** गतिशील जनसंख्या आत्मनिर्भर भारत के लिए ऊर्जा का स्रोत है।
- **माँग** भारत की माँग और आपूर्ति शृंखला की सम्पूर्ण क्षमता का उपयोग किया जाना चाहिए।

संकल्प से सिद्धि योजना

- संकल्प से सिद्धि अर्थात् संकल्प के माध्यम से प्राप्ति योजना का उद्देश्य वर्ष 2022 तक नए भारत के निर्माण का वचन लेना और निभाना था। इस कार्यक्रम का उद्देश्य देश की अर्थव्यवस्था, नागरिकों और समाज में सुधार लाने हेतु देश में अनेक परिवर्तन करने हैं। संकल्प से सिद्धि योजना कार्यक्रम के अन्तर्गत कृषि क्षेत्र में 7 सूत्री कार्यक्रम लागू किया गया और वर्ष 2022 तक किसानों की आय को दोगुना करने के उद्देश्य से इस कार्यक्रम को प्रायोजित किया गया है।
- विकास कार्यक्रमों का **सामाजिक लेखा परीक्षण** किया जाता है। इस योजना के अन्तर्गत जारी कुल राशि का 6% भाग प्रशासनिक व्यय, निगरानी प्रशिक्षण, लेखा परीक्षण आदि में व्यय किए जाने का प्रावधान किया गया।

अटल पेंशन योजना

- इस योजना का शुभारम्भ 9 मई, 2015 को किया गया। यह योजना 18 वर्ष से 40 वर्ष तक की आयु के असंगठित क्षेत्र में कार्यरत श्रमिकों के लिए है। इस योजना से जुड़ने वाले व्यक्ति को 60 वर्ष की आयु के बाद कम-से-कम ₹ 1000 तथा अधिकतम ₹ 5000 तक की **पेंशन राशि** प्रत्येक महीने देने का प्रावधान है। इस योजना के अन्तर्गत केन्द्र सरकार द्वारा पात्र अंशदाता के बैंक खाते में कुल अंशदान का आधा भाग अथवा ₹ 1000 (जो कम हो) प्रत्येक महीने जमा किए जाएँगे।
- सरकार द्वारा पाँच वर्षों तक ही राशि जमा की जाएगी। सरकार का अंशदान उन्हीं व्यक्तियों के लिए होगा, जो 31 दिसम्बर, 2015 तक इस योजना से जुड़ चुके हैं।
- इसमें लाभार्थी छोटी मासिक किस्तों के माध्यम से ऋणों को समय से पूर्ण करने में सफल हो जाएगा तथा अपनी आवश्यकताओं को पूर्ण कर सकेगा। कोई भी व्यक्ति, जो अन्य **सामाजिक सुरक्षा योजना** से जुड़ा है अथवा आयकर दाता है, इस योजना का लाभार्थी नहीं बन सकता है।
- अटल पेंशन योजना के अन्तर्गत किसी भी व्यक्ति को 20 वर्ष से अधिक धनराशि जमा नहीं करनी होगी। अटल पेन्शन योजना स्वालम्बन योजना के अन्तर्गत **पेंशन कोष नियामक तथा विकास प्राधिकरण** द्वारा संचालित **राष्ट्रीय पेंशन प्रणाली** के माध्यम से ग्राहक इस योजना में नामांकन करा सकेंगे।

प्रधानमन्त्री रोजगार सृजन कार्यक्रम

- इस कार्यक्रम की शुरुआत 15 अगस्त, 2008 को की गई। प्रधानमन्त्री रोजगार योजना तथा ग्रामीण रोजगार सृजन कार्यक्रम का इसमें विलय कर दिया गया।
- इसके द्वारा सूक्ष्म लघु उद्योगों की स्थापना के लिए सब्सिडी युक्त साख उपलब्ध कराकर ग्रामीण तथा शहरी क्षेत्रों में रोजगार के नए अवसरों का सृजन करने का प्रावधान किया गया। खादी एवं ग्रामोद्योग आयोग को इसकी **नोडल एजेन्सी** बनाया गया है।
- इस योजना के अन्तर्गत सामान्य श्रेणियों के अभ्यर्थियों को परियोजना लागत का 10% स्वयं वहन करने का प्रावधान है, जबकि विशेष वर्गों (अनुसूचित जाति/जनजाति, अन्य पिछड़े वर्ग, अल्पसंख्यक, महिला, विकलांग, एक्स सर्विसमेन तथा पूर्वोत्तर पर्वतीय एवं सीमावर्ती क्षेत्र) के अभ्यर्थियों के लिए यह राशि 5% है।
- इस योजना के अन्तर्गत शहरी क्षेत्रों में सामान्य श्रेणी के लोगों को 15% तथा विशेष वर्ग के लाभार्थियों को 25% सब्सिडी दी जाती है।

प्रधानमन्त्री रोजगार प्रोत्साहन योजना

- इस योजना के क्रियान्वयन की घोषणा केन्द्र सरकार के द्वारा वर्ष 2016-17 के बजट में की गई थी।
- इस योजना का विकास नियोक्ताओं को प्रोत्साहित करते हुए रोजगार के नए अवसर सृजित करने के लिए किया गया है। इसके क्रियान्वयन का दायित्व श्रम एवं रोजगार मन्त्रालय के अधीन **कर्मचारी भविष्य निधि संगठन** (इपीएफओ) को सौंपा गया है।
- इस योजना के अन्तर्गत भारत सरकार के द्वारा नियोक्ताओं के 12% **ईपीएफ** एवं **ईपीस अंश** का भुगतान किया जा रहा है।
- इस योजना के लाभुक के रूप में ऐसे कर्मचारियों को शामिल किया गया है, जिनकी आय प्रति महीने ₹ 15,000 से कम है। इन कर्मचारियों के पास आधार नम्बर से जुड़ा हुआ एक वैध यूनिवर्सल अकाउण्ट नम्बर होना आवश्यक है। इसके अन्तर्गत जिन प्रतिष्ठानों के पास श्रम सुविधा पोर्टल के अन्तर्गत **आवण्टित श्रम पहचान** संख्या है, वे लाभ प्राप्ति हेतु आवेदन कर सकते हैं।
- इस योजना के अन्तर्गत सर्वप्रथम नए रोजगार का **सृजन गारमेण्ट** (परिधान) के क्षेत्र में किया जाना था। तत्पश्चात् इसका विस्तार अन्य क्षेत्रों में भी कर दिया गया। इस योजना का लाभ प्राप्त करने के लिए प्रधानमन्त्री रोजगार प्रोत्साहन योजना के **पोर्टल** पर अनिवार्य रूप से पंजीकरण करवाना पड़ता है।

> इस योजना के अन्तर्गत सामान्य श्रेणियों के अभ्यर्थियों को परियोजना लागत का 10% स्वयं वहन करने का प्रावधान है, जबकि विशेष वर्गों (अनुसूचित जाति/जनजाति, अन्य पिछड़े वर्ग, अल्पसंख्यक, महिला, विकलांग, एक्स सर्विसमेन तथा पूर्वोत्तर पर्वतीय एवं सीमावर्ती क्षेत्र) के अभ्यर्थियों के लिए यह राशि 5% है।

- 31 मार्च, 2022 तक इस योजना का लाभ उठाने वाले लाभार्थियों की संख्या 1.21 करोड़ तथा प्रतिष्ठानों (संस्थानों) की संख्या 1.53 लाख थी। ऐसे पंजीकृत लाभार्थी, जो 31 मार्च, 2021 तक पंजीकरण करा चुके हैं, वे आने वाले 3 वर्षों तक इस योजना का लाभ प्राप्त कर सकते हैं।

प्रधानमन्त्री युवा योजना

- इस योजना का क्रियान्वयन **कौशल विकास एवं उद्यमिता मन्त्रालय** के द्वारा किया जा रहा है। इसके अन्तर्गत वर्ष 2016-2021 के मध्य 14.5 लाख से अधिक युवाओं को **उद्यमशीलता प्रशिक्षण** एवं **शिक्षा** उपलब्ध कराई गई।
- इस प्रशिक्षण योजना में पाँच वर्षों में ₹ 499.94 करोड़ खर्च किए गए तथा इसमें प्रशिक्षण प्रदान करने के लिए 3,050 संस्थाओं को शामिल किया गया था।

अटल बीमित व्यक्ति कल्याण योजना

- इस योजना का प्रारम्भ कर्मचारी राज्य बीमा निगम के द्वारा किया गया। इस योजना का **नोडल मन्त्रालय** श्रम एवं रोजगार मन्त्रालय को बनाया गया है।
- इसे 01 जुलाई, 2018 से प्रभावी बनाया गया, जिसे पायलट प्रोजेक्ट के अन्तर्गत 2 वर्ष के लिए प्रारम्भ किया गया। इस योजना का लाभ लगभग 3.2 करोड़ उन बीमित व्यक्तियों को प्राप्त हुआ, जो **कर्मचारी राज्य बीमा अधिनियम, 1948** के अन्तर्गत बीमित हैं।
- इस योजना के अन्तर्गत ऐसे बेरोजगार व्यक्ति, जो नए रोजगार की तलाश कर रहे हैं, उन्हें उनकी पिछली नौकरी से प्राप्त होने वाले 90 दिनों की औसत आय के 25% नकद लाभ (राशि) के रूप में सीधे उनके बैंक खाते में प्रदान किए जाएँगे। इस प्रकार का लाभ किसी व्यक्ति को उसके जीवन में एक बार ही प्राप्त होगा।

प्रीलिम्स फैक्ट्स

- भारत में गरीबी को लोगों के जीवन स्तर से, परिवार की आय से, कैलोरी प्राप्ति से और परिवार में सदस्यों की संख्या में से किसमें परिभाषित किया गया है? – ***कैलोरी प्राप्ति से*** *[UPPSC (Mains) 2008]*
- 'गरीबी की संस्कृति' का विचार किसके द्वारा प्रस्तुत किया गया? – ***ऑस्कर लुईस द्वारा*** *[UPPSC (Pre) 2020]*
- 'निर्धनता के दुश्चक्र' की अवधारणा किससे सम्बन्धित है? – ***नर्कसे*** *[UPPSC (Pre) 2014]*
- 'पॉवर्टी एण्ड अनब्रिटिश रूल इन इण्डिया' नामक पुस्तक किस वर्ष प्रकाशित हुई? – ***वर्ष 1901*** *[UPPSC (Pre) 2021]*
- वे व्यक्ति जो निरन्तर निर्धन और गैर–निर्धन होते रहते हैं क्या कहलाते है? – ***चक्रीय निर्धन*** *[JKPSC (Pre) 2017]*
- अपर्याप्त संवृद्धि दर, जनसंख्या की उच्च वृद्धि दर, बेरोजगारी और बढ़ती निवेश दर में से कौन–सा निर्धनता के लिए उत्तरदायी नहीं है? – ***बढ़ती निवेश दर*** *[UPPSC (Mains) 2013]*
- किस समिति ने मात्र पोषक–तत्त्वों की आवश्यकता के आधार पर गरीबी रेखा का निर्धारण किया है? – ***अलघ समिति*** *[UPPSC (Pre) 2020]*
- भारत में नगरीय क्षेत्रों में बीपीएल परिवारों की पहचान के लिए कौन–सी समिति गठित की गई थी? – ***हाशिम समिति*** *[UPPSC (Pre) 2018]*
- केन्द्रीय मन्त्रिमण्डल, लोकसभा, राज्यसभा और योजना आयोग (नीति आयोग) में कौन भारत में गरीबी रेखा का निर्धारण करता है? – ***योजना आयोग (अब नीति आयोग)*** *[UPPSC (Pre) 2018]*
- किसी दिए गए वर्ष में भारत में कुछ राज्यों में आधिकारिक गरीब रेखाएँ अन्य राज्यों की तुलना में उच्चतर है, क्योंकि – ***कीमत स्तर अलग–अलग राज्य में अलग–अलग होता है।*** *[IAS (Pre) 2019]*
- वर्ष २००४–०५ के 61वें डाटा में निर्धनता आकलन करने के लिए–यूनिफॉर्म रिकॉल मेथड (यू आर एम) और मिक्स्ड रिकॉल मेथड (एम आर एम) दोनों में किस विधि को अपनाया गया? – ***यू आर एम और एम आर एम दोनों को*** *[JPSC (Pre) 2016]*
- तेन्दुलकर समिति ने भारत में गरीबी रेखा के नीचे की जनसंख्या का अनुपात कितने प्रतिशत आकलित किया है? – *37.2% [UPPSC (Pre) 2012, UPPSC UDA/LDA (Pre) 2013]*
- अशिक्षा, बेरोजगारी, जनसंख्या वृद्धि दर और आय की विषमता में से कौन लॉरेन्ज वक्र द्वारा मापा जाता है? – ***आय की विषमता*** *[UPPSC (Pre) 2018]*
- आन्ध्र प्रदेश, गुजरात, केरल और पंजाब में किस राज्य में गरीबी रेखा से नीचे न्यूनतम प्रतिशत का योगदान है? – ***केरल*** *[UPPSC (Mains) 2004]*
- मध्य प्रदेश को भारत का इथियोपिया किस कारण से कहा जाता है – ***अत्यधिक बाल मृत्युदर एवं कुपोषण के कारण*** *[UPPSC (Pre) 2010]*
- 'निर्धनता को एक सामाजिक समस्या माना गया है' जोकि लन्दन में निर्धनता पर किए गए एक शोध सर्वेक्षण का परिणाम है। इस शोध के शोद्यार्थी कौन थे? – ***चार्ल्स बूथ*** *[UPPSC (Pre) 2022]*
- फिलिप्स वक्र किनके मध्य सम्बन्ध को व्यक्त करता है? – ***मुद्रास्फीति एवं बेरोजगारी*** *[UKPSC (Pre) 2012]*
- विनिर्माण, निर्माण, वित्तीय सेवाएँ और मिश्रित खेती में से किस क्षेत्रक की वृद्धि दर रोजगार प्रत्यास्थता बहुत कम है? – ***विनिर्माण*** *[IAS (Pre) 1993, MPPSC (Pre) 1997]*
- भारत वर्ष के अधिकांश हिस्से में बेरोजगार रहने वाले व्यक्तियों की संख्या को क्या कहा जाता है? – ***सामान्य स्थिति बेरोजगारी*** *[UPPSC (Pre) 2019]*
- तीव्र जनसंख्या वृद्धि, कौशल का अभाव, प्रति व्यक्ति आय में वृद्धि और जनशक्ति नियोजन के अभाव में से कौन–सा एक बेरोजगारी के लिए उत्तरदायी नही हैं? – ***प्रति व्यक्ति आय में वृद्धि*** *[UPPSC (Mains) 2014]*
- प्रच्छन्न बेरोजगारी का सामान्यतः अर्थ होता है कि – ***श्रमिक की सीमान्त उत्पादकता शून्य है।*** *[IAS (Pre) 2010]*
- भारत में छिपी हुई बेरोजगारी (प्रच्छन्न बेरोजगारी) मुख्य रूप से कृषि क्षेत्र, ग्रामीण क्षेत्र, विनिर्माण क्षेत्र और शहरी क्षेत्र में से किससे सम्बन्धित है? – ***कृषि क्षेत्र व ग्रामीण क्षेत्र से*** *[UPPSC (Mains) 2017]*
- भारत में महिलाओं के लिए श्रम की भागीदारी की दर में तेजी से गिरावट आई है। इसका कारण है – ***पारिवारिक आय में सुधार एवं शिक्षा में वृद्धि के कारण*** *[UPPSC (Pre) 2019]*

सेल्फ चैक

1. 'निर्धनता का दुष्चक्र' की अवधारणा सम्बन्धित है UPPSC (Pre) 2014

(a) कार्ल मार्क्स से (b) नर्कसे से
(c) एडम स्मिथ से (d) इनमें से कोई नहीं

2. निम्नलिखित में से कौन-सी प्राक्कल्पना यह मानती है कि किसी भी समयावधि में व्यक्ति उपभोग उस व्यक्ति के लिए उपलब्ध संसाधनों, उसकी पूँजी पर प्रतिलाभ की दर तथा उस व्यक्ति की आयु पर निर्भर करती है?

(a) निरपेक्ष आय प्राक्कल्पना (b) सापेक्ष आय प्राक्कल्पना
(c) जीवन चक्र प्राक्कल्पना (d) स्थायी आय प्राक्कल्पना

3. किसी दिए गए वर्ष में भारत में कुछ राज्यों में अधिकारिक गरीबी रेखाएँ अन्य राज्यों की तुलना में उच्चतर हैं, क्योंकि IAS (Pre) 2019

(a) गरीबी की दर अलग-अलग राज्य में अलग-अलग होती है
(b) कीमत स्तर अलग-अलग राज्य में अलग-अलग होता है
(c) सकल राज्य उत्पाद अलग-अलग राज्य में अलग-अलग होता है
(d) सार्वजनिक वितरण की गुणवत्ता अलग-अलग राज्य में अलग-अलग होती है

4. भारत में गरीबी के अनुमान हेतु निम्नलिखित में से कौन-सी विधियों का प्रयोग किया जा रहा है UPPSC (Pre) 2020

1. सिर गणना विधि 2. कैलोरी ग्रहण
3. पारिवारिक उपभोग व्यय 4. प्रति व्यक्ति आय

कूट

(a) 2 और 3 (b) 1, 2 और 3
(c) केवल 3 (d) ये सभी

5. निर्धनता आकलन पर रंगराज न पैनल रिपोर्ट (जुलाई, 2014 में प्रस्तुत) के बारे में निम्नलिखित कथनों में से कौन-सा/से कथन सही है/हैं?

1. इस रिपोर्ट में कहा गया है कि भारत में दस में से तीन लोग गरीब हैं।
2. इस रिपोर्ट ने भारत में गरीबी रेखा का निर्धारण करने विषयक तेन्दुलकर समिति की सलाह का समर्थन किया है।

कूट

(a) केवल 1 (b) केवल 2
(c) 1 और 2 दोनों (d) न तो 1 और न ही 2

6. भारतीय योजना आयोग के अनुसार निम्नलिखित में से कौन-से आँकडे गरीबी रेखा के लिए सही हैं? BPSC (Pre) 2015

1. नगरीय क्षेत्रों में प्रति व्यक्ति ₹ 42 प्रतिदिन
2. ग्रामीण क्षेत्रों में प्रति व्यक्ति ₹ 26 प्रतिदिन
3. नगरीय क्षेत्रों में प्रति व्यक्ति ₹ 32 प्रतिदिन
4. ग्रामीण क्षेत्रों में प्रति व्यक्ति ₹ 32 प्रतिदिन

कूट

(a) 1 और 2 (b) 1 और 3
(c) 2 और 3 (d) 3 और 4

7. **कथन** (A) बिहार, भारत का एक पिछड़ा राज्य है।
कारण (R) यहाँ विकास के स्तर में क्षेत्रीय भिन्नता मिलती है।

कूट UPPSC (Pre) 2015

(a) A और R दोनों सही हैं तथा R, A की सही व्याख्या है
(b) A और R दोनों सही हैं, परन्तु R, A की सही व्याख्या नहीं है
(c) A सही है, किन्तु R गलत है
(d) A गलत है, किन्तु R सही है

8. सूची I को सूची II के साथ सुमेलित कीजिए तथा सही उत्तर का चयन सूचियों के नीचे दिए गए कूट की सहायता से कीजिए

सूची I (वक्र)	सूची II (संकेत)
A. लॉरेन्ज वक्र	1. मुद्रास्फीति (इंफ्लेशन) और रोजगार
B. फिलिप्स वक्र	2. कर दरें और कर राजस्व
C. एन्जेल वक्र	3. आय अथवा सम्पदा के वितरण में असमानता
D. लाफर चक्र	4. आय और खाद्य पर व्यय का अनुपात

कूट

	A	B	C	D		A	B	C	D
(a)	3	4	1	2	(b)	2	1	4	3
(c)	3	1	4	2	(d)	2	4	1	3

9. रोजगार स्थितियों के आधार पर अर्थव्यवस्था को किस प्रकार के सेक्टरों में विभाजित किया जाता है?

(a) संगठित और असंगठित सेक्टर
(b) निजी और सार्वजनिक सेक्टर
(c) मौसमी और प्रच्छन्न सेक्टर
(d) प्राथमिक, द्वितीयक और तृतीयक सेक्टर

10. नौकरी सम्बन्धी रिक्तियों के क्षेत्रीय अथवा व्यावसायिक पैटर्न और कामगारों की उपलब्धता के पैटर्न में मेल न होने पर निम्नलिखित में से क्या परिणाम होता है?

(a) संरचनात्मक बेरोजगारी (b) प्रच्छन्न बेरोजगारी
(c) परिवर्तित बेरोजगारी (d) चक्रीय बेरोजगारी

11. भारत में बेरोजगारी और गरीबी के अनुमान आधारित हैं CGPSC (Pre) 2015, RAS/RTS (Pre) 2016

(a) एनएसएसओ के परिवारों के उपभोग व्यय के सर्वे पर
(b) सीएसओ के परिवारों के उपभोग व्यय के सर्वे पर
(c) योजना आयोग के परिवारों के उपभोग व्यय के सर्वे पर
(d) एनएसएसओ के परिवारों की आय के सर्वे पर

12. निम्नलिखित कथनों में से कौन-सा कथन सही नहीं है?

(a) जब अर्थव्यवस्था में वृद्धि की दर उसकी क्षमता से धीमी हो, तो बेरोजगारी दर में वृद्धि होती है।
(b) जब कुछ विशेष वस्तुओं की माँग में परिवर्तन होने या स्वचालन (ऑटोमेशन) के कारण नौकरियाँ (जॉब) समाप्त हो जाती हैं, तो संरचनात्मक रोजगार का सृजन होता है।
(c) अर्थव्यवस्था में मन्दी के परिणामस्वरूप चक्रीय बेरोजगारी होती है।
(d) पूर्ण रोजगार की स्थिति में मापित बेरोजगारी दर नकारात्मक होती है।

13. मनरेगा के सकारात्मक परिणामों के सम्बन्ध में निम्नलिखित कथनों पर विचार कीजिए UPPCS (Pre), 2015

1. ग्रामीण गरीब की क्रय-शक्ति में पर्याप्त वृद्धि
2. श्रमिकों की सौदेबाजी शक्ति में कमी
3. शहरों की ओर प्रवास में कमी

उपरोक्त कथनों में से कौन-सा/से कथन सही है/हैं?

(a) 1 और 3 (b) 1 और 2
(c) 2 और 3 (d) 1, 2 और 3

14. भारत में छिपी हुई बेरोजगारी (प्रच्छन्न बेरोजगारी) मुख्य रूप से सम्बन्धित है UPPSC (Mains) 2017

1. कृषि क्षेत्र से 2. ग्रामीण क्षेत्र से
3. विनिर्माण क्षेत्र से 4. शहरी क्षेत्र से

कूट

(a) 1 और 3 (b) 2 और 4
(c) 3 और 4 (d) 1 और 2

15. 'अटल पेंशन योजना' के सम्बन्ध में निम्नलिखित कथनों में से कौन-सा/से कथन सही है/हैं? IAS (Pre) 2016

1. यह एक न्यूनतम गारण्टित पेंशन योजना है, जो मुख्य रूप से असंगठित क्षेत्र के मजदूरों को लक्ष्य बनाता है।
2. परिवार का केवल एक ही व्यक्ति इस योजना में शामिल हो सकता है।
3. अभिदाता (सब्सक्राइबर) की मृत्यु के पश्चात् जीवनसाथी को आजीवन पेंशन की समान राशि गारण्टित रहती है।

कूट

(a) केवल 1 (b) 2 और 3
(c) 1 और 3 (d) 1, 2 और 3

16. प्रधानमन्त्री कौशल विकास योजना के सन्दर्भ में निम्नलिखित कथनों पर विचार कीजिए IAS (Pre) 2018

1. यह श्रम एवं रोजगार मन्त्रालय की फ्लैगशिप स्कीम है।
2. यह अन्य चीजों के साथ-साथ, सॉफ्ट स्किल, उद्यमवृत्ति, वित्तीय और डिजिटल साक्षरता में भी प्रशिक्षण उपलब्ध कराएगी।
3. यह देश के अविनियमित कार्यबल की कार्यकुशलताओं को राष्ट्रीय कौशल योग्यता ढाँचा (नेशनल स्किल क्वालिफिकेशन फ्रेमवर्क) के साथ जोड़ेगी।

उपरोक्त कथनों में से कौन-सा/से कथन सही है/हैं?

(a) 1 और 3
(b) केवल 2
(c) 2 और 3
(d) 1, 2 और 3

17. भारत में नियोजित अनियत मजदूरों के सन्दर्भ में निम्नलिखित कथनों पर विचार कीजिए IAS (Pre) 2021

1. सभी अनियत मजदूर, कर्मचारी भविष्य निधि सुरक्षा के अधिकारी हैं।
2. सभी अनियत मजदूर नियमित कार्य-समय एवं समयोपरि भुगतान के अधिकारी हैं।
3. सरकार अधिसूचना के द्वारा यह विनिर्दिष्ट कर सकती है कि कोई प्रतिष्ठान या उद्योग केवल अपने बैंक खातों के माध्यम से मजदूरी का भुगतान करेगा।

उपरोक्त कथनों में से कौन-से कथन सही हैं?

(a) 1 और 2
(b) 2 और 3
(c) 1 और 3
(d) 1, 2 और 3

18. **कथन** (A) हाल के वर्षों में भारत में महिलाओं के लिए श्रम की भागीदारी की दर में तेजी से गिरावट आई है।

कारण (R) पारिवारिक आय में सुधार एवं शिक्षा में वृद्धि के कारण से इस श्रम की भागीदारी दर में गिरावट आई है। UPPSC (Pre) 2019

(a) A और R दोनों सही हैं तथा R, A की सही व्याख्या है
(b) A और R दोनों सही हैं, परन्तु R, A की सही व्याख्या नहीं है
(c) A सही है, किन्तु R गलत है
(d) A गलत है, किन्तु R सही है

जानें सही उत्तर

1. (b)	2. (b)	3. (b)	4. (b)	5. (a)	6. (c)	7. (b)	8. (c)	9. (b)	10. (a)
11. (a)	12. (b)	13. (a)	14. (d)	15. (c)	16. (c)	17. (d)	18. (b)		

• अध्याय अठ्ठारह

सामाजिक कार्यक्रम एवं योजनाएँ

"सम्पूर्ण श्रम शक्ति में अनौपचारिक खण्ड की महत्ता को ध्यान में रखते हुए सरकार अपना ध्यान सामाजिक योजनाओं पर केन्द्रित कर रही है, जिससे कि सामाजिक श्रम को अधिक-से-अधिक सामाजिक सुरक्षा प्रदान कर सके और सम्मिलित विकास सुनिश्चित कर सके। समाज के उन वर्गों का कल्याण करना सरकार का उत्तरदायित्व है, जो समाज की मुख्यधारा में अपने लिए प्रभावी स्थान बनाने में स्वयं सक्षम नहीं हैं। इसके लिए ही सरकार सामाजिक कार्यक्रमों एवं योजनाओं की उद्घोषणा समय-समय पर करती है।

देशवासियों के सर्वांगीण विकास के लिए भारत सरकार द्वारा संचालित सामाजिक कार्यक्रमों एवं योजनाओं का उद्देश्य सम्पूर्ण देश में विशेष रूप से ग्रामीण क्षेत्रों व नगरीय मलिन बस्तियों में निवास करने वाले वंचितों, गरीबों, विकलांगों, महिलाओं, बच्चों और वृद्धों; जैसे—कमजोर वर्गों को समाज की मुख्यधारा में शामिल कर समावेशी विकास को प्रोत्साहित करना है।

सामाजिक कार्यक्रम

- समावेशी विकास में सामाजिक और वित्तीय समावेशन शामिल हैं और अधिकांश मामलों में सामाजिक रूप से शामिल न किए गए लोग आर्थिक रूप से छोड़ दिए जाते हैं। भूमिहीन कृषि श्रमिक, सीमान्त किसान, अनुसूचित जाति/जनजाति और अन्य पिछड़ा वर्ग; जैसे—आबादी के अनेक खण्ड सामाजिक और वित्तीय समावेशन से अछूते हैं। सरकार की नीतियाँ इन उपेक्षितों को मुख्यधारा से जोड़ने के लिए निर्देशित हैं।
- इस लक्ष्य की प्राप्ति हेतु केन्द्र सरकार अनेक सामाजिक क्षेत्र के कार्यक्रम कार्यान्वित करती है। इन कार्यक्रमों को बड़े शीर्षकों के अन्तर्गत वर्गीकृत किया जा सकता है; जैसे-गरीबी उन्मूलन और रोजगार सृजन, सामाजिक संरक्षण, ग्रामीण अवसंरचना और विकास, शहरी अवसंरचना, शिक्षा व कौशल विकास, स्वास्थ्य, महिला एवं बाल विकास तथा कमजोर वर्गों का कल्याण और विकास।

महिला सम्मान बचत पत्र योजना

- महिला सम्मान बचत पत्र योजना भारत सरकार की नई सेविंग स्कीम है, जिसमें केवल महिलाओं और लड़कियों का खाता खुलवाया जा सकता है। इसमें ₹ 2 लाख रुपए तक जमा किए जा सकते हैं, जिन पर 7.50% के हिसाब से ब्याज मिलेगा।

- इस खाते में आपका 2 वर्ष तक पैसा जमा रहेगा और 2 वर्ष बाद आपकी पूरी जमा और ब्याज को जोड़कर पूरा पैसा वापस मिल जाएगा। फिलहाल, इस स्कीम के अनुसार इस खाते को केवल 31 मार्च, 2025 तक खुलवाया जा सकता है।
- यदि किसी अवयस्क (आयु 18 वर्ष से कम) लड़की का खाता खुलवाया जाता है, तो साथ में अभिभावक के रूप में उसकी माता का नाम भी खाते में शामिल किया जाएगा।

> महिला सम्मान बचत पत्र योजना के अन्तर्गत इस खाते में आप अधिकतम ₹ 2 लाख तक जमा कर सकते हैं। न्यूनतम जमा के बारे में अभी कोई स्पष्ट जानकारी नहीं है, लेकिन विशेषज्ञों का मानना है कि कम से कम ₹ 1000 जमा करके यह खाता खुलवाया जा सकेगा।

प्रधानमन्त्री PVTG विकास मिशन

- केन्द्रीय वित्त मन्त्री निर्मला सीतारमण ने 1 फरवरी, 2023 को केन्द्रीय बजट, 2023-24 के अन्तर्गत प्रधानमन्त्री पीवीटीजी विकास मिशन की घोषणा की। इसकी विशेषताएँ निम्न हैं
  - लक्ष्य: विशेष रूप से कमजोर जनजातीय समूहों (PVTGs) की सामाजिक-आर्थिक स्थितियों में सुधार करना।
  - उद्देश्य: पीवीटीजी के परिवारों और बस्तियों को सुरक्षित आवास, स्वच्छ पेयजल व स्वच्छता, शिक्षा, स्वास्थ्य व पोषण, सड़क व दूरसंचार कनेक्टिविटी तथा स्थायी आजीविका के अवसरों जैसी बुनियादी सुविधाएँ प्रदान करना।
  - वित्तीय आवण्टन सरकार ने अगले तीन वर्षों में इस मिशन को लागू करने के लिए अनुसूचित जनजातियों हेतु विकास कार्य योजना के अन्तर्गत ₹ 15,000 करोड़ आवण्टित किए हैं।

> गृह मन्त्रालय द्वारा 75 जनजातीय समूहों को विशेष रूप से कमजोर जनजातीय समूहों (PVTG) के रूप में वर्गीकृत किया गया है। पीवीटीजी 18 राज्यों तथा अण्डमान और निकोबार द्वीप समूह संघ राज्य-क्षेत्र में रहते हैं।

पीएम विश्वकर्मा कौशल सम्मान योजना

- पीएम विश्वकर्मा कौशल सम्मान योजना के अन्तर्गत परम्परागत कारीगर और शिल्पकारों को आर्थिक सहायता प्रदान की जाएगी। MSME के मूल्य सीरीज के साथ सरकार द्वारा इन कारीगरों के उत्पादों को बेहतर मूल्य दिलाया जाएगा।
- इसके अतिरिक्त इन कारीगरों को आने वाले समय में सरकार बेहतर आय का माध्यम उपलब्ध कराएगी।
- यह योजना भारत में सदियों पुरानी कलाओं और पारम्परिक शिल्पों को जीवित रखने तथा देश के कारीगरों और शिल्पकारों की आर्थिक स्थिति बढ़ाने में मदद करेगी।
- PM-VIKAS योजना को MSME मूल्य शृंखला में डाला जाएगा। यह योजना कारीगरों की क्षमता में वृद्धि करने तथा माल की पहुँच बढ़ाकर कारीगरों को वित्तीय सहायता प्रदान करेगी।
- इस पहल के माध्यम से पारम्परिक और सदियों पुराने शिल्पों के लिए कौशल और प्रशिक्षण कार्यक्रम आयोजित किए जाएँगे, जिससे लोगों की शिल्पकला में रुचि बढ़े।
- इस योजना के माध्यम से उत्पादों की गुणवत्ता में सुधार किया जाएगा। इसके अन्तर्गत निर्मित कला और शिल्प को भारत सरकार, अन्तर्राष्ट्रीय बाजारों तक ले जाएगी। विश्वकर्मा कौशल सम्मान योजना का लाभ केवल बढ़ई, सुनार, मूर्तिकार, लोहार और कुम्हार जैसे पारम्परिक कारीगर ही उठा सकते हैं।

पीएम प्रणाम योजना

- रासायनिक उर्वरकों के उपयोग को कम करने के लिए सरकार पीएम प्रणाम योजना अर्थात् कृषि प्रबन्धन हेतु वैकल्पिक पोषक तत्त्वों का संवर्द्धन (PM PRANAM) योजना शुरू करने की योजना बना रही है।
- इस योजना का उद्देश्य जैव उर्वरकों और जैविक उर्वरकों के संयोजन के साथ उर्वरकों के सन्तुलित उपयोग को प्रोत्साहित करना है। लक्ष्य-रासायनिक उर्वरकों पर सब्सिडी के बोझ को कम करना, जिसका 2022-23 में ₹ 2.25 लाख करोड़ तक पहुँचने का अनुमान है, जोकि वर्ष 2021 के ₹ 1.62 लाख करोड़ के आँकड़े से 39% अधिक है।
- इस योजना के अन्तर्गत प्रदान किए गए अनुदान का 70% गाँव, ब्लॉक और जिला स्तर पर वैकल्पिक उर्वरकों और वैकल्पिक उर्वरक उत्पादन इकाइयों की तकनीक को अपनाने से सम्बन्धित परिसम्पत्ति सृजन के लिए उपयोग किया जा सकता है, जबकि शेष 30% अनुदान राशि का उपयोग किसानों, पंचायतों, किसान उत्पादक संगठनों और स्वयं सहायता समूहों को पुरस्कृत करने तथा प्रोत्साहित करने के लिए किया जा सकता है, जो उर्वरक उपयोग को कम करने व जागरूकता उत्पन्न करने में शामिल हैं।

प्रधानमन्त्री गरीब कल्याण योजना

- केन्द्रीय बजट, 2023 में वित्त मन्त्री निर्मला सीतारमण ने प्रधानमन्त्री गरीब कल्याण अन्न योजना बढ़ाने की घोषणा की है, जिसके अन्तर्गत गरीब परिवारों को केन्द्र सरकार द्वारा एक वर्ष तक और फ्री में राशन मुहैया कराया जाएगा।
- प्रधानमन्त्री गरीब कल्याण अन्न योजना के अन्तर्गत देश के गरीब परिवारों को 5 किलो प्रति व्यक्ति के हिसाब से राशन फ्री में प्रदान किया जाता है। इस योजना को कोरोना काल के दौरान अप्रैल, 2020 में आरम्भ किया गया था।
- अब तक 7 चरणों में इस योजना का लाभ गरीब परिवारों को दिया जा चुका है। देश के गरीब परिवार वर्ष 2024 तक प्रधानमन्त्री गरीब कल्याण अन्न योजना का लाभ प्राप्त कर सकेंगे।

> इस योजना के पहले चरण से लेकर पाँचवें चरण तक लगभग 80 करोड़ एनएफएसए लाभार्थियों को अनाज वितरित करने के लिए राज्य एवं केन्द्रशासित प्रदेशों को 759 लाख मीट्रिक टन खाद्यान्न आवण्टित किया गया है। यह खाद्यान्न खाद सब्सिडी में लगभग ₹ 2.6 लाख करोड़ के बराबर है।

नवभारत साक्षरता कार्यक्रम

- वित्त वर्ष 2022-23 से 2026-27 तक पाँच वर्षों के दौरान ₹ 1037.90 करोड़ के वित्तीय परिव्यय के साथ कार्यान्वयन हेतु एक नई केन्द्र प्रायोजित योजना नवभारत साक्षरता कार्यक्रम (NILP) शुरू की गई है।
- इस योजना के पाँच घटक– मूलभूत साक्षरता और संख्यात्मक ज्ञान, महत्त्वपूर्ण जीवन कौशल, व्यावसायिक कौशल विकास, बुनियादी शिक्षा तथा शिक्षा जारी रखना है।
- लाभार्थियों की पहचान करने के लिए राज्यों/केन्द्रशासित प्रदेशों में सर्वेक्षकों द्वारा एक मोबाइल ऐप्प पर डोर-टू-डोर सर्वेक्षण किया जाता है। गैर-साक्षर व्यक्ति भी मोबाइल ऐप्प के माध्यम से सीधे पंजीकरण करा सकते हैं।
- यह योजना मुख्य रूप से ऑनलाइन मोड के माध्यम से कार्यान्वित की जाती है और यह प्रौद्योगिकी पर आधारित है।

अग्निपथ योजना

- अग्निपथ योजना भारतीय सेना के तीनों अंगों— थलसेना, वायुसेना और नौसेना में क्रमश: जवान, एयरमैन और नाविक के पदों पर भर्ती हेतु भारत सरकार के रक्षा मन्त्रालय द्वारा लाई गई एक नई योजना है।
- इसके अन्तर्गत चयन के बाद इन नए जवानों को अग्निवीर के रूप में जाना जाएगा और उनका कार्यकाल 4 वर्षों का होगा। 4 वर्ष के बाद निबन्धित बैच के 25% जवानों को 15 वर्ष की अवधि के लिए उनकी सम्बन्धित सेवाओं में वापस भर्ती किया जाएगा।
- 4 वर्ष की सेवा पूर्ण करने के बाद कोई अग्निवीर सेना के किसी भी अंग में तभी नियमित हो पाएँगे, जब वे जूनियर कमीशण्ड अफसर अथवा अन्य किसी समरूप पदों के नियमित नियमों द्वारा शासित हो पाएँगे। इस योजना के लागू होने के बाद से इन पदों पर भर्ती के लिए चलने वाली दूसरी अन्य योजनाएं समाप्त हो जाएँगी।
- ऐसे अभ्यर्थी जिनकी आयु 17.5 वर्ष से 21 वर्ष के बीच की है, वे इस योजना के अन्तर्गत भर्ती होने के लिए आवेदन दे सकते हैं।
- सेवा के पहले वर्ष युवाओं को ₹ 30 हजार मासिक वेतन पर रखा जाएगा। चौथे वर्ष तक मासिक वेतन ₹ 40 हजार रुपए हो जाएगा।

प्रधानमन्त्री आदि आदर्श ग्राम योजना

- सरकार ने 14 जून, 2022 को जनजातीय गाँवों के तेजी से विकास के लिए 'प्रधानमन्त्री आदि आदर्श ग्राम योजना' शुरू की। यह जनजातीय गाँवों में 41 मन्त्रालयों के विभिन्न कार्यक्रमों को एकजुट करने पर केन्द्रित है, ताकि उनका सर्वांगीण विकास सुनिश्चित किया जा सके।

SHRESHTA योजना

- केन्द्रीय सामाजिक न्याय और अधिकारिता मन्त्री वीरेन्द्र कुमार ने 3 जून, 2022 को SHRESHTA योजना शुरू की। SHRESHTA का पूर्ण रूप **स्कीम फॉर रेजिडेण्टल एजुकेशन फॉर स्टूडेण्ट इन हाई स्कूल इन टारगेटिड एरियाज** है। SHRESHTA अनुसूचित जाति समुदायों के मेधावी छात्रों को कक्षा 9वीं से कक्षा 12वीं तक उच्च गुणवत्ता वाली मुफ्त आवासीय शिक्षा की परिकल्पना करता है।

SEED योजना

- इस योजना का शुभारम्भ फरवरी, 2022 को सामाजिक न्याय व अधिकारिता मन्त्रालय ने विमुक्त जनजातियों (डिनोटिफाइड ट्राइब्स) व खानाबदोश जनजातियों (नोमेडिक ट्राइब्स) व अर्द्धघुमंतू जनजातियों के कल्याण हेतु किया गया।
- इस योजना के अन्तर्गत इन समुदायों के बच्चों को सिविल सेवा, चिकित्सा, इंजीनियरिंग व अन्य व्यावसायिक पाठ्यक्रमों में प्रवेश हेतु नि:शुल्क कोचिंग उपलब्ध कराना, स्वास्थ्य बीमा व आय सृजन के लिए आजीविका व आवास उपलब्ध कराने का प्रावधान किया गया है।

SMILE योजना

- इस योजना का शुभारम्भ 12 फरवरी, 2022 को नई दिल्ली में केन्द्रीय समाज न्याय व अधिकारिता मन्त्रालय द्वारा किया गया। स्माइल (SMILE) का पूर्ण रूप **आजीविका व उद्यम के लिए सीमान्त व्यक्तियों हेतु समर्थन** (Support for Marginalized Individuals for Livelihood and Enterprise) है।
- इस योजना का मुख्य उद्देश्य देश के ट्रान्सजेण्डर नागरिकों का विकास करना है और इस योजना के माध्यम से ट्रान्सजेण्डर नागरिकों को स्वास्थ्य बीमा सुविधा प्रदान की जाएगी, इसके अतिरिक्त ट्रान्सजेण्डर्स के बच्चों को स्कॉलरशिप भी प्रदान की जाएगी।

सामाजिक सुरक्षा कार्यक्रम

सरकार द्वारा कुल कार्यबल में अनौपचारिक क्षेत्र के भागों के महत्त्व को देखते हुए सामाजिक सुरक्षा योजनाओं के विस्तार पर ध्यान केन्द्रित किया जा रहा है, ताकि असंगठित क्षेत्र के कामगारों को न्यूनतम स्तर की सामाजिक सुरक्षा प्रदान की जा सके और व्यापक विकास सुनिश्चित किया जा सके।

इसमें निम्नलिखित योजनाएँ शामिल होती हैं

गोबर धन योजना

- गोबर धन (गैल्वनाइजिंग ऑर्गेनिक बायो एग्रो रिसोर्सेस धन) योजना को 1 फरवरी, 2018 को शुरू किया गया।
- इस योजना के मुख्यत: दो उद्देश्य हैं; जैसे—गाँवों को स्वच्छ बनाना एवं पशुओं और अन्य प्रकार के जैविक अपशिष्टों से अतिरिक्त आय तथा ऊर्जा उत्पन्न करना।
- इस योजना के अन्तर्गत पशुओं के गोबर और खेतों के ठोस अपशिष्ट पदार्थों को कम्पोस्ट बायोगैस, बायो-CNG में परिवर्तित किया जाएगा।

- इसके लिए प्रत्येक जिले में एक कलस्टर का निर्माण करते हुए 700 कलस्टर्स स्थापित करने की योजना है।
- मवेशियों का गोबर, रसोई अपशिष्ट और कृषि सम्बन्धित कचरे का बायोगैस आधारित ऊर्जा बनाने में प्रयोग किया जाएगा।

> वर्तमान में गोबर धन योजना के अन्तर्गत जैव ऊर्जा मूल्य शृंखला को सभी श्रेणियों में छोटे-बड़े पैमाने पर परिचालनों को शामिल करते हुए विभिन्न व्यवसाय मॉडल का विकास किया जा रहा है।

प्रधानमन्त्री जन सुरक्षा योजना

- प्रधानमन्त्री नरेन्द्र मोदी द्वारा 9 मई, 2015 को कोलकाता (पश्चिम बंगाल) में सामाजिक सुरक्षा के उद्देश्य से प्रधानमन्त्री जन सुरक्षा योजना की शुरुआत की गई।
- इन महत्त्वपूर्ण योजनाओं को आरम्भ करने की बात आम बजट, 2015-16 में वित्त मन्त्री अरुण जेटली द्वारा की गई थी। इन योजनाओं को 1 जून, 2015 से लागू किया गया।
- इसके अन्तर्गत तीन योजनाएँ शामिल हैं, जोकि निम्नलिखित हैं
  - प्रधानमन्त्री जीवन ज्योति बीमा योजना
  - प्रधानमन्त्री सुरक्षा बीमा योजना
  - अटल पेंशन योजना

प्रधानमन्त्री जीवन ज्योति बीमा योजना

- इस योजना का उद्देश्य लोगों को सस्ती दर पर जीवन बीमा का लाभ देना है, जो कम-से-कम प्रीमियम में लोगों को पारिवारिक सुरक्षा-लाभ देने में सक्षम हो।
- इस योजना के अन्तर्गत सभी बचत बैंक खाताधारक, जिनकी आयु 18 से 50 वर्ष होगी, लाभ अर्जित कर सकते हैं।
- इस योजना के अन्तर्गत बचत खाताधारकों को वार्षिक ₹ 330 के प्रीमियम पर जीवन बीमा प्रदान किया जाना है और मृत्यु की स्थिति में ₹ 2 लाख का जीवन बीमा कवर भी प्रदान किया जाएगा।
- इस बीमा के पात्र व्यक्ति के खाते में स्वत: डेबिट सुविधा द्वारा प्रीमियम जमा कर दिया जाएगा।

> सरकार ने भारतीय जीवन बीमा निगम (LIC) के साथ अन्य निजी बीमा कम्पनियों को इससे जुड़ने को कहा है। यह योजना 1 जून, 2015 से 31 मई, 2016 तक चली, जिसके बाद वार्षिक आधार पर यह पुन: जारी रहेगी।

प्रधानमन्त्री सुरक्षा बीमा योजना

- जीवन सुरक्षा से जुड़ी इस योजना को दुर्घटना बीमा योजना के रूप में देखा जा रहा है, जिसमें व्यक्ति को प्रधानमन्त्री सुरक्षा बीमा योजना ₹ 12 के वार्षिक प्रीमियम पर प्रदान की जाएगी।
- अस्थायी अपंगता की स्थिति में ₹ 1 लाख का बीमा कवर प्रदान किया जाएगा।
- इस योजना का लाभ 18 से 70 वर्ष तक के आयु वर्ग के व्यक्तियों को उपलब्ध कराया जाएगा।
- इस योजना में शुरुआती अनुभव के आधार पर प्रीमियम राशि में बढ़ोतरी का प्रावधान है, किन्तु पहले 3 वर्षों में यह बढ़ोतरी नहीं होगी।
- सार्वजनिक क्षेत्र अथवा निजी बैंकों के खाताधारक बैंक में नो योर कस्टमर (KYC) तथा आधार कार्ड के माध्यम से नामांकन कराकर इस योजना से जुड़ सकेंगे। यह योजना भारतीय जीवन बीमा निगम (LIC) तथा अन्य जीवन बीमा कम्पनियों के साथ आरम्भ की जाएगी।

वरिष्ठ पेंशन बीमा योजना

- इस योजना का प्रारम्भ 24 जनवरी, 2017 को किया गया था। इसका उद्देश्य-सुनिश्चित पेंशन उपलब्ध कराकर वृद्धावस्था में सामाजिक सुरक्षा प्रदान करना है।
- इस पेंशन योजना के लिए मासिक/तिमाही/छमाही और वार्षिक का विकल्प चुना जा सकता है। इसके अन्तर्गत एल.आई.सी. को जो रिटर्न मिलेगा और प्रतिवर्ष 8% के निश्चित रिटर्न के बीच जो अन्तर होगा, उसकी पूर्ति के लिए सरकार वार्षिक सब्सिडी प्रदान करेगी।

> ### राष्ट्रीय सामाजिक सुरक्षा निधि
> - इस निधि का गठन भारत सरकार द्वारा जुलाई, 2011 में किया गया था, जिसका उद्देश्य-असंगठित क्षेत्र के श्रमिकों के लिए संचालित योजनाओं को सहायता प्रदान करना है।
> - राष्ट्रीय सामाजिक सुरक्षा निधि की कुल राशि ₹1000 करोड़ है। इसके अतिरिक्त इस निधि में ₹500 करोड़ और दिए गए हैं।
> - इस निधि के क्रियाकलापों के लिए केन्द्रीय श्रम एवं रोजगार मन्त्रालय को नोडल एजेन्सी बनाया गया। देश में कुल श्रम शक्ति का 94% से अधिक भाग असंगठित क्षेत्र में ही कार्यरत् है। यह संख्या लगभग 43.3 करोड़ है।

कौशल विकास कार्यक्रम

- किसी भी देश के आर्थिक और सामाजिक विकास के लिए कौशल और ज्ञान दो प्रेरक बल हैं। वर्तमान वैश्विक वातावरण में उभरती अर्थव्यवस्थाओं की मुख्य चुनौती से निपटने में वे देश आगे हैं, जिन्होंने कौशल का उच्च-स्तर प्राप्त कर लिया है।
- किसी भी देश में कौशल विकास कार्यक्रम (Skill Development Programmes) मुख्य रूप से युवाओं पर ही केन्द्रित होता है।
- राष्ट्रीय कौशल विकास मिशन वर्ष 2010 में केन्द्र सरकार द्वारा शुरू किया गया था।

- **राष्ट्रीय कौशल विकास निगम** यह कम्पनी अधिनियम, 1956 के अन्तर्गत एक गैर-लाभकारी संगठन है। इस निगम को राष्ट्रीय कौशल विकास कोष द्वारा वित्तपोषित किया जाता है। राष्ट्रीय कौशल विकास निगम (National Skill Development Corporation) भारत की ऐसी पहली और एकमात्र संस्था है, जिसका मूल उद्देश्य कौशल विकास है, जो निजी एवं सरकारी साझेदारी में कार्य करने वाली इकाई है।
- **राष्ट्रीय कौशल विकास निधि/न्यास** इसे वर्ष 2009 में भारतीय न्यास अधिनियम, 1882 के अन्तर्गत न्यास के रूप में शामिल किया गया था, जो राष्ट्रीय कौशल विकास निगम को तथा इसके उद्देश्यों को प्राप्त करने के लिए निधियाँ प्रदान करने हेतु केन्द्र सरकार तथा राज्य सरकार के प्रतिष्ठानों बहुपक्षीय/द्विपक्षीय तथा अन्य दाताओं से निधियन अंशदान के लिए ग्रहणकर्ता निकाय के रूप में कार्य करता है।

कौशल विकास से सम्बन्धित योजनाएँ एवं मिशन

कौशल विकास से सम्बन्धित योजनाएँ एवं मिशन निम्नलिखित हैं

स्किल इण्डिया

- केन्द्रीय कौशल विकास एवं उद्यमिता मन्त्रालय ने स्किल इण्डिया की शुरुआत की।
- इसके अन्तर्गत प्रधानमन्त्री नरेन्द्र मोदी ने 15 जुलाई, 2015 को कौशल विकास से सम्बन्धित चार प्रमुख पहल कीं, जो निम्न प्रकार हैं

राष्ट्रीय कौशल विकास मिशन

- इस मिशन से 31 क्षेत्रों में कौशल विकास परिषद् की मानक प्रक्रियाओं और उद्देश्यों को प्राप्त करने में सहायता मिलती है। इसके शीर्ष पर प्रधानमन्त्री की अध्यक्षता वाली मिशन की गवर्निंग काउन्सिल होगी, जो समग्र मार्गदर्शन एवं नीतिगत दिशा प्रदान करेगी। कौशल विकास के प्रभार वाले मन्त्री की अध्यक्षता वाली संचालन समिति गवर्निंग काउन्सिल के निर्देशन पर मिशन की गतिविधियों की समीक्षा करेगी।
- मिशन निदेशालय, सचिव कौशल विकास, मिशन निदेशक के रूप में केन्द्रीय मन्त्रालयों/विभागों और राज्य सरकारों में कौशल सम्बन्धी क्रियाकलापों का कार्यान्वयन, समन्वयन एवं अभिसरण सुनिश्चित करेंगे। यह मिशन सर्वोच्च प्राथमिकता वाले क्षेत्रों में कुछ उप-मिशन भी संचालित करेगा।
- राष्ट्रीय कौशल विकास एजेन्सी (National Skill Development Agency, NSDA), राष्ट्रीय कौशल विकास निगम (National Skill Development Corporation, NSDC) और प्रशिक्षण निदेशालय मिशन के समग्र मार्गदर्शन में कार्य करेंगे। राष्ट्रीय कौशल विकास मिशन के उद्देश्य निम्नलिखित हैं
  - राष्ट्रीय कौशल योग्यता फ्रेमवर्क (NSQF) को लागू करना, जो लम्बी अवधि के साथ-साथ अल्पकालिक प्रशिक्षण के अवसरों की अनुमति देगा, जिससे उत्पादक, रोजगार और अवसर में सुधार होगा।
  - उद्योग/नियोक्ता की माँग और कार्यबल के बीच सन्तुलन बनाए रखने के लिए ढाँचे का उपयोग करना, जिससे निर्धारित प्रशिक्षण के कारण एक स्थायी आजीविका का मार्ग प्रशस्त होगा।
  - उद्योग के असंगठित क्षेत्रों के कार्यबल को री-स्किलिंग और अप-स्किलिंग की सुविधाएँ प्रदान करना।
  - राष्ट्रीय और अन्तर्राष्ट्रीय मानकों के अनुसार, उच्च गुणवत्ता वाले शिक्षण और बेंचमार्क संस्थानों के माध्यम से उच्च गुणवत्ता वाले प्रशिक्षण मानकों को सुनिश्चित करना, जिसके परिणामस्वरूप अत्यधिक कुशल कार्यबल और वैश्विक रोजगार के नए अवसर का निर्माण करना।
  - केन्द्रित आउटरिच कार्यक्रमों और लक्षित कौशल विकास गतिविधियों के माध्यम से कमजोर और वंचित वर्ग का समर्थन करना।
  - क्रेडिट ट्रान्सफर सिस्टम के माध्यम से व्यावसायिक प्रशिक्षण प्रणाली और औपचारिक शिक्षा प्रणाली के बीच संक्रमण के लिए मार्ग को सक्षम बनाना।
  - श्रम बाजार सूचना प्रणाली (LMIS) के रूप में जाना जाने वाला एक राष्ट्रीय डेटाबेस बनाए रखना, जो देश में कुशल कार्यबल की माँग और आपूर्ति के मिलान के लिए एक पोर्टल के रूप में कार्य करेगा।

प्रधानमन्त्री कौशल विकास योजना

- 15 जुलाई, 2015 को विश्व युवा कौशल दिवस के अवसर पर प्रधानमन्त्री कौशल विकास योजना (PMKVY) को प्रारम्भ किया गया।
- यह योजना युवाओं के कौशल प्रशिक्षण के लिए एक प्रमुख योजना है। इसके अन्तर्गत पाठ्यक्रमों में सुधार, बेहतर शिक्षण और प्रशिक्षित शिक्षकों पर विशेष बल दिया गया है।
- प्रधानमन्त्री कौशल विकास योजना के उद्देश्य निम्नलिखित हैं
  - इसके अन्तर्गत प्रशिक्षण में अन्य पहलुओं के साथ व्यवहार कुशलता और व्यवहार में परिवर्तन भी शामिल हैं। इसके अन्तर्गत 24 लाख युवाओं को प्रशिक्षण के दायरे में लाया जाएगा।
  - इस कार्यक्रम के अन्तर्गत तृतीय-पक्ष आकलन संस्थाओं द्वारा मूल्यांकन और प्रमाण-पत्र के आधार पर प्रशिक्षुओं को नकद पारितोषिक दिया जाएगा। इसमें नकद पारितोषिक औसतन ₹ 8,000 प्रति प्रशिक्षु होगा।

प्रधानमन्त्री कौशल विकास योजना के अन्तर्गत मुख्य रूप से श्रम बाजार में पहली बार प्रवेश कर रहे व्यक्तियों पर ध्यान केन्द्रित होगा और विशेषकर कक्षा 10 व 12 के दौरान स्कूल छोड़ गए छात्रों पर ध्यान केन्द्रित किया जाएगा।

  - इस योजना का क्रियान्वयन राष्ट्रीय कौशल विकास निगम (National Skill Development Corporation, NSDC) के प्रशिक्षण साझेदारों द्वारा किया जाएगा।

प्रधानमन्त्री कौशल विकास योजना 2.0

- इस योजना को भारत सरकार के अन्य मिशनों; जैसे-मेक इन इण्डिया, डिजिटल इण्डिया, स्वच्छ भारत आदि के साथ संयुक्त रूप से लॉन्च किया गया था।
- इस योजना का बजट ₹12000 करोड़ निर्धारित किया गया है।
- इसके अन्तर्गत PMKVY 1.0 और PMKVY 2.0 को मिलाकर देश में एक बेहतर मानकीकृत कौशल पारिस्थितिकी तन्त्र के माध्यम से 1.2 करोड़ से अधिक युवाओं को प्रशिक्षित/रोजगार उन्मुख बनाया गया है।

प्रधानमन्त्री कौशल विकास योजना 3.0

- इस योजना को 717 जिलों, 28 राज्यों/आठ केन्द्रशासित प्रदेशों में लॉन्च किया गया। PMKVY 3.0 आत्मनिर्भर भारत की दिशा में एक कदम है। इसे राज्यों/केन्द्रशासित प्रदेशों और जिलों से अधिक जिम्मेदारियों और समर्थन के साथ अधिक विकेन्द्रीकृत संरचना में लागू किया गया।
- राज्य कौशल विकास मिशन (SSDM) के मार्गदर्शन में जिला कौशल समितियाँ (DSCs) जिला स्तर पर कौशल अन्तराल को दूर करने और माँग का आकलन करने में महत्त्वपूर्ण भूमिका निभाएगा। प्रधानमन्त्री कौशल विकास योजना की विशेषताएँ निम्न हैं
  - इस योजना के अन्तर्गत ₹948.90 करोड़ के परिव्यय के साथ वर्ष 2020-21 की योजना अवधि में 8 लाख उम्मीदवारों के प्रशिक्षण की परिकल्पना की गई है।
  - यह योजना प्रशिक्षुओं पर अधिक ध्यान केन्द्रित करेगी। इसके अन्तर्गत नए युग और उद्योग 4.0 रोजगार भूमिकाओं के क्षेत्रों में कौशल विकास को बढ़ावा देकर माँग-आपूर्ति के अन्तर को कम करने पर ध्यान केन्द्रित किया जाएगा।
  - यह युवाओं के लिए आयोग से जुड़े अवसरों का लाभ प्राप्त करने के लिए प्रारम्भिक स्तर पर व्यावसायिक शिक्षा का प्रसार करेगी। इसके माध्यम से राष्ट्रीय शिक्षा नीति, 2020 समग्र विकास और रोजगार में वृद्धि के लिए व्यावसायिक प्रशिक्षण पर भी ध्यान केन्द्रित किया जाएगा।
  - प्रशिक्षण के लिए बॉटम-अप दृष्टिकोण अपनाते हुए यह योजना उन रोजगार भूमिकाओं की पहचान करेगी, जिनकी स्थानीय स्तर पर माँग है और युवाओं को इन अवसरों (वोकल फॉर लोकल) से जोड़ते हुए उन्हें कौशल प्रदान करेगी।
  - इसके अन्तर्गत बेहतर प्रदर्शन करने वाले राज्यों को अतिरिक्त आवण्टन उपलब्ध कराकर राज्यों के मध्य स्वस्थ प्रतिस्पर्द्धा को बढ़ावा दिया जाएगा।

प्रधानमन्त्री नरेन्द्र मोदी ने कौशल ऋण योजना (Skill Loan Scheme, SLS) की शुरुआत की, जिसके अन्तर्गत देश में 34 लाख युवाओं को अगले 5 वर्ष में कौशल विकास कार्यक्रमों में भाग लेने वालों को ₹ 5,000 से 1.5 लाख तक उपलब्ध कराए गए। यह योजना वर्ष 2015 से 2020 तक क्रियान्वित की गई।

उस्ताद योजना

- केन्द्रीय अल्पसंख्यक मन्त्री नजमा हेपतुल्ला व केन्द्रीय मन्त्री मुख्तार अब्बास नकवी ने उस्ताद (Upgradation of Skills and Training in Ancustral Arts/Crafts for Development, USTAD) योजना का वाराणसी के सांस्कृतिक संकुल में 14 मई, 2015 को शुभारम्भ किया।
- केन्द्र सरकार ने इस योजना का शुभारम्भ बुनकरों, हस्तशिल्पियों और पारम्परिक कलाकारों की प्रतिभा को सही पहचान दिलाने और नए वक्त के साथ उनकी कला को निखारने के लिए किया।
- उस्ताद योजना से बुनकरों का उद्धार होगा, साथ ही हस्तशिल्प को भी इस योजना से प्रोत्साहन मिलेगा। उस्ताद योजना के अन्तर्गत शिल्पकारों और बुनकरों को प्रशिक्षण व कौशल विकास के साथ-साथ उनके उत्पादों की बिक्री में भी सहायता की जाएगी।

हुनर हाट यह एक ऐसा मंच है, जहाँ सम्पूर्ण देश के शिल्पकारों/कारीगरों को अपने पारम्परिक हस्तनिर्मित, दुर्लभ और उत्तम स्वदेशी उत्पादों को प्रदर्शित करने तथा उनका विपणन करने का अवसर प्राप्त होता है।

महिला सशक्तीकरण कार्यक्रम

महिला सशक्तीकरण कार्यक्रम निम्न प्रकार हैं

मिशन शक्ति योजना

- 14 जुलाई, 2022 को केन्द्रीय महिला एवं बाल विकास मन्त्रालय ने मिशन शक्ति योजना हेतु विस्तृत दिशा-निर्देश जारी किए हैं।
- मिशन शक्ति के मानदण्ड 1 अप्रैल, 2022 से लागू माने जाएँगे। इस मिशन का कार्यान्वयन 15वें वित्त आयोग की अवधि अर्थात् वर्ष 2021-22 से 2025-26 के दौरान किया गया है।
- यह एकीकृत महिला सशक्तीकरण कार्यक्रम है, जिसे महिलाओं की रक्षा, सुरक्षा और सशक्तीकरण हेतु अम्ब्रेला योजना के रूप में शुरू किया गया है।
- इस मिशन की दो उप-योजनाएँ हैं—सम्बल और सामर्थ्य। सम्बल महिलाओं की रक्षा और सुरक्षा हेतु, जबकि सामर्थ्य महिलाओं के सशक्तीकरण के लिए है।
- सम्बल योजना के घटकों में नारी अदालतों के एक नए घटक के साथ **वन स्टॉप सेण्टर** (OSC), **महिला हेल्पलाइन** (WHL), **बेटी बचाओ बेटी पढ़ाओ** (BBBP) जैसी पूर्ववर्ती योजनाएँ शामिल हैं। सामर्थ्य योजना के घटकों में उज्ज्वला, स्वाधार गृह और कामकाजी महिला छात्रावास जैसी पूर्ववर्ती योजनाओं को संशोधनों के साथ शामिल किया गया है।
- इसके अतिरिक्त कामकाजी माताओं के बच्चों के लिए राष्ट्रीय क्रेच योजना और प्रधानमन्त्री मातृ वन्दना योजना को अब सामर्थ्य उप-योजना में शामिल किया गया है।

- सम्बल उप-योजना के अन्तर्गत केन्द्र सरकार द्वारा 100% वित्तपोषण प्रदान किया जाएगा। मिशन शक्ति का कार्यान्वयन केन्द्र सरकार और राज्य सरकारों/केन्द्रशासित प्रदेशों (विधानसभा युक्त) के मध्य 60 : 40 के वित्तपोषण अनुपात के माध्यम से किया जाएगा।
- केन्द्र सरकार और पूर्वोत्तर/विशेष दर्जे वाले राज्यों हेतु वित्तपोषण अनुपात 90 : 10 होगा।
- बिना विधायिका वाले केन्द्रशासित प्रदेशों हेतु 100% वित्तपोषण केन्द्र सरकार द्वारा उपलब्ध होगा।

प्रधानमन्त्री पोषण शक्ति निर्माण योजना

- 29 सितम्बर, 2021 को प्रधानमन्त्री नरेन्द्र मोदी की अध्यक्षता में आर्थिक मामलों की मन्त्रिमण्डलीय समिति ने प्रधानमन्त्री पोषण योजना को स्वीकृति प्रदान की है।
- यह योजना वर्ष 2021-22 से वर्ष 2025-26 तक 5 वर्ष की अवधि के लिए लागू की जाएगी।
- इस योजना के माध्यम से सरकारी सहायता प्राप्त स्कूलों में पका हुआ गर्म भोजन उपलब्ध कराया जाएगा।

> यह केन्द्र प्रायोजित योजना कक्षा एक से लेकर आठवीं तक सभी स्कूली बच्चों को आच्छादित करेगी। इस योजना से सम्पूर्ण देश के 11.20 लाख स्कूलों में पढ़ने वाले लगभग 11.80 करोड़ बच्चे लाभान्वित होंगे।

- यह योजना पूर्व में चल रही मध्याह्न भोजन योजना का स्थान लेगी।
- प्राथमिक कक्षाओं हेतु प्रति स्कूल प्रति बच्चे के लिए 100 ग्राम तथा उच्च प्राथमिक कक्षाओं हेतु 150 ग्राम खाद्यान्न की आपूर्ति की जाएगी।

प्रधानमन्त्री पोषण शक्ति निर्माण योजना की मुख्य विशेषताएँ निम्नलिखित हैं

- इस योजना को प्राथमिक कक्षाओं के 11.80 करोड़ बच्चों के अतिरिक्त पूर्व-माध्यमिक कक्षाओं अथवा बाल वाटिकाओं में पढ़ने वाले छात्रों तक विस्तारित करने का प्रस्ताव है।
- तिथि भोजन की अवधारणा को व्यापक रूप से बढ़ावा दिया जाएगा। तिथि भोजन एक सामुदायिक भागीदारी कार्यक्रम है, जिसमें लोग विशेष अवसरों/त्योहारों पर बच्चों को विशेष भोजन प्रदान करते हैं।
- सरकार बच्चों की प्रकृति और बागवानी के साथ प्रत्यक्ष अनुभव के लिए स्कूलों में स्कूल पोषण उद्यानों के विकास को बढ़ावा दे रही है। इन बगीचों की फसल का उपयोग मध्याह्न भोजन में अतिरिक्त सूक्ष्म पोषक तत्त्व प्रदान करने के लिए किया जाता है।
- इस योजना का सोशल ऑडिट अनिवार्य कर दिया गया है। आकांक्षी जिलों और रक्ताल्पता (Annemia) के उच्च मामलों वाले जिलों में बच्चों को पूरक पोषाहार सामग्री उपलब्ध कराने के लिए विशेष प्रावधान किया गया है।
- इस योजना के माध्यम से स्थानीय स्तर पर उपलब्ध सामग्रियों और सब्जियों के आधार पर विशिष्ट संस्कृति से जुड़े व्यंजनों और नवीन मेन्यू को बढ़ावा देने के लिए ग्राम स्तर से लेकर राष्ट्रीय स्तर तक पाक-कला प्रतियोगिताओं को बढ़ावा दिया जाएगा।
- इस योजना के कार्यान्वयन में किसान उत्पादक संगठनों (एफपीओ) और महिला स्वयं सहायता समूहों की भागीदारी को प्रोत्साहित किया जाएगा।
- इस योजना के द्वारा स्थानीय आर्थिक विकास को बढ़ावा देने के लिए स्थानीय रूप से उगाए जाने वाले पारम्परिक खाद्य पदार्थों के उपयोग को प्रोत्साहित किया जाएगा।

बेटी बचाओ-बेटी पढ़ाओ योजना

- प्रधानमन्त्री नरेन्द्र मोदी ने 22 जनवरी, 2015 को पानीपत (हरियाणा) में बेटी बचाओ-बेटी पढ़ाओ योजना की शुरुआत की।
- इस योजना को पहले चरण में देश के 100 जिलों में चलाया जा रहा है। इसके लिए ₹ 100 करोड़ का आरम्भिक बजट रखा गया है। वर्तमान में इस योजना के अन्तर्गत समस्त 640 जिलों को सम्मिलित कर लिया गया है।
- फिल्म अभिनेत्री **माधुरी दीक्षित** को इस योजना का ब्रैण्ड एम्बेसडर बनाया गया है। इस अभियान के अन्तर्गत लड़कों के समान लड़कियों की जन्म दर प्राप्त करने वाले गाँवों को ₹ 1 करोड़ का पुरस्कार दिया जाएगा।

> - इस योजना के अन्तर्गत **सुकन्या समृद्धि योजना** की भी शुरुआत की गई है। हरियाणा सरकार ने इस योजना के अन्तर्गत **कन्या कोष योजना** आरम्भ करने की घोषणा की है।
> - कन्या जन्म को प्रोत्साहित करने के लिए विभिन्न राज्यों में पूर्व से चलाई जा रही कुछ महत्त्वपूर्ण योजनाएँ निम्न हैं
>   - मुख्यमन्त्री कन्या विवाह योजना (बिहार)
>   - सुकन्या योजना (महाराष्ट्र)
>   - नन्दादेवी कन्या योजना (उत्तराखण्ड)
>   - कन्या विद्या धन योजना (उत्तर प्रदेश)

सुकन्या समृद्धि योजना

- प्रधानमन्त्री नरेन्द्र मोदी ने 22 जनवरी, 2015 को पानीपत (हरियाणा) में बालिकाओं के लिए लघु बचत स्कीम के अन्तर्गत सुकन्या समृद्धि योजना की शुरुआत की। यह योजना **बेटी बचाओ-बेटी पढ़ाओ** अभियान का भाग है।
- सुकन्या समृद्धि योजना का उद्देश्य बालिकाओं के प्रति परिवार के दृष्टिकोण में परिवर्तन तथा उसके नाम से बचत को प्रोत्साहन प्रदान करना है।

- इसके अन्तर्गत 10 वर्ष से कम आयु की बालिकाओं के लिए बैंक खाता खोलना आवश्यक है।

सुकन्या समृद्धि योजना की प्रमुख विशेषताएँ निम्नलिखित हैं

- इस योजना के अन्तर्गत जमाराशि पर 9.1% वार्षिक ब्याज प्रदान किया जाएगा तथा जमाराशि पर आयकर की छूट भी दी जाएगी।
- इस योजना के अन्तर्गत बालिका शिशु का बैंक खाता 10 वर्ष की आयु तक न्यूनतम ₹ 1000 से खोला जा सकेगा।
- यह खाता किसी भी वाणिज्यिक बैंक तथा डाकघर की शाखाओं में खोला जा सकेगा और ₹ 1.5 लाख की अधिकतम राशि एक वित्तीय वर्ष में जमा की जा सकेगी।
- इस योजना के अन्तर्गत खोले गए खाते को 21 वर्ष तक चालू रखा जा सकेगा। इस खाते से बालिका अपनी 18 वर्ष की आयु के बाद 50% तक राशि निकालने में स्वतन्त्र होगी।
- बजट वर्ष 2015-16 में सुकन्या समृद्धि योजना को कर मुक्त घोषित कर दिया गया है।

महिलाओं के लिए प्रशिक्षण और रोजगार कार्यक्रम हेतु सहायता

- यह योजना गरीब महिलाओं को कृषि, पशुपालन, डेयरी, मत्स्यपालन, हथकरघा, दस्तकारिता, खादी एवं ग्रामीण उद्योगों, रेशम उत्पादन, सामाजिक वानिकी तथा बंजर भूमि विकास जैसे दस पारम्परिक क्षेत्रों और खाद्य प्रसंस्करण एवं सेवाओं के दो नए क्षेत्रों का अद्यतन हुनर उपलब्ध कराती है, ताकि उनकी उत्पादकता और आय सृजन में बढ़ोतरी हो सके।
- इसके अन्तर्गत प्रत्येक लाभार्थी को वित्तपोषण की उच्चतम सीमा ₹ 16,000 होगी।

राष्ट्रीय पोषण मिशन

- भारतीय प्रधानमन्त्री नरेन्द्र मोदी ने 8 मार्च, 2018 को अन्तर्राष्ट्रीय महिला दिवस के अवसर पर राजस्थान के झुंझुनू में राष्ट्रीय पोषण मिशन (National Nutrition Mission, NNM) की शुरुआत की।
- इस मिशन का उद्देश्य केन्द्र सरकार ने पिछले वर्ष दिसम्बर माह में NNM के लिए वर्ष 2020 तक ₹ 9046.17 करोड़ के बजट को मंजूरी दी थी। सरकार का उद्देश्य इस मिशन का लाभ दस करोड़ लोगों तक पहुँचाना है।
- भारत सरकार ने देश में 6 वर्ष से कम आयु के बच्चों और महिलाओं के बीच कुपोषण को कम करने के लिए पहले से ही अनेक योजनाएँ कार्यरत् हैं।
- भारत सरकार ने वर्ष 2022 तक कुपोषण को समाप्त करने के लिए मिशन भारतीय मन्त्रालयों में पोषण सम्बन्धी मार्गदर्शन कर जाँच, पर्यवेक्षण प्रदान करने के लिए एक शीर्ष निकाय का गठन किया गया।

इस मिशन का उद्देश्य कुपोषण के विषय में जागरूकता को बढ़ावा देना और उसके अनुसार व्यवहार्य समाधान प्रदान करना भी है। मानव शरीर के समुचित कार्य के लिए आवश्यक पोषण की भूमिका के बारे में जागरूक करने के लिए देश प्रतिवर्ष सितम्बर माह में राष्ट्रीय पोषण माह मनाता है।

- भारत सरकार के अनेक मन्त्रालयों ने इस योजना की पहुँच बढ़ाने और इसके कार्यान्वयन को अधिक कारगर बनाने के लिए पहल की है। यह मिशन विशिष्ट लक्ष्यों को पूर्ण करने के लिए राज्यों और केन्द्रशासित प्रदेशों को प्रोत्साहित करता है।
- यह आँगनबाड़ी कार्यकर्ताओं को सूचना प्रौद्योगिकी उपकरणों का उपयोग करने और पहले से उपयोग किए गए रजिस्टरों को समाप्त करने के लिए भी प्रोत्साहित करता है।

आशा योजना

- आशा (Accredited Social Health Activists, ASHAs) वस्तुत: राष्ट्रीय ग्रामीण स्वास्थ्य मिशन के अन्तर्गत कार्यकर्ता को कहा जाता है।
- एनआरएचएम के अन्तर्गत प्रत्येक गाँव को एक प्रशिक्षित सामुदायिक स्वास्थ्य कार्यकर्ता उपलब्ध कराने का प्रावधान है। यह कार्यकर्ता (आशा) उसी गाँव की महिला होनी चाहिए, जिसने कम-से-कम कक्षा आठवीं तक औपचारिक शिक्षा प्राप्त की हो।
- आशा समुदाय में स्वास्थ्य के प्रति जागरूकता बढ़ाने एवं उपलब्ध स्वास्थ्य सुविधाओं के बेहतर प्रयोग एवं उत्तरदायित्व को सुनिश्चित करती है। यह मिशन वर्ष 2005 में शुरू हुआ था।

ऊषा योजना

- ऊषा (Urban Statistics HR and Assessment, USHA) वस्तुत: आवास एवं शहरी गरीबी उपशमन मन्त्रालय द्वारा चलाई जा रही एक केन्द्रीय योजना है।
- यह राष्ट्रीय संसाधन केन्द्र (National Resource Center) के लिए आँकड़ों, एमआईएस (Management Information System, MIS) सर्वेक्षण, निगरानी, प्रभाव, आकलन, शहरी गरीबी से सम्बन्धित कार्यवाही, शोध और क्षमता निर्माण, मलिन बस्ती, आवास भवन निर्माण तथा अन्य शहरी सांख्यिकियों से सम्बन्धित केन्द्रीय कार्यक्रम है।

स्वाधार योजना

- महिलाओं को विचारों और कार्यों में स्वतन्त्र बनाने एवं उन्हें अपने जीवन के प्रत्येक पक्ष का नियन्त्रण स्वयं करने के योग्य बनाने हेतु वर्ष 2001-02 में स्वाधार योजना कार्यक्रम चलाया गया।
- इस योजना के अन्तर्गत वेश्यावृत्ति, रिहा कैदी, प्राकृतिक आपदा अथवा अन्य किसी भी कारण से बेघर और बेसहारा पीड़ित महिलाओं कोस्वाधार गृह लाया जाता है तथा उन्हें व्यावसायिक प्रशिक्षण दिया जाता है।

- नेशनल मिशन फॉर एम्पावरमेण्ट ऑफ वूमेन (National Mission for Empowerment of Women, NMEW) महिलाओं के आर्थिक, सामाजिक एवं शैक्षिक सशक्तीकरण से सम्बद्ध यह मिशन वर्ष 2010 में प्रारम्भ हुआ।

स्वास्थ्य योजनाएँ

स्वास्थ्य योजनाएँ निम्नलिखित हैं

आयुष्मान भारत : प्रधानमन्त्री जन आरोग्य योजना

- यह विश्व की सबसे बड़ी हेल्थ केयर योजना है, जिसकी शुरुआत प्रधानमन्त्री नरेन्द्र मोदी ने 23 सितम्बर, 2014 में झारखण्ड के राँची से की।
- इस योजना के अन्तर्गत देश के लगभग 50 करोड़ लोगों को सरकारी तथा प्राइवेट अस्पतालों में इलाज की सुविधा प्रदान करने का प्रावधान है।
- यह BPL परिवारों एवं असंगठित क्षेत्र के श्रमिकों आदि के लिए स्वास्थ्य बीमा योजना है।
- यह सुविधा पूर्ण रूप से कैसलेस तथा वहनीय है। इसके माध्यम से देश के किसी भी भाग में इलाज कराने का प्रावधान है।
- इस योजना में राष्ट्रीय स्वास्थ्य बीमा योजना और वरिष्ठ नागरिक स्वास्थ्य बीमा योजना का विलय कर दिया गया है।

स्वच्छ भारत अभियान (ग्रामीण)

- भारत में स्वच्छ भारत मिशन की शुरुआत 2 अक्टूबर, 2014 को की गई, जिसे (गाँधी जी की 150वीं जयन्ती के अवसर पर) वर्ष 2019 तक पूरा किया जाना निर्धारित किया गया।
- इस मिशन के अन्तर्गत ग्रामीण स्वच्छता, खुले में शौच से मुक्ति, घर, गाँव और देश में स्वच्छता को जीवन शैली का अंग बनाने पर बल दिया गया।

> इस मिशन के अन्तर्गत 10 करोड़ से अधिक व्यक्तिगत शौचालयों का निर्माण किया गया, जबकि 120 मिलियन का लक्ष्य रखा गया था। भारत के सभी राज्यों के ग्रामीण क्षेत्रों को 2 अक्टूबर, 2019 को ODF (खुले में शौच मुक्त) मुक्त किया गया।

स्वच्छ भारत अभियान (ग्रामीण) द्वितीय चरण

- स्वच्छ भारत मिशन की उपलब्धियों के पश्चात् इसे बनाए रखने हेतु स्वच्छ भारत अभियान (ग्रामीण) के दूसरे चरण की शुरुआत की गई है।
- इस मिशन की क्रियान्वयन की अवधि वर्ष 2020-21 से वर्ष 2024-25 तक होगी।
- ग्रामीण स्तर पर सामुदायिक स्वच्छता परिसर के निर्माण के लिए वित्तीय सहायता को बढ़ाकर ₹ 2 लाख से ₹ 3 लाख कर दिया गया है।
- इससे घरेलू शौचालय एवं सामुदायिक शौचालय के निर्माण में ग्रामीण रोजगार तथा अर्थव्यवस्था को प्रोत्साहन मिलेगा।

सुरक्षित मातृत्व आश्वासन (सुमन) योजना

- केन्द्रीय स्वास्थ्य मन्त्री ने 10 अक्टूबर, 2019 को सुरक्षित मातृत्व आश्वासन (सुमन) योजना की शुरुआत की।
- इस योजना की घोषणा स्वास्थ्य और परिवार कल्याण मन्त्रालय के केन्द्रीय परिषद् के 13वें सम्मेलन की शुरुआत के दौरान की गई।
- इस योजना का उद्देश्य देश में मातृत्व मृत्युदर एवं शिशु मृत्युदर में कमी लाना, अस्पताल में मातृ तथा शिशु मृत्यु की रोकथाम करना तथा भुगतान रहित एवं सम्मानजनक और गुणवत्तापूर्ण चिकित्सकीय सुविधा उपलब्ध कराना है।
- इसके अतिरिक्त माता एवं शिशु दोनों को प्रसव हेतु बेहतर चिकित्सा सुविधा प्रदान करना है।

> इस योजना के अन्तर्गत गर्भवती महिलाओं को प्रसव के 6 माह के पश्चात् माता तथा सभी रुग्ण नवजात शिशुओं की निःशुल्क देखभाल का प्रावधान है।

- इस योजना में गर्भवती महिला को घर में स्वास्थ्य संगठन तक निःशुल्क परिवहन की सुविधा प्रदान करने का प्रावधान है।
- इस योजना के साथ ही वेबसाइट तथा शिकायत निवारण पोर्टल का भी शुभारम्भ किया गया है।

राष्ट्रीय किशोर स्वास्थ्य कार्यक्रम

- इस कार्यक्रम की शुरुआत 7 जनवरी, 2014 को हुई थी। यह कार्यक्रम 10 से 19 वर्ष के वयस्कों को लक्षित करता है।
- इस कार्यक्रम का मूल सिद्धान्त वयस्क भागीदारी एवं नेतृत्व, समानता एवं समावेशन तथा अन्य क्षेत्रकों एवं हितधारकों की रणनीतिक भागीदारी है।
- इस कार्यक्रम के अन्तर्गत देश के सभी किशोरों (10-19 वर्ष) की स्वास्थ्य एवं विकास सम्बन्धी सभी आवश्यकताओं को ध्यान में लाना तथा उन्हें पूर्ण करना है। इसके अन्तर्गत विद्यालयों में छात्रों की जाँच की जाती है तथा गैर-संक्रामक रोगों को पता लगाने हेतु स्वास्थ्य केन्द्रों पर भेजा जाता है।
- इसके अन्तर्गत मुख्य रूप से पोषण, यौन, प्रजनन स्वास्थ्य, नशाखोरी, गैर-संक्रामक रोगों, मानसिक स्वास्थ्य, चोट और हिंसा जैसे क्षेत्रों पर ध्यान दिया जाता है।

- इसका लाभ सहकर्मी शिक्षक द्वारा सामाजिक प्रक्रिया के अनुरूप उपलब्ध कराने का प्रावधान है।
- इस कार्यक्रम के कार्यान्वयन में मार्गदर्शन करने हेतु संयुक्त राष्ट्र जनसंख्या कोष के सहयोग से राष्ट्रीय किशोर स्वास्थ्य रणनीति विकसित की है।
- इस कार्यक्रम के भाग के रूप में मासिक धर्म स्वच्छता योजना को भी कार्यान्वित किया जा रहा है।

सुपोषित माँ अभियान

- 1 मार्च, 2020 को लोकसभा अध्यक्ष ओम बिड़ला ने राजस्थान के कोटा से एक राष्ट्रीय अभियान **सुपोषित माँ अभियान** प्रारम्भ किया। इस अभियान के पहले चरण में 12 महीनों के लिए 1000 गर्भवती महिलाओं को 17 किलोग्राम सन्तुलित आहार की किट प्रदान की जाएगी।
- इस योजना का क्रियान्वयन महिला एवं बाल विकास मन्त्रालय द्वारा किया जाएगा। इस योजना में एक परिवार की एक गर्भवती महिला शामिल होगी।

प्रधानमन्त्री मातृवन्दना योजना

- यह एक केन्द्र प्रायोजित योजना है, जिसे महिला एवं बाल मन्त्रालय द्वारा संचालित किया जा रहा है।
- इस योजना की शुरुआत 1 जनवरी, 2017 को सम्पूर्ण देश की गर्भवती एवं स्तनपान कराने वाली महिलाओं के कल्याण के लिए की गई थी।
- इस योजना के द्वारा गर्भवती महिलाओं को सीधे उनके बैंक खाते में नकद लाभ प्रदान करना, जिससे बढ़ी हुई पोषण सम्बन्धी आवश्यकताओं को पूर्ण किया जा सके और वेतन हानि की क्षतिपूर्ति की जा सके।
- इस योजना के अन्तर्गत गर्भवती महिलाओं की पोषण सम्बन्धी आवश्यकताओं को पूर्ण करने का प्रावधान किया गया है।
- इस योजना के अन्तर्गत सभी पात्र लाभार्थी (गर्भवती या स्तनपान कराने वाली महिला) को कुल ₹ 6000 की वित्तीय सहायता प्रदान की जाती है।
- इसमें ₹ 5000 तीन किस्तों में दिए जाते हैं तथा शेष राशि (₹ 1000) जननी सुरक्षा योजना के अनुरूप संस्थागत प्रसव के पश्चात् दी जाती है।

प्रधानमन्त्री सुरक्षित मातृत्व अभियान

- यह केन्द्र सरकार की एक प्रमुख योजना है, जिसकी शुरुआत वर्ष 2016 में देश की गर्भवती महिलाओं को व्यापक एवं गुणवत्तापूर्वक प्रसव पूर्व जाँच सुनिश्चित करने हेतु की गई।
- व्यापक गुणवत्तापूर्ण (ANC) और उच्च जोखिम वाली गर्भावस्था की पहचान करना एवं उस पर निगरानी रखना, इस अभियान का एक प्रमुख भाग है।
- इस योजना का उद्देश्य सुरक्षित गर्भधारण और सुरक्षित प्रसव के माध्यम से मातृ एवं शिशु मृत्युदर को कम करना तथा गर्भवती महिलाओं को गुणवत्तापूर्ण प्रसव पूर्व जाँच करना है।
- यह योजना भारत के दुर्गम तथा दूर-दराज के क्षेत्रों तक पहुँचने में सफल रही। इसके अन्तर्गत 1 करोड़ से अधिक जाँच में से 25 लाख से अधिक जाँच उच्च प्राथमिकता वाले जिलों में आयोजित की गई है।
- इस योजना के अन्तर्गत प्रत्येक माह की 9 तारीख को सभी गर्भवती महिलाओं की सार्वभौमिक रूप से सुनिश्चित एवं गुणवत्तापूर्ण जाँच कराई जाती है।
- यह योजना ग्रामीण तथा शहरी दोनों के लिए उपलब्ध है। यह प्रसव के दौरान या प्रसव के कारण होने वाली मृत्यु से बचाने की दिशा में महत्त्वपूर्ण पहल है।
- इस योजना के अन्तर्गत रणनीति के भाग के रूप में प्रसव पूर्व देखभाल सहित निदान एवं परामर्श सेवाओं की गुणवत्ता एवं व्यापकता में सुधार को लक्षित किया गया है।
- इस योजना के अन्तर्गत सिंगल विण्डो प्रणाली के माध्यम से अल्ट्रासाउण्ड सहित अन्य दवाइयाँ तथा सप्लीमेण्ट्स आदि प्रदान करने की व्यवस्था की गई है।
- इस योजना के अन्तर्गत उच्च जोखिम वाली महिलाओं की पहचान कर उन्हें लाल स्टीकर तथा सामान्य गर्भवती महिलाओं को हरे रंग का स्टीकर प्रदान किया जाता है तथा आवश्यकतानुसार इन्हें फॉलो अप की सुविधा प्रदान की जाती है।

मिशन इन्द्रधनुष

- इसके अन्तर्गत भारत सरकार के स्वास्थ्य एवं परिवार कल्याण मन्त्रालय ने 25 दिसम्बर, 2014 को मिशन इन्द्रधनुष की शुरुआत की थी।
- यह एक बूस्टर टीकाकरण कार्यक्रम है, जो कम टीकाकरण कवरेज वाले 201 जिलों में शुरू हुआ था। वर्तमान में इसका विस्तार कर दिया गया है।

> इस मिशन का उद्देश्य वर्ष 2020 तक ऐसे सभी बच्चों का टीकाकरण करना है, जिन्हें सात बीमारियों से लड़ने के लिए टीका नहीं लगाया है या आंशिक रूप से लगाया गया है।

- इस मिशन के अन्तर्गत सात रोगों के टीकाकरण की व्यवस्था है; जैसे—तपेदिक, पोलियो पाइलाइटिस, हेपेटाइटिस बी, डिप्थीरिया, पर्टुसिस, टिटनेस तथा खसरा।
- इस मिशन के अन्तर्गत चार विशेष टीकाकरण अभियान चलाए जाने हैं। जनवरी से जून, 2015 के मध्य इन अभियानों की सघन योजना तथा निरीक्षण के लिए कार्यक्रम बनाए जाएँगे।
- इसके अन्तर्गत केन्द्रीय स्वास्थ्य एवं परिवार कल्याण मन्त्रालय ने देश के ऐसे 201 जिलों की पहचान की है, जहाँ टीकाकरण का कार्य 50% से अधिक सम्पादित नहीं किया जा सका है।

- इसके अन्तर्गत ऐसे जिलों को सामान्य टीकाकरण के अन्तर्गत लाने के लिए विशेष अभियानों से जोड़ा जाएगा। 201 जिलों के बाद 297 जिलों को दूसरे चरण में विशेष टीकाकरण अभियान से जोड़ा जाएगा। केन्द्रीय मन्त्रालय को विश्व स्वास्थ्य संगठन (World Health Organisation, WHO), यूनिसेफ तथा रोटरी इण्टरनेशनल से तकनीकी सहयोग प्राप्त होगा।

राष्ट्रीय स्वास्थ्य सुरक्षा बीमा योजना

- यह योजना वर्ष 2008 में भारत सरकार के श्रम एवं रोजगार मन्त्रालय द्वारा गरीबी रेखा से नीचे जीवन-यापन करने वाले परिवारों को स्वास्थ्य बीमा कवरेज प्रदान करने हेतु प्रारम्भ की गई।
- इसका उद्देश्य स्वास्थ्य आघात से उत्पन्न वित्तीय देयताओं से गरीबी रेखा से नीचे रहने वाले परिवारों को सुरक्षा प्रदान करना, जिसमें अस्पताल में भर्ती कराना भी शामिल किया गया।
- इस योजना के अन्तर्गत BPL श्रेणी में आने वाले कामगारों के परिवारों को लाभ देने का प्रावधान किया गया (एक परिवार इकाई में पाँच सदस्यों को माना गया)।
- इस योजना के अन्तर्गत लाभार्थियों की पहचान हेतु स्मार्ट कार्ड जारी किया गया।

> इसके अन्तर्गत प्रति परिवार प्रतिवर्ष पारिवारिक फ्लोटर के आधार पर कुल बीमा राशि ₹ 30,000 निर्धारित की गई। सभी बीमारियों के लिए नकद राशि का प्रावधान किया गया है। परिवहन लागत (प्रति विजिट अधिकतम ₹ 100) के साथ ₹ 1000 की समग्र सीमा का प्रावधान किया गया।

- इसके अन्तर्गत भारत सरकार द्वारा ₹ 750 के अनुमानित वार्षिक प्रीमियम की 75% राशि का योगदान, प्रतिवर्ष प्रति परिवार अधिकतम ₹ 565 का प्रावधान किया गया।

जननी सुरक्षा योजना

- यह केन्द्र प्रायोजित योजना है, जिसकी शुरुआत 12 अप्रैल, 2005 को हुई थी। यह माताओं तथा शिशुओं की मृत्युदर में कमी लाने के लिए राष्ट्रीय ग्रामीण स्वास्थ्य मिशन द्वारा चलाया जा रहा एक सुरक्षित मातृत्व हस्तक्षेप है।
- इस योजना का प्रमुख उद्देश्य संस्थागत प्रसव को बढ़ावा देना तथा प्रजनन एवं शिशु स्वास्थ्य कार्यक्रम के अन्तर्गत माता एवं शिशु मृत्युदर में कमी लाना है।
- इस योजना के अन्तर्गत जन-स्वास्थ्य केन्द्र पर प्रसव कराने पर ₹ 1400 की नकद सहायता प्रदान की जाती है। इस योजना की सफलता को गरीब परिवारों के बीच संस्थागत प्रसव में वृद्धि द्वारा निर्धारित किया जाता है। इस योजना के अन्तर्गत आशा कार्यकर्ता की भूमिका महत्त्वपूर्ण होती है, जो संस्थागत प्रसव लाभों के बारे में गर्भवती महिलाओं को बताती है।
- इस योजना के अन्तर्गत गर्भवती महिलाओं का सरकारी अस्पतालों में पंजीकरण करना, कम-से-कम 3 प्रसव पूर्व जाँच कराना, प्रसव कराना आदि आशा के प्रमुख कार्य हैं।
- इस योजना के अन्तर्गत घर पर ही प्रसव को प्राथमिकता देने वाली गर्भवती महिला को, प्रति प्रसव ₹ 500 नकद सहायता प्रदान की जाती है।

राष्ट्रीय बाल स्वास्थ्य कार्यक्रम

- यह एक केन्द्र प्रायोजित कार्यक्रम है, जिसके अन्तर्गत 0-6 वर्ष के बच्चे और सरकारी सहायता प्राप्त स्कूलों में नामांकित 6-18 वर्ष के बच्चों में टीबी और कुष्ठ रोग का शीघ्र पता लगाने के लिए जाँच करने का प्रावधान है। इसके अन्तर्गत मुख्य रूप से चार प्रकार के रोगों या परेशानियों को शामिल किया जाता है।
- इसका उद्देश्य जन्म के समय बच्चों में किसी प्रकार के विकार, बीमारी, न्यूनता और विकलांगता सहित बच्चों के विकास में आने वाली समस्या की शुरुआती पहचान तथा शुरुआती हस्तक्षेप करना है।
- यह राष्ट्रीय ग्रामीण स्वास्थ्य मिशन के अन्तर्गत बच्चे को स्वास्थ्य एवं जाँच और अर्ली इण्टरवेन्शन सर्विसेज का एक प्रमुख घटक है।
- इस कार्यक्रम के अन्तर्गत बीमार बच्चों को तृतीय स्तर पर सर्जरी सहित राष्ट्रीय ग्रामीण स्वास्थ्य मिशन के अन्तर्गत नि:शुल्क स्वास्थ्य सेवाएँ प्रदान करने का प्रावधान है।
- इस कार्यक्रम में बाल स्वास्थ्य स्क्रीनिंग और प्रारम्भिक हस्तक्षेप सेवाओं में स्क्रीनिंग, प्रारम्भिक पहचान और मुक्त प्रबन्धन हेतु 30 चयनित स्वास्थ्य परिस्थितियों को शामिल करने की परिकल्पना की गई है। इस कार्यक्रम के अन्तर्गत बाल स्वास्थ्य स्क्रीनिंग के दो स्तर क्रमश: समुदाय तथा सुविधा हैं।

> **नन्दघर योजना**
>
> - 24 जून, 2015 को केन्द्रीय महिला एवं बाल विकास मन्त्रालय ने जर्जर इमारतों, पंचायतघरों व किराए की इमारतों में चल रहे आँगनबाड़ी केन्द्रों के पुनरुद्धार और नवीनीकरण के लिए सम्पूर्ण देश में यह योजना शुरू की।
> - इस योजना के अन्तर्गत देशभर में आँगनबाड़ी केन्द्रों को बड़े-बड़े औद्योगिक घरानों एवं कॉर्पोरेट घरानों को गोद दिया जाएगा।

राष्ट्रीय वयोश्री योजना

- 1 अप्रैल, 2017 को राष्ट्रीय वयोश्री योजना का शुभारम्भ आन्ध्र प्रदेश राज्य के नेल्लोर जिले से किया गया। वर्ष 2015-16 के बजट में ही इस योजना के लिए घोषणा की गई थी।
- इस योजना का उद्देश्य आयु सम्बन्धी बीमारियों (कम दृष्टि, सुनने में परेशानी, दाँतों का टूट जाना एवं विकलांगता आदि) का सामना कर रहे गरीबी रेखा से नीचे की श्रेणी से सम्बद्ध बुजुर्गों को जीवन-यापन के लिए आवश्यक उपकरण प्रदान कर उनके जीवन को सामान्य बनाना है।

राष्ट्रीय स्वास्थ्य नीति, 2017

- 15 मार्च, 2017 को राष्ट्रीय स्वास्थ्य नीति, 2017 को केन्द्रीय मन्त्रिमण्डल द्वारा अनुमोदित किया गया। इस नीति के अन्तर्गत सार्वजनिक स्वास्थ्य सुनिश्चित करने, मातृ एवं शिशु मृत्युदर में कमी लाने, सभी सरकारी अस्पतालों में दवाओं एवं आवश्यक स्वास्थ्य देखभाल सेवाओं को नि:शुल्क उपलब्ध कराने जैसे लक्ष्य निर्धारित किए गए हैं।
- इस नीति के माध्यम से सार्वजनिक स्वास्थ्य व्यय को सकल घरेलू उत्पाद (जीडीपी) के 2.5% (वर्ष 2025 तक) बढ़ाए जाने का प्रस्ताव रखा गया है।

शिक्षा सम्बन्धी कार्यक्रम

शिक्षा से सम्बन्धित कुछ महत्त्वपूर्ण कार्यक्रम निम्नलिखित हैं

अटल नवप्रवर्तन (इनोवेशन) मिशन

- नीति आयोग ने अटल नवप्रवर्तन (इनोवेशन) मिशन का शुभारम्भ जुलाई, 2018 में किया। इसका उद्देश्य देश के सम्पूर्ण विद्यालयों में अटल टिंकरिंग प्रयोगशालाओं और अटल इन्क्यूवेशन केन्द्रों के माध्यम से नवप्रवर्तन को बढ़ावा देना है।
- अटल टिंकरिंग लैब (ATL) के माध्यम से स्कूल स्तर पर अटल नवप्रवर्तन मिशन ने एक प्रोग्राम लॉन्च किया है।
- ATL 21वीं सदी के उपकरणों और तकनीकों; जैसे-इण्टरनेट ऑफ थिंग्स, 3 डी प्रिण्टिंग, रेपिड के माध्यम से देशभर में कक्षा 6 से 12वीं तक के छात्रों के बीच युवा मन में जिज्ञासा और नवीनता को बढ़ावा देने के लिए एक स्कूल में स्थापित एक अत्याधुनिक स्थान है।
- इसका उद्देश्य ATL और इसके आस-पास के समुदायों के बच्चों के अन्दर एक समस्या को सुलझाने की नवीन मानसिकता को प्रोत्साहित करना है।
- वर्तमान समय तक अटल इनोवेशन मिशन में ATL की स्थापना के लिए देश के 680 से अधिक जिलों में 10,000 स्कूलों का चयन किया है। अब तक 7,000 से अधिक स्कूलों को वित्त पोषित किया गया है और 2 मिलियन से अधिक छात्रों की पहुँच को एटीएल (ATL) तक सुगम बनाया गया है।

ग्लोबल इनिशिएटिव ऑफ एकेडमिक नेटवर्क्स योजना

- केन्द्रीय मानव संसाधन विकास मन्त्री ने 30 नवम्बर, 2015 को आईआईटी गाँधीनगर, गुजरात में इस योजना का शुभारम्भ किया।
- इस योजना का मुख्य उद्देश्य अन्तर्राष्ट्रीय सहयोग के माध्यम से देश की शैक्षणिक संस्थाओं की गुणवत्ता में सुधार लाना तथा छात्रों के वैज्ञानिक एवं उद्यम नेतृत्व को बढ़ाने में सहायता करना है। इसके प्रमुख लक्ष्य निम्नलिखित हैं
  - भारतीय शैक्षणिक संस्थानों में प्रतिष्ठित अन्तर्राष्ट्रीय संकाय की संस्था में वृद्धि करना।
  - हमारे संकाय को अत्याधुनिक क्षेत्रों में ज्ञान और शिक्षण कौशल सीखने एवं साझा करने का अवसर प्रदान करना।
  - प्रतिष्ठित अन्तर्राष्ट्रीय संकाय से ज्ञान और अनुभव प्राप्त करने के लिए छात्रों को अवसर प्रदान करना।
  - अन्तर्राष्ट्रीय संकाय के साथ सम्भावित सहयोगी अनुसन्धान के लिए अवसर सृजित करना।
  - उच्च दर्जे के क्षेत्रों में वीडियो और प्रिण्ट दोनों के माध्यम से उच्च गुणवत्ता वाली पाठ्यक्रम सामग्री विकसित करना, जिसका उपयोग छात्रों और शिक्षकों के एक बड़े निकाय द्वारा किया जा सके।
  - राष्ट्रीय और अन्तर्राष्ट्रीय हित के उभरते हुए विषयों में नई शिक्षण पद्धतियों का दस्तावेजीकरण और विकास करना।

नई मंजिल योजना

- केन्द्रीय अल्पसंख्यक मन्त्रालय ने केन्द्रीय योजना नई मंजिल की शुरुआत 8 अगस्त, 2015 को पटना में की है। यह योजना सामान्य रूप से अल्पसंख्यक समुदायों, विशेष रूप से मुसलमानों की शैक्षिक और जीविकोपार्जन की आवश्यकताओं में सहायता प्रदान करेगी, क्योंकि मुसलमान शैक्षिक योग्यताओं में अन्य अल्पसंख्यक समुदायों से पीछे हैं।
- यह योजना अल्पसंख्यक समुदायों के लक्षित युवाओं के लिए शिक्षा और बाजार संचालित कौशल प्रशिक्षण प्रदान करती है।
- यह योजना 9 से 12 महीनों के लिए गैर-आवासीय एकीकृत शिक्षा और कौशल प्रशिक्षण प्रदान करती है, जिसमें से 3 महीने कौशल प्रशिक्षण के लिए समर्पित हैं।
- यह योजना जॉब प्लेसमेण्ट और पोस्ट प्लेसमेण्ट की सहायता भी प्रदान करती है।
- यह योजना योग्य अल्पसंख्यक युवाओं को ओपन स्कूलिंग में नामांकन करने और लागू दिशा-निर्देशों के अनुसार प्रशिक्षण एवं मूल्यांकन करने के लिए सहायता प्रदान करती है।

यह योजना छात्रों को ओपन स्कूलिंग प्रमाणन प्राप्त करने में सहायता करने के लिए डिजाइन किए गए अतिरिक्त शिक्षा समर्थन प्रदान करती है। इस योजना का मुख्य उद्देश्य उत्पादक रोजगार के लिए अग्रणी सॉफ्ट कौशल सहित उच्च गुणवत्ता वाले कौशल प्रशिक्षण प्रदान करना है।

पण्डित मदन मोहन मालवीय राष्ट्रीय शिक्षक एवं शिक्षण मिशन

- भारत सरकार ने 12वीं पंचवर्षीय योजना के अन्तर्गत पण्डित मदन मोहन मालवीय राष्ट्रीय शिक्षक एवं शिक्षण मिशन की शुरुआत 25 दिसम्बर, 2014 को की।
- इस मिशन के अन्तर्गत शिक्षकों के प्रशिक्षण तथा उनके व्यावसायिक विकास से सम्बन्धित मुद्दों का व्यापक रूप से समाधान करने की परिकल्पना की गई है।
- प्रारम्भिक, माध्यमिक, उच्च, तकनीकी और व्यावसायिक सहित सभी स्तरों पर शिक्षा के व्यापक विकास को देखते हुए शिक्षकों की माँग में भी इसी प्रकार की वृद्धि हुई है।
- इस मिशन का उद्देश्य स्कूलों और उच्च शिक्षा संस्थानों में प्रभावी नेतृत्व और प्रबन्धन का निर्माण करना है।
- यह मिशन प्रारम्भिक प्रशिक्षण पर ध्यान केन्द्रित करता है, इसके अतिरिक्त छात्रों के बहु-कौशल के विकास को प्रोत्साहित करने के लिए मूल्यांकन प्रक्रिया को और अधिक वैज्ञानिक बनाने की आवश्यकता है।

साक्षर भारत मिशन

- राष्ट्रीय साक्षरता मिशन को पुनर्गठित करके 8 सितम्बर, 2009 को साक्षर भारत मिशन की शुरुआत की गई। इस मिशन का मुख्य उद्देश्य शिक्षा के क्षेत्र में लिंग असमानता को दूर करना है।
- इसमें 85% लाभार्थी महिलाएँ होंगी तथा कुल लक्ष्य का 50% अनुसूचित जाति/जनजाति, अल्पसंख्यक समुदायों के लिए आरक्षित होगा।
- साक्षर भारत मिशन को पूर्णरूपेण साक्षर समाज स्थापित करने के लिए कार्यक्रम के प्रयासों को मान्यता देने और उसका सम्मान करने के लिए संयुक्त राष्ट्र शैक्षिक, वैज्ञानिक और सांस्कृतिक संगठन (The United Nations Educational, Scientific and Cultural Organisation, UNESCO) द्वारा किंग सेजोंग साक्षरता पुरस्कार, 2013 से सम्मानित किया गया।

राष्ट्रीय माध्यमिक शिक्षा अभियान

- इस योजना की शुरुआत मार्च, 2009 में की गई। इस योजना का उद्देश्य एक निश्चित दूरी पर माध्यमिक विद्यालयों की स्थापना करना, कक्षा 9वीं एवं 10वीं में 5 वर्ष के अन्दर 75% नामांकन सुनिश्चित करना, शिक्षा की गुणवत्ता में सुधार करना, लिंग, सामाजिक, आर्थिक और अशक्तता अवरोधों को दूर करना है।
- इस योजना का मुख्य उद्देश्य वर्ष 2017 अर्थात् 12वीं पंचवर्षीय योजना की समाप्ति तक माध्यमिक स्तर की शिक्षा तक सार्वभौम पहुँच और वर्ष 2020 तक सार्वभौम उपस्थिति बनाए रखना है। इस के अन्तर्गत केन्द्र एवं राज्य की हिस्सेदारी 50 : 50 तथा पूर्वोत्तर राज्यों के सन्दर्भ में 90 : 10 है।

अन्य प्रमुख योजनाएँ

भारत सरकार द्वारा चलाई जा रही अन्य प्रमुख योजनाएँ निम्नलिखित हैं

प्रधानमन्त्री गतिशक्ति योजना

- प्रधानमन्त्री नरेन्द्र मोदी द्वारा अक्टूबर, 2021 में मल्टी-मॉडल कनेक्टिविटी के लिए राष्ट्रीय मास्टर प्लान लॉन्च किया, जो अनिवार्य रूप से बुनियादी ढाँचा कनेक्टिविटी परियोजनाओं की एक एकीकृत योजना है।
- इस योजना के अन्तर्गत रेलवे, रोडवेज सहित 16 मन्त्रालयों को एकसाथ समाहित किया गया है। यह एक डिजिटल प्लेटफॉर्म है।
- इस योजना के अन्तर्गत सरकार की बुनियादी ढाँचा योजनाओं; जैसे—भारत माला, सागरमाला, अन्तर्देशीय जलमार्ग, शुष्क भूमि बन्दरगाह, उड़ान आदि को समाहित किया गया है।
- इस योजना को वर्ष 2019 में ₹ 110 लाख करोड़ की लागत से शुरू किया गया। इसके अन्तर्गत राष्ट्रीय अवसंरचना पाइपलाइन भी समाहित है।

यह योजना वर्ष 2024-25 के लिए सरकार द्वारा निर्धारित महत्त्वाकांक्षी लक्ष्यों को पूरा करने में सहायता करेगी, जिसमें राष्ट्रीय राजमार्ग नेटवर्क की लम्बाई को 20 लाख किलोमीटर तक विस्तारित तथा 200 से अधिक नए हवाई अड्डे, हेलीपोर्ट और वाटर एयरोड्रोम का निर्माण किया जाएगा।

पावर टेक्स इण्डिया योजना

- सरकार ने देश में 45 स्थानों पर एक साथ पावर टेक्स इण्डिया योजना का आरम्भ 3 अप्रैल, 2017 में किया, जो बिजली के क्षेत्र के विकास के लिए एक व्यापक योजना है।
- इस योजना की शुरुआत केन्द्रीय कपड़ा मन्त्री श्रीमती स्मृति ईरानी ने भिवण्डी, ठाणे जिला, महाराष्ट्र में की। यह योजना विशेष रूप से छोटे मशीनकरघा बुनकरों को लाभ देगी।
- इस योजना के अन्तर्गत मन्त्री और मुख्यमन्त्रियों ने वीडियो कॉन्फ्रेन्स के माध्यम से महाराष्ट्र, गुजरात, बिहार, तमिलनाडु, कर्नाटक, उत्तर प्रदेश और अन्य राज्यों से बातचीत की, क्योंकि पावर टेक्स इण्डिया स्कीम देशव्यापी शुरू की गई थी। इस व्यापक योजना में निम्नलिखित घटक हैं
  - पावरलूम्स का इन-सीटू अपग्रेडेशन
  - ग्रुप वर्कशेड योजना
  - धागा बैंक योजना
  - समान सुविधा केन्द्र
  - पावरलूम बुनकरों के लिए प्रधानमन्त्री ऋण योजना
  - पावरलूम्स के लिए सौर ऊर्जा योजना
  - पावरलूम योजनाओं के लिए सुविधा, आईटी, जागरूकता, बाजार विकास और प्रचार
  - टेक्स वेंचर कैपिटल फण्ड
  - अनुदान सहायता और पावरलूम सेवा केन्द्रों (PSCs) का आधुनिकीकरण और उन्नयन

प्रधानमन्त्री जन धन योजना

- प्रधानमन्त्री श्री नरेन्द्र मोदी ने 28 अगस्त, 2014 को प्रधानमन्त्री जन धन योजना (Pradhan Mantri Jan Dhan Yojana, PMJDY) को वित्तीय समावेशन के लिए एक राष्ट्रीय मिशन के रूप में शुरू किया।
- इस मिशन का उद्देश्य वहन करने योग्य तरीके से बैंकिंग/बचत और जमा खाते, भेजी हुई रकम, कर्ज, बीमा, पेंशन जैसी वित्तीय सेवाओं तक पहुँच सुनिश्चित करना है। इस योजना का उद्देश्य प्रत्येक परिवार के लिए कम-से-कम एक बैंक खाता सुनिश्चित करना है। यह कार्यक्रम वित्त मन्त्रालय द्वारा क्रियान्वित किया गया।

प्रधानमन्त्री जन धन योजना के निम्नलिखित लाभ हैं

- जमा पर ब्याज।
- ₹ 2 लाख तक का दुर्घटना बीमा कवर।
- न्यूनतम बैलेन्स की आवश्यकता नहीं।
- ₹ 30,000 का जीवन बीमा कवर।
- भारत में कहीं भी आसानी से धन का हस्तान्तरण।
- सरकारी योजना के लाभान्वितों को इन खातों में सीधे हस्तान्तरण का लाभ मिलेगा।
- खाता छः महीने तक सन्तोषजनक तरीके से संचालित करने के बाद ओवर ड्राफ्ट की सुविधा की अनुमति होगी।
- पेंशन, बीमा सम्बन्धी वित्तीय प्रबन्ध तक पहुँच।
- दुर्घटना बीमा कवर पाने के लिए रुपे डेबिट कार्ड का प्रयोग 45 दिन में कम-से-कम एक बार करना होगा।
- प्रत्येक परिवार को केवल एक खाते में ₹ 10,000 की ओवर ड्राफ्ट की सुविधा मिलेगी। इसके लिए प्राथमिकता परिवार की महिला को दी जाएगी। बैंक की किसी भी शाखा अथवा बैंक मित्र में जीरो बैलेन्स के साथ खाता खोला जा सकता है, लेकिन यदि खाताधारक को चेक बुक चाहिए, तो इसके लिए उसे न्यूनतम बैलेन्स की शर्त को पूरा करना होगा।

मेक इन इण्डिया

- प्रधानमन्त्री श्री नरेन्द्र मोदी ने 25 सितम्बर, 2014 को मेक इन इण्डिया पहल की राष्ट्रीय और राज्य स्तर पर नई दिल्ली में एक साथ शुरुआत की।
- इस कार्यक्रम का उद्देश्य भारत को एक निवेश स्थल के रूप में प्रदर्शित करना है। यह कार्यक्रम नोडल मन्त्रालय-औद्योगिक नीति एवं संवर्द्धन विभाग, वाणिज्य एवं उद्योग मन्त्रालय द्वारा क्रियान्वित गया।

मेक इन इण्डिया पहल का उद्देश्य नए आविष्कार और नई प्रौद्योगिकी के क्षेत्र में अग्रणी घरेलू कम्पनियों की पहचान कर उन्हें विश्व में सर्वोत्तम बनाना है। इसमें हरित और अत्याधुनिक निर्माण को बढ़ावा देने और इन कम्पनियों को वैश्विक मूल्य श्रृंखला में भाग लेने में सहायता करने पर मुख्य रूप से ध्यान दिया गया।

सेतु भारतम् योजना

- राष्ट्रीय राजमार्गों पर सुरक्षित और सहज यात्रा सुनिश्चित करने के लिए पुलों के निर्माण हेतु भारत सरकार ने ₹ 50,000 करोड़ के निवेश वाली महत्त्वाकांक्षी 'सेतु भारतम् योजना' का शुभारम्भ मार्च, 2016 को किया। सड़क सुरक्षा सुनिश्चित करना इसका प्रमुख उद्देश्य है।
- इसके अन्तर्गत वर्ष 2019 तक सभी राष्ट्रीय राजमार्गों को रेलवे क्रॉसिंग से मुक्त करने का लक्ष्य है।
- इस मुख्य योजना का उद्देश्य सड़क परिवहन और राजमार्ग मन्त्रालय ने नोएडा, उत्तर प्रदेश में इण्डियन एकेडमी फॉर हाइवे इंजीनियर में एक भारतीय पुल प्रबन्धन प्रणाली (आईबीएमएस) की स्थापना की।
- इसका उद्देश्य मोबाइल निरीक्षण इकाइयों का उपयोग करके भारत में राष्ट्रीय राजमार्गों पर सभी पुलों की स्थिति सर्वेक्षण और आविष्कार करना है।

उड़ान योजना

- इस योजना की शुरुआत नागरिक उड्डयन मन्त्रालय द्वारा 15 जून, 2016 को की गई। यह योजना राष्ट्रीय नागरिक उड्डयन नीति (एनसीएपी) का एक मुख्य भाग है।
- प्रधानमन्त्री श्री नरेन्द्र मोदी के द्वारा 27 अप्रैल, 2017 को क्षेत्रीय कनेक्टिविटी योजना उड़े देश का आम नागरिक (उड़ान) के अन्तर्गत शिमला-दिल्ली मार्ग पर पहली उड़ान को झण्डी दिखाकर रवाना किया गया।
- इस योजना के अन्तर्गत 500 किमी की एक घण्टा की यात्रा या हेलीकॉप्टर से 30 मिनट के की यात्रा का हवाई किराया अधिकतम ₹ 2,500 है। इसका मुख्य उद्देश्य क्षेत्रीय दृष्टि से देश के महत्त्वपूर्ण शहरों से हवाई यात्रा सुलभ कराया जाना है।

रेल कौशल विकास योजना

- भारतीय रेलवे द्वारा रेल कौशल विकास योजना 17 सितम्बर, 2021 को लॉन्च की गई। इसके अन्तर्गत रेलवे आने वाले 3 वर्षों में 50,000 युवाओं को प्रशिक्षित करेगा।
- यह प्रशिक्षण 18 से 35 वर्ष तक के युवाओं को दिया जाएगा। युवाओं को प्रशिक्षण 4 ट्रेड इलेक्ट्रिशियन, वेल्डर, मशीनिस्ट और फिटर में दिया जाएगा।
- इस योजना के अन्तर्गत देशभर से चयनित अभ्यर्थियों को रेलवे के 75 प्रशिक्षण संस्थानों में 100 घण्टे का प्रशिक्षण दिया जाएगा।

विभिन्न योजनाएँ : एक दृष्टि में

कार्यक्रम	प्रारम्भ (वर्ष)	उद्देश्य
मिड-डे-मील योजना (MDM)	1995	कक्षा 8 तक के बच्चों को उच्च पोषक तत्त्व युक्त दोपहर का भोजन उपलब्ध कराकर स्कूलों में बच्चों की संख्या बढ़ाना।
सर्व शिक्षा अभियान	2000-01	6-14 वर्ष के सभी बच्चों को वर्ष 2010 तक आठवीं तक की नि:शुल्क एवं गुणवत्तायुक्त प्राथमिक शिक्षा उपलब्ध कराना।
निर्मल भारत योजना	2002	मलिन बस्तियों में सामुदायिक शौचालयों की सुविधा का विस्तार करना।
निर्मल ग्राम पुरस्कार योजना	2003	स्वच्छता के क्षेत्र में अच्छा कार्य करने वाली त्रिस्तरीय पंचायतों को पुरस्कृत कर प्रोत्साहित करना।
ग्रामीण क्षेत्रों में शहरी सुविधाओं की उपलब्धता कार्यक्रम (PURA)	2003	ग्रामीण क्षेत्रों में उन्नत सुविधा उपलब्ध कराना।
सामाजिक सुरक्षा पायलट योजना	2004	असंगठित क्षेत्र के श्रमिकों को पारिवारिक पेंशन बीमा व चिकित्सा आदि सुविधा देना।
प्रधानमन्त्री स्वास्थ्य सुरक्षा योजना	2006	देश के पिछड़े राज्यों में 6 नए AIMS अस्पतालों को स्थापित करना।
भारत निर्माण योजना	2006	ग्रामीण अवस्थापना, सर्वांगीण तथा व्यापक विकास योजना।
आम आदमी बीमा योजना	2007-08	भूमि रहित, ग्रामीण परिवार के मुखिया या आयअर्जक व्यक्ति की बीमा योजना।
मनरेगा (2 फरवरी, 2006 को राष्ट्रीय रोजगार गारण्टी योजना के रूप में प्रारम्भ)	2009	सम्पूर्ण ग्राम रोजगार योजना तथा कार्य के बदले अनाज योजना को मिलाकर ग्रामीण क्षेत्रों में कार्य का अधिकार देना।
राष्ट्रीय ग्रामीण पेयजल योजना (NRDWP)	2009	ग्रामीण क्षेत्रों में पेयजल सुविधा उपलब्ध कराना।
राजीव आवास योजना (RAY)	2010	भारत को अगले 5 वर्षों में स्लम मुक्त बनाना।
सबला	2011	11 से 18 वर्ष की बालिका का कौशल विकास।
स्वाभिमान	2011	बैंक सम्बन्धित सुविधा उपलब्ध कराना।
अटल पेंशन योजना	2015	पेंशन सुविधा उपलब्ध कराना।
प्रधानमन्त्री जीवन ज्योति बीमा योजना	2015	बीमा सम्बन्धी सुविधाएँ उपलब्ध कराना।
प्रधानमन्त्री सुरक्षा बीमा योजना	2015	कम-से-कम प्रीमियम में दुर्घटना सम्बन्धी सुविधाएँ उपलब्ध कराना।
कौशल विकास कार्यक्रम	2015	कौशल विकास द्वारा रोजगार सुविधा उपलब्ध कराना।
शहरी परिवर्तन और कायाकल्प के लिए अटल मिशन (AMRUT)	2015	शहरी स्तर पर सेवा मानदण्डों को पूरा करना।
प्रधानमन्त्री आवास योजना	2015	मकान के लिए ₹ 1 लाख की केन्द्रीय सहायता।
प्रधानमन्त्री सुरक्षित मातृत्व अभियान	2016	गर्भवती महिलाओं को प्रसव पूर्व जाँच व गुणवत्तापूर्ण देखभाल सुनिश्चित कराना।
प्रधानमन्त्री उज्ज्वला योजना	2016	बीपीएल परिवारों को नि:शुल्क एलपीजी कनेक्शन प्रदान करना।

कार्यक्रम	प्रारम्भ (वर्ष)	उद्देश्य
नया सवेरा	2017	अल्पसंख्यक अभ्यर्थियों के ज्ञान एवं कौशल के द्वारा उनकी प्रतिस्पर्द्धात्मकता में वृद्धि करना।
प्रधानमन्त्री वय वन्दना योजना	2017	60 वर्ष और इससे अधिक उम्र वाले बुजुर्गों को पेंशन प्रदान करना।
राष्ट्रीय पोषण मिशन	2018	वर्ष 2017-18 से आने वाले तीन वर्षों में 0-6 आयु समूह के बच्चों, किशोरियों, गर्भवती महिलाओं तथा स्तनपान करने वाली माताओं के पोषण स्तर में सुधार करना।
किसान सम्मान निधि	2019	120 मिलियन किसानों को ₹ 6000 प्रति वर्ष वित्तीय सहायता प्रदान करना, जिनकी कृषि भूमि 2 हेक्टेयर तक है।
प्रधानमन्त्री श्रमयोगी मानधन पेंशन योजना	2019	इसके अन्तर्गत ₹ 15,000 तक मासिक आय प्राप्त करने वाले असंगठित क्षेत्र के लोगों (40 वर्ष कम) को 60 वर्ष के पश्चात् ₹ 3,000 की पेंशन दिए जाने का प्रावधान है।
जल जीवन मिशन	2019	शुद्ध और पेय योग्य जल की उपलब्धता कराना, जिससे देश के दुर्लभ स्थानों तक जल उपलब्ध कराया जा सके।
एक देश एक राशन कार्ड योजना	2020	राशनकार्ड धारक देश के किसी भी हिस्से की सरकारी राशन दुकान से कम कीमत पर अनाज खरीद सकेंगे।
राष्ट्रीय डिजिटल स्वास्थ्य मिशन	2020	यह योजना राष्ट्रीय स्वास्थ्य अथॉरिटी के द्वारा संचालित की गई है।
प्रधानमन्त्री आत्मनिर्भर स्वस्थ भारत योजना	2021	15 फरवरी, 2021 को प्रारम्भ की गई यह योजना 64,180 करोड़ लोगों के साथ इस उद्देश्य से देश में कार्य कर रही है कि जिन राज्यों में स्वास्थ्य को लेकर अधिक चिन्ताजनक स्थिति है, वहाँ 17,788 स्वास्थ्य केन्द्र खोले जाएँगे।

प्रीलिम्स फैक्ट्स

- अटल नवप्रवर्तन (इनोवेशन) मिशन को किसके अधीन स्थापित किया गया? ***– श्रम एवं रोजगार मन्त्रालय*** *[IAS (Pre) 2019]*
- आर एल ई जी पी, आई आर डी पी, एम आर ई पी और एम आई टी पी में से कौन–सा निर्धनता विरोधी कार्यक्रम नहीं है? ***– एम आई टी पी*** *(Monopolies and Restrictive Trade Practices) [CGPSC (Pre) 2010]*
- स्वाभिमान कार्यक्रम का प्रमुख उद्देश्य क्या है? ***– ग्रामीण निर्धनों के घरों तक बैंकों को पहुँचाना*** *[UPPSC (Mains) 2010]*
- कौशल विकास योजना मानव पूँजी, भौतिक पूँजी, कार्यशील पूँजी और स्थिर पूँजी में से किसे बढ़ाती है? ***– मानव पूँजी*** *[UPPSC (Mains) 2017]*
- मनरेगा अन्य रोजगार कार्यक्रमों से भिन्न है, क्योंकि ***– यह रोजगार की योजना न होकर कानूनी व्यवस्था है।*** *[MPPSC (Pre) 2014]*
- जवाहर रोजगार योजना किस पंचवर्षीय योजना में आरम्भ की गई? ***– सातवीं पंचवर्षीय योजना में*** *[JPSC (Pre) 2003]*
- MGNREGA, NRLM, RMSA और STEP में से कौन–सा कार्यक्रम रोजगार से सम्बन्धित नहीं है? ***– RMSA (राष्ट्रीय माध्यमिक शिक्षा अभियान)***
- ब्राजील, यूएसए, भारत और चीन में से किस देश ने सरकारी रूप में परिवार नियोजन कार्यक्रम को सर्वप्रथम अपनाया? ***– भारत (वर्ष 1952)*** *[UPPSC (Pre) 2012]*
- आई आर डी पी, ट्राईसेम, डी डब्ल्यू सी आर ए और जे आर वाई कार्यक्रमों में से किसे स्वर्ण जयन्ती ग्राम स्वरोजगार योजना में सम्मिलित नहीं किया गया है? ***– जे आर वाई*** *[UPPSC (Pre) 2001]*
- राष्ट्रीय सामाजिक सहायता प्रोग्राम का उद्देश्य है ***– अति गरीबों हेतु वृद्धावस्था पेंशन*** *[UPPSC (Pre) 2008]*
- राष्ट्रीय सामाजिक सहायता कार्यक्रम में 'गरीबी रेखा' से नीचे के लिए राष्ट्रीय परिवार लाभ कार्यक्रम, अन्नपूर्णा, महिला किसान सशक्तीकरण परियोजना में से कौन–सा कार्यक्रम सम्मिलित नहीं है? ***– महिला किसान सशक्तीकरण परियोजना*** *[UPPSC (Pre) 2019]*
- राष्ट्रीय स्वास्थ्य बीमा योजना, निपुणता विकास कार्यक्रम, आम आदमी बीमा योजना और असंगठित श्रमिकों का सामाजिक सुरक्षा अधिनियम, 2008 में से कौन–सा समाजिक संरक्षण का अपनाया गया तरीका नहीं है? ***– निपुणता विकास कार्यक्रम*** *[UPPSC (Mains) 2009]*

- स्वावलम्बन योजना किस वर्ष में प्रारम्भ की गई थी? ***– वर्ष 2010 [UPPSC (Pre) 2016]***
- प्रधानमन्त्री श्रम योगी मान–धन योजना में प्रत्येक ग्राहक को 60 वर्ष की आयु प्राप्त करने के बाद कितनी न्यूनतम अनुमानित पेंशन प्रति माह प्राप्त होगी? ***– ₹ 3,000 [BPSC (Pre) 2019]***
- गेहूँ, तिलहन, चावल और दलहन में से कौन राष्ट्रीय खाद्यान्न सुरक्षा मिशन में सम्मिलित नहीं है? ***– तिलहन [UPPSC (Mains) 2008]***
- सार्वजनिक वितरण प्रणाली का लक्ष्य है ***– गरीबों को खाद्य सुरक्षा उपलब्ध काराना। [MPPSC (Pre) 2018]***
- राष्ट्रीय युवा नीति, 2014 के अनुसार किस आयु वर्ग में युवा लाभान्वित होंगे? ***– 15-29 वर्ष [UKPSC (Pre) 2012]***
- प्रधानमन्त्री मुद्रा योजना के अन्तर्गत सूक्ष्म श्रेणी के व्यवसाय व सेवा हेतु बैंकों से कितना ऋण किशोर उद्योग व्यवसाय के लिए प्राप्त हो सकता है? ***– ₹ 50,000 से अधिक एवं ₹ 5,00,000 तक [CGPSC (Pre) 2018]***
- भारत में महिला समृद्धि योजना किस वर्ष शुरू की गई? ***– वर्ष 1993 में [UPPSC (Mains) 2015]***
- सितम्बर, 2020 में प्रारम्भ किए गए ऑपरेशन 'मेरी सहेली' का उद्देश्य है ***– रेलगाड़ियों में महिला यात्रियों की सुरक्षा को बढ़ावा देना। [BPSC (Pre) 2020]***
- ऑपरेशन ब्लैक बोर्ड ग्रामीण शिक्षा, प्रौढ़ शिक्षा, शहरी शिक्षा और प्राथमिक शिक्षा में से किससे सम्बन्धित है? ***– प्राथमिक शिक्षा [UPPSC (Pre) 1993]***
- वर्ष 1995 में मध्याह्न भोजन योजना किसके लिए चलाई गई थी ***– प्राथमिक शिक्षा के सार्वभौमिकरण हेतु [UPPSC (Mains) 2008]***
- साक्षर भारत कार्यक्रम का महिला साक्षरता, पुरुष साक्षरता, शिशु साक्षरता और माध्यमिक शिक्षा में से किस पर विशेष बल है? ***– महिला साक्षरता पर [UPPSC (Mains) 2015]***
- राष्ट्रीय ग्रामीण स्वास्थ्य मिशन (NRHM) को किस वर्ष प्रारम्भ किया गया था? ***– वर्ष 2005 [UPPSC (Mains) 2006]***
- राष्ट्रीय स्वास्थ्य मिशन की जननी सुरक्षा योजना के मुख्य उद्देश्य क्या है? ***– माता एवं शिशु की मृत्युदर को कम करना। [MPPSC (Pre) 2021]***
- सितम्बर, 2018 में प्रारम्भ की गई भारत की किस योजना को विश्व की सबसे बड़ी बीमा योजना में माना गया है? ***– प्रधानमन्त्री जन आरोग्य योजना [BPSC (Pre) 2018]***
- अटल ज्योति योजना, 2013 के अन्तर्गत ग्रामीण कृषि क्षेत्र को कितने न्यूनतम घण्टे बिजली देने का प्रावधान किया गया है? ***– 10 घण्टे [MPPSC (Pre) 2018]***
- लघु और सीमान्त किसानों को पेन्शन के उद्देश्य से प्रधानमन्त्री किसान मानधन योजना कब प्रारम्भ की गई? ***– 12 सितम्बर, 2019 [RAS/RTS (Pre) 2021]***
- भारत में अल्पसंख्यकों के कल्याण हेतु प्रधानमन्त्री द्वारा घोषित कार्यक्रम को क्या कहते हैं? ***– 15 सूत्रीय कार्यक्रम [CGPSC (Pre) 2008]***

सेल्फ चैक

1. निम्नलिखित में से कौन-सा कथन प्रधानमन्त्री सुरक्षा बीमा योजना के बारे में सत्य नहीं है? **UPPSC (Mains) 2015**

(a) यह एक निजी दुर्घटना प्रतिपूर्ति योजना है
(b) यह 18 से 50 वर्ष के बीच किसी भी व्यक्ति के लिए उपलब्ध है
(c) यह 18 से 70 वर्ष के बीच किसी भी व्यक्ति के लिए उपलब्ध है
(d) वार्षिक बीमा किस्त की देय राशि ₹ 12 है

2. सार्वजनिक वितरण प्रणाली का लक्ष्य है **MPPSC (Pre) 2018**

(a) गरीबों को खाद्य सुरक्षा उपलब्ध कराना
(b) जमाखोरी एवं कालाबाजारी रोकना
(c) व्यापारियों द्वारा अधिक मूल्य लिए जाने से रोकना
(d) उपरोक्त सभी

3. 'जननी सुरक्षा योजना' कार्यक्रम का प्रयास है **IAS (Pre) 2012**

1. संस्थागत प्रसव को प्रोत्साहित करना।
2. प्रसूति की लागत वहन करने हेतु माँ को आर्थिक सहायता उपलब्ध कराना।
3. गर्भावस्था और प्रसूति से हुई वेतन हानि की आपूर्ति करना।

उपरोक्त कथनों में से कौन-सा/से कथन सत्य है/हैं?

(a) 1 और 2 (b) केवल 2 (c) केवल 3 (d) ये सभी

4. अटल नवप्रवर्तन (इनोवेशन) मिशन किसके अधीन स्थापित किया गया है? **IAS (Pre) 2019**

(a) विज्ञान एवं प्रौद्योगिकी विभाग
(b) श्रम एवं रोजगार मन्त्रालय
(c) नीति आयोग
(d) कौशल विकास एवं उद्यमिता मन्त्रालय

5. 'आम आदमी बीमा योजना' के सन्दर्भ में निम्नलिखित कथनों पर विचार कीजिए **IAS (Pre) 2011**

1. इस योजना के अन्तर्गत बीमाकृत व्यक्ति भूमिहीन ग्रामीण कुटुम्ब परिवार का मुखिया अथवा कमाऊ सदस्य होना चाहिए।
2. बीमाकृत व्यक्ति 30 से 65 वर्ष के आयु-वर्ग में होना चाहिए।
3. इस योजना में बीमाकृत व्यक्ति के कक्षा 9 से 12 के बीच पढ़ रहे दो बच्चों के लिए नि:शुल्क छात्रवृत्ति का प्रावधान है।

उपरोक्त कथनों में से कौन-सा/से कथन सही है/हैं?

(a) केवल 1 (b) 2 और 3
(c) 1 और 3 (d) ये सभी

6. 'विद्यांजलि योजना' का क्या प्रयोजन है? IAS (Pre) 2017

1. प्रसिद्ध विदेशी शिक्षण संस्थाओं को भारत में अपने कैम्पस खोलने में सहायता करना।
2. निजी क्षेत्र और समुदाय की सहायता लेकर सरकारी विद्यालयों में दी जाने वाली शिक्षा की गुणवत्ता बढ़ाना।
3. प्राथमिक और माध्यमिक विद्यालयों की आधारिक संरचना सुविधाओं के संवर्द्धन के लिए निजी व्यक्तियों और संगठनों से ऐच्छिक वित्तीय योगदान को प्रोत्साहित करना।

कूट
(a) केवल 2 (b) केवल 3
(c) 1 और 2 (d) 2 और 3

7. कौशल भारत अभियान के सन्दर्भ में निम्नलिखित में से कौन-सा/से कथन सही है/हैं? IAS (Pre) 2020

1. कौशल भारत अभियान की शुरुआत प्रधानमन्त्री ने जुलाई, 2015 में की थी।
2. इस अभियान का मुख्य उद्देश्य भारत के युवाओं को सूचना तकनीक में प्रशिक्षित करना था।

कूट
(a) केवल 1
(b) केवल 2
(c) 1 और 2 दोनों
(d) न तो 1 और न ही 2

8. 'नेशनल करियर सर्विस' के सन्दर्भ में निम्नलिखित कथनों पर विचार कीजिए IAS (Pre) 2017

1. नेशनल करियर सर्विस, कार्मिक और प्रशिक्षण विभाग, भारत सरकार का एक उपक्रमण है।
2. नेशनल करियर सर्विस को देश के अशिक्षित युवाओं के लिए रोजगार के अवसर के संवर्द्धन के लिए मिशन के रूप में प्रारम्भ किया गया है।

उपरोक्त कथनों में से कौन-सा/से कथन सही है/हैं?
(a) केवल 1
(b) केवल 2
(c) 1 और 2 दोनों
(d) न तो 1 और न ही 2

9. राष्ट्रीय ग्रामीण स्वास्थ्य मिशन के सन्दर्भ में, प्रशिक्षित सामुदायिक स्वास्थ्य कार्यकर्ता, 'आशा' (ASHA) के कार्य निम्नलिखित में से कौन-से हैं? IAS (Pre) 2012

1. स्त्रियों को प्रसव-पूर्व देखभाल जाँच के लिए स्वास्थ्य सुविधा केन्द्र साथ ले जाना।
2. गर्भावस्था की प्रारम्भिक संसूचना के लिए गर्भावस्था परीक्षण किट प्रयोग करना।
3. पोषण एवं प्रतिरक्षण के विषय में सूचना देना।
4. बच्चे का प्रसव कराना।

कूट
(a) 1, 2 और 3 (b) 2 और 4
(c) 1 और 3 (d) ये सभी

10. 'उन्नत भारत अभियान' कार्यक्रम का ध्येय क्या है? IAS (Pre) 2017

(a) स्वैच्छिक संगठनों और सरकारी शिक्षा तन्त्र तथा स्थानीय समुदायों के बीच सहयोग का प्रोन्नयन कर 100% साक्षरता प्राप्त करना
(b) उच्च शिक्षा संस्थाओं को स्थानीय समुदायों से जोड़ना, जिससे समुचित प्रौद्योगिकी के माध्यम से विकास की चुनौतियों का सामना किया जा सके
(c) भारत को वैज्ञानिक और प्रौद्योगिक शक्ति बनाने के लिए भारत की वैज्ञानिक अनुसन्धान संस्थाओं को सशक्त करना
(d) ग्रामीण और नगरीय निर्धन व्यक्तियों की स्वास्थ्य देखभाल और शिक्षा के लिए विशेष निधियों का विनिधान कर मान व पूँजी विकसित करना तथा उनके लिए कौशल विकास कार्यक्रम तथा व्यावसायिक प्रशिक्षण आयोजित करना

11. प्रधानमन्त्री कौशल विकास योजना के सन्दर्भ में निम्नलिखित कथनों पर विचार कीजिए IAS (Pre) 2018

1. यह श्रम एवं रोजगार मन्त्रालय की फ्लैगशिप स्कीम है।
2. यह अन्य चीजों के साथ-साथ, सॉफ्ट स्किल, उद्यमवृत्ति, वित्तीय और डिजिटल साक्षरता में भी प्रशिक्षण उपलब्ध कराएगी।
3. यह देश के अविनियमित कार्यबल की कार्य कुशलताओं को राष्ट्रीय कौशल योग्यता ढाँचा के साथ जोड़ेगी।

उपरोक्त कथनों में से कौन-सा/से कथन सही है/हैं?
(a) 1 और 3 (b) केवल 2
(c) 2 और 3 (d) 1, 2 और 3

12. राष्ट्रीय खाद्य सुरक्षा अधिनियम, 2013 के अधीन बनाए गए उपबन्धों के सन्दर्भ में निम्नलिखित कथनों पर विचार कीजिए IAS (Pre) 2018

1. केवल वे ही परिवार सहायता प्राप्त खाद्यान्न लेने की पात्रता रखते हैं, जो 'गरीबी रेखा' से नीचे (Below Poverty Line, BPL) श्रेणी में आते हैं।
2. परिवार में 18 वर्ष या उससे अधिक उम्र की सबसे अधिक उम्र वाली महिला ही राशन कार्ड निर्गत किए जाने के प्रयोजन से परिवार की मुखिया होगी।
3. गर्भवती महिलाएँ एवं दुग्ध पिलाने वाली माताएँ गर्भावस्था के दौरान और उसके छः महीने बाद तक प्रतिदिन 1600 कैलोरी वाला राशन घर ले जाने की उत्तरदायी हैं।

उपरोक्त कथनों में से कौन-सा/से कथन सही है/हैं?
(a) 1 और 2 (b) केवल 2
(c) 1 और 3 (d) केवल 3

13. निम्नलिखित में से कौन-से 'राष्ट्रीय पोषण मिशन (न्यूट्रिशन मिशन)' के उद्देश्य हैं? IAS (Pre) 2017

1. गर्भवती महिलाओं तथा स्तनपान कराने वाली माताओं में कुपोषण से सम्बन्धित जागरूकता उत्पन्न करना
2. छोटे बच्चों, किशोरियों तथा महिलाओं में रक्ताल्पता की घटना को कम करना
3. बाजरा, मोटा अनाज तथा अपरिष्कृत चावल के उपयोग को बढ़ाना
4. मुर्गी के अण्डों के उपभोग को बढ़ाना

कूट
(a) 1 और 2 (b) 1, 2 और 3
(c) 1, 2 और 4 (d) 3 और 4

14. 'राष्ट्रीय ग्रामीण आजीविका मिशन' ग्रामीण क्षेत्रीय निर्धनों के आजीविका विकल्पों को सुधारने का किस प्रकार प्रयास करता है? **IAS (Pre) 2012**

1. ग्रामीण क्षेत्रों में बड़ी संख्या में नए विनिर्माण उद्योग तथा कृषि व्यापार केन्द्र स्थापित करके।
2. 'स्वयं सहायता समूहों' को सशक्त बनाकर और कौशल विकास की सुविधाएँ प्रदान करके।
3. कृषकों को नि:शुल्क बीज, उर्वरक, डीजल पम्प-सेट तथा लघु-सिंचाई संयन्त्र देकर।

कूट

(a) 1 और 2
(b) केवल 2
(c) 1 और 3
(d) ये सभी

15. 'अटल पेंशन योजना' के सम्बन्ध में निम्नलिखित कथनों में से कौन-सा/से कथन सही है/हैं? **IAS (Pre) 2018**

1. यह एक न्यूनतम गारण्टिड पेंशन योजना है, जो मुख्य रूप से असंगठित क्षेत्र के मजदूरों को लक्ष्य बनाती है।
2. परिवार का केवल एक ही व्यक्ति इस योजना में शामिल हो सकता है।
3. अभिदाता की मृत्यु के पश्चात् जीवनसाथी को आजीवन पेंशन की समान राशि गारण्टिड रहती है।

कूट

(a) केवल 1
(b) 2 और 3
(c) 1 और 3
(d) 1, 2 और 3

16. कौशल प्रशिक्षण नेशनल स्किल क्वालिफिकेशन फ्रेमवर्क (NSQF) और उद्योग द्वारा तय मानदण्डों पर आधारित होगा **UPPSC (Pre) 2020**

1. कौशल भारत अभियान की शुरुआत प्रधानमन्त्री ने जुलाई, 2015 में की थी।
2. इस अभियान का मुख्य उद्देश्य भारत के युवाओं को सूचना तकनीक में प्रशिक्षित करना था।

कौशल भारत अभियान के सन्दर्भ में निम्नलिखित में कौन-सा/से कथन सही है/हैं?

कूट

(a) केवल 1
(b) केवल 2
(c) 1 और 2 दोनों
(d) न तो 1 और न ही 2

जानें सही उत्तर

1. (b)	2. (a)	3. (a)	4. (b)	5. (c)	6. (a)	7. (a)	8. (d)	9. (a)	10. (b)
11. (c)	12. (b)	13. (a)	14. (b)	15. (c)	16. (a)				

• अध्याय उन्नीस

ग्रामीण एवं नगरीय विकास

"

विकास एक सतत प्रक्रिया है, जिसके अन्तर्गत किसी क्षेत्र विशेष में मात्रात्मक एवं गुणात्मक परिवर्तनों के द्वारा लोगों के जीवन-स्तर की वर्तमान परिस्थितियों में तथा भविष्य में और अधिक सुधार का प्रयास किया जाता है। विकास में मानव जीवन के सभी पहलुओं; जैसे–आर्थिक, सामाजिक, राजनीतिक, सांस्कृतिक, पर्यावरण, तकनीकी इत्यादि को सम्मिलित किया जाता है।

ग्रामीण विकास

- ग्रामीण विकास (Rural Development) का तात्पर्य एक ऐसी व्यूह रचना से है, जिसके द्वारा ग्रामीण लोगों के जीवन-स्तर में सुधार तथा उनकी आय व रोजगार के स्तर में वृद्धि का प्रयास किया जाता है।
- **अन्तर्राष्ट्रीय पुनर्निर्माण एवं विकास बैंक** (IBRD) के अनुसार, ग्रामीण विकास लोगों के एक विशिष्ट समूह (ग्रामीण निर्धनों) के आर्थिक तथा सामाजिक जीवन में सुधार लाने के लिए अपनाई गई व्यूह रचना है। इस व्यूह रचना में लघु कृषकों, काश्तकारों तथा भूमिहीन कृषकों के समूह को सम्मिलित किया जाता है।
- **उमा तेली** के अनुसार, ग्रामीण विकास का तात्पर्य ग्रामीण क्षेत्रों में रहने वाले अनेकानेक न्यून आय वर्ग के लोगों के जीवन-स्तर में सुधार लाना और उनकी विकास प्रक्रिया को आत्मपोषित करना है।

भारतीय विद्वान् **जी पार्थसारथी** के अनुसार, ग्रामीण विकास का तात्पर्य ग्रामीण निर्धनों के जीवन-स्तर में सुधार करने से है। ग्रामीण विकास में चार महत्त्वपूर्ण तत्त्व होते हैं; जैसे—ग्रामीण निर्धनों की सक्रिय भागीदारी, भौतिक व मानवीय साधनों का श्रेष्ठ उपयोग, पूँजी संग्रहण तथा तकनीकी ज्ञान का उपयोग।

ग्रामीण विकास की आवश्यकता

- गाँव भारतीय अर्थव्यवस्था का आधार है। देश की लगभग दो-तिहाई जनसंख्या गाँवों में निवास करती है तथा लगभग 49% जनसंख्या कृषि पर निर्भर है। चूँकि भारतीय कृषि तथा गाँव पिछड़े हुए हैं, इसलिए देश भी पिछड़ा हुआ है।
- भारत, जिसकी अर्थव्यवस्था लम्बी परतन्त्रता के फलस्वरूप इतनी जर्जर हो चुकी थी कि उसे **बैलगाड़ी वाला देश** कहा जाता था, उसके लिए आज चहुँमुखी विकास सराहनीय है, लेकिन फिर भी अनेक क्षेत्रों में विकास की गति को बढ़ाना अभी शेष है।

- देश के केवल 50% गाँव ही अच्छी सड़कों से जुड़ पाए हैं, परन्तु यहाँ पेयजल की समस्या बनी हुई है।
- भारत का उपभोक्ता बाजार केवल 25-30 करोड़ शहरी क्षेत्रों तक सीमित है। ग्रामीण क्षेत्रों के अधिकांश लोग उपभोक्ता वस्तुओं की केवल कल्पना ही कर सकते हैं, क्योंकि वर्तमान में वे जीवन की मूलभूत आवश्यकताएँ ही बड़ी मुश्किल से पूर्ण कर पाते हैं।
- देश का समग्र विकास करने, आर्थिक खुशहाली लाने, सामाजिक राजनीतिक पिछड़ापन दूर करने तथा **भारत** व **इण्डिया** के अन्तर को समाप्त करने के लिए ग्रामीण विकास की अत्यन्त आवश्यकता है।

ग्रामीण विकास के उद्देश्य

ग्रामीण विकास के उद्देश्य निम्नलिखित हैं

- **निर्धनता रेखा से ऊपर उठना** ग्रामीण जनसंख्या का एक बहुत बड़ा भाग निर्धनता रेखा से नीचे या उसके आस-पास है। अतः ग्रामीण विकास का एक प्रमुख उद्देश्य निर्धनता से मुक्ति दिलाना है।
- **बेरोजगारी कम करना** ग्रामीण विकास का एक उद्देश्य बेरोजगारी को भी कम करना है। यह ग्रामीण क्षेत्रों में छिपी हुई बेरोजगारी के रूप में बहुत अधिक है। इसके लिए कृषि क्षेत्र का विकास करके असंगठित क्षेत्र में रोजगार के अवसरों में वृद्धि की जा सकती है।

> श्रम ब्यूरो द्वारा दिए गए रोजगार एवं बेरोजगारी के चतुर्थ सर्वेक्षण की रिपोर्ट के अनुसार, UPS (Usual Principal Status) आधार पर ग्रामीण क्षेत्रों में 15 वर्ष एवं अधिक आयु वर्ग में बेरोजगारी दर 4.7% है।

- **शिक्षा का प्रसार** देश में अधिकांश ग्रामीण निरक्षर हैं। अतः शिक्षा के प्रसार के लिए ग्रामीण विकास किया जा रहा है। इसके लिए आठवीं पंचवर्षीय योजना में ग्रामीण महिलाओं में साक्षरता का प्रसार करने हेतु **सम्पूर्ण साक्षरता अभियान** चलाया गया था।
- **पेयजल आपूर्ति** ग्रामीण क्षेत्रों में पेयजल गुणवत्ता अच्छी नहीं है। अतः ग्रामीण विकास का एक उद्देश्य गाँवों में शुद्ध पेयजल की व्यवस्था करना है।
- **परिवहन का विकास** गामीण विकास का एक उद्देश्य परिवहन सुविधा का विकास करना है। इस उद्देश्य की पूर्ति हेतु गाँवों में सम्पर्क सड़कों का विकास किया जा रहा है।
- **संचार साधनों का विकास** ग्रामीण क्षेत्रों में अभी भी संचार साधनों का अभाव है। अतः इन क्षेत्रों में संचार व्यवस्था का विकास करना भी एक मुख्य उद्देश्य है। ग्रामीण विकास के अन्य उद्देश्य निम्नलिखित हैं
  - पर्यावरण विकास
  - जीवन-स्तर उच्च करना
  - पलायन को रोकना
  - चिकित्सा, स्वास्थ्य एवं परिवार कल्याण सुविधाओं का विकास करना।
  - सामाजिक एवं सांस्कृतिक विकास करना।

ग्रामीण विकास के मुद्दे या चुनौतियाँ

ग्रामीण विकास के मुद्दे या चुनौतियाँ निम्नलिखित हैं

- **कृषि तथा सहायक क्रियाओं पर आश्रित** भारतीय ग्रामीण अर्थव्यवस्था कृषि तथा सहायक क्रियाओं पर अधिक आश्रित है, जो सबसे बड़ी चुनौती है। इसके दो प्रमुख कारण रहे हैं
  - **पहला**, स्वतन्त्रता के पाँच दशक बाद तक भी लाखों किसानों को भू-स्वामित्व अधिकार प्राप्त नहीं हो पाया, जिससे भूमि सुधार कार्यक्रम उचित प्रकार से लागू नहीं हो पाए हैं।
  - दूसरा, कृषि में प्राचीन विधियों का प्रयोग होता रहा है, जिससे कृषि उत्पादकता में कमी आती रही है। इन दोनों कारणों को दूर करना ग्रामीण विकास का मुख्य मुद्दा बन गया है।
- **निर्धनता** भारत की ग्रामीण अर्थव्यवस्था में निर्धनता एक प्रमुख चुनौती है। तेन्दुलकर समिति (2004-05) के अनुमानों के अनुसार, देश में वर्ष 1993-94 में ग्रामीण निर्धनता का प्रतिशत 50.1% (एमआरपी विधि पर आधारित) था, जो वर्ष 2011-2012 में 25.7% रह गया। यह प्रतिशत ग्रामीण जनसंख्या के अनुसार बहुत अधिक है। यह अनेक राज्यों में और भी अधिक है; जैसे—बिहार (34.1%), ओडिशा (35.7%), उत्तर प्रदेश (30.4%), मध्य प्रदेश (35.7%), असम (33.9%)। सरकार ने ग्रामीण निर्धनता के उन्मूलन हेतु अनेक कार्यक्रम शुरू किए हुए हैं, किन्तु वर्तमान में यह एक बड़ा मुद्दा बन चुका है।
- **मौसमी बेरोजगारी** जब किसी व्यक्ति को विशेष मौसम में ही रोजगार मिलता है और शेष अवधि में वह बेरोजगार रहता है, तो यह मौसमी बेरोजगारी कहलाती है। भारत के ग्रामीण क्षेत्रों में यह समस्या सबसे अधिक है। देश में अधिकांश कृषि वर्षा पर निर्भर होने के कारण अनेक ग्रामीण क्षेत्रों में केवल एक ही फसल उगाई जाती है, जिसके परिणामस्वरूप उससे जुड़े व्यक्ति केवल 3-4 माह ही कार्य में लगे रहते हैं, शेष अवधि में उनके पास कोई कार्य नहीं रहता, जो भारतीय अर्थव्यवस्था के लिए एक बड़ी चुनौती बन गई है।

> **अदृश्य बेरोजगारी** जब श्रम की सीमान्त उत्पादकता बहुत कम अथवा शून्य होती है, तो उसे अदृश्य बेरोजगारी कहते हैं। भारत के ग्रामीण क्षेत्रों में यह वृहत् स्तर पर व्याप्त है। ग्रामीण क्षेत्रों के घरेलू उद्योगों, लघु उद्योगों, कृषि आदि में आवश्यकता से अधिक व्यक्ति लगे हैं, क्योंकि ग्रामीण जनसंख्या अधिक है तथा रोजगार कम हैं। अतः प्रच्छन्न अथवा अदृश्य बेरोजगारी की स्थिति एक चुनौती बन गई है।

- **आधारभूत ढाँचे का अभाव** भारत के ग्रामीण क्षेत्रों में आधारभूत ढाँचे का अभाव है। गाँवों में बिजली, पानी तथा परिवहन की पर्याप्त मात्रा में उपलब्धता न होने के कारण कृषि तथा ग्रामीण उद्योगों का समुचित विकास नहीं हो पाया है। देश के असंख्य गाँव अभी तक अच्छी सड़कों से नहीं जुड़े पाए हैं। रेल परिवहन की सुविधाएँ भी कुछ गाँवों तक ही सीमित हैं। नियोजित विकास के छ: दशक बाद भी अनेक गाँव डाक तथा संचार सुविधा से वंचित हैं। यह ग्रामीण विकास के लिए एक बड़ी चुनौती है।
- **ऋणग्रस्तता** गाँवों में रूढ़िवादिता, अन्धविश्वास, कुरीतियाँ आदि के कारण अधिकांश ग्रामवासी निर्धनता में भी ऋण लेकर इन्हें निभाते हैं। इनमें मृत्युभोज तथा दहेज प्रथा आदि कुरीतियों ने ग्रामीण कृषक को ऋणी बना दिया है। इन्हें इन कार्यों हेतु ऋण सहकारी संस्थाओं व बैंकों से प्राप्त नहीं होते हैं, जिससे वे गाँव के साहुकारों से उच्च ब्याज दर पर ऋण ले लेते हैं, जिन्हें चुका पाना इनके लिए कठिन हो जाता है। इसलिए प्राय: ग्रामीण किसान के लिए कहा जाता है कि "भारतीय किसान ऋण में जन्म लेता है, ऋण में बड़ा होता है तथा ऋण में उसकी मृत्यु हो जाती है।" यह समस्या ग्रामीण विकास में एक बड़ी चुनौती बनी हुई है।
- **जनसंख्या में तीव्र वृद्धि** ग्रामीण क्षेत्रों में जन्म दर बहुत ऊँची है। अन्धविश्वास व अशिक्षा के कारण वे परिवार नियोजन को समझ नहीं पाते हैं। रोजगार व शिक्षा की सुविधा न हो पाने व निर्धनता के कारण इन्हें कम उम्र में ही बाल श्रमिक के रूप में ग्रामीण परिवार की आय का एक साधन बनना पड़ता है। यह ग्रामीण विकास की एक जवलन्त समस्या बन चुकी है, जो धीरे-धीरे विकराल रूप धारण कर रही है।
- **आर्थिक विषमताएँ** ग्रामीण अर्थव्यवस्था की एक अन्य चुनौती आर्थिक विषमताएँ भी हैं। एक ओर, लगभग 15-20% ग्रामीण परिवार ऐसे हैं, जिनकी आय बहुत अधिक तथा उनकी जोत बहुत बड़ी है। वे शहरों में उपलब्ध ऊँचे मूल्यों वाली उपभोक्ता व टिकाऊ वस्तुओं का उपयोग करते हैं। दूसरी ओर, लगभग 75-80% ग्रामीण परिवार ऐसे हैं, जो या तो भूमिहीन हैं या उनकी जोत का आकार बहुत छोटा है।
- **शहरों की ओर पलायन** ग्रामीण क्षेत्रों में बेरोजगारी के कारण लाखों ग्रामीण प्रतिवर्ष रोजगार प्राप्ति के लिए शहरों की ओर पलायन कर रहे हैं। इसका एक अन्य कारण यह है कि शहरों की चमक-धमक व विलासिता ग्रामीणों को आकर्षित कर रही है, जो ग्रामीण विकास में एक मुख्य मुद्दा बन गई है।

ग्रामीण विकास मन्त्रालय

- वर्ष 1974 में कृषि व खाद्य मन्त्रालय के अन्तर्गत एक खण्ड के रूप में ग्रामीण विकास विभाग की स्थापना की गई और वर्ष 1979 में **ग्रामीण पुनर्निर्माण मन्त्रालय** के नाम से इसे एक मन्त्रालय का दर्जा मिला। जनवरी, 1982 में इसका नाम ग्रामीण विकास मन्त्रालय रखा गया।

> वर्ष 1985 में पुन: कृषि व ग्रामीण विकास मन्त्रालय में इसे एक विभाग बना दिया गया। वर्ष 1999 में पुन: ग्रामीण विकास मन्त्रालय की स्थापना की गई, जिसके अन्तर्गत वर्तमान समय में ग्रामीण विकास व भू-संसाधन विभाग शामिल हैं।

ग्रामीण विकास एवं पंचायत

- ग्रामीण विकास में पंचायतों की महत्त्वपूर्ण भूमिका को स्वीकार करते हुए संविधान में 73वाँ संशोधन किया गया, जिसके माध्यम से पंचायती राज व्यवस्था को एकरूपता, वित्तीय सुदृढ़ता एवं व्यवहारिकता प्रदान करने हेतु संवैधानिक दर्जा प्रदान किया गया।
- पंचायतों के माध्यम से ग्रामीण विकास कार्यक्रमों; जैसे—मनरेगा, PURA आदि में ग्रामीण लोगों की सहभागिता बढ़ी है। ग्रामीण व्यापार केन्द्रों की स्थापना तथा ऑनलाइन गवर्नेन्स सुविधाओं का पंचायतों द्वारा प्रयोग ग्रामों को विश्व समुदाय से जोड़ता है।
- पंचायतों के निर्वाचन में सहभागिता से लोगों की स्वशासन में भागीदारी बढ़ी है। इसके अतिरिक्त पंचायतों द्वारा स्वयं सहायता समूहों तथा महिलाओं को दी जाने वाली सहायता, जो सामुदायिक विकास की अवधारणा को सुनिश्चित करती है। वर्तमान में पंचायतों के तीनों स्तर पर महिलाओं को 33% आरक्षण दिया गया है।

ई-पंचायत

- वर्ष 2006 में तैयार **राष्ट्रीय ई-गवर्नेन्स योजना** के अन्तर्गत मिशन मोड परियोजनाओं में ई-पंचायत भी शामिल है। ई-पंचायत का प्रमुख उद्देश्य पंचायती राज संस्थाओं के क्रियाकलापों में सम्पूर्ण सुधार कर उन्हें अधिक पारदर्शी, उत्तरदायी व प्रभावी बनाना है।
- 12वीं योजना में **ई-पंचायत मल्टी मीडिया कार्यक्रम** को राजीव गाँधी पंचायत सशक्तीकरण अभियान का एक हिस्सा बनाने का प्रस्ताव प्रस्तुत किया गया और इसे योजना आयोग (वर्तमान में नीति आयोग) को सौंपा गया है।

ई-चौपाल

- ई-चौपाल ग्रामीण किसानों को कृषि तथा अन्य उत्पाद; जैसे- झींगा, कॉफी, सोयाबीन आदि उत्पादन के सम्बन्ध में Internet के माध्यम से प्रत्यक्ष रूप से विपणन उगाने प्रबन्धन सम्बन्धी जानकारी प्रदान करेगी।
- इस प्रयास में I.T.C. Ltd की अहम भूमिका है।

ग्रामीण विकास से सम्बन्धित योजनाएँ

भारत में अनेक ग्रामीण विकास योजनाएँ संचालित हैं, जो ग्रामीण विकास में अपना अमूल्य योगदान दे रही हैं। कुछ प्रमुख योजनाएँ निम्न प्रकार हैं

स्वामित्व योजना

- प्रधानमन्त्री नरेन्द्र मोदी ने देश में 24 अप्रैल, 2020 के पंचायती राज दिवस के अवसर पर स्वामित्व योजना की शुरुआत की।

स्वामित्व योजना गाँव की सम्पत्तियों का सही आकलन करने हेतु प्रयास है। इस योजना के अन्तर्गत देश के सभी गाँवों की सम्पत्ति की ड्रोन से मैपिंग की जाएगी।

- गाँव के लोगों को एक मालिकाना प्रमाण-पत्र दिया जाएगा। सम्पत्ति को लेकर जो भ्रम की स्थिति रहती है, वह दूर हो जाएगी। इससे गाँव में विकास योजनाओं की प्लानिंग सही तरीके से होगी।
- वैज्ञानिक तकनीकी के द्वारा मालिकाना हक (अधिकार) से गाँवों के निवासी अपनी सम्पत्ति का वित्तीय उपयोग कर पाएँगे। गाँवों के आवासीय क्षेत्र का रिकॉर्ड पंचायतों को प्रदान कर सकेंगे। इससे सम्पत्तियों को कर के दायरे में लाया जा सकेगा और इससे आसानी से कर संग्रह सम्भव हो पाएगा। इस आमदनी से पंचायतें ग्रामीण क्षेत्र में अच्छी सुविधा दे पाएँगी।
- सम्पत्ति के स्पष्ट आकलन और मालिकाना हक का निर्धारण होने से उनकी कीमतों में तेजी आएगी। ड्रोन सर्वेक्षण तकनीकी के उपयोग से ग्राम पंचायत के पास गाँव का सटीक रिकॉर्ड और मानचित्र होगा, जिसका उपयोग कर वसूली, भवन निर्माण के लिए परमिट जारी करने में, अवैध कब्जा समाप्त करने आदि के लिए किया जा सकता है।
- उत्तर प्रदेश, महाराष्ट्र, कर्नाटक, हरियाणा, मध्य प्रदेश और उत्तराखण्ड में इस योजना को प्रारम्भिक रूप से प्रारम्भ किया जा रहा है।

ग्रामीण आवास के लिए ब्याज सब्सिडी योजना

- 24 जनवरी, 2017 को प्रारम्भ इस योजना के अन्तर्गत ग्रामीण विकास को बढ़ावा दिया जाएगा।
- इस योजना के अन्तर्गत ऋण लेने वाले लाभार्थियों को ₹ 2 लाख तक के ऋण पर 3% ब्याज सब्सिडी प्रदान की जाएगी। इस योजना का क्रियान्वयन राष्ट्रीय आवास बैंक द्वारा किया जा रहा है।
- इस योजना के अन्तर्गत ऐसे लाभार्थियों जो प्रधानमन्त्री आवास योजना (ग्रामीण) से लाभान्वित नहीं है, को मकान के निर्माण व रख-रखाव हेतु ₹ 2 लाख तक के ऋण की सुविधा प्रदान की जाती है।

श्यामा प्रसाद मुखर्जी रुरबन मिशन

- यह योजना वर्ष 2014-15 के बजट में पेश की गई थी। इस योजना में पुरा (Providing Urban Amenities to Rural Area, PURA) करने का विलय किया गया है। श्यामा प्रसाद मुखर्जी रुरबन मिशन के अन्तर्गत सरकारी-निजी भागीदारी से ग्रामीण क्षेत्रों में शहरी क्षेत्रों जैसी सुविधाएँ उपलब्ध करने की बात कही गई है।
- यह मिशन गुजरात में इसी प्रकार के लागू किए गए मिशन की अवधारणा पर आधारित है, जिसमें ग्रामीण क्षेत्रों की नागरिक सुविधा संरचना और सम्बन्धित सेवाओं में सुधार करने का कार्य किया गया है।

सभी के लिए आवास योजना

- इस योजना का प्रारम्भ 25 जून, 2015 को किया गया। इसे प्रधानमन्त्री आवास योजना का घटक बना दिया गया।
- इस योजना के अन्तर्गत वर्ष 2022 तक शहरी क्षेत्रों में रहने वाले ग़रीबों के लिए 2 करोड़ मकानों के निर्माण का लक्ष्य रखा गया है।
- इस योजना के क्रियान्वयन के लिए 9 राज्यों के 305 शहरों का चयन किया गया था।
- इस योजना में राजीव आवास योजना, राजीव ऋण योजना तथा सहभागिता के साथ वहनीय आवास योजना का विलय कर दिया गया।
- इस योजना के अन्तर्गत प्रत्येक राज्य को शहरों में मकान बनाने के लिए इसके मास्टर प्लान में सुधार करना, भवन निर्माण की स्वीकृति के लिए एकल खिड़की का प्रयोग करना, किराया कानून में संशोधन और झोपड़-पट्टी का पुनर्विकास आदि सुधार करने होंगे। इसके लिए चिह्नित राज्य तथा उनके शहरों की संख्या निम्न है

राज्य	शहर	राज्य	शहर
मध्य प्रदेश	74	ओडिशा	42
राजस्थान	40	तेलंगाना	34
झारखण्ड	15	जम्मू-कश्मीर	19
केरल	15	छत्तीसगढ़	36
		गुजरात	30

दीनदयाल उपाध्याय ग्राम ज्योति योजना

- यह योजना 25 जुलाई, 2015 में शुरू की गई। आर्थिक विकास के लिए ऊर्जा एक महत्त्वपूर्ण घटक है, इसलिए सरकार 24 × 4 ऊर्जा उपलब्ध कराने के लिए प्रतिबद्ध है। गाँवों में ऊर्जा पहुँचाने के लिए सरकार द्वारा इस योजना की शुरुआत की गई। राजीव गाँधी ग्रामीण विद्युतीकरण योजना को ग्रामीण विद्युतीकरण घटक के रूप में नई योजना में शामिल कर लिया गया है।
- इस योजना का लक्ष्य देश के सभी परिवारों को वर्ष 2022 तक अबाधित बिजली आपूर्ति सुनिश्चित कराना था। इस योजना हेतु ₹ 76 हजार करोड़ का प्रावधान किया गया था।

सांसद आदर्श ग्राम योजना

- प्रधानमन्त्री नरेन्द्र मोदी ने लोकनायक जयप्रकाश नारायण के जन्मदिन के अवसर पर 11 अक्टूबर, 2014 को सांसद आदर्श ग्राम योजना की शुरुआत की थी।
- राष्ट्रीय स्तर पर आदर्श गाँवों का सृजन करके ग्रामीण विकास की अवधारणा के साथ यह योजना ग्रामीण विकास मन्त्रालय द्वारा क्रियान्वित की जा रही है। इसके अन्तर्गत सांसद द्वारा एक आदर्श गाँव विकसित करने के लिए गाँवों को गोद लिया गया।

प्रधानमन्त्री आदर्श ग्राम योजना

- इस योजना की घोषणा वर्ष 2009-10 के बजट में की गई। इस योजना के अन्तर्गत उन गाँवों का चयन किया जाता है, जिन गाँवों की आधी जनसंख्या लगभग 50% अनुसूचित जनजाति की है।
- इन गाँवों को ग्रामीण विकास एवं निर्धनता निवारण स्कीमों के अन्तर्गत जारी की जाने वाली राशि के अतिरिक्त ₹ 10 लाख दिए जाते हैं।

अजीविका ग्रामीण एक्सप्रेस योजना

केन्द्रीय ग्रामीण विकास मन्त्रालय द्वारा 20 जुलाई, 2017 को अजीविका ग्रामीण एक्सप्रेस योजना आरम्भ करने की घोषणा की गई। प्रारम्भ में इस योजना को "दीनदयाल अन्त्योदय योजना ग्रामीण अजीविका मिशन' के अन्तर्गत प्रारम्भ किया जाएगा। इस योजना का उद्देश्य स्वयं सहायता समूहों को सशक्त करना है।

भारत निर्माण कार्यक्रम

- ग्रामों में बुनियादी ढाँचे के निर्माण के लिए भारत सरकार ने वर्ष 2005 में भारत निर्माण कार्यक्रम प्रारम्भ किया था। इस योजना के 6 घटक हैं—सिंचाई, सड़क, आवास, जलापूर्ति, विद्युतीकरण तथा दूरसंचार सम्पर्क। इन घटकों को विभिन्न योजनाओं के माध्यम से संचालित किया जा रहा है।
- भारत निर्माण के प्रथम चरण के पश्चात् द्वितीय चरण (2009-14) का प्रारम्भ हो चुका है, जिसके अन्तर्गत प्रत्येक आनाच्छादित बसावटों में वर्ष 2012 तक शुद्ध पेयजल उपलब्ध कराना, ग्रामीण निर्धनों के लिए वर्ष 2014 तक 1.2 करोड़ आवासों का निर्माण कराना, वर्ष 2014 तक 40% तक ग्रामीण टेलीघनत्व प्राप्त करना, वर्ष 2012 तक सभी ग्राम पंचायतों को ब्रॉडबैण्ड कवरेज व पंचायत स्तर पर भारत निर्माण सेवा केन्द्र की स्थापना करना, 1.75 करोड़ गरीब परिवारों को विद्युत कनेक्शन प्रदान करना 1 करोड़ हेक्टेयर अतिरिक्त भूमि को सिंचाई के अन्तर्गत लाने का लक्ष्य निर्धारित किया गया।
- पुरा की संकल्पना स्थानीय लोगों, जन-प्रशासन व निजी क्षेत्र के आपसी सहयोग के माध्यम से ग्रामीण क्षेत्रों में सेवा आपूर्ति के आत्मनिर्भर व व्यावहारिक मॉडल के रूप में पूर्व राष्ट्रपति ए पी जे अब्दुल कलाम द्वारा प्रस्तुत की गई थी।
- ग्रामीण क्षेत्रों में शहरी सुविधाओं का प्रावधान (Providing Urban Amenities to Rural Areas, PURA) योजना का प्रारम्भ वर्ष 2003 में ग्रामीण क्षेत्रों में शहरी सुविधाओं की पहुँच बढ़ाने के उद्देश्य से किया गया था, जिससे ग्रामीण और शहरी विषमताओं को कम किया जा सके।

प्रधानमन्त्री ग्रामीण सड़क योजना

- ग्रामीण क्षेत्रों के आर्थिक एवं सामाजिक विकास में ग्रामीण सड़कों के महत्त्व को समझते हुए केन्द्र सरकार द्वारा 25 दिसम्बर, 2000 से प्रधानमन्त्री ग्रामीण सड़क योजना को (Prime Minister Gramin Sadak Yojana, PMGSY) प्रारम्भ किया गया।
- यह पूर्ण रूप से केन्द्र सरकार द्वारा वित्त पोषित योजना है। इसका उद्देश्य ग्रामीण क्षेत्रों में सड़क-सम्पर्क से वंचित गाँवों को बारहमासी सड़कों से जोड़ना है। इस योजना के अन्तर्गत 1000 लोगों की आबादी (पर्वतीय अथवा आदिवासी क्षेत्रों के मामले में 500) वाले सभी गाँवों को बारहमासी सड़कों से जोड़ना है।

प्रधानमन्त्री ग्राम सड़क योजना: पुन: चक्रण की विधियाँ

- प्रधानमन्त्री ग्राम सड़क योजना के अन्तर्गत पुन: चक्रीय प्लास्टिक से सड़कों के निर्माण करने पर बल दिया जाता है। भारत प्रतिदिन 62 मिलियन टन ठोस कचरा निकालता है, जिसमें लगभग 8% प्लास्टिक कचरा होता है। प्लास्टिक कचरे के प्रबन्धन का सर्वोत्तम तरीका इसका पुन: चक्रण है।
- प्लास्टिक चक्रण की समस्या को हल करने से बिटूमेन के उपयोग में भी कमी आती है। प्लास्टिक से सड़कों के निर्माण द्वारा इसकी स्थिरता में वृद्धि होती है तथा वर्षा और ठण्डे मौसम में भी अच्छा कार्य करती है। भारत में प्लास्टिक कचरे के प्रयोग द्वारा 12666.52 किलोमीटर सड़कों का निर्माण किया जा चुका है।

इन्दिरा आवास योजना

- इस योजना की शुरुआत मई, 1985 में की गई। इस योजना में मकान का आवण्टन महिला सदस्य अथवा पति-पत्नी के संयुक्त नाम पर किया जाता है।
- इसमें मकान 60% अनुसूचित जाति/जनजाति के लिए आरक्षित होते हैं तथा 3% आरक्षण अशक्त एवं अक्षम लोगों को दिया जाता है।

इस योजना के अन्तर्गत अप्रैल, 2008 से मैदानी क्षेत्रों में ₹ 35000 तथा पहाड़ी क्षेत्रों के लिए ₹ 38500 की राशि मकान बनाने हेतु दी जाती है।

- इस योजना में केन्द्र सरकार एवं राज्य सरकार की भागीदारी का अनुपात 75 : 25 रखा गया है। 1 मार्च, 2016 को पूर्ववर्ती इन्दिरा आवास योजना का नाम बदलकर इसे प्रधानमन्त्री आवास योजना (ग्रामीण) कर दिया गया।

जलापूर्ति सम्बन्धित योजनाएँ

ग्रामीण जलापूर्ति हेतु भारत सरकार द्वारा चलाई जा रही विभिन्न योजनाएँ/कार्यक्रम निम्न प्रकार हैं

जल जीवन मिशन योजना

- इस योजना की घोषणा अगस्त, 2019 में प्रधानमन्त्री नरेन्द्र मोदी द्वारा की गई। इस मिशन का उद्देश्य वर्ष 2024 तक सभी ग्रामीण घरों में पाइप जलापूर्ति (हर घर जल) सुनिश्चित कराना है।
- इस मिशन की प्राथमिकता सम्पूर्ण देश के सभी भागों में सुरक्षित पेयजल उपलब्ध कराना है। इस मिशन के कार्यान्वयन के लिए जलशक्ति मन्त्रालय को नोडल मन्त्रालय के रूप में नियुक्त किया गया है।

अटल भू-जल योजना (अटल जल)

- प्रधानमन्त्री नरेन्द्र मोदी ने पूर्व पीएम अटल बिहारी वाजपेयी की जयन्ती के अवसर पर 25 दिसम्बर, 2019 को अटल भू-जल योजना का का प्रारम्भ किया।
- अटल भू-जल योजना की रूपरेखा सहभागी भू-जल प्रबन्धन के लिए संस्थागत संरचना को सुदृढ़ करने तथा सात राज्यों अर्थात् गुजरात, हरियाणा, कर्नाटक, मध्य प्रदेश, महाराष्ट्र, राजस्थान और उत्तर प्रदेश में टिकाऊ भू-जल संसाधन प्रबन्धन के लिए समुदाय स्तर पर व्यवहारगत बदलाव लाने के मुख्य उद्देश्य के साथ बनाई गई है।
- इस योजना के कार्यान्वयन से इन राज्यों के 78 जिलों में लगभग 8350 ग्राम पंचायतों को लाभ पहुँचने का उद्देश्य है।
- यह योजना माँग पक्ष प्रबन्धन पर प्रमुख उद्देश्य के साथ पंचायत केन्द्रित भू-जल प्रबन्धन और व्यवहारगत बदलाव को बढ़ावा देगी।
- 5 वर्षों (2020-21 से 2024-25) की अवधि में क्रियान्वित किए जाने वाले ₹ 6,000 करोड़ के कुल परिव्यय में से 50% विश्व बैंक ऋण के रूप में होगा और उनका पुनर्भुगतान केन्द्र सरकार द्वारा किया जाएगा, जबकि शेष 50% का भुगतान नियमित बजटीय समर्थन से केन्द्रीय सहायता द्वारा किया जाएगा। विश्व बैंक ऋण का समस्त घटक और केन्द्रीय सहायता राज्यों को अनुदान के रूप में दी जाएगी।

हर घर जल योजना

- हर घर जल योजना की शुरुआत केन्द्रीय ग्रामीण विकास मन्त्री द्वारा विश्व जल दिवस (22 मार्च) पर वर्ष 2019 में की गई।
- इस योजना का उद्देश्य वर्ष 2030 तक प्रत्येक घर में शुद्ध जल उपलब्ध करवाना है। इसके अन्तर्गत आर्सेनिक फ्लोराइड से प्रभावित क्षेत्रों को भी शुद्ध जल उपलब्ध करवाना है।
- इस कार्यक्रम के अन्तर्गत मार्च, 2021 तक लगभग 28000 प्रभावित बस्तियों को सुरक्षित पेयजल की पहुँच को सुगम बनाना है।

राष्ट्रीय ग्रामीण पेयजल कार्यक्रम

- प्रत्येक ग्रामीण व्यक्तियों तक स्वच्छ पेयजल उपलब्ध कराने हेतु वर्ष 2009 में राष्ट्रीय ग्रामीण पेयजल कार्यक्रम (NRDP) का प्रारम्भ किया गया था। केन्द्र प्रायोजित इस योजना में केन्द्र एवं राज्यों के मध्य 50 : 50 के अनुपात में निधि का सहभाजन किया गया है।

> इसका उद्देश्य ग्रामीण भारत में सभी के लिए गुणवत्तापूर्ण जलापूर्ति सुनिश्चित करना है। इसके अन्तर्गत वर्ष 2022 तक प्रत्येक ग्रामीण व्यक्ति को 70 लीटर प्रति व्यक्ति प्रतिदिन शुद्ध जल की आपूर्ति उसके घर से 50 मीटर की दूरी के अन्दर उपलब्ध कराने का लक्ष्य रखा गया।

स्वजलधारा कार्यक्रम

- भारत सरकार द्वारा वर्ष 1999 में समुदाय आधारित ग्रामीण जलापूर्ति कार्यक्रम प्रारम्भ किया गया, जिसके अनुभव के आधार पर दिनांक 25-12-2002 को स्वजलधारा कार्यक्रम (Swajal Dhara Programme) आरम्भ करके सम्पूर्ण देश में ग्रामीण पेयजल आपूर्ति क्षेत्र में सुधार का प्रयास किया गया है।
- स्वजलधारा कार्यक्रम के अन्तर्गत निधियाँ राज्यों/संघ राज्य क्षेत्रों की निधियाँ भारत सरकार द्वारा आवण्टित की जाती हैं। राज्य/संघ राज्य क्षेत्र जिलावार आवण्टन करते हैं और पेयजल आपूर्ति विभाग को विवरण प्रस्तुत करते हैं। स्वजलधारा परियोजनाओं को मंजूर करने की शक्ति जिला जल एवं स्वच्छता समिति में निहित है।

राजीव गाँधी राष्ट्रीय जल मिशन

- त्वरित ग्रामीण जलापूर्ति योजना को वैज्ञानिक और कम खर्चीला बनाने के उद्देश्य से वर्ष 1986 में राष्ट्रीय पेयजल मिशन की शुरुआत की गई। अब राष्ट्रीय पेयजल मिशन के नए मिशन का नाम राजीव गाँधी राष्ट्रीय जल मिशन (Rajiv Gandhi National Water Mission) कर दिया गया है।

> **ग्रामीण पेयजल**
>
> स्वास्थ्य दक्षता तथा जीवन की स्वीकार्य गुणवत्ता की दृष्टि से ग्रामीण पेयजल (Rural Drinking Water) आवश्यक है। ग्रामीण जलापूर्ति का महत्त्व देखते हुए ग्रामीण विकास मन्त्रालय ने एक अलग सुरक्षित पेयजल के प्रावधान के अन्तर्गत सुरक्षित पेयजल को कम-से-कम 40 ली प्रति व्यक्ति प्रतिदिन से बढ़ाकर 55 ली/व्यक्ति प्रतिदिन तक बढ़ा दिया गया है। (12वीं पंचवर्षीय योजना के दौरान)

शिक्षा सम्बन्धी योजनाएँ

शिक्षा विकास की कुंजी होती है। अत: भारत सरकार गाँवों में शिक्षा का विस्तार करने के लिए विभिन्न योजनाएँ चला रही है, ये योजनाएँ निम्नलिखित हैं

प्रधानमन्त्री ग्रामीण डिजिटल साक्षरता अभियान

- इस अभियान का उद्देश्य मार्च, 2019 तक 6 करोड़ ग्रामीण परिवारों को डिजिटल रूप से साक्षर बनाना है।
- यह अभियान विश्व के सबसे बड़े डिजिटल साक्षरता कार्यक्रमों में से एक है। इसका प्रारम्भ फरवरी, 2017 में किया गया था।

सर्व शिक्षा अभियान

- वर्ष 2001 से प्रारम्भ सर्व शिक्षा अभियान (Sarv Shiksha Abhiyan, SSA) का उद्देश्य वर्ष 2010 तक 6-14 वर्ष के आयु समूह के सभी बच्चों को प्रारम्भिक शिक्षा प्रदान कराना है, साथ ही इसका उद्देश्य विद्यालय प्रणाली के कार्य निष्पादन में सुधार करना और मिशन पद्धति पर समुदाय के स्वामित्व वाली गुणवत्तापूर्ण प्रारम्भिक शिक्षा प्रदान करना है।

- इसमें प्रारम्भिक स्तर पर लैंगिक एवं सामाजिक असमानताओं को दूर करने की परिकल्पना की गई है।
- सर्वशिक्षा अभियान में लड़कियों, अनुसूचित जातियों और अनुसूचित जनजातियों तथा कठिन परिस्थितियों से घिरे अन्य बच्चों की शैक्षिक आवश्यकताओं पर विशेष रूप से ध्यान केन्द्रित किया गया है।

कस्तूरबा गाँधी बालिका शिक्षा योजना

- जिन जिलों में विशेष रूप से महिला साक्षरता दर बहुत कम है, उन क्षेत्रों में बालिकाओं के लिए विशेष विद्यालयों की स्थापना हेतु 15 अगस्त, 1997 को कस्तूरबा गाँधी शिक्षा योजना का प्रारम्भ किया गया था।
- अप्रैल, 2007 में इस योजना को सर्व शिक्षा अभियान के साथ सम्मिलित कर दिया गया था।

ग्रामीण स्वास्थ्य व स्वच्छता सम्बन्धी योजना

ग्रामीण स्वास्थ्य न्यूनतम आवश्यकता कार्यक्रम का एक अंग है। वर्ष 1958 में ग्रामीण स्वास्थ्य सेवाओं के साथ परिवार नियोजन को भी समायोजित कर दिया गया है। ये योजनाएँ निम्न हैं

सम्पूर्ण स्वच्छ पर्यावरण

- सम्पूर्ण स्वच्छ पर्यावरण (Total Clean Environment) का सृजन के अन्तर्गत सरकार प्रयास कर रही है कि वर्ष 2017 तक एक स्वच्छ परिवेश की प्राप्ति और खुले स्थान पर मल त्याग की प्रथा पूर्ण रूप से समाप्त कर दी जाए।
- इस प्रकार वर्ष 2022 तक देश की प्रत्येक ग्राम पंचायत में ठोस और तरल अपशिष्ट का प्रभावी प्रबन्धन करने की व्यवस्था का लक्ष्य निर्धारित किया गया था। ग्रामीण स्वास्थ्य मिशन की शुरुआत 12 अप्रैल, 2005 को की गई।

राष्ट्रीय ग्रामीण स्वास्थ्य मिशन

- यह मिशन आस-पास के ग्रामीण क्षेत्रों में निर्धनतम परिवारों को सुलभ, वहनीय और उत्तरदायी गुणवत्तायुक्त स्वास्थ्य सेवाएँ प्रदान करने के लिए माननीय प्रधानमन्त्री द्वारा 12 अप्रैल, 2005 को शुरू किया गया।
- इस मिशन के अनुमानित परिणामों में शिशु मृत्यु दर (IMR) को घटाकर प्रति एक हजार जन्म में 30 करना, MMR को घटाकर प्रति एक लाख जन्म में 100 करना तथा TRF को घटाकर 2.1 करना शामिल है।
- यह मिशन स्वास्थ्य परिचर्या पर सार्वजनिक व्यय में वृद्धि कर रहा है, जो सकल घरेलू उत्पाद के 0.9% से बढ़कर सकल घरेलू उत्पाद (GDP) का 2 से 3% हो गया है।

> सम्पूर्ण देश में लागू इस कार्यक्रम में 18 राज्यों (अरुणाचल प्रदेश, असम, बिहार, झारखण्ड, हिमाचल प्रदेश, जम्मू-कश्मीर, मणिपुर, मिजोरम, मध्य प्रदेश, मेघालय, नागालैण्ड, सिक्किम, त्रिपुरा, उत्तराखण्ड, राजस्थान, छत्तीसगढ़, ओडिशा तथा उत्तर प्रदेश) पर विशेष ध्यान दिया जा रहा है, क्योंकि इन राज्यों में स्वास्थ्य अवस्थाएँ तथा स्वास्थ्य सुविधाएँ दुर्बल हैं।

- राष्ट्रीय ग्रामीण स्वास्थ्य मिशन के अन्तर्गत राष्ट्रीय बाल स्वास्थ्य कार्यक्रम की शुरुआत की गई है। इस मिशन के मुख्य उद्देश्य निम्नलिखित हैं
  - राष्ट्रीय जनसंख्या नीति, 2000 के लक्ष्यों को प्राप्त करना।
  - राष्ट्रीय स्वास्थ्य नीति, 2002 के लक्ष्यों को प्राप्त करना।
  - शिशु मृत्यु दर को 30/1,000 जीवित जन्म के नीचे लाना।
  - मातृत्व मृत्यु दर को 100/1,00,000 जीवित जन्म से नीचे लाना।
  - कुल प्रजनन दर को वर्ष 2012 तक 2 बच्चे प्रति महिला के स्तर पर लाना।

निर्मल ग्राम पुरस्कार

- इसके अन्तर्गत सभी पंचायती राज संस्थाएँ 24 फरवरी, 2005 से प्रारम्भ निर्मल ग्राम पुरस्कार के रूप में ₹ 2 लाख से लेकर ₹ 50 लाख तक नकद धनराशि पुरस्कार स्वरूप प्राप्त कर सकती हैं, यदि पंचायत क्षेत्र में आने वाले सभी घरों में शौचालय हों तथा उनका सही प्रयोग हो रहा हो।
- क्षेत्र में खुले में शौच न किया जाता हो। क्षेत्र के सभी विद्यालयों में स्वच्छतागत सुविधाएँ हों तथा सभी सह-शिक्षा विद्यालयों में छात्र-छात्राओं के लिए अलग-अलग शौचालय हों। सभी आँगनवाड़ी केन्द्रों में स्वच्छतागत सुविधाएँ हों। सभी ओर साफ-सफाई व स्वच्छतापूर्ण वातावरण हो।

> **सम्पूर्ण स्वच्छता अभियान**
>
> - वर्ष 1999 से प्रारम्भ स्वच्छता अभियान का उद्देश्य ग्रामीण क्षेत्रों में बुनियादी स्वच्छता सुविधाएँ उपलब्ध कराना तथा वर्ष 2015 तक भारत से खुले में शौच करने की बुराई का उन्मूलन करना था।
> - वर्तमान में इसका नाम बदलकर **निर्मल भारत अभियान** कर दिया गया है, जिसका उद्देश्य ग्रामीण भारत को निर्मल भारत में परिवर्तित करना तथा वर्ष 2022 तक सभी ग्रामीण परिवारों को 100% स्वच्छता प्राप्त कराना था।

ग्रामीण स्वच्छता कार्यक्रम

- सरकार ने विश्व जल दशक 1980 में ग्रामीण स्वच्छता की ओर ध्यान देना शुरू किया। केन्द्रीय ग्रामीण स्वच्छता अभियान की शुरुआत वर्ष 1986 में ग्रामीण क्षेत्रों में स्वच्छता सुविधाएँ प्रदान करने के लिए की गई।

- यह एक सब्सिडी एवं ढाँचोन्मुख कार्यक्रम है, जिसका उद्देश्य सामुदायिक नेतृत्व और जनकेन्द्रित बनाना है। सिक्किम पूर्ण स्वच्छता कवरेज प्राप्त करने वाला देश का पहला निर्मल राज्य हो गया है

रोजगार सृजन कार्यक्रम

रोजगार सृजन के लिए सरकार द्वारा निम्नलिखित कार्यक्रम चलाए जाते हैं

रोशनी योजना

इस योजना का उद्देश्य भारत के वामपन्थी उग्रवाद (LWE) से प्रभावित 24 जिलों के ग्रामीण युवाओं के लिए नियोजन से जुड़े कौशल विकास की सुविधा उपलब्ध कराना है।

उम्मीद व हिमायत

जम्मू-कश्मीर में ग्रामीण क्षेत्रों में महिला सशक्तीकरण के लिए उम्मीद एवं युवाओं को रोजगार एवं क्षमता निर्माण के लिए 'हिमायत' कार्यक्रम को प्रारम्भ किया गया है। इन कार्यक्रमों को शीघ्र ही सभी 143 ग्रामीण ब्लॉक में प्रारम्भ किया जाएगा।

रोजगार आश्वासन योजना

- रोजगार आश्वासन योजना (Employment Assurance Scheme, EAS) 2 अक्टूबर, 1993 से ग्रामीण क्षेत्रों के 257 जिलों के 1778 विकासखण्डों में प्रारम्भ की गई थी, बाद में यह योजना चरणबद्ध रूप से देश की शेष पंचायत समितियों में भी लागू की गई और अन्ततः वर्ष 1997-98 में इसे सार्वभौमिक कर देश की सभी 5448 ग्रामीण पंचायत समितियों को इसमें शामिल किया गया।

> सभी विकासखण्डों में चलाई जा रही इस योजना का 1 अप्रैल, 1999 से पुनर्गठन किया गया है, अब यह सम्पूर्ण देश में जिला/विकासखण्ड स्तर पर चलाया जाने वाला **मजदूरी रोजगार कार्यक्रम** है, जिसमें मजदूरों के पलायन से ग्रस्त क्षेत्रों पर विशेष ध्यान दिया जा रहा है।

- यह कार्य योग्यता पर आधारित स्वयं सहायता समूह में प्रत्येक परिवार से एक महिला को सुनियोजित तथा गाँवों में उनके संघ बनाकर और उच्चतर स्तर पर किया जाएगा।
- ग्रामीण क्षेत्रों में निर्धनता निवारण के लिए राष्ट्रीय ग्रामीण आजीविका मिशन (NRLM) की शुरुआत 3 जून, 2011 को राजस्थान के बाँसवाड़ा जिले से की गई।
- 6 मई, 2013 को NRLM के मानकों को लचीला किया गया। ये परिवर्तन निम्न हैं
  - इस योजना के अन्तर्गत मुख्य उद्देश्यों में ग्रामीण गरीबों की आर्थिक स्थिति में सुधार हेतु वैकल्पिक अवसर उपलब्ध कराना, स्वरोजगार में सहायता देना, कौशल विकास के अवसर उपलब्ध कराना, ऋण व सब्सिडी देना, समूह व क्लस्टर गतिविधियों को प्रोत्साहन देना व उत्पादों के विपणन के अवसर उपलब्ध कराना शामिल है।
  - योजना में कौशल निर्माण व नियोजन परियोजनाओं पर विशेष ध्यान देते हुए आवण्टित धनराशि की मात्रा में वृद्धि की गई है।

जवाहर रोजगार योजना

- इसकी शुरुआत अप्रैल, 1989 में की गई थी। पंचायतों को इसके प्रशासन की जिम्मेदारी सौंपी गई।
- इसके अन्तर्गत कुल रोजगार में 30% सीटें महिलाओं के लिए आरक्षित की गई थीं।
- इस योजना के उद्देश्य ग्रामीण क्षेत्रों में स्त्रियों एवं पुरुषों को लाभकारी रोजगार प्रदान करना, ग्रामीण आधारभूत संरचना का विकास करना, ग्रामीण क्षेत्रों में जीवन की गुणवत्ता में सुधार लाना आदि थे।
- 1 अप्रैल, 1989 को NREP, RLEGP तथा जवाहरलाल नेहरू रोजगार योजना को **जवाहर रोजगार योजना** (Jawahar Rozgar Yojana, JRY) के साथ सम्मिलित कर दिया गया।

शहरी विकास

- वह क्षेत्र, जिनका जनसंख्या घनत्व उसके आस-पास के क्षेत्रों की तुलना से अधिक है और जहाँ मानवीय सुविधाओं की उपलब्धता अधिक होती है, **शहरी क्षेत्र** (Urban area) कहलाता है।
- शहरी क्षेत्रों का सृजन और विकास शहरीकरण नामक प्रक्रिया द्वारा होता है। किसी शहरी क्षेत्र की सीमा का निर्धारण उस क्षेत्र के जनसंख्या घनत्व और शहरी फैलाव के विश्लेषण में तथा शहरी और ग्रामीण जनसंख्या को निर्धारित करने में सहायता करता है।
- शहरी क्षेत्रों का भौतिक विस्तार (क्षेत्रफल, जनसंख्या आदि का विस्तार) **शहरीकरण** (Urbanisation) कहलाता है। यह एक वैश्विक परिवर्तन है। संयुक्त राष्ट्र संघ की परिभाषा के अनुसार, "ग्रामीण क्षेत्रों के लोगों का शहरों में जाकर रहना और कार्य करना भी शहरीकरण है।"

शहरी विकास के मुद्दे या चुनौतियाँ

- वर्ष 1901 में भारत में शहरी जनसंख्या 2.59 करोड़ थी, जो कुल जनसंख्या (23.84 करोड़) की 10.9% थी। वर्ष 1951 में भारत की शहरी जनसंख्या आर्थिक आयोजन शुरू होने के समय 36.11 करोड़ जनसंख्या में से 6.24 करोड़ थी, जोकि कुल जनसंख्या की 17.3% थी।

> वर्ष 1951 में वर्ग I में केवल 72 शहर थे, जिसमें शहरी जनसंख्या 44.6% निवास करती थी। यह संख्या वर्ष 2011 में बढ़कर 468 हो गई, जिसमें कुल शहरी जनसंख्या 70% है। इस प्रकार शहरी समूहों का संकेन्द्रण भी एक शहरी विकास की चुनौती है।

- वर्ष 2011 में कुल जनसंख्या 121.02 करोड़ थी, जिसमें शहरी जनसंख्या बढ़कर 37.71 करोड़ हो गई, जो कुल जनसंख्या की

31.2% थी। शहरी जनसंख्या एवं शहरीकरण में तेजी से वृद्धि के कारण शहरी विकास के लिए अनेक मुद्दे और चुनौतियाँ खड़ी हो गईं, जोकि निम्न प्रकार हैं

- **शहरों की संख्या में तेजी से वृद्धि** वर्ष 2001 में शहरों की संख्या 5161 थी, जो वर्ष 2011 में बढ़कर 7935 हो गई अर्थात् शहरों की संख्या में 54% वृद्धि हुई, जबकि शहरी जनसंख्या में होने वाली वृद्धि 31.8% से कहीं अधिक है। इनकी संख्या में तेजी से वृद्धि ही शहरी विकास के लिए एक चुनौती है।
- **शहरी समूहों में संकेन्द्रण** भारत में जनसंख्या के आधार पर शहरों को छः वर्गों में बाँटा जाता है
- **वर्ग I** इसमें जनसंख्या 100000 या इससे अधिक है।
- **वर्ग II** इसमें जनसंख्या 50000 या 99999 के बीच है।
- **वर्ग III** इसमें जनसंख्या 20000 से 49999 के बीच है।
- **वर्ग IV** इसमें जनसंख्या 10000 से 19999 के बीच है।
- **वर्ग V** इसमें जनसंख्या 5000 से 9000 के बीच है।
- **वर्ग VI** इसमें जनसंख्या 5000 से कम है।
- **महानगरों की जनसंख्या** संयुक्त राष्ट्र की परिभाषा के अनुसार, जिनकी जनसंख्या 1 करोड़ से अधिक है, वे महानगर हैं। इनमें मुम्बई, दिल्ली और कोलकाता शामिल हैं। इन तीनों महानगर में 2011 की जनगणना के अनुसार कुल शहरी जनसंख्या 13% निवास कर रही थी, जिससे यहाँ जनसंख्या का भारी दबाव बन गया, जो शहरी विकास के लिए एक चुनौती है।
- **छोटे शहरों के विकास की अवहेलना** देश के बड़े शहरों पर जनसंख्या का भारी दबाव है। वस्तुतः बड़े, मध्यम व छोटे शहरों में जनसंख्या वृद्धि की दर में अन्तर लगातार बढ़ते जा रहे हैं। इसका मुख्य कारण यह है कि बड़े शहरों में आधारिक संरचना का अपेक्षाकृत अधिक तेजी से विकास हो रहा है, जो दूसरे क्षेत्र के लोगों को आकर्षित कर रहा है। बड़े शहरों की नगरपालिकाओं की वित्तीय स्थिति मजबूत है, क्योंकि उन शहरों का आर्थिक आधार सशक्त है। इसलिए ये नगरपालिकाएँ विकास के लिए संसाधनों की अपेक्षाकृत अधिक आसानी से व्यवस्था कर लेती हैं, परन्तु छोटे शहरों की नगरपालिकाओं की वित्तीय स्थिति अच्छी नहीं होती है तथा उन्हें पूँजी बाजार से या अन्य स्रोतों से आसानी से ऋण भी उपलब्ध नहीं होता, इसलिए वे आधारिक संरचना का निर्माण करने तथा अन्य विकास कार्यक्रमों को लागू करने में स्वयं को असमर्थ पाती हैं।

> वैश्वीकरण के नए दौर में वैश्विक विकास केन्द्र चुम्बक की तरह निवेश को आकर्षित कर रहे हैं, जिससे छोटे शहरों के विकास कार्यों के प्रति उदासीनता व अवहेलना बढ़ती जा रही है, जो शहरी विकास के लिए एक चुनौती है।

- **सेन्सस शहरों में वृद्धि** 2011 की जनगणना में शहरी क्षेत्रों की संख्या में अभूतपूर्व वृद्धि का मुख्य कारण जनसंख्या के आधार पर निर्धारित शहरों (Census Towns) में होने वाली तीव्र वृद्धि है। ये वे क्षेत्र हैं, जिन्हें शहरों के रूप में वैधानिक मान्यता प्राप्त नहीं है, परन्तु जनगणना में निर्धारित की गई अन्य कसौटियों को पूर्ण करते हैं।
- पिछली जनगणना 2001 में शहरों की कुल संख्या 5161 थी, जिसमें 3799 वैधानिक शहर तथा 1362 सेन्सस शहर थे। 2011 की जनगणना में कुल शहरों की संख्या बढ़कर 7935 हो गई, जिसमें 4041 वैधानिक शहर तथा 3894 सेन्सस शहर हैं। इस प्रकार, जहाँ वैधानिक शहरों की संख्या में मात्र 242 की वृद्धि हुई है, वहाँ सेन्सस शहरों की संख्या में 2532 की वृद्धि हुई है, जिनका शहरी विकास एक चुनौती बन गया है।
- **आर्थिक असमानता में वृद्धि** जैसे-जैसे शहरों की जनसंख्या में वृद्धि हुई है, वैसे-वैसे यहाँ की आर्थिक असमानता में भी वृद्धि हुई है। इसका कारण यहाँ की जनसंख्या में वृद्धि, ग्रामीण निर्धनों का शहरों की ओर पलायन आदि है, जो शहरी विकास में एक चुनौती बन गया है।
- **स्वास्थ्य में गिरावट** जनसंख्या घनत्व में वृद्धि होने, कच्ची बस्तियों में वृद्धि होने व कार्य-दशाओं में गिरावट होने से शहरी निवासियों के स्वास्थ्य में भी गिरावट होने लगी है। नई-नई जानलेवा बीमारियाँ शहरों में फैल रही हैं, जिनको नियन्त्रण कर पाना शहरी विकास के लिए एक चुनौती बन गया है।

शहरी विकास की योजनाएँ

- भारत की आबादी का लगभग 30% शहरी समूह में रहता है। देश में तेजी से विकसित शहरीकरण, जो समग्र आर्थिक प्रगति से निकटता से जुड़ा हुआ है, के शहरों को सामाजिक-आर्थिक मोर्चे पर बेरोजगारी के साथ-साथ आवास जैसे शहरों में मौजूदा बुनियादी ढाँचे पर अतिरिक्त भार के साथ कुछ गम्भीर चुनौतियों का सामना करना पड़ रहा है; जैसे—स्वच्छता, परिवहन, स्वास्थ्य, शिक्षा, उपयोगिता आदि।
- लोगों के जीवन की गुणवत्ता व जीवन-स्तर को बढ़ाने के लिए विशेष रूप से शहरी गरीब के लिए आवास और शहरी विकास मन्त्रालय सक्रिया रूप से नई योजनाएँ शुरू कर रहा है, जोकि निम्न हैं

स्मार्ट सिटीज

- यह योजना भारत सरकार ने 25 जून, 2015 को स्मार्ट सिटीज मिशन के नाम से शुरू की है। इसका उद्देश्य स्थायी और समावेशी शहरों को बढ़ावा देना है और नागरिकों को एक स्वच्छ वातावरण प्रदान करना है।
- स्मार्ट सिटी में कुछ मुख्य बुनियादी ढाँचे के तत्त्वों; जैसे—पर्याप्त पानी की आपूर्ति, बिजली की आपूर्ति, स्वच्छता, अपशिष्ट प्रबन्धन, कुशल शहरी गतिशीलता और सार्वजनिक परिवहन, किफायती आवास, मजबूत आईटी कनेक्टिविटी और डिजिटलाइजेशन ई-शासन और नागरिक भागीदारी, पर्यावरण, नागरिकों की सुरक्षा विशेष रूप से महिला और बुजुर्गों की सुरक्षा तथा स्वास्थ्य एवं शिक्षा पर बल दिया गया है।

- स्मार्ट शहरों की चयन प्रक्रिया प्रतिस्पर्द्धी और संघवाद के विचार पर आधारित है और यह दो चरणों में शहरों का चयन करने के लिए एक चुनौती प्रक्रिया का अनुसरण करती है।

> स्मार्ट शहरों के मिशन का कार्यान्वयन कम्पनी अधिनियम, 2013 के अन्तर्गत एक सीमित कम्पनी के रूप में शहर के स्तर पर स्थापित करने के लिए एक विशेष उद्देश्य वाहन (SPV) द्वारा किया जाता है और राज्य/संघ राज्य क्षेत्र तथा शहरी क्षेत्र द्वारा प्रचारित किया जाएगा।

- इस मिशन में ₹ 145245 करोड़ की 3183 परियोजनाएँ शामिल हैं, लेकिन अब तक कार्य केवल ₹ 4960 करोड़ की परियोजनाओं में ही समाप्त हुआ है। परियोजनाओं के पूर्ण होने का लक्ष्य वर्ष 2019-20 से वर्ष 2022-23 तक बढ़ा दिया गया है।

हृदय योजना

- भारत सरकार के शहरी विकास मन्त्रालय ने विरासत शहरों के समग्र विकास पर ध्यान केन्द्रित करने के साथ-साथ 21 जनवरी, 2015 को राष्ट्रीय विरासत शहर विकास और उत्थान योजना (Heritage City Development and Augmentation Yojana, HRIDAY) शुरू की।
- इस योजना का उद्देश्य धरोहर शहर की आत्मा को संरक्षित और पुनर्जीवित करना है, जो सौन्दर्य की दृष्टि से सुलभ, सूचनात्मक और सुरक्षित वातावरण को प्रोत्साहित करके शहर के अद्वितीय चरित्र को दर्शाती है।

> 27 माह की अवधि (मार्च, 2017 में पूर्ण होने) और ₹ 500 करोड़ के कुल परिव्यय के साथ यह योजना 12 चिह्नित शहरों; जैसे—अजमेर, अमरावती, अमृतसर, बादामी, द्वारका, गया, काँचीपुरम, मथुरा, पुरी में कार्यान्वित की जा रही है। वाराणसी, वेलंकन्नी और वारंगल में इस योजना को **मिशन मोड** में लागू किया गया है।

कायाकल्प और शहरी परिवर्तन के लिए अटल मिशन

- यह मिशन आवास और शहरी विकास मन्त्रालय द्वारा वर्ष 2015 में शुरू किया गया, जिसका उद्देश्य घरों के निर्माण के लिए बुनियादी सेवाएँ (पानी, सीवरेज, शहरी परिवहन आदि) प्रदान करना तथा शहरों में सुविधाएँ देना है, जो सभी के लिए जीवन की गुणवत्ता में सुधार करेगा तथा यह मिशन विशेष रूप से गरीबों और वंचितों के लिए कार्य करेगा। इस मिशन का विशेष ध्यान बुनियादी ढाँचे के निर्माण पर है, जिसका नागरिकों के लिए बेहतर सेवाओं के प्रावधान से सीधा सम्बन्ध है।
- मिशन में 500 शहरों को शामिल किया गया है, जिसमें अधिसूचित नगरपालिकाओं के साथ 1 लाख से अधिक आबादी वाले सभी शहर शामिल हैं। इस मिशन पर कुल परिव्यय वित्त वर्ष 2015-16 से वर्ष 2019-20 के लिए ₹ 50000 करोड़ है।

राष्ट्रीय शहरी आजीविका मिशन

- आवास और शहरी गरीबी उपशमन मन्त्रालय द्वारा 24 सितम्बर, 2013 को इस मिशन की शुरुआत की गई, जिसमें आजीविका को लाभकारी एवं संवर्द्धन कर शहरी गरीब परिवारों के जोखिम को कम करने के कार्यक्रम हैं।
- इन कार्यक्रमों में स्वरोजगार और कुशल मजदूरी रोजगार के अवसर प्रदान किए गए हैं, जिससे उनकी आजीविका में वृद्धि हुई है। इस मिशन को 790 शहरों में लागू किया गया है।

जवाहरलाल नेहरू राष्ट्रीय शहरी नवीनीकरण मिशन

- इस मिशन की शुरुआत 3 दिसम्बर, 2005 में की गई। जवाहरलाल नेहरू राष्ट्रीय शहरी नवीनीकरण (Jawaharlal Nehru National Urban Renwal Mission, JNNURM) मिशन एक शहरी आधुनिकीकरण योजना थी। इस योजना के अन्तर्गत शहरी निर्धनों को बुनियादी सेवाएँ प्रदान करने की कोशिश की गई।
- इस योजना का उद्देश्य शहरी आधारभूत संरचना में निवेश बढ़ाना, बेहतर नागरिक सुविधाओं का निर्माण करना, बुनियादी उपयोगिताओं के लिए अपरिवर्तनीय पहुँच सुनिश्चित करने के साथ-साथ शहरी गरीबों, झोपड़पट्टी के निवासियों और आर्थिक रूप से कमजोर वर्गों के लोगों के लिए सस्ते घर बनाने के लिए डिजाइन करना था। इस योजना के अन्तर्गत 65 मिशन शहरों की पहचान की गई थी। इसका उपमिशन व्यापक एकीकृत विकास को बढ़ावा देना था।

उत्तर-पूर्वी क्षेत्र शहरी विकास कार्यक्रम

- शहरी विकास मन्त्रालय (MOUD) द्वारा एशियाई विकास बैंक (ADB) से वित्तीय सहायता के साथ उत्तर-पूर्वी क्षेत्र शहरी विकास कार्यक्रम (NERUDP) को लिया गया है।
- इस कार्यक्रम के अन्तर्गत एशियाई विकास बैंक का योगदान भारत सरकार को ऋण के रूप में लागत का 70% है। यह कार्यक्रम 5 उत्तर-पूर्वी राज्यों के राजधानी शहरों में कार्यान्वित किया जा रहा है।
- इस कार्यक्रम के द्वारा अगरतला (त्रिपुरा), आइजोल (मिजोरम), गंगटोक (सिक्किम) और कोहिमा (नागालैण्ड) प्राथमिकता वाली शहरी सेवाओं को कवर किया जाता है। यह कार्यक्रम निम्न तीन क्षेत्रों में फैला हुआ है; जैसे—जल आपूर्ति, सीवरेज, सेनिटेशन।
- ₹ 1371 करोड़ की अनुमानित लागत पर क्षमता निर्माण, संस्थागत और वित्तीय सुधारों के अतिरिक्त ठोस अपशिष्टों का प्रबन्धन कराना।
- यह कार्यक्रम वर्ष 2009 से शहरों में चल रहा है। इस कार्यक्रम द्वारा अनेक परियोजनाओं को जून, 2019 तक पूर्ण करने का लक्ष्य है।

राष्ट्रीय शहरी परिवहन नीति, 2006

- राष्ट्रीय शहरी परिवहन नीति के अन्तर्गत, शहरी नियोजन चरण में शहरी परिवहन को एक महत्त्वपूर्ण पैरामीटर के रूप में सम्मिलित किया गया है।
- यह नीति बेहतर परिवहन प्रणालियों की शुरुआत, प्रदूषण स्तर में कमी तथा केन्द्रीय वित्तीय सहायता के माध्यम से सार्वजनिक परिवहन और गैर-मोटरसाइकिल मोड के अधिक उपयोग को प्रोत्साहित करने पर भी केन्द्रित है।

अन्य समसामयिक योजनाएँ

योजना/ कार्यक्रम नाम	मुख्य लक्ष्य	प्रमुख उद्देश्य
सांसद आदर्श ग्राम योजना	ग्रामीण विकास	ग्रामीण भारत की आत्मा को सदैव जीवित रखना तथा समग्र विकास के दृष्टिकोण से (सांसदों द्वारा) चयनित ग्रामों में कृषि, स्वास्थ्य, स्वच्छता, आजीविका, पर्यावरण, शिक्षा क्षेत्रों का एकीकृत विकास करना। इस योजना का प्रारम्भ 11 अक्टूबर, 2014 में किया गया था।
चलो गाँव की ओर कार्यक्रम 2	महिला सशक्तीकरण	3 फरवरी, 2006 को **राष्ट्रीय महिला आयोग** द्वारा शुरू की गई। इस योजना में ग्रामीण महिलाओं में जागरूकता बढ़ाने हेतु उन्हें कानूनी अधिकारों, नि:शुल्क कानूनी सहयोग व आर्थिक-सामाजिक उद्धार की विभिन्न योजनाओं से परिचित कराना है।
प्रधानमन्त्री रोजगार सृजन कार्यक्रम	स्वरोजगारों के अवसरों का सृजन	15 अगस्त, 2008 से यह कार्यक्रम पूर्व से चल रहे **प्रधानमन्त्री की रोजगार योजना** (PMRY) तथा **ग्रामीण रोजगार सृजन कार्यक्रम** (REGP) को समन्वित करके प्रारम्भ किया गया है।
आम आदमी बीमा योजना	सामाजिक सुरक्षा	केन्द्रीय बजट (2007-08) में घोषित इस योजना के अन्तर्गत विशेष रूप से असंगठित क्षेत्र के मजदूरी व ग्रामीण भूमिहीन परिवारों को केन्द्र व राज्य सरकार के समन्वित आर्थिक सहयोग से मृत्यु व विकलांगता बीमा सुरक्षा प्रदान करना।
मैला ढोने वालों हेतु स्वरोजगार योजना	स्वरोजगार	इस योजना के अन्तर्गत दिसम्बर, 2006 में केन्द्रीय मन्त्रिपरिषद् द्वारा स्वीकृत विशेष रूप से ग्रामीण क्षेत्रों के मैला ढोने वाले लोगों हेतु आवश्यक वित्त सुविधाएँ तथा कौशल प्रदान कर, उन्हें स्वरोजगार में सम्मिलित करना है।
ग्रामीण आवास हेतु ब्याज सब्सिडी योजना	ग्रामीण आवास को बढ़ावा देना	24 जनवरी, 2017 को प्रारम्भ इस योजना के अन्तर्गत ऐसे लाभार्थियों, जो प्रधानमन्त्री आवास योजना (ग्रामीण) से लाभान्वित नहीं है, को मकान के निर्माण व रख-रखाव हेतु ₹ 2 लाख तक की ऋण राशि पर 3% ब्याज सब्सिडी प्रदान करना।
प्रधानमन्त्री सहज बिजली प्रत्येक घर योजना (सौभाग्य)	सभी घरों का विद्युतीकरण	देश के ग्रामीण तथा शहरी क्षेत्रों के सभी घरों का विद्युतीकरण सुनिश्चित करने के उद्देश्य से 25 सितम्बर, 2017 को इस योजना का प्रारम्भ किया गया।

प्रीलिम्स फैक्ट्स

- भारत में सामुदायिक विकास के मुख्य निर्माता के रूप में किन्हें जाना जाता हैं? *– **एस. के. डे. (सुरेन्द्र कुमार डे)** [UPPSC (Pre) 2014]*
- कापार्ट (CAPART) एक स्ववित्त संस्था है, जो कृषि मन्त्रालय, ग्रामीण विकास मन्त्रालय, उद्योग मन्त्रालय और योजना आयोग में से किसके अधीन कार्य करती है? *– **ग्रामीण विकास मन्त्रालय** [UPPSC (Mains) 2006]*
- छठी पंचवर्षीय योजना के दौरान एकीकृत ग्रामीण विकास, ग्रामीण साक्षरता विकास, ग्रामीण रेलवे और ग्रामीण लोगों के लिए उन्नत संचार लिंग में से कौन–सा कार्यक्रम शुरू किया गया था? *– **एकीकृत ग्रामीण विकास** [BPSC (Pre) 2019]*
- आईआरडीपी का मुख्य उद्देश्य है *– **ग्रामीण विकास व निर्धनता उन्मूलन** [UPPSC (Pre) 2006]*
- ट्राइसेम (TRYSEM) ग्रामीण विकास, औद्योगिक विकास शहरी विकास और सुरक्षात्मक विकास में से किसका एक कार्यक्रम है *– **ग्रामीण विकास** [UPPSC (Pre) 2004]*
- TRYSEM, CRY, JRY और JRDP में से कौन–सी स्कीम ग्रामीण विकास के लिए नहीं है? *– **CRY** [MPPSC (Pre) 1998]*
- ग्रामीण क्षेत्रों में शहरी सुविधाएँ देने की नीति का समर्थन डॉ. ए. पी. जे. अब्दुल कलाम, डॉ. मनमोहन सिंह, डॉ. करण सिंह और डॉ. मोंटेक सिंह अहलुवालिया में से किसने किया था? *– **डॉ. ए. पी. जे. अब्दुल कलाम** [UK UDA/LDA (Mains) 2007]*
- कौन–सी योजना ग्रामीण लोगों के गृह निर्माण के लिए बनी है? *– **इन्दिरा आवास योजना** [UPPSC (Pre) 2006]*
- दस लाख मकानों का र्मिाण, बन्धुआ मजदूरों की मुक्ति, अनुसूचित जाति के सदस्यों को सस्ते आवास उपलब्ध कराना और केन्द्र द्वारा दस करोड़ रुपए का प्रावधान में से कौन–सा एक इन्दिरा आवास योजना की मुख्य विशेषता है *– **अनुसूचित जाति के सदस्यों को सस्ते आवास उपलब्ध कराना** [RAS/RTS (Pre) 1994]*
- भारत के समतल प्रदेश में स्थित गाँव प्रधानमन्त्री ग्राम सड़क योजना के अन्तर्गत आते हैं। यदि उस गाँव की जनसंख्या *– **500 से अधिक है** [CGPSC 2011]*
- केन्द्रीय ग्रामीण स्वच्छता कार्यक्रम भारत की ग्रामीण जनता का जीवन सुधारने के लिए किस वर्ष प्रारम्भ किया गया? *– **वर्ष 1986** [IAS (Pre) 2004]*

- निर्मल ग्राम पुरस्कार योजना का उद्देश्य–शौच स्वच्छता, तालाब एवं अन्य जल संकुल की स्वच्छता, पीने के लिए स्वच्छ जल व्यवस्था और पर्यावरण स्वच्छता में से क्या है?

  – शौच स्वच्छता [CGPSC (Mains) 2008]
- सांसद स्थानीय विकास निधि योजना कब प्रारम्भ की गई?

  – वर्ष 1993 [UPPSC (Mains) 2008]
- राजीव आवास योजना का मुख्य उद्देश्य है

  – भारत को कच्ची बस्ती से मुक्त कराना [RAS/RTS (Pre) 2012]
- खादी एवं ग्रामीण उद्योग कमीशन का मुख्यालय कहाँ अवस्थित है?

  – मुम्बई में [UPPSC (Pre) 2014]
- 11 अक्टूबर, 2014 को लोकनायक जयप्रकाश नारायण के जन्म दिवस की वर्षगाँठ पर कौन–से कार्यक्रम को प्रारम्भ किया गया है?

  – सांसद आदर्श ग्राम योजना [MPPSC (Pre) 2015]
- प्रधानमन्त्री नरेन्द्र मोदी ने 15 सितम्बर, 2018 को पूरे देश में–झूम खेती, आयुष्मान भारत, ब्लू इकोनॉमी और स्वच्छता ही सेवा में से कौन–से अभियान का शुभारम्भ किया?

  – स्वच्छता ही सेवा [CGPSC (Pre) 2018]
- प्रधानमन्त्री आवास योजना की समयावधि है

  – वर्ष 2015-2022 [UPPSC (Pre) 2016]

सेल्फ चैक

1. ग्रामीण विकास के सन्दर्भ में निम्नलिखित कथनों पर विचार करें

1. द्वितीय पंचवर्षीय योजना में कृषि विकास को अधिक महत्त्व प्रदान किया गया।
2. जयप्रकाश नारायण का यह कथन "भारत की आत्मा गाँवों में बसती है", ग्रामीण विकास से सम्बन्धित है।

उपरोक्त कथनों में से कौन-सा/से कथन सही है/हैं?

(a) केवल 1 (b) केवल 2
(c) 1 और 2 दोनों (d) इनमें से कोई नहीं

2. निम्नलिखित कथनों में से कौन-सा कथन असत्य है/हैं?

1. अल्पकालिक ऋण 15 महीने से कम अवधि के लिए प्रदान किया जाता है।
2. मध्यकालीन ऋण 1 वर्ष के लिए प्रदान किया जाता है।
3. दीर्घकालीन ऋण 5 से 20 वर्ष के लिए प्रदान किया जाता है।

कूट

(a) 1 और 2 (b) केवल 2
(c) 1 और 3 (d) 1, 2 और 3

3. ग्रामीण विकास अभिकरण (DRDSs) भारत में ग्रामीण निर्धनता को कम करने में कैसे मदद करते हैं? **IAS (Pre) 2012**

1. DRDAs देश के कुछ विनिर्दिष्ट पिछड़े क्षेत्रों में पंचायती राज संस्थाओं के रूप में कार्य करते हैं।
2. DRDAs विनिर्दिष्ट क्षेत्रों में निर्धनता और कुपोषण के कारणों का वैज्ञानिक अध्ययन करते हैं और उनके समाधान के विस्तृत उपाय तैयार करते हैं।
3. DRDAs निर्धनता-रोधी कार्यक्रमों के प्रभावी कार्यान्वयन हेतु अन्तर्क्षेत्रीय (इण्टर-सेक्टोरल) तथा अन्तर्विभागीय समन्वयन और सहयोग सुरक्षित करते हैं।
4. DRDAs निर्धनता-रोधी कार्यक्रमों के लिए मिले कोष पर निगरानी रखते हैं और यह सुनिश्चित करते हैं कि उनका प्रभावी उपयोग हो।

उपरोक्त कथनों में कौन-सा/से कथन सही है/हैं?

(a) 1, 2 और 3 (b) 3 और 4
(c) केवल 4 (d) उपरोक्त सभी

4. **कथन** (A) समेकित ग्रामीण विकास कार्यक्रम जैसे अन्य कार्यक्रमों को ऐसी सफलता नहीं मिली है, जैसी आशा की जाती थी।

कारण (R) केन्द्रीयकृत ढाँचे के कारण कार्यान्वयन अपर्याप्त रहा है।

कूट **UPPSC (Pre) 2014**

(a) A और R दोनों सही हैं तथा R, A का सही स्पष्टीकरण है
(b) A और R दोनों सही हैं, परन्तु R, A का सही स्पष्टीकरण नहीं है
(c) A सही है, किन्तु R गलत है
(d) A गलत है, किन्तु R सही है

5. ग्रामीण क्षेत्रों में नगरीय सुविधा प्रदान करना (PURA) प्रारूप किसके द्वारा प्रस्तावित किया गया था? **BPSC (Pre) 2018**

(a) एपीजे अब्दुल कलाम (b) मनमोहन सिंह
(c) लाल कृष्ण आडवाणी (d) राजीव गाँधी

6. प्रधानमन्त्री आवास योजना (ग्रामीण) की मुख्य विशेषता/विशेषताएँ है/हैं

(a) इसके अन्तर्गत वर्ष 2019 तक 1 करोड़ मकान बनाने का लक्ष्य रखा गया
(b) इसके अन्तर्गत मैदानी क्षेत्रों के प्रत्येक लाभार्थी को ₹ 120000 तक आर्थिक सहायता दिए जाने का प्रावधान है
(c) इसके प्रत्येक लाभार्थी को मनरेगा के अन्तर्गत 90-95 दिनों की मजदूरी का अवसर प्रदान किया जाएगा
(d) उपरोक्त सभी

7. निम्नलिखित में से कौन-से राष्ट्रीय पोषण मिशन (नेशनल न्यूट्रिशन मिशन) के उद्देश्य हैं? **IAS (Pre) 2017**

1. गर्भवती महिलाओं तथा स्तनपान कराने वाली माताओं में कुपोषण से सम्बन्धी जागरूकता उत्पन्न करना।
2. छोटे बच्चों, किशोरियों तथा महिलाओं में रक्ताल्पता की घटना को कम करना।
3. बाजरा, मोटा अनाज तथा अपरिष्कृत चावल के उपभोग को बढ़ाना।
4. मुर्गी के अण्डों के उपभोग को बढ़ाना।

कूट

(a) 1 और 2 (b) 1, 2 और 3
(c) 1, 2 और 4 (d) 3 और 4

8. आम आदमी बीमा योजना के सन्दर्भ में निम्नलिखित कथनों पर विचार कीजिए **IAS (Pre) 2011**

1. इस योजना के अन्तर्गत बीमाकृत व्यक्ति भूमिहीन ग्रामीण कुटुम्ब परिवार का मुखिया अथवा कमाऊ सदस्य होना चाहिए।
2. बीमाकृत व्यक्ति 30 से 65 वर्ष के आयु-वर्ग में होना चाहिए।
3. योजना में बीमाकृत व्यक्ति के कक्षा 9 से 12 के बीच पढ़ रहे दो बच्चों तक के लिए नि:शुल्क छात्रवृत्ति का प्रावधान है।

उपरोक्त कथनों में कौन-सा/से कथन सही है/हैं?

(a) केवल 1 (b) 2 और 3 (c) 1 और 2 (d) ये सभी

9. आयुष्मान भारत योजना के सन्दर्भ में निम्नलिखित कथनों में से कौन-सा/से कथन सत्य है/हैं?

1. यह योजना प्रति व्यक्ति ₹ 5 लाख का मुफ्त स्वास्थ्य बीमा प्रदान करती है।
2. इस योजना में होने वाले व्यय में केन्द्र और राज्यों की भागीदारी 60 : 40 के अनुपात में होती है।

कूट

(a) केवल 1 (b) केवल 2
(c) 1 और 2 दोनों (d) न तो 1 और न ही 2

10. 'जननी सुरक्षा योजना' कार्यक्रम का प्रयास है **IAS (Pre) 2012**

1. संस्थागत प्रसव को प्रोत्साहित करना।
2. प्रसूति की लागत वहन करने हेतु माँ को आर्थिक सहायता उपलब्ध कराना।
3. गर्भावस्था और प्रसूति से हुई वेतन-हानि की आपूर्ति करना।

उपरोक्त कथनों में से कौन-सा/से कथन सही है/हैं?

(a) 1 और 2 (b) केवल 2
(c) केवल 3 (d) ये सभी

11. संघ सरकार द्वारा प्रारम्भ की गई योजनाओं के सन्दर्भ में निम्नलिखित कथनों पर विचार कीजिए

1. स्वास्थ्य एवं परिवार मन्त्रालय ने राष्ट्रीय स्वास्थ्य बीमा योजना आरम्भ की।
2. कपड़ा मन्त्रालय ने राजीव गाँधी शिल्पी स्वास्थ्य बीमा योजना आरम्भ की।

उपरोक्त कथनों में से कौन-सा/से कथन सही है/हैं?

(a) केवल 1 (b) केवल 2
(c) 1 और 2 दोनों (d) न तो 1 और न ही 2

12. भारत सरकार द्वारा चलाए गए विभिन्न कार्यक्रमों में से निर्मल ग्राम पुरस्कार क्या है?

(a) यह ऐसी बालिकाओं के लिए जो ग्रामीण परिवारों में जन्मी एकल सन्तान हैं, छात्रवृत्ति के रूप में प्रोत्साहन योजना है।
(b) यह ऐसी ग्रामीण महिला खिलाड़ियों के लिए जिन्होंने किसी भी खेल में अपने राज्य का प्रतिनिधित्व किया हो, छात्रवृत्ति के रूप में प्रोत्साहन योजना है।
(c) यह कम्प्यूटर शिक्षा के लिए ग्रामों में विद्यालयों के लिए प्रोत्साहन योजना है।
(d) यह पंचायती राज संस्थाओं के लिए प्रोत्साहन योजना है।

13. राष्ट्रीय स्वास्थ्य नीति, 2017 के सम्बन्ध में निम्न कथनों पर विचार कीजिए

1. इस नीति में सभी सरकारी अस्पतालों में दवाओं एवं आवश्यक स्वास्थ्य देखभाल सेवाओं को नि:शुल्क उपलब्ध कराने के लक्ष्य निर्धारित किए गए हैं।
2. वर्ष 2025 तक सार्वजनिक स्वास्थ्य व्यय को जीडीपी के 2.5% तक वृद्धि करना।

उपरोक्त कथनों में से कौन-सा/से कथन सही है/हैं?

(a) केवल 1 (b) केवल 2
(c) 1 और 2 दोनों (d) न तो 1 और न ही 2

14. आयुष्मान भारत डिजिटल मिशन के सन्दर्भ में निम्नलिखित कथनों पर विचार कीजिए **IAS (Pre) 2022**

1. प्राइवेट अस्पतालों और सरकारी अस्पतालों को इसे अवश्य अपनाना चाहिए।
2. चूँकि इसका लक्ष्य स्वास्थ्य की सर्वजनीन व्याप्ति है, अन्ततोगत्वा भारत के प्रत्येक नागरिक को इसका हिस्सा होना चाहिए।
3. यह सम्पूर्ण देश में निर्बाध रूप से लागू किया जा सकता है।

उपरोक्त कथनों में से कौन-सा/से कथन सही है/हैं?

(a) 1 और 2 (b) केवल 3
(c) 1 और 3 (d) ये सभी

15. अटल नवप्रवर्तन (इनोवेशन) मिशन किसके द्वारा स्थापित किया गया है? **IAS (Pre) 2019**

(a) विज्ञान एवं प्रौद्योगिकी विभाग
(b) श्रम एवं रोजगार मन्त्रालय
(c) नीति (NITI) आयोग
(d) कौशल विकास एवं उद्यमिता मन्त्रालय

16. अटल नवीकरण एवं शहरी परिवर्तन मिशन (अमृत) में मुख्य रूप से बल दिया गया है? **RAS/RTS (Pre) 2015**

1. जलापूर्ति
2. सीवरेज सुविधाएँ
3. सार्वजनिक यातायात सुविधाएँ
4. पार्क एवं मनोरंजन केन्द्रों का निर्माण मुख्यतया बच्चों के लिए
5. जल प्लावन को रोकने हेतु बाढ़ के पानी का निर्गम

कूट

(a) 1, 2 और 3 (b) 1, 2 और 5
(c) 2, 3, 4 और 5 (d) 1, 2, 3, 4 और 5

जानें सही उत्तर

1. (d)	**2.** (b)	**3.** (b)	**4.** (c)	**5.** (a)	**6.** (d)	**7.** (a)	**8.** (c)	**9.** (b)	**10.** (a)
11. (b)	**12.** (a)	**13.** (c)	**14.** (d)	**15.** (c)	**16.** (d)				

आर्थिक समीक्षा 2022-23

- वित्त मन्त्री निर्मला सीतारमण ने 31 जनवरी, 2023 को संसद में आर्थिक सर्वेक्षण 2022-23 पेश किया। इस आर्थिक सर्वेक्षण में 6 से 6.8% की विकास दर का अनुमान किया गया।
- आर्थिक समीक्षा 2022-23 में कहा गया कि भारतीय अर्थव्यवस्था विश्व में सबसे तेजी से बढ़ती अर्थव्यवस्था बनी रहेगी।

राजकोषीय व्यवस्था

- GDP विकास दर वित्त वर्ष 2024 के लिए वास्तविक आधार पर 6.5% रहेगी।
- अर्थव्यवस्था की विकास दर मार्च, 2023 को समाप्त होने वाले वर्ष के लिए 7% (वास्तविक) रहने का अनुमान रहा, जबकि पिछले वित्त वर्ष में विकास दर 8.7% रही थी।
- सूक्ष्म, लघु और मध्यम उद्यम (MSME) क्षेत्र के लिए ऋण में तेज वृद्धि दर्ज की गई है, जो जनवरी-नवम्बर, 2022 के दौरान औसत आधार पर 30.5% रही।
- केन्द्र सरकार का पूँजीगत व्यय (CAPEX), जो वित्त वर्ष 2023 के आठ महीनों के दौरान 63.4% की दर से बढ़ा, वर्तमान वर्ष के लिए भारतीय अर्थव्यवस्था के विकास को गति देने का प्रमुख कारण रहा है।
- RBI का अनुमान है कि वित्त वर्ष 2023 के लिए महँगाई दर 6.8% रहेगी, जो इसके लक्ष्य सीमा से अधिक है। राजकोषीय घाटे का वित्त वर्ष 2023 में GDP के 6.4% रहने का अनुमान है।

पूँजीगत व्यय

- सरकार ने वर्ष 2022 में पूँजीगत व्यय में GDP के औसतन 2.5% की निरन्तर दीर्घकालिक वृद्धि की।
- वित्त वर्ष 2022-23 के लिए ₹ 7.5 लाख करोड़ के पूँजीगत व्यय का लक्ष्य रखा गया था, जिसमें अप्रैल से नवम्बर, 2022 के दौरान 59.6% से अधिक खर्च किया गया।

राजस्व व्यय

- केन्द्र सरकार के राजस्व व्यय वित्त वर्ष 2021-22 में GDP के 15.6% से घटाकर वित्त वर्ष 2022 के अनुमानित वास्तविक (PA) में GDP का 13.5% कर दिया गया था।
- अनुदान सहायता (सब्सिडी) व्यय में कमी के कारण इसे वित्त वर्ष 2021-22 में GDP के 3.6% से घटाकर वित्त वर्ष 2022-23 के अनुमानित वास्तविक में GDP का 1.9% कर दिया गया।

सकल कर राजस्व

- अप्रैल से नवम्बर, 2022 तक सकल कर राजस्व में वर्ष दर वर्ष 15.5% की वृद्धि दर्ज की गई और राज्यों को निर्धारण करने के बाद केन्द्र के सकल कर राजस्व में वर्ष दर वर्ष आधार पर 7.9% तक की वृद्धि हुई।
- वित्त वर्ष 2022-23 में प्रत्यक्ष कर में कॉरपोरेट और व्यक्तिगत आय कर वृद्धि के कारण वर्ष दर वर्ष 26% की वृद्धि दर्ज की गई।
- वर्ष 2022 में GST करदाताओं की संख्या 70 लाख से दोगुना होकर 1.4 करोड़ पर पहुँच गई। इसमें 1.5 लाख करोड़ के औसत मासिक संग्रह के साथ वर्ष-दर-वर्ष आधार पर 24.8% की वृद्धि हुई।

भारतीय कृषि के सम्बद्ध क्षेत्र

- जलवायु परिवर्तन सम्बन्धी चुनौतियों के पश्चात् भी वर्ष 2021-22 में भारत में कुल अनाज उत्पादन रिकॉर्ड 315.7 मिलियन टन तक पहुँच गया।
- इसके अतिरिक्त प्रथम अग्रिम अनुमान 2022-23 (केवल खरीद) के अनुसार, देश में कुल अनाज उत्पादन का अनुमान 149.9 मिलियन टन रहा, जो पिछले 5 वर्षों (2016-17 से 2020-21) के औसत खरीद अनाज उत्पादन से बहुत अधिक है। दालों का उत्पादन भी पिछले 5 वर्षों के औसत 23.8 मिलियन टन से बहुत अधिक रहा है।

बागवानी के एकीकृत विकास के लिए मिशन

- बागवानी का एक उच्च पैदावार वाला क्षेत्र एवं आय के उच्च स्रोत और किसानों के लिए बेहतर साधन के रूप में वर्णन किया गया है।
- तीसरे अग्रिम अनुमान (2021-22) के अनुसार, 28.0 मिलियन हेक्टेयर क्षेत्र में 342.3 मिलियन टन का रिकॉर्ड उत्पादन हुआ।
- सरकार ने 55 बागवानी समूहों की पहचान की है, जिनमें से 12 को क्लस्टर विकास कार्यक्रम (CDP) के प्रारम्भिक चरण के लिए चुना गया है।

पशुपालन, डेयरी और मत्स्य पालन

- भारतीय कृषि के सम्बद्ध क्षेत्र-पशुधन, वानिकी एवं लॉगिंग और मछली पकड़ने तथा जलीय कृषि धीरे-धीरे तेजी से विकास के क्षेत्र बन रहे हैं और ये बेहतर कृषि आय के सम्भावित स्रोत हैं।
- पशुधन क्षेत्र वर्ष 2014-15 से वर्ष 2020-21 (स्थिर कीमतों पर) के दौरान 7.9% की CAGR से बढ़ा और वर्ष 2014-15 में कुल कृषि GVA (स्थिर कीमतों पर) में इसका योगदान 24.3% से बढ़कर वर्ष 2020-21 में 30.1% हो गया।

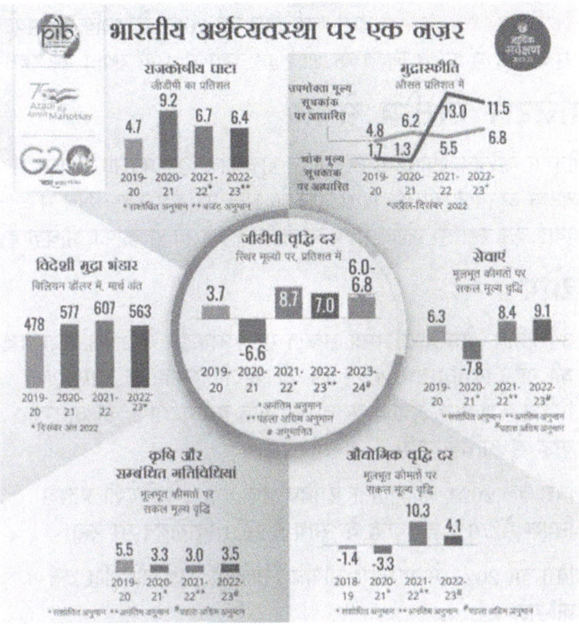

- इसी प्रकार, वर्ष 2016-17 से मत्स्य पालन क्षेत्र की वार्षिक औसत वृद्धि दर लगभग 7% रही, जबकि कुल कृषि GVA में इसकी भागीदारी लगभग 6.7% रही।
- डेयरी क्षेत्र पशुधन क्षेत्र का सबसे महत्त्वपूर्ण घटक है, जो प्रत्यक्ष रूप से 8 करोड़ से अधिक किसानों को रोजगार देता है तथा सबसे प्रमुख कृषि उत्पाद है। अन्य पशुधन उत्पाद, जैसे कि अण्डे-मांस का महत्त्व भी बढ़ रहा है, जबकि विश्व में दूध उत्पादन में भारत पहले स्थान पर है तथा अण्डे के उत्पादन में तीसरे और मांस उत्पादन में आठवें स्थान पर है।

खाद्य सुरक्षा

- भारत में खाद्य प्रबन्धन कार्यक्रम में किसानों से लाभकारी कीमतों पर खाद्यान्न की खरीद, उपभोक्ताओं को खाद्यान्न का वितरण, विशेष रूप से समाज के कमजोर वर्गों, सस्ती कीमतों पर अधिक खाद्य सुरक्षा और मूल्य स्थिरता के लिए खाद्य बफर स्टॉक का रख-रखाव शामिल है।
- सरकार ने 1 जनवरी, 2023 से एक वर्ष के लिए राष्ट्रीय खाद्य सुरक्षा अधिनियम (NFSA) के अधीन लगभग 81.4 करोड़ लाभार्थियों को मुफ्त खाद्यान्न देने का फैसला किया गया है।

मोटा अनाज का अन्तर्राष्ट्रीय वर्ष

- संयुक्त राष्ट्र महासभा ने मार्च, 2021 के दौरान अपने 75वें सत्र में वर्ष 2023 को इण्टरनेशनल ऑफ मिलेट्स ईयर (IYM) घोषित किया। मोटा अनाज (मिलेट्स) उच्च पोषण मूल्य वाला स्मार्ट भोजन है, जो जलवायु के अनुकूल है और संयुक्त राष्ट्र के कई सतत विकास लक्ष्यों (SDGS) के अनुरूप है।
- भारत बाजरे का 50.9 मिलियन टन (चौथे अग्रिम अनुमान के अनुसार) से अधिक मोटे अनाज का उत्पादन करता है, जो एशिया का 80% और वैश्विक उत्पादन का 20% है।
- भारत में मोटा अनाज मुख्य रूप से खरीफ की फसल है, जो ज्यादातर वर्षा आधारित परिस्थितियों में उगाई जाती है, जिसमें अन्य मुख्य स्टेपल की तुलना में कम पानी और कृषि आदानों की आवश्यकता होती है।
- मोटे अनाज के पोषण मूल्य को देखते हुए सरकार ने अप्रैल, 2018 में मोटे अनाज को पोषक-अनाज के रूप में अधिसूचित किया है। राष्ट्रीय खाद्य सुरक्षा मिशन (NFSM) के अन्तर्गत बाजरा प्रदान करने के लिए पेश किया गया है।

कृषि अवसंरचना निधि

कृषि अवसंरचना निधि एक वित्त पोषण सुविधा है। इसके अन्तर्गत वित्त वर्ष 2020-21 से वर्ष 2025-26 की अवधि के लिए ₹ 1 लाख करोड़ का प्रावधान किया गया है और वर्ष 2032-33 तक ब्याज अनुदान और क्रेडिट गारण्टी सहायता दी जाएगी।

स्वास्थ्य क्षेत्र

- महामारी घोषित होने के दो वर्ष के भीतर सरकार ने अर्थव्यवस्था को पुनर्जीवित करने की दिशा में सन्तुलित करने और कोविड के बढ़ते मामलों से निपटने के लिए अनेक राजकोषीय एवं सामाजिक उपाय किए हैं।
- आर्थिक समीक्षा 2022-23 में बताया गया कि इन उपायों में स्वास्थ्य सम्बन्धी बुनियादी सुविधाओं को भौतिक एवं डिजिटल तौर पर बढ़ाना, स्वास्थ्य क्षेत्र के पेशेवरों का प्रशिक्षण बढ़ाना और व्यापक टीकाकरण अभियान को जारी रखना इत्यादि शामिल हैं।
- स्वास्थ्य सुविधाओं की इस त्रिस्तरीय व्यवस्था में निम्न सुविधाएँ शामिल हैं
  - हल्के अथवा पूर्व-लक्षण वाले मामलों के लिए आइसोलेशन बेड के साथ एक समर्पित कोविड देखभाल केन्द्र।
  - मध्यम स्तर के मामलों के लिए एक समर्पित कोविड स्वास्थ्य केन्द्र ऑक्सीजन समर्थित आइसोलेशन बेड।
  - गम्भीर मामलों के लिए ICU के समर्पित COVID अस्पताल।

- भारत का राष्ट्रीय COVID-19 टीकाकरण कार्यक्रम 16 जनवरी, 2021 को शुरू हुआ था। यह विश्व का सबसे बड़ा टीकाकरण कार्यक्रम है। सम्पूर्ण देश में 6 जनवरी, 2023 तक 220 करोड़ से अधिक COVID टीके लगाए जा चुके हैं।
- 97% पात्र लाभार्थियों को COVID-19 टीके की कम-से-कम एक खुराक पहले ही दी जा चुकी है, जबकि लगभग 90% पात्र लाभार्थियों को दोनों टीके लगाए जा चुके हैं।
- 12-14 वर्ष के आयु वर्ग के लिए टीकाकरण 16 मार्च, 2022 को शुरू हुआ था। इसके बाद 18-59 वर्ष के लोगों के लिए एहतियाती टीके लगाने का कार्य 10 अप्रैल, 2022 से शुरू हुआ।

उद्योग

वित्त वर्ष 2022 के दौरान **IT-BPM** राजस्व में वार्षिक आधार पर 15.5% की वृद्धि दर्ज की गई, जबकि वित्त वर्ष 2021 में 2.1% की वृद्धि आंकी गई थी।

ई-कॉमर्स

- वर्ल्ड पे **FIS** की वैश्विक भुगतान रिपोर्ट के अनुसार, भारत के ई-कॉमर्स बाजार में वर्ष 2025 तक वार्षिक 18% की शानदार वृद्धि होने का अनुमान है।
- सरकारी ई-कॉमर्स (GeM) ने वित्त वर्ष 2022-23 के दौरान ₹ 1 लाख करोड़ की वार्षिक खरीद दर्ज की, जोकि पिछले वित्त वर्ष की तुलना में 160% की वृद्धि को दर्शाती है।

सेवा क्षेत्र

- सेवा क्षेत्र ने वित्त वर्ष 2022 में बड़ी तेजी से अपनी वापसी करते हुए 8.4% की वार्षिक वृद्धि दर्ज की, जबकि इससे पिछले वित्त वर्ष में इसमें 7.8% का संकुचन या गिरावट दर्ज की गई थी।
- **प्रथम अग्रिम अनुमान** के अनुसार, सेवा क्षेत्र में सकल मूल्य वर्द्धित (GVA) में वित्त वर्ष 2023 में 9.1% की वृद्धि होने का अनुमान है, जोकि सम्पर्क गहन सेवा क्षेत्र में 13.7% की वृद्धि के कारण सम्भव हो पाएगा।

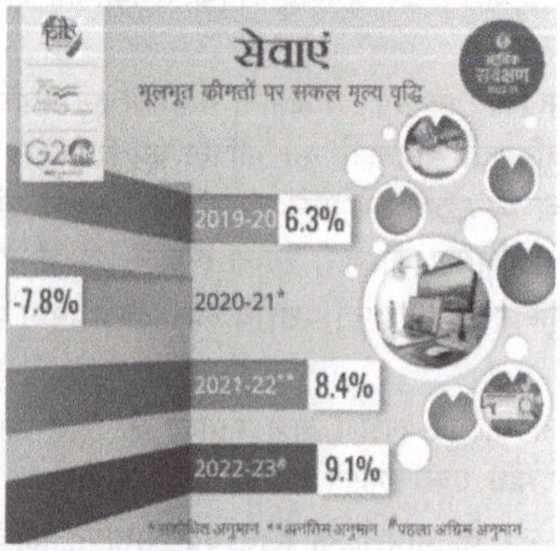

- **UNCTAD** की विश्व निवेश रिपोर्ट, 2022 में भारत को वर्ष 2021 में शीर्ष 20 मेजबान देशों में FDI का सातवाँ सबसे बड़ा प्राप्तकर्ता देश बताया गया है।
- भारत में वित्त वर्ष 2022 के दौरान सेवा क्षेत्र में $ 84.8 अरब का सर्वाधिक FDI प्रवाह हुआ, जिसमें $ 7.1 अरब का FDI इक्विटी प्रवाह भी शामिल रहा।

पर्यटन एवं होटल उद्योग

- देश में विमानों की समग्र आवागमन में अप्रैल और नवम्बर, 2022 के बीच 52.9% की वृद्धि दर्ज की गई, क्योंकि भारत ने वित्त वर्ष 2021-22 के आखिर तक पूर्ण क्षमता के साथ सभी नियमित अन्तर्राष्ट्रीय उड़ानों की शुरुआत पुन: कर दी।
- **चिकित्सा पर्यटन संघ** द्वारा जारी वित्त वर्ष 2021 के चिकित्सा पर्यटन सूचकांक में भारत विश्व के शीर्ष 46 देशों में 10वें स्थान पर रहा।

डिजिटल वित्तीय सेवाएँ

नवीनतम वैश्विक फिनटेक अनुमोदन सूचकांक के अनुसार, भारत में फिनटेक अपनाने की दर 87% होने के बल पर भारत इस क्षेत्र में अगुवाई कर रहा है, जोकि 64% के वैश्विक औसत से काफी अधिक है।

उद्योग

- औद्योगिक क्षेत्र द्वारा समग्र सकल मूल्य संवर्द्धन में 3.7% वृद्धि दर्ज की गई (वित्तीय वर्ष 2022-23 की पहली छमाही के लिए), जो पिछले दशक के पूर्वार्द्ध के दौरान प्राप्त की गई 2.8 की औसत वृद्धि से अधिक रही।
- वित्त वर्ष 2021 की तुलना में वित्त वर्ष 2022 में विदेशी प्रत्यक्ष निवेश में 76% की वृद्धि के साथ $ 21.3 बिलियन पर रहा।
- वित्त वर्ष 2021 में भारतीय औषधि निर्यात में 24% की वृद्धि दर्ज की गई।
- सितम्बर, 2022 में औषधि क्षेत्र में कुल विदेशी निवेश $ 20 बिलियन से अधिक हुआ।
- भारत अब तीसरा सबसे बड़ा ऑटो मोबाइल बाजार बन गया है।
- विशेष रूप से सूक्ष्म, लघु और मध्यम उद्यम के लिए उद्योग जगत की साख में वृद्धि हुई है।
- अगले 5 वर्षों में उत्पादन से सम्बद्ध प्रोत्साहन योजना के कारण लगभग ₹ 4 लाख करोड़ से अधिक के निवेश की सम्भावना है।
- भारत वैश्विक स्तर पर मोबाइल फोन का दूसरा सबसे बड़ा निर्माता बन गया है।
- फार्मा उद्योग में प्रत्यक्ष विदेशी निवेश में चार गुणा वृद्धि हुई है।
- भारत को वैश्विक आपूर्ति श्रृंखलाओं में प्लग करने के लिए PLI योजनाएँ अगले 5 वर्षों में अनुमानित ₹ 4 लाख करोड़ पूँजीगत व्यय के साथ 24 श्रेणियों में शुरू की गई हैं।
- जनवरी, 2023 तक 39000 अनुपालनों में कमी आई और 3500 से अधिक प्रावधानों को अपराध की श्रेणी से हटाया गया है।

बेरोजगारी दर

- श्रम बाजार बेहतर होकर शहरी और ग्रामीण दोनों क्षेत्रों में सुधर कर COVID के पूर्व के स्तर से आगे आ चुके हैं तथा बेरोजगारी दर वर्ष 2018-19 में 5.8% से घटकर 2020-21 में 4.2% पर आ गई थी।
- ग्रामीण महिला श्रमबल सहभागिता दर वर्ष 2018-19 की 19.7% से बढ़कर वर्ष 2020-21 में 27.7% तक आ गई थी।
- वर्ष 2018-19 की 55.6% की तुलना में पुरुषों के लिए श्रम बल सहभागिता दर वर्ष 2020-21 में 57.5% पर पहुँच गई थी।
- वर्ष 2018-19 की 18.6% की तुलना में महिलाओं के लिए श्रम बल सहभागिता दर वर्ष 2020-21 में 25.1% पर पहुँच गई थी।

डिजिटल अवसंरचना

- पिछले तीन वर्षों (2019-21) में ग्रामीण क्षेत्रों में शहरी क्षेत्र की तुलना में (ग्रामीण क्षेत्र में 95.76 मिलियन की तुलना में शहरी क्षेत्रों में 92.81 मिलियन) अधिक इण्टरनेट ग्राहकों की वृद्धि हुई।
- वर्ष 2015 से 2021 के बीच शहरी क्षेत्रों में 158% की तुलना में ग्रामीण क्षेत्रों में इण्टरनेट ग्राहकों की संख्या ने 200% की वृद्धि सरकार की ग्रामीण और शहरी डिजिटल सम्पर्क में समानता लाने के लिए प्रोत्साहन में वृद्धि प्रदर्शित करती है।
- एक प्रमुख सुधार उपाय के रूप में भारतीय टेलीग्राफ राइट ऑफ वे (संशोधन) नियम, 2022 5G सेवा शुरू करने के लिए टेलीग्राफ अवसंरचना की तेज और आसान स्थापना की सुविधा प्रदान करेगा।

बाहरी क्षेत्र

- अप्रैल-दिसम्बर, 2022 के दौरान व्यापार निर्यात $ 332.8 बिलियन रहा।
- नवम्बर, 2022 के अन्त तक भारत विश्व में छठा सबसे बड़ा विदेशी मुद्रा भण्डार धारक रहा।

आम बजट 2023-24

- केन्द्रीय वित्त एवं कॉर्पोरेट कार्य मन्त्री निर्मला सीतारमण ने 1 फरवरी, 2023 को संसद में **आम बजट 2023-24** प्रस्तुत किया। वित्त मन्त्री ने ₹ 45.3 लाख करोड़ का बजट पेश किया, जो अब तक का सबसे बड़ा बजट है। इस बजट में पिछले बजट से 7.5% की वृद्धि की गई है।
- वित्त मन्त्री ने केन्द्रीय बजट की सात प्राथमिकताएँ बताईं और कहा कि ये सभी एक-दूसरे की पूरक हैं और ये **सप्तऋषि** के रूप में कार्य कर रही हैं, जो अमृत काल में हमारा मार्गदर्शन कर रही हैं। इनमें शामिल हैं
  (1) समावेशी विकास (2) अन्तिम व्यक्ति तक पहुँचना
  (3) अवसंरचना एवं निवेश (4) सम्भावनाओं को उन्मुक्त करना
  (5) हरित विकास (6) युवा शक्ति (7) वित्तीय क्षेत्र

अमृत काल का विजन

- अमृत काल के लिए विजन में प्रौद्योगिकी चालित एवं ज्ञान आधारित अर्थव्यवस्था शामिल है, जो मजबूत लोक वित्त और एक मजबूत वित्तीय क्षेत्र से युक्त है। इस विजन को प्राप्त करने के लिए आर्थिक एजेण्डा निम्न तीन प्राथमिकताओं पर ध्यान केन्द्रित करेगा
  - नागरिकों, विशेष रूप से युवाओं की आकांक्षाओं को पूर्ण करने के लिए व्यापक अवसरों को उपलब्ध कराना।
  - प्रगति और रोजगार सृजन के लिए मजबूत आधार उपलब्ध कराना।
  - वृहद् आर्थिक सुस्थिरता को मजबूत बनाना।
- **इण्डिया @100** के लिए देश की यात्रा में इन केन्द्रित क्षेत्रों को सेवा प्रदान करने के लिए बजट में निम्न चार परिवर्तनकारी अवसरों की पहचान की गई है
  - स्वयं सहायता समूह (SHG) के माध्यम से महिलाओं का आर्थिक सशक्तिकरण
  - PM विश्वकर्मा कौशल सम्मान (PM विकास)
  - मिशन मोड में पर्यटन प्रोत्साहन
  - हरित विकास।

महत्त्वपूर्ण घोषणाएँ

राजकोषीय नीति

- वित्त वर्ष 2022-23 में सांकेतिक GDP के वर्ष-दर-वर्ष 15.4% बढ़ने का अनुमान रहा, जबकि यह वित्त वर्ष 2021-22 में यह वृद्धि 19.5% थी।
- वास्तविक GDP के वित्त वर्ष 2020-21 में 8.7% की तुलना में वर्ष-दर-वर्ष 7% तक बढ़ने का अनुमान था।

- पूँजीगत निवेश परिव्यय में लगातार तीसरे वर्ष 33% की तीव्र वृद्धि करते हुए इसे ₹ 10 लाख करोड़ तक करने का प्रस्ताव किया गया है, जो GDP का 3.3% और वर्ष 2019-20 के परिव्यय से लगभग तीन गुना अधिक होगा।
- **प्रभावी पूँजीगत व्यय** का बजट ₹ 13.7 लाख करोड़ अर्थात् GDP का 4.5% होगा।
- बजट अनुमान 2023-24 में उधारियों से पृथक् कुल प्राप्तियाँ और कुल व्यय क्रमश: ₹ 27.2 लाख करोड़ और ₹ 45 लाख करोड़ होने का अनुमान लगाया गया है। निवल कर प्राप्तियाँ ₹ 23.3 लाख करोड़ रहने का अनुमान है।
- राजकोषीय घाटे के वर्ष 2023-24 में GDP का 5.9% रहने का अनुमान है।
- वर्ष 2023-24 में राजकोषीय घाटे के वित्त पोषण के लिए दिनांकित प्रतिभूतियों से निवल बाजार उधारियाँ ₹ 11.8 लाख करोड़ होने का अनुमान लगाया गया है।
- राजस्व घाटे के वित्त वर्ष 2022-23 में 4.1% की तुलना में वित्त वर्ष 2023-24 में 2.9% रहने का अनुमान है।

नीति	संशोधित अनुमान (2022-23)	बजट अनुमान (2022-23)
राजकोषीय घाटा	6.4%	5.9%
राजस्व घाटा	4.1%	2.9%

कर राजस्व

- केन्द्र सरकार की कुल राजस्व प्राप्तियों और राजस्व व्यय के बजट हेतु वर्ष 2023-24 में क्रमश: ₹ 26.32 लाख करोड़ और ₹ 35.02 लाख करोड़ का अनुमान है।
- इसके आधार पर राजस्व प्राप्तियों और राजस्व व्यय के बीच अनुपात बजट अनुमान वर्ष 2023-24 में 75.2% अनुमानित किया गया है, जो संशोधित अनुमान वर्ष 2022-23 और वित्त वर्ष 2021-22 के क्रमश: 67.9% और 67.8% से बढ़कर वित्त वर्ष 2023-24 में 75.2% अनुमानित है।
- गैर-कर राजस्व का राजस्व प्राप्ति में 11.5% का योगदान देने का अनुमान है अर्थात् इसके ₹ 3.02 लाख करोड़ होने का अनुमान है, जो वित्त वर्ष 2022-23 के ₹ 2.62 लाख करोड़ की तुलना में 15.2% अधिक है।

प्रत्यक्ष कर

- नई कर व्यवस्था में वेतन भोगी व्यक्ति को ₹ 50000 की मानक कटौती का लाभ देने और परिवार पेंशन से ₹ 15000 तक कटौती करने का प्रस्ताव है।
- नई कर व्यवस्था में उच्च प्रभार दर 37% से घटाकर 25% करने का प्रस्ताव है। इसके फलस्वरूप अधिकतम व्यक्तिगत आयकर दर में 39% तक की कटौती होगी।
- गैर-सरकारी वेतनभोगी कर्मचारी के सेवानिवृत्ति पर छुट्टी नकदीकरण पर कर छूट की सीमा बढ़ाकर ₹ 25 लाख की गई।

व्यक्तिगत आयकर

मध्य वर्गीय व्यक्तियों को राहत प्रदान करते हुए वित्त मन्त्री ने स्लैब की संख्या को घटाकर ₹ 5 लाख तथा कर छूट सीमा को बढ़ाकर 3 लाख करते हुए नई व्यक्तिगत आयकर व्यवस्था में कर संरचना में बदलाव का प्रस्ताव रखा। नई कर दरें निम्नलिखित हैं

कुल आय (₹)	दर (%)
0-3 लाख तक	शून्य
3-6 लाख तक	5%
6-9 लाख तक	10%
9-12 लाख तक	15%
12-15 लाख तक	20%
15 लाख से अधिक	30%

किस मंत्रालय के लिए कितना आवंटन *(लाख करोड़ रुपये में)*

5.94 रक्षा मंत्रालय	1.96 गृह मंत्रालय	1.60 ग्रामीण विकास मंत्रालय
2.70 सड़क परिवहन एवं राजमार्ग मंत्रालय	2.06 उपभोक्ता, खाद्य एवं सार्वजनिक वितरण	1.25 कृषि एवं किसान कल्याण मंत्रालय
2.41 रेल मंत्रालय	1.78 रसायन एवं उर्वरक मंत्रालय	1.23 संचार मंत्रालय

बजट में राज्यों को मिली हिस्सेदारी

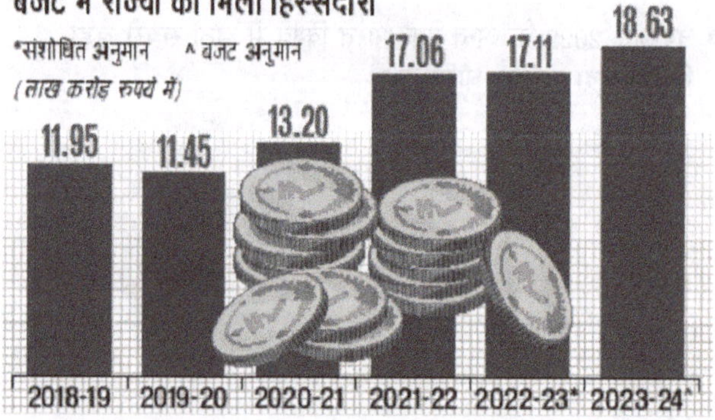

अप्रत्यक्ष कर

- वस्त्रों और कृषि को छोड़कर बेसिक सीमा शुल्क दरों की संख्या को 21 से घटाकर 13 किया गया।
- कुछ वस्तुओं की बेसिक सीमा शुल्कों, उपकरों और अधिभारों में अल्प परिवर्तन हुआ है, जिसमें खिलौने, साइकिल, ऑटोमोबाइल और नाफ्था शामिल हैं।

- इसमें सम्मिलित कम्प्रेस्ड बायो गैस, जिस पर GST भुगतान किया गया है, उस पर उत्पाद शुल्क से छूट देने का प्रस्ताव किया गया।
- बिजली से संचालित वाहन में लगने वाली लीथियम आयन बैटरी का उत्पादन करने वाली मशीनरी/कैपिटल गुड्स पर सीमा शुल्क की अवधि को बढ़ाकर 31.03.2024 तक किया गया है।

क्या हुआ सस्ता, क्या हुआ महंगा

ये हुआ सस्ता

- इलेक्ट्रिक कार भी सस्ती होंगी, लीथियम आयन बैटरी के आयात पर कस्टम ड्यूटी में छूट दी गई है।
- टीवी सस्ता होगा, इम्पोर्ट ड्यूटी कम होगी, इलेक्ट्रिकल सामान भी सस्ता होगा, टेलीविजन के ओपन सेल के कलपुर्जों पर सीमा शुल्क घटाकर 2.5% किया गया है।
- मोबाइल के पार्ट्स के दाम भी कम होंगे, क्योंकि कस्टम ड्यूटी कम की गई है।
- लैब-निर्मित हीरे के सीड्स पर कस्टम ड्यूटी में छूट दी गई है।
- रबर में भी कस्टम ड्यूटी कम की गई है।
- ऑटोमोबाइल सस्ते होंगे।
- खिलौने, साइकिल सस्ते होंगे।
- झींगा फ्रीड पर सीमा शुल्क कम होगा।

ये हुआ महँगा

- चाँदी पर कस्टम ड्यूटी बढ़ाई गई है, इसका मतलब है कि चाँदी कुछ महँगी होगी अर्थात् सोना, चाँदी और हीरा महँगे होगे।
- सिगरेट महँगी होगी।
- किचन इलेक्ट्रिक चिमनी पर कर बढ़ा, जिससे ये महँगी होंगी।
- आयातित खिलौने, साइकिल महँगी होंगी।

बैंकिंग और वित्त सेवा

- आजादी का अमृत महोत्सव के उपलक्ष्य में एक एकल नई लघु बचत योजना **महिला सम्मान बचत प्रमाण-पत्र** को शुरू किया जाएगा। इसके अन्तर्गत महिलाओं या बालिकाओं के नाम पर आंशिक आहरण विकल्प के साथ दो वर्षों की अवधि के लिए 7.5% की नियत ब्याज दर पर ₹ 2 लाख तक की जमा सुविधा का प्रस्ताव होगा।
- मासिक आय खाता योजना के लिए अधिकतम जमा सीमा को एकल खाते के लिए ₹ 4.5 लाख से बढ़ाकर ₹ 9 लाख और संयुक्त खाते के लिए ₹ 9 लाख से बढ़ाकर ₹ 15 लाख किया गया है।
- बैंक व्यवस्था में सुधार तथा निवेशक संरक्षण बढ़ाने के लिए बैंकिंग विनियमन अधिनियम, बैंकिंग कम्पनी अधिनियम और भारतीय रिजर्व बैंक अधिनियम में कुछ संशोधनों का प्रस्ताव किया गया है।
- GIFT, IFSC में व्यापार गतिविधियों को बढ़ाने के लिए अनेक उपाय किए गए हैं।
- दोहरे विनियम से बचने के लिए SEJZ अधिनियम के अन्तर्गत IFSCA को शक्तियाँ प्रदान की जाएँगी।
- IFSCA , SEZ प्राधिकारियों, GSTN, RBI , SEBI और IRDAI से पँजीकरण तथा अनुमोदन के लिए एकल खिड़की IT प्रणाली की स्थापना की जाएगी।
- विदेशी बैंकों के IFSC बैंकिंग इकाइयों द्वारा अधिग्रहण वित्त पोषण की अनुमति दी जाएगी।
- व्यापार पुनर्वित्त पोषण के लिए एक्जिम बैंक की एक सहायक संस्था की स्थापना की जाएगी।

कृषि क्षेत्र

- वित्तीय नीतिगत वक्तव्यों में रेखांकित किया गया है कि वित्त वर्ष 2022-23 में भारतीय कृषि क्षेत्र के 3.5% तक बढ़ने का अनुमान रहा।
- घरेलू आवश्यकताओं को पूर्ण करने के अतिरिक्त भारत हाल के वर्षों में कृषि उत्पादों के निवल निर्यातक के रूप में उभरकर सामने आया है। वित्त वर्ष 2022-23 के दौरान कृषि निर्यात बढ़कर $ 50.2 बिलियन हो गया।
- देश में कुल खरीफ खाद्यान उत्पादन 149.9 मिलियन टन अधिक रहने का अनुमान है, जोकि पिछले 5 वर्षों के औसत खरीफ खाद्यान उत्पादन से अधिक है। हालाँकि धान की बुआई का क्षेत्रफल लगभग 20 लाख हेक्टेयर था, जो वर्ष 2021 की तुलना में कम है।
- **PM मत्स्य सम्पदा योजना** की एक नई उप-योजना को ₹ 6000 करोड़ के लक्षित निवेश के साथ शुरू किया जाएगा, जिसका उद्देश्य मछली पालकों, मत्स्य विक्रेताओं और सूक्ष्म तथा लघु उद्योगों को अधिक सक्षम बनाना है। इससे मूल्य शृंखला दक्षताओं में सुधार लाया जाएगा तथा बाजार तक पहुँच को बढ़ाया जाएगा।
- कृषि के लिए डिजिटल जन-अवसंरचना को एग्री-टेक उद्योग और स्टार्टअप्स को बढ़ावा देने के लिए आवश्यक सहयोग प्रदान करने तथा किसान केन्द्रित समाधान उपलब्ध कराने के उद्देश्य से तैयार किया जाएगा।
- केन्द्र सरकार ने ₹ 2516 करोड़ के निवेश के साथ 63000 **प्राथमिक कृषि ऋण सोसायटियों** (PACS) हेतु कम्प्यूटरीकरण कार्य शुरू किया है।
- व्यापक विकेन्द्रीकृत भण्डारण क्षमता बढ़ाने का प्रावधान किया गया है, जिससे किसानों को अपने उत्पादों का सुरक्षित भण्डारण करने और उचित समय पर उनकी बिक्री करके लाभकारी मूल्य प्राप्त करने में सहायता मिलेगी।
- युवा उद्यमी ग्रामीण क्षेत्रों में एग्री-स्टार्टअप्स शुरू कर सकें, इसके लिए कृषि वर्द्धक निधि की स्थापना की जाएगी।

- भारत को **श्री अन्न** के लिए वैश्विक केन्द्र बनाने के उद्देश्य से हैदराबाद के **भारतीय मोटा अनाज अनुसन्धान संस्थान** को उत्कृष्टता केन्द्र के रूप में बढ़ावा दिया जाएगा, जिससे यह संस्थान सर्वश्रेष्ठ कार्यप्रणालियों, अनुसन्धान तथा प्रौद्योगिकियों को अन्तर्राष्ट्रीय स्तर पर साझा कर सके।
- कृषि ऋण के लक्ष्य को पशुपालन, डेयरी और मत्स्य उद्योग को ध्यान में रखते हुए ₹20 लाख करोड़ तक बढ़ाया जाएगा।

उद्योग

- वित्त वर्ष 2022-23 में 4.1% की मामूली वृद्धि देखी गई, जबकि वित्त वर्ष 2021-22 में यह वृद्धि 10.3% दर्ज की गई थी।
- घरेलू ऑटो क्षेत्र की बिक्री में दिसम्बर, 2022 में वर्ष-दर-वर्ष 5.2% की वृद्धि दर्ज की गई और वित्त वर्ष 2022-23 की तीसरी तिमाही में घरेलू ट्रैक्टर, दोपहिया और तिपहिया वाहनों की बिक्री में अत्यधिक वृद्धि हुई, जो ग्रामीण माँग में हुए सुधार की प्रतीक है।
- MSME के लिए **ऋण गारण्टी योजना** को नवीनीकृत किया गया है। यह 1 अप्रैल, 2023 से कार्प्स में ₹ 9000 करोड़ जोड़कर क्रियान्वित की गई। इसके अतिरिक्त इस योजना के माध्यम से ₹2 लाख करोड़ का सम्पार्श्विक मुक्त गारण्टीयुक्त ऋण सम्भव हो पाएगा। इसके अतिरिक्त ऋण की लागत में लगभग 1% की कमी आएगी।
- कम्पनी अधिनियम के अन्तर्गत क्षेत्रीय कार्यालय में दाखिल विभिन्न फॉर्मों के केन्द्रीकृत प्रबन्धन के माध्यम से कम्पनियों की त्वरित कार्रवाई के लिए एक **केन्द्रीय डाटा संसाधन केन्द्र** की स्थापना की जाएगी।
- सूक्ष्म, लघु और मध्यम उद्यम, बड़े व्यवसाय तथा चेरिटेबल ट्रस्टों के लिए निकाय डिजीलॉकर की स्थापना की जाएगी, जिससे आवश्यक दस्तावेजों को ऑनलाइन साझा और सुरक्षित रखने में आसानी होगी।

रक्षा क्षेत्र

- वित्त मन्त्री निर्मला सीतारमण ने पिछले वर्ष के ₹5.25 लाख करोड़ के आवण्टन से वित्त वर्ष 2023-24 के लिए रक्षा बजट में आवण्टन बढ़ाकर ₹**593537.64 करोड़** कर दिया है।
- इसमें पूँजीगत व्यय के लिए कुल ₹ 1.62 लाख करोड़ अलग रखे गए हैं। इनमें नए हथियार, विमान, युद्धपोत और अन्य सैन्य साजोसामान की खरीद शामिल है।
- रक्षा मन्त्रालय (सिविल) के लिए पूँजीगत परिव्यय ₹8774 करोड़ आंका गया है, जबकि पूँजीगत परिव्यय के अन्तर्गत ₹13837 करोड़ की राशि आवण्टित की गई है।
- रक्षा पेंशन के लिए अलग से ₹138205 करोड़ की राशि आवण्टित की गई है।
- पेंशन परिव्यय सहित कुल राजस्व व्यय ₹422162 करोड़ रहने का अनुमान है।

रेलवे

- केन्द्र सरकार की ओर से रेलवे के लिए कुल ₹2.4 लाख करोड़ आवण्टित किए गए हैं।
- इस बार का रेल बजट वर्ष 2013-14 में रेलवे को दी गई धनराशि का लगभग 9 गुना अधिक है।
- रेलवे को ₹2.4 लाख करोड़ आवण्टित किए गए हैं, जिनसे रेलवे समस्त योजनाओं पर कार्य करेगा।
- देशभर में 100 नई योजनाओं की शुरुआत होगी।
- रेलवे का शुद्ध राजस्व व्यय वर्ष 2023-24 के बजट अनुमान में ₹265000 करोड़ रखा गया है, जबकि संशोधित अनुमान (RE) वर्ष 2022-23 में यह ₹242892.77 करोड़ था।
- वर्ष 2023-24 के बजट अनुमान में रणनीतिक लाइनों के संचालन पर हुए नुकसान की प्रतिपूर्ति ₹487.51 करोड़ रखी गई है।
- तेज गति से चलने वाली वन्दे भारत ट्रेनों के पटरी पर आने के साथ ही ट्रैक नवीनीकरण के लिए आवण्टन को पिछले वर्ष की तुलना में बढ़ाकर इस वर्ष ₹17296.84 करोड़ कर दिया गया है।

सामाजिक कार्यक्रम

- वर्ष 2014 से स्थापित विद्यमान 157 चिकित्सा महाविद्यालयों के साथ ही संस्थानों में **157 नए नर्सिंग कॉलेज** खोले जाएँगे।
- केन्द्र सरकार अगले तीन वर्षों में 3.5 लाख जनजातीय विद्यार्थियों के लिए 740 एकलव्य मॉडल आवासीय विद्यालयों में 38800 अध्यापकों तथा सहयोगी कर्मचारियों को नियुक्त करेगी।
- **प्रधानमन्त्री कौशल विकास योजना** 4.0 को अगले तीन वर्षों में लाखों युवाओं को कौशल सम्पन्न बनाने के लिए शुरू की जाएगी और इसमें उद्योग जगत 4.0 से सम्बन्धित नई पीढ़ी के आर्टिफिशियल इण्टेलिजेन्स, रोबोटिक्स, मेकाट्रॉनिक्स, IOT, 3D

प्रिंटिंग, ड्रोन और सॉफ्ट स्किल जैसे पाठ्यक्रम शामिल किए जाएँगे।

- विभिन्न राज्यों से कुशल युवाओं को अन्तर्राष्ट्रीय अवसर उपलब्ध कराने के लिए 30 स्किल इण्डिया इण्टरनेशनल सेण्टर स्थापित किए जाएँगे।

अन्य महत्त्वपूर्ण घोषणाएँ

- अवसंरचना में निजी निवेश के अवसरों को बढ़ाने के लिए **नया अवसंरचना वित्त सचिवालय** स्थापित किया गया।
- शिक्षकों के प्रशिक्षण के लिए सर्वोत्कृष्ट संस्थान के रूप में **जिला शिक्षा एवं प्रशिक्षण संस्थान** विकसित किए जाएँगे।
- भूगोल भाषा सहित अनेक क्षेत्रों में उत्कृष्ट पुस्तकों की उपलब्धता बढ़ाने के लिए एक **राष्ट्रीय डिजिटल बाल एवं किशोर पुस्तकालय** की स्थापना की जाएगी।
- सतत लघु सिंचाई उपलब्ध कराने और पेयजल हेतु टंकियों को भरने के लिए **भद्र परियोजना** के लिए केन्द्रीय सहायता के रूप में ₹ 5300 करोड़ दिए जाएँगे।
- पहले चरण में 1 लाख पुरातन अभिलेखों के डिजिटलीकरण के लिए डिजिटल एपीग्राफी संग्रहालय में **भारत शेयर्ड रिपोजटरी ऑफ इनस्क्रिप्शंस** की स्थापना की जाएगी।
- अवसंरचना में निवेश बढ़ाने और पूरक नीतिगत कार्यों को प्रोत्साहित करने के लिए राज्य सरकारों को 50 वर्ष के ब्याज रहित कर्ज को 1 और वर्ष के लिए जारी रखा जाएगा।
- सेप्टिक टैंकों और नालों से मानव द्वारा गाद निकालने या सफाई का कार्य पूर्ण रूप से मशीनयुक्त बनाने के लिए शहरों को तैयार किया जाएगा।
- लाखों सरकारी कर्मचारियों को उनका कौशल बढ़ाने और जन केन्द्रित सुविधाएँ उपलब्ध कराने योग्य बनाने के लिए एक एकीकृत ऑनलाइन प्रशिक्षण मंच **आई-गोट कर्मयोगी** का शुभारम्भ होगा।
- कारोबारी सुगमता के लिए 39000 अनुपालनों को हटा दिया गया और 3400 से अधिक कानूनी प्रावधानों को अपराध मुक्त कर दिया गया।
- सरकार की विश्वसनीयता बढ़ाने की दिशा में 42 केन्द्रीय कानूनों में संशोधन के लिए **जन विश्वास विधेयक** लाया जाएगा।
- "कृत्रिम बुद्धिमत्ता को भारत में बनाएँ और कृत्रिम बुद्धिमत्ता से भारत के लिए कार्य कराएँ" के विजन को साकार करने के लिए देश के शीर्ष शैक्षिक संस्थानों में **कृत्रिम बुद्धिमत्ता के लिए तीन उत्कृष्टता केन्द्र** स्थापित किए जाएँगे।
- स्टार्ट-अप्स और शिक्षाविदों द्वारा नवाचार तथा अनुसन्धान शुरू करने के लिए **राष्ट्रीय डाटा शासन नीति** लाई जाएगी।
- व्यक्तियों की पहचान एवं पते के मिलान और अद्यतनीकरण के लिए वन स्टॉप समाधान की व्यवस्था की जाएगी, जिसमें डिजीलॉकर सेवा और आधार का मूलभूत पहचान के रूप में प्रयोग किया जाएगा।
- न्याय के प्रशासन में दक्षता लाने के लिए ₹ 7000 करोड़ के परिव्यय से **ई-न्यायालय परियोजना का चरण-3** शुरू किया जाएगा।
- LGD सीड्स और मशीनों के स्वदेश में ही उत्पादन को बढ़ावा देने के लिए तथा आयात पर निर्भरता घटाने के लिए अनुसन्धान और विकास अनुदान प्रदान किया जाएगा।
- **राष्ट्रीय हरित हाइड्रोजन मिशन** की सहायता से अर्थव्यवस्था को निम्न कार्बन सघनता वाली स्थिति में ले जाने, जीवाश्म ईंधन के आयातों पर निर्भरता को कम करने तथा वर्ष 2030 तक 5 मिलियन मीट्रिक टन (MMT) के वार्षिक उत्पादन का लक्ष्य निर्धारित किया जाएगा। ऊर्जा-परिवर्तन एवं निवल-शून्य उद्देश्यों और ऊर्जा सुरक्षा की दिशा में प्राथमिकता प्राप्त पूँजीगत निवेशों के लिए ₹ 35000 करोड़ का प्रावधान किया गया है।
- अर्थव्यवस्था को धारणीय विकास के मार्ग पर ले जाने के लिए बैटरी ऊर्जा भण्डारण प्रणालियों को बढ़ावा दिया जाएगा।
- लद्दाख से नवीकरणीय ऊर्जा के निष्क्रमण और ग्रिड एकीकरण के लिए अन्त-र्राज्यीय पारेषण प्रणाली ₹ 20700 करोड़ के निवेश के साथ निर्मित की जाएगी।
- **पृथ्वी माता के पुनर्रुद्धार, इसके प्रति जागरूकता, पोषण और सुधार हेतु प्रधानमन्त्री कार्यक्रम** राज्यों और संघ राज्य - क्षेत्रों को रासायनिक उर्वरकों के सन्तुलित प्रयोग तथा इनके स्थान पर वैकल्पिक उर्वरकों के प्रयोग को बढ़ावा देने के लिए प्रोत्साहित करने हेतु शुरू किया जाएगा।

- मनरेगा, CAMPA कोष एवं अन्य स्रोतों के बीच तालमेल के माध्यम से तटीय रेखा के साथ-साथ और लवण भूमि पर, जहाँ भी व्यवहार्य हो, मैंग्रोव पौधारोपण के लिए **तटीय पर्यावास और ठोस आमदनी के लिए मैंग्रोव पहल**, [Mangrove Initiative for Shoreline Habitats & Tangible Incomes (MISTTI)] की शुरुआत की जाएगी।
- पर्यावरण (संरक्षण) अधिनियम के अन्तर्गत **हरित ऋण कार्यक्रम** को अधिसूचित किया जाएगा, ताकि पर्यावरण की दृष्टि से सन्धारणीय और उत्तरदायित्वपूर्ण कार्य करने के लिए प्रोत्साहन मिले।
- अमृत धरोहर योजना को आर्द्र भूमि के इष्टतम उपयोग को बढ़ावा देने तथा जैव-विविधता, कार्बन स्टॉक, पर्यावरणीय-पर्यटन के अवसरों तथा स्थानीय समुदायों के लिए आय सृजन बढ़ाने के लिए अगले तीन वर्षों में कार्यान्वित किया जाएगा।
- एकीकृत स्किल इण्डिया डिजिटल प्लेटफॉर्म की शुरुआत कर कौशलवर्द्धन हेतु माँग आधारित औपचारिक कौशलवर्द्धन सक्षम करने, MMME सहित नियोक्ताओं के साथ जोडने और उद्यमिता योजनाओं की सुलभता सुगम करने के लिए डिजिटल तन्त्र को और विस्तार प्रदान किया जाएगा।
- अखिल भारतीय राष्ट्रीय प्रशिक्षुता प्रोत्साहन योजना के अन्तर्गत तीन वर्षों में 47 लाख युवाओं को वृत्तिका सहायता प्रदान करने के लिए **डायरेक्ट बेनिफिट ट्रान्सफर** (DBT) शुरू किया जाएगा।
- चुनौती मोड के माध्यम से चुने जाने वाले कम-से-कम 50 पर्यटन गन्तव्यों को घरेलू और विदेशी पर्यटकों के लिए एक सम्पूर्ण पैकेज के रूप में विकसित किया जाएगा।
- **देखो अपना देश** पहल का उद्देश्य प्राप्त करने के लिए क्षेत्र विशिष्ट कौशलवर्द्धन और उद्यमशीलता विकास का समन्वयन स्थापित किया जाएगा।
- **वाइब्रेण्ट विलेज प्रोग्राम** के अन्तर्गत सीमावर्ती गाँव में पर्यटन के बुनियादी ढाँचों का विकास किया जाएगा और पर्यटन सुविधाएँ प्रदान की जाएँगी।
- राज्यों के उनके स्वयं के **ODOP** (एक जिला एक उत्पाद), GI उत्पाद और अन्य हस्तशिल्प उत्पादों को बढ़ावा देने के लिए तथा उनकी बिक्री करने हेतु एक यूनिटी मॉल स्थापित करने के लिए प्रोत्साहित किया जाएगा।
- वित्तीय सहायक सूचना की केन्द्रीय भण्डार के रूप में कार्य करने के लिए एक **राष्ट्रीय वित्तीय सूचना रजिस्ट्री** की स्थापना की जाएगी। इससे ऋण का कुशल प्रवाह सम्भव हो पाएगा, वित्तीय समावेशन को बढ़ावा मिलेगा और वित्तीय स्थिरता बढ़ेगी।
- एक नया विधायी ढाँचा इस क्रेडिट पब्लिक इन्फ्रास्ट्रक्चर को भी विनियमित करेगा और इसे RBI के साथ परामर्श करके डिजाइन किया जाएगा। सामान्य लोगों और विनियमित संस्थाओं से सुझाव प्राप्त करने के साथ वित्तीय क्षेत्र के विनियामकों से मौजूदा विनियमों की व्यापक समीक्षा की जाएगी।
- विभिन्न विनियमों के अन्तर्गत आवेदनों पर निर्णय लेने की समय सीमाएँ भी निर्धारित की जाएँगी।
- मध्यस्थ, अनुषंगी सेवाओं के लिए और **SEZ अधिनियम** के अन्तर्गत दोहरे विनियमन से बचने के लिए सांविधिक प्रावधानों के लिए IFSCA अधिनियमों में संशोधन किया जाएगा।
- विदेशी व्युत्पन्न दस्तावेजों को वैध संविदाओं के रूप में मान्यता दी जाएगी।
- डिजिटल निरन्तरता समाधान ढूढने वाले देशों के लिए GIFT, IFSC में उनके डाटा दूतावासों की स्थापना सुगम की जाएगी।
- प्रतिभूति बाजार में कार्य निष्पादकों और पेशेवरों की क्षमता निर्माण हेतु राष्ट्रीय प्रतिभूति बाजार संस्थान में शिक्षा हेतु मानदण्ड व स्तर तैयार करने, विनियमित करने एवं बनाए रखने और प्रवर्तित करने के लिए तथा डिग्री, डिप्लोमा और सर्टिफिकेट को मान्यता प्रदान करने हेतु SEBI को सशक्त किया जाएगा।

बात पते की

भारत में पहला बजट सात अप्रैल, 1860 को स्काटलैंड के अर्थशास्त्री और राजनीतिज्ञ जेम्स विल्सन ने ईस्ट इंडिया कंपनी की तरफ से पेश किया था। स्वतंत्र भारत में पहला बजट 26 नवंबर, 1947 को वित्त मंत्री आरके शनमुखम चेट्टी ने पेश किया था।

पूर्व प्रधानमंत्री मोरारजी देसाई के नाम सबसे ज्यादा बजट पेश करने का रिकार्ड है। वित्त मंत्री के तौर पर दो कार्यकाल में उन्होंने 10 बार बजट पेश किया था। इसके बाद पी चिदंबरम (9), प्रणब मुखर्जी (8), यशवंत सिन्हा (8) और मनमोहन सिंह (6) के नाम अधिकतम बजट पेश करने का रिकार्ड है।

UPSC मुख्य परीक्षा के प्रश्न (2022-2015)

भारतीय अर्थव्यवस्था तथा योजना, संसाधनों को जुटाने, प्रगति, विकास तथा रोजगार से सम्बन्धित विषय

1. ''हाल के दिनों का आर्थिक विकास श्रम उत्पादकता में वृद्धि के कारण सम्भव हुआ है।'' इस कथन को समझाइए। ऐसे संवृद्धि प्रतिरूप को प्रस्तावित कीजिए, जो श्रम उत्पादकता से समझौता किए बिना अधिक रोजगार उत्पत्ति में सहायक हो।
UPSC 2022 (250 शब्द; 15 अंक)

2. देश में आयु सम्भाविता में आई वृद्धि से समाज में नई स्वास्थ्य चुनौतियाँ खड़ी हो गई हैं। ये नई चुनौतियाँ कौन-कौन सी हैं और उनके समाधान हेतु क्या-क्या कदम उठाए जाने आवश्यक हैं?
UPSC 2022 (150 शब्द; 10 अंक)

3. भारत की सकल घरेलू उत्पाद (जी.डी.पी.) के वर्ष 2015 के पूर्व तथा वर्ष 2015 के पश्चात् परिकलन विधि में अन्तर की व्याख्या कीजिए। *UPSC 2021 (150 शब्द; 10 अंक)*

4. क्या आप सहमत हैं कि भारतीय अर्थव्यवस्था ने हाल ही में V-आकार के पुनरुत्थान का अनुभव किया है? कारण सहित अपने उत्तर की पुष्टि कीजिए। *UPSC 2021 (250 शब्द; 15 अंक)*

5. सम्भाव्य सकल घरेलू उत्पाद (जी. डी. पी.) को परिभाषित कीजिए तथा उसके निर्धारकों की व्याख्या कीजिए। वे कौन-से कारक हैं, जो भारत को अपने सम्भाव्य सकल घरेलू उत्पाद (जी. डी. पी.) को साकार करने से रोकते रहे हैं? *UPSC 2020 (150 शब्द; 10 अंक)*

6. क्या आप इस मत से सहमत हैं कि सकल घरेलू उत्पाद (जी. डी. पी.) की स्थायी संवृद्धि तथा निम्न मुद्रास्फीति के कारण भारतीय अर्थव्यवस्था अच्छी स्थिति में है? अपने तर्कों के समर्थन में कारण दीजिए। *UPSC 2019 (150 शब्द; 10 अंक)*

7. ''वहनीय (ऐफोर्डेबल), विश्वसनीय, धारणीय तथा आधुनिक ऊर्जा तक पहुँच सन्धारणीय (सस्टेनबल) विकास लक्ष्यों (एस. डी. जी.) को प्राप्त करने के लिए अनिवार्य है।'' भारत में इस सम्बन्ध में हुई प्रगति पर टिप्पणी कीजिए।
UPSC 2018 (150 शब्द; 10 अंक)

8. भारत में नीति आयोग द्वारा अनुसरण किए जा रहे सिद्धान्त इससे पूर्व के योजना आयोग द्वारा अनुसरित सिद्धान्तों से किस प्रकार भिन्न हैं? *UPSC 2018 (250 शब्द; 15 अंक)*

9. भारत की सम्भाव्य संवृद्धि के अनेक कारकों में बचत दर, सर्वाधिक प्रभावी है। क्या आप इससे सहमत हैं? संवृद्धि सम्भाव्यता के अन्य कौन-से कारक उपलब्ध हैं?
UPSC 2017 (150 शब्द; 10 अंक)

10. ''सुधारोत्तर अवधि में सकल घरेलू-उत्पाद (जी. डी. पी.) की समग्र संवृद्धि में औद्योगिक संवृद्धि दर पिछड़ती गई है।'' कारण बताइए। औद्योगिक-नीति में हाल में किए गए परिवर्तन औद्योगिक संवृद्धि दर को बढ़ाने में कहाँ तक सक्षम हैं?
UPSC 2017 (250 शब्द; 15 अंक)

11. हाल के समय में भारत में आर्थिक संवृद्धि की प्रकृति का वर्णन अकसर नौकरीहीन संवृद्धि के तौर पर किया जाता है। क्या आप इस विचार से सहमत हैं? अपने उत्तर के समर्थन में तर्क प्रस्तुत कीजिए। *UPSC 2015 (200 शब्द; 12½ अंक)*

समावेशी विकास तथा इससे उत्पन्न विषय

1. क्या बाजार अर्थव्यवस्था के अन्तर्गत समावेशी विकास सम्भव है? भारत में आर्थिक विकास की प्राप्ति के लिए वित्तीय समावेश के महत्त्व का उल्लेख कीजिए। *UPSC 2022 (150 शब्द; 10 अंक)*

2. ''तीव्रतर एवं समावेशी आर्थिक संवृद्धि के लिए आधारिक-अवसंरचना में निवेश आवश्यक है।'' भारतीय अनुभव के परिप्रेक्ष्य में विवेचना कीजिए। *UPSC 2021 (250 शब्द; 15 अंक)*

3. समावेशी संवृद्धि एवं सम्पोषणीय विकास के परिप्रेक्ष्य में, आन्तर्पीढ़ी एवं अन्तर्पीढ़ी साम्या के विषयों की व्याख्या कीजिए।
UPSC 2020 (150 शब्द; 10 अंक)

4. यह तर्क दिया जाता है कि समावेशी संवृद्धि की रणनीति का आशय एकसाथ समावेशिता और धारणीयता के उद्देश्यों को प्राप्त किया जाना है। इस कथन पर टिप्पणी कीजिए।
UPSC 2019 (250 शब्द; 15 अंक)

5. 'समावेशी संवृद्धि' के प्रमुख अभिलक्षण क्या हैं? क्या भारत इस प्रकार के संवृद्धि प्रक्रम का अनुभव करता रहा है? विश्लेषण कीजिए एवं समावेशी संवृद्धि हेतु उपाय सुझाइए।
UPSC 2017 (250 शब्द; 15 अंक)

6. भारतीय सन्दर्भ में समावेशी विकास में निहित चुनौतियों, जिनमें लापरवाह और बेकार जनशक्ति शामिल है, पर टिप्पणी कीजिए। इन चुनौतियों का सामना करने के उपाय सुझाइए।
UPSC 2016 (200 शब्द; 12½ अंक)

7. प्रधानमन्त्री जन-धन योजना (पी. एम. जे. डी. वाई.) बैंकरहितों को संस्थागत वित्त में लाने के लिए आवश्यक है। क्या आप सहमत हैं कि इससे भारतीय समाज के गरीब तबके के लोगों का वित्तीय समावेश होगा? अपने मत की पुष्टि के लिए तर्क प्रस्तुत कीजिए। *UPSC 2016 (200 शब्द; 12½ अंक)*

सरकारी बजट

1. पूँजी बजट तथा राजस्व बजट के मध्य अन्तर स्पष्ट कीजिए। इन दोनों बजटों के संघटकों को समझाइए। *UPSC 2021 (150 शब्द; 10 अंक)*

2. वस्तु एवं सेवा कर (राज्यों को क्षतिपूर्ति) अधिनियम, 2017 के तर्काधार की व्याख्या कीजिए। कोविड-19 ने कैसे वस्तु एवं सेवा कर क्षतिपूर्ति निधि (जी. एस. टी. कॉम्पेन्सेशन फण्ड) को प्रभावित और नए संघीय तनावों को उत्पन्न किया है? *UPSC 2020 (250 शब्द; 15 अंक)*

3. उन अप्रत्यक्ष करों को गिनाइए, जो भारत में वस्तु एवं सेवा कर (जी. एस. टी.) में सम्मिलित किए गए हैं। भारत में जुलाई, 2017 से क्रियान्वित जी. एस. टी. के राजस्व निहितार्थों पर भी टिप्पणी कीजिए। *UPSC 2019 (150 शब्द; 10 अंक)*

4. केन्द्रीय बजट, 2018-19 में दीर्घकालिक पूँजी अभिलाभ कर (एल. सी. जी. टी.) तथा लाभांश वितरण कर (डी. डी. टी.) के सम्बन्ध में प्रारम्भ किए गए महत्त्वपूर्ण परिवर्तनों पर टिप्पणी कीजिए। *UPSC 2018 (150 शब्द; 10 अंक)*

5. वर्ष 2017-18 के संघीय बजट के अभीष्ट उद्देश्यों में से एक उद्देश्य 'भारत को रूपान्तरित करना, ऊर्जावान बनाना और भारत को स्वच्छ करना' है। इस उद्देश्य को प्राप्त करने के लिए बजट 2017-18 में सरकार द्वारा प्रस्तावित उपायों का विश्लेषण कीजिए। *UPSC 2017 (250 शब्द; 15 अंक)*

6. भारत में महिला सशक्तीकरण के लिए जेण्डर बजटिंग अनिवार्य है। भारतीय प्रसंग में जेण्डर बजटिंग की क्या आवश्यकताएँ एवं स्थिति हैं? *UPSC 2016 (200 शब्द; 12½ अंक)*

प्रत्यक्ष एवं अप्रत्यक्ष कृषि सहायता तथा न्यूनतम समर्थन मूल्य से सम्बन्धित विषय, जन वितरण प्रणाली- उद्देश्य, कार्य, सीमाएँ, सुधार, बफर स्टॉक तथा खाद्य सुरक्षा सम्बन्धी विषय, प्रौद्योगिकी मिशन, पशुपालन सम्बन्धी अर्थशास्त्र

1. भारत में सार्वजनिक वितरण प्रणाली (पी. डी. एस.) की प्रमुख चुनौतियाँ क्या हैं? इसे किस प्रकार प्रभावी तथा पारदर्शी बनाया जा सकता है? *UPSC 2022 (150 शब्द; 10 अंक)*

2. राष्ट्रीय खाद्य सुरक्षा अधिनियम, 2013 की मुख्य विशेषताएँ क्या हैं? खाद्य सुरक्षा विधेयक ने भारत में भूख तथा कुपोषण को दूर करने में किस प्रकार सहायता की है? *UPSC 2021 (250 शब्द; 15 अंक)*

3. अनाज वितरण प्रणाली को अधिक प्रभावी बनाने हेतु सरकार द्वारा कौन-कौन से सुधारात्मक कदम उठाए गए हैं? *UPSC 2019 (250 शब्द; 15 अंक)*

4. न्यूनतम समर्थन मूल्य (एम. एस. पी.) से आप क्या समझते हैं? न्यूनतम समर्थन मूल्य कृषकों का निम्न आय फन्दे से किस प्रकार बचाव करेगा? *UPSC 2018 (150 शब्द; 10 अंक)*

5. सहायिकियाँ सस्यन प्रतिरूप, सस्य विविधता और कृषकों की आर्थिक स्थिति को किस प्रकार प्रभावित करती हैं? लघु और सीमान्त कृषकों के लिए फसल बीमा, न्यूनतम समर्थन मूल्य और खाद्य प्रसंस्करण का क्या महत्त्व है? *UPSC 2017 (250 शब्द; 15 अंक)*

6. प्रत्यक्ष लाभ अन्तरण (डी. बी. टी.) के द्वारा कीमत सहायिकी का प्रतिस्थापन भारत में सहायिकियों के परिदृश्य का किस प्रकार परिवर्तन कर सकता है? चर्चा कीजिए। *UPSC 2015 (200 शब्द; 12½ अंक)*

7. ग्रामीण क्षेत्रों में कृषितर रोजगार और आय का प्रबन्ध करने में पशुधन पालन की बड़ी सम्भाव्यता है। भारत में इस क्षेत्रक की प्रोन्नति करने के उपयुक्त उपाय सुझाते हुए चर्चा कीजिए। *UPSC 2015 (200 शब्द; 12½ अंक)*

भारत में खाद्य प्रसंस्करण एवं सम्बन्धित उद्योग-कार्यक्षेत्र एवं महत्त्व, स्थान, ऊपरी और निचली अपेक्षाएँ, आपूर्ति शृंखला प्रबन्धन

1. भारत में खाद्य प्रसंस्करण उद्योग के कार्यक्षेत्र और महत्त्व का सविस्तार वर्णन कीजिए। *UPSC 2022 (150 शब्द; 10 अंक)*

2. भारत में कृषि उत्पादों के विपणन की ऊर्ध्वमुखी और अधोमुखी प्रक्रिया में मुख्य बाधाएँ क्या हैं? *UPSC 2022 (250 शब्द; 15 अंक)*

3. देश में खाद्य प्रसंस्करण क्षेत्र की चुनौतियाँ एवं अवसर क्या हैं? खाद्य प्रसंस्करण को प्रोत्साहित कर कृषकों की आय में पर्याप्त वृद्धि कैसे की जा सकती है? *UPSC 2020 (150 शब्द; 10 अंक)*

4. खाद्य प्रसंस्करण क्षेत्रक की चुनौतियों के समाधान हेतु भारत सरकार द्वारा अपनाई गई नीति को सविस्तार स्पष्ट कीजिए। *UPSC 2019 (250 शब्द; 15 अंक)*

5. फलों, सब्जियों और खाद्य पदार्थों के आपूर्ति शृंखला प्रबन्धन में सुपरबाजारों की भूमिका की जाँच कीजिए। वे बिचौलियों की संख्या को किस प्रकार समाप्त कर देते हैं? *UPSC 2018 (150 शब्द; 10 अंक)*

6. लागत प्रभावी छोटी प्रक्रमण इकाई की अल्प स्वीकारिता के क्या कारण हैं? खाद्य प्रक्रमण इकाई गरीब किसानों की सामाजिक-आर्थिक स्थिति को ऊपर उठाने में किस प्रकार सहायक होगी? *UPSC 2017 (150 शब्द; 10 अंक)*

7. भारत में खाद्य प्रसंस्करण उद्योग का विकास करने की राह में विपणन और पूर्ति शृंखला प्रबन्धन में क्या बाधाएँ हैं? क्या इन बाधाओं पर नियन्त्रण पाने में ई-वाणिज्य सहायक हो सकता है? *UPSC 2015 (200 शब्द; 12½ अंक)*

भारत में भूमि सुधार

1. देश के कुछ भागों में भूमि सुधारों ने सीमान्त और लघु किसानों की सामाजिक-आर्थिक स्थिति को सुधारने के लिए किस प्रकार सहायता की है? *UPSC 2021 (150 शब्द; 10 अंक)*

2. कृषि विकास में भूमि सुधारों की भूमिका की विवेचना कीजिए। भारत में भूमि सुधारों की सफलता के लिए उत्तरदायी कारकों को चिह्नित कीजिए। *UPSC 2016 (200 शब्द; 12½ अंक)*

3. भारत में कृषि भूमि धारकों के पतनोन्मुखी औसत आकार को देखते हुए, जिसके कारण अधिकांश किसानों के लिए कृषि अलाभकारी बन गई है, क्या संविदा कृषि को और भूमि को पट्टे पर देने के लिए बढ़ावा दिया जाना चाहिए? इसके पक्ष-विपक्ष का समालोचनात्मक मूल्यांकन कीजिए। *UPSC 2015 (200 शब्द; 12½ अंक)*

उदारीकरण का अर्थव्यवस्था पर प्रभाव, औद्योगिक नीति में परिवर्तन तथा औद्योगिक विकास पर इनका प्रभाव

1. उत्तर-उदारीकरण अवधि के दौरान, बजट निर्माण के सन्दर्भ में, लोक व्यय प्रबन्धन भारत सरकार के समक्ष एक चुनौती है। इसको स्पष्ट कीजिए। *UPSC 2019 (250 शब्द; 15 अंक)*

2. श्रम-प्रधान निर्यातों के लक्ष्य को प्राप्त करने में विनिर्माण क्षेत्रक की विफलता के कारण बताइए। पूँजी-प्रधान निर्यातों की अपेक्षा अधिक श्रम-प्रधान निर्यातों के लिए उपायों को सुझाइए। *UPSC 2017 (150 शब्द; 10 अंक)*

3. भारतीय अर्थव्यवस्था में वैश्वीकरण के परिणामस्वरूप औपचारिक क्षेत्र में रोजगार कैसे कम हुए? क्या बढ़ती हुई अनौपचारिकता देश के विकास के लिए हानिकारक है? *UPSC 2016 (200 शब्द; 12½ अंक)*

4. इसकी स्पष्ट स्वीकृति है कि विशेष आर्थिक जोन (एस.ई.जैड.) औद्योगिक विकास, विनिर्माण और निर्यातों के एक साधन है। इस सम्भाव्यता को मान्यता देते हुए, एस.ई.जैड. के सम्पूर्ण करणत्व में वृद्धि करने की आवश्यकता है। कराधान, नियन्त्रक कानूनों और प्रशासन के सम्बन्ध में एस.ई.जैड. की सफलता को परेशान करने वाले मुद्दों पर चर्चा कीजिए। *UPSC 2015 (200 शब्द; 12½ अंक)*

5. सोने के लिए भारतीयों के उन्माद ने हाल के वर्षों में सोने के आयात में प्रोत्कर्ष (उछाल) उत्पन्न कर दिया है तथा भुगतान-सन्तुलन और रुपये के बाह्य मूल्य पर दबाव डाला है। इसको देखते हुए स्वर्ण मुद्रीकरण योजना के गुणों का परीक्षण कीजिए। *UPSC 2015 (200 शब्द; 12½ अंक)*

6. 'भारत में बनाइए' कार्यक्रम की सफलता, 'कौशल भारत' कार्यक्रम और आमूल श्रम सुधारों की सफलता पर निर्भर करती है। तर्कसम्मत दलीलों के साथ चर्चा कीजिए। *UPSC 2015 (200 शब्द; 12½ अंक)*

बुनियादी ढाँचा: ऊर्जा, बन्दरगाह, सड़क, विमानपत्तन, रेलवे आदि

1. बुनियादी ढाँचागत परियोजनाओं में सार्वजनिक-निजी साझेदारी (पी. पी. पी.) की आवश्यकता क्यों है? भारत में रेलवे स्टेशनों के पुनर्विकास में पी.पी.पी. मॉडल की भूमिका का परीक्षण कीजिए। *UPSC 2022 (150 शब्द; 10 अंक)*

2. क्या आपके विचार में भारत अपनी ऊर्जा आवश्यकता का 50% भाग, वर्ष 2030 तक नवीकरणीय ऊर्जा से प्राप्त कर लेगा? अपने उत्तर के औचित्य को सिद्ध कीजिए। जीवाश्म ईंधनों से सब्सिडी हटाकर उसे नवीकरणीय ऊर्जा स्रोत में लगाना उपर्युक्त उद्देश्य पूर्ति में किस प्रकार सहायक होगा? समझाइए। *UPSC 2022 (250 शब्द; 15 अंक)*

3. पारम्परिक ऊर्जा उत्पादन के विपरीत सूर्य के प्रकाश से विद्युत ऊर्जा प्राप्त करने के लाभों का वर्णन कीजिए। इस प्रयोजनार्थ हमारी सरकार द्वारा प्रस्तुत पहल क्या है? *UPSC 2020 (250 शब्द; 15 अंक)*

4. ऊर्जा की बढ़ती हुई जरूरतों के परिप्रेक्ष्य में क्या भारत को अपने नाभिकीय ऊर्जा कार्यक्रम का विस्तार करना जारी रखना चाहिए? नाभिकीय ऊर्जा से सम्बन्धित तथ्यों एवं भयों की विवेचना कीजिए। *UPSC 2018 (250 शब्द; 15 अंक)*

5. चीन-पाकिस्तान आर्थिक गलियारे (सी. पी. ई. सी.) को चीन की अपेक्षाकृत अधिक विशाल 'एक पट्टी एक सड़क' पहल के एक मूलभूत भाग के रूप में देखा जा रहा है। सी. पी. ई. सी. का एक संक्षिप्त वर्णन प्रस्तुत कीजिए और भारत द्वारा उससे किनारा करने के कारण गिनाइए। *UPSC 2018 (150 शब्द; 10 अंक)*

6. सार्वजनिक-निजी भागीदारी (पी. पी. पी.) मॉडल के अधीन संयुक्त उपक्रमों के माध्यम से भारत में विमानपत्तनों के विकास का परीक्षण कीजिए। इस सम्बन्ध में प्राधिकरणों के समक्ष कौन-सी चुनौतियाँ हैं? *UPSC 2017 (150 शब्द; 10 अंक)*

7. देश में नवीकरणीय ऊर्जा के स्रोतों के सन्दर्भ में उनकी वर्तमान स्थिति और प्राप्त किए जाने वाले लक्ष्यों का विवरण दीजिए। प्रकाश उत्सर्जक डायोड (एल. ई. डी.) पर राष्ट्रीय कार्यक्रम के महत्त्व की विवेचना संक्षेप में कीजिए। *UPSC 2016 (200 शब्द; 12½ अंक)*

8. 'स्मार्ट शहरों' से क्या तात्पर्य है? भारत के शहरी विकास में इनकी प्रासंगिकता का परीक्षण कीजिए। क्या इससे ग्रामीण तथा शहरी भेदभाव में बढ़ोतरी होगी? पी. यू. आर. ए. एवं आर. यू. आर. बी. ए. एन. मिशन के सन्दर्भ में 'स्मार्ट गाँवों' के लिए तर्क प्रस्तुत कीजिए। *UPSC 2016 (200 शब्द; 12½ अंक)*

9. सौर ऊर्जा की उपकरण लागतों और टैरिफ में हाल के नाटकीय पतन के क्या कारक बताए जा सकते हैं? इस प्रवृत्ति के तापीय विद्युत उत्पादकों और सम्बन्धित उद्योग के लिए क्या निहितार्थ हैं? *UPSC 2015 (200 शब्द; 12½ अंक)*

निवेश मॉडल

1. एक अर्थव्यवस्था में पूँजी निर्माण के रूप में विनियोग के अर्थ की व्याख्या कीजिए। उन कारकों की विवेचना कीजिए, जिन पर एक सार्वजनिक एवं एक निजी निकाय के मध्य रियायत अनुबन्ध (कॉनुसेशन एग्रिमेण्ट) तैयार करते समय विचार किया जाना चाहिए। *UPSC 2020 (250 शब्द; 15 अंक)*

2. भारतीय अर्थव्यवस्था के विकास में एफ. डी. आई. की आवश्यकता की पुष्टि कीजिए। हस्ताक्षरित समझौता-ज्ञापनों तथा वास्तविक एफ. डी. आई. के बीच अन्तर क्यों है? भारत में वास्तविक एफ. डी. आई. को बढ़ाने के लिए सुधारात्मक कदम सुझाइए। *UPSC 2016 (200 शब्द; 12½ अंक)*